Quero ver a
Deus

Cum opus, cui titulus "Je veux voir Dieu" a R. Adm. P. N. Maria Eugenio a Puero Jesu ordinis nostri Sacerdote professo compositum deputati censores examinaverint, praeloque dignum probaverint, concedimus licentiam ut typis edatur, servatis omnibus de iure servandis.
Datum Romae ex Aedibus nostri Generalitiis die 13 decembris 1947.

Fr. Silverius a Sancta Teresia
Proepos. Gen.
Fr. Simeon a Sancta Familia
Secr.

IMPRIMATUR
Aquis Sextiis, die VIII aprilis 1949

† CAROLUS
Archiep. Aquensis, Arelatensis et Ebredunensis

P. Marie-Eugène de l'E.-J., ocd
JE VEUX VOIR DIEU
Nouvelle édition revue et corrigée
63ᵉ mille
© Éditions du Carmel
84210 Venasque

Coordenação e revisão teológica
Padre Dr. Jean-Marie Laurier
Institut Notre-Dame de Vie
Venasque – França

Tradução
Carmelo do Imaculado Coração de
Maria e Santa Teresinha
Cotia – Brasil

Todos os direitos de reprodução, adaptação e tradução reservados
para todos os países.
© 1998 by Éditions du Carmel.

Dados Internacionais de Catalogação na Publicação (CIP)
(Câmara Brasileira do Livro, SP, Brasil)

Maria-Eugênio do Menino Jesus, Frei, 1894-1967.
   Quero ver a Deus / Frei Maria-Eugênio do Menino
Jesus ; [tradução Carmelo do Imaculado Coração
de Maria e Santa Teresinha]. Petrópolis, RJ :
Vozes, 2015.
   Título original : Je veux voir Dieu
   Bibliografia.

   7ª reimpressão, 2025.

   ISBN 978-85-326-5064-1
   1. Contemplação 2. Oração – Igreja Católica 3. Teresa, d'Ávila,
Santa, 1515-1582 4. Vida espiritual – Igreja Católica I. Título.

15-05112   CDD-248.3

Índices para catálogo sistemático:
1. Deus : Louvor : Adoração : Prática religiosa
248.3

**Frei Maria-Eugênio
do Menino Jesus, OCD**

Quero ver a
Deus

EDITORA
VOZES

Petrópolis

© desta versão em língua portuguesa:
2015, Editora Vozes Ltda.
Rua Frei Luís, 100
25689-900 Petrópolis, RJ
www.vozes.com.br
Brasil

Todos os direitos reservados. Nenhuma parte desta obra poderá ser reproduzida ou transmitida por qualquer forma e/ou quaisquer meios (eletrônico ou mecânico, incluindo fotocópia e gravação) ou arquivada em qualquer sistema ou banco de dados sem permissão escrita da editora.

CONSELHO EDITORIAL

Diretor
Volney J. Berkenbrock

Editores
Aline dos Santos Carneiro
Edrian Josué Pasini
Marilac Loraine Oleniki
Welder Lancieri Marchini

Conselheiros
Elói Dionísio Piva
Francisco Morás
Teobaldo Heidemann
Thiago Alexandre Hayakawa

Secretário executivo
Leonardo A.R.T. dos Santos

PRODUÇÃO EDITORIAL

Anna Catharina Miranda
Eric Parrot
Jailson Scota
Marcelo Telles
Mirela de Oliveira
Natália França
Priscilla A.F. Alves
Rafael de Oliveira
Samuel Rezende
Verônica M. Guedes

Editoração: Maria da Conceição B. de Sousa
Diagramação: Sheilandre Desenv. Gráfico
Capa: Jardim Objeto

ISBN 978-85-326-5064-1 (Brasil)
ISBN 2-900-424-42-9 (França)

Este livro foi composto e impresso pela Editora Vozes Ltda.

Conecte-se conosco:

f facebook.com/editoravozes

◎ @editoravozes

𝕏 @editora_vozes

▶ youtube.com/editoravozes

☺ +55 24 2233-9033

www.vozes.com.br

Conheça nossas lojas:

www.livrariavozes.com.br

Belo Horizonte – Brasília – Campinas – Cuiabá – Curitiba
Fortaleza – Juiz de Fora – Petrópolis – Recife – São Paulo

EDITORA VOZES LTDA.
Rua Frei Luís, 100 – Centro – Cep 25689-900 – Petrópolis, RJ
Tel.: (24) 2233-9000 – E-mail: vendas@vozes.com.br

OUTRAS OBRAS DO AUTOR EM PORTUGUÊS

Teu amor cresceu comigo – Teresa de Lisieux, gênio espiritual. São Paulo: Paulus, 1995.

Ao sopro do Espírito – Oração e ação. São Paulo: Paulus, 2010.

Virgem Maria, Mãe em plenitude. São Paulo: Paulus, 2010.

Contemplação do mistério pascal de Jesus. Marco de Canaveses (Portugal): Ed. Carmelo, 2006.

Sobre Frei Maria-Eugênio do Menino Jesus

RÈGUE, Raymonde. *Padre Maria-Eugênio do Menino Jesus* – Mestre espiritual para o nosso tempo. Marco de Canaveses (Portugal): Ed. Carmelo, 1990.

© L'Olivier – F – 84210 Venasque

A Espiritualidade Teresiana

PRIMEIRA FASE
Deus intervém mediante o *auxílio geral*

	AÇÃO DE DEUS	ATIVIDADE DA ALMA	CRISTO
Iªs Moradas: Vida espiritual quase inexistente.	Nenhuma manifestação.	Evita o pecado mortal.	Estudar Jesus Cristo no Evangelho e apegar-se à sua Humanidade
IIªs Moradas: Forte e doloroso esforço de ascensão.	Consolações sensíveis e aridez.	Aplica-se à oração, ao recolhimento, à correção dos defeitos, à organização da vida espiritual por meio de uma regra e pelo desapego. O forte e perseverante esforço é sustentado pelas leituras, pela direção e pelas amizades.	
IIIªs Moradas: Triunfo da atividade racional.	Facilidades de recolhimento.	Numa vida de piedade bem organizada, ela evita, com cuidado, o pecado e pratica as orações simplificadas.	

SEGUNDA FASE
Deus intervém mediante o *auxílio particular*

Introdução.	Deus intervém progressivamente na alma por meio dos dons do Espírito Santo. Ele a invade até a	A alma acerta seu passo com o passo de Deus, entrega-se a ele na humildade, na paciência; favorece o desenvolvimento de sua ação através de uma ascese enérgica.	Sabedoria de amor atuante.

I. PERSPECTIVAS

1. O Livro das Moradas.
2. "Quero ver a Deus".
3. Conhecimento de si mesmo.
4. A oração.
5. O bom Jesus.
6. Ascese teresiana.
7. O demônio.
8. Espírito teresiano.
9. Crescimento espiritual.

II. PRIMEIRAS ETAPAS

1. As primeiras Moradas.
2. No ponto de partida.
3. As primeiras orações.
4. A oração de Recolhimento.
5. As leituras espirituais.
6. Distrações e aridez.
7. As amizades espirituais.
8. A direção espiritual.
9. Vida regrada e orações simplificadas.
10. Sabedoria sobrenatural e perfeição cristã.

III. CONTEMPLAÇÃO E VIDA MÍSTICA

1. A Sabedoria de amor.
2. Os dons do Espírito Santo.

IVᵃˢ Moradas: Noite do sentido. Quietude.	Presença interior de Deus manifestada por uma luz que ofusca (Noite), por um assenhoreamento saboroso (recolhimento passivo, quietude).	Respeitar a ação de Deus na oração; completá-la: paz, silêncio, atividade moderada. Fora da oração, ascese enérgica para destruir os vícios capitais espirituais.	Luz ofuscante do Verbo, Sabedoria saborosa.
Vᵃˢ Moradas: União de vontade.	Habitual assenhoreamento da vontade, às vezes depois de uma graça de união mística.	Fidelidade na fé e na obediência.	A Sabedoria toma posse da vontade para a realização do seu designio eterno: a Igreja.
VIᵃˢ Moradas: Formação dos santos e dos apóstolos.	Deus purifica e enriquece mediante seus toques no espírito e nas faculdades operativas.	Abandono e paciência silenciosa. Pobreza, esperança e infância espiritual.	União a Cristo Salvador e a Maria, Mãe em plenitude.
VIIᵃˢ Moradas: União transformante.	Completa invasão divina, utilização para a Igreja.	Castidade e caridade perfeitas. A serviço da Igreja.	União com o Cristo total.

6. Solidão e contemplação.
7. A contemplação.
8. Chamado à vida mística.
9. Teologia e contemplação.
10. Fé e contemplação.

IV. ATÉ A UNIÃO DE VONTADE

1. Primeiras orações. Contemplativas.
2. Deus-luz e Deus-amor.
3. As Noites.
4. Noite passiva do sentido.
5. Noite ativa do sentido durante a oração.
6. A aridez contemplativa.
7. Noite ativa fora da oração.
8. A obediência.
9. A união de vontade.
10. O mistério da Igreja.

V. SANTIDADE PARA A IGREJA

1. Enriquecimentos divinos.
2. Graças extraordinárias.
3. A noite do espírito: o drama.
4. A conduta da alma: Pobreza, Esperança, Infância espiritual.
5. Auxílios e modelos: Cristo Salvador e a Virgem Mãe.
6. Os efeitos da noite.
7. Desposório e matrimônio espiritual.
8. A união transformante.
9. Os santos no Cristo total.

SIGLAS DAS OBRAS

SANTA TERESA DE JESUS

V – Livro da Vida. O primeiro número indica o capítulo; o segundo, o parágrafo.

CP – Caminho de Perfeição. O primeiro número indica o capítulo; o segundo, o parágrafo. Quando a sigla vier acompanhada da indicação "Ms Escorial", indica-se que o texto citado foi tirado da redação do manuscrito que se encontra no Escorial, seguindo a numeração que lhe é própria.

M – Castelo Interior ou Moradas. O primeiro número indica a Morada; o segundo, o capítulo e o terceiro, o parágrafo.

F – Fundações. O primeiro número indica o capítulo; o segundo, o parágrafo.

R – Relações. O primeiro número indica a relação; o segundo, quando houver, indica o parágrafo.

CAD – Conceitos do Amor de Deus. O primeiro número indica o capítulo; o segundo, o parágrafo.

Cta – Cartas. O único número indica a carta.

Pt – Poesias. O primeiro número indica a poesia; o segundo, a estrofe.

SÃO JOÃO DA CRUZ

S – Subida do Monte Carmelo. O primeiro número indica o livro; o segundo, o capítulo e o terceiro, o parágrafo.

N – Noite Escura. O primeiro número indica o livro; o segundo, o capítulo e o terceiro, o parágrafo.

CE – Cântico Espiritual. O primeiro número indica a canção; o segundo, o parágrafo.

Ch – Chama Viva de Amor. O primeiro número indica a canção; o segundo, o parágrafo.

DE – Ditames de Espírito. O único número indica o Ditame.

D – Ditos de luz e amor. O único número indica o Dito.

Ep – Epistolário. O único número indica a carta.

SANTA TERESINHA DO MENINO JESUS E DA SANTA FACE

Ms A, B, C – Manuscritos autobiográficos. A letra indica o Manuscrito, o número indica o fólio, seguido da indicação de retro (r°) ou de verso (v°).

CT – Cartas. O único número indica a carta.

P – Poesias. O primeiro número indica a poesia; o segundo, a estrofe.

O – Orações. O único número indica a oração.

UC – Últimos Colóquios com Madre Inês (Caderno Amarelo). O primeiro número indica o dia; o segundo, o mês; o terceiro, a palavra deste dia.

UC/G – Últimos Colóquios com Irmã Genoveva. O primeiro número indica o dia; o segundo, o mês; o terceiro, a palavra deste dia.

UC/MSC – Últimos Colóquios com Irmã Maria do Sagrado Coração. O primeiro número indica o dia; o segundo, o mês; o terceiro, a palavra deste dia.

UC/Outras palavras – Últimos Colóquios, outras palavras de Teresa. O nome indica o interlocutor seguido da indicação do mês, quando houver.

PO – *Procès de Béatification et Canonisation de Sainte Thérèse de L'Enfant Jésus et de la Sainte Face – I Procès Informatif Ordinaire,* Teresianum, Roma, 1973.

PA – *Procès de Béatification et Canonisation de Sainte Thérèse de L'Enfant Jésus et de la Sainte Face – II Procès Apostolique,* Teresianum, Roma, 1976.

* * * * *

Siglas das obras

Salvo indicação contrária, as citações das notas remetem às seguintes edições dos Mestres do Carmelo:

Santa TERESA DE JESUS (D'ÁVILA). *Obras Completas*, tradução: vários, org. geral: Frei Patrício Sciadini, ocd e Padre Gabriel Galache, sj, São Paulo, Edições Loyola, 1995.*

São JOÃO DA CRUZ. *Obras Completas*, tradução: vários, org. geral: Frei Patrício Sciadini, ocd, Petrópolis, Editora Vozes em coedição com o Carmelo Descalço do Brasil, 2002.

Santa TERESA DO MENINO JESUS E DA SANTA FACE. *Obras Completas*, tradução: Paulus Editora com a colaboração das monjas do Carmelo do Imaculado Coração de Maria e Santa Teresinha (Cotia), São Paulo, Editora Paulus, 2002.

Para as citações bíblicas, usou-se o texto da *Bíblia de Jerusalém,* exceto quando a linha de desenvolvimento do tema referente à dita citação exigia a versão apresentada pela Vulgata. Neste caso, a indicação é apresentada entre parêntesis.

---

* N.T.: Embora a edição adotada para as *Obras Completas* de Santa Teresa traduza os vocábulos *entendimiento* por "intelecto" e *potencia* por "faculdade", a fim de evitar interpretações errôneas fundamentadas nos conceitos da psicologia moderna, optamos por substituir tais expressões por "entendimento" e "potência", respectivamente. Desta forma, não só dirigimos o leitor para o conteúdo semântico próprio que esses termos encerram durante o Quinhentismo, mas também, dado que tais termos se encontram traduzidos desta forma nas *Obras Completas* de São João da Cruz, unificamos a maneira de nos referir a estas realidades nos escritos de ambos os santos.

Também, sempre que necessário, seja para um melhor encaixe entre o trecho citado de Santa Teresa e o texto de Frei Maria-Eugênio, seja ainda com o intuito de deixar mais destacada a ideia que ele pretende realçar, fizemos a tradução diretamente do texto original em espanhol.

Siglas das obras

Para as citações do *Catecismo Romano*, usou-se a edição preparada por Frei Leopoldo Pires Martins, ofm, Petrópolis, Editora Vozes, 1951.

Para as citações do antigo magistério da Igreja, usou-se o *Compêndio dos Símbolos, Definições e Declarações de fé e moral* de Denzinger, segundo a edição alemã preparada por Peter Hünermann, traduzida por José Marino Luz e Johan Konings, São Paulo, coedição de Edições Paulinas e Edições Loyola, 2007.

APRESENTAÇÃO

Ao celebrar os 500 anos do nascimento de Santa Teresa de Jesus, a Editora Vozes em parceria com o Instituto *Notre Dame de Vie* (Nossa Senhora da Vida), com a preciosa colaboração do Carmelo do Imaculado Coração de Maria e Santa Teresinha (Cotia), colocam nas mãos do público brasileiro a obra *Quero ver a Deus,* de autoria do Venerável Frei Maria-Eugênio do Menino Jesus, em língua portuguesa do Brasil.

A título de apresentação, creio que duas considerações serão importantes fazer: uma a respeito do autor e outra em relação a esta obra.

Frei Maria-Eugênio do Menino Jesus (1894-1967), Carmelita descalço, além de uma intensa atividade no interior da Ordem desde 1922 até o fim de sua vida, destacou-se pela fundação do Instituto *Notre Dame de Vie,* na companhia de Marie Pila, que reúne leigas e leigos consagrados, sacerdotes diocesanos e, também, casais, com a proposta de viver o carisma carmelitano, nas realidades que lhes são próprias, no espírito do Profeta Elias, Pai da Ordem do Carmelo.

A obra *Quero ver a Deus*, é a obra-prima de Frei Maria-Eugênio. Publicada em diversos países, em diversas línguas, esta obra tem um lugar de grande importância no campo da mística. Seguindo o roteiro do livro das *Moradas* de Santa Teresa de Jesus, Frei Maria-Eugênio vai, numa forma acessível, desvendando aqueles termos próprios da experiência mística, difíceis para a compreensão dos principiantes e mesmo para os adiantados no caminho da fé, necessitando de discernimento e de luz.

Apresentação

Encontramos ainda, neste texto de grande envergadura espiritual, uma síntese do pensamento dos grandes Mestres do Carmelo: Santa Teresa de Jesus, São João da Cruz e Santa Teresinha do Menino Jesus. Com quase cinquenta anos de antecedência, Frei Maria-Eugênio já intuíra que Santa Teresinha do Menino Jesus, por quem nutriu uma grande amizade desde os tempos de seminário e cuja Beatificação e Canonização acompanharam seus primeiros anos de Carmelo, se equiparava a São João da Cruz e Santa Teresa de Jesus, dos quais herdara o espírito contemplativo e o zelo apostólico.

Com toda certeza, a obra *Quero ver a Deus* que chegou às suas mãos, haverá de ser uma companheira para sempre. É, de fato, uma obra que não dá para ler "de uma vez"; ao contrário, precisa ser consultada e aprofundada diversas vezes, para que se possa sorver a sua riqueza doutrinal e espiritual.

Num tempo em que somos chamados a ir para as "periferias existenciais" (Papa Francisco), a obra *Quero ver a Deus* nos permite abastecer-nos do Espírito Santo, para transmiti-lo ao coração dos homens e mulheres do nosso tempo, sedentos do Deus vivo que faz ressoar sua voz no mais profundo do coração humano.

Meus votos de que a leitura de *Quero ver a Deus* desperte em cada leitor o desejo de uma vida apostólica intensa, alimentada por uma vida de comunhão com Deus, nutrida pela Palavra de Deus e inspirada no testemunho e na doutrina dos grandes santos do Carmelo!

Dom Milton Kenan Júnior
São Paulo, 19 de outubro de 2013.
Aniversário do Doutorado de Santa Teresa do Menino Jesus.

FREI MARIA-EUGÊNIO DO MENINO JESUS
Breve Biografia

Família

Nasceu aos 2 de dezembro de 1894 no Gua, cidadezinha situada na região de Aveyron, no sul da França. Foi batizado no dia 13 de dezembro do mesmo ano. Henrique – foi este nome que recebeu na pia batismal – era o terceiro filho de uma família de cinco irmãos. Seu pai, Augusto Grialou, trabalhava numa mina de carvão e sua mãe, Maria, em um pequeno restaurante que ela mesma abriu em casa. Foram Augusto e Maria que construíram, com as próprias mãos, a casa da família onde todos viviam numa atmosfera de pobreza, ternura e fé católica.

Em agosto de 1904, atingido por uma pneumonia, Augusto morre, deixando os filhos: Mário, com 15 anos; Ângela, com 11 anos; Henrique, com 10 anos; Fernanda, com 3 anos e Berta, ainda bebê, com apenas 1 ano. O próprio Henrique será o padrinho de batismo desta última. Sem o marido, Maria trabalha dobrado para sustentar a família. Muitas vezes, como lavadeira de roupas, deverá, durante o inverno, quebrar o gelo que se forma no reservatório de água, antes de começar o trabalho ao ar livre, como se fazia na época.

Chamado ao Sacerdócio

Ainda muito jovem, Henrique sente o chamado para o sacerdócio. Ciente da vocação do menino, o pároco deseja que ele estude no seminário diocesano, mas as condições financeiras da família não o permitem. Henrique, com apenas onze anos, aproveita a visita de um sacerdote da Congregação do Espírito Santo à região, para ir fazer seus estudos fora da França – os religiosos tinham sido expulsos pela República Francesa. Em 1905, toma sozinho o trem para Susa, na Itália, e fica cerca de três anos sem rever a família. No entanto, percebe que esta Congregação não corresponde à sua vocação e volta à sua cidade natal.

Em 1908, Henrique descobre o livro *História de uma alma*, que narra a vida de uma Carmelita, ainda em processo de beatificação e que se tornará para ele uma grande amiga: Irmã Teresinha do Menino Jesus. Em 1911, graças à sua mãe Maria – a qual, muito batalhadora, decide pagar os seus estudos –, Henrique entra para o seminário de Rodez e começa uma etapa de formação. Será tido como um seminarista exemplar, cheio de ardor espiritual, mas também muito generoso e preocupado com os outros. Reconhecendo a importância deste período, dirá: *"Durante o seminário é preciso fazer uma reserva de força e coragem; acender no coração uma brasa de amor que nada possa apagar"*.

Primeira guerra mundial

Em agosto de 1914, Henrique interrompe seus estudos no seminário e parte para a guerra como cabo de infantaria. Poucos dias depois, é atingido por uma bala no rosto, mas ela não lhe causa graves problemas. Atribui sua sobrevivência, nesta e em muitas outras situações de perigo, à proteção de Irmã Teresinha do Menino Jesus: *"Ela afasta as balas"*.

Oferece-se para substituir um soldado, pai de quatro filhos, e volta para a frente de combate. Corajoso, é nomeado tenente e conquista a admiração de seus soldados.

Vigia sobre as condições alimentares de cada um, cria atividades extras para ocupá-los nos tempos livres, evita que se entreguem a atitudes imorais, bastante comuns naquelas condições de guerra. Depois de quatro anos, volta da guerra condecorado por sua coragem e intrepidez.

Seminário e ordenação sacerdotal

Em outubro de 1919, Henrique Grialou pôde retomar e concluir os estudos no seminário de Rodez. Mais tarde comentaria: *"Então optei por ser sacerdote plenamente, sem calcular"*. Em seu retiro para o subdiaconato, sente-se extremamente tocado pela leitura de uma pequena biografia de São João da Cruz. Decide responder ao chamado de uma entrega absoluta que já estava presente em seu coração e entrar para a Ordem do Carmelo Descalço. Por este ideal, precisou enfrentar a forte resistência do diretor espiritual, Padre Belmon e, também, a grande oposição de sua mãe. Esta imaginava que, se Henrique fosse padre diocesano, poderia participar mais de perto da vida de seu filho, ao passo que o Carmelo haveria de privá-la definitivamente desta intimidade.

No dia 4 de fevereiro de 1922, Henrique Grialou é ordenado sacerdote e, apesar das grandes contradições, experimenta uma profunda alegria: *"Eu sou Padre! Padre por toda a eternidade! Repito, hoje, essas palavras sem me cansar, experimentando, a cada vez, uma alegria nova. À minha voz, tu virás, oh Jesus! Serás meu, amanhã e todos os dias da minha vida"*. Por fim, obtém a licença de seu diretor espiritual para entrar no Carmelo. Quanto à sua mãe, procura consolá-la através de cartas muito carinhosas e espirituais. Contudo, será só depois de muito tempo, com a ajuda de Berta, sua irmã caçula, que conquistará de novo sua confiança.

O Carmelo

No dia 24 de fevereiro de 1922, Henrique Grialou entra no convento carmelitano de Avon, perto de Paris. O dia de sua chegada será marcado por uma reflexão profunda sobre as palavras de Jesus a Nicodemos: *"Em verdade vos digo, ninguém pode ver o Reino de Deus se não nascer de novo. Essas palavras são luminosas para mim hoje. Eu preciso renascer completamente numa vida nova"*. Como Carmelita, recebe o nome de Frei Maria-Eugênio do Menino Jesus. Sacerdote, homem maduro, ex-tenente de guerra, tem agora 28 anos e começa sua primeira etapa de formação no Carmelo. Vive o noviciado completamente entregue à vida de oração, conforme os ensinamentos dos santos carmelitas, particularmente de Santa Teresa de Ávila. *"A oração é, de certa maneira, o sol e o centro de todas as atividades do dia"*. Adepto da penitência e da mortificação, coloca sua saúde em risco. Foi com a "pequena via" de Irmã Teresinha do Menino Jesus, que Frei Maria-Eugênio compreendeu que *"não se deve matar as forças da natureza e, sim, purificá-las a serviço do amor"*.

Este período coincide com três momentos importantes para a Ordem do Carmelo e para a Igreja: a beatificação de Irmã Teresinha do Menino Jesus (1923); sua canonização (1925); e a proclamação de São João da Cruz como Doutor da Igreja (1926). Frei Maria-Eugênio está convicto da profunda filiação espiritual e doutrinal entre Santa Teresinha e o Doutor espanhol "das noites e do amor", "do tudo e do nada". Vislumbra já, com grande ousadia, a novidade e a sólida estrutura da "pequena via da infância espiritual".

Entre 1924 e 1928, mora no convento de Lille, centro cultural e econômico no norte da França. Aí, estabelece muitos contatos com filósofos, intelectuais e até industriais da região. Dá conferências sobre os santos do Carmelo em vários conventos, mosteiros e paróquias, colocando a serviço de Deus seu dom de pregador. Em 1925, é nomeado diretor da revista *Carmel*. Utilizará, com sucesso, a divulgação desta revista nos Carmelos da França a fim de favorecer a união entre o Carmelo feminino e o masculino que, desde a implantação do Carmelo teresiano, no século XVII, viviam uma espécie de separação.

No dia 11 de março de 1926, faz sua profissão solene, acompanhado por Berta, sua irmã, que entra para a Ordem Terceira do Carmelo. A intuição de que a doutrina do Carmelo é um tesouro e que não deve se limitar aos religiosos vai se confirmando para Frei Maria-Eugênio. Tem sede de divulgá-la no mundo para que todos possam conhecer o Amor divino misericordioso. É possível estabelecer com este Deus interior, pela graça do batismo, um contato de amizade muito simples.

No entanto, no dia 14 agosto de 1928, Frei Maria-Eugênio é nomeado Superior de um Seminário menor dos Carmelitas, o convento do Petit Castelet, situado na zona rural, perto da pequena cidade de Tarascon, no sul da França. Aceita a nomeação com dor, mas também com espírito de fé e grande confiança nos desígnios de Deus.

Fundação de Nossa Senhora da Vida

De fato, a Providência divina marcara um encontro para Frei Maria-Eugênio no Petit Castelet. Em 1929, três jovens professoras responsáveis de um colégio em Marselha vêm visitá-lo. Desejam entregar suas vidas a Deus e receber a ciência da oração carmelitana. Frei Maria-Eugênio vê neste acontecimento uma resposta às suas intuições anteriores. Por enquanto, limita-se a atender ao pedido de estabelecer em Marselha um curso sobre a oração para um grupo de universitários apaixonados pela espiritualidade do Carmelo. Este curso lançará os alicerces para sua obra-mestra, o livro *Quero ver a Deus*.

Uma intercorrência aparentemente fortuita veio acrescentar mais um passo rumo à realização dos desígnios divinos. Em 1931, a senhora Lemaire ofereceu ao Carmelo um terreno junto às colinas de Venasque, pequena cidade do território de Vaucluse, na Arquidiocese de Avinhão. A doação do terreno incluía o Santuário de Nossa Senhora da Vida. Neste local, desde o século VI, já existia o culto à Mãe de Deus, implantado pelo monge e bispo São Siffrein. Assim, a afluência de peregrinos, especialmente de pais aflitos por seus filhos gravemente enfermos, era bastante grande.

Certo dia, as três professoras que tinham visitado Frei Maria-Eugênio no Petit Castelet, o procuraram para realizar uma atitude de dom de si mesmas mais concreta: *"Nós lhe oferecemos tudo o que temos. Diga-nos o que devemos fazer e o faremos"*. Visitaram, então, juntos o Santuário de Nossa Senhora da Vida. O fruto desta visita foi que cada uma delas, uma após outra, abandonou o trabalho pelo período de um ano, a fim de viver ali um tempo de deserto e recolhimento e, em seguida, voltar ao colégio de Marselha que continuava funcionando. A Providência mostrava, assim, que a intuição de Frei Maria-Eugênio correspondia à vontade de Deus. Desta forma, no ano 1932, com a aprovação do Arcebispo de Avinhão, o "Instituto" de Nossa Senhora da Vida começava sua caminhada, já se modelando segundo o ideal inspirado a Frei Maria-Eugênio de formar "apóstolos contemplativos", ou seja: pessoas consagradas a Deus, abastecidas pelo Espírito Santo através da oração cotidiana, que dão testemunho em todos os ambientes, da existência de Deus e do seu amor misericordioso para com todos os homens.

Era o início e o "Instituto" não possuía muitos recursos materiais, nem havia regras precisas. A única preocupação do fundador consistia em se ajustar à inspiração do Espírito Santo. As três pioneiras foram: Germaine Romieu, Jeanne

Grousset e Marie Pila, que será o braço direito de Frei Maria-Eugênio e cofundadora do Instituto.

Carmelita e Fundador

Em 1932, Frei Maria-Eugênio é nomeado Prior do noviciado de Agen, após a separação da Província dos Carmelitas franceses em duas Semiprovíncias. Em 1936, é Prior do convento de Mônaco. Preocupado com o futuro da fundação de Nossa Senhora da Vida que passava por contradições e persuadido da validade do projeto no mundo contemporâneo, Frei Maria-Eugênio pede ao Prepósito Geral do Carmelo Descalço em Roma que o grupo receba o estatuto de Fraternidade Secular da Terceira Ordem de Nossa Senhora do Monte Carmelo e de Santa Teresa de Jesus. O Arcebispo de Avinhão, Dom Gabriel de Llobet, procede à ereção oficial no Santuário de Nossa Senhora da Vida no dia 24 de agosto de 1937.

No entanto, um telegrama do Capítulo Geral dos Carmelitas Descalços em Veneza comunicou a Frei Maria-Eugênio que ele fora eleito terceiro Definidor da Ordem, isto é: que faria parte do Conselho e colaboraria com o Prepósito Geral em Roma. Encerra-se, assim, uma etapa de intensa atividade a serviço do Carmelo Descalço francês e de prudente acompanhamento no crescimento da fundação de Nossa Senhora da Vida. Frei Maria-Eugênio receberá do Prepósito Geral a ordem explícita de continuar acompanhando esta fundação, apesar da distância entre Roma e Venasque na França, e das muitas responsabilidades inerentes ao seu cargo de Definidor.

Responsabilidades em Roma

Frei Maria-Eugênio tem 43 anos. Haure na fidelidade à oração diária uma grande capacidade de trabalho, de adaptação às situações, de prudência na tomada de decisões e uma grande dedicação às pessoas que se confiam ao seu ministério de sacerdote carmelita. Aprende o italiano, embora sua missão abranja mais especificamente a área de língua francesa. Já em julho de 1937, viaja para participar da inauguração da basílica de Lisieux e do Congresso dos *Études Carmélitaines* em Avon. Lançados por Frei Bruno de Jesus Maria, ocd, esses congressos internacionais reuniam eminentes teólogos, psicólogos, psicanalistas, médicos, filósofos e artistas para tratar de questões de psicologia religiosa e mística. Proporcionaram a Frei Maria-Eugênio muitos contatos enriquecedores e sérios estudos citados, muitas vezes, por ele em sua obra *Quero ver a Deus*.

No mesmo ano de 1937, falece sua mãe. Desta forma, sua irmã Berta, então um pouco hesitante, resolve fazer uma experiência vocacional junto ao recém-fundado "Instituto". Frei Maria-Eugênio acompanha com delicadeza essa entrega ao projeto de Deus. Alguns anos mais tarde (1942), Berta será objeto de uma cura milagrosa por intercessão de Nossa Senhora da Vida. Embora sendo irmã e afilhada do fundador, Berta sempre haveria de desempenhar um papel discreto no crescimento do futuro "Instituto". Além de trabalhar em várias escolas técnicas da região de Avinhão, exerceu com grande dedicação a função de ecônoma.

Segunda guerra mundial

Justo antes de estourar o segundo conflito mundial, Frei Maria-Eugênio visita os conventos e mosteiros carmelitanos do Oriente Médio. Descobre a terra de Jesus, a Galileia pacífica onde morou a Sagrada Família; Jerusalém com sua atmosfera de luta e tensões. Em 1947, voltará para lá como Visitador apostólico; descobrirá o Monte Carmelo, lugar dos feitos do Profeta Elias, Patriarca do Carmelo. Procurará organizar essa missão da Mesopotâmia encomendada pela Santa Sé aos Carmelitas da França e que abrangia também o Iraque e o Egito. Tanto sua obra-prima *Quero ver a Deus* quanto seu magistério oral, suas pregações e homilias, estarão marcados pelo conhecimento concreto da terra da Revelação bíblica.

Com a invasão das tropas nazistas e italianas em 1940, Frei Maria-Eugênio volta para França. Tenente durante a primeira guerra mundial, deve servir agora como militar nos Alpes franceses, até o armistício de junho de 1940. Liberado da guerra, pôde retomar suas atividades no Carmelo francês, visitando os mosteiros que não foram destruídos pelos bombardeios, confortando os religiosos e religiosas. Somente no transcorrer do ano 1941, prega cerca de 21 retiros.

1942 é o IV Centenário de Nascimento de São João da Cruz. Frei Maria-Eugênio participa do evento; dá conferências centradas no papel essencial da fé na mensagem do Doutor Místico. Aprofunda a amizade com o Professor Paliard e outros professores influenciados pela filosofia de Blondel, que tiveram ligação com o curso sobre a oração carmelitana em Marselha. Vai mencioná-los várias vezes no livro *Quero ver a Deus*.

Ao mesmo tempo, cuida da fundação de Nossa Senhora da Vida cujo crescimento e organização são facilitados pela chegada de um grupo de vocacionadas do sudoeste da França e pelo lançamento de uma escola rural de promoção feminina no difícil contexto das privações decorrentes da guerra. Terminado o conflito, Frei Maria-Eugênio volta a Roma.

O Instituto Secular Nossa Senhora da Vida

Em 1947, tem a alegria de ver a fundação de Nossa Senhora da Vida erigida como "Pia União ou Instituto Carmelitano", pelo Arcebispo de Avinhão, e agregada à Ordem do

Carmelo Descalço. Ora, uma Constituição Apostólica do Papa Pio XII – *Provida Mater Ecclesia* – promulgada aos 2 de fevereiro de 1947, reconhece e aprova os Institutos Seculares na Igreja como uma forma de vida consagrada nova e plena. Frei Maria-Eugênio considera que esta forma canônica corresponde exatamente às intenções da fundação de Nossa Senhora da Vida, com seu perfil apostólico, e oferece uma flexibilidade perfeita para uma presença e um testemunho num mundo sedento de Deus, o qual, porém, se materializa e seculariza rapidamente. Pede, então, ao Arcebispo de Avinhão para erigir o Instituto Secular Nossa Senhora da Vida (15 de agosto de 1948). Esta foi uma etapa capital que Frei Maria-Eugênio salientou com as seguintes palavras:

"Foi o Espírito Santo que criou o Instituto Nossa Senhora da Vida e o aperfeiçoou. Ele tem um projeto muito preciso e seguro. Este projeto nasceu em mim com o desejo de transmitir a espiritualidade do Carmelo, esta doutrina que deveria ser realizada de uma maneira viva. Tinha a impressão de que este tesouro devia ser divulgado com humildade e largueza, que não era um tesouro para alguns privilegiados. Com efeito, o amor de Deus quer se comunicar, quer se espalhar; e isto, não apenas no mundo religioso, mas também nos bulevares, nas periferias, por toda parte onde existam almas que Deus chama à sua intimidade divina".

Lisieux e a herança de Santa Teresinha

Em abril e maio de 1947, no Capítulo Geral dos Frades Carmelitas Descalços, convocado em virtude do trágico acidente que o Prepósito Geral, Frei Pedro Tomás, sofreu nos Estados Unidos, Frei Maria-Eugênio foi eleito Primeiro Definidor para 8 anos. O novo Prepósito Geral, Frei Silvério de Santa Teresa, pede-lhe para ficar em Roma ao seu lado. Frei Maria-Eugênio escreve, então, estas significativas palavras:

"Aceitei e eis-me aqui em Roma por oito anos, até 1955. Tive a impressão de um sacrifício completo de mim mesmo pelo bem geral da Ordem".

O ano 1947 marcou os 50 anos do falecimento de Santa Teresinha. Frei Maria-Eugênio preparara durante dois anos um grande Congresso Teresiano no Instituto Católico de Paris para o mês de julho. Ele mesmo, na presença do Núncio Apostólico, Dom Angelo Roncalli, pronunciou o discurso final cuja conclusão parece profetizar, com 50 anos de antecedência, a proclamação de Santa Teresinha como Doutora da Igreja, pelo Papa João Paulo II (1997):

"Em cada virada da história, o Espírito Santo coloca um guia. Para cada civilização que começa, ele dá um mestre encarregado de ministrar sua luz. A Igreja teve Santo Agostinho, São Bento, São Francisco de Assis e São Domingos, Santa Teresa de Ávila e São João da Cruz. No limiar deste mundo novo que se vislumbra – um mundo mais poderoso que os anteriores, porque conquistou o universo inteiro, um mundo mais atormentado e mais dividido –, Deus colocou Santa Teresinha do Menino Jesus para dar a conhecer o Amor, para organizar uma legião de pequenas almas que terão experimentado o Amor e serão capazes de enfrentar os duros combates que exige. Santa Teresinha já é, e será, contada entre os grandes mestres espirituais da Igreja, entre os mais poderosos guias de almas de todos os tempos".

Durante a preparação do Congresso, Frei Maria-Eugênio teve nas mãos os *Manuscritos* de Santa Teresinha integrados no Processo de beatificação. Para ele, é uma verdadeira revelação. Doravante, insistirá junto ao Carmelo de Lisieux para uma publicação integral dos textos de Santa Teresinha. O próprio Papa Pio XII manifesta o desejo de tal publicação. Contudo, por conta da idade e da saúde fragilizada, Madre Inês, que publicara *História de uma alma* – com correções e acréscimos ao texto de sua irmãzinha – não quis enfrentar o projeto. Este só começou depois do falecimento desta e, sob o impulso do Frei Maria-Eugênio, Frei François de Sainte-Marie o levou a cabo em 1956, numa edição fac-símile que fez sucesso e se tornou a base das publicações e dos estudos teresianos.

Visitador apostólico das Carmelitas francesas e organizador das Federações:

Em 1948, Frei Maria-Eugênio foi nomeado Visitador apostólico dos Carmelos da França pelo Papa Pio XII. Tal nomeação correspondia a um desejo manifestado por vários mosteiros de chegar a uma união espiritual mais profunda e a um mútuo apoio. Como Visitador, Frei Maria-Eugênio procura sustentar as duas dimensões complementares do carisma carmelitano: guardar a todo custo o núcleo essencial – as duas horas de oração contemplativa, o silêncio, a solidão eremítica – e uma adaptação com a evolução da sociedade – por ex. a retribuição do trabalho, a compra de máquinas úteis etc.

Durante esta visita, Frei Maria-Eugênio receberá muitos pedidos de direcionamento espiritual. Sua experiência e sabedoria atraem, assim como seu realismo espiritual. Seus princípios se encontram sintetizados num capítulo do livro *Quero ver a Deus*. Nas pegadas do vigoroso magistério de São João da Cruz, ao comentar a estrofe 3 da *Chama Viva de Amor*, Frei Maria-Eugênio considerava o Espírito Santo como o principal Diretor das pessoas. Seu papel consistia em apoiar; e, caso fosse necessário, retificar, a docilidade ao Mestre interior. Terminada a visita apostólica em 1951, com a satisfação geral das monjas, Frei Maria-Eugênio apresenta um relatório à Congregação dos Religiosos sobre 111 mosteiros. Nesse momento, ele sente um grande cansaço e precisa tomar seis meses de repouso no Instituto Nossa Senhora da Vida.

De volta a Roma, com um ritmo mais lento de trabalho, medita a recente Constituição apostólica *Sponsa Christi* do Papa Pio XII para as monjas. Além de encorajar a formação de Federações ou Associações entre os mosteiros, o Papa pedia que as monjas de clausura se dedicassem diariamente a um tempo limitado de apostolado exterior, ajudando nas paróquias necessitadas. Frei Maria-Eugênio reage: a vida, a vocação contemplativa e sua fecundidade oculta na Igreja estão ameaçadas. Não era Santa Teresinha, no Carmelo de Lisieux, uma prova irradiante de tal fecundidade? Numa difícil audiência de janeiro de 1952, Frei Maria-Eugênio se faz o intérprete das 13.000 Carmelitas espalhadas pelo mundo inteiro diante do Santo Padre, o qual, depois, nuançará o texto e deixará a decisão do apostolado exterior para os bispos.

Em outubro de 1953, pela primeira vez na Ordem do Carmelo, reuniram-se em Lisieux as delegadas de 132 Carmelos da França. Deviam preparar a organização das Federações de Monjas Carmelitas conforme fora pedido pelo Papa Pio XII. Frei Maria-Eugênio coordena esta consulta cujo objetivo primeiro é essencialmente espiritual: que as carmelitas *"adquiram uma maior consciência das necessidades da época, possam ultrapassar os interesses particulares de cada casa, conheçam as necessidades dos demais mosteiros, e possam se unir na oração e no sacrifício pela Igreja"*. Contudo, era preciso evitar uma centralização de poderes, prejudicial para a autonomia de cada mosteiro e seu espírito de família próprio. Nos anos seguintes, a Congregação dos Religiosos aprovou com elogio os estatutos redigidos.

Quero ver a Deus (1949-1951)

Tais responsabilidades na Ordem do Carmelo não impediram Frei Maria-Eugênio de preparar a edição de sua obra-prima. Em 1949, saía o volume *Quero ver a Deus*. Posteriormente, em 1951, vinha à luz um segundo volume que complementava este primeiro: *Sou filha da Igreja*.

O *Castelo Interior* ou Moradas de Santa Teresa de Ávila constitui o fio condutor dos dois volumes, mas, numa síntese que não resulta num concordismo forçado, Frei Maria-Eugênio integrou a doutrina de São João da Cruz nas etapas-chave do itinerário e valorizou a mensagem de Santa Teresinha. O livro reflete em grande parte, também, a experiência pessoal de Frei Maria-Eugênio e sua leitura mística da Sagrada Escritura, ressaltando a figura emblemática do Profeta Elias, a timidez recompensada de Nicodemos, o dinamismo ardoroso do Apóstolo São Paulo e as parábolas evangélicas do Reino. As ferramentas da Escolástica tomista e da teologia clássica reforçam a seriedade das análises na contemplação do mistério trinitário e cristológico e são completadas com valiosas colocações da filosofia moderna vitalista na linha de Bergson e Blondel, bem como por uma reflexão de teologia mariana precursora das afirmações do Concílio Vaticano II.

Em 1957, os dois volumes seriam reunidos, pelo autor, num só livro com o título definitivo: *Quero ver a Deus*. Frei Maria-Eugênio impulsionou as traduções desta obra para outros idiomas (alemão, inglês, espanhol, italiano, polonês, chinês) e desejou a tradução em português. Seu magistério tem um oportuno complemento nas conferências e pregações – a maior parte já publicada – e nessa pedagogia concreta, cheia de humor, que deixou em herança às pessoas que recorriam a ele.

Vigário Geral da Ordem do Carmelo Descalço

Durante uma estadia no México em 1954, morre Frei Silvério de Santa Teresa, Prepósito Geral da Ordem do Carmelo. Frei Maria-Eugênio, então Primeiro Definidor, deve substituí-lo no cargo até o Capítulo Geral previsto para abril de 1955. Cabe-lhe uma multiplicidade de tarefas: correspondência intensa com as Províncias, conventos e mosteiros do mundo inteiro; construção, abertura e inauguração do Colégio internacional ou *Teresianum*; consagração oficial da basílica de Lisieux; Ano Mariano decretado pelo Papa Pio XII.

De novembro 1954 até fevereiro 1955, Frei Maria-Eugênio empreende uma longa viagem missionária: Oriente Médio (Egito, Iraque) até Ásia (Filipinas, Vietnã, Índia) e, na volta, Terra Santa. Ele se apaixonou pelas missões, em particular na Ásia, e dedicou à Igreja na China uma atenção que se intensificou com a vitória do comunismo de Mao Tsê Tung. Durante sua permanência nas Filipinas, e a pedido de um Bispo carmelitano, ele dá início, com a colaboração de Marie Pila, Responsável Geral, e duas consagradas, a uma fundação do Instituto Nossa Senhora da Vida naquelas terras.

A reflexão de Frei Maria-Eugênio sobre as missões se aprofunda notavelmente: no que diz respeito ao clima, à cultura, à saúde e às capacidades das pessoas, é preciso se adaptar com realismo; é necessário passar as responsabilidades aos nascidos no país. O Amor divino não fica preso aos modos humanos de pensar, mas se comunica a cada pessoa e a cada civilização por meios infinitos; o que deve prevalecer é o testemunho da Verdade e do Amor, na paciência que sabe esperar segundo a medida dos projetos de Deus. Frei Maria-Eugênio deixou, nessas longas e arriscadas viagens, um testemunho de fidelidade inquebrantável à celebração eucarística e à oração contemplativa, oferecendo em seguida uma disponibilidade completa às pessoas, avaliando as situações com rapidez e energia.

No Capítulo Geral de abril 1955, Frei Anastásio do Santíssimo Rosário foi eleito Prepósito Geral. Frei Maria--Eugênio não recebeu nenhum cargo e voltou para França como simples religioso. Tinha 60 anos. Nas cartas, escreve sua serena convicção de que terá agora o tempo para *"se santificar e para se purificar um pouco de tudo aquilo que 27 anos de responsabilidades deixaram em sua alma"* e afirma que *"se sente livre como um burrinho que acabam de desatar e que pode correr pelos prados"*.

Regresso à França

Frei Maria-Eugênio fica poucos meses sem cargo. Em outubro de 1955, é nomeado Prior do convento Le Petit Castelet em Tarascon, na Província carmelitana de Avinhão-Aquitânia, e diretor das *Éditions du Carmel*. Organiza retiros e cursos de espiritualidade na região sudeste da França. Continua assessorando as Federações de Carmelitas Descalças francesas. Em 1957, é eleito Provincial e leva para frente uma fundação de frades carmelitas em Nicolet, no Canadá de língua francesa. A partir de 1960, efetuará várias estadias neste país e tomará muitos contatos com a realidade eclesial. Ministrará cursos bem concorridos sobre a espiritualidade do Carmelo e a direção espiritual e ainda preparará a implantação do Instituto Nossa Senhora da Vida em terras canadenses em 1964.

Crescimento do Instituto Nossa Senhora da Vida

No intervalo entre dois Provincialatos como Carmelita descalço (1957-1960 e 1963-1966), Frei Maria-Eugênio obtém do Prepósito Geral em Roma a licença para residir em Venasque, sede do Instituto Nossa Senhora da Vida, que conheceu, nesses últimos anos, um notável crescimento.

Com efeito, a partir de 1957, além da fundação nas Filipinas, realizaram-se duas implantações na região norte da França e na Diocese de Bamberg, na Alemanha. Os Carmelitas descalços mexicanos promoveram a implantação de uma equipe de consagradas do Instituto no Distrito Federal do México e na Diocese vizinha de Toluca. Frei Maria-Eugênio – sem hábito religioso, proibido naquela época – e Marie Pila visitam aquela terra de profunda religiosidade que sofreu trágicas perseguições no século XX. Ficam admirados pelo trabalho dos primeiros missionários e pelo impressionante culto à Nossa Senhora de Guadalupe, "estrela da evangelização" do continente americano.

Na França, um grupo de padres e seminaristas de várias Dioceses julga o carisma do Instituto muito apropriado para os sacerdotes diocesanos. Frei Maria-Eugênio, que tinha se formado e ordenado na Diocese de Rodez, apoia esse grupo com grande esperança. Uma longa experiência de solidão e escuta do Espírito, a oração contemplativa cotidiana, um tempo de deserto anual e de vida fraterna numa casa do Instituto permitiriam ao padre secular se reabastecer e enfrentar com firmeza os desafios do ministério diocesano moderno. Frei Maria-Eugênio transborda de alegria quando, no dia 29 de dezembro de 1964, no clima da alegria do Natal, um primeiro grupo de padres de diversas Dioceses francesas pronuncia os primeiros votos de consagração.

Da mesma maneira, um grupo de homens, responsáveis de dois colégios e obras dedicadas à juventude na região de Bordeaux, se interessa por uma consagração masculina leiga. Vai se estruturando, assim, uma formação semelhante ao ramo feminino: dois anos vividos na casa-sede do Instituto em Venasque, afastados das atividades profissionais, no ritmo contemplativo de vida litúrgica, oração silenciosa, ofício noturno, ambiente fraterno, trabalho manual, leitura e conferências etc. O primeiro grupo pronuncia os votos aos 27 de agosto de 1966.

De sua parte, o ramo feminino recebe, no dia 24 de agosto de 1962 – exatamente no IV centenário da fundação de São José de Ávila por Santa Teresa –, por um *Decretum laudis* da Santa Sé, a aprovação que o torna Instituto de direito pontifício. Nesta ocasião, Frei Maria-Eugênio deixa transbordar sua ação de graças: *"Deus fez tudo; nós fomos instrumentos, é óbvio, mas é ele quem fez tudo"*. O Instituto é chamado para tomar conta de um colégio em Madri, na Espanha. Nas Filipinas, começa um centro de formação, baseada na interioridade, para catequistas de todas as Dioceses. As vocações surgem em diversos países e continentes.

Diante desse dinamismo de crescimento, Frei Maria-Eugênio salientou a presença essencial da Virgem Mãe da Vida e instaurou a tradição de celebrar, como festa principal, na Segunda-feira da Páscoa, a alegria pascal de Maria. Além de São José, também apresentou para os membros de Nossa Senhora da Vida, como Instituto Secular imerso nas realidades do mundo, uma referência inédita de humildade: Santa Emerenciana, mártir romana do século III-IV, filha de uma escrava, irmã de leite de Santa Inês, catecúmena, apedrejada pelos pagãos junto ao túmulo de sua amiga mártir, e cuja celebração o Martirológio indicava para o dia 23 de janeiro. Frei Maria-Eugênio obtivera muitas graças pessoais neste dia, atribuindo-as à intercessão de Santa Emerenciana. O testemunho e a morte súbita – num grande escondimento – de sua irmã Berta, em 1958, viriam confirmar e concretizar, para o Frei Maria-Eugênio, a mensagem de fidelidade oculta e heroica apontada por Santa Emerenciana.

Últimos anos, morte e processo de beatificação

Frei Maria-Eugênio acolhe com entusiasmo e intensa oração a abertura, as quatro sessões e a conclusão do Concílio Vaticano II. O destacado papel concedido ao Espírito Santo nos textos conciliares o entusiasma de modo especial. Ele também aponta para o forte cristocentrismo da Constituição *Lumen Gentium*. O Carmelo e o Instituto podem se identificar plenamente com a teologia do Concílio e recolher *"as torrentes de luz e de vida que jorram em linguagem humana desses textos"*. Frei Maria-Eugênio explica a reforma litúrgica. O chamado universal para a santidade confirma seu intuito sobre o dinamismo essencial da graça do batismo e sobre uma vida mística para todos.

Em 1962, um sério ataque cardíaco obrigou-o a tomar repouso. Em fevereiro de 1965, uma pneumonia grave fê-lo pensar que o fim de seus dias se aproximava. Mandou chamar toda a comunidade de Nossa Senhora da Vida, com o fim de deixar-lhe seu testamento espiritual:

"Provavelmente, vocês perceberam que quando falo do Espírito Santo, eu me exalto com muita facilidade. Chamo-o de 'meu Amigo' e creio ter razões para isto. Este é o testamento que lhes deixo: que o Espírito Santo desça sobre vocês e que possam dizer, o mais rapidamente possível, que o Espírito Santo é o seu amigo, sua luz e seu mestre. Esta é a oração que continuarei certamente durante a eternidade".

No entanto, reeleito Provincial de Avinhão-Aquitânia em 1966, volta ao Canadá, visita os Carmelos do sul da França, projeta um convento interprovincial de estudo para os frades descalços, segue com atenção o crescimento do Instituto Nossa Senhora da Vida. Em 1967, atingido por um câncer de próstata, Frei Maria-Eugênio deve deixar progressivamente suas atividades. Várias tentativas cirúrgicas falharam. Até o final, ditará cartas e tomará decisões relativas à Província carmelitana de Avinhão-Aquitânia. Na fraqueza física, suas confidências evidenciam sua intimidade com a Santíssima Trindade, sua familiaridade com o Espírito Santo, sua configuração com Cristo Jesus. Quer resumir sua vida num lema: *Traditus gratiae Dei*; "Entregue à graça de Deus". Passa o Tríduo Pascal em agonia.

No dia 27 de março de 1967 (Segunda-feira de Páscoa, festa de Nossa Senhora da Vida), aos 73 anos, Frei Maria-Eugênio entra para a vida eterna, deixando uma última mensagem para Marie Pila e o Instituto: *"Guardem a fidelidade ao espírito do Instituto, a fidelidade à Ordem, ao essencial: ação e contemplação bem unidas. Quanto a mim, vou para o abraço do Espírito Santo".*

A causa de canonização de Frei Maria-Eugênio foi aberta em 1985 e a etapa diocesana terminou em 1994. No dia 19 de dezembro de 2011, comparando-o com o servo fiel do Evangelho (Cf. Mt 24,45-46), o Santo Padre Bento XVI assinou o decreto que reconhecia suas virtudes heroicas e indicava sua missão no Corpo Místico da Igreja:

"Realmente, o Servo de Deus Maria-Eugênio do Menino Jesus reproduz a imagem deste homem fiel e prudente a quem o senhor confiou a guarda de seus discípulos. Sua vida foi, de fato, um contínuo empenho pela perfeição na fé, na humildade e na caridade, sob o impulso do Espírito Santo. ... Foi Mestre de espiritualidade e acompanhou pessoalmente sacerdotes, seminaristas, religiosas e muitos fiéis leigos. Deixou como herança um vasto e copioso patrimônio de homilias, conferências e textos, bem como uma obra intitulada Quero ver a Deus, *que manifestou expressamente seu propósito de levar 'a contemplação para as ruas' e de fomentar o chamado universal à santidade".*

INTRODUÇÃO DA PRIMEIRA EDIÇÃO

Aquilo que se pode procurar neste volume, *Quero ver a Deus*, e aquilo que se pode esperar do outro que lhe seguirá com o título de *Sou filha da Igreja*, ficará bem claro com uma palavra acerca da maneira como eles foram redigidos.

Há quinze anos, um grupo do qual faziam parte vários professores do ensino secundário e superior veio ao nosso isolado convento, solicitar a ciência da oração carmelitana. Objeções, hesitações, até mesmo uma recusa, revelaram nosso embaraço diante de um pedido tão simples. As delicadas solicitações tornaram-se insistentes e foi necessário ceder.

Uma hospitalidade generosa, divinamente recompensada por um pedido de sacrifício total, permitiu-nos organizar um curso de oração na grande cidade vizinha. As conferências – em média sete ou oito por ano – reuniam um seleto grupo de ouvintes. Eram seguidas de meia hora de oração e prolongavam-se em colóquios particulares e em trocas de pontos de vista gerais.

Tais contatos com esse grupo de ouvintes revelaram, de imediato, que não se tratava tanto de satisfazer uma curiosidade intelectual ou um desejo de informação – aliás, muito legítimo acerca de um assunto da atualidade – como de esclarecer uma experiência espiritual que tomava consciência de si própria e pretendia penetrar mais profundamente em Deus. Mesmo nesses espíritos fortes e brilhantes, esta experiência – coisa espantosa à primeira vista – vinculava-se pouco aos problemas especulativos do dogma ou da teologia espiritual discutidos nas revistas; manifestava, antes, um acentuado gosto por um magistério prático e vivo, por um testemunho simples, porém autêntico, de uma doutrina vivida.

Estes desejos nos conduziram para o magistério dos grandes Mestres do Carmelo Reformado, tal como eles no-lo transmitiram, iluminado por uma profunda experiência de Deus e uma maravilhosa penetração psicológica das almas, apoiado numa doutrina teológica que oculta sua vigorosa estrutura sob formas simples – e, por vezes, simbólicas –, totalmente orientado no seu desenvolvimento para a ascensão das almas que quer conduzir até aos vértices. Ficou claro que este magistério simples e absoluto, direto e saboroso, respondia às necessidades destas almas e às exigências destes espíritos modernos, talvez impregnados de certo ceticismo no que diz respeito às ideias, mas prontos a acolher um testemunho vivido e a se inclinar perante estas afirmações quando afiançadas por uma eficiência prática.

Impunha-se uma conclusão: era preciso apresentar, na íntegra, o testemunho e o magistério dos Mestres que foram os Reformadores do Carmelo e, para isso, evitar aprisioná-lo num sistema ou pô-lo a serviço de uma tese. Era preciso desaparecer, tanto quanto possível, para deixá-los falar por si mesmos; limitar-se a recolher suas afirmações, a esclarecê-las por meio de passagens paralelas, a ordená-las numa síntese sem as alterar, a não ser para explaná-las de uma forma adequada às necessidades do nosso tempo.

Entre estes Mestres, fazia-se necessário escolher um guia. O grupo de ouvintes manifestava preferências por São João da Cruz. Escolhemos Santa Teresa. Em primeiro lugar, porque é a Mãe do Carmelo Reformado, mas, sobretudo, porque, sozinha, em seu último tratado, na sua obra-prima, o *Castelo Interior,* ela nos oferece o processo completo da ascensão de uma alma. Seu gênero descritivo, sua linguagem concreta haveriam de nos colocar na atmosfera viva e prática na qual gostaríamos de permanecer. Esta via dividida em etapas ou Moradas, além de nos fornecer o plano do nosso trabalho, criaria o quadro e a perspectiva nos quais cada coisa encontraria o seu lugar e o seu valor. Seria fácil inserir aí, nos seus pontos delicados e perigosos, a doutrina particular que São João da Cruz lhes reserva e fazer brilhar por todo ele a luz que seus princípios projetam para o infinito. Esta divisão em Moradas também nos permitiria apreciar melhor a espantosa rapidez das ascensões de Santa Teresinha do Menino Jesus e a sublime simplicidade da sua pequena via.

Apresentadas em ambientes muito diferentes antes de serem redigidas em sua forma atual, estas conferências nos permitiram constatar que a sede de Deus não é, de forma alguma, atributo da cultura; que Deus, felizmente, a suscita em muitas almas de nossa época e que basta tê-la recebido para depreender a linguagem dos Mestres que nos traçaram as sendas escarpadas que conduzem à fonte de água viva.

Antes de apresentar estas páginas a um público mais vasto, seja-nos permitido agradecer a todos os que nos incentivaram e tão eficazmente nos ajudaram a escrevê-las. Analisar para eles a doutrina dos santos do Carmelo foi para nós uma graça inestimável; fazê-lo na sua companhia acrescentou a este benefício uma profunda alegria sobrenatural: a de aspirar abundantemente este perfume que sobe dos campos fecundados pela bênção do Senhor.

Na festa de Santa Teresa, 15 de outubro de 1948.

Nesta tradução brasileira, todos os índices remissivos não indicam as páginas deste livro, mas os números em negrito colocados entre colchetes, que seguem a paginação da versão original francesa.

I Parte

PERSPECTIVAS

PRIMEIRO CAPÍTULO

O Livro das Moradas

[15] Antes de nos embrenharmos no estudo direto da espiritualidade teresiana, tomemos contato com o guia que escolhemos para nos introduzir nela: o livro das *Moradas* ou *Castelo Interior* de Santa Teresa.

A – Em que circunstâncias este tratado foi composto?
B – Com que método e qual é a sua divisão?
C – Qual é o seu valor?

Estas preliminares irão nos mostrar a singular originalidade do nosso guia e a confiança que ele merece.

A – *CIRCUNSTÂNCIAS HISTÓRICAS*

Santa Teresa escreveu o *Castelo Interior* ou livro das *Moradas* em 1577. A Santa tinha 62 anos. Segundo suas palavras, considerava-se "já bem velha e cansada, embora não nos desejos".[1] Sua obra, no entanto, no-la mostra em plena posse de sua graça e de seu gênio.

Quinze anos antes (1562), fundara o primeiro mosteiro reformado de São José de Ávila. Há dez anos (1567), desde a visita do Rev.^{mo} Frei Rúbeo, Geral dos Carmelitas, começou a expandir sua Reforma.

Nestes dez anos (1567-1577), quantos trabalhos e sofrimentos! Quantas graças também!

Durante quatro anos, Santa Teresa trabalhou com êxito na fundação das monjas e dos frades. Em 1571, o Padre Visitador arranca-a dos seus consoladores trabalhos para

---

[1] Cta 239, 14 de maio de 1578.

mandá-la como Priora daquele Mosteiro da Encarnação de Ávila, onde viveu por vinte e oito anos e de onde saiu para começar sua Reforma. As religiosas não querem [16] esta Priora que lhes é imposta, e Teresa bem quereria poder esquivar-se desta cruz. Nosso Senhor impõe-lhe que ela se submeta. Vai, então, para a Encarnação; vence as violentas e ruidosas oposições e consegue restabelecer a regularidade, conquistando todos os corações. Deus a recompensa pelo seu sacrifício concedendo-lhe a graça do matrimônio espiritual.

Liberada de seu cargo em 1574, a Santa pode, então, retomar suas fundações que vão se multiplicando durante os dois anos seguintes (1575-1576). Na Andaluzia, onde se encontrou pela primeira vez com Frei Graciano – primeiro Superior da Reforma Carmelitana e a quem descreve como homem que "a [seus] olhos é perfeito" e "melhor do que o saberíamos pedir a Deus para nós"[2] –, começam para ela as mais dolorosas dificuldades que seu coração de filha do Carmelo haveria de conhecer.

A afetuosa confiança que Frei Rúbeo sempre lhe testemunhou foi um dos seus confortos mais seguros. Todavia, eis que fazem ao Padre Geral relatos acerca da extensão da Reforma para além dos limites que ele tinha fixado e sobre o mal-estar que ela cria nos conventos não reformados. De fato, a tibieza perturbada de uns, o fervor ardente dos outros, o zelo reformador do Rei e do Núncio, os conflitos de poder entre os Superiores da Ordem e os Visitadores nomeados pelo Núncio por instigação do Rei, criaram uma situação das mais confusas. Realizou-se um Capítulo Geral em Placência, na Itália. Os Carmelitas espanhóis não reformados apresentaram suas queixas contra a Reforma Teresiana: o sossego deles é perturbado por este fervor e a sua

---

[2] Cta 78, 12 de maio de 1575.

tibieza está ferida até à irritação. O Capítulo declara que os reformados devem ser tratados como rebeldes, que a Reformadora Teresa de Jesus deve cessar com suas fundações e retirar-se para um mosteiro à sua escolha. São nomeados Visitadores para levar a cabo estas decisões.

Na Andaluzia, Santa Teresa toma conhecimento da sentença que a atinge. Está resguardada pelas ordens do Visitador que recebeu plenos poderes do Núncio. Ela se submeterá, contudo, às ordens do Capítulo Geral, muito feliz por poder, enfim, ficar em sossego, mas magoada porque este preceito lhe é imposto como a uma pessoa desobediente.[3] Escolheu o mosteiro de Toledo para se retirar e, passado o inverno, irá para lá, em julho de 1576.

[17] Ruge a tempestade. Em que irá se tornar a Reforma Teresiana? É verdade que o Núncio Ormaneto a protege e, por isso, os Visitadores nomeados pelo Capítulo não ousam intervir. Mas Ormaneto morre aos 18 de junho de 1577. Chega o seu sucessor, prevenido contra a obra teresiana, e dispõe-se a destruí-la. Os Calçados podem agir com audácia: em dezembro de 1577, conseguirão prender São João da Cruz. A Reforma Carmelitana conhece, de 1577 a 1578, horas de agonia. Ninguém sofre tanto como Teresa. No entanto, a tempestade trouxe horas de descanso à Reformadora, e Deus tira proveito delas para fazer a escritora trabalhar.

Com efeito, é quando a ameaça se torna maior que Santa Teresa recebe a ordem para escrever. Frei Graciano tinha-lhe pedido que completasse a sua obra espiritual. A Santa levantara objeções. Não tinha ela já escrito várias relações da sua *Vida*, a última – completa – em 1565, e na qual expunha e explicava as graças que recebera? O *Caminho da Perfeição* (1562 e 1569-1570) em que dava os mais úteis

---

[3] Cf. Cta 98, fevereiro de 1576.

conselhos às suas filhas? O livro das *Exclamações* (1566-1569)? E não estava, nessa altura, escrevendo o *Modo de Visitar os Conventos* (1576) e alguns capítulos do livro das *Fundações*? O que mais poderia dizer?

Desta vez, é uma ordem que lhe é dada pelo seu confessor de Toledo, Dr. Velásquez.[4] A Santa é por demais obediente para subtrair-se a essa ordem, mas também é bastante simples para não ocultar a dificuldade que sente. Por isso, escreverá no Prólogo:

> Poucas coisas das que me têm sido ditadas pela obediência se tornaram tão difíceis para mim quanto a de escrever agora sobre as coisas de oração. Em primeiro lugar, porque não me parece que o Senhor me dê espírito nem desejo para fazê-lo; em segundo, por ter a cabeça já há três meses com um zumbido e uma fraqueza tão grandes que mesmo os negócios indispensáveis escrevo a custo. ...
>
> Creio bem que pouco saberei acrescentar ao que já tenho dito em textos que escrevi em cumprimento à obediência, temendo antes repetir as mesmas coisas; porque me assemelho aos pássaros a quem ensinam a falar e que não sabem senão o que veem ou ouvem, repetindo-o constantemente. Assim se passa comigo, sem tirar nem pôr.[5]

Esta pobreza espiritual[6] encobre imensas riquezas. A obediência vai fazê-las surgir.

A Santa põe-se em oração para pedir ao Senhor que lhe mostre o que deve dizer. A visão de uma alma **[18]** justa, com que é favorecida na festa da Santíssima Trindade de 2 de junho de 1577,[7] será a resposta divina a lhe fornecer o argumento de sua obra.

---

[4] O Dr. Velásquez, confessor da Santa em Toledo, era Cônego de Toledo; mais tarde, foi Bispo de Osma.

[5] M Prólogo,1-2.

[6] Esta pobreza espiritual parece ser um efeito da ação do Espírito Santo sobre a alma (Cf. III Parte – Contemplação e Vida Mística, Cap. 2: "Os dons do Espírito Santo/ B. Experiência dos Dons", p. 428).

[7] O dominicano Diego de Yepes depôs no processo de canonização de Santa Teresa: "Entre as coisas que lhe disse (a Santa Madre) havia a de

Santa Teresa põe mãos à obra. Trabalhará até o fim de julho. Um assunto importante[8] chama-a para Ávila. Aí, encontrará novos problemas junto das Carmelitas da Encarnação que, contra a sua vontade e sobretudo contra a dos Superiores, querem reelegê-la como Priora e sofrem, em razão disso, uma violenta perseguição.[9] Em meados de outubro, a Santa pode, então, retomar a composição de sua

---

uma visão que teve, estando com desejo de ver a formosura de uma alma em estado de graça; e estando com este desejo, mandaram-lhe que escrevesse um tratado de oração como ela a sabia por experiência. E disse que, na véspera da Santíssima Trindade, pensando ela em que tema adotaria para este tratado, Deus lho concedeu, mostrando-lhe um formosíssimo globo de cristal à maneira de Castelo com sete moradas, e na sétima, que ficava no centro, estava o Rei da glória com grandíssimo resplendor, que aformoseava e iluminava todas aquelas moradas até a muralha exterior. E que mais partilhavam dessa luz, quanto mais estavam próximas do centro, e que esta luz não ultrapassava a muralha; e que fora dele (do Castelo) tudo era trevas, sapos, víboras e outros animais peçonhentos. E que estando ela admirada com esta formosura que a graça de Deus comunica às almas, de repente, desapareceu a luz e, sem ausentar-se o Rei da glória daquele Castelo, o cristal se cobriu de escuridão e ficou feio como carvão e com um odor insuportável, e os animais peçonhentos que estavam fora da muralha ficaram com licença de entrar no Castelo, e que em tal estado ficava a alma que está em pecado (Dicho de Fray DIEGO DE YEPES. Proceso de Madrid. *Biblioteca Mística Carmelitana* 18, 277). Cf. 1 M 2,2, 7 M 1,3-4 e R 24.

[8] Ela queria que o Mosteiro de São José, que desde a sua fundação se encontrava sob a jurisdição do Bispo de Ávila, passasse para a jurisdição da Ordem.

[9] Acerca deste assunto, a Santa escreve de Ávila, em fins de outubro, à Madre Maria de São José, Priora de Sevilha: "Por ordem do Tostado, veio aqui o Provincial dos Calçados fazer a eleição, completam-se hoje quinze dias; e trazia grandes censuras e excomunhões para as que me dessem voto. E, apesar de tudo isto, não se importaram e, como se nada lhes houvessem dito, votaram em mim cinquenta e cinco monjas. A cada voto que entregavam ao Provincial, ele as excomungava e maldizia, e, com o punho fechado, amarrotava os votos e os socava e jogava ao fogo. Deixou-as excomungadas, faz hoje quinze dias, sem ouvir missa nem entrar no coro, ainda quando nele não se reza o Ofício Divino ... . De boa vontade lhes perdoaria eu se quisessem deixar-me em paz ... ." (Cta 206, 22 de outubro de 1577).

obra a partir do capítulo quarto das quintas Moradas.[10] Concluiu-a aos 29 de novembro de 1577.[11]

Portanto, o *Castelo Interior* foi escrito no espaço de seis meses (de 02 de junho a 29 de novembro) e em três meses de trabalho efetivo, pois houve uma interrupção. E ainda é preciso [19] pensar que a Santa só tem possibilidade de escrever durante o fim da tarde e à noite. Os locutórios, a correspondência e os trabalhos a que está obrigada ocupam o tempo que os exercícios religiosos lhe deixam livre ao longo do dia.

B – *MÉTODO DE COMPOSIÇÃO E DIVISÃO DA OBRA*

Estando eu hoje suplicando a Nosso Senhor que falasse por mim – já que eu não atinava com o que dizer nem sabia como começar a cumprir a obediência –, deparei com o que agora direi para começar com algum fundamento. Falo de considerar a nossa alma como um Castelo todo de diamante ou de cristal muito claro onde há muitos aposentos, tal como no céu há muitas moradas.[12]

É esta a exposição discreta da Santa, no início do *Castelo Interior*. Melhor informados pelas suas confidências a Diego de Yepes, sabemos que ela teve a visão de uma alma justa.

Esta alma justa lhe foi mostrada como um globo de cristal ou um diamante muito puro, todo resplandecente das claridades da fornalha divina – o próprio Deus – que se encontra no centro. No entanto, a Santa notou que o globo se torna cada vez mais resplandecente, à medida que a alma

---

[10] "... já se passaram quase cinco meses desde que comecei este escrito até agora. E, como não tenho cabeça para voltar a lê-lo, tudo deve estar saindo desconcertado, e talvez eu diga algumas coisas duas vezes" (5 M 4,1).

[11] "Este escrito foi concluído no Mosteiro de São José de Ávila, no ano de 1577, véspera de Santo André" (7 M 4 – Epílogo, 5).

[12] 1 M 1,1.

se aproxima da fornalha. As diferenças de intensidade da luz criam nele regiões distintas que poderiam ser facilmente delimitadas por uma série de círculos concêntricos no interior do globo. Estas zonas separadas, cada vez mais luminosas à medida que são mais interiores, constituem "moradas" distintas, cada uma delas contendo muitas outras.[13]

É este o esquema da visão de Santa Teresa. Poderíamos desenhar sua figura geométrica. Mas, que são estes símbolos mortos comparados à luz viva que deles se irradia para a Santa e a todas as riquezas espirituais que ela aí descobre?

Pouco antes, não sabia o que dizer, nem como começar este trabalho. E eis que, agora, já põe mãos à obra. Em primeiro lugar, vai descrever o Castelo que não é "senão um paraíso onde ele (Nosso Senhor) disse ter as suas delícias".[14]

[20] À luz da visão inicial, Santa Teresa penetra sucessivamente em cada morada para descrever, narrar e aconselhar, como mestra já familiarizada com tais lugares. Escreve rapidamente, com desembaraço, sem rasuras, não gastando tempo sequer para se reler.[15] As comparações, as imagens, os termos exatos afluem à sua pena para exprimir o que vê e o que quer dar a compreender. Distinguiu sete Moradas e, por conseguinte, seu tratado terá sete partes, cada uma delas dividida em vários capítulos.

Contudo, quando a Santa atingiu as moradas mais interiores, onde reina uma luz mais brilhante, detém-se um instante para pedir o auxílio particular de que tem neces-

---

[13] Cf. 7 M 4 – Epílogo, 3.

[14] 1 M 1,1.

[15] "Valha-me Deus! Em que me meti! Já tinha esquecido do que falava, porque os negócios e a saúde me obrigam a deixá-lo quando está na melhor parte. Como tenho memória ruim e não posso reler o que escrevo, tudo resulta desconcertado" (4 M 2,1).

sidade.[16] Como penetrar, sem uma graça especial de Deus, na obscuridade do mistério, descobrir nele as delicadas e suaves atuações do Espírito Santo e, acima de tudo, falar sobre isso de modo preciso e com exatidão? Deus responde à oração da Santa. Esta revive os estados que deve descrever; nesse preciso momento, é favorecida com as graças das quais quer sublinhar os efeitos. Por isso, suas filhas, a quem a afeição por vezes torna indiscretas, viram-na escrever com o rosto iluminado ou em êxtase.[17]

Como consequência, a Santa Madre vai deter-se nestas moradas onde abundam os sinais extraordinários da ação de Deus nas almas. As sextas Moradas compreenderão onze capítulos, enquanto que dois ou três, quatro no máximo, lhe serão suficientes para as demais Moradas. Se a censurássemos por isso, ficaria espantada. Não lhe pediram para escrever o que sabe e o que experimentou? É verdade que seu tratado contém uma doutrina muito elevada, mas também é sua intenção iluminar estas regiões sobre as quais poucos autores falaram. Ela não ignora – e bem o notou[18] – que estas graças não são necessárias ao progresso espiritual e são distintas dele. São atalhos e pode-se caminhar em direção ao vértice por outras vias. Da mesma forma, sua doutrina espiritual é independente destas graças **[21]** extraordinárias e poderíamos até separá-la delas.[19] Mas não será conveniente

---

[16] Cf. 4 M 1,1; 5 M 1,1; 7 M 1,1.

[17] "Disse essa testemunha (Maria da Natividade) que viu que escrevia o dito livro ... acabando de comungar, e que quando os escrevia era com grande velocidade ... e ficava tão absorvida ... que, embora ali perto se fizesse algum ruído, isso não a estorvava ... " (Dicho de MARIA DEL NACIMENTO. Proceso de Madrid. *Biblioteca Mística Carmelitana* 18, 315).

[18] Cf. 5 M 3,3.

[19] Aproximando, ao longo do presente estudo, a doutrina de Santa Teresa daquelas de São João da Cruz e de Santa Teresinha do Menino Jesus, temos a esperança de poder mostrar que nenhuma graça extraordinária (segundo a forma descrita por Santa Teresa) é indispensável para o progresso espiritual e que, por outro lado, as descrições psicológicas explicitam muito oportunamente a doutrina de São João da Cruz.

esclarecer as almas que Deus conduz por estes atalhos muitas vezes arriscados? Além disso, estes favores – que, no princípio, assustam nossa timidez – transformam-se, para quem os estuda sem preocupação de análise pessoal, em marcos luminosos que indicam as etapas no caminho da união, sinais que revelam a maravilhosa atividade de Deus nos seus santos, símbolos que explicam a natureza desta ação escondida.[20]

A Santa interrompe sua narração com múltiplas digressões. Seria preciso desculpá-la? Ela mesma o faz, e com que graça encantadora! Enquanto descreve uma Morada, uma recordação precisa ou uma comparação apresenta-se ao espírito. Parece-lhe, então, necessária uma análise mais aprofundada e ela se deixa arrastar. Não sendo nem teóloga, nem filósofa, não compreende como este novo desenvolvimento está relacionado com aquele que o precede e julga-o como uma divagação. Então se desculpa, mas – cremos – sem propósito firme. Como poderíamos julgá-la de maneira austera quando um exame mais aprofundado nos revela que a divagação é só aparente e nos dá o ponto mais importante da doutrina, o traço psicológico mais exato, a explicação mais clara do problema tratado?

Terminado seu trabalho, Santa Teresa escreve, dirigindo-se às suas filhas:

Embora tenha começado a redigir estas páginas com a contrariedade a que me referi no princípio, depois de concluí-las fiquei muito contente e dou por bem empregado o trabalho; confesso, no entanto, que foi bem pouco.

---

[20] Não pretendemos dizer que as graças extraordinárias são apenas sinais e símbolos – com efeito, elas trazem em si uma eficácia particular –, mas, sim, que o fenômeno sensível que as caracteriza simboliza e explica habitualmente a graça interior que as acompanha. Por exemplo: o êxtase mostra o domínio de Deus sobre todo o ser, sentidos incluídos; o matrimônio espiritual, com os sinais e palavras que o acompanham, fala-nos duma união constante e definitiva etc.

Considerando a grande clausura em que viveis e as poucas ocasiões de distração que tendes em vossos mosteiros – alguns desprovidos de terreno suficiente –, parece-me que achareis consolo na leitura deste Castelo interior. Com efeito, podeis entrar e passear nele a qualquer hora, sem precisar da licença das Superioras.[21]

[22] A Santa está feliz. Fica evidente que ela própria encontrou alegria ao passear neste "Castelo" de sua alma, morada e propriedade de seu Mestre, a rever aí a obra misericordiosa do seu Deus, a deter-se diante dos seus dons mais preciosos e mais raros, a dar-lhe graças por tudo. Sua alegria foi ainda maior por ter podido nos introduzir nessas regiões misteriosas e reservadas, por nos levar a admirar-lhes as riquezas a fim de que as desejemos, e por nos mostrar os caminhos que dão acesso às moradas mais interiores para que nos comprometamos a segui-la.

C – *VALOR DA OBRA*

A alegria da Santa tem também outro motivo: está satisfeita com a perfeição de sua obra, e não esconde isso. Com efeito, alguns dias depois, escreve ao Padre Gaspar de Salazar, sj:

... Se viesse cá o Senhor Carillo (Padre Gaspar), veria outra [joia], que, tanto quanto se pode entender, é muito mais linda (que o livro da sua *Vida*), porque não trata de outra coisa, senão do que ele é... São mais delicados os esmaltes e lavores, porque o ourives que lavrou a prata não sabia tanto naquele tempo; agora o ouro é de subidos quilates, embora não estejam tão à vista as pedrarias nesta segunda joia [livro das *Moradas*] como na primeira.[22]

Críticos literários e autores espirituais, todos concordam com esta opinião. O livro das *Moradas* ou *Castelo Interior* é, por excelência, a joia de Santa Teresa, a sua obra-prima.

---

[21] 7 M 4 – Epílogo, 1.
[22] Cta 213, 7 de dezembro de 1577.

"São mais delicados os esmaltes e lavores", porque este escritor de estirpe que é Teresa se aperfeiçoou na delicada arte de analisar e explicar as operações de Deus na alma. Seu vocabulário espiritual tornou-se mais rico. Sua ágil pena obedece melhor ao pensamento; pode deixá-la correr, pois será sempre fiel, exata, plena de vida e ardor.

Antes, "o ourives que lavrou a prata não sabia tanto". Com efeito, desde que escrevera o livro da *Vida*, a experiência e a ciência espirituais da Santa tinham-se enriquecido consideravelmente.[23]

[23] Quantas almas encontrou que lhe fizeram confidências e as quais dirigiu nos caminhos espirituais: almas de suas filhas nos mosteiros, de pessoas do mundo para quem era um oráculo, de religiosos que lhe testemunhavam grande confiança! Ela as viu empreender os caminhos da perfeição; avançar com coragem; prosseguir em sua caminhada, seguindo-a, apesar das tempestades. Ou então, as viu deterem-se aqui e ali diante de uma dificuldade, em especial nos escuros bosques das quartas Moradas que muitos atingem, mas poucos ultrapassam. A Santa Madre conhecia os obstáculos do caminho e a fraqueza das almas.

Conviveu com inúmeros teólogos, e dos melhores. O tê-los encontrado e o ter podido consultá-los é, segundo pensa, uma das grandes graças de sua vida. A ciência destes mestres da Universidade apaziguou muitas dúvidas e projetou luz sobre vários problemas. Durante cerca de três anos, São João da Cruz foi seu confessor no Mosteiro da Encarnação, para onde ele foi a seu pedido. Confrontaram suas experiências e puseram em comum os seus bens espirituais. Teresa deu de sua graça de Mãe, João da Cruz usou a sua

---

[23] A Santa escreve nas primeiras Moradas do Castelo: "E, ainda que em outras coisas que escrevi o Senhor me tenha dado algo a entender, creio que algumas não as tinha entendido como de então para cá, em especial as mais difíceis" (1 M 2,7).

autoridade de Pai e comunicou sua ciência de Doutor Místico. Os colóquios deles terminavam, às vezes, em êxtase; e foi após a comunhão recebida das mãos de Frei João da Cruz que Santa Teresa foi elevada ao matrimônio espiritual (18 de novembro de 1572).

Esta graça marca a transformação total da alma em Deus. Tal como a Santa explica nas sétimas Moradas,[24] ela goza, então, de forma habitual, por visão intelectual, da presença da Santíssima Trindade no centro de sua alma. Então, já não é mais de uma maneira transitória e fugidia, mas constantemente, que o seu olhar pode mergulhar na luz do mistério de Deus e ir haurir aí novas riquezas. Está à mesa do banquete da Sabedoria que lhe comunica os inumeráveis bens dos quais ela é a fonte: a luz da verdade que põe cada coisa no seu lugar na perspectiva do Infinito e determina, assim, seu valor, com a caridade que transborda em zelo ardente.

A ciência de Teresa tornou-se mais profunda e mais vasta, mais elevada e mais simples. Dos cumes aonde chegou, descobre melhor os direitos de Deus e os deveres da criatura, as exigências do absoluto e a fraqueza do homem. Pode avaliar o caminho percorrido, medir as etapas, apreciar as dificuldades e compadecer-se do sofrimento das almas que se afligem por estas encostas. Pode descrever com exatidão, aconselhar com [24] autoridade, debruçar-se com amor; o matrimônio espiritual deu à sua graça de maternidade todo o seu poder de fecundidade.

Foi no Mosteiro da Encarnação, antes da fundação do Carmelo de São José de Ávila, que Santa Teresa sofreu a investida de um Serafim que lhe transpassou o coração.[25] Interessa-nos relativamente pouco saber se esta ferida foi,

---

[24] Cf. 7 M 1,6ss.
[25] Cf. V 29,13.

então, realmente física.[26] O que é certo, porém, é que, nesse momento, a Santa recebeu as primícias do espírito que Deus concede aos chefes de família, bem como as riquezas e o alcance da magnitude referente à dilatação de sua descendência espiritual.[27] É o que chamamos: sua graça de maternidade espiritual.

Esta graça carismática assegura, entre outros privilégios, o poder de oferecer a doutrina necessária para o desenvolvimento do espírito que deve ser transmitido. Não podemos duvidar de que esta graça foi especialmente ativa na redação do *Castelo Interior* e de que, tomando a seu serviço os recursos do talento de Santa Teresa, as luzes da sua experiência e as riquezas da sua alma, ela não tenha contribuído para esta síntese luminosa e completa da doutrina teresiana.

Talvez, se poderia pensar que estamos fazendo estes elementos sobrenaturais intervirem de forma gratuita e inútil na produção de uma obra humana. Sem dúvida, é difícil determinar a parte do natural e aquela do sobrenatural numa obra onde eles estão tão intimamente ligados. Contudo, atendo-nos unicamente ao exame objetivo do *Castelo Interior*, não vemos como, sem um particular auxílio sobrenatural, Santa Teresa poderia ter escrito em tão pouco tempo, a partir de um primeiro esboço, sem rasuras, uma obra notável pela sua perfeita ordenação e pelo primor de suas análises psicológicas, pela segurança de sua doutrina e pela precisão dos termos em assuntos tão elevados e nunca antes tratados de forma tão completa, e por fim, ainda, pela inspiração que anima suas páginas e pela fecundidade de seu magistério em todas as épocas e em todos os povos.

---

[26] Cf. Frei GABRIEL DE SANTA MARIA MADALENA. "Les blessures d'amour mystique". Apud *Études Carmélitaines mystiques et missionnaires*. Paris, DDB, vol. II, 21ème année, pp. 208-242, octobre 1936.

[27] Cf. Ch 2,12.

Foi, sem dúvida, iluminado e sustentado por uma abundante luz mística que o gênio de Santa Teresa escreveu o *Castelo Interior*; é sob a influência de sua dupla graça de esposa de Cristo e de mãe das almas que ela deu à literatura cristã uma das suas obras-primas entre os tratados de espiritualidade, a mais elevada – assim cremos –, a melhor ordenada e a mais completa que possui.

SEGUNDO CAPÍTULO

"Quero ver a Deus"

[25] Teresa era ainda uma criança quando arrastou seu irmão Rodrigo para a terra dos mouros, na esperança de que eles os decapitassem.[1] Os dois fugitivos foram encontrados por um de seus tios que os levou de volta para a casa paterna. Aos pais já inquietos, que queriam averiguar o motivo desta fuga, Teresa, a mais nova dos dois, mas chefe da expedição, responde: "Parti porque quero ver a Deus e, para vê-lo, é preciso morrer".* Palavras de criança que já revelam sua alma e anunciam o feliz tormento da sua vida.[2]

Teresa quer ver a Deus e para encontrá-lo partirá rumo ao heroísmo e ao desconhecido.

Primeiro, vai construir "numa horta que havia na casa [de seu pai] ... ermidas, amontoando pedregulhos, que logo

---

[1] Cf. V 1,4.

* N.T.: O fato é narrado na biografia escrita pelos Bolandistas. BOLLANDISTES. *Histoire de Sainte Thérèse d'après Les Bollandistes*. Ed. Nouvelle. Paris, P. Lethielleux Libraire Éditeur, tome I, p. 13, [s.d.]. Frei Maria-Eugênio inpirou-se neste episódio para dar o título "Quero ver a Deus" à sua obra-mestra.

[2] Podemos aproximar esta palavra de Teresa, aos sete anos de idade, com a pergunta incansavelmente feita pelo jovem Tomás de Aquino aos monges de Monte Cassino: "O que é Deus?".

Estas duas almas de criança estão voltadas para Deus, porém uma diferença em seus desejos já marca a diferença entre seus caminhos, embora convergentes:

Tomás de Aquino quer saber o que é Deus e a sua vida vai se consumir no estudo, sob as luzes da fé e da razão; será o Príncipe da teologia dogmática.

Teresa quer "ver" a Deus, cativá-lo com todas as suas potências de apreensão, ainda que seja na obscuridade, para se unir a ele; será a mestra dos caminhos interiores que conduzem à união transformante.

vinham abaixo".³ Os fracassos não a desanimam; orientam-na para vias mais seguras.

Na vida religiosa, desde o ano de noviciado, Deus revela sua presença em graças de união. Estes encontros não fazem senão aumentar os desejos de Teresa:

Tendo recebido essas imensas graças, a alma fica tão desejosa de fruir por inteiro Aquele que as [26] concede que vive em grande tormento, embora saboroso.⁴

O tormento delicioso aumenta. Indica à Santa a direção em que deve procurar o seu Mestre, a região onde poderá encontrá-lo:

Vede que Santo Agostinho falou que o procurou em muitos lugares e só veio a encontrá-lo dentro de si mesmo. Pensais que importa pouco a uma alma dissipada entender essa verdade e ver que não precisa, para falar com seu Pai eterno ou para regalar-se com ele, ir ao céu nem falar em altos brados?

Por mais baixo que fale, ele está tão perto que a ouvirá; do mesmo modo, ela não precisa de asas para ir procurá-lo, bastando pôr-se em solidão e olhar para dentro de si.⁵

É para as profundezas de sua alma que Teresa se orientará a fim de ver a Deus.

Toda a espiritualidade teresiana está neste movimento para Deus presente na alma, para se unir perfeitamente a ele.

Examinemos sucessivamente seus elementos essenciais:

A – A presença de Deus na alma – que é a sua verdade fundamental.

B – A interiorização progressiva da alma – que exprime o seu movimento.

C – A união profunda com Deus – que é a sua meta.

---

³ V 1,5.
⁴ 6 M 6,1.
⁵ CP 28,2.

A – *DEUS ESTÁ PRESENTE NA ALMA*

Aquilo que Santa Teresa notou e ressaltou em primeiro lugar na visão inicial do *Castelo Interior* foi que Deus se encontra no centro, nas sétimas Moradas. Ele é a grande realidade do Castelo, é toda a sua beleza. É a vida da alma, a fonte que a fecunda e "sem a qual perderia todo o seu frescor e fertilidade";[6] é o sol que a ilumina e que vivifica as suas obras. A alma não pode subtrair-se à sua influência sem perder seu brilho, sua beleza e fecundidade, pois as eventuais coisas boas que façamos não procedem de nós mesmos, mas da fonte onde está plantada a árvore de nossa alma, bem como do sol que dá calor às nossas obras.[7]

[27] Aliás, a alma é feita para Deus. A alma não é senão o "paraíso" de Deus.[8]

Esta presença de Deus no Castelo não é um símbolo, uma criação da imaginação. É uma realidade. Deus habita verdadeiramente na alma; Santa Teresa está certa disso. Mas as certezas interiores que obteve a partir de suas graças de união mística[9] nunca lhe foram suficientes. E com maior razão, não poderia contentar-se com elas para esta habitação de Deus na alma, que deve ser a base de toda a sua doutrina espiritual. Tem necessidade das certezas da fé e das exatidões da teologia.

Procura informações, por muito tempo. Escutemos a descrição que faz da sua busca antes de apresentar os resultados e veremos a importância que lhe atribui:

No princípio, atingiu-me uma ignorância de não saber que Deus está em todas as coisas, o que, como ele me parecia estar tão presente, eu achava ser impossível. Eu não podia deixar de crer que ele estives-

---

[6] 1 M 2,2.
[7] *Ibid.*, 2,5.
[8] *Ibid.*, 1,1.
[9] Cf. 5 M 1,9.

se ali, pois achava quase certo que percebera a sua presença. Os que não tinham letras me diziam que ele só estava ali mediante a graça. Eu não podia acreditar nisso, porque, como digo, sentia a sua presença. Por isso, ficava aflita. Um grande teólogo da Ordem do glorioso São Domingos (Frei Vicente Barrón) me tirou dessa dúvida, ensinando-me que o Senhor está presente e se comunica conosco.[10]

Procuremos reencontrar a doutrina do sábio Dominicano e, mesmo, completá-la com a ajuda de estudos mais aprofundados feitos na mesma linha tomista.

Deus está presente na alma justa de duas maneiras que se completam e que chamaremos de "presença ativa de imensidade" e "presença objetiva".

I – *Presença ativa de imensidade*

Os espíritos, não tendo corpo que os localize no espaço, são considerados presentes onde atuam. O nosso Anjo da Guarda está junto de nós, embora não tenha corpo, porque nos ajuda atuando sobre os nossos sentidos e sobre as nossas potências intelectuais à maneira dos espíritos.

Os espíritos podem agir ao mesmo tempo em lugares diferentes, num raio proporcional ao seu poder.

Deus, Ser infinito, criou todas as coisas e deve, por ação contínua, sustentar sua criatura para a manter **[28]** na existência. Se Deus cessasse, ainda que por um só instante, esta ação conservadora – que se chama criação contínua – a criatura cairia no nada.

Deus criou e sustenta todas as coisas pelo poder do seu Verbo. "Ele é antes de tudo e tudo nele subsiste"[11] – diz o Apóstolo. Deus está, pois, presente em toda parte pelo seu poder ativo.

---

[10] V 18,15.
[11] Cl 1,17.

Esta presença de poder que traz consigo a presença real de essência é designada pelo termo genérico de "presença de imensidade".

Universal e ativa em toda a criação, esta presença de imensidade produz, em cada ser, efeitos diversos e um grau diferente de participação no ser e nas perfeições de Deus. Na criação inanimada, ela inscreve uma simples similitude de Deus que não é mais que um vestígio: "Passou ... com presteza" – dirá São João da Cruz, no *Cântico Espiritual*.[12] No homem, ela imprime uma verdadeira semelhança com Deus. É o sopro de Deus que anima o barro plasmado por suas mãos. A graça, participação da natureza divina, é a obra mais perfeita realizada pela presença de imensidade. A diferente qualidade dos efeitos produzidos – desde o vestígio de Deus até a participação da sua natureza – não muda o modo de presença de imensidade que permanece idêntico sob as diversas e mais ou menos eloquentes manifestações do seu poder.[13]

Por consequência, Deus está substancialmente presente na alma justa à qual dá o ser natural e a vida sobrenatural da graça. Ele nos sustenta, não como uma mãe sustenta e leva seu filho nos braços, mas penetrando-nos e envolvendo-nos. Não há um único átomo do nosso ser onde ele não esteja presente, um único movimento dos nossos membros ou das nossas faculdades que ele não tenha animado. Está à nossa volta, em nós, e até nas regiões mais íntimas e profundas da nossa própria alma. Deus é a alma da nossa alma, a vida da nossa vida, a grande realidade na qual estamos imersos e que penetra, com sua presença ativa e o seu po-

---

[12] CE 5,3.

[13] Os diferentes modos da presença de Deus nas criaturas não são criados pela diversidade dos dons de Deus, mas pela diversidade das relações com as criaturas.

der vivificante, tudo o que temos e o que somos, "pois nele vivemos, nos movemos e existimos".[14]

E, no entanto, esta presença ativa de imensidade não explica as nossas relações com o nosso Deus interior. Devemos recorrer a outro modo de presença que chamaremos de "presença objetiva".

II – *Presença objetiva*

[29] Com efeito, a graça produzida pela presença de imensidade é uma participação da natureza divina que nos faz entrar no ciclo da vida trinitária como filhos de Deus. Esta graça estabelece, entre a alma e Deus, relações novas e distintas da presença de imensidade.

A atividade divina da presença de imensidade sustentava e enriquecia a alma, mas a deixava passiva perante seus dons. Criava, entre Deus e a alma, relações de Criador para com a criatura.

A graça, pelo contrário, dá poder à alma para reagir perante os dons de Deus, para retornar para ele, conhecê-lo diretamente como ele se conhece, amá-lo como ele se ama, estreitá-lo como a um pai. Estabelece, entre a alma e Deus, laços recíprocos de amizade, relações filiais.

Pela presença de imensidade, Deus preenchia a alma, mas morava nela como um estranho. À alma enriquecida pela graça, o próprio Deus se entrega como um amigo e um pai. Pela presença de imensidade, Deus revelava indiretamente, por meio de suas obras, sua presença e sua natureza. À alma que se tornou sua filha pela graça, Deus descobre sua vida íntima, sua vida trinitária, deixando-a entrar aí como uma verdadeira filha para dela participar.

---

[14] At 17,28.

A estas novas relações criadas pela graça corresponde uma nova forma de presença divina que chamaremos "presença objetiva", porque Deus é aí diretamente apreendido como objeto de conhecimento e de amor.[15]

Presença objetiva e presença ativa de imensidade, longe de se excluírem, sobrepõem-se e completam-se na alma justa. Nesta alma, Deus reside como no seu templo preferido nesta terra, porque "suas delícias são estar com os filhos dos homens".[16] Ao gerá-la para a vida sobrenatural pelo dom da graça, comunica-lhe a sua vida como um pai ao filho e, com a sua vida, entrega-lhe os seus segredos e os seus tesouros. Tornada filha de Deus pela participação na vida divina, a alma justa pode receber em si o seu Deus como a um Pai, elevar-se até ele e amá-lo com amor filial como uma criança.

[30] Do mistério desta inabitação substancial de Deus na alma, da atividade de amor que desenvolve nela, das relações entre a alma e Deus que daí decorrem, a Escritura nos fala com uma precisão e um encanto que nos revelam sua intimidade: "Não sabeis" – escreve São Paulo aos Coríntios – "que sois um templo de Deus e que o Espírito de Deus habita em vós?"; "O amor de Deus foi derramado em nossos corações pelo Espírito Santo que nos foi dado".[17] E

---

[15] "Como à nossa intelectualidade natural corresponde a essência das coisas naturais e à intelectualidade do Anjo, a sua essência espiritual, assim, à intelectualidade da graça, participação de Deus, corresponde diretamente a essência divina e, portanto, o Ato puro, o Ser divino oferece-se para ser apreendido intelectualmente por ela tal como ele é em si" (João de Santo Tomás, citado por Frei GARDEIL. Ambroise in *La structure de l'âme et l'expérience mystique*. Paris, Gabalda-Lecoffre, 1927. IIᵉ Partie, conclusion, t. I, p. 391).

[16] Pr 8,31 (Vulgata).

[17] 1Cor 3,16 e Rm 5,5. A presença e a obra santificadora de Deus na alma, ainda que comuns às três Pessoas, são especialmente atribuídas por apropriação ao Espírito Santo. O Espírito Santo é, na verdade, o amor no seio da Trindade, o dom de Deus concedido à alma por amor. As obras de santificação que procedem do amor são-lhe, pois, especialmente atribuídas.

I Parte – Perspectivas

São João sublinha uma palavra de Nosso Senhor no discurso depois da Ceia: "Se alguém me ama, guardará minha palavra e o meu Pai o amará e a ele viremos e nele estabeleceremos morada".[18]

III – *Localização da presença objetiva no centro da alma*

Na visão inicial do *Castelo*, esta presença de Deus está localizada na parte mais profunda da alma, "no centro, que é o aposento ou palácio onde está o Rei".[19] Certamente, ninguém duvida de que Deus se encontra em todas as partes do composto humano. Seria então esta localização da presença de Deus uma pura ficção da imaginação, criada para justificar e ilustrar o movimento da alma em direção a Deus? [31] Temos o direito de duvidar disso, pois Santa Teresa nos habituou a um simbolismo mais objetivo.

---

[18] Jo 14,23. Podemos estabelecer uma comparação entre a presença da Santíssima Trindade na alma e a presença eucarística no comungante:

Presença Eucarística	Presença da Santíssima Trindade
Jesus: humanidade e divindade unidas pela união hipostática na pessoa do Verbo.	Três pessoas divinas.
Presença localizada pelos acidentes do pão e do vinho.	Penetra todo o ser e cada uma das partes.
Desaparece com os acidentes do pão e do vinho.	Permanente como a graça.
Dá o Cristo Jesus, único Mediador, difundindo a vida divina na sua imolação.	Dá a vida, o movimento, o ser e a graça.
Ao difundir a graça, permite apreender melhor a Santíssima Trindade: desenvolve, portanto, presença objetiva.	Não pode ser obtida sem se ter, pelo menos, o desejo de receber o Corpo de Cristo. Difunde a graça apenas através da mediação de Cristo

Unindo-nos a Jesus Cristo, ocupamos o nosso lugar de filhos na Santíssima Trindade. Nós somos de Cristo e Cristo é de Deus.

[19] 1 M 2,8.

Notemos primeiramente que esta localização da presença de Deus traduz a experiência espiritual de Santa Teresa e da maioria dos místicos que percebem a ação mais perfeita de Deus e, por consequência, da sua presença na parte mais profunda da alma, em regiões que parecem ultrapassá-la em interioridade e que ela própria só alcança no seu ponto mais sutil.

Por isso, já na oração de quietude, Santa Teresa declara que

essa água vai correndo por todas as moradas e faculdades até chegar ao corpo. Por isso, eu disse que ela começa em Deus e termina em nós. ... Como digo, não creio que esse deleite se origine no coração, mas num lugar ainda mais interior, como uma coisa profunda. Penso que deve ser o centro da alma, tal como depois vim a entender e explicarei no fim.[20]

Na união mística das quintas Moradas, segundo o testemunho da Santa,

Sua Majestade é quem vai nos introduzir, entrando também ele no centro de nossa alma.[21] Porque o Senhor se encontra tão unido à essência da alma, ... o inimigo não arriscará aproximar-se. Creio que nem mesmo entende esses segredos ... [que são] coisa tão secreta que Deus não a confia nem ao nosso entendimento.[22]

Deus se fixa a si mesmo no interior da alma de modo que, quando esta volta a si, de nenhuma maneira pode duvidar que esteve em Deus e Deus nela.[23]

Adiante vereis como, na última morada – ainda mais do que aqui –, Sua Majestade quer que a alma usufrua dele no seu próprio centro.[24]

Esta experiência mística tão clara convida-nos a uma investigação. Descobrimos assim que, longe de assentar-se

---

[20] 4 M 2,4.5.
[21] 5 M 1,12.
[22] *Ibid.*, 1,5.
[23] *Ibid.*, 1,9.
[24] *Ibid.*, 1,12.

numa ilusão, esta experiência, pelo contrário, ilustra de forma admirável uma verdade: se Deus atua em todo o nosso ser como autor da ordem natural, não poderá depositar sua graça senão na parte mais espiritual de nossa alma, a única capaz de receber esta participação da natureza divina.[25] É na essência da alma, sobre a qual a graça está inserida a título de qualidade entitativa, [32] nas raízes das faculdades sobre as quais estão enxertadas as virtudes teologais, que Deus se comunica diretamente à alma e que se estabelece contato com ele. É, então, nestas regiões profundas de si mesma, no centro do Castelo, que a alma experimentará, com toda a razão, a presença ativa de Deus santificador e, ainda, será rumo a estas regiões que ela vai se dirigir para encontrá-lo e se unir inteiramente a ele.

Podemos, assim, concluir que se Deus está realmente presente em todo o nosso ser – o qual ele sustenta como a alma de nossa alma e a vida de nossa vida –, contudo, sua presença como hóspede e amigo está oportunamente localizada nas profundezas da alma, pois é na parte espiritual mais elevada da alma que ele difunde diretamente a sua vida divina e é por seu intermédio que realiza em todo o ser humano as suas operações espirituais.

B – *A VIDA ESPIRITUAL É UMA INTERIORIZAÇÃO PROGRESSIVA*

Para este Deus apreendido ou descoberto nas profundezas, vão dirigir-se todos os ardores que anseiam por ele. Para o ver e encontrar, a alma vai orientar-se e caminhar

---

[25] A graça e as virtudes infusas que nos permitem realizar as operações de conhecimento e de amor da vida trinitária estão enxertadas na alma e nas faculdades cuja atividade utilizarão. A alma e as faculdades não podem receber com eficácia este enxerto divino a não ser que já possuam a potência natural de conhecer e de amar.

rumo às suas próprias profundezas. A vida espiritual será, por excelência, uma vida interior; a caminhada para Deus será uma interiorização progressiva até o encontro, o amplexo, a união na obscuridade, esperando a visão do céu. Nesta caminhada de aproximação, cada etapa na interiorização será uma "morada" que, na realidade, marcará um progresso na união. É esta a concepção da vida espiritual que a visão do Castelo oferece. Consideremos a imagem e distingamos a realidade e seus ensinamentos.

Deus que habita o palácio das sétimas Moradas é Amor. Ora, o Amor está sempre em movimento para se doar. Não poderia deixar de se difundir sem deixar de ser ele mesmo: *bonum diffusivum sui*. Essencialmente dinâmico e dinamogênico, arrasta no dom de si mesmo tudo aquilo que lhe pertence e aspira a conquistar para doar mais.

Nas sétimas Moradas, Deus é um sol que envia constantemente os seus raios, um braseiro sempre ardente, uma fonte que jorra sem cessar. Está sempre em atividade de amor na alma em que reside. Esta alma é a seara de Deus: *agricultura Dei estis*.[26] Deus torna-se o seu agricultor, o seu vinhateiro: *Pater meus agricola est*.[27] Artífice **[33]** da nossa santificação, ele a realiza pela difusão da graça que distribui segundo os nossos méritos, ou, simplesmente, para satisfazer a necessidade da sua misericórdia: *Caritas Dei diffusa est in cordibus nostris per Spiritum Sanctum qui datus est nobis*.[28] Aspira a reinar sobre nós, e esta graça é o seu instrumento de conquista pacífica e de suave domínio.

De fato, esta graça difundida na alma é da mesma natureza de Deus: vida, amor, bem que se difunde como ele, conquistadora como ele. Há, no entanto, duas diferen-

---

[26] 1Cor 3,9.

[27] Jo 15,1.

[28] Rm 5,5.

ças: em Deus o amor cria e dá, a caridade sobrenatural na alma é criada e volta à sua origem; o primeiro é paternal, a segunda é filial.[29] Além disso, o amor de Deus é eterno e imutável. A graça, pelo contrário, embora já unificadora no seu menor grau, tal como ao ser recebida no batismo, assemelha-se a um germe se considerarmos o crescimento cuja potência e destino ela traz em si. O Reino de Deus – diz-nos Nosso Senhor – é semelhante a um grão de mostarda que é a menor das sementes e se tornará o maior dos arbustos.[30] Ou melhor ainda: no que diz respeito à graça em nossas almas, o Reino de Deus é semelhante ao fermento que a mulher mistura em três medidas de farinha e que leveda toda a massa.[31]

Penetrante e filial, a graça vai realizar a sua obra de transformação e de conquista.

Enxertada na natureza humana, com seu organismo vivo de virtudes infusas e de dons do Espírito Santo, a graça adapta-se perfeitamente às formas do complexo humano, apoderando-se de todas as suas potências e de todas as suas atividades. Penetrante, adentra e domina progressivamente as faculdades humanas, libertando-as de suas tendências egoístas e desordenadas. Filial, arrasta-as, depois de tê-las conquistado, no seu movimento para este Deus interior, Pai de luz e de misericórdia e, daí por diante, as oferece a ele purificadas e fiéis, inteiramente submissas às suas luzes e à sua ação.

---

[29] "Com efeito, não recebestes um espírito de escravos, para recair no temor, mas recebestes um espírito de filhos adotivos, pelo qual clamamos: *Abba!* Pai! O próprio Espírito se une ao nosso espírito para testemunhar que somos filhos de Deus. ... Mas também nós, que temos as primícias do Espírito, gememos interiormente, suspirando pela redenção do nosso corpo". (Rm 8,15-16.23)

[30] Cf. Mt 13,31-32.

[31] Cf. *Ibid.*, 13,33.

Não será inútil ressaltar, desde já, que nesta ação conquistadora da graça, Deus parece deixar, primeiro, uma grande parte à iniciativa e à atividade da alma. Afirma mais tarde o seu senhorio, revelando [34] por vezes a sua presença; reserva para si a iniciativa e impõe à alma uma atividade de submissão e de abandono até que, transformada pela caridade em verdadeira filha de Deus, ela passa a obedecer apenas aos impulsos do Espírito de Deus que vive nela: *ii sunt filii Dei, qui... spiritu Dei aguntur*.[32]

Assim se estabelece o Reino de Deus na alma e se opera a união transformante pela penetração da graça que progressivamente a conquista, transforma e submete ao Deus interior. Libertando-se das exigências exteriores dos sentidos e das suas tendências egoístas, obedecendo às luzes e inspirações cada vez mais espirituais e interiores, a alma interioriza-se até pertencer inteiramente Àquele que reside no mais delicado ponto de si mesma. Assim é a vida espiritual e o seu movimento.

A caminhada, descrita por Santa Teresa, da alma através das diversas Moradas para se unir a Deus nas sétimas – onde ele reside – mal se pode considerar um símbolo e, no entanto, é um símbolo, mas muito preciso e rico de ensinamentos!

C – A UNIÃO TRANSFORMANTE: META DA ESPIRITUALIDADE TERESIANA

A união divina, termo da vida espiritual, difere segundo as almas. Comporta graus em número quase infinito, desde aquele que se dá na criança que morre imediatamente após o batismo, até à união inefável da Santíssima Virgem no dia da sua Assunção.

---

[32] Rm 8,14.

Santa Teresa aspira a uma união muito elevada da qual determina as características. Vamos estudá-la de forma mais completa no momento adequado. Agora, iremos nos deter um momento para conhecer a finalidade da atividade espiritual carmelitana.

Certos favores místicos (visão intelectual da Santíssima Trindade e visão de Cristo, que lhe entregou um cravo, sinal da sua aliança) puseram em relevo, em Santa Teresa, estas alturas da vida espiritual que consistem, essencialmente, numa união perfeita da alma com Deus por meio de uma transformação que a torna semelhante a ele. Daí o nome de "união transformante" ou união por semelhança de amor:

> Equiparemos a união a duas velas de cera ligadas de tal maneira que produzem uma única chama, como se o pavio, a luz e a cera não formassem senão uma unidade. No entanto, depois, é possível [35] separar uma vela da outra – permanecendo então duas velas – e o pavio de cera.[33]

Pareceu-me que ele – diz ela em suas *Relações* – se representou a mim tal como numa esponja a água se incorpora e embebe; parecia-me que a minha alma se enchia dessa maneira com aquela Divindade, gozando e tendo em si, de certo modo, as três Pessoas.[34]

Esta união tem o seu centro na substância da alma, mas em si mesma não pode ser percebida. Apenas o *lumen gloriae,* que nos permitirá ver a Deus, nos descobrirá a graça que é da mesma natureza.[35] As faculdades permitirão ver esta união pelas disposições e ações que dela decorrem.

A vontade, invadida pela caridade, abdica dos seus desejos para adotar, por amor, a vontade de Deus e isto com uma perfeição e maleabilidade suaves. Santa Teresinha do Menino Jesus dizia: "... prefiro aquilo que ele preferir.

---

[33] 7 M 2,4.
[34] R 18,30.
[35] Cf. 1Jo 3,2.

"Quero ver a Deus"

Aquilo que ele faz é o que eu amo".[36] "A perfeição consiste em fazer a sua vontade".[37]

De fato, é tão imensurável o desejo que fica nessas almas de que se faça nelas a vontade de Deus que tem por bom tudo o que Sua Majestade faz. Se ele quiser que padeçam, sejam bem-vindos os sofrimentos! Caso contrário, não ficam desconsoladas como antes.[38]

Sabeis o que é ser verdadeiramente espiritual? É fazer-se escravo de Deus, marcado com o seu selo – o da cruz. Assim nos poderá vender como escravos de todo mundo, como ele próprio foi. ... Já lhe entregamos toda a nossa liberdade.[39]

O desejo de glorificar a Deus completa esta submissão:

Agora é tão grande a vontade que [essas almas] têm de servi-lo, louvá-lo e beneficiar alguma alma, se o puderem fazer, que não só não desejam morrer como preferem viver muitos anos padecendo grandíssimos tormentos. Isso para que, se possível, seja o Senhor louvado por elas, embora em coisas muito pequenas.[40]

A inteligência é atraída para o centro da alma por um foco luminoso, que aí brilha através de um véu de escuridão:

... se entende com clareza que há no interior da alma Alguém que ... dá vida a essa vida. [36] Um Sol de onde provém uma grande luz, enviada do interior da alma às faculdades.[41]

Esta experiência quase constante do Deus interior pode tomar formas diferentes. Santa Teresa a adverte como uma visão da Santíssima Trindade, mais ou menos clara conforme as ocasiões.[42] Para São João da Cruz, a alma sente sempre o Verbo Esposo como que repousando dentro de si e

---

[36] UC 27.5.4.
[37] CT 142, 06 de julho de 1893.
[38] 7 M 3,4.
[39] *Ibid.*, 4,8.
[40] *Ibid.*, 3,6.
[41] *Ibid.*, 2,6.
[42] Cf. *Ibid.*, 1,9.

parece à alma que, de fato, ele desperta em seu seio, onde antes se achava adormecido.[43]

Quanto à Santa Teresinha do Menino Jesus, ela tem uma experiência constante da Misericórdia divina que a penetra e envolve.[44]

Deste foco irradia-se uma luz difusa que assegura à inteligência uma maravilhosa penetração das profundezas de Deus e dos homens, e a esclarece tão bem em seus juízos que estes parecem originados à luz da eternidade.

A união transformante estende a sua influência às potências sensíveis e brilha no próprio corpo:

... ao entrar aqui, a alma já não sente os movimentos que costuma haver nas faculdades e na imaginação. Estas deixam de prejudicá-la e de tirar-lhe a paz.[45]

São, no entanto, potências instáveis e permanecem assim, mas a alma está estabelecida firmemente em seu centro e não poderia ser perturbada de modo profundo pela agitação natural das faculdades.

O próprio corpo é santificado pela irradiação da graça e é por isso que ele é honrado nos Santos e que Deus, às vezes, o glorifica desde esta terra.

Esta transformação tão completa satisfaz os desejos de Santa Teresa, estes desejos ardentes que se exprimem por

---

[43] Ch 4,14.

[44] Cf. Ms A, 84 r°. Estas experiências que parecem referir-se às Pessoas divinas diferentes são, no fundo, as mesmas. São João da Cruz, que experimenta especialmente a presença do Verbo Esposo, ao explicitar sua experiência, assinala a ação especial de cada uma das três Pessoas divinas. Do mesmo modo, Santa Teresinha do Menino Jesus, que parece experimentar apenas a ação purificadora do Espírito do amor, desvendando as ardentes riquezas da sua graça filial, dirige-se a Jesus, sua "Águia Divina", e pede-lhe que a leve até ao seio da Trindade, na fornalha do amor (Ms, B 5 v°). De fato, tal como Santa Teresa, também São João da Cruz e Santa Teresinha do Menino Jesus descobrem em si toda a Santíssima Trindade.

[45] 7 M 2,9.

"Quero ver a Deus" e que traduziam a sede de todas as suas potências de possuir a Deus e de se unir a ele perfeitamente.

[37] Se uma graça particular não lhe tivesse feito experimentar o dinamismo da graça que quer subir para Deus, a razão e a fé lhe teriam bastado para fazê-la estimar esta união realizada num grau tão elevado.

Esta união, com efeito, responde aos mais caros desejos do próprio Deus. Deus-Amor tem necessidade de se expandir e encontra nisso sua alegria, e uma alegria na medida do dom que ele faz. A beatitude infinita de Deus tem sua fonte no dom perfeito de si mesmo que ele faz, ao gerar o Verbo e produzir o Espírito Santo. Na criação, Deus não pode dar nada mais perfeito do que a graça, participação criada de sua natureza. Não há, pois, alegria maior para Deus do que a que ele encontra na difusão de sua graça.

Qual não será, pois, a alegria de Deus quando encontra uma alma que lhe deixa toda liberdade e onde possa se difundir conforme toda a medida que deseja? As confidências feitas por Nosso Senhor a certos santos nos fazem pressentir essa alegria de Deus. "... haverá mais alegria no céu por um só pecador que se arrependa, do que por noventa e nove justos que não precisam de arrependimento",[46] pois a conversão do pecador dá a Deus a ocasião de expandir uma medida mais abundante de graça. E quando uma alma chamada a receber grandes graças frustra a expectativa divina, a infelicidade é maior que a perda de uma multidão de almas comuns.[47]

---

[46] Lc 15,7.

[47] São João da Cruz fala destes pequenos nadas que suspendem as delicadas unções do Espírito Santo e diz: "... é mais doloroso e irremediável do que se fossem prejudicadas e perdidas muitas outras almas comuns, ordinárias, que não se acham neste estado, onde recebem tão subido esmalte e matiz. É como se num rosto de primorosa e delicada pintura trabalhasse uma tosca mão, com ordinárias e grosseiras cores; seria então o prejuízo, maior e mais notável, mais para lastimar, do que se manchassem muitos rostos de pintura comum" (Ch 3,42).

Foi para realizar esta união do homem com Deus que o Verbo se encarnou. Antes da Paixão, Jesus Cristo determina as intenções do seu sacrifício. Estas intenções são a união dos Apóstolos e de todos os que vierem a acreditar na sua palavra com ele e, por ele, com o Pai. A oração sacerdotal especifica a medida, a qualidade e a extensão desta união: *Ut sint unum sicut et nos...*[48]

É-nos revelada a finalidade da Encarnação e da Redenção. O sangue que vai ser derramado é o sangue da nova aliança entre Deus e o povo dos que foram escolhidos, que serão santificados e consumados na unidade.

[38] Esta unidade, imposta por Deus ao homem como o seu fim sobrenatural, possui já aqui na terra o seu valor. O poder efetivo da alma no mundo sobrenatural corresponde à medida de sua caridade unificadora. Santa Teresa, chegada ao matrimônio espiritual, obtém normalmente muito mais de Deus com um suspiro do que almas imperfeitas com longas orações.

A felicidade do céu é, também ela, determinada por esta união. No oceano da divindade – diz São João da Cruz –, cada um enche o recipiente que leva.[49] É o grau de caridade unificadora que determina a capacidade desse recipiente e, então, o poder da visão e a medida do gozo beatífico.

É para esta visão de Deus, iniciada nesta terra na fé viva e realizada perfeitamente no céu, que tendiam as aspirações de Santa Teresa quando dizia: "Quero ver a Deus". Este desejo de se dessedentar no oceano infinito por uma apreensão tão imediata quanto possível, com todas as potências do seu ser, e de se unir de forma tão perfeita a ele,

---

[48] Jo 17,11.
[49] Cf. 2 N 16,4.

elevou sua alma e deu à sua espiritualidade a força, o dinamismo, a direção e a meta. Teresa de Ávila atrai e arrasta as almas que têm sede de Deus e que aceitam se entregarem completamente a ele para serem transformadas por seu amor e cumprir a sua vontade. Este primado de Deus, que se exprime pela busca constante da união perfeita com ele, domina a espiritualidade teresiana e constitui uma das suas características essenciais.

TERCEIRO CAPÍTULO

Conhecimento de si mesmo

> ... sendo o conhecimento próprio o
> pão com que todos os manjares,
> por mais delicados, devem ser comi-
> dos nesse caminho da oração.[1]

[39] No globo de cristal que representa a alma justa, Deus é, para Santa Teresa, a grande realidade, o ímã que, das sétimas Moradas, atrai irresistivelmente o seu olhar e o seu coração.

No entanto, esta realidade de Deus – pensa ela – não deve fazer que a alma que lhe serve de templo fique completamente esquecida. A Santa, aliás, afirma ser da maior importância para a alma conhecer-se a si própria:

Não seria grande ignorância, filhas minhas, que se perguntasse a uma pessoa quem é e ela não se conhecesse nem soubesse quem foi seu pai, sua mãe ou a terra em que nasceu?

Se isso seria grande insensatez, muito maior, sem comparação, é a nossa quando não procuramos saber quem somos e só nos detemos no corpo.[2]

Fala o bom-senso realista de Santa Teresa. Ele pretende saber antes de agir; exige conhecer as realidades que o rodeiam, possuir toda a luz que o pode iluminar em sua caminhada para Deus: "Enquanto vivermos, e até por humildade, é bom conhecer a nossa natureza miserável".[3]

Na verdade, como seria possível se organizar com prudência e viver sua vida espiritual sem conhecer o quadro

---

[1] V 13,15.
[2] 1 M 1,2.
[3] V 13,1.

interior **[40]** em que deve desenvolver-se? Seria votar-se, se não a um fracasso total, pelo menos a grandes sofrimentos:

Ó Senhor, tende em conta o muito que sofremos neste caminho por falta de instrução! E o mal é que, como não pensamos ser preciso mais do que pensar em vós, nem sabemos perguntar aos que têm instrução, nem consideramos que haja necessidade de perguntar. Experimentamos terríveis sofrimentos por não nos entendermos. E chegamos a pensar que é grande culpa o que, longe de ser mau, é bom. Daqui provêm as aflições de muitas pessoas voltadas para a oração, ao menos das que são pouco esclarecidas. Elas se queixam de sofrimentos interiores, tornam-se melancólicas, perdem a saúde e até abandonam a oração por completo.[4]

Na verdade, não poderíamos caminhar para Deus sem conhecer a estrutura da alma, suas possibilidades, suas deficiências, as leis que regem a sua atividade.

É ainda o conhecimento daquilo que somos e do quanto valemos que nos permitirá tomar, diante de Deus, a atitude de verdade que ele exige:

Certa vez, pensando eu por que Nosso Senhor aprecia tanto a virtude da humildade, deparei logo – a meu ver, sem que eu o considerasse, de modo repentino – com o seguinte: é porque Deus é a suma Verdade e a humildade é andar na verdade, eis a razão da sua importância. E é grandíssima verdade que de nós mesmos não temos nada de bom, mas só a miséria e o ser nada. E quem não entende isso anda na mentira. Quem mais o compreender mais agradará à suma Verdade, porque anda nela.[5]

Este conhecimento de si próprio que faz triunfar a verdade nas atitudes e nos atos é sempre indispensável, quer no início, quer nos demais graus da vida espiritual:

A questão de nos conhecer é tão importante que eu gostaria que não houvesse nisso nenhuma negligência, por mais elevadas que estejais nos céus.[6]

---

[4] 4 M 1,9.
[5] 6 M 10,7.
[6] 1 M 2,9.

Assim, ele deve ser o objeto das nossas preocupações quotidianas:

Tende o cuidado de, no princípio e no fim da oração, por mais elevada que seja a contemplação, concluir sempre com o conhecimento próprio.[7]

[41] A Santa resume o seu ensinamento nesta afirmação clara e impressionante como uma máxima:

... os pecados e o conhecimento próprio [são] o pão com que todos os manjares, por mais delicados, devem ser comidos nesse caminho da oração – pão sem o qual ninguém poderia se sustentar.[8]

É este conhecimento de si mesma à luz de Deus que assegurará à sua vida espiritual seu equilíbrio, que a fará humana, ao mesmo tempo que sublime; prática, ao mesmo tempo que profunda.

A – *OBJETO DO CONHECIMENTO DE SI MESMO*

Todas as passagens citadas nos mostram que Santa Teresa só quer conhecer-se a si mesma para melhor alcançar a Deus. É quase exclusivamente à luz de Deus que ela vai pedir este necessário pão do conhecimento de si mesma. Deus é, a um só tempo, fim e princípio do conhecimento próprio.

Este traço, de grande importância prática, logo será sublinhado como convém. Era necessário apontá-lo desde já, para explicar o aspecto particular sob o qual vai se desenvolver o duplo conhecimento de si que Santa Teresa pede a seu discípulo, a saber: certo conhecimento *psicológico* da alma e um conhecimento que podemos chamar de *espiritual,* fundamentado no valor da alma perante Deus.

I – *Conhecimento psicológico*

Numa introdução às *Obras de Santa Teresa,* o Padre Emery, restaurador de São Sulpício após a Revolução Fran-

---

[7] CP 39,5.
[8] V 13,15.

cesa, assegurava que a Reformadora do Carmelo tinha feito progredir a ciência da psicologia mais do que qualquer outro filósofo. Com efeito, nos seus tratados abundam as descrições precisas e variadas do mundo interior da alma e da vida que nela existe. A Santa mostra-nos aí sua natureza rica, que vibra com as impressões do mundo exterior e, mais ainda, com os choques poderosos e com as delicadas unções da graça. Estas regiões da alma que, para nós, são habitualmente obscuras, para ela, são inteiramente luminosas:

É de importância para nós, Irmãs, entender que a alma não é algo escuro – pois, como não a [42] vemos, o mais frequente é parecer que não há outra luz interior além da que vemos. Supomos equivocadamente que dentro de nós reina uma espécie de escuridão.[9]

Sem dúvida, esta luz é a do próprio Deus que ilumina as profundezas da alma e, agindo sobre as diversas potências, produz nelas seus efeitos, da mesma maneira que os raios do sol, brincando através dos ramos de uma árvore, enriquecem-nos com diferentes tonalidades.

Graças ao seu apurado sentido espiritual e ao seu maravilhoso poder de análise, Santa Teresa penetra neste mundo interior, recolhe todas as vibrações, distingue a atividade e as reações de cada uma das faculdades, disseca, de certo modo, a própria alma até as suas profundezas.

Das Obras de Santa Teresa, poderíamos extrair um tratado de psicologia interessante e vivo como uma iniciação às Ciências. Vamos nos limitar a assinalar as verdades psicológicas que parecem ser as mais importantes para a vida espiritual.

1. A primeira é a distinção das faculdades. A Santa escreve que desconhecemos que há um mundo interior em nós.[10] Aí, nada é tão simples como o parecia admitir a sim-

---

[9] 7 M 1,3.
[10] Cf. 4 M 1,9.

plicidade da nossa alma. Este mundo é complexo e mutável. Agitam-se nele forças em sentidos diferentes. A violência e a diversidade destes movimentos sob a ação de Deus foram para Santa Teresa motivo de angústias. Uma explicação acerca da distinção das faculdades, que têm cada uma delas a sua própria atividade, foi-lhe esclarecedora:

> Eu tenho andado assim, nessa confusão do pensamento, bem aflita algumas vezes. Há pouco mais de quatro anos vim a entender, por experiência, que o pensamento – ou imaginação, para que melhor se compreenda – não é a mesma coisa que o entendimento. Perguntei-o a um erudito, que me confirmou essa verdade, o que não foi para mim motivo de pouco contentamento.
>
> Isso porque, sendo o entendimento uma das faculdades da alma, causava-me tristeza vê-lo às vezes tão volúvel. A imaginação, por sua vez, voa tão depressa que só Deus a pode deter.[11]

2. A ação de Deus lhe permite distinguir duas regiões na alma: uma região *exterior*, geralmente mais agitada, na qual se movem a imaginação, que cria e fornece as imagens, e o entendimento, que raciocina e discorre (estas duas faculdades são instáveis e não conseguem ficar dominadas muito tempo, mesmo por uma ação poderosa de Deus); uma região *mais interior* e [43] mais tranquila, onde se encontram a inteligência propriamente dita, a vontade e a essência da alma, que não só estão mais próximas das fontes da graça, mas também são mais dóceis à sua influência e lhe permanecem mais facilmente submissas apesar das agitações exteriores.

Esta distinção entre o exterior e o interior, entre sentido e espírito, que encontramos com diferentes terminologias em todos os demais autores místicos,[12] vai lhe permitir ofe-

---

[11] *Ibid.*, 1,8.

[12] São João da Cruz descreve uma experiência muito importante desta distinção entre a parte espiritual elevada e a parte sensitiva inferior em 2 N 24.

recer uma doutrina precisa acerca da atitude interior que se deve manter na contemplação quando o profundo da alma é tomado por Deus, mas o entendimento e, sobretudo, a imaginação, estão agitados:

Eu via – segundo o meu parecer – as potências da alma fixadas em Deus e recolhidas nele, e, por outro lado, a imaginação alvoroçada. Isso me deixava zonza. ...

E assim como não podemos deter o movimento do céu, que anda a toda velocidade, tampouco podemos deter a nossa imaginação. Se confundimos todas as potências da alma com ela, julgamo-nos perdidas e damos por mal-empregado o tempo em que estamos diante de Deus. E muitas vezes, pelo contrário, a alma está muito unida a ele nas moradas mais elevadas, ao passo que a imaginação se encontra nos arrabaldes do Castelo, padecendo com mil animais ferozes e peçonhentos ... .

Enquanto escrevo, examino o que se passa em minha cabeça ... . Tenho a impressão de ter na cabeça rios caudalosos, cujas águas se precipitam. Ouço muitos passarinhos e silvos – não nos ouvidos, mas na parte superior da cabeça, onde dizem estar a parte superior da alma. ...

Com efeito, mesmo este grande zumbido que tenho na cabeça não me atrapalha a oração nem me impede de escrever; pelo contrário, a alma está inteiramente mergulhada em sua quietude, em seu amor e nos desejos de claro conhecimento.[13]

Desta experiência, a Santa tira como conclusão: "não nos perturbe a imaginação, nem façamos caso dos pensamentos".[14]

3. O voo do espírito coloca Santa Teresa diante de outro problema psicológico, menos importante que os anteriores para a vida espiritual, mas mais difícil e cujo enunciado basta para revelar a agudeza do seu olhar. E este problema é: existe uma distinção entre a alma e o espírito, entre a essência da alma e a potência intelectual?

---

[13] 4 M 1,8.9.10.
[14] *Ibid.*, 1,11.

[44] Algumas filosofias lhe respondem que se trata da mesma coisa. Contudo, no voo do espírito, ela nota que ao mesmo tempo em que este "parece de fato sair do corpo; por outro lado, é claro que essa pessoa não morre".[15] Como explicar este fenômeno? Ela bem gostaria de possuir a ciência necessária para o conseguir. Na sua falta, esclarecerá o problema por meio de uma comparação:

> Muitas vezes tenho pensado: não se parecerá isso com o sol, que, estando no céu, desfere raios tão fortes que, não mudando ele de posição, de imediato chegam até nós? Ora, a alma e o espírito são uma mesma coisa, tal como o sol e os seus raios. Assim, não seria possível – pela força do calor que lhe vem do verdadeiro Sol de Justiça – elevar-se a alma acima de si mesma, permanecendo contudo em seu posto? Não poderia ela elevar-se por meio de alguma parte superior do espírito, saindo por cima de si mesma?[16]

II – *Conhecimento espiritual*

Ao espiritual são necessárias algumas noções psicológicas para evitar sofrimentos e dificuldades. No entanto, importa-lhe mais possuir o conhecimento que chamamos "espiritual" e que lhe revela aquilo que ele é diante de Deus, as riquezas sobrenaturais de que está adornado, as más tendências que são um obstáculo ao seu movimento para Deus.

Se o conhecimento psicológico é útil à perfeição, o conhecimento espiritual faz parte dela, pois alimenta a humildade e se mescla com ela. É a propósito deste último que Santa Teresa se refere como sendo o pão com o qual se devem comer todos os outros alimentos, por mais delicados que sejam.

---

[15] 6 M 5,7.
[16] *Ibid.*, 5,9; Cf. V 18,2.

A ação divina, pelos diversos efeitos produzidos na alma, revelou a organização do mundo interior. É unicamente sob a luz de Deus que podemos, agora, explorar as três áreas deste conhecimento espiritual de si mesmo.

a) *O que somos diante de Deus*

Deus é amigo da ordem e da verdade – diz Santa Teresa. A ordem e a verdade exigem que os nossos relacionamentos com Deus sejam baseados no que ele é e no que nós somos.

Deus é o Ser infinito, o nosso Criador. Nós somos seres limitados, criaturas suas, dependentes dele em tudo.

[45] Entre Deus e nós há o abismo que separa o Infinito do finito, o Ser eterno e subsistente por si mesmo da criatura chamada à existência no tempo.

A intimidade para a qual Deus nos chama não preenche este abismo. Agora e sempre Deus será Deus; e o homem, mesmo divinizado pela graça, uma criatura limitada.

Sobre este abismo do Infinito, a razão lança alguns clarões; a fé, algumas luzes. Os dons do Espírito Santo dão certa experiência dele. Ao debruçar-se sobre este abismo, a alma compreende obscuramente o que ela é na perspectiva do Infinito. À Santa Catarina de Sena, Nosso Senhor dizia: "Sabes, minha filha, quem tu és e quem eu sou? Tu és aquela que não é; eu sou Aquele que sou".[17]

Santa Teresa chama de reais às almas que, numa iluminação súbita ou no rápido amplexo de um influxo divino, compreenderam algo deste abismo do Infinito divino. Ela deseja que os Reis tenham este conhecimento para que compreendam o valor das coisas humanas e descubram o seu dever nesta perspectiva do Infinito.

---

[17] Cf. Frei RAIMUNDO DE CÁPUA. *La vie de Catherine de Sienne*, traduction Etienne Hugueny. Paris, Lethielleux, 1904, I, X.

Nunca nenhuma criatura pôde inclinar-se sobre este abismo como Jesus Cristo cujo olhar, iluminado pela visão intuitiva já nesta terra, penetrava prodigiosamente. Contudo, também ele se perdia na imensidão infinita da divindade que habitava corporalmente nele. Este espetáculo mergulhava-o em profundezas de adoração nunca atingidas: "Aprendei de mim, porque sou manso e humilde de coração"[18] – dizia ele sob o suave peso da unção que o penetrava.

Ninguém poderia ser tão humilde perante Deus como Jesus Cristo, ou mesmo como a Virgem Maria, porque ninguém mediu como eles o abismo do Infinito que separa o homem do seu Criador.

Além disso, Jesus e Maria eram de uma pureza perfeita. Ora, nós somos pecadores. Usamos da nossa liberdade para recusar obedecer àquele de quem dependemos de modo absoluto, em todos os instantes da nossa existência. A criatura, que merece ser chamada "nada" diante do Ser infinito, desafia Deus ao menosprezar voluntariamente os seus direitos, e este desacato pareceria ridículo se Deus não lhe tivesse concedido o privilégio de perturbar a realização dos seus desígnios providenciais. O pecado que é uma ingratidão, um crime de lesa-majestade, torna-se, assim, uma desordem na criação.

O pecado desaparece com o perdão divino. O ter pecado permanece um ato que mostra a perversidade da nossa natureza.

[46] Esta ciência da transcendência divina, na qual aparece o nada da criatura e o verdadeiro rosto do pecado, é a ciência por excelência do contemplativo. Que contemplou ele, se não conhece Deus? E se não conhece o seu nada significa que não encontrou Deus. Pois quem verdadeira-

---

[18] Mt 11,29.

mente chegou a Deus, experimentou no seu ser a pequenez extrema e a miséria profunda da nossa natureza humana.

Este duplo conhecimento do tudo de Deus e do nada do homem é fundamental para a vida espiritual, desenvolve-se com ela e, no dizer de Santa Ângela de Foligno, no seu grau eminente, constitui a perfeição.[19] Cria na alma uma humildade de fundo que nada poderá perturbar; coloca-a numa atitude de verdade que atrai todos os dons de Deus.

Ao ler os escritos de Santa Teresa, tem-se a impressão de que ela está constantemente debruçada sobre esse duplo abismo. Em múltiplos contatos com Deus, ela o conheceu experiencialmente até que, chegada ao matrimônio espiritual, passou a ter dele a visão intelectual quase constante.

É sob esta dupla luz que ela encontra o respeito profundo por Deus, este comovente temor de humilde súdita de Sua Majestade, este horror ao pecado, que se aliam tão bem aos ardores e aos impulsos do seu amor audacioso de filha e de esposa. Esta ciência do Infinito, por vezes expressa em termos vigorosos, inspira todas as suas atitudes, revela-se nas suas decisões e nos seus conselhos e faz subir constantemente de sua alma este suave perfume de humildade simples e profunda, livre e afável, que é um dos seus encantos mais fascinantes.

b) *Riquezas sobrenaturais*

O conhecimento de si mesmo não deve revelar-nos um só aspecto da verdade, ainda que este aspecto seja funda-

---

[19] "Conhecer-se! Conhecer a Deus! Eis a perfeição do homem ... . Aqui, a imensidão total, toda a perfeição e o bem absoluto; ali, nada. Saber isto, eis o fim do homem ... . Estar eternamente debruçado sobre este duplo abismo, eis o meu segredo!" (Santa ÂNGELA DE FOLIGNO. *Le livre des visions et des instructions de la bienheureuse Angèle de Foligno.* Traduction Ernest Hello. Paris, Editions Perrin, 1902, chap. LVII, pp. 208.213.219.

mental, como o do nada da criatura diante do Infinito de Deus. Deve assegurar em nós o triunfo de toda a verdade, mesmo que ela acuse contrastes desconcertantes. De fato, estes contrastes existem no homem.

Criatura tão pequena diante de Deus e muitas vezes revoltada, ela é, no entanto, feita à imagem de Deus e recebeu uma participação da vida divina. É filha de Deus e tem a capacidade de realizar as operações divinas de conhecimento e de amor, e é chamada a tornar-se perfeita como o seu Pai celeste é perfeito.

[47] Santa Teresa pede que não diminuamos de forma alguma estas verdades que fazem a grandeza da alma:

> Porque as coisas da alma sempre devem ser consideradas com plenitude, amplidão e grandeza, sem receio de exagerar. Sua capacidade suplanta tudo o que podemos considerar.[20]

Por isso, para dar uma ideia do "seu grande valor",[21] da sublime dignidade e da formosura da alma que é "o palácio onde está o Rei",[22] a Santa não hesita em empregar as comparações mais brilhantes. A alma é um "Castelo todo de diamante ou de cristal muito claro".[23] Deus faz dela um cristal resplandecente de claridade, um "Castelo tão resplandecente e formoso, essa pérola oriental, essa árvore de vida plantada nas próprias águas vivas da vida, que é Deus".[24] "Não encontro outra coisa com que comparar a grande formosura de uma alma e a sua grande capacidade".[25]

O cristão deve conhecer a sua dignidade. Também não deve ignorar o valor das graças especiais que recebeu.

---

[20] 1 M 2,8.
[21] *Ibid.*, 1,2.
[22] *Ibid.*, 2,8.
[23] *Ibid.*, 1,1.
[24] *Ibid.*, 2,1.
[25] *Ibid.*, 1,1.

Santa Teresa não minimiza nunca os favores espirituais, os progressos conseguidos, mesmo quando eles deixam espaço a numerosos defeitos, como nas terceiras Moradas. Falando da alma que goza da oração de quietude, ela refere "a grande dignidade em que está e a grande graça que o Senhor lhe concedeu".[26] Não a deixa ignorar as grandes esperanças contidas na graça recebida:

Para a alma, o fato de Deus lhe dar semelhantes penhores indica que ele muito a quer; se não for por sua culpa, avançará muito.[27]

A alma que recebeu tão grandes favores deve ter-se em grande estima. A verdadeira humildade triunfa na verdade. Coisa muito ruim para os "doutos pela metade, cheios de espanto – escreve a Santa –, porque estes me custam muito caro".[28]

A verdade livra dos perigos, ajuda para que "não sejam enganadas (as almas) pelo demônio, transfigurado em anjo de luz";[29] alimenta a ação de graças e incita a um esforço de fidelidade exigido pela graça recebida.

[48] c) *Más tendências**

Neste Castelo interior iluminado pela presença de Deus, próximo das riquezas sobrenaturais, Santa Teresa descobre uma multidão de "cobras, víboras e animais peçonhentos"[30] e "esses animais são tão peçonhentos e buliçosos, e tão pe-

---

[26] V 15,2.
[27] CP 31,11.
[28] 5 M 1,8.
[29] *Ibid.*, 1,1.

* N.T.: Como se verá no transcorrer do livro, São João da Cruz exprime esta realidade das más tendências inerentes à natureza humana com o vocábulo "apetite".

[30] 1 M 2,14.

rigosa é a sua companhia, que só por milagre se pode deixar de tropeçar e cair".[31]

Estes répteis representam as forças do mal instaladas na alma, as más tendências, consequência do pecado original. Estas tendências são forças temíveis que não devemos desconhecer. Por isso, constituem, merecidamente, um dos pontos mais importantes do conhecimento de si próprio.

Criados no estado de justiça e santidade, nossos primeiros pais não só tinham recebido os dons sobrenaturais da graça, mas também dons preternaturais (domínio das paixões, preservação da doença e da morte) que asseguravam a retidão e a harmonia das potências e faculdades da natureza humana. Privada dos dons sobrenaturais e preternaturais pelo pecado da desobediência, a natureza humana permaneceu intacta, mas, no entanto, ficou ferida devido a esta privação. Doravante, a dualidade das forças divergentes do corpo e do espírito se afirma e se manifesta. Aguardando a morte que vai separá-las, cada uma delas reclama as satisfações que lhe são próprias. O homem descobre em si a concupiscência ou forças desordenadas dos sentidos, o orgulho do espírito e da vontade, ou exigências de independência destas duas faculdades. Instalou-se na natureza humana uma desordem em suas raízes.

Adão e Eva vão transmitir à sua descendência a natureza humana tal como a deixara o pecado deles, ou seja, privada dos dons superiores que a completavam. Esta privação, com as tendências desordenadas que libera, é chamada pecado original.

Estas tendências tomarão formas particulares conforme a educação recebida, o meio frequentado, os pecados cometidos, os hábitos adquiridos. As tendências assim determinadas serão, por sua vez, fixadas no ser físico pela

---

[31] 2 M 1,2.

hereditariedade, como forças muito poderosas ou até como leis fatais.

Por conseguinte, entre as tendências que acompanham o pecado original, há em cada alma algumas que são dominantes e que parecem dever captar as energias da alma em seu proveito. A exigência dessas tendências pode tornar-se extrema e, mesmo quando são menos violentas, permanecem sendo forças tão temíveis que **[49]** é impossível que a alma não seja arrastada para inúmeras quedas.[32]

Nas primeiras Moradas, estas tendências exercem um poder quase pacífico nas almas. Combatidas nas segundas Moradas, elas se irritam e fazem sofrer. A vitória obtida no campo exterior nas terceiras Moradas deixa-lhes sua força interior. Nutrem-se, nesse tempo, com alimentos de aspecto insignificante e voltarão a aparecer cheias de vida no plano espiritual, quando a luz de Deus o descobrir.

São João da Cruz vai nos indicar, então, seus efeitos, especialmente aquele efeito privativo da tendência que elimina a Deus e sua ação na região em que ela exerce seu domínio:

> Pouco importa estar o pássaro amarrado por um fio fino ou grosso; desde que não se liberte, tão preso estará por um como por outro. ... Mas, por frágil que seja, o pássaro estará sempre retido por ele enquanto não o quebrar para alçar voo.[33]

Qualquer que seja a tendência voluntária e a pequenez do seu objeto, a união não poderá se realizar.

O Santo nos dirá também detalhadamente como as tendências cansam a alma, atormentam-na, obscurecem-na, mancham-na e a enfraquecem.[34]

---

[32] Existem tendências fixadas em nós pela hereditariedade, que parecem ter vários séculos de existência. Parecem resistir a todos os assaltos e, mesmo mortificadas em todas as suas manifestações exteriores, provocam por vezes maremotos que parecem arrastar tudo.

[33] 1 S 11,4.

[34] Cf. *Ibid.*, 6,5.

Toda a ascese espiritual está motivada pelas tendências. O espiritual deve conhecer suas tendências, especialmente as dominantes, para ver a necessidade desta ascese e para conduzi-la eficazmente.

O conhecimento de si não terá campo mais complexo e instável, mais difícil de explorar e, ao mesmo tempo, mais doloroso e mais útil para conhecer do que estas tendências, estes répteis venenosos, tão venenosos, tão perigosos e tão irrequietos[35] que cada homem traz dentro de si, que fizeram os santos gemer e os quais, lembrando-nos incessantemente a nossa miséria, incitam-nos a um combate sem tréguas.

B – *COMO ADQUIRIR O CONHECIMENTO DE SI MESMO?*

O que ficou dito anteriormente bastaria para responder a esta questão. É a ação de Deus na sua alma que revela à Santa Teresa a estrutura do mundo interior; é a luz **[50]** de Deus que lhe descobre o que ela é, o valor das riquezas sobrenaturais e o caráter nocivo das tendências. A conclusão é clara: é na luz de Deus que a alma aprende a se conhecer.

Este ponto importante da doutrina espiritual de Santa Teresa merece ser sublinhado.

Não é verdade que se censura aos contemplativos por seu egocentrismo, que os leva a falar constantemente de si mesmos, a mostrar com satisfação as graças recebidas, os seus sentimentos, e que não lhes deixa descobrir o mundo senão através do véu de suas luzes interiores e de suas impressões?

Não haverá, com efeito, um grande perigo para o contemplativo, que deve procurar Deus no mais profundo de sua alma, de frequentemente não encontrar senão a si mes-

---

[35] Cf. 2 M 1,2.

mo, ou, pelo menos, de não apreender, na obscuridade silenciosa que envolve a vida do Deus interior, mais do que as emoções da sensibilidade e a agitação confusa das faculdades dilatadas por este silêncio?

Estas censuras e estes perigos dão um singular relevo aos conselhos de Santa Teresa que pede à alma que não procure se conhecer, analisando-se diretamente, mas, sim, procurando-se sob a luz de Deus. É, aliás, a melhor maneira de se conhecer bem:

A meu ver, jamais chegamos a nos conhecer totalmente se não procuramos conhecer a Deus. Olhando a sua grandeza, percebemos a nossa baixeza; observando a sua pureza, vemos a nossa sujeira; considerando a sua humildade, constatamos como estamos longe de ser humildes.

Há nisso duas vantagens. Em primeiro lugar, está claro que uma coisa branca parece muito mais branca quando perto de uma negra, e vice-versa. Em segundo, porque o nosso entendimento e a nossa vontade se tornam mais nobres e mais dispostos a todo bem quando, às voltas consigo mesmos, tratam com Deus. Há muitos inconvenientes em nunca abandonar o nosso lodo de misérias.[36]

Estes conselhos dirigem-se às almas que estão nas primeiras Moradas e que devem utilizar considerações e reflexões para se conhecerem. Mais tarde, nas Moradas superiores, cada vez que a luz divina revelar a grandeza de Deus, revelará, concomitantemente, a pequenez e a miséria da criatura. O conhecimento de si, adquirido deste modo, é mais qualificado e mais profundo:

Quando o espírito de Deus age, nada é preciso fazer para ter **[51]** humildade e confusão, porque o próprio Senhor já as dá, e de um modo bem distinto do que nós o fazemos com as nossas ínfimas considerações, que nada são diante da verdadeira humildade iluminada que o Senhor ensina, trazendo tal confusão que a alma parece desfazer-se. É coisa muito conhecida o saber que Deus dá para que percebamos

---

[36] 1 M 2,9-10.

que por nós nenhum bem possuímos; e quanto maiores as graças, maior esse entendimento.[37]

Este conhecimento de si é precioso; é "o pão com que todos os manjares, por mais delicados, devem ser comidos"[38] e, contudo, a Santa acrescenta, que

é preciso comer com moderação. Porque, quando se vê rendida e percebe claramente que nada de bom possui ..., [a alma se pergunta:] Que necessidade temos de gastar o tempo aqui, se é melhor buscar outras coisas que o Senhor nos põe diante dos olhos?[39]

A Santa compadece-se com o destino de uma pessoa a quem seu diretor tinha

há oito anos paralisada e que não a deixava avançar além do seu próprio conhecimento.[40]

Portanto, nada de exames inutilmente prolongados, nada de repetidos retornos a si mesmo, que alimentariam as tendências naturais – talvez mesmo melancólicas – da alma e permitiriam ao demônio sugerir, sob as cores da humildade, todo o gênero de pensamentos que paralisam, pois como

não nos conhecermos devidamente; distorcemos o conhecimento próprio e, se nunca saímos de nós mesmos, esses e outros males devem causar-nos temor.

Por isso digo, filhas: ponhamos os olhos em Cristo, nosso bem, e com ele aprenderemos a verdadeira humildade ... . Isso evitará que o nosso conhecimento próprio se torne rasteiro e covarde.[41]

Esta ação do demônio no conhecimento de si é tão importante que a Santa a assinala por várias vezes:

Guardai-vos também, filhas, das humildades que vêm do demônio, acompanhadas de grande inquietação a respeito da gravidade dos nossos pecados, que costuma nos acometer de muitas maneiras ... . Tudo o que ela (a alma) faz lhe parece perigoso, e o seu serviço, por

---

[37] V 15,14.
[38] *Ibid.*, 13,15.
[39] *Ibid.*
[40] *Ibid.*, 13,14.
[41] 1 M 2,11.

melhor que seja, infrutífero. Vem-lhe uma desconfiança que a impede de fazer qualquer bem, por pensar ela que o que é bem nos outros nela é mal.[42]

[52] Como distinguir a luz de Deus da luz do demônio e as formas de conhecimento próprio que delas procedem? Santa Teresa no-lo dirá, porque nestas questões importantes, mas delicadas e muitas vezes sutis, a exatidão é muito útil:

A humildade não inquieta, não desassossega nem deixa a alma em alvoroço, por maior que seja; ao contrário, vem com paz, com contentamento e tranquilidade. Mesmo que a pessoa, por se considerar ruim, entenda com clareza que merece estar no inferno, afligindo-se e tendo a impressão de dever ser justamente condenada por todas as pessoas, quase não ousando pedir misericórdias, se a humildade for boa, esse sofrimento trará consigo uma suavidade e uma alegria de que não gostaríamos de nos ver privadas.

Quando a humildade é assim, não traz alvoroço nem angústia, mas amplia o coração, tornando a alma capaz de servir mais a Deus. Aquele outro sofrimento tudo perturba, tudo agita, revolve a alma inteira e é muito penoso. Creio que o demônio pretende com isso que pensemos ter humildade e, se puder, levar-nos a desconfiar de Deus.[43]

Eis-nos bem longe, quase na extremidade oposta, do egocentrismo estéril seguido pelo seu cortejo de sonhos vagos, de análises sutis, por vezes de introspecções angustiadas e de vãs ostentações de si mesmo, tantas vezes ridículas e sempre orgulhosas.

Santa Teresa não quer conhecer-se senão para melhor servir e alcançar a Deus, que é amigo da ordem e da verdade. Adquirido sob a luz de Deus, este conhecimento de si desenvolve-se com o próprio conhecimento de Deus. Mescla-se com a humildade e, quer explore a estrutura da alma, quer revele ao homem a sua pequenez diante das grandezas divinas ou a sua miséria pecadora, visa tão somente a fazer

---

[42] CP 39,1.
[43] *Ibid.*, 39,2.

reinar a luz e a triunfar a verdade. Quando alimenta na alma a contrição dolorosa e, ao mesmo tempo, um amor ardente, a adoração profunda e as aspirações mais elevadas, o sentimento da sua impotência e as resoluções mais generosas, pode-se afirmar que ele é verdadeiro: traz em si o sinal divino da sua origem, que é a paz, o equilíbrio, a liberdade e a fecundidade.

QUARTO CAPÍTULO

A oração

A porta para entrar nesse Castelo é a oração...[1]
A oração mental não é senão tratar de amizade...[2]

[53] Conhecer a Deus, conhecer-se a si mesmo à luz de Deus: é este o duplo conhecimento que constitui o fundamento da vida espiritual, regula seu movimento, indica-lhe os progressos e assegura sua perfeição.

De que meios se servirá a alma para entrar nas profundezas de si mesma, a fim de se unir a Deus que aí habita? Santa Teresa os indica desde as primeiras páginas do *Castelo Interior*:

Voltando, pois, a nosso formoso e agradável Castelo, temos de ver como entrar nele .... Pelo que posso entender, a porta para entrar nesse Castelo é a oração e reflexão.[3]

Esta palavra deixa-nos entrever o papel essencial da oração na espiritualidade teresiana. Determinemos esse papel e, em seguida, explicaremos a sua definição da oração e as classificações que ela nos dá da mesma.

A – *PAPEL DA ORAÇÃO NA ESPIRITUALIDADE TERESIANA*

"A porta para entrar nesse Castelo é a oração".[4]

---

[1] 1 M 1,7.
[2] V 8,5.
[3] 1 M 1,5.7.
[4] *Ibid.*, 1,7.

I Parte – Perspectivas

Santa Teresa escreve, em primeiro lugar, para suas filhas que vivem segundo a Regra Carmelitana de Santo Alberto. Esta Regra, que codificou os usos dos eremitas do Monte Carmelo, contém um preceito em volta do qual gravitam todos os outros: "meditar dia e noite a lei do Senhor".*

[54] É simples, claro e absoluto. Tal era a vida dos eremitas do Monte Carmelo. Vieram à santa montanha para viver segundo o espírito do grande Profeta Elias, cuja alma se exprime inteiramente no seu grito de guerra: *Vivit Dominus in cujus conspectu sto!*, "Vive o Senhor, em cuja presença estou".[5]

Este grito de guerra, inscrito no escudo do Carmelo, fixa a atitude que está no âmago da alma carmelitana. A presença de Deus é o porto atracadouro ao qual a alma deve retornar, quando estiverem acabadas as tarefas particulares que lhe são impostas. Assim faziam os profetas no deserto e os eremitas no Monte Carmelo.

Santa Teresa reivindica sua filiação com relação a eles e quer reviver-lhes a graça em todo o seu fervor primitivo:

... todas as que trazemos este sagrado hábito do Carmo [somos] chamadas à oração e contemplação – porque foi essa a nossa origem; descendemos dos santos padres do Monte Carmelo que, em tão grande solidão e com tanto desprezo do mundo, buscavam esse tesouro, essa pérola preciosa de que falamos (a contemplação).[6]

Filha destes eremitas, Santa Teresa tem, como eles, fome e sede de Deus. Exige, também, o silêncio e a solidão do deserto. Não podendo ir para lá, irá criá-lo no coração das cidades, fundando o mosteiro reformado de São José de Ávila. Aí a vida será eremítica, graças a uma estrita clausura, às grades, aos véus, ao pequeno número de religiosas e

---

* N.T.: Regra do Carmelo, nº 8.
[5] 1R 17,1 (Vulgata).
[6] 5 M 1,2.

ao retiro na cela. É o triunfo do seu gênio organizador, que se sobressai ao tornar realidade um grande pensamento em meio a uma multidão de detalhes.

Neste silêncio desértico, as almas podem, e devem, reviver o ideal primitivo da oração contínua. A Santa relembra-lhes isso em todas as ocasiões.

Desde a sua entrada na vida religiosa, elas têm de se exercitar a viver constantemente em companhia do bom Mestre que as chamou. Não vieram ali para outra coisa. Vai lhes ser necessário um tempo, mais ou menos longo, para adquirirem esse hábito de acordo com a facilidade que a graça lhes dará. Quaisquer que sejam as dificuldades encontradas, devem trabalhar até que atinjam essa finalidade.

Sem esta intimidade habitual com o bom Jesus, este cenário desértico não faria sentido e teria perdido sua alma. Não traria mais que tédio ou, pior ainda, seria o refúgio para a aversão à sociedade e a preguiça.

[55] Quando Santa Teresa, tendo encontrado a sua vocação apostólica, decide fundar mosteiros segundo o modelo de São José de Ávila, ela é guiada pelo desejo de reunir almas generosas que querem rezar

pelos que são defensores da Igreja, pregadores e letrados que a sustentam ... , foi com esse fim que ele vos reuniu aqui. Essa é a vossa vocação; esses devem ser os vossos cuidados e os vossos desejos; empregai aqui as vossas lágrimas e para isso dirigi vossos pedidos.[7]

A missão da Reforma Teresiana será a de rezar pela Igreja e, ao mesmo tempo, manter nela um elevado espírito de oração e ensinar, de maneira prática, os seus caminhos.

Para as almas carmelitanas a oração não é, portanto, apenas um meio de perfeição, um exercício de vida espiritual, é a ocupação essencial que deve preencher o dia, que deve constituir a trama da vida espiritual. É o caminho de

---

[7] CP 1,2.5.

perfeição que Santa Teresa vai traçar e descrever, resumindo num tratado os conselhos que dava às suas filhas.

É, aliás, o caminho de perfeição que ela própria seguiu. Sua vida espiritual pessoal esteve de tal modo ligada à sua oração que uma acompanhou as vicissitudes da outra, e suas histórias se confundem. Ela progrediu tanto quanto foi fiel à oração, e as épocas de menor fervor foram marcadas por um relaxamento nesse exercício. O livro de sua *Vida* traz o preciso testemunho disso e fica como a melhor ilustração prática de sua doutrina.

Mas estas circunstâncias históricas que explicam a doutrina teresiana já não constituiriam por si mesmas uma doutrina de escola? Esta necessidade de oração, o papel que lhe é atribuído, não corresponderia unicamente a uma forma de vida particular, a uma concepção carmelitana da perfeição baseada na oração como outras concepções parecem apoiar-se na oração litúrgica ou em obras de caridade?

Não tenhamos dúvida: a doutrina de Santa Teresa dirige-se a todos os cristãos, ou melhor, a todas as almas interiores. Não seria isso que a Igreja parece reconhecer ao proclamá-la *Mater spiritualium*?

Com efeito, Santa Teresa afirma que a oração [mental] é tão necessária como a oração vocal, que dela não pode ser separada.

O que eu queria que fizéssemos, filhas, é que ... quando digo: "pai-nosso", [exigerá] o amor que eu compreenda ... quem é o Mestre que nos ensina essa oração.

[56] Direis que isso já é meditação, que não podeis nem quereis senão rezar vocalmente. ... Tendes razão em afirmar que isso já é oração mental. Mas eu vos digo que, na verdade, não sei como separá-la da oração vocal, se é que pretendemos rezar vocalmente com perfeição, entendendo com quem falamos. De fato, é nossa obrigação procurar rezar com atenção.[8]

---

[8] CP 24,2.6.

Melhor ainda: a oração identifica-se com todo o movimento vital da graça na nossa alma. Esta graça é filial; o seu movimento essencial é elevar-se para Deus. Quando a alma não consegue mais ou não sabe esboçar este gesto que constitui a oração propriamente dita, isto significa que a graça morreu ou está prestes a morrer:

> Dizia-me há pouco um grande erudito que as almas que não têm oração são como um corpo paralítico ou tolhido, que, embora tenha pés e mãos, não os pode mover. E assim se passa. Há almas tão enfermas e tão habituadas às coisas exteriores que não há remédio nem parecem poder entrar em si mesmas.[9]

Dito isto, podemos enumerar alguns dos benefícios que a oração traz à alma. Fortifica as convicções e sustenta as resoluções generosas de trabalhar e sofrer.[10] É fonte de luz e desempenha, no que diz respeito à caridade, o papel da inteligência em relação à vontade; precede-a, orienta-a e ilumina-a a cada passo.

Tendo se tornado contemplativa, a oração transforma a alma, segundo a palavra do Apóstolo, de claridade em claridade até à semelhança com Deus.[11]

Deste modo, Santa Teresa pode concluir:

> Se para os que não o servem, mas o ofendem, a oração faz tão bem e é tão necessária, quem poderia objetar que não há maior dano para os que servem a Deus e o querem servir, do que deixar de fazê-la? Com certeza não posso entender.[12]

Destas diversas considerações podemos sublinhar:

1º) Que para Santa Teresa a oração, porta do Castelo e caminho da perfeição, é menos um exercício particular do que o próprio exercício da vida espiritual, [57] identificando-se com ela, regulando e enquadrando todos os demais

---

[9] 1 M 1,6.
[10] Cf. F 5,3.
[11] Cf. 2Cor 3,18.
[12] V 8,8.

elementos (mortificações, leituras, obras de caridade). A ascese será guiada pela oração e terá, como fim, purificar o olhar de fé e destruir tudo aquilo que for obstáculo a uma intimidade mais profunda. O estudo fornecerá um alimento para a oração e procurará os melhores caminhos espirituais. As obras serão o fruto do transbordar da contemplação.

2º) Que esta via de oração não é um caminho de perfeição exclusivamente carmelitano, mas uma via que se abre, luminosa e prática, diante de todas as almas que aspiram a penetrar nas profundezas da intimidade divina, ainda que dedicadas às obras de apostolado. Santa Teresa, mestra em ciência espiritual da oração, não é somente a Mãe do Carmelo Reformado, mas a Mãe de todas as almas interiores: *Mater spiritualium*.

Não podemos atribuir à oração este papel preponderante na vida espiritual, nem podemos impô-la a todas as almas desejosas de intimidade divina, a não ser que quebremos os limites um pouco estreitos em que parecem encerrá-la certas definições particulares. Deixemos esse cuidado à Santa Teresa que nos vai dizer o que entende por "oração".

B – *O QUE É A ORAÇÃO?*

No livro de sua *Vida*, Santa Teresa responde:
Para mim, a oração mental não é senão tratar de amizade – estando muitas vezes tratando a sós – com quem sabemos que nos ama.[13]

Definição muito conhecida – e com razão –, porque, com uma simplicidade espantosamente exata, ela põe em relevo os elementos que constituem a oração. Será suficiente para nós explicar-lhe os termos.

"A oração mental não é senão tratar de amizade com quem sabemos que nos ama" – diz a Santa. Portanto, é uma

---

[13] *Ibid.*, 8,5.

tomada de contato com Deus, uma atualização da união sobrenatural que a graça estabelece entre Deus e a nossa alma, ou ainda, uma troca entre dois amores: aquele que Deus tem por nós e aquele que nós temos por ele.

Deus é Amor. Criou-nos por amor, resgatou-nos por amor e destina-nos a uma união muito íntima com ele. Deus-Amor está presente em nossa alma, com uma presença sobrenatural, pessoal, objetiva. Está aí em **[58]** constante atividade de amor, como fornalha que espalha constantemente o seu calor, como sol que não cessa de irradiar sua luz, como fonte sempre a jorrar.

Para ir ao encontro deste Amor que é Deus, temos a graça santificante, da mesma natureza que Deus e, por conseguinte, amor como ele. Esta graça que nos faz seus filhos é uma capacidade para a união, para o intercâmbio ou o trato íntimo com Deus, para a penetração recíproca.

Deus-Amor, sempre em ação, chama por nós e nos espera. Mas, ele é imutável; é o nosso amor que deve ir para ele. A orientação deste amor para Deus, sua procura amorosa, o encontro do nosso amor com Deus-Amor, o trato afetuoso que logo se estabelece: eis o que é a oração, segundo Santa Teresa.

A oração supõe o amor sobrenatural e, portanto, a graça santificante. Ela exige que este amor seja posto em ação, mas esta atividade de amor sobrenatural é suficiente, pois, como sublinha Santa Teresa, a oração *não é senão* um trato de amizade com Deus.

Contudo, este amor não se move apenas no âmbito puramente sobrenatural; ele se circunda das formas mais variadas da atividade humana.

Por intermédio da vontade, na qual reside, o amor sobrenatural toma a seu serviço todas as potências e todas as faculdades naturais e as utiliza tal como as encontra em cada um de nós. A oração torna-se assim um trato de amizade entre o ser vivo que somos e o Deus vivo que habita em nós.

Logo, se considerarmos as atividades naturais postas em jogo, este trato de amizade, já diferenciado pelos diversos modos da ação divina em cada alma, encontrará uma nova e espantosa variedade na diversidade dos temperamentos, nas diferenças de idade e de desenvolvimento, e até na multiplicidade das disposições atuais das almas que fazem oração.

De acordo com os temperamentos, este trato de amizade tomará uma forma intelectual, afetiva ou mesmo sensível. A criança demonstrará o seu amor sobrenatural por Jesus com um beijo, um sorriso dirigido ao sacrário, uma carícia no Menino Jesus, uma expressão de tristeza perante o crucifixo. O adolescente cantará o seu amor por Cristo e irá desenvolvê-lo utilizando expressões e imagens que tocam sua imaginação e seus sentidos, enquanto espera que a sua inteligência, mais desenvolvida, lhe permita utilizar pensamentos fortes para fazer uma oração mais intelectual e mais substancial.

A oração tomará as formas instáveis das nossas disposições. A tristeza, a alegria, as preocupações, a doença [59] ou até a fadiga, que tornam impossível a atividade ou, pelo menos, o controle de tal ou tal faculdade, diversificarão este trato que deve permanecer sempre sincero e vivo para realizar a definição do trato de amizade.

Sob estas formas diversas e através de todas as vicissitudes, o trato permanecerá essencialmente o mesmo. Ágil e ativo, o amor que o vivifica utilizará, alternadamente, meios e obstáculos, ardor e impotência, inteligência ou imaginação, sentidos exteriores ou fé pura, para assegurar um alimento à sua vida ou novas maneiras à sua expressão. Conforme os temperamentos ou até as horas, será triste ou alegre, enternecido ou insensível, silencioso ou expansivo, ativo ou impotente, oração vocal ou recolhimento pacífico, meditação ou simples olhar, oração afetiva ou impotência dolorosa, elevação do espírito ou opressão de angústia, entusiasmo sublime na luz ou aniquilamento suave em profunda humildade. E, entre estas maneiras ou orações diversas, a melhor para ele será aquela que o unirá mais estreitamente a Deus e lhe assegurará o melhor alimento para seu desenvolvimento e para a ação, porque, em definitivo:

O amor de Deus não está em ter lágrimas nem em ter esses gostos e essa ternura, que em geral desejamos e com os quais nos consolamos, mas em servir com justiça, força de ânimo e humildade.[14]

Independente das formas exteriores previamente determinadas, a oração teresiana não conhece outra lei a não ser a livre expressão de dois amores que se encontram e se dão um ao outro. Mas será que esta liberdade não opõe a doutrina teresiana à dos grandes mestres da vida espiritual? Poderíamos pensar que sim.

Os mestres da escola inaciana determinam, com efeito, que é pela atividade da imaginação e dos sentidos que a alma deve ir ao encontro de Deus e que as resoluções fecundas procedem das impressões recebidas. Os mestres de São Sulpício pedem que se utilizem considerações para chegar a esta comunhão com Cristo, que é a verdadeira oração e que deve ter como fruto a cooperação eficaz da alma com ele. Os primeiros dirigem-se ao conjunto das pessoas piedosas; os segundos ocupam-se dos padres e dos seminaristas. Uns e outros querem conduzir seus discípulos para o trato com Deus e determinam-lhes o modo de oração que melhor se adapta ao seu temperamento moral e espiritual. Do mesmo modo, adaptando-se às exigências do espírito do nosso tempo, os mestres espirituais modernos nos convidam a simplesmente parar diante de uma atitude de Jesus

---

[14] V 11,13.

[60] ou de uma palavra rica de sentido para encontrar um contato direto e vivo com Jesus Cristo.

Santa Teresa, em sua definição, não fala destes modos de oração transformados em métodos adaptados às necessidades das diversas categorias de almas. O seu silêncio não é desprezo, mas também não é ignorância. Tem como finalidade pôr em relevo os elementos constitutivos e essenciais da oração.[15] "A oração é tratar de amizade" – diz ela. Sua definição, que abrange tanto a humilde recitação de fórmulas aprendidas como os arroubamentos que fazem penetrar nos segredos divinos, de alcance universal, é, por isso, mais luminosa e mais prática. É a definição de uma mestra de

---

[15] Santa Teresa aconselhou-se com os padres da Companhia de Jesus, praticamente desde a instalação deles em Ávila (1555). Durante seis anos, teve como diretor o Padre Baltasar Álvares, sj. Por conseguinte, conheceu sem dúvida os *Exercícios* de Santo Inácio e o método de oração difundido pela Companhia. Ávida de tudo o que dizia respeito à oração, provavelmente também conheceu o método de certo Abade de Montserrat, que estava muito divulgado na Espanha.

Os métodos podem ser muito úteis, especialmente no início da vida espiritual, porque, adaptados ao temperamento de cada um, sustentam e guiam judiciosamente os esforços das almas.

São úteis apenas se se sabe abandonar os atos múltiplos e ordenados que prescrevem, quando se atinge sua finalidade, ou seja, a intimidade com Deus.

Às vezes, infelizmente, estes métodos são malcompreendidos. Considera-se muito mais o trabalho das faculdades que eles exigem do que o trato de amizade ao qual devem conduzir. Confunde-se o modo de oração com a própria oração. Pensa-se que fazer oração é construir um quadro imaginário, sentir, ouvir, ver, ter impressões fortes ou, ainda, fazer considerações ou ter diante dos olhos uma verdade para contemplar. Consagram-se todos os esforços para a realização do método que foi imposto ou escolhido; fica-se privado da liberdade de alma necessária à vida de amor. O acessório tornou-se o essencial a ponto de se esquecer que a oração é um intercâmbio e de já nem sequer se pensar em Deus a quem se deve falar. A alma encerra-se num modo particular de oração ou, melhor, faz vãos esforços para se sujeitar a ele, e, não o conseguindo ou não encontrando nenhuma graça num esforço tão rude que permanece estéril, retira-se desanimada com a convicção de que não é feita para uma vida de oração.

vida espiritual que fala não só para uma categoria de almas, mas também para a Igreja universal.

Esta definição, a um só tempo tão ampla e tão precisa, tem a preocupação de respeitar a soberana liberdade de Deus e aquela da alma em seus relacionamentos, preocupação afirmada diversas vezes por Santa Teresa. Esta liberdade parece-lhe necessária para o desabrochar da alma e sua total submissão à ação de Deus. Desta maneira, Santa Teresa defende-a contra toda a tirania, quer venha de métodos muito rigorosos,[16] quer de uma direção que a oprimiria. Se encontrarmos [61] na alma os sinais da ação de Deus, a saber, humildade e progresso na virtude, não devemos inquietá-la na sua maneira de rezar. Ela tem o direito à sua liberdade e é dever de todos respeitá-la.

"Tratar de amizade – estando muitas vezes tratando a sós...".

Este trato é essencialmente *íntimo,* pois o amor tem necessidade de intimidade.

O contato com Deus estabelece-se nas profundezas da alma, nessas regiões onde Deus mora e onde se encontra o amor sobrenatural difundido em nós. Na medida em que este amor for poderoso e ativo, o trato será, por sua vez, frequente e íntimo.

A oração é também uma *prece pessoal.* Mesmo quando se reveste das formas da oração pública, cuja expressão exterior está harmonizada num grupo, ela permanece um trato a sós com Deus que vive em cada alma, e conserva a sua inspiração e a sua nota pessoal.

"Tratar de amizade ... *com quem sabemos que nos ama*" – termina a Santa.

---

[16] No *Caminho de Perfeição*, Santa Teresa apresentará, ela mesma, um método que é a oração de recolhimento. Este método não está ligado a nenhuma forma precisa de atividade das faculdades e enuncia apenas a preocupação de conduzir a alma para Deus por meio de Jesus Cristo.

Estas palavras tão simples escondem um problema grave: o da natureza do amor que nos une a Deus e das leis que o regem.

Os primeiros termos da definição – "tratar de amizade" – evocam em nós o pensamento ou a recordação da intimidade afetuosa que nos une às pessoas. Sonhamos com uma intimidade semelhante com Deus. Seria possível?

[62] O trato de amizade com Deus na oração e os relacionamentos afetuosos com um amigo são ambos inspirados pelo amor, mas os dois amores não são da mesma espécie. O primeiro é sobrenatural; o segundo é natural. Vemos o amigo que amamos, apreciamos por experiência suas qualidades, reconhecemos sua afeição por nós e a nossa por ele. Esta afeição, mesmo muito pura, desenvolve-se no plano natural e afeta as nossas faculdades humanas. Contudo, eu não vejo a Deus a quem a oração me une. Ele é puro Espírito, o Ser infinito, inatingível para minhas faculdades humanas, "ninguém jamais viu a Deus: o Filho único, que está voltado para o seio do Pai, este o deu a conhecer".[17]

O amor sobrenatural que me une a Deus é da mesma natureza que Deus. Logo, está tão distante de qualquer apreensão por parte de minhas potências naturais como o próprio Deus o está.

O trato de amizade da oração desenvolve-se entre realidades sobrenaturais que estão fora do âmbito das faculdades humanas. Apenas a fé no-las revela com certeza, mas sem dissipar o mistério que as envolve. É, pois, graças às certezas da fé, mas através da obscuridade que ela deixa, que se fará este trato de amizade com Deus que "sabemos que nos ama". O amor de Deus por nós é certo; a tomada de contato com ele por meio da fé é uma verdade certa, mas a penetração sobrenatural em Deus pode se produzir sem nos

---

[17] Jo 1,18.

deixar uma luz, um sentimento ou qualquer experiência da riqueza que aí fomos haurir.

Certamente, tal trato de amizade com Deus por meio da fé nos enriquece. Deus é amor sempre difusivo. Assim como não se pode mergulhar a mão na água sem a molhar, ou metê-la num braseiro sem a queimar, também não se pode entrar em contato com Deus, por meio da fé, sem haurir de sua riqueza infinita. A pobre mulher doente que tentava chegar junto a Jesus através da densa multidão, nas ruas de Cafarnaum, dizia para si: "Se ao menos tocar as suas roupas, serei salva". Consegue chegar até ele e obtém, por um contato que faz estremecer o Mestre, a cura desejada.[18] Todo o contato com Deus pela fé tem a mesma eficácia. Independentemente das graças particulares que pôde pedir e obter, ele haure de Deus um aumento de vida sobrenatural, um enriquecimento de caridade. O amor vai à oração para aí encontrar um alimento, um desenvolvimento e a união perfeita que satisfaz todos os seus desejos.

Falando da oração, Santa Teresinha do Menino Jesus escreve:

> Para mim, a oração é um impulso do coração, é um simples olhar que se lança para o Céu, é um grito de gratidão e de amor, tanto no seio da provação como no meio da alegria; enfim, é algo de grande, de sobrenatural, que me expande a alma e me une a Jesus ... .
>
> Às vezes, quando meu espírito está numa tão grande secura que me é impossível conceber um pensamento para me unir ao Bom Deus, recito *bem lentamente* um "Pai-nosso" e depois a saudação angélica. Então, essas orações me extasiam; alimentam minha alma mais do que se as tivesse recitado, precipitadamente, uma centena de vezes...[19]

Não poderia ser dito de melhor maneira aquilo que o trato de amizade apresenta de simples e profundo, de vivo

---

[18] Cf. Mc 5,25-34.
[19] Ms C, 25rº e vº.

e sobrenatural, sob as mais variadas formas com que se reveste para se alimentar e se exprimir.

C – *GRAUS DE ORAÇÃO*

[63] A oração que, para Santa Teresa, é o exercício essencial da vida espiritual, deve normalmente se desenvolver e progredir com ela em perfeição. Assim, uma classificação por graus de perfeição deve ser possível e se impõe. Mas como apreciar a perfeição da oração? Em que bases assentar essa classificação? Santa Teresa mantém-se fiel à sua definição que põe em relevo o trato de amizade com Deus como elemento essencial da oração. Vai julgar a perfeição da oração pela qualidade deste trato de amizade, quer dizer, pela qualidade da atividade do amor sobrenatural e seus efeitos de virtude e união. No livro de sua *Vida,* deu uma classificação muito conhecida dos graus da oração, ilustrada pela encantadora comparação das quatro maneiras de regar um jardim:

Parece-me que é possível regar de quatro maneiras:
- tirando a água de um poço, o que nos parece grande trabalho;
- tirá-la com nora e alcatruzes movidos por um torno; assim o fiz algumas vezes: dá menos trabalho que a outra e produz mais água;
- trazê-la de um rio ou arroio; rega-se muito melhor, a terra fica bem molhada, não é preciso regar com tanta frequência e o jardineiro faz menos esforço;
- contar com chuvas frequentes; neste caso, o Senhor rega, sem nenhum trabalho nosso, sendo esta maneira incomparavelmente melhor do que as outras.

Agora, apliquemos à oração essas quatro maneiras de regar, com as quais haveremos de conservar o jardim, que, sem ser irrigado, perecerá. Com esta comparação acredito poder explicar algo dos quatro graus de oração em que o Senhor, pela sua bondade, pôs algumas vezes a minha alma.[20]

---

[20] V 11,7.8.

A oração

A Santa explica a sua comparação:

Pode-se dizer dos que começam a ter oração que apanham a água do poço, o que é muito trabalhoso, como eu disse, porque eles têm de cansar-se para recolher os sentidos, algo que, como não estão acostumados a concentrar-se, requer muito esforço. ... Eles devem procurar pensar na vida de Cristo e, nisso, cansa-se a mente. ... Isso é começar a tirar água do poço, e queira Deus que este não esteja seco.[21]

Falarei agora do segundo modo de tirar a água que o Senhor do jardim ordenou, para que, mediante um torno e alcatruzes, o jardineiro tirasse mais água com menos trabalho e, sem ter de trabalhar continuamente, pudesse descansar. Agora quero tratar desse modo, aplicado à *oração,* a que [64] chamam de *quietude.* ... Isso é o recolhimento das potências dentro de si para uma alegria mais prazerosa com o contentamento que se obtém. Mas essas potências não se perdem nem ficam adormecidas; só a vontade se ocupa, de modo que, sem saber como, se torna cativa, apenas dando consentimento para que Deus a encarcere ... .[22]

Vamos falar agora da terceira água ... – a água corrente de rio ou de fonte –, trabalho feito com muito menos esforço ... . O Senhor quer ajudar o jardineiro aqui de uma maneira em que ele quase é o jardineiro, encarregando-se de tudo.

É o *sono das potências,* que nem se perdem de todo nem percebem como agem.[23]

Quando a quarta água cai do céu, a alma sente, em meio às delícias mais profundas e mais suaves, um desfalecimento quase total. Esta quarta água provoca, às vezes, a união completa ou mesmo a elevação do espírito na qual "o Senhor nos colhe a alma ... tal como as nuvens colhem os vapores da terra, afastando-a por inteiro desta".[24]

Na altura em que Santa Teresa escrevia o livro de sua *Vida* (1565), ela ainda não tinha chegado ao matrimônio es-

---

[21] *Ibid.,* 11,9.

[22] *Ibid.,* 14,1.2.

[23] *Ibid.,* 16,1.

[24] *Ibid.,* 20,2.

piritual. A classificação das orações que apresenta no *Castelo Interior* – quando se encontra na plenitude de sua graça e de sua experiência –, é mais exata e mais nuançada, mais pormenorizada e mais completa.

Sendo a oração um trato de amizade com Deus e, por decorrência, o fruto da dupla atividade do amor de Deus pela alma e do amor sobrenatural da alma por Deus, Santa Teresa distingue duas fases no desenvolvimento desta dupla atividade.

Na primeira fase, Deus manifesta o seu amor mediante um auxílio geral ou uma graça de caráter ordinário concedida à alma. É a própria alma que mantém a iniciativa e a parte principal da atividade na oração. Na segunda fase, intervindo na oração por um auxílio particular cada vez mais poderoso, Deus afirma progressivamente o seu senhorio sobre a alma e a reduz, pouco a pouco, à passividade.

A primeira fase, que corresponde ao primeiro modo de regar o jardim, tirando penosamente a água do poço, abrange as três primeiras Moradas do *Castelo Interior*.

A segunda fase, que corresponde às outras três maneiras de regar o jardim, abrange as quatro últimas Moradas mais interiores. A oração de quietude **[65]** (segunda água) e o sono das potências (terceira água),[25] orações contemplativas imperfeitas, fazem parte das quartas Moradas. O quarto modo de regar o jardim, que compreende uma gama inteira de orações de união cada vez mais perfeitas, é estudado

---

[25] No *Castelo Interior*, Santa Teresa não distingue mais como grau especial da oração esta terceira água ou sono das potências. Provavelmente, muito impressionada num primeiro momento pelos efeitos desta oração, de intensidade sensível notavelmente maior do que aqueles da simples quietude, apercebeu-se mais tarde, numa visão mais precisa e mais completa de todos os graus de oração, que o sono das potências era apenas um transbordar nos sentidos dos gostos divinos da quietude e, como união imperfeita, podia ser acoplada à quietude.

com grande cuidado e maravilhosa riqueza de pormenores, nas quintas, sextas e sétimas Moradas.

Ao considerar a classificação dada pelo livro da *Vida*, poderíamos acreditar que o progresso da oração se fundava na intensidade dos efeitos sensíveis e na diminuição do esforço da alma. Estudando o *Castelo Interior*, percebe-se nitidamente que Santa Teresa não considerou senão a qualidade do amor e a excelência dos efeitos produzidos. Ela diz que uma oração é mais elevada quando animada por um amor divino mais qualificado, e que a qualidade deste amor se afirma por uma maior eficácia sobre as atividades humanas que ele deve regular e submeter a Deus que habita a alma.[26] A oração será perfeita quando, na alma transformada pelo amor, todas as energias estiverem constantemente fortes e dóceis, à disposição das delicadas moções do Espírito de Deus.

---

[26] "... a oração mais aceita e segura é a que deixa melhores efeitos. Não me refiro a inspirar logo muitos desejos, pois estes, embora apreciáveis, nem sempre são como os pinta aos nossos olhos o amor-próprio. Chamo efeitos quando são confirmados por obras, e os desejos da honra de Deus se traduzem em trabalhar por ela muito deveras ..." (Cta 129, 23 de outubro de 1576).

QUINTO CAPÍTULO
O bom Jesus

*Este é o modo de oração própria
para todos,
quer estejam no começo, quer no
meio, quer no fim.*[1]

[66] Santa Teresa tem uma maneira própria de estabelecer este trato de amizade da oração:

Já se sabe que a primeira coisa a fazer é o exame de consciência, bem como a confissão e o sinal da cruz.

Procurai logo, filhas, pois estais sós, ter companhia. E que melhor companhia que a do próprio Mestre que ensinou a oração que ides rezar (o Pai-nosso)? Fazei de conta que tendes o próprio Senhor junto de vós ... e, acreditai-me, enquanto puderdes, não fiqueis sem tão bom amigo.[2]

Depois de se ter recolhido e purificado na humildade, a alma deve, para encontrar a Deus, ir até Jesus Cristo.

Estamos diante de um ponto da doutrina de Santa Teresa que, pela sua importância, deve estar entre as notas fundamentais de sua espiritualidade. Depois de o termos exposto, apresentaremos uma justificação teológica para sublinhar seu valor.

---

[1] V 13,12.
[2] CP 26,1.

A – *JESUS CRISTO NA ORAÇÃO TERESIANA*[3]

Não basta começar a oração com Cristo, é preciso prossegui-la em sua companhia:

[67] Acreditai-me, enquanto puderdes, não fiqueis sem tão bom amigo. Se vos acostumardes a tê-lo junto a vós e ele vir que o fazeis com amor e procurais contentá-lo, não podereis, como se diz, afastá-lo de vós.[4]

Para fazer-lhe companhia não é preciso procurar pensamentos profundos, nem se embaraçar com belas fórmulas. Basta falar-lhe com simplicidade:

Se estais alegre, vede-o ressuscitado ... . Se estais padecendo ou tristes, vede-o a caminho do Horto ..., [podeis falar-lhe], não com orações compostas, mas do sofrimento do vosso coração.[5]

Levada por seu amor, a Santa conversa familiarmente com Jesus diante de nós e, assim, ilustra de uma forma ao mesmo tempo agradável e prática a sua doutrina:

Tão necessitado estais, Senhor meu e Bem meu, que quereis admitir uma pobre companhia, como a minha? Estarei vendo em vosso semblante que vos consolastes comigo? Pois como, Senhor, é possível que os Anjos vos deixem só e que nem mesmo vos console o vosso Pai? Se assim é, Senhor, que tudo isso quereis passar por mim, o que é isto que eu passo por vós? De que me queixo?[6]

Este método não é bom apenas para algumas almas ou próprio para alguns estados da vida espiritual. É excelente para todos, afirma Santa Teresa:

---

[3] Santa Teresa tinha apresentado sua doutrina acerca deste ponto em vários lugares do livro da *Vida* (cc. 12 e 22) e do *Caminho de Perfeição* (cap. 26) ao falar da oração. Chegada ao matrimônio espiritual, descobriu melhor a sua grande importância. Assim, voltou ao assunto com mais precisão e mais vigor no *Castelo Interior* (6 M 7).

[4] CP 26,1.

[5] *Ibid.*, 26,4.5.6.

[6] *Ibid.*, 26,6.

Esse modo de trazer Cristo conosco é útil em todos os estados, sendo um meio seguríssimo para tirar proveito do primeiro e breve chegar ao segundo grau de oração, bem como, nos últimos graus, para ficarmos livres dos perigos que o demônio pode pôr.[7]

A Santa acrescenta:

> Esse é o modo de oração conveniente para todos, um caminho excelente e muito seguro até que o Senhor os leve a outras coisas sobrenaturais.[8]

Santa Teresa não se limita a aconselhar este modo de oração, mas o declara obrigatório: todos devem fazer oração com Cristo até que Deus eleve a alma a outras regiões. Esta afirmação, feita pela pena [68] de Santa Teresa habitualmente tão generosa, tão compreensiva acerca das diversas necessidades das almas, sempre tão preocupada em respeitar a liberdade de cada uma e as vontades de Deus a respeito delas, assume uma força singular e quase nos espanta.

Ela mesma ouviu protestos e objeções:

> Embora nisso tenham me contestado e dito que não o entendo.[9]

Não se perturba com isso, mas o seu zelo por esclarecer as almas sobre um assunto tão importante faz com que recolha, cuidadosamente, dificuldades e objeções, para lhes responder com exatidão.

Primeiramente, existem espíritos que não conseguem representar para si Nosso Senhor. Como poderão se colocar junto dele e lhe falar?

A Santa encontra a resposta na sua experiência pessoal. Ela jamais conseguiu utilizar a sua imaginação para a oração, o que não a impediu de praticar aquilo que ensina. Ouçamos as explicações que determinam seu método:

---

[7] V 12,3.
[8] *Ibid.*, 13,12.
[9] 6 M 7,5.

Eu era tão pouco hábil na representação de imagens mentais que, se não visse com os meus próprios olhos, pouco uso fazia da imaginação, ao contrário de certas pessoas que conseguem servir-se dela quando se recolhem. Eu só podia pensar em Cristo como homem, mas nunca pude representá-lo no meu interior, por mais que lesse sobre a sua beleza e por mais que contemplasse as suas imagens; eu agia como uma pessoa cega ou no escuro, e que, falando com outra, sabe que está com ela porque tem certeza da sua presença – digo, percebe e crê que ela está ali, mas não a vê –; assim ficava eu quando pensava em Nosso Senhor.[10]

Outras pessoas têm um espírito que não consegue se fixar e seriam incapazes de grandes raciocínios para conversar com o Mestre. Dirigindo-se a estas, a Santa escreve:

Não vos peço agora que penseis nele nem que tireis muitos conceitos nem que façais grandes e delicadas considerações com vosso entendimento; peço-vos apenas que olheis para ele. Pois quem vos impede de voltar os olhos da alma, mesmo de relance, se não puderdes mais, para esse Senhor?[11]

Este olhar de fé é sempre possível. A Santa o testemunha com a sua experiência:

Acostumai-vos! Vede que sei que podeis fazer isso, pois enfrentei a dificuldade de concentrar o pensamento numa coisa durante muitos anos.[12]

[69] Em suma, pouco importa a maneira como se entra em contato com Nosso Senhor: representação imaginária, discurso do entendimento, simples olhar da inteligência ou da fé. Todas as maneiras são boas e é sempre possível usar uma ou outra. Estabelecido o contato, é preciso conversar com ele:

Se falais com outras pessoas, por que vos haveriam de faltar palavras para falar com Deus? Não acrediteis nisso; eu ao menos não acredito que isso aconteça se vos acostumardes a dirigir-vos a ele.[13]

---

[10] V 9,6.
[11] CP 26,3.
[12] *Ibid.*, 26,2.
[13] *Ibid.*, 26,9.

Mas eis uma dificuldade mais grave. É apresentada por mestres da espiritualidade que "são letrados, pessoas espirituais, que sabem o que dizem".[14]

São contemplativos que se dirigem aos contemplativos que superaram os primeiros estágios da vida espiritual. Dizem eles: uma vez que o contemplativo aprendeu a superar as coisas corporais para encontrar diretamente a Deus que nos penetra e nos envolve, por que obrigá-lo a retornar à humanidade de Nosso Senhor, intermediária excelente para os principiantes, mas que não poderia senão atrasar aqueles que já encontraram o caminho do espírito? Afirmam que

quando estas [almas] já passaram do princípio, é melhor tratar das coisas da divindade e fugir das corpóreas.[15]

Que a humanidade de Cristo esteja incluída nas coisas corpóreas das quais é necessário afastar-se é – segundo eles – o quanto se depreende não só das palavras de Nosso Senhor aos seus apóstolos: "É de vosso interesse que eu parta",[16] mas também da experiência desses que, de fato, após a Ascensão, descobriram melhor a divindade de Cristo que, até então, lhes tinha estado velada pela sua humanidade.

Estes argumentos enganosos impressionaram Santa Teresa. Ela tinha experimentado que o recolhimento passivo arrastava-a para além de todas as formas sensíveis. Desejosa de aí voltar muitas vezes e de viver nessas regiões, tinha procurado e lido com piedosa avidez os tratados que, como o *Terceiro Abecedário* de Francisco de Osuna, ensinavam a arte de se preparar para estas influências sobrenaturais e de utilizá-las. A Santa quis, então, tirar **[70]** proveito dos conselhos de homens que pareciam tão sábios e virtuosos:

---

[14] V 22,2.
[15] 6 M 7,5.
[16] Jo 16,7.

... não [gostava] de pensar tanto em Nosso Senhor Jesus Cristo – diz-nos ela – e [permanecia] naquele embevecimento, esperando por tal deleite.[17]

Mas rapidamente se dá conta de que, por este caminho, "ia mal".[18]

Este erro passageiro deixa-lhe remorsos pungentes:

Parece-me que cometi uma grande traição ... . Será possível, Senhor meu, que tenha estado por um instante no meu pensamento a ideia de que me havíeis de impedir alcançar o maior bem?[19]

Ela não queria contradizer autores tão graves, mas a verdade tem os seus direitos, sobretudo quando põe em jogo o bem das almas. Assim, vai discutir com ardor as perigosas afirmações destes mestres e provar a sua doutrina, ou seja, que é preciso, em todas as etapas da vida espiritual, retornar à humanidade de Nosso Senhor e nunca se afastar dela enquanto a graça não nos arraste alhures. Com efeito, o próprio Senhor nos diz que é caminho, assim como luz, e que ninguém pode chegar ao Pai senão por ele. "Quem me vê, vê a meu Pai" (Jo 14,6; 8,12; 14,6.9).[20]

Estas palavras de Nosso Senhor são claras e absolutas. Não há etapa em que não conservem seu valor.

Quanto ao uso da passagem "É de vosso interesse que eu parta",[21] a Santa diz:

Eu não o posso tolerar! Certamente não o disse a sua Mãe Sacratíssima, porque ela estava firme na fé e sabia que ele era Deus e homem. E, embora o amasse mais do que os discípulos, fazia-o com tanta perfeição que isso antes a ajudava. Os Apóstolos não deviam estar então tão firmes na fé como depois estiveram – e como temos razão para estar agora.[22]

---

[17] 6 M 7,15.
[18] *Ibid.*
[19] V 22,3.4.
[20] 6 M 7,6.
[21] Jo 16,7.
[22] 6 M 7,14.

Por outras palavras, a humanidade não encobre a divindade senão àqueles que, como os Apóstolos antes da Ascensão, têm uma fé [71] tímida. Para os que, pelo contrário, acreditam firmemente na divindade, a exemplo da Santíssima Virgem, a humanidade traz um estímulo para essa fé.

Depois desta refutação rigorosa e exata, eis os argumentos da Santa em apoio da sua doutrina. São ditados pela experiência e pela reta razão.

Antes de tudo, é perder tempo colocar as suas faculdades no vazio, enquanto Deus não as tomou. Com efeito, "seria acaso bom que a alma permanecesse ali com essa aridez, esperando do céu um fogo que consuma esse sacrifício que está fazendo de si a Deus, como aconteceu com Elias, nosso pai?".[23] É esperar um milagre que o Senhor fará quando lhe agradar e quando a alma estiver devidamente preparada para isso. Esta espera é estéril. Santa Teresa a experimentou:

> Como não o podia ter sempre (o embevecimento), o pensamento ficava perambulando, enquanto a alma, a meu ver, esvoaçava como uma ave, não encontrando onde pousar, perdendo muito tempo e não se beneficiando das virtudes nem se desenvolvendo na oração.[24]

A Santa constata que não fazia progressos, nem na virtude, nem na oração. A que atribuir a esterilidade deste método? Sem dúvida a "certa falta de humildade, estando esta tão escondida e dissimulada que não a sentimos".[25] "Faz a alma querer se levantar antes que o Senhor a eleve"[26] e este desejo a faz menosprezar a graça de ser admitida "ao pé da cruz com São João".[27] Esse orgulho sutil, "embora não

---

[23] *Ibid.*, 7,8.
[24] *Ibid.*, 7,15.
[25] V 22,5.
[26] *Ibid.*, 22,9.
[27] *Ibid.*, 22,5.

pareça ser grande coisa, muito prejudica quem deseja progredir na contemplação",[28] pois a misericórdia divina não distribui habitualmente os seus dons gratuitos, a não ser aos humildes.

Em todo o orgulho há no mínimo um grão de insensatez. Este não escapa a esta lei geral.

De fato, o Verbo se encarnou para nos salvar, mas também para ficar ao nosso alcance, adaptar os seus ensinamentos à dualidade da nossa natureza que é feita de corpo e espírito. Jesus habitou entre nós e aqui permaneceu. Ora, eis que a alma não quer mais procurar Deus senão nas regiões espirituais e por métodos inteiramente espirituais. O bom-senso realista de Santa Teresa protesta com energia:

> Não somos Anjos, pois temos um corpo; querer ser Anjo estando na [72] terra – ainda mais do modo como eu estava – é um disparate, devendo-se ter um apoio material para o pensamento; ainda que algumas vezes a alma saia de si ou ande tão plena de Deus que não precise de coisas criadas para atingir o recolhimento, isso não é algo tão comum; quando não é possível ter tranquilidade, quando se anda às voltas com negócios, perseguições e sofrimentos e em tempo de aridez, Cristo é um amigo muito bom.[29]

Exceção feita à alma que já alcançou as sétimas Moradas, que "muito poucas vezes – ou quase nunca – precisa recorrer a essa diligência",[30] todas devem voltar para a humanidade de Nosso Senhor. Essa é a lei:

> Devemos pensar nos que, tendo tido corpo como nós, fizeram grandes façanhas por Deus. Que grave engano afastar-se propositalmente de todo nosso bem e remédio, que é a Sacratíssima Humanidade de Nosso Senhor Jesus Cristo.[31]

---

[28] *Ibid.*, 22,9.
[29] *Ibid.*, 22,10.
[30] 6 M 7,9.
[31] *Ibid.*, 7,6.

Mas, voltar constantemente a Nosso Senhor não é condenar-se a não ultrapassar a oração mental e renunciar praticamente à contemplação? De modo nenhum, pois para se preparar para a contemplação, o melhor meio é

que nos consideremos tão ruins que pensemos não merecer que ele no-los faça (tais favores espirituais). Deseja assim que nos ajudemos em tudo o que pudermos. E creio que, até que morramos – por mais elevada que seja a oração –, isso será necessário.[32]

Não podemos progredir nela senão servindo-nos da mediação de Cristo Jesus. Esta mediação torna-se especialmente necessária depois das graças contemplativas das quartas Moradas.

Se a alma não regressa então a Cristo Jesus, não encontrará a liberdade de espírito e não progredirá:

Tenho para mim que isso é o que impede muitas almas de não aproveitar mais nem alcançar uma liberdade de espírito muito maior quando chegam a ter oração de união (quintas Moradas).[33]

O erro – pode-se adivinhar – é ter abandonado Jesus Cristo.

As almas vítimas desse erro poderão, talvez, permanecer nessas Moradas, mas, certamente, não entrarão nas Moradas superiores (sextas e sétimas).

[73] Posso pelo menos assegurar que essas pessoas não entram nestas duas últimas moradas, porque, se perderem o guia – que é o bom Jesus –, não darão com o caminho. Muito já será se ficarem nas outras moradas com segurança.[34]

A afirmação é grave: determina a importância da discussão e o cuidado que a Santa lhe dedicou.

Ademais, caridosa e clarividente, ela não hesita em concluir:

Eu não posso crer que o cometam (esse erro). Mas parecem não se entender a si mesmos, causando assim muito mal a si e aos outros.[35]

---

[32] *Ibid.*, 7,8.
[33] V 22,5.
[34] 6 M 7,6.
[35] *Ibid.*

Estas reflexões, que exprimem o mais sadio e equilibrado realismo, convenceram todos os contemplativos? – pois que foram muitos os que trataram desta questão com a Santa. Não, não a todos. Alguns ainda têm objeções que a Santa não quer descurar.

Sustentam – e esses são espirituais autênticos – que depois de terem sido elevados à contemplação perfeita, "não conseguem mais como antes refletir sobre os mistérios da Paixão e da vida de Cristo".[36]

Esta impotência existe – reconhece Santa Teresa[37] –, mas não é completa. Estas almas já não conseguem fazer a meditação, isto é, "discorrer muito com o entendimento",[38] mas ninguém terá razão ao dizer

que não se detém nesses mistérios nem os traz presentes muitas vezes – em especial quando são eles celebrados pela Igreja Católica. ...

O que acontece é que a alma não consegue meditar porque já entende esses mistérios de modo mais perfeito. O entendimento os representa para ela, e os mistérios ficam de tal maneira gravados em sua memória que só o ver o Senhor caído por terra com aquele espantoso suor no Horto lhe basta não apenas por uma hora, mas por muitos dias.

... E creio que, por esse motivo, essa pessoa não consegue meditar mais detidamente sobre a Paixão ... .

E se não o faz, é bom que procure fazê-lo, porque sei que não será impedida por sua elevada oração.[39]

Quanto à alma que declarasse "que permanece sempre no mesmo estado [de deleite], não podendo fazer o que ficou dito – acrescenta a Santa –, eu consideraria **[74]** suspeita tal afirmação",[40] e nós pensamos nos estados doentios que ela nos descreve nas quartas Moradas.[41]

---

[36] *Ibid.*, 7,7.
[37] *Ibid.*
[38] *Ibid.*, 7,10.
[39] *Ibid.*, 7,11.12.
[40] *Ibid.*, 7,13.
[41] 4 M 3,14.

As afirmações da Santa são, portanto, muito claras: o contemplativo que, em certas ocasiões, for levado pela graça para além da humanidade de Cristo poderá e deverá, cada vez que isso lhe for possível, retornar aos seus mistérios, não para os meditar – o que poderia prejudicá-lo –, mas para os considerar com um simples olhar e alimentar-se deles. Convém tornar mais precisa esta importante doutrina que já não mais se discute em nossos dias, mas que é submetida a diferentes interpretações práticas.

Julgou-se poder afirmar que a doutrina de São João da Cruz era notavelmente diversa da de Santa Teresa, insistindo muito mais o Doutor Místico sobre o desprendimento de todas as formas criadas. Tal postura é esquecer que o Santo toma a alma no princípio das orações contemplativas e devia, por conseguinte, enfatizar com vigor a necessidade do desapego das criaturas. O lugar que dá a Cristo Jesus nos é mostrado pelo capítulo da *Subida do Monte Carmelo* intitulado: "Solução de uma dúvida. Declara-se por que não é lícito, sob a lei da graça, interrogar a Deus por via sobrenatural, como o era na lei antiga",[42] e pelas descrições de sua vida que no-lo mostram passando longas horas junto do tabernáculo e diante da imagem de Jesus crucificado. São João da Cruz, como Santa Teresa, ia beber nas fontes que jorram dos mistérios de Cristo e conduzia seus discípulos para elas.[43]

A doutrina dos dois Reformadores do Carmelo encontra uma encantadora ilustração em Santa Teresinha do Menino Jesus. Cansada das sábias explicações e de vãs tentativas, a pequena Santa de Lisieux procura uma via pequena e sim-

---

[42] 2 S 22.

[43] Sobre este assunto, ver o excelente artigo de Frei ÉLISÉE DE LA NATIVITÉ. "St. Jean de la Croix et l'humanité du Christ". Apud *Études Carmélitaines mystiques et missionnaires*. Paris, DDB, vol. I, 19ème année, pp. 186-192, avril 1934.

ples para alcançar a perfeição, um meio rápido para subir a montanha do amor. Sonha com um elevador tal como os ricos o possuem em suas residências. A resposta é-lhe dada: "O elevador que deve fazer-me subir até o céu são os vossos braços, Jesus!".[44] Ela instala-se aí por meio da confiança e do abandono. Com efeito, há muito tempo, considera Jesus menino no presépio; depois, foi atraída pela Santa Face, cujo mistério doloroso lhe foi revelado. Desde então, caminha sob a claridade que desce desta Face velada. A Santa Face é o astro que ilumina seus passos,[45] a sua única devoção. E este elevador leva-a rapidamente ao [75] cume da montanha do amor, como tinha desejado e esperado.

O maravilhoso êxito de Santa Teresinha do Menino Jesus traz a este ponto de doutrina espiritual uma preciosa confirmação. Apenas a verdade dogmática que o apoia pode mostrar toda a sua importância e ilustrá-lo de modo perfeito.

B – *JUSTIFICAÇÃO TEOLÓGICA*

No paraíso terrestre, nossos primeiros pais, adornados com o dom sobrenatural da graça, conversavam familiarmente com Deus e chegavam até ele sem intermediários. O seu pecado separou-os de Deus e cavou um abismo intransponível entre a divindade e a humanidade.

Deus elabora, então, um novo plano para substituir aquele que o pecado tornou irrealizável. Neste novo plano, o Verbo encarnado é constituído mediador universal e único. Deus, que criara tudo por meio do seu Verbo, determina que tudo será restaurado pelo Verbo encarnado. Mediador pela união, realizada nele, da natureza divina e da natureza

---

[44] Ms C, 3 rº.
[45] Cf. Poesia 20.

humana, Cristo Jesus é feito mediador pelo mandato divino que lhe é confiado; segundo a palavra da Escritura, foi criado "sacerdote para sempre, segundo a ordem de Melquisedec".[46]

Durante a sua vida pública Nosso Senhor revela e explica progressivamente sua mediação: "Eu sou o Caminho, a Verdade e a Vida"[47] – diz ele. Esta linguagem é mais clara para nós do que para os judeus que a ouviam com surpresa.

Filho de Deus, a um só tempo gerado eternamente como Verbo do Pai e enunciado no tempo como Verbo encarnado, Jesus traz em si a luz incriada que é Deus e toda a luz que Deus quis manifestar ao mundo,[48] a vida que está no seio da Trindade e a vida que Deus quer derramar nas almas.[49]

Nele estão todos os tesouros da sabedoria e da graça, e é de sua plenitude que nós os recebemos.

Pelos merecimentos da sua Paixão, ele adquiriu o direito de os distribuir e tornou-nos dignos de os receber. É só por ele que a luz e a graça divina podem descer à terra; só por ele podemos chegar ao trono [76] do Pai de luz e de misericórdia. Mediador universal e único, realizando nossa redenção, nossa santificação, ele pode dizer: "Eu sou o caminho... Sou a porta do redil celeste; aquele que não entra pela porta é ladrão".[50]

E para que a efusão desta vida divina seja mais abundante, quis que o contato com a sua humanidade, que é sua causa instrumental física, fosse também o mais íntimo possível. Ficou sob as aparências do pão e do vinho e nos dá assim como alimento sua humanidade viva e imolada.

---

[46] Sl 109 [110],4; Hb 5,6.
[47] Jo 14,6.
[48] Cf. Jo 1,9.
[49] *Ibid.*, 1,16.
[50] *Ibid.*, 14,6 e 10,1.9.

Através dela são todas as ondas da vida divina que penetram em nossa alma e nela se difundem, segundo a medida de nossa capacidade de recepção: Eu sou o pão da vida... Quem come a minha carne e bebe o meu sangue tem a vida eterna. Se não comerdes a carne do Filho do Homem e não beberdes o seu sangue, não tereis a vida em vós.[51] As palavras são claras: não podemos ter a vida senão por meio da comunhão com Cristo Jesus. Os demais sacramentos não têm eficácia senão em virtude de sua relação com a eucaristia. Assim, por exemplo, no caso do batismo que não tem eficácia a não ser pelo voto feito pelo batizado de receber a eucaristia.[52]

A comunhão tem um efeito de transformação. Mas não é o alimento celeste que é transformado naquele que o come; é Cristo Jesus que se entrega, que vem como conquistador para transformar em sua luz e em sua caridade. Chegamos ao mistério da união de Cristo com as almas e toda a sua Igreja.

Depois da Ceia, Jesus o deixa entrever aos seus apóstolos, que tinham comungado pela primeira vez e que tinham sido ordenados sacerdotes. Eu sou a videira e vós os ramos. O ramo separado da cepa, não é mais que um sarmento que será lançado ao fogo. Sem mim nada podeis fazer.[53] Toda a nossa vida sobrenatural está ligada à nossa união a Jesus Cristo. Separados dele já não somos nada e não temos nenhum valor nem existência na ordem sobrenatural.

Por isso, na sua oração sacerdotal antes da Paixão, Jesus Cristo faz apenas um pedido pelos seus apóstolos e por

---

[51] Cf. *Ibid.*, 6,48-55.

[52] "A graça primeira ... não é dada a ninguém que não tenha, pelo menos, o desejo e a intenção de receber este sacramento. Pois a Eucaristia é o fim de todos os sacramentos ...". (*Catecismo Romano*, II Parte, Cap. IV, [48]).

[53] Cf. Jo 15,1.4-5.

aqueles que acreditarem em sua palavra: que sejam um com ele, como ele e o Pai são um,[54] para que **[77]** possam ver a sua glória.[55] Isto, Jesus Cristo o exige como preço de seu sacrifício. Esta unidade é o fim da Encarnação e da Redenção. Trata-se de algo vital para as nossas almas e para a Igreja.

O apóstolo São Paulo vai explicitar este ensinamento e fazer a sua síntese. Ele se proclama o arauto do grande mistério que é o mistério de Cristo, desse desígnio eterno da misericórdia divina que, depois da queda, restaurando tudo por intermédio de seu Verbo encarnado, deu-lhe o primado em todas as coisas, reuniu nele tudo aquilo que o pecado havia separado, reuniu-nos, então, todos nele, a fim de que por ele e nele tenhamos a purificação, a salvação e a santidade, e que com ele formemos um só corpo que é o Cristo total ou a Igreja. *In Christo Jesu*: tal é a ideia mestra da doutrina de São Paulo; é a essência do cristianismo.

A Igreja é o Cristo difundido ou o Cristo espalhado em seus membros. Ela o prolonga, fornecendo-lhe humanidades de acréscimo, nas quais ele ostenta as riquezas da sua graça e por meio das quais continua a sua missão sacerdotal na terra. A graça divina, que não pode vir até nós senão por meio de Cristo, prende-nos a Cristo e nos faz de Cristo. Somos de Cristo e Cristo é de Deus.

A natureza da nossa graça nos revela sob outro aspecto nossa dependência de Cristo e nossa unidade com ele. A nossa graça, na verdade, é filial e isto é uma nota essencial. Recebemos um espírito filial que, com relação a Deus, nos faz clamar: "Abba! Pai!".[56] No seio da Santíssima Trindade, ou somos filhos ou não somos nada. Ora, o Pai só tem um Filho que é o seu Verbo. O ritmo eterno da vida no seio da Santíssima Trindade é imutável: Deus Pai, pelo conhe-

---

[54] Cf. *Ibid.*, 17,21.
[55] Cf. *Ibid.*, 17,24.
[56] Rm 8,15.

cimento que tem de si mesmo, gera o Verbo que o exprime; o Pai e o Filho, por uma espiração comum de amor, produzem o Espírito Santo. Nem os séculos, nem a eternidade, poderão mudar algo deste movimento. Como poderemos entrar e participar dele conforme exige a nossa vocação sobrenatural? De nenhum outro modo a não ser pela graça de uma adoção e de uma ação tal que crie certa unidade com uma das Pessoas divinas. O Verbo se encarnou, assumiu uma humanidade que levou, como feliz prisioneira, até ao seio daquela glória que o Verbo possuía antes que o mundo existisse.[57] Por meio desta Humanidade Santa de Cristo, o Verbo toma e arrasta todos os homens que se deixam possuir pela sua graça. O Cristo total, difundido e completo, é posto, por meio da sua **[78]** unidade com o Verbo, sob a paternidade eternamente fecunda do Pai de luz e de misericórdia, e com ele espira o amor do Espírito Santo que, Espírito do Pai e do Filho, se torna, por consequência, o Espírito da Igreja e o nosso.

Tal é o plano de Deus que nos envolve e os desígnios que quer realizar em nós e por nós. Ou seremos de Cristo, ou não teremos vida sobrenatural; seremos filhos com o Verbo encarnado no seio da Santíssima Trindade ou seremos excluídos do Reino dos Céus.

Estas verdades não devem apenas fornecer um alimento para a nossa contemplação. Dado que elas regem toda a obra divina da Redenção e da organização da Igreja, devem presidir a cooperação que nos é pedida para esta obra divina. Estas verdades tão importantes estão entre as mais práticas para a vida espiritual e para o apostolado.

Por conseguinte, o filósofo deve renunciar a encontrar a intimidade divina ao término da sua especulação intelectual, ainda que muito elevada. Se lhe acontecesse, por uma elevação ou um desfalecimento do seu espírito, tocar

---

[57] Cf. Jo 17,5.

a intelectualidade pura e dela voltasse com a inteligência carregada de profundas intuições, não deveria acreditar ter tocado a Deus, se não passou pela fé em Jesus Cristo. Deus-Espírito não pode ser apreendido diretamente na linha da pura investigação intelectual.

O próprio contemplativo não conseguirá chegar à perfeição de sua contemplação amorosa, mergulhando unicamente na escuridão da noite saborosa. Para encontrarem seus próprios lugares na Santíssima Trindade, um e outro devem se achegar a Cristo Jesus e pedir, humildemente, a mediação todo-poderosa, mas necessária, daquele que é o caminho, a porta do redil e o bom Pastor. Sejamos pastores ou sejamos magoa, não podemos, aqui nesta terra, chegar a Deus senão ajoelhando-nos diante do presépio de Belém e adorando-o escondido sob a fraqueza de uma criança.

Que o espiritual, desejoso de ascensões espirituais, não busque outra via que Cristo. Considerar Cristo, imitá-lo em suas ações, pensamentos, sentimentos e vontades, segui-lo de Belém ao Calvário é o caminho mais seguro e mais curto. Tornar Cristo real e fazê-lo viver em si é a maior perfeição. Unidos a Cristo e presos a ele, estamos no fim de nossas ascensões e já em nosso lugar de eternidade.

Toda a doutrina ou todo o caminho que afastasse de Cristo ou não conduzisse para ele seria uma falsa doutrina ou um caminho suspeito.

O ter determinado energicamente as consequências práticas desta verdade no campo espiritual constitui, para [79] Santa Teresa, um dos seus títulos de glória, um daqueles que legitimam sua autoridade de mestra da vida espiritual.[58]

---

[58] Parece que a doutrina de Santa Teresa não teve em nenhum outro lugar uma influência mais profunda sobre a espiritualidade do que na França, onde foi rapidamente difundida, seja por meio da tradução de suas obras, desde o começo do século XVII, seja através dos numerosos mosteiros de Carmelitas. A Escola mística francesa do século XVII, cujas figuras eminentes eram adeptos fervorosos do Carmelo, deve-lhe o seu caráter cristocêntrico.

À igual distância da timidez, que não quer afastar-se das formas ativas da oração, e do orgulho sutil, que não sonha senão com o vazio e a superação das coisas sensíveis para mergulhar na noite, levando em consideração, ao mesmo tempo, as exigências da graça e da nossa fraqueza, da natureza espiritual de Deus e do seu plano de misericórdia, ela nos ensina não só a nos prendermos fortemente à humanidade de Cristo, "Caminho, Verdade e Vida", mas também a não resistir ao sopro da graça, quando ele nos quer transportar até às obscuras profundezas da sua Sabedoria.

Encontraremos sua doutrina pormenorizada e exata nas várias Moradas. Percorrendo as três primeiras, o olhar da alma deverá fixar-se sem desfalecimentos sobre o bom Jesus. A sabedoria do Verbo há de se manifestar, obscura ou deliciosa, nas quartas ou quintas Moradas. No despojamento e na absoluta pobreza das sextas Moradas, a alma deverá comungar dos mistérios dolorosos de Cristo, até que venha a comungar do triunfo de sua vida nela, na união transformante das sétimas Moradas.

SEXTO CAPÍTULO

Ascese teresiana

Para ver a Deus é preciso morrer.[1]

[80] "Para ver a Deus é preciso morrer" – explicava a pequena Teresa criança a seus pais, quando do regresso da sua falida expedição à terra dos Mouros.[2] De fato, apenas a morte pode abrir o olhar de nossa alma para a visão do Infinito.

É também por uma morte, porém mais lenta, feita de mortificação contínua, que se entra na intimidade divina aqui na terra. Santa Teresa não o ignora:

> Quem começa a servir ao Senhor verdadeiramente o mínimo que lhe pode oferecer é a vida.[3]

A primazia que dá à oração em sua espiritualidade não lhe faz esquecer a importância da ascese: "os prazeres e a oração são incompatíveis"[4] – escreve ela.

Com efeito, a alma colocada sob a luz de Deus deve descobrir melhor as exigências da pureza divina. Para chegar a uma união perfeita com Deus é necessário submeter-se a uma ascese enérgica e absoluta. Para que esta ascese seja eficaz e ao mesmo tempo proporcionada às forças humanas, deverá ser adaptada e progressiva.

Absoluta, adaptada e progressiva: são estas as três características da ascese teresiana que vamos examinar.

---

[1] Cf. Cap. 2, nota 2.
[2] Cf. V 1,4.
[3] CP 12,2.
[4] *Ibid.*, 4,2.

A – *ASCESE ABSOLUTA*

[81] Um sopro de energia guerreira anima os escritos de Santa Teresa. Ela é filha de cavaleiros e natural de Ávila que, no decurso de um assédio memorável, foi defendida pelo heroísmo de suas mulheres.

O Mosteiro de São José de Ávila é um "castelinho, onde já temos bons cristãos",[5] protegidos pelas sólidas muralhas que são a pobreza e a humildade.[6] Aí, só se sustentam lutas espirituais, mas estas são muito penosas e, para vencê-las, é mister "mais coragem do que para muitos outros trabalhos do mundo".[7]

Embora nas batalhas o alferes não peleje, nem por isso deixa de correr grande perigo, e no seu íntimo deve lutar mais do que todos, já que, portando o estandarte, não se pode defender e, mesmo que o façam em pedaços, não pode soltá-lo.

Assim, os contemplativos devem levar erguida a bandeira da humildade e sofrer todos os golpes sem dar nenhum; porque o seu ofício é padecer como Cristo, levantar bem alto a cruz, não a deixar sair das mãos por mais perigos em que se vejam.[8]

Em vários pontos de seus escritos, mas especialmente nos vinte primeiros capítulos do *Caminho da Perfeição*, Santa Teresa explica em pormenores as virtudes a serem praticadas e os sofrimentos a serem suportados. São as virtudes da pobreza, da caridade, da humildade, do desapego da família e de si mesmo, e todas elas com esta característica de absoluto que é, verdadeiramente, a nota da ascese teresiana. Escutemos a Santa:

> Fitai vosso Esposo ... . E, se assim fazendo, morrerdes de fome, bem-aventuradas as monjas de São José![9]

---

[5] *Ibid.*, 3,2.
[6] Cf. *Ibid.*, 2,8.
[7] V 11,11.
[8] CP 18,5.
[9] *Ibid.*, 2,1.

... Se não nos decidirmos a vencer de uma vez por todas a morte e a falta de saúde, nunca faremos nada. Enfrentai-as sem temor e entregai-as a Deus, aconteça o que acontecer.[10]

Ela quer que suas filhas sejam viris e saibam suportar, sem queixumes, "as fraquezas e malezinhos de mulher ... que vão e vêm".[11] "Quando é grave, o mal queixa-se por si mesmo; o queixume é diferente e logo transparece".[12]

[82] A generosidade é necessária desde o início da vida espiritual:

... como devem começar? Digo que muito importa, sobretudo, ter uma grande e muito decidida determinação de não parar enquanto não alcançar a meta, surja o que surgir, aconteça o que acontecer, sofra-se o que se sofrer, murmure quem murmurar, mesmo que não se tenham forças para prosseguir, mesmo que se morra no caminho ou não se suportem os padecimentos que nele há, ainda que o mundo venha abaixo.[13]

A verdade é que muitos nunca chegaram por "não abraçarem a cruz desde o início".[14]

No *Castelo Interior* a Santa resume e esclarece de modo bem preciso:

Todo o empenho de quem começa a ter oração – e não vos esqueçais disto, pois tem grande importância – deve ser trabalhar, determinar-se e dispor-se, com toda a diligência possível, a amoldar sua vontade à de Deus. Estai bem certas que nisso consiste a maior perfeição a que se pode chegar no caminho espiritual.[15]

Toda esta ascese deve conduzir, com efeito, ao dom total da vontade e de si próprio:

---

[10] *Ibid.*, 11,4-5.
[11] *Ibid.*, 11,2.
[12] *Ibid.*, 11,1.
[13] *Ibid.*, 21,2.
[14] V 11,15.
[15] 2 M 1,8.

... todas as advertências que faço neste livro se referem à necessidade de nos dar por inteiro ao Criador, de entregar a nossa vontade à dele, de nos desapegar das criaturas.[16]

No entanto, Santa Teresa não condena ao inferno aqueles que, no caminho espiritual, aplicam uma menor generosidade. Se Deus já lhes concedeu alguma graça espiritual, não tira de todo o que deu, quando vivem com a consciência limpa.[17] Do contrário, permanecem definitivamente na oração mental. A contemplação tem realmente exigências absolutas:

> Quem não desejar ouvir falar delas nem praticá-las deve manter-se em sua oração mental o resto da vida.[18]

Quanto a ela, não quer dirigir-se senão àqueles que têm o desejo dos vértices, que querem beber na fonte de água viva. É para que se preparem para esta graça que lhes pede o dom total da sua vontade.[19] Apenas esses [83] são discípulos de Santa Teresa e realizam a definição que ela dá acerca do espiritual:

> Sabeis o que significa ser de fato espiritual? É fazer-se escravo de Deus, marcado com seu selo, o da cruz. Assim nos poderá vender como escravos de todo mundo, como ele próprio foi ... . Já lhe entregamos toda a nossa liberdade.[20]

São João da Cruz apresenta o mesmo ideal que Santa Teresa. Faz as mesmas exigências, com fórmulas mais incisivas e, em certos pontos, mais precisas.

No início do seu tratado *Subida do Monte Carmelo*, colocou um gráfico que indica o itinerário a seguir. Ao principiante, apresentam-se três caminhos. À direita e à esquerda, duas veredas largas e sinuosas. A primeira, que é o

---

[16] CP 32,9.
[17] Cf. *Ibid.*, 31,12.
[18] *Ibid.*, 16,5.
[19] Cf. V 11,1; CP 28,12 e 32,7.
[20] 7 M 4,8.

caminho do espírito extraviado, vai à procura dos bens da terra: liberdade, honras, ciência, descanso. A segunda, chamada caminho do espírito imperfeito, conduz aos bens do céu: glória, santidade, alegrias, sabedoria. Porque a alma os buscou, pouco os encontrou e não subiu a montanha da perfeição. No meio do gráfico e subindo em via reta ao cume da montanha, há um caminho estreito sobre o qual o Santo escreveu quatro vezes "nada, nada, nada, nada". Este caminho conduz à plenitude dos dons de Deus, ao banquete da sabedoria divina.

O desenho é sugestivo. São João da Cruz comenta-o na parte doutrinal da *Subida do Monte Carmelo*:

Procure sempre inclinar-se
Não ao mais fácil, senão ao mais difícil.
Não ao mais saboroso, senão ao mais insípido. ...
Não ao descanso, senão ao trabalho. ...
Não a querer algo, e sim, a nada querer.
Não a andar buscando o melhor das coisas temporais, mas o pior; enfim, desejando entrar por amor de Cristo na total desnudez, vazio e pobreza de tudo quanto há no mundo.[21]

Este desprendimento – sublinha o Santo – aplica-se tanto aos bens espirituais como aos bens do mundo. Ele especifica seus avisos no sentido espiritual:

Para chegares a saborear tudo, não queiras ter gosto em coisa alguma. ...
Para chegares a saber tudo, não queiras saber coisa alguma. ...
Para vires ao que não possuis, hás de ir por onde não possuis. ...
Para chegares a ser tudo, não queiras ser coisa alguma.[22]

[84] É inútil prosseguir com as citações. Fica evidente que as encostas do Carmelo são íngremes e não há caminhos em ziguezague para subi-las, nem planaltos onde seria possível se estabelecer. Há apenas, de vez em quando,

---

[21] 1 S 13,6.
[22] *Ibid.*, 13,11.

alguns patamares onde podemos parar um instante, não para observar o caminho percorrido, mas para contemplar o cume donde vem a luz e para o qual é preciso subir em via reta, ajudado apenas pelo único apoio permitido e útil para esta ascensão: o bordão da cruz.

O pobre Mosteiro de São José de Ávila, o casebre de Duruelo que João da Cruz adornará com cruzes e caveiras capazes de fazer chorar de devoção, a vida que se leva aí, oferecem ao nosso olhar a realização viva desta ascese do absoluto.

Contudo, esta espiritualidade não alardeia a sua força austera, mas, também, não a dissimula, pois pretende atrair os fortes:

O que vos peço muito é que quem se der conta de que não foi feita para levar a vida habitual daqui não deixe de dizê-lo; há outros conventos onde também se pode servir ao Senhor.[23]

... eu não gostaria, filhas minhas, que o fôsseis (como mulheres) em nada, nem que o parecêsseis, mas que vos assemelhásseis a varões fortes ... .[24]

Mas não haverá aqui exageros de valentes que querem fazer do heroísmo uma lei e, assim, isolam-se um pouco orgulhosamente da multidão? Para julgar, consultemos o Evangelho:

Se não fizerdes penitência, morrereis todos[25] – diz Nosso Senhor. Eis já uma lei bem austera. Jesus especifica a qualidade do esforço que ele exige: "O Reino dos Céus sofre violência, e violentos se apoderam dele".[26]

Portanto, todos os discípulos de Cristo devem ser violentos, porque, na verdade, sem fazer violência a si próprio não se pode realizar o preceito formal do Mestre: "Se al-

---

[23] CP 8,3.
[24] *Ibid.*, 7,8.
[25] Cf. Lc 13,3.
[26] Mt 11,12.

guém quer vir após mim, negue-se a si mesmo, tome a sua cruz e siga-me".[27]

Não existe, pois, outro caminho de ascensão para Deus a não ser o do Calvário, áspero e sangrento como a subida do monte Carmelo.

Jesus dirá aos discípulos de Emaús ainda escandalizados com o drama do Calvário: "Não era preciso que o Cristo sofresse tudo isso e entrasse em sua glória?".[28] **[85]** Proclama uma lei: aquela que impôs a si mesmo e que eles deverão suportar. Ele a anunciou:

"Não existe discípulo superior ao Mestre. ... Se o mundo vos odeia, sabei que, primeiro, me odiou a mim. ... Se eles me perseguiram, também vos perseguirão. ... Eis que vos envio como ovelhas entre lobos".[29]

Esta lei dolorosa é uma lei de vida. Jesus Cristo permanece entre nós sob as espécies eucarísticas num estado de imolação, o pão e o vinho separados sobre o altar. É nesse estado que ele difunde a graça unificante na Igreja.

Esta graça é vida e morte, como Cristo imolado que a derrama por suas chagas abertas. Dá-nos a vida transbordante do Cristo que não morre e anuncia em nós sua Paixão, seu sofrimento, necessidade de participar no seu sacrifício, de completar aquilo que falta à sua Paixão, para aplicação dos seus méritos às nossas almas. Ela só se desenvolverá em nós no sofrimento em união com Cristo e só desabrochará completamente na visão e na fruição quando, por meio da morte, nos fizer ir ter com Cristo imolado e ressuscitado dos mortos.

No Calvário, Cristo foi o único imolado; sobre o altar, a cada dia, ele oferece-se com toda a Igreja que participa no seu sacrifício, e é o sacrifício de todos os seus membros

---

[27] *Ibid.*, 16,24.
[28] Lc 24,26.
[29] Mt 10,24; Jo 15,20.18; Mt 10,16.

que ele reclama. Jesus crucificado é o tipo perfeito da humanidade regenerada, o ideal e modelo segundo o qual Deus forma as almas. Todos os dias a missa é celebrada diante de nós. A Igreja ergue, em toda a parte, a imagem de Cristo na cruz. Estas augustas realidades, esta presença constante, não conseguem dissipar as ilusões de felicidade temporal e as esperanças de triunfos terrestres que, sem nos cansarmos, ligamos à realização dos nossos desejos de perfeição cristã.

Queremos esquecer que Jesus Cristo não anunciou outra vitória senão a da cruz no Calvário, nem outra vingança sobre os seus inimigos senão aquela do dia em que virá, por sobre as nuvens do céu, com a sua cruz para julgar os vivos e os mortos. Nesse dia triunfarão com ele aqueles que passaram pela grande tribulação e estiverem purificados pelo sangue do Cordeiro.[30]

---

[30] Contudo, não poderíamos afirmar que apenas o sofrimento é santificante e meritório na terra. "As consolações cativam", sublinha Santa Teresinha do Menino Jesus.

Os sabores transbordantes purificam como as feridas dolorosas. O grau de caridade é mais importante para o mérito de um ato do que o sofrimento do qual ele é a causa.

Cristo crucificado, que se ergue no Calvário como o tipo exemplar da humanidade regenerada, era o mais doloroso dos homens pelos tormentos que sofre e, ao mesmo tempo, o mais feliz devido à visão beatífica que continua a usufruir e pelo triunfo que o sofrimento lhe assegura.

Assim o santo que concretiza o Cristo conhece na terra as alegrias mais elevadas e mais puras e, ao mesmo tempo, as imolações interiores ou exteriores mais dolorosas.

No seu leito de morte, Santa Teresinha do Menino Jesus dizia: "Vedes lá embaixo um lugar escuro... É num lugar como aquele que estou de alma e corpo". "O cálice está cheio até à borda!... Jamais pensei ser possível sofrer tanto". Quase no mesmo instante, acrescentava, não para retificar as afirmações anteriores, mas para torná-las mais precisas: "Mas estou aí em paz... Não me arrependo de me ter entregue ao Amor" (PO, *Sœur Geneviève de Sainte Thérèse,* ocd, p. 285; Cf. UC 28.8.3; 24.9.10 e 30.9).

Mas como o sofrimento é a porta necessária da suprema felicidade e porque a nossa sede de felicidade tende a diminuir constantemente as exigências divinas e a conciliar pacificamente humanismo e cristianismo, compreende-se a insistência dos mestres espirituais acerca da necessidade da cruz e a equivalência que estabelecem entre o sacrifício e a perfeição.

[86] Os Mestres do Carmelo compreenderam e aceitaram estas verdades profundas, dolorosas, mas práticas. Às almas ávidas de um cristianismo integral, agrupadas à sua volta, eles tinham que proclamar a lei rude e fecunda da cruz e pô-las de sobreaviso contra os maus pastores:

... Se em algum tempo, meu filho, alguém quiser persuadi-lo – seja ele prelado ou não – a seguir alguma doutrina de liberdades e facilidades, não lhe dê crédito nem a abrace ainda que ele a confirme com milagres. Dê, antes, preferência à penitência e ao maior desapego de todas as coisas.[31]

Unidos a Cristo crucificado pela participação na sua vida divina e na sua Paixão, mereceram poder comungar em seus sentimentos, e reproduzir as atitudes perante o sofrimento e a morte. Não disse ele um dia: "Devo receber um batismo, e como me angustio até que esteja consumado!"?[32] Com todos os ardores da sua alma de Salvador, Jesus ia ao encontro das magníficas realizações do Calvário.

Nas horas em que suas almas estiverem abrasadas de amor, os Santos do Carmelo vão, também eles, suspirar pelo sofrimento que aproxima de Deus, que salva as almas, através da morte que faz entrar na grande visão e liberta para as missões fecundas:

"Ou morrer ou padecer!" – exclama Santa Teresa;[33]

"Sofrer e ser desprezado!" – pede São João da Cruz;[34]

"O sofrimento se tornou meu Céu na terra" – proclama Santa Teresinha do Menino Jesus.[35]

E, no entanto, eles foram homens como nós: Elias era um homem sujeito ao sofrimento como nós, *Elias homo*

---

[31] Ep 39, 1590.

[32] Lc 12,50.

[33] V 40, 20.

[34] Cf. Declaración de FRANCISCO DE YEPES, Ms. 12.738, *Biblioteca Nacional de Madrid*, f. 615.

[35] CT 254 ,14 de julho de 1897.

erat similis nobis passibilis.[36] Sofreram **[87]** dolorosamente, às vezes, com tristeza, sem coragem, com fraqueza.

Mas, mesmo quando os ardores tinham desaparecido, a sua generosidade esteve sempre à altura de sua doutrina.

Não poderíamos apagar nada desta doutrina sem, com isso, ferir a perfeição cristã que ela garante, sem diminuir a beleza, a força e a fecundidade da espiritualidade do Carmelo da qual faz parte.

B – *ASCESE ADAPTADA*

"Espiritualidade de gigantes! Espiritualidade para seres de exceção, do porte de uma Santa Teresa e de São João da Cruz!" – dirão alguns, depois de terem ouvido as exclamações sublimes que sobem de suas almas abrasadas.

"Espiritualidade que, à força de ser sublime, já não é humana" – acrescentam. "Felizmente, existem mestres de vida espiritual mais compreensivos, como por exemplo São Francisco de Sales ou mesmo Santa Teresinha do Menino Jesus – ela também da família carmelitana – que sabem levar em conta a fraqueza humana e as necessidades do nosso tempo".

Objeção ilusória, que escutamos muitas vezes, mas cujo exame nos irá permitir pôr em relevo a facilidade de adaptação da ascese absoluta dos Mestres do Carmelo.

Notemos, em primeiro lugar, que seria uma grave injúria à espiritualidade de São Francisco de Sales ou de Santa Teresinha do Menino Jesus afirmar que não estão dotadas de uma ascese absoluta. Seria o mesmo que afirmar que não são cristãs. A violência que impõem está, talvez, dissimulada, mas está lá, necessariamente, porque só os violentos arrebatam o Reino de Deus. Na verdade, conhecemos a vio-

---

[36] Tg 5,17 (Vulgata).

lência que infligiu contra si o afável Francisco de Sales, a fim de dominar o seu temperamento arrebatado; o heroísmo que exigiu de Santa Joana de Chantal, principalmente no momento em que teve que deixar o seu lar e passar sobre o corpo de seu filho para fundar a Visitação.

Estamos ainda mais esclarecidos no que diz respeito à Santa Teresinha do Menino Jesus, que tinha como princípio a necessidade de aceitar tudo na vida espiritual,[37] de ir até ao limite de suas forças sem se queixar e de quem sua irmã Celina, companheira de sempre, dizia que a virtude da fortaleza era a sua virtude característica.

[88] A afabilidade de São Francisco de Sales, do mesmo modo que o sorriso de Santa Teresinha do Menino Jesus, custodiam, então, virtudes praticadas num grau heroico. Um e outra, tal como Teresa de Jesus e João da Cruz, são peregrinos do absoluto. Contudo, enormes diferenças marcam a forma de santidade e a doutrina deles. É necessário reconhecê-lo e, mais útil ainda, explicá-lo.

A mortificação pode ter uma dupla finalidade: a destruição do pecado em nós e a redenção das almas. Agora, visto que falamos de ascese, interessa-nos apenas a primeira.

Para que esta ascese seja eficaz deverá adaptar-se ao temperamento, a fim de poder chegar às tendências dominantes que devem ser destruídas.

Ora, sabemos que as tendências, diferentes em cada indivíduo, se encontram, todavia, com certa constância, em homens de uma mesma época ou da mesma classe social. Na verdade, conhecemos o espanhol do século XVI, o francês do século XVII; poderíamos falar das suas qualidades e dos seus defeitos, que se manifestam nas obras políticas, literárias ou sociais do seu tempo.

---

[37] "Eu escolho tudo!" (Ms A, 10 vº).

Os mestres da vida espiritual, em geral os santos, com os quais o Espírito Santo provê a Igreja em todas as épocas, são, ao mesmo tempo, espíritos esclarecidos sobre as exigências de Deus e psicólogos sagazes. Conhecem os princípios da vida espiritual e aí vão buscar conselhos exatos, adaptados às necessidades das almas que devem guiar. Sua doutrina encontra, na fidelidade aos princípios tradicionais e na sua adaptação às necessidades do tempo, segurança doutrinária, originalidade e eficácia.

São João da Cruz e Santa Teresa são doutores da Igreja universal. Sua ciência mística destina-se a todos os tempos. Contudo, pertencem a uma época e a uma nação: são espanhóis do século XVI e encontram-se entre os representantes mais qualificados deste brilhante século clássico da Espanha. Falaram usando o seu gênio espanhol e para ouvintes concretos que os escutavam e, portanto, levando em conta suas necessidades nas exposições práticas da sua doutrina.

Todos conhecemos o temperamento do espanhol do século XVI. Tem uma fé e piedade profundas como o seu Rei Filipe II, que vive como um religioso, preocupa-se muito com a reforma das várias Ordens e quer, a todo o custo, preservar os seus súditos do erro protestante que se alastra na Europa. Aprova o zelo da Inquisição que, sem piedade, sem acepção de pessoas, encerra nas suas prisões o estrangeiro desconhecido, o professor célebre ou, até mesmo, o Arcebispo [89] imprudente na sua linguagem. A fé está protegida; o pecado não estará na inteligência, que ela submete.

O pecado estará nos sentidos e nas potências sensíveis. O espanhol do século XVI transborda de vida e de ardores. Terminadas as guerras com os mouros na península, ele partiu para todos os lados onde se luta, ou antes, ele leva a guerra a toda parte: aos Países Baixos, à Itália, à América. Seus sentidos se exaltam, tanto na piedade como na guerra. O iluminismo os ameaça.

Todos os mestres da vida espiritual dirigirão o seu combate contra estes ardores sensíveis, que encontrarão um apaziguamento nas mortificações físicas mais violentas. Santa Teresa e São João da Cruz sobressaem nisso e, no entanto, neste ponto encontram-se entre os moderados.[38] A sua doutrina ressente-se disso. A *Subida do Monte Carmelo* é dominada pela preocupação de responder, pormenorizadamente, às necessidades dos contemporâneos e, de modo muito especial, por aquela de assinalar o perigo do iluminismo. São João da Cruz, nessa obra, aborda de forma diferente a purificação da memória e da vontade. A mortificação do entendimento é tratada apenas nas explicações que nos são dadas sobre a natureza da fé e, ainda, em função dos perigos do iluminismo.

São Francisco de Sales escreve cerca de 30 anos mais tarde. O francês do início do século XVII não é muito diferente do espanhol do século XVI – pelo menos aquele que escapou da influência protestante. Os anais do Carmelo da França dessa época mostram com benevolência os mesmos brilhantes excessos com que a Reforma espanhola se revestia.

Mas São Francisco de Sales dirige-se a um público especial, formado pelas suas Visitandinas e senhoras da sociedade. As primeiras, hipoteticamente, não possuem as necessárias forças físicas para suportar as austeridades do Carmelo; as segundas são donas de casa e vivem, nas suas mansões isoladas ou nas suas residências burguesas das ci-

---

[38] Santa Teresa assusta-se com as austeridades dos primeiros Carmelitas descalços em Duruelo e receia que elas ocultem uma cilada do demônio, que quer destruir assim a Reforma nascente (Cf. F 14, 12).
São João da Cruz, nomeado mestre dos noviços em Pastrana, começa por suprimir as penitências extraordinárias que aí tinham sido estabelecidas pelo seu predecessor, Frei Gabriel Espinel.

dades, uma vida muitas vezes sobrecarregada com obrigações familiares e sociais.

As mortificações físicas num ritmo violento lhes são impossíveis ou, no mínimo, inconvenientes. Todavia, estas queridas "Filoteias" não podem se santificar sem fazerem violência a si mesmas. Correm perigos; têm as suas tendências. São Francisco de Sales, como bom psicólogo, reconhece-as muito bem.

[90] Vai, então, impor-lhes uma ascese do coração que Santa Teresa talvez tivesse achado demasiado severa, mas que deve colocá-las ao abrigo dos perigos muitas vezes numerosos na situação em que vivem. São as donas de casa que têm o sentido e o gosto do detalhe e da ordem, almas de estirpe, criadas para exercer a autoridade. O suave Bispo de Genebra, com um rigor prudente e perseverante, imporá a mortificação da vontade por meio da obediência e de todos os gostos pessoais por um desprendimento que irá até aos pormenores e aos mínimos objetos. As almas ficarão, assim, livres para o exercício do amor perfeito.

Depois do século XVII, o mal tomou outras formas. Proclamando o princípio do livre-exame, a Reforma protestante subtraiu a inteligência à autoridade da Igreja, liberou-a progressivamente dos dogmas e de todas as obrigações. Assim liberada, a razão foi endeusada no tempo da Revolução Francesa e proclamou seus direitos absolutos. Rainha em todos os campos, tornou-se sucessivamente deísta, ateia e, no seu isolamento, acabou por duvidar de si própria e de todas as percepções dos sentidos. Renunciou ao sobrenatural e perdeu o gosto pelas especulações metafísicas. Voltou-se para a matéria no intuito de melhorar a vida terrena do homem. As descobertas científicas que premiaram o seu novo zelo aumentaram sua confiança em si mesma, mas, ao aumentar o bem-estar e diminuir o esforço, contribuíram para enfraquecer o corpo que deviam servir.

Um individualismo orgulhoso, inimigo de todo o poder da autoridade, exaltando o egoísmo pessoal, implantou-se nos costumes; um individualismo inquieto, pois mesmo os prazeres sempre novos não podiam apaziguar a profunda necessidade da nossa alma criada para o Infinito. Tal é o mal moderno, que tem sua origem no orgulho da inteligência e do qual nem nos damos muita conta, porque se arraigou tão profundamente em nossos costumes. É também ele que, colocado a serviço dos sentidos, exauriu nossas energias morais e, por vezes, físicas. Seria possível fazer penetrar o sobrenatural em males tão graves e profundos?

Santa Teresinha do Menino Jesus veio trazer luz ao nosso tempo, veio nos indicar, antes de tudo, a ascese que convém aos nossos males.

Vai dizer-nos, então, que a ascese física violenta da escola espanhola do século XVI não convém, de modo geral, aos nossos temperamentos anêmicos; que o desejo que dela viéssemos a sentir poderia ter origem, tanto neste orgulho espiritual que pretende alcançar imediatamente as alturas e se compraz com esse esforço como na melancolia doentia, muito frequente na nossa época, que procura o sofrimento por si mesmo.

Certamente que Santa Teresinha do Menino Jesus não condena [91] a mortificação física, tão necessária no nosso tempo como em outros. Sua fidelidade em aproveitar todas aquelas que as normas do Carmelo e as circunstâncias providenciais lhe apresentavam traduz, claramente, seu pensamento. Ela apenas criticava o excesso, posto muitas vezes em relevo, nas vidas dos santos e na história do princípio do Carmelo Reformado.

A violência que o Evangelho exige de nós, devemos reservá-la para todas as formas do orgulho que impregna as nossas almas como um gás deletério. A perfeição – proclama a Santa – está na humildade de coração.

Para combater o orgulho generalizado, ela constrói uma espiritualidade de humildade, "o seu caminho da infância espiritual". Permanecer criança, cultivar cuidadosamente em si o sentimento de sua pequenez e a fraqueza confiante, alegrar-se com a sua pobreza, ostentá-la diante de Deus com satisfação como um apelo à sua Misericórdia, agir no plano sobrenatural como uma criança no plano natural: é esta, em sua opinião, a atitude mais adequada para atrair sobre si o olhar de Deus e a plenitude do seu Amor transformante e consumidor.

Tornar esta atitude uma realidade e conservá-la exige uma imolação completa. Também Santa Teresinha não exige de seus discípulos uma energia menos perseverante, um dom menos absoluto do que os próprios Reformadores do Carmelo. Ela pertence à sua raça e tem o seu sangue, é sua autêntica filha e intérprete fiel do pensamento deles. É-nos grato pensar que Santa Teresa e São João da Cruz, embora sob uma forma diferente, não teriam dado à nossa época uma interpretação dos princípios da espiritualidade diferente da que apresentaram para outros tempos.

Santa Teresinha do Menino Jesus, independentemente de seus próprios méritos e da sua missão particular no mundo, faz-nos, assim, admirar a viva flexibilidade da espiritualidade do Carmelo que, para cumprir sua missão através dos séculos e conservar sua fecundidade, se debruça maternalmente sobre as almas de cada época e, para curar seus males, tira de seus tesouros riquezas novas e antigas.[39]

---

[39] Uma Ordem religiosa não pode conservar seu espírito e cumprir sua missão ao longo dos séculos a não ser adaptando suas formas exteriores às mudanças e vicissitudes das várias épocas. Santa Teresa só pôde fazer reviver o espírito primitivo do Carmelo no século XVI, criando uma forma de vida eremítica adaptada aos costumes e necessidades do seu tempo.

Nas formas exteriores que envolvem o espírito de uma Ordem que deve sobreviver às vicissitudes do tempo e às mudanças das civilizações, pois encarna uma função essencial do sacerdócio de Cristo, existem algu-

C – *ASCESE PROGRESSIVA*

[92] No livro da *Vida* Santa Teresa conta que, quando as orações sobrenaturais se lhe tornaram habituais, sentiu necessidade de encontrar um diretor que a ajudasse a se libertar de "alguns apegos a coisas que, embora não fossem más em si, bastavam para estragar tudo".[40] Indicaram-lhe um virtuoso padre de Ávila que

começou com a santa resolução de levar-me como alma forte – pois havia razão para que eu assim fosse, a julgar pela oração que ele viu que eu tinha –, a fim de que eu, de nenhuma maneira, ofendesse a Deus. Eu ... , [que] não tinha forças para enfrentar com tanta perfeição, fiquei aflita, e, percebendo que ele considerava as coisas da minha alma dificuldades que seriam vencidas de uma só vez, vi que tinha necessidade de muito mais cuidado. ... eu, embora avançada nas graças de Deus, mal começava a praticar as virtudes e a mortificação. Se eu tivesse de tratar somente com ele, creio que certamente a minha alma nunca iria progredir.[41]

O santo padre de Ávila, Mestre Daza, tinha considerado somente as exigências absolutas das graças sobrenaturais

---

mas que devem mudar e outras que são imutáveis porque inseparáveis do espírito. É assim que Santa Teresa restabelece o silêncio do deserto nos seus mosteiros, mas veste-se de burel e institui a clausura, enquanto que o Profeta se veste de peles de animais e anda de um lado para o outro.

O culto das coisas antigas e a fidelidade à tradição que ficassem presas indiferentemente a todas as formas primitivas do espírito correriam o risco, assim, de cristalizar este espírito numa rigidez mortal e, impedindo-o de se adaptar e desenvolver, acabariam por fazer perder aquilo que tanto deseja conservar.

Distinguir entre as formas exteriores que devem ser conservadas e as que devem desaparecer numa determinada época, não compete nem ao fervor inexperiente, nem à rotina preguiçosa que, constantemente, tende a minimizar o esforço. Não é um direito da autoridade do Superior, que tem o encargo de conservar e não de modificar; é privilégio exclusivo da santidade que é a única capaz de moldar, de forma viva e autêntica, o espírito do qual possui a plenitude.

[40] V 23,5.
[41] *Ibid.*, 23,8.9.

recebidas e, de modo nenhum, as forças da alma. Santa Teresa censura-lhe isso. Tal atitude indica-nos, de forma clara, o pensamento da Santa acerca deste assunto.

A ascese que tende para o desprendimento total deve conduzir-se por realizações progressivas, senão falhará por completo. Uma direção prudente e esclarecida deve regrar essas realizações, considerando as forças atuais da alma e as exigências de Deus, que também são progressivas. Durante os três anos da sua vida pública, Jesus suportou a rudeza moral e espiritual dos seus Apóstolos, a lentidão dos seus espíritos; progressivamente ele fez penetrar em suas almas a luz do Reino de Deus.

[93] Na exposição de sua doutrina espiritual, Santa Teresa afirmará, desde o princípio, as exigências divinas e a necessidade para a alma de uma resolução generosa. Mas, no percurso por entre as Moradas, vai mostrar-se sempre maternal, compreensiva, encorajando a fraqueza, acentuando o mérito dos esforços feitos e o valor dos resultados obtidos, incitando assim para novas resoluções generosas, para realizações mais elevadas, seguindo uma progressão contínua e ordenada.[42]

São João da Cruz, cuja lógica de despojamento nos parece tão aterrorizante e quase desumana, é um confessor paciente, um diretor condescendente, um pai compassivo para com a fraqueza humana. No início assustava, mas quando se tornava conhecido, as pessoas "o seguiriam até a Turquia".

Santa Teresinha do Menino Jesus, tão enérgica para com as suas noviças[43] e às quais transmitia o culto de uma

---

[42] No quadro inserido no início do volume encontra-se a progressão da ascese teresiana através das Moradas.

[43] No processo de beatificação, Irmã Genoveva da Santa Face (sua irmã Celina) testemunha que se lhe fosse necessário indicar o que menos lhe agradava em Santa Teresinha do Menino Jesus, teria assinalado a sua severidade para com as noviças. (Cf. PO, *Sœur Geneviève de Sainte Thérèse,* ocd, p. 285.)

forte generosidade, dizia que há almas por quem a Misericórdia divina não se cansa de esperar e que, entre as suas noviças, existem as que devem ser levadas pelas pontas das asas e outras pela pele.

Os Mestres do Carmelo conhecem a pureza de Deus e, à sua luz, descobrem a fraqueza humana. Amam uma e outra com igual amor. Sua ciência prática não é só formada pela lógica do pensamento, mas também pelo amor compassivo dos seus corações. E, se em seus tratados é sobretudo a luz poderosa e um pouco rude que brilha, nos contatos com as almas é a caridade amante que transborda. Os seus contemporâneos o afirmam. A ciência espiritual deles é, com efeito, uma ciência de amor.

SÉTIMO CAPÍTULO

O demônio

O demônio age em nós como lima surda...[1]

[94] Neste combate que é a vida espiritual há outra personagem que intervém: o demônio. Ainda que sua ação se desenvolva na sombra, o olhar penetrante de Santa Teresa discerniu-lhe toda a importância. Fala dele com muita frequência para assinalar a sua presença; para desmascarar as suas astúcias nas encruzilhadas, nas passagens perigosas, em toda a parte onde haja escuridão suficiente para encobri-lo. Para Santa Teresa, o demônio não é uma maléfica força misteriosa. É um ser vivo, bem conhecido, porque muitas vezes encontrado; é um inimigo pessoal.

Vamos aproveitar de sua experiência e de sua doutrina para estudar a natureza e o poder do demônio, a frequência de suas intervenções e seus modos de agir na vida espiritual, o meio de descobrir sua presença e de combater a sua ação.[2]

---

[1] 1 M 2,16.

[2] Nos tratados de São João da Cruz encontram-se muitas alusões ao demônio como escreve Frei Lucien na introdução à *Noite Escura* (*Œuvres Complètes*. Tradução francesa do Frei Cyprien de la Nativité de la Vierge. Paris, Desclée de Brouwer, 1949, p. 475):

"Muitas vezes, faz alusão ao papel do demônio: raramente para fazer temer suas manifestações extraordinárias e, quase sempre, para mostrar a atividade escondida, paralela à de Deus (como faz o ladrão que segue, passo a passo, o viajante que espera assaltar no momento oportuno). Quem quer que colecionasse todas as alusões dispersas acerca do demônio na obra do Doutor místico ... obteria um rico tratado de demonologia, onde os princípios gerais – coisa rara – estariam lado a lado com as descrições psicológicas mais detalhadas".

A – *NATUREZA E PODER DOS DEMÔNIOS*

[95] Os demônios são anjos caídos. Ao mesmo tempo em que criou o mundo natural, Deus criou os anjos, espíritos puros, seres de luz, dotados de inteligência e de vontade, em número incalculável, todos diferentes, agrupados em hierarquias, escalonados em perfeição segundo o seu poder e a luz que os constitui, comunicando-se entre eles à maneira dos espíritos por um simples ato de vontade. Formavam a corte celestial de Deus que os destinava à participação na sua vida.

Para que a pudessem merecer, Deus submeteu-os a uma prova, cuja natureza não nos é possível especificar. O maior dentre eles, Lúcifer, fascinado pela sua própria luz, recusou-se a se submeter. Arrastou em sua rebelião uma multidão de anjos, talvez em maior número.

Enquanto que os anjos fiéis encontravam na sua submissão a Deus a visão face a face e a beatitude eterna, os anjos rebeldes, fixados na sua atitude de revolta pela simplicidade da sua natureza, encontravam-se no ódio a Deus, na privação do Bem supremo e do Amor infinito por toda a eternidade.

A estes anjos convertidos em demônios e potências do ódio, Deus dava a permissão de intervir no mundo. Poderiam, assim, contribuir providencialmente para as provações que os homens, chamados a substituí-los na corte celeste, teriam de suportar.

Com que poder os demônios podem intervir neste combate? Com o poder da sua natureza angélica que, naquilo que constitui a sua essência, não foi diminuída por sua queda.

Ver o exaustivo estudo de Frei NILO DE S. BROCARDO, ocd. "Demonio e Vita Spirituale". In *Sanjuanistica Studia* apud Collegium Inter. Carm. Disc. Roma, 1943, pp. 135-223.

Apoiando-nos sobretudo em Santa Teresa, no nosso breve estudo não negligenciaremos a valiosa doutrina de São João da Cruz.

Enquanto puro espírito, o demônio domina o mundo inferior da matéria e dos sentidos. Conhece suas leis e suas reações. Pode colocá-las em ação e as utiliza inteligentemente para os seus fins. Neste sentido, tudo o que o homem possui de material e sensível, o corpo, as potências sensíveis (sensibilidade, imaginação, memória) não escapa a certa ação ou influência do demônio.

Este anjo caído, embora puro espírito, não pode, pelo contrário, penetrar nas faculdades da alma, a menos que a vontade as abra para ele. Não poderá ler os pensamentos na inteligência, nem agir diretamente sobre eles. Também a vontade será para ele um asilo inviolável e inviolado, mesmo na possessão, a não ser que ela mesma se entregue à sua influência.

[96] O mundo sobrenatural, no qual só se penetra pela fé amorosa, lhe está completamente vedado. O demônio, contudo, tem certo conhecimento de Deus e, mau grado seu, acredita nas verdades divinas que o atormentam. Mas as leis do mundo sobrenatural – que só a experiência proporciona –, as operações de Deus nas almas, os contatos espirituais da alma com Deus são para ele um mistério impenetrável.

Todavia, por meio de impressões e de imagens sensíveis que serão apresentadas à inteligência e à vontade e que terão normalmente influência sobre as suas atividades, o demônio poderá intervir indiretamente na atividade da alma e da vida espiritual. A imagem sensível será, às vezes, tão sutil e a passagem da imagem à ideia tão rápida, que a própria alma poderá enganar-se facilmente e não suspeitar de uma intervenção do espírito maligno.

Do mesmo modo, o demônio poderá conhecer os pensamentos da inteligência, o querer e os desejos da vontade e, inclusive, até os movimentos sobrenaturais da alma, se apanhar sua expressão escrita ou falada ou se conseguir interpretar os fenômenos sensíveis que os acompanham.[3]

Não se pode duvidar que, graças a certos sinais exteriores e ao seu poder maravilhoso de penetração, o demônio consegue adivinhar a orientação habitual de uma alma sob o ponto de vista sobrenatural, a eficácia profunda das graças que recebeu, sua capacidade presente e, sobretudo, futura. Por consequência, ele pode concluir sobre a necessidade de combater com mais violência esta alma, enquanto ela ainda não tem toda a sua força sobrenatural e não se lhe tornou perigosa. É desta maneira que o demônio, ignorando provavelmente sua divindade, compreendeu, no entanto, o poder singular de Jesus, de quem se aproxima no deserto com tentações que lhe parecem à altura do seu adversário. Santa Teresinha do Menino Jesus diz que a doença misteriosa que ela sofreu aos nove anos foi causada pelo demônio. Ele quis – diz ela – "vingar-se sobre mim do prejuízo que nossa família lhe causaria no futuro".[4]

O poder de cada demônio é proporcional à perfeição de sua natureza e variado como os seus dons pessoais. Os demônios não se apresentam como uma força hostil e uniforme, mas como um exército, **[97]** certamente temível pelo seu número, porém mais temível ainda pelo ódio inteligente de cada um dos inimigos que o compõem, pelos múltiplos recursos e o diferente poder que este ódio encontra em cada um para a sua obra maléfica.

---

[3] "... muitas vezes acontece à alma receber estas comunicações espirituais, sobremaneira íntimas e secretas, sem que o demônio chegue a conhecer quais são e como se passam; contudo pela grande pausa e silêncio causador nos sentidos e potências da parte sensitiva por algumas dessas comunicações, bem pode o inimigo perceber que existem, e que a alma recebe alguma graça de escol" (2 N 23,4).

[4] Ms A, 27 r°.

B – *INTERVENÇÕES DO DEMÔNIO NA VIDA ESPIRITUAL*

Entre as parábolas chamadas do "Reino de Deus", há uma que revela o papel do demônio na vida da Igreja e das almas:

"O Reino dos Céus é semelhante a um homem que semeou boa semente no seu campo. Enquanto todos dormiam, veio o seu inimigo e semeou joio no meio do trigo e foi-se embora. Quando o trigo cresceu e começou a granar, apareceu também o joio. Os servos do proprietário foram procurá-lo e lhe disseram: 'Senhor, não semeaste boa semente no teu campo? Como então está cheio de joio?' Ao que este respondeu: 'Um inimigo é que fez isso'. Os servos perguntaram-lhe: 'Queres, então, que vamos arrancá-lo?' Ele respondeu: 'Não, para não acontecer que, ao arrancar o joio, com ele arranqueis também o trigo. Deixai-os crescer juntos até a colheita. No tempo da colheita, direi aos ceifeiros: 'Arrancai primeiro o joio e atai-o em feixes para ser queimado; quanto ao trigo, recolhei-o no meu celeiro".[5]

Em poucas palavras, esta parábola desvenda-nos os hábitos do demônio, a sua atividade sempre desperta para simular a atividade divina e destruí-la; a sua habilidade para aproveitar a escuridão, a fim de se esconder e, por último, a paciência divina que permite que a ação do demônio se desenvolva concomitantemente à obra divina da graça.

Para nós, será suficiente determinar os seguintes traços característicos:

I – *Frequência das intervenções do demônio*

Todas as noites, no início de Completas, a Santa Igreja faz ouvir a exortação do Apóstolo São Pedro: "Sede sóbrios e vigilantes! Eis que o vosso adversário, o diabo, vos rodeia como um leão a rugir, procurando a quem devorar".[6]

---

[5] Mt 13,24-30.
[6] 1Pd 5,8.

A exortação é premente; é-nos repetida todos os dias porque, certamente, a ameaça é constante.

[98] O ódio dos demônios é poderoso e está sempre desperto. É normal que utilizem todas as ocasiões para impedir a ação de Deus nas almas. Os recursos dos demônios são variados e numerosos. Ninguém pode considerar-se ao abrigo de seus ataques.

É esta a opinião de Santa Teresa, expressa em muitas passagens das suas obras. Nas suas ascensões espirituais, não houve época em que não os tivesse encontrado e que não tivesse necessidade de combatê-los. Desde as primeiras Moradas, ela nos avisa:

> Mas, como é mal-intencionado, o demônio deve manter legiões de seus emissários em cada peça, a fim de impedir a passagem das almas de umas para as outras. Não o entendendo a pobre alma, de mil formas ele a faz cair em ilusão; mas já não o consegue tanto, perdendo sua força, com as almas que se aproximam de onde está o Rei.[7]

As primeiras ações divinas das quintas Moradas excitam o ciúme do demônio e despertam seus receios em relação ao futuro:

> ... neste estado a alma não está tão forte que se possa envolver nelas (nas ocasiões de pecado). Só o estará depois de celebrado o noivado, o que ocorre na próxima morada.

A comunicação com Deus não foi mais do que um breve encontro, e o demônio se esforçará por perturbar a alma e desviá-la desse noivado. ...

> Eu vos digo, filhas, que tenho conhecido pessoas muito adiantadas que, tendo chegado a este estado, foram tiradas dele pela grande sutileza e astúcia do demônio, que voltou a apoderar-se delas. Deve juntar-se todo o inferno para isso, pois, como digo muitas vezes, não é uma só alma que se perde, mas uma multidão delas. O demônio tem boa experiência disso.[8]

---

[7] 1 M 2,12.
[8] 5 M 4,5-6.

O demônio

A partir das sextas Moradas, o demônio torna-se menos perigoso para a alma:

Depois, como já a vê inteiramente rendida ao Esposo, não se atreve a tanto, porque tem medo dela e sabe que, se alguma vez o fizer, ficará com grande prejuízo, enquanto à alma restará maior lucro.[9]

Mas é nestas sextas Moradas que o demônio se obstina em reproduzir as graças extraordinárias, e isso com a permissão de Deus e com muita frequência, como afirma São João da Cruz:

[99] Outras vezes acontece, quando as comunicações vêm por meio do anjo bom, chegar o demônio, nessas circunstâncias, a ver algumas mercês que Deus quer fazer à alma; porque as graças concedidas por intermédio do bom anjo, ordinariamente permite o Senhor que as entenda o adversário. Assim o permite, para que o demônio faça contra elas o que puder, segundo a proporção da justiça, e não possa depois alegar seus direitos, dizendo que não lhe é dada oportunidade para conquistar a alma, como disse no caso de Jó (Jó 1,9). Isto se daria se Deus não permitisse certa igualdade entre os dois guerreiros, isto é, entre o anjo bom e o anjo mau, em relação à alma.[10]

As comunicações divinas mais perfeitas, as que o próprio Deus faz à alma, não podem, no entanto, ser conhecidas pelo demônio:

A razão disto é a morada substancial de Sua Majestade na alma, onde nem o anjo nem o demônio podem chegar a entender o que se passa. Consequentemente, não podem conhecer as íntimas e secretas comunicações que há entre ela e Deus.[11]

Estas afirmações mostram-nos que as almas que aspiram à perfeição são, de modo especial, objeto especial de seus ataques. Os pecadores, entregues às suas paixões, são uma conquista mais fácil para ele; é assim que o demônio reina, pacificamente, sobre uma multidão imensa de almas

---

[9] *Ibid.*, 4,5.
[10] 2 N 23,6.
[11] *Ibid.*, 23,11.

às quais não perturba de forma nenhuma. O tíbio é uma presa fácil para ele.

Apenas os fervorosos escapam à sua influência e é contra eles que se encarniça o seu ódio raivoso e tenaz.

Nosso Senhor dá-nos ideia desta obstinação quando diz:

> Quando o espírito impuro sai do homem, perambula por lugares áridos, procurando repouso, mas não o encontra. Então diz: "Voltarei para a minha casa, de onde saí". Chegando lá, encontra-a desocupada, varrida e arrumada. Diante disso, vai e toma consigo outros sete espíritos piores do que ele, e vêm habitar aí.[12]

Os retornos ofensivos do demônio nem sempre obtêm uma vitória semelhante, mas esta descrição de Nosso Senhor fala-nos da insistência de seus ataques contra aqueles que o venceram e cujos progressos apenas conseguem aumentar a violência do seu ódio.

A ação do demônio contra as almas desejosas de perfeição não é, por conseguinte, um fato raro reservado à hagiografia. Ela é normal e frequente. Torna-se particularmente intensa

quando, por seus costumes e condições, [100] o demônio percebe que ela pode avançar muito no caminho de Deus. Todo o inferno se juntará para obrigá-la a sair dessa morada.[13]

---

[12] Mt 12,43-45.

[13] 2 M 1,5. O homem foi criado para substituir o anjo caído: é este o fundamento da inveja do demônio a nosso respeito. O plano divino vai realizar-se apesar de tudo, e a Sabedoria previu e organizou cada pormenor.

Não se pode pôr em dúvida que, no pensamento de Deus, um determinado ser está destinado a substituir, na corte celestial, um determinado anjo caído. Será que o demônio pode adivinhar, a partir de certos indícios ou afinidades espirituais, este desígnio especial de Deus, se não para todas as almas, pelo menos para algumas delas? Se pudéssemos afirmá-lo, poderíamos concluir que estas almas têm um demônio particularmente invejoso da sua graça e, por conseguinte, especialmente obstinado na sua perda.

Sem ir tão longe num campo que não se entrega facilmente à nossa investigação, devemos poder afirmar que há, entre certos demônios e certas almas, afinidades que facilitam as tentações e lhes asseguram uma maior eficácia.

Mas concluir por estas afirmações que os ataques do demônio tomarão, com frequência, uma forma exterior visível, seria desconhecer por completo os hábitos demoníacos. O demônio é, essencialmente, um poder das trevas. Trabalha no escuro para surpreender e enganar. O sucesso de suas ações junto das almas fervorosas depende da sua habilidade em dissimular o que é e o que faz. Também não se mostra por meio de sinais exteriores, a não ser quando é obrigado a isso, para fingir carismas ou graças extraordinárias que quer desacreditar, ou ainda quando, com o seu ódio exacerbado por múltiplas derrotas, parece abdicar de toda a prudência e, deixando cair a máscara, se revela tal qual é na sua raiva impotente, para aterrorizar, se ainda for possível, com sua presença apenas. Estas manifestações são, então, o sinal das vitórias de uma alma e, por conseguinte, a prova da sua santidade.[14] Assim se explica a ação visível do demônio na vida de alguns santos, tais como Santa Teresa e o Cura d'Ars.

Também é muito rara a possessão, por meio da qual, com a permissão de Deus, o demônio se apodera de um corpo e das faculdades sensíveis e aí atua como dono. A vontade da alma continua livre, mas o corpo é subtraído ao seu domínio, pelo menos em certas horas. A Igreja, em sua prudência, exige sinais evidentes da presença do demônio antes de proceder aos exorcismos públicos destinados a lutar contra esta influência toda especial.[15]

---

[14] Cf. V 31,1-11, onde a Santa descreve várias manifestações do demônio nas quais ele se revela impotente e raivoso.

[15] Não trataremos aqui, em detalhes, das possessões diabólicas, pois não interessam diretamente à vida espiritual. Na possessão, o demônio, por uma permissão especial de Deus, toma posse do corpo e das potências sensíveis e, sem penetrar na vontade e na inteligência (a não ser que a alma lho tenha permitido), exerce o seu domínio por sugestão e controle físico.

[101] A maior parte das supostas possessões se reduz a certa ação do demônio sobre as imaginações sobre-excitadas, sobre as faculdades sensíveis debilitadas pela doença, ou sobre temperamentos melancólicos.[16] O demônio pode exercer tanto melhor seu poder quanto mais fraco for o controle da razão nestas almas. Fraqueza da alma – muitas vezes patológica – e tentação do demônio encontram-se de tal modo entremeadas que é quase impossível distingui-las.

A propósito das palavras interiores, Santa Teresa observa:

Algumas vezes – muitas –, podem ser ilusão, especialmente em pessoas de imaginação fraca ou melancólicas – isto é, de melancolia notável.

Creio que, quando se trata destes dois últimos casos, não se deve dar importância, mesmo que as pessoas digam que veem, ouvem e entendem. Não devemos tampouco inquietá-las dizendo-lhes ser obra do demônio, mas ouvi-las como pessoas enfermas ... .

É verdade que devemos cuidar de dispensar essas enfermas da oração e persuadi-las de que não deem importância a essas falas. Porque o demônio costuma aproveitar-se dessas almas – embora não para o seu dano, mas para o de outros ... .[17]

Estas manifestações exteriores do poder do demônio, raras em todos os tempos, parecem ainda menos frequentes na nossa época, porque as graças carismáticas são menos visíveis e, sobretudo, porque o ateísmo generalizado e a apostasia das massas asseguram ao demônio uma dominação exterior pacífica.[18] Esta paz exterior não deve nos fa-

---

[16] Nestes casos, o demônio exerce a sua ação por sugestão imaginária. No começo, utilizando a fraqueza física do indivíduo ou, um desejo de graças extraordinárias, sugere mortificações esgotantes. Aumentando a fraqueza física, ele encontra nas potências sensíveis, uma maior docilidade às suas sugestões imaginárias e às impressões sensíveis que ele cria.

[17] 6 M 3,1.2.3.

[18] No entanto, não se pode duvidar que, no nosso tempo, existem almas, ou mesmo sociedades, dedicadas ao demônio, ocupando-se de lhe prestar culto ou, pelo menos, de servir aos seus interesses no mundo. Estas pessoas gozam de certo poder que as torna particularmente nocivas.

zer esquecer que, dentro das almas, a luta continua dura, quotidiana e habitualmente silenciosa, contra este inimigo que ronda sem cessar à nossa volta e que – como diz Santa Teresa – "age em nós como lima surda".[19]

II – *Modos e objetivo da ação do demônio*

O demônio, nosso inimigo, esforça-se por levar as almas para o mal através da tentação, por estorvar-lhes a caminhada para Deus, inquietando-as e enganando-as.

a) *A tentação*

[102] Propriamente dita, é raro que seja obra exclusiva do demônio. De ordinário, ele utiliza seu conhecimento das tendências dominantes de uma alma e seu poder sobre os sentidos para tornar mais sedutora uma imagem, para provocar uma impressão, aumentar um prazer, avivar assim um desejo, tornar mais aliciante e mais atual uma solicitação que invadirá o campo da consciência e ganhará o consentimento da vontade.

A Sagrada Escritura descreve-nos a tentação dos nossos primeiros pais no paraíso terrestre. A serpente, o animal mais astucioso – nota o autor inspirado – mistura a verdade e a mentira, aguça o apetite dos sentidos, alimenta o orgulho do espírito, consegue criar certa evidência e obtém, assim, o consentimento que consuma o pecado. Os olhos abrem-se em seguida, mas o pecado foi cometido.[20] Adão e Eva perderam os dons sobrenaturais da graça e os dons preternaturais da integridade.

Sob formas diferentes, a tentação permanece a mesma e o pecado produz efeitos semelhantes.

---

[19] 1 M 2,16.
[20] Cf. Gn 3,1-7.

Excetuando as três primeiras Moradas, Santa Teresa fala pouco acerca da tentação propriamente dita. No entanto, insiste sobre os obstáculos que o demônio prima por criar a fim de impedir a alma de caminhar para a união divina.

b) *A inquietação*

É a primeira arma da qual o demônio se serve contra as almas desejosas de perfeição.

Com efeito, a inquietação faz parar – pelo menos durante alguns instantes –, faz hesitar acerca da decisão a tomar, paralisa e diminui os meios de ação e resistência; os terrores que a acompanham podem até mesmo deter definitivamente. Mas a inquietação, sobretudo, cria em volta da alma uma escuridão que permite ao demônio ficar encoberto e estender todo o seu poder.

Impressões nos sentidos, fantasmas na imaginação, medos irracionais em todas as potências sensíveis: são estes os meios dos quais o demônio se serve para criar e alimentar a inquietação. Por isso, Santa Teresa faz notar que, nos principiantes, ele provoca todos os gêneros de terrores acerca dos sacrifícios a fazer, do futuro, da perda da saúde:

> Os demônios começam a representar aqui as coisas do mundo – que são as cobras – e a fazer que seus contentamentos pareçam quase eternos. Trazem à memória os amigos e **[103]** parentes, a estima em que a pessoa é tida, a saúde que pode ser perdida nas coisas de penitência ... .
>
> Ó Jesus, que confusão estabelecem aqui os demônios, e como fica aflita a pobre alma, que não sabe se deve avançar ou voltar ao primeiro aposento![21]

---

[21] 2 M 1,3.4.

Noutro lugar, ainda fala das humildades que vêm do demônio, acompanhadas de grande inquietação a respeito da gravidade dos nossos pecados, que costuma nos acometer de muitas maneiras ... .[22]

E afirma também que, às vezes, é o demônio [quem] age ... quando se está muito distraído e perturbado no entendimento.[23]

Neste ponto, a experiência de Santa Teresa é muito vasta. Ela nos diz como o demônio, em certos momentos, assalta:

De repente, o entendimento se compraz com coisas tão pueris... . Ele me faz vagar por onde quer, numa grande perturbação. A alma fica ali aprisionada, sem controle sobre si e sem condições de pensar em outra coisa além dos disparates que o demônio lhe traz. Trata-se de coisas sem importância, que não se definem nem desaparecem ... .

Nesses casos, ocorre-me pensar que os demônios fazem de bola a alma, sem que ela consiga furtar-se ao seu poder.[24]

A experiência de São João da Cruz vem confirmar a de Santa Teresa. Na *Noite Escura*, o Santo Doutor descreve a tática do demônio para provocar a inquietação:

Como ele vê que não consegue contradizê-la, pois tais coisas se passam no fundo da alma, procura por todos os meios alvoroçar e perturbar a parte sensitiva que está a seu alcance. Provoca, então, aí, dores, ou aflige com sustos e receios, a fim de causar inquietação e desassossego na parte superior da alma, onde ela está recebendo e gozando aqueles bens ... .

Em outras ocasiões, quando a comunicação espiritual não é infundida profundamente no espírito, mas dela participa também o sentido, com maior facilidade o demônio consegue perturbar o espírito, inquietando-o por meio do sentido, com os horrores já referidos.[25]

---

[22] CP 39,1.
[23] V 11,16.
[24] *Ibid.*, 30,11.
[25] 2 N 23,4.

I Parte – Perspectivas

Na *Chama Viva* resume e completa a descrição:

> Quando, porventura, acontece a uma alma entrar em elevado recolhimento, não podendo o inimigo distraí-la ..., ao menos **[104]** procura fazê-lo com terrores, medos e dores corporais; serve-se de ruídos exteriores e sensíveis, forcejando por trazê-la a ocupar-se com o sentido, a fim de arrancar e divertir a alma para fora daquele recolhimento interior, até que, não conseguindo, finalmente a deixa.[26]

Vemos, então, que o ruído feito pelo demônio pode ser exterior.[27] A agitação que cria pode, assim, estender-se a um grupo, a uma cidade inteira e afetar pessoas muito bem-intencionadas:

> Quando, em tempo de alvoroço, numa desavença que semeia, o demônio parece conduzir todos meio cegos atrás de si, por tê-los enganado com o que parece ser o bom zelo, Deus incita alguém a abrir-lhes os olhos e dizer-lhes que vejam que o inimigo enevoou a sua visão para que não percebessem o caminho.[28]

Estas palavras de Santa Teresa são uma alusão evidente à agitação que o demônio criou em volta da fundação do primeiro mosteiro da Reforma, São José de Ávila. Toda a cidade se agitou, o conselho da cidade reuniu-se e convocou uma assembleia de todas as Ordens religiosas; não se falava senão em destruir o mosteiro. A própria Santa tinha sofrido um assalto do demônio que lhe mostrava todas as dificuldades ao mesmo tempo, sem lhe permitir que pensasse noutra coisa e fez-lhe passar uma das horas mais terríveis da sua vida.[29]

---

[26] Ch 3,64.

[27] Em outra ocasião, estando no coro, caí em profundo recolhimento. Afastei-me dali para que não percebessem, mas todas que estavam ali perto ouviram grandes pancadas no lugar onde eu estava e, ao meu lado, ouvi vozes como que combinando alguma coisa, mas não entendi nada, pois estava mergulhada na oração; também não tive medo. (V 31,6)

[28] CP 21,9.

[29] Cf. V 36,8-9.

O demônio tinha adivinhado a importância da obra que estava a começar e o seu zelo destruidor nos parece hoje bem justificado.

c) *Mentiroso e pai da mentira*[30]

A perturbação é uma preparação. Cria a atmosfera favorável à ação decisiva do demônio, da mesma forma que o recolhimento precede e prepara a ação de Deus. Esta ação decisiva, o demônio a realiza por meio da mentira. Retomando a palavra de Jesus, Santa Teresa afirma que "o demônio é amigo das mentiras, e a própria mentira".[31] Junto das almas desejosas da perfeição, ele não terá qualquer chance [105] de sucesso, a menos que consiga esconder o mal sob as aparências do bem. A dissimulação, a mentira são os meios que ele não pode dispensar e constituem toda a sua tática de combate.

Para assegurar às suas simulações todas as probabilidades de êxito, apoia-se nas tendências da alma e nos seus desejos, dando ao mal as aparências do particular bem espiritual cobiçado pela alma. Com efeito, a cega tendência e a alegria do desejo satisfeito parecem impedir todo o controle da razão. É por isso que o demônio concede consolações espirituais que irão alimentar a gula espiritual de uma alma, levando-a aos excessos nos exercícios de piedade e nas mortificações, ou, pelo menos, farão com que ela ache de tal modo custosas as securas que se lhe seguirão, que ficará desencorajada. Santa Teresa nos fala das falsas humildades sugeridas pelo demônio, que paralisarão a alma e a afastarão da perfeição.

---

[30] Jo 8,44.
[31] V 25,21.

Simular as graças sobrenaturais de Deus é uma obra mais difícil à qual, contudo, o demônio não deixa de se aplicar. Existem poucas mercês espirituais que não possam ser imitadas e cujos efeitos sensíveis, uma vez observados, o demônio não se esforce, então, por reproduzir.[32] Mesmo quando é descoberta de imediato, a farsa deixa uma impressão de mal-estar em quem lhe foi a vítima. O demônio não deixa, então, de instrumentalizá-la ruidosamente para dá-la a conhecer, lançar certo descrédito e espalhar uma espécie de terror sobre todos os fenômenos maravilhosos do mesmo gênero.

Se a simulação não for descoberta, pode arrastar a alma para erros de considerável importância prática, tanto para ela como para os que a rodeiam. No mínimo, subtrai progressivamente a alma à ação de Deus até o momento em que, despojada dos bens espirituais que brilhavam nela, cai num desânimo que o demônio se esforça por agravar para transformá-lo em desespero.

São João da Cruz faz notar na *Chama Viva* como o demônio

se coloca com muita astúcia na passagem que vai do sentido ao espírito, e procura enganar e cevar as almas mediante o mesmo sentido; [106] interpõe coisas sensíveis à alma, sem que ela julgue haver ali prejuízo.[33]

Nestas mesmas regiões, o demônio aproveita as luzes e ardores recebidos na contemplação para retirar a alma das

---

[32] São João da Cruz parece afirmar que não há graças extraordinárias sem que o demônio esteja autorizado a apresentar uma falsificação.
"... Se a alma tem visões verdadeiras por meio do bom anjo ... de modo semelhante, com permissão de Deus, o anjo mau lhe representa outras visões falsas no mesmo gênero. E assim, julgando pela aparência, pode a alma, se não tiver cautela, facilmente ser enganada, como já aconteceu a muitas" (2 N 23,7).

[33] Ch 3,64.

regiões sombrias onde se une a Deus e atraí-la para a atividade das faculdades confortadas por tal ajuda sobrenatural.

Aliás, de maneira geral, o demônio está mais particularmente ativo nos períodos de transição que, em virtude da escuridão dolorosa que aí reina e da novidade dos fenômenos que produzem, lhe oferecem mais ocasiões e maiores facilidades para armar ciladas.

Noutras circunstâncias, esconde-se sob causas naturais cuja ação ele substitui, pouco a pouco, pela sua que, deste modo, se tornará progressivamente malfazeja.

De momento, não vamos particularizar estas ciladas e farsas do demônio, cujos pormenores encontraremos explicados nas diferentes Moradas. Contudo, isto já nos basta para adivinhar quanto estes artifícios do demônio supõem de observação atenta e continuada, de penetração psicológica, de habilidade para reproduzir e de audácia para tentar, por parte do seu autor.

Serpens erat callidior omnibus animantibus. "A serpente era o mais astuto de todos os animais"[34] – diz o autor inspirado, falando da serpente que tentou Eva. Esta característica permanece no demônio e é o que o torna temível para nós, assim como o foi para os nossos primeiros pais.

C – *MEIOS PARA RECONHECER A AÇÃO DO DEMÔNIO*

Os embustes e artifícios do demônio são tais que, muitas vezes, é difícil reconhecer sua ação. Para limitar e determinar o uso que se deve fazer dos exorcismos públicos, o Ritual indica os sinais da possessão diabólica. Explicando as graças extraordinárias, Santa Teresa indica os caracteres que provam a sua origem sobrenatural. Um estudo detalha-

---

[34] Gn 3,1.

do não caberia aqui. Agora, só recolhemos em Santa Teresa os conselhos que permitem, no conjunto dos casos, distinguir as intervenções do demônio na vida espiritual. [107]

1. Na dúvida – afirma a Santa – é preciso desconfiar e esperar:

> Tanto em enfermas como em sãs, sempre se devem temer essas coisas, até reconhecer o espírito do qual procedem. E digo que o melhor é opor-se no princípio.[35]

Esta desconfiança não ofende a Deus que nos deve a prova de sua ação sobrenatural. Não fará mal à alma que, se estiver sob a ação de Deus, encontrará nessa luta um modo de mostrar sua virtude e fazer progressos:

> Se os favores advêm de Deus, as dificuldades ajudam a alma a avançar e a desenvolver-se. Esta é a verdade.[36]

É preciso tempo para observar o fruto destes favores e é, sobretudo, pelos frutos que se reconhece sua origem: *A fructibus eorum cognoscetis eos.* "Vós os reconhecereis pelos seus frutos"[37] – diz-nos Nosso Senhor.

2. O primeiro fruto que caracteriza a ação do demônio é a mentira, diz-nos Santa Teresa:

> Se for o demônio o causador dessa visão, logo se mostrará e será apanhado em mil mentiras.[38]

Este falso anjo de luz não pode sustentar seu papel durante muito tempo sem se mostrar, nalgum ponto, em contradição consigo mesmo, seja por ignorância das coisas sobrenaturais, seja pelo exagero que põe na expressão da verdade, seja ainda pelas singularidades que inclui na sua ação ou pelas mentiras que este pai da mentira acha ser necessário acrescentar à sua astúcia, ainda dissimulada.

---

[35] 6 M 3,3.
[36] *Ibid.*
[37] Mt 7,16.
[38] 6 M 9,11.

Este sinal de falta à verdade parece muito importante para Santa Teresa:

E, se ouvirdes alguma [palavra] que não se harmonize com a Sagrada Escritura, não façais mais caso dela do que se a ouvísseis do próprio demônio.[39]

3. As intervenções diretas do demônio não poderiam produzir na alma o efeito de paz e humildade que a ação de Deus lhe traz. Jesus disse: "Aprendei de mim, porque sou manso e humilde de coração".[40] Esta humildade e **[108]** mansidão da paz são o perfume da sua presença e o sinal da sua ação direta. O demônio, inimigo e privado de Deus, provoca normalmente efeitos contrários:

As palavras do demônio não deixam nenhuma suavidade na alma, mas um pavor e um grande tédio.[41]

Já os efeitos mencionados (paz e humildade), o demônio não consegue reproduzi-los, tampouco deixar a mesma paz e clareza na alma. Na verdade, os efeitos que provoca são inquietação e alvoroço. ...

... uma coisa é certa: quando se trata desse espírito [de Deus], quanto maior a graça concedida, tanto menos se considera a própria alma.[42]

Só a experiência pode dar um sentido preciso a estas palavras de luz, de paz, de perturbação e inquietação, empregadas por Santa Teresa. Além disso, um verdadeiro dom de discernimento dos espíritos, dom ligado a esta experiência, faz-se habitualmente necessário para distinguir a ação do demônio, não apenas nos fenômenos extraordinários, mas nas manifestações ordinárias nas quais se esconde debaixo das causas naturais e se une a elas de maneira sutil para produzir os efeitos particulares que procura. Os santos foram terríveis para o demônio porque, logo de início, seu

---

[39] *Ibid.*, 3,4.
[40] Mt 11,29.
[41] V 25,11.
[42] 6 M 3,16.17.

aguçado sentido espiritual reconhecia a presença dele e a sua ação.

D – *COMO COMBATER A AÇÃO DO DEMÔNIO*

A primeira condição para triunfar sobre o demônio é não se abandonar a um temor exagerado. Claro que ele é um temível adversário pelo seu poder no âmbito sensível e pela sua habilidade. Mas não devemos esquecer suas deficiências, sua ignorância do mundo sobrenatural, sua impotência para penetrar nas faculdades de nossa alma e, por fim, sua qualidade de condenado que não lhe permite senão vitórias temporárias e que faz dele um eterno vencido.

Deixar-se dominar pelo terror seria tão irracional quanto perigoso. De fato, o demônio utiliza sabiamente esta perturbação para camuflar sua inferioridade e armar suas ciladas. Temê-lo exageradamente seria perder nossas vantagens e aumentar seu poder e suas chances de sucesso.

[109] Foi o que nos ensinou Santa Teresa, com toda a autoridade que lhe conferem suas inúmeras disputas com os espíritos malignos. Depois de ter confessado que os demônios a atormentaram muitas vezes e de ter contado alguns dos seus ataques, acrescenta:

Que isso seja útil ao verdadeiro servo de Deus, que assim vai desdenhar os espantalhos com que os demônios desejam nos causar temor. Saibam que, quanto mais os desprezamos, tanto menor fica a sua força e tanto mais senhora de si fica a alma. Sempre resta algum grande proveito ... .

Com efeito, já compreendi o pouco poder que tem o demônio quando não estou contra Deus, e quase não o temo; de nada valem suas forças se ele não vê almas entregues e covardes, pois só assim mostra seu poder.[43]

---

[43] V 31,10.11.

Este desprezo, tão sensível ao demônio, deve ser acompanhado de prudência. Esta prudência, quando tiver que combater o demônio, deverá utilizar armas sobrenaturais que assegurem a nossa superioridade, a saber: os sacramentais – especialmente a água-benta –, bem como a oração e o jejum.

Tantas vezes quanto puder, a alma quebrará o combate e escapará a todo o ataque do demônio, transportando-se, por meio de atos de fé e de humildade, para as regiões onde o demônio não pode penetrar.

Digamos uma palavra acerca destas armas de combate e desta tática de fuga.

I – *Armas para combater o demônio*

a) *Oração e vigilância*

A vigilância na oração é um meio indispensável para lutar contra o demônio. Santa Teresa diz que um dos motivos pelos quais devemos nos entregar à oração é porque o demônio não tem mais tanta ocasião para nos tentar. Se o demônio

perceber um descuido, provocaria grandes perdas. E, se sabe que alguém é inconstante e não está consolidado no bem, sequer com uma enorme determinação de perseverar, ele não o deixa em paz de dia nem de noite, suscitando-lhe medos e mostrando-lhe inconvenientes que nunca se acabam. Sei disso muito bem por experiência, e assim o soube explicar, e afirmo que ninguém sabe quão importante é isso.[44]

[110] A Igreja, para acentuar a importância da luta contra as potências infernais, aprovou orações especiais: as orações dos grandes exorcismos, os exorcismos de Leão XIII, a oração a São Miguel.*

---

[44] CP 23,4.

* N.T.: O texto original francês acrescenta: "no fim das missas sem o povo".

A invocação de determinados Santos que tem um poder especial sobre os demônios é especialmente recomendada. A oração ao Anjo da Guarda é certamente eficaz: ele recebeu a missão de nos proteger. E contra quem nos protegeria ele senão contra os anjos caídos a quem pode fazer frente com o poder da sua natureza angélica e os privilégios de ordem sobrenatural?

b) *Jejum*

Aos Apóstolos que se admiravam por não terem podido expulsar um demônio, Nosso Senhor dizia: "Essa espécie não pode sair a não ser com oração e jejum",[45] mostrando assim a eficácia especial do jejum contra as potências infernais.

Na verdade, a hagiografia mostra que os santos que tiveram um poder especial sobre os demônios foram todos grandes penitentes: São Basílio, Santo Antão, São João da Cruz, Santa Teresa e o Santo Cura d'Ars.

Parece normal que a mortificação do sentido, sobre o qual os demônios habitualmente atuam, liberte, a princípio, da sua influência. Fazendo-nos dominar a natureza, torna-nos semelhantes aos anjos e nos confere, assim, certo poder sobre os anjos caídos.

c) *A água-benta*

A Igreja instituiu os sacramentais, ritos ou objetos aos quais uma bênção particular confere uma virtude especial de preservação contra a influência do demônio. Dentre os sacramentais, Santa Teresa gostava principalmente de utilizar a água-benta:

---

[45] Mc 9,29.

A partir de muitos fatos, obtive a experiência de que não há coisa de que os demônios fujam mais, para não voltar, do que da água-benta. Eles também fogem da cruz, mas retornam. Deve ser grande a virtude da água-benta. Minha alma sente particular e manifesta consolação quando a tomo. É certo que tenho quase sempre um alívio que eu não saberia explicar, uma espécie de deleite interior que me conforta toda a alma. Não se trata de ilusão nem de coisa que só aconteceu uma vez, mas sim de algo frequente que tenho observado com cuidado.[46]

[111] Com efeito, ela pede água-benta todas as vezes em que é alvo de um ataque do demônio e o expulsa desse modo. Eis um exemplo:

Em outra ocasião, o demônio me atormentou durante cinco horas com dores e desassossegos interiores e exteriores tão terríveis que pensei não poder suportar. As pessoas que estavam comigo ficaram espantadas e não sabiam o que fazer, nem eu a que recorrer.

... Quis o Senhor que eu percebesse que era o demônio, já que vi ao meu lado um negrinho bem abominável, rangendo os dentes como se estivesse desesperado ao perceber que, em vez de ganhar, perdia. Eu, ao vê-lo assim, ri-me e não tive medo. Estavam ali algumas Irmãs ... .

... eu disse às pessoas que, se não fossem rir, eu pediria água-benta. Trouxeram-na e me aspergiram com ela, mas não adiantou; lancei-a na direção onde estava o demônio, e ele se foi de imediato e o mal desapareceu por inteiro como se fosse retirado por uma mão, muito embora eu estivesse cansada como se tivesse sido espancada com muitos paus.[47]

De fato, nas várias orações da bênção da água a Igreja pede com insistência que a esta água seja concedido o poder de "pôr em fuga toda a força do inimigo, de extirpar este inimigo com todos os anjos rebeldes e de o expulsar ..., de destruir a influência do espírito imundo e de afastar a serpente venenosa".[48]

---

[46] V 31,4.

[47] *Ibid.*, 31,3.5.

[48] "*Ad effugandam omnem potestatem inimici, et ipsum inimicum eradicare et explantare valeas, cum angelis suis apostaticis ... omnis infestatio immundi spiritus abigatur, terrorque venenosi serpentis abigatur*" (Ritual da bênção da água).

"Penso em quão importante é tudo o que a Igreja ordena"[49] – comenta Santa Teresa.

Compreendemos logo, então, o que a Venerável Ana de Jesus testemunhou no processo de beatificação, isto é, que a Santa

nunca partia em viagem sem levar água-benta. Ficava muito triste caso se esquecessem dela. Assim, todas nós trazíamos, suspensa à cintura, uma cabacinha cheia de água-benta e ela também queria ter a sua.[50]

II – *Tática*

Lutar com tais armas contra os demônios é garantir a vitória. Mas os santos parecem não desejar esta luta e não a procuram. O viajante que atravessa o deserto infestado de salteadores não procura encontrá-los, ainda que tenha a certeza de vencê-los. Está apenas preocupado em atingir a meta de sua viagem. Assim, [112] a alma em seu itinerário para Deus não procura os demônios que poderiam, senão detê-la, pelo menos atrasá-la na sua caminhada, causando-lhe alguns danos. De bom grado, ela se afasta deles.

Excelente tática a da fuga, que nos coloca ao abrigo dos ataques, golpes e astúcias dos demônios. Conseguimos pô-la em prática transportando-nos, por meio da fé e da humildade, às regiões sobrenaturais aonde ele não pode chegar.

a) *O exercício da fé ou atos anagógicos*

Na Epístola aos Efésios, o Apóstolo São Paulo, ao descrever a armadura com a qual o cristão deve se revestir para os combates espirituais, indica especialmente a fé como arma defensiva contra o demônio:

---

[49] V 31,4.
[50] Dicho de Madre ANA DE JESÚS. Proceso de Salamanca. *Biblioteca Mística Carmelitana* 18, 464-465.

O demônio

Revesti-vos da armadura de Deus, para poderdes resistir às insídias do diabo. Pois o nosso combate não é contra o sangue nem contra a carne, mas contra os Principados, contra as Autoridades, contra os Dominadores deste mundo de trevas, contra os Espíritos do Mal, que povoam as regiões celestiais. Por isso deveis vestir a armadura de Deus, para poderdes resistir no dia mau e sair firmes de todo o combate.

Portanto, ponde-vos de pé e cingi os vossos rins com a verdade e revesti-vos da couraça da justiça e calçai os vossos pés com a preparação do Evangelho da paz, empunhando sempre o escudo da fé, com o qual podereis extinguir os dardos inflamados do Maligno.[51]

Na *Noite Escura*, São João da Cruz comenta com muita habilidade e encanto este ensinamento do Apóstolo. A alma – diz ele – ao entrar na contemplação por meio do exercício da fé, disfarça-se com uma nova libré. Esta veste formada pelas virtudes teologais, oculta-a aos seus inimigos. É a túnica branca da fé que a livra do demônio:

A fé é uma túnica interior de tão excelsa brancura que ofusca a vista de todo entendimento. Quando a alma caminha vestida de fé, o demônio não a vê, nem atina a prejudicá-la, porque com a fé, muito mais do que com todas as outras virtudes, vai bem amparada, contra o demônio, que é o mais forte e astuto inimigo. Por isto, São Pedro não achou outro melhor escudo para livrar-se dele, ao dizer: *Cui resistite fortes in fide,* "Ao qual resisti permanecendo firmes na fé" (1Pd 5,9).[52]

A fé, na verdade, faz ultrapassar o âmbito do sentido, sobre o qual o demônio pode exercer seu poder, e introduz a alma no âmbito sobrenatural, no qual ele não pode penetrar. A alma torna-se, então, inacessível ao seu inimigo e, como consequência, fica ao abrigo de seus ataques e golpes.

[113] Nos *Ditames* recolhidos por Frei Eliseu dos Mártires, confidente de São João da Cruz, ele assegura que o Santo Doutor aconselhava o método dos "atos anagógicos" ou atos das virtudes teologais para escapar de todas as tentações. Apresenta-nos nestes termos o ensinamento do Santo:

---

[51] Ef 6,11-16.
[52] 2 N 21,3.4.

Ao sentirmos o primeiro movimento ou a investida de algum vício ... não procuremos resistir opondo um ato da virtude contrária, segundo ficou dito, mas desde os primeiros assaltos, façamos logo um ato ou movimento de amor anagógico contra o vício em questão, elevando nosso afeto a Deus, porque com essa diligência já a alma foge da ocasião e se apresenta a seu Deus e se une com ele. Ora, deste modo, consegue vencer a tentação e o inimigo não pode executar o seu plano, pois não encontra a quem ferir, uma vez que a alma, por estar mais onde ama do que onde anima, subtraiu divinamente o corpo à tentação. Portanto, não acha o adversário por onde atacar e dominar a alma; ela já não se encontra ali onde ele a queria ferir e lhe causar dano.

E então, ó maravilha! A alma como esquecida do movimento vicioso e junta e unida com seu Amado, nenhum movimento sente do tal vício com que o demônio pretendia tentá-la, tendo mesmo, para isso, arremessado seus dardos contra ela.[53]

Estes atos anagógicos não têm, ordinariamente, o poder de abstrair a alma e elevá-la até as regiões sobrenaturais, a não ser depois de certa prática. Por isso, acrescentava o Santo Doutor ao testemunho do mesmo autor
que, se [os principiantes] perceberem que apenas essa diligência não basta para esquecer por completo o movimento vicioso da tentação, não deixem de opor resistência, lançando mão de todas as armas e considerações que puderem.[54]

São João da Cruz sublinhava que
este modo de resistir é excelente e eficaz, pois encerra em si todas as estratégias de guerra necessárias e de importância.[55]

---

[53] DE 5.

[54] *Ibid.*

[55] *Ibid.* Também Santa Teresinha do Menino Jesus indica a fuga como um meio excelente de vencer o demônio: "Muitas vezes também, ... sendo meus combates por demais violentos, fugia tal qual um desertor. ...
Minha querida Madre, disse-vos que meu *último recurso* para não ser vencida nos combates é a deserção. Este meio, eu já o empregara durante meu noviciado, e sempre surtiu em perfeito resultado para mim". (Ms C, 14 r° e v°)

Esta estratégia, que assegura concomitantemente as vantagens psicológicas da fuga e o auxílio sobrenatural do imediato recurso a Deus, torna-se uma aplicação muito fácil para a alma que adquiriu seu hábito. A fuga perante o inimigo transforma-se, para ela, num reflexo normal do qual experimenta um grande benefício. Na *Noite Escura*, São João da Cruz escreve acerca da alma purificada:

[114] Ao pressentir a perturbadora presença do inimigo – oh! coisa admirável! –, sem nada fazer de sua parte, e sem que saiba como isto se realiza, a alma penetra no mais recôndito do seu íntimo centro, sentindo muito bem que se refugia em lugar seguro, onde se vê mais distante e escondida do inimigo. Recebe, então, um aumento daquela paz e gozo que o demônio pretendia tirar-lhe.[56]

Especialista deste método, São João da Cruz o utilizará não somente contra os ataques do demônio, mas contra a agitação das faculdades e as impressões desordenadas das potências sensíveis.

b) *A humildade*

Para escapar dos ardis do demônio, Santa Teresa recomenda, sobretudo, a *virtude da humildade*. Esta virtude parece gozar de uma espécie de imunidade. Ela, de fato, sobressai no discernimento de sua ação e quase não experimenta nenhum dano quando tem que sofrer-lhe as provas.

Referindo-se às palavras que o demônio pronuncia, Santa Teresa afirma que ele

pouco ou nenhum prejuízo causará se a alma tiver humildade ... .[57]

E noutro lugar:

Considero muito certo que o demônio não enganará – nem Deus lhe permitirá fazê-lo – a alma que em nada confia em si ... .[58]

---

[56] 2 N 23,4.
[57] 6 M 3,16.
[58] V 25,12.

Com efeito, o demônio está preso numa atitude de orgulho por sua revolta contra Deus. Não sabe ser humilde, nem compreende a humildade. Todas as suas farsas, mesmo aquelas que simulam a humildade, trazem sempre os sinais visíveis do orgulho. Habituado ao perfume de Cristo, o humilde distingue-as imediatamente por esse sinal. O humilde, diferentemente do demônio, vive em regiões que esse último não conhece. O demônio ignora as reações da humildade. Sente-se sempre confundido e vencido por ela.

Na véspera da sua Profissão, Santa Teresinha do Menino Jesus sofreu os assaltos do demônio:

... o demônio inspirava-me a *certeza* de que [a vida do Carmelo] não era feita para mim e que enganaria aos Superiores, seguindo por um caminho para o qual não era chamada... ... entretanto, preferia fazer a vontade do Bom Deus e voltar para o mundo a ficar no Carmelo, fazendo a minha. Chamei, pois, minha Mestra e, *cheia de confusão*, disse-lhe o estado de minha alma... Felizmente, ela viu mais claro do que eu e tranquilizou-me completamente. Aliás, o ato de humildade que tinha praticado acabava de pôr em fuga o demônio.[59]

[115] Na verdade, não existem adversários mais temíveis para o demônio do que as almas, a um só tempo fracas e humildes, pois

"o que é fraqueza no mundo, Deus o escolheu para confundir o que é forte; e, o que no mundo é vil e desprezado, o que não é, Deus escolheu para reduzir a nada o que é".[60]

Assim, apesar do poder que os demônios podem empregar, Santa Teresa não os receia:

Não entendo esses medos. Por que dizer: "demônio! demônio!" quando se pode dizer: "Deus! Deus!" – fazendo tremer o demônio? Sim, pois já sabemos que o demônio não pode sequer mover-se se o Senhor não lhe permitir. Que digo? Sem dúvida, tenho mais medo dos que temem muito o demônio do que dele mesmo; porque ele não me

---

[59] Ms A, 76 r° e v°.
[60] 1Cor 1,27-28.

pode fazer nada, ao passo que aqueles, especialmente se são confessores, trazem muita inquietação.[61]

Expulsar os terrores não é suficiente. É necessário reconhecer o papel providencial do demônio na nossa provação aqui na terra. É certo que ele pode nos arrastar para o mal, mas como nota São João da Cruz,

... quando o anjo bom permite ao demônio a vantagem de atingir a alma ... visa purificá-la e dispô-la, com esta vigília espiritual, para alguma festa e mercê sobrenatural que lhe quer conceder Aquele que nunca mortifica senão para dar vida, e jamais humilha senão para exaltar.[62]

É, pois, para tornar nossos méritos ainda maiores, nossas virtudes mais puras e mais perfeitas, nossa caminhada para ele mais rápida, que Deus permite ao demônio tentar-nos e provar-nos.[63]

---

[61] V 25,22.

[62] 2 N 23,10.

[63] Numa página plena de imagens e poderosa, Tauler descreve assim as vantagens das tentações e o modo de vencê-las:
"Quando o cervo é violentamente perseguido pelos cães através de florestas e montanhas, sua grande veemência desperta uma sede e um desejo de beber mais ardente que em qualquer outro animal. Da mesma forma que o cervo é perseguido pelos cães, também o principiante (nos caminhos da caridade) é perseguido pelas tentações. Logo que se afasta do mundo, é especialmente perseguido com ardor por sete corpulentos mastins, vigorosos e ágeis. ... Quanto mais viva e impetuosa for esta perseguição, maior deveria ser a nossa sede de Deus e o ardor do nosso desejo. Às vezes acontece que um dos cães apanha o cervo e prende os dentes no ventre do animal. Então, quando o cervo não é capaz de se libertar do cão, arrasta-o para junto de uma árvore e bate com ele com tanta força na árvore que lhe parte a cabeça e, assim, se livra do animal. Eis precisamente o que o homem deve fazer. Quando não pode dominar seus cães, suas tentações, deve correr com toda a pressa para a árvore da Cruz e da Paixão de Nosso Senhor Jesus Cristo e lançar-lhe contra o seu cão, quer dizer, a sua tentação e partir-lhe a cabeça. Isto significa que aí ele triunfa de toda a tentação e se liberta inteiramente dela" (*Sermons de Tauler, traduction sur les plus anciens manuscrits allemands par les RR. PP. HUGUENY, THÉRY, O.P. et A.L. CORIN de l'université de Liège*. Paris, Editions de la Vie Spirituelle, 1927, tome 1, p. 258-259).

OITAVO CAPÍTULO

Espírito teresiano

> *Vivit Dominus in cujus conspectu sto...*
> *Zelo zelatus sum pro Domino...*[1]

[116] Santa Teresa, Mãe dos espirituais, *Mater Spiritualium*, dirige-se apenas às almas que cultivam a vida interior, àquelas que, pelo menos, "chegam enfim a entrar no Castelo".[2]

Espiritualidade aristocrática! – dizem, às vezes. Seria verdade? Santa Teresa não tem interesse pelas almas que vivem no pecado, paralisadas e espiritualmente tolhidas, como era fisicamente aquele homem

que jazia há trinta anos na piscina,[3]

ou que até mesmo

ficam à volta do Castelo, onde estão os que o guardam, e que não têm interesse em entrar, não sabendo o que há nesse precioso lugar, nem quem está dentro, nem sequer que aposentos possui.[4]

Tal censura testemunharia um completo desconhecimento não só da alma teresiana, mas também do espírito que anima toda a sua obra.

Santa Teresa não abandona as almas que ela não pode arrastar atrás de si porque o pecado as prendeu na imobilidade da morte. À medida que se afasta, seu olhar cheio de ternura volta-se com mais frequência para elas. Chegada aos cumes, sua piedade tornou-se imensa e seu amor tão

---

[1] 1Rs 17,1; 19,10 (Vulgata). Grito de guerra de Elias, adotado como divisa pela Ordem do Carmelo.

[2] 1 M 1,8.

[3] *Ibid.*

[4] *Ibid.*, 1,5.

grande que a absorve. Um espírito novo nasce daí, espírito de zelo que transforma a vida de Teresa e passa para a sua espiritualidade.

Ignorar este espírito seria desconhecer a grande riqueza da alma teresiana e o sopro vivo que constitui o poder de sua espiritualidade e lhe impõe seu movimento e sua orientação.

I – *União com Deus*

[117] Ao fundar o mosteiro reformado de São José de Ávila, Santa Teresa sonhava apenas em alimentar as suas aspirações de união perfeita com Jesus; encerrando-se numa clausura tão rigorosa, ansiava apenas pela intimidade do bom Jesus.

Neste quadro tão bem delineado para sustentar os impulsos da alma e orientá-los só para Deus, os corações logo se inflamam a ponto de fazer a Santa intuir que Deus tem desígnios particulares.

Na verdade, eis que chegam da França notícias das guerras religiosas que assolam o país; contam-lhes relatos sobre a miséria moral e espiritual dos índios do Novo Mundo. Notícias e relatos fazem mais do que fornecer um novo alimento aos crescentes ardores do amor divino; abrem-lhes novos horizontes e fazem-lhes ultrapassar os desejos de intimidade com Cristo Jesus:

Nessa época, chegaram a mim notícias sobre os danos e estragos causados na França pelos luteranos, e sobre o grande crescimento que essa seita experimentava. Isso me deixou muito pesarosa, e eu, como se pudesse fazer alguma coisa ou tivesse alguma importância, chorava com o Senhor e lhe suplicava que corrigisse tanto mal.[5]

---

[5] CP 1,2.

Não deixa de partir-me o coração ver como se perdem tantas almas. ... seria bom que não se perdessem mais almas a cada dia.[6]

Este zelo que consome Teresa ao ouvir o relato das devastações protestantes é o mesmo que abrasava a alma do Profeta Elias, pai do Carmelo: "Que fazes aqui, Elias?" – pergunta-lhe o Anjo do Senhor. E o Profeta responde: "Eu me consumo de ardente zelo pelo Senhor Deus dos Exércitos, porque os filhos de Israel abandonaram tua aliança, derrubaram teus altares, e mataram teus Profetas", *Zelo zelatus sum pro Domino Deo exercituum*.[7] A confissão do Profeta tornou-se a divisa do Carmelo teresiano.

Santa Teresa reencontrou, então, a plenitude do espírito de Elias. Se é verdade que o Profeta foi consumido pelos ardores da justiça e Teresa pelos ardores do amor, isso se dá em virtude das diferentes leis sob as quais viveram. **[118]** Elias pertence à do temor; Teresa viveu sob a lei do amor. Mas uma idêntica atitude de oração contemplativa diante de Deus acumulou neles os mesmos ardores divinos dos quais o choque de acontecimentos semelhantes faz desprender chamas devoradoras.

Estes ardores de amor são luminosos para Santa Teresa. Alargam seus horizontes espirituais. Com efeito, eis que ela ultrapassou o Cristo Jesus cuja intimidade tinha vindo cultivar no Carmelo. Encontrou, mais além, o Cristo total, a Igreja, as almas que dela fazem parte, mesmo aquelas que estão afastadas e que, no entanto, são chamadas a ela. Ela experimenta o que se passa em Jesus Cristo, sente o sofrimento do amor recusado, do sangue redentor desperdiçado, a grande compaixão pelas almas que caem no inferno por terem desconhecido o amor de seu Deus. Ela realizou o dogma da Igreja; entrou no mistério dos sofrimentos e

---

[6] Cf. *Ibid.*, 1,4.
[7] Cf. 1Rs 19,9.10 (Vulgata).

angústias da Igreja militante, penetrando nas profundezas do coração de Cristo.

O amor da Igreja vai, dali por diante, dominar toda a vida de Santa Teresa. É uma paixão poderosa que absorverá todos os desejos pessoais e a sede de intimidade e necessidade de união; que tomará a seu serviço todas as energias da alma e toda a atividade exterior; que inspirará todas as suas obras até encontrar, em seu último suspiro, a sua mais simples e sublime expressão: "Sou filha da Igreja".[8]

Trabalhar para a Igreja é a vocação de Teresa, o objetivo da sua Reforma:

Quando as vossas orações, desejos, disciplinas e jejuns não estiverem voltados para isso de que falo, tende certeza de que não alcançais nem cumpris o objetivo para o qual o Senhor nos reuniu aqui.[9]

Estas palavras tão claras com as quais Santa Teresa conclui o terceiro capítulo do *Caminho de Perfeição* determinam o que chamamos o seu espírito, o dinamismo de sua espiritualidade e o propósito de sua obra.

O próprio Jesus Cristo dava a estas palavras uma ilustração magnífica no dia em que se unia a Teresa pelos laços do matrimônio espiritual. Como sinal da sua união definitiva entregou-lhe um cravo e fez-lhe ouvir estas palavras:

"Olha este prego, que é sinal de que serás minha esposa de hoje em diante. ... doravante, defenderás minha honra ... como verdadeira esposa minha".[10]

[119] No cimo do Carmelo se fica crucificado com Cristo e inteiramente entregue aos trabalhos para sua glória. É para este cimo entrevisto em meio à luz, que a espiritualidade teresiana dirige, desde o princípio, os olhares daqueles que seguem a sua escola, orienta os seus esforços e os

---

[8] Procesos de beatificación y canonización de Santa Teresa de Jesús. *Biblioteca Mística Carmelitana* 20, LXV-LXVI.

[9] CP 3,10.

[10] R 35.

seus desejos: "Vim para salvar as almas e, sobretudo, para rezar pelos sacerdotes"[11] – dizia Santa Teresinha do Menino Jesus, ao entrar para o Carmelo. A pequena Santa tinha compreendido sua vocação.

É importante que também nós o saibamos para colocarmos, sob sua verdadeira perspectiva, a doutrina teresiana.

II – *Zelo eliânico exercido pela oração e sacrifício*

Já não se trata de alegrias a saborear no contato com o Mestre, mas de combates a sustentar por amor de Cristo e pela salvação das almas.

Mas como satisfazer, numa clausura tão rigorosa, tais ardores e servir à Igreja de maneira útil? A própria Santa se questiona sobre isso ao ver-se

mulher, imperfeita e impossibilitada de trabalhar como gostaria para servir ao Senhor.[12]

Este amor, porque sobrenatural, não é desviado por seus ardores. A Santa é mais realista do que nunca; para reparar e servir, ela começará por cumprir perfeitamente os seus deveres de religiosa:

Fui tomada pela ânsia, que ainda está comigo, tendo Deus tantos inimigos e tão poucos amigos, de que estes fossem bons.

Decidi-me então a fazer o pouco que posso: seguir os conselhos evangélicos com toda a perfeição e ver que essas poucas irmãs que aqui estão fizessem o mesmo.[13]

A paixão que se despertou em sua alma obriga-a, de certo modo, a repensar seu ideal de vida religiosa e as obrigações que dela decorrem.

A oração era já a função principal do Carmelo na Igreja. Quanto ela seja necessária àqueles que lutam pela Igreja,

---

[11] Ms A, 69 v°.
[12] CP 1,2.
[13] *Ibid.*

Santa Teresa o expõe ao longo de todo o terceiro capítulo do *Caminho da Perfeição*, que citamos aqui. Esta oração deve conseguir-lhes as qualidades **[120]** exigidas para esta luta e a preservação dos perigos do mundo.[14]

Sem deixar sua clausura, Santa Teresa vai poder intervir nos duros combates que se travam e assegurar a vitória de Cristo:

Assim, ocupadas todas em orar pelos que são defensores da Igreja, pregadores e letrados que a sustentam, ajudaríamos no que pudéssemos a este Senhor meu.[15]

A finalidade apostólica que lhe é oferecida vai contribuir para tornar esta oração mais elevada. Com efeito, para que ele alcance poder, é preciso que seja perfeita.

A eficácia da oração vincula-se, sobretudo, ao grau de santidade da alma que a faz. O amor das almas incita a um trabalho de união com Deus, conforme escreve a Santa:

Procuremos ser de tal maneira que as nossas orações possam ajudar a esses servos de Deus.[16]

Ao invés de distrair a alma carmelitana da sua oração contemplativa, o zelo pelas almas vai aumentar seu impulso rumo às profundezas de Deus. Utilizará todos os meios naturais e sobrenaturais que a técnica e a graça lhe oferecem para achegar-se mais perto de Deus, causa primeira, e haurir de sua onipotência.

Este zelo abre horizontes de sacrifício que o desejo de intimidade divina ignorava. Sem dúvida, "para ver a Deus é preciso morrer" – proclamava Santa Teresa. E, contudo, ela mesma confessava que, ao fundar o mosteiro de São José de Ávila, não tinha pensado em praticar aí austeridades:

No início, quando se começou a fundar este mosteiro ... não era minha intenção impor tanta aspereza no exterior, nem que a casa não

---

[14] Cf. *Ibid.*, 3,5.
[15] *Ibid.*
[16] *Ibid.*, 3,2.

tivesse rendimentos; eu teria preferido que houvesse condições de nunca lhe faltar nada.[17]

O zelo pelas almas sacrifica, primeiramente, certa busca de si que conservava o desejo de intimidade divina.

Mas sobretudo, junto a Jesus Cristo, que entra em sua Paixão para o sacrifício supremo depois de ter feito a oração sacerdotal, este zelo compreende que a oração pela Igreja só encontra a sua eficácia no sacrifício.

Depois que Teresa descobriu a Igreja e que a compaixão pelas almas nasceu em sua alma, a penitência no Carmelo tornou-se mais austera e a imolação total, uma necessidade e uma lei.

III – *Zelo eliânico exercido pelas obras*

[121] O grande Profeta, de quem Santa Teresa reencontrou o espírito em plenitude, deixava por vezes a solidão para entregar-se à ação. Entre aqueles Profetas que se convencionou chamar Profetas de ação – por oposição aos Profetas escritores –, Elias é o maior. Suas intervenções na vida de Israel são frequentes e retumbantes.

Que vai fazer Santa Teresa? Vai se lançar na ação? Como não haveria de sentir esse desejo?

Sobreveio-me uma profunda tristeza, e fiquei quase fora de mim, diante da perdição de tantas almas. Recolhi-me a uma capela e, coberta de lágrimas, clamei a Nosso Senhor; supliquei-lhe que me desse recursos para salvar uma única alma. ...

Senti muita inveja dos que, por amor a Deus, podiam dedicar-se à salvação de almas, mesmo em meio a mil mortes.[18]

A estes ardentes desejos de trabalhos apostólicos é o próprio Jesus que vai responder-lhe:

---

[17] CP 1,1.
[18] F 1,7.

Estando eu preocupada com essa angústia, certa noite Nosso Senhor me apareceu, como costumava. Demonstrando muito amor por mim e querendo consolar-me, disse-me: *Espera um pouco, filha, e verás grandes coisas.*[19]

Que significa esta promessa? Que serão estas grandes coisas? A visita do Frei Rúbeo, Geral dos Carmelitas, irá revelá-las à Santa. O Padre Geral, no decurso da sua permanência em Ávila (1566), manifesta a Santa Teresa o mais afetuoso interesse por este mosteiro de São José de Ávila que torna reais os seus mais caros desejos de Pai da Ordem. Ordena à Santa que funde, segundo o mesmo modelo, todos os mosteiros que lhe forem pedidos.

Deus falou por intermédio do Superior da Ordem. Teresa não poderia hesitar. Ademais, esta ordem está de acordo com seus novos desejos. O mundo está em fogo e Cristo não é amado. Dado que o número é um elemento de poder, é preciso que se multipliquem estas fortalezas onde se reúnem os cristãos corajosos e onde se elevará o hino da oração perfeita que salvará as almas e assegurará o triunfo da Igreja.

[122] Ela sacrifica, então, as alegrias da solidão e a doce paz dos primeiros anos de São José de Ávila, pelos duros trabalhos de suas fundações, as quais dá início a partir de 1567, em Medina del Campo.

Transmite seus ardores à alma de suas filhas, comunica-lhes tanto suas intenções, como a sua ciência da oração. Serão contemplativas e orantes cuja oração será totalmente voltada à Igreja:

Ó minhas irmãs em Cristo! Ajudai-me a suplicar isso ao Senhor, pois foi com esse fim que ele vos reuniu aqui. Essa é a vossa vocação; esses devem ser os vossos cuidados e os vossos desejos; empregai aqui as vossas lágrimas e para isso dirigi vossos pedidos.[20]

---

[19] *Ibid.*, 1,8.
[20] CP 1,5.

Quanto a ela, percorre todos os caminhos da Espanha e prosseguirá corajosamente sua árdua missão até que a morte a detenha em Alba de Tormes, no regresso da fundação de Burgos, a mais custosa de todas, segundo seu testemunho. Esta sublime contemplativa tornou-se uma mulher de ação, cuja competência em todos os assuntos, as audácias empreendedoras e as obras prodigiosas estão em pé de igualdade às do mais arrojado dos apóstolos.

Nas "grandes coisas" prometidas por Nosso Senhor, Santa Teresa viu algo mais do que a fundação dos mosteiros das carmelitas. Estas fundações não bastam para seu zelo. Sonha prolongar a sua ação conquistadora, estendendo a Reforma aos religiosos.

Rúbeo, que concedeu amplas licenças para as fundações de monjas, mostra-se hesitante quando se trata dos religiosos. Mas a Santa se faz instante em seu pedido. O Padre Geral, então, enviará, depois de sua partida, os breves solicitados. São limitados, mas enchem a Santa de alegria.

Sem demora, ela vai empenhar-se em executar o mais caro dos seus projetos, aquele cuja realização lhe causará os piores sofrimentos e que desencadeará as maiores tempestades. Mas a obra lhe parece tão importante! Não é por meio dos Carmelitas descalços que todo o seu pensamento será realizado, que todo seu zelo conquistador poderá se espalhar e que todo o seu ideal tomará, por fim, um corpo?

Porque "sendo mulher e muito imperfeita"[21] – diz ela –, acha-se impotente para levar a cabo aquilo que quisera fazer para a glória de Deus. Em seu pensamento, seus filhos, que serão religiosos, sábios, contemplativos e apóstolos, vão suprir sua incapacidade e prolongar sua ação. Ela os quer tais que possam não só sustentar suas filhas e governar-lhes os mosteiros, mas também lutar pela Igreja e

---

[21] *Ibid.*, Prólogo, 3.

atravessar os mares para ir à conquista das almas. Cerca-os [123] de respeito e de solicitude maternal. Depois de ter tremido diante das austeridades de Duruelo com a ideia de que talvez o demônio quisesse destruir o seu sonho com estes excessos, sua alegria não tem limites quando encontra em Graciano os talentos e a graça do Carmelo, tal como o seu zelo o desejou.

Dentro de pouco tempo, Graciano será o primeiro Superior da Província separada dos Carmelitas descalços. Realizam-se as promessas divinas. Nas grandes coisas realizadas pelo gênio criador de Santa Teresa, está se desenvolvendo a plenitude do seu espírito e do seu zelo.

IV – *Síntese*

Se nos detivemos nos desejos e nas obras de Santa Teresa foi apenas para melhor compreendermos a sua doutrina espiritual. Obra reformadora e doutrina espiritual brotaram simultaneamente da alma de Santa Teresa. São os frutos do mesmo sopro vivificador do espírito teresiano, os quais se completam e se esclarecem mutuamente. De sua aproximação emerge, numa luz mais clara, as características e a orientação da doutrina espiritual de Santa Teresa.

1. A organização exterior dada à Reforma e os escritos teresianos mostram-nos, em primeiro lugar, que a Santa conduz a alma aos cumes da perfeição pela via da oração e da contemplação. Para ela e seus discípulos, não há outro caminho. Todos devem ser contemplativos.

2. Estes contemplativos, todos eles, devem se tornar apóstolos. Santa Teresa não admite em seu seguimento almas que viessem apenas para aprender os caminhos da oração e o segredo da intimidade divina. Para além de Jesus Cristo, ela lhes revela – a todas – a Igreja, e as consagra a seu serviço. A união transformante ou matrimônio espiritual

desabrocha-se na maternidade espiritual. É a fecundidade da união que Santa Teresa põe em relevo como principal e último fim a ser atingido. Os textos citados anteriormente, bem como as obras de Santa Teresa, comprovam-no com generosidade.

Santa Teresinha do Menino Jesus, a mais célebre das filhas de Santa Teresa, declara ter encontrado sua vocação no dia em que compreendeu que, na Igreja, ela será o amor e cumprirá assim a função vital do coração.

3. Esta fecundidade será, em primeiro lugar, a da oração, que é poderosa, pois perfeita e imolada. Depois de ter feito sua oração sacerdotal pela Igreja, Jesus adentra **[124]** a gruta do Getsêmani e aí se entrega. Ele, pureza infinita, entrega-se aos tormentos do pecado. Prostrado por terra sob o peso do pecado do mundo, ele nos liberta desse pecado; rezando em meio a dores e angústias, derramando um suor de sangue, ele assegura a eficácia de sua oração de união pelos Apóstolos e por nós.

Elias, o pai do Carmelo, também já tinha gemido dolorosamente na gruta do Horeb, sob o peso do pecado de Israel:

> Eu me consumo de ardente zelo pelo Senhor dos Exércitos, porque os filhos de Israel abandonaram tua aliança, derrubaram teus altares e mataram teus Profetas.[22]

Também Teresa, no coro de São José de Ávila ou nas ermidas, chorava e gemia pelo pecado do mundo:

> Sobreveio-me uma profunda tristeza, e fiquei quase fora de mim, diante da perdição de tantas almas. Recolhi-me a uma capela, coberta de lágrimas.[23]

Santa Teresa e suas filhas vão continuar, pela Igreja, a oração de Jesus no Getsêmani. O quadro de suas vidas e a espiritualidade que as guia preparam-nas para cumprir

---

[22] 1Rs 19,14.
[23] F 1,7.

esta função do sacerdócio de Cristo. A fidelidade à graça da vocação que receberam deve conduzi-las para essas regiões em que a alma purificada merece receber, a um só tempo, as chamas do amor que consome e o manto do pecado que oprime, e onde, junto do Cordeiro que carrega o pecado do mundo, ela aprende a murmurar a oração ardente e dolorosa que purifica e salva.

É assim que, no fim de sua vida, Santa Teresinha do Menino Jesus, banhada nos caudais da misericórdia divina que a penetram e envolvem, come do pão escuro da incredulidade moderna suportando dolorosas tentações contra a fé.[24]

Esta oração altamente contemplativa e eminentemente eficaz é a primeira forma de apostolado teresiano, o primeiro objetivo da espiritualidade teresiana.

4. Seria o único? A doutrina espiritual de Santa Teresa não seria apropriada apenas para formar grandes contemplativas, orantes perfeitas a serviço da Igreja? Alguns parecem pensar assim.

Na verdade, o maravilhoso êxito dos mosteiros das Carmelitas na França – desde há três séculos – e sua profunda influência contribuíram para criar a convicção de que o Carmelo inteiro restringe-se aos mosteiros que, com **[125]** altos muros e grades austeras, afastam contatos e bulícios; que a doutrina espiritual de Santa Teresa está destinada apenas a contemplativos que podem criar para si um ambiente especial de recolhimento e não é, de modo algum, apropriada a um apostolado de movimento e ação.

Trata-se de um erro tanto mais lamentável, enquanto esconde aos olhos de muitos, uma doutrina espiritual de apostolado das mais simples e mais perfeitas, particularmente adequada para formar apóstolos perfeitos.

---

[24] Cf. Ms C, r°

Santa Teresa foi uma mulher de ação extraordinária. Sua espiritualidade encontrou-a perfeitamente apta para esta vida de trabalhos que suportou durante quinze anos. Foi neste período de trabalhos que a sua doutrina encontrou a formulação perfeita.

Para conduzir nos caminhos da perfeição aqueles que ela considerava como seus pais e seus filhos, isto é, os Carmelitas descalços que gerara para a vida carmelitana perfeita e seus diretores que lhe tinham ordenado que escrevesse (os jesuítas Baltazar Álvarez e Gaspar de Salazar, os dominicanos Báñez e García de Toledo) – e que levavam, todos, uma vida de apostolado –, não tinha nada a dar senão, como às suas Carmelitas, sua ciência espiritual vivida.

Mas onde encontrar esta doutrina espiritual e em que ela se distingue de sua doutrina contemplativa? Para responder a estas questões poderíamos sublinhar, aqui e ali em seus escritos, alguns conselhos particulares àqueles que têm a missão de trabalhar pela Igreja e notar que, no livro da *Vida* e no *Caminho da Perfeição* – escritos antes da expansão da Reforma Carmelitana –, é a contemplativa que expõe sua doutrina acerca da oração, enquanto que, no *Castelo Interior*, é a contemplativa apóstola, já feita esposa de Cristo, que fala e apresenta uma doutrina mais elevada, mais ampla e mais completa acerca da vida espiritual.

Na realidade, no magistério teresiano, não seríamos capazes de separar nem distinguir a doutrina espiritual de apostolado da doutrina contemplativa. Nesta espiritualidade, contemplação e apostolado são solidários um com o outro; nela, eles se fundem e se completam admiravelmente. São dois aspectos de um todo harmonioso, duas manifestações de uma mesma vida profunda.[25]

---

[25] Agora, podemos somente afirmá-lo. Estas afirmações vão encontrar o seu desenvolvimento e a sua prova na exposição da doutrina teresiana e estão já indicadas no quadro geral que se encontra no início do volume.

No máximo, correspondem, aparentemente, a duas fases da vida espiritual. Em primeiro lugar, a alma é convidada a guardar-se principalmente para Deus, porque, acima de tudo, importa que lhe esteja unida. Mais tarde, lhe é permitido e, por fim, **[126]** tem o dever de trabalhar para o bem das almas. Fase contemplativa e fase ativa – diríamos. Não nos apressemos a classificá-las, usando denominações que logo reconheceríamos serem inexatas. O recolhimento da primeira fase não é destinado senão a acumular forças para o apostolado. Quanto à atividade da segunda fase, é primeiramente proveitosa para a contemplação, que se purifica de todos os egoísmos e prepara a união transformante.

Tendo brotado de sua alma e de sua vida, a espiritualidade de Santa Teresa carrega em si o duplo caráter de ser altamente contemplativa e surpreendentemente ativa. Ela forma espirituais, que são sempre apóstolos de um zelo ardente quando aprenderam a estar constantemente na presença do Deus vivo, segundo a dupla expressão do Profeta, a qual se tornou a divisa do Carmelo teresiano: *Vivit Dominus in cuius conspectu sto... Zelo zelatus sum pro Domino Deo exercituum!*

NONO CAPÍTULO

Crescimento espiritual

> ... *nesta vida a alma não cresce como o corpo.*[1]

[127] A vida divina desenvolve-se como "um grão de mostarda, o qual, quando é semeado na terra – sendo a menor de todas as sementes da terra –, quando é semeado, cresce e torna-se maior que todas as hortaliças, e deita grandes ramos"[2] ou, ainda, como o "fermento que uma mulher tomou e pôs em três medidas de farinha, até que tudo ficasse fermentado".[3]

Estas parábolas evangélicas afirmam o crescimento da graça na alma e sublinham sua força de expansão.

Como se dá este crescimento? Mediante quais sinais reconhecê-lo? Existe aí um mistério que o olhar de Santa Teresa, habituado às complexidades de nossa natureza e às escuridões divinas, sondou. Sua doutrina – que vamos recolher – deixa que a obscuridade do mistério subsista, mas dado que, com a ajuda de alguns pontos de referência luminosos, ela fixa as etapas clássicas da caminhada para Deus, permanece extremamente valiosa.

A – *ASPECTOS DIVERSOS E ETAPAS*

A visão do *Castelo*, ou da alma justa, ilumina o ponto essencial da doutrina teresiana sobre o crescimento espiritual.

---

[1] V 15,12.
[2] Mc 4,31-32.
[3] Mt 13,33.

Santa Teresa viu um globo de cristal que apresenta regiões cada vez mais iluminadas à medida que nos aproximamos do centro onde se encontra Deus, fornalha luminosa. [128] A alma parte da periferia para o centro de si mesma, a fim de se unir aí, de forma perfeita, a Deus e viver inteiramente em sua luz e sob sua moção.

A perfeição, então, está na união perfeita com Deus, união transformante ou matrimônio espiritual. O progresso espiritual é marcado por um progresso na união, o qual fica indicado de maneira simbólica na visão por uma maior ou menor intensidade de luz. Tal é a doutrina de Santa Teresa, segura e exata: Deus é o nosso fim; atingi-lo é a perfeição; a alma é perfeita na medida em que se aproxima dele.

1. Nesta caminhada de aproximação rumo a Deus, desde a união da graça no seu menor grau de vitalidade que é o ponto de partida, até à união transformante que é o seu fim, Santa Teresa distingue sete etapas ou Moradas, indicadas na visão do *Castelo* por uma intensidade crescente da luz; na realidade, por um progresso na união com Deus:

> Embora não se trate senão de sete moradas, cada uma delas comporta muitas outras: por baixo, por cima, dos lados.[4]

Em outro trecho, referindo-se às sextas e sétimas Moradas, nota que "bem se poderiam unir esta e a última, pois de uma à outra não há porta fechada".[5] Santa Teresa teria podido aumentar ou diminuir o número de Moradas, mas era preciso escolher e o número sete, que é o número perfeito, permite uma divisão lógica e racional.

Dentre estas sete Moradas, se omitimos a primeira – que pode ser considerada como ponto de partida –, distinguimos três que indicam estados de união nitidamente caracterizados: as terceiras Moradas, onde triunfa a atividade

---

[4] 7 M, Epílogo, 3.
[5] 6 M 4,4.

natural da alma auxiliada pela graça; as quintas Moradas, nas quais se realiza a união da vontade; as sétimas Moradas, iluminadas pela união transformante. As outras três Moradas são períodos de transição, ou melhor, de preparação.

Estas últimas são, normalmente, mais dolorosas e mais escuras que as anteriores. Nas segundas Moradas, reina a aridez; nas quartas, a noite do sentido e, nas sextas, a noite do espírito. Mais penosas e mais perigosas, às vezes, elas retêm as almas por muito tempo, ou mesmo as veem cair nos obstáculos que aí se levantam. A solicitude do diretor deverá tornar-se, então, mais atenta e mais paternal. [129] Para esclarecer-se sobre este aspecto, encontrará as descrições e conselhos de São João da Cruz, que se fez o Doutor das noites para conduzir à união de amor. Estas etapas de ascensão tornam-se, assim, as mais importantes no itinerário espiritual.

2. Seria simplificar demais o estudo do crescimento espiritual o limitar-se a considerar o progresso na união, que é a sua característica essencial. Este crescimento apresenta muitos outros aspectos. Em primeiro lugar, a atividade de duas forças vivas que o realizam: o amor de Deus pela alma e o amor da alma por Deus.

Estes dois amores harmonizam progressivamente sua ação cada vez mais poderosa no decurso do crescimento espiritual. Duas fases bem distintas aparecem nesta progressão, considerada sob este aspecto.

Numa primeira fase, que compreende as três primeiras Moradas, Deus, assegurando à alma a graça ordinária ou auxílio geral, deixa-lhe a direção e a iniciativa em sua vida espiritual. Na segunda fase, que começa nas quartas Moradas e vai até as sétimas, Deus intervém progressivamente na vida da alma, através de um auxílio denominado "particular" que se torna sempre mais poderoso, retira a iniciativa da alma, impõe-lhe a submissão e o abandono até que, tendo estabelecido por fim o reino perfeito de Deus, a alma, tornada verdadeira filha de Deus, seja movida pelo Espírito de Deus.

Esta dupla atividade de Deus e da alma se modifica harmonizando-se no decurso das diversas Moradas.

A ação de Deus se faz cada vez mais profunda e qualificada na alma e manifesta-lhe, progressivamente, o Cristo Jesus.

Durante a primeira fase, ou seja, durante as três primeiras Moradas, Deus assegura à alma o auxílio geral da sua graça e deixa às faculdades sua plena independência, oferecendo-lhes a humanidade de Jesus Cristo para que elas se alimentem dele e se unam a este mediador único, que as pode conduzir até os cumes.

Durante a segunda fase, Deus intervém com seu auxílio particular, que é a sua ação direta na alma. Desde o início (quartas Moradas), ele introduz a alma na luz do Verbo que, ao manifestar-se, encobre imagens e pensamentos. Por meio do recolhimento, da quietude ou da secura contemplativa, orienta o sentido para o espírito, adapta-o às operações sobrenaturais – cuja sede é este último – e acostuma-o a suportar, na paz, o mistério sempre obscuro e muitas vezes doloroso.

A união da vontade é realizada nas quintas Moradas pela Sabedoria de amor que poderá, doravante, graças a esta senhoria sobre a faculdade mestra, purificar e formar a alma para a realização do eterno desígnio de Deus.

[130] Este desígnio eterno de Deus é o Cristo total ou a Igreja. Ele inspira toda a atividade de Deus e envolve cada alma em particular.

Nas sextas Moradas, a Sabedoria faz a alma entrar neste mistério da Igreja e lhe comunica as riquezas de Jesus Cristo e seus sofrimentos redentores, tanto nas profundezas do espírito por meio de toques substanciais e de abandonos cruéis, como nas faculdades operativas por meio de favores e provações exteriores.

Este trabalho de enriquecimento e de purificação – que a presença e a ação da Virgem Maria, Mãe em plenitude, suavizam o duro sofrimento – prepara diretamente para o vértice da contemplação e para a fecundidade do apostolado exercido sob a moção de Deus.

Nas sétimas Moradas, na união transformante, quando seu olhar purificado pode gozar da presença divina, o contemplativo encontrou seu lugar na Igreja e cumpre aí, perfeitamente, a sua missão.

A ação da alma acompanha esta atividade santificadora de Deus para cooperar com ela, seja na oração, seja na prática das virtudes. Ao longo do crescimento, assumirá, também ela, formas diferentes.

Durante a primeira fase, a iniciativa da alma na oração desenvolve-se numa busca de Deus por meios que se simplificam progressivamente. O cuidado com a oração é predominante, a ponto da ascese se centrar, sobretudo, no recolhimento e naquilo que o possa favorecer. A alma vai dedicar-se, ainda, à correção dos defeitos exteriores.

Durante a segunda fase, a ascese se tornará, ao mesmo tempo, mais interior e mais enérgica, a fim de destruir os pecados capitais que surgem no plano espiritual, ao passo que, durante a oração contemplativa, a alma deverá cooperar intensamente com a ação de Deus pelo abandono num silêncio muitas vezes doloroso.

Nestas regiões, onde as exigências divinas se tornam concomitantemente mais imperiosas e mais delicadas, as virtudes da alma são mais espirituais, mais profundas e mais dóceis. Podemos caracterizar os diversos movimentos destas exigências e destas virtudes e, por assim dizer, a atmosfera que parece reinar em cada uma das Moradas, atribuindo especialmente a fé como virtude das quartas

Moradas, a obediência e o amor de Deus para as quintas Moradas, a esperança e a pobreza para as sextas, a castidade e a caridade perfeitas para as sétimas Moradas.[6]

3. [131] Esta ação de Deus e esta cooperação da alma, em tão estreita dependência uma da outra, produzem uma verdadeira transformação, cujos profundos efeitos Santa Teresa se compraz em evidenciar e os quais ela ilustra com a comparação do bicho da seda.

Já tereis ouvido das maravilhas de Deus no modo como se cria a seda, invenção que só ele poderia conceber. É como se fosse uma semente, grãos pequeninos como o da pimenta. Devo dizer que nunca o vi, mas ouvi-o dizer; assim, se algo não corresponder, não é minha a culpa. Pois bem, com o calor, quando começa a haver folhas nas amoreiras, essa semente – que até então estivera como morta – começa a viver. E esses grãos pequeninos se criam com folhas de amoreira; quando crescem, cada verme, com a boquinha, vai fiando a seda, que tira de si mesmo. Tece um pequeno casulo muito apertado, onde se encerra; então desaparece o verme, que é muito feio, e sai do mesmo casulo uma borboletinha branca, muito graciosa.[7]

Esta comparação, "útil para este fim"[8] no dizer de Santa Teresa, e à qual volta várias vezes, mostra a ação transfor-

---

[6] Em Santa Teresa não encontramos enunciada a divisão em via purgativa, via iluminativa e via unitiva. Se quiséssemos aplicar ao esquema da progressão teresiana esta classificação cômoda, teríamos que distinguir três períodos purgativos e iluminativos, preparatórios dos três estados de união que foram sublinhados. Teríamos assim:

Período purgativo:	Aridez das 2as Moradas	Noite do sentido 4as Moradas	Noite do espírito 6as Moradas
Período iluminativo:	Oração de simplicidade 3as Moradas	Oração de quietude e iluminação contemplativas	Desposório espiritual. Toques substanciais
Período unitivo:	União das 3as Moradas	União de vontade 5as Moradas	União transformante 7as Moradas

[7] 5 M 2,2.
[8] *Ibid.*, 2,1.

madora da caridade que diviniza ao se desenvolver, cria novas virtudes, aperfeiçoa as potências naturais e produz um tipo novo e perfeito de humanidade, que é uma alma transformada em Deus.

Um dos efeitos mais notáveis desta transformação é a formação do apóstolo, realizada de maneira progressiva.

Enquanto na primeira fase, correspondente às três primeiras Moradas, a alma exerce a sua missão apostólica com sua atividade natural secundada pela graça, na segunda fase, Deus apodera-se dela para torná-la um instrumento perfeito de seus desígnios. Quando seu reino se estabelece nela nas quartas Moradas, seria prejudicial para a alma querer distribuir os tesouros espirituais que recebe e dos quais não poderia abrir mão sem perigo. [132] Nas quintas Moradas, Deus, tendo estabelecido o seu reino na vontade, já pode utilizar a alma como instrumento e confiar-lhe uma missão; instrumento imperfeito que as provações exteriores e as purificações interiores das sextas Moradas aperfeiçoarão. A união transformante torna o apóstolo perfeito, abrasado de zelo, dócil às moções divinas e, por isso, admiravelmente poderoso.

Estas transformações interiores têm ecos que são percebidos na consciência psicológica. Independentemente dos favores extraordinários que nela produzem verdadeiros choques e deixam sua benévola cicatriz, silenciosa e lentamente, seja através das alegrias passageiras e às vezes transbordantes, seja através dos sofrimentos com frequência violentos e junto com eles, a graça cria, nas profundezas da alma, uma região de paz: refúgio que raramente é atingido pelo bulício e pelas tempestades, oásis com mananciais de força e alegria, cujo reflexo benéfico se alarga progressivamente, assegurando estabilidade e equilíbrio até a plenitude e o desabrochamento das sétimas Moradas.

Vemos que o crescimento espiritual se apresenta como um desenvolvimento vivo e complexo cujos múltiplos aspectos podemos distinguir, mas não dissociar. O desejo de mostrar-lhe, simultaneamente, a unidade e a riqueza vivas, levou-nos a organizar um quadro sintético que também indicará a divisão do nosso trabalho e justificará a escolha dos assuntos tratados.[9]

B – *MISTÉRIO DO CRESCIMENTO*

Um estudo atento do quadro que, por vários e precisos sinais, nos indica o processo regular do crescimento espiritual, poderia dar a impressão de que é fácil reconhecer os progressos de uma alma e situá-la nessa progressão. Pelo contrário, o exame de múltiplos casos concretos revela a viva complexidade das almas e o mistério do crescimento espiritual.

Todo o crescimento, desde aquele da planta que vai buscar no húmus da terra os elementos orgânicos que [133] transforma e assimila, até o crescimento do Menino Jesus em quem se manifestavam, de maneira progressiva, as riquezas da sabedoria e da graça que estavam nele, é misterioso.

1. No crescimento espiritual o mistério é mais completo. Fora dele, a obscuridade não envolve senão o modo segundo o qual a vida assimila e utiliza para as suas funções vitais a matéria inanimada; deixa aparecer os efeitos da vida e mostra os sinais exteriores do seu desenvolvimento. No

---

[9] O quadro encontra-se no princípio do volume. Na maior parte das vezes, a doutrina explanada não interessa somente ao período de vida espiritual com que está relacionada. Colocamo-la no lugar onde nos parecia mais necessário e respondia à nota dominante do momento. Desta forma, a alma não vai esperar pelas quintas Moradas para praticar a obediência, mas nestas Moradas, a união da vontade leva-a a praticá-la perfeitamente. Da mesma forma, o recurso à Santíssima Virgem é indispensável em todas as etapas, mas a desolada pobreza das sextas Moradas faz com que a Santíssima Virgem exerça seu papel providencial de Mãe de Misericórdia.

crescimento espiritual da alma, a obscuridade estende-se à própria vida da graça que, como a vida de Deus da qual é uma participação, não pode ser observada nesta terra. No céu, pelo *lumen gloriae* poderemos ver a Deus tal como ele é e nós mesmos tal como seremos com as nossas riquezas divinas. Por ora, estas realidades espirituais permanecem para nós sepultadas na sombra do mistério, por falta de uma faculdade que nos permita percebê-las de forma direta.

Há, entretanto, manifestações autênticas da graça, e os dons do Espírito Santo nos dão certa experiência delas. Mas como estas manifestações do sobrenatural são difíceis de observar, irregulares, misturadas com elementos estranhos! Como é incompleta e intermitente, mesmo para os contemplativos mais favorecidos, esta quase experiência realizada pelos dons!

Encarnando-se no humano, o sobrenatural toma as formas da natureza individual que o recebe. Manifesta-se, assim, sob fisionomias tão diferentes como os próprios homens. As reações exteriores que a sua ação produz são tão diferentes quanto os temperamentos que são seus instrumentos.[10] Na verdade – parece-nos – raramente a ação de Deus produz de maneira direta um fenômeno sensível. Semelhante à luz branca do sol que ilumina a paisagem e faz brilhar nela todas as cores, a ação de Deus na alma, na maior parte do tempo, não tem uma forma sensível determinada, mas a recebe do temperamento do indivíduo em quem se produz.[11]

---

[10] A virtude apresenta-se exteriormente com as formas particulares do temperamento: aqui, sorridente; ali, mais austera; mais além, tímida ou empreendedora, sem que se possa, considerando unicamente estes traços exteriores, concluir por uma maior ou menor caridade.

[11] Esta observação, que apenas enunciamos, será mais minuciosamente desenvolvida a propósito das primeiras orações contemplativas (Deus-Amor e Deus-Luz) e das reações psíquicas sob o choque do divino (*6ᵃˢ Moradas*).

Se admitirmos com Santa Teresa e São João da Cruz que as manifestações sensíveis da ação de Deus diminuem de frequência e intensidade à medida que as faculdades se purificam, temos de reconhecer que, [134] se certas manifestações permitem afirmar a existência da graça numa alma, elas não podem indicar o poder e qualidade da causa espiritual que as produz.[12]

O mistério que envolve o sobrenatural e seus sinais exteriores explica por que os habitantes de Nazaré não reconheceram a divindade de Jesus, nem tampouco a grande santidade de Maria e José, e por que Santa Teresinha do Menino Jesus pôde ser ignorada pela maior parte das religiosas de seu mosteiro, atentas, contudo, a qualquer sinal de santidade. Deus não precisou encobrir, miraculosamente, as maravilhas realizadas nestas almas; bastou-lhe deixar à graça o mistério que a envolve e assegurar às manifestações exteriores do sobrenatural o véu da simplicidade, que é a sua característica mais perfeita e a mais pura.

2. A interpretação dos sinais de crescimento torna-se ainda mais difícil em virtude da mobilidade da alma que, segundo o testemunho de Santa Teresa, alternadamente sob a influência da ação de Deus ou de diversas causas, vive estados muito diferentes e, com uma facilidade espantosa, vai das regiões elevadas às mais inferiores, então, de uma Morada interior às mais exteriores. São tantas as vezes que

---

[12] Para apreciar o valor destas manifestações exteriores, é preciso recordar que o progresso espiritual se concretiza muito mais em qualidade do que em intensidade. Um sentimento, ou mesmo um estado espiritual, pode ser encontrado em diferentes etapas. Será, talvez, mais intenso nas suas manifestações nos graus inferiores, mas será, certamente, mais puro e mais qualificado nos vértices.

Um erro a respeito da qualidade pode criar e alimentar ilusões perigosas, tal como uma alma que, inundada por consolações sensíveis, poderia acreditar ter recebido um toque substancial das sextas Moradas.

a Santa retorna a este ponto, e com tal força, que não podemos deixar de ouvi-la:

... como eu já disse – e não queria que fosse esquecido –, nesta vida a alma não cresce como o corpo, embora cresça verdadeiramente; mas uma criança, depois que cresce e atinge o desenvolvimento, tornando-se adulta, não volta a ter um corpo pequeno. No caso da alma, no entanto, isso acontece, como eu vi em mim, pois em outro lugar não o vi. ... Há ocasiões em que as próprias almas já submetidas por inteiro à vontade de Deus – sendo até capazes de sofrer tormentos e enfrentar mil mortes para não serem imperfeitas – são assoladas por tentações e perseguições. Nessa circunstância, elas devem usar as primeiras armas da oração: voltar a pensar que tudo se acaba e que existem céu, inferno e outras coisas dessa espécie.[13]

... [não há] alma, nesse caminho, [135] tão forte que não precise muitas vezes voltar a ser criança e a mamar – nunca nos esqueçamos disso; eu talvez o repita outras vezes, por ser muito importante.[14]

Esta instabilidade da alma, que não consegue habitar de maneira permanente numa região espiritual ou determinada Morada, tornará ainda mais árduo o discernimento da Morada onde habitualmente se encontra.[15]

3. Mas, sem dúvida, é a ação do próprio Deus que contribui mais para a complexidade do problema.

A Misericórdia divina que preside a santificação das almas, afirma e salvaguarda nelas, ciosamente, a sua liber-

---

[13] V 15,12.

[14] *Ibid.*, 13,15.

[15] O movimento do alto para baixo indicado por Santa Teresa – descida de uma alma das regiões superiores para as moradas inferiores –, na verdade, pode ser, em alguns casos e especialmente no início da vida espiritual, um movimento de baixo para o alto: uma alma que está em seus inícios pode ter uma graça de união das quintas Moradas ou uma visão das sextas, quando está, habitualmente, nas segundas ou quartas Moradas. Ela seria bem ingênua se julgasse que este favor a elevara definitivamente às quintas ou sextas Moradas. De fato, não se pode dizer de uma alma que se encontra nesta ou naquela Morada, a não ser que apresente, de modo habitual, os sinais e que viva seus estados.

dade nas escolhas e nos dons. Jesus Cristo "chamou a si os que *lhe aprouve*"[16] – constata Santa Teresinha do Menino Jesus ao ler a página do Evangelho que relata a cena da escolha dos apóstolos e ao considerar os privilégios de que foi objeto. O Espírito Santo dá a graça a cada um de acordo com a medida que escolheu.

Esta liberdade da misericórdia provoca admiração em Santa Teresa que diz se tratar de

um dom que Deus dá quando quer e como quer, pouco importando a antiguidade ou os serviços prestados. Não que essas coisas não ajudem muito, mas é verdade que o Senhor muitas vezes não dá em vinte anos a um a contemplação que concede a outro num único ano. Sua Majestade é quem sabe por quê.[17]

Este "porquê" divino pode ser a missão particular de uma alma, uma intercessão poderosa que se exerce em seu favor ou, simplesmente, a livre vontade de Deus que quer dar-se a alegria de se difundir. Mas este porquê divino nos escapa e nos desconcerta:

Mas ai, Deus meu! Quantas vezes desejamos, nas coisas espirituais, fazer nossos próprios julgamentos, distorcendo a verdade, como se tratássemos de coisas do mundo! Que pretensão a nossa, querendo medir o nosso aproveitamento pelos anos em que nos dedicamos à oração, como se quiséssemos impor limites àquele que dá ilimitadamente os seus dons quando **[136]** quer, e que pode conceder, em meio ano, mais a uma alma do que a outra em muitos! Eu tenho visto isso tantas vezes em tantas pessoas que me abismo de que alguém possa duvidar.[18]

A razão humana deve, então, renunciar a impor sua medida e a encontrar sua lógica nas atividades da Misericórdia divina. Ela apenas pode constatar – e como um fato – que Deus chama à sua intimidade, em pouco tempo, almas que

---

[16] Ms A, 2rº.

[17] V 34,11.

[18] *Ibid.*, 39,9.

eram notoriamente indignas; que outras parecem ignorar certas etapas e, de repente, se acham já as tendo ultrapassado; que Saulo, o perseguidor, foi lançado por terra no caminho de Damasco e, sem muita demora, tornou-se Paulo, o grande Apóstolo dos gentios.

Esta intervenção direta da Misericórdia divina na santificação das almas transtorna o processo regular e lógico do crescimento espiritual estabelecido pela razão teológica. Transforma, segundo o testemunho de São João da Cruz, as regiões onde reina em regiões sem veredas, nas quais as vias particulares são tão numerosas quanto as almas. Cada uma caminha por elas sem deixar mais vestígios do que o navio que avança no oceano ou o pássaro que cruza os ares com seu rápido voo.

Mas, dado que os sinais de crescimento espiritual são tão incertos ou, pelo menos, tão difíceis de observar, que a alma se move tão facilmente através das Moradas e que, por outro lado, a Sabedoria divina parece encontrar prazer em desconcertar a nossa razão, aturdindo nossas concepções neste campo, qual será, então, o valor da bela progressão teresiana da alma através das sete Moradas? Haverá utilidade em estudá-la e a ela se remeter?

C – *PONTOS DE REFERÊNCIA NA ESCURIDÃO*

Antes de responder a esta questão, sublinhemos o mérito de Santa Teresa que, com insistência, apontou para o mistério do crescimento espiritual e nos preveniu contra toda interpretação por analogia, fácil, mas errônea.

... como eu já disse – e não queria que fosse esquecido –, nesta vida a alma não cresce como o corpo, embora cresça verdadeiramente.[19]

Ela quer que tomemos contato com o mistério que envolve o crescimento espiritual. Descobrir esta **[137]** obs-

---

[19] *Ibid.*, 15,12.

curidade nos leva a ser mais prudentes, mais humildes nos julgamentos; ensina-nos a respeitar os direitos de Deus, a considerar, de forma incontestável e em primeiro lugar, o seu poder e a sua liberdade na obra da nossa santificação. Ignorar ou desprezar esta intervenção divina, sistematizar tudo por meio da razão para explicá-lo em fórmulas claras e quadros aparentemente luminosos, é cair no erro de um grande número de pessoas que pretende "discernir espíritos sem ter a capacidade para tanto".[20] Não se poderá ser espiritual desconhecendo o mistério que envolve a ação de Deus.

Ao expor de alguma forma esta obscuridade com tal insistência, Santa Teresa completou, de maneira oportuna, sua doutrina acerca do crescimento espiritual e, longe de diminuir o interesse por ela, aumentou-lhe o valor mostrando em que sentido deve ser interpretado.

Com efeito, as precisões de sua doutrina não desaparecem na obscuridade do mistério; subsistem e brilham nele como pontos de referência luminosos na noite, indicando o caminho e marcando as etapas rumo ao vértice.

Na verdade, nem tudo é irregular e obscuro na ação santificadora de Deus. A Sabedoria divina, se bem que transcendente, não parece estar sempre em desacordo com a nossa razão humana. Ela tem seus modos habituais de atuar, fundados em leis que nós podemos discernir.

Descobrimos muito facilmente que Deus conduz os seres segundo a sua natureza, utilizando as leis que lhes são próprias. Os astros gravitam no espaço e cantam a glória de Deus ao obedecer à lei da mútua atração dos corpos. É pela submissão cega ao instinto que Deus leva o animal a realizar o fim natural que lhe foi estabelecido. Ao homem, Deus indica seu caminho por meio da lei moral que respeita sua liberdade.

---

[20] *Ibid.*, 34,11.

A ação de Deus no homem torna-se muito mais delicada no âmbito do sobrenatural. A graça enxerta-se na natureza. Verte-se, de algum modo, sobre a alma e as faculdades e coaduna-se perfeitamente com suas formas. Por meio dela, Deus conduz a alma ao seu fim sobrenatural, utilizando suas maneiras naturais de agir, respeitando-lhe a hierarquia das faculdades, sem violência inútil, suave e fortemente, a ponto de, na maior parte das vezes, a ação divina desaparecer sob a atividade natural e não sair deste sepultamento no humano, onde sua simplicidade lhe permite mover-se facilmente e com inteira liberdade, senão a muito custo.

Íntima de Deus, psicóloga incomparável, Santa Teresa penetra tanto nas profundezas do Espírito de Deus, como nas [138] da nossa natureza. Ela conhece os hábitos de Deus que respeita nossa natureza e, ainda, distingue os efeitos de sua ação nas nossas faculdades. É neste duplo conhecimento que se baseia a progressão lógica da caminhada da alma para Deus.

Mostra-nos como Deus deixa, primeiramente, a iniciativa para a alma; manifesta-se a ela de uma forma distante, mas suave; em seguida, arrasta sua vontade; aproveita-se deste senhorio para purificá-la profundamente, para servir-se dela e, finalmente, para unir-se a ela de uma forma perfeita.

Através dos fatos particulares ou graças extraordinárias, ela indica um processo lógico das etapas, fundado justamente sobre a constituição de nossa natureza e sobre um assenhorear-se progressivo por parte de Deus.

A Misericórdia poderá queimar as etapas, alterar aqui ou ali a ordem das purificações, criar novas formas de santidade, quebrar a bela ordem regular das ascensões teresianas, mas o processo lógico e clássico permanece com os seus pontos luminosos. Estes, demarcando as etapas do crescimento, permitem constatar, aqui, o trabalho lento e profundo da graça e admirar, além, os brilhantes desempenhos da Misericórdia que não levou em conta nem tempo, nem trabalho, nem obstáculos.

Tal é a doutrina de Santa Teresa sobre o crescimento espiritual: adaptável e viva, precisa e respeitadora do mistério. Toda a graça e o gênio teresiano se manifestam aí de modo admirável: sua maravilhosa ciência sobre o homem e seu elevado senso de Deus; seu penetrante poder de análise, que enxerga os menores acontecimentos psicológicos da alma e as mais delicadas unções de Deus; sua capacidade de síntese cujos detalhes não ofuscam e que, sob a luz divina, conserva sempre a visão ampla e exata do caminho a ser percorrido na estrada que conduz ao Infinito. Por isso, esta doutrina ultrapassa uma época e uma escola de espiritualidade. Parece-nos ter uma dimensão universal. Ela só bastaria para colocar Santa Teresa entre os maiores mestres de todos os tempos.

II Parte

PRIMEIRAS ETAPAS

[141] Ao definir o programa da espiritualidade teresiana, PERSPECTIVAS nos abriu o caminho teresiano da perfeição. Agora, podemos nos empenhar em seguir passo a passo o nosso guia.

Neste itinerário teresiano, há sete etapas ou "Moradas", que se transpõem em dois períodos ou fases. Na primeira fase, que abrange as três primeiras Moradas, Deus intervém na vida espiritual da alma por meio de um auxílio chamado "geral" que não é senão a graça adjuvante ordinária. O auxílio divino torna-se "particular" no segundo período e designa a intervenção direta de Deus por meio dos dons do Espírito Santo. Na primeira fase, o movimento espiritual procede da alma e, com o auxílio da graça – bem-entendido –, chega a Deus; a água que enche o reservatório da alma é trazida de muito longe através dos aquedutos da indústria humana. Na segunda fase, o movimento começa em Deus e se expande na alma; a água brota de uma nascente interior que enche o reservatório sem fazer ruído.[1]

PRIMEIRAS ETAPAS tratará desta primeira fase. Santa Teresa não se detém nestas três primeiras Moradas. Das cento e cinquenta páginas que compõem a nossa edição do *Castelo Interior*, bastam-lhe trinta e uma para este primeiro período. Por que esta brevidade? A própria Santa explica que são inúmeras as obras que descreveram estas regiões bem conhecidas e que abordaram de forma primorosa a maneira de aí se comportar. A Regra e a organização de seus mosteiros dão às suas filhas todas as diretivas práticas necessárias a esta fase. Mais correto ainda é dizer que o olhar e o coração da Santa se dirigem já para regiões mais elevadas porque, na sua opinião, as vias da perfeição começam onde estas primeiras etapas terminam. O seu âmbito,

---

[1] Cf. 4 M 1,4 e 2,3.

[142] aquele no qual ela é mestra incontestável, estende-se das quartas Moradas em diante.

Temos nós, por isso, o direito de desprezar a doutrina teresiana referente a este primeiro período? Certamente que não! Será necessário sem dúvida, seguindo as indicações que a própria Santa nos dá,[2] completá-lo com um tratado de ascese mais pormenorizado, mas considerá-lo pouco importante seria um erro.

Como em todo o resto, o pensamento teresiano é aqui original. Algumas páginas, tais como as descrições simbólicas do estado de graça, do pecado e do inferno, são únicas. Todas elas são preciosas, porque nos dão a verdadeira perspectiva da vida espiritual e nela nos mantêm. A meta final, Deus ao qual é preciso atingir, está aí constantemente presente. Nestas páginas, fica sublinhada a importância dos primeiros esforços, mas eles são apenas os primeiros de uma demorada luta e de uma longa caminhada. É preciso desde o início estar decidido a ir até o fim, ainda que se tenha que morrer no caminho. Seria uma tentação perigosa o contentar-se com as primeiras vitórias, que não são mais que sucessos parciais, ou então o empreender aquele andar de sapos, afogando-se em detalhes exteriores os quais fariam esquecer a meta que é beber na nascente de água viva: o próprio Deus.

Desde as primeiras páginas do livro das Moradas, Santa Teresa se revela tal qual é: afirma os grandes desejos de sua grande alma e revela-se como a mestra que orienta rumo ao vértice. Se ela deixa a outros o cuidado de expor minuciosamente o que devemos fazer, expressa com energia com que espírito e com que vigor devemos conduzir estes primeiros combates e para qual meta luminosa e distante já é preciso orientá-los.

---

[2] Cf. V 12,1-3.

PRIMEIRO CAPÍTULO
As primeiras Moradas

Falemos ... com as almas que chegam enfim a entrar no Castelo.[1]

[143] Eis-nos nas primeiras Moradas, junto daquelas "almas que chegam enfim a entrar no Castelo".

A Santa as tem como bem dignas de sua solicitude maternal, pois são muito fracas. Escutemo-la descrever seu estado e lhes falar com a linguagem afetuosa do temor, para convidá-las a avançar para regiões menos expostas.

A – *DESCRIÇÃO DAS PRIMEIRAS MORADAS*

Estas primeiras Moradas são vastas antecâmaras que se distribuem ao redor de toda a periferia do Castelo:

Por isso digo que não se imagine serem poucos os aposentos, mas milhares. E as almas entram aqui de muitas maneiras.[2]

E há uma multidão delas nestes vastos aposentos. Algumas só passam por lá; muitas param aí e não avançam. Não encontraríamos nós nestas Moradas a maior parte dos cristãos? Para julgá-lo, escutemos a descrição que Santa Teresa faz do estado destas almas:

1º. São almas que estão em estado de graça. Isto é tão evidente para a Santa que lhe é suficiente notá-lo com uma observação firme:

Assim como, ao falar dos que estão em pecado mortal, dizíamos quão negras e de mau odor são suas águas, [144] assim [aqui] ... , em-

---

[1] 1 M 1,8.
[2] *Ibid.*, 2,12.

bora, Deus nos livre, isto não passe de comparação, pois não se trata do mesmo caso daqueles.[3]

Só se pode entrar no Castelo em estado de graça, porque apenas a graça permite estabelecer com Deus esta relação de amizade que é a oração e a vida espiritual.

2º. Esta graça possui certa vida, mas muito anêmica! Tais almas chegam aí animadas de boa intenção;[4] "embora ainda estejam muito envolvidas no mundo, elas têm bons desejos".[5]

Boa intenção e bons desejos que, por vezes, se manifestam num recorrer a Deus:

... vez por outra se encomendam a Nosso Senhor, refletindo sobre quem são, ainda que de forma não muito profunda. No espaço de um mês, rezam um dia ou outro distraídas com as mil coisas que lhes enchem o pensamento.[6]

Vê-se que a sua vida espiritual não é intensa. Fica reduzida ao mínimo que lhes permite não morrer. Na verdade, não diz Santo Afonso Maria de Ligório que o mínimo vital da caridade, para não sucumbir de inanição, é fazer pelo menos um ato por mês? Nestas primeiras Moradas, a vida sobrenatural gravita ao redor deste mínimo.

3º. O que impede que o fermento da vida cristã se desenvolva nelas?

[São ainda] pessoas muito absorvidas pelo mundo, engolfadas nos contentamentos e desvanecidas com as honras e pretensões.[7]

Extremamente apegadas a elas (a essas coisas), o coração acorre, como se diz, para onde está o seu tesouro.[8]

---

[3] *Ibid.*, 2,10.
[4] Cf. *Ibid.*, 2,12.
[5] *Ibid.*, 1,8.
[6] *Ibid.*
[7] *Ibid.*, 2,12.
[8] *Ibid.*, 1,8.

Podemos adivinhar com que dificuldade sobem até Deus. No entanto, o seu movimento é sincero:

> Elas procuram de quando em quando libertar-se ... . Por fim, entram nas primeiras dependências da parte de baixo; mas entram com elas tantos parasitas que não lhes permitem ver a formosura do Castelo nem sossegar; muito fazem já em ter entrado.[9]

4º. Este mínimo de vida espiritual que a Santa sublinha com uma misericórdia maternal, esta centelha que **[145]** a custo brilha não basta para iluminar a alma e dar-lhe a impressão da vida. De fato, ela não vê em si a luz de Deus. E Santa Teresa, habituada à luz clara e pura que preenche a sua alma, frisa esta deficiência:

> Notareis que essas primeiras moradas quase não recebem nenhuma réstia da luz que sai do palácio onde está o Rei. Embora não estejam escuras e negras como quando a alma está em pecado, estão de alguma maneira obscurecidas e não se consegue ver quem está nelas. Isso não por culpa do aposento – não sei dar-me a entender bem –, mas porque entraram com a alma tantas cobras, víboras e animais peçonhentos que não a deixam ver a luz. É como se alguém entrasse num lugar com muita claridade e, tendo um cisco nos olhos, quase não os pudesse abrir. O aposento está claro, mas a alma não o percebe por causa dessas feras e alimárias, que a obrigam a fechar os olhos para não ver senão a elas.[10]

Esta semiobscuridade exclui não só toda experiência mística propriamente dita, mas também a necessidade habitual de se voltar para Deus, e praticamente toda a capacidade de se deter a considerá-lo por um tempo mais demorado e de entrar com mais profundidade em si mesmo:

> Ainda que de fato deseje ver e gozar sua formosura, [a alma] não o consegue e não parece poder desvencilhar-se de tantos impedimentos.[11]

---

[9] *Ibid.*
[10] *Ibid.*, 2,14.
[11] *Ibid.*

5º. Nesta semiobscuridade, nos "tropeços"[12] destas primeiras Moradas, criados pelo transbordar das tendências e pela liberdade que lhes é deixada, os demônios encontram na alma um terreno favorável à sua ação tenebrosa:

> O demônio deve manter legiões de seus emissários em cada peça, a fim de impedir a passagem das almas de umas para as outras. Não o entendendo a pobre alma, de mil formas ele a faz cair em ilusão.[13]

E, nesta altura, a Santa indica algumas das artimanhas do demônio que chega até a servir-se dos bons desejos da alma.[14]

Nas Moradas superiores, as potências da alma têm força suficiente para lutar[15] contra ele, mas **[146]** nestas primeiras, pelo contrário, o terreno é tão favorável à ação do demônio e tão "facilmente [estas almas] são vencidas, embora nutram desejos de não ofender a Deus",[16] que, na opinião da Santa, elas não podem permanecer nestas regiões, "sem perigo ... , entre animais peçonhentos, que não a deixarão de morder uma vez ou outra".[17] Podemos adivinhar que esta mordida é o pecado, e pecado grave.

B – *O PECADO MORTAL*

Este receio de ver as almas caírem em pecado mortal parece perseguir Santa Teresa, quando descreve as primeiras Moradas. Com efeito, como poderia sentir a alma tão perto do precipício e não tremer como uma mãe por causa dela? Nem sequer terminou a descrição do estado da alma

---

[12] *Ibid.*, 2,15.
[13] *Ibid.*, 2,12.
[14] Cf. *Ibid.*, 2,16.
[15] Cf. *Ibid.*, 2,15.
[16] *Ibid.*, 2,12.
[17] *Ibid.*, 2,14.

nestas primeiras Moradas e já fala do pecado mortal. Quereria inspirar temor a ele para que o evitassem.

Conheço uma pessoa a quem Nosso Senhor quis mostrar como fica uma alma quando comete um pecado mortal. Diz ela que, se se entendesse o que significa isso, ninguém seria capaz de pecar, ainda que tivesse de submeter-se aos maiores sofrimentos para fugir das ocasiões. E assim quis essa pessoa que todos o entendessem.[18]

Também nós conhecemos esta pessoa: trata-se da própria Santa Teresa, como dão testemunho seus outros escritos.[19] Utilizará, então, sua experiência mística para nos dar uma descrição tão precisa e tão metafórica do pecado mortal que, tanto o teólogo como o poeta estarão satisfeitos, e onde todos poderão se deparar com o horror de cometê-lo.

Antes de tudo, eis aqui o estado da alma:

Não há treva tão tenebrosa, nem coisa tão escura e negra que se lhe compare.[20]

[147] Dos que estão em pecado mortal, [...] quão negras e de mau odor são suas águas.[21]

Como explicar esta escuridão e esta fealdade?

Basta dizer que o próprio Sol, que lhe dava (à alma) tanto resplendor e formosura, se encontra ainda no centro da alma, mas é como se isso não acontecesse.[22]

De fato – sublinha a Santa –, Deus continua presente na alma. Ela não poderia subsistir sem esta presença ativa de Deus que continua a sustentá-la:

Admito que realmente é assim quando a alma não está em graça; e não por falta do Sol de Justiça, que está nela dando-lhe o ser, mas por ela se mostrar incapacitada de receber a luz.[23]

---

[18] *Ibid.*, 2,2.
[19] Cf. V 40; R 24.
[20] 1 M 2,1.
[21] *Ibid.*, 2,10.
[22] *Ibid.*, 2,1.
[23] 7 M 1,3.

Aquele Sol resplandecente que está no centro da alma, não perde seu resplendor e formosura. Ele continua sempre dentro dela, e nada pode tirar-lhe o brilho.[24]

Logo, Deus não é diretamente atingido pelo pecado. O pecado não afeta senão as relações da alma com Deus; apenas a alma sofre os danos essenciais.

Criados por Deus, devemos retornar para Deus. Deus é o nosso fim. Retornando para ele pelo caminho que determinou para nós, cumprimos sua vontade e damos-lhe glória, ao mesmo tempo em que encontraremos a felicidade. Este caminho nos é indicado pelas obrigações gerais ou pelos preceitos particulares que nos são impostos. Através da obediência, a alma mantém sua orientação e segue sua caminhada rumo a Deus. Com a face voltada para ele, dele recebe sua luz, seu calor e sua vida. Quando, pelo contrário, deliberada e voluntariamente, a alma se recusa a obedecer a Deus para satisfazer uma paixão e buscar um bem particular, ela não está mais orientada para ele. O pecado que então comete é constituído por esta escolha voluntária – e a atitude de afastamento que daí resulta – pela qual se prefere um bem particular a Deus.[25] Enquanto a alma, pela contrição e pelo firme propósito, não tiver se retratado de sua atitude de pecado e não tiver retornado para Deus, permanecerá privada de todos os proveitos espirituais que lhe asseguram sua orientação e sua união com ele.

Estas simples noções nos mostram a exatidão e a riqueza da descrição teresiana.

[148] Eis como a Santa explica os efeitos, na alma, deste afastamento de Deus pela ruptura do laço da caridade.

---

[24] 1 M 2,3.

[25] *Aversio a Deo per conversionem ad creaturas*. É esta a definição de pecado dada pela teologia, na linha de Santo Tomás.

... se sobre um cristal que está ao sol se puser um pano espesso e negro, claro está que, embora o sol incida nele, a sua claridade não terá efeito sobre o cristal.[26]

Compreendi que, quando a alma está em pecado mortal – escreve ainda no livro de sua *Vida* –, esse espelho (a própria alma) se cobre de densa névoa e fica muito escuro.[27]

A alma em estado de graça assemelhava-se a "essa árvore de vida plantada nas próprias águas vivas de vida, que é Deus".[28] Ao cometer o pecado perde esta vida:

Mostrou-me ele também o estado da alma em pecado, sem nenhum poder, mas como alguém que estivesse de todo atado e preso, com os olhos tapados, que, mesmo querendo, não pode ver, nem andar, nem ouvir, encontrando-se em grande obscuridade.[29]

Esta impotência, evidentemente, deve ser entendida na ordem sobrenatural porque, na ordem natural, a alma pode continuar a agir e mesmo a realizar atos naturalmente bons. Mas estas boas obras não têm nenhum mérito:

... não se beneficia em nada, daí decorrendo que todas as boas obras que fizer, estando ela em pecado mortal, são de nenhum fruto para alcançar a glória.[30]

Só a caridade pode vivificar as boas obras; sem ela toda obra é morta. Esta caridade não mais se difunde na alma. A alma, pelo pecado, perdeu o contato com esta nascente divina de amor transbordante que é tudo para ela. De fato, perdeu "o frescor e fertilidade".[31]

A fonte de luz e de vida que é Deus é substituída por um princípio mau que é o demônio:

---

[26] 1 M 2,3.
[27] V 40,5.
[28] 1 M 2,1
[29] R 24. Cf. 7 M 1,3.
[30] 1 M 2,1.
[31] *Ibid.*, 2,2.

Porque, em suma, a intenção de quem comete um pecado mortal não é contentar a Deus, mas dar prazer ao demônio. Sendo este as próprias trevas, a pobre alma torna-se também treva como ele.[32]

Esta privação da luz é apenas o primeiro dos efeitos da destruição realizada pelo pecado. A alma perde ainda os demais proveitos espirituais da presença deste Deus que era sua vida e sua fecundidade. Morta para a vida **[149]** sobrenatural, está condenada por seu estado a uma esterilidade completa:

... todas as boas obras que fizer ... são de nenhum fruto para alcançar a glória. Isso porque não procedem do princípio pelo qual nossa virtude é virtude – Deus.[33]

Em suma: se o lugar em que está plantada a árvore é o demônio, que fruto pode ela dar?

Um homem espiritual disse-me certa vez que não se espantava com o que faz aquele que está em pecado mortal, mas com o que não faz.[34]

Subtraída à ação de Deus a alma não é mais do que trevas, esterilidade, fealdade, maleficência, e tudo isto em meio a uma confusão, a uma desordem interior, que comovem profundamente Santa Teresa:

Como ficam os pobres aposentos do Castelo! Como se perturbam os sentidos, isto é, a gente que aí vive! E as potências – que são os guardas, os mordomos, os mestres-salas –, com que cegueira e incompetência desempenham suas funções![35]

A Santa realça os proveitos que tirara da visão de uma alma em estado de pecado mortal, sendo o principal o "imenso temor de ofendê-lo" (a Deus).[36]

Aos muitos que são menos favorecidos do que a Santa, a fé oferece um espetáculo vivo e doloroso que mostra de

---

[32] *Ibid.*, 2,1.
[33] *Ibid.*
[34] *Ibid.*, 2,4.5.
[35] *Ibid.*, 2,4.
[36] *Ibid.*, 2,5.

forma horrível o poder do pecado: o da agonia de Jesus no Getsêmani. Jesus tinha vindo à terra para nos livrar do pecado, tomando-o sobre si. *"Ecce Agnus Dei, ecce qui tollit peccatum mundi"*,[37] foi com estes termos que João Batista apresentou Jesus Cristo à multidão, nas margens do Jordão. A Santa Humanidade de Cristo, ungida com a unção da divindade e, por esse motivo, impecável, tinha tomado sobre si o pecado do mundo.

O peso do pecado, Jesus o tomou ao vir a este mundo. O pecado do mundo, como um manto de ignomínia, cobria desde o princípio o Santo por excelência e fez dele uma vítima. Entre as ondas de luz e felicidade que lhe provinham da visão beatífica da divindade que nele habitava corporalmente e o pesado fardo de ignomínia que o oprimia, Jesus Cristo caminhava corajosamente e seguia para sua Paixão.

[150] Depois da Ceia, tendo atravessado o Cedron, Jesus revela uma mudança na sua alma: "Minha alma está triste até a morte".[38] É a hora do poder das trevas.[39] Ao ouvir este grito de tristeza, como não pensar na palavra de São Paulo: *Stipendium peccati mors est*[40] – a paga, a obra do pecado, é a morte?

Que aconteceu? Por um processo que para nós permanece misterioso, Jesus alterou, de alguma maneira, o equilíbrio da sua alma. Permitiu às ondas do pecado, contidas pelos eflúvios da visão, que transbordassem em sua alma e que cumprissem aí sua obra de destruição com todo o seu poder. Os sentidos, assim, são invadidos; as faculdades da alma, inteligência e vontade, ficam envolvidas. Em Cristo, nada poderia se macular, mas ele pode sofrer e morrer.

---

[37] Jo 1,29.
[38] Mt 26,38.
[39] Cf. Lc 22,53.
[40] Rm 6,23.

Esta Humanidade Santa vai tornar-se o terreno de encontro das duas maiores forças que existem: aquela da divindade que o santifica e aquela do pecado do mundo de todos os tempos. É o inferno que lança o ataque ao céu, para nele derramar suas trevas, seu ódio e sua morte. Para poder dimensionar o sofrimento de Cristo, sua repugnância, suas trevas, o peso do ódio que suporta, seria preciso medir a distância que separa a sua santidade do pecado, cujas ondas destruidoras o invadem. O sofrimento reside no contraste e no vigor com que estas forças se estreitam, sendo a santidade passiva e parecendo que só o ódio tem o direito de lutar e de destruir. É a hora do poder das trevas.

Jesus, que tinha levado o peso da divindade sem fraquejar, cai por terra, geme e derrama um suor de sangue sob o peso do pecado. Sua humanidade teria sucumbido, se Deus não lhe tivesse enviado um Anjo para sustentá-lo e assegurar-lhe a força necessária para atravessar todas as etapas do seu sacrifício.

O drama do Getsêmani revela o poder destruidor do pecado de forma mais eloquente que todos os discursos e todas as visões.

C – O INFERNO

Mas o pecado que foi vencido por Cristo também o pode ser por nós, enquanto estamos na terra, pois, apesar do espesso véu que a recobre, "a alma ainda é capaz de fruir de Sua Majestade, assim como o cristal pode refletir o resplendor do sol".[41] Basta que recupere a caridade por meio de uma confissão humilde ou por um ato [151] de amor, e imediatamente estará sob a influência do Sol divino que dá vida, luz e beleza.

---

[41] 1 M 2,1.

Mas se a morte separa do corpo uma alma ainda manchada pelo pecado, esta não mais poderá "tirar o piche desse cristal".[42] Por conseguinte, a alma permanece eternamente fixa na atitude de afastamento de Deus. Trata-se do inferno eterno, consequência normal do pecado e da imutabilidade na qual a alma se acha fixada por toda a eternidade. Nesta vida, as potências da alma encontravam nos bens particulares certa satisfação, que lhes tornava a privação de Deus menos dolorosa ou até indiferente. Na eternidade, não há bem fora de Deus. A alma está no vazio, e as suas potências, feitas para encontrar seu repouso e seu alimento em Deus, sofrem, neste vazio, uma fome e sede profundas e inextinguíveis. É a pena da danação ou privação de Deus, castigo principal do inferno, criado pelo próprio pecado e pela atitude de oposição que impôs à alma. Esta privação faz estremecer Santa Teresa, que exclama:

Ó almas remidas pelo sangue de Jesus Cristo! Entendei-vos e tende dó de vós mesmas! Como é possível que, entendendo essa verdade, não procureis tirar o piche desse cristal? Olhai que, se a vida se vos acaba, jamais tornareis a gozar dessa luz.[43]

A esta pena da danação ajunta-se a pena do fogo que queima sem consumir, um fogo inteligente que regula seu ardor conforme a gravidade e número de pecados e muda seu ponto de aplicação segundo o gênero de pecado.

Uma visão permitirá a Santa Teresa ilustrar esta descrição. Trata-se de uma visão do inferno que – em seu dizer – foi "uma das maiores graças que o Senhor me concedeu"[44] e da qual ela faz o relato no livro da *Vida*:

... certo dia, estando em oração, vi-me de repente, sem saber como, no inferno. ... Isso durou muito pouco tempo, mas, mesmo que eu vivesse muitos anos, parece-me impossível esquecer. A entrada me

---

[42] *Ibid.*, 2,4.

[43] *Ibid.*

[44] V 32,4.

pareceu um longo e estreito túnel, semelhante a um forno muito baixo, escuro e apertado; o solo dava a impressão de conter uma água igual a uma lama muito suja e de odor pestilencial, havendo nele muitos répteis daninhos; havia no fundo uma concavidade aberta numa parede, parecida com um armário, onde fui colocada, ficando bastante [152] apertada. Tudo isso é agradável em comparação ao que senti ali. Isto que digo está muito aquém da verdade.

O que senti parece ser impossível de definir de fato e de entender; mas senti um fogo na alma que não sei como explicar. As dores corporais eram ... insuportáveis ... ainda mais que percebi que elas seriam sem fim, incessantes.

Na verdade, em comparação com a agonia da alma, que é um aperto, um afogamento, uma aflição tão intensa, unida a um descontentamento tão desesperado e angustioso, que as palavras não podem descrever, tudo isso é insignificante. Porque dizer que é igual à sensação de que estão sempre arrancando a alma é pouco, pois isso seria equivalente a ter a vida tirada por alguém; nesse caso, no entanto, é a própria alma que se despedaça. Não sei como fazer jus com palavras ao fogo interior e ao desespero que se sobrepõem a gravíssimos tormentos e dores. Eu não via quem os provocava, mas os sentia queimando-me e retalhando. Mesmo assim, tenho a impressão de que aquele fogo e aquele desespero interiores são o pior.

Quando se está num lugar tão pestilento, sem poder esperar consolo, não se pode ficar sentado nem deitado, nem há lugar para isso, pois me puseram naquela espécie de buraco feito na parede; entre essas paredes, que espantam a visão, somos apertados e ficamos como que sufocados. Não há luz, mas sim trevas escuríssimas. Não entendo como pode ser que, não havendo luz, vê-se tudo que possa causar padecimento.

Nessa ocasião, o Senhor não quis que eu visse mais coisas do inferno; mais tarde, tive outra visão de coisas assombrosas sobre o castigo de alguns vícios. Vê-las me mostrou quão espantosas eram, mas, como não sentia o sofrimento, não tive tanto temor.[45]

---

[45] *Ibid.*, 32,1-3.

As primeiras Moradas

A Santa termina a sua descrição:

Fiquei tão abismada, e ainda o estou quando escrevo, apesar de já se terem passado quase seis anos, que me parece ter o corpo enregelado de medo.[46]

E conclui:

Desde então, como eu disse, tudo me parece fácil diante de um momento em que se tenha de sofrer o que lá padeci. Fico aturdida ao pensar que, tendo lido muitas vezes livros onde se explica algo das penas do inferno, eu não as temesse nem as tomasse pelo que são.[47]

Estas descrições, tiradas do livro da *Vida* da Santa, estão perfeitamente dentro da atmosfera das primeiras Moradas e são próprias para incutir nas almas que as habitam o temor que devem ter de perderem o tesouro da graça **[153]** santificante, tesouro tão exposto nestas regiões. Por isso, não tivemos receio de sua extensão.

Esta visão do inferno produz em Santa Teresa uma imensa compaixão:

Isso também criou em mim uma grande compaixão pelas muitas almas que se condenam ... e intensos ímpetos de salvar almas, pois tenho a impressão de que, para livrar uma só delas de aflições tão graves, eu voluntariamente enfrentaria muitas mortes. ... quão maior não será o nosso desassossego diante dessa dor que não se acaba, infligida às tantas almas que o demônio leva consigo a cada dia![48]

Desta forma, nas primeiras Moradas, ela suplica às almas que se desembaracem ou se preservem deste pecado que produz tais males:

Ó almas remidas pelo sangue de Jesus Cristo! Entendei-vos e tende dó de vós mesmas! Como é possível que, entendendo essa verdade, não procureis tirar o piche desse cristal?[49]

---

[46] *Ibid.*, 32,4.

[47] *Ibid.*, 32,5.

[48] *Ibid.*, 32,6. Cf. tb. 7 M 1,3-4, onde a Santa, depois de ter falado da prisão escura onde se encontram as almas em estado de pecado mortal, diz que rezar por elas é uma esplêndida esmola.

[49] 1 M 2,4.

E mais adiante, acrescenta:

Que Deus, em sua misericórdia, nos livre de tão grande mal, pois só há uma coisa, enquanto vivemos, que de fato merece esse nome, já que acarreta males eternos e sem fim: o pecado.[50]

É esta a linguagem que convém às almas das primeiras Moradas. Que o medo salutar as incentive a um esforço para saírem das regiões em que habitam e entrarem, decididamente, numa vida interior mais profunda. Do contrário, um terrível perigo as ameaça: o mal do pecado mortal com o cortejo de seus males. Mas, se a alma compreende a doutrina da Santa e toma uma resolução enérgica, entrará logo nas segundas Moradas.

---

[50] *Ibid.*, 2,5.

SEGUNDO CAPÍTULO

No ponto de partida

> *Que a alma não se lembre de que há prazeres nisto que principia.*[1]

[154] Anemia espiritual e desordem na penumbra: tal é a impressão que nos deixam as primeiras Moradas. Aí, a alma é presa fácil dos seus inimigos. Como escapar da confusão destas regiões e dos perigos que nelas nos ameaçam? Existe apenas um meio: fugir para as regiões mais interiores onde brilha a luz, a vida se alastra e onde reinam a paz e a fecundidade.

A alma deve fugir para Deus. Aliás, a espiritualidade teresiana não tem outro objetivo a não ser organizar esta fuga para Deus.

Fugir para Deus. É esta a primeira resolução que Santa Teresa impõe à alma. Mas tal fuga requer, desde o princípio, energia, discrição e grandes desejos. A Santa exige estas disposições de seu discípulo.

A – *ORIENTAÇÃO PARA DEUS*

"Quero ver a Deus!" – exclamou Santa Teresa – e isso não foi um desejo passageiro, o suspiro de um momento de fervor. É a aspiração de toda a sua alma, a paixão de toda a sua vida, aquilo que rege todas as suas atitudes espirituais. A perfeição, aliás, consiste em se unir perfeitamente a Deus, nosso fim. A lógica realista da Santa intervém desde o ponto de partida para impor à alma, como primeira atitu-

---

[1] 2 M 1,7.

de e primeiro movimento, o tender para ele com as modestas forças de que pode dispor.

Esta busca de Deus deverá regrar a caminhada do seu discípulo e inspirar todos os seus gestos. Este ponto fundamental [155] da doutrina teresiana merece ser realçado por causa de sua importância prática e de sua originalidade.

Nas primeiras páginas de seu tratado das *Moradas,* Santa Teresa, com o espírito cheio da sua luminosa visão, apresenta "esse Castelo tão resplandecente e formoso"[2] que é a alma e, sobretudo, a grande realidade que o preenche, o astro que nele brilha e a fonte de vida que dele jorra. Com um entusiasmo comunicativo, descreve seus esplendores; volta a referir-se a eles muitas vezes para acumular e especificar suas características e manifesta sua desolação por ver desaparecer sob o véu das trevas do pecado, este

Sol, que lhe dava tanto resplendor e formosura, [mas] se encontra ainda no centro da alma.[3]

Com efeito, importa que a alma saiba desde o começo que

não é outra coisa a alma do justo senão um paraíso onde ele (o Senhor) disse ter suas delícias.[4]

Ignorar isto seria uma "grande insensatez",[5] porque seria ignorar aquilo que somos.

A Santa convida imediatamente a alma a entrar dentro de si mesma por esta porta que é "a oração e a reflexão",[6] a fim de conhecer e admirar as maravilhosas realidades espirituais que contém. Aqueles que não querem tomar esta iniciativa permanecem "na grosseria do engaste ou muralha

---

[2] 1 M 2,1.

[3] *Ibid.*

[4] *Ibid.*, 1,1.

[5] *Ibid.*, 1,2.

[6] *Ibid.*, 1,7.

deste Castelo, que são os nossos corpos";[7] sob o ponto de vista espiritual, parecem-se com "um corpo paralítico ou tolhido" ... e, com "seu costume de tratar sempre com os parasitas e alimárias ... , já quase se tornaram como eles".[8] Talvez tenham realmente vida sobrenatural, mas que dizer duma vida que nem sequer fez o primeiro movimento pelo qual deveria afirmar-se?

Conhecer a Deus dentro de si e as riquezas que ele derrama na alma é, sem sombra de dúvida, para Santa Teresa, o primeiro conhecimento a adquirir, o primeiro ato da vida espiritual a ser feito. Só se entra na vida espiritual por esta porta:

> Já vos disse no princípio ... que a porta para entrar nesse Castelo é a oração. Ora, pensar que entraremos no céu sem entrar em nós, conhecendo-nos e considerando nossa miséria e o que devemos a Deus e pedindo-lhe muitas vezes misericórdia, é desatino.[9]

[156] Mas não nos enganemos: é para encontrar a Deus que transpomos esta porta de oração e que entramos em nós mesmos. O conhecimento de si depende do conhecimento de Deus:

> Entendam-me bem ... : [a alma] deve voar algumas vezes, a fim de considerar a grandeza e a majestade do seu Deus. Ela constatará a sua baixeza mais do que olhando para si ... , embora seja grande misericórdia de Deus a alma exercitar-se nisso, tanto se peca por excesso como por falta, segundo se costuma dizer. E crede nisto: com a virtude de Deus, praticaremos assim melhor a virtude do que muito presas ao nosso barro.[10]

Este conhecimento de Deus e esta tomada de contato com ele na oração é a fonte de todos os bens necessários à vida espiritual. Descobrimos aí a meta a atingir, as exigên-

---

[7] *Ibid.*, 1,2.
[8] *Ibid.*, 1,6.
[9] 2 M 1,11.
[10] 1 M 2,8.

cias divinas, as virtudes a serem praticadas e a força para consegui-lo:

O próprio Senhor diz: *Ninguém subirá a meu Pai senão por mim* (Jo 14,6). ... E também: *Quem vê a mim vê a meu Pai* (Jo 14,9). Pois, se nunca olhamos para ele, nem consideramos o que lhe devemos e a morte que sofreu por nós, não sei como o poderemos conhecer nem fazer obras em seu serviço.[11]

Portanto, é para a oração que Santa Teresa convida os principiantes. É pela sua fidelidade em procurar a Deus que medirá seus progressos.

As almas nas primeiras Moradas,
no espaço de um mês, rezam um dia ou outro distraídas com as mil coisas que lhes enchem o pensamento.[12]

O notável progresso realizado pelas almas das segundas Moradas é que elas
já começaram a ter oração. ... entendem os chamados que lhes faz o Senhor, porque vão se aproximando mais de onde se encontra Sua Majestade.[13]

Foi graças a uma ascese de desapego que este progresso pôde ser realizado.

Para nos conscientizarmos disso, basta recordar o que era a alma nas primeiras Moradas. As tendências não mortificadas, "cobras e víboras e animais peçonhentos", **[157]** estavam lá tão vivas que a cegavam e impediam-na de ver outras coisas a não ser elas mesmas.[14] As preocupações dominavam esta alma "tão envolvida em coisas do mundo e tão mergulhada em dinheiro, nas honras ou nos negócios".[15] Os demônios, muito numerosos, graças a esta desordem e a esta obscuridade, não tinham nenhum trabalho

---

[11] 2 M 1,11.
[12] 1 M 1,8.
[13] 2 M 1,2.
[14] Cf. 1 M 2,14.
[15] *Ibid.*

para fazer a pobre alma cair. Estando o palácio cheio "de gente baixa e de bagatelas, como [poderiam] o Senhor e a sua corte caber nele?"[16]

Que fazer? A alma não é suficientemente forte para superar semelhantes obstáculos e enfrentar tais inimigos. Santa Teresa aconselha-a, então, a fuga das ocasiões para que possa encontrar a Deus:

> Para entrar nas segundas Moradas, convém abrir mão das coisas e negócios não necessários, cada um de acordo com seu próprio estado. Isso é tão importante para se chegar à morada principal que, se a alma não o começa a fazer, considero impossível a empreitada, sendo difícil até mesmo manter-se sem perigo nos primeiros aposentos, embora já tenha entrado no Castelo.[17]

Dirigindo-se às suas filhas a Santa insiste:

> Guardai-vos, filhas minhas, de cuidados alheios.[18]

É neste esforço de fuga que, durante esta fase inicial, Santa Teresa vai empregar toda a boa vontade da alma e as suas forças, pois ele é indispensável para se encontrar a Deus.

Assim, é o progresso no desapego das coisas exteriores que nossa Santa distingue com alegria como um dos sinais característicos dos progressos realizados pelas almas das segundas Moradas:

> [Entendem o chamado que lhes faz o Senhor] ... mesmo estando nós em nossos passatempos, negócios, contentamentos e bagatelas do mundo, ora caindo em pecados, ora levantando-nos. ... já é grande misericórdia que, mesmo por pouco tempo, procurem fugir das cobras e coisas peçonhentas e entendam que é bom deixá-las.[19]

Este esforço de desprendimento deverá prosseguir e será acompanhado pelo movimento rumo à união nas Moradas

---

[16] CP 28,12.
[17] 1 M 2,14.
[18] *Ibid.*, 2,15.
[19] 2 M 1,2.

seguintes. Precisa ser sustentado por certa organização da vida exterior. A Carmelita, filha de Santa Teresa, encontrará este auxílio na estrutura e na Regra [158] monásticas que fixam e regem todas as suas atividades. O espiritual no mundo terá, normalmente, que solicitar este auxílio a uma regra de vida, esquema concomitantemente firme e flexível, que especificará suas obrigações de estado e seus retornos para Deus e o protegerá, não só das preocupações exteriores e da tenaz violência das tendências, mas também da fantasia dos desejos pessoais e dos cuidados exagerados.

Como se vê, a ascese teresiana, neste primeiro período, está totalmente subordinada à procura de Deus. E estará assim no decorrer de todo o progresso espiritual. Santa Teresa tem apenas um desejo: ver a Deus e servi-lo na sua Igreja. A perfeição, para ela, consiste em se unir a Deus. A lógica simples e rigorosa deste desejo e desta concepção exige que seja assim.

Contudo, notemos desde já que, na segunda fase – que começa nas quartas Moradas –, ela parece antepor a ascese à busca de Deus. No *Caminho de Perfeição,* consagra os primeiros vinte capítulos à exposição das virtudes necessárias ao contemplativo e escreve:

Direis, filhas minhas, para que vos falo em virtudes quando tendes tantos livros que as ensinam, e que não quereis senão contemplação. Afirmo que, mesmo que pedísseis meditação, eu poderia falar dela e aconselhar todas a tê-la como prática, mesmo que não tivésseis virtudes; porque ela é um princípio para se alcançarem todas as virtudes.

Mas contemplação é outra coisa, filhas. ... este Rei só se entrega a quem se dá de todo a ele.[20]

O principiante deve começar a fazer oração antes de adquirir as virtudes e o contemplativo deve praticar a virtude para poder progredir na contemplação.

---

[20] CP – Ms do Escorial 24,3-4.

De tal maneira estamos habituados a ouvir dizer que o principiante deve sofrer os duros trabalhos da ascese e que o contemplativo tem a obrigação de se perder nas profundezas de sua contemplação que, como as filhas de Santa Teresa, também nós nos surpreendemos com estas afirmações. E, no entanto, que lógica admirável! De fato, não é normal que, em meio aos perigos nos quais se encontra, o principiante se preocupe, primeiramente, em encontrar a Deus e que, antes de iniciar a luta contra seus defeitos, procure o contato na intimidade da oração, a luz que lhe descubra a um só tempo as exigências divinas e suas próprias deficiências e que peça a força para levar avante o combate?

[159] Quando, chegado à segunda fase, ele tiver encontrado a Deus e experimentado que, depois de seus primeiros progressos, "este Rei só se entrega a quem se dá de todo a ele",[21] porá todo o seu empenho em fazer este dom completo de si mesmo e em praticar esta ascese do absoluto que há de purificá-lo e conseguir-lhe o dom perfeito de Deus.

Santa Teresa e São João da Cruz, que quase se silenciam a respeito da ascese da primeira fase, escrevem o *Caminho de Perfeição* e a *Subida do Monte Carmelo* para explicitar a ascese libertadora da segunda fase, aquela que, através do desapego e da pobreza absoluta, da humildade e caridade perfeitas, deve atrair as efusões do amor divino e preparar a alma para a divina união.[22]

---

[21] CP – Ms do Escorial 24,4.

[22] A doutrina ascética do *Caminho de Perfeição* e da *Subida do Monte Carmelo* pode ser útil a todas as almas. Mas, em virtude do caráter absoluto que a distingue, foi escrita e convém especialmente aos contemplativos que descobriram o tudo que é Deus e suas exigências absolutas. Para dizer a verdade, Santa Teresa indica para a primeira fase (*Vida*, 12, 2) uma obra intitulada *A Arte de servir a Deus* que ensina como a alma deve fazer atos para favorecer o crescimento das virtudes. Pensa, então, que seu discípulo recorrerá a outras obras para completar sua doutrina a respeito da prática das virtudes. Em toda a circunstância, esta doutrina deverá se inscrever na linha de seu magistério que subordina a ascese à busca de Deus.

Tanto na segunda como na primeira fase, a ascese teresiana está subordinada à busca de Deus e não tem outra finalidade senão a de facilitá-la e torná-la mais eficaz. Se, na segunda fase, ela se apresenta absoluta e violenta e mais bem delineada pelos mestres carmelitanos, é porque não só a alma pode, então, dar esta resposta amorosa aos impulsos divinos, mas também porque tal resposta é uma exigência imperiosa de Deus e a condição para a união. Se esta ascese parece minimizada e secundária no começo da vida espiritual, é porque a alma ainda é fraca e porque para Santa Teresa importa, acima de tudo, que a alma se fixe na busca do seu objeto divino e empregue nisso todas as suas energias.

No entanto, que ninguém se engane a respeito disto e, ao compará-la com árdua luta contra os defeitos recomendada por outras espiritualidades, que se evite a tentação de considerar tíbia e desprezível esta ascese teresiana da fase inicial. Diz Santa Teresa:

> Que a alma não se lembre de que há prazeres nisto que principia.[23]

As segundas Moradas são aquelas onde reina o sofrimento. Por isso, para entrar nelas e atravessá-las é necessário um ânimo varonil. É a primeira disposição que Santa Teresa exige dos principiantes.

B – *DISPOSIÇÕES NECESSÁRIAS AOS PRINCIPIANTES*

[160] Antes de colocar-se a caminho, Santa Teresa examina os que querem segui-la em seu itinerário. O exame não será severo; será, no entanto, sério e profundo. Atentará menos aos resultados já obtidos e às qualidades exteriores do que às disposições de fundo.

---

[23] 2 M 1,7.

I – *A energia*

O olhar maternal de Teresa procura na alma do discípulo, antes de tudo, a energia. Esta energia é necessária desde o começo. Parece-lhe de tamanha importância que a Santa o afirma e repete com insistência:

> Que seja viril, e não imite os que se deitavam de bruços para beber, quando iam para o combate. ... Em vez disso, ela deve determinar-se com firmeza: vai pelejar com todos os demônios e não há melhores armas do que as da cruz.
>
> Embora eu já tenha dito isto outras vezes, vou repeti-lo aqui porque é de grande importância: que a alma não se lembre de que há prazeres nisto que principia. ... não são estas as moradas em que chove o maná.[24]

Longe de camuflar as provações, Santa Teresa as vai detalhar. Seu método é a total franqueza. A alma prevenida poderá se preparar para o combate. Não será surpreendida.

Eis aqui, em primeiro lugar, uma advertência bastante geral. As almas que habitam as segundas Moradas "têm muito mais trabalho"[25] que as das primeiras [Moradas].

Se a alma for bem-dotada, as suas provações irão se revestir de uma acuidade especial:

> Não há dúvida de que a alma passa aqui por grandes sofrimentos, em particular quando, por seus costumes e condições, o demônio percebe que ela pode avançar muito.[26]

Que sofrimentos serão esses? Antes de tudo, os da luta que é preciso sustentar contra suas tendências. Certamente, foi necessário **[161]** fazer-se violência para regressar a Deus, renunciar a hábitos, lutar talvez contra o seu meio familiar e social, isolar-se para encontrar a liberdade de buscar a Deus e de viver segundo as exigências de sua luz.

---

[24] *Ibid.*, 1,6.7.
[25] *Ibid.*, 1,2.
[26] *Ibid.*, 1,5.

Sem dúvida, a graça de Deus sustentou o esforço da alma, mas esta graça não tem a suavidade que nutre, nem tampouco o sabor penetrante que Deus lhe concederá mais tarde. Geralmente, não ergue a alma, mas a deixa em seu penoso trabalho!

> No princípio está a maior dificuldade ... porque, no início, são eles que trabalham, embora o Senhor lhes dê o capital.[27]

Não é apenas na ação exterior que este trabalho se revela penoso, mas também nos relacionamentos com Deus. Seria este o momento para falar das securas na oração que são uma das mais duras provações deste período, mas a sua importância na vida espiritual nos obriga a tratar dela à parte. Sublinhemos apenas a advertência da Santa: nas segundas Moradas o sofrimento da alma, em seu relacionamento com Deus, é maior do que nas primeiras. A razão que ela apresenta parece sutil e, no entanto, é tão justa! Nas primeiras Moradas, a alma estava como que anestesiada em sua paralisia espiritual; nas segundas Moradas, a vida sobrenatural que saiu do seu torpor a torna mais sensível:

> Estes, em parte, têm muito mais trabalho que os primeiros ... . Digo que têm mais trabalho, porque os primeiros são como surdos-mudos, e assim suportam melhor o sofrimento de não falar.[28]

Esta sensibilidade mais desperta compreende melhor os apelos do Mestre, mas também descobre melhor as inúmeras deficiências da alma:

> Assim ocorre com as almas que estão nas segundas moradas: entendem os chamados que lhes faz o Senhor, porque vão se aproximando mais de onde se encontra Sua Majestade, que é muito bom vizinho e tem tanta misericórdia e bondade que uma vez ou outra não nos deixa de chamar, ... pois tem em grande conta que o queiramos e procuremos a sua companhia, ... não deixa de nos chamar para que nos aproximemos dele. E essa voz é tão doce que se desfaz a pobre

---

[27] V 11,5.
[28] 2 M 1,2

alma se não fizer logo o que ela lhe ordena, sofrendo mais – como digo – do que se não ouvisse a voz divina.

[162] Não digo que essas vozes e chamados sejam como outros de que falarei depois. São palavras que se ouvem de pessoas boas, ou sermões, ou a leitura de bons livros. [29]

A este sofrimento de luta e de contrição, vem juntar-se aquele que provém *dos demônios*. Os demônios, com efeito, não podem consentir que esta alma fuja para Deus sem empenharem todos os esforços para fazê-la retroceder ou barrar-lhe o caminho, sobretudo quando depreendem que "por seus costumes e condições, ... ela pode avançar muito".[30]

Acorrem em grande número a estas Moradas e, ainda que doravante não saiam sempre vitoriosos, têm tudo a seu favor contra uma alma ainda fraca e que vive acorrentada nestas regiões dos sentidos que é o âmbito deles. Uma vez que estão em vantagem tiram proveito disso:

> Mas terrível é a guerra que aqui travam, de mil maneiras, os demônios, com mais tormento da alma que na [Morada] anterior.[31]
> Ó Jesus, que confusão estabelecem aqui os demônios, e como fica aflita a pobre alma.[32]

Não se trata de manifestações extraordinárias, mas de lutas e tentações interiores:

> Os demônios começam a representar aqui as coisas do mundo – que são as cobras – e a fazer que seus contentamentos pareçam quase eternos. Trazem à memória os amigos e parentes, a estima em que a pessoa é tida, a saúde que pode ser perdida nas coisas de penitência ... e mil outras maneiras de impedimento.[33]

Em meio à agitação interior para qual está mais sensível do que antes, pois "aqui o entendimento está mais vivo",[34]

---

[29] *Ibid.*, 1,2.3.
[30] *Ibid.*, 1,5.
[31] *Ibid.*, 1,3.
[32] *Ibid.*, 1,4.
[33] *Ibid.*, 1,3.
[34] *Ibid.*

a alma deve manter-se firme, pois esta energia no suportar as provações do começo – nota Santa Teresa no livro da *Vida* – permite a Deus reconhecer os corajosos que "poderão beber o cálice e ajudá-lo a levar a cruz, antes de lhes oferecer grandes tesouros".[35]

A estas provações acrescentam-se as que têm origem nas fraquezas da alma porque Deus – como declara Santa Teresa –

chega mesmo a permitir, em certas ocasiões, que sejamos mordidos, para que saibamos nos proteger melhor depois e para ver se nos pesa muito a ofensa a ele.

Não [163] desanimeis, portanto, se alguma vez cairdes. Não deixeis de querer avançar, pois dessa mesma queda Deus extrairá o bem.[36]

O desânimo teria consequências desastrosas:

... os que já começaram, que nada seja bastante para fazê-los voltar atrás. Olhai que é pior a recaída do que a queda. Quanto tempo perdido!

Confiai na Misericórdia de Deus e nada em vós mesmas.[37]

A alma deve empregar sua coragem em perseverar, custe o que custar, pois:

Bem sabe Sua Majestade aguardar muitos dias e anos, em especial quando vê perseverança e bons desejos. Essa perseverança é o mais necessário aqui, porque com ela jamais se deixa de ganhar muito.[38]

Perseverança nas provações exteriores e na aridez; perseverança para suportar "que sejamos perseguidos por maus pensamentos, sem que os possamos afastar para longe de nós";[39] perseverança para reencontrar o recolhimento,

---

[35] V 11,11.
[36] 2 M 1,8.9.
[37] *Ibid.*, 1,9.
[38] *Ibid.*, 1,3.
[39] *Ibid.*, 1,8.

porque não há outro remédio senão procurar de novo quando se perdeu; perseverança para continuar a luta apesar de todos os obstáculos e não deixar de avançar até ter chegado à fonte da vida.[40]

Só esta energia pode assegurar o sucesso,
pois haverá muitos, e há realmente – constata dolorosamente a Santa –, que começaram e nunca acabam de acabar; e creio que isso se deve em grande parte ao fato de eles não abraçarem a cruz desde o início.[41]

É uma vontade enérgica que Santa Teresa exige de seu discípulo desde o início, uma vontade firme e reta que, com um olhar simples, mas claro, tenha contemplado os cumes da perfeição e tenha decidido atingi-los generosamente:

Todo o empenho de quem começa a ter oração ... deve ser trabalhar, determinar-se e dispor-se, com toda a diligência possível, a amoldar sua vontade à de Deus. ...nisso consiste a maior perfeição a que se pode chegar no caminho espiritual.[42]

II – *Discrição e liberdade de espírito*

[164] Depois de ter infundido na alma de seus discípulos este alento de energia guerreira, Santa Teresa receia que ele não seja bem-utilizado. A discrição deve regular o exercício da força no caminho espiritual. Nas vias da oração, a perseverança é mais necessária e mais eficaz do que a violência:

Escrevi ... sobre a suavidade que deve caracterizar o começar a recolher-se – que não deve ser feito à força, a fim de ser mais duradouro e contínuo.[43]

A violência pode estragar tudo no começo, esgotando prematuramente as forças e sucumbindo, em seguida, no

---

[40] Cf. CP 28,5.
[41] V 11,15.
[42] 2 M 1,8.
[43] *Ibid.*, 1,10.

desalento.[44] Sob a generosidade real que geralmente os anima, os ardores dos principiantes dissimulam um orgulho secreto. O demônio bem o sabe. Por isso, tem o hábito de enganar as almas neste ponto, servindo-se, a um só tempo, dos seus bons desejos e do seu orgulho. Santa Teresa indica estas tentações:

> O demônio dá a uma Irmã vários ímpetos de penitência, e ela só parece ter descanso quando está se atormentando.[45]

E ela o faz

> às escondidas ..., acaba por perder a saúde e não poder cumprir o que manda a sua Regra.[46]

> A outra infunde o demônio um zelo de perfeição muito grande. ... Mas poderá acontecer de qualquer pequena falta das Irmãs parecer a esta monja uma grande infração.[47]

Estas astúcias do demônio têm por fim usar as energias da alma em esforços inúteis e presunçosos, asfixiar sua boa vontade em restrições constrangedoras e roubar-lhe a força e a liberdade para avançar com passo firme e seguro para Deus.

Sem dúvida, Deus é exigente, mas ele é também liberdade, alegria e equilíbrio. O caminho que conduz a ele é estreito, mas, para percorrê-lo com rapidez, não é preciso ir encapuchado nem pelo medo, nem pela devoção. Santa Teresa considera necessário recordá-lo aos principiantes:

---

[44] Cada principiante traz em si um capital de força e de boa vontade. Se gastarmos desde o início este capital em austeridades ou esforços violentos, a alma corre o risco de despedaçar-se definitivamente. Vai se tornar, daí por diante, tímida e incapaz de grandes coisas, ou então se dedicará a estas prescrições e mortificações exteriores que lhe foram tão dolorosas, em detrimento do espírito que sacrificará facilmente. Cf. *Ditos de luz e amor*, *Ditames*, *Pequenos Tratados Espirituais* de São João da Cruz.

[45] 1 M 2,16.

[46] *Ibid.*

[47] *Ibid.*

[165] No princípio, deve-se ter alegria e liberdade, não acreditando, ao contrário do que dizem algumas pessoas, que um pouco de descuido destrói a devoção. É bom temer a si mesmo, não confiando em si, para não se pôr em situações ... .
Mas há muitas ocasiões em que se pode ... espairecer um pouco para voltar à oração com mais fervor.[48]

A Santa não tem uma devoção triste; troça graciosamente das almas que estão sempre com medo de perdê-la e repreende severamente aquelas que prefeririam se entregar à oração quando seria o momento de se distraírem.

Considera o recreio necessário e, antes de enviar São João da Cruz a Duruelo, leva-o à fundação de Valladolid para mostrar-lhe, sobretudo, como se faz o recreio em seus mosteiros.

Esta nota de discrição, liberdade e alegria é uma característica da alma da Santa e da sua espiritualidade. Para encontrá-la é preciso bom-senso e critério. Por isso, a Santa exige de suas filhas este bom-senso. Dá mais importância a este particular do que à devoção, pois esta pode se adquirir, mas aquele não pode ser substituído ou dado. Examina as suas postulantes sobre este ponto, porque não poderíamos, sem perigo, comprometer nos caminhos do absoluto uma alma cujo equilíbrio humano não estivesse perfeitamente assegurado por um juízo e uma razão retos.

III – *Grandes desejos*

Frei João de Jesus Maria assegura que o traço característico de Santa Teresa é a magnanimidade. É esta mesma opinião que Bañez exprimiu de forma pitoresca, quando disse: "Teresa é grande dos pés à cabeça, mas, da cabeça para cima ela o é incomparavelmente mais". Esta característica de grandeza aparece em toda a obra teresiana,

---

[48] V 13,1.

especialmente em sua espiritualidade que nos transporta a regiões, pela sua elevação, sublimes.

Santa Teresa quer que o principiante, que ainda não fez nada, seja grande pelo desejo. Deve olhar os vértices da vida espiritual e aspirar ardentemente à união perfeita com Deus que eles representam:

> Causa-me forte impressão a grande importância que tem nesse caminho procurar grandes coisas; mesmo que não tenha forças logo, a alma vence uma enorme distância, contudo como uma ave de asas fracas que cansa e para.[49]

[166] Estes grandes desejos são o sinal que distingue as almas destinadas a grandes coisas. Só eles podem dar a força necessária para superar as dificuldades do caminho e ultrapassar tudo. São o alento que conduz a alma para o alto e longe. A fim de nos convencer disso, Santa Teresa apresenta-nos o testemunho da sua experiência:

> Devemos ter grande confiança, porque convém muito não reduzir os desejos, confiando em Deus que, se nos esforçarmos, poderemos chegar – pouco a pouco, embora não logo – ao ponto alcançado por tantos santos com o seu favor; se estes nunca se determinassem a desejá-lo e a passar gradativamente à prática, não teriam atingido tão alto estado. Sua Majestade deseja almas corajosas e é amigo delas, desde que sejam humildes e sempre desconfiem de si mesmas. Nunca vi quem assim age perder-se no caminho, nem uma alma covarde que, sob pretexto de humildade, percorresse em muitos anos o que as outras percorrem em pouco tempo.[50]

Não seriam estes grandes desejos fruto do orgulho? Talvez em certos casos, mas então irão naufragar nos primeiros fracassos e provações da vida quotidiana. *A priori*, porém, não temos o direito de julgá-los assim, mesmo que a inexperiência do principiante lhes empreste o colorido de algumas belas ilusões. Grandeza de alma e humildade com-

---

[49] *Ibid.*, 13,2.
[50] *Ibid.*

pletam-se bem e ambas se apoiam no sentimento da fraqueza humana e na fé na Misericórdia onipotente de Deus. O exemplo e o testemunho da mais célebre das filhas de Santa Teresa, Teresa de Lisieux, dão-nos a prova. No livro da sua autobiografia, ela escreve:

> Pensava que nascera para a *glória* e procurando o meio de consegui-la, Deus inspirou-me os sentimentos que acabo de escrever. Fez-me compreender ainda que minha *glória* não apareceria aos olhos mortais, que consistiria em me tornar uma grande *Santa!!!*... Este desejo poderia parecer temerário, considerando quanto era fraca e imperfeita e como ainda o sou após sete anos passados em religião. Contudo, tenho sempre a mesma audaciosa confiança de me tornar uma grande Santa, pois não conto com os meus méritos, não tendo *nenhum*, mas espero naquele que é a própria Virtude, a própria Santidade. É ele somente que, contentando-se com meus fracos esforços, haverá de me elevar até si e, cobrindo-me com seus méritos infinitos, fará de mim uma *Santa*.[51]

Escreve ainda Santa Teresinha:

> Considero-me como um fraco passarinho coberto apenas de uma leve penugem. Não sou *águia*; dela tenho simplesmente *os olhos* e o *coração*, pois apesar de minha pequenez extrema, ouso **[167]** fixar o Sol Divino, o Sol do Amor, e meu coração sente em si todas as aspirações da *águia*... O passarinho quisera *voar* até este brilhante Sol.[52]

Grandes desejos e humildade podem caminhar juntos, afiançam-se e fecundam-se mutuamente. Só a humildade pode conservar aos grandes desejos o seu olhar confiante nas alturas através das vicissitudes interiores e exteriores da vida espiritual. Por outro lado, seria falsa a humildade que obrigasse uma alma a renunciar a seus grandes desejos e a votasse, assim, à tibieza e a uma honesta mediocridade.

É uma arte equilibrar harmoniosamente a energia, a discrição e os grandes desejos, uma arte que ordinariamente o

---

[51] Ms A, 32 r°.

[52] Ms B, 4 v° - 5 r°.

principiante não conhece. Deverá pedir a um diretor que a ensine para ele. Este, normalmente, deverá aconselhar moderação no começo. Santa Teresa receia que ele peque por excesso de discrição e destrua assim, ou diminua, os grandes desejos da alma. Por isso, aconselha o principiante que procura um diretor:

> Mas é bom tomar cuidado para que o confessor não ensine a andar como um sapo, nem treine a alma para só caçar lagartixas.[53]

Se Santa Teresa defenda os grandes desejos em termos tão enérgicos é porque, verdadeiramente, os considera uma valiosa riqueza e muito ameaçada!

Sedenta de Deus e colocando à disposição desta imensa sede uma energia varonil, um reto julgamento e o desejo de grandes coisas – eis a filha ideal de Santa Teresa no ponto de partida. Pode acontecer que, transpostas as primeiras etapas da busca de Deus, ela pareça, a um observador superficial, menos virtuosa, menos disciplinada e menos ordenada em suas atitudes exteriores do que outras, cujos esforços da fase inicial foram dominados pela preocupação única da virtude. Não achavam os mestres de Ávila que Santa Teresa, na altura em que recebeu as primeiras graças místicas, era muito pouco virtuosa para receber tais favores? A Santa Madre vai provisoriamente consentir que suas filhas se lhe assemelhem desde que, com o olhar infatigavelmente fixo em Deus, pressionadas pelo longo caminho que devem fazer a fim de se unirem a ele, não se detenham por causa dos obstáculos ou das lagartixas encontradas no caminho, mas que se apressem, com toda a energia de suas almas e o impulso de seus grandes desejos, rumo aos cumes onde brilha a luz de Deus que as seduziu.

---

[53] V 13,3.

TERCEIRO CAPÍTULO
As primeiras orações

> *Para rezardes bem o Pai-nosso, convém que não vos afasteis do Mestre que o ensinou a vós...*[1]

[168] Armada de valentia e de grandes desejos, livre dos entraves que a retinham nas primeiras Moradas, a alma teresiana levantou-se para ir ao encontro de seu Deus. Ei-la diante da porta que dá para as segundas Moradas: esta porta é a oração. Como vai atravessá-la? Ou, em outros termos: Como vai fazer esta oração?

Dirigir-se para Deus já é fazer oração, visto que a oração, trato de amizade com Deus, não é senão este movimento filial da graça para com Deus que é nosso Pai. Nada parece mais fácil e simples do que entregar-se a este instinto filial da graça e, por consequência, fazer oração.

Mas este movimento filial deve ser regulado, esclarecido e sustentado. Deve tornar-se suficientemente forte para arrastar consigo todas as nossas energias, bastante perseverante para vivificar todos os nossos atos, bastante profundo para se apoderar de toda a nossa alma e fazê-la passar para Deus graças a uma oração transformante.

A oração põe em atividade as faculdades naturais e as potências sobrenaturais. É uma arte – e das mais delicadas – que requer uma técnica que não se aprende senão com exercícios perseverantes realizados mediante disposições sobrenaturais e uma grande paciência.

---

[1] CP 24,5.

II Parte – Primeiras etapas

Consideremos os primeiros passos da alma neste caminho da oração, isto é, as primeiras formas de oração que se oferecem a ela para que se aproxime de Deus.

A – *ORAÇÃO VOCAL*

[169] Ei-los no seguimento de Jesus, estes principiantes de alma ardente e generosa, cheios de grandes desejos, de que fala Santa Teresa. São os seus Apóstolos no início da vida pública. Viram seu Mestre mergulhado durante longas horas numa oração silenciosa que o absorve inteiramente. Gostariam de ser capazes de realizar esta atitude, seguir seu Mestre até estas profundezas tranquilas e misteriosas.

Leiamos uma vez mais a cena evangélica:

Estando num certo lugar, orando, ao terminar, um de seus discípulos pediu-lhe: "Senhor, ensina-nos a orar, como João ensinou a seus discípulos". Respondeu-lhes: "Quando orardes, dizei: Pai nosso que estás nos céus, santificado seja o teu Nome, venha o teu Reino, seja feita a tua vontade na terra, como no céu. O pão nosso de cada dia dá-nos hoje. E perdoa-nos as nossas dívidas como também nós perdoamos aos nossos devedores. E não nos exponha à tentação, mas livra-nos do Maligno".[2]

Pediam a ciência da oração e é uma prece vocal que Jesus lhes ensina. Mas que prece vocal! Simples e sublime que identifica, em fórmulas concisas, a atitude filial do cristão diante de Deus e enumera os votos e súplicas que deve apresentar.

O *Pater* é a oração perfeita que a Igreja põe nos lábios do sacerdote no momento mais solene do sacrifício. É a oração dos pequenos que não conhecem outra, a oração dos santos que saboreiam suas fórmulas tão densas de sentido.

Um dia, ao entrar na cela de Santa Teresinha do Menino Jesus, uma noviça se deteve surpreendida com a expressão

---

[2] Lc 11,1-2; Cf. Mt 6,9-14.

toda celestial de seu rosto. "Costurava ativamente, entretanto parecia absorvida numa contemplação profunda. 'Em que pensais?' – perguntou a noviça. 'Eu medito o Pai-nosso.' – respondeu ela – 'É tão doce chamar a Deus, *nosso Pai...*' E lágrimas brilharam em seus olhos".[3]

No *Pater* encontra-se toda a arte e a ciência da oração. Por isso, Santa Teresa, no *Caminho de Perfeição*, se propõe apenas a "considerar as palavras do *Pai-nosso*",[4] pois "se fordes estudiosas e humildes, não precisareis de outra coisa além do Pai-nosso".[5]

[170] Assim, muitas vezes, em qualquer grau da vida espiritual que estejamos, qualquer que seja o nosso fervor ou a nossa aridez, para bem rezar e ensinar a rezar como se deve, rezemos com humildade e serenidade o *Pai-nosso*, a oração que o próprio Jesus compôs para nós.

Ao nos ensinar o *Pai-nosso,* Jesus consagrou a excelência da oração vocal.

Ele mesmo tinha rezado vocalmente no colo de Maria, sua Mãe, ao cair da tarde, em companhia de José, seu pai putativo. Também, frequentemente, o havia feito na sinagoga com as crianças da sua idade e aos sábados na assembleia dos fiéis.

No decurso da sua vida pública, Jesus, por vezes, eleva a voz para exprimir a Deus seus sentimentos, sua gratidão quando da ressurreição de Lázaro ou pelas maravilhas realizadas por seus Apóstolos. Grita sua angústia no Horto das Oliveiras.

De fato, em certas ocasiões, a alma experimenta a necessidade de traduzir exteriormente seus sentimentos e de rezar, com todo o seu ser, para dar à sua súplica toda a força

---

[3] *Conselhos e Lembranças*. São Paulo, Paulus, 2006[7], p. 74.
[4] CP 21,4.
[5] *Ibid.*, 21,3.

possível. Na verdade, somos corpo e espírito, e se o ato exterior não muda o valor sobrenatural do ato interior, ele, contudo, aumenta-lhe a intensidade.

Esta necessidade de associar os sentidos à oração interior corresponde, aliás, a uma exigência divina. Deus que procura adoradores em espírito e em verdade e, por consequência, a oração que se eleva cheia de vida das profundezas da alma, quer também a expressão exterior que associa o corpo à oração interior, pois ela carrega consigo aquela homenagem perfeita de tudo quanto ele tem direito.

Porque exterior e tão perfeitamente humana, a oração vocal é a oração por excelência da grande maioria das multidões. Quando consegue ser ao mesmo tempo bastante simples e bastante profunda para traduzir as convicções de todos e os sentimentos íntimos de cada um, ela prende as almas, transporta-as no seu movimento poderoso para uni-las numa atmosfera ardente e sublime. Irrompe, então, numa súplica de tamanha grandeza que não mais a julgaríamos vinda da terra, mas do próprio Jesus Cristo difundido em seus membros. Foi assim que surgiu, do convite silencioso da Virgem Imaculada que apareceu a Bernadete rezando o rosário, esta oração das multidões de Lourdes – uma das homenagens não só das mais impressionantes, mas também das mais eficazes que podem subir da terra ao céu.

Por mais elevados que os contemplativos estejam em sua união silenciosa com Deus, nunca poderão menosprezar ou [171] negligenciar uma forma de oração que tem tal valor e pode ter grande eficácia junto de Deus e dos homens. Devem, portanto, se manter fiéis, sejam quais forem as dificuldades que possam vir a encontrar. A negligência neste particular – que normalmente busca uma desculpa na impotência –, procede muitas vezes de certo orgulho sutil e de um hábito de abandono passivo que se tornou preguiçoso. A oração vocal será, pois, para eles um exercício enérgico de humildade e de simplicidade, muito frutuoso para a alma e bem agradável a Deus.

Para que esta oração vocal mereça o nome de oração, ela deve ser interior. Santa Teresa nos recorda:

É ainda mais conveniente que eu vos aconselhe, e até ensine ... sobre como deveis rezar vocalmente, visto ser justo que entendais o que dizeis. ...quando digo "Credo", parece-me ser razoável que eu entenda e saiba aquilo em que creio.

Uma coisa desejo que entendais: para rezardes bem o Pai-nosso, convém que não vos afasteis do Mestre que o ensinou a vós.

Direis que isso já é meditação, que não podeis nem quereis senão rezar vocalmente. ...

Tendes razão em afirmar que isso já é oração mental. Mas eu vos digo que, na verdade, não sei como separá-la da oração vocal, se é que pretendemos rezar vocalmente com perfeição, entendendo com quem falamos. De fato, é nossa obrigação procurar rezar com atenção.[6]

É assim que a oração vocal se torna a primeira forma de oração propriamente dita.

Os principiantes vão se servir dela. Recorrerão a ela mais frequente e mais demoradamente sobretudo aqueles que, pouco familiarizados com as atividades intelectuais puras, têm necessidade de uma fórmula para sustentar seu pensamento, para despertar em si sentimentos ou deles tomar consciência e que não conseguem lhes conferir toda a sua força oracional a não ser exprimindo-se exteriormente.

Enquanto que para certas almas o recurso frequente à oração vocal poderia favorecer certo desleixo e moleza diante do necessário esforço para a oração, para outras, em quem o costume de atividades criou exigências de movimento quase contínuo ou cujos "pensamentos [são] tão ondulantes que não conseguem fixar-se numa coisa",[7] a oração vocal pode tornar-se um caminho para a contemplação e até mesmo o único possível.

---

[6] *Ibid.*, 24,2.5.6.
[7] *Ibid.*, 17,3.

[172] Santa Teresa dá-nos disso um exemplo típico:

> Sei que muitas pessoas, rezando vocalmente ..., são elevadas por Deus, sem saber como, a uma enlevante contemplação.
>
> Conheço uma pessoa que sempre só pôde ter oração vocal, mas que, mergulhada nesta, tinha tudo; e, se não rezava, o seu entendimento ficava tão confuso que ela não podia suportar. Quem dera a nossa oração mental fosse tão elevada quanto a oração vocal dessa alma! Em algumas ocasiões em que rezava o Pai-nosso pelas vezes em que o Senhor derramou sangue, ou fazia outras orações, ela deixava-se ficar por horas. Certa feita, procurou-me muito contristada porque não sabia fazer oração mental nem contemplação, mas apenas rezar vocalmente. Perguntei-lhe o que rezava; e vi que, rezando o Pai-nosso, ela tinha pura contemplação e que o Senhor a atraía até uni-la a si.[8]

Ao escutar Santa Teresa, quem não pensou naquele doente preso ao leito há muitos anos, naquela pessoa bondosa consumida por rudes trabalhos, usando aquilo que lhes resta de forças a rezar terços sem fim, que, longe de os fatigar, dão-lhes paz, fortificam-nos e os alimentam saborosamente?

E às suas filhas contemplativas dirá Santa Teresa:

> E para que não penseis que se tira pouco proveito do rezar vocalmente com perfeição, eu vos digo ser muito possível que, estando a rezar o Pai-nosso ou outra oração vocal, o Senhor vos ponha em contemplação perfeita.[9]

Mesmo se a oração vocal não é utilizada para atingir o recolhimento, ela será, ao menos em certas circunstâncias, uma ajuda durante a oração.

Não há contemplativo que não tenha experimentado, por vezes, na aridez da oração ou nas angústias, como as faculdades encontram força e serenidade ao rezar lentamente *Ave-marias* ou ao recitar versículos do *Miserere*:

> Às vezes – escreve Santa Teresinha – , quando meu espírito está numa tão grande secura que me é impossível conceber um pensamen-

---

[8] *Ibid.*, 30,7.

[9] *Ibid.*, 25,1.

to para me unir ao Bom Deus, recito *bem lentamente* um "Pai-nosso" e depois a saudação angélica. Então, essas orações me extasiam; alimentam minha alma mais do que se as tivesse recitado, precipitadamente, uma centena de vezes...[10]

B – *A ORAÇÃO LITÚRGICA*

[173] A oração vocal adquire um valor especial quando se trata da oração litúrgica. A oração litúrgica prepara o santo sacrifício da missa, o ato religioso por excelência e, para envolvê-lo no louvor que lhe convém, assume habitualmente as modelações do próprio Espírito Santo, utilizando os textos inspirados da Sagrada Escritura. Suas augustas funções e a qualidade de suas modelações bastariam para conferir à oração litúrgica uma dignidade e eficácia particulares. Tanto essa sua dignidade como essa sua eficácia tornam-se incomparavelmente maiores pelo fato de ser a oração oficial da Igreja, a oração do sacerdócio de Cristo na Igreja. É por meio deste sacerdócio – que o batismo depôs em nossas almas – que tomamos parte dela.

A oração litúrgica, pela beleza com que reveste os ritos sagrados, pela vida com que os anima, pelo poder da graça que faz jorrar, destaca-se pelo fato de levar as multidões a rezar e por torná-las sensíveis aos mistérios que celebra. Fornece à oração individual os textos mais deleitosos que existam e dispõe-na para entrar, de maneira muito apropriada, nas profundezas da contemplação. É uma rainha que reina em beleza, respeitada e amada por todos.

Por que, então, sua própria dignidade tem provocado discussões? Alguns quiseram assegurar-lhe uma supremacia absoluta no âmbito da oração. Outros se inquietaram com as suas usurpações em detrimento da oração silenciosa.

---

[10] Ms C, 25 vº.

Às vezes, a discussão foi acalorada. Um famoso liturgista teria censurado Santa Teresa por não ter espírito litúrgico, visto que tinha êxtases durante a missa. Mas, por outro lado, algumas vezes, os contemplativos justificaram a indignação de seus adversários – melhor formados e, sobretudo, mais atentos – por causa de sua aparente negligência das formas exteriores e falta de observância das regras litúrgicas. São José de Cupertino precisou ser excluído do coro porque os seus êxtases perturbavam as práticas religiosas. São João da Cruz, um dia em Baeza, estava tão fora de si durante a missa que deixou o altar depois da comunhão. Segundo o testemunho de uma das Mestras do internato da Abadia, Santa Teresinha do Menino Jesus não seguia os textos litúrgicos da missa e deixava-se levar por seus pensamentos, apesar das admoestações das religiosas Beneditinas, suas mestras.[11] Não falamos **[174]** de São Filipe Néri que mantinha no altar as piedosas, mas desconcertantes, liberdades do Oratório romano.[12]

Liturgia ou contemplação? Parece que estes santos tinham feito a escolha. Mas a escolha terá que ser necessariamente uma contraposição?

Sem dúvida – e é preciso reconhecê-lo –, a piedade de algumas almas, por atrativo ou por vocação, alimenta-se quase exclusivamente da oração litúrgica, enquanto outras

---

[11] PO, *Soeur Saint-François de Sales*, osb, p. 548.

[12] Escrevem os historiadores de São Filipe Néri: "Sem um companheiro para o rezar com ele, o Santo nunca chegaria ao fim do breviário. Na missa esquece tudo: orações, evangelho, epístola e a elevação da hóstia e do cálice depois da consagração... Apressa-se como que para antecipar-se ao assalto de fervor. Na consagração, é-lhe preciso "despachar" as palavras e não tardar em elevar e baixar a hóstia e o cálice, por receio de não poder soltar os braços. Às vezes, faz uma pausa para caminhar ao longo do altar, obriga-se a olhar para outro lugar, interpela as pessoas, faz observações ao acólito acerca da iluminação" (PONNELLE, Louis et BORDET, Louis. *Philippe de Neri et la Société romaine de son temps*. Paris, Éd. Praxis-Lacour, 1928, chap. III "L'apôtre de Rome", pp. 73-78).

têm necessidade da oração silenciosa. Mas, em ambos os lados, há extremistas: o liturgista que não consegue rezar senão com o canto, textos antigos e na austera beleza de uma igreja monástica; e o arrebatado, entregue ao sopro do Espírito, que vai e vem sem a preocupação das rubricas.

Junto destas duas personagens, existe a multidão de espirituais que fizeram a escolha segundo seu gosto e sua graça, que recolhem daquilo que encontram e não compreendem por que há quem oponha liturgia e contemplação, formas diferentes de uma mesma oração e que devem se ajudar mútua e caridosamente.

Santa Teresa, a mestra da oração interior, oferece-nos uma feliz conciliação.

Diga-se o que se disser, a Santa, de fato, tem piedade litúrgica. Segue o ciclo da liturgia com tamanha atenção que suas cartas, os acontecimentos importantes de sua vida e até os mínimos incidentes de viagem são datados pelas festas litúrgicas: "no dia de Santa Madalena", "um dia depois de São Martinho", "no dia 17 de novembro, na oitava de São Martinho". Termina o *Castelo Interior* em 1577, "na véspera de Santo André"; recebeu grandes graças espirituais "em Domingo de Ramos", "no dia da conversão de São Paulo" e "na festa de São Pedro e São Paulo".

Saboreia os textos do breviário: "Quantas coisas há – diz ela – nos salmos do glorioso rei Davi!"

É certamente nas orações litúrgicas que encontra este texto latino do Cântico dos Cânticos que a comove e a recolhe:

[175] Tem me dado o Senhor, de alguns anos para cá, um gosto muito grande cada vez que ouço ou leio algumas palavras dos *Cânticos* de Salomão, e isto de modo tão extremado que eu, sem entender com clareza o latim em língua vulgar, me recolhia mais e tinha minha alma mais movida do que pelos livros muito devotos que compreendo; e isso é uma coisa quase comum.[13]

---

[13] CAD, Prólogo, 1.

Sem dúvida, a liturgia carmelitana não terá o esplendor beneditino. Como convém ao intuito do Carmelo, é uma "liturgia de pobres e solitários", "tão despojada que não é possível àquele que dela se aproxima em busca de uma emoção artística ou mesmo de uma simples emoção religiosa, captar-lhe o sentido e a beleza".[14] Mas esta pobreza não significa menosprezar os ritos. O menor dentre eles não deixa a Santa indiferente:

> Bem sabia que, em matéria de fé, eu antes morreria mil vezes do que me oporia a qualquer cerimônia da Igreja ou a qualquer verdade da Sagrada Escritura.[15]

Ela nos diz que suas devoções consistiam em

> mandar celebrar missas e a fazer orações aprovadas, pois nunca fui amiga de outras devoções praticadas por certas pessoas, mulheres em especial, com cerimônias que, parecendo-me insuportáveis, lhes causavam devoção.[16]

Para agradecer a São José, "procurava festejá-lo com toda a solenidade",[17] entendendo ser este o melhor meio de o honrar.

Compreendeu, sobretudo, o valor do sacrifício da missa, que está no centro de toda a vida litúrgica, e deseja que, para as suas filhas, a assistência a ela seja uma participação no sacrifício tão ativa quanto possível. Eis o que relata a Venerável Ana de Jesus:

> Desejava [Santa Teresa] que ajudássemos sempre na celebração da missa e procurava como poderíamos fazê-lo todos os dias, ainda que fosse no tom com que rezamos as horas. E se fosse impossível por não ter capelão próprio, ou sermos poucas então – pois não éramos mais do que treze –, dizia que lhe pesava carecermos desse bem. E

---

[14] VAN DEN BOSSCHE, Louis. *Les Carmes*. Paris, B. Gasset, 1930, pp. 165-167.

[15] V 33,5.

[16] *Ibid.*, 6,6.

[17] *Ibid.*, 6,7.

assim, quando a missa era cantada, por nenhum outro motivo deixava de ajudar, ainda que tivesse acabado de comungar e estivesse muito recolhida.[18]

[176] Esperamos que, junto aos mais exigentes, este desejo de participação litúrgica na missa haverá de desculpar a Santa por ter tido, às vezes, êxtases depois da comunhão e lhe permitirá ser ouvida por eles até o fim.

A Santa deseja, com efeito, que a oração litúrgica, como qualquer outra oração vocal, seja vivificada pela oração interior. Se os gestos exteriores que ela prescreve, a arte que cultiva, a atenção firme que exige, viessem a perturbar e, sobretudo, destruíssem o recolhimento ao qual quer servir, os sentimentos que deseja nutrir, o sopro interior que anela exprimir, então, ela não passaria de um escrínio, talvez muito belo, mas sem diamante, um corpo a cuja beleza se teria sacrificado a alma e a vida, uma homenagem exterior com a qual Deus não poderia se agradar, segundo a palavra da Escritura: "Este povo ... me glorifica com os lábios, mas o seu coração está longe de mim!"[19]

Não podemos duvidar de que o principiante deve aprender a rezar com a Igreja, a apreciar a beleza discreta e majestosa das cerimônias, a adentrar seu simbolismo, a saborear lentamente os textos litúrgicos. Deve, sobretudo, procurar na oração litúrgica os movimentos da alma de Cristo na Igreja, nela escutar os gemidos do Espírito de amor e aprender, assim, na escola de Cristo, nosso Mestre, aquilo que deve ser, todos os dias, a sua oração íntima e silenciosa.

---

[18] Dicho de ANA DE JESÚS. Proceso de Salamanca. *Biblioteca Mística Carmelitana*, 18, 473-474.

[19] Is 29,13.

C – *LEITURA MEDITADA*

Aquilo que, certamente, o principiante quer aprender a fazer, e que devemos lhe ensinar, é a oração.

Talvez já esteja desde agora tomado por uma graça suave e poderosa à qual podemos confiá-lo, pois, desde este momento, tudo lhe é simples, ou até mesmo, fácil neste trato de amizade.

Mas se não sentir um apoio sobrenatural, como poderíamos arremessá-lo sozinho neste trato íntimo com Deus, tão simples em sua definição, mas, na prática, tão complexo? Certamente, seu amor por Deus é muito vivo, mas as faculdades também são bem inábeis para agirem por si próprias em assuntos elevados e, muitas vezes, malconhecidos. Não estão suficientemente alimentados de doutrina, e mesmo que o estivessem, não poderiam se manter durante muito tempo junto do Mestre em piedosas considerações. Neste caso, caem em sonhos vagos ou na impotência, e [177] a boa vontade do começo corre o risco de naufragar no desânimo.

Mas eis um meio sugerido por Santa Teresa e do qual ela lançou mão com largueza: a leitura meditada.

Falando das almas que não podem discorrer durante a oração, Santa Teresa escreve:

> Por mais curta que seja, a leitura tem utilidade ... para que se recolham; ela supre a oração mental que elas não conseguem fazer. Se o mestre que ensina insistir que a oração seja sem leitura ... não conseguem perseverar muito tempo na oração.[20]

Poderemos utilizar um livro de meditações que ofereça considerações elaboradas, sentimentos expressos, resoluções a tomar, toda uma oração perfeitamente ordenada, impessoal é certo, mas que a alma poderá fazer sua, escolhendo o que lhe convém e adaptando-o às suas necessidades.

---

[20] V 4,8.

O livro a escolher para a leitura meditada não é apenas o livro instrutivo e piedoso, nem mesmo o livro interessante que cativa, mas o livro sugestivo que provoca a reflexão, estimula os sentimentos, ou – melhor ainda –, o livro que desperta e mantém a alma na presença de Deus.

Uma simples leitura não será uma leitura meditada. Esta deve ser interrompida para refletir diante de Deus, para externar-lhe sentimentos, para entreter-se com ele. Será curta ou prolongada segundo as necessidades, e não será retomada a não ser quando a alma desfaleça na sua impotência.

Finalmente, se a leitura levasse a esquecer-se de Deus pela abundância de pensamentos e sentimentos que sugere, atraiçoaria sua finalidade. A leitura é aqui apenas um meio destinado a facilitar a oração. O seu papel exclusivo é fornecer um tema de conversação com Deus, assegurar um apoio para se unir a ele. Está a serviço deste trato de amizade com Deus que é o ato essencial da oração e nunca deve permitir-se desviar dele. É rumo a esta meta que a alma a deve orientar constantemente.

A leitura meditada será, ordinariamente, a oração do noviço nos caminhos espirituais. O próprio contemplativo voltará a ela nos momentos de fadiga física ou moral para amparar ou repousar suas faculdades, ou ainda para subtraí-las às preocupações demasiado vivas ou obsessivas que impedem o recolhimento.

[178] Escutemos as experiências dolorosas e concludentes de Santa Teresa acerca deste assunto:

Passei mais de catorze anos sem conseguir nem mesmo a meditação, a não ser recorrendo a alguma leitura.[21]

No livro da sua *Vida* explica melhor o papel da leitura meditada durante os seus dezoito anos de aridez:

---

[21] CP 17,3.

Por todo esse tempo, eu não me atrevia a começar a orar sem livro, exceto quando acabava de comungar; ... . Com esse recurso, que era uma companhia ou escudo que amortecia os golpes dos muitos pensamentos, eu obtinha consolo. Porque a aridez não costumava vir quando eu tinha um livro; os pensamentos se recolhiam carinhosamente, e o espírito se concentrava. Muitas vezes, o simples fato de ter o livro à mão bastava. Em algumas ocasiões, eu lia pouco e, em outras, muito, a depender da graça que o Senhor me dava.[22]

Estas confidências de Santa Teresa mostram-nos a importância da leitura meditada no desenvolvimento de sua vida de oração. Por conseguinte, não podemos senão ficar espantados diante da desconfiança com que ela é envolvida em certos ambientes onde se obriga os noviços a suportarem a inevitável aridez do período inicial numa obscuridade quase completa, sem que possam recorrer à ajuda de uma leitura a fim de saírem do vazio no qual sua inexperiência ou mesmo sua ignorância os fez cair. O perigo de preguiça que acompanha a leitura não justifica esta desconfiança. A leitura é, na verdade, um apoio muito firme e um escudo bastante precioso para o principiante para que se tenha o direito de privá-lo dele por receio de que, às vezes, não saiba utilizá-lo ou o use mal.

D – *A MEDITAÇÃO*

Quando as faculdades estão suficientemente exercitadas e alimentadas para prescindirem de um apoio, a alma pode abordar a oração em sua forma mais tradicional que é a meditação.

A meditação consiste em fazer reflexões e considerações sobre um assunto previamente escolhido, para criar em si mesmo uma convicção fecunda ou uma resolução. Pode ser orientada por diversos métodos, que comportam todos

---

[22] V 4,9.

um prelúdio de presença de Deus e de humildade; um corpo **[179]** de meditação no qual se criam, pela reflexão, as convicções; e por fim, uma conclusão onde se exprimem os sentimentos, os pedidos e se individualizam as resoluções.

Destas meditações muito bem-dispostas, adaptadas às necessidades das diversas almas, os livros oferecem modelos. As obras que explicam os métodos de oração discursiva ou apresentam meditações com as reflexões a serem feitas, os afetos a se formar e os atos a realizar foram numerosas em todas as épocas. Santa Teresa já conhecia alguns que "contêm excelente doutrina e métodos para o início e o fim da oração".[23]

Para entendimentos bem-ordenados e almas muito experientes e capazes de se concentrar, há tantos livros escritos, e tão bons e de autoria de pessoas tais, que seria erro que fizésseis caso do que digo sobre coisas de oração.[24]

A estes livros, seguiram-se outros. No Carmelo reformado, alguns mestres elaboraram para os noviços métodos que indicavam os diversos atos que deviam fazer durante a oração. A escola de espiritualidade francesa multiplicou para o uso dos padres, dos religiosos e das pessoas instruídas do mundo, estes livros de meditação que desenvolvem, num estilo de uma pureza clássica, considerações piedosas e sensatas, que formaram gerações de almas fortes e comedidas, tão inimigas do bem espalhafatoso como do mal que gera escândalo.

Para os nossos espíritos modernos mais intuitivos do que discursivos, mais ávidos do vivo e do concreto do que de longos raciocínios, estes métodos e estes livros de meditação envelheceram em pouco tempo. Assim, sentimo-nos felizes ao constatar que Santa Teresa não fala da meditação

---

[23] CP 19,1.
[24] *Ibid.*

senão com elogios parcimoniosos e num tom impessoal, sem entusiasmo. É porque também ela é uma destas almas que nunca conseguiram discorrer durante a oração e para quem a faculdade racional, o entendimento mais estorva do que ajuda.[25]

Esta sua impotência desperta nossa simpatia para com ela. Para nós, pois, será mais fácil aderir às suas opiniões.

Em primeiro lugar, o elogio:

Quem puder e já tiver o costume de praticar esse modo de oração não precisa que eu diga nada, pois, seguindo um caminho tão bom, será levado pelo Senhor a porto de luz; com tão bons princípios, não menos bom será o fim da jornada. Todos aqueles que puderem seguir essa via **[180]** hão de encontrar repouso e segurança; porque, estando o entendimento dominado, marcha-se com descanso.[26]

O elogio é sincero; mas quem está habituado às vibrações da alma de Santa Teresa vai achá-lo sem calor, discreto e comedido como a meditação que ele louva.

Por outro lado, um perigo ameaça aqueles que têm um entendimento muito vivo:

Voltando aos que raciocinam, digo que, embora muito meritória, essa atividade não deve ocupar todo o tempo. Como obtêm prazer na oração, essas pessoas não querem saber de domingos nem de pausas – que consideram tempo perdido. Para mim, essa aparente perda produz muitos lucros. Em vez disso, repito, imaginem que estão diante de Cristo e, sem cansar o entendimento, falem e alegrem-se com o Senhor, sem o trabalho de formular raciocínios. Digam-lhe as suas necessidades, lembrando-se também dos motivos que ele teria para não admiti-los à sua presença.[27]

Santa Teresa conviveu com intelectuais e conhecia bem suas tendências. O perigo, para eles, consiste em que sua facilidade para especular sobre a verdade revelada, a satis-

---

[25] Cf. V 13,11.
[26] CP 19,1.
[27] V 13,11.

fação e o proveito intelectual que encontram nisso não os deixam parar e lhes fazem esquecer que a oração é um trato de amizade com Deus.[28]

Por isso, a Santa não se cansa de lembrar esta verdade a quem usa muito o entendimento, tirando de cada coisa muitos conceitos e conclusões.[29]

São esses, sobretudo, que devem reter os ensinamentos da Santa no *Castelo Interior*:

Para ter benefício neste caminho e subir às moradas que desejamos, o importante não é pensar muito, mas amar muito.[30]

[181] Aliás, quaisquer que sejam as consolações que encontremos na meditação, não podemos nos iludir quanto ao seu valor; elas são como

a água que corre pela terra, que não é bebida junto à fonte; nunca faltam neste caminho coisas sujas em que a água se detenha, razão por que não chega tão pura nem tão limpa. Não chamo esta oração, que, como eu digo, vai discorrendo com o entendimento, de "água viva".[31]

Esta meditação, que é um bom princípio,[32] não satisfazia, contudo, à Santa Teresa. Se fosse necessário resumir as censuras, ou melhor, os temores de Santa Teresa a este respeito, diríamos que ela teme que a meditação detenha as almas apenas na própria atividade intelectual e não as oriente o bastante para Deus, fonte de água viva.[33]

---

[28] "... conheci algumas pessoas que supõem residir tudo no pensamento; se conseguem ocupá-lo muito com Deus, mesmo que com muito esforço, cedo essas criaturas concluem que são espirituais. Porém se, apesar de tudo, se distraem, ainda que por bons motivos, deixam-se abater por uma grande desolação, tendo a impressão de estarem perdidas" (F 5,2).

[29] V 13,11.

[30] 4 M 1,7. A Santa diz o mesmo no livro das *Fundações*: "O benefício da alma não está em muito pensar, e sim em muito amar" (F 5,2).

[31] CP 19,6.

[32] Cf. *Ibid.*, 19,1.

[33] Segundo o testemunho de Frei José de Jesus Maria (Quiroga; †1629), os métodos de oração ensinados aos noviços do Carmelo, no iní-

II Parte – Primeiras etapas

Mas teria a Santa um modo de orar para aconselhar aos principiantes?

---

cio do século XVII, pouco tempo depois da morte de São João da Cruz, não evitavam estes perigos. Em sua obra *Don que tuvo San Juan de la Cruz para guiar almas a Dios*, este sacerdote escreve:

"Faltando ... a influência e o magistério de Nosso Santo Padre João da Cruz, entraram outros mestres que, favorecendo mais o discurso da razão e a operação inquieta da alma do que os atos espirituais simples de onde se recebe a operação divina e os efeitos da influência sobrenatural que realizam nossa perfeição, faziam em seus discípulos trabalho tão diverso que, saindo delas muitas vezes com as cabeças exauridas, conheciam-se pouco espíritos elevados. E, como no noviciado não se lhes ensinavam como haviam de entrar na contemplação, quando estavam maduros para ela, saíam da escola sem saber o principal de sua vocação e, depois, ficavam o resto de suas vidas sem o saber, trabalhando na oração com sua operação natural, sem dar lugar àquela divina que introduz a perfeição na alma". *Obras del Místico Doctor San Juan de la Cruz*, Edición crítica de Toledo. Viuda e hijos de J. Peláez, 1914, t. III, p. 569.

QUARTO CAPÍTULO
A oração de recolhimento

> *Aquelas que puderem se recolher*
> *nesse pequeno céu de nossa alma*
> *... acreditem que seguem excelente*
> *caminho.*[1]

[182] Considerando apenas a definição teresiana de oração e a liberdade que ela concede às almas neste trato de amizade com Deus de quem nos sabemos amados, poderíamos pensar na inutilidade e na ausência de um magistério preciso para guiar os principiantes. Um estudo atento do *Caminho de Perfeição* e do capítulo único que compõe segundas Moradas não nos deixa mais nenhum questionamento a este respeito. Santa Teresa expõe aí o método de oração que sempre utilizou e que recomenda com entusiasmo:

> Que o Senhor ensine aquelas de vós que não o sabem, pois de minha parte confesso que nunca soube o que era rezar com satisfação até que ele me ensinou esse modo de oração; e sempre encontrei tantos proveitos nesse hábito do recolhimento dentro de mim que por isso me alonguei tanto.[2]

Esta maneira de rezar, que tão bons resultados deu a Santa Teresa, é a oração de recolhimento. Sem dúvida, é este método de oração que ela deseja nos ver adotar.

A – *DESCRIÇÃO DA ORAÇÃO DE RECOLHIMENTO*

Já conhecemos suficientemente bem Santa Teresa para não esperarmos dela um tratado didático ou mesmo uma

---

[1] CP 28,5.
[2] *Ibid.*, 29,7.

definição *ex-professo*. Pelo contrário, ela se sobressai **[183]** no descrever e será em suas descrições cheias de imagens e precisas que encontraremos uma verdadeira técnica sobre a oração de recolhimento:

> Chama-se *recolhimento*, porque a alma recolhe todas as faculdades e entra em si mesma com seu Deus.[3]

Um pouco mais adiante, a descrição torna-se mais detalhada:

> Parece que a alma compreende que todas as coisas da terra não passam de divertimento. A alma ... se levanta, ergue-se à melhor altura, como quem entra num castelo forte a fim de não temer os inimigos. É um retirar os sentidos das coisas exteriores, abandonando-as de tal maneira que, sem compreender, ela vê os seus olhos se fecharem para não as contemplar e para que mais se desperte a visão das coisas espirituais.
>
> Por conseguinte, quem segue esse caminho quase sempre que reza tem os olhos fechados, o que é um admirável costume para muitas coisas.[4]

Convém advertir que não se trata aqui de um recolhimento passivo, causado por um "amplexo de Deus", mas de um recolhimento realizado por um esforço da vontade:

> Entendei [que] isso não é coisa sobrenatural, estando em nossas mãos e sendo algo que podemos fazer com o favor de Deus, já que sem este não podemos nada, sequer ter um bom pensamento. Porque isto não é o silêncio das potências, mas o encerramento delas no interior da alma.[5]

Este movimento ativo das potências, que se subtraem às coisas exteriores para se dirigirem ao centro da alma, é o primeiro momento da oração de recolhimento. Não basta isso para criá-la, pois não é senão o gesto preparatório exigido pela presença de Deus na alma. As faculdades não

---

[3] *Ibid.*, 28,4.

[4] *Ibid.*, 28,6.

[5] *Ibid.*, 29,4.

se retiram para o centro da alma senão porque Deus habita nela de uma forma toda especial. A alma é o templo da Santíssima Trindade; é o templo preferido por Santa Teresa:

> Vede que Santo Agostinho falou que o procurou em muitos lugares e só veio a encontrá-lo dentro de si mesmo. Pensais que importa pouco a uma alma dissipada entender essa verdade e ver que não precisa, para falar com seu Pai eterno ou para regalar-se com ele, ir ao céu ... ?
>
> Por mais baixo que fale, ele está tão perto que a ouvirá; do mesmo modo, ela não precisa de asas para ir procurá-lo, **[184]** bastando pôr-se em solidão e olhar para dentro de si.[6]

O recolhimento não tem outro fim senão o de conduzir a alma para o santuário mais íntimo do Senhor.

E ainda não é suficiente penetrar pelo silêncio neste santuário vivificado por uma presença tão augusta. É preciso estabelecer um verdadeiro contato com Deus e ocupar-se aí com ele. A oração será, nestes começos, ordinariamente, apenas um comércio ativo da alma com Deus.

É preciso recolher estes sentidos exteriores dentro de nós mesmos – escreve a Santa – e dar-lhes com que se ocupar.[7]

Santa Teresa receia a ociosidade no recolhimento e o manifesta diversas vezes em seus escritos. Na verdade, todo o recolhimento, detendo a atividade das faculdades, produz uma impressão deleitosa de repouso. A passividade natural de certas almas corre o grande risco de confundir este deleite com a paz da ação de Deus e de se abandonar, assim, a uma inatividade preguiçosa, a saborear uma tranquilidade que não tem nada de divino. É por isso – ensina a nossa Mestra – que, ao esforço de recolhimento, deve seguir-se normalmente um esforço de busca ativa de Deus. Passagem difícil, manobra delicada sobretudo nas etapas mais elevadas. Mas não lhe oponhamos a doutrina de São

---

[6] *Ibid.*, 28,2.
[7] CP – Ms do Escorial 50,1.

II Parte – Primeiras etapas

João da Cruz, nem a de São Pedro de Alcântara, porque elas não contradizem a sua.

Por ora, nestes começos, não há hesitação possível: a alma deve buscar uma ocupação com Deus.

Não há nada melhor do que procurar a companhia de Jesus e conversar com ele. Como Verbo, ele está presente na alma com o Pai e o Espírito Santo; e como Verbo Encarnado, é o mediador único e a palavra de Deus que devemos escutar em silêncio:

Absorta em si mesma, [a alma] pode pensar na Paixão, representar ali o Filho e oferecê-lo ao Pai, sem cansar o entendimento indo procurá-lo no Monte Calvário, no Horto ou na coluna.[8]

É bom pensar um pouco ... , mas, aquietado o entendimento, fique ali com ele. Se puder, que se ocupe em ver que ele o olha, fazendo-lhe companhia, falando com ele, pedindo, humilhando-se e deliciando-se [185] com ele, tendo sempre em mente que não merece estar ali.[9]

Encontramo-nos na parte essencial da oração de recolhimento. O retirar-se das potências da alma não tinha outra finalidade senão a de favorecer esta intimidade viva com o Mestre divino:

[Tratai] com ele como com um pai, um irmão, um Senhor e um Esposo, às vezes de uma maneira e às vezes de outra; ele vos ensinará o que tendes de fazer para contentá-lo. Deixai de ser bobas; tomai a palavra, já que, sendo ele vosso Esposo, deve tratar-vos como esposas.[10]

No que diz respeito à intimidade com Jesus, a Santa é inesgotável. Aliás, não nos cansamos de ouvi-la, tamanha é a variedade em suas descrições, a delicadeza em seus sentimentos, a força e a riqueza nesta vida que transborda:

Dizem que a mulher, para ser bem casada, deve agir com o marido da seguinte maneira: mostrar-se triste quando ele está triste e alegre quando o vê alegre, mesmo que nunca o esteja ... ; e isso, com

---

[8] *Ibid.*, 28,4.
[9] V 13,22.
[10] CP 28,3.

sinceridade, sem fingimento, o Senhor faz conosco: ele se sujeita, desejando que sejais a senhora.

Se estais alegres, vede-o ressuscitado, pois o simples imaginar que ele saiu do sepulcro vos alegrará. Com que esplendor, com que formosura, com que majestade, quão vitorioso, quão alegre!

... Se estais padecendo ou tristes, vede-o a caminho do Horto. Que aflição tão grande lhe ia na alma, já que, sendo todo paciência, chegou a confessá-la e a queixar-se dela! Ou vede-o atado à coluna, cheio de dores, com a carne toda feita em pedaços pelo muito que vos ama, padecendo muito. ... Contemplai também o Senhor carregando a cruz, sem que o deixassem recobrar o fôlego. Ele porá em vós os seus olhos formosos e piedosos, cheios de lágrimas, esquecendo-se de suas dores para consolar as vossas.

"Ó Senhor do mundo, verdadeiro Esposo meu", podeis dizer-lhe.[11]

Esta intimidade com Jesus leva para dentro da Trindade, pois Jesus é o nosso mediador. Por ele, somos filhos do Pai a quem, com ele, podemos chamar "Nosso Pai":

Pai nosso que estais no céu – exclama a santa. Ó Senhor meu, como pareceis Pai de tal Filho, e **[186]** vosso Filho parece Filho de tal Pai! Bendito sejais para todo o sempre![12]

Unidos ao Pai e ao Filho encontraremos certamente o Espírito Santo que procede deles:

Havereis de achar forçosamente, entre tal Filho e tal Pai, o Espírito Santo.[13]

A intimidade divina tornada realidade durante as horas de oração deve prosseguir ao longo do dia:

Em meio às ocupações quotidianas, [devemos] retirarmo-nos em nós mesmas. Embora dure um breve momento, a recordação de que tenho companhia dentro de mim é muito proveitosa.[14]

---

[11] *Ibid.*, 26,4.5.6.
[12] *Ibid.*, 27,1.
[13] *Ibid.*, 27,7.
[14] *Ibid.*, 29,5.

Em sua doutrina sobre a oração, raras vezes Santa Teresa distingue entre o tempo que lhe é especialmente consagrado e o resto do dia. À presença contínua e sempre atuante de Deus em nós deve corresponder uma busca de intimidade tão constante quanto possível. A oração de recolhimento deve, progressivamente, transbordar em toda a nossa vida. É lógico que precisamos evitar com cuidado uma tensão que seria desgastante e estéril para as nossas faculdades. Mas, Deus responderá com sua graça aos nossos esforços discretos e perseverantes. Ele mesmo se manifesta àqueles que o procuram. Acaso não disse ele: "Se alguém me ama, a ele viremos e nele estabeleceremos morada"?[15] É isto que Santa Teresa explica apoiada na sua experiência:

> Concluindo, quem o quiser adquirir [este recolhimento] – porque, como eu disse, isso está em nossas mãos – não se canse de acostumar-se ao que foi dito, dominando-se pouco a pouco a si mesmo, sem se distrair à toa, mas sim ganhando-se a si para si, pois isso é aproveitar-se dos sentidos em prol da vida interior. Se falar, procure lembrar-se de que há alguém com quem falar dentro de si mesmo; se ouvir, recorde-se que deve escutar a voz que mais de perto lhe falar.
>
> Em suma, esteja persuadido de que, se o desejar, sempre poderá estar na companhia tão boa de Deus, devendo ter pesar quando deixar sozinho, por muito tempo, seu Pai, pois necessita dele.[16]

Tal é a oração de recolhimento e sua meta. Não é um exercício transitório. Visa à união constante. Método de principiantes – é verdade –, mas que tende diretamente para os vértices da união divina.

B – *COMO CHEGAR À ORAÇÃO DE RECOLHIMENTO*

[187] De ordinário, esta oração de recolhimento parecerá ao principiante como algo que ultrapassa notoriamen-

---

[15] Jo 14,23.
[16] CP 29,7.

te suas capacidades e os seus hábitos. Se tentar pô-la em prática, irá constatar que falta agilidade às suas potências; elas não estão habituadas à disciplina e não sabem buscar o contato com Deus na obscuridade da alma.

Qualquer experiência da presença de Deus na alma seria um auxílio valioso:

Muito importa não apenas acreditar nisso, como procurar entendê-lo por experiência. É uma das considerações que muito prendem o entendimento e fazem recolher o espírito.[17]

Não é necessário que esta experiência seja concedida por uma graça mística caracterizada, graça de união ou qualquer outra. Uma simples manifestação interior de Deus, mediante uma consolação ou um apelo, pode ser suficiente para facilitar à alma o recolhimento e o ensinar a ela de forma definitiva. Estas manifestações divinas são bastante comuns na vida espiritual das almas. Existe alguma alma piedosa que, numa comunhão fervorosa ou durante um momento de oração, não tenha sentido a suavidade reveladora de uma presença divina?

Esta experiência, ainda que em grau mínimo, será necessária para lidar com a oração de recolhimento? Certamente que não, pois se Santa Teresa nos assegura que esta experiência se dará mais tarde, ela afirma com insistência que o Senhor não se manifesta à alma imediatamente, mas pelo menos com a frequência necessária para manter a alma no recolhimento habitual,[18] e que esta oração de recolhimento, da qual nos fala, depende da nossa vontade:

Entendei [que] isso não é coisa sobrenatural, estando em nossas mãos e sendo algo que podemos fazer com o favor de Deus.[19]

O esforço da alma tem de ser enérgico. Trata-se de uma rude ascese esta do recolhimento. Ainda que fique-

---

[17] *Ibid.*, 28,1.
[18] *Ibid.*, 28,12.
[19] *Ibid.*, 29,4.

mos assustados, por que dissimulá-lo? Santa Teresa fala do trabalho no início, "porque o corpo reclama seus direitos, [188] sem entender que corta a própria cabeça por não se entregar".[20]

No *Castelo Interior* fala-nos da terrível "luta que se passa para voltar a nos recolher".[21]

Sua experiência, amplamente exposta no livro da *Vida*, a instruía sobre este assunto:

Enfrentei a dificuldade de concentrar o pensamento numa coisa durante muitos anos, e bem sei que não é fácil.[22]

Se a energia utilizada fosse violenta, poderia se tornar nociva, pois o recolhimento não pode ser alcançado à força de braços, mas sim com suavidade.[23] A própria Santa considerou como um favor o ter encontrado um método de recolhimento no *Terceiro Abecedário* do franciscano Francisco de Osuna e nos comunica o resultado de seus estudos e de sua experiência.

Primeiramente, convém não separar os vários tempos da oração de recolhimento. Desde que a alma esteja sozinha, deve procurar a companhia de Jesus e conversar com ele:

Procurai logo, filhas, pois estais sós, ter companhia. E que melhor companhia que a do próprio Mestre que ensinou a oração que ides rezar? Fazei de conta que tendes o próprio Senhor junto de vós.[24]

Não há dúvidas de que o melhor método para nos mantermos no recolhimento é o de nos ocuparmos com o Mestre junto de quem nos recolhemos. Dirigir-se diretamente para o fim é a maneira mais segura de o alcançar e, ao mesmo tempo, de recolher-se.

---

[20] *Ibid.*, 28,7.
[21] 2 M 1,9.
[22] CP 26,2.
[23] Cf. 2 M 1,10.
[24] CP 26,1.

Passei pela experiência algumas vezes, e o melhor remédio que encontro é procurar fixar o pensamento naquele a quem dirijo as palavras.[25]

Para manter este contato com o Mestre é preciso recorrer à atividade das faculdades ou mesmo a toda a espécie de pequenos artifícios. Cada um utilizará os meios que lhe forem mais proveitosos e que tornam o contato mais íntimo e mais vivo.

Encontramos aqui todos os modos de oração expostos anteriormente, que já não se configuram como formas [189] independentes de oração, mas se transformam em meios para realizar a oração de recolhimento.

Consequentemente, alguns utilizarão a imaginação que, ao reconstruir as cenas evangélicas ou representar a fisionomia e a atitude do Mestre, facilitará um trato vivo com ele.

As reflexões do entendimento ou meditações discursivas podem favorecer a oração de recolhimento, mas sob a condição de não se passar aí demasiado tempo e de que os raciocínios deem prontamente lugar ao contato íntimo ao qual devem servir:

É bom pensar um pouco. ... Mas ninguém se canse em procurar sempre isso, mas, aquietado o entendimento, fique ali com ele.[26]

Pode acontecer que não se consiga utilizar durante a oração nem a imaginação, nem o entendimento. Contudo, é sempre possível fixar um simples olhar de fé no Mestre e permanecer, assim, na sua presença. Santa Teresa no-lo confirma:

Não vos peço agora que penseis nele, nem que tireis muitos conceitos, nem que façais grandes e delicadas considerações com vosso entendimento; peço-vos apenas que olheis para ele.

Acostumai-vos, acostumai-vos. Vede que sei que podeis fazer isso, pois enfrentei a dificuldade de concentrar o pensamento numa coisa durante muitos anos.[27]

---

[25] *Ibid.*, 24,5.
[26] V 13,22.
[27] CP 26,3.2.

Este olhar estabelece um contato suficiente. No entanto, muito frequentemente, ele deixará a alma numa dolorosa impotência.

Para enfrentar esta impotência – como, aliás, todas as outras, venham de onde vierem –, Santa Teresa indica alguns pequenos artifícios.

Em primeiro lugar, a oração vocal, da qual já conhecemos as vantagens e que, desta forma, pode alimentar a nossa oração de recolhimento:

> Este modo de rezar, mesmo vocalmente, recolhe o pensamento com muito mais rapidez, além de ser uma oração que traz consigo muitos bens.[28]

A leitura meditada é também outro meio – e dos melhores –, para ajudar ao recolhimento:

> Também é muito útil usar um bom livro, mesmo para recolher o pensamento e vir a rezar bem vocalmente.[29]

[190] Para atrair as faculdades e ajudá-las a meditar na pessoa de Jesus vivo, podemos utilizar uma imagem:

> O que está em vossas mãos é tentar trazer uma imagem ou retrato desse Senhor que atenda ao vosso gosto; não para guardá-la consigo e nunca olhar, mas para falar com ele muitas vezes, pois ele mesmo vos ensinará o que dizer.[30]

A experiência fará com que cada um encontre muitos outros "carinhos e artifícios"[31] para manter a atividade das faculdades ou para a substituir e conservar a alma em contato com o Deus vivo.

À perseverança em fazer uso de tudo isso, Santa Teresa promete um sucesso bastante rápido:

> Se praticarmos alguns dias e nos fizermos essa violência, veremos com clareza o ganho e entenderemos, começando a rezar, que as

---

[28] *Ibid.*, 28,4.
[29] *Ibid.*, 26,10.
[30] *Ibid.*, 26,9.
[31] *Ibid.*, 26,10.

abelhas (os sentidos) vêm para a colmeia e entram nela para fabricar o mel.[32]

Mas a oração de recolhimento, na opinião de Santa Teresa, deve transbordar no dia inteiro e penetrar a vida toda.

Para prosseguir com esta intimidade divina, durante as diversas ocupações, os meios utilizados para a oração não são suficientes. É preciso encontrar outros simples e adaptados.

Trata-se de lembranças da presença de Deus ligadas a objetos determinados, imagens ou quaisquer outras coisas familiares; uma mudança de ocupação ou a qualquer outro ponto de referência que nos recordarão a presença de Deus e o ato de amor que devemos fazer. Procuraremos esta presença de Deus sob os diversos véus que, ao mesmo tempo, a encobrem e a mostram, no tabernáculo, em nossa alma ou numa determinada pessoa.

Unindo esta técnica tão simples ao amor, a presença divina torna-se rapidamente familiar. A todo o momento ela é indicada por estes pontos de referência, que se tornaram luminosos, espalhados um pouco em toda a parte no ambiente em que vivemos, junto das pessoas com quem convivemos e nas nossas ocupações. Ela enche a atmosfera e a vida e, quase sem esforço e sem ruído, torna-se constante e sossegadamente luminosa.

[191] É desta presença de Deus que se fez constante, desta intimidade com Jesus que se tornou companheiro inseparável, em suma, da oração de recolhimento em toda a sua extensão na vida que nos fala Santa Teresa quando diz:

Como nada se aprende sem um pouco de esforço, pelo amor de Deus, irmãs, considerai bem-empregado o empenho que nisso tiverdes. Sei que, se o fizerdes, em um ano, e talvez em meio, com o favor de Deus obtereis benefícios. Vede quão pouco tempo para tão grande ganho, como é construir tão bom fundamento para que, se quiser

---

[32] *Ibid.*, 28,7.

elevar-nos a grandes coisas, o Senhor encontre em nós disposição, achando-nos perto de si.[33]

E anteriormente dissera:

Se em um ano não o conseguirmos, que seja em mais! Não nos lamentemos do tempo gasto em coisa tão boa. Quem nos está apressando? Afirmo que podeis adquirir esse costume e, com algum esforço, ficar na companhia desse verdadeiro Mestre.[34]

Nestes textos, a Santa parece afirmar que o recolhimento habitual exige uma graça particular de Deus. O método de oração prepara a alma para receber este favor e faz com que o mereça. Com efeito, este método põe em ação todas as atividades da alma para adquiri-lo e provoca a misericórdia divina. Isto já é manifestar sua excelência e explicar seu sucesso.

C – *EXCELÊNCIA DA ORAÇÃO DE RECOLHIMENTO*

O mérito e valor da oração teresiana de recolhimento consiste no fato de ela não ser senão uma busca do contato íntimo com Deus, mediante a união com Jesus Cristo.

Em nosso tempo, esta doutrina parece não poder aspirar a ser original. Todos os métodos de oração que conhecemos tendem para este mesmo fim, que é essa união, e não estabelecem outro caminho que não seja Cristo. Reconheçamos, contudo, que esta unanimidade se deve em grande parte à influência exercida por Santa Teresa na espiritualidade francesa do século XVII.

[192] Mas, enquanto esta orientação cristocêntrica revestiu-se de grandes e nobres pensamentos na espiritualidade francesa, em Santa Teresa, ela era e continua sendo simples, viva e direta. Sob este ponto de vista, a doutrina de Santa Teresa permanece original e possui um sabor especial

---

[33] *Ibid.*, 29,8.
[34] *Ibid.*, 26,2.

A oração de recolhimento

para as almas de nosso tempo, mais intuitivas que discursivas, mais ávidas de contato vivo que de luz conceitual.

Na verdade, desde o momento em que se põe em oração, Santa Teresa vai em busca de Cristo. Sua necessidade de Deus e de Jesus não suporta demoras. Nada de intermediários para alcançar Jesus, nada de paradas no caminho; não procura pensamento para adentrar, nem sentimento ou impressão espiritual para saborear. Consente em considerar, no seu caminho, apenas aquilo que pode conduzi-la ao fim. Ter encontrado Jesus, falar-lhe ou simplesmente olhá-lo lhe é suficiente; é a sua oração. O amor que tinha pressa de encontrar sente-se satisfeito com este simples contato.

Este contato é vivo. Na verdade, Santa Teresa não reza apenas com a parte mais elevada de sua alma; dirige-se a Cristo com todo o seu ser sobrenatural e humano. Todas as potências se põem em movimento para atingir um contato profundo e pleno, pois todas estão sedentas do divino e de Deus. Só a impotência – venha ela do cansaço ou da ação divina –, pode deter o impulso de algumas delas. E Jesus Cristo, Verbo Encarnado, que assumiu a natureza humana para se adaptar às nossas necessidades e à nossa fraqueza, responde a todos estes desejos. Resulta daí um trato vivo, do qual participam as energias divinas e humanas e no qual cada uma e todas elas se enriquecem ao se dilatarem.

Este trato de amizade não pode ser tão vivo e fecundo se não for uma verdadeira troca. De fato, a oração teresiana não é, de maneira alguma, um puro exercício de escola; é um exercício real da vida sobrenatural que se apoia na verdade dogmática, em todos os movimentos que prescreve. Ela estabelece, assim, um contato entre duas realidades.

A oração de recolhimento nos faz procurar Deus no centro de nossa alma. Onde poderíamos encontrá-lo mais intimamente para estabelecer nossas relações sobrenaturais com ele, senão nessas profundezas de nós mesmos onde ele comunica sua vida divina, fazendo de cada um de nós, pessoalmente, seu filho? Este Deus que está presente e que age em mim é verdadeiramente meu Pai, pois me gera sem cessar por meio da difusão da sua vida. Posso abraçá-lo com um abraço filial, nessas regiões onde ele se entrega. O meu Senhor e meu Deus mora realmente em mim e, quando a minha alma estiver liberta da prisão do **[193]** corpo e purificada o suficiente para receber o *lumen gloriae* – que é o poder de ver Deus como ele é –, descobrirá que ele a penetra e envolve nessas regiões íntimas onde a alma agora o procura na fé. O céu vive todo inteiro em minha alma. Ao permitir-me estar em companhia da Santíssima Trindade que aí habita, a oração de recolhimento é mais do que uma preparação para a vida celeste. É seu exercício real sob o véu da fé.

Dentro da Santíssima Trindade – cujas três Pessoas atuam em nós numa operação única e, portanto, comum – Santa Teresa nos pede para irmos ao encontro do Verbo Encarnado. De fato, nossa participação na vida divina pela graça, não nos deixa como meros espectadores dessa vida; ela nos faz entrar realmente no movimento da vida trinitária. Esta participação ativa e íntima não pode efetuar-se por um acréscimo de pessoas, porque a Trindade é imutável na sua perfeição infinita. Ela só é possível mediante a graça de adoção por uma das três Pessoas e de uma identificação que, fazendo-nos participar das operações que lhes são próprias, nos permite entrar no ritmo eterno dos Três.

Jesus, o Verbo Encarnado, veio até nós, nos salvou, purificou, adotou e nos identificou consigo com ele, para nos permitir entrar como filhos, com ele, no seio da Santíssima Trindade, para nos fazer partilhar de seus esplendores e de suas operações de Verbo e, dando-nos o próprio Pai e o próprio Espírito, assegurar-nos sua herança de glória e beatitude. Apenas nele, por ele e com ele, podemos viver nossa vida sobrenatural. Nós somos de Cristo, e Cristo é de Deus.

Não usemos como pretexto para nos afastar de Jesus uma atração particular pelo Pai ou pelo Espírito Santo, pois só podemos ser filhos do Pai pela união com Cristo, seu Filho único, e o Espírito Santo só pode estar em nós através da nossa identificação com o Verbo, de quem o Espírito procede ao mesmo tempo em que procede do Pai. É também Jesus que nos dá Maria e é apenas dele que procede o verdadeiro espírito filial com relação àquela que é nossa Mãe, porque é também a sua. Em Cristo está, também, a Igreja e, portanto, todas as almas.

Unindo-nos a Cristo, a oração de recolhimento nos coloca em nosso lugar, faz-nos descobrir todas as nossas riquezas, fixa-nos naquele que é tudo e nos dá tudo na ordem sobrenatural.

Dado que ela nos faz viver a verdade e nos introduz no âmago das realidades sobrenaturais, esta oração de recolhimento tem uma eficácia surpreendente. A própria Santa Teresa [194] nos indica alguns dos resultados práticos que este contato vivo com a realidade sobrenatural produz em nós.

Antes de tudo, um apaziguamento das faculdades que deveriam agitar-se neste vazio aparente e que, pelo contrário, aí se recolhem de maneira espantosa. Santa Teresa nos diz que fixar o pensamento naquele a quem dirigimos a oração é o melhor remédio contra as distrações.[35] Escreve também:

> Este modo de rezar, mesmo vocalmente, recolhe o entendimento com muito mais rapidez, além de ser uma oração que traz consigo muitos bens.[36]

O hábito desse olhar para Nosso Senhor provoca tais efeitos que a alma retorna a ele constantemente:

---

[35] *Ibid.*, 24,6.
[36] *Ibid.*, 28,4.

Se vos acostumardes a tê-lo junto a vós e ele vir que o fazeis com amor e procurais contentá-lo, não podereis, como se diz, afastá-lo de vós.[37]

Escreve a Santa que este hábito da presença de Jesus constitui um "bom fundamento para o Senhor, se quiser, nos elevar a grandes coisas".[38]

Eis outra palavra de esperança:

[Essas almas] seguem excelente caminho e ... o percorrerão em muito pouco tempo. É como quem vai num navio e, com algum vento favorável, chega ao fim da jornada em poucos dias, ao passo que quem vai por terra demora mais.[39]

Esta meta para a qual a Santa tende e que quer que nós a desejemos é a fonte de água viva, isto é, o próprio Deus que se doa diretamente à alma através da contemplação. Por esta oração de recolhimento, a alma se encontra preparada para esta contemplação:

Assim, as almas caminham por mar. ... estão mais salvas de muitas ocasiões, a chama do amor divino acende-se com mais rapidez nelas, já que, como estão mais perto do fogo, bastam alguns sopros do entendimento, e uma simples centelha que as toque incendeia tudo. Como não há empecilhos exteriores, encontrando-se a alma sozinha com seu Deus, há nela grandes disposições para se acender.[40]

[195] Na verdade, Deus que tem grandes desejos de se doar e que chama a todos para esta fonte de água viva, não pode deixar de se dar à alma que o procura de uma forma tão direta e tão constante. Tal é o pensamento de Santa Teresa. E ela ainda acrescenta a convicção de que a alma que pratica a oração de recolhimento tal como ela a ensina chegará, por certo, à oração de quietude:

---

[37] *Ibid.*, 26,1.
[38] *Ibid.*, 29,8.
[39] *Ibid.*, 28,5.
[40] *Ibid.*, 28,8.

Seu divino Mestre vem ensiná-la com mais brevidade e lhe dá a oração de quietude, de uma maneira que nenhum outro modo de oração propicia.

... Aquelas que puderem se recolher nesse pequeno céu de nossa alma onde está aquele que o fez, bem como a terra, e acostumar-se a não olhar nem estar onde os sentidos exteriores se distraiam, acreditem que seguem excelente caminho e que não deixarão de beber da água da fonte.[41]

Estas afirmações tão seguras abrem-nos horizontes que ultrapassam de forma notável as orações da fase inicial que estudamos. Elas parecem já resolver o árduo problema do apelo à contemplação.

Tenhamos na memória estas afirmações: a oração de recolhimento concede um contato vivo com Deus; é um caminho seguro para uma intimidade profunda e saborosa, cujo penhor indúbio ela já traz em si.

O principiante não poderia ouvir promessa mais consoladora, nem encorajamento mais valioso.

---

[41] *Ibid.*, 28,4-5.

QUINTO CAPÍTULO

As leituras espirituais

... te darei livro vivo.[1]

[196] A boa vontade e os pequenos artifícios não bastam para que a oração de recolhimento possa impregnar toda a vida e aí desempenhar seu papel vivificante. É-lhe necessário outro apoio que Santa Teresa, iluminada pela sua experiência, nos vai indicar: a leitura espiritual.

A Santa nos diz ter aprendido a arte de se recolher no *Terceiro Abecedário* do franciscano Francisco de Osuna, que seu tio Pedro lhe tinha emprestado durante o tempo que esteve hospedada em Ortigosa, na casa dele.[2] Antes, a leitura dos romances de cavalaria encontrados na casa paterna tinha esfriado seus bons desejos de adolescente.[3] Em compensação, é nas *Cartas* de São Jerônimo que ela encontra coragem para falar sobre sua vocação ao pai,[4] e os *Moralia* de São Gregório, que lhe deram a conhecer a história de Jó, prepararam-na para suportar com paciência suas enfermidades durante a vida de religiosa.[5]

Aliás, ela própria escreve:

Eu tinha a impressão, nesses primeiros anos de que falo, de que, com livros e solidão não corria o risco de perder tanto bem.[6]

---

[1] V 26,5.
[2] Cf. *Ibid.*, 4,7.
[3] Cf. *Ibid.*, 2,1.
[4] Cf. *Ibid.*, 3,7.
[5] Cf. *Ibid.*, 5,8.
[6] *Ibid.*, 4,9.

Esta afirmação ultrapassa a experiência pessoal da Santa. Ela caracteriza as necessidades dos principiantes na vida de oração: a leitura e a solidão são-lhe igualmente necessárias. A solidão assegura à oração sua atmosfera; a leitura oferece-lhe seu alimento.

A – *A IMPORTÂNCIA DA LEITURA*

[197] "Aquele que conhece na verdade ama no fogo!".[7] Nestes termos entusiásticos, Santa Ângela de Foligno exprime uma lei: que o amor procede do conhecimento.

No seio da Santíssima Trindade, o conhecimento que Deus tem de si mesmo e pelo qual gera o Filho, precede a espiração comum do Pai e do Filho da qual procede o Espírito Santo, o Amor substancial e personificado. Deus inscreveu esta lei no homem o qual criara à sua imagem: o homem não pode amar senão aquilo que, de algum modo, ele conhece: *Nil volitum quin praecognitum* afirmava a Escolástica. No homem, nem sempre o amor corresponde à medida do conhecimento, mas ele não poderia se desenvolver na falta desse.

Esta lei, ao mesmo tempo divina e humana, rege a vida da graça, participação criada da vida trinitária: o desenvolvimento da caridade que a constitui está ligado ao da fé que lhe fornece sua luz; e a própria fé tem necessidade do alimento da verdade dogmática para desabrochar. Não podemos, com efeito, separar a fé, *habitus* sobrenatural, da inteligência em que está enxertada. A fé não pode aderir a Deus e penetrar no seu objeto que é o mistério divino, a não ser pela adesão da inteligência à fórmula dogmática que exprime a verdade divina numa linguagem humana.

---

[7] Santa ÂNGELA DE FOLIGNO. *Le livre des visions et des instructions de la bienheureuse Angèle de Foligno*. Taduction Ernest Hello. Paris, Editons Perrin, 1902, chap. LVII, p. 217.

Qualquer que seja sua docilidade para aceitar tudo o que Deus revelou, o *habitus* ou virtude da fé tem necessidade de conhecer a verdade revelada para fazer um ato de fé nas condições habituais. Por isso, o Apóstolo São Paulo, depois de ter indicado que a fé vem pelo ouvido, acrescenta: "E como poderiam crer ... sem pregador?".[8] Acentua, deste modo, o fato da fé ter suas raízes nos sentidos que, ao recolherem a expressão da verdade, lhe fornecem seu alimento.

Este alimento que é a verdade revelada é necessário à fé, em graus diferentes, em todas as etapas do seu desenvolvimento, porém mais especialmente no seu início.[9] **[198]** Ainda pouco esclarecida para aderir com firmeza, demasiado fraca para entrar na obscuridade do mistério divino, ela tem necessidade de estudar para assentar os fundamentos racionais de sua adesão e colocá-la a salvo das tentações e da dúvida. Uma vez que se encontre fortificada pelo alimento substancial e abundante das verdades dogmáticas, poderá mergulhar seu caule vigoroso e fortalecido nas profundezas do mistério e saborear as claridades que os dogmas projetam aí, esperando que a própria obscuridade lhe pareça ainda mais saborosa.

Por outro lado, o amor se torna curioso por conhecer aquilo que ama. Para satisfazer a sua necessidade de saber, ele não cansa de interrogar e recorre a todos os meios de investigação ao seu alcance. O nosso amor a Deus recolherá, então, com avidez, aquilo que ele teve por bem nos revelar de si mesmo. Estudará a verdade revelada para perscrutá-

---

[8] Rm 10,14.

[9] Estas afirmações têm todo o seu valor no que respeita aos começos da oração de que falamos. Mais tarde, na contemplação sobrenatural, enfraquece o conhecimento distinto (2 N 12).

Então o amor toma a dianteira, instruindo a alma na unção da Sabedoria. Esta saborosa sabedoria não dispensa a alma do recurso à verdade revelada, mas diminui, no entanto, as suas necessidades de luz distinta.

-la, recolherá todas as analogias que a traduzem, as conveniências que a explicam, os comentários autorizados que a esclareçam, a fim de ir ainda mais longe na própria verdade e extrair dela um alimento que nutrirá a fé e o amor. Era assim que Santa Teresinha do Menino Jesus procurava em suas orações, através dos textos e cenas do Evangelho, "conhecer a Deus, descobrir, por assim dizer, 'seu caráter'".[10] O conhecimento é o princípio do amor; o amor, por sua vez, converte-se em estímulo do conhecimento.

Isto nos mostra como a oração, especialmente em sua fase inicial, tem necessidade da verdade revelada. Ela só pode estabelecer o trato de amizade com Deus através da fé. Ora, se a fé não pode alcançar a Deus senão pela adesão à fórmula da verdade revelada, com maior razão ainda, para assegurar este contato habitual com Deus na oração, ela precisará ser nutrida por um alimento abundante e variado. Que seria deste trato de amizade se não se apoiasse nas verdades reveladas, dado que a alma ainda não pode contar com a ação de Deus através dos dons do Espírito Santo? Não seria mais do que um longo ou doloroso tédio no vazio ou uma ociosidade preguiçosa, ambos igualmente estéreis.

Pelo contrário, com bons livros, a alma pode, tal como Santa Teresa, defrontar-se com a solidão e nela, ocupar-se de Deus. Os artifícios que a Santa recomenda para permanecer na oração de recolhimento não são, na sua maioria, mais que formas variadas do necessário recurso à verdade revelada, a qual deve sustentar as faculdades e, por conseguinte, manter o trato de amizade com Deus.

Relativa facilidade seja para o recolhimento, seja para este comércio afetuoso com Deus e a perturbação que os múltiplos pensamentos tirados da leitura trazem a esta intimidade podem levar certas almas a pensarem que **[199]** o

---

[10] *Conselhos e Lembranças*. São Paulo, Paulus, 2006⁷, p. 73.

alimento intelectual não só não é uma ajuda, mas se torna um obstáculo à sua oração. A partir disso a suprimir toda a leitura instrutiva ou sacrificá-la por qualquer outra ocupação não é mais que um passo. Esta negligência expõe as almas a um perigo cuja total gravidade só se descobrirá mais tarde. Por ora, sua oração afetiva pode ser excelente. Normalmente, faltando-lhe alimento, ela ficará cada vez menos saborosa, anêmica e, como não tem nem forças, nem luz, corre o sério risco de se extraviar e afundar num sentimentalismo egoísta. Julgávamos que a alma estava perfeitamente unida a Deus tamanha era sua serenidade. Encontramo-la perdida em si mesma, em suas preocupações ou ressentimentos e nas criações da sua imaginação. A antena da fé não foi suficientemente fincada na base pela verdade dogmática, a fim de poder manter com Deus um contato que teria arrancado a alma do egoísmo sutil no qual, doravante, parece estar sepultada.[11]

Sem dúvida, as necessidades de luz distinta diferem segundo as almas; mas, contudo, não há nenhuma que possa se desenvolver sem o alimento do conhecimento da verdade revelada.

Para diminuir a importância da cultura espiritual, cita-se, de bom grado, o exemplo de grandes santos pouco dotados no campo intelectual e pouco instruídos. Estes santos, esclarecidos de forma admirável, são uma exceção. Além disso, é preciso notar que, se a assistência divina supriu a falta de meios intelectuais, não os dispensou do esforço que o estudo requer. O Santo Cura d'Ars, depois de ter um duro trabalho para se preparar para o sacerdócio, passava, em seguida, longas horas a preparar os seus sermões. As extraordinárias luzes com as quais, mais tarde, foi favore-

---

[11] Estas orações de que falamos são orações simplesmente afetivas; há pouca ou nenhuma contemplação verdadeira. Enfraquecem porque não são sustentadas nem pela ação de Deus, nem pelo trabalho das faculdades.

cido podem ser consideradas não só como frutos de sua santidade, mas também como recompensa do árduo labor que teve para alimentar e esclarecer a sua fé.

Como corolário prático para estas considerações, podemos afirmar que o primeiro obstáculo a vencer para divulgar a vida espiritual na nossa época é a ignorância religiosa, que constitui um dos maiores males do nosso tempo.

Esta ignorância deixa nas trevas não só muitas centenas de milhões de pagãos – para quem a luz do Evangelho ainda não brilhou –, mas também [200] milhões de inteligências bem próximas de nós, em nossas cidades, aí mesmo onde se preocupa ao máximo com a divulgação de todas as ciências.

Os ambientes de cultura não estão a salvo desta ignorância. Não temos afirmá-lo! A maior parte dos homens cultos que se dizem sem fé ignoram quase tudo sobre a verdade revelada. Quanto àqueles que permaneceram fiéis às práticas religiosas, muitas vezes, não guardaram da instrução recebida outrora senão algumas noções morais práticas e poucas – ou nenhuma – noções dogmáticas que poderiam alimentar sua vida espiritual. Como todos aqueles de seu meio, dedicaram-se a seus estudos e à sua profissão. Convertidos em advogados, industriais, médicos, comerciantes, professores ou artistas, pensam, vivem e agem como tais. De tempos em tempos, talvez com certa regularidade, apresentam-se como cristãos para cumprir um dever exterior da religião. Mas, desde sua adolescência, jamais tiveram um contato real com a verdade revelada. Nunca pensaram nela com sua inteligência de homens adultos e nunca puseram sua alma e sua vida pessoal sob a luz de Cristo. Deste modo, sua instrução religiosa e sua vida cristã permaneceram verdadeiramente inferiores à sua cultura geral e à sua formação profissional. Disso resulta uma invasão e um domínio do natural em suas almas, em detrimento do sobrenatural. A fé permanece, bem como os hábitos cristãos que sustentam a tradição, mas falta a vida profunda. O cristianismo deles, sem luz e, por conseguinte, sem força, não pode ter influência real no pensamento e na atividade humanos.

Para permanecer viva na alma e atuante na vida, a fé deve ser suficientemente esclarecida e bastante forte para resistir a todos os fermentos que a ameaçam e a todas as pressões que se exercem sobre ela. Só pode desempenhar sua função numa alma, se a luz que a esclarece for proporcional à força e à cultura do espírito que a possui. Se não for alimentada segundo esta sábia medida, dificilmente escapará da ruína. Com maior razão, não poderá aspirar a sustentar uma vida espiritual profunda.[12]

B – *JESUS CRISTO, O "LIVRO VIVO"*

[201] É à própria Santa Teresa que vamos pedir um princípio diretivo para a escolha de nossas leituras.

Em 1559, o grande Inquisidor da Espanha achou que deveria proibir a leitura da maior parte dos livros de espiritualidade escritos em espanhol, a fim de deter a onda crescente dos alumbrados. Esta medida radical lançou Santa Teresa na desolação. Queixou-se afetuosamente disso a Nosso Senhor:

> Senti muito quando se proibiu a leitura de muitos livros em castelhano, porque alguns muito me deleitavam, e eu não poderia mais

---

[12] Esta ignorância religiosa produz um fenômeno, à primeira vista, bastante estranho: almas retas que, sob a pressão dos acontecimentos ou da agitação interior, reencontraram em si mesmas uma profunda necessidade de vida espiritual e que, para satisfazê-la, recorrem a religiões orientais, pois ignoram completamente a vida profunda deste cristianismo, do qual estiveram ao lado durante tanto tempo e que é a religião de seu batismo. Para elas, será uma feliz surpresa, mas muitas vezes tardia, descobrir as riquezas transbordantes de Cristo, depois de se terem dessedentado em fontes sedutoras, mas impuras.

fazê-lo, pois os permitidos estavam em latim; o Senhor me disse: *Não sofras, que te darei livro vivo.* Eu não podia compreender por que ele me dissera isso, pois ainda não tinha tido visões.[13]

A partir de então, começaram para ela as visões da humanidade de Cristo. No princípio, visões intelectuais em que a Santa não via nada:

Parecia-me que ele estava junto de mim, e eu via ser ele que, na minha opinião, me falava.

... Parecia-me que Jesus Cristo sempre estava ao meu lado; ... não percebia de que forma.[14]

Esta presença que "dura muitos dias e, às vezes, até mais de um ano" não é perceptível aos sentidos, mas é clara e certa para a alma, e de uma "certeza ... até muito maior".[15]

Traz consigo imensa confusão e humildade. ... um particular conhecimento de Deus. ... um amor terníssimo por Sua Majestade.

Não é possível [distrair-se] aqui, pois o Senhor, que está junto da alma, a desperta para esse pensamento.[16]

Vieram em seguida as visões imaginárias, rápidas como um relâmpago, mas que deixavam impressa na imaginação uma imagem de Cristo glorificado de tal beleza que a **[202]** Santa considera impossível que venha a desvanecer-se.

Embora a visão [intelectual] ... seja mais elevada, esta última (visão imaginária) é mais adequada à nossa fraqueza, pois dura mais na memória.[17]

Este livro vivo que se abria, assim, à alma de Teresa a instruía de forma admirável:

Depois de contemplar a grande beleza do Senhor, nunca mais vi alguém que, comparado a ele, me parecesse formoso ou me ocupasse o espírito.

---

[13] V 26,5.
[14] *Ibid.*, 27,2.
[15] 6 M 8,3.
[16] *Ibid.*, 8,4.
[17] V 28,9.

Vendo o Senhor e falando com ele com tanta frequência, vi brotar em mim um amor muito maior por ele e uma enorme confiança. Eu percebia que, embora fosse Deus, era Homem, alguém que não se espanta com as fraquezas dos homens.[18]

Estas visões tiveram um grande alcance na vida espiritual de Santa Teresa. Como vimos, em sua oração, ela não queria procurar outra coisa a não ser Cristo.

São João da Cruz, na *Subida do Monte Carmelo*, apresenta a mesma doutrina. Para mostrar que não devemos interrogar Deus pela via sobrenatural, recorda a palavra da Epístola aos Hebreus: "Muitas vezes e de modos diversos falou Deus, outrora, aos Pais pelos profetas; agora, nestes dias que são os últimos, falou-nos por meio do Filho".[19]

E o Santo Doutor comenta:

Porque em dar-nos, como nos deu, o seu Filho, que é a sua Palavra única – e outra não há –, tudo nos falou de uma vez nessa Palavra, e nada mais tem para falar.

Põe os olhos só em Cristo e acharás mistérios ocultíssimos e tesouros de sabedoria e grandezas divinas nele encerrados, segundo o testemunho do Apóstolo: *In quod sunt omnes thesauri sapientiae et scientiae Dei absconditi,* "Nele estão encerrados os tesouros da sabedoria e da ciência (Cl 2,3)".[20]

Toda a ciência espiritual está contida em Jesus Cristo porque ele é o Verbo eterno e, simultaneamente, o Verbo enunciado no tempo, a luz que ilumina toda a inteligência que vem a este mundo e a luz que brilhou em nossas trevas e que podemos seguir sem receio de nos extraviarmos.

Por isso, o Apóstolo não quer saber "outra coisa a não ser Jesus Cristo, e Jesus Cristo crucificado".[21] Considera tudo **[203]** "perda, pela excelência do conhecimento de

---

[18] *Ibid.*, 37,4.5.
[19] Hb 1,1-2.
[20] 2 S 22,3.6.
[21] 1Cor 2,2.

Cristo Jesus"[22] e não pode desejar nada melhor aos seus caros cristãos que "conhecer o amor de Cristo ... para que [sejam] plenificados com toda a plenitude de Deus".[23]

Santo Agostinho, a quem os impulsos da alma levam à sabedoria incriada, confessa:

> Eu buscava um meio que me desse forças para gozar de ti, mas não o encontraria, enquanto não aderisse "ao mediador entre Deus e os homens, o homem Cristo Jesus (Cf. 1Tm 2,5)".[24]

Estes testemunhos não são mais que comentários às afirmações do próprio Jesus:

> Ora, a vida eterna é esta: que eles conheçam a ti, o único Deus verdadeiro, e aquele que enviaste, Jesus Cristo.[25]

> Eu sou a porta. Se alguém entrar por mim, será salvo; entrará e sairá e encontrará pastagem.[26]

A doutrina da mediação universal e única de Cristo – da qual já vimos a importância na espiritualidade teresiana –, impõe aos principiantes uma obrigação muito clara e firme: a de se colocar imediatamente na escola de Jesus Cristo e de procurar, neste livro vivo, toda a ciência espiritual que lhes é indispensável nestes princípios.

As visões que abriram este livro ao olhar espiritual de Santa Teresa descobriram-lhe a beleza de Cristo ressuscitado e a majestade dolorosa de Jesus na sua paixão, imprimiram profundamente seus traços na sua memória, abrasaram-na de amor, esclareceram-na sobre as profundezas misteriosas da alma humana e da divindade do Verbo encarnado. Prolongando-se por semanas e meses, elas criaram entre Jesus e Teresa esses relacionamentos de familiaridade viva e respeitosa que explicam a doutrina da Santa sobre a

---

[22] Fl 3,8.
[23] Ef 3,19.
[24] *Confissões* – Livro 7,18.
[25] Jo 17,3.
[26] *Ibid.*, 10,9.

oração de recolhimento e sobre a união simples e constante com Jesus Cristo, que é o seu fundamento.

O estudo deve suprir as visões. E não terá êxito se não buscar uma ciência viva de Jesus Cristo. Para que se crie e subsista em nossa vida quotidiana esta intimidade afetuosa e constante com Jesus Cristo, que constitui o alimento da oração de recolhimento, é **[204]** preciso conhecer Cristo vivo, vê-lo tal como viveu, saber como e em que condições interiores e exteriores ele agiu e falou. E é preciso também que todas as nossas potências, desde os sentidos até às profundezas de nossa inteligência, estejam repletas deste conhecimento vivo e concreto.

A alma deve, pois, esforçar-se por recolher aquilo que a revelação e a teologia nos dizem a respeito de Cristo, de sua divindade, de sua humanidade e da união hipostática que a fez subsistir na pessoa do Verbo, de sua mediação e do seu sacerdócio.

Dado que é como Homem-Deus que Jesus exerce sua mediação, é para a Santa Humanidade que se dirigirá a curiosidade afetuosa do amor: para as perfeições do seu corpo, sua beleza, sua sensibilidade, para as riquezas da sua alma, a tríplice ciência intuitiva, infusa e experimental que adornava sua inteligência, para a vida a um só tempo transbordante e ordenada de sua imaginação e de seus sentidos, para a força e o admirável domínio de sua vontade, o equilíbrio harmonioso e a elevada perfeição de seu ser e de sua vida, por fim, para todo o seu ambiente e o da sua região, para as condições materiais e morais nas quais se desenrolou a sua existência terrena e que prepararam, através do sofrimento e da morte, o seu triunfo definitivo.

Um estudo puramente especulativo dos mais belos tratados sobre a pessoa de Cristo, sua história e sua vida, não bastaria – pode-se depreender –, para adquirir esta ciência viva e profunda de Cristo. É preciso uma preocupação constante, uma incansável perseverança, uma penetração particular do amor que se interesse pelos mínimos detalhes, que ressalte palavras e gestos, aparentemente sem importância, para utilizá-los como indícios reveladores, que torne mais nítidos, a cada dia, os traços já conhecidos da fisionomia amada, descobrindo novas riquezas e adentrando numa intimidade mais profunda.

É deste modo que a fé e o amor se unem para haurir deste livro vivo, "no qual se acham escondidos todos os tesouros da sabedoria e do conhecimento",[27] aquilo que apraz a Deus nos revelar.

Para o principiante – de quem nos ocupamos e que se encontra nas segundas Moradas –, o amor ainda não é suficientemente penetrante e a fé permanece fraca. Como, então, vai se colocar na escola de Jesus Cristo? Através das boas leituras, meio modesto e imperfeito, mas indispensável nesta fase inicial.

C – ESCOLHA DAS LEITURAS

[205] A escolha das leituras deve ser inspirada por esta verdade fundamental: que toda a ciência espiritual está contida em Cristo e nos foi revelada nele. Os livros espirituais não podem, nem devem explicitar mais que Jesus Cristo e nos conduzir a ele. Uma leitura nos é proveitosa na medida em que nos dá a ciência de Cristo. É esse o princípio prático que estabelece para cada um de nós o valor dos livros e que deve nos guiar na escolha das leituras.

I – *A pessoa de Cristo: a Sagrada Escritura*

A preocupação de encontrar Jesus Cristo nos conduz, em primeiro lugar, à Sagrada Escritura e lhe dá a primazia entre os livros a ler e meditar.

---

[27] Cl 2,3.

II Parte – Primeiras etapas

O seu incomparável mérito é ter a Deus como principal autor. O Espírito Santo serviu-se da atividade humana e livre de um autor inspirado para nos dizer o que quer e como o quer. A veracidade de Deus – que não pode nem se enganar, nem nos enganar – garante concomitantemente tanto a verdade proposta como a sua expressão. Por conseguinte, a palavra inspirada nos oferece a própria verdade divina na sua tradução mais segura e perfeita em linguagem humana. Para o contemplativo que busca unir-se a Deus na luz, a Sagrada Escritura tem um valor incalculável, pois, ao oferecer-lhe a própria palavra de Deus sob o véu das palavras, leva-o a comungar com o Verbo e o entrega à ação transformadora de sua luz.

A estes méritos transcendentes, que fazem da Bíblia um livro divino, vêm ajuntar-se outros de ordem inferior, mas que a completam de forma muito oportuna.

Não há livro que se lhe possa comparar, seja pelo interesse, utilidade, elevação e variedade de temas tratados, seja pela arte e poesia que aí aparecem.

Com efeito, a Sagrada Escritura nos narra as origens da humanidade e de seus infelizes primórdios e nos conta a espantosa história do povo hebreu, escolhido para custodiar o culto do verdadeiro Deus e preparar a vinda do Messias. Ao lado de grandes quadros históricos, de dissertações simples e patéticas, de visões portentosas, da compilação de máximas que resumem os ensinamentos práticos da prudência humana e da sabedoria divina, encontramos aí as fórmulas de oração mais ardorosas e confiantes, mais humildes [206] e sublimes já pronunciadas por lábios humanos.

Mas nela buscamos, acima de tudo, Jesus Cristo, desde o momento em que sua mediação redentora é anunciada após a queda dos nossos primeiros pais, até a consumação, por meio de seus Apóstolos, de sua missão de Verbo que revela a verdade divina. Sua vida terrestre nos é narrada numa linguagem simples pelos evangelistas que nos repetem as suas palavras, nos revelam seus gestos e, através de mil detalhes observados, nos descrevem até mesmo suas atitudes. Graças a eles, não existe homem célebre de quem, a vinte séculos de distância, possamos mais facilmente conhecer a linguagem, as formas vivas e cuja intimidade se nos apresente de modo mais fácil e mais atraente.

Finalmente, sobre este mistério do Cristo que difunde sua vida no Corpo Místico do qual é a Cabeça, o Apóstolo São Paulo projeta a luz poderosa da sua incomparável doutrina, mostrando-nos a sua profundeza e riquezas.

Não existe outra obra que possa, no mesmo grau da Sagrada Escritura, nos esclarecer acerca de Deus e de Cristo, garantir um alimento mais substancial para a nossa meditação, facilitar o contato vivo com Jesus e criar intimidade com ele. Oferece-nos um alimento que convém ao principiante; aquele que é perfeito não quer outro livro, porque é o único cujas palavras estão carregadas de claridades sempre novas e de sabores sempre substanciosos para a sua alma.

Não há, portanto, nenhum contemplativo para quem a Sagrada Escritura não seja muito valiosa. Santa Teresa acha que nada a recolhe como os versículos da Sagrada Escritura. Santa Teresinha do Menino Jesus traz sempre consigo o santo Evangelho; nele procura o caráter de Deus. Encontra em Isaías, o grande vidente, os traços da face dolorosa do seu amado Jesus.[28] É na companhia de São Paulo que Irmã Elisabete da Trindade vive a sua contemplação silenciosa e obscura.

Contudo, nos ambientes cristãos, mesmo instruídos e piedosos, alimenta-se muito pouco da Sagrada Escritura.[29] Alega-se, para explicar e mesmo desculpar este abandono –

---

[28] Cf. CT 108, 18 de julho de 1890 e CT 193, 30 de julho de 1896.

[29] Depois de estas linhas terem sido escritas, verifica-se um regresso à Sagrada Escritura, o que constitui uma das graças mais preciosas do nosso tempo.

e por vezes, desconfiança –, a simplicidade dos relatos que parecem bobagens para nossos costumes, não mais puros, mas mais refinados. Também se aponta para as obscuridades que resultam das variantes e das traduções imperfeitas e, sobretudo, para a diferença que existe entre o nosso gênio e o gênio oriental que presidiu à sua composição.

[207] Para a alma que vem procurar na Sagrada Escritura apenas a luz e o alimento para a sua vida espiritual, a maioria destas dificuldades desaparecem quase por completo se ela utilizar comentários apropriados e livros de introdução. No nosso tempo, existem excelentes deles e, com pouco esforço, oferecem-nos a chave de um livro. Que magnífica e proveitosa recompensa para uma alma de oração quando, depois de alguns meses de estudo, pode haurir diretamente da fonte inesgotável de luz que são as Epístolas do Apóstolo São Paulo!

Todas as almas de oração devem se alimentar das vidas de nosso Senhor – felizmente muito numerosas – e que ilustram de maneira tão admirável o Evangelho. Como estas leituras nos tornam Jesus familiar, elas criam na alma uma atmosfera favorável à vida de oração e lhe são, por isso, uma preparação particularmente eficaz.

Comentários da Escritura e vidas de nosso Senhor devem nos conduzir ao próprio texto inspirado. Só ele oferece a palavra do próprio Deus. Só ele é divino e inesgotável. Saboreá-lo e, sobretudo, saber contentar-se com ele na oração é um sinal de que se progrediu nela.

II – *Cristo Verdade: os livros dogmáticos*

Ao Diácono Filipe que lhe perguntava se compreendia a passagem de Isaías referente ao Messias que estava a ler, o eunuco da rainha de Candace respondia: "Como o poderia se alguém não me explicar?"[30]

---

[30] At 8,31.

As Sagradas Escrituras necessitam, de fato, de um comentário, e não só de um comentário que explique o sentido das palavras, mas de um comentário mais amplo e mais profundo que explicite o Cristo luz, que está contido nelas. É o papel da teologia que analisa, põe em foco, coordena e expõe as verdades reveladas.

O magistério infalível da Igreja define as verdades mais importantes para as impor à nossa fé, ao passo que o teólogo prossegue infatigavelmente o seu trabalho sobre a revelação, a fim de fazer surgir de seu mistério novas claridades para a nossa inteligência e de a traduzir em fórmulas mais precisas. Dogmas definidos e verdades teológicas exprimem a luz do Verbo em termos humanos e analógicos. É pela adesão que lhes damos que a nossa fé sobe até o Verbo e o alcança. Já falamos da necessidade desta adesão à fórmula dogmática e do estudo da verdade, especialmente no início da vida espiritual. Será suficiente para nós indicar como é preciso conduzir o estudo da verdade dogmática em vista à oração.

1. **[208]** A primeira qualidade a exigir é a ortodoxia. Só a verdade, da qual a Igreja é a guardiã e a dispensadora, pode dar à alma o alimento substancial e o apoio firme de que ela tem necessidade para ir até Deus. Pelo contrário, um erro teológico, mesmo incidindo em pormenores, pode levar a grandes desvios de conduta. Santa Teresa declara-se impotente para exprimir o mal que lhe fizerem certas afirmações erradas dos "doutos pela metade".[31] Na realidade, muitos movimentos espirituais se desencaminharam por causa de experiências espirituais mal ou insuficientemente esclarecidas.

A preocupação neste ponto deve ir até ao escrúpulo. Santa Teresinha do Menino Jesus recusou continuar a leitu-

---

[31] V 5,3.

ra de uma obra, quando soube que o autor não era submisso ao seu Bispo.

2. Será ótimo para o principiante nos caminhos espirituais, seja qual for a sua cultura geral e religiosa, recorrer a livros de doutrina de estilo simples como, por exemplo, o catecismo, cujas fórmulas livres de retórica deixam à verdade toda a sua força. Com efeito, a fé progride ao penetrar profundamente na verdade que é seu objeto e não ao verter-se sobre os encantos da palavra humana. E isso de tal maneira que, para a fé viva, os artifícios literários e a verbosidade se configuram como obstáculos que detêm seu impulso, como invólucro incômodo que lhe esconde seu tesouro. A expressão mais simples é, ordinariamente, o espelho mais puro das claridades do Verbo divino.[32]

3. Esta procura da simplicidade e esta caminhada da fé em profundidade não devem limitar o progresso em extensão. Cada dogma é um raio de luz que emana do Verbo divino. Não temos o direito de negligenciar nenhum deles, pois, além das riquezas de luz e de graça que cada um nos traz, é na síntese viva do conjunto que o olhar afetuoso encontra a expressão mais exata do próprio Verbo.

4. Não é raro que um dogma seja origem de uma graça particular para uma alma e que lhe ofereça o seu rastro luminoso como um caminho claramente caracterizado para chegar até Deus. Tal luz deve ser recolhida como algo precioso. Qualquer que seja a cultura da alma, ela deve esmiuçar esta verdade por um estudo aprofundado, a fim de lhe extrair toda a substância nutritiva.

De igual modo, não se deve resistir a esse movimento que arrasta teólogos e fiéis de uma determinada época para tal ou tal dogma particular, como o dogma da Igreja **[209]** e

---

[32] A expressão mais simples de que falamos será, não a mais banal ou menos figurada, mas aquela que, de certo modo, desaparece para pôr em relevo a verdade que exprime.

os privilégios da maternidade divina nos nossos dias. Seria expor-se a resistir ao Espírito Santo que guia a Igreja e lhe dispensa, em todas as épocas de sua história, a luz adequada às suas necessidades.

5. Como se vê, a cultura dogmática da alma de oração deve ser, ao mesmo tempo, extensa e profunda. Normalmente, é a cultura geral, ou então as necessidades particulares da graça na alma, que lhe determinarão a medida. Estas necessidades podem ser diferentes nos diversos períodos da vida espiritual. Uma direção sábia as determinará. E não é raro que, para uma alma fiel, o próprio Deus venha a prover a tais necessidades, através de circunstâncias providenciais.[33]

As obras de divulgação teológica são numerosas em nossa época e, igualmente, facilitam a cultura dogmática. Bem podemos nos congratular e nos servir delas, sob a condição de escolhermos as mais adaptadas à nossa cultura geral e às nossas necessidades e de não nos extraviarmos em meio à multiplicidade.

Sempre que possível, será vantajoso abordar o Príncipe da teologia, Santo Tomás de Aquino, cuja palavra plena e sóbria oferece, para quem consegue penetrar-lhe a essência, o alimento forte das profundezas do dogma.

Enfim, a leitura dos Padres da Igreja, esses grandes mestres que eram tanto teólogos como contemplativos, le-

---

[33] Esta ação providencial aparece claramente na vida de São João da Cruz. O Santo, depois de ter feito intensos estudos na Universidade de Salamanca, parte para Duruelo. Terminada sua difícil aprendizagem da vida contemplativa carmelitana, depois de ter organizado o noviciado em Pastrana, volta aos estudos como reitor do colégio teológico de Alcalá; aí faz provisão de luz para o longo e fecundo silêncio de Ávila (1572-1577) que terminará na prisão de Toledo. Tendo chegado ao matrimônio espiritual e recuperado as forças físicas, é nomeado Reitor do colégio de Baeza e os professores da Universidade vêm com frequência ao convento. Este novo contato com a verdade dogmática prepara o período de fecundidade literária que origina todos os grandes tratados do Santo.

va-nos às fontes mais puras da ciência sagrada e da vida cristã.

III – *Cristo Caminho: Escolas de Espiritualidade*

Ao mesmo tempo em que Verdade, Jesus proclamou-se Caminho, o único que conduz ao Pai. Este caminho que é Cristo tem necessidade de ser iluminado para nós. Tal é o papel desempenhado pelos mestres da vida espiritual, que nos explicam os preceitos e conselhos evangélicos, indicam as exigências das virtudes e os meios de praticá-las, iluminam com a luz teológica e a ciência experimental as veredas que conduzem rumo aos cimos da perfeição cristã.

[210] As veredas são numerosas; as diversas espiritualidades as descrevem. Como escolher? Habitualmente, intervêm uma atração determinada ou circunstâncias providenciais. Às vezes, torna-se necessária uma procura.

De maneira geral, um estudo sumário das diversas escolas de espiritualidade é muito proveitoso. Cada uma delas dá conselhos muito úteis sobre pontos particulares. A escola inaciana mostrará a importância da ascese e os meios de praticá-la; a escola beneditina nos instruirá sobre a virtude da religião e sobre o valor espiritual da liturgia; Santa Teresa e São João da Cruz vão nos ensinar o culto interior da oração e alargarão nossos horizontes da vida espiritual. Este estudo pode também fazer-nos evitar, de modo muito conveniente, as deformações que ameaçam acompanhar uma especialização demasiado restrita ou prematura.

Algumas almas, destinadas a se tornarem cabeças de uma escola, beberão de todas as espiritualidades e, enriquecidas por estes acréscimos, formarão a sua espiritualidade própria com a graça da sua missão. É assim que Santa Teresa, dirigida por jesuítas, franciscanos e dominicanos, enxerta tudo aquilo que recebe deles na sua graça carmelitana e constrói a síntese viva que é o espírito teresiano. Santa Teresinha do Menino Jesus também toma contato com todas as escolas de espiritualidade de nossa época e revestirá, assim, de poesia e atrativos para as almas do nosso tempo, a sua vigorosa e antiga graça de filha de Elias, patriarca do Carmelo, e de São João da Cruz, seu Doutor.

Mas, habitualmente, o contato com as diversas espiritualidades permite à alma encontrar seu caminho.

Uma vez descoberto este caminho particular, é necessário fazer um estudo aprofundado sobre a espiritualidade que o representa e familiarizar-se com os santos que são suas cabeças. O ideal encontrado deve polarizar todas as energias da alma e fazê-las render o máximo de sua potência e fecundidade.

Está em jogo tanto a perfeição da alma, como o bem da Igreja. É neste caminho que a alma encontrará as graças que Deus preparou para sua santificação. É servindo a Igreja no lugar que lhe foi determinado que ela contribuirá mais eficazmente para o bem de todos. Assim como a saúde do corpo humano depende do bom funcionamento de todos os seus órgãos, assim também a perfeição da Igreja exige que cada um dos fiéis esteja em seu lugar e aí cumpra a função que lhe foi assinalada. O diletantismo inconstante, que toca tudo para tudo saborear, é prejudicial; a especialização dentro da sua vocação é o meio mais eficaz de servir.

[211] Esta especialização numa vocação ou numa espiritualidade permite que as missões e as graças particulares subsistam. A graça de Deus é multiforme dentro de uma mesma luz, e as delicadas unções do Espírito Santo são tão variadas que, ao selecioná-las no mesmo ambiente e sob as mesmas influências, não há duas almas que se assemelhem nem sequer em parte. Então, se o estudo das escolas de espiritualidade é necessário para encontrar seu caminho e avançar por ele, é, em última análise, o próprio Espírito

Santo quem nos guia para Deus por este caminho que é Jesus Cristo.

IV – *Cristo, Vida na Igreja*

Jesus Cristo é a fonte da vida divina, dessa vida que se derrama, primeiramente, na Santa Humanidade para aí reinar em perfeição e plenitude, fazer dela uma fonte de graça sempre a jorrar e um modelo perfeito cujos atos determinam as leis da ordem moral e espiritual.

Esta vida de Cristo prolonga-se na Igreja ao longo da história. Manifesta-se aí em diversos movimentos. É dever do cristão, filho da Igreja imortal pelo seu batismo, mas que, por sua vida temporal e pela missão que recebeu, pertence à Igreja de uma determinada época, estudar a vida de Cristo na Igreja através dos séculos, viver profundamente esta vida no seu tempo, conhecer-lhe os movimentos exteriores e as emoções interiores, as alegrias e as provações, as necessidades e as intenções para fazê-las suas: *Hoc sentite in vobis quod et in Christo Jesu.* "Tende em vós o mesmo sentimento de Cristo Jesus".[34] A palavra do Apóstolo deve ser compreendida como de Cristo na Igreja.

A leitura de algumas revistas e livros da atualidade servirá muito bem à vida interior, colocando-a nos horizontes cristãos de um filho da Igreja. Lembremo-nos da enorme influência que tiveram sobre Santa Teresa os relatos acerca das guerras religiosas na França, chegados à Espanha, provavelmente, através dos comerciantes vindos à feira de Medina. Ou ainda as conversas do padre franciscano, comissário de sua Ordem nas Índias Ocidentais, que lhe falou a respeito da miséria moral dos povos evangelizados pelos seus religiosos. Estes relatos tornaram mais clara sua vocação de filha da Igreja, inflamaram o seu zelo e abriram-lhe horizontes imensos.

---

[34] Fl 2,5.

As leituras espirituais

A vida que vem de Cristo triunfa particularmente nos santos. Manifesta aí suas riquezas, revela-se a nós viva sob formas [212] humanas mais próximas, triunfando das dificuldades que conhecemos, detalhando para nossa utilidade os esforços que exige, mostrando-nos também as alegrias e os triunfos que nos assegura. A vida dos santos explica, completa e coloca no devido lugar, de modo oportuno, o ensinamento evangélico e as doutrinas espirituais. O valor dos princípios que aí nos são indicados, sua aplicação a diversos casos concretos, o equilíbrio do conjunto aparecem, por vezes, apenas nos próprios gestos do santo. A lógica rigorosa de São João da Cruz reveste-se de uma humana ternura, quando vemos o suave amor que ele espalhava ao redor de si; ao passo que o sorriso de Santa Teresinha do Menino Jesus deixa ver a força que ele oculta, quando temos conhecimento de sua paciência nas provações e de suas exigências para com as noviças.

De acordo com o bem-conhecido provérbio: *verba movent, exempla trahunt*, os exemplos têm uma força de atração comparável a nenhuma outra. A esta força que chega à alma através das tranquilas alegrias da leitura ajunta-se, para a vida dos santos, a graça sobrenatural que lhes é concedida pela sua santidade. Santa Teresa fala da influência decisiva que teve em sua vida a leitura das *Confissões* de Santo Agostinho.[35]

Vemos como são vários e numerosos os comentários escritos a respeito de Cristo. Sem dúvida, eles não esgotam os tesouros de luz e de sabedoria que existem nele. No entanto, é por meio deles que a alma os faz, progressivamente, seus e, sobretudo, aprende a ler no próprio livro de Cristo vivo. A influência da leitura no desenvolvimento da vida espiritual é imensa. Portanto, faz-se necessário aplicar-se a ela com diligência, com espírito de fé e com perseverança.

---

[35] Cf. V 9,7-8.

SEXTO CAPÍTULO
Distrações e aridez

> *E, como essa luta foi muito dolorosa para mim, creio que também o pode ser para vós. Por isso o repito sem cessar.*[1]

[213] A propósito da oração de recolhimento Santa Teresa faz a seguinte observação:

> Proceder sem o discurso do entendimento fará com que a alma esteja muito concentrada ou perdida, perdida em distrações.[2]

Na verdade, nem os métodos mais vivos, nem as orações mais ordenadas, nem mesmo a leitura mais assídua podem deixar a alma a salvo das distrações e das securas na oração.

Dura prova, cuja ignorância – nota ainda a Santa – contribui para aumentar os sofrimentos e os perigos. A esse propósito escreve:

> E o mal é que, como não pensamos ser preciso mais do que pensar em vós, nem sabemos perguntar aos que têm instrução, nem consideramos que haja necessidade de perguntar. Experimentamos terríveis sofrimentos por não nos entendermos. ... Daqui provêm as aflições de muitas pessoas voltadas para a oração, ao menos das que são pouco esclarecidas. Elas se queixam de sofrimentos interiores, tornam-se melancólicas, perdem a saúde e até abandonam a oração por completo.[3]

Para nos esclarecermos sobre este assunto tão importante, estudemos a natureza e as causas das distrações e da aridez a fim de lhes descobrir os remédios.

---

[1] 4 M 1,13.
[2] V 9,5.
[3] 4 M 1,9.

A – *NATUREZA DAS DISTRAÇÕES E DA ARIDEZ*

[214] "Recolhido e distraído são dois adjetivos que se opõem", observou-se com exatidão[4]. O recolhimento é uma condição da oração. Por isso, as distrações na oração colocam-se, geralmente, em sentido inverso ao do recolhimento. Enquanto o recolhimento na oração é uma concentração da atividade de nossas faculdades sobre uma realidade sobrenatural, a distração é uma evasão de uma ou de todas as faculdades para outro objeto que suprime o recolhimento.

Nem toda evasão de uma ou de várias potências não é necessariamente uma distração. Sobre este ponto, Santa Teresa nos convida a fazer uma análise psicológica que nos ajudará a determinar de modo mais preciso a natureza das distrações.

Assustada com as divagações de suas faculdades em diversos sentidos, a Santa foi consultar letrados que confirmaram aquilo que sua experiência lhe tinha revelado a respeito da distração e da atividade independente das faculdades da alma:

> Eu tenho andado assim, nessa confusão do pensamento, bem aflita algumas vezes. Há pouco mais de quatro anos vim a entender, por experiência, que o pensamento (ou imaginação, para que melhor se compreenda) não é a mesma coisa que o entendimento. Perguntei-o a um erudito, que me confirmou essa verdade, o que não foi para mim motivo de pouco contentamento.[5]

---

[4] Dr. LAIGNEL-LAVASTINE. "Les distractions dans la prière; étude physio-psychologique". Apud *Études Carmélitaines mystiques et missionnaires*. Paris, DDB, vol. I, 19ème année, pp. 120-142, avril, 1934.

Remetemos para este notável estudo, no qual o eminente professor, membro da Academia de medicina, preocupado tão somente em servir a vida espiritual, resumiu os resultados de penetrantes análises fisiopsicológicas, para nos ajudar a lutar contra as distrações na oração.

[5] 4 M 1,8.

Que as potências da alma têm uma atividade independente e que algumas podem evadir-se isoladamente do recolhimento, sem o destruir – eis as verdades que consolaram Santa Teresa.

Quais são as potências cujas divagações podem ser apenas incômodas e não dar origem à distração?

Em primeiro lugar, os sentidos exteriores e interiores que podem perceber ou sentir impressões sem que o recolhimento seja destruído. Eu, passeando pelo campo, posso ver uma paisagem familiar, ouvir o canto dos pássaros, sentir certo sofrimento [215] físico ou uma mágoa na alma e, contudo, continuar a minha oração sobre um tema evangélico estranho a todas estas percepções e sensações. A abstração fora dos sentidos é frequente no recolhimento. Ao escrever o *Castelo Interior*, Santa Teresa nota:

Enquanto escrevo, examino o que se passa em minha cabeça, considerando o grande ruído que há nela, como eu disse no princípio. Esse zumbido quase me tornou impossível escrever isto que me mandaram. Tenho a impressão de ter na cabeça rios caudalosos, cujas águas se precipitam. Ouço muitos passarinhos e silvos – não nos ouvidos, mas na parte superior da cabeça. ...

Com efeito, mesmo este grande zumbido que tenho na cabeça não me atrapalha a oração, nem me impede de escrever.[6]

A imaginação, cuja atividade está tão estreitamente ligada à dos sentidos, pode também evadir-se deixando a alma nas realidades sobrenaturais que a prendem.

Escutemos, mais uma vez, Santa Teresa cujas experiências esclarecem muito bem estes problemas delicados:

Eu via – segundo o meu parecer – as faculdades da alma fixadas em Deus e recolhidas nele, e, por outro lado, a imaginação alvoroçada. Isso me deixava zonza.[7]

---

[6] *Ibid.*, 1,10.
[7] *Ibid.*, 1,8.

Que acontece com o entendimento, isto é, com a inteligência discursiva, em oposição à inteligência que penetra com um olhar simples e direto?

Santa Teresa observa que, enquanto a vontade se encontra suavemente presa à oração de quietude e goza dos gostos divinos, o entendimento pode encontrar-se na agitação:

> As outras duas faculdades (entendimento e memória) ajudam a vontade para que esta se vá tornando capaz de fruir de tanto bem (a quietude), embora algumas vezes, mesmo estando a vontade unida, muito atrapalhem. ... [Ficam] indo e vindo, na esperança de que a vontade lhes dê um pouco do que desfruta.[8]

Todos os textos de Santa Teresa que citamos até agora para provar a independência das potências da alma descrevem estados nitidamente contemplativos. Com efeito, na contemplação, onde Deus pacifica, por sua ação, uma ou várias das potências e deixa as outras agitadas, nota-se, de forma mais clara e experimentalmente, a distinção entre as várias potências.

[216] Mais claramente percebida na contemplação, a distinção das faculdades é um fato psicológico constante que, portanto, existe em todas as etapas da vida espiritual. Notemos, porém, que a intervenção direta de Deus na atividade das faculdades, que produz a contemplação sobrenatural, modifica sensivelmente as leis do recolhimento durante esse período.

Enquanto na contemplação é suficiente para o recolhimento que a vontade se entregue à ação suave de Deus, mesmo quando todas as potências estiverem agitadas, na fase ativa, a atenção voluntária da alma para uma realidade sobrenatural não experimentada parece não poder existir sem uma aplicação da inteligência a este objeto, seja por meio do raciocínio, seja por um simples olhar.

---

[8] V 14,3.

Podemos, pois, admitir que, nesta fase ativa que nos ocupa, a atenção e o recolhimento são dissipados pela evasão da inteligência.

Além disso, nesta mesma fase, a independência da atividade das potências – que se percebe com menor facilidade – é também menos real. As percepções dos sentidos e as divagações da imaginação perturbarão mais facilmente a aplicação da inteligência e, por consequência, o recolhimento.

A distração será considerada voluntária quando, deliberadamente e com plena consciência, a inteligência afasta sua atenção da realidade sobrenatural para a dirigir a outro objeto. Será involuntária quando este movimento se produz contra a vontade ou sem inteira consciência, geralmente cedendo à solicitação duma impressão ou duma imagem.

Quando a distração não é passageira durante a oração, mas, devido à impotência da inteligência em se fixar sobre determinado tema e à sua mobilidade, se transforma num estado quase habitual, ela passa a ser um estado de aridez. A aridez é geralmente acompanhada de tristeza, impotência, diminuição dos ardores da alma, de agitação e nervosismo das faculdades.

A distração é um sofrimento; a aridez cria um estado de desolação. Ambas foram uma das provações mais sentidas pela alma de Santa Teresa. Ela as descreve, de bom grado, para nos encorajar. Durante vários anos – diz ela falando da primeira maneira de regar o jardim,[9] tirando a água com um balde, o que corresponde aos primeiros graus de oração –, conheceu a fadiga de "lançar muitas vezes o balde ao poço e tirá-lo **[217]** sem água".[10] Para este trabalho
muitas vezes, nem [conseguia] levantar os braços, nem [podia] ter um bom pensamento. ...

---

[9] Cf. *Ibid.*, 11,9.
[10] *Ibid.*, 11,10.

Esses trabalhos têm seu valor, eu o sei, pois os fiz durante muitos anos (quando eu tirava uma gota de água desse poço bendito, pensava que Deus me concedia uma graça), sendo necessário, para vencê-los, mais coragem do que para muitos outros trabalhos do mundo.[11]

Eis outra confissão da santa Mestra de oração, que certamente nos consolará em nossas dolorosas impotências:

Nessas coisas consistiu toda a minha oração ... , sendo esses os meus pensamentos quando eu podia. E muitas vezes, durante alguns anos, eu me preocupava mais em desejar que passasse o tempo para mim determinado de estar ali e em escutar quando batia o relógio, do que em outras coisas boas. Com frequência, acolhia com maior vontade alguma penitência grave do que o recolhimento em oração.

... e [era] tamanha a tristeza que eu sentia ao entrar no oratório, que eu precisava empregar todo o meu ânimo (que, dizem, não é pouco, tendo Deus me feito mais corajosa do que a maioria das mulheres, embora eu a tenha usado mal).[12]

O sofrimento inerente a um estado de impotência e ao tédio que acompanha o vazio das faculdades é aumentado pelo sentimento de inutilidade dos esforços e pela impressão de insucesso definitivo nos caminhos da oração e, por conseguinte, na vida espiritual. A alma de oração tem necessidade de ser esclarecida e fortalecida. E não poderá sê-lo mais eficazmente do que pela exposição das causas desta aridez e dos seus remédios.

B – *CAUSAS DAS DISTRAÇÕES E DA ARIDEZ*

A nossa pesquisa não se debruçará sobre as causas voluntárias das distrações e da aridez, como seriam a negligência em combatê-las durante a oração ou a condescendência que as sustentaria, as negligências notáveis na leitura espiritual e na preparação que deve assegurar à oração seu alimento,

---

[11] *Ibid.*, 11,10.11.
[12] *Ibid.*, 8,7.

a dissipação da vida e a falta habitual da mortificação dos sentidos. É fácil, com efeito, determinar o remédio nestes casos. O descuido em aplicá-lo seria condenar-se a um insucesso cuja responsabilidade recairia sobre si mesmo.

Trata-se unicamente de indicar as causas que tornam mais áspera ou, por vezes, mesmo inútil, a luta contra as [218] distrações e que, portanto, não dependem diretamente da vontade humana.

1. *O caráter das verdades sobrenaturais* é a primeira causa das distrações e das securas. Estas verdades sobrenaturais nos são propostas nas fórmulas dogmáticas que são sua expressão humana mais perfeita. A fórmula dogmática exprime de uma maneira analógica, em conceitos humanos, uma verdade divina que permanece misteriosa, por ser de uma ordem superior a estes conceitos.

Na oração, a fé amorosa adere à própria verdade que é essencialmente obscura e não se revelará na terra senão mais tarde, através da quase experiência dos dons do Espírito Santo. Nesta primeira fase, o mistério permanece todo envolvido em trevas.

Ao mesmo tempo, a inteligência adere à fórmula dogmática, penetra os conceitos, raciocina, admira e saboreia. Este trabalho sobre as verdades mais belas e mais elevadas que existem apresenta um interesse incomparável. E, no entanto, sendo a penetração da inteligência limitada, ela esgotou, muito rapidamente, as luzes que estão em seu alcance perceber. Reencontrando, então, as mesmas fórmulas e as mesmas luzes, não mais as saboreia: *assueta vilescunt*.

2. *A instabilidade das potências da alma* é outra causa de distrações e de aridez.

As potências sensíveis, assim como o entendimento cuja atividade está intimamente ligada aos sentidos, são potências instáveis e volúveis. A vontade pode dirigi-las para um objeto e fazê-las permanecer aí, mas a partir do momento em que a sustentação da vontade cesse ou diminua, estas potências reencontram sua liberdade para seguir suas inclinações e se entregar a uma atividade aparentemente desordenada, cedendo às solicitações de percepções exteriores ou das recordações da memória.

Uma disciplina paciente e perseverante, que é aquela da ascese de recolhimento, pode torná-las mais dóceis à ação da vontade e habituá-las ao silêncio do recolhimento, mas não poderia alterar a sua natureza. No *Caminho de Perfeição*, Santa Teresa constata, com efeito que

... diante do simples ato que indique que desejam recolher-se, os sentidos obedeçam e se recolham. E, mesmo que mais tarde voltem a sair, é já grande coisa terem se rendido[13].

Nem a purificação do sentido, que o adapta ao espírito, nem mesmo a purificação profunda do espírito, como [219] o provam os testemunhos de Santa Teresa citados anteriormente, fixam definitivamente essa sua instabilidade na submissão.

É preciso remontar à Santa Humanidade de Cristo e à da Santíssima Virgem para encontrar potências sensíveis espantosamente desenvolvidas, mas cujas ondas transbordantes de vida e de ardores estão perfeitamente submetidas à vontade e cujos movimentos são todos eles regulados por ela.

Foi o pecado original que criou esta desordem, ao nos privar dos dons preternaturais que fundamentavam a harmonia da nossa natureza humana submetendo as potências inferiores às faculdades superiores e orientando-as para Deus. A partir daí, surge em nós a independência das potências; a dualidade da nossa natureza – que é carne e espírito – revela-se numa experiência interior cada vez mais dolorosa, até

---

[13] CP 28,7.

se afirmar definitivamente na morte que é a consequência última do pecado: *stipendium peccati mors est*.[14]

Santa Teresa lamenta-se sobre esta desordem, inerente à nossa natureza ferida pelo pecado, que torna difícil o recolhimento da alma:

> Lembro-me muito do prejuízo que o primeiro pecado nos causou e penso que veio daí o sermos incapazes de gozar de tanto bem em um ser. Em mim pelo menos assim é, porque, se não tivesse tido tantos pecados, eu seria mais constante no bem.
>
> Algumas vezes, bem compreendo que isso se deve em grande parte à pouca saúde corporal.[15]

3. Esta última observação da Santa assinala o inconveniente que podem provocar na oração *as doenças*, às quais devemos acrescentar *as tendências patológicas* ou os defeitos que se inserem no caráter ou no temperamento.

Toda a atividade intelectual sofre a influência do bem-estar físico e das indisposições mesmo leves. Aqueles que exercem um trabalho intelectual sabem muito bem que, sem experimentar um mal-estar propriamente dito, em certos momentos do dia ou em certos períodos, se sentem incapazes de realizar um determinado trabalho intelectual e sentem necessidade de distribuir a sua tarefa de acordo com a qualidade de energia intelectual que ela exige.

O trabalho intelectual da oração tem como objeto verdades ao mesmo tempo muito elevadas e misteriosas. Para ser feito com perfeição, exige que se esteja em boa forma.

[220] É verdade que se deve amar mais do que pensar; mas a sensibilidade está ainda mais ligada ao corpo do que o entendimento e sofre-lhe vicissitudes de forma mais ime-

---

[14] Rm 6,23.
[15] V 30,16.

diata. Por isso, ouvimos sem nos espantarmos o testemunho de Santa Teresa:

> Porque muitíssimas vezes (tenho enorme experiência nisso, e sei que é verdade, porque o examinei com cuidado e disso tratei com pessoas espirituais) tudo vem da indisposição corporal; somos tão miseráveis que essa pobre alma está aprisionada aos males do corpo; e as mudanças do tempo e variações dos humores muitas vezes fazem com que, sem culpa, ela não possa fazer o que quer, padecendo de todas as maneiras.[16]

Uma mudança no horário da oração – nota a Santa, a seguir – pode permitir safar-se deste mal-estar.

Não se poderia ser mais sensatamente realista e tão maternalmente atenta, para guiar os principiantes nos caminhos da oração.

Mais prejudiciais do que estas indisposições passageiras podem ser as tendências patológicas e os defeitos que se inserem no temperamento.

Santa Teresa faz alusão à tendência à melancolia e às fraquezas de cabeça que tornam o recolhimento da alma impossível.[17]

Ela tem o cuidado de afastar da oração certas pessoas cuja fraqueza psíquica não lhes permite suportar os menores choques sem desfalecer.

A psiquiatria moderna estudou, com uma penetração que teria encantado Santa Teresa, estes defeitos de constituição que podem ter uma influência tão profunda na vida espiritual.[18]

Os casos clínicos dizem respeito quase exclusivamente à ciência médica. Mas os casos-limite são numerosos.

---

[16] *Ibid.*, 11,15.

[17] Cf. CP 24,4-5

[18] Cf. Artigo já citado do Dr. Laignel-Lavastine em *Études Carmélitaines mystiques et missionnaires*, abril, 1934.

Podemos dizer que cada um traz em si tal ou tal tendência mais ou menos desenvolvida.[19]

Enquanto, na atividade normal da vida, estas tendências mal se revelem, elas manifestam a sua força na oração. Daí, o melancólico que se acusa [221] sem cessar, o escrupuloso continuamente preocupado com as suas dúvidas, o fantasioso que não consegue deter suas divagações imaginárias, o agitado instável cujas faculdades estão sempre em movimento, encontram especiais dificuldades para se recolherem.[20]

4. *O demônio*. Santa Teresa afirma que, quando as distrações e as perturbações do entendimento são excessivas, o seu autor é o demônio.[21]

A Santa experimentou muitas vezes a sua ação neste ponto

... em especial durante as Semanas Santas. ... De repente, o entendimento se compraz com coisas tão pueris que, em outras circunstâncias, seriam motivo de riso. Ele me faz vagar por onde quer, numa grande perturbação. A alma fica aprisionada, sem controle sobre si e sem condições de pensar em outra coisa além dos disparates que o demônio lhe traz. Trata-se de coisas sem importância.

Nesses casos, ocorre-me pensar que os demônios fazem de bola a alma, sem que ela consiga furtar-se ao seu poder.[22]

---

[19] Nos casos-limites que consideramos, estas tendências não adulteram um temperamento e não destroem a fecundidade de uma vida. Convém sobretudo que a alma se adapte a elas, se não puder destruí-las. A obediência sobrenatural é um dos melhores compensadores para deter os efeitos funestos duma tendência.

[20] As purificações, finalmente fazem desaparecer ou, pelo menos, atenuam notavelmente estas tendências; conduzem-nas, primeiro, à sua máxima tensão e apresentam, por consequência, um delicado problema de psicologia religiosa.

[21] Cf. V 30,9.

[22] V 30,11.

A Santa destaca, sobretudo, a inquietação, que é o sinal da presença do demônio, e que causa a perturbação na oração:

> Além da grande aridez que permanece, a alma fica com uma inquietação ... que não se consegue saber de onde vem; ao que parece, a alma resiste, se perturba e fica aflita sem saber a razão. ... Penso que um espírito sente o outro.[23]

Esta presença do espírito impuro não poderá ser sentida senão por um espírito já purificado. Parece, igualmente, que esta ação violenta é pouco frequente e que o demônio a reserva às almas grandiosas, das quais ele tem muito a temer. Estas descrições, no entanto, continuam a ser muito úteis, pois nos indicam a tática habitual do demônio e o estilo de sua ação.

Parece normal que o demônio tire partido de sua força e da relativa fraqueza das almas durante a fase inicial da oração, para detê-las em sua caminhada rumo a Deus, provocando, tanto quanto lhe é possível, securas e distrações. A sua ação sobre os principiantes parece certa e, ainda que usando em relação a eles procedimentos mais benignos do que usou junto a Santa Teresa, ela é certamente muito mais eficaz.

5. *A ação, pelo menos, permissiva de Deus.* A ação destas causas naturais e preternaturais entra nos [222] desígnios da Sabedoria divina que utiliza tudo para o bem daqueles que a amam. A luz sobrenatural e a graça, que são os frutos do sofrimento e da morte de Cristo, não podem penetrar profundamente numa alma sem uma participação nesse sofrimento e nessa morte redentores.

Estes sofrimentos trazem à alma luzes sobre si mesma e fixam-na na humildade:

---

[23] *Ibid.*, 25,10.

E é para o nosso bem que Sua Majestade deseja levar-nos dessa maneira para que compreendamos quão pouco somos; porque as graças que depois vêm têm tamanha dignidade que ele, antes de dá-las, deseja que, pela experiência, percebamos antes a nossa insignificância, a fim de que não aconteça conosco o que sucedeu a Lúcifer.[24]

São uma prova que permite distinguir os valentes:

Creio que o Senhor deseja dar, muitas vezes no princípio e outras no final, esses tormentos e muitas outras tentações que aparecem, para testar os que o amam e saber se poderão beber o cálice e ajudá-lo a levar a cruz, antes de lhes oferecer grandes tesouros.[25]

Estas palavras da Santa manifestam-nos o desígnio providencial que rege e utiliza com sabedoria todas as atividades, mesmo livres e adversas, para a santificação dos eleitos.

Nestas securas, mesmo nas do começo, parece existir com muita frequência e de maneira intermitente, uma ação da luz divina que produz a aridez contemplativa.

Por isso, parece-nos certo que, em Santa Teresa, a impotência do entendimento lhe vinha das graças de união que tinha recebido anteriormente, pois aqueles que foram elevados à contemplação perfeita "não conseguem mais como antes refletir sobre os mistérios da Paixão e da vida de Cristo".[26] Suas longas orações de impotência, com os sentimentos de humildade e tristeza que a acabrunhavam, não podiam deixar de ser estados iluminados por uma forte luz divina que adaptava o sentido ao espírito e preparava a alma para as maravilhosas graças que haveria de receber.

Na verdade, não poderíamos afirmar isso sobre todas as securas dos principiantes. Contudo, não parece por demais ousado considerar a aridez contemplativa como possível,

---

[24] *Ibid.*, 11,11.
[25] *Ibid.*
[26] 6 M 7,7.

em caráter intermitente, na maior parte das almas fervorosas, mesmo nos seus princípios nos caminhos da oração.

C – *REMÉDIOS*

[223] É a uma alma que deu provas de sua boa vontade pela fidelidade ao recolhimento, à leitura espiritual e à oração que Santa Teresa dirige seus conselhos para remediar a aridez. A Santa quer ensiná-la a lutar contra as causas involuntárias destas distrações e securas.

I – *A discrição*

O exame das causas das distrações mostra-nos que existem muitas que não podemos dominar, mesmo com um violento esforço. Quer se trate da impotência das faculdades diante das verdades sobrenaturais, quer de sua instabilidade natural, das indisposições físicas ou da ação do demônio, damo-nos conta de que a violência que empregássemos para as combater seria desatinada e orgulhosa. Tal convicção inspirará toda a luta contra as distrações e nos fará utilizar nela a discrição, que é a única que pode triunfar destes obstáculos. Mas ouçamos a nossa sábia Mestra:

Quem assim está verá, devido ao sofrimento que lhe sobrevém, que não é culpado por isso. Não deve afligir-se, porque é pior, nem se cansar em querer trazer à razão quem não a tem, isto é, seu próprio entendimento; reze como puder ou até não o faça, e procure aliviar a sua alma como a uma enferma, ocupando-se de outra obra de virtude.[27]

Em outro lugar, especifica:

... quanto mais a quisermos forçar [a alma], tanto pior e mais duro será o mal; nesse caso, é preciso ter discrição para ver quando se deve fazer o quê, para não atormentar a pobre. Que elas percebam que estão doentes e mudem a hora da oração, o que amiúde durará alguns dias.

---

[27] CP 24,5.

Suportem como puderem esse desterro, pois é grande a desventura da alma amante de Deus ao ver que passa por essa desolação, sem poder fazer o que quer, por ter um hóspede tão ruim quanto o corpo.[28]

[224] A Santa resume os seus conselhos:

Sirva-se então ao corpo por amor a Deus, para que ele, em muitas outras ocasiões, sirva à alma; dedique-se o tempo a conversas virtuosas ou a passeios pelo campo, segundo o conselho do confessor. Em tudo, vale muito a experiência, que nos dá a entender o que nos convém e nos faz ver que em tudo servimos a Deus.[29]

Recorremos a tantas citações, menos para recolher conselhos precisos sobre a conduta a seguir – pois que os casos são muito diferentes – do que para aprender segundo a escola de Santa Teresa com que espírito se deve conduzir a luta contra as distrações. Percebemos que, às vezes, para dar remédio a certas impotências, são precisos, mais do que a discrição no esforço, alguns alívios e cuidados esclarecidos. A colaboração do diretor e do médico pode, em certos casos, ser necessária e contribuir de forma eficaz, seja para a saúde do corpo, seja para o progresso da alma.

II – *A perseverança*

A discrição não está destinada a favorecer a preguiça, mas a tornar possível a perseverança. "Essa perseverança é o mais necessário aqui"[30] – afirma Santa Teresa. E não se cansa de o repetir. Não tinha ela escrito num marcador de livro: "Tudo passa. A paciência tudo alcança". Isto é válido, sobretudo, com relação à oração.

Foi pela perseverança que ela mesma alcançou as riquezas sobrenaturais: "Poucos dias passei sem ter longos

---

[28] V 11,15.

[29] *Ibid.*, 11,16.

[30] 2 M 1,3.

períodos de oração, a não ser que estivesse muito mal de saúde ou bastante ocupada".[31]

A maior tentação de sua vida foi a de estar "mais de um ano sem ter oração, acreditando ser com isso mais humilde".[32]

Esta perseverança estará voltada não só para o exercício da própria oração, mas também para a ascese de recolhimento que deve acompanhá-la. É preciso guardar os sentidos durante o dia, preservar-se das frivolidades que dissipam e, dirigir-se, tão frequentemente quanto possível, para o Mestre por meio de jaculatórias ou dos atos das virtudes teologais.

[225] Estas orações, marcadas com as distrações e, sobretudo, com as securas, são luminosas, pois nos mostram, com a fraqueza inerente à nossa alma, as precisas causas das distrações: uma simpatia ou antipatia à qual voltamos habitualmente, uma impressão que ainda nos perturba, uma percepção que se impõe com persistência, uma lembrança que impede o recolhimento. A alma descobre assim, melhor do que através de mil exames minuciosos, o ponto exato sobre o qual devem convergir os esforços de sua ascese de recolhimento.

Mesmo sendo pecadora, que a alma persevere, e Deus terá piedade dela – assegura Santa Teresa:

[Ó Criador meu,] os maus, que não têm a vossa condição, deviam fazê-lo para que nos fizésseis bons. Isso acontecerá se eles permitirem que estejais com eles ao menos duas horas por dia, mesmo que não estejam convosco, mas às voltas com mil cuidados e pensamentos do mundo, como eu fazia. Devido ao esforço que fazem por querer estar em tão boa companhia, sabeis que, no princípio, e até depois, não podem fazer mais.[33]

Numa palavra, apenas a perseverança é capaz de assegurar o êxito na oração.

---

[31] V 8,3.
[32] *Ibid.*, 8,11.
[33] *Ibid.*, 8,6.

III – *A humildade*

Uma humildade paciente e confiante deve acompanhar esta perseverança:

E o que fará aqui quem vir que, em muitos dias, só há secura, desgosto, dissabor e tão má vontade para ir tirar a água? Se não se recordasse de que serve e agrada ao Senhor do jardim e se não receasse perder todo o serviço já feito, além do que espera ganhar com o grande trabalho que é lançar muitas vezes o balde ao poço e tirá-lo sem água, abandonaria tudo? ...

Como eu dizia, que fará aqui o jardineiro? Alegrar-se, consolar-se e considerar uma enorme graça trabalhar no jardim de tão grande Imperador. Sabendo que contenta ao Senhor com aquilo, e que a sua intenção não há de ser senão contentar a ele, louve-o muito, pois o Senhor nele confia. ... que o jardineiro o ajude a carregar a cruz e pense que o Senhor nela viveu por toda a vida; que não procure seu reino aqui na terra e nunca abandone a oração. E se determine, mesmo que essa secura dure a vida inteira, a não deixar que Cristo caia com a cruz, pois virá o momento em que toda a sua recompensa lhe será dada de uma vez.[34]

[226] Tais disposições de humildade amorosa e paciente já são um fruto das securas. Dado que elas fazem a alma tomar parte no desígnio providencial que permite e utiliza a aridez para a santificação dos eleitos, obtém prontamente de Deus os mais altos favores:

Esses trabalhos têm seu valor. ... Mas vi com clareza que Deus não deixa de dar grande recompensa, ainda nesta vida; pois é certo que, em uma hora na qual o Senhor me permite rejubilar-me nele, considero pagas todas as angústias por que, para perseverar na oração, passei.[35]

Jesus venceu por uma humilde e amorosa paciência. É esta mesma disposição que assegurará à alma o triunfo so-

---

[34] *Ibid.*, 11,10.
[35] *Ibid.*, 11,11.

bre os obstáculos interiores e exteriores, que a atrapalham na sua união com Deus.

No *Castelo Interior*, Santa Teresa resume esta doutrina:

> E, como essa luta foi muito dolorosa para mim, creio que também o pode ser para vós. Por isso o repito sem cessar, na esperança de explicar que se trata de coisa inevitável, não devendo, portanto, inquietar-vos nem afligir-vos. Deixemos andar essa taramela do moinho e moamos a nossa farinha, continuando a trabalhar com a vontade e o entendimento.
>
> Esse tormento pode ser maior ou menor, de acordo com a saúde e a época. Padeça-o a pobre alma, ainda que não tenha culpa. ... E, como não são suficientes nossas leituras e os conselhos que nos dão para que não demos importância a esses pensamentos e imaginações (nós, que pouco sabemos), não me parece tempo perdido aquele que emprego em afirmá-lo e em consolar-vos neste caso. Mas, até que o Senhor nos queira dar luz, pouco benefício temos. Apesar disso, é preciso – e sua Majestade o deseja – que conheçamos e entendamos o que faz a fraca imaginação, não culpando a alma pelo que procede dela, da natureza e do demônio.[36]

---

[36] 4 M 1,13-14.

SÉTIMO CAPÍTULO

As amizades espirituais

Grande mal é estar a alma só entre tantos perigos.[1]

[227] Esta terna exclamação escrita por Santa Teresa enche-nos de alegria. A sublimidade e o ardor dos seus desejos, o absoluto que ela impõe à nossa orientação para Deus e o esforço contínuo que exige, por vezes, nos assustam. Mas eis que, nesta mestra duma lógica tão rigorosa em suas exigências, descobrimos uma mãe cuja ternura compreensiva conhece a nossa fraqueza humana e, afetuosamente, se compadece dela.

É grande, na verdade, a fraqueza da alma especialmente no início da vida espiritual. Talvez, para encontrar a Deus, ela tenha se isolado de seu meio familiar e social; as consolações sensíveis e as facilidades dos primeiros dias deram lugar à aridez na oração e às dificuldades na prática da virtude. Como poderia permanecer fiel em seu isolamento? Mais tarde, quando Deus a sustentar com o que Santa Teresa chama de auxílio particular, ela poderá, quem sabe, suportar a solidão. Enquanto isso, a companhia e a ajuda dos outros lhe são certamente necessárias.

Aliás, Deus fez o homem sociável. Depois de ter criado o primeiro homem, Deus – diz o Gênesis – viu que não era bom que ele estivesse só e decidiu criar uma companheira que lhe fosse semelhante.[2] Trata-se de uma lei e de uma necessidade de sua natureza: o homem tem necessidade da

---
[1] V 7,20.
[2] Cf. Gn 2,18.

ajuda e da companhia de seus semelhantes. O isolamento não só seria doloroso para o seu coração, mas também o deixaria impotente e estéril. A colaboração é a condição necessária para seu desenvolvimento pessoal e, ainda mais, para a fecundidade da atividade criadora que o prolonga e o multiplica.

[228] Santa Teresa sublinha sem constrangimento a particular fraqueza da mulher, sua necessidade real e sentida do apoio e auxílio do homem que a deve completar e sustentar.

Estas leis e estas exigências, Deus as estendeu ao âmbito sobrenatural. Ele mesmo se submeteu a elas. Para realizar os mistérios que fundamentam suas relações com a humanidade, tomou uma colaboradora, a Virgem Maria, a quem associou como mãe a toda a sua obra de paternidade espiritual. Porque regem igualmente tanto o desenvolvimento da vida natural como o da vida sobrenatural, estas leis se impõem à graça que, enxertada em nossa natureza humana, sofre suas exigências. Nossa santificação não pode, pois, ser fruto exclusivo da nossa atividade pessoal. Ela exige a colaboração. É uma lei geral, que as dificuldades do início da vida espiritual fazem sentir de forma mais aguda. A alma encontrará o auxílio necessário nas amizades espirituais e na direção.

São dois assuntos importantes sobre os quais as experiências e os escritos de Santa Teresa lançam luzes particulares. Na verdade, esta mulher ardente, arrebatadora de almas e fundadora audaciosa esteve, toda a sua vida, em busca de apoios e ajuda. Recolhamos, em primeiro lugar, seus ensinamentos a respeito das amizades espirituais.

A – *AS AMIZADES NA VIDA DE SANTA TERESA*

A amizade é uma troca de afetos. E Santa Teresa tinha dotes para tais trocas. Aos encantos exteriores que atraem, ela juntava as qualidades de seriedade de espírito e de coração que cativam. A vida transbordava de toda a sua pessoa. Além disso, sendo também viva, espiritual, delicada, amável e afetuosa a ponto de se poder ganhar seu coração com uma sardinha,[3] ela não podia deixar de conquistar as pessoas e afeiçoar-se a elas. Intuímos que as amizades, para ela, podiam ser uma grande força e um grande perigo. Foram uma e outra coisa. A graça fez delas, sobretudo, um meio de ascensão espiritual.

Depois da morte de sua mãe, Teresa adolescente pode satisfazer seus desejos apaixonados de leitura. Lê romances de cavalaria:

Não me parecia ruim passar muitas horas do dia e da noite em exercício tão vão, escondida de meu pai.[4]

[229] Os heróis desses romances se tornam seus modelos e seus amigos. Criam a atmosfera na qual se despertam e se exaltam as potências sensíveis de Teresa que estão se abrindo para a vida:

Comecei a enfeitar-me e a querer agradar com a boa aparência, a cuidar muito das mãos e dos cabelos, usando perfumes e entregando-me a todas as vaidades. E eram muitas as vaidades, porque eu era muito exigente.[5]

Sem dúvida, "não tinha má intenção, não desejava que alguém ofendesse a Deus por [sua] causa".[6]

Vários primos frequentam a casa de seu pai. "Andávamos sempre juntos. Eles gostavam muito de mim, e conversávamos sobre todas as coisas que lhes davam prazer".[7]

Junto dela encontra-se uma irmã mais velha, Maria, modesta e virtuosa. Teresa admira-a, mas não existe intimidade entre as duas.

---

[3] Cf. Cta 256, setembro (?) de 1578.
[4] V 2,1.
[5] *Ibid.*, 2,2.
[6] *Ibid.*
[7] *Ibid.*

Por outro lado, ela se sente mais atraída por uma parenta que frequentava muito a nossa casa. Sua leviandade [era] grande. Com ela tinha conversas e entretenimentos, porque ela me ajudava em todas as diversões do meu agrado e até me atraía para elas, tornando-me ainda confidente de suas conversas e vaidades.

... havia [também] na casa criadas, que em tudo me ajudavam em minhas vaidades; se alguma me tivesse dado bons conselhos, talvez eu tivesse aproveitado. Mas dominava-as o interesse; e a mim, a afeição.[8]

Que podia vir daí? Sem dúvida, nestes relacionamentos, não havia nada que pudesse ofender a honra. Eles tinham criado ao redor de Teresa certo ambiente e deviam, normalmente, conduzi-la a um casamento honroso.[9]

O pai, assustado com o relacionamento com esta parenta, repreende sua filha, mas "como não podiam evitar que ... fosse à [sua] casa, foram inúteis os seus esforços".[10]

Não conseguindo nada, toma uma medida enérgica: manda a filha para o Convento das Agostinianas, onde eram educadas pessoas de sua condição. Fazia apenas três meses que Teresa estava vivendo neste mundanismo.[11]

[230] Neste convento, escreve:

Minha alma reencontrou o bem de minha meninice, e vi o grande favor que Deus concede a quem põe em companhia dos bons.[12]

Bastou uma mudança de ambiente para alterar as disposições de Teresa.

É a influência afetuosa de uma mestra que completa a obra de conversão e conduz Teresa para diante dos horizontes da vida religiosa. Esta religiosa "muito discreta e

---

[8] *Ibid.*, 2,3.6.
[9] Cf. *Ibid.*, 2,9.
[10] Cf. *Ibid.*, 2,4.
[11] Cf. V 2,6.
[12] *Ibid.*, 2,8

virtuosa", que dormia no "dormitório de educandas",[13] chamava-se Maria de Briceño.

Ela me contou que decidira ser monja apenas por ter lido as palavras do Evangelho: *Muitos são os chamados e poucos os escolhidos*. Ela me falava da recompensa dada pelo Senhor a quem deixa tudo por ele. Essa boa companhia foi dissipando os hábitos que a má tinha criado, elevando o meu pensamento no desejo das coisas eternas e reduzindo um pouco a imensa aversão que sentia por ser monja.[14]

Quando saiu desse mosteiro, Teresa estava transformada e "já aceitava mais a condição de monja".[15] Mas não quer, de maneira nenhuma, entrar neste convento por causa de certas dificuldades que ali encontra. Outra amizade a atrai para um lugar diferente:

Eu tinha uma grande amiga em outro mosteiro e decidira ser monja, se isso tivesse de acontecer, apenas onde ela estivesse.[16]

Esta amiga íntima, Joana Suárez, era religiosa Carmelita no Mosteiro da Encarnação de Ávila.

É com um de seus irmãos, Antônio, que amadurece esta decisão:

... e resolvemos ir juntos um dia, bem de manhã, ao mosteiro onde estava aquela minha amiga – esse era o mosteiro que mais me agradava. Naquele momento, eu estava de tal modo decidida a ser monja que teria ido a qualquer mosteiro onde pudesse servir mais a Deus.[17]

A amizade, então, simplesmente forneceu uma indicação para determinar a escolha do mosteiro.

No capítulo seguinte da sua *Vida*, Santa Teresa conta a experiência de uma amizade que foi muito dolorosa para a sua **[231]** alma e, ao mesmo tempo, instrutiva. Pouco tem-

---

[13] *Ibid.*, 3,1 e 2,10.

[14] *Ibid.*, 3,1.

[15] *Ibid.*, 3,2.

[16] *Ibid.*

[17] *Ibid.*, 4,1. Antônio devia ir para o convento dos frades Dominicanos pedir o hábito. Mas, antes disso, devia acompanhar sua irmã ao Mosteiro da Encarnação.

po depois da sua Profissão, precisou ir à casa de sua irmã, em Becedas, para fazer um tratamento:

No lugarejo onde fui me curar, morava um sacerdote ... nobre e inteligente.

... comecei a confessar-me com o sacerdote de que falei; ele se afeiçoou muito a mim ... . Sua afeição não era má, mas, em seu excesso, deixou de ser boa. ... Por fim, dada a grande amizade que tinha por mim, começou a me confessar a perdição em que vivia. E não era pouca, porque há quase sete anos ele estava em situação muito perigosa, com amizade e relações com uma mulher do lugar, mas, ainda assim, dizia missa. Era uma coisa tão pública que ele perdera a honra e a fama, e ninguém ousava contestá-lo. Isso me entristeceu muito, pois era grande a minha amizade por ele.[18]

Para libertá-lo, a Santa manifestou-lhe uma profunda afeição. Ao contar este fato, acusa-se de imprudência: "A minha intenção era boa, mas a ação, má".[19] Teve a grande ventura de libertar esse infeliz, que fez penitência e morreu exatamente um ano depois de a Santa o ter encontrado pela primeira vez.

No Mosteiro da Encarnação, onde viverá cerca de trinta anos, a Santa não caiu em nenhuma das faltas graves às quais a ausência de clausura expõe. Contudo, escreverá:

... [comecei] a participar dessas [conversas], visto não me parecer – por ser costume – que disso viessem para a minha alma o prejuízo e a distração – o que só mais tarde constatei.[20]

Existe, sobretudo, uma pessoa por quem sente uma viva afeição e que a dissipa muito. Nosso Senhor repreende-lhe estas conversas, apresentando-se, ele mesmo, a ela com um semblante severo.[21] Em outra ocasião, é um sapo que atra-

---

[18] V 5,3.4.
[19] *Ibid.*, 5,6.
[20] *Ibid.*, 7,6.
[21] Cf. *Ibid.*

II Parte – Primeiras etapas

vessa o locutório e que lhe causa grande impressão.[22] Deus não quer mais estas amizades mundanas para Teresa.

Por outro lado, ela cultiva outras amizades mais puras e mais úteis. Uma delas com

um fidalgo santo ... casado, mas [que] tem vida tão exemplar e virtuosa ... [que] grande bem tiveram muitas almas por seu intermédio.

... Pois esse bendito e santo homem, com seu engenho, me parece ter sido o princípio da salvação da minha alma.[23]

[232] Será graças a este fidalgo, chamado Francisco de Salcedo, que ela não só entrará em contato com o Mestre Daza, "um culto sacerdote neste lugar (Ávila), cuja bondade e vida santa o Senhor começava a mostrar às pessoas",[24] mas também poderá ver, mais tarde, São Francisco de Borja. O Padre Baltazar Álvarez, sj, que a dirige, percebe o obstáculo que constitui para o seu progresso espiritual certas amizades que ela ainda conserva. Como fazer para que a Santa se decida a rompê-las? Ela não ofende a Deus com isso, "parecendo-[lhe] ser ingratidão abandoná-las".[25] Trava-se uma discussão. O Padre Baltazar Álvarez, sem dúvida, não está à altura, neste campo, para discutir vitoriosamente com a Santa. Ouçamos Santa Teresa:

Eu lhe dizia que, como não ofendia a Deus, eu não tinha por que ser mal-agradecida. Disse-me ele que eu me encomendasse a Deus por alguns dias e rezasse o hino *Veni, Creator,* para que ele me desse luz sobre a melhor decisão a tomar. Certo dia, depois de muita oração e súplicas ao Senhor para que me ajudasse a contentá-lo em tudo, comecei o hino e, quando o rezava, veio-me um arrebatamento tão repentino que quase me tirou de mim, coisa de que não pude duvidar, por ter sido muito manifesto. Essa foi a primeira vez que o Senhor me concedeu o favor dos arroubos. Entendi as palavras: *Já não quero que*

---

[22] Cf. *Ibid.*, 7,8.
[23] *Ibid.*, 23,6.7.
[24] *Ibid.*, 23,6.
[25] *Ibid.*, 24,5.

fales com homens, mas com anjos. ... [foram] essas palavras, ditas no fundo do meu espírito. ...

Essas palavras se cumpriram, pois nunca mais consegui permanecer em amizades nem ter consolo nem afeição particular senão por pessoas que, pelo que percebo, amam a Deus e procuram servi-lo. ... não tenho como agir de outro modo.[26]

O coração de Santa Teresa está purificado e, doravante, não saberá cultivar senão amizades puramente espirituais. Dentro em breve, a transverberação irá conceder-lhe a fecundidade maternal. As amizades conservam, contudo, a mesma importância na vida de Santa Teresa.

É de um círculo de amigas do Mosteiro da Encarnação que nascerá a ideia da fundação de São José de Ávila. Faziam parte do grupo Maria de Ocampo, que virá a ser Madre Maria Batista e Dona Guiomar de Ulloa, que se encarregará de vários assuntos delicados, quando da fundação. E, no entanto, no pequeno Mosteiro de São José, Santa Teresa não permite amizades particulares, por mais santas que sejam.

Semelhante norma de conduta, que será fácil justificar quando tivermos exposto a doutrina teresiana sobre **[233]** a amizade, não destrói a afeição. O amor espiritual transborda do coração maternal de Teresa, mais ardente e poderoso do que nunca. Dirige-se às almas e, se descobre nelas dons para trabalhar pelo Reino de Deus, não pode senão amá-las com veemência e desejar vê-las inteiramente entregues a Deus.

Assim escreve Santa Teresa a respeito do Padre Garcia de Toledo:

... sempre o [considerei] pessoa de grande compreensão. Percebi os enormes talentos e capacidades que ele tinha para aproveitar muito, caso se entregasse por inteiro a Deus. Porque, de uns anos para cá, não posso ver pessoa que muito me agrade sem desejar vê-la totalmente dedicada a Deus. ...

---

[26] *Ibid.*, 24,5.6.

Lembro-me de ter lhe dito (a Nosso Senhor), depois de pedir com muitas lágrimas que pusesse aquela alma a seu serviço de verdade – porque, embora fosse alma tão boa, eu não me contentava com isso, querendo que fosse muito santa: "Senhor, não me negueis este favor; vede quão boa é essa pessoa para ser nossa amiga".[27]

Amigos de Cristo – que são também os seus – a quem rodeia com sua solicitude afetuosa, são, além do Frei Garcia de Toledo, os Fadres Bañez, Mariano, Graciano e muitos outros.

Tem por todas as suas filhas um afeto maternal, mas, entre elas, há algumas a quem seu coração distinguiu como mais agradáveis a Deus ou mais aptas ao seu serviço: Maria de Salazar, parenta da Duquesa de La Cerda, que viria a ser Maria de São José, Priora de Sevilha e por quem testemunha uma afeição que se perpetua nas numerosas cartas que lhe dirigiu e que chegaram até nós; e, sobretudo, Ana de Jesus, sua alegria e sua coroa, e Ana de São Bartolomeu, a companheira de suas viagens, sua secretária, confidente e muitas vezes conselheira. Essas, Ana de Jesus e Ana de São Bartolomeu – de quem não nos cansaríamos de falar, como a Santa não se cansou de as amar –, eram almas muito belas: uma, pelo brilho dos seus dons naturais e sobrenaturais; outra, pela simplicidade da sua alma e da sua graça; ambas, iguais na sua dedicação à sua Madre. A primeira herdou o espírito da Reformadora; a segunda, a última batida do seu coração. É isto que as coloca, a nossos olhos, entre as maiores figuras da Reforma Teresiana.

A estas almas privilegiadas, Santa Teresa dedica uma afeição pura e fecunda. Mas quer ser correspondida. Escreve à Madre Maria de S. José:

[234] Asseguro-lhe: se me quer bem, pago-lhe na mesma moeda, e gosto de o ouvir de sua boca. Quão certo, e próprio de nossa nature-

---

[27] *Ibid.*, 34,7-8.

za, o querermos ser retribuídas! Isto não deve ser mau, pois também o quer ser Nosso Senhor.[28]

Mesmo nos cumes da união transformante, Santa Teresa conserva suas predileções e, para justificá-las, vale-se do exemplo de Nosso Senhor.

B – *SUA DOUTRINA SOBRE AS AMIZADES*
I – *Importância das amizades*

A vida de Santa Teresa revela-nos a influência decisiva das amizades. Todas as grandes decisões da Santa foram inspiradas, ou pelo menos eficazmente apoiadas, pelas amizades. Ora, a Reformadora do Carmelo era uma alma excepcionalmente forte. Que será, pois, normalmente, de uma alma menos vigorosa, que a própria fraqueza torna mais suscetível às influências externas?

Aliás, é uma lei geral: Deus adapta a distribuição da sua graça às condições da nossa natureza. Deus se fez homem para nos trazer sua vida divina. Instituiu os sacramentos, sinais sensíveis, que são os canais dessa vida e utiliza de uma forma habitual e contínua os acontecimentos exteriores, e mais ainda, as causas livres, como mensageiros de sua luz e como os mais autênticos intermediários da sua graça.

"A fé vem pelo ouvido"[29] – diz o Apóstolo – e, com o mesmo sentido, poderíamos acrescentar: os sentidos são para a vida sobrenatural aquilo que as raízes são para a planta; é através deles que recebem o alimento. Compreendemos, então, a influência que pode ter sobre o desenvolvimento da vida sobrenatural o meio, o ambiente onde se movem os sentidos e, sobretudo, as amizades que os afetam de maneira mais profunda e mais constante.

---

[28] Cta 393, 8 de novembro de 1581.
[29] Rm 10,17 (Vulgata).

A alma que começa será, via de regra, mais sensível a esta influência da amizade. Santa Teresa sublinha e explica como ela pode ser benfazeja:

... eu aconselharia aos que têm oração que, especialmente no princípio, procurem ter amizade e relações com pessoas que se ocupem da mesma coisa. Isso é importantíssimo, pois, além da ajuda mútua nas orações, muito há a lucrar aí! E não sei por que (já que, para conversas e prazeres humanos, [235] mesmo que não sejam muito bons, procuramos amigos com quem folgar e melhor aproveitar esses prazeres vãos) não se há de permitir à alma que começa a amar e a servir a Deus com sinceridade que compartilhe da companhia de pessoas que têm oração, confiando-lhes suas alegrias e tristezas ... . Creio que, tendo esse objetivo, obterá maior proveito para si e para os seus ouvintes, adquirirá mais experiência e, ainda sem entender como, ensinará a seus amigos.

Quem se vangloriar por conversar sobre isso também terá vanglória em ouvir a missa com devoção quando estiver sendo observado, bem como em praticar outras coisas que, a não ser que deixe de ser cristã, a pessoa tem de fazer sem temer a vanglória.

Porque isso tem tamanha importância para almas que não estão fortalecidas na virtude – que têm tantos inimigos e amigos a incitá-las ao mal – que não sei como insistir mais.

Porque as coisas do serviço de Deus já andam tão fracas que é necessário, aos que o servem, apoiarem-se mutuamente para irem em frente, tal é a fama de bondade dos divertimentos e vaidades mundanos – para os quais poucos olhos estão atentos. Contudo, se uma única alma começa a cuidar de Deus, são tantos os murmúrios que ela é obrigada a procurar defesa e companhia até ficar forte e não ter medo de padecer. Se não o fizer, ver-se-á em grandes apuros.

É próprio do humilde não confiar em si mesmo, mas acreditar que o Senhor lhe dará auxílio em atenção àqueles com quem conversa, pois a caridade aumenta ao ser transmitida, havendo mil benefícios a ser obtidos, de que eu não falaria se não tivesse grande experiência da enorme importância disso.[30]

---

[30] V 8,20.21.22.

II – *Escolha das amizades*

A profunda influência das amizades convida à circunspeção na escolha daquelas que devemos cultivar.

Na verdade, é preciso fazer uma distinção entre as várias amizades.

Jesus Cristo teve amigos durante sua vida nesta terra. Aos seus apóstolos contava os segredos do Reino de Deus, os mistérios da sua vida íntima. Entre eles, os três preferidos são testemunhas de sua transfiguração e da agonia no Horto das Oliveiras. Durante as últimas semanas da dolorosa luta em Jerusalém, Jesus, ao cair da tarde, ia repousar em Betânia, no ambiente que a afeição de Lázaro, Marta e Maria, tornava doce ao seu coração. Homem como nós, Jesus cultiva as amizades humanas para santificar as nossas.

Em Jesus, a amizade é o fruto duma livre escolha de sua ternura misericordiosa que desejava se difundir. Nos santos, ela procede, simultaneamente, do amor divino que se oferece em caridade fraterna e do profundo sentimento que [236] lhes permanece de sua fraqueza sob a força de sua virtude. Em nós, nasce da necessidade de amparo e de expansão, assim como de uma corrente de simpatia.

Como se vê, a qualidade da amizade é fruto do movimento do qual procede e do amor que a anima.

Perita na arte de amar e penetrante psicóloga na análise dos sentimentos, Santa Teresa vai nos ajudar a discernir e a apreciar as amizades qualificando o amor que as inspira. Segundo este ponto de vista prático, a doutrina que nos oferece no *Caminho de Perfeição* é incomparável.

Notemos, antes de tudo, que o amor é a lei de toda a vida, de todo o ser. Deus imprimiu esta lei em todas as criaturas para regrar a sua caminhada rumo ao seu fim providencial, mas adaptou-a à natureza de cada ser. O astro gravita no espaço obedecendo à lei da gravidade universal e da atração mútua dos corpos, que é a lei do amor da matéria. O instinto é outra forma da mesma lei do amor.

No homem, encontramos três formas desta lei do amor, adaptadas às três vidas que se sobrepõem no cristão batizado: o amor sensível próprio à vida do corpo, o amor racional que pertence à alma, e o amor sobrenatural que é essencial à vida da graça. Cada um destes amores deve conduzir a vida a qual pertence ao seu perfeito desenvolvimento. Todos procedem de Deus e são, portanto, bons em si mesmos. Ao considerá-los isoladamente, não poderíamos criticar, nem destruir nenhum deles.

Ademais, a vida também não nos apresenta estes diversos amores separados como nós fazemos na divisão lógica, mas unidos em diferentes graus. O juízo prático deve apoiar-se sobre a proporção de cada um deles na natureza humana individual, sobre a síntese viva formada pela sua união. É o dinamismo deste conjunto, o seu movimento, a sua direção, que importa apreciar em vista do fim sobrenatural do homem e da vocação particular de cada um. O valor moral e espiritual se estabelece a partir da união harmoniosa de suas energias vitais e de sua convergência para o seu destino providencial.

É considerando-as sob este aspecto vivo e sintético que Santa Teresa nos fala e julga as amizades. A Santa é tão pouco lógica – no sentido escolástico do termo – quanto possível. É a vida que a atrai e a prende. Analisa-a com uma penetração maravilhosa e a apresenta tal qual ela a vê. Assim, suas descrições são amostras de vida tiradas da realidade. E embora, falando das amizades, dirija-se às suas filhas Carmelitas, seus julgamentos e conselhos têm um valor humano que lhes assegura um alcance universal.

a) [237] *Amor sensível*

Em primeiro lugar, eis uma amizade que a Santa classifica de "amores desastrados"[31] e da qual não consente em

---

[31] CP 7,2.

falar. Trata-se do amor sensível que tem exigências sensuais. Pode ser legítimo no casamento. Santa Teresa fala a religiosas que consagraram sua virgindade a Deus e a guardam como um tesouro divino. Para elas, este amor é nocivo. É necessário preservar-se dele com cuidado, porque o menor sopro pode maculá-las:

Desses [amores], Deus nos livre!

Quando se trata de coisas do inferno, nunca podemos nos cansar de denegri-las, pois não é possível exagerar o menor de seus males. Essas coisas, Irmãs, não devem sequer estar em nossa boca, nem devemos pensar que existam no mundo; ... , nem consentir que, diante de nós, sejam tratadas ou narradas semelhantes amizades.[32]

Feita esta eliminação com uma energia que, em se tratando de religiosas, compreendemos muito bem, a Santa nos fala de sua intenção:

Quero tratar de duas maneiras de amor: uma, espiritual, porque parece que nada tem com os sentidos nem com a ternura da nossa natureza a ponto de ser privada de sua pureza; a outra também é espiritual, mas é acompanhada da nossa sensibilidade e da nossa fraqueza. É amor bom, que parece lícito, como o que há entre os parentes.[33]

Essa primeira maneira de amar está dominada pelo amor espiritual. Na segunda, os elementos espirituais, racionais e sensíveis se unem em diferentes graus, tornando-o honesto e mesmo bom. Tendo em conta os dois extremos que une, chamemos a este último amor de "espiritual-sensível" e, com a Santa, falemos primeiro sobre ele.

b) *Amor espiritual-sensível*

O amor espiritual é um fruto de quem já está no cimo da caminhada. Portanto, é muito raro. O amor espiritual-sensível é bem mais frequente. É ele que, habitualmente, alimenta

---

[32] CP 7,1.2.
[33] *Ibid.*, 4,12.

as amizades entre as pessoas espirituais. Os seus laços espirituais implantam-se, geralmente, em simpatias naturais e encontram aí sua força e sua estabilidade. Como poderiam amar com um amor inteiramente espiritual, quando suas faculdades não estão purificadas e a caridade sobrenatural ainda não estabeleceu seu domínio sobre as potências inferiores?

Santa Teresa nos tranquiliza a respeito da moralidade das amizades espirituais-sensíveis, comparando o amor que as anima [238] com aquele que temos pelos nossos pais. Elas são não só lícitas, mas podem até vir a ser benéficas. É esta forma de amor espiritual-sensível, mais adaptada à nossa fraqueza, que será utilizada no apostolado de amizade, tão frequente nos movimentos especializados. Pela atmosfera que criam ao redor das almas, pela força persuasiva que juntam aos conselhos dados, pelo auxílio afetuoso que proporcionam, estas amizades podem arrancar as almas do isolamento, de um ambiente nocivo ou da mediocridade de um meio, para as elevar a regiões mais puras e mais sobrenaturais,

As amizades das quais Santa Teresa desfrutou antes de sua entrada no Carmelo eram desta natureza. A afeição que soube inspirar à sua volta e que lhe permitiu arrastar outras pessoas devia ser também uma afeição espiritual-sensível. Com efeito, não podemos supor que essas almas fossem elevadas imediatamente ao amor espiritual e que os encantos naturais da Santa não tivessem contribuído em grande parte para as levar após si.

Não seria correto fazer a mesma observação a respeito das multidões que se esqueciam de beber e de comer para seguir Jesus até o deserto. Sentiam-se conquistadas pelo reflexo da divindade que se manifestava na humanidade de Cristo, mas, também, pela bondade, eloquência e todos os encantos exteriores do Mestre. Foi para nos conquistar, desta maneira, adaptando-se à nossa fraqueza, que o Verbo se encarnou e que, assumindo nossa natureza humana, quis revesti-la de toda a perfeição da qual ela é capaz.

Em Jesus e em Teresa, a afeição era totalmente espiritual e preservava de todo o perigo o afeto menos perfeito das almas que foram conquistadas.

Não se dá o mesmo quando dois amigos não trazem para seu relacionamento senão um amor imperfeito. Como não temer, então, uma ruptura do equilíbrio entre os dois elementos – espiritual e sensível – que formam esta amizade? Trata-se de uma lei: cada uma das nossas faculdades se dirige para o bem que lhe é apresentado para aí experimentar a satisfação que lhe é própria. Ora, as satisfações dos sentidos são as mais violentas e correm o risco de dominarem a alma não purificada e de arrastá-la.[34] Em nossa natureza ferida pelo pecado, o amor tende a descer às regiões inferiores e a extravasar pelos sentidos. Esta ruptura de equilíbrio ameaça as buscas mais sinceras do bem espiritual e pode fazê-las naufragar nas liberdades de caráter culposo do amor sensível ou mesmo nos lamentáveis desvios do sensualismo místico.

[239] Sem cair nestes excessos, a amizade espiritual-sensível pode se transformar, inconscientemente, numa afeição desordenada ou numa amizade particular e exclusiva que já é uma desordem. Escreve a Santa:

... pouco a pouco, elas enfraquecem a vontade, impedindo a total dedicação ao amor de Deus.

... entre irmãos, costuma ser peçonha.

... provocando danos muito evidentes para a comunidade ... o demônio as faz começar para que se criem partidos na religião.[35]

---

[34] Cf. 2 N 14,2.
[35] CP 4,5.7.6.

Para qualquer pessoa "é ruim e, na Prelada, uma verdadeira peste".[36]

A Santa observa a este propósito que "para uma consciência que procura contentar a Deus de modo grosseiro, [estas amizades] parecem virtudes".[37] Assim, para fazê-las desaparecer é necessário ir "mais com jeito e amor do que com rigor".[38]

Poderia muito bem escapar um pontinho de sensibilidade no relacionamento com o confessor. O assunto é importante e delicado para as religiosas e, por isso, a Santa trata dele mais demoradamente.

Antes de tudo, convém guardar-se de todo escrúpulo exagerado neste ponto. Se o confessor é santo, zeloso e faz a alma progredir, Santa Teresa aconselha a

... não ocupar o pensamento em se o querem bem ou não o querem, mas caso o quisessem bem, que o queiram... , pois por que não havemos de querer bem a quem sempre procura e trabalha por fazer o bem à nossa alma? Antes, considero um ótimo princípio ter amor ao confessor, se ele é santo e espiritual. [39]

Mas,

se percebermos no confessor alguma tendência frívola, deveremos suspeitar de tudo ... , pois se trata de coisa muito perigosa, que envolve o inferno e a danação

... o demônio pode prejudicar muito.[40]

Estaria Santa Teresa pensando no doloroso episódio de Becedas? Talvez. Dentro de um mosteiro, as desordens não podem se desenvolver em tais proporções, mas podem existir grandes perturbações e angústias no corpo e na alma. A Santa testemunha: "Vi em alguns mosteiros uma

---

[36] *Ibid.*, 4,8.
[37] Cf. *Ibid.*, 4,5.
[38] CP 4,9.
[39] CP – Ms do Escorial 7,2.
[40] CP 4,13.15-16.

grande aflição provocada por esses problemas – embora não no meu".[41]

[240] Se a "Prelada se dá bem com o confessor",[42] as Irmãs não conseguem falar livremente nem a um, nem a outro e

é aí que entra o demônio para colher as almas, visto não lhe restar outra via.[43]

Há um único remédio contra estes males: que as religiosas tenham a liberdade para se dirigirem a vários confessores e que usem dela, pelo menos de vez em quando, mesmo se o confessor ordinário viesse a reunir ciência e santidade.

Mas, enfim, não há um critério para discernir se, neste amálgama que constitui o amor espiritual-sensível, o sensível tem primazia e conduz o movimento do amor de uma forma perigosa?

Não podemos nos fiar completamente nas manifestações exteriores nas quais intervêm, de uma forma muito notável, o temperamento das pessoas e os hábitos do ambiente.

Santa Teresa dá alguns sinais psicológicos mais profundos: a amizade que provoca o desvio se nutre de futilidades:

... o sentir a ofensa feita à amiga; o desejo de ter com que lhe dar prazer; a busca de tempo para lhe falar e, muitas vezes, para lhe dizer o quanto a ama, e outras impertinências, em vez de falar do quanto ama a Deus.

As ninharias daqui advindas são incontáveis.[44]

Este problema do discernimento das boas amizades tinha preocupado Santa Teresinha do Menino Jesus. São João da Cruz dera-lhe a solução. No verso de uma estampa

---

[41] CP – Ms do Escorial 7,4.
[42] CP 5,1.
[43] *Ibid.*
[44] *Ibid.*, 4,6.8.

colocada dentro de seu breviário, copiara esta passagem da *Noite Escura*:

> Quando a afeição é puramente espiritual, à medida que cresce, aumenta também a de Deus; e quanto maior é a sua lembrança, maior igualmente é a de Deus, e infunde desejos dele; e, em crescendo uma, cresce a outra.[45]

A árvore conhece-se pelos frutos. O critério dado por Nosso Senhor para distinguir os verdadeiros profetas, também se aplica aqui e nos dá segurança. Os efeitos **[241]** determinam a natureza da afeição, ou melhor: indicam qual é, nesta síntese, a força que domina e impõe seu movimento aos outros elementos. Se as amizades espirituais-sensíveis fazem o amor de Deus crescer, são boas e devem ser estimuladas. Tal é a conclusão que se impõe.

Mas eis que Santa Teresa parece subtrair-se a esta conclusão. Em seus mosteiros, nem sequer as aceita:

> Eu gostaria que houvesse muitas destas amizades nos grandes conventos. Mas, nesta casa, onde não são mais de treze, nem o hão de ser, todas as Irmãs devem ser amigas, todas hão de se amar, todas hão de se querer, todas hão de se ajudar. Evitai, por amor do Senhor, essas amizades particulares, por santas que sejam![46]

A Santa tem um ideal mais elevado para as suas filhas: o do amor espiritual.

c) *Amor espiritual*

O amor espiritual de que Santa Teresa fala nos sexto e sétimo capítulos do *Caminho de Perfeição* é um amor altamente qualificado, decalagem
porque poucos o têm. Aquele a quem o Senhor tiver dado essa graça deve louvá-lo muito, pois deve ter muita perfeição.[47]

---

[45] 1 N 4,7.
[46] CP 4,7.
[47] *Ibid.*, 6,1.

Este amor é esclarecido por uma grande luz acerca de Deus e da criatura e, também, acerca

da diferença existente entre um [mundo] e outro ... do que é amar o Criador ou a criatura (mediante a experiência, que muito se distingue de apenas pensar e crer); ... essa pessoa ama de um modo deveras distinto daquele de quem não chegou a este ponto.[48]

Este amor não se detém nos proveitos exteriores:

Essas pessoas são almas generosas e régias que não se contentam em amar algo tão ruim quanto o corpo, por mais belo que seja, e por mais gracioso, mas que, embora o admirem, louvando o Senhor por isso, não se detêm nele.[49]

[242] ... se elas não amam aquilo que veem, a que se afeiçoam? Na verdade, elas amam o que veem e se afeiçoam ao que ouvem; mas as coisas que veem são estáveis. Assim, quando amam, vão além dos corpos e põem os olhos nas almas, vendo se há o que amar. Se não houver, mas encontrarem alguma semente de virtude ou disposição para tal, a ponto de, se cavarem, acharem ouro na mina, elas não poupam esforços, pois têm amor a isso.[50]

Apenas as grandes capacidades de amar e servir a Deus justificam as suas preferências com relação a certas almas.

Este amor só é tão puro em seu objeto porque é inteiramente espiritual e porque dominou todas as tendências naturais na alma.

É, como eu disse, um amor sem pouco nem muito interesse próprio.[51]

Se por vezes, num primeiro momento, por inclinação natural, gostarem de se sentir amadas, depois, ao caírem em si, verão que isso é um disparate, se aqueles que gostam delas não forem pessoas que lhes tragam proveito para a alma, seja com a doutrina ou com a oração. Para essas pessoas, todos os outros afetos são cansativos, pois veem que não lhes trazem nenhum proveito, podendo-as pôr até a perder.[52]

---

[48] *Ibid.*, 6,3.
[49] *Ibid.*, 6,4.
[50] *Ibid.*, 6,8.
[51] *Ibid.*, 7,1.
[52] *Ibid.*, 6,5.

Do mesmo modo, este amor espiritual voltando-se para o próximo

[pode sentir] alguma coisa, [mas,] logo a razão vem ver se isso é para o bem daquela alma, se ela se fortalece mais na virtude ... . Quando vê que a alma amada tem merecimento, a razão não sente nenhuma pena.

Repito: esse amor se assemelha ao que teve por nós Jesus, nosso bom amigo, imitando-o.[53]

É ardente e forte como o amor de Jesus por nós:

É coisa estranha o amor apaixonado, que custa tantas lágrimas, tantas penitências e orações, tantos cuidados de encomendar o amigo às orações de todos os que possam valer junto a Deus! Há um desejo permanente de vê-lo beneficiar-se, e um descontentamento quando isso não acontece. ... não come, nem dorme, cuidando apenas disso, sempre temendo que a alma a quem tanto quer venha a se perder, afastando-se para sempre.[54]

[243] Este amor nem é cego, nem por demais complacente como os outros. Quem o possui,

não consegue tratar o amigo com fingimento, porque, quando o vê seguir caminho errado ou cometer alguma falta, logo lhe diz, sendo-lhe impossível agir de outro modo. ... não [pode] se descuidar nem deixar passar coisa alguma na vida dos seus amigos, vendo até as falhazinhas.[55]

Assim, Santa Teresa repreende a Ana de Jesus, a Graciano e a Mariano, com uma franqueza que poderia parecer rude, não fosse ela afetuosa.

A Mariano, de natureza ardente, ela escreve:

Oh! Valha-me Deus! Que gênio esse seu, próprio para exercitar os outros! ... Deus o guarde, com todas as suas faltas.[56]

A Graciano, abatido pela tempestade que se levanta contra a Reforma, diz:

---

[53] *Ibid.*, 7,3.4.
[54] *Ibid.*, 7,1.
[55] *Ibid.*, 7,4.
[56] Cta 101, 9 de maio de 1576.

As amizades espirituais

Não ande profetizando tantos males em seus pensamentos, por caridade, pois Deus fará tudo bem. ... Se levando vida tão boa está deprimido, que seria se passasse pelo que sofreu Frei João?[57]

Quanto à Ana de Jesus que, segundo quanto disseram à Santa, tinha faltado à discrição na fundação de Granada, ela recebe esta enérgica reprimenda:

Por certo, fiquei envergonhada, vendo que no fim de tanto tempo deram agora as Descalças para reparar nessas baixezas (a propósito do título que o Provincial dá à Priora). ... E ainda por cima louvam a Vossa Reverência por muito valorosa... . Deus conceda às minhas Descalças a graça de serem muito humildes e obedientes.[58]

Não existe mais nada de humano neste amor? Isso seria compreendê-lo de maneira errada. Na verdade, em sua própria pureza, ele encontra uma delicadeza apurada e uma liberdade na expressão, cujo privilégio só ele o possui. Tal amor sabe "condoer-[se] dos sofrimentos alheios, por menores que sejam".[59] Quando necessário, torna-se alegre e cheio de solicitude para com todas as necessidades, mesmo as materiais.

A saúde de Frei Graciano preocupa Teresa. Escreve à Madre Maria de São José, Priora de Sevilha:

E agora, aí me trazem tão cativa com esse cuidado de regalar Nosso Padre, segundo ele mesmo me diz, que lhes cobrei ainda mais amor.[60]

[244] Mais do que qualquer outra pessoa, ela ressente os tormentos que São João da Cruz deve suportar na prisão e escreve ao Rei. Seria necessário percorrer toda a correspondência da Santa para ver como ela permanece delicadamente humana no seu amor espiritual pelo próximo.

---

[57] Cta 253, agosto de 1578.
[58] Cta 430, 30 de maio de 1582.
[59] CP 7,6.
[60] Cta 151, 7 de dezembro de 1576.

Humana? Mas não passou dos limites no dia em que, sendo recebida numa comunidade de frades Carmelitas, seu olhar maternal individualiza um jovem religioso – sem dúvida, de olhar mais límpido –, chama-o e o abraça diante de toda a comunidade? Gesto espontâneo e muito expressivo de um amor maternal, que só se apresenta assim livre porque tão puro e espiritual.

Distinguiu o valor de Ana de Jesus – e, talvez, seu futuro papel na expansão da Reforma. Desta forma, aproveita a falta de espaço na fundação de Salamanca para lhe dar um leito em sua própria cela. De noite, aproximava-se dela para abençoá-la, cobrindo sua fronte de cruzes e carícias, e em seguida, fitava-a por longo tempo em silêncio.

Este amor espiritual possui todas as riquezas divinas e as delicadezas humanas. Compreendemos, então, a exclamação de Santa Teresa:

Oh, ditosas as almas que são amadas por pessoas assim! Ditoso o dia em que as conheceram! Oh, Senhor meu, não me faríeis a graça de que houvesse muitas pessoas que assim me amassem? Eu, Senhor, por certo me empenharia mais por isso do que por ser amada, por todos os Reis e Senhores do mundo; ... pois aquelas pessoas procuram, com todos os meios, nos fazer tais que dominemos o próprio mundo ... .

Quando conhecerdes alguma pessoa semelhante, Irmãs, que a Madre tudo faça para que ela trate convosco. Gostai o quanto quiserdes de pessoas assim. Poucas deve haver ... . Alguém poderá vos dizer que não há necessidade de tratar com essas pessoas, que basta ter a Deus. Um bom meio para ter a Deus é o contato com seus amigos ...; o sei por experiência: se não estou no inferno, devo isso, abaixo de Deus, a pessoas como essas.[61]

Compreendemos também por que Santa Teresa deseja, para os seus mosteiros e para suas filhas, apenas o amor espiritual. Este amor tem a vantagem de não causar perturba-

---

[61] CP – Ms do Escorial 11,4.

ção como as afeições nas quais a sensibilidade tem alguma participação. Ele é amplo, poderoso e em nada exclusivo. Mas, sobretudo, ele é próprio das elevadas regiões para as quais a Santa quer conduzir suas filhas; é o único que lhes pode permitir realizar sua vocação na Igreja.

[245] Elas têm uma vocação de amor. Toda a sua força para amar está consagrada inteiramente a Cristo Jesus e à Igreja, que é o seu Corpo Místico. Devem amar com perfeição. E, à perfeição, importa mais a qualidade do amor do que a sua intensidade. Está fora de dúvida que o amor espiritual é o fim de sua vocação. É para ele que devem tender através de todas as purificações, sem se deterem em formas inferiores de afeição que poderiam retê-las e cujas chamas poderiam queimar-lhes as asas.[62]

Enquanto esperam que lhes seja concedido este amor – pois se trata de uma graça – que elas se preparem para o receber e que o mereçam, conservando o coração livre de toda a afeição particular e já praticando exteriormente, com relação a todas e com cada uma, este respeito afetuoso que é a nota extrínseca do amor espiritual que desejam.

Mais do que os relatos ardentes que pormenorizam suas riquezas e fecundidade, a descrição da morte da Santa em Alba de Tormes pode nos fazer desejar e amar este amor espiritual.

A Beata Ana de São Bartolomeu, sua companheira inseparável, se prodigalizava em volta do leito onde a Santa Madre agonizava. Depois de uma noite de vigília,

Frei Antônio mandou-a tomar algum alimento. Teresa, não sabendo para onde ela tinha ido, procurou-a com os olhos e não teve repouso enquanto não a viu retornar. Então, com um sinal, chamou-a para jun-

---

[62] Cf. Ms A, 38 v°.

to de si; pegou-lhe nas mãos e apoiou a cabeça sobre o ombro da sua querida enfermeira.[63]

Às sete da manhã, começou a agonia, calma e radiosa como um êxtase. Às nove da noite, a Reformadora do Carmelo, sempre na mesma atitude, expirava nos braços da sua querida Ana de São Bartolomeu. Quadro apoteótico! O amor que arrebatava a alma de Santa Teresa para Deus conservara nesta terra, até o derradeiro instante, uma atitude e uma expressão delicadamente humanas.

Com esse mesmo amor perfeito, Teresa amava a Deus e às suas filhas. Ao repousar durante o seu êxtase sobre o coração de Ana de São Bartolomeu, preparava-se para o repouso eterno no seio de Deus!

---

[63] BOLLANDISTES. *Histoire de Sainte Thérèse d'après Les Bollandistes*. Ed. Nouvelle. Paris, P. Lethielleux Libraire Éditeur, tome II, p. 414, [s.d.].

OITAVO CAPÍTULO
A direção espiritual

Perdi muito tempo por não saber o que fazer.[1]

[246] A alma que caminha rumo a Deus encontra alento nas amizades espirituais; à direção espiritual, ela pedirá a luz a fim de guiar-se em seus caminhos. Enquanto o amigo é um igual, o diretor é um superior ao qual nos submetemos. O papel deste último pode ser distinto daquele do confessor. O confessor é um médico que cura e preserva a vida da graça contra os golpes do pecado; o diretor assegura o progresso espiritual da alma. Em Santa Teresa, também encontramos toda uma doutrina sobre a direção espiritual, sobre sua importância e sua necessidade em certos casos, sobre a escolha e as qualidades do diretor e sobre as disposições do dirigido.

A – *IMPORTÂNCIA E NECESSIDADE DA DIREÇÃO*

1. O cuidado que Santa Teresa colocava em procurar para si o auxílio da direção é suficiente para mostrar a importância que lhe atribuía. Não toma nenhuma iniciativa sem consultar teólogos e pessoas espirituais. As numerosas relações de sua vida ou das graças que recebeu, revelam o espírito de fé que punha em suas consultas e a importância que lhes dava na vida espiritual:

Eu muito o louvo (a Deus) ... , e as mulheres e os que não temos instrução deveríamos sempre dar-lhe infinitas graças por haver quem,

---

[1] V 14,7.

com tantos esforços, tenha alcançado a verdade que nós, ignorantes, desconhecemos.

[247] Bendito sejais, Senhor, que tão inábil e sem utilidade me fizestes! Mas louvo-vos muito, porque despertais tantos que nos despertam. A nossa oração por quem nos dá luz devia ser contínua. Que seríamos sem eles em meio às tempestades tão grandes que ora atingem a Igreja?[2]

Seu reconhecimento é inteiramente justificado. Com efeito, entre os sacerdotes seculares e os religiosos de todas as Ordens que consulta, tanto em Ávila como nas cidades para onde a conduzem suas viagens de fundação, encontram-se os maiores teólogos de sua época. Por exemplo, os Dominicanos Ibañez, Bartolomeu de Medina, o grande Bañez – seu teólogo de confiança –; os homens espirituais mais qualificados, como os primeiros Jesuítas de Ávila – entre os quais o Padre Baltazar Álvares – e, ainda, quatro santos canonizados: São Pedro de Alcântara, Franciscano, São Luís Bertrando, Dominicano, São Francisco de Borja, Comissário-Geral da Companhia de Jesus, e São João da Cruz, o primeiro Carmelita descalço.

Nas suas obras, retorna com frequência à importância, ou mesmo à necessidade, da direção:

... sempre tive a opinião de que todo cristão deve procurar ter relações com quem a tenha (instrução), se puder, e quanto mais, melhor; e os que seguem o caminho da oração têm mais necessidade disso, e tanto maior quanto mais espirituais forem.[3]

Esta direção é necessária desde o início da vida espiritual:

O iniciante deve prestar atenção para saber o que é melhor para si. O mestre, se experiente, é muito necessário aqui.[4]

---

[2] *Ibid.*, 13,19-21.

[3] *Ibid.*, 13,17.

[4] *Ibid.*, 13,14.

Para remediar as primeiras dificuldades do recolhimento, escreve:

... como disse no princípio, ... tem grande importância consultar pessoas experimentadas.[5]

A necessidade de diretor se fará sentir, particularmente, nos períodos de obscuridade que são os períodos de transição, quer dizer, nas segundas, quartas e sextas Moradas.

Eis o que sugere para a oração de quietude das quartas Moradas:

[248] Se Deus a levar pelo caminho do temor, como me levou, é grande o sofrimento se não houver quem a entenda – e é grande o gosto da alma quando lhe fazem o seu retrato, permitindo-lhe ver claro que segue o caminho certo. É um grande bem saber o que deve fazer para avançar em qualquer um desses estados. Porque passei por muitas coisas e perdi muito tempo por não saber o que fazer, e sofro muito pelas almas que se veem sozinhas quando chegam aqui.[6]

Nas sextas Moradas, onde as manifestações sobrenaturais podem se tornar frequentes, a direção assume um caráter de indispensável.

2. A Santa fundamenta suas recomendações sublinhando a dificuldade de uma pessoa se guiar por si mesma nas vias espirituais.

Estes caminhos permanecem escuros e só se dão a conhecer completamente com a experiência. Como a alma poderia, então, conhecê-los antes de os ter percorrido? No Prólogo da *Subida do Monte Carmelo*, São João da Cruz declara ter começado a escrever "para proveito de grande número de almas muito necessitadas" que, depois de terem iniciado a marcha no caminho da virtude, muitas vezes não vão mais longe "por não se entenderem a si mesmas, ou por lhes faltar guia esclarecido e hábil que as conduza até o cume".[7]

---

[5] 2 M 1,10.

[6] V 14,7.

[7] S, Prólogo, 3.

A ciência espiritual não basta. Para encontrar o próprio caminho e seguir por ele com segurança, é preciso conhecer-se a si mesmo, suas aptidões e seus defeitos. Ora, é muito difícil, ao olhar para si mesmo, não se deixar enganar pelas paixões, pelas impressões e pelo movimento das faculdades, que nos encobrem o fundo de nossa alma.

São Francisco de Sales sublinha, com muita sagacidade, que somos tão pouco clarividentes a nosso respeito devido a certa complacência "tão secreta e imperceptível, que, se não tivermos boa vista, não a podemos descobrir, e aqueles mesmos que são vítimas dela não a conhecem se não lhes for mostrada".[8] O Santo doutor explica noutro lugar:

> Como queremos ser mestres de nós próprios no que concerne ao espírito, quando não o podemos ser no que diz respeito ao corpo? Não sabemos nós que os médicos, quando estão doentes, chamam outros médicos para receitarem os remédios apropriados?[9]

[249] As mesmas afirmações encontram, nos escritos de São Bernardo, uma expressão muito mais enérgica. Declara ao Cônego Ogier que aquele que se constitui mestre de si mesmo, faz-se discípulo de um imbecil: *Qui se sibi magistrum constituit, stulto se discipulum facit*. E acrescenta:

> Não sei o que pensam os outros a respeito de si mesmos. Quanto a mim, falo por experiência e declaro que me é mais fácil e mais seguro orientar muitos outros do que guiar-me a mim mesmo.[10]

O diretor – ainda segundo o testemunho de São Bernardo – é, além disso, mais do que um guia. É um pai que sustenta e que deve instruir, consolar e encorajar. Cabe-lhe discernir a graça particular da alma, libertá-la dos falsos atrativos, preservá-la de todos os perigos, especialmente nas horas de escuridão, e conduzi-la ao triunfo utilizando todos os seus esforços.

---

[8] *Vida Devota*, 3, cap. 28.

[9] *Sermão XII*, Festa de Nossa Senhora das Neves.

[10] Carta 87,7.

Esta ação esclarecida e perseverante tem, em todas as circunstâncias, um valor incomparável para uma alma generosa. A simpatia que manifesta capacidade de compreensão pode ser para ela, nos períodos de obscuridade e provação, o auxílio mais eficaz.

3. A direção entra na economia providencial da guia das almas.

Na verdade, Deus estabeleceu sua Igreja como uma sociedade hierárquica. Nela, ele conduz e santifica as almas pela autoridade do Papa e dos Bispos no foro externo e pelo ministério sacerdotal no foro interno. Cristo deu-lhes seus poderes: liga no céu aquilo que eles ligaram na terra e desliga no céu o que desligaram na terra.

É isto que o Papa Leão XIII põe em relevo na sua Carta Apostólica *Testem benevolentiae*, de 22 de Janeiro de 1899:

Encontramos nas próprias origens da Igreja uma célebre manifestação desta lei. Ainda que Saulo, transpirando ameaças e morte, tenha escutado a voz do próprio Cristo e lhe tenha perguntado: Senhor, que quereis que eu faça?, foi enviado para Damasco, à casa de Ananias: "Ergue-te, entra na cidade e dir-te-ão o que tens a fazer".

Cristo não retira os poderes que outorgou e remete àqueles que os receberam as almas que ele mesmo conquistou.

É este argumento que São João da Cruz desenvolve na *Subida do Monte Carmelo*:

[250] Deus gosta tanto de ver o homem governado e dirigido por outro homem, seu semelhante, regido e guiado pela razão natural, que quer de modo absoluto não se creia nas comunicações sobrenaturais, nem se confirmem estas com segurança, senão quando hajam passado por este canal humano da boca do homem. Deste modo, quando Deus diz ou revela algo a uma alma, inspira-lhe ao mesmo tempo a inclinação de comunicá-lo a quem convém dizer; e até que isto se faça, não costuma ele dar plena satisfação, porque não a tomou o homem de outro que lhe é semelhante.[11]

---

[11] 2 S 22,9.

O Santo faz notar que a palavra de Deus dirigida diretamente a Moisés e a Gedeão só teve força para eles quando passou por um instrumento humano.

É a este instrumento humano que Deus confia o cuidado de interpretar e completar sua mensagem. Por isso, infeliz daquele que, apesar de iluminado por Deus, quisesse ficar sozinho. Mesmo São Paulo quis ser confirmado em sua fé pelos apóstolos; São Pedro, iluminado por Deus, enganou-se numa cerimônia que dizia respeito aos gentios; Moisés recebeu excelentes conselhos de seu sogro Jetro. Enfim, muitos taumaturgos, segundo Nosso Senhor, não serão reconhecidos por ele no dia do julgamento, apesar de terem feito maravilhas em seu nome.[12]

4. A hagiografia e a história da Igreja confirmam a excelência e os benefícios da direção.

A direção teve lugar de honra junto aos Padres do Deserto que se agrupavam ao redor de um ancião para receber seus conselhos. Cassiano diz que os monges mais detestáveis eram os sarabaítas que se entregavam a mortificações extraordinárias, mas não obedeciam a ninguém ou mudavam constantemente de mestre.[13]

Ela é sumamente importante – e, às vezes, uma obrigação – nas Ordens religiosas, principalmente durante o período de formação.

Na maioria dos santos, a direção aparece como um elemento importante de sua vida espiritual. Em alguns, o relacionamento entre diretor e dirigido terminou numa união íntima na qual as almas encontraram, além de uma luz para a ascensão pessoal, um enriquecimento espiritual maravilhoso e a fecundidade exterior. Pensamos em Santa Clara e

---

[12] Cf. *Ibid.*, 22,13-15.

[13] Cf. CASSIANO João. *Conlatio abbatis Piamum;* Cap. IV, VII: "De tribus generibus monachorum".

São Francisco de Assis, em São Francisco de Sales e Santa Joana de Chantal. Dificilmente conseguimos compreender o que teria sido a fundadora da Visitação sem o santo Bispo de Genebra.

[251] A partir destas considerações, devemos deduzir necessidade de um diretor espiritual particular, no sentido moderno do termo? A resposta a esta pergunta exige algumas considerações.

Reconheçamos, primeiro, que o problema se põe apenas para o cristão desejoso de alcançar a perfeição cristã. O cristão comum não saberia pedir e, na prática, não saberia o que fazer de outros conselhos afora aqueles que recebe através da pregação ou na recepção dos sacramentos.

Pelo contrário, a pessoa espiritual propriamente dita tem, com certeza, necessidade de conselhos e de direção apropriada ao seu estado. Mas a Igreja previu esta necessidade e dispôs os meios para supri-la. Por conseguinte, parece normal que o religioso encontre diretivas suficientes nos meios postos à sua disposição: confessores ordinários, Superiores, Regra e acontecimentos providenciais que o afetam. Talvez, por caminhar por uma via comum, Santa Teresinha do Menino Jesus não teve outra direção senão aquela que lhe veio pelos confessores ordinários ou ocasionais da comunidade e que Deus parece ter querido preservá-la de qualquer outra influência.

Contudo, é bastante frequente que na vida religiosa, especialmente na vida contemplativa, a alma não encontre à sua volta a direção apropriada de que precisa, principalmente em certos períodos mais difíceis. A partir desse momento, faltaria à prudência e correria o risco de comprometer seu progresso espiritual se não fosse diligente em procurar a especial ajuda que lhe é necessária.

Quanto à alma que vive no mundo sem uma disciplina determinada, não vemos como poderia avançar nas vias espirituais sem a ajuda duma direção contínua.

Quer nos contentemos com o auxílio posto à nossa disposição, quer recorramos a um diretor particular, é necessário ser ajudado por alguém que mostre solícito pela nossa alma.

Ainda que pensemos ser possível nos dispensar desta atitude, será preciso, pelo menos, submeter a um experiente toda a ação sobrenatural de Deus na alma.

B – ESCOLHA E QUALIDADES DO DIRETOR

A influência que a direção pode ter na vida de uma pessoa confere uma grande importância à escolha do diretor.

[252] A meu ver, é bastante difícil demonstrar – afirma São João da Cruz – até que ponto se forma o espírito do discípulo, conforme ao do mestre, oculta e secretamente.[14]

A orientação da vida, a rapidez das ascensões espirituais, a santificação e, talvez, até mesmo a salvação, dependem da escolha do diretor. Compreendemos, então, por que São Francisco de Sales recomenda que ele seja escolhido, não entre mil, mas entre dez mil.

Santa Teresa nos faz as mesmas graves advertências:

Errará muito uma alma que, resolvida a submeter-se a um só mestre, não procurar um que seja como eu digo. Se o discípulo for religioso, há de estar sujeito a seu Prelado. Mas se porque, se lhe faltarem as três coisas (bom entendimento, experiência e instrução), a cruz não será leve. Que não desejemos, por vontade própria, submeter-nos a quem não tenha bom entendimento. Eu ao menos nunca pude aceitar isso, nem o considero conveniente. Quem é secular deve louvar a Deus por poder escolher aquele a quem há de sujeitar-se e não deve perder essa liberdade tão virtuosa; deve preferir ficar sem mestre, até encontrá-lo, porque o Senhor lhe dará um, se tudo estiver fundado na humildade e no desejo de acertar.[15]

---

[14] *Ibid.*, 18,5.
[15] V 13,19.

A influência da direção é tal que a Sabedoria divina, tão solícita para com nossas necessidades, se interessa por isso de maneira particular. Às vezes, indica, ela mesma, o diretor à alma que encarregou de uma missão especial. São Paulo é enviado a Ananias, Santa Margarida Maria deverá dirigir-se ao Padre de la Colombière. Mesmo na falta de indicações precisas, esta Sabedoria concede a todas as almas uma luz para essa escolha.

Seria uma grave imprudência inspirar-se numa simpatia natural para essa escolha. A razão e a fé a devem guiar. E Santa Teresa nos indica com que critérios:

> Por isso, é muito importante que o mestre seja inteligente – isto é, de bom entendimento e experiente. Se, além disso, tiver instrução, será perfeito.[16]

A santidade não é mencionada. Nós a acrescentaremos às demais qualidades. Fica claro que a Santa pretende insistir nas qualidades morais do diretor. De fato, ainda que seja uma função do sacerdócio, a direção espiritual refere-se especialmente [253] às qualidades pessoais do sacerdote e encontra nelas sua eficácia. Poderíamos pecar por imprudência – exceto em casos urgentes e nas necessidades – se contássemos tão somente com a graça sacerdotal de um padre para lhe pedir conselhos importantes ou uma direção continuada, sem considerar suas aptidões para este ministério especial.

I – *Santidade*

Encontrar um diretor que seja um santo é uma graça preciosa. Exigir ou mesmo desejar que sua santidade se manifeste em sinais exteriores, ou que seja esclarecido por luzes extraordinárias, é um despropósito perigoso que ex-

---

[16] *Ibid.*, 13,16.

põe a muitos erros. A nós, deve ser suficiente que a santidade se afirme através da humildade e da caridade. Estas duas virtudes, que se completam e se iluminam mutuamente, são as que geram os bons diretores.

A caridade sobrenatural, livre de toda a procura pessoal, busca apenas a Deus nas almas e tudo refere a ele como ao mestre absoluto. Reflexo no diretor da paternidade do Pai das luzes e da misericórdia, ela o torna paciente e compreensivo, compassivo para com todas as misérias e confiante em toda a boa vontade.

Ao atrair as efusões da misericórdia divina, a humildade ilumina a caridade. Faz com que o diretor encontre seu lugar entre Deus e a alma, assegura-lhe luz e docilidade para aí cumprir sua missão de instrumento de Deus e de colaborador humano na obra da graça.

Compenetrado do seu papel de instrumento de Deus, o diretor vai se entregar muitas vezes em suas mãos para implorar sua luz, suas moções e cumprir de modo perfeito a sua obra. Uma humilde desconfiança de si mesmo e uma grande confiança em Deus atrairão, mediante o dom do conselho, as respostas divinas de que tem necessidade para o cumprimento da sua missão.

Colaborador de Deus, deve trabalhar para que se realize a vontade divina. A alma pertence a Deus; é para Deus que deve caminhar e pelo caminho que Deus estabelece. Pertence ao diretor discernir esta vontade divina e ajudar a alma a praticá-la.

As almas são tão diferentes quanto as flores. "... apenas se achará um espírito que seja semelhante a outro, sequer na metade do seu modo de caminhar" – assegura São João da Cruz.[17] Cada uma tem sua missão no plano divino, seu lugar no céu e, **[254]** nesta terra, com a graça que lhe é pró-

---

[17] Ch 3,59.

pria, um poder, uma beleza, exigências que correspondem ao desígnio de Deus sobre ela.

O mesmo sol divino ilumina todas elas; todas se dessedentam na mesma fonte e se alimentam do mesmo pão de vida que é Cristo. E, contudo, a Sabedoria debruça-se maternalmente sobre cada uma, chama-a pelo seu nome divino e diversifica-lhe, de forma admirável e particular, os efeitos de sua luz, os deleites de sua graça, os ardores de suas chamas e os mimos de seu amor.

Mistério profundo e admirável das almas e da vida de Deus nelas! Quem poderia dizer os destinos divinos que a graça do batismo acaba de depositar na alma de tal criança? Este gérmen desabrochará numa flor cujo adorno estará em sua modéstia e o encanto na discrição do seu perfume? Vai tornar-se um arbusto verdejante que embelezará o campo da Igreja e alimentará com os seus frutos os filhos de Deus? Ou irá crescer como uma árvore de grande porte cujo cimo alcançará os céus?

O diretor vai se debruçar sobre este mistério com respeito e amor. A graça da alma vai murmurar-lhe seu nome divino. Este murmúrio está muito carregado de claridades e de mistério para se exprimir em termos precisos. Não desvelará o futuro, mas dará a conhecer os desígnios de Deus para a alma. Iluminará os atrativos e os acontecimentos e, sob suas luzes, vai tornar-se mais preciso. Será um fio condutor através dos labirintos de complicações das quais uma vida é tecida e, quer na regularidade da vida habitual, quer em meio à perturbação de acontecimentos que desconcertam, ditará o dever presente, determinará a atitude a tomar e indicará a linha do plano providencial.

Apenas a caridade e a humildade podem seguir a alma no meio desta penumbra misteriosa, encontrar aí luz suficiente para se mover com facilidade, continuar a obra do artista divino e conduzir a alma para a realização dos desígnios de Deus. Só elas podem livrar o diretor dos perigos que o ameaçam, a saber: o monopólio das almas e sua utilização para fins pessoais, as invejas mesquinhas, o autoritarismo estreito que impõe seus pontos de vista e seus métodos e que diminui a liberdade da alma sob a ação do Espírito Santo.[18]

[255] Só a santidade sabe respeitar perfeitamente os direitos absolutos de Deus sobre a alma e servi-los até ao fim, retirando-se, se for necessário, para confiá-la a conselheiros mais experientes prudentes.[19] Não procura outra alegria e outra recompensa senão a de poder contemplar, por vezes, a obra de Deus nas almas e de sempre colaborar, discretamente na sombra, para que resplandeçam e sejam glorificados o poder, a sabedoria e a misericórdia de Deus, admirável em todas as suas obras, mas, sobretudo, nos seus santos.

II – *Prudência*

Ars artium regimen animarum. A direção das almas é uma arte, e das mais delicadas. Com efeito, seu âmbito situa-se na obscuridade do divino e na complexidade da na-

---

[18] Na *Chama Viva de Amor*, São João da Cruz fustiga duramente os diretores que caem nestes defeitos: "... tais diretores ... buscam seu próprio interesse ou gosto. ... estão postos como barreira e pedra de tropeço na entrada da porta do céu, impedindo o acesso àqueles mesmos que lhes pedem conselho. ... não ficarão sem castigo; pois, sendo este o seu ofício, estão obrigados a saber e olhar o que fazem" (Ch 3,62).

[19] ... nem todos têm ciência para todos os casos e dificuldades que há no caminho espiritual. ... Não basta que alguém saiba desbastar a madeira, para saber também entalhar a imagem; nem aquele que sabe entalhar, saberá esculpir e polir; o que sabe polir não saberá pintar; e qualquer um que saiba pintar não saberá dar à imagem a última demão e perfeição.
... Os mestres espirituais devem, pois, dar liberdade às almas. Estão obrigados a fazer-lhes boa cara quando elas quiserem buscar seu progresso; não sabem, com efeito, os meios que Deus empregará para adiantar aquela alma (Ch 3,57.61).

tureza humana. Cabe-lhe conciliar as exigências de Deus com a fraqueza humana. A prudência tem aí um papel muito importante. Por isso, um diretor não pode estar privado dela.

1. A prudência será praticada, em primeiro lugar, na procura da vontade de Deus, no discernimento dos sinais que lhe conferem autenticidade. Antes de se empenhar em realizações que podem ser perigosas, deve saber aguardar as manifestações certas. Deus, que é o nosso mestre, não nos poderia exigir o cumprimento de sua vontade antes de no-la ter manifestado claramente. Dá a Moisés provas da missão que lhe confia. Não se irrita quando Gedeão lhe pede reiteradas confirmações da sua nova vocação. Se, segundo São João da Cruz, seria presunçoso pedir sinais extraordinários atualmente, ainda temos o direito de exigir de Deus a manifestação da sua vontade através dos meios de sua escolha. Na incerteza, a prudência impõe o dever de aguardar.

Aliás, é uma arte saber esperar, não interpretar precipitadamente uma atração ardente ou um acontecimento que parece um sinal providencial. Também é uma arte saber [256] fazer esperar sem desencorajar, sem diminuir o impulso de uma alma. A espera faz cair os falsos ardores do entusiasmo e o véu enganador com o qual encobre os obstáculos a enfrentar. Faz evitar os fracassos que deitariam tudo por terra, põe à prova e fortifica as inclinações profundas, obriga Deus a conceder sua luz e prepara para realizações fecundas. Os grandes empreendedores, como São Vicente de Paulo, foram, com frequência, pacientes e contemporizadores.

A prudência faz a alma caminhar ao passo de Deus, que tem sua hora para cada obra e não quer que se lhe antecipem. Uma vez chegado o momento – e, às vezes, ela vem repentinamente – a prudência torna-se rápida e enérgica como o próprio Deus e exige que não haja hesitações nem demoras no cumprimento de uma vontade divina, doravante certa, e para a qual a graça recebida poderia durar apenas um dia.

2. A prudência escolhe os meios de realização. Não aqueles que os ardores do início ou os desejos de um rápido êxito desejariam impor, mas aqueles que impõem as limitadas forças da alma e a longa perseverança necessária para o sucesso. Santa Teresa nos conta como quase lhe foi fatal o desejo do seu diretor, Mestre Daza, de elevar rapidamente sua virtude à altura dos favores divinos que recebia.[20]

Esta prudência, que é discrição, não é, de modo algum, timidez nem preguiça. Conhece as exigências divinas e jamais consente em diminuir o ideal entrevisto, mesmo diante das dificuldades. Visa apenas adaptar as possibilidades atuais da alma às exigências divinas e não usar prematuramente as forças necessárias para uma longa caminhada. Impele a um esforço mantido constantemente e, perante um obstáculo maior, sabe mobilizar todas as energias para a violência necessária ao sucesso.

Santa Teresa sublinha que se o diretor não deve ordenar coisas impossíveis – como seriam abundantes jejuns e penitências rigorosas a uma pessoa fraca –, não deve limitar-se a ensinar a "andar como um sapo" e sentir-se satisfeito em treinar "a alma para só caçar lagartixas".[21]

3. Os segredos da alma são os segredos de Deus. O diretor a quem são confiados deve custodiá-los com cuidado. É um dever que a prudência lhe impõe.

[257] Na verdade, Deus envolve sua ação de silêncio e escuridão. O Verbo encarnado sepultou trinta anos de sua vida terrena na penumbra de Nazaré e, depois, não se revela senão na medida exigida por sua missão. O Espírito Santo age silenciosamente nas almas e na Igreja no meio da agitação do mundo. Deus ama o silêncio e a discrição. Às

---

[20] Se eu tivesse de tratar somente com ele, creio que certamente a minha alma nunca iria progredir (V 23,9).

[21] V 13,3.

vezes, parece que deixa de agir quando os olhares indiscretos o consideram. Santa Teresinha do Menino Jesus conta que a alegria causada pela aparição da Santíssima Virgem mudou-se em tristeza quando o seu segredo foi revelado.[22]

Muitas vezes em seus escritos, Santa Teresa nos fala dos sofrimentos e dos graves aborrecimentos que lhe causaram as indiscrições dos seus diretores:

... é mister ... observar muito bem ... e alertá-las (as dirigidas) que tragam tudo em silêncio, guardando-o também eles, porque assim convém.

Falo isso porque muito sofri pelo fato de algumas pessoas com quem tratei da minha oração não terem sido discretas, falando com uns e outros, causando-me, por bem, imenso dano.[23]

No capítulo 28 da sua *Vida*, a Santa conta alguns desses aborrecimentos. Chegou a temer não mais encontrar um confessor que a quisesse ouvir e que todos fugissem dela. Por causa disso não fazia senão chorar.[24]

A prudência, que impõe a discrição, também obrigará, por vezes, o diretor a procurar conselhos autorizados a fim de resolver um caso particular.

4. Ela ainda fará com que o diretor se mantenha no âmbito que a direção espiritual indica para a sua ação e lhe levará a evitar, em outros campos, toda intervenção não justificada, ainda que autorizada ou mesmo solicitada pela confiante submissão do dirigido. Esta confusão de poderes não pode senão ser nociva à autoridade espiritual propriamente dita. Tende mais para uma servidão do que para a libertação progressiva da alma e, por consequência, vai contra a finalidade da direção.

---

[22] Cf. Ms A, 30 v°.

[23] V 23,13.

[24] *Ibid.*, 28,14. Cf. tb. 6 M 8,9: "Desta forma, divulga-se o que deveria ser mantido em segredo, vindo a alma a ser perseguida e atormentada. ... Disso lhe advêm muitos sofrimentos, que podem estender-se à própria Ordem, tão maus andam os tempos".

III – *Experiência*

A experiência nos caminhos espirituais será o guia atento da prudência. Todos os mestres da vida espiritual falaram **[258]** segundo a sua própria experiência pessoal ou segundo a experiência das almas que puderam observar de perto.

A ação de Deus na alma é regulada pela misericórdia divina que desconcerta nossa lógica humana. Técnicas e métodos não bastam para segui-la e correm o risco de deter ou de impedir suas ondas benéficas, com grande perda para a alma.

As mais acertadas explicações não dissipam todo o mistério da ação de Deus numa alma. Como poderá o diretor, para além dos fenômenos que a envolvem e das palavras que querem explicá-la, depreender a verdade vivida e, em seguida, indicar à alma a linha de conduta a observar, se não conhece por experiência esta forma da ação de Deus ou, pelo menos, a região espiritual onde ela se situa e os efeitos que produz? Sem a experiência, poderá ser uma testemunha benevolente e passiva, mas a menos que seja iluminado sobrenaturalmente, não parece que possa encorajar e dirigir com autoridade, tal como lhe impõe a sua função.

Estas observações se aplicam, sobretudo, a certos estados e às graças sobrenaturais. Conservam todo o seu valor no campo mais modesto da prática da virtude, da mortificação e das dificuldades que aí se encontram no início da vida espiritual.

Santa Teresa nos conta que só ficou totalmente tranquila a respeito das suas visões e das palavras interiores por meio de São Francisco de Borja e São Pedro de Alcântara, que podiam se apoiar em sua própria experiência. Parece também que a interpretação dos sinais da contemplação dados por São João da Cruz e a sua aplicação a um caso concreto pressupõem certa experiência.

Desta forma, a Santa aconselha o principiante que tome um diretor espiritual que tenha a experiência das dificuldades que ele encontra e das graças com que foi favorecido:

O iniciante deve prestar atenção para saber o que é melhor para si. O mestre, se experiente, é muito necessário aqui; se não o for, pode errar muito e dirigir uma alma sem entendê-la nem deixar que ela se entenda – porque, como sabe que é grande o mérito de estar sujeita a um mestre, ela não se atreve a sair do que ele manda. Já encontrei almas encurraladas e aflitas devido à falta de experiência do seu mestre – o que me causava pesar –, e uma que nem sabia o que fazer de si; porque, não entendendo o espírito, aflige a alma e o corpo, atrapalhando o aproveitamento. Outra pessoa estava há oito anos paralisada pelo mestre, que não a deixava avançar além do seu próprio conhecimento. Como [259] o Senhor já concedera a essa alma a oração de quietude, era muito o seu apuro.[25]

Esta inexperiência corre o risco de quebrar para sempre o impulso de uma alma com sua incompreensão ou pela sua timidez ou, ainda, de consumi-la prematuramente com mortificações excessivas, cujos efeitos e rigor tal inexperiência desconhece.

IV – *A Ciência*

No diretor, Santa Teresa não prefere a ciência à experiência?

E, ainda que para isto não pareça necessário ter instrução, sempre tive a opinião de que todo cristão deve procurar ter relações com quem a tenha, se puder, e quanto mais, melhor.[26]

A ciência que Santa Teresa exige do diretor não é uma ciência ordinária. Em diversas passagens de suas obras,[27] lembra o mal que lhe fizeram os "doutos pela metade"[28] que não lhe souberam explicar o modo da presença de Deus

---

[25] V 13,14.
[26] *Ibid.*, 13,17
[27] Cf. V 5,3 e 18,15; 5 M 1,10.
[28] V 5,3.

na alma ou a gravidade das suas faltas, e os contrapõe aos verdadeiros sábios que a esclareceram.

Estes verdadeiros sábios eram, na sua maioria, professores que, possuindo um conhecimento profundo do dogma, podiam controlar as experiências espirituais mais elevadas e não se assustarem por serem novas. Com efeito, as experiências místicas apoiam-se habitualmente em verdades dogmáticas que apenas os estudiosos dominam com mestria suficiente para colher toda a sua luz e valor espiritual:

> Em coisas difíceis, mesmo quando eu julgo entendê-las e dizer a verdade sobre elas, uso sempre a expressão "parece-me". Se acontecer de eu me enganar, estou bem pronta a aceitar o que disserem os eruditos. Porque, ainda que não tenham passado por essas coisas, eles têm um não sei quê próprio dos grandes letrados. Como Deus os destina a iluminar a sua Igreja, quando se trata de uma verdade, dá-lhes luz para que a admitam; e se não são dissipados, mas servos de Deus, nunca se espantam com as suas grandezas. ... Enfim, quando se trata de coisas não perfeitamente esclarecidas, eles encontram meios de explicá-las por meio de outras já descritas. Através destas, veem que as primeiras são também possíveis.
>
> Tenho imensa experiência disso, bem como de uns os doutos pela metade cheios de espanto, porque estes me custam muito caro.[29]

[260] A ciência do diretor deve abraçar a teologia moral e a teologia mística, isto é: a ciência dos caminhos de Deus e dos princípios que os regem. Este estudo é indispensável. Em certos casos, ela pode suprir a experiência e sempre servirá para controlar seus dados.

O diretor não tem o direito de ignorar totalmente a psicologia religiosa e a psiquiatria que lhe fornecerão diretrizes para a guia das almas e que, abrindo-lhe o misterioso campo do subconsciente, o tornarão mais prudente no estudo dos fenômenos sobrenaturais e na avaliação dos casos anormais.

---

[29] 5 M 1,7-8.

Santa Teresa aprecia de tal modo a ciência no diretor que não hesita proclamá-la útil, mesmo quando não é acompanhada pelo espírito de oração:

> E ninguém se engane, dizendo que os letrados sem oração não servem para quem a tem. Tenho lidado com muitos, porque de uns anos para cá minha necessidade tem sido maior. E sempre fui amiga deles, pois, mesmo que alguns não tenham experiência, não se opõem ao que é espiritual nem o ignoram, já que, nas Sagradas Escrituras que estudam, sempre acham a verdade do bom espírito. Tenho para mim que a pessoa de oração que se relacionar com letrados não será enganada pelas ilusões do demônio, se não quiser se enganar, porque, creio eu, os demônios temem muito a instrução humilde e virtuosa, sabendo que serão descobertos e prejudicados.[30]

Sentimos que estas afirmações traduzem uma convicção profunda e brotam do coração da Santa. A partir disso, não poderíamos concluir que ela prefere a ciência à experiência num diretor? Escutemo-la pormenorizando seu pensamento com sucessivas pinceladas:

> Eu disse isso porque há quem pense que os letrados não servem para pessoas de oração se não seguirem o espírito. Já falei que o mestre espiritual é necessário; se, contudo, este não for instruído, há aí um grande inconveniente. Ajuda muito relacionar-se com pessoas instruídas; se forem virtuosas, mesmo que não sejam espirituais, trazem proveito, e Deus fará com que entendam o que precisam ensinar e até as tornará espirituais para que nos ajudem. E não o afirmo sem tê-lo experimentado; aconteceu-me com mais de dois.[31]

[261] Santa Teresa não estabelece comparação entre o valor da experiência e o da ciência. Apenas enfoca o caso concreto de uma escolha a fazer entre um diretor piedoso mas ignorante, e um diretor sábio e virtuoso que não fosse um homem de oração. As afinidades entre a alma de oração e o diretor piedoso devem ceder; é o diretor sábio que devemos consultar.

---

[30] V 13,18.
[31] *Ibid.*, 13,19.

Outras passagens de seus escritos e seu exemplo pessoal nos especificam ainda melhor o pensamento da Santa sobre a escolha do diretor.

No princípio da vida espiritual, a alma tem necessidade de um diretor dotado, sobretudo, de prudência e discrição, que ajudará a evitar os excessos do início e aconselhará moderação sem, contudo, destruir os grandes desejos. Nesta fase inicial a alma tem também necessidade de ser compreendida:

O iniciante deve prestar atenção para saber o que é melhor para si. O mestre, se experiente, é muito necessário aqui.[32]

A ciência sem experiência não lhe seria tão útil:

No início, os mestres que não fazem oração, ainda que sejam sábios, são de pouca ajuda.[33]

Quando entra na oração contemplativa ou recebe as primeiras graças sobrenaturais mais elevadas, ela tem ainda necessidade de um diretor experiente:

E é grande o gosto da alma quando lhe fazem o seu retrato.[34]

A própria Santa Teresa, que em Ávila aproveitava dos conselhos do Padre Ibañez, do Frei Bañez e do Padre Baltazar Álvarez, não se sentiu totalmente tranquila com relação aos seus favores extraordinários – especialmente as visões – senão por meio de São Pedro de Alcântara e São Francisco de Borja, que tinham sido, eles mesmos, agraciados.

Quando a alma tiver chegado às altas regiões vida espiritual – tal como Santa Teresa ao escrever o *Castelo Interior* –, aprendeu a discernir a ação de Deus em si. Então, exige sobretudo as luzes da ciência teológica para esclarecer sua experiência.

Também durante a última fase da sua vida, Santa Teresa manifestava uma marcada preferência pelos homens de

---

[32] *Ibid.*, 13,14.
[33] *Ibid.*, 13,16.
[34] *Ibid.*, 14,7.

doutrina. Ainda que os seus diretores, São João da Cruz e o Frei Graciano, tivessem todas as qualidades requeridas, [262] não neglicenciava, de tempos em tempos, de se dirigir aos teólogos sábios que encontrava e, de modo especial, ao Frei Bañez, seu teólogo de confiança. Santa Teresa resume seus conselhos acerca da escolha do diretor com esta advertência:

> Por isso, é muito importante que o mestre seja inteligente – isto é, de bom entendimento e experiente. Se, além disso, tiver instrução, será perfeito. Contudo, não sendo possível achar as três coisas juntas, as duas primeiras são mais relevantes, porque, caso seja necessário, ... podem recorrer aos letrados para alguma consulta.[35]

C – *DEVERES DO DIRIGIDO*
I – *Espírito de fé*

O diretor é um instrumento humano a serviço da obra de Deus nas almas. Esta verdade, que dita ao diretor seus deveres, deve regular também a atitude do dirigido.

Só a fé permite o contato com Deus através dos véus com que se encobre, aqui nesta terra: o véu da criação, os véus eucarísticos, os véus da personalidade de seus instrumentos. "Aquele que se aproxima de Deus deve crer"[36] – diz o Apóstolo. É, pois, por meio da fé que o dirigido chegará às fontes divinas da graça presentes em seu diretor, e as fará jorrar sobre a sua própria alma.

Esta fé inspirará sua atitude para com o diretor. O dirigido há de multiplicar-lhe os atos positivos, especialmente quando o véu lhe pareça mais opaco ou, ainda, quando os laços muito estreitos de afeição corram o risco de colocar excessiva facilidade natural ou passividade em sua obediência.

---

[35] *Ibid.*, 13,16.
[36] Hb 11,6.

II – *Confiança afetuosa*

O diretor, na verdade, exerce sua missão não só com a graça sacerdotal, mas também com suas qualidades pessoais. À fé, que nele apreende o Deus que representa, deve acrescentar-se, no dirigido, a confiança que deposita na sua pessoa e nas suas qualidades e a grata afeição pela sua dedicação. Santa Teresa chama seus diretores de grandes benfeitores da sua alma. Com simplicidade e, muitas vezes, com entusiasmo, conta sua consolação de **[263]** conversar com eles, sua alegria de os reencontrar, suas solicitudes e as delicadas atenções com que os rodeia, seu vínculo profundo e fiel, principalmente quando encontra neles os dons naturais e sobrenaturais que lhes permitem servir ao Senhor de maneira muito útil. Há quem fique um pouco surpreso ao escutá-la exprimir seus sentimentos com relação a eles com tanto calor e simplicidade. Ela os tranquiliza e confessa que se ri dos seus terrores. Sua simplicidade não é ignorância, mas pureza e domínio de seu coração. Prova-o aquilo que escreveu no *Caminho de Perfeição* a respeito das precauções a tomar nas relações com o confessor. Mas escreveu também que "[considerava] um ótimo princípio ter amor ao confessor".[37]

III – *Simplicidade e discrição*

O espírito de fé e a confiança hão de se manifestar, em primeiro lugar, por uma abertura de alma, sincero e total, numa forma tão simples quanto possível. O diretor não seria capaz de dirigir uma alma sem a conhecer o mais perfeitamente possível. O dirigido só pode contar com as luzes e a graça da direção na medida em que ele próprio forneceu ao seu diretor tudo aquilo que pode esclarecer o diretor. De-

---

[37] CP – Ms do Escorial 7,2.

verá, pois, dar a conhecer suas aspirações e suas tentações, suas fraquezas e seus atos de virtude, a ação de Deus e sua correspondência generosa. Em suma, tudo aquilo que, no presente e no passado, pode revelar suas disposições profundas e os desígnios de Deus sobre ele:

Tratai com ele (o diretor) de coração aberto – escreve São Francisco de Sales – com toda a sinceridade e fidelidade, manifestando-lhe claramente vosso bem e vosso mal, sem fingimento nem dissimulação ... tende inteira confiança nele, mesclada duma reverência sagrada, de modo que a reverência não diminua a confiança e que a confiança não impeça a reverência.[38]

Encontramos os mesmos conselhos nos escritos de Santa Teresa:

O essencial, Irmãs, é que sejais muito sinceras e honestas com o confessor. Não me refiro a contar-lhe os pecados, que isso é evidente, mas a relatar-lhe a vossa oração. Se não há essa atitude, não vos posso assegurar que caminheis bem, nem que é Deus quem vos ensina. O Senhor aprecia muito que se trate o seu representante, aquele que está em seu lugar, com grande verdade e clareza, como se estivéssemos [264] lidando com ele mesmo, desejando que entenda todos os nossos pensamentos, quanto mais as nossas obras, por pequenas que sejam.[39]

A Santa sublinha a importância de tal abertura para os favores extraordinários:

O mais seguro é (e eu assim ajo e, sem isso, não teria sossego, nem é razoável que o tenhamos, pois somos mulheres, e sem letras) ... não deixar de revelar o que vai na alma e as graças concedidas pelo Senhor ao confessor; esse confessor deve ser instruído, e devemos obedecer a ele. O Senhor me tem dito isso muitas vezes.[40]

Ela nos diz que Nosso Senhor a advertiu um dia para não seguir os conselhos de um confessor que lhe tinha pedido para calar completamente os favores divinos:

---

[38] *Vida Devota*, 3, cap. 4.
[39] 6 M 9,12.
[40] V 26,3.

Mas vim a compreender que fora muito mal-aconselhada por ele, pois de nenhuma maneira devia ocultar coisas àqueles a quem me confessava, porque, fazendo isso, tinha grande segurança, ao passo que, fazendo o contrário, podia ser enganada alguma vez.[41]

São João da Cruz insiste tanto sobre esta necessidade que não podemos deixar de resumir sua doutrina acerca deste ponto:

... a alma deve confiar logo a seu diretor espiritual com clareza, exatidão, verdade e simplicidade, todas as graças sobrenaturais recebidas. ... No entanto, é muito necessário dizer tudo (embora à alma pareça que não), por três razões.[42]

E a primeira razão deve ser destacada:

Como já dissemos, a força, luz, segurança e efeito principal dos dons divinos não se confirmam plenamente na alma, senão quando dá conta deles a quem Deus estabeleceu como juiz espiritual dela.[43]

O Santo doutor nota ainda que:

Certas almas têm extrema repugnância em dizer essas coisas, por lhes parecerem pouco importantes e não saberem como as acolherá a pessoa com quem devem falar; é sinal de pouca humildade. ... Outras sentem muita confusão em as dizer, pelo receio de parecerem receber favores semelhantes aos dos santos. ... Mas, justamente por causa dessas dificuldades, é necessário se mortifiquem e digam.[44]

[265] Estes conselhos de São João da Cruz dirigem-se especialmente aos contemplativos. Não obstante, conservam todo o seu valor para todas as almas. Com efeito, não podemos receber uma direção apropriada às nossas necessidades se não fornecermos ao diretor os elementos racionais de apreciação.

Estas diretivas preciosas não justificam, contudo, os desabafos sentimentais que afloram mais a sensibilidade do que a fé, a necessidade de levar a se ocuparem de si – seja,

---

[41] *Ibid.*, 26,4.
[42] 2 S 22,16.
[43] *Ibid.*
[44] *Ibid.*, 22,18.

por exemplo, insistindo exageradamente nos próprios erros – muito mais do que o sincero desejo de ser dirigido. Se, na verdade, é certo que para começar é normalmente necessária uma grande abertura de alma, no seguimento, as relações frequentes, sobretudo se escritas, muito raramente estão livres de tendências que correm o risco de fazê-las desviar, como aquela passividade que, ao pedir uma luz precisa sobre tudo, paralisa toda a reflexão e iniciativa pessoais, ou, pelo contrário, aquele desejo declarado – ou, por vezes inconsciente – de que sejam aprovados seus pontos de vista, de impor seu sentimento, quando não é aquele de querer dirigir o próprio diretor.

O dirigido não deve ignorar que suas atitudes de alma habituais e suas reações espontâneas revelam melhor ao diretor as profundezas de sua alma e a harmonia dos desígnios de Deus sobre ela do que aquilo que ele consegue depreender através do véu, muitas vezes enganador, de suas impressões e de seus julgamentos pessoais.

Também certa discrição deve acompanhar a simplicidade no abrir a alma e fazê-la encontrar a justa medida. Esta simplicidade não seria a mesma se, em suas expansões, se mostrasse prolixa e pretensiosa.

IV – *Obediência*

É a obediência que assegura a eficácia da direção, porque põe em prática os conselhos e as ordens do diretor. É pois o dever mais importante do dirigido.

Santa Teresa compraz-se em insistir nesta obediência para mostrar o seu alcance:

> Sempre que o Senhor me ordenava uma coisa na oração e o confessor me dizia outra, o próprio Senhor repetia que lhe obedecesse; depois Sua Majestade mudava a sua opinião, para que me ordenasse outra vez de acordo com a vontade divina.[45]

---

[45] V 26,5.

[266] Esta doutrina de Santa Teresa, extremamente preciosa, estabelece a hierarquia dos poderes. Jesus Cristo entregou seus poderes sobre as almas à sua Igreja. Respeita a ordem que ele mesmo estabeleceu e submete-lhe a sua ação interior nas almas. Os desejos que lhes manifesta diretamente devem ser submetidos ao diretor que representa a Igreja. A alma não deve empreender nada daquilo que lhe viesse prescrito pelo próprio Deus, enquanto o diretor não o tenha ordenado. É o que Santa Teresa afirma vigorosamente a propósito das palavras interiores:

... se se verificam os sinais mencionados, há grande segurança para a alma de que sejam falas de Deus. Tratando-se de assuntos graves, alguma obra a empreender ou negócios de outras pessoas, ela nada deve fazer. Nem lhe passe pela ideia agir sem a opinião de um confessor erudito, prudente e servo de Deus. Isso, mesmo que o entenda muito bem e lhe pareça claramente ser coisa de Deus.

Esse é o desejo de Sua Majestade. Não devemos deixar de fazer o que ele manda, pois nos diz que consideremos o confessor como seu representante, palavras que são indubitavelmente suas. Elas nos ajudam a ter ânimo, se se trata de assunto difícil; e Nosso Senhor o dará ao confessor e fará que ele creia que é espírito seu, quando ele o quiser. Quando assim não suceder, a alma não está obrigada a fazer coisa alguma. Já agir de outro modo neste aspecto, guiando-se pelo próprio parecer, considero-o coisa muito perigosa. Assim vos admoesto, Irmãs, em nome de Nosso Senhor, que nunca isso vos aconteça![46]

Esta linha de conduta apoia-se na autoridade divina do diretor que representa a Igreja, cuja vontade expressa exteriormente deve ser sempre preferida a todas as manifestações interiores, fossem elas certas e autênticas. Evidencia de maneira surpreendente a obediência devida ao diretor e ao mesmo tempo o papel tão relevante da direção nas ascensões espirituais.

---

[46] 6 M 3,11.

NONO CAPÍTULO

Vida regrada e orações simplificadas

... e voltemos às corretas almas.[1]

[267] Àqueles que, pela misericórdia de Deus, venceram esses combates, entrando pela perseverança nas terceiras Moradas, que lhes diremos senão: Bem-aventurado o homem que teme o Senhor? ... Sem dúvida, é com razão que chamamos de bem-aventurado quem teme o Senhor, pois, se não retrocede, percorre – a nosso ver – o caminho seguro de sua salvação.[2]

A alegria com que Santa Teresa saúda o triunfo das almas que alcançaram as terceiras Moradas indica que uma etapa importante foi transposta. E em que consiste essa vitória? A Santa vai especificá-la tanto no campo da virtude, como no da oração. Contudo, uma observação final adverte-nos que esta alma ainda não parece empenhada na via da perfeição.

Tal é o precioso magistério de Santa Teresa nas terceiras Moradas.

A – *VIDA REGRADA*

É "grande a graça" de ter alcançado as terceiras Moradas – sublinha a Santa – e "pela bondade de Deus – ela o crê –, existem muitas almas dessas no mundo"[3].

[268] Eis, em alguns traços precisos, uma viva descrição destas almas:

---

[1] 3 M 1,7.
[2] *Ibid.*, 1,1.
[3] *Ibid.*, 1,5.

II Parte – Primeiras etapas

Elas têm grande desejo de não ofender Sua Majestade e apreciam fazer penitência, evitando até mesmo os pecados veniais. Têm seus momentos de recolhimento e empregam bem o tempo, exercitando-se em obras de caridade para com o próximo. Essas almas são corretíssimas no falar e no vestir, bem como na administração da casa, quando a têm. Trata-se de estado desejável.[4]

A morada espiritual parece bem-arrumada; tudo respira ordem e distinção. Mas não nos contentemos com um olhar geral; examinemos os detalhes.

Parece que esta boa ordem se deve a uma perfeita organização da vida exterior. Esta alma tem uma regra de vida que estabelece os exercícios de piedade e sua duração, o emprego das horas do dia o qual inclui as obras de caridade. São – diríamos hoje – pessoas piedosas, dedicadas às obras. Mas não receemos que as obras ou a devoção prejudiquem os deveres de família e de sociedade. Não há negligência dos deveres essenciais, pois a própria sabedoria preside ao governo de sua casa e à organização de sua vida pessoal. É, pois, uma piedade de bom quilate que soube harmonizar, muito bem, exteriormente, seus deveres para com Deus, para com a família e a sociedade.

Mas o que é que existe por trás desta bela fachada? Esta ordem harmoniosa chegou ao interior da morada? Parece que sim. Estas almas "têm grande desejo de não ofender Sua Majestade, evitando até mesmo os pecados veniais". São essas as suas disposições interiores.

De fato, com Santa Teresa, não podemos senão admirar tão belos resultados, sobretudo se lembrarmos, por um instante, o estado desta alma nas primeiras Moradas. Então, impregnada das máximas do mundo e entregue às suas tendências, só pensava seriamente em Deus de vez em quando durante o mês.

---

[4] *Ibid.*

Intuímos a tenacidade do esforço feito, a duração da luta contra si e contra os outros para fugir das ocasiões, mortificar as tendências, organizar sua vida, inserir nela exercícios regulares de piedade, cumprir cuidadosamente todos os seus deveres de estado, dedicar às obras de caridade o tempo que outrora ocupavam os prazeres ou as distrações, evitar em tudo o pecado, adquirir virtudes. Enfim, ordenar [269] toda a sua vida exterior, suas palavras e seus gestos, para que neles brilhe um discreto reflexo das disposições interiores.

Uma etapa foi transposta. Bons hábitos foram adquiridos e entraram na vida quotidiana. Por seus hábitos de vida, por suas preocupações sobre as quais não faz segredo, por suas obras que se mostram discretamente, porém, sem respeito humano, esta alma estabeleceu-se no grupo das almas cuja piedade séria, grande e caridosa, obriga à estima e ao respeito.

É um triunfo devido à energia perseverante da vontade iluminada pela razão. Mas, antes de concluir vejamos os progressos realizados na oração.

B – *ORAÇÕES SIMPLIFICADAS*

Estas almas "têm seus momentos de recolhimento"[5] – diz brevemente Santa Teresa ao falar das terceiras Moradas, acrescentando, contudo, que elas, por vezes, experimentam securas. O *Caminho de Perfeição* e o livro da *Vida* vão nos informar melhor sobre os progressos da oração nestas almas.

Também neste âmbito, os esforços feitos com perseverança criaram facilidades para o recolhimento:

---

[5] *Ibid.*

... começando a rezar, [a alma percebe] que as abelhas vêm para a colmeia e entram nela para fabricar o mel, sem que nada façamos.

O Senhor deseja, como recompensa pelo tempo em que a alma a isso se dedicou, que ela e a vontade alcancem tal domínio que, diante do simples ato que indique que desejam recolher-se, os sentidos obedeçam e se recolham. E, mesmo que mais tarde voltem a sair, é já grande coisa terem se rendido, pois saem dali como cativos e súditos, e deixam de fazer o mal que antes podiam. Quando a vontade voltar a chamá-los, eles virão com mais presteza.[6]

Esta facilidade adquirida no que diz respeito ao recolher-se é acompanhada por uma simplificação na atividade das potências que mantinham o trato de amizade com Deus.

Antes, eram necessárias longas orações vocais para chegar junto do Mestre? Eis que agora,
tendo nos esforçado por algum tempo para ficar próximas desse Senhor, ele nos entenderá por sinais de maneira que, se antes tínhamos de dizer muitas vezes o Pai-nosso, agora ele nos ouve na primeira. O Senhor gosta muito [270] de poupar-nos trabalho; mesmo que em algum momento não o rezemos mais de uma vez, tão logo entendamos que estamos em sua companhia, o que lhe pedimos e a vontade que ele tem de nos dar, bem como a boa vontade com que está conosco, ele não vai querer que quebremos a cabeça falando-lhe muito.[7]

Se utilizávamos a imaginação para nos representarmos Jesus Cristo, também as suas imagens se simplificam, os detalhes se esvaecem e os contornos se tornam menos precisos para deixar que sua amada presença se mostre mais viva e mais cativante.

Quanto à inteligência, normalmente, perde o gosto pelos raciocínios múltiplos, pelas sucessivas meditações sobre temas diversos, mas retorna de bom grado a esta ou àquela verdade substanciosa ou às amplas sínteses, ricas em várias noções particulares conhecidas. Abarca-as com

---

[6] CP 28,7.
[7] *Ibid.*, 29,6.

um olhar simples e aparentemente confuso, mas na realidade penetrante e afetuoso, haurindo daí impressões profundas e vivas.

À multiplicidade das palavras, à atividade ruidosa das faculdades sucederam a linguagem dos sinais, os movimentos interiores e o olhar simples da alma, o repouso pacífico junto do Mestre.

Este silêncio e este repouso são atitudes expressivas do amor que favorecem, de modo excelente, o relacionamento:

... a chama do amor divino acende-se com mais rapidez [nesta alma], já que, como está mais perto do fogo, bastam alguns sopros do entendimento, e uma simples centelha que a toque incendeia tudo.[8]

Em que medida estas orações de atividade simplificada são contemplativas? Não abordemos, por enquanto, este complexo problema. Chamemo-las de orações simplificadas ou, melhor ainda, de orações de simplicidade e definamo-las: um olhar no silêncio.

Este olhar sobre uma verdade distinta ou uma forma viva de Cristo é um olhar ativo, cuja atração do objeto torna pacífico e silencioso.

Por conseguinte, podemos distinguir na oração de simplicidade um duplo elemento: o olhar sobre o objeto e a pacificação ou silêncio que ele provoca. Um parece suceder ao outro; na realidade, porém, são concomitantes.

De maneira geral, a alma terá, segundo o momento ou segundo o seu temperamento, uma maior ou menor consciência de um ou de outro elemento. Terá consciência de que [271] olha, prestando pouca atenção à impressão apaziguadora; ou, então, se entregará à impressão apaziguadora e deliciosa, dando ao objeto apenas a atenção necessária para manter essa impressão e a renovar. Teremos assim, no primeiro caso, a oração propriamente dita de simples olhar; no segundo, a oração simplificada de recolhimento.

---

[8] *Ibid.*, 28,8.

Podemos dizer que a oração de simples olhar se faz com os olhos da alma abertos; na oração de recolhimento, a impressão de luz obriga a fechar os olhos. Diz-se que os Serafins velam a face diante do Eterno. Santa Teresinha do Menino Jesus confessa que não fará como eles, mas que olhará Deus nos olhos.[9] Pelo contrário, a Irmã Isabel da Trindade parece ceder ante ao fulgor da luz. Atitudes diversas que exigem uma denominação especial, mas que – parece – não são senão maneiras diferentes, ou mesmo tomadas de consciência diferentes, do olhar no silêncio que é a oração de simplicidade.

Como deveremos agir quando chegarmos a esta oração de simplicidade? A resposta a esta questão importante e prática nos é sugerida pela definição da oração de simplicidade. Ela é um olhar ativo no meio do silêncio. Devemos, pois, cuidar ao mesmo tempo da atividade e do silêncio. O repouso procede da atividade simplificada das faculdades. Este repouso é mais proveitoso e fecundo que todos os raciocínios. É, portanto, necessário respeitá-lo e mantê-lo. Mas ele não conseguiria durar por muito tempo em virtude da própria mobilidade da inteligência, cujo olhar não poderia se fixar longamente sobre um objeto, sem se distrair. Torna-se, pois, forçoso levar de novo as faculdades para o objeto que se estava considerando, ou para qualquer outro, a fim de renovar a impressão apaziguadora e reencontrar a vida que daí emana.

Santa Teresa recomenda sem cessar – já o dissemos – que se faça agirem as faculdades na oração, até que não estejam tomadas por uma ação divina. Contudo, esta necessária atividade não deve perturbar o silêncio fecundo que reina em certas regiões da alma. É esta a dupla recomendação que desenvolve nas quartas Moradas a propósito do

---

[9] Cf. UC 24.9.7.

recolhimento passivo que deixa a liberdade de ação às potências da alma, e da quietude que prende a vontade e que não deve ser perturbada pela atividade do entendimento:

> Pois, se Deus nos deu as faculdades para que com elas trabalhássemos e se tudo tem o seu prêmio, não há por que sujeitá-las a encantamentos. [272] Deixemo-las fazer o seu ofício, até que o Senhor lhes reserve outro maior.[10]

Esta regra, dada para o recolhimento passivo, encontra, com muito mais razão, sua aplicação na oração de simplicidade.

No entanto, esta atividade será mais apaziguadora do que anteriormente. É normal que a alma tire proveito da simplificação efetuada. Ademais, uma atividade desordenada destruiria o repouso silencioso, no qual consiste o valor desta oração e abre a alma aos influxos da graça.

Nesta oração, feita de pausas sucessivas diante de quadros mais do que de raciocínios cuja trama lógica se desenrolaria seguidamente, o trabalho da alma consistirá em se colocar diante de cada um desses quadros, deter-se aí para admirá-los com um olhar de conjunto e passar ao seguinte por um esforço tranquilo, quando a impressão apaziguadora se dissipou.

Definimos esta oração de simplicidade como uma progressão lenta, por saltos sucessivos, com tempos de pausa marcados, ao compará-la com a meditação, que seria um caminhar regular e contínuo. Não é a distância percorrida ou a multiplicidade de ideias que importa, mas somente a força deixada na alma pelo contato com as realidades que elas representam. A paz conseguida parece indicar que esse contato se estabeleceu e que a alma haure dele seus frutos. Assim, podemos dizer que esta oração é incomparavelmente mais fecunda do que todas as formas mais ativas, ainda que fossem mais ardentes ou mais luminosas.

---

[10] 4 M 3,6.

Estas orações de simplicidade são o fruto de formas superiores e apuradas da atividade das potências intelectuais. A intuição penetrante, da qual estão próximas, é superior ao raciocínio discursivo[11]. Marcam o triunfo da atividade intelectual na oração, do mesmo modo que a regularidade dos exercícios de piedade, a mortificação das tendências, o cumprimento dos deveres de estado e toda a bela ordem que admiramos marcavam a vitória da vontade na ascese e na organização da vida de piedade.

[273] A alma empenhou-se no caminho da perfeição, colocando a serviço de seu ideal todas as suas energias intelectuais e morais. Sustentada pelo Auxílio geral de Deus – que é a sua graça habitual – ela venceu. As terceiras Moradas nos mostram o triunfo da atividade humana na busca de Deus. Compreendemos que Santa Teresa se alegre com isso e saúde com entusiasmo tal resultado:

... foi grande a graça que receberam do Senhor, que lhes permitiu superar as primeiras dificuldades. ... Trata-se de estado desejável, sem dúvida, e parece que não há motivo para se negar a elas o acesso até as últimas moradas. O Senhor não lhes negará tal coisa, se elas a quiserem. E que bela disposição é esta para que lhes sejam concedidas todas as graças divinas![12]

Nestes elogios há estímulos e promessas; e, por conseguinte, a afirmação implícita de que estas terceiras Moradas estão ainda longe dos cumes. A descrição teresiana vai, aliás, convencer-nos disso.

---

[11] Já tínhamos notado que a inteligência moderna é mais intuitiva do que racional. Prefere as sínteses vivas, as fórmulas cheias e condensadas. É isto sinal de decadência ou de vitalidade? O gênio, na verdade, é intuitivo, como, aliás, o espírito servido por órgãos anêmicos. Seja como for, a intuição é uma forma superior da atividade da inteligência e este poder de intuição é uma das graças do nosso tempo. Ele conduz muito rapidamente as almas às orações de simplicidade e torna-se uma aptidão natural excelente que favorece o desenvolvimento da contemplação.

[12] 3 M 1,5.

C – *DEFICIÊNCIAS E MAL-ESTAR*

O versículo do salmo que Santa Teresa evoca no início da sua descrição traduz maravilhosamente a atmosfera das terceiras Moradas: "Feliz o homem que teme o Senhor".[13] Há alegria e, contudo, há também demasiados perigos para que o temor continue sendo necessário.

O progresso destas almas ainda não está consolidado:

Por mais determinadas que estejam em não ofender o Senhor, essas pessoas evitarão as ocasiões de pecar, agindo assim com acerto. Porque, como estão perto das primeiras Moradas, poderão voltar a elas. A sua fortaleza não está fundada em terra firme, como os que estão já exercitados em padecer. Estes conhecem as tempestades do mundo e sabem quão pouco têm a temer ou a desejar seus contentamentos. O demônio bem sabe armar ciladas para lhes fazer mal.[14]

O demônio encontraria aliados em seus postos, pois as tendências mal foram mortificadas em suas manifestações mais exteriores. Esta bela ordem exterior poderia nos [274] enganar – como infelizmente engana a própria alma – quanto à qualidade das virtudes que lhe servem de base.

Descobrindo a verdade, Santa Teresa se mostra dolorosamente surpreendida:

Conheci algumas almas, e creio que posso dizer bastantes, que chegaram a este estado. Elas têm vivido muitos anos, ao que parece, nessa retidão e harmonia de alma e corpo. E, depois disso, quando deviam estar com o mundo sob os pés – ou pelo menos plenamente desenganadas dele –, são provadas por Sua Majestade em coisas não muito grandes; ficam então de tal modo inquietas e com o coração tão angustiado que me deixam perplexa e até muito temerosa.

Dar-lhes conselho não é remédio, porque, como elas há muito tratam de virtudes, pensam poder ensinar aos outros e sobrar-lhes razão para se sentir como se sentem.[15]

---

[13] Sl 112[111],1.

[14] 3 M 2,12.

[15] *Ibid.*, 2,1.

O orgulho se manifesta nesta atitude. Com efeito, Santa Teresa declara que
aqui, está o problema das que não conseguem avançar.[16]

Sem dúvida,
[Deus lhes dá] contentamentos muito maiores do que os que [podem] ter nos consolos e distrações desta vida,[17]
mas tomaram consciência de sua virtude e, convictas dela, sustentam muitas pretensões a graças mais elevadas:

Com efeito, essas almas percebem que nada neste mundo as levaria a cometer um pecado, nem mesmo um pecado venial deliberado. Elas empregam bem sua vida e suas posses. Mas se impacientam ao ver que permanece fechada para elas a porta de entrada ao aposento do nosso Rei, de quem se consideram súditas, e de fato o são. Todavia, que não se esqueça: aqui na terra, ainda que o Rei tenha numerosos vassalos, nem todos têm acesso à câmara real. ...

Ó humildade! Não sei que tentação me atinge aqui, pois não posso deixar de crer que falte um pouco dessa virtude a quem dá tanta importância às agruras na oração.[18]

Que mistura de virtude e de orgulho, de boa vontade sincera e de ilusão! Certamente, é normal que as más tendências subsistam em nossas almas ao lado [275] das mais altas virtudes. Carne e natureza, graça e pecado, à medida que se cresce em santidade, iluminam-se por contraste na pobre alma que os traz em si. "Infeliz de mim!"[19] – exclama São Paulo sob o duplo peso de sua miséria humana e de suas riquezas. Quanto à Santa Teresinha do Menino Jesus, declara que se acha cada vez mais imperfeita à medida que avança, mas que fica alegre por isso, pois a miséria atrai a misericórdia.

---

[16] *Ibid.*, 2,8.
[17] *Ibid.*, 2,9.
[18] *Ibid.*, 1,6.7.
[19] Rm 7,24.

Nas almas que se encontram nas terceiras Moradas, a situação é diferente. Enquanto São Paulo geme com a experiência de sua miséria, estas pobres almas não veem a sua e não aceitam que alguém lhes venha mostrá-la:

Dar-lhes conselho não é remédio – diz Santa Teresa. ... elas canonizam em seus pensamentos o próprio modo de proceder e desejam que os outros também o façam.

Enfim, não encontrei solução, nem encontro, para consolar tais pessoas, a não ser mostrar grande sentimento de sua pena (e, na verdade, é de dar pena vê-las sujeitas a tanta miséria) e não contradizer suas razões. Isto porque elas as ajeitam de tal modo no pensamento que julgam tudo sentir por amor de Deus, não percebendo que se trata de imperfeição, o que é outro grande engano em gente tão adiantada.[20].

O problema é perturbador. Como arrancar estas almas de suas ilusões e esclarecer sua boa vontade? Eis alguns exemplos que, talvez, serão mais claros do que censuras e considerações gerais:

Digamos que sobrevenha uma perda material a uma pessoa rica, sem filhos e sem herdeiros. Nada, porém, que afete o necessário para que ela se mantenha e sustente a casa, sobrando-lhe ainda alguma coisa. Se fica desassossegada e inquieta como se não lhe restasse um pão para comer, como essa pessoa receberá o pedido de Nosso Senhor de que deixe tudo por ele?

Aqui entra o pretexto: a pessoa diz que o sente porque quer ter para dar aos pobres. De minha parte, creio que Deus prefere que eu me conforme com a sua vontade e conserve a paz da minha alma a essa caridade, embora seja desejável procurá-la.[21]

Outro exemplo nos mostra uma pessoa que
tem o bastante para se manter e até lhe sobra. Mas, ... procurar mais e mais não é coisa, por certo, que leva a alma a subir às Moradas mais próximas do Rei, ainda que tenha boa intenção.[22]

---

[20] 3 M 2,2.1.3.

[21] *Ibid.*, 2,4.

[22] *Ibid.*, 2,4.

[276] Estas repreensões e exemplos esclareceram perfeitamente a situação das almas das terceiras Moradas? Como conciliar estas graves deficiências com os progressos realizados, estas justas censuras com a estima e o respeito que merecem sua conduta exterior e suas boas obras? Sobre estas almas paira ainda certo mistério. A Santa tem consciência disso e, assim, escreve:

> Atentai muito, filhas, para algumas coisas que aqui aponto, ainda que de modo confuso, porque não sei formulá-las melhor.[23]

O convite à consideração atenta indica que o problema é importante. Trata-se de algo sério. É preciso responder a ele, relendo com atenção os dois capítulos consagrados às terceiras Moradas. Vamos nos dar conta de que Santa Teresa, perante essas almas das terceiras Moradas, mostra certo embaraço que se parece a um mal-estar. Este mal-estar se revela mediante elogios surpreendentes, umas tantas censuras de caráter geral, digressões explicativas e um pouco de ironia em relação a estas pessoas que são

"... corretíssimas no falar e no vestir"; "têm vivido muitos anos ... nesta retidão e harmonia".[24]

Temos nós o direito de recolher estes indícios de mal-estar e dar-lhes importância? Sabemos que Santa Teresa escreve sem esboços preparatórios, deixando correr a pena sobre o papel. Não relê o que escreve. Vê e descreve. Acontece-lhe não explicitar com clareza a impressão que um quadro produz nela, embora esta impressão domine toda a descrição.

Foi assim que, nas primeiras Moradas, percebemos que ela tremia por ver cair no pecado e no inferno essas almas cuja vida sobrenatural é tão frágil. Diante das pessoas que fazem uma meditação ordenada, vimo-la usar a solenidade

---

[23] *Ibid.*, 1,9.
[24] *Ibid.*, 1,5; 2,1.

discreta desses intelectuais que, pensando com ordem, estão em bons começos. Diante destas pessoas piedosas das terceiras Moradas, Santa Teresa detém-se mais longamente. Mostra-nos que estas almas não estão na sua esteira, não vivem debaixo de sua luz, não pensam como ela.

Seria um contraste de temperamento, uma oposição de diferentes hábitos de vida, pois estas pessoas vivem no mundo e Teresa no claustro? Não, certamente. As [277] impressões de Santa Teresa não são nem superficiais, nem puramente naturais. Devemos ter confiança nela e examinar o problema mais de perto.

Descobriremos, com efeito, que estas almas se encontram em posições espirituais separadas por um largo fosso das de Santa Teresa, fosso esse que ainda não conseguiram transpor. O mal-estar de nossa Santa nos revela um problema espiritual geral de grande importância. Problema que a Santa apresenta em poucas palavras:

Desde que comecei a falar dessas moradas, tenho-o (o jovem a quem o Senhor perguntou se queria ser perfeito) diante dos olhos. Porque somos como ele.[25]

Será necessário recordar a cena evangélica?

Aí alguém se aproximou dele e disse: "Mestre, que farei de bom para ter a vida eterna?" Respondeu: "Por que me perguntas sobre o que é bom? O Bom é um só. Mas se queres entrar para a Vida, guarda os mandamentos". Ele perguntou-lhe: "Quais?" Jesus respondeu: "Estes: Não matarás, não adulterarás, não roubarás, não levantarás falso testemunho; honra pai e mãe, e amarás o teu próximo como a ti mesmo". Disse-lhe então o moço: "Tudo isso tenho guardado. Que me falta ainda?" Jesus lhe respondeu: "Se queres ser perfeito, vai, vende os teus bens e dá aos pobres, e terás um tesouro nos céus. Depois, vem e segue-me". O moço, ouvindo essa palavra, saiu pesaroso, pois era possuidor de muitos bens.[26]

---

[25] *Ibid.*, 1,6.
[26] Mt 19,16-22.

"Somos como ele"[27] – diz Santa Teresa, colocando-se humildemente nas terceiras Moradas.

Estas almas, então, ainda não entraram no caminho da perfeição.

---

[27] 3 M 1,6.

DÉCIMO CAPÍTULO
Sabedoria sobrenatural e perfeição cristã

> ... *a sua razão está muito em si. O amor nelas ainda é insuficiente para que esta seja negligenciada.*[1]

[278] "Somos como ele, sem tirar nem pôr".[2] Esta palavra sobre o jovem do Evangelho ressoa dolorosamente na nossa alma quando nos encontramos nas terceiras Moradas. Tal como o jovem do Evangelho, desde há muito tempo, estas almas observam com sabedoria e retidão os preceitos da Lei; desejam a perfeição, mas, diante das exigências do Mestre, hesitam e retiram-se com tristeza. Sua tristeza é tão pesada para nós como para elas. "E, na verdade, é de dar pena vê-las sujeitas a tanta miséria"[3] – encoraja-nos Santa Teresa.

Diante das exigências da perfeição cristã, essas almas pararam ou recuaram. "Se queres ser perfeito..."[4] – diz-lhes Nosso Senhor, como disse ao jovem. É, pois, aqui que devemos nos comprometer a seguir o caminho da perfeição.

Tal é o pensamento de Santa Teresa. Se tivéssemos alguma dúvida, bastaria abrir seu livro *Caminho de Perfeição*. Encontraríamos aí, nas primeiras páginas, aquele segundo capítulo sobre a pobreza absoluta, que é o comentário das palavras de Jesus àquele jovem do Evangelho.

Quanto a São João da Cruz, ele se dirige apenas aos que já aceitaram o desapego absoluto e querem conhecer

---

[1] 3 M 2,7.
[2] *Ibid.*, 1,6.
[3] *Ibid.*, 2,2.
[4] Mt 19,21.

o caminho que vai direto ao cume. São ainda principiantes quando empreendem, corajosamente, o caminho do nada; merecem o nome de adiantados [279] quando obtiverem resultados dignos de nota nas suas orações e, com esta designação, caminharão para a união transformante.

Os Santos do Carmelo reservam às palavras de Cristo o seu sentido pleno e óbvio. "Se queres ser perfeito, vai, vende os teus bens".[5] Só estaremos a caminho da perfeição quando dermos este primeiro passo.

A – *LOUCURA E PERFEIÇÃO*

Mas, este real desapego de todos os bens é verdadeiramente o gesto decisivo e necessário que nos introduz na perfeição evangélica? As palavras de Nosso Senhor, aquilo que nos diz Santa Teresa no início do *Caminho de Perfeição*, os exemplos típicos que ela apresenta para mostrar a imperfeição das almas nas terceiras Moradas e que revelam o apego daquele homem rico aos bens, poderiam nos levar a crê-lo.

Mas, então, a perfeição evangélica é impossível para todos aqueles cuja situação não pudesse admitir esta pobreza absoluta? As almas das terceiras Moradas e que estão à frente de uma casa terão que renunciar a isso?

Evidentemente que não poderia ser assim. O problema da perfeição segue por outra vertente. Este desapego efetivo dos bens impõe-se apenas a algumas almas. Para todas, é o sinal de uma renúncia mais íntima e geral, que deve estar ao seu alcance, adaptando-se a cada uma para crucificá-las todas igualmente.

Para descobrir esse algo, recorramos à análise de alguns testemunhos. Sua diversidade mostrará a complexidade do problema e servirá, em seguida, para o resolver.

---

[5] Cf. *Ibid.*

1. Em primeiro lugar voltemos ao testemunho de Santa Teresa. Interessa-nos especialmente, e é isso que devemos esclarecer.

Conhecemos suas censuras às almas das terceiras Moradas: falta de humildade e de desapego, inquietação e tristeza exagerada nas pequenas provações. São defeitos aparentes se os compararmos com outro mais profundo, que diz respeito ao comportamento interior da alma, atinge toda a vida espiritual e explica todos os outros.

A Santa nos vai revelá-lo:

As penitências que essas almas fazem são tão bem calculadas quanto o seu modo de agir. Elas gostam muito da vida para servir a Nosso Senhor **[280]** com ela, o que não pode ser levado a mal. São muito comedidas ao fazer penitências, a fim de não prejudicar a saúde. Não tenhais medo de que se matem.[6]

Sabíamos que estas almas eram bem-ordenadas e que tudo nelas era perfeitamente regrado. A amável ironia de Santa Teresa também não nos espanta, pois ela é demasiado espontânea e viva para não achar graça numa ordem tão bem-regrada em seus detalhes. Mas eis uma daquelas frases, que às vezes encontramos em seus escritos, como que lançada ao acaso, em meio a explicações aparentemente confusas, e que, abrindo novos horizontes, nos dá a chave de um problema:

... a sua razão está muito em si. O amor nelas ainda é insuficiente para que esta seja negligenciada.[7]

Esta verdade parece-lhe ser luminosa também para ela mesma. Ela a apreende e desenvolve com ardor:

No que tange a nós, eu gostaria que a tivéssemos (a razão) para não nos contentar com essa maneira de servir a Deus, sempre passo a passo, sem nunca chegar ao fim do caminho. E já será uma grande coisa que não nos percamos, uma vez que, a nosso ver, continuamos andando e nos cansando (porque, crede, esse é um caminho difícil).

---

[6] *Ibid.*, 2,7.
[7] *Ibid.*

II Parte – Primeiras etapas

... Não seria melhor trilhar o caminho de uma vez? ...

Como vamos com tanta prudência, tudo nos assusta, porque a tudo tememos. Assim, não ousamos avançar, ... esforcemo-nos, Irmãs minhas, pelo amor de Deus. Deixemos nossa razão e nossos temores em suas mãos e esqueçamos a fraqueza natural que tanto pode nos prejudicar.

... procuremos apenas caminhar depressa, a fim de ver esse Senhor.[8]

Eis o que fica claro: as almas, cuja razão regulamentou tão bem a vida, tornam-se demasiado comedidas para poderem ir mais longe. Aquilo que foi um meio tão útil torna-se agora um obstáculo quase intransponível, pois estas almas não conseguem se dar conta de que sua razão lhes fecha o caminho da perfeição.

Uma censura tão absoluta assim espanta-nos um pouco em Santa Teresa. Nós a conhecemos espontânea e vivaz, consequentemente, um tanto incomodada com prescrições demasiado minuciosas. Ela estremece só em ler as numerosas regras que um religioso impôs a um de seus mosteiros nos dias de comunhão. Mas, desta Madre tão espiritual e tão prudente, deste gênio tão equilibrado [281] na sua doutrina e na sua vida, desta Santa que permanece tão humana no desabrochar de suas faculdades naturais até na união transformante, não poderíamos esperar o processo da razão. Será preciso, então, um pouco de loucura para a santidade?

2. É o que São Paulo afirma claramente na Epístola aos Coríntios.

O Apóstolo viera a Corinto após o fracasso quase total do magnífico discurso que tinha proferido no Areópago de Atenas e cujo esquema os Atos dos Apóstolos conservou para nós.[9]

---

[8] *Ibid.*, 2,7-8.

[9] "Ao ouvirem falar da ressurreição dos mortos, alguns começaram a zombar, enquanto outros diziam: 'A respeito disto vamos ouvir-te outra vez'. Foi assim que Paulo retirou-se do meio deles. Alguns homens, porém, aderiram a ele e abraçaram a fé" (At 17,32-34).

Diante de dificuldades de outro gênero que ele encontra em Corinto (violenta oposição dos judeus e depravação moral da cidade), o Apóstolo tinha sentido mais imperiosamente a necessidade de se apoiar apenas na força de Cristo. Além disso, sua pregação de humilde artesão que tecia pelos de cabra tinha feito conquistas apenas entre os humildes. Lembrando-lhes estes acontecimentos, escreve-lhes na sua primeira carta:

Pois não foi para batizar que Cristo me enviou, mas para anunciar o Evangelho, sem recorrer à sabedoria da linguagem, a fim de que não se torne inútil a cruz de Cristo. Com efeito, a linguagem da cruz é loucura para aqueles que se perdem, mas para aqueles que se salvam, para nós, é poder de Deus. Pois está escrito:

Destruirei a sabedoria dos sábios
e rejeitarei a inteligência dos inteligentes.
Onde está o sábio? Onde está o homem culto?

Onde está o argumentador deste século? Deus não tornou louca a sabedoria deste século? Com efeito, visto que o mundo por meio da sabedoria não reconheceu a Deus na sabedoria de Deus, aprouve a Deus pela loucura da pregação salvar aqueles que creem. Os judeus pedem sinais, e os gregos andam em busca de sabedoria; nós, porém, anunciamos Cristo crucificado, que para os judeus é escândalo, para os gentios é loucura, mas para aqueles que são chamados, tanto judeus como gregos, é Cristo, poder de Deus e sabedoria de Deus. Pois o que é loucura de Deus é mais sábio do que os homens, e o que é fraqueza de Deus é mais forte do que os homens.

Vede, pois, quem sois, irmãos, vós que recebestes o chamado de Deus; não há entre vós muitos sábios segundo a carne, nem muitos poderosos, nem muitos de família prestigiosa. Mas o que é loucura no mundo, Deus o escolheu para confundir os sábios; e, o que é fraqueza no mundo, Deus o escolheu para confundir o **[282]** que é forte; e, o que no mundo é vil e desprezado, o que não é, Deus escolheu para reduzir a nada o que é, a fim de que nenhuma criatura se possa vangloriar diante de Deus. Ora, é por ele que vós sois em Cristo Jesus, que se tornou para nós sabedoria proveniente de Deus, justiça, santificação e redenção, a fim de que, como diz a Escritura,

aquele que se gloria, se glorie no Senhor.

Eu mesmo, quando fui ter convosco, irmãos, não me apresentei com o prestígio da palavra ou da sabedoria para vos anunciar o mistério de Deus. Pois não quis saber outra coisa entre vós a não ser Jesus Cristo, e Jesus Cristo crucificado. Estive entre vós cheio de fraqueza, receio e tremor; minha palavra e minha pregação nada tinham da persuasiva linguagem da sabedoria, mas eram uma demonstração de Espírito e poder, a fim de que a vossa fé não se baseie sobre a sabedoria dos homens, mas sobre o poder de Deus.[10]

Desta longa citação onde as afirmações se embatem e abundam as antíteses, emerge uma ideia clara e poderosa: existe uma oposição radical entre a sabedoria do mundo em que São Paulo vive e a sabedoria de Deus que o guia, que preside seu apostolado e o desenvolvimento do cristianismo.

Santa Teresa censurava as almas que estão nas terceiras Moradas por serem demasiado racionais para entrar nos caminhos da perfeição e desejava-lhes um amor que as fizesse delirar. São Paulo sublinha que a sabedoria de Cristo é loucura aos olhos do mundo. Estas duas afirmações, que se completam, exprimem bem a ideia que normalmente temos da alta santidade.

3. Com efeito, os grandes santos, tal como a hagiografia no-los descreve, não têm só gestos de herói, como São Lourenço que, sobre sua grelha ardente, zomba do seu carrasco, mas nos apresentam uma vida que obedece a leis superiores.

São Francisco de Assis se despoja de suas vestes em praça pública para satisfazer as reclamações de seu pai e dá início, a serviço da Dama Pobreza, à sua heroica aventura.

Não é menos louco o empreendimento que São João da Cruz inaugura em Duruelo, o que o Padre Foucauld persegue sob o sol causticante do Saara até regar com o seu sangue aquela terra que queria tornar fecunda.

---

[10] 1Cor 1,17-31; 2,1-5.

Quanto à vida que o Santo Cura d'Ars leva durante os últimos anos de sua existência, ela manifesta a força da cruz, quer na paciência e na penitência do Santo, quer nos maravilhosos dons com que é favorecido.

[283] O senso comum dos fiéis canoniza rapidamente estes homens e os envolve com sua veneração entusiasta. Para ele, o sinal da santidade é bem esta loucura da cruz que preside à organização das suas vidas e desabrocha de forma maravilhosa em frutos sobrenaturais.

Estas afirmações de Santa Teresa e de São Paulo, estes exemplos vivos que não nos deixam qualquer dúvida sobre a identidade da loucura da cruz com a santidade, apresentam ao nosso espírito um problema prático muito importante: em que consiste esta loucura da cruz? A santidade está realmente em oposição à razão humana? Em que medida devemos ser loucos aos olhos do mundo para sermos santos?

Algumas distinções sobre as três sabedorias que fundamentam a ordem moral e espiritual irão esclarecer este problema e vão nos permitir, em seguida, identificar melhor a doutrina de São Paulo e de Santa Teresa.

B – *AS TRÊS SABEDORIAS*

A sabedoria divina dirige os seres para os seus fins e estabelece a ordem no mundo, submetendo-os às leis conformes à sua natureza.

Deus submeteu a matéria a esta lei da atração mútua dos corpos. É por essa lei, inscrita na matéria, que se regem as maravilhosas evoluções dos astros, que cantam a glória de Deus, no espaço. É obedecendo à lei do instinto que cada animal assegura o seu desenvolvimento e a multiplicação da espécie e cumpre o seu papel providencial no mundo dos seres vivos.

Deus dirige o homem para o seu fim por meio da lei moral. Mas enquanto as leis que Deus impõe à matéria e ao animal são necessárias e, por conseguinte, suportadas passivamente, sem que o ser tome consciência ou possa se subtrair delas, a lei moral é revelada à inteligência do homem e respeita sua liberdade. É, para ele, uma manifestação da vontade de Deus e solicita sua livre cooperação para a execução dos desígnios de Deus no mundo.

A Sabedoria divina conduz o homem à sua perfeição sobrenatural por meio das manifestações de sua vontade, que podem se revestir de três maneiras diferentes. Assim, para o cristão, existem três ordens de sabedoria, três planos sobrepostos de moralidade e perfeição que vão se completar.

1. Deus impôs a todos os homens uma lei moral natural, cujos primeiros princípios estão inscritos no coração do homem e lhe aparecem evidentes: distinção do **[284]** bem e do mal, obrigação de fazer o bem, não fazer aos outros aquilo que não queremos que façam a nós etc. Ainda que estas noções sejam inatas, deixam ao homem a liberdade de se subtrair às prescrições que delas decorrem.

Destas prescrições fundamentais, a razão humana deduz, por meio do raciocínio, outras obrigações que são uma consequência mais ou menos imediata delas. Assentada nestas novas obrigações, ela continua seu trabalho de busca e explicitação de tais novas obrigações e determina, por exemplo, o que é a justiça, ensina-nos o respeito pelo próximo nas suas relações conosco, o respeito por nós próprios. Fixa para nossas necessidades e para nossos desejos a medida de satisfação que assegura o equilíbrio do conjunto. É deste modo que a razão codifica os preceitos da lei natural, esclarece as virtudes naturais indicando-lhes os motivos e a medida que devem presidir à sua observância.

O conjunto destas extensas e variadas prescrições que a razão hauriu, por dedução lógica, dos princípios fundamentais da lei natural, constitui o código do direito natural que fixa, tanto no campo individual como no plano social, os deveres e direitos de cada um e de todos na sociedade humana universal.

Esta ordem moral natural tem uma origem divina incontestável, tanto pelos princípios que a fundamentam e que a sabedoria inscreveu em cada ser humano, como pela razão que a constrói e que é um raio que nos vem do Verbo e nos conduz a ele.

Esta ordem moral natural é a primeira manifestação da ordem estabelecida pela sabedoria. Embora seja a manifestação mais humilde, pois fundada na natureza das coisas, ela está na base de todo o edifício moral. Ninguém pode pretender respeitar a ordem divina e aspirar às virtudes mais elevadas se não observar, primeiro, as prescrições da lei natural. Dizer que nenhuma ordem pode subsistir se não se apoiar nela, é afirmar de maneira satisfatória o valor dessa sabedoria natural.

2. No sermão da montanha Jesus Cristo adverte aos seus ouvintes:

Não penseis que vim revogar a Lei e os Profetas. Não vim revogá-los, mas dar-lhes pleno cumprimento.[11]

Com efeito, é este o papel da nova manifestação da ordem divina que a Sabedoria realiza através da Revelação.

[285] A Revelação dá a conhecer ao homem o seu fim sobrenatural, a participação na vida trinitária que é a sua vocação. Indica-lhe os meios dos quais deve se servir, as virtudes mais perfeitas que deve praticar para atingir este fim mais elevado ao qual deve chegar. Como somos filhos de Deus, devemos ser perfeitos como nosso Pai que está nos Céus. Visto que Jesus Cristo nos foi enviado para nos indicar o caminho que conduz a Deus e nos mostrar nele a perfeição a ser realizada, devemos segui-lo e ajustar os nossos gestos pelos seus.

---

[11] Mt 5,17.

II Parte – Primeiras etapas

A esta ordem nova que nos é revelada e a esta vocação sobrenatural que nos é dada, correspondem não só novas obrigações, mas também meios adequados para sua realização. Concomitantemente à luz que nos esclarece sobre o plano eterno da sabedoria, também nos é concedida a graça que nos adapta a ele e as virtudes sobrenaturais infusas que nos permitem entrar neste plano e trabalhar nele.

Tal como a Revelação não destrói a razão, mas a corrobora em suas descobertas e a esclarece, abrindo-lhe horizontes não cogitados por ela, também as virtudes sobrenaturais infusas – que se enxertam em todas as faculdades e potências humanas e utilizam suas operações para os atos que lhes são próprios – fortalecem ao mesmo tempo as virtudes naturais, ampliando seu âmbito e fornecendo-lhes novos motivos:

É evidente – escreve Santo Tomás – que a [medida] que impomos às nossas [paixões], quando guiados pela regra humana da razão, difere essencialmente daquela que procede da regra divina. Por exemplo, quanto ao uso dos alimentos: a medida apresentada pela razão tem por fim evitar aquilo que pode prejudicar a saúde e o próprio uso da razão, enquanto que, segundo a regra da lei divina, é necessário, como diz São Paulo, que o homem castigue o corpo e o reduza à servidão[12] por meio da abstinência e outras austeridades do mesmo gênero.[13]

Assim, pois, pela Revelação e pela nossa participação na vida trinitária, somos introduzidos num novo plano de moralidade que nos impõe tendermos para o nosso fim sobrenatural mediante a prática das virtudes próprias da ordem sobrenatural e das virtudes naturais sobrenaturalizadas, ampliadas por uma nova luz.

3. Estas virtudes próprias da ordem sobrenatural da Revelação são particularmente as virtudes teologais, virtudes infusas que regem nosso relacionamento sobrenatural com Deus.

---

[12] 1Cor 9,27.

[13] *Summa Theologica*, Ia IIae, qu. 63, art.4.

[286] Estas virtudes teologais estão enxertadas nas faculdades humanas, cujas operações elas usam para produzirem os atos que lhe são próprios. Sendo teologais e tendo, nesta qualidade, a Deus por objeto e motivo, estas virtudes tendem normalmente para a libertação de tudo o que é humano, a fim de encontrar só em Deus o seu alimento e apoio. Suas operações serão perfeitas apenas quando forem puramente teologais, quer dizer, livres de todo elemento inferior e fixadas com maior pureza, em seu objeto e motivo divinos.

É normal, com efeito, que no início as virtudes teologais exijam da razão que ela explore o conteúdo revelado e lhes forneça as verdades teológicas das quais se irão se nutrir. Trata-se de um auxílio indispensável e muito precioso que contribui grandemente para o seu desenvolvimento.

Mas a razão não conseguirá oferecer a estas virtudes o objeto divino para o qual foram feitas. Não conseguirá senão trabalhar com as fórmulas dogmáticas e elaborar conceitos e verdades analógicas. Não é um instrumento apto para o divino, e apoiando-se apenas sobre ela, as virtudes teologais permanecerão em seus modos imperfeitos de agir. Para que estas virtudes possam levar suas operações à perfeição, aderir ao seu objeto divino e repousar tão somente nele, é preciso que uma luz e um auxílio lhes advenham deste objeto que é o próprio Deus, esclareçam-nas e as fixem nele. Esta luz e este auxílio lhes chegam, efetivamente, através dos dons do Espírito Santo.

Com efeito, é pelos dons do Espírito Santo que a Sabedoria Divina, que habita na alma justa, produz iluminações e moções que sustentam a atividade das virtudes teologais e as conduzem até à perfeição dos atos que lhes são próprios. Eis uma alma que faz um ato de fé na presença da Santíssima Trindade que habita nela. Enquanto se dispõe a voltar-se com a sua inteligência para a verdade dogmática a fim de encontrar aí um alimento para um novo ato de fé, brota, repentinamente, da escuridão do mistério no qual ela penetrou pela fé, um sabor, uma luz confusa, um não sei quê que a prende, que a convida a permanecer tranquila nesse mistério, cuja escuridão não se dissipou, e lhe chama, talvez, inclusive a penetrá-lo mais. Uma enfermeira cuidava de um doente com uma dedicação sobrenatural que animava o sentimento do dever. Mas eis que também, de súbito, descobre de uma maneira concreta e viva que este doente é um membro do Cristo que sofre. Já não vê nele senão o seu Cristo bem-amado e, suavemente, levada por um amor que desconhecia em si, continua sua missão caritativa com uma doçura e uma delicadeza incomparáveis.

[287] Iluminação e moção do Espírito Santo conjugaram-se, num e noutro caso, para produzir um ato de fé contemplativa e um ato de caridade perfeita.

Por estas iluminações que esclarecem a inteligência e, ao mesmo tempo, a desconcertam ou que a colocam diante de uma luz transcendente, mediante estas moções suaves e subtis que levam a vontade a atos que ultrapassam suas forças naturais e a levam a cumpri-los com uma perfeição de que não era capaz, a Sabedoria divina intervém diretamente nas operações sobrenaturais da alma.

Ouçamos Santo Tomás nos explicar este dinamismo subtil e maravilhoso da ação divina no homem espiritual:

[Tal como a abelha e a ave migrante, levados pelo instinto, agem com uma segurança admirável, a qual revela a Inteligência que os dirige], também o homem espiritual é inclinado a agir, não principalmente pelo impulso de sua própria vontade, mas pelo instinto do Espírito Santo, segundo a palavra de Isaías (59,19): "porque virá como rio impetuoso, conduzido pelo sopro do Senhor". Também é dito (Lc 4,1): "Jesus foi levado para o deserto pelo Espírito". Não significa isso que o homem espiritual não aja por sua própria vontade e por seu livre-arbítrio, mas é o Espírito Santo que causa nele este movimento de livre-arbítrio e de vontade, segundo a palavra de São Paulo: "Pois é Deus quem opera em nós o querer e o operar segundo o seu beneplácito" (Fl 2,13).[14]

---

[14] *In Ep. ad Rom.*, 8,14.

Assim, pois, através dos dons do Espírito Santo, Deus intervém nas operações do homem espiritual, a ponto de nele realizar o querer e o agir e de transformar-se no agente principal que assegura a perfeição das operações espirituais.

De outra parte, é normal que Deus só possa realizar, de forma perfeita, estas operações da vida trinitária e que, por conseguinte, nós não possamos participar delas senão colocando-nos sob a sua luz e deixando-nos arrastar pelo seu movimento: "Todos os que são conduzidos pelo Espírito de Deus são filhos de Deus",[15] – diz, com efeito, o Apóstolo. Com outras palavras, apenas Deus pode assegurar a perfeição dos nossos atos divinos de filhos de Deus.

Admitido isto, não ficamos mais surpreendidos com as afirmações de São João da Cruz a respeito das almas transformadas:

> E assim, não é de admirar que, nessas almas, todos os primeiros movimentos e operações das potências sejam divinos, pois se acham [288] transformados em ser divino.
>
> ... Só Deus é quem move as potências dessas almas ... ; e assim as obras e súplicas dessas almas são sempre eficazes. Tais foram as da gloriosíssima Virgem Nossa Senhora.[16]

C – *AS DIVERSAS ORDENS DE SABEDORIA E A PERFEIÇÃO*

As distinções feitas entre as diversas ordens da sabedoria criadas pelas manifestações da Sabedoria divina nos vários planos da moralidade e da perfeição vão esclarecer para nós a doutrina de São Paulo e a de Santa Teresa e vão nos permitir tornar mais precisa a noção de perfeição em nossa Mestra espiritual.

---

[15] Rm 8,14.
[16] 3 S 2,9.10.

1. São Paulo opõe a sabedoria da cruz à do mundo e afirma que são contraditórias.

Sem dúvida, a sabedoria de Cristo na cruz que o Apóstolo prega e que preside o desenvolvimento do cristianismo no seu início fervoroso, é a mais alta sabedoria sobrenatural e a mais pura. É aquela de Cristo "que se tornou para nós sabedoria proveniente de Deus, justiça, santificação e redenção, a fim de que, como diz a Escritura, aquele que se gloria, se glorie no Senhor".[17]

O Apóstolo tem a preocupação de conservar a esta sabedoria toda a sua pureza divina, para que guarde toda a sua força. Assim, receia enfraquecê-la servindo-se de eloquentes discursos estudados, que lhe acrescentariam um elemento humano. Desta forma, a fé dos que o ouvem será baseada "não sobre a sabedoria dos homens, mas sobre o poder de Deus"[18] tão somente.

Qual é a sabedoria do mundo que o Apóstolo opõe a esta altíssima sabedoria de Deus? Seria a sabedoria natural que encontramos no primeiro plano das manifestações divinas? Quando o Apóstolo fala da sabedoria persuasiva dos discursos, poderíamos pensar que sim. Mas, não é desta forma.

Esta sabedoria é aquela do mundo que "por meio da sabedoria não reconheceu a Deus na sabedoria de Deus".[19] Esta é uma sabedoria [289] corrompida que não permaneceu fiel à lei natural e busca apenas a satisfação das suas paixões. É a sabedoria de Corinto e do mundo pagão que, na idolatria e na sensualidade, perdeu o senso dos deveres que a lei natural impõe a todo o homem.

Entre a sabedoria de Cristo crucificado e a sabedoria do mundo, existe uma oposição radical, um ódio irreconciliá-

---

[17] 1Cor 1,30-31.
[18] *Ibid.*, 2,5.
[19] *Ibid.*, 1,21.

vel. "Se o mundo vos odeia – diz Jesus a seus apóstolos –, sabei que, primeiro, me odiou a mim. Se fôsseis do mundo, o mundo amaria o que era seu".[20] E acrescentará, na sua oração sacerdotal: "Não rogo pelo mundo".[21]

2. Qual é a sabedoria das almas das terceiras Moradas? Certamente, fazem mais do que observar a lei natural; pois evitam o pecado venial, têm as suas horas de recolhimento e praticam virtudes sobrenaturais.

Mas é a razão que rege toda a prática de suas virtudes; é esta razão que assegura a bela ordem da sua vida e a harmonia dos deveres exteriores.

Este domínio da razão, a que as virtudes não podem se subtrair, é a causa da sua fraqueza e impede o seu desenvolvimento. Estas almas têm todas as espécies de boas razões para acreditar que sofrem por Deus, ou para se dispensarem deste algo mais que lhes asseguraria a perfeição. Recordemos as duas pessoas ricas: uma sofre, com tanta desolação, a perda de bens que não lhe são necessários; a outra tem bons motivos para procurar aumentar uma fortuna com a qual não sabe o que há de fazer.

Nestas almas, a razão é muito dona de si e o amor não é suficientemente forte para as fazer delirar. Por isso, elas agem como o jovem do Evangelho, que observou os preceitos da lei, mas recuou diante das exigências pouco razoáveis do desapego total que leva a entrar nos caminhos da perfeição.

É fácil situar estas almas no segundo estágio que já descrevemos, lá onde as virtudes sobrenaturais pedem à razão sua luz e sua medida, e permanecem assim imperfeitas.

3. A concepção comum que representa a alta santidade como uma loucura da cruz que obedece a leis transcen-

---

[20] Jo 15,18-19.
[21] *Ibid.*, 17,9.

dentes e produz atos sobre-humanos traz em **[290]** si uma grande porção de verdade. Com efeito, o santo é um ser esclarecido e movido pela Sabedoria divina que assegura a perfeição dos seus atos.

O erro está em crer que esta moção do Espírito Santo tenha, necessariamente, que fazer o santo produzir atos extraordinários. O santo movido pelo Espírito de Deus pode ser aparentemente um homem como os outros, pois sabemos que a santidade pode não reluzir nos atos sobre-humanos, mas unicamente na perfeição de tudo aquilo que se faz.

Agora fica-nos fácil, para concluir, depreender a noção de perfeição segundo Santa Teresa.

A bela ordem exterior e a virtude sobrenatural, que a razão ilumina e inspira, não são, de modo algum, a perfeição. É preciso o amor que faz delirar a razão e que a submete à luz e à ação do Espírito Santo. É Deus só quem faz seus santos. Antes de estarmos sob sua ação direta, não teremos entrado no caminho da perfeição. Este caminho se abre depois das terceiras Moradas, e é ao entrarmos nele que merecemos o nome de principiantes.[22]

---

[22] O ato de desapego total que constitui a entrada em religião, normalmente, faz ultrapassar essas regiões das terceiras Moradas. O noviciado, que realiza na prática este desapego, deveria fixar a alma nas Moradas superiores. Os mestres carmelitas (São João da Cruz, o Venerável João de Jesus Maria) sublinham, com efeito, que as almas religiosas superam muito rapidamente as etapas que precedem as quartas Moradas e recebem as graças particulares destas últimas. Mas, terminado este período de formação, pode-se ter grande receio de que a alma religiosa decaia de seu primeiro fervor e retorne às Moradas espirituais mais confortáveis, porque mais "razoáveis".

III Parte

CONTEMPLAÇÃO E VIDA MÍSTICA

PRIMEIRO CAPÍTULO

A Sabedoria de amor

> *Entrando nas almas boas de cada geração, prepara os amigos de Deus e os profetas.*[1]

[293] Chegamos ao limiar das quartas Moradas, à entrada do reino da Sabedoria de Amor.

Até o presente, o auxílio geral deixou à alma a iniciativa. Deus permaneceu na penumbra, no segundo plano da atividade espiritual. Daqui por diante, o auxílio particular vai revelar a presença, afirmar o poder de conquista deste Deus que Santa Teresa nos apontou nas profundezas do Castelo, sol que resplandece no centro do globo de cristal, fonte que jorra e cujas águas se derramam por todos os aposentos, Trindade Santa cujo templo é a alma.

Antes de penetrar nestas afortunadas regiões, saudemos a mestra e rainha destes lugares, a Sabedoria de amor que aí reina e aí ordena todas as coisas, na luz e no amor.

A – *O QUE É A SABEDORIA DE AMOR?*

O Antigo Testamento não conheceu o Verbo encarnado, o Deus que habitou entre nós. Por isso, procurou a Deus com solicitude nas criaturas, em suas obras, na bela ordem que colocou em todas as coisas. Encontrou, assim, a Sabedoria de Deus. Esforçou-se por penetrar no mistério de sua natureza e de sua ação e a exaltou de forma magnífica.

---

[1] Sb 7,27.

Ou, melhor: é a própria Sabedoria que se revelou e, falando pela boca dos autores inspirados, manifestou suas origens eternas e cantou, ela mesma, as suas perfeições:

[294] O Senhor Deus me criou, primícias de sua obra,
de seus feitos mais antigos.
Desde a eternidade fui estabelecida,
desde o princípio, antes da origem da terra.
Quando os abismos não existiam, eu fui gerada,
quando não existiam, os mananciais das águas.
Antes que as montanhas fossem implantadas,
antes das colinas, eu fui gerada;
ele ainda não havia feito a terra e a erva,
nem os primeiros elementos do mundo.[2]

Ela é eterna como Deus porque é Deus. Teve um papel na criação do mundo; enquanto Deus criava, ordenava todas as coisas:

Quando firmava os céus, lá eu estava,
quando traçava a abóbada sobre a face do abismo;
quando condensava as nuvens no alto,
quando se enchiam as fontes do abismo;
quando punha um limite ao mar:
e as águas não ultrapassavam o seu mandamento,
quando assentava os fundamentos da terra.
Eu estava junto com ele como o mestre de obras,
eu era o seu encanto todos os dias,
todo o tempo brincava em sua presença:
brincava na superfície da terra,
e me alegrava com os homens.[3]

Esta Sabedoria é "o artífice do mundo",[4] "alcança com vigor de um extremo ao outro e governa o universo retamente".[5] Mas ela encontra uma alegria particular em sua

---

[2] Pr 8,22-26.
[3] Ibid., 8,27-31.
[4] Sb 7,21.
[5] Ibid., 8,1.

obra, entre todas a mais perfeita: a santificação das almas. Com efeito, é ela que "entrando nas almas boas de cada geração, prepara os amigos de Deus e os profetas".[6]

Mas o que é esta Sabedoria? Dado que é Deus, é possível descrevê-la? Sua obra no-la revela. Por meio de sucessivas pinceladas o autor inspirado se esforça por nos dar uma ideia, descrevendo suas múltiplas qualidades:

> Nela há um espírito inteligente, santo,
> único, múltiplo, sutil,
> móvel, penetrante, imaculado,
> lúcido, invulnerável, amigo do bem, agudo,
> incoercível, benfazejo, **[295]** amigo dos homens,
> firme, seguro, sereno,
> tudo podendo, tudo abrangendo,
> que penetra todos os espíritos
> inteligentes, puros, os mais sutis.
> A Sabedoria é mais móvel que qualquer movimento
> e, por sua pureza, tudo atravessa e penetra.
> Ela é um eflúvio do poder de Deus,
> uma emanação puríssima da glória do Onipotente,
> pelo que nada de impuro nela se introduz.
> Pois ela é um reflexo da luz eterna,
> um espelho nítido da atividade de Deus
> e uma imagem de sua bondade.
> Sendo uma só, tudo pode;
> sem nada mudar, tudo renova.
> ... Ela é mais bela que o sol,
> supera todas as constelações:
> comparada à luz do dia, sai ganhando,
> pois a luz cede lugar à noite,
> ao passo que sobre a Sabedoria não prevalece o mal.[7]

---

[6] *Ibid.*, 7,27.
[7] *Ibid.*, 7,22-27.29-30.

III Parte – Contemplação e Vida Mística

O autor inspirado que canta a Sabedoria com tal ardor, que a descreve com tal penetração, enamorou-se dela:
> Eu a quis, a rodeei desde a minha juventude,
> pretendi tomá-la como esposa,
> enamorado de sua formosura.[8]

Ela é um dom de Deus; é, pois, a ele que a devemos pedir. Salomão reza para obtê-la:
> Dos céus sagrados, envia-a,
> manda-a de teu trono de glória
> para que me assista nos trabalhos,
> ensinando-me o que te agrada.
> ... Quem conhecerá tua vontade, se não lhe dás Sabedoria
> enviando dos céus teu santo espírito?
> Somente assim foram retos os caminhos dos terrestres,
> e os homens aprenderam o que te agrada,
> e a Sabedoria os salvou.[9]

Esta Sabedoria foi-lhe dada, trazendo-lhe todos os bens. Reconhece, agora, que estava muito perto dele e que lhe basta desejá-la sinceramente para que ela se doe:
> [296] A Sabedoria é radiante, não fenece,
> facilmente é contemplada por aqueles que a amam
> e se deixa encontrar por aqueles que a buscam.
> Ela mesma se dá a conhecer aos que a desejam.
> Quem por ela madruga não se cansa:
> encontra-a sentada à porta.[10]

Esta Sabedoria está, sobretudo, junto de Israel, seu povo escolhido, o depositário das suas promessas, instrumento por meio do qual deve realizar seus grandes desígnios eternos. É junto dele, socorrendo-o sem cessar apesar de suas infidelidades, que a Sabedoria encontra suas delícias entre os filhos dos homens. Salomão descreve longamente a obra maravilhosa desta Sabedoria em favor do seu povo.[11]

---

[8] *Ibid.*, 8, 2.
[9] *Ibid.*, 9,10.17-18.
[10] *Ibid.*, 6,12-14.
[11] Cf. *Ibid.*, 10 a 19.

> Guiou-os por um caminho maravilhoso:
> de dia, serviu-lhes de sombra
> e à noite, de luz de astros.[12]

Mas Israel foi infiel durante muito tempo. Afastou-se dos caminhos da Sabedoria e expia sua infidelidade através de um doloroso cativeiro. Que fazer para cessar este flagelo, voltar à terra de Israel e reencontrar aí a prosperidade?

A Sabedoria brilha sempre nos céus e permanece, assim, amiga do seu povo. O profeta Baruc também a descobriu, sempre tão luminosa, tão poderosa:

> Escuta, Israel, os mandamentos da vida.
> ... Abandonaste a fonte da Sabedoria!
> Se tivesses prosseguido no caminho de Deus,
> habitarias na paz para sempre.
> Aprende, pois, onde está a prudência, onde a força
> e a inteligência.[13]

Os chefes das nações, os mais ousados navegadores, "os negociantes de Madiã e de Temã, os contadores de fábulas e os desejosos de inteligência ... , os gigantes, famosos ... e adestrados na guerra",[14] não a encontraram. Mas o Deus de Israel que exerce um poder soberano sobre a luz,

> ... que [a] envia e ela parte,
> ... que a chama e ela, tremendo, obedece,[15]

[297] exerce a mesma autoridade sobre a Sabedoria e mantém-na à disposição do seu povo. Que Israel volte, então, para o seu Deus e para esta Sabedoria que é "o livro dos preceitos de Deus, a lei que subsiste para sempre".[16]

> Volta-te, Jacó, para recebê-la;
> caminha para o esplendor, ao encontro de sua luz!

---

[12] *Ibid.*, 10,17.
[13] Br 3,9.12-14.
[14] *Ibid.*, 3,23.26.
[15] *Ibid.*, 3,33.
[16] *Ibid.*, 4,1.

Não cedas a outrem a tua glória,
nem a um povo estrangeiro os teus privilégios.
Bem-aventurados somos nós, ó Israel,
pois aquilo que agrada a Deus a nós foi revelado".[17]

Esta Sabedoria da lei antiga entrou na economia da nova lei. Ela tomou posse da Igreja e das almas e continua aí sua ação benfazeja. Para revelá-la a seus fiéis, a Igreja aprecia, com plena razão, utilizar-se destes textos nos quais o Antigo Testamento expandiu todas as riquezas da poesia hebraica, o poder evocativo de seus símbolos, a graça pitoresca de sua linguagem, dando-lhes o sabor luminoso da inspiração, a fim de falar dela. E porque ela é a mesma ao longo dos tempos, nós reencontramos – e com que alegria! – explicado de forma excelente nestas magníficas descrições aquilo que nossa experiência cristã e espiritual nos ensina acerca desta Sabedoria misteriosa, única e múltipla, mais ágil que todo o movimento, que penetra em toda parte devido à sua pureza, sopro do poder de Deus, mais bela do que a luz, dócil e ativa, artífice de todas as coisas, gênio divino que conduz com força e mansidão.

O Novo Testamento se agradou em sublinhar que esta Sabedoria era uma Sabedoria de amor, que não cessa de doar o amor. É o amor que inspira todos os seus desígnios, todos os seus movimentos e todos os seus gestos. A sua obra santificadora em nós é, sobretudo, uma obra de amor, e o abraço, com o qual nos prende e nos envolve para nos fazer entrar na Trindade das Pessoas divinas, é um abraço de amor por excelência.

Para designar esta Sabedoria artífice de amor, damos-lhe o nome de "Sabedoria de amor". A Sabedoria de amor une o Antigo e o Novo Testamento. É o nome divino que exprime toda a obra realizada por Deus no homem e para o homem, desde o princípio da criação até o final dos tempos.

---

[17] *Ibid.*, 4,2-4.

A Sabedoria de amor não é, propriamente, uma Pessoa divina. Ela é, ao mesmo tempo, as três Pessoas, [298] a Trindade que habita em nossa alma e cuja operação única "entrando nas almas boas de cada geração, prepara os amigos de Deus e os profetas".[18]

Antes de entrar no reino especial da Sabedoria de amor – do qual as quartas Moradas marcam o limiar – para seguir nele a sua obra, fixemos alguns traços característicos da sua ação.

B – *O QUE FAZ A SABEDORIA DE AMOR?*
I – *Como Sabedoria ordena e dispõe todas as coisas para a realização dos desígnios de Deus*

1. Na verdade, para pautar a nossa atitude com relação a esta Sabedoria, não é inútil sublinhar que ela é inteligente e sábia. Tem um desígnio para cuja realização emprega os recursos de sua inteligência e de seu poder. Não deixa nada ao acaso e ordena tudo com força e mansidão. O mundo não foi criado senão para a realização do desígnio de Deus, e cada um de nós tem nele seu lugar marcado. Não viemos ao mundo para nos movermos ao nosso bel-prazer ou para realizar nossos objetivos pessoais. A Sabedoria divina colocou-nos nele para que sejamos agentes humanos do seu desígnio divino e os executores da tarefa exata que fixou para nós em seu plano.

Agentes, sem dúvida, nós o seremos – amorosamente submissos ou revoltados; isso depende de nós. Mas, qualquer que seja nossa atitude, o plano de Deus se realizará, conosco ou contra nós. Quando estiver realizado, o curso do tempo terminará; o mundo terá concluído sua existência porque a Sabedoria terá cumprido a obra para a qual ela o tinha criado.

---

[18] Sb 7,27.

Conhecemos este desígnio de Deus: é o desígnio de Misericórdia escondido desde séculos e de que São Paulo é o arauto e o ministro, isto é: o desígnio da vontade divina, preparado desde toda a eternidade e que a Sabedoria devia realizar na plenitude dos tempos, de reunir todas as coisas em Cristo, as da terra e as do céu.[19] O desígnio eterno de Deus que a Sabedoria de amor deve realizar é a Igreja de Deus, fim e razão de todas as coisas.[20]

[299] Agitam-se ditadores e impérios, povos e indivíduos. Suas agitações inscrevem-se na realização do grande desígnio de Deus e nele são ordenadas por sua Sabedoria que tudo penetra e tudo dispõe de uma extremidade do mundo à outra. Eles passam e, de suas obras, não subsistem na eternidade senão aquilo que foi amorosamente ordenado por suas vontades para a realização dos desígnios de Deus pelos caminhos da Sabedoria.

É para realizar seu desígnio eterno em nós e por meio de nós, que a Sabedoria de amor intervém na alma das quartas Moradas com o auxílio particular. Com efeito, a obra a realizar na alma é tão elevada que a própria Sabedoria deve dedicar-se a ela e a dirigir diretamente com suas luzes e suas moções.

2. Este desígnio eterno de Deus, do qual conhecemos a fórmula, nos é impenetrável. É a Sabedoria infinita que o concebeu e que o realiza. Os pensamentos de Deus ultrapassam os nossos como o céu ultrapassa a terra. São tão misteriosos como o próprio Deus.

---

[19] Cf. Ef 1,9-10.
[20] Cf. Santo EPIFÂNIO DE SALAMINA (315-403), *Panarion* I,1,5 (Migne, PG 41,181). N.T.: Frei Maria-Eugênio, seja pela leitura de *De l'Eglise et de sa divine constitution* por Dom Adrien Gréa (Paris, Maison de la Bonne Presse, 1907), seja pela leitura de *Catholicisme* de Henri de Lubac, publicado em 1938, atribuiu a Santo Epifânio esta expressão, usando-a em latim: "*finis omnium Ecclesia*".

As regiões onde o reino da Sabedoria se difunde, dado que sua luz e sua ação aí dominam como donas e senhoras, são regiões obscuras. É a transcendência da luz divina que cria nelas essa escuridão, não como um acidente passageiro, mas como um efeito normal à fraqueza do nosso olhar.

Não saberíamos, pois, penetrar ou abarcar com a nossa inteligência o desígnio de Deus em seu conjunto, nem tampouco a parte que nos cabe nas realizações ou os caminhos pelos quais seremos conduzidos. Os clarões que brilham nesta escuridão poderiam nos ser enganadores se os interpretássemos duma maneira demasiado exata. Ao fundar o mosteiro de São José de Ávila, Santa Teresa foi conduzida por uma atração divina de solidão e intimidade com o bom Jesus. E foi daí que a Sabedoria de amor a faz partir, alguns anos mais tarde, para atravessar as estradas da Espanha, como fundadora. Escrevendo seus tratados, a Santa respondia às necessidades das suas filhas. Estava longe de pensar que a Sabedoria de amor preparava com eles um alimento de escol para as almas espirituais de todos os tempos. São Francisco de Sales queria fundar a Visitação de Santa Maria para prover às necessidades do povo e terminou com um Instituto contemplativo que deveria recolher as confidências do Coração de Jesus.

Nestas regiões, escuras porque a Sabedoria aí reina como senhora, a luz é concedida, a cada passo, à alma que crê e que se abandona a esta Sabedoria de amor a quem tomou como guia e mestra.

[300] Estes jogos da luz da Sabedoria na obscuridade que ela cria já são já uma aparente contradição. E, contudo, são uma realidade que toda a experiência espiritual confirma, e sua origem sobrenatural é comprovada pela paz e fecundidade de ação das almas que a seguem. A Sabedoria é luz e mistério. Por isso, seu reino na terra é apenas penumbra. A fé é necessária para penetrar nele e só o amor pode habitar aí em paz.

II – *Esta Sabedoria é toda amor*

Esta Sabedoria é Sabedoria de amor. Está a serviço de Deus que é amor. Ora o amor é o bem difusivo de si. Tem necessidade de se difundir e encontra sua alegria em dar-se. Sua alegria é proporcional ao dom que faz e à sua qualidade. Porque está totalmente a serviço de Deus, a Sabedoria vai utilizar todos os seus recursos para difundir o amor.

1. Não é, pois, de admirar que esta Sabedoria de amor encontre sua alegria junto aos filhos dos homens, porque pode derramar nas suas almas o melhor dos seus dons criados, a graça, que é uma participação na natureza e na vida de Deus.

Este amor que se derrama é uma torrente de suavidade. Associa à sua felicidade e cria a paz, a alegria, a luz. O reino da Sabedoria de amor é um reino "de justiça, de amor e de paz".[21]

2. Mas este amor desce sobre as faculdades humanas, inaptas para recebê-lo e que carregam os vestígios de pecado. Este reino estabelece-se no mundo que está entregue ao pecado. Há luta e sofrimento. As torrentes de amor na alma trazem sofrimento; suas conquistas não se fazem senão à custa de duros combates; seu reino pacífico lhe atrai golpes e ódios. "O servo não é maior que seu senhor. ... Se o mundo vos odeia, sabei que, primeiro, me odiou a mim".[22] A Sabedoria de amor está na terra como um cordeiro no meio dos lobos, pois o mundo é mau e, só pela sua presença, ela condena o mundo. É uma lei de luta e de sofrimento interior e exterior que acompanha todos os desenvolvimentos e triunfos da Sabedoria de amor na terra. Ela vive e estende

---

[21] Prefácio da festa de Cristo-Rei.
[22] Jo 15,20.18.

as suas conquistas sobre a terra numa Igreja que é militante e dolorosa até em suas vitórias. "Não era preciso que o Cristo **[301]** sofresse tudo isso e entrasse em sua glória?"[23] – proclama Jesus após sua ressurreição. É uma necessidade que se impõe a todos aqueles que o seguem.

3. Suave e dolorosa, a Sabedoria de amor é essencialmente ativa. O movimento não lhe é um estado passageiro; é constante. Se, por um instante, o bem difusivo de si – que é o amor – deixasse de se difundir, já não seria mais amor. O amor que se detém transforma-se em egoísmo. Deus gera sem cessar o seu Filho; do Pai e do Filho procede constantemente o Espírito Santo. É por isso que Deus é Amor eterno.

O amor que nos é dado, não seria capaz de se deter nas nossas almas. Tem necessidade de retornar à sua origem e quer continuar, por nosso intermédio, seu movimento de difusão de si. Ao conquistar-nos, a Sabedoria de amor nos faz entrar na intimidade divina, mas leva-nos para seu fim na realização de seus desígnios de amor. Transforma-nos, de imediato, em canais de sua graça e em instrumentos de suas obras. O amor é essencialmente dinâmico e dinamogênico.

O apostolado não é uma obra super-rogatória. É a consequência normal do movimento essencial do amor. Pensar unicamente na intimidade, na união com Deus, é ignorar a natureza do amor, paralisar o movimento de expansão que faz o amor. É, pois, destruí-lo ou, pelo menos, viciá-lo e diminuí-lo, represá-lo entre os diques de um egoísmo que, dizendo-se espiritual, permanece destruidor.

A Sabedoria de amor conquista as almas menos para elas mesmas do que para a sua obra. Tem apenas um fim: a Igreja. Escolhe-nos como membros da Igreja, a fim de que tenhamos aí um lugar e, nela, cumpramos uma missão. É

---

[23] Lc 24,26.

preciso que o lembremos sempre, pois o nosso egoísmo e o nosso orgulho – favorecidos neste aspecto pelo sentimento de nossa intimidade pessoal com Deus – estão sempre prontos para nos convencer de que somos um fim em si, o fim último da obra santificadora da Sabedoria divina em nossa alma.

A Santa Humanidade de Cristo foi criada, ornada de privilégios maravilhosos e indissoluvelmente unida à divindade para a Redenção e a Igreja. Revela-o ela mesma logo que começa a existir: "Tu não quiseste sacrifício ... , tu formaste-me um corpo ... . Eis-me aqui ... para fazer a tua vontade".[24] E aquilo que justifica a criação **[302]** da Santíssima Virgem e todos os seus privilégios é a maternidade divina e a maternidade na ordem da graça.

Como Jesus Cristo e sua divina Mãe, os santos estão dispostos para a Igreja. A Sabedoria de amor santifica-os para fazê-los entrar na unidade da Igreja e utilizá-los para suas obras. Quando Santa Teresa foi elevada ao matrimônio espiritual, Jesus Cristo lhe entrega um cravo da crucifixão e acrescenta: "... serás minha esposa de hoje em diante. ... Minha honra é a tua, e a tua, minha".[25]

As palavras são claras. Não é a uma intimidade na solidão que esta união permanente, selada por um sinal e por uma palavra dada, a dedica, mas a uma ação para Cristo. Jesus Cristo tomou-a como esposa e a entrega à Igreja para que, aí, ela seja mãe das almas.

A Sabedoria de amor não tem senão um desígnio para cuja realização emprega todos os recursos de seu poder e de sua sabedoria: a Igreja, objetivo único que explica toda a sua obra.

---

[24] Hb 10,5-7.
[25] R 35.

A obra-prima desta Sabedoria de amor é, incontestavelmente, a Santa Humanidade de Cristo. Esta humanidade unida ao Verbo pelos laços da união hipostática, maravilhosamente ornada de todos os dons, dotada, desde esta terra, da visão face a face, é entregue pela Sabedoria de amor às angústias do Getsêmani, à morte na Cruz, e como alimento a todos aqueles que quer conquistar. A Encarnação, o Calvário, a Eucaristia: são estes os mais belos triunfos da Sabedoria de amor. Estes triunfos, ela aspira a renová-los nas almas. O Cristo na Cruz é um modelo que ela põe diante de si e diante de nós como exemplar perfeito de todas as suas obras na terra. Quer conquistar também a nós, aformosear-nos para que nos tornemos templos purificados e magníficos. Quer erguer em nós um altar para nos imolar à glória de Deus e fazer jorrar de nossas feridas rios de luz e de vida para as almas.

A Sabedoria construiu para si uma casa, ornou-a com sete colunas; ergueu aí um altar, imola suas vítimas e chama a todos para o banquete que se segue ao sacrifício.[26] Esta morada da Sabedoria é Jesus Cristo, a Virgem Maria... nós mesmos.

---

[26] Cf. Pr 9,1-5.

SEGUNDO CAPÍTULO

Os dons do Espírito Santo

*Todos os que são conduzidos pelo
Espírito de Deus são filhos de Deus.*[1]

[303] É mediante os dons do Espírito Santo que a Sabedoria de amor intervém diretamente na vida da alma e estabelece aí o seu reino perfeito. O papel dos dons do Espírito Santo é, pois, de uma importância capital na vida espiritual.

E, contudo, Santa Teresa não os menciona. São João da Cruz reserva-lhes apenas algumas alusões explícitas. As regiões onde eles se situam são tão misteriosas e a doutrina a seu respeito ainda tão pouco precisa que os próprios teólogos não os abordam senão com timidez.

Um estudo, ainda que sumário, acerca dos dons do Espírito Santo pode ser tão rico de luzes práticas que julgamos dever tentá-lo. O que são os dons do Espírito Santo e qual a natureza da ação de Deus que eles recebem? Qual é a experiência de que eles são os instrumentos? Enfim, que utilização devemos fazer deles? São estes os problemas que abordaremos com o único intuito de esclarecê-los de maneira proveitosa.

A – *NATUREZA E PAPEL DOS DONS DO ESPÍRITO SANTO*

I – *Definição*

Segundo Santo Tomás, os dons do Espírito Santo são "hábitos", ou seja: "qualidades sobrenaturais permanentes,

---
[1] Rm 8,14.

que **[304]** aperfeiçoam o homem e o dispõem a obedecer com prontidão às inspirações do Espírito Santo".[2]

Esta definição de Santo Tomás é muito bem-explicada por aquela que nos oferece Frei Gardeil.[3]

Os dons – diz ele – são "passividades geradas na alma pelo amor de caridade e transformadas pelo Espírito Santo em pontos de apoio permanentes para as suas operações diretas na alma". Com efeito, a caridade sobrenatural, porque é amor de amizade, estabelece relações de reciprocidade entre Deus e a alma. Ora ativa, ora passiva, ela dá e recebe. É feita para estas trocas e não existe senão para elas. É sobre esta aptidão essencial da caridade para receber, sobre sua capacidade receptiva, que estão estabelecidos os dons do Espírito Santo como hábitos ou qualidades sobrenaturais permanentes constantemente abertas à ação do Espírito Santo presente na alma. Qualidades receptivas, os dons recebem e transmitem as luzes, as moções, a ação do Espírito Santo e permitem, assim, as intervenções diretas e pessoais de Deus na vida moral e espiritual da alma – e isso, até os mínimos detalhes. Qualidades permanentes, os dons colocam a alma em contínua disponibilidade em relação ao Espírito Santo e podem, a todo o instante, entregá-la às suas luzes e ao seu sopro.

Os dons são para a alma o que a vela é para o barco que o esforço do remador faz avançar a custo. Chega o sopro da brisa favorável que infla a vela e o barco navega rapidamente para o seu destino, mesmo que cesse o esforço do remador.

---

[2] Cf. *Summa Theologica*, Ia, IIae, qu. 68, art. 3.

[3] Para escrever este capítulo utilizamos largamente o magistral estudo de Frei Gardeil acerca dos dons do Espírito Santo (Frei GARDEIL, Ambroise. "Dons du Saint-Esprit", apud *Dictionnaire de Théologie Catholique*, T. IV/2, col. 1728-1781) e o seu livro *La structure de l'âme et l'expérience mystique*. Paris, Gabalda, 1927, empregando, algumas vezes, suas próprias expressões.

Torna-se assim evidente que os dons do Espírito Santo são, segundo a definição de Santo Tomás, "hábitos ou qualidades sobrenaturais permanentes, que aperfeiçoam o homem e o dispõem a obedecer com prontidão às inspirações do Espírito Santo".

Ao nome comum de "dons", Santo Tomás prefere o modo de falar da Escritura que os denomina "espíritos": "Sobre ele, (o Messias) – lê-se em Isaías[4] – repousará o espírito do Senhor, espírito de sabedoria e de inteligência, espírito de conselho e de fortaleza, espírito de ciência e piedade, e temor de Deus: no temor de Deus estará a sua inspiração".

Na verdade, o termo "dom" é equívoco, porque evoca um poder que se basta a si mesmo. A própria denominação "espírito", especialmente se acompanhada [305] da enumeração precisa das riquezas sobrenaturais que nos vêm através dos dons – dom de sabedoria, de inteligência, de fortaleza etc. – corre o risco de nos velar a natureza dos dons permitindo a confusão entre o dom "potência receptiva" e a ação de Deus que ele recebe e transmite.

Esta confusão torna-se ainda mais lamentável, dado que a ação de Deus através dos dons é essencialmente gratuita e depende da sua livre vontade. Deus derrama a sua graça segundo a medida da sua escolha – afirma o Apóstolo.[5] Os dons são apenas aptidões para receber a ação de Deus. Desenvolvendo-se ao mesmo tempo e no mesmo ritmo do organismo sobrenatural da graça e das virtudes, tornam-se capacidades mais vastas, mais refinadas para captar o sopro e as delicadas moções do Espírito Santo, instrumentos mais dóceis, mais ágeis e mais poderosos sob a ação de Deus para suas intervenções pessoais. Nunca possuem, contudo,

---

[4] Is 11,2-3 (Vulgata).
[5] Cf. Rm. 9,11-12.

em si próprios um direito estrito a uma ação de Deus mais frequente ou mais profunda. "Não depende ... daquele que corre, mas de Deus que faz misericórdia"[6] – proclama o Apóstolo, falando claramente desta ação gratuita de Deus por meio dos dons.

Mas se – como fazemos habitualmente – os considerarmos não mais apenas em si mesmos como instrumentos receptivos, mas como instrumentos animados pelo sopro atual de Deus, podemos dizer com Dom Gay que são "ao mesmo tempo maleabilidades e energias, docilidades e forças que tornam a alma mais passiva sob a mão de Deus e, ao mesmo tempo, mais ativa para segui-lo e realizar as suas obras".[7]

II – *Virtudes e Dons*

No organismo sobrenatural, os dons estão junto às virtudes. Virtudes e dons são diferentes e distintos, mas estreitamente relacionados entre si. Um estudo de suas diferenças e relações nos permitirá especificar, ainda melhor, a natureza dos dons e da ação divina da qual são os instrumentos.

a) *Diferenças*

Virtudes e dons atuam no mesmo campo da vida moral e espiritual. Os atos nos quais intervêm não se distinguem essencialmente. No entanto, aqueles que procedem dos dons são habitualmente marcados por um especial caráter de dificuldade que **[306]** justifica a intervenção divina e trazem sempre um selo de perfeição que a revela. É o modo de atuar que os diferencia essencialmente.

---

[6] Rm 9,16.

[7] Dom GAY, Charles Louis. *De la vie et des vertus chrétiennes considérées dans l'état religieux*. Paris, Mame et Fils, 1927[20], t. 1, p. 45.

As virtudes são potências, cada uma com os seus atos próprios. Para realizar esses atos próprios, a virtude sobrenatural usa as operações da faculdade em que está enxertada. Tributária das faculdades humanas, a virtude sobrenatural é, ela mesma, controlada pela razão que as rege a todas, e sua atividade se exerce sob as luzes e segundo a medida da razão. Outra observação importante sobre o ponto que nos ocupa: a atividade própria da virtude sobrenatural não exclui, mas supõe a intervenção de Deus que, como causa primeira, a põe em movimento. A virtude opera, então, como causa segunda livre, recebendo de Deus seu poder ativo e um impulso que lhe deixa sua independência.

Pelos dons do Espírito Santo, a intervenção de Deus na atividade da alma torna-se direta e mais completa. A luz de Deus substitui aquela da razão; a moção divina, aquela da vontade, sem suprimir a liberdade. Desce até às faculdades para dirigir e sustentar sua ação. A alma é movida por Deus e as faculdades se tornam seus instrumentos. Deus não é mais somente causa primeira geral como na atividade das virtudes; ele desce por meio dos dons ao âmbito habitual da causalidade segunda, operando através das faculdades da alma que mantém sob o influxo de sua luz e de sua moção.

b) *Relações entre virtudes e dons*

Estes diversos comportamentos não contrapõem virtudes e dons, mas lhes permitem complementarem-se e se unirem harmoniosamente para a perfeição da vida espiritual.

Enquanto sua atividade permanece dependente daquela das faculdades humanas nas quais estão enxertadas, as virtudes sobrenaturais, especialmente as virtudes teologais, não dispõem senão de meios de agir inferiores ao seu estado sobrenatural e ao seu objeto divino. Os motivos de credibilidade e as luzes que a inteligência subministra à fé sobre a verdade revelada, dado que se apoiam nos "semblantes prateados" (isto é: na formulação conceitual do dogma) e não revelam "o ouro da substância" (ou seja: a própria verdade infinita que nela está contida),[8] não permitem à fé aderir perfeitamente a esta verdade infinita, nem repousar nela e encontrar aí o seu único motivo de adesão. Em suma, não permitem realizar com perfeição seu ato próprio e abraçar seu objeto infinito, segundo toda a potência teologal que ela traz em si.

[307] As consequências do pecado – tendências e imperfeições com o seu cortejo de obscuridade, de fraqueza, de rudeza e de peso para fazer o bem –, somam-se a esta impotência inata das faculdades para aumentar a desproporção entre o fim divino a atingir e o auxílio humano que a virtude sobrenatural pode encontrar nelas.

A intervenção de Deus mediante os dons do Espírito Santo vem em auxílio destas deficiências e assegura o auxílio apropriado. Traz à alma uma luz que transcende as noções analógicas da inteligência e uma moção que domina suave e fortemente a vontade e as paixões. Liberta as virtudes sobrenaturais de sua dependência no que se refere às faculdades e fá-las realizar com perfeição os seus atos próprios. É assim que a fé, recebendo pelo dom da inteligência uma luz sobre Deus, adere com perfeição a seu objeto divino e repousa pacificamente em sua obscuridade que se lhe torna saborosa. Esta fé, cuja atividade foi levada à perfeição através dos dons, tornou-se a "fé viva" ou contemplativa, que o carmelita Frei José do Espírito Santo nos diz ser a fé ilustrada pelos dons: *fides illustrata donis*.[9]

---

[8] Metáforas usadas por São João da Cruz para explicar esta realidade no CE 12,4.

[9] "*Fides illustrata donis est habitus proxime eliciens divinam contemplationem...*". Frei José do Espírito Santo. *Cursus theologiae mystico-scholasticae*. Beeyaert, Édit. P. Anastase, 1925, T. II, praed. II, disp. XII, q. 1, n. 15, p. 657.

Estas intervenções de Deus mediante os dons do Espírito Santo podem tornar-se tão frequentes e profundas a ponto de fixarem a alma numa dependência quase contínua do Espírito Santo. Daí por diante, as faculdades humanas quase nunca dirigem a vida espiritual e, habitualmente, não são mais que simples instrumentos. De tal modo a vida espiritual se tornou divina mediante o movimento do Espírito Santo que a nutre e a guia, que a própria atividade das virtudes sobrenaturais parece passar ao segundo plano. É neste sentido e à luz de tal experiência que Santa Teresinha do Menino Jesus dizia no final da sua vida: **[308]** "Ainda não tive um só minuto de paciência! Não é minha esta paciência!... Estamos sempre enganados!".[10] Esta dependência total de Deus que se apoia, a um só tempo, sobre uma pobreza espiritual absoluta e sobre o contínuo auxílio de Deus, constitui a perfeição da graça filial e marca o reinado perfeito de Deus na alma, porque está escrito que "todos os que são conduzidos pelo Espírito de Deus são filhos de Deus".[11]

Neste estado espiritual tão elevado, parece que a alma permanece habitualmente desperta sob a ação de Deus e

---

Este sábio autor estuda demoradamente a cooperação da fé e dos dons na contemplação. Traduzimos algumas das suas afirmações que esclarecem este difícil problema: "Os dons do Espírito Santo não produzem o ato de contemplação sobrenatural, mas modificam a contemplação produzida pela fé esclarecida (viva)". *Ibid.*, q. I, n. 66, p. 684. "Os dons atuam somente enquanto a alma está unida a Deus. Ora, esta união é realizada pelas virtudes teologais, o que prova que estas últimas prevalecem sobre os dons. Na verdade, é isto que Santo Tomás ensina quando diz (Ia, IIae, qu. 68, art. 8): 'As virtudes teologais devem ser preferidas aos dons do Espírito Santo', porque é por meio delas que a alma está unida e submetida a Deus ... . O ato dos dons, por exemplo do dom de inteligência do qual falamos, não chega a Deus enquanto conhecido em si mesmo, mas enquanto sentido ... . É no gosto experimentado pela vontade, que é qualquer coisa criada, que Deus é visto pelo dom da inteligência e pelos outros dons intelectuais, sobretudo pelo dom da sabedoria". *Ibid.*, q. III, n. 83, p. 694.

[10] UC 18.8.4.

[11] Rm 8,14.

coopera com ela mediante um suave abandono. Mas acontece também que Deus intervém na alma sem que esta tenha a menor consciência disso. A ação divina provoca, por vezes, um choque que suspende as faculdades, como na união mística e, durante esta perda dos sentidos, a alma é maravilhosamente enriquecida.[12] Deus pode também enriquecer uma alma da mesma forma e depositar nela tesouros que só mais tarde descobrirá, sem que tenha havido suspensão dos sentidos e sem imediata tomada de consciência;[13] ou, ainda, apodera-se de uma faculdade e, sem absolutamente revelar-lhe sua ação, fá-la realizar um ato que parece natural ou mesmo não deliberado, mas cujos efeitos sobrenaturais revelam com certeza a moção divina eficaz que o produziu.[14]

Esta influência de Deus sobre uma alma que o ignora parecia a Santa Teresinha do Menino Jesus a santidade mais desejável, porque a mais simples. Não é também a mais alta? Pelo menos, é aquela que revela melhor como o Espírito de Deus "mais móvel que qualquer movimento, por sua pureza, tudo atravessa e penetra."[15]

Os toques do Espírito podem, então, ser sensíveis ou apenas espirituais, fortes ou delicados. Sem suprimir a liberdade do homem, este Espírito pode constranger, **[309]**

---

[12] Cf. a descrição da união mística nas 5 M, cc. 1 e 2 e as do êxtase e do voo do espírito nas 6 M, cc. 1 e 2.

[13] "[Nestas visões] não somos nós que agimos, nem nada fazemos: tudo parece obra do Senhor. É como se sentíssemos no estômago um alimento que não ingerimos; percebemos que está ali, mas não sabemos o que é nem quem o pôs" (V 27,7).

[14] Ver, por exemplo, a revelação com que foi favorecida a Madre Genoveva a respeito de Santa Teresinha do Menino Jesus; fato que levava a esta última dizer: "Ah! Esta santidade parece-me a mais verdadeira, a mais santa e é a ela que desejo, pois nela não se encontra nenhuma ilusão..." (Ms A, 78 r°).
Neste caso, a liberdade da pessoa não é suprimida. Deus utiliza a disposição de abandono e de docilidade habitual da alma.

[15] Sb 7,24.

dolorosa ou suavemente, suas faculdades, pode movê-las de uma maneira tão sutil, que elas ignorem até mesmo a força suprema que as dirige para uma obra que será tanto mais fecunda quanto menos humana e mais divina.

Tal é a arte delicada, os recursos maravilhosos que a Sabedoria revela para fazer "os amigos de Deus e os profetas".[16] Ao estudar estas intervenções do Espírito Santo mediante os dons, temos a impressão de que, por vezes, se levanta o véu do mistério que oculta a ação de Deus nas almas e na sua Igreja. Devemos reconhecer sem demora que tocamos num mistério ainda mais profundo. Pelo menos o nosso olhar de fé está, agora, suficientemente esclarecido para mergulhar com avidez e deleite nestas novas profundezas de escuridão que ele sabe estarem repletas das obras mais sábias, mais perfeitas e mais admiráveis da potência, da sabedoria e da misericórdia divina.

III – *Distinção entre os dons do Espírito Santo*

Isaías enumera sete espíritos, ou melhor, sete formas do Espírito de Deus que repousam sobre o Messias: "espírito de sabedoria e de inteligência, espírito de conselho e de fortaleza, espírito de ciência e de piedade, e temor de Deus".[17] A teologia, seguindo Santo Tomás, viu neste septenário sagrado tanto a plenitude do espírito divino que repousa sobre Cristo como a enumeração de sete dons distintos do Espírito Santo.

A distinção dos dons, como a das virtudes, baseia-se na distinção do objeto que lhes é próprio. O dom da sabedoria penetra nas verdades divinas, não para dissipar sua obscuridade essencial, mas para saboreá-las graças à agradável e cordial união criada pela caridade.

---

[16] *Ibid.*, 7,27.
[17] Is 11,2-3 (Vulgata).

O dom da inteligência, dom de intuição penetrante do divino, dá o sentido do divino passando em meio às objeções e obstáculos que o dissimulam; mantém a alma tranquila sob a ofuscante claridade do mistério e faz brilhar luzes distintas sobre os objetos secundários da fé, ou seja: aquilo que está ordenado à manifestação do mistério, à sua credibilidade e à sua virtude reguladora da vida moral.

O dom da ciência ilumina as coisas criadas em seu relacionamento com a verdade divina, e as julga sob a luz que esta verdade projeta sobre elas.

[310] O dom do conselho intervém nas deliberações da prudência para esclarecê-las com uma luz que indica a decisão a tomar.

O dom da piedade leva-nos a cumprir para com Deus os deveres que lhe são devidos como a um pai amável.

O dom da fortaleza assegura a força necessária para triunfar das dificuldades que se opõem ao cumprimento do bem.

O dom do temor cria na alma a atitude respeitosa e filial requerida pela transcendência de Deus e sua qualidade de Pai.

Dentre estes dons, quatro são intelectuais: a sabedoria, a inteligência, a ciência e o conselho; três estão relacionados com a vontade: a fortaleza, a piedade e o temor de Deus.

Três são contemplativos: a sabedoria, a inteligência e a ciência; quatro são ativos: o conselho, a fortaleza, a piedade e o temor.

A teologia se dedicou a buscar as relações dos dons com as virtudes, com as bem-aventuranças e os frutos do Espírito Santo. Assim, a sabedoria se une à caridade; a inteligência e a ciência, à fé; o temor de Deus, à esperança; a piedade, à justiça; a fortaleza, à virtude da fortaleza; o conselho, à prudência.

A paz e a bem-aventurança dos pacíficos pertencem à sabedoria. A bem-aventurança dos corações puros e o fruto da fé pertencem ao dom da inteligência. A bem-aventurança *beati qui lugent*[18] é própria do dom da ciência, enquanto a bem-aventurança dos misericordiosos acompanha o dom do conselho, e o dom da piedade está ligado, seja à bem-aventurança dos mansos (Santo Agostinho), seja à dos misericordiosos e dos que têm fome (Santo Tomás). Ao dom da fortaleza cabem a paciência e a longanimidade, e ao dom do temor os frutos que são a modéstia, a continência e a castidade.

Estas precisas distinções e classificações permitiram fazer uma análise e exposições detalhadas de cada um dos dons e de suas propriedades. Estes estudos satisfazem o espírito ávido de clareza e de lógica, mas, quando os aproximamos de casos concretos observáveis, dão a impressão, à medida que se tornam mais precisos e mais claros, de ficarem distantes da realidade.[19]

Eis, por exemplo, o caso de Santa Teresinha do Menino Jesus, cuja vida espiritual, bem-conhecida de todos, é guiada desde [311] a infância pelos dons do Espírito Santo. As definições precisas dos dons e das suas propriedades deveriam permitir que se encontrasse facilmente o dom predominante nela. Eis que, pelo contrário, sobre esta questão importante e fácil de resolver, as opiniões são espantosamente diferentes. "Dom de piedade" afirmam uns, considerando a atitude filial para com Deus. "Dom de sabedoria"

---

[18] N.T.: A bem-aventurança dos aflitos. Cf. Mt 5,5.

[19] Parece-nos que, em primeiro lugar, para além dos dons do Espírito Santo, que estão ordenados a receber uma forma particular da ação de Deus, deve-se distinguir a receptividade ou a passividade da própria caridade que não está ordenada a nenhum objeto preciso. É graças a esta capacidade receptiva da caridade, que se encontra enxertada na essência da alma como qualidade entitativa, que Deus pode agir na própria alma por meio de toques substanciais, isto é, toques da substância de Deus na substância da alma, toques incomparavelmente mais fecundos que a ação de Deus por meio de um dom particular.

asseguram outros, impressionados com a sua experiência da Misericórdia que explica todo o seu caminho de infância espiritual. "Dom de fortaleza" declara sua irmã que a conhecia intimamente e que a acompanhou em toda a sua vida espiritual.

A distinção, tão clara no campo especulativo, parece impotente para resolver um problema prático com dados bem-conhecidos. A lógica, tão luminosa para o espírito, falha ante a realidade que julgava ter apreendido.

É preciso rejeitar esta lógica e as distinções que nos apresenta? Não pensamos assim, pois estas distinções e classificações estão fundadas não só na razão, mas nos fatos. Contudo, cremos poder demonstrar, à luz da doutrina de São João da Cruz, que a distinção dos dons, ainda que real, não deve ser considerada como tão absoluta e tão completa a ponto de podermos estudá-los isoladamente e separar-lhes os efeitos de maneira clara.

Em seu comentário da terceira estrofe da *Chama Viva*, ao explicar as comunicações de Deus à alma transformada, São João da Cruz compara os atributos divinos a lâmpadas ardentes, as quais produzem na alma obumbrações ou esplendores que estão vinculadas com a forma e a propriedade dos atributos dos quais emanam. Segundo este princípio, "a sombra, produzida na alma pela lâmpada da formosura de Deus, será outra formosura proporcionada ao talhe e propriedade daquela mesma formosura divina; a sombra que faz a fortaleza será também fortaleza na medida daquela de Deus".[20] E será assim no que se refere às obumbrações de todas as lâmpadas ou atributos. Trata-se de uma lei geral das comunicações divinas na ordem sobrenatural que o Santo expõe: Deus comunica à alma uma participação real na sua natureza e na sua vida; a graça, inferior a Deus

---

[20] Ch 3,14.

porque criada, torna-nos, no entanto, verdadeiros filhos de Deus; a participação na natureza divina que ela concede é completa, apesar de criada.

O Santo sublinhou que cada atributo divino é o próprio ser de Deus e contém, por conseguinte, a riqueza de todos os outros:

E tudo isto se passa no meio de claras e incendidas sombras, produzidas por aquelas claras e incendidas lâmpadas, todas unidas numa só lâmpada, [312] isto é, no único e simples ser de Deus que resplandece atualmente sob todas estas formas.[21]

Em outras palavras, as comunicações que a alma recebe passivamente de Deus revestem as formas e as propriedades especiais do atributo divino do qual emanam, mas, visto que este atributo é a própria essência de Deus e traz em si as riquezas de todos os outros, a comunicação que a alma recebe dele traz também em si a participação criada em todo o ser de Deus e em todas as riquezas divinas dos demais atributos.

Nesta exposição – a qual abreviamos, com pesar, para nos dedicarmos apenas àquilo que nos diz respeito –, São João da Cruz não nomeia explicitamente os dons do Espírito Santo. No entanto, é evidente que estas comunicações divinas chegam à alma por meio dos dons. A diversidade das comunicações recebidas, ou obumbrações de atributos divinos diferentes, faz intervirem dons distintos. Já vislumbramos a conclusão que vamos formular: as obumbrações de atributos diferentes, que chegam à alma por meio de dons distintos, produzem nela diferentes sabores, estão ordenadas a fins práticos distintos, mas são substancialmente idênticas, pois os diferentes atributos dos quais emanam são todos a mesma essência de Deus. Em suas comunicações diretas e pessoais à alma sob uma forma distinta ou para um fim par-

---

[21] *Ibid.*, 3,15.

ticular – como luz ou força, sabor ou formosura – Deus não se divide e é uma participação em toda a sua riqueza que ele comunica através de cada um dos seus dons.

Levar a distinção dos dons até reconhecer para cada um deles uma ação de Deus essencialmente diferente é ignorar o caráter divino desta ação, reduzindo-a a uma medida humana e introduzindo nela distinções que não poderia sustentar.[22]

[313] Pelo contrário, a identidade fundamental das comunicações divinas que jaz sob os diferentes dons – cuja distinção está suficientemente salvaguardada pela diversidade dos efeitos percebidos e dos fins atingidos –, explica oportunamente, seja a dificuldade de encontrar o dom do-

---

[22] Podemos objetar, de uma maneira bastante enganosa, que, assim como que as virtudes estão ordenadas de modo exclusivo à produção de um ato especificamente distinto, assim também as potências receptivas estão ordenadas a um único efeito com exclusão de qualquer outro, como o sentido do ouvido só pode perceber os sons.

Com efeito, é preciso reconhecer que virtude e dom, potência ativa e potência receptiva, estão determinadas para um objeto particular. Mas, enquanto o ato produzido por uma potência ativa dá a medida da atividade realizada, uma potência receptiva percebe, na causalidade que age sobre ela, apenas o efeito especial ao qual ela está ordenada. O ouvido recebe a música de uma orquestra, mas esta orquestra oferece aos outros sentidos (por exemplo, à vista) outras percepções. Assim também, quando um dom do Espírito Santo percebe o efeito particular de uma intervenção de Deus, ele não esgota a potência desta última que pode produzir outros efeitos na alma através dos outros dons ou pela passividade receptiva da caridade.

Parece-nos que a maior parte dos erros e das confusões no estudo dos dons do Espírito Santo advém do fato de medirmos, de um lado, a ação de Deus por aquilo que percebemos dela e, de outro, a potência receptiva dos dons do Espírito Santo pelas percepções que eles registram. Esquecemos que a ação divina, adaptando-se a nós e às nossas necessidades, não se reduz a uma medida humana, mas permanece transcendente em si mesma e nos seus efeitos.

É a nossa inteligência que, pela necessidade de clareza e precisão, reduz tudo à medida daquilo que pode dominar e compreender. Diz Santa Teresa que são pouco numerosos aqueles que não medem a ação divina, segundo a medida dos seus pensamentos.

minante numa vida espiritual, seja, sobretudo, esta unidade da santidade realizada através de caminhos e segundo a ação de dons tão diferentes. Este último ponto merece ser sublinhado. Um exemplo irá colocá-lo em relevo.

Eis São João Bosco e Santa Teresa: ambos submissos à ação do Espírito Santo, mas, sem dúvida alguma, por caminhos muito diferentes. Dom Bosco é um homem de ação que utiliza especialmente os dons do conselho e da fortaleza. Santa Teresa é uma contemplativa que vive dos dons de sabedoria e de inteligência. Se estes dons fossem completamente distintos deveriam produzir, normalmente, formas de santidade e de vida mística, de todo, diferentes. Ora, consideremos os dois santos nos cimos da vida espiritual. Eis São João Bosco gozando de visões proféticas acerca do futuro e do desenvolvimento do seu Instituto em proporções bem maiores do que a contemplativa Santa Teresa. Quanto à Santa Teresa, ela é perfeitamente competente em todas as questões materiais e funda seus mosteiros com uma facilidade e, ao mesmo tempo, com uma pobreza de meios que Dom Bosco parece não conhecer. Ativo e contemplativa estão unidos numa santidade que é una, mas também nos dons místicos espantosamente semelhantes. Como explicar estas semelhanças se, sob a diversidade exterior dos caminhos e dos dons que os conduziram às mesmas alturas, não tivesse existido uma ação de Deus idêntica nos seus efeitos profundos?[23]

B – *EXPERIÊNCIA DOS DONS*

O estudo dos dons do Espírito Santo nos coloca, a cada passo, diante de novos problemas. Eis agora um, conco-

---

[23] Existem outras questões relativas aos dons, como, por exemplo, a da frequência das intervenções divinas através dos dons, que serão tratadas em outros capítulos.

mitantemente teológico e psicológico, dos mais árduos e menos **[314]** explorados e, no entanto, dos mais úteis para a direção das almas: é o problema da experiência mística ou da percepção, pela consciência psicológica, da ação de Deus mediante os dons.

Como se realiza esta percepção? Quais são suas diferentes formas? Ela acompanha toda a ação de Deus realizada por meio dos dons? E em que medida ela a descobre? A solução para essas e outras tantas perguntas tranquilizaria muitas angústias e poderia consolidar o progresso de muitas almas.

Mas estes problemas são muito complexos; complexos demais para que possamos abarcá-los neste breve estudo. Vamos nos contentar em propor algumas observações que poderão sugerir respostas parciais a estas questões.

1. Temos tendência para identificar vida mística e experiência mística, ação de Deus mediante os dons da experiência desta ação, como se fossem inseparáveis.[24] Esta confusão é origem de erros práticos importantes. Com efeito, é evidente que a ação de Deus por meio dos dons é claramente distinta da experiência que dela podemos ter, de modo que a primeira pode existir sem a segunda.

São João da Cruz sublinha que no início da vida mística, a alma, toda saudosa das consolações de outrora, não percebe o sabor sutil da contemplação que lhe é oferecida. O Santo faz notar também que, quando as comunicações divinas chegam a uma alma completamente pura, não produzem nela nenhum efeito perceptível, tal como o raio de sol que entrasse num quarto com uma atmosfera muito pura e saísse

---

[24] Da mesma forma, reserva-se, às vezes, o nome de vida mística àquela que se realiza sob a ação dos dons contemplativos (sabedoria, inteligência, ciência). Parece-nos mais adequado entendê-la como referente a toda a vida sob a ação dos dons do Espírito Santo em geral.

por uma abertura simétrica não seria percebido, por não ter encontrado na sua passagem nenhum objeto para iluminar.

Como já foi dito anteriormente, o próprio Deus pode subtrair a toda experiência a infusão dos dons mais perfeitos. No seu *Cântico*, São João da Cruz pede comunicações que os sentidos não percebam. E de fato, Santa Teresa fala-nos de luzes muito elevadas que descobria em sua alma sem ter tido consciência delas no momento em que Deus as concedia.

Logo, as comunicações diretas de Deus não são sempre acompanhadas pela experiência. Por consequência, não poderíamos afirmar que não há vida mística sem experiência mística.

2. [315] A propósito de experiência mística, podemos, primeiro, formular esta pergunta: é possível experimentar os dons do Espírito Santo em si mesmos, isto é, à margem das comunicações divinas que os fazem vibrar?

Via de regra, o dom não poderia ser percebido conscientemente fora de seu exercício. Como podemos experimentar que temos o sentido da audição se nenhum som vier atingir o ouvido? Toda experiência do dom se refere a uma experiência de sua utilização por uma comunicação divina.

Contudo, na terceira estrofe da *Chama Viva de Amor*, São João da Cruz, ao falar das profundas cavernas dos sentidos, nota que, quando as potências

estão vazias e purificadas, é intolerável a sede, fome, e ânsia da parte espiritual; porque sendo profundos os estômagos destas cavernas, penam profundamente, uma vez que é também profundo o manjar que lhes falta, a saber, o próprio Deus.[25]

---

[25] Ch 3,18. São João da Cruz sublinha que este sofrimento do vazio se torna particularmente intenso após as visitas divinas dos desposórios, a fim de preparar a alma para o matrimônio espiritual.

Este sofrimento do vazio, que foi precedido por comunicações divinas, parece ser uma espécie de experiência da capacidade dos dons do Espírito Santo que suportam dolorosamente a privação das comunicações divinas.

Esta experiência parece não estar reservada às almas que já estão próximas da união transformante. Com menor intensidade, encontramo-la nas almas que estiveram sob a ação dos dons do Espírito Santo e que, em certas circunstâncias, sentem sua pobreza e sua miséria. Este sentimento do vazio ou experiência do dom do Espírito Santo precede, ordinariamente, as comunicações e prepara a alma para elas, provocando atos de humildade e confiança que atraem o transbordar da misericórdia.

3. Outra observação que especifica o problema da experiência mística: nas comunicações divinas, a alma nem experimenta Deus, nem a sua ação, mas apenas as vibrações produzidas nela por esta ação divina. A experiência mística não é, então, uma experiência direta, mas uma quase experiência de Deus através da vibração que sua intervenção produz.

4. Existe nesta quase experiência uma impressão de fundo, dominante na maior parte do tempo e a mais forte. Às vezes, ela é também a única e exclui todas as outras. Trata-se da percepção ou experiência do contrário daquilo que é [316] concedido pela comunicação divina. Experiência que poderíamos denominar negativa.

De fato, ao comunicar-se diretamente à alma, Deus não pode dissimular aquilo que é em si mesmo, nem a qualidade do dom que faz. Sua transcendência se manifesta. Sua presença impõe um profundo respeito; sua luz deslumbrante produz escuridão na inteligência inapta para recebê-la; sua força esmaga a fraqueza humana, o próprio sabor que vem pelo dom de sabedoria faz experimentar deliciosamente a pequenez. Deste modo, Deus coloca a alma numa atitude de verdade, criando nela a humildade.

Assim, esta experiência negativa, por mais desconcertante que seja,[26] é a mais constante e o sinal mais autêntico da ação divina. A experiência positiva do dom pode faltar, como já o dissemos.[27] Se falta a experiência negativa, é legítimo duvidar da realidade da ação de Deus.

Unindo-se à comunicação divina da qual ela é o sinal e o efeito, esta experiência negativa explica aquelas antinomias tantas vezes assinaladas como efeitos característicos dos dons[28] e estabelece as correlações entre os dons e as

---

[26] Desconcertante, sobretudo, porque parece ir contra as noções habitualmente difundidas. Na verdade, normalmente, se mostra a intervenção de Deus, assegurando o triunfo exterior da ação de Deus.

São Lourenço, deitado sobre a grelha, é-nos apresentado como o tipo perfeito do dom da fortaleza. E, contudo, a que devemos preferir: São Lourenço sobre a grelha, zombando dos seus carrascos, ou Jesus Cristo na cruz, triunfando do sofrimento e da morte, mas recitando o salmo: *ut quid, Domine, dereliquisti me?* O desígnio evidente de Deus era o de afirmar, através da fortaleza exterior de São Lourenço, a força do seu Espírito e da sua Igreja contra o poderio externo de Roma. Mas, a experiência do dom da fortaleza em Cristo na Cruz, mesmo do ponto de vista externo, é mais perfeita e mais completa. Faríamos a mesma observação a respeito da experiência do dom de fortaleza em Santa Teresinha do Menino Jesus no seu leito de morte. "Jamais pensei ser possível sofrer tanto – dizia –, o cálice está cheio até a borda!...". Este lamento não é corrigido, mas completado por sua paciência heroica e por esta outra frase: "Não me arrependo de me ter entregue ao Amor" (UC 30.9).

[27] Podemos, então, admitir, como consequência, que uma contemplação muito elevada pode manifestar-se, habitualmente, apenas por uma impressão de obscuridade e impotência. Esta observação esclarece a experiência contemplativa de Santa Teresinha do Menino Jesus.

[28] Esta antinomia não se encontra apenas na experiência da alma no momento em que se está sob a ação de um dom, mas cria um estado habitual da alma. É assim que o dom de sabedoria conserva uma impressão habitual de pequenez e humildade; o dom de inteligência parece fazer viver a alma numa viva atmosfera de obscuridade. Também se observa com grande frequência que o dom do conselho pertence aos contemporizadores

bem-aventuranças. Bem-aventurados os pobres em espírito, os mansos, os corações puros, os pacíficos, os que têm fome [317] e sede de justiça... porque as suas disposições de pobreza, de pureza, de mansidão, a sua sede de justiça são o fruto de uma ação de Deus neles e os dispõem a novas invasões divinas. Para se oferecer às iluminações divinas pela humilhação, como aconselha Pascal, é preciso ter sido tocado pela luz de Deus, e a pequenez que atrai a sabedoria é também o fruto disso. Antinomia de disposições que parecem opostas, mas que se completam e se solicitam mutuamente: pequenez da criatura e grandeza de Deus, pecado do homem e misericórdia divina devem aparecer e se iluminarem cada vez que Deus age e se manifesta em verdade.

5. A esta experiência negativa de privação pode ajuntar-se uma experiência positiva e deleitosa da ação de Deus através do dom.

Para dizer a verdade, apenas o dom de sabedoria concede a experiência deleitosa do dom de Deus. Dom supremo que aperfeiçoa todos os outros, do mesmo modo que a caridade da qual procede aperfeiçoa todas as outras virtudes, o dom de sabedoria introduz um sabor – o seu sabor –, mais ou menos sutil, em todos os outros dons, em todas as almas submetidas à ação do Espírito Santo e cria a humildade pacífica que é o sinal do contato de Deus.

Posto de lado o dom da sabedoria e sua sutil influência em todos os outros, a experiência positiva dos demais dons é extremamente variável. O dom da inteligência pode envolver a alma unicamente em obscuridades ou, por vezes, fazer brilhar luzes profundas sobre um dogma. O dom da

---

que poderiam dar a impressão de ser hesitantes. Sabemos ainda que a Igreja, seguindo São Paulo, aprecia mostrar o dom da fortaleza nas crianças e nas jovens moças: "O que é fraqueza no mundo, Deus o escolheu para confundir o que é forte" (1Cor 1,27).

fortaleza permite a São Lourenço que zombe de seus carrascos e torna Santa Teresinha do Menino Jesus heroica, mas sem provisão de fortaleza; faz Jesus gemer na Cruz em sua aflição e se manifesta por um grito sobre-humano que impressiona seus verdugos. O dom do conselho faz brilhar uma luz segura sobre uma decisão a tomar ou deixa a alma hesitante até que um acontecimento a conduza, como que contra a sua vontade, na direção a seguir. O dom da ciência pode dar o enfado das criaturas ou, pelo contrário, mostrar seu valor no plano de Deus.

Nesta experiência, o temperamento da pessoa que recebe intervém, tanto nas vibrações produzidas, como na sua tomada de consciência. Sob o choque da força ou da luz de Deus, as reações de uns e de outros serão diferentes. Num mesmo feixe de impressões, o otimista destacará aquelas que são agradáveis e o pessimista não indicará senão as dolorosas. Se acrescentarmos que certas intervenções divinas podem, elas mesmas, criar determinadas impressões, produzir numa faculdade certo efeito preciso, nós nos damos conta de que neste campo da experimentação positiva [318] da ação de Deus pelo dom do Espírito Santo, encontramo-nos num campo complexo e obscuro onde podemos avançar só com prudência e emitir juízos com uma extrema circunspeção.

6. Para nos tranquilizarmos a respeito destas incertezas e obscuridades, voltemo-nos ao sinal mais certo e mais visível da ação de Deus através dos dons. *A fructibus eorum cognocetis eos*, "Vós os reconhecereis pelos seus frutos". Tal é o critério dado por Jesus para distinguir os pregadores e os profetas inspirados pelo Espírito Santo dos falsos pastores.[29] A fecundidade espiritual acompanha sempre a ação do Espírito Santo. Seus frutos não são sempre os

---

[29] Cf. Mt 7,15-16.

milagres, mas a caridade, a benignidade, a paciência etc. Contudo, este discernimento dos frutos do Espírito de Deus nem sempre será fácil, pois, mesmo no justo, estas boas obras vêm acompanhadas de deficiências e defeitos, e a fecundidade não se manifesta senão a longo prazo. O próprio Espírito de Deus proverá e se dará a conhecer – quando julgar necessário – à humilde paciência que tenha sabido esperar e orar.

C – *UTILIDADE E UTILIZAÇÃO DOS DONS DO ESPÍRITO SANTO*

Tudo o que foi dito sobre a natureza e o papel dos dons do Espírito Santo nos revela sua importância na vida espiritual.

Os dons do Espírito Santo são, em nossa alma, como portas que se abrem para o Infinito e através das quais nos chega o grande sopro do alto-mar, esse sopro do Espírito de amor que traz a luz e a vida. Este Espírito, sem dúvida, "sopra onde quer ... , mas não sabes de onde vem nem para onde vai".[30] No entanto, sabemos que é o sopro da Sabedoria de amor da Misericórdia infinita que tem necessidade de se difundir, que nos criou para se entregar a nós e nos arrastar no movimento poderoso e nas riquezas ardentes de sua vida transbordante.

Este sopro é infinitamente sábio e infinitamente poderoso. Para cumprir seus desígnios, ele utiliza todos os recursos de sua sabedoria e de sua força. Foi ele que realizou a união hipostática, enriquecendo a humanidade de Cristo com a unção da divindade, antes de qualquer consentimento e de qualquer ato de sua parte. É este sopro da misericórdia infinita que **[319]** subtraiu a alma da Santíssima Virgem às consequências do pecado original e a fez toda pura e cheia de graça.

---

[30] Jo 3,8.

Para a realização dos desígnios do Espírito Santo em nós, nossa boa vontade é por demais lenta e enferma. Por isso, o sopro divino utilizará estas portas que se abrem diante dele, vai precipitar-se nelas como uma torrente, como um "rio caudaloso" – diz a Sagrada Escritura – para enriquecer a alma para além de todos os seus méritos, de todas as suas exigências, não considerando senão sua necessidade de doar e se difundir.

Por meio dos dons do Espírito Santo, potências receptivas cuja capacidade se adapta à potência do sopro que recebem, Deus invade a alma, realiza nela o querer e o agir, aperfeiçoa as virtudes, exerce a sua ação progressivamente ou de uma só vez, segundo o modo e medida que determinou. Santa Teresinha do Menino Jesus constata um dia que Deus se apoderou dela e a colocou onde está.[31] São Paulo confessa que é o que é pela graça de Deus.[32]

É por estas portas abertas ao Infinito, por estas velas içadas para recolher o sopro do Espírito, que a Misericórdia onipotente entra nas almas e faz delas profetas e amigos de Deus.

Mas é preciso ainda que estas portas sejam abertas ao Infinito pela confiança, e estas velas içadas pelo amor, para serem infladas pelo vento do alto-mar. Mas como o poderiam ser, se a alma não conhece a existência dos dons do Espírito Santo e nem sequer suspeita do que Deus pode fazer através deles?

Nos primeiros séculos da Igreja, a ação do Espírito Santo nas almas e na Igreja assumia formas exteriores que a faziam manifestar-se como em pleno meio-dia. No dia de Pentecostes, o Espírito Santo vem sob a forma de línguas de fogo, toma posse dos Apóstolos e, por eles, da Igreja. Ele afirma sua presença mediante a transformação que eles so-

---

[31] Cf. UC 7.7.3.
[32] Cf. 1Cor 15,10.

freram, e seu poder através das obras deles. Intervinha com frequência na vida da Igreja através de suas luzes claras ou simbólicas, de suas ordens ou moções. Era uma pessoa viva no seio da Igreja e reconhecido como tal: *Visum est enim Spiritui Sancto et nobis...*, "pareceu bem ao Espírito Santo e a nós"[33] – escreviam os Apóstolos. Efetivamente, referiam-se à sua luz e opinião, que se manifestavam exteriormente.

Desde então, o Espírito Santo pareceu esconder-se progressivamente nas profundezas da Igreja e das almas. [320] Não sai mais desta obscuridade a não ser para raras manifestações exteriores. Certamente, não há declínio do seu poder e da sua atividade. A mudança atinge apenas seus modos de agir. Continua sempre vivo em nós, pronto para se difundir, e nós possuímos sempre seus dons para receber o seu sopro. Mas, seja porque se ocultou, ou melhor, porque a humanidade, menos fervorosa e inclinada para a terra não se preocupou mais em utilizar sua ação, é fato fácil de se constatar: o Espírito Santo não só se tornou um Deus escondido, mas um Deus desconhecido. E a ciência espiritual que permite utilizar seu poder por meio dos dons foi ignorada durante muito tempo pelos cristãos.

A ciência mística – é esse o seu nome – foi mesmo desacreditada, para não dizer desprezada, nos meios honradamente cristãos. "Trabalho da imaginação! Ilusões doentias!" – dizia-se. Receava-se esta ação do Espírito Santo como um perigo, sobretudo caso se manifestasse por efeitos sensíveis. Os mestres da vida espiritual se dedicavam apenas a desenvolver as virtudes, negligenciando os dons ou fingindo ignorar-lhes a existência. O Espírito Santo, que habita em nossas almas e que vem a elas para aí viver sua vida ardente e conquistadora, era banido duma vida a qual queria ser cristã sem ele. Às vezes, parecia que ele escapava de sua prisão, mas a alma na qual ele se manifestava, fei-

---

[33] At 15,28.

ta sua feliz vítima, tornava-se também a vítima do ambiente cristão, sensato e racional em que vivia. Era considerada suspeita e, por vezes, marginalizada como perigosa para aqueles que a rodeavam. Quem de nós não poderia acrescentar nomes a estas reflexões e, talvez, nomes eminentes, aliás, reabilitados nos nossos dias?

Esta ciência mística é recolocada em destaque. Desapareceu o frio jansenismo. O Espírito de amor pode novamente soprar sobre as almas. O coração divino manifestou-se. Santa Teresinha do Menino Jesus nos ensinou o caminho da infância espiritual que conduz à fornalha de amor e recruta uma legião de pequenas almas vítimas da Misericórdia. O Espírito Santo vive na Igreja, a sua vida se difunde. Cristãos fervorosos e mesmo aqueles que não creem procuram esta vida, uns com amor esclarecido e já ardente, outros com a sua dolorosa inquietude. Como chegariam aí sem guia, sem método, sem doutrina?

Estes guias especialistas em ciência mística, estes doutores na ciência do amor, a Igreja no-los propõe: Santa Teresa de Ávila, a mãe espiritual; São João da Cruz, o Doutor místico; Santa Teresinha do Menino Jesus, [321] filha deles e ilustre mestra de vida espiritual dos tempos modernos, uma das maiores de todos os tempos.[34]

---

[34] Parece-nos que um estudo aprofundado de Santa Teresinha do Menino Jesus deveria fazer progredir admiravelmente a ciência dos dons do Espírito Santo. A ação dos dons do Espírito Santo é predominante nela desde a idade de três anos, quando não mais recusa nada ao Bom Deus. Esta ação de Deus mediante os dons aparece aí livre não só dos fenômenos extraordinários, mas também das poderosas reações sensíveis às quais, geralmente, a consideramos ligada. Ação muito simples e muito pura, ela nos revela aquilo que lhe é essencial.

Quando estudamos Santa Teresinha do Menino Jesus não devemos esquecer esta predominância dos dons do Espírito Santo em sua vida espiritual. A sua generosidade é toda de submissão à luz de Deus; a sua força está na sua docilidade às moções de Deus. Por consequência, não é exato querer descobrir nela apenas uma força violenta que quer triunfar de si mesma para adquirir as virtudes. Na realidade, ela trabalha sob o movi-

Partindo do fato de que a perfeição consiste no reinado perfeito de Deus em nós pelo Espírito Santo, a ciência mística está toda na solução deste problema prático: como atrair o sopro do Espírito e como, em seguida, entregar-se e cooperar com a sua ação invasora? É evidente que o Espírito Santo é soberanamente livre em seus dons e nada poderia constranger ou diminuir sua liberdade divina. Há, todavia, disposições que exercem sobre a sua misericórdia uma atração quase irresistível e outras que ele exige como cooperação ativa à sua ação.

Toda a doutrina dos mestres do Carmelo tende colocar em relevo estas disposições, a determinar a ascese adequada à ação de Deus através dos dons. Não encontraremos outra coisa na *Subida do Monte Carmelo*, no *Caminho de Perfeição* ou no *Castelo Interior* e, ainda, na doutrina de Santa Teresinha do Menino Jesus. Toda a ciência espiritual destes santos é uma ciência de utilização dos dons do Espírito Santo. Ao estudar seus escritos, não podemos nos esquecer disso sem menosprezar o seu fim e distorcer as suas perspectivas.

Há três disposições que se encontram na base desta ascese e que correspondem às três leis ou exigências de toda a ação de Deus na alma. Estas disposições fundamentais, que comandam toda a cooperação da alma e que irão se aperfeiçoando à medida que a ação divina se desenvolver, são o dom de si, a humildade e o silêncio. Nós as estudaremos nesta terceira Parte.

Estas preliminares iluminarão o estudo que vai seguir-se acerca dos modos particulares da ação progressiva do Espírito Santo e da cooperação que ela exige em cada uma de suas fases.

---

mento do Espírito Santo apenas para fazer triunfar a virtude de Deus nela. É assim que ela poderá dizer que não tem virtudes e que Deus lhe dá, a cada instante, aquilo de que precisa.

TERCEIRO CAPÍTULO
O dom de si

> *Que força tem este dom! ... no mínimo, faremos o Todo-Poderoso formar unidade com a nossa baixeza.*[1]

[322] Segundo o testemunho de Santa Teresa, toda a ascese que ela propõe no *Caminho de Perfeição* se resume na realização perfeita do dom de si:

... todas as advertências que faço neste livro se referem à necessidade de nos dar por inteiro ao Criador, de entregar a nossa vontade a dele, de nos desapegar das criaturas.

[Desta forma,] dispomo-nos a, com muita brevidade, chegar ao final do caminho e beber da água viva da fonte de que falei. Se não dermos totalmente a nossa vontade ao Senhor, para que ele faça, em tudo o que se referir a nós, conforme a sua vontade, nunca poderemos beber dela.[2]

A Santa afirma várias vezes esta estreita relação entre a contemplação e o dom de si. A alma deve responder às primeiras graças contemplativas por este dom completo. Do contrário, estas graças não são renovadas senão de uma forma passageira:

Quando não nos entregamos à Sua Majestade com a determinação com que ele se dá a nós, é grande favor o fato de ele nos deixar na oração mental e nos visitar de quando em vez, como a trabalhadores de suas vinhas. Os outros são filhos queridos.[3]

Mas quantas reticências e demoras na realização deste dom de si, que deve ser absoluto para atrair, em plenitude, os dons de Deus:

---

[1] CP 32,11.
[2] *Ibid.*, 32,9.
[3] *Ibid.*, 16,9.

... demoramos tanto a nos entregar de todo a Deus que ... nunca acabamos de nos dispor.

[323] Contudo, julgamos dar tudo quando oferecemos a Deus somente a renda e os produtos, ficando com a raiz e a propriedade.[4]

É esta a realidade prática que reclama a nossa atenção e as nossas reflexões:

Como não damos [a Deus] tudo de uma vez, também não recebemos de vez esse tesouro.[5]

Afirmações claras e fortes, mas genéricas, não bastam numa matéria em que a ilusão se insere tão facilmente. Temos que consolidar nossa convicção acerca da necessidade do dom de si e determinar as exigências divinas sobre o modo como ele deve ser feito.

A – *NECESSIDADE E EXCELÊNCIA DO DOM DE SI*

I – É Santa Teresa quem indica o primeiro e fundamental motivo que faz do dom de si uma necessidade:

E como [Deus] não pretende forçar a nossa vontade, ele recebe o que lhe damos, mas não se entrega de todo enquanto não nos damos a ele por inteiro.

Isso é uma coisa certa e, por importar tanto, eu a recordo muitas vezes. O Senhor não opera na alma enquanto ela não se entrega a ele, sem empecilhos, e nem sei como haveria de agir se assim não fosse; ele é amigo de toda harmonia.[6]

Senhor absoluto de todas as coisas como criador, Deus poderia usar de seus direitos, para obrigar as criaturas a realizar a sua vontade. Na verdade, conduz os seres por leis conformes à natureza deles e que respeitam os dons que lhes concedeu. Ao homem, dotado de inteligência e vontade livre, Deus ditará sua vontade através da lei moral que

---

[4] V 11,1.2.

[5] *Ibid.*, 11,3.

[6] CP 28,12.

se dirigirá à inteligência e respeitará a liberdade. "Deus não pretende forçar a nossa vontade"[7] – sublinha Santa Teresa. Mais do que constrangê-la, prefere enfrentar o risco de um fracasso parcial dos seus desígnios e ter que modificar suas disposições, tal como aconteceu depois da revolta dos anjos e da queda do homem.

Às vezes, o homem tiraniza seu semelhante. Deus, nosso mestre soberano, exalta o valor e o poder das [324] faculdades com que dotou nossa natureza. É tão importante a parte que reserva à ação delas em seus mais sublimes desígnios que nos sentimos desconcertados quando a descobrimos em nós. A cooperação livre do homem será, com efeito, uma condição necessária para que se realizem os decretos eternos da Misericórdia divina.

É deste modo que, antes de realizar a encarnação do seu Verbo, primeiro elo da admirável cadeia dos mistérios cristãos, Deus quer assegurar-se do consentimento daquela que ele escolheu como cooperadora. Envia o Arcanjo Gabriel para lhe propor a missão que previu para ela. Seus decretos não se realizarão senão com o consentimento dela. O Céu escuta e espera, suspenso aos lábios da Virgem. Estremece de alegria ao recolher o *fiat* de Maria, que é o *fiat* da humanidade à ação da divindade na união hipostática, e que faz de Maria a colaboradora de Deus. Doravante ela será efetiva e ativamente Mãe, por toda a parte onde Deus for Pai em suas relações com os homens.

Da mesma maneira, para se unir perfeitamente às almas, Deus exigirá de cada uma o seu consentimento pessoal e a sua cooperação ativa. Sem dúvida, sua graça é preveniente, mas não prossegue sua obra e não se expande em nós com toda a sua fecundidade sem o nosso beneplácito.

---

[7] *Ibid.*

Um primeiro consentimento, um primeiro dom – ainda que fosse pleno – não lhe basta, pois nossa vontade livre é um bem inalienável. Depois de a termos dado, nós a conservamos e ainda fazemos uso dela. A obra de Deus em nós segue as vicissitudes das nossas hesitações e recusas que a detêm, bem como dos nossos fervorosos consentimentos que nos entregam às invasões da graça.

Ele recebe o que lhe damos, mas não se entrega de todo enquanto não nos damos a ele por inteiro.[8]

É uma lei da vida espiritual que Santa Teresa enuncia desta forma. Deus não nos invade senão na medida em que nos entregamos a ele. A união perfeita exige como primeira condição o completo dom de si.

II – O dom de si é uma necessidade do amor e o seu ato mais perfeito. O amor, bem difusivo de si mesmo, tende a perder-se naquele que ama; encontra nisso sua satisfação e plenitude. Deus encontra sua felicidade infinita na geração do Verbo que o exprime [325] de forma perfeita e nesta espiração de amor que é o Espírito Santo, no qual se comunica inteiramente.

A caridade que está em nós também encontra a sua plenitude e perfeição quando, tendo conquistado tudo em nós, pode levar tudo para Deus no seu movimento filial para com o Pai. Este dom completo é o ato mais perfeito que ela pode realizar.

Assim, a purificação completa que a teologia, com Santo Tomás, declara estar correlacionada à profissão perpétua do religioso não é um privilégio, uma espécie de indulgência plenária com a qual este ato tão importante estaria favorecido. Ela é o efeito normal desta caridade perfeita que cobre os muitos pecados e que inspira esta consagração

---

[8] *Ibid.*

radical e solene que é a profissão perpétua. Todo o dom completo, feito com o mesmo fervor, purifica a alma do mesmo modo.

Por vezes, sentimo-nos tentados a procurar entre as fórmulas mais poéticas ou entre os sentimentos mais delicados a expressão do amor perfeito. É o dom de nós mesmos, completo e sincero, que nos oferece esta expressão, a mais simples e a mais elevada.

III – O dom de nós mesmos é também o sacrifício mais perfeito que podemos oferecer a Deus.

O sacrifício, ato religioso por excelência, o único que reconhece o soberano domínio de Deus e oferece uma reparação para o pecado, comporta a oblação de uma vítima, seguida habitualmente, de uma imolação.

A oblação é, segundo alguns teólogos, o único ato essencial do sacrifício; todos, porém, concordam que é o mais importante. A oblação entrega a vítima a Deus, torna-a sua e lhe permite dispor dela como desejar, seja para a imolar, seja para a utilizar para outros fins.

É esta oblação que realiza o dom de si, que oferece a Deus aquilo que temos e aquilo que somos, aceitando antecipadamente todas as suas vontades e o seu beneplácito.

Ao oferecer, para o presente e para o futuro, as faculdades da inteligência e da vontade – que são as mais elevadas e as mais especificamente humanas – o homem realiza a oblação humana por excelência, a maior entre todas aquelas que estão ao seu alcance e a mais agradável a Deus. "A obediência é melhor do que o sacrifício"[9] – ensina o Espírito Santo comparando a oblação imposta pela obediência à imolação sangrenta das vítimas na antiga Lei.

---

[9] 1Sm 15,22.

IV – **[326]** Deus disse também, através do Profeta Malaquias:

> Não tenho prazer algum em vós, disse o Senhor dos Exércitos, e não me agrada a oferenda de vossas mãos. Sim, do levantar ao pôr-do-sol, meu nome será grande entre as nações, e em todo lugar será oferecido ao meu nome um sacrifício de incenso e uma oferenda pura. Porque o meu Nome é grande entre os povos! Disse o Senhor dos Exércitos.[10]

Deus manifestava assim sua impaciência em ver, por fim, as figuras cederem à realidade. Esta realidade é a oblação de Cristo. Esta oblação, que constituía todo o valor dos sacrifícios figurativos da antiga Lei, é a única que pode, na nova Lei, dar todo o sentido ao dom de si mesmo realizado pelo cristão.

Iniciando sua existência, a Santa Humanidade de Cristo se deu conta imediatamente, graças à visão intuitiva, de todas as riquezas divinas que possuía. Descobriu as admiráveis perfeições de sua natureza humana formada pelo Espírito Santo no seio da Virgem, a vida transbordante de cada uma de suas faculdades e o harmonioso equilíbrio deste complexo humano que não pode ser comparado a nenhum outro. Jesus Cristo vê diretamente, face a face, a natureza divina que habita corporalmente nele e que o unge com sua unção suave e forte que o esmaga e eleva, que o santifica e o glorifica. Descobre a união hipostática que o faz subsistir na segunda Pessoa da Santíssima Trindade à qual se une indissoluvelmente. Na mesma luz de visão direta, Jesus Cristo descobre o plano de Deus a seu respeito: pelo sacrifício do Calvário é chamado a unir tudo aquilo que o pecado separou e deve tornar-se uma fonte inesgotável de graça para a humanidade regenerada. Estas riquezas e esta missão incomparável, que se revelam ao primeiro olhar de Jesus Cristo, foram concedidas à sua Santa Humanidade de

---

[10] Ml 1,10-11.

modo totalmente gratuito, sem nenhum mérito antecedente, pois que um momento antes ela não existia, e nunca existiu antes de ser assumida pelo Verbo. Qual será o primeiro movimento de sua alma sob o peso suave e beatificante da luz e da unção divinas? Notou-o o salmista, e o Apóstolo São Paulo assinalou-o na sua Epístola aos Hebreus para realçar sua importância:

> Por isso, ao entrar no mundo, ele afirmou: Tu não quiseste sacrifício e oferenda. Tu, porém, formaste-me um corpo. Holocaustos e sacrifícios pelo pecado não foram do teu agrado. Por isso eu digo: Eis-me aqui, – no rolo do livro está escrito a meu respeito – eu vim, ó Deus, para fazer a tua vontade.[11]

[327] Cristo, com este primeiro gesto de sua humanidade oferece-se em oblação a seu Pai. Este completo dom de si mesmo é uma adesão amorosa ao senhorio do Verbo sobre si e ao desígnio de Deus que o criou para o sacrifício. Pela oblação, o sacrifício do Calvário começa. A partir deste momento, Jesus é sacerdote e vítima e a redenção se faz realizar.

Esta oblação não é um ato isolado. É uma disposição que faz parte da essência da alma de Jesus Cristo, tão constante como o senhorio do Verbo e tão atual como a união à vontade divina que regula todos os seus gestos. Nesta oferta contínua de si mesmo, Jesus encontra o seu alimento. É o que ele mesmo afirma aos Apóstolos que insistem para que coma depois de seu colóquio com a Samaritana:

> Tenho para comer um alimento que não conheceis. ... Meu alimento é fazer a vontade daquele que me enviou e consumar a sua obra.[12]

A humanidade de Cristo subsiste na pessoa do Verbo; se se separasse dela pelo pecado, cairia no nada. Mas não, isso não é possível: a união é indissolúvel e, como conse-

---

[11] Hb 10,5-7.
[12] Jo 4,32.34.

quência, a impecabilidade de Cristo é absoluta. Mas, dado que a humanidade subsiste no Verbo, é exatamente nele que ela encontra sua vida, e, na realidade, a vontade humana de Cristo vive espiritualmente de sua adesão à vontade divina.

A oferta é sincera e completa; a realização da vontade de Deus é perfeita. Portanto, Jesus se deixa conduzir pela vontade divina; vai por si mesmo para onde ela o leva, aqui e ali, no momento e conforme aos modos que ela fixou: ao deserto, ao Tabor, à Ceia, ao Getsêmani e ao Calvário. Nem um iota deve ser omitido daquilo que ela estabeleceu.

Terminada a obra, quer constatar, ele mesmo, que tudo está bem assim. Do alto da Cruz, lança seu olhar sobre o rolo dos decretos divinos onde Deus, pela mão dos profetas, fixou as minúcias dos gestos do seu Cristo. Sim, tudo se cumpriu. Jesus dá conta disso e fá-lo notar:

Quando Jesus tomou o vinagre, disse: "Está tudo consumado!" E, inclinando a cabeça, entregou o espírito.[13]

Toda a vida de Cristo está contida entre dois olhares sobre o livro dos decretos divinos que lhe dizem respeito. Entre a oblação silenciosa do início que o olhar penetrante do Profeta descobriu, e a consumação do fim relatada pelo Evangelista, não há lugar senão para uma [328] oferta contínua e um completo dom de si mesmo à vontade de Deus.

Este dom de si, que torna perfeita a obediência de Cristo, realiza a nossa redenção e se torna o princípio de sua glória:

Humilhou-se e foi obediente até a morte, e morte de Cruz! Por isso Deus o sobre-exaltou grandemente e o agraciou com o Nome que é sobre todo o nome, para que, ao Nome de Jesus, se dobre todo joelho dos seres celestes, dos terrestres e dos que vivem sob a terra.[14]

É à luz da oblação de Cristo que é necessário colocar o dom de si para compreender-lhe a necessidade e a fe-

---

[13] *Ibid.*, 19,30.
[14] Fl 2,8-10.

cundidade. O que dissemos até agora são apenas verdades dispersas que se harmonizam sob esta luz e encontram aí nova força.

Disposição essencial em Cristo, o completo dom de si é uma disposição essencialmente cristã. Identifica com Cristo na profundidade do ser e, sem ela, qualquer imitação de Jesus seria apenas superficial e, talvez, um vão formalismo exterior. Para ser de Cristo, é preciso entregar-se a ele como ele se entregou a Deus, porque nós somos de Cristo e Cristo é de Deus.

A oferta de Cristo a Deus é a resposta ao senhorio do Verbo. É vital para ele e assegura-lhe o alimento. O dom de nós mesmos entrega-nos à graça de Cristo que está em nós, é um chamado para um assenhorear-se mais pleno de Cristo sobre nós. Em Cristo, a oblação é uma adesão amorosa ao mistério da Encarnação já realizado; em nós, o dom de si é uma provocação à Misericórdia divina para novas invasões. A Misericórdia não pode deixar de responder, pois ela é o amor que se debruça irresistivelmente sobre a pobreza que chama por ela.

A oblação de Cristo entrega-o às vontades divinas e, em especial, ao sacrifício do Calvário. Identificada com Cristo pelas invasões de sua graça, a alma, pela oblação renovada, torna-se para ele verdadeiramente também uma humanidade de acréscimo na qual ele pode prolongar a realização dos seus mistérios. É normalmente tomada como matéria de sacrifício junto ao altar e como instrumento de redenção para as almas. O dom de si que a une a Cristo faz com que entre nos estados de Cristo e participe intimamente nos seus mistérios, introdu-la nas profundezas do mistério da Redenção e do mistério da Igreja.

Do mesmo modo que toda a missão de Cristo se apoia sobre sua oblação, assim também todo o poder de sua graça se afirma **[329]** na alma pelo completo dom desta, que é a parte mais importante de sua cooperação.

No *Caminho de Perfeição*, Santa Teresa sublinha os efeitos da união e da identificação provocados pelo dom de si:

E quanto mais formos demonstrando, mediante obras, que não proferimos essas palavras por obrigação, tanto mais o Senhor nos aproximará de si, elevando-nos acima de todas as coisas da terra e de nós mesmas, habilitando-nos a receber grandes favores, já que o Senhor não se cansa de nos pagar nesta vida por esse serviço; ele o preza tanto que já nem sabemos o que lhe pedir, e Sua Majestade nunca cansa de dar.

... Ele começa a tratá-la com tanta amizade que não só lhe devolve sua vontade como lhe entrega a dele; como o Senhor se alegra com uma amizade tão grande, permite que cada qual mande uma vez.[15]

Mas Santa Teresa constata:

Somos tão difíceis e demoramos tanto a nos entregar de todo a Deus que ... nunca acabamos de nos dispor.[16]

Como não damos tudo de uma vez, também não recebemos de vez esse tesouro.[17]

B – *QUALIDADES DO DOM DE SI*

I – *Absoluto*

A fim de que ele nos obtenha graças tão elevadas, Santa Teresa não exige senão uma qualidade ao dom de si: que seja absoluto ou completo.

O dom de si é uma verdadeira desapropriação de si em favor de Deus. Esta desapropriação se fará sentir dolorosamente em tal ou tal ponto, segundo os apegos da alma, mas deve ser completa. O jovem do Evangelho a quem Jesus abre os caminhos da perfeição ao dizer: "Vende os teus bens e dá aos pobres ... e segue-me"[18] é detido pela perspec-

---

[15] CP 32,12.
[16] V 11,1.
[17] *Ibid.*, 11,3.
[18] Mt 19,21.

tiva da separação dos seus bens, porque é rico. Esta venda de seus bens não era senão o primeiro ato e, provavelmente, o mais doloroso e o mais significativo, mas o primeiro dum drama que devia conduzi-lo até à entrega completa de si próprio a Cristo que lhe diz: "Segue-me".

[330] A profissão, naquilo que tem de essencial como consagração radical e solene feita a Deus, pode ser aproximada do dom de si. Profissão religiosa e dom de si comportam a mesma desapropriação completa de si e a entrega absoluta nas mãos de Deus de tudo aquilo que se é e de tudo aquilo que se tem, para o presente e para o futuro. A profissão adquire seu valor, sobretudo, pela plenitude do dom de si que a anima. Contudo, a esse pleno dom de si, acrescenta este caráter de solenidade que faz da profissão um ato exterior inspirado pela virtude da religião e que coloca o religioso numa condição particular, na Igreja. Pelo contrário, o dom de si independente das formas exteriores, não se orientando de modo especial para uma delas, mas adaptando-se a todas, inspirado unicamente pela caridade, dócil e fervoroso, grande e simples, conduz cada alma à realização perfeita de sua vocação particular e entrega-a à plenitude de sua graça.

É ainda na perspectiva da oblação de Cristo que se deve colocar o dom de si, para compreender o que significa esta palavra absoluta. Unida à divindade pela união hipostática, a natureza humana de Cristo subsistia na pessoa do Verbo. Os atos elicitados por ela eram atribuídos à pessoa do Verbo que os fazia seus. Encontrava-se, assim, completamente desapropriada, pois toda a sua existência e as suas operações pertenciam à Pessoa do Verbo. O primeiro efeito da oblação de Cristo é o de aderir a este senhorio e a esta desapropriação.

Não podemos sonhar em realizar através do dom de nós mesmos uma desapropriação da nossa pessoa. Seria como que sonhar para nós uma união hipostática ou alguma espécie de panteísmo. Mas, feita esta reserva, a nossa união com Deus e, por consequência, o dom de si que a fundamenta, não tem outros limites. É pela graça, participação na natureza divina, que esta união se estabelece, e o modelo que lhe é proposto é a união do Pai e do Filho numa única natureza. É pois para esta unidade com Jesus Cristo que deve tender o dom de si, e ele deve aceitar todas as exigências de uma tal unidade.

Estas exigências, a vida de Jesus Cristo no-las manifesta de uma maneira concreta, desde o Presépio até o Calvário, com uma submissão contínua ao Espírito de Deus e as imolações destruidoras que a consomem. É a tudo isto que conduz o senhorio de Deus e o dom completo de si naqueles que o aceitam.

Entre estas realizações e estas imolações, Deus fará uma escolha para cada um de nós, pois não temos a envergadura de Cristo, e Deus, que reparte a graça de Cristo, também distribui as imolações que a acompanham. Qual será a [331] nossa parte? Nós a ignoramos. Esta ignorância e a certeza de uma participação – que não será senão parcial – no sacrifício de Cristo nutrem ilusões; parecem nos autorizar a encarar apenas uma parte deste sacrifício e, talvez, a escolhê-la. Desta forma, o dom de si não é completo. Para lutar contra estas ilusões, contra estas escolhas e todas as reservas que roubam ao dom de si o seu caráter de absoluto, existe apenas um remédio: habituar-se a fazer o dom indeterminado.

II – *Indeterminado*

Para falar a verdade, a indeterminação não é uma qualidade nova do dom de si. Ela destina-se unicamente a proteger a plenitude deste dom contra todas as reservas mais ou menos conscientes.

Com efeito, parece que, mesmo entre as mais generosas, são raras as almas cujo dom de si não está limitado por determinações precisas.

Deus parece, no início, favorecer estas determinações. Ele nos atrai a si e ao dom de nós mesmos, mediante perspectivas sedutoras, aspectos particulares que se harmonizam com os nossos gostos naturais ou com a nossa graça. Tal criança vê no sacerdócio apenas a pregação; outra, a missa. Uma alma encaminha-se para a vida religiosa, unicamente para se salvar. Depois de termos penetrado no edifício espiritual, descobrimos todo o seu esplendor e todas as suas exigências. E, contudo, as determinações subsistem; geralmente estabelecem-se em outro plano e obedecem a concepções ou gostos novos que surgiram.

Concepções e gostos, com as formas determinadas de ideal e de santidade que criam, são tão variados quanto as almas. Nestas criações, a generosidade concede grande espaço ao sofrimento, escolhendo-o geralmente sob formas atraentes, por vezes mesmo brilhantes. Os gostos naturais fazem o restante, dando-lhe as cores do sobrenatural e da dedicação. A experiência das almas poderia multiplicar aqui as descrições e ilustrá-las com saborosos detalhes. A alma fez o seu plano de vida, fixou o itinerário e as ocupações, entreviu o sucesso mediante o sacrifício cujo potencial é previsto especulativamente imenso. Colocou-se por si mesma no centro destes sonhos construídos pela sua generosidade e pela sua imaginação. Por enquanto, Deus está ali como um fim e como um bom Pai que, com as suas larguezas paternais, deve sustentar o empreendimento da [332] perfeição pessoal que sonhamos e as formas de apostolado que amamos.

São belas construções, cujo defeito irremediável é o serem obra das mãos do homem e fora do plano divino. Consagrar as próprias forças a tais realizações é, normalmente, subtrair-se à vontade de Deus.

Aliás, o desígnio de Deus, o verdadeiro, realiza-se e vem rachar ou mesmo destruir os projetos fixados. Surpresa e, às vezes, confusão por parte da generosidade que tinha construído tão bem! Seus ímpetos são quebrados – ao menos por um instante: desencorajamento em certas ocasiões e amarga decepção. A não ser que se erga de novo para construir, ainda à sua maneira. E talvez Deus lhe permita realizar como ela previu e triunfar com um sucesso que pode parecer brilhante, mas que é sempre medíocre porque superficial e humano sob um verniz sobrenatural. Esta generosidade entregou-se a si mesma e aos seus projetos; falhou no plano de Deus porque não tinha feito um dom indeterminado.

De fato, é na obscuridade que é preciso procurar o desígnio de Deus, porque seus pensamentos ultrapassam os pensamentos humanos, como o céu ultrapassa a terra. O nosso Deus vive na escuridão e a luz transcendente da sua sabedoria ofusca o nosso pobre olhar. Qual é o nosso papel, qual o nosso lugar no seu desígnio? Só ele o sabe. Este papel que devemos realizar, este lugar que devemos ocupar, é aí que está a nossa perfeição. O dom de si, que se quer oferecer para este papel, para este lugar que nos estão reservados na obra e no edifício divinos, deve procurá-los no mistério e oferecer-se a este mistério que os esconde e os guarda ciosamente para a hora das realizações. O dom de si deve ser indeterminado para não se extraviar nas construções humanas e para atingir, de maneira segura, a realidade e a verdade divinas.

Poderíamos pensar que esta comunhão com o indeterminado, apaziguando as atividades construtoras e subtraindo todo o objeto imediato e preciso ao querer, diminui as energias da vontade e da atividade. Não é nada disso. Este dom para as realizações indeterminadas não é um ensaio de comunicação com o vazio; é um dom efetivo às vontades divinas certas, mas desconhecidas naquele momento. Este dom provoca uma desapropriação de todos os projetos pessoais e reserva todas as forças da alma para realizações não só futuras, mas quotidianas, às quais a Providência marca cada dia a maneira e que permanecem misteriosas para o futuro. Este dom de si indeterminado, longe de diminuir as forças, impede a sua dispersão pelos objetos, recolhe-as para aplicá-las [333] com o seu poder no cumprimento da vontade presente de Deus. A santa indiferença na qual ele coloca a alma livra-a das amargas decepções que paralisam por um momento e que, por vezes, quebram-na definitivamente.

Enfim, o benefício positivo incomparável deste dom indeterminado tornado habitual é que ele entrega a alma à ação do Espírito Santo. Na obscuridade da fé onde mantém a alma, conserva-a atenta às mínimas manifestações da vontade divina, afina seus sentidos espirituais que se tornam mais sensíveis às delicadas unções do Espírito Santo e às de suas moções mais sutis. Sustenta e desenvolve a docilidade da alma, conservando-a sempre apta para toda boa obra. Docilidade atenta e maleabilidade forte – que são os frutos deste dom indeterminado – são as disposições que fazem os instrumentos mais qualificados do Espírito Santo.[19]

---

[19] Existem almas que, ante o mistério das exigências divinas, às quais nos entrega o dom completo de si, se sentem não só temerosas, mas também apavoradas. Retrocedem diante da obscuridade e de tudo o que esta traz de assustador. O que há nesse mistério onde se desencadeia a tempestade da qual a paixão de Cristo nos oferece um exemplo? Nesta obscuridade, com efeito, haverá o sofrimento, a participação na Paixão de Cristo de alguma forma, aí haverá a morte. Mas que elas fiquem seguras! Ao nos lançarmos nesta obscuridade pelo dom de si, caímos necessariamente na Misericórdia divina. É ela que recebe a alma, envolve-a em sua paz e sua força.

"O cálice está cheio até a borda, porém estou numa paz admirável... Não quisera sofrer menos... Não me arrependo de me ter entregue ao Amor" – dirá Santa Teresinha do Menino Jesus. (PO. *Sœur Geneviève de Sainte Thérèse*, ocd, p. 285. Cf. em UC 28.8.3; 24.9.10 e 30.9)

Tal é o testemunho de todos os santos, testemunho que deve dissipar a nuvem de terror que o demônio ergue diante de um ato de uma importância capital na vida espiritual.

III – *Renovado muitas vezes*

Para que o dom de si produza todos os efeitos que indicamos, é preciso que não seja um ato transitório, mas uma disposição constante da alma. Só poderá vir a sê-lo se for ser renovado com frequência.

A oferta de si deve remontar, sem cessar, da alma como a expressão mais perfeita do amor e como uma contínua provocação à misericórdia divina. Por ela, a alma respira e aspira o amor, purifica-se e se une ao seu Deus. A cada instante a alma encolhe este dom completo através de retomadas e afirmações de sua vontade própria. Como reparar isso, senão entregando-se de novo por uma oferta que quer ser completa e se torna cada vez mais humilde e mais desconfiada de si própria?

[334] Os acontecimentos, as luzes interiores abrem com frequência novos horizontes a este dom de si que encontra neles formas de realizações práticas. Então, este dom deve ser renovado com frequência – e mesmo constantemente – para se adaptar às novas exigências.

Renovando-o assim, a alma cria nela aquilo que poderíamos chamar uma disposição psicológica do dom de si, disposição que age como um reflexo. Sobrevenha um acontecimento qualquer que atinja esta alma, quer de um modo doloroso, quer pelo contrário de um modo alegre, e imediatamente ela renova este dom sob a ação deste reflexo aparentemente inconsciente e, no entanto, voluntário. Às vezes, as potências da alma dolorosamente afetadas protestarão, talvez, contra esta oferta. A alma tem a impressão de que as potências mais ruidosas não a querem. Que importa! O dom foi feito; ele é mantido pela vontade. A alma professou seu amor e o dom atinge a Deus. Pelo vínculo estabelecido, a graça vai descer, eficaz – com certeza – e progressivamente tranquilizadora. Sem esta disposição criada pelo hábito teria sido necessário, talvez, esperar o apaziguamento para fazer o dom que aceita e vai além dos quereres divinos.

Um olhar sobre a Virgem Maria no dia da Anunciação nos ajudará a descobrir com mais eficácia todas estas verdades tão difíceis de exprimir – porque sobrenaturais, sutis e profundas –, do que as análises orientadas da melhor forma.

A Virgem Maria, porque plena de graça pelo Espírito Santo e perdida na luz simples de Deus, tinha todas as suas energias pacificamente voltadas para a realização da vontade divina. Eis que o Arcanjo Gabriel aparece e a saúda. A Virgem fica, por um instante, perturbada por esta presença e este louvor. Mas o seu apurado sentido espiritual reconheceu prontamente a qualidade sobrenatural de seu mensageiro. Escuta, agora, a mensagem:

> Eis que conceberás no teu seio e darás à luz um filho, e tu o chamarás com o nome de Jesus. Ele será grande, será chamado Filho do Altíssimo, e o Senhor Deus lhe dará o trono de Davi, seu pai; ele reinará na casa de Jacó para sempre, e o seu reinado não terá fim.[20]

Maria compreendeu: aquilo que o Anjo lhe propõe é ser mãe justamente do Messias. Ela não tinha pensado nisso, pois desconhecia-se a si mesma. A simplicidade de sua graça velava-lhe a sua imensidão. Não conhecia mais que Deus [335] e sua vontade. Ante estas perspectivas que se abrem de repente à sua frente, faz apenas uma pergunta, pois está preocupada com a sua virgindade: "Como é que vai ser isso, se eu não conheço homem algum?".[21] Tranquilizada pelo Anjo que lhe responde: "O Espírito Santo virá sobre ti e o poder do Altíssimo vai te cobrir com a sua sombra",[22] a Virgem Maria, sem hesitação, sem pedir alguns dias para refletir e consultar ou mesmo alguns instantes para se preparar, dá para si mesma e para toda a humanida-

---

[20] Lc 1,31-33.
[21] *Ibid.*, 1,34.
[22] *Ibid.*, 1,35.

de o seu consentimento ao mais sublime e mais terrível dos contratos: à união, no seu seio, da humanidade à divindade, ao Calvário e ao mistério da Igreja. E o Verbo se fez carne graças ao *Fiat* da Virgem, que uma disposição de oferta completa e indeterminada tinha, desde há muito, preparado em sua alma cordata e dócil.

Também nas nossas almas o dom de si provoca as divinas influências e nos prepara para o mesmo *Fiat* fecundo:

Ó irmãs minhas, que força tem esse dom! Se tivermos a determinação que devemos ter, no mínimo faremos o Todo-Poderoso formar unidade com a nossa baixeza e transformar-nos em si mesmo, fazendo uma união do Criador com a criatura.[23]

---

[23] CP 32,11.

QUARTO CAPÍTULO

A humildade

> *Diante da Sabedoria infinita, acreditem-me que vale mais um pouco de estudo da humildade e um ato desta virtude do que toda a ciência do mundo.*[1]

[336] Desde as primeiras Moradas, Santa Teresa nos falou da necessidade do conhecimento de si mesmo para avançar na vida espiritual. Recolhemos sua doutrina num dos primeiros capítulos deste estudo.[2] Mas este conhecimento, ainda que preciso, daquilo que somos diante de Deus e das nossas más tendências, não basta. Ele deve comunicar-se à nossa vida e à nossa alma, criar aí uma disposição e até mesmo uma atitude, um comportamento da alma em toda a sua vida espiritual. É apenas ao transformar-se em humildade que o conhecimento de si adquire toda sua eficácia.

Santa Teresa não se cansa de proclamar a necessidade da virtude da humildade. Ao descobri-la numa alma, fica tranquila quaisquer que sejam as formas de oração que a acompanham. Não a encontrando, ainda que existissem os mais esplêndidos dons naturais e sobrenaturais, fica inquieta, pois – diz ela – "não há veneno no mundo que mate com tanta eficiência quanto [os pontos de honra] matam a perfeição".[3]

Mas, nesta etapa da vida espiritual, a humildade é particularmente necessária. Dado que as almas das terceiras Moradas têm falta dela, não avançam muito:

---

[1] V 15,8.

[2] Cf. I Parte – Perspectivas, Cap. 3: "Conhecimento de si mesmo", p. 74.

[3] CP 12,7.

Quando falo em caminhar, refiro-me a fazê-lo com grande humildade. Se bem o entendestes, sabeis que aqui está o problema das que não conseguem avançar.[4]

[337] No limiar das quartas Moradas, escreve ainda:

[Depois de termos agido] como os que ocupam as moradas anteriores, humildade, humildade! Por ela, o Senhor se deixa render a tudo quanto dele queremos.[5]

Esta insistência da Santa nos mostra que não podemos ir adiante sem aprofundar sua doutrina sobre a humildade. Depois de nos termos convencido de sua necessidade, iremos ver seus graus, assim como as formas de orgulho às quais ela se opõe e diremos uma palavra a respeito dos meios para adquiri-la.

A – *NECESSIDADE DA HUMILDADE*

A alma nestas regiões deve se dispor às influências da Sabedoria de amor. Se o dom de si provoca esta Sabedoria, a humildade a atrai irresistivelmente. É o que nos manifesta, de uma maneira luminosa, a conduta de Nosso Senhor no Evangelho.

Seguindo Jesus em sua vida pública, não podemos deixar de notar a sábia discrição que ele observa na manifestação da qualidade da sua missão e da sua doutrina. Com efeito, usa habitualmente parábolas cujo simbolismo – sem dúvida, mais claro para os orientais do que para nós – deixa, no entanto, lugar a tais obscuridades que os Apóstolos pediam, geralmente, em particular, uma explicação detalhada.

Um dia em que se dirigia com seus Apóstolos à Cesareia de Filipe, Jesus lhes faz a pergunta: "Quem dizem os homens ser o Filho do Homem?". Responderam-lhe: "Uns afirmam que é João Batista, outros que é Elias, outros, ain-

---

[4] 3 M 2,8.
[5] 4 M 2,9.

da, que é Jeremias ou um dos profetas. – E vós, quem dizeis que eu sou?". Simão Pedro lhe respondeu: "Tu és o Cristo, o Filho do Deus vivo". Jesus lhe respondeu: "Bem-aventurado és tu, Simão, filho de Jonas, porque não foi carne ou sangue quem te revelaram isso, e sim o meu Pai que está nos céus...". Depois, ordenou aos discípulos que a ninguém dissessem que ele era o Cristo.[6] Esta cena nos mostra que Jesus não tinha revelado sua qualidade de Messias aos seus Apóstolos, e que, mesmo neste segundo ano de sua pregação, não queria que ela fosse publicamente desvendada.

Aliás, a multidão procura penetrar no mistério que envolve as origens de Jesus e sua missão. São João **[338]** nos faz ouvir um eco das discussões apaixonadas que se levantam a esse respeito por ocasião da festa dos Tabernáculos, no último ano da vida pública do Salvador. Entre outras: "Alguns entre a multidão, ouvindo essas palavras, diziam: 'Esse é, verdadeiramente, o Profeta!'. Diziam outros: 'É esse o Cristo!'. Mas alguns diziam: 'Porventura pode o Cristo vir da Galileia? A Escritura não diz que o Cristo será da descendência de Davi e virá de Belém, a cidade de onde era Davi?'. Produziu-se uma cisão entre o povo por sua causa".[7] Jesus não desfaz o equívoco.

No decorrer do último encontro íntimo, depois da Ceia, os apóstolos constatam finalmente com alegria:

> Eis que agora falas claramente, sem figuras! Agora vemos que sabes tudo e não tens necessidade de que alguém te interrogue. Por isso, cremos que saíste de Deus.[8]

Enquanto Jesus deixa na obscuridade ou, pelo menos, na penumbra, mesmo para os seus, as verdades mais importantes acerca de sua pessoa, eis que, desde o primeiro ano da sua pregação, desvenda seus segredos a certas almas

---

[6] Cf. Mt 16,13-20; Mc 8,27-30.

[7] Jo 7,40-43.

[8] *Ibid.*, 16,29-30.

que parecem arrancá-los de si. Trata-se de Nicodemos e da Samaritana. Analisemos estes dois episódios narrados por São João nos primeiros capítulos do seu Evangelho.[9]

Nicodemos é um doutor da Lei, membro do Sinédrio; faz parte da aristocracia religiosa e social de Jerusalém. Como muitos de seus colegas escutou e acolheu Jesus com benevolência, quando de sua primeira viagem a Jerusalém. Deve, no entanto, ter ficado especialmente perturbado e emocionado, pois toma a decisão, ele, um doutor da Lei, de ir procurar e interrogar Jesus, um homem sem estudos. Irá durante a noite. O passo é tímido, mas não sem mérito se considerarmos a qualidade de Nicodemos.

Inicia-se o diálogo: "Rabi, sabemos que vens da parte de Deus como um Mestre, pois ninguém pode fazer os sinais que fazes, se Deus não estiver com ele". Jesus lhe respondeu: "Em verdade, em verdade, te digo: quem não nascer do alto não pode ver o Reino de Deus". Jesus parece antecipar as perguntas de Nicodemos. Este não compreende: "Como pode um homem nascer, sendo já velho? Poderá entrar **[339]** uma segunda vez no seio de sua mãe e nascer?". Respondeu-lhe Jesus:

"Em verdade, em verdade, te digo: quem não nascer da água e do Espírito não pode entrar no Reino de Deus. O que nasceu da carne é carne, o que nasceu do Espírito é espírito. Não te admires de eu te haver dito: deveis nascer do alto. O vento sopra onde quer e ouves o seu ruído, mas não sabes de onde vem nem para onde vai. Assim acontece com todo aquele que nasceu do Espírito".[10]

A linguagem é elevada, digna de tal interlocutor. Nicodemos entende cada vez menos.

"Como isso pode acontecer?". Respondeu-lhe Jesus: "És Mestre em Israel e ignoras essas coisas?".[11]

---

[9] Cf. *Ibid.*, 3,1-21; 4,1-30.
[10] Jo 3,4-8.
[11] *Ibid.*, 3,9-10.

O golpe é direto, quase duro, dado por um homem sem estudos a um doutor da Lei. Nicodemos o aceita sem protestar. Escuta agora e compreende. A humilhação abriu a sua inteligência e, por esta ferida benfazeja, Jesus despeja copiosamente a sua luz:

> Ninguém subiu ao céu, a não ser aquele que desceu do céu, o Filho do Homem. Como Moisés levantou a serpente no deserto, assim é necessário que seja levantado o Filho do Homem, a fim de que todo aquele que crer tenha nele a vida eterna. Pois Deus amou tanto o mundo, que entregou o seu Filho único, para que todo o que nele crê não pereça.[12]

O mistério da Encarnação e o mistério da Redenção são revelados a Nicodemos nestes primeiros meses da pregação de Jesus, quando todos os outros os ignoram. Nicodemos compreendeu. Vai lembrar-se e, no dia em que se der o drama do Calvário, enquanto os Apóstolos terão fugido diante do mistério da Cruz, sairá corajosamente da sombra e, levando "cerca de cem libras de uma mistura mirra e aloés", se juntará a José de Arimateia para prestar as últimas homenagens ao divino Crucificado.

Alguns dias depois, Jesus deixa Jerusalém. Para voltar à Galileia, toma o caminho direto da Samaria. Após longas horas de caminhada, ei-lo, por volta do meio-dia junto ao poço de Jacó, perto de Sicar.[13] Enquanto os discípulos partiram para a cidade vizinha a fim de procurar alimentos, uma mulher da Samaria aproxima-se para tirar água. Jesus pede-lhe de beber. A Samaritana se admira. Intuiu neste [340] estrangeiro um judeu. Como ousa, pois, ele, um judeu, pedir tal favor a uma samaritana; ele, homem, dirigir-se assim a uma mulher? Não conhece, então, o ódio implacável que divide judeus e samaritanos? Não deve julgar-se feliz por o deixarem em paz? Altiva e quase rancorosa, responde:

---

[12] *Ibid.*, 3,13-16.
[13] Cf. *Ibid.*, 4,1-39.

"Como, sendo judeu, tu me pedes de beber, a mim que sou samaritana?". Jesus não se deixa impressionar por este tom e esta atitude: "Se conhecesses o dom de Deus e quem é que te diz: 'Dá-me de beber', tu é que lhe pedirias e ele te daria água viva!". Agora, a mulher ironiza, talvez, um pouco embaraçada: "De onde, pois, tiras essa água viva? És, porventura, maior que o nosso pai Jacó, que nos deu este poço?". Jesus insiste e esclarece: "Aquele que bebe desta água terá sede novamente; mas quem beber da água que eu lhe darei, nunca mais terá sede". Esta descrição fez nascer um desejo que se exprime respeitosamente: "Senhor, dá-me dessa água, para que eu não tenha mais sede!".

A Samaritana ainda não compreendeu. Aliás, ela ainda não está pronta para receber o dom maravilhoso que o Mestre lhe propõe. A conversa prossegue: "Vai, chama teu marido e volta aqui". A mulher respondeu: "Não tenho marido". Jesus lhe disse: "Falaste bem: 'Não tenho marido', pois tiveste cinco maridos e o que agora tens não é teu marido; nisso falaste a verdade".

Sob o choque desta revelação humilhante, a mulher muda de atitude. Era altiva e quase injuriosa. Ei-la respeitosa, humilde e submissa. Pela ferida da humilhação aceita, a luz já entrou em sua alma: "Senhor – diz ela –, vejo que és um profeta".

Esta profunda ferida se abre para receber a luz. E Jesus vai doá-la com abundância. Diz que é dos judeus, e não da Samaria, que vem a salvação. Contudo, que esta mulher se console: "Mas vem a hora – e é agora – em que os verdadeiros adoradores adorarão o Pai em espírito e verdade". É o anúncio da Igreja. A Samaritana, verdadeiramente insaciável, insiste: "Sei que vem um Messias (que se chama Cristo). Quando ele vier, nos anunciará tudo". Disse-lhe Jesus: "Sou eu, que falo contigo".

Na sua alegria, que lhe faz esquecer o cântaro junto ao poço, esta mulher se dirige apressadamente para junto de seus compatriotas, a fim de lhes anunciar a boa-nova e "muitos samaritanos daquela cidade creram nele, por causa da palavra da mulher". As torrentes de água **[341]** viva que desceram à sua alma mediante a profunda ferida da humilhação, logo se transformaram, segundo a palavra do Mestre, numa "fonte de água jorrando para a vida eterna".

Aproximemos estes episódios evangélicos da conversão do Apóstolo São Paulo, narrada no capítulo nono dos Atos dos Apóstolos.[14] "Saulo, respirando ainda ameaças de morte contra os discípulos do Senhor, dirigiu-se ao sumo sacerdote. Foi pedir-lhe cartas para as sinagogas de Damasco, a fim de poder trazer para Jerusalém, presos, os que lá encontrasse pertencendo a esta doutrina, quer homens, quer mulheres". Obtém-nas. O jovem fariseu, feliz e orgulhoso da missão que lhe é confiada, parte para Damasco à frente de uma escolta. Que sonha ele? Ódio e ambição, sem dúvida nenhuma.

Mas ei-lo caído por terra em meio ao caminho. "Saulo, Saulo, por que me persegues?". Ele responde: "Quem és, Senhor?". – "Eu sou Jesus, a quem tu estás perseguindo. Mas levanta-te, entra na cidade, e te dirão o que deves fazer". Saulo levanta-se cego, as vestes sujas de pó. É assim, sustentado pelo braço de um dos seus companheiros, que ele entra na cidade. Durante três dias permanece, privado de luz, sem beber, nem comer. Impotência, solidão, humilhação: é o que Saulo encontra em Damasco, para onde viera, com a brilhante ostentação de uma missão, trazer o terror com as armas de um poder e de um ódio dos quais se orgulhava.

Ao fim de três dias, Ananias vem encontrá-lo em casa de Judas, onde se tinha refugiado e lhe impõe as mãos. "Logo caíram-lhe dos olhos umas como escamas, e recobrou a vista. Recebeu, então, o batismo e, tendo tomado alimento, sentiu-se reconfortado".

---

[14] Cf. At 9,1-19.

Foi assim, pela porta baixa da humilhação que Paulo, o grande Apóstolo, entrou no cristianismo e na luz do grande mistério do qual será o pregador e o ministro.

Estas passagens não têm apenas um valor episódico; põem-nos em presença de uma lei da difusão da luz e da misericórdia divinas, da qual Jesus dará um dia a fórmula, numa oração de gratidão. Foi no regresso da missão dos setenta e dois discípulos, enviados a pregar, e que tinham voltado alegres, dizendo: "Senhor, até os demônios se nos submetem em teu nome". Jesus estremece de alegria no Espírito Santo e diz: "Eu te louvo, ó Pai, Senhor do céu e da terra, porque ocultaste essas coisas aos sábios e **[342]** entendidos, e as revelaste aos pequeninos. Sim, ó Pai, porque assim foi do teu agrado".[15] Deus dá os seus tesouros aos humildes, ao passo que os oculta aos orgulhosos e aos soberbos.

É esta a lei que guia Jesus na sua ação. Não existe pecado do qual ele não tenha se achegado através de contatos que não eram perigosos para ele, mas que o seriam para outros. Detém-se na casa de Zaqueu, o publicano, em Jericó. Defende Maria, a pecadora, que derrama perfume sobre a sua cabeça, unge os seus pés e os enxuga com seus cabelos. Mas existe um contato que Jesus não aceita e contra o qual se levanta e se encoleriza: o orgulho dos fariseus, que ele amaldiçoa em apóstrofes indignadas.[16]

Jesus Cristo prossegue a sua ação na Igreja seguindo a mesma lei. É isso que proclamam todos os mestres de vida

---

[15] Lc 10,17.21.

[16] "Ai de vós, escribas e fariseus, hipócritas, porque bloqueais o Reino dos Céus diante dos homens! Pois vós mesmos não entrais, nem deixais entrar os que querem fazê-lo! ... Ai de vós, escribas e fariseus, hipócritas! Sois semelhantes a sepulcros caiados, que por fora parecem bonitos, mas por dentro estão cheios de ossos de mortos e de toda podridão. Assim também vós: por fora pareceis justos aos homens, mas por dentro estais cheios de hipocrisia e de iniquidade" (Mt 23,13.27-28).

espiritual e, mais especialmente, aqueles que experimentaram a ação transbordante de Deus. Santa Teresa afirma:

Não me recordo de ter recebido nenhuma graça especial das que falarei adiante num momento em que não estivesse desfeita por ver que era tão ruim.[17]

Santa Ângela de Foligno escreve:

Quanto mais a alma está angustiada, despojada e profundamente humilhada, mais ela conquista, com a pureza, a aptidão para as alturas. A elevação de que se torna capaz é medida pela profundeza do abismo onde tem suas raízes e seus fundamentos.[18]

A mesma nota ardente marca o testemunho de Ruysbroeck:

Quando o homem considera, no fundo de si mesmo, com os olhos abrasados de amor, a imensidão de Deus ... quando, em seguida, olhando para si mesmo, conta seus delitos contra o Senhor, imenso e fiel ... , não conhece desprezo suficientemente profundo para se satisfazer ... . Cai num assombro estranho, assombro por não poder desprezar-se assaz profundamente ... . Resigna-se, então, à vontade de Deus ... e, numa íntima abnegação, encontra a paz verdadeira, invencível e perfeita, aquela que nada perturbará, pois se precipitou num tal abismo que ninguém irá [343] lá buscá-lo ... . No entanto, parece-me que estar mergulhado na humildade é estar mergulhado em Deus, porque Deus é o fundo do abismo, acima de tudo e abaixo de tudo, supremo em altura e supremo em profundidade, e é por isso que a humildade, como a caridade, é capaz de crescer sempre ... . A humildade é tão preciosa que alcança as coisas por demais elevadas para serem ensinadas; atinge e possui aquilo que a palavra não atinge.[19]

Ruysbroeck, por outro lado, observa que a humildade não encontra necessariamente a sua origem no pecado:

---

[17] V 22,11.

[18] Santa ÂNGELA DE FOLIGNO. *Le livre des visions et des instructions de la bienheureuse Angèle de Foligno*, traduction Ernest Hello, Paris, Editons Perrin, 1902, chap. XIX, p. 65.

[19] RUYSBROECK L'ADMIRABLE, Jean. *Œuvres Choisies*[12]. Traduction Ernest Hello. Paris, Editions Perrin, 1933, livre III, "Les Vertus", L'Humilité, pp. 97-100.

Os nossos pecados ... tornaram-se para nós fontes de humildade e de amor. Mas importa não ignorar uma fonte de humildade muito mais perfeita do que esta. A Virgem Maria, concebida sem pecado, possui uma humildade mais sublime do que Madalena. Esta foi perdoada; aquela foi imaculada. Ora esta imunidade absoluta, mais sublime do que todo o perdão, fez subir da terra aos céus uma ação de graças mais perfeita que a conversão de Madalena.[20]

Santa Teresinha do Menino Jesus conta com esta atração da humildade e da pobreza para fazer descer a Misericórdia divina sobre sua alma. O amor da pobreza torna-se, então, a disposição fundamental do seu caminho de infância espiritual. Com efeito, numa carta à sua Irmã Maria, afirma:

Eu vos suplico: compreendei vossa filhinha, compreendei que para amar a Jesus, para ser sua *vítima de amor*, quanto mais se é fraco, sem desejos e virtudes, tanto mais se está apto às operações deste Amor consumidor e transformante... O simples *desejo* de ser vítima já é suficiente, mas é necessário consentir em permanecer pobre e sem força, e aqui está o ponto difícil, pois "Onde encontrar o verdadeiro pobre de espírito? É preciso procurá-lo bem longe", diz o salmista...[21]

À sua irmã Celina tinha escrito:

Quanto mais pobre fores, mais Jesus te amará.[22]

Eis aí o *caráter* de Jesus. Dá como Deus, mas quer a *humildade de coração*...[23]

Santa Teresinha traduzia assim a sua experiência. Sentia que era sua pequenez que tinha atraído as graças que Deus lhe concedera com tanta abundância. Um pequeno episódio no fim de sua vida devia mostrar-lhe isso com uma particular clareza. A Santa encontrava-se em sua cela, tomada pela febre, e eis que entra uma religiosa – que, para ela, representava a justiça – em companhia **[344]** da Madre

---

[20] *Ibid.*, livre V, "Contemplation", Innocence et repentir, p. 170.
[21] CT 197, 17 de novembro de 1896.
[22] *Ibid.*, 211, 24 de dezembro de 1896.
[23] *Ibid.*, 161, 26 de abril de 1894.

Inês – que lhe representava as doçuras da misericórdia – para pedir-lhe um trabalho de pintura difícil de executar. Santa Teresinha do Menino Jesus não pôde dominar um pequeno gesto de impaciência. As duas religiosas se desculpam e retiram-se, compreendendo seu cansaço. Este primeiro movimento involuntário provocado pela febre humilhou profundamente a Santa. À noite, escreve para Madre Inês uma carta onde diz:

... vossa filhinha, ainda há pouco, derramou doces lágrimas, lágrimas de arrependimento, mas muito mais de gratidão e amor... Ah! Esta tarde, mostrei a vós minha *virtude*, meus TESOUROS de *paciência!* Eu, que prego tão bem aos outros!!! Estou contente por terdes visto minha imperfeição. ... Mãezinha... compreendereis que esta tarde o vaso da misericórdia divina transbordou sobre mim... Ah! Desde já reconheço: sim, todas as minhas esperanças serão realizadas... Sim, o Senhor fará por nós maravilhas que ultrapassarão infinitamente nossos *imensos desejos*.[24]

A luz que jorrou desta humilhação rasgou o véu escuro que cobre o futuro e mostrou a Santa Teresinha do Menino Jesus o alcance de sua missão futura.

Esta atração irresistível da humildade permite estabelecer certa equivalência entre a humildade e o dom de Deus a uma alma, isto é, sua perfeição. "Conhecer o tudo de Deus e o nada do homem, eis a perfeição" – exclama Santa Ângela de Foligno.[25]

São João da Cruz afirma em toda a sua doutrina que o "nada", realização da pobreza, equivale à obtenção do "tudo" que é Deus.

Na sua linguagem ingênua, uma carmelita árabe, cuja alma permaneceu simples e cândida no meio de aconte-

---

[24] *Ibid.*, 230, 28 de maio de 1897.

[25] Santa ÂNGELA DE FOLIGNO. *Le Livre des visions et des instructions de la bienheureuse Angèle de Foligno*. Traduction Ernest Hello. Paris, Editons Perrin, 1902, chap. LVII, p. 219.

cimentos maravilhosos e das mais extraordinárias graças, Irmã Maria de Jesus Crucificado, dizia:

Sem humildade estamos cegos, nas trevas; enquanto que com a humildade a alma caminha tanto de noite como de dia. O orgulhoso é como o grão de trigo deitado na água: incha e cresce. Exponde este grão ao sol, ao fogo: seca, fica queimado. O humilde é como o grão de trigo lançado à terra: desce, esconde-se, desaparece, morre, mas é para reverdecer no céu.

Imitai as abelhas – dizia ela ainda – colhei em toda a parte o suco da humildade. O mel é doce; a humildade tem o gosto de Deus; ela faz saborear Deus.[26]

A humildade tem o gosto de Deus! Deus desce em toda a parte onde ela se encontra, e em toda a parte onde Deus se encontra nesta terra, ele se **[345]** reveste dela como com um manto que esconde a sua presença aos orgulhosos e a revela aos simples e aos pequenos. Jesus, aparecendo neste mundo, vem como uma criança envolta em faixas. Eis o sinal dado aos pastores para o reconhecerem: "Isto vos servirá de sinal: encontrareis um recém-nascido envolto em faixas deitado numa manjedoura".[27] Este sinal da humildade caracteriza sempre o divino na terra.

Parece-nos que qualquer comentário enfraqueceria a luz que jorra destes modos de agir de Jesus e a força saborosa destes testemunhos sobre a necessidade da humildade. Assim, quase não há necessidade de concluir. O espiritual, chegado a estas regiões onde suas virtudes não podem realizar seus atos perfeitos, onde a sua alma só pode progredir graças à ação direta da Sabedoria de amor que habita nela, não poderá, evidentemente, obter esta intervenção divina senão por meio da humildade. Ele se oferecerá às iluminações divinas por meio das humilhações – diz Pascal. Será

---

[26] Padre BUSY, Denis. *Vie de Sœur Marie de Jésus Crucifié*. Paris, Librairie Saint Paul, 1925.

[27] Lc 2,12.

tomado e impulsionado por Deus somente se for humilde, e a ação divina será, habitualmente, proporcionada à sua humildade. *Sapientiam praestans parvulis*: Deus dá sua sabedoria aos pequenos. A humildade se tornará o seu ganha-pão espiritual. Tal é a lei a que toda a alma está submetida. Progredirá apenas submetendo-se a ela. "A altura e a profundidade geram-se uma à outra"[28] – declara Santa Ângela de Foligno. E Santa Teresa:

... diante da Sabedoria infinita, acreditem-me que vale mais um pouco de estudo da humildade e um ato desta virtude do que toda a ciência do mundo.[29]

Deus não pode prescindir da humildade. Ama-a tanto que a seus olhos ela pode suprir tudo o mais, pois atrai efetivamente todos os dons de Deus.

B – *GRAUS E FORMAS DA HUMILDADE*

O progresso na humildade e o desenvolvimento da graça estão tão intimamente unidos que São Bento, na sua *Escada de Perfeição*, distingue doze graus de humildade, correspondendo a doze graus da vida espiritual. Por mais cativante e justificada que seja esta distinção não a adotaremos, pois nos parece que no plano prático da vida moral é muito difícil distinguir estes doze graus e a passagem de um para outro.

[346] Parece-nos preferível distinguir de uma maneira mais geral os graus de humildade a partir da luz que a ilumina, e as suas diferentes formas a partir das formas de orgulho às quais se opõe.

---

[28] Santa ÂNGELA DE FOLIGNO. *Le livre des visions et des instructions de la bienheureuse Angèle de Foligno.* Traduction Ernest Hello. Paris, Editons Perrin, 1902, chap. LXII, p. 271.

[29] V 15,8.

I – *Graus da humildade*

Ao explicar por que a virtude da humildade exerce uma atração tão singular em Deus, Santa Teresa nos dá uma definição luminosa:

> Certa vez, pensando eu por que Nosso Senhor aprecia tanto a virtude da humildade, deparei logo (a meu ver, sem que eu o considerasse, de modo repentino) com o seguinte: é porque Deus é a suma Verdade e a humildade é andar na verdade. E é grandíssima verdade que de nós mesmos não temos nada de bom, mas só a miséria e o ser nada. E quem não entende isso anda na mentira. Quem mais o compreender mais agradará à suma Verdade, porque anda nela.[30]

Atitude de verdade perante Deus, a humildade estará, pois, em estreita dependência da luz que a ilumina. É o que o venerável João de São Sansão[31] acentua ao distinguir, como São Bernardo, no *Verdadeiro Espírito do Carmelo*, duas espécies de humildade: uma, a qual chama de clara e racional; outra, de fervorosa.[32]

A humildade *clara e racional* é aquela que esclarece a luz da razão e que se fundamenta num trabalho de exame de si mesmo e de meditação sobre as verdades sobrenaturais e os exemplos de Nosso Senhor. A alma, ao ver sua impotência na ação, seus erros, o pecado que existe nela, ou

---

[30] 6 M 10,7.

[31] João de São Sansão (1571-1636), Irmão converso no Carmelo de Dol e de Rennes, músico e cego, era "a mais clara luz da Reforma de Touraine" e "místico dos mais altos voos" – diz Henri Brémond (*Histoire littéraire du sentiment religieux en France*; "L'invasion mystique". Paris, Bloud et Gay, 1921-1930, tome II, pp. 376, 382, 384, 388).

[32] Cf. *Le Vrai Esprit du Carmel*, chap. IX, § 3 (*Le Vray Esprit du Carmel, reduit en forme d'exercice pour les Ames qui tendent à la Perfection Chrestienne & Religieuse. Par le Ven. F. Jean de S. Samson Religieux Carme de la Reforme Ø Observance de Rennes, en la Province de Touraine, Avec un recueil de ses Lettres Spirituelles,* Rennes, Imprimeur Jean Durand, M.DC.LV. [édition numérisée, p. 86-87]. João de São Sansão cita o *Sermo 4 de Adventu*, § 4 e o *Sermo 42 super Cantica*, § 6, 7, 8 de São Bernardo.

ainda, os aniquilamentos e as humilhações de Jesus Cristo, compreende a necessidade de se humilhar para realizar a verdade que a sua inteligência lhe descobre e para imitar o modelo divino.

A humildade *fervorosa*, "mais infusa do que adquirida" – diz João de São Sansão – é produzida na alma por um raio da luz divina que, mostrando a transcendência de Deus, esclarecendo a pobreza da alma ou um mistério de Cristo, coloca a alma no seu lugar na perspectiva do Infinito ou na luz de Cristo:

[347] Aqui – afirma João de São Sansão – a razão cede e o homem, arrebatado pelo silêncio eterno e tendo ultrapassado completamente sua inteligência, sua razão e sua própria pessoa, cai e desfalece em sua compreensão. Neste abismo, vê como o poder humano é curto e limitado para a compreensão desta infinita imensidade.[33]

A respeito da humildade racional comparada à humildade fervorosa, João de São Sansão, que cultiva a hipérbole e o superlativo para suprir a pobreza da linguagem simbólica geralmente utilizada pelos místicos e cujo emprego lhe está limitado pela sua cegueira, dirá: "Fingimento e mentira".[34]

Pelo testemunho de todos os espirituais, a distância entre a humildade fervorosa e a humildade racional é realmente imensa. A luz que a primeira produz, dado que vem diretamente de Deus mediante os dons do Espírito Santo, é incomparavelmente mais intensa do que a luz da segunda, que provém da inteligência.

Eis o testemunho de Santa Teresa:

Quando o espírito de Deus age, nada é preciso fazer para ter humildade e confusão, porque o próprio Senhor já as dá, e de um modo bem distinto do que nós o fazemos com as nossas ínfimas considerações, que nada são diante da verdadeira humildade iluminada que o

---

[33] *Ibid.*

[34] *Ibid.*, § 4

A humildade

Senhor ensina, trazendo tal confusão que a alma parece desfazer-se. ... e quanto maiores as graças, maior o entendimento.[35]

Esta luz intensa põe não só em relevo os defeitos exteriores, mas ilumina as profundezas e, de alguma maneira, o próprio ser da alma que descobre, assim, sua pequenez e sua pobreza absolutas diante do Infinito:

Ela vê com muita clareza que é muito indigna, porque em quarto onde entra a luz do sol não há teia de aranha escondida; a alma vê a sua miséria. A vaidade está tão longe dela que ela tem a impressão de que não pode tê-la, porque com os seus olhos pouco ou nada pode ver ... .

... Sua vida passada lhe é apresentada depois, assim como a grande misericórdia de Deus, com grande verdade e sem que seja necessário recorrer ao entendimento, porque a alma acha cozido ali o que vai comer e entender.[36]

"Eu sou aquele que é" – dizia Deus a Moisés.[37] E a Santa Catarina de Sena dizia também Nosso Senhor: **[348]** "Sabes, minha filha, quem tu és e quem eu sou? Tu és aquela que não é; eu sou Aquele que sou".[38]

Em toda a humildade fervorosa está o ser de Deus, com sua majestade e seu poder, que, de uma maneira mais ou menos consciente para a alma, se ergue diante dela na obscuridade e lhe mostra aquilo que é.

Assim, esta luz, tal como o Verbo de Deus, produz aquilo que exprime. Na verdade, enquanto na humildade racional a convicção criada no espírito tem necessidade de um ato da vontade para se exprimir na atitude e na vida, a luz da humildade fervorosa não só é ofuscante, mas eficaz: cria um sentimento profundo que invade todo o ser, uma expe-

---

[35] V 15,14.

[36] *Ibid.*, 19,2.

[37] Ex 3,14.

[38] Cf. Frei RAIMUNDO DE CÁPUA. *La vie de Catherine de Sienne.* Traduction Etienne Hugueny. Paris, Lethielleux, 1904, I, X.

riência vivida da pequenez e da miséria que coloca a alma na atitude de verdade.

Tanto ou ainda mais do que a intensidade da luz, esta experiência e esta realização constituem o valor da humildade fervorosa. Muitas vezes dolorosa e ao mesmo tempo pacífica, esta experiência, em Santa Teresinha do Menino Jesus, parece-nos alegre:

> Oh, Jesus! Quão ditoso é o teu *passarinho* por ser *fraco e pequeno*. O que seria dele se fosse grande?... Jamais teria a audácia de aparecer em tua presença, de *dormitar* diante de ti... Sim, eis ainda, uma fraqueza do passarinho. Quando quer fixar o Sol Divino e as nuvens o impedem de ver um único raio, seus olhinhos se fecham sem querer, sua cabecinha se esconde sob a asinha e o pobrezinho adormece, pensando fixar sempre seu Astro querido. Ao despertar, não se desola; seu coraçãozinho fica em paz.[39]

> ... agora resigno-me a me ver sempre imperfeita e, nisso, encontro minha alegria...[40]

> Também eu tenho muitas fraquezas. Mas alegro-me com isso. ... É tão doce sentir-se fraca e pequena![41]

Não nos cansamos de escutar tais expressões. Haverá algum outro santo em quem possamos admirar um triunfo tão tranquilo e tão alegre da humildade fervorosa? Ademais, segundo o testemunho da própria Santa Teresinha do Menino Jesus, esta humildade fervorosa foi a grande graça da sua vida:

> Prefiro simplesmente confessar que o Todo-poderoso fez grandes coisas na alma da filha de sua divina Mãe, e a maior delas é a de lhe ter mostrado sua *pequenez,* sua impotência.[42]

[349] E esta humildade fervorosa esteve no princípio de todas as suas grandezas:

---

[39] Ms B, 5 r°.
[40] Ms A, 74 r°.
[41] UC 5.7.1.
[42] Ms C, 4 r°.

Pensava que nascera para a *glória* e, procurando o meio de consegui-la, Deus inspirou-me os sentimentos que acabo de escrever. Fez-me compreender ainda que minha *glória* não apareceria aos olhos mortais, que consistiria em me tornar uma grande *Santa!!!*... Este desejo poderia parecer temerário, considerando quanto era fraca e imperfeita e como ainda o sou após sete anos passados em religião. Contudo, tenho sempre a mesma audaciosa confiança de me tornar uma grande Santa, pois não conto com os meus méritos, não tendo *nenhum,* mas espero naquele que é a própria Virtude, a própria Santidade. É ele somente que, contentando-se com meus fracos esforços, haverá de me elevar até si e, cobrindo-me com seus méritos infinitos, fará de mim uma *Santa*.[43]

Esta humildade fervorosa está também na base de toda a sua doutrina da infância espiritual, porque

quanto mais se é fraco, sem desejos e virtudes, tanto mais se está apto às operações deste Amor consumidor e transformante...[44]

É esta humildade fervorosa, fruto da ação do Espírito Santo, que atrai suas novas efusões. É ela que faz a alma entrar nas quartas Moradas e, aí, a faz avançar em direção aos vértices da vida espiritual.

II – *Formas da humildade*

Tendo feito a distinção entre humildade racional e humildade fervorosa segundo a natureza da luz que as produz, parece-nos difícil levar avante a distinção para cada uma delas procurando apreciar a intensidade da luz que a produz e a perfeição da atitude interior que cria, pois uma e outra escapam a uma análise precisa.

Uma discriminação mais clara e mais prática, parece-nos ser aquela que distingue os diversos bens que servem de alimento ao orgulho e, como consequência, as

---

[43] Ms A, 32 rº.
[44] CT 197, 17 de novembro de 1896.

diversas formas de orgulho que a humildade deve combater sucessivamente. Podemos considerar, sob este aspecto, a humildade lutando com o orgulho que se apoia em bens exteriores, com o orgulho da vontade, com o orgulho da inteligência e o orgulho espiritual. Para combater estas formas de orgulho, cada vez mais sutis e sempre mais perigosas – pois se alimentam de bens [350] cada vez mais preciosos – a própria humildade deve refinar-se e aprofundar-se. Então, estabelece-se, assim, uma progressão lógica da humildade, tanto para a humildade racional como para a humildade fervorosa.

a) *Orgulho dos bens exteriores*

Estes bens exteriores são todos aqueles que asseguram honra e consideração, por conseguinte, vantagens e qualidades exteriores: a beleza, a fortuna, o nome, a classe, as honras. Estes bens constituem uma simples fachada, brilhante talvez, que, encobre – temos consciência disso – muito mal a nossa pobreza interior. No entanto, gostamos de apoiar neles o sentimento da nossa própria excelência e as exigências de honras e de louvores. O mundo não se deixa enganar a esse respeito e, depois de ter satisfeito as exigências das convenções, reserva-se fazer, interiormente, o severo juízo da justiça.

Este orgulho, o mais tolo, mas também o menos perigoso porque o mais exterior, é geralmente o primeiro a ceder diante da luz da humildade:

Ela (a alma) fica aflita ao lembrar-se da época em que se preocupava com a honra e em que se enganava ao crer que era honra o que o mundo assim diz; ela percebe a grande mentira que isso é e vê que todos nos enganamos; ela percebe que a verdadeira honra não é mentirosa, mas plena de verdade; essa honra valoriza o que de fato tem valor e não leva em conta o que nada vale, porque é nada, e menos que nada, tudo o que se acaba e não contenta a Deus.

A humildade

Ela ri de si mesma, do tempo em que levava em conta o dinheiro e a sua cobiça.[45]

Santa Teresa assinala, sobretudo, o ponto de honra, porque é castelhana e filha de fidalgos do século XVI, no país de El Cid.[46]

[351] O ponto de honra preservou-a de certos perigos quando era jovem, porque não teria querido fazer nada contra a honra. Mas este sentimento de honra, tão profundamente enraizado nela, só será purificado com o correr do tempo. Estava ligada por um sentimento de gratidão para com as pessoas que via naquelas conversas de locutório às quais recusava ao Padre Baltazar [Alvarez] sacrificar e que somente a palavra divina escutada em seu primeiro arroubamento pôde fazê-la renunciar. Mas, não havia aí também aquela satisfação que ela encontrava na companhia da melhor sociedade de Ávila, nos colóquios que, com tanta desenvoltura, tornava brilhantes e espirituais, ao mesmo tempo em que sobrenaturais?

O exemplo de Santa Teresa nos mostra que o apego desordenado a estes bens exteriores, quando são bens de

---

[45] V 20,26-27.

[46] Sobre o ponto de honra, Santa Teresa escreve: "Vejo algumas pessoas santas em suas obras, que são tão grandes que deixam as pessoas abismadas. Valha-me Deus! Por que ainda se encontra na terra tal alma? Como não está ela no auge da perfeição? Que é isto? Quem detém a quem tanto faz por Deus? Oh, ela está presa a um ponto de honra...! E o pior é que não quer entender que o está e, às vezes, o demônio a convence de ser obrigada a conservar esse apego.

Acreditem em mim, creiam pelo amor do Senhor nessa formiguinha que ele quer que fale! Se não for tirado, esse defeito será como uma lagarta; talvez não estrague a árvore inteira, restando algumas virtudes, se bem que todas carcomidas. A árvore não é frondosa, não medra nem deixa medrar as que estão perto de si, porque a fruta que dá de bom exemplo nada tem de sã e pouco vai durar. Eu digo muitas vezes que, por menor que seja, o ponto de honra é como o canto acompanhado por um órgão que toca um trecho ou compasso errado, desafinando toda a música. Trata-se de coisa que em toda parte muito prejudica a alma, mas que, neste caminho de oração, gera pestilência" (V 31,20-21).

família ou de raça, pode ser tão tenaz que não cede senão às purificações das sextas Moradas. Aquilo que a Santa nos diz a respeito das almas encerradas nas terceiras Moradas porque por demais racionalmente apegadas aos bens da terra ou preocupadas com a sua honra, revela-nos as graves consequências de tal desregramento.

Por isso, a Santa perseguirá com severidade qualquer susceptibilidade orgulhosa:

> Direis que se trata de coisinhas naturais que não devem ser levadas em conta. Não vos deixeis enganar, pois isso cresce como espuma, e não há nada pequeno em perigo tão grande quanto as questões de honra e as susceptibilidades, que nos levam a sentir as ofensas.[47]

Virá um dia, enfim, em que tais almas verão perfeitamente que "maior proveito teriam se renunciassem à honra um único dia do que defendendo-a durante dez anos".[48] Estas almas assim esclarecidas já atingiram regiões elevadas da vida espiritual e descobriram no seu caminho outras formas de orgulho.

b) *Orgulho da vontade*

Este orgulho que reside na vontade nutre-se dos bens que a vontade encontra em si mesma, de sua [352] independência, de seu poder de mandar e de sua força, da qual tomou consciência. Exprime-se por uma recusa a se submeter à autoridade estabelecida, uma confiança em si exagerada e por uma ambição dominadora. É tal orgulho que pronuncia o *Non serviam* e que desorganiza toda a sociedade, tanto a família como a sociedade civil, destruindo a subordinação que é o princípio da ordem e da colaboração.

Ele recusa ou torna difícil a submissão com relação a Deus. Ou ainda, acreditando no poder e na eficácia de seus

---

[47] CP 12,8.
[48] V 21,9.

esforços, mesmo no campo sobrenatural, não compreende a palavra de Jesus: "Sem mim, nada podeis fazer"[49] ou a de São Paulo: "É Deus quem opera o querer e o operar".[50] Assim, o orgulho da vontade, ao recusar-se a toda a submissão, opõe-se ao Reino de Deus e ao senhorio da graça.

Só Jesus Cristo, que veio para servir e não para ser servido, que se fez obediente até a morte e morte de Cruz, pode ensinar pelo seu exemplo a nobreza e o valor da submissão. Mas, quando é preciso condividir as humilhações de Cristo, elas permanecem uma loucura para os cristãos enquanto a luz de Deus não tiver descido sobre as suas almas.

As primeiras orações contemplativas, ao revelarem à alma de forma obscura uma presença transcendente nos suaves caudais da quietude ou na impotência da aridez, golpeiam o orgulho, agrilhoando a vontade. As graças de união das quintas Moradas, que submergem as faculdades na obscuridade do divino de onde regressam com a certeza de um contato com Deus, quebram-nas, e a vontade, doravante, estará dócil a todas as vontades de Deus. Um longo e duro trabalho de ascese poderá suprir esta graça mística e merecer o senhorio divino que realizará a união de vontade.

c) *Orgulho de inteligência*

O orgulho da vontade apoia-se, habitualmente, no orgulho da inteligência. O *Non serviam* dos anjos rebeldes provinha de uma complacência orgulhosa para com a sua própria luz. Fascinados pelo seu próprio estado, estes espíritos não tiveram um olhar para a luz eterna de Deus e, fixados nesta atitude pela simplicidade de sua natureza, renunciaram ao face a face divino e se condenaram à pri-

---

[49] Jo 15,5.
[50] Fl 2,13.

vação eterna de Deus. O pecado angélico *é* o pecado do orgulho do espírito.

[353] Este pecado encontra nas deficiências da natureza humana, submetida às paixões e à instabilidade, uma desculpa e uma possibilidade de perdão e de arrependimento. Permanece, contudo, um pecado entre os mais graves e mais pesados de consequências, pois procede da mais elevada faculdade humana e a subtrai à luz divina cuja transcendência exige a submissão.

Levantando a inteligência contra o objeto da fé, o livre exame protestante exaltou o orgulho da inteligência. Proclamando os direitos absolutos da razão, a Revolução francesa fez disso um pecado social. As descobertas da ciência, parecendo justificar as pretensões da razão a uma suprema dominação sobre todas as realidades da terra para delas excluir Deus definitivamente, fizeram disso um pecado quase que sem remissão para a massa dos espíritos de nosso tempo.

Este pecado social, cujos derradeiros frutos são o agnosticismo filosófico, o liberalismo político e o laicismo escolar que saturam a atmosfera, penetrou nos ambientes mais preservados e revela-se aí pelo hábito de chamar tudo ao tribunal do próprio julgamento e pela dificuldade de se submeter ao simples testemunho da autoridade. A fé torna-se, assim, mais exigente de luzes evidentes e, menos submissa, ela caminha no escuro com mais lentidão rumo ao seu objeto divino. É este orgulho, causa da apostasia das massas, que recusa a tantas almas, sedentas de luz e de vida, o acesso às fontes que poderiam saciar a sua sede ardente. É também ele que detém tantas inteligências distinguidas, embora crentes, diante das obscuridades divinas onde não se penetra senão pelo olhar simples da contemplação.

O orgulho da inteligência encontra, no entanto, um remédio no contato com a verdade e seus mistérios, nas relações com os sábios e com os grandes espíritos. O estudo da verdade revelada e os atos de fé já são para ele uma purificação.

Mas ele não será purificado profundamente senão mediante as invasões da própria luz – no princípio dolorosa e obscura – esperando que essa produza uma semiclaridade da aurora. A partir de então, quer a alma tenha sido deslumbrada por uma suspensão das faculdades nas claridades do infinito, quer tenha sofrido longamente na obscuridade das trevas divinas, compreendeu que Deus é inacessível à inteligência, que seus pensamentos e seus desígnios não são os nossos pensamentos e os nossos desígnios e que o conhecimento mais perfeito que podemos ter de Deus é o de compreender que ele está acima de todo o saber e de toda a inteligência. Respeitosa e amorosa diante da realidade divina, **[354]** ela não ousa mais erguer as luzes da razão e regozija-se por nada saber, nada poder, nada compreender, a fim de que, apoiada sobre uma fé mais pura e mais firme, possa penetrar mais profundamente na obscuridade luminosa dos mistérios que lhe são propostos.

Nestas regiões onde o conhecimento falha, o orgulho da inteligência é purificado. Desta forma, a luz chega abundantemente à alma que descobre todas as coisas em seu lugar na perspectiva de eternidade. Assim, Santa Teresa não pode impedir-se de desejar esta luz para todos aqueles que têm a seu cargo os grandes interesses dos povos:

Bem-aventurada a alma que o Senhor faz entender verdades! Que ótimo estado para os reis! ... Que retidão haveria no reino! Quantos males teriam sido evitados e se evitariam![51]

Como não fazer nossas estas reflexões e esta aspiração, no momento em que a decadência da civilização cristã, as desordens e as lutas que afligem o mundo encontram a sua

---

[51] V 21,1.

fonte em falsas luzes ou ideologias construídas pelo orgulho do espírito?

d) *Orgulho espiritual*

Deste pecado, da atitude que cria e do seu castigo, o Evangelho nos oferece um exemplo vivo na parábola do fariseu e do publicano:[52]

"Dois homens subiram ao Templo para orar; um era fariseu e o outro publicano". Tal como convém, o fariseu se aproxima do santuário. Se tivesse ficado no fundo do vestíbulo, todos ficariam, com razão, admirados, pois é um homem religioso e digno de consideração. Reza assim: "Ó Deus, eu te dou graças porque não sou como o resto dos homens, ladrões, injustos, adúlteros, nem como este publicano; jejuo duas vezes por semana, pago o dízimo de todos os meus rendimentos". Sem dúvida, tudo isto é verdade e ele não se gloria de nada que realmente não faça. "O publicano, mantendo-se à distância, não ousava sequer levantar os olhos para o céu, mas batia no peito dizendo: 'Meu Deus, tem piedade de mim, pecador!'". O publicano, verdadeiro ladrão e detestado, também se coloca no lugar que lhe pertence e confessa os pecados que cometeu. Os dois são autênticos, mas o fariseu se gloria de sua virtude, o publicano humilha-se por causa do seu pecado. Deus parece [355] esquecer-se tanto da virtude como do pecado. No primeiro, vê apenas presunção; no segundo, humildade. "Eu vos digo que este desceu para casa justificado, o outro não". *Divites dimisit inanes, exaltavit humiles...* Despediu os ricos de mãos vazias... E a humildes exaltou.[53]

Este fariseu, que se gloriará de suas obras espirituais diante de Deus, vai se gloriar do seu apego à Lei de Moi-

---

[52] Cf. Lc 18,10-14.
[53] Lc 1,53.52.

sés e daquela filiação de Abraão que lhe torna membro do povo judeu escolhido entre todos diante de Jesus. Esta fidelidade orgulhosa, que se cristalizou em múltiplas práticas exteriores, impede-o de reconhecer aquele que os patriarcas e os profetas teriam desejado ver e que não viram, o Messias anunciado, o próprio Verbo Encarnado, que se apresenta a ele.

Na verdade, o orgulho espiritual ufana-se não só de suas obras como se fossem só dele, mas também dos seus privilégios espirituais. Pertencer a um estado, a uma família religiosa que tem grandes santos, que possui uma doutrina, uma grande influência, é uma nobreza que cria obrigações e pode também alimentar um orgulho espiritual que esteriliza e cega diante das novas manifestações da Misericórdia divina.

Os dons espirituais pessoais podem também servir de alimento ao orgulho. As graças da oração enriquecem o contemplativo, deixam na alma a sua marca profunda, dão uma experiência preciosa, fortificam a vontade, apuram a inteligência, aumentam o poder de ação, asseguram ao espiritual uma radiação poderosa. Estas graças são sempre recebidas na humildade que criam e na gratidão que provocam. A luz que as acompanha desaparece, seus efeitos na alma permanecem. A tentação pode vir em seguida, sutil e inconsciente. Ela vem quase necessariamente, tanto o orgulho é tenaz e o demônio astucioso, para utilizar estas riquezas espirituais a fim de se exaltar e aparecer, para servir uma necessidade de afeto ou de domínio, ou simplesmente para fazer triunfar ideias pessoais.[54] A personalidade idóla-

---

[54] Numa carta dirigida a Santa Teresa, que lhe tinha perguntado se fizera bem em destituir do cargo de Mestre de noviços, Frei Gabriel Espinel, o qual fazia os noviços praticarem mortificações públicas um tanto estranhas, e de como o convencer do seu erro, Frei Bañez, depois de ter aprovado e justificado a decisão, acrescenta com sagacidade: "Quanto a convencer o frade, talvez o conseguisse se ele não fosse tão espiritual".

tra de si mesma se substitui ao próprio Deus, e aquilo que havia recebido para ser instrumento e meio, ela o utiliza, para se impor, como um fim e um deus para si mesma e para os outros.

[356] *Corruptio optimi pessima*: a corrupção daquilo que há de melhor, gera o pior. Não podemos pensar, sem estremecer, em certas quedas lamentáveis de almas favorecidas por Deus. Lutero – parece-nos – não teria podido edificar sua teoria da fé-confiança que justifica, se não tivesse sentido os transbordamentos pacificadores da Misericórdia, e não teria podido atacar a religião golpeando-a no ponto onde a fé se enxerta na inteligência se não tivesse, anteriormente, descoberto numa purificação da fé, ao menos esboçada, a vulnerabilidade desse ponto de interseção entre o natural e o sobrenatural. E houve outros, antes e depois de Lutero, que utilizaram os privilégios de sua intimidade com o Mestre, se não para traí-lo com um beijo como Judas, pelo menos para alimentar o seu orgulho e fazer triunfar sua personalidade.

Não será por terem aproveitado para si próprios os carismas com que foram favorecidos que o soberano Juiz pronunciará esta sentença espantosa, mas que ele mesmo anuncia?

Muitos me dirão naquele dia: "Senhor, Senhor, não foi em teu nome que profetizamos e em teu nome que expulsamos demônios e em teu nome que fizemos muitos milagres?" Então eu lhes declararei: "Nunca vos conheci. Apartai-vos de mim, vós que praticais a iniquidade!".[55]

Ai, pois, deste orgulho espiritual que se estabelece nos dons de Deus! O ciúme divino exerce-se com tanto mais severidade quanto mais os bens que lhe são subtraídos pelo orgulho são elevados, gratuitos e puramente obra do

---

[55] Mt 7,22-23.

próprio Deus. A misericórdia mostra-se mais ciumenta do que a justiça. Lesada pelo orgulho, mostra-se mais exigente para os favores sobrenaturais de que goza, do que para os dons naturais e as virtudes que ele se atribui como próprios.

O fariseu, que exibe orgulhosamente suas obras, vai-se embora de mãos vazias. O mesmo fariseu que se gloria com o privilégio que o fez filho de Abraão está cego diante da luz do Verbo. O profeta que gozou de seu carisma vai para o fogo eterno.

Só os santos, que viram, sob a luz de Deus, a gravidade de tal orgulho, podem nos explicar as exigências de Deus neste ponto e a severidade de tais sentenças. Escutemos Santa Teresinha do Menino Jesus, no fim de sua vida, quando já tinha alcançado a união transformante:

[357] Oh! Se eu tivesse sido infiel, se cometesse somente a menor infidelidade, sinto que a pagaria com terríveis perturbações, e não poderia mais aceitar a morte![56]

Com muita razão nos admirávamos desta afirmação na boca da apóstola da confiança e da misericórdia, que tinha escrito que os pecados mais graves não poderiam deter o movimento da sua confiança filial com relação a Deus:

A que infidelidade vos referis?

De um pensamento de orgulho entretido voluntariamente. Se eu me dissesse, por exemplo: "Adquiri tal virtude; estou certa de poder praticá-la". Porque, então, isso seria apoiar-se em suas próprias forças, e quando isso acontece, corre-se o risco de despencar no abismo. ... se eu dissesse: "Oh, meu Deus! Eu vos amo muito para deter-me em um só pensamento contra a fé. Vós bem o sabeis", então minhas tentações haveriam de se tornar bem mais violentas, e eu, certamente, sucumbiria.[57]

Na luz dos vértices, Santa Teresinha do Menino Jesus dava-se conta de que um pecado de orgulho espiritual po-

---

[56] UC 7.8.4.
[57] *Ibid.*

deria abalar o magnífico edifício da sua perfeição e deter a torrente transbordante da Misericórdia divina sobre sua alma que chegara à união transformante!

A resposta de São João da Cruz a Cristo que lhe perguntava o que queria como recompensa não nos revela os receios interiores do Santo, da mesma natureza que os de Santa Teresinha do Menino Jesus? "Nada mais, Senhor, que sofrer e ser desprezado".[58] O que dizer senão que o Santo – chegado ele também à união transformante e ao pleno desenvolvimento de sua graça de Doutor – receava ainda esses vapores do orgulho que o demônio podia suscitar da tomada de consciência do seu estado e da fecundidade da sua graça e que teriam ofuscado a intimidade de sua união e o teriam detido na sua caminhada rumo às profundezas de Deus?

Sutilezas! – dirão. Talvez sim, para as nossas almas ainda pouco espirituais. Mas realidades percebidas com um horrível e espantoso relevo pelo olhar purificado dos santos. Também Santa Ângela de Foligno dizia em seu testamento espiritual àqueles que a rodeavam:

Meus filhos, sede humildes; meus filhos, sede mansos. Não falo do ato exterior, falo das profundezas do coração. Não vos inquieteis por causa de honras, nem de dignidades. Ó meus filhos, sede pequenos para que Cristo vos exalte na sua perfeição e na vossa... As dignidades que incham a alma são vaidades que é preciso amaldiçoar. Fugi delas, porque são perigosas; mas escutai, escutai. São menos perigosas que as vaidades espirituais. [358] Mostrar que sabemos falar de Deus, que compreendemos a Escritura, que realizamos prodígios, mostrar nosso coração abismado no divino, eis a vaidade das vaidades. E as vaidades temporais são, em face desta suprema vaidade, pequenos defeitos rapidamente corrigidos.[59]

---

[58] Cf. Declaración de FRANCISCO DE YEPES, Ms. 12.738, *Biblioteca Nacional de Madrid*, f. 615.

[59] SANTA ÂNGELA DE FOLIGNO. *Le livre des visions et des instructions de la bienheureuse Angèle de Foligno*. Traduction Ernest Hello. Paris, Editons Perrin, 1902, chap. LXX, pp. 331-332.

Com efeito, no mundo das almas, são enormes e terríveis os estragos do orgulho espiritual. Se, habitualmente, apenas as graças extraordinárias lhe permitem acumular ruínas, são, contudo, numerosas as almas satisfeitas consigo próprias, que se comprazem nas graças recebidas e nos resultados obtidos que o orgulho espiritual detém definitivamente nas vias espirituais, destruindo os ardores da esperança e o dinamismo necessário às ascensões.

C – *MEIOS PARA ADQUIRIR A HUMILDADE*

Os graves males dos quais é a origem, as formas cada vez mais sutis sob as quais se esconde devem criar no espiritual o medo salutar e como que a obsessão contra o orgulho. Por outro lado, as riquezas divinas que a humildade atrai tornam-na soberanamente desejável. Como adquirir esta virtude? Podemos tratar só brevemente deste problema prático, aliás, diversas vezes, abordado.

Desde as primeiras Moradas, Santa Teresa fez notar, que a alma deve estabelecer os fundamentos da humildade sobre o conhecimento de si mesma. O exame de consciência deve fornecer os dados para tal conhecimento de si mesmo.

No entanto, desde o princípio, a Santa nos adverte que o mais profundo conhecimento de si mesmo não se adquire por meio da introspecção direta, mas pelo olhar sobre as perfeições de Deus. Alerta-nos contra as falsas humildades, suscitadas pelo demônio, que prolongam o inútil ensimesmar-se, provocam o constrangimento na ação e, finalmente, geram o desânimo.[60]

Ademais, o exame de consciência não poderá produzir senão a humildade racional. Ora, é da humildade fervorosa

---

[60] Cf. I Parte – Perspectivas, Cap. 3: "Conhecimento de si mesmo"/ *Como adquirir o conhecimento de si mesmo?*, p. 88.

que a alma tem necessidade nas regiões da vida espiritual aonde chegamos.

1. Esta humildade fervorosa é *o fruto da luz de Deus* sobre a alma. Seria, pois, vão pretender adquiri-la mediante os próprios esforços.

[359] Além disso, o orgulho é um inimigo sutil, que parece subtrair-se a todos os ataques, fugindo sempre para mais longe em regiões mais profundas da alma. Reergue-se mais perigoso depois dos golpes que lhe desferimos, glorificando-se com os triunfos da humildade que pensava tê-lo abatido.

Contudo, ainda que os atos de humildade não tenham por si mesmos senão uma eficácia relativa, são um testemunho da nossa boa vontade do qual Deus se agrada e que recompensa com graças eficazes.

Escreve Santa Teresa:

Se quereis ... livrar-vos mais depressa da tentação (do orgulho), tão logo ela vos assalte, pedi à Prelada que vos mande realizar alguma tarefa inferior ou lutai como puderdes. No tocante a isso, refleti sobre o modo de sujeitar a vossa vontade em coisas que vos contrariam, pois o Senhor far-vos-á descobrir as ocasiões, o que vai levar a tentação a durar pouco.[61]

Na verdade, não é raro que a graça flua, abundante, de gestos e atitudes de humildade que queriam ser sinceros e nos quais se expressavam, sobretudo, desejos de luz e de verdade.

2. *A oração* é o meio recomendado por Nosso Senhor para obter os favores divinos:

Como remediá-lo (esta tentação), irmãs? A meu ver, o melhor é fazer o que nos ensina o nosso Mestre: orar e suplicar ao Pai Eterno que não nos permita cair em tentação.[62]

---

[61] CP 12,7.
[62] *Ibid.*, 38,5.

A humildade

O pobre, consciente da sua miséria, estende a mão. O orgulhoso que vê seu orgulho deve tornar-se mendigo da luz da verdade que cria a humildade, e a sua oração deve ser tanto mais instante quanto maior for o orgulho, porque a humildade é o fundamento e a condição de todo o progresso espiritual. A santa Igreja põe com frequência nos lábios do religioso a súplica ardente do *Miserere*, pedido de perdão e de luz no pecado; o orgulhoso, consciente do seu pecado amaldiçoado por Deus, deve colocar-se constantemente no último lugar, entre os pecadores, para atrair sobre si um olhar da Misericórdia divina. O orgulhoso que tomou o hábito de suplicar humildemente faz nascer em si próprio uma fonte de luz e de vida.[63]

3. É necessário pedir a luz da humildade. Não é menos importante *recebê-la bem*. Quando a alma **[360]** vive debaixo desta luz, a um só tempo purificadora e humilhante, que lhe revela o mal que existe nela, quando

ela vê com muita clareza que é muito indigna, porque em quarto onde entra a luz do sol não há teia de aranha escondida, [quando ela] vê a sua miséria, [quando] a vaidade está tão longe dela que ela tem a impressão de que não pode tê-la,[64]

deve agradecer efusivamente a Deus esta luz e conservar encarecidamente a convicção saborosa que ela lhe traz. Trata-se de uma resposta à oração.

4. Existe outra resposta divina, menos agradável às vezes, mas que deve ser acolhida com a mesma gratidão. É a própria *humilhação*.

Estas humilhações que nos causam nossas deficiências, nossas tendências talvez já retratadas, as nossas derrotas,

---

[63] Santa Teresinha do Menino Jesus compôs uma "Oração para obter a humildade": O 20.

[64] V 19,2.

ou até os erros ou a má vontade do próximo, são testemunhos valiosos da solicitude de Deus que usa, para a formação das almas, todos os recursos de seu poder e de sua sabedoria. Como julgá-las de outra maneira, quando vemos jorrar da humilhação, como do seu terreno normal, toda a graça profunda? Aceitá-las é um dever; agradecer a Deus indica que lhe compreendemos o valor; pedi-las, como São João da Cruz, é estar já muito adiantado nas profundezas da sabedoria divina.

Diz Santa Teresinha do Menino Jesus:

... coloquemo-nos, humildemente, entre os imperfeitos; tenhamo-nos como *pequenas almas* que o Bom Deus tem que sustentar a cada instante. ... Sim, é suficiente se humilhar, suportar com doçura suas próprias imperfeições. Eis a verdadeira santidade![65]

"Aprendei de mim, porque sou manso e humilde de coração" – proclama Jesus.[66] A humildade e a mansidão são as suas virtudes características, o perfume pessoal de sua alma, aquele que ele deixa à sua passagem e que indica os lugares onde ele reina.

A humildade de Cristo, humildade fervorosa por excelência, procede da luz do Verbo que habita corporalmente nele e o esmaga com a sua transcendência. Pois, entre a natureza divina e a natureza humana de Jesus Cristo – unidas pelos laços da união hipostática – subsiste a distância do Infinito... Este Infinito esmaga a humanidade e a mergulha nos abismos de adoração e de humildade onde [361] ninguém mais poderia segui-lo, porque ninguém mais contemplou de tão perto e tão profundamente o Infinito.

Mas este Infinito é amor que se doa, unção que se espalha. Assim, o esmagamento que provoca é suave, pacífico e beatificante. Jesus Cristo é tão manso quanto humilde.

---

[65] CT 243, 7 de junho de 1897.
[66] Mt 11,29.

A humildade

Humildade e mansidão, força e suavidade, odor de Cristo[67] e também odor da humildade fervorosa, isso já é o sinal autêntico de contatos divinos e um apelo discreto, mas insistente, a novas visitas da misericórdia de Deus.

---

[67] Com muita penetração, o Padre Huvelin, diretor do Padre de Foucauld, dizia que o cristianismo reside inteiramente na humildade amorosa.

QUINTO CAPÍTULO
O silêncio

Uma palavra disse o Pai, que foi seu Filho;
e di-la sempre no eterno silêncio e em silêncio ela há de ser ouvida pela alma.[1]

[362] O dom de si provoca a Misericórdia divina; a humildade aumenta a capacidade receptiva da alma; o silêncio assegura à ação de Deus toda a sua eficácia.

Desde as primeiras Moradas, Santa Teresa nos fez ouvir que o recolhimento era necessário para descobrir a presença de Deus na alma e as riquezas que ele aí depositou. Nesta segunda fase, a necessidade de silêncio torna-se imperiosa. Antes, era suficiente recolher-se de tempos em tempos. Agora, torna-se necessário um recolhimento tão frequente e tão constante quanto a ação de Deus.

Devemos, então, falar do silêncio. A importância e as dificuldades do assunto poderiam nos arrastar para longos desenvolvimentos. Não esqueceremos que seria um tanto ilógico tratar longamente do silêncio. No entanto, para apresentar o essencial e o mais prático a respeito desta matéria, parecem ser necessários dois capítulos. O primeiro falará da necessidade e das formas do silêncio; o segundo estudará as relações entre o silêncio e a solidão.

A – *NECESSIDADE DO SILÊNCIO*

Toda a tarefa que exige uma aplicação séria das nossas faculdades supõe o recolhimento e o silêncio que a tornam

---
[1] D 98.

possível. O estudioso tem necessidade de silêncio para preparar suas experiências, para anotar-lhe com cuidado as condições e os **[363]** resultados. O filósofo recolhe-se na solidão para ordenar e penetrar seus pensamentos.

Este silêncio, que o pensador procura avidamente para dar à reflexão todas as suas energias intelectuais, será ainda mais necessário à pessoa espiritual para aplicar toda a sua alma na busca do seu objeto divino.

No sermão da montanha, Jesus nos fala da necessidade da solidão para a oração:

Tu, porém, quando orares, entra no teu quarto e, fechando tua porta, ora ao teu Pai que está lá, no segredo; e teu Pai, que vê no segredo, te recompensará.[2]

A oração contemplativa própria das regiões a que chegamos tem exigências muito particulares de silêncio e solidão. A Sabedoria divina, na contemplação, não esclarece apenas a inteligência; ela atua sobre a alma toda inteira. Por isso, exige desta última uma orientação do ser, um recolhimento e uma pacificação daquilo que há de mais profundo nela, a fim de receber a ação de seus raios transformadores.

Numa fórmula lapidar que não pode deixar de despertar ecos profundos em toda alma contemplativa, São João da Cruz enunciou esta exigência divina. Escreve:

Uma palavra disse o Pai, que foi seu Filho; e di-la sempre no eterno silêncio e em silêncio ela há de ser ouvida pela alma.[3]

"Deus vê no segredo" – disse Nosso Senhor.[4] São João da Cruz acrescenta: Deus realiza suas operações divinas no silêncio. O silêncio é uma lei das mais altas operações divinas: a geração eterna do Verbo e a produção, no tempo, da graça, que é uma participação do Verbo.

---

[2] Mt 6,6.
[3] D 98.
[4] Mt 6,6.

Esta lei divina nos surpreende, pois vai de maneira absolutamente contra à nossa experiência das leis naturais do mundo! Na terra, toda transformação profunda, toda mudança exterior produz certa agitação e se realiza no ruído. O rio não conseguiria atingir o oceano, que é o seu fim, a não ser pelo movimento das suas torrentes, as quais chegam lá com seus rumores.

Na Santíssima Trindade, a geração do Verbo – esplendor do Pai que se verte completamente neste eflúvio luminoso e límpido que é o Filho –, a processão do Espírito Santo – esta espiração do Pai e do Filho em **[364]** torrentes infinitas de amor que constituem a terceira Pessoa –, realizam-se no seio da Trindade no silêncio e na paz da imutabilidade divina num presente eterno, que não conhece a sucessão do tempo. Nenhum movimento, nenhuma mudança, nenhum leve sopro, assinalam ao mundo e aos mais apurados sentidos das criaturas este ritmo da vida trinitária cujo poder e efeitos são infinitos.

Diante desta imobilidade e deste silêncio eternos que escondem o segredo da vida íntima de Deus, o salmista exclama: *Tu autem idem Ipse est*: "Tu, porém, és sempre o mesmo",[5] enquanto o mundo muda, sem cessar, de aparência.

Será necessário esperar a visão face a face para entrar perfeitamente na paz da imutabilidade divina. Contudo, já desde esta terra, a participação na vida divina por meio da graça submete-nos à lei do silêncio divino. É no silêncio – acrescenta São João da Cruz – que o verbo divino que é a graça em nós, se faz ouvir e é recebido.

O batismo opera uma criação maravilhosa na alma da criança. Uma vida nova lhe é dada, a qual vai lhe permitir realizar atos divinos de filho de Deus. Escutamos a palavra

---

[5] Sl 101[102],28.

do sacerdote "Eu te batizo...", vimos a água correr sobre a fronte da criança; mas, da criação da graça, que não exige nada menos que a ação pessoal e todo-poderosa de Deus, não percebemos nada. Deus pronunciou seu verbo na alma, no silêncio.

É na mesma silenciosa obscuridade que se realizam, habitualmente, os sucessivos desenvolvimentos da graça.

Quando por ocasião de certas visitas divinas, a escuridão se transforma em penumbra, a alma, em meio às riquezas que descobre ao saboreá-las, encontra sempre uma experiência deste silêncio divino. As passagens de Deus são sempre precedidas do recolhimento passivo, que torna as faculdades atentas. Elas se realizam no silêncio e a última impressão que desaparece é um sabor de paz e de silêncio.

Mas deixemos à poesia de São João da Cruz o cuidado de traduzir estas elevadas experiências:

> No Amado acho as montanhas,
> Os vales solitários, nemorosos,
> As ilhas mais estranhas,
> Os rios rumorosos,
> E o sussurro dos ares amorosos;

> [365] A noite sossegada,
> Quase aos levantes do raiar da aurora;
> A música calada,
> A solidão sonora,
> A ceia que recreia e que enamora.[6]

Que procurar nesta riqueza e variedade de símbolos senão a tradução musical da unção espiritual e do suave silêncio em que o toque de Deus mergulhou a alma?

Para o espiritual que experimentou Deus, silêncio e Deus parecem se identificar, pois Deus fala no silêncio e só o silêncio parece poder exprimir Deus.

---

[6] CE 14-15.

Por isso, para encontrar a Deus, aonde irá ele senão às profundezas mais silenciosas de si mesmo, a estas regiões tão escondidas que nada pode perturbar?

Quando aí chega, com um cuidado cheio de zelo, preserva este silêncio que lhe dá Deus. Defende-o contra toda a agitação, mesmo das próprias potências. Como São João da Cruz exclama:

> Ó ninfas da Judeia,
> Enquanto pelas flores e rosais
> Vai recendendo o âmbar,
> Ficai nos arrabaldes
> E não ouseis tocar nossos umbrais.[7]

Mantidas as buliçosas potências sensíveis do lado de fora, no seu âmbito, a alma suplica a Deus que não faça descer sobre elas as graças e as luzes que derrama, a fim de que estas comunicações não sejam corrompidas por este contato e não façam sair as potências interiores do seu silêncio:

> Esconde-te, Querido!
> Voltando tua face, olha as montanhas;
> E não queiras dizê-lo.[8]

É este movimento da alma em direção às profundezas silenciosas para aí custodiar, zelosamente, a pureza do seu contato com Deus que está esboçado nestas canções do Doutor místico.

Este desejo de silêncio encontra-se em todos os místicos. Poderíamos acreditar que alguém tocou a Deus, se não tivesse este desejo em si? Todos os mestres afirmaram essa exigência, usando cada um a sua linguagem simbólica particular.

[366] Santa Teresa distingue sete Moradas sucessivas e é na sétima, a mais íntima, que se realiza a união profunda.

---

[7] *Ibid.*, 18.

[8] *Ibid.*, 19.

Tauler assinala-nos este querer fundamental, mais profundo que as faculdades ativas. Ruysbroeck e Santa Ângela de Foligno falam de altitude e de profundidade, de duplo abismo, que se geram mutuamente. São João da Cruz, depois de ter notado que a alma não tem alto nem baixo, diz-nos que o "centro mais profundo da alma", lá onde se expande a alegria do Espírito Santo, o limite que a alma pode atingir, é Deus no centro de si própria.[9]

Mas não sei se a hagiografia nos revela uma experiência mais pura e exigências mais profundas de silêncio do que aquelas que nos revela a visão do Profeta Elias, no Horeb.

Fugindo da cólera de Jezabel e reconfortado pelo pão do Anjo, o Profeta tinha caminhado durante quarenta dias no deserto e chegara ao Horeb, a montanha de Deus por excelência, sobre a qual o Senhor tinha se manifestado diversas vezes a Moisés. E eis que

Deus disse: "Sai e fica na montanha diante do Senhor". E eis que o Senhor passou. Um grande e impetuoso furacão fendia as montanhas e quebrava os rochedos diante do Senhor, mas o Senhor não estava no furacão; e depois do furacão houve um terremoto, mas o Senhor não estava no terremoto; e depois do terremoto um fogo, mas o Senhor não estava no fogo; e depois do fogo o murmúrio de uma brisa suave. Quando Elias o ouviu, cobriu o rosto com o manto, saiu e pôs-se à entrada da gruta.[10]

São as teofanias sinaítas, das quais Moisés já tinha sido testemunha, que se renovam diante de Elias, na mesma montanha: o grande vento que quebra os rochedos, o tremor que sacode a terra, o fogo que abrasa o céu e a alma do Profeta. Elias não se emociona. Deus lhe anunciou que ia passar. Estas visitas ruidosas e exteriores não são suficientes para a sua alma purificada, ávida de um divino mais puro e mais profundo do que aquele que comove os sentidos ao

---

[9] Cf. Ch 1,10.11.
[10] 1Rs 19,11-13.

revestir-se de formas exteriores e sensíveis. O Senhor que ele deseja e espera não está no vento, nem no tremor de terra e nem mesmo no fogo que simboliza tão bem o Deus dos exércitos e a graça do Profeta que se ergueu como uma chama e cuja palavra queimava como uma tocha.

[367] Mas, eis aqui a brisa ligeira. Elias, o Profeta de uma rudeza exterior por vezes violenta, mas de alma tão elevada e tão delicada, de um olhar ao mesmo tempo penetrante e purificado, esconde seu rosto sob seu manto para se recolher. A sua espera não é decepcionada. Deus passou e manifestou-se de forma elevada e pura, como ele desejava. É preciso ouvir São João da Cruz, especialista do divino, comentar esta percepção de Deus para conhecer sua qualidade:

... tais comunicações feitas desse modo, por meio do ouvido [interior], são muito elevadas e verdadeiras. Por isto, São Paulo, querendo demonstrar a sublimidade da revelação por ele recebida, não disse *Vidit arcana verba*, muito menos, *gustavit arcana verba*, isto é, "que viu ou gozou", mas sim, *audivit arcana verba, quae non licet homini loqui*, "ouviu palavras secretas que não é lícito ao homem dizer" (2Cor 12,4). Daí vem a crença de que o Apóstolo viu a Deus, do mesmo modo que nosso Pai Santo Elias no sussurro. Assim como o mesmo São Paulo afirma que a fé entra pelo ouvido corporal, assim também aquilo que nos é dito pela fé, a saber, a substância da verdade compreendida, entra pelo ouvido espiritual.[11]

É preciso situar, incomparavelmente acima de toda a experiência profética, aquela de Jesus Cristo, em quem a natureza humana estava hipostaticamente unida à natureza divina e que gozava dela pela visão beatífica. Assim, como não teria ele experimentado uma constante necessidade de se refugiar no silêncio que lhe permitia entregar-se exclusivamente ao senhorio do Verbo e às torrentes de sua unção que nele corriam silenciosamente? O retiro de quase trinta

---

[11] CE 14-15,15.

O silêncio

anos em Nazaré, a permanência no deserto durante quarenta dias antes da vida pública como que para lhe acumular reservas de silêncio, esses frequentes retornos à solidão na calma da noite como que para renová-los, são explicados muito mais por esta necessidade essencial, por este peso de Deus que o arrasta para essas regiões onde vive e se dá, do que por uma necessidade de luz ou de força para o cumprimento da sua missão.

Sedenta de Deus – porque também já o tinha encontrado –, Santa Teresa estava igualmente ávida de silêncio. A fundação do Mosteiro de São José de Ávila, o primeiro de sua Reforma, provém desta necessidade. No Mosteiro da Encarnação, a ausência de clausura, o grande número de religiosas, a mitigação da Regra tinham matado o silêncio que Teresa e Jesus Cristo precisavam tanto um como o outro para cultivarem sua intimidade e unirem-se perfeitamente.

[368] Teresa deixará, então, o mosteiro onde viveu por quase trinta anos. E aliás, não é para reencontrar o primitivo ideal do Carmelo e a perfeita observância da Regra que o faz? O Carmelo vem do deserto e conserva-lhe não só a nostalgia, mas uma real necessidade para viver e se desenvolver. Santa Teresa se diz da raça daqueles eremitas que habitavam a santa montanha e dos quais Santo Alberto codificou os usos monásticos numa Regra que insiste longamente sobre o silêncio.

Para reviver este ideal primitivo, Santa Teresa vai criar o deserto. Ela o estabelecerá no meio das cidades. É este o pensamento mestre que preside à organização do Mosteiro de São José de Ávila, triunfo do gênio prático da Santa.

O mosteiro será pobre, porque não se vai à casa dos pobres; a clausura aí será rigorosa. Não se trabalhará em comum, mas cada religiosa terá sua cela. O lugar será grande e se construirão eremitérios onde será possível encontrar, em certas ocasiões, mais solidão. Estes conventos serão os paraísos da intimidade divina, aonde Jesus Cristo virá repousar no silêncio, junto dos seus. Em suas viagens, a Santa guarda o mesmo cuidado para com o silêncio, a fim de que a atmosfera permaneça divina ao redor dela e de suas filhas.

No nosso século XX, o contemplativo sonha, um pouco melancolicamente, com a época em que Santa Teresa, viajando através dos campos desertos num carro de bois transformado em cela carmelitana, ainda sentia a necessidade de ter suas horas de recolhimento e pedia aos condutores que as respeitassem. Vivemos na febre do movimento e da atividade. O mal não está só na organização da vida moderna, na pressa que ela impõe aos nossos gestos, na rapidez e facilidade que assegura aos nossos deslocamentos. Um mal mais profundo se encontra na febre e no nervosismo de nossos temperamentos. Não sabemos mais esperar, nem ser silenciosos. E, contudo, parecemos procurar o silêncio e a solidão; deixamos o ambiente familiar para buscar novos horizontes, outra atmosfera. Na maior parte dos casos, isso não é senão para nos divertirmos com novas impressões.

Quaisquer que sejam as mudanças dos tempos, Deus permanece o mesmo, *Tu autem idem Ipse es*, e é sempre no silêncio que ele pronuncia seu Verbo e que a alma deve recebê-lo. A lei do silêncio se impõe a nós, tal como à Santa Teresa. A febre e o nervosismo do temperamento moderno tornam-na mais imperiosa e obrigam-nos a um esforço mais enérgico para respeitá-la e para nos submetermos a ela.

B – *FORMAS DO SILÊNCIO*

[369] Existe um silêncio exterior da língua e da atividade natural e um silêncio das potências interiores da alma. Cada uma destas formas de silêncio tem suas regras tão particulares que seu estudo deve ser feito separadamente.

I – *Silêncio da língua*

Na linguagem comum, ser silencioso quer dizer calar-se. Isto indica a importância da mortificação da língua para a prática do silêncio.

A respeito da língua, foi dito que ela é o que há de melhor e de pior. Origem de bens incomparáveis, provoca os mais graves males. O Apóstolo São Tiago o diz energicamente, na sua epístola:

Todos nós tropeçamos frequentemente. Aquele que não peca no falar é realmente um homem perfeito, capaz de refrear todo o seu corpo. Quando pomos freio na boca dos cavalos, a fim de que nos obedeçam, conseguimos dirigir todo o seu corpo. Notai que também os navios, por maiores que sejam, e impelidos por ventos impetuosos, são, entretanto, conduzidos por um pequeno leme para onde quer que a vontade do timoneiro os dirija. Assim também a língua, embora seja um pequeno membro do corpo, se jacta de grandes feitos! Notai como um pequeno fogo incendeia uma floresta imensa. Ora, também a língua é um fogo. ... Com efeito, toda espécie de feras, de aves, de répteis e de animais marinhos é domada e tem sido domada pela espécie humana. Mas a língua, ninguém consegue domá-la. ... Com ela bendizemos ao Senhor, nosso Pai, e com ela maldizemos os homens feitos à semelhança de Deus.[12]

A acusação é forte e total. Insistir sobre a gravidade dos pecados da língua que o Apóstolo assinala seria, sem dúvida, fora de propósito, pois as almas de oração, na fase a que chegamos, já estão emendadas neste ponto ou, pelo menos, já estão suficientemente em alerta. No entanto, como este ensinamento sobre a importância e as dificuldades de mortificação da língua é precioso para nós e vai direto ao nosso assunto!

A palavra exterioriza, exprimindo-os para comunicá-los, os pensamentos e os sentimentos, aquilo que a alma tem de mais íntimo e pessoal.

---

[12] Tg 3,2-9.

[370] Esta comunicação pode ser um benefício para aquele que dá e para aquele que recebe. No primeiro, o amor que dá se expande, encontra força e alegria. O segundo se enriquece de luz e de tudo aquilo que o amor dá ao se expandir. Estas trocas mediante a palavra estão na base da vida social, de toda educação, do progresso em todos os campos, compreendendo os desenvolvimentos da fé. A fé vem pelo ouvido – faz notar o Apóstolo São Paulo – e, como seria possível crer se não houvesse pregador?[13]

Mas o excesso é nocivo. A mortificação da língua deve intervir para manter a justa medida nestas trocas.

A expressão que exterioriza põe a nu as profundezas da alma. Por um instante, a profundeza desapareceu, sua penumbra e seu silêncio dissiparam-se. O nosso Deus que se refugiou nas profundezas da alma e localizou sua ação criadora de vida divina nesta penumbra e neste silêncio, parece estorvado por esta exteriorização.

Do mesmo modo, a comunicação vinda do exterior, que deveria enriquecer, às vezes não faz mais do que perturbar o silêncio da alma e o trabalho divino, trazendo inutilidades dissipadoras, motivos de tentação; numa palavra: causas de agitação que aumentam as dificuldades do recolhimento interior e arriscam a levar a ação divina à paralisação.

A alma pode ser advertida do dano causado pelas conversas por um mal-estar. Santa Teresinha do Menino Jesus confessa ter ficado triste durante muito tempo, por ter deixado escapar o segredo da beleza e do sorriso da Virgem que ela tinha contemplado. Quem já não sentiu desaparecer o perfume de uma oração mais íntima ou de um contato na comunhão, numa conversa inútil? Estas experiências particulares nos indicam um dano que é habitual em casos semelhantes, ainda que não seja percebido.

---

[13] Cf. Rm 10,14.

O silêncio

Assim, a tagarelice, esta tendência a exteriorizar todos os tesouros da alma exprimindo-os, é altamente nociva à vida espiritual. O seu movimento é em direção inversa àquele da vida espiritual que se interioriza sem cessar para se aproximar de Deus. Impelido para o exterior pela sua necessidade de contar tudo, o tagarela não pode senão estar longe de Deus e de toda a atividade profunda. Toda a sua vida interior passa por seus lábios e escorre nas ondas de palavras que carregam os frutos cada vez mais pobres de seu pensamento e de sua alma. De fato, o tagarela não tem mais o tempo – e, em breve, nem o gosto –, de se recolher, de pensar, nem de viver profundamente. Pela agitação que cria à sua volta, impede aos outros o trabalho [371] e o recolhimento profundos. Superficial e vão, o tagarela é um ser perigoso.

Por outro lado, não poderíamos considerar tagarelice as conversas, ainda que prolongadas, impostas pelo dever de estado e pela caridade bem regrada. Muitos contemplativos autênticos foram pessoas inseridas no mundo ou escritores fecundos, tais como São Vicente Ferrer, São Bernardino de Sena, São Francisco de Sales, a própria Santa Teresa e São João da Cruz. Nestas exteriorizações necessárias e caridosas, o espiritual encontra um meio de comungar com a vontade de Deus e, ao voltar às profundezas de sua alma, terá a agradável surpresa de encontrar nelas, desperto, o Espírito de Deus que o aguardava para festejar o seu regresso.

Mas os perigos da tagarelice, ao contrário, não estão afastados dos colóquios espirituais, das relações sobre nossa vida íntima com Deus. Sem dúvida, comunicar as próprias disposições e as graças recebidas é, às vezes, um dever. Habitualmente, é o único meio de submetê-las ao controle da direção e receber daí iluminação e auxílio. Confiá-las a um caderno ajuda a torná-las precisas; por vezes, descobre-lhes a riqueza e permite reencontrá-las em horas menos luminosas. E, contudo, a austera Regra do Carmelo, no seguimento de Isaías, sem menosprezar esses benefícios e essas necessidades, proclama: no silêncio e na esperança estará a vossa fortaleza;[14] no silêncio que guarda intactas e puras as energias da alma e as preserva da dispersão; na esperança que tende para Deus a fim de aí buscar luz e amparo. Com efeito, as longas efusões espirituais dispersam as luzes e as forças recebidas e, por conseguinte, enfraquecem. Falando demoradamente desperdiçamos, e a alma se esvazia. Exprimindo a Deus até à saciedade os ardentes sentimentos de uma comunhão fervorosa, a alma fica desprovida de forças para a ação. Todo o vigor haurido em Deus desapareceu nesta torrente saborosa de palavras.

A discrição deverá guiar também as relações escritas (quer para si mesmo, quer para o diretor), a fim de que não sejam nem demasiado frequentes, nem demasiado abundantes. Esta análise e a tomada mais clara de consciência – que são o fruto disso – não são, por vezes, mais nocivas do que úteis? Elas impõem um retorno sobre si mesmo e, consequentemente, uma parada na caminhada para Deus. Correm o risco de fornecer um alimento ao orgulho e à gula espiritual, dos quais quase não escapam os principiantes. A cada um cabe ver se [372] estas relações não são sobretudo espelhos lisonjeiros nos quais a alma se ostenta e se encontra com complacência, e se não utilizaríamos melhor os dons de Deus deixando-os para trás, na penumbra ou no esquecimento, a fim de caminhar diretamente para o próprio Deus.

Cultus justitiae silentium est: o silêncio é, ao mesmo tempo, um fruto e uma exigência da santidade. Assim, Santa Teresa alertou várias vezes os principiantes dos perigos

---

[14] Is 30,15 (Vulgata).

que o desejo de apostolado lhes faz correr.[15] Para darem sem se esgotar, deverão esperar poder renovar suas forças, sem cessar, junto à fonte divina, mediante uma união habitual.

"Não quero ser uma tagarela espiritual – escreve Elisabeth Leseur. Quero conservar esta grande [tranquilidade] da alma ... . Não dar de si senão aquilo que pode ser recebido com proveito pelos outros, guardar o resto nos recantos profundos como [a alma] guarda o seu tesouro, mas com a intenção de o dar quando chegar a hora".[16] Santa Teresa de Ávila e Santa Teresinha do Menino Jesus oferecerão todos os tesouros de suas almas em escritos imortais, mas sob a ordem de seus Superiores e num momento em que a plenitude transbordante do amor só podia se enriquecer ao dar-se completamente.

Esta ascese do silêncio é tão importante que as Regras monásticas fixaram modos exatos, adaptados a cada Ordem religiosa. De suas origens desérticas, o Carmelo guardou este "Grande Silêncio" que se estende de Completas à Prima do dia seguinte e que faz do convento um deserto durante estas horas da noite, mais favoráveis à oração profunda. Durante o dia, ele mantém um silêncio relativo que proíbe qualquer palavra ociosa.

Mas o silêncio, para não se tornar tensão, pede a expansão. A expansão ou recreio também faz parte da ascese do silêncio e, segundo o testemunho de Santa Teresa, na qualidade de um de seus elementos mais importantes e mais delicados. Não dizia a Santa, antes da fundação do primeiro convento dos Carmelitas descalços em Duruelo, que levava o jovem Frei João da Cruz para a fundação de Valladolid não para lhe dar a ciência espiritual ou experimentar sua

---

[15] Cf. V 13,8-10; 19,13.

[16] LESEUR, Elisabeth. *Journal et pensées de chaque jour*. Paris, Éditions de Gigord, 1919, pp. 139 e 287.

virtude que sabia heroica, mas para lhe mostrar o gênero de vida e, especialmente, como se faziam os recreios? Os recreios teresianos! Às vezes, não se via aí a Santa dirigir o alegre coro de suas filhas com a ajuda de castanholas ou de um tamborim? Ou, então, censurar vigorosamente a inoportuna devoção daquela que, num dia de festa, teria preferido rezar ao invés de se recrear? É verdade que **[373]** também a tinham visto em êxtase, morrendo por não poder morrer, num dia de 1571, quando a jovem noviça Isabel de Jesus cantara uma canção:

> Vejam-te meus olhos,
> Doce e bom Senhor;
> Vejam-te meus olhos,
> E morra eu de amor.

Por vezes, também se admirava aí a graça de Teresita, a sobrinha de Santa Teresa; e se conversava a respeito das desgraças da Igreja da França, assolada pelo protestantismo ou da miséria moral dos povos das Índias Ocidentais.

Nestes recreios, resplandecia toda a vida da alma da Santa, mostravam-se todos os dons de suas filhas. Assim, distendidas sob o olhar divino, estas almas retomavam, descansadas e alegres, o jugo austero da Regra e, no silêncio do seu mosteiro, reencontravam a doce companhia do seu Bem-Amado.

II – *Mortificação da atividade natural*

A atividade natural, tal como a tagarelice, pode perturbar o silêncio no qual Deus se faz ouvir pela alma. Ela coloca um problema prático tão delicado, ou até mesmo ainda mais do que aquele da mortificação da língua. Apresentemos os dados da maneira mais clara possível.

Ninguém duvida de que a atividade natural possa perturbar o silêncio da alma, pois a experiência neste ponto nos é dolorosamente instrutiva. Pela orientação que fornece às faculdades, o cansaço e mesmo o enervamento que provoca, pelas preocupações que a acompanham, a atividade natural dissipa a alma, destrói o recolhimento, multiplica os obstáculos para o retorno à oração, invade a própria oração e torna-a muito difícil, se não impossível.

Quando esta atividade transborda para a vida diária a ponto de não deixar aí lugar ou deixar um lugar mínimo e insuficiente para a oração e para o retorno silencioso a Deus, ela se transforma em ativismo. Este ativismo encobre-se de numerosas desculpas e, muitas vezes, nobres: necessidades da vida, deveres de estado urgentes, agitação do ambiente que arrasta e dissipa, alegrias da ação que desenvolve e dilata, securas e aniquilamentos aparentemente inúteis da oração, sobretudo a grande piedade das almas que nos rodeiam e cuja extrema miséria material ou espiritual é um apelo constante à nossa caridade cristã.

[374] Geralmente, o ativismo apresenta-se como uma tendência à qual se cede. Por vezes, ele pode ser um erro não só prático, mas especulativo. Encontramo-lo em muitas almas cristãs, mesmo instruídas. Torna-se, então, uma espécie de positivismo religioso que não acredita senão no valor da atividade humana para a produção de efeitos sobrenaturais e para a edificação do Corpo Místico de Cristo. Tal erro não compreende, nem admite que uma parte significativa do dia seja reservada para a oração silenciosa, e, sobretudo, que vidas inteiras estejam exclusivamente votadas à oração e ao sacrifício para fazer jorrar fontes de vida profunda na Igreja.

A heresia das obras, quer se apoie numa tendência natural, quer numa convicção, dado que nega de maneira prática, negligenciando-a, a ação do Espírito Santo na alma e na Igreja, enfraquece toda a vida espiritual, esteriliza o apostolado mesmo quando adornado por brilhantes sucessos exteriores e conduz muitas vezes a lamentáveis catástrofes morais e espirituais.

Por outro lado, não encontramos, às vezes, no campo oposto – quero dizer entre os contemplativos –, certa desestima da ação que pode chegar ao desprezo da vida ativa, e à firme convicção de que só a vida contemplativa é capaz de produzir a alta santidade? Este erro prático é mantido pelo medo inconsiderado dos perigos da ação e por uma certa gulodice espiritual que está por demais ligada aos gostos da união com Deus.[17]

1. E, no entanto, não é evidente que Deus Pai, cuja perfeição nos é proposta como modelo,[18] é **[375]** ato puro, bem como luz e espírito? Ele se contempla, gera, ama e age sem que as operações íntimas de sua vida trinitária sejam nocivas ao transbordar da sua vida no mundo, à ação da sua Sabedoria "artífice do mundo",[19] que "alcança com vigor de um extremo ao outro e governa o universo retamente".[20]

---

[17] Com muita frequência encontramos em Santa Teresa esta preocupação de lutar contra esse preconceito ou essa tendência dos contemplativos. Eis o que diz no livro das *Fundações*, no Capítulo V: "De onde virá o desgosto que sentimos quando não podemos ficar grande parte do dia em muita solidão, embebidos em Deus, embora por estarmos ocupados nessas outras coisas (deveres de obediência e caridade)? Há, para mim, duas razões: a primeira – e principal – é um amor-próprio deveras sutil que se imiscui e não nos deixa perceber que queremos contentar antes a nós do que a Deus. Pois está claro que a alma, quando começa a provar quão suave é o Senhor, não encontra nada que lhe agrade mais do que deixar o corpo descansando, sem trabalhar, e a alma deliciada. ...

A segunda causa do desgosto em deixar a solidão é a meu ver o fato de [que] na solidão há menos oportunidades de ofender o Senhor ... . Na minha opinião, esta é uma razão melhor para desejar não ter contato com ninguém do que a vontade de muito regalar-se e fruir do Senhor.

É aqui, em meio às ocasiões, e não nos recantos, que devemos submeter o amor à prova" (F 5,4.14.15).

[18] "Deveis ser perfeitos como o vosso Pai celeste é perfeito" (Mt 5,48).

[19] Sb 7,21.

[20] *Ibid.*, 8,1.

2. A caridade que é participação na vida de Deus é, como Deus, contemplativa e operante. Difusiva de si mesma, manifesta sua vitalidade através da oração e do sacrifício, mas também pela atividade exterior.

Falando da fé que não seria mais do que adesão interior do espírito ou sentimento, o Apóstolo São Tiago escreve:

> Meus irmãos, se alguém disser que tem fé, mas não tem obras, que lhe aproveitará isso? Acaso a fé poderá salvá-lo? Se um irmão ou uma irmã não tiverem o que vestir e lhes faltar o necessário para a subsistência de cada dia, e alguém dentre vós lhes disser: "Ide em paz, aquecei-vos e saciai-vos", e não lhes der o necessário para a sua manutenção, que proveito haverá nisso? Assim também a fé, se não tiver obras, está morta em seu isolamento.[21]

"Ao entardecer desta vida examinar-te-ão no amor"[22] – diz São João da Cruz. Mas, sobre o amor que se exprimiu por obras, Nosso Senhor precisa: "Vinde, benditos de meu Pai ... . Tive fome e me destes de comer. Tive sede e me destes de beber ...".[23]

Este amor, no seu desenvolvimento perfeito da união transformante, dirige-se com uma força irresistível para as obras de apostolado:

> [Essas almas] que não só não desejam morrer, [mas] preferem viver muitos anos padecendo grandíssimos tormentos. Isso para que, se possível, seja o Senhor louvado por elas, embora em coisas muito pequenas.[24]

Santa Teresinha do Menino Jesus, com efeito, em sua carta à Irmã Maria do Sagrado Coração,[25] fala-nos dos seus ardentes desejos de preencher todas as vocações, de suportar todos os tormentos e de trabalhar até ao fim dos tempos.

---

[21] Tg 2,14-17.
[22] D 58.
[23] Mt 25,34.35.
[24] 7 M 3,6.
[25] Cf. Ms B, 2v°- 3r°.

Como condenar obras que o amor exige como um alimento necessário? Aliás, a teologia, com Santo Tomás, considera a vida mista onde a contemplação se expande em obras fecundas como a forma de vida mais perfeita e, portanto, superior em si à vida puramente contemplativa.

3. [376] É isso que o catecismo nos ensina de uma maneira muito simples, quando nos diz que Deus nos criou para conhecê-lo, amá-lo e servi-lo; servi-lo pela atividade de todas as potências e faculdades.

O fato de Deus ter feito entrar esta atividade humana como elemento necessário na realização de seus maiores desígnios é uma das verdades mais belas e, ao mesmo tempo, das mais surpreendentes. O Espírito Santo edifica a Igreja e santifica as almas com a cooperação instrumental dos Apóstolos e dos seus sucessores aos quais disse: "Ide, portanto, e fazei que todas as nações se tornem discípulos, batizando-as em nome do Pai...".[26] Deus dá o incremento, mas foi Paulo que semeou e Apolo que regou. "E como poderiam crer naquele que não ouviram? E como poderiam ouvir sem pregador?".[27]

Se o sacerdote não prega, não consagra, não trabalha, as almas morrem de inanição. Se está ausente, a fé desaparece. O Cura d'Ars dizia que se uma paróquia ficasse vinte anos sem padre, acabaria por adorar os animais. Pelo contrário, se o sacerdote for ativo, zeloso e santo, a vida cristã desenvolve-se e a santidade surge.

A atividade apostólica, causa segunda que deixa a sua primazia à ação da graça, tem uma importância tão grande no desenvolvimento da vida divina que se torna desconcertante.

---

[26] Mt 28,19.
[27] Rm 10,14.

4. A atividade, necessária para a vida da Igreja, é indispensável para manter o equilíbrio humano.

Vita in motu – já se pôde dizer. A vida está no movimento, manifesta-se pelo movimento e tem necessidade de movimento. A alegria, a saúde, o equilíbrio, encontram-se numa atividade moderada, proporcional às nossas forças. Querer destruir estas energias naturais, que estão nas nossas potências sensíveis ou nas nossas faculdades, reduzindo-as à imobilidade e à inação, ainda que fosse para procurar este bem superior que é a contemplação perfeita, é expor-se a desordens fisiológicas e a uma ruptura do equilíbrio humano. As energias que se acumulam superam logo a vontade e, enquanto esperam que a vida se atrofie, submetem o corpo e a alma à ação da força – tornada brutal e tirânica – dos instintos exacerbados.

5. [377] O contemplativo vive, aliás, em comunidade. Isto lhe impõe, normalmente, o dever de tomar a sua parte nas tarefas da vida comum. Mas, ainda que estivesse dispensado dos préstimos de caridade da fraternidade dos irmãos, teria necessidade, para o desenvolvimento da sua contemplação, da distensão que as obras exteriores asseguram.

Santa Teresa confessa que lhe acontecia de se sentir abrasada por um fogo interior tão ardente e pressionada por tal ímpeto para servir a Deus em alguma coisa, que certas ocupações de caridade eram para ela um alívio.[28] Em outras circunstâncias, depois de um assenhoreamento divino mais forte ou um recolhimento mais profundo, as faculdades como que estupefatas e agitadas, são incapazes de qualquer atividade interior, ainda que tenham desejo disso. Constrangê-las a tal seria perigoso. Ao contrário, a distensão assegurada por uma atividade moderada lhes permite

---

[28] Cf. V 30,20.

reencontrar suas forças e seu equilíbrio normal e, em seguida, sustentar sem fraquezas os novos encontros do hóspede divino que habita na alma.

Casos excepcionais! – dirão alguns. Na verdade, talvez; mas são algo a se assinalar, pois atingem almas cujo fracasso na vida contemplativa seria tanto mais lamentável quanto mais são admiravelmente dotadas para progredir nela e favorecidas por uma intensa ação de Deus.

E, sem nos determos muito, não seria conveniente mencionar aqui essas almas das quais Santa Teresa fala no livro das *Fundações*, almas tão bem-dotadas para a contemplação, mas que desfalecem à menor ação divina a ponto da oração prolongada que as cumula de alegria e de sabor as conduzir rapidamente para uma decadência psíquica, extremamente perigosa para o seu equilíbrio psicológico e espiritual?[29] É da vida de Marta que precisam e não da de Maria – proclama Santa Teresa com autoridade.

Mas eis aqui situações mais frequentes e quase banais, de tal modo são comuns. No seio das purificações [378] dolorosas, nesses marasmos indefiníveis onde se chocam, obscura e profundamente, a ação de Deus, o pecado e, muitas vezes, as tendências patológicas, a alma do contemplativo é levada a ensimesmar-se; analisa seu sofrimento, demora-se em procurar-lhe as causas e os remédios e, assim, aumenta-o e o prolonga inutilmente. Se, pelo contrário, sai

---

[29] "Sei de algumas que ficavam nesse estado durante sete ou oito horas – e eram almas de grande virtude –, parecendo-lhes que tudo aquilo era um arroubo. E qualquer exercício virtuoso as arrebatava de tal maneira que elas logo saíam de si mesmas, julgando não ser correto resistir ao Senhor. Assim agindo, elas poderiam morrer ou ficar bobas caso não procurassem um remédio" (F 6, 2).

Este fingimento de elevadas graças místicas, não devido à perversidade do sujeito, mas à sua fraqueza psíquica, preocupou imensamente Santa Teresa, que consagrou todo o capítulo VI das *Fundações* a descrevê-la e a indicar os remédios. Trata-se de um capítulo notável pela penetração e agudeza das análises psicológicas e psiquiátricas.

de si mesma, sobretudo para fazer atos de caridade, deixa o campo livre à ação de Deus, esquece sua provação sem diminuir-lhe o valor purificador e conserva todas as suas forças para servir a Deus e sofrer de maneira útil.

Santa Teresinha do Menino Jesus recomendava para irmos ao encontro das obras de caridade, quando tudo está demasiado escuro em nossa alma. O cartuxo tem sua oficina e um pequeno jardim no seu eremitério. Entre os solitários da Tebaida o trabalho manual era tido em grande honra. A Regra carmelitana insiste tão longamente no trabalho como no silêncio. João de São Sansão, no seu *Verdadeiro Espírito do Carmelo*,[30] estabelece como um dever dos Superiores obrigar o religioso que se obstinasse em permanecer sempre na sua cela a sair. O célebre irmão cego, que foi uma luz da Reforma Carmelitana de Touraine, parece ter como objetivo principal perseguir a gulodice espiritual do contemplativo, por demais ávido da tranquilidade e dos gostos do silêncio.

Estas saídas da alma contemplativa em direção à atividade exterior são muitas vezes dolorosas. Elas implicam, com efeito, uma renúncia a tudo aquilo que a contemplação concedia de alegrias, gostos, graças experimentadas, ou mesmo simplesmente de paz sutil, mas profunda. Impõem às faculdades purificadas ou em via de purificação o retorno às ocupações dolorosas, aos contatos penosos com as realidades naturais ou com as almas cujas deficiências o contemplativo não pode deixar de ver. É todo o humano que se apresenta, com tudo aquilo que tem de doloroso

---

[30] Cf. JEAN DE SAINT-SAMSON. *Le Vrai esprit du Carmel,* chap. X (*Le Vray Esprit du Carmel, reduit en forme d'exercice pour les Ames qui tendent à la Perfection Chrestienne & Religieuse. Par le Ven. F. Jean de S. Samson Religieux Carme de la Reforme Ø Observance de Rennes, en la Province de Touraine, Avec un recueil de ses Lettres Spirituelles.* Rennes, Imprimeur Jean Durand, M.DC.LV [édition numérisée p. 147-148].

para a alma banhada na luz de Deus e que ameaça invadi-lo com as suas impurezas. Pensemos nas palavras de Nosso Senhor: "Ó geração incrédula e perversa, até quando estarei convosco?"[31] ou, ainda, nas angústias do Cura d'Ars e nas suas repetidas tentativas para fugir do seu doloroso ministério e retirar-se para a solidão de uma Trapa. E, no entanto, era necessário que Jesus Cristo ficasse entre os seus para operar a Redenção e que o Cura d'Ars consentisse em esgotar a sua alma para se tornar um grande santo e levar a conversões maravilhosas.

6. **[379] Atividade e oração.** Mas como resolver este problema do silêncio indispensável à contemplação e da atividade necessária? Normalmente, o religioso encontrará na Regra da sua Ordem e nas vontades dos seus Superiores a medida a observar com todos os detalhes úteis.

Fora da vida religiosa, a solução deste problema permanece ligada à questão da vocação e àquela da organização prática da vida. Supondo resolvido desde já este problema individual que abordaremos proximamente ao falar da solidão, ficam aqui algumas diretivas práticas.

a) Dar escrupulosamente à oração o tempo prescrito pela obediência e preservá-lo zelosamente das usurpações da ação. A solicitude para com os bens temporais ou mesmo para com as almas que, habitualmente, se apoderasse deste tempo já compromissado, seria excessiva e desordenada. Com o pretexto de caridade ou de zelo, ela poderia dissimular uma falta de confiança em Deus que, também ele, "vela por Israel" e cumprirá escrupulosamente as suas obrigações para conosco se formos fiéis em cumprir as nossas para com ele: "Buscai, em primeiro lugar, o Reino de

---

[31] Mt 17,17.

Deus e a sua justiça, e todas essas coisas vos serão acrescentadas".[32]

b) Dar à atividade, especialmente ao dever de estado, todo o tempo e todas as energias que o seu cumprimento perfeito exige. Mesmo o cuidado de guardar a presença de Deus ou de reservar só para Deus uma porção das suas forças não poderia ser motivo suficiente para roubar à tarefa que nos foi imposta parte das energias físicas ou intelectuais que ela requer.

O trabalho que é vontade de Deus nos permite comungar com ele por meio da vontade e da caridade tão eficazmente como a própria oração nos permite alcançar a Deus através da inteligência e da fé. Estas duas comunhões – mediante a fé e mediante a caridade – completam-se e se harmonizam para criar a santidade.

Resolvido o problema de nossa vocação e, por consequência, dos nossos deveres de estado, toda a discussão sobre o valor em si de tal ou tal ato, ou sobre a excelência da contemplação ou da ação, torna-se inútil. A vocação nos coloca numa ordem relativa que ela comanda e que, por esse fato, se transforma na melhor para nós. Os atos que ela impõe tornam-se, para nós, os mais santificantes. Os [380] deveres de estado que cria são, para nós, o caminho único da santidade.

Ah! Quantos desvios, quantas perdas de tempo e de forças resultam de falsas luzes acerca deste ponto ou de erros de perspectiva. Enganados pelos gostos e pelos atrativos, dedicamo-nos a obras super-rogatórias de caridade ou então nos poupamos para fazer orações suplementares e roubamos, assim, as energias necessárias para o cumprimento deste dever de estado que era a parte que nos cabia na reali-

---

[32] *Ibid.*, 6,33.

zação do plano providencial. Os motivos sobrenaturais que encontramos muito facilmente para reforçar tais erros não justificam o egoísmo secreto que aí se esconde e não reparam os danos causados à alma e àqueles a que devia servir.

c) A atividade é benfazeja para a alma que faz dela uma comunhão com a vontade de Deus. Torna-se nociva se é acompanhada de agitação febril.

Quem não conhece esta febre que se apodera das faculdades – por vezes, antes que elas ajam e, na maior parte dos casos, no decurso da ação –, que as subtrai ao domínio da vontade, ao controle da razão e à influência do motivo sobrenatural e as entrega, cegas e trepidantes, ao fascínio do fim a atingir e do trabalho a prestar num tempo determinado, desregrando, assim, a própria atividade e suprimindo toda a medida? A febre é nociva à vida espiritual porque corta o contato entre a atividade das faculdades e as virtudes sobrenaturais que as deviam orientar e informar. A ordem fica invertida; o trabalho tomou a direção da atividade das potências.

Não podemos restabelecer a ordem e colocar de novo a atividade sob a dependência das faculdades superiores da alma a não ser destruindo a febre que perturbou tudo e inverteu a ordem de valores. Para isso, normalmente, é necessário um choque: o choque provocado por um redirecionamento das energias ou uma parada brutal da atividade. A alma recolhe-se um instante, impõe o silêncio e o repouso às suas potências, retoma-as nas mãos, reencontra Deus e parte de novo para sua tarefa que, doravante, será cumprida melhor, porque realizada na calma e na ordem. Estes choques não acontecem sem violência. Repetidos muitas vezes poderiam quebrar e esgotar as energias, exasperando-as. Renovadas com uma sábia discrição, elas disciplinam as transbordantes torrentes da atividade natural e asseguram à alma certo domínio de si. Diante de Deus, são, sobretudo, um testemunho da boa vontade da alma, que atrai os influxos divinos e prepara, assim, a completa vitória de Deus sobre as mais rebeldes potências ativas da alma.

d) **[381]** Existem dois períodos no desenvolvimento da vida espiritual em que este problema da atividade a ser unida à contemplação se torna, habitualmente, mais angustiosa para a alma e nos quais a ilusão acerca deste ponto é, a um só tempo, mais fácil e mais perigosa.

As primeiras experiências espirituais da contemplação, que têm todos os encantos delicados e suaves de uma aurora, criam uma avidez de impressões sobrenaturais e uma intensa necessidade do repouso e do silêncio nos quais elas se produzem. Esta necessidade, que é acompanhada por certo enfado, às vezes por certa impotência para toda a atividade exterior ou intelectual, impõe-se com exigências absolutas. A alma aspira a uma solidão completa e quereria fugir de toda a atividade perturbadora. E, no entanto, nem física, nem moral, nem espiritualmente, a alma consegue suportar um tal isolamento e uma tal inatividade. Satisfazer esse desejo seria expor às desordens já assinaladas e ao desequilíbrio as faculdades que ainda não podem suportar as sujeições de um repouso absoluto. Os atrativos criados pelas graças recebidas são, ordinariamente, um apelo e indicam uma aptidão, mas são cegos. Só uma direção prudente e experimentada pode indicar a cada um, de acordo com o seu temperamento e a sua graça, como deve responder a isso por meio de uma sábia dosagem de silêncio passivo, de atividade exterior e de trabalho intelectual. É claro que se, nesse momento, a alma dá seus primeiros passos na vida religiosa, quaisquer que sejam seus desejos de silêncio absoluto, é preciso procurar-lhe uma prudente diversificação de atividades para que leve avante, sem fraquejar, as sujeições deste quadro regular e rígido que se impõe a ela.

Surge um problema quase idêntico quando a alma, já fortalecida por numerosos trabalhos e, talvez, por ricas experiências sobrenaturais, parece estabelecida numa contemplação que se tornou habitual. Desde então, quer sua contemplação seja dolorosa, quer seja saborosa, cria uma grande necessidade de silêncio. A alma sente-se, doravante, capaz de enfrentar a rude ascese do deserto e está ávida disso. Quem a poderia impedir? E eis que Deus o faz mediante acontecimentos providenciais ou por meio dos Superiores. As riquezas desta alma transparecem, o equilíbrio conseguido se mostra. As pessoas a procuram. Eis, então, a tortura dos trabalhos importantes e das múltiplas preocupações que se lhe impõem sob a forma de deveres de estado. Em que deve ela acreditar: no apelo interior que sobe das profundezas da alma, ou no apelo exterior não menos explícito? Encontra-se atormentada em dois sentidos opostos e como que esquartejada. Seus atrativos a enganam ou é preciso acusar os acontecimentos e as causas livres e defender-se contra eles?

[382] Os dois apelos vêm de Deus. Não se opõem senão na aparência. Na realidade, eles se completam de maneira muito oportuna; a alma o verá mais tarde. Estão destinados a harmonizarem-se como a ação do motor e a do freio para a locomoção e a segurança de um automóvel. A alma, assim, é incitada a um ensaio da vida perfeita de Deus. O Espírito Santo empurra-a para a caridade que dá e que se dá; e ele a retém amorosamente para que não se disperse na atividade exterior. Ele a atrai para as profundezas da vida divina e lhe oferece diversificações de atividades exteriores que lhe asseguram seu equilíbrio. As faltas cometidas nesta fase serão mais proveitosas do que muitas vitórias obtidas em circunstâncias menos perigosas: aumentarão a humildade que atrai a Deus e a caridade indulgente que atrai os homens. É para estas almas preocupadas que Santa Teresa escreve:

Temos de cuidar das obras, mesmo [que sejam] de obediência ou de caridade, para recorrermos muitas vezes a Deus em nosso interior. E acreditai-me: o que beneficia a alma não é um longo tempo de oração, já que, quando empregamos bem o tempo em obras, isso muito nos ajuda a, em breve, conseguir uma disposição para acender o amor muito superior à alcançada em muitas horas de consideração. Tudo vem das mãos de Deus. Bendito seja ele para sempre.[33]

III – *Silêncio interior*

É no centro da alma, nas regiões mais espirituais da alma que Deus vive, age, realiza as operações misteriosas da sua união conosco. Que importa, pois, o bulício e a atividade exterior, desde que o silêncio reine nestas regiões espirituais profundas? O silêncio interior é, assim, o mais importante. O silêncio exterior não tem valor senão na medida em que o favorece.

Mas a realização do silêncio interior está cheia de dificuldades que torturam as almas contemplativas. Um progresso realizado é seguido de uma regressão angustiante, de uma impossibilidade quase absoluta de disciplinar as faculdades outrora dóceis na oração. A alma se inquieta, se agita. Os erros de tática são frequentes, favorecidos, aliás, por muitos preconceitos que circulam a respeito da pacificação interior que acompanha o progresso espiritual.

[383] Por diversas vezes, Santa Teresa conta com detalhes, seus sofrimentos neste ponto e assegura-nos que foram aumentados em virtude de sua ignorância de certas leis da psicologia e da ação de Deus. É a este propósito que ela escreve as palavras já citadas várias vezes:

Ó Senhor, tende em conta o muito que sofremos neste caminho por falta de instrução! ... Daqui provêm as aflições de muitas pessoas

---

[33] F 5,17.

voltadas para a oração ... , tornam-se melancólicas, perdem a saúde e até abandonam a oração por completo.[34]

Para remediar a estas crises tão dolorosas e tão funestas, tentemos esclarecer este problema do silêncio interior.

No desenvolvimento da vida espiritual, já distinguimos duas fases: uma *primeira fase* que compreende as três primeiras Moradas, durante a qual Deus intervém apenas por meio de um auxílio geral e em que a alma conserva a iniciativa na oração e dirige a atividade das suas faculdades; uma *segunda fase*, que se inicia nas quartas Moradas, na qual Deus intervém por meio deste auxílio particular que, progressivamente, estabelece a predominância da atividade divina sobre a atividade das potências da alma. Cada uma destas duas fases exige uma ascese diferente para a prática do silêncio interior.

a) Durante o primeiro período a alma pode aplicar-se eficazmente ao recolhimento e ao silêncio interior, utilizando as leis psicológicas que regem a atividade das faculdades humanas.

A vontade exerce um controle efetivo sobre a atividade da imaginação e do entendimento. Ela a pode reter, pode arrancá-la de tal ou tal objeto, fixá-la noutro de sua escolha.

Este controle direto não pode ser constante. É realizado mediante atos sucessivos que a vontade não conseguiria multiplicar até os tornar contínuos. Entre cada um deles, as faculdades reencontram uma certa independência em relação à vontade. Utilizam-na apenas para se submeterem às complexas leis da sucessão das imagens e sofrer os impactos das percepções exteriores. Por outro lado, sobre esta atividade que ela não rege diretamente, a vontade pode agir de maneira indireta, colocando as faculdades num quadro

---

[34] 4 M 1,9.

onde serão supressos os objetos que as poderiam distrair e no qual lhes serão apresentados aqueles que as reconduzirão a Deus.

[384] Sobretudo no *Caminho de Perfeição*, Santa Teresa detalha esta delicada ascese do recolhimento ativo. Já a ouvimos nos dizer[35] – e em pormenores – o quanto importa libertar "o palácio (da nossa alma) de gente baixa e de bagatelas",[36] recorrer a Jesus Cristo, "tentar trazer uma imagem ou retrato desse Senhor que atenda ao vosso gosto",[37] "usar um bom livro",[38] e isso "com carinhos e artifícios"[39] e, ainda, fazer perseverantes esforços para adquirir uma facilidade habitual para entrar no recolhimento ativo.

Veremos com clareza ... , começando a rezar, que as abelhas vêm para a colmeia e entram nela para fabricar o mel.[40]

b) A segunda fase impõe à prática do silêncio interior um método inteiramente diferente.

Descrição. O auxílio particular ou ação sobrenatural de Deus se exerce sobre a alma e sobre as faculdades, mas em graus e modos diferentes. O influxo que aprisiona mediante o sabor ou paralisa na secura não é uniforme. Partindo das profundezas da alma, ele atinge de ordinário, em primeiro lugar, a vontade; irradia com muita frequência sobre a inteligência, raramente aprisiona a memória e a imaginação. O senhorio completo ou suspensão simultânea de todas as faculdades acontece apenas nas graças da união mística

---

[35] Cf. II Parte – Primeiras Etapas, Cap. 2: "No ponto de partida", p. 225; Cap. 3: "As primeiras orações", p. 243; Cap. 4: "A Oração de recolhimento", p. 261; e Cap. 6: "Distrações e aridez", p. 300.

[36] CP 28,12.

[37] *Ibid.*, 26,9.

[38] *Ibid.*, 26,10.

[39] *Ibid.*

[40] *Ibid.*, 28,7.

das quintas Moradas e no arroubamento das sextas, e dura só pouco tempo. Pelo contrário o influxo sobre a vontade pode prolongar-se por bastante tempo numa suave oração de quietude ou de recolhimento passivo que também atinge os sentidos.

Assim, quando a vontade é tomada e se encontra suavemente presa à Realidade divina, as outras faculdades não têm mais mestre a quem obedecer. Andam de um lado para o outro, sem guia e nem lei, ora em direção a Deus, ora em direção às coisas mais fúteis. Se a vontade as perseguisse para fazê-las retornar e controlá-las, perderia o contato experimentado com o Bem supremo. Ela não o deve fazer.

Se às vezes, devido a uma rápida intervenção ou a um resplendor, algum efeito saboroso da contemplação atinge estas faculdades instáveis, elas aproveitam a força que daí recebem para se dirigirem, também elas, à Realidade divina [385] com um ardor que corre o risco de ser muito nocivo à contemplação e ao silêncio que ela exige. Se Deus responde aos desejos delas e as toma de novo, produz-se então esse movimento de vai e vem muitas vezes descrito por Santa Teresa e que pode levar a crer numa suspensão prolongada das faculdades. O influxo divino sobre estas faculdades pode ser também doloroso e, por conseguinte, fatigante. Doloroso ou suave, ele leva as faculdades a uma atividade febril durante a oração. Após a oração, geralmente, desperta nelas como que uma necessidade de independência e provoca com muita frequência certa excitação da atividade.

Parece, pois, que as graças contemplativas, produzindo efeitos diferentes e, às vezes, contrários sobre as faculdades inferiores, mais as dividem do que as unem, estabelecendo zonas de profunda paz e zonas de desordenada agitação. São João da Cruz fala do fundo pacífico da alma e distingue-o dos arrabaldes cheios de bulício para onde relega o entendimento discursivo e as faculdades sensíveis.[41]

---

[41] Cf. CE 18.

Não pensemos, no entanto, que o desenvolvimento da contemplação possa criar uma paz duradoura e constante nas faculdades. As faculdades instáveis permanecem sempre assim. Santa Teresa e São João da Cruz, mesmo depois de terem chegado ao matrimônio espiritual, ainda se lamentam de suas divagações. Além disso, São João da Cruz nos faz notar que, nestas faculdades, uma certa perturbação pode ser provocada pela presença do demônio. Talvez saibamos por experiência como é agudo e angustiante o sofrimento provocado por essa dualidade e essa agitação nas faculdades, no momento em que a alma aspira com ardor à paz silenciosa e ao repouso da união perfeita. Escutemos Santa Teresa em suas descrições sempre tão sugestivas:

> Há ocasiões em que me vejo incapaz de concentrar o pensamento em Deus ou em alguma coisa boa; não consigo ter oração, mesmo estando em solidão ... . Vejo que o entendimento e a imaginação são o que me prejudica aqui, pois tenho a impressão de que a vontade está boa e pronta para todo bem; mas o entendimento está tão perdido que se assemelha a um louco furioso que ninguém pode controlar. Só consigo acalmá-lo pela duração de um Credo.[42]
>
> Há pouco tempo, aconteceu-me passar oito dias com a impressão de não haver em mim, nem poder haver, conhecimento da minha dívida para com Deus, nem recordação das suas graças.
>
> Fiquei com a alma tão insensível e absorta não sei em quê, nem como – não com maus pensamentos, **[386]** mas incapaz de voltar-se para os bons –, que ria de mim mesma e me alegrava ao ver a baixeza de uma alma quando Deus não age continuamente nela. ... embora lance lenha e faça o pouco que pode, ela (a alma) não consegue atear o fogo do amor de Deus. Pela grande misericórdia divina, ainda há alguma fumaça para que a alma entenda não estar a chama de todo apagada. Contudo, só o Senhor pode voltar a acendê-la.
>
> Nesse caso, ainda que a alma se mate de soprar e de arrumar a lenha, parece que tudo abafa o fogo ainda mais.[43]

---

[42] V 30,16.
[43] *Ibid.*, 37,7.

Estes estados de impotência e agitação das faculdades eram particularmente sensíveis para o temperamento, a um só tempo tão ardente e tão equilibrado, de Santa Teresa. Estas descrições se encontram, sob diversas formas, em seus escritos. É inútil multiplicar as citações. No entanto, eis ainda o que a Santa disse do seu estado interior, enquanto escrevia o *Castelo Interior,* já chegada ao matrimônio espiritual:

> Enquanto escrevo, examino o que se passa em minha cabeça, considerando o grande ruído que há nela, como eu disse no princípio. Esse zumbido quase me tornou impossível escrever isto que me mandaram. Tenho a impressão de ter na cabeça rios caudalosos, cujas águas se precipitam. Ouço muitos passarinhos e silvos – não nos ouvidos, mas na parte superior da cabeça, onde dizem estar a parte superior da alma.[44]

Portanto, o ruído não diminui à medida que penetramos nas moradas interiores. É a impressão que deixam, também, as descrições feitas por São João da Cruz. Não podemos afirmar que ele aumente, mas é certo, antes de mais, que a alma purificada ressente-o mais dolorosamente e, também, que este ruído se localiza nas faculdades mais exteriores.

Diretivas práticas. Como reagir contra esta agitação das faculdades e cultivar o silêncio interior nesta segunda fase da vida espiritual?

Ouvimos Santa Teresa dizer que se ria de sua impotência e do bulício de suas faculdades: "Algumas vezes, rio e percebo a minha miséria; fico a contemplar o entendimento para ver até onde vai".[45]

Com efeito, a Santa tinha compreendido que seria vão lutar contra as forças superiores, quer as de Deus que produzem tais efeitos em nossas faculdades humanas [387] não adaptadas à sua ação, quer as do demônio que tenta

---

[44] 4 M 1,10.
[45] V 30,16.

vingar-se nas faculdades sensíveis das derrotas que sofreu nas regiões superiores da alma.

1. O combate direto é inútil e mesmo nocivo, e isso desde o começo dos estados contemplativos. Santa Teresa afirma-o ao falar da oração de quietude:

... a vontade, quando se vê nesta quietude, deve considerar o entendimento um louco, porque, se desejar trazê-lo consigo, será obrigada a se ocupar de algo e com isso se inquietar. Nessa altura da oração, tudo seria esforço e nenhum lucro, pois perderíamos o que o Senhor nos dá sem nenhum esforço nosso.

... Quem se vir nesse grau tão elevado de oração, se o entendimento – ou pensamento, para melhor me explicar – procurar os maiores desatinos do mundo, deve rir dele e tratá-lo como néscio.[46]

O conselho da Santa é muito firme e fácil de justificar. O primeiro dever que se impõe à alma é o de respeitar a ação de Deus e de favorecê-la, prestando-lhe o apoio de uma fé desperta. Se a alma corre atrás das faculdades buliçosas, perde o contato com Deus e arrisca-se seriamente a perder a contemplação. Aliás, não é uma lei psicológica que, ao tomar contato com as imagens ou realidades sensíveis, a vontade se atola nelas ao invés de as dominar?

2. O dever da alma, pelo contrário, é fugir rumo a Deus, dirigindo-se por um movimento positivo para as regiões tranquilas e obscuras onde ele age, ultrapassando inclusive essas regiões para atingir a fonte de onde vem a vida. Os atos de fé e de amor, a inspiração cada vez mais sutil que reflui para Deus realizarão este movimento positivo incessante e pacífico, que manterá a alma acima do bulício dos arrabaldes e de si mesma, em contato com Deus no esconderijo da noite da fé.

---

[46] CP 31,8.10.

3. Mas, às vezes, estando a alma já presa pelo bulício ou por uma obsessão e as faculdades, já cansadas e enervadas, recaindo constantemente sobre si mesmas, a fuga não será possível. Que fazer, então, senão queixar-se humildemente a Deus, a fim de que ele venha libertar a alma, tranquilizando-a.

No entanto, mesmo aí, a experiência revelará à alma os meios que deve utilizar para conservar uma paciência amorosa e evitar o cansaço que desgasta e enerva. Por vezes, Santa Teresa descansava considerando os desvios de sua imaginação, para se rir deles. Este meio poderia ser perigoso para uma alma menos perfeita do que a sua. Santa Teresinha do Menino [388] Jesus rezava devagarzinho o *Pai-Nosso* e a *Ave-Maria*. Cada um encontrará a sábia diversão que repousa sem distrair o fundo da alma, tal como uma oração vocal, uma atitude física de recolhimento que repousa, uma palavra da Escritura, uma oração à Virgem Santa, o olhar para o tabernáculo, o retorno a um pensamento ou a uma cena evangélica escolhida antes da oração e que serão apresentados às faculdades como um ponto de convergência que porá fim às suas divagações.

4. Estas diversões fazem parte da ação indireta sobre as faculdades. Se é inútil e mesmo nocivo lutar diretamente contra a agitação das faculdades, continua a ser possível trabalhar indiretamente para o seu apaziguamento, suprimindo do campo de sua atividade aquilo que pode distraí-las e excitá-las. A retenção dos sentidos, cujas percepções alimentam esta agitação, é, pois, um dever.

O bulício e a agitação percebidos durante a oração mostrarão, melhor do que qualquer exame detalhado, os apegos que obstaculizam a ação de Deus e o sentido que é preciso mortificar. Assim, ficará definido o campo no qual se deve exercer a ascese do silêncio fora da oração.

Sabemos que esta ascese não vai suprimir o bulício, mas pelo menos afirmará a nossa vontade de reduzi-lo. Oferecerá a Deus o testemunho meritório do nosso desejo de silêncio e da nossa fidelidade em procurar só a ele.

5. Esta agitação na oração guiará também a alma na prática dos atos anagógicos que devem completar a guarda dos sentidos. Partindo do princípio de que as virtudes teologais estão enxertadas nas faculdades naturais – a fé no entendimento, a caridade na vontade, a esperança na imaginação e na memória –, São João da Cruz nos ensina a disciplinar as faculdades naturais, praticando as virtudes teologais que lhe correspondem. Fortificando as virtudes teologais, acalmamos e purificamos na mesma proporção a faculdade cujos apegos constituem obstáculo à ação de Deus.

Tal é o problema do silêncio, complexo e sutil, a ponto de desorientar qualquer análise. Esta exposição nos deixa, pelo menos, entrever como o praticá-lo é uma arte difícil e quase decepcionante. Ao querer fazer reinar a paz em regiões onde se amalgamam a ação direta de Deus, a influência do demônio, as impotências da fraqueza humana e as reações de nossas tendências, mesmo o esforço mais generoso não conseguiria evitar as imperícias, as faltas e, muitas vezes, o sofrimento e o aparente malogro. De fato, é por meio da humilhação e da paciência, mais do que pelas capacidades de uma arte – que é, no entanto, necessária –, que a alma triunfará atraindo a misericórdia que purifica, cura e pacifica.

SEXTO CAPÍTULO
Solidão e contemplação

*Eis que vou ... conduzi-la ao deserto
e falar-lhe ao coração.*[1]

[389] O contemplativo que experimentou as invasões da unção divina ou os contatos do próprio Deus encontra nisso o gosto do silêncio e a imperiosa necessidade do deserto. Silêncio e solidão parecem se identificar, para ele, sob a força e a atração que o elevam para outras regiões.

E, na verdade, o Profeta do Antigo Testamento, escolhido por Deus para a sua missão profética, deixa a sua família e a sua tribo e foge para o deserto. A enlevação das primeiras graças da vida religiosa e a insuficiência de silêncio que encontra nela impelem São João da Cruz para a Cartuxa. O senhorio do Verbo sobre a Santa Humanidade de Jesus Cristo mantém-no durante trinta anos na ignorada solidão de Nazaré e, no limiar da vida pública, fá-lo permanecer durante quarenta dias no deserto para onde se dirigirá com frequência no decorrer da sua vida apostólica.

Solidão e ação de Deus na alma evocam-se mutuamente e parecem inseparáveis. "Eis que vou ... conduzi-la ao deserto e falar-lhe ao coração"[2] – diz o Senhor por intermédio do Profeta Oseias. É ao deserto que Deus conduziu e onde formou os grandes contemplativos de todos os tempos e os instrumentos de suas grandes obras.

Moisés, após ter recebido na corte do Faraó a melhor educação que se podia dar-lhe em seu tempo, é impelido

---

[1] Os 2,16.
[2] *Ibid.*

para o deserto por um acontecimento providencial. Vive aí durante quarenta anos e é ali que Deus se lhe manifesta na sarça ardente e lhe confere sua elevada missão de guia do povo hebreu. João Batista é arrastado para o deserto pelo peso da singular graça recebida no dia da Visitação de Nossa Senhora. Sairá de lá aos trinta anos, **[390]** cheio do Espírito de Deus e pronto para cumprir sua missão de precursor. São Paulo, após sua conversão, retira-se para a Arábia[3] e, sob a ação direta do Espírito Santo, prepara-se aí para a sua elevada missão de apostolado. É da solidão que saem, nos primeiros séculos, os grandes bispos que construíram nossa civilização cristã. Mais tarde, Santo Inácio de Loyola receberá, durante o seu ano de solidão em Manresa, as luzes que lhe permitirão escrever o livro dos *Exercícios Espirituais* e organizar a Companhia de Jesus.

Quanto à Ordem do Carmelo, que deu à Igreja os seus grandes doutores místicos, ela nasceu no deserto. Vive nele ou, pelo menos, volta a ele sem cessar como à única atmosfera que pode nutrir suas aspirações e desenvolver a sua vida.

Então, não só o silêncio, mas também a solidão se faz necessária para que Deus possa pronunciar seu Verbo na alma e para que esta possa ouvi-lo e receber a sua ação transformante.

É que, na verdade, o deserto oferece ao contemplativo riquezas incomparáveis: sua nudez, seu silêncio, o reflexo de Deus que revela na sua simplicidade e as harmonias divinas que encerra na sua pobreza.

É uma ascese dura aquela que o deserto impõe a quem se lhe entrega; mas ascese soberanamente eficaz, porque procede de um desprendimento absoluto. O deserto retira aos sentidos e às paixões a multiplicidade das satisfações

---

[3] Cf. Gl 1,17.

que mancham e as impressões que cegam e aprisionam. A sua nudez empobrece e desapega. O seu silêncio isola do mundo exterior e, não deixando à alma mais que a uniformidade dos ciclos da natureza e a regularidade da vida que traçou para si, obriga-a a entrar nesse mundo interior que veio buscar aí.

Esta nudez e este silêncio não são o vazio, mas pureza e simplicidade. O deserto revela esse reflexo da transcendência, esse raio imaterial da simplicidade divina que carrega em si mesmo, esse rastro luminoso Daquele que aí passou com presteza[4] e que continua aí presente através da sua ação. O deserto está cheio de Deus; sua imensidão e sua simplicidade o revelam; seu silêncio o doa. Ao estudar a história dos povos, notamos com razão que o deserto é monoteísta e que preserva da multiplicidade dos ídolos. Observação importante, que prova que o deserto também dá, àqueles que se deixam envolver [391] por ele e lhe entregam suas almas, a sua própria alma, o Ser único e transcendente que o anima.

A partir daí, compreendemos quanto, nesta nudez purificadora e nesta simplicidade transparente do deserto, pode se purificar e se enriquecer o sentido espiritual do contemplativo cristão em contato com as divinas presenças das quais sua fé lhe deu a certeza e que a experiência já lhe tinha tornado vivas. Ele pode ir até aquelas regiões onde se deixam sentir tanto o sopro do Verbo Esposo, como o suave amplexo do Pai, na abrasadora atmosfera do Espírito do amor. Apoiando-se nestas riquezas para as ultrapassar, a alma vai mais longe nesta nudez e simplicidade interior cujo segredo o deserto lhe deu, para atingir, mediante uma fé mais despojada e mais pura, o ser e a vida de Deus aos quais ela aspira. Foi depois de ter caminhado quarenta dias

---

[4] Cf. CE 5,3.

no deserto que Elias sentiu, sobre o desolado monte Horeb, a brisa suave que revelava a presença divina.[5]

Assim, é normal que o contemplativo que percebeu Deus nesta noite tranquila do deserto interior e exterior, nas "unções e matizes [que] têm a delicadeza e sublimidade do Espírito Santo e [que], por causa de sua finura e sutil pureza, ... o mínimo ato ... basta para perturbar ou impedir"[6], aspire não só aos claustros recolhidos, mas aos eremitérios retirados e à nudez silenciosa do deserto. Se não sentisse esta atração, poderíamos duvidar da qualidade de sua experiência espiritual.

Estas são verdades que não deveríamos colocar em dúvida, pois se apoiam em experiências cujo valor é impossível negar.

Mas elas levantam um problema prático muito importante que não podemos negligenciar. É preciso viver no deserto para se tornar contemplativo e assegurar o desenvolvimento das graças contemplativas? Ou, com termos mais precisos: a contemplação, que tem sempre necessidade de silêncio, exige a permanência no deserto nas mesmas proporções?

Um elemento para responder a esta questão nos é dado pelo testemunho, já citado, de Santa Teresa acerca do valor espiritual e contemplativo da atividade imposta pela obediência:

E acreditai-me: o que beneficia a alma não é um longo tempo de oração, já que, quando empregamos bem o tempo em obras, isso muito nos ajuda **[392]** a, em breve, conseguir uma disposição para acender o amor muito superior à alcançada em muitas horas de consideração. Tudo vem das mãos de Deus.[7]

---

[5] Cf. 1Rs 19,12.
[6] Ch 3,41.
[7] F 5,17.

III Parte – Contemplação e Vida Mística

Outros motivos nos obrigam a dissociar o problema da solidão daquele do silêncio.

São muito numerosos os espirituais para os quais a vida de solidão não pode ser senão um sonho irrealizável. Este é casado; tem o encargo de uma família, e os deveres que decorrem de sua situação impõem-lhe uma tarefa quotidiana muito absorvente no meio da agitação do mundo. Aquele outro tem uma vocação de apostolado exterior e se encontra envolvido numa multiplicidade de obras que seu zelo criou ou que, pelo menos, deve manter. Anteriormente, poderiam ter hesitado entre a vida solitária e aquela que é a deles. Mas, agora, já não é mais o tempo. Ademais, obedecendo à luz da sua vocação, já fixaram sua escolha. Ei-los presos pelas obrigações às quais, de fato, não podem se subtrair e que Deus lhes manda cumprir com fidelidade.

Esta atividade apostólica necessária à extensão do Reino de Deus, o cumprimento dos mais sagrados deveres de família, seriam incompatíveis com as exigências da contemplação e de uma vida espiritual bastante elevada? Estas almas que permaneceram ávidas de Deus e que sentem seus desejos se tornarem mais ardentes em meio à profusa atividade a que as obrigam os mais autênticos de seus deveres de estado, estarão condenadas a jamais alcançar a plenitude divina a que aspiram, porque Deus as afastou da solidão do deserto? Não o podemos crer, pois é a própria Sabedoria que chama a todos para as fontes de água viva e que lhes impõe estes deveres exteriores. A Sabedoria é una e harmoniosa nos seus apelos e nas suas exigências. "Eflúvio do poder de Deus", forte e suave, joga com os obstáculos "e, entrando nas almas boas de cada geração, prepara os amigos de Deus e os profetas".[8]

---

[8] Sb 7,25.27.

Além disso, a vida na solidão exige uma força e qualidades que a natureza reserva a uma elite.

Ao fugir do mundo e de seus semelhantes, a pessoa não deixa a si mesma. Diante dos horizontes naturais e num campo de atividade doravante limitado, o "eu" se manifesta, se agita muitas vezes e sempre se impõe à consciência psicológica. A inatividade enerva, a solidão e o silêncio amplificam os ruídos e, ao mesmo tempo, apuram as potências que os percebem. [393] Os movimentos da alma e das faculdades, os pensamentos, as imagens, as suas impressões e sensações precipitam-se e sucedem-se sem que um choque exterior venha interrompê-los e modificar-lhes o curso. Gravam-se na alma, impõem-se com uma acuidade assediadora e muitas vezes dolorosa a ponto de velar completamente as realidades sobrenaturais que a alma esperava poder contemplar em si mesma e em Deus. Vinda ao deserto para encontrar Deus, a alma, muitas vezes, aí só encontra a si mesma.

Se acrescentarmos que os espíritos maus também habitam o deserto, refugiando-se nele depois de suas derrotas a fim de procurar um repouso,[9] que tentam com especial violência aqueles que vivem aí – como o provam o relato da tentação de Jesus durante a santa quarentena e aquilo que a hagiografia nos conta a respeito dos piedosos anacoretas –, se nos lembrarmos de que os espíritos malignos esmeram-se para fazer aumentar a confusão criada pela inatividade febril com o intuito de se aproveitarem dela, fazendo brilhar seus engodos e armando suas ciladas, acabaremos por compreender que o deserto exige almas corajosas, temperamentos muito equilibrados, que ele é verdadeiramente a pátria dos fortes.

---

[9] Cf. Lc 11,24.

Por isso, quantas ilusões nos mais sinceros e ardentes desejos de vida eremítica! Os mestres, cuja experiência e funções colocam à entrada dos desertos para aí receber as boas vontades, sabem-no muito bem e, à benevolência sobrenatural que testemunham, acrescentam sempre uma prudente reserva, a qual, muitas vezes, o futuro vem justificar muito bem. Não se diz que a Cartuxa elimina nove em cada dez postulantes que recebe e examina? Entre estas almas de uma boa vontade sincera, mas insuficientemente esclarecida, há, sem dúvida, aqueles com certa aversão à sociedade, pesados para si mesmos e para os outros; aqueles superficiais em busca de impressões muito vivas; aqueles excitados ou os simplesmente preguiçosos, amigos do descanso. Mas há também os pobres melancólicos, à procura de obscuridade e sofrimento; os fracos muito simpáticos que uma queda ou mesmo apenas a perspectiva de esforço a fazer, desencorajou. E há ainda um número bastante grande de pessoas espirituais, que têm certa experiência mística, desejosas de quietude e de impressões sobrenaturais, mas demasiado fracas ou muito pouco purificadas para arcarem com outras mais fortes e suportarem-se a si próprias sem distração exterior.

Cada caso parece um caso novo sobre o qual só a experiência pode projetar alguma luz. Se não houver a assistência de uma direção prudente, a solidão quebra, com uma força quase brutal, **[394]** estas almas e as rejeita impiedosamente como destroços físicos e morais. Para falar a verdade, acrescentemos que, por vezes, ela guarda tais almas, e que estas, não encontrando a Deus como se tinha esperado para elas, dão a impressão de que teriam realizado melhor suas vidas em outro lugar.

Se a solidão do deserto fosse absolutamente necessária para o desenvolvimento da contemplação, deveríamos concluir que todos aqueles que não podem ter acesso a ela, os que não puderam suportá-la ou mal a aguentam, são incapazes de chegar à contemplação, a qual estaria reservada para raros privilegiados.

Opinião desencorajadora e, contudo, bastante difundida. Não foi ela que criou este fosso profundo entre contemplativos e ativos, a ponto de nos fazer acreditar que estas duas formas de vida são dois caminhos bem distintos, que obedecem a leis inteiramente diferentes? E, por consequência, não é ela que nos apresenta o contemplativo e o ativo como dois irmãos – senão inimigos – em nada semelhantes, encerrando o primeiro num olhar sobre o eterno, e o segundo nas preocupações temporais; liberando o primeiro de toda a intervenção na vida da sua época e o segundo de toda a aspiração a uma vida interior profunda?

Contra esta fácil classificação usada pelas mentes lógicas, mais preocupadas com a clareza conceitual do que com a verdade, protestam, a um só tempo, a sã concepção da vida espiritual e a efetivação da santidade que descobrimos nos santos.

Ao falar dos dons do Espírito Santo, já vimos como dois santos como Santa Teresa e São João Bosco, com uma vida exterior e espiritual tão pouco semelhantes – pois guiadas por dons do Espírito Santo tão diferentes – se assemelham espantosamente no vértice, devido aos carismas de que gozam.

Mas voltemos ao problema que abordamos e que devemos resolver. Em que medida a contemplação – ou, falando de maneira mais geral, a ação profunda de Deus na alma –, exige a solidão? A fim de não nos perdermos em considerações puramente especulativas, esforcemo-nos por andar ao encalço do real e peçamos ao estudo de casos concretos a solução prática desse problema vital.

A vida do profeta em Israel parece sugestiva a este propósito, sobretudo quando os princípios que a regem são ilustrados pela utilização que o Carmelo faz deles.

[395] A Sagrada Escritura nos mostra, no desenvolvimento da vida do povo hebreu, a instituição daquilo a que se denominou o profetismo em Israel. Sobre o povo escolhido que fez sair da escravidão no Egito e que introduziu na terra de Israel sob o ministério de Moisés e de Josué, Deus reservou-se a autoridade absoluta. Ele era ao mesmo tempo o Deus e o Rei de Israel. Entregava seu povo à servidão das nações vizinhas, quando este lhe era infiel, e suscitava juízes para libertá-lo, quando o castigo lhes tinha feito ver sua falta.

Um dia, os israelitas foram ter com Samuel, seu juiz, e pediram-lhe um rei que estivesse sempre à sua frente. Este pedido desagradou a Deus: "Não é a ti que eles rejeitam – disse ele a Samuel –, mas a mim, porque não querem mais que eu reine sobre eles. ... Portanto, atende ao que eles pleiteiam. Mas, solenemente, lembra-lhes e explica-lhes o direito do Rei que reinará sobre eles".[10]

Deus não queria sacrificar nenhum dos seus direitos sobre o povo depositário das promessas messiânicas; para conservar todo o seu poder sobre si, institui os profetas ou o profetismo que subsistiu até ao cativeiro da Babilônia.

O Profeta é um homem escolhido por Deus para defender seus direitos sobre Israel contra o autoritarismo e a impiedade dos reis e contra a infidelidade do povo.

Esta escolha confere ao Profeta uma missão permanente e um poder extraordinário. Alguns, entre os profetas escritores, contam-nos a sua vocação.[11]

Isaías diz também como foi chamado à missão profética e como um Serafim lhe purificou os lábios com um carvão ardente. Sabemos menos acerca dos profetas que não escreveram e aos quais chamamos de profetas de ação. A

---

[10] 1Sm 8,7.9.
[11] Cf. Jr 1,5-10.

Escritura mostra-nos Elias, o tesbita, erguendo-se de repente "como um fogo" e começando a sua missão profética.[12]

Esta vocação é um verdadeiro senhorio de Deus que separa o Profeta do seu meio, da sua família, e o atrai para o deserto. O Profeta, tornado "homem de Deus" no sentido pleno da palavra, vive doravante à margem da sociedade, isolado pela sua graça e por sua pertença a Deus. Não tem morada fixa; vai para onde o Espírito o impele, permanece onde ele o fixa, muitas vezes vagando pela Palestina, vivendo ordinariamente na solidão.

[396] Que faz ele? Está às ordens de Deus, à escuta de seu Verbo e, para isso, mantém-se constantemente na sua presença: *Vivit Dominus in cujus conspectu sto!* Vive o Senhor, em cuja presença estou – clama Elias, o maior dos profetas de ação.[13]

Esta resposta de fé e de abandono a um senhorio de Deus tão absoluto cria uma atitude eminentemente contemplativa. Na solidão, estabelecem-se trocas maravilhosas entre Deus e a alma do Profeta. Deus se doa a ele com uma generosidade que, muitas vezes, é aumentada pela infidelidade do povo. Satisfaz, assim, a sua necessidade de se difundir. Por vezes, o Profeta recebe na sua alma a graça de Israel.

O Profeta entrega-se com um abandono cada vez mais perfeito; o seu olhar, a sua fé se purificam. Ao analisar no capítulo anterior a visão de Horeb, vimos as exigências sublimes e delicadamente puras do Profeta Elias, quando Deus lhe apresenta manifestações sobrenaturais exteriores. É o próprio Deus que ele deseja e não se mostrará satisfeito a não ser quando o tiver sentido no sopro da brisa suave.

---

[12] Cf. 1Rs 18; Cf. Eclo 48,1.
[13] 1Rs 17,1 (Vulgata).

Dificilmente intuímos – e seria necessário ter o olhar e a pena de São João da Cruz para penetrar e descrever as intimidades de Deus com o seu Profeta – a obra de santificação e transformação realizada: "Que fazes aqui, Elias?" – diz o Senhor. E o Profeta responde: "Eu me consumo de ardente zelo pelo Senhor dos Exércitos, porque os filhos de Israel abandonaram tua aliança, derrubaram teus altares, e mataram teus profetas. Fiquei somente eu e procuram tirar-me a vida".[14] Os interesses de Deus são os interesses do Profeta. A chama da justiça divina o consome e as suas labaredas são quase por demais ardentes. Deus, com efeito, faz o Profeta notar que há ainda em Israel sete mil homens que não dobraram o joelho diante Baal. O Profeta é um grande vidente das coisas eternas e um familiar de Deus.

Mas não foi unicamente para encontrar nele um amigo fiel que Deus o fez Profeta; foi para ter em suas mãos um dócil instrumento de suas vontades. Uma ordem de Deus... e o Profeta parte imediatamente para executar suas perigosas missões, para levar ao Rei uma mensagem de punição, para reunir o povo sobre o monte Carmelo, para imolar os sacerdotes de Baal ou impor o manto profético em Eliseu.

[397] Estas missões são penosas: o Profeta sente o cansaço, vê os perigos, experimenta às vezes a sua fraqueza. Mas que solicitude a de Deus para com todas as necessidades do seu enviado! Os corvos levam-lhe seu alimento em Carit; a farinha e o azeite da sua hospedeira, a viúva de Sarepta, multiplicam-se miraculosamente durante todo o tempo que a fome perdura; um Anjo vai levar-lhe, por duas vezes, o pão que o sustentará nos seus quarenta dias de caminhada através do deserto!

O poder de Deus está ligado a todos os gestos e palavras do Profeta. Ele ora e o fogo do céu desce imediatamente

---

[14] *Ibid.*, 19,9-10.

sobre o sacrifício que ele preparou sobre o Carmelo. "Então o Profeta Elias surgiu como um fogo, sua palavra queimava como uma tocha" diz o Eclesiástico.[15] O Rei Ocozias enviou um grupo de cinquenta soldados armados para o prenderem; o Profeta faz descer sobre eles o fogo do céu que os consome. Um segundo grupo de soldados sofreu a mesma sorte. O terceiro é poupado por causa da atitude humilde do seu comandante.[16]

Para tirar uma lição prática destes acontecimentos, despojemo-nos do maravilhoso aterrador que os ilustra e retenhamos apenas a união harmoniosa da contemplação e da ação que o Profeta nos mostra realizada em sua vida. Notemos que a harmonia desta síntese não procede de uma sábia dosagem de ocupações exteriores e exercícios espirituais, de um equilíbrio estabelecido pela prudência e que responderia, ao mesmo tempo, às aspirações da alma pela intimidade divina e às necessidades do apostolado. Equilíbrio e síntese são realizados na vida do Profeta por Deus, que se apoderou dele e que o move. O Profeta está constantemente à procura de Deus e constantemente entregue à sua ação interior ou exterior. Entrega-se, e esta é toda a sua ocupação. Cabe a Deus dispor dele para mantê-lo na solidão ou para o enviar de cá para lá. Em seguida, seu abandono o fará adentrar na mais secreta intimidade com seu Deus, vai impeli-lo para aos mais audaciosos empreendimentos exteriores. Contudo, cumpridos seus gestos, ela o reconduzirá, constantemente, para Deus que habita no deserto. *Vivit Dominus in cujus conspectu sto!* A harmonia entre a contemplação e a ação é realizada pela própria Sabedoria divina, graças ao seu senhorio sobre o Profeta e à fidelidade deste.

O profetismo desapareceu em Israel quando do cativeiro da Babilônia. Mas Elias fizera escola. Os discípulos

---

[15] Eclo 48,1.

[16] Cf. 2Rs 1,9-15.

reuniram-se à sua volta. Mais tarde, os **[398]** eremitas vieram se estabelecer no Carmelo e nas solidões palestinenses, para viver segundo o seu espírito e a sua graça. A Ordem do Carmelo reclama para si esta nobre descendência.[17] Santa Teresa conduz as almas para o vértice da união, indicando as leis do senhorio divino e da cooperação com a sua ação. As Moradas do "Castelo" não são senão etapas para a união. No cume, irá se realizar a síntese harmoniosa que admiramos no Profeta: a alma vive aí na união perfeita com Deus e é, ao mesmo tempo, devorada de zelo pela sua glória. A esta altura ela é, verdadeiramente, "filha de Elias" e vive segundo o seu espírito.

Foi porque este espírito de Elias se tinha apossado da sua alma que Santa Teresa, no momento em que deviam se multiplicar seus mosteiros de Carmelitas, sentiu que faltava algo de essencial à sua obra. As Carmelitas na sua clausura podiam tornar-se grandes contemplativas, arder com a chama do amor divino, mas não podiam se entregar a Deus, como o Profeta, para suas obras exteriores. Assim, multiplicou suas instâncias junto do Geral dos frades Carmelitas, a fim de obter autorização para fundar conventos de frades contemplativos dedicados, ao mesmo tempo, ao ministério das almas. Acabava de fundar o seu segundo mosteiro de monjas Carmelitas quando lhe foi concedida essa licença.

Não há por que contar a história destas trabalhosas fundações, nem as lutas que ocasionaram. Estas discussões sobre os primeiros tempos, bem como aquelas que mais tarde se deram no próprio seio da Reforma Carmelitana, não nos interessam a não ser para as conclusões práticas que elas nos oferecem a respeito do assunto que tratamos.

Verificamos que o Profeta, como o justo, não tem outra lei além daquela da Sabedoria do amor que lhe sustenta e o

---

[17] Cf. 5 M 1,2.

inspira. O seu estado é um estado de perfeição, aquele que Santa Teresa descreve nas últimas Moradas. Foi elevado até elas por sua extraordinária vocação. Nem todos que reclamam para si o espírito profético e querem vivê-lo podem pretender tal privilégio. Chegarão a ele, mas por etapas sucessivas, praticando uma ascese, organizando a sua vida. A prudência, que o profeta entregue à Sabedoria tinha o direito de descuidar, retoma seus direitos e impõe suas regras durante o período de ascensão.

[399] Como ir diretamente até o cume do ideal profético, viver já dele, isto é, unir contemplação e ação, antes de o possuir perfeitamente?

Surge aqui o quase eterno conflito entre as tendências diferentes: o temperamento contemplativo, que receia perder a sua contemplação, e o temperamento ativo, que encontra alegria e gosto apenas na ação. Ambas as tendências, se exageradas, devem levar ao malograr: a primeira, num egoísmo espiritual que ignora o dom de si; a segunda, na dissipação que destrói a contemplação. Este conflito se produziu no seio da Reforma Teresiana. Um homem de gênio, um grande religioso, o maior – dizem – da Reforma, depois de Santa Teresa e de São João da Cruz, Frei Tomás de Jesus, deu uma solução para este problema cujas profundas realizações mostraram a excelência. A sua vida e a sua obra pertencem à história geral da Igreja.

Tomás de Jesus (Díaz Sánchez de Ávila) nasceu na Andaluzia em 1564, enquanto Santa Teresa vivia os seus primeiros pacíficos anos de São José de Ávila. Dotado de uma inteligência notável, aos dezenove anos já tinha esgotado os vários ramos do saber eclesiástico e foi para Baeza cursar seu direito civil, na época em que São João da Cruz era o Reitor do colégio dos Carmelitas. Pouco depois, estudante em Salamanca, pôde ler uma cópia das obras de Santa Teresa, graças a um dos seus amigos, parente da Santa.

Sentiu-se conquistado e, quando o seu amigo entrou nos Carmelitas descalços, seguiu-o. Professou em 1587, ordenou-se em 1589 e, logo em seguida, foi enviado para Sevilha como professor.

Eis este contemplativo entregue, agora, à ação. Põe-se diante dele um problema prático: Como unir contemplação e ação na sua vida de religioso e de professor? Reflete, reza, coordena suas ideias, suas experiências e escreve uma tese. Nela preconiza a criação, no seio da Reforma Teresiana dos Carmelitas descalços, de conventos que serão verdadeiras Cartuxas. Em tais Cartuxas, chamadas "Santos Desertos", as austeridades serão maiores, o silêncio será contínuo; haverá eremitérios isolados onde os religiosos se retirarão durante o Advento, a Quaresma ou noutras ocasiões. Esta estadia no deserto deve manter o espírito contemplativo, preservar o religioso e a Ordem, das invasões da ação; deve também preparar para a ação, entregando mais profundamente a alma ao senhorio divino. O santo deserto deve assegurar o equilíbrio da vida mista, conservando à contemplação a influência orientadora principal que lhe cabe.

[400] A tese foi apresentada ao Frei Dória que ficou assustado com o projeto: receou que o deserto esvaziasse os conventos dos seus melhores religiosos. Pensamento mesquinho, mas que não devemos criticar de modo demasiado duro, pois, dois anos mais tarde, aprovou o projeto e permitiu que fosse executado.

É então fundado um deserto em Bolarque, nas margens do Tejo. Frei Tomás de Jesus, depois de o haver inaugurado, não o pode usufruir, pois é professor e, em breve, aos trinta e cinco anos, Provincial de Castela a Velha. Funda um novo deserto perto de Salamanca e, terminado seu Provincialato, retira-se para lá. Permanece aí sete anos, como Prior.

Anos fecundos! Tomás de Jesus bebe da fonte de água viva e se prepara para fazê-la jorrar de sua alma para todos aqueles que têm fome e sede de Deus. Reflete, trabalha. Mas eis que da Itália, o Papa Paulo V, que ouvira falar dele, chama-o para lhe confiar um apostolado missionário. Hesita. Uma luz interior vem confirmar este apelo do chefe da cristandade. Como Elias na sua gruta, vivendo na presença de Deus, ele sentiu o zelo da glória divina abrasá-lo. Não tinha também Santa Teresa sentido estes mesmos ardores depois dos tranquilos anos passados em São José de Ávila? Uma graça idêntica produz os mesmos efeitos nas almas. Frei Tomás de Jesus parte para a Itália e coloca-se à disposição do Soberano Pontífice.

Para responder aos desejos do Papa e, ao mesmo tempo, concretizar um pensamento caro a Santa Teresa, ele propõe a fundação de uma terceira Congregação carmelitana, chamada "de São Paulo" e que será uma congregação voltada unicamente às missões. Estamos no início do século XVII: este contemplativo está adiantado em relação à história da Igreja.

Frei Pedro da Mãe de Deus, Geral da Congregação de Itália, que apoiava Frei Tomás de Jesus, morre neste ínterim. O seu sucessor consegue fazer anular o breve para a ereção da Congregação de São Paulo. Frei Tomás de Jesus, considerado desertor na Espanha e suspeito para seus irmãos da Itália, cai na desgraça. Aproveita disso para ordenar seus pensamentos sobre o apostolado missionário. A obra que então redige, *De procuranda salute omnium gentium*, é uma verdadeira suma do apostolado missionário e será, durante muito tempo, o manual clássico adotado pela Congregação da Propaganda Fide. Tomás de Jesus preconiza aí especialmente a criação de um organismo central em Roma, para sustentar, dirigir e coordenar o apostolado em todo o mundo (com efeito, este organismo será criado e se tornará a Congregação da [401] Propaganda Fide). Trata também da necessidade de seminários das missões especializados para cada raça.

III Parte – Contemplação e Vida Mística

O Papa não esquece Tomás de Jesus. Mediante uma feliz intervenção, coloca-o de novo em boas graças e confia-lhe as fundações projetadas na França e na Bélgica.

Em 1610, Frei Tomás de Jesus está em Paris para dar os primeiros passos que levarão, no ano seguinte, à fundação do convento da Rua de Vaugirard. Durante este mesmo período, já se encontra em Flandres, onde é acolhido com muita alegria pela Venerável Ana de Jesus. Superior das monjas e Provincial dos frades Carmelitas durante doze anos (1611-1623), multiplica as fundações de mosteiros e conventos em Bruxelas, Louvaina, Antuérpia, Colônia, Tournai, Malines, Liège, Valenciennes etc. etc. Não se esquece de que um santo deserto é necessário para a vida de sua Ordem e, em 1619, estabelece um em Marlagne, perto de Namur.

Em meio aos seus trabalhos de fundação e administração, encontra tempo para aperfeiçoar seus grandes tratados de vida espiritual sobre a *Prática da fé viva*, sobre a *Oração* e sobre a *Contemplação divina*.

Em 1623, regressa a Roma, como Definidor Geral. Morre aí, santamente, em 1627.

Frei Tomás de Jesus deixava um exemplo e uma doutrina do maior interesse.

O Profeta tinha-nos mostrado o equilíbrio da contemplação e da ação realizado pelo senhorio de Deus.

Por meio da criação dos santos desertos, Tomás de Jesus nos ensina como se oferecer progressivamente a este senhorio divino e como assegurar o equilíbrio espiritual da própria vida enquanto esperamos que esse seja realizado.

Os *ensinamentos mais precisos* da sua doutrina vivida, que servirão de conclusões práticas a este estudo, podem ser enunciados do seguinte modo:

1. A solidão, em razão da qualidade do silêncio que assegura, parece necessária para o desenvolvimento da con-

templação sobrenatural. Deve, pois, fazer parte de toda a vida contemplativa.

2. É suficiente que esta solidão seja intermitente, mas deve ser tanto mais profunda quanto mais intermitente, e tanto mais protegida quanto mais ameaçada pelas invasões do mundo.

3. **[402]** Atividades de apostolado e a contemplação protegida desta forma e alimentada com o pão quotidiano da oração podem se unir num equilíbrio harmonioso que as purifica, as enriquece e as fecunda mutuamente.

4. É este equilíbrio perfeito entre contemplação e ação que caracteriza o profeta e que faz o apóstolo perfeito.

Tal é a doutrina de Tomás de Jesus, cujo alcance e valor nos parecem imensos para a nossa época.

SÉTIMO CAPÍTULO

A contemplação

[403] Dom de si, humildade e silêncio não só entregam a alma à ação direta de Deus, mas exercem uma pressão quase irresistível sobre a liberdade divina para que intervenha na vida espiritual da alma por meio dos dons do Espírito Santo.

Qual é a natureza e quais são os efeitos desta intervenção, como se submeter aos diversos modos da ação divina para lhe assegurar toda a sua eficácia? Antes de abordar este assunto que constitui a parte mais importante dos seus tratados, e de modo especial do *Castelo Interior*, Santa Teresa recolhe-se e reza.

Para começar a falar das quartas Moradas, bastante necessário é o que fiz: encomendar-me ao Espírito Santo e suplicar-lhe que, daqui em diante, fale por mim, a fim de que eu possa dizer algo das Moradas restantes de um modo que o entendais.[1]

Imitemos o seu gesto, pois não conseguiríamos penetrar nestas novas regiões sem uma ajuda especial de Deus:

Porque se começa aqui a abordar coisas sobrenaturais, dificílimas de explicar, a não ser que Sua Majestade o faça, como fez quando, há cerca de catorze anos, escrevi acerca do que até então havia entendido.[2]

... o entendimento não consegue fazê-lo de modo adequado (abordar tais coisas sobrenaturais), resultando tudo bastante obscuro para os que não têm experiência. Quanto aos que já a possuem – particularmente os que a têm muita –, bem o entenderão.[3]

[404] Com efeito, entramos no campo da teologia mística que, por definição, é uma ciência misteriosa e secreta.

---

[1] 4 M 1,1.

[2] No livro da *Vida*.

[3] 4 M 1,1-2.

Modestamente, a Santa viu que não tem a necessária ciência para lançar toda a luz desejável sobre este assunto e queixa-se:

Para essas coisas seria preciso instrução. Seria bom explicar aqui o que é auxílio geral e auxílio particular ... . Isso também serviria para esclarecer muitas coisas que devem estar erradas.[4]

Assim, renunciando a explicar, vai limitar-se a expor "o que a alma sente quando está nessa divina união".[5]

A ciência mística de São João da Cruz virá em sua ajuda e esclarecerá de maneira oportuna as descrições espantosamente matizadas e precisas de Santa Teresa. A doutrina harmonizada dos dois Reformadores do Carmelo será o guia mais seguro nestas regiões misteriosas e fornecerá à teologia mística seus princípios mais sólidos e as suas bases mais seguras.

Em nossos dias, observamos um retorno muito claro a estas questões. Esnobismo? Não parece – pelo menos habitualmente. Trata-se muito mais do desnorteamento da inteligência e da inquietação do amanhã que criam e alimentam uma intensa necessidade do absoluto e do transcendente. Os mestres do Carmelo veem, pois, chegarem até eles muitos espíritos curiosos e inquietos e uma multidão de almas sedentas de luz e de vida. Com que ternura estes doadores do divino e do infinito devem se debruçar, do alto do céu, sobre a angústia e a fome destas almas, para colocarem à sua disposição todas as suas riquezas intelectuais e espirituais! Que eles se dignem ajudar-nos para que não enfraqueçamos a sua mensagem!

A – *A CONTEMPLAÇÃO EM GERAL*

A intervenção de Deus na vida espiritual se dará, normalmente, em primeiro lugar, nas relações diretas da alma

---

[4] V 14,6.
[5] *Ibid.*, 18,3.

com Deus e, por consequência, na oração. Transformará a oração em contemplação. É, portanto, a contemplação que se oferece, logo de início, ao nosso estudo.

I – *Definições*

[405] Foram dadas muitas definições da contemplação. Eis a de Ricardo de São Vitor:

Contemplatio est perspicuus et liber contuitus animi in res perspiciendas. "A contemplação é uma visão global, penetrante e amorosa, que prende o espírito às realidades que considera".[6]

Santo Tomás a definiu:

Simplex intuitus veritatis. "Olhar simples sobre a verdade".[7]

Os salmanticenses, teólogos Carmelitas, comentadores de Santo Tomás,[8] acrescentaram uma palavra a esta definição. Dizem eles:

Simplex intuitus veritatis sub influxu amoris. "Olhar simples sobre a verdade, sob o influxo do amor".

Estas três definições esclarecem-se e se completam.

A de Santo Tomás, esquelética na aparência, reteve apenas o essencial e, na sua concisão, põe-no em relevo. A contemplação é um ato de conhecimento, ato simples que penetra a verdade, sem discorrer, de maneira quase intuitiva.

Os salmanticenses quiseram sublinhar o papel do amor neste conhecimento. Este papel do amor, embora não sendo essencial ao ato de contemplação em si mesmo e que

---

[6] RICARDO DE SÃO VITOR. *De gratia contemplationis* I, IV (Migne, PL 196,67).

[7] *Summa Theologica*, IIa, IIae, qu. 180, art. 3, ad 1um.

[8] Cf. SALMANTICENSIS FR. DISCALCEATORUM B. MARIÆ DE MONTE CARMELI. *Cursus theologicus Summam Angelici Doctoris D. Thomæ complectens*, editado entre 1631 e 1691.

se constitui num olhar simples sobre a verdade, é, contudo, essencial ao seu princípio e ao seu fim. É o amor que conduz o espírito ao olhar. É ele que simplifica o olhar e o fixa sobre o objeto. Na contemplação sobrenatural, é pelo amor que a alma conhece, e não na clareza da luz. Enfim, o fruto desta contemplação é um desenvolvimento do amor. O amor é, pois, o princípio e o fim da contemplação, fixa e simplifica o olhar; é do amor que procede o conhecimento na contemplação sobrenatural. Era natural que os Carmelitas contemplativos acrescentassem à definição de Santo Tomás a expressão *sub influxu amoris*.

A definição de Ricardo de São Vitor também nos traz seu esclarecimento. Ao sublinhar que a contemplação é um *contuitus* (visão global), mostra que ela é uma síntese viva de noções fragmentárias que a alma adquiriu habitualmente por meio de olhares sucessivos. Esta visão global não é confusa senão nas aparências. Parece esquecer os detalhes exteriores apenas para penetrar na coisa propriamente dita com o poder **[406]** do amor que fixa o olhar sobre a realidade. Ricardo de São Vitor assinala, com efeito, que esta visão global é penetrante, amorosa e que prende o espírito à realidade.

Esta definição quase descritiva nos oferece uma explicação interessante sobre a gênese e a natureza da contemplação. Teremos, contudo, certa dificuldade em encontrar estes diversos elementos na contemplação sobrenatural.

Assim, ficaremos com a definição dos salmanticenses como a melhor, pois a mais completa e aplicável a todas as formas de contemplação.

II – *As suas primeiras formas*

A contemplação tem formas e graus diversos. Não se trata, então, de reservar esta denominação de contemplação àquela contemplação sobrenatural ou infusa da qual Santa Teresa fala, a partir das quartas Moradas. É verdadeira contemplação todo o ato de conhecimento e olhar simples sobre a verdade sob a influência do amor. A nós bastará qualificar cada uma das formas de contemplação que a experiência nos vai revelar.

1. Eis-nos sobre uma falésia, diante da imensidade do oceano. O olhar capta os detalhes: aqui e ali, alguns barcos de pescadores; no horizonte, um navio, o céu que as ondas refletem, a massa das águas que se move ligeiramente, o horizonte amplo e profundo. O olhar fica preso, os detalhes desaparecem, a vida se desprende deste espetáculo, uma vida que brota desta massa em movimento e dos horizontes carregados de infinito. Existe comunicação e troca entre este oceano e a alma. Enquanto a emoção estética acalma os sentidos e imobiliza o olhar, o quadro se enriquece com todas as impressões que provoca, com toda a vida, com todas as evocações com que a alma, emocionada, o carrega. Visão global que ignora os pormenores para ir ao encontro da realidade viva na qual penetra e que a retém porque ela a ama. Num instante, fiz uma verdadeira contemplação que enriqueceu a minha alma com impressões, talvez, inesquecíveis e que podem ter uma profunda influência sobre o meu desenvolvimento intelectual e moral.

Esta contemplação sobre realidades sensíveis foi realizada pela visão dos meus sentidos e produziu uma emoção estética. Situa-se no grau inferior e podemos chamá-la contemplação estética.

2. **[407]** Eis, agora, a contemplação intelectual. Aquela do filósofo que, depois de um trabalho perseverante, encontrou a solução do problema que se punha a seu espírito: "Ei-lo, o pensamento, o princípio que explica tudo, no qual

e pelo qual se harmoniza o mundo um pouco tumultuoso dos meus pensamentos". Aquela do sábio, que depois de múltiplas experiências, encontrou a lei que há tanto tempo procurava: "Ei-la, enunciada em termos precisos, esta lei que explica tudo".

Princípio e lei brilham diante do olhar da inteligência do filósofo e do sábio, ricos e simples, luminosos e profundos, síntese viva que os atrai e os cativa. Analisam-no (este princípio, esta lei), investigam-no, admiram-no, amam-no por todos os esforços que representa, por toda a luz que recebem dele e, também, por todas as promessas que contém para o futuro. O filósofo e o sábio deleitam-se com sua descoberta. A alegria afetuosa acalma a atividade da inteligência e detém – por um instante ao menos – seu olhar que permanece sob o encanto indefinido da luz e da nota viva que se lhe acrescenta. O olhar é sintético, afetuoso, simples. *Simplex intuitus veritatis sub influxu amoris.* É a contemplação intelectual ou filosófica.

3. Contemplação teológica. Num grau superior, aparece-nos o teólogo que, com todo o vigor de sua inteligência e a ternura do seu amor por Deus e pelos homens que deve instruir, estuda o dogma e lhe perscruta as fórmulas. Muitas vezes, também ele é tomado de admiração ante a luz que jorra delas, as belezas que revela, e seu olhar se detém, tranquilo, cheio de amor, ao penetrar estas fórmulas carregadas de luz e de vida.

Aliás, não é necessário ser teólogo para fazer esta contemplação teológica, como não é preciso ser um artista qualificado para sentir suas faculdades se serenarem num olhar profundo e vivo, diante da majestade de um espetáculo grandioso. Todo o cristão, cuja fé é animada pelo amor, pode contemplar, assim, uma verdade dogmática ou uma cena evangélica.

Eis-nos diante de Jesus no Getsêmani. Uma noite clara, as oliveiras de formas estranhas lançam sombras no vale, a obscuridade da gruta... À entrada, Jesus com a face por terra. Aproximamo-nos... Jesus geme, parece se agitar, pronunciar palavras entrecortadas, gotas de sangue orvalham seu rosto... Tudo isto nos revela um drama interior terrível, os assaltos do pecado contra a humanidade de Cristo. O nosso olhar que se prende a este [408] espetáculo de sangue já não vê os detalhes. Foi mais longe na realidade viva, o Cordeiro de Deus que assumiu o pecado do mundo e cujo peso, agora, o oprime e faz agonizar. Olhamos, imóveis, quietos, doridos, e, por este olhar, a luz entra, profunda e viva, na nossa inteligência.

Nestas atitudes do teólogo ou do simples fiel, diante de uma verdade dogmática ou de um gesto de Jesus Cristo, reconhecemos as orações simplificadas das quais falamos nas terceiras Moradas e que definimos como um olhar no silêncio.[9] Sem dúvida alguma, estas orações de simplicidade são uma verdadeira contemplação, um olhar simples sobre a verdade sob o influxo do amor.

Comparada com a contemplação filosófica, esta contemplação do teólogo e do fiel apresenta semelhanças surpreendentes. Ela é constituída pela mesma atitude da inteligência que, primeiro, considera, perscruta e repousa na luz de uma verdade sob o influxo do amor.

No entanto, reservamos a esta contemplação do cristão um nome particular, denominamo-la contemplação teológica, pois difere notavelmente da anterior em virtude do objeto a que se aplica. Enquanto a contemplação filosófica se dirige para uma verdade descoberta pela inteligência, portanto, para uma verdade natural, a contemplação teo-

---

[9] Cf. II Parte – Primeiras Etapas, Cap. 9: "Vida regrada e orações simplificadas", p. 369.

lógica tem por objeto uma verdade sobrenatural que a fé revelou à inteligência.

A contemplação teológica, que permanece humana devido à faculdade que a produz, mas que já é sobrenatural pelo seu objeto,[10] encaminha-nos para a contemplação sobrenatural ou infusa.

B – *A CONTEMPLAÇÃO SOBRENATURAL*
I – *Noção*

A contemplação sobrenatural ou infusa é a mais alta forma da contemplação; é aquela a que os místicos, em especial Santa Teresa e São João da Cruz, reservam o nome de contemplação.

[409] Ela concretiza de modo excelente a definição da contemplação dada pelos salmanticenses: olhar simples sobre a verdade, sob o influxo do amor. A verdade que esta contemplação alcança não é a fórmula dogmática sobre a qual se aplica a contemplação teológica, mas a própria Verdade divina.

Para ficarem ao nosso alcance, as realidades sobrenaturais foram expressas em fórmulas dogmáticas que tomam do mundo criado suas ideias e seus símbolos. É assim que a infinita perfeição de Deus será expressa pelo enunciado de todas as qualidades que conhecemos nas criaturas, levadas a um grau infinito. Esta expressão do transcendente divino é a expressão humana mais perfeita da verdade, mas permanece conceitual e analógica.

Guardemo-nos, no entanto, de pensar que esta expressão, por ser simplesmente analógica, não é mais que um

---

[10] Em certos casos intervirá nesta contemplação teológica uma ação de Deus por meio dos dons do Espírito Santo que, adaptando-se ao modo humano de agir, aperfeiçoará a atividade da inteligência e a esclarecerá.

conceito frio ou um símbolo vazio da riqueza que deve nos trazer. São João da Cruz sublinha que o dogma revelado, sob os "semblantes prateados" (fórmulas dogmáticas adaptadas à inteligência humana), contém o ouro da própria Verdade divina que ele reserva à fé.[11]

Então, é nesta Verdade divina – vida, luz, essência de Deus – que a fé penetra, cada vez que faz um ato, como em seu objeto próprio. Objeto que é o mistério e no qual ela, cuja atividade está normalmente ligada à inteligência, não conseguiria manter-se. Esta é feita para a claridade. Como poderia repousar na obscuridade do mistério? Retorna à fórmula dogmática e aos raciocínios.

Mas eis que da obscuridade do mistério brota, mediante os dons do Espírito Santo, uma claridade confusa, um não sei quê que faz encontrar paz e sabor no mistério, que aí atém a fé ou a reconduz, libertando-a das operações discursivas da inteligência para lhe fazer encontrar repouso e auxílio neste ultrapassar toda a luz distinta. Pelos dons do Espírito Santo, produziu-se uma intervenção de Deus que aperfeiçoou a fé no seu ato teologal, transformou-a em fé viva e produziu a contemplação sobrenatural. *Fides illustrata donis*: a fé foi iluminada pelos dons – diz de forma magnífica Frei José do Espírito Santo.[12]

Esta contemplação infusa é totalmente sobrenatural porque o seu objeto é a própria verdade divina e porque [410] é realizada pela fé, virtude sobrenatural infusa, aperfeiçoada por uma intervenção direta de Deus pelos dons do Espírito Santo.

O mecanismo sobrenatural da contemplação infusa é colocado em ação pelo amor: *sub influxu amoris* – dizem

---

[11] Cf. CE 12,4.

[12] Cf. Frei GARDEIL, Ambroise. *La structure de l'âme et l'expérience mystique*. Paris, Gabalda, 1927, onde encontraremos uma explicação detalhada da definição.

os salmanticenses. O papel do amor nesta contemplação é essencial.

É o amor que está no princípio do movimento da fé em direção à verdade divina. É pelo amor que Deus intervém para conservar a fé em seu objeto divino e é mediante os dons do Espírito Santo, estas "passividades geradas na alma pelo amor da caridade", que se produzem as intervenções divinas. É justamente a um contato, a uma união de amor que a adesão da fé e o senhorio divino conduzem.

Enfim, é do contato de amor que procede o conhecimento contemplativo.

Essas notícias tão sublimes – escreve São João da Cruz – são próprias do estado de união, ou, por melhor dizer, são a própria união. Consistem num misterioso contato da alma com a Divindade de modo que o próprio Deus é ali por ela sentido e gozado".[13]

O amor não só simplifica o olhar da alma, mas também é origem do conhecimento em si. Caridade sobrenatural que assegura a conaturalidade com Deus, o amor realiza o contato com Deus e, neste contato, enriquece-se com a experiência do próprio Deus.

Logo, a contemplação é ciência de amor, "sabedoria secreta" – diz ainda São João da Cruz – "a qual é comunicada e infundida na alma pelo amor",[14] atenção amorosa, calma e pacífica, que procede do amor, progride nos passos do amor: *gressibus amoris*, e encontra a sua perfeição na perfeição da união realizada pelo amor.

II – *Efeitos da contemplação sobrenatural*

Os efeitos da contemplação sobrenatural são muito profundos e extremamente variados. Cada grau de união e

---

[13] 2 S 26,5.
[14] 2 N 17,2.

cada graça têm efeitos diferentes. São João da Cruz, com sua graça carismática de inspiração,[15] **[411]** deleitou-se na *Noite Escura*, no *Cântico Espiritual* e na *Chama Viva*[16] em descrever algumas das operações de Deus, vibrações da alma e riquezas recebidas nesta contemplação.

Certos filósofos acentuaram o valor do conhecimento que é o fruto da contemplação. A contemplação seria preciosa sobretudo em virtude da visão íntima do ser e do mundo que ela assegura.

É bem verdade que a contemplação traz luzes preciosas. Mas não são estes efeitos que São João da Cruz procura. Está perfeitamente desapegado dessas coisas e não quer deter-se nisso um só instante, pois sabe que sua caminhada rumo a Deus seria igualmente retardada.

É também este receio de uma parada que o incita, sempre, a nos pôr de alerta, em todas as oportunidades, contra todos os fenômenos sobrenaturais que acompanham a contemplação infusa, mas não fazem parte dela.

O Santo tem apenas um desejo e pede uma única coisa à contemplação sobrenatural: que ela o conduza à união perfeita ou união transformante por semelhança de amor. Com efeito, é para isso que ela está diretamente ordenada, é este o seu efeito essencial. Incomparavelmente mais penetrante que a contemplação natural que se apodera das riquezas de luz e de vida das coisas criadas, mais profunda que a

---

[15] Cf. Frei MARIA-EUGÊNIO DO MENINO JESUS. "A propos de l'inspiration mystique de Saint Jean de la Croix", apud *Saint Jean de la Croix, Docteur de l'Église*. Lyon, Éditions de L'Abeille, tiré à part de *La vie spirituelle ascétique et mystique*, pp. 61-79, Juillet-Août, 1942.

[16] É na explicação de Ch 3,9 – "Em cujos resplendores" – que São João da Cruz põe mais claramente em relevo, a um só tempo, as comunicações divinas na contemplação e os seus efeitos na alma.

Nesta exposição geral sobre a contemplação, podemos apenas assinalá-los. O estudo particular dos efeitos da contemplação deve ser feito em cada uma das etapas ou Moradas.

contemplação teológica que faz suas as riquezas de luz da fórmula dogmática revelada, a contemplação sobrenatural penetra até à verdade divina, toma contato com o próprio Deus, luz incriada, fornalha que consome, oceano sem limites, sol de ardentes raios, e aí mantém a alma para a submeter à ação enriquecedora e transformante do Infinito.

Na contemplação, tal como um espelho exposto aos raios do sol, a alma é totalmente penetrada pelas luzes do sol divino que paira sobre as almas; tal como uma esponja mergulhada no oceano, ela é embebida pelas águas puras da fonte de água viva e, como a lenha lançada numa fornalha, ela é transformada em fogo pelas chamas do fogo consumidor que é Deus.

[412] Estas diversas comparações, utilizadas pelo lirismo de São João da Cruz e de outros místicos, querem exprimir os progressos da união íntima e a ação penetrante da vida divina realizados na contemplação. Aí, efetivamente, a alma é purificada, esclarecida, ornada da luz, da beleza, das riquezas de Deus, transformada de claridade em claridade até à semelhança com o Verbo de Deus.

A contemplação – diz São João da Cruz – [é] ciência de amor, a qual ... é conhecimento amoroso e infuso de Deus. Este conhecimento vai ao mesmo tempo ilustrando e enamorando a alma, até elevá-la, de grau em grau, a Deus, seu Criador.[17]

Esta transformação em Deus é o único fim para o qual se podem voltar os desejos de uma alma verdadeiramente contemplativa, quer dizer, empenhada no caminho do nada rumo ao Absoluto.

III – *Os sinais*

Entre os efeitos psicológicos da contemplação, São João da Cruz e Santa Teresa distinguiram vários, bastante

---

[17] 2 N 18,5.

constantes e característicos para serem apresentados como sinais reveladores da contemplação sobrenatural.[18] São João da Cruz tomou o cuidado de anotá-los em dois lugares diferentes: na *Subida do Monte Carmelo* e na *Noite Escura*. A própria Santa Teresa, nas quartas Moradas, preocupa-se em assinalar aquilo que caracteriza a intervenção sobrenatural de Deus mediante auxílio particular.

a) [413] *Utilidade dos sinais*

A contemplação sobrenatural impõe novos deveres à alma. Até agora a alma devia tomar as iniciativas e agir por si mesma. Daqui por diante o seu primeiro dever é respeitar e favorecer as intervenções divinas, mostrar-se dócil e silenciosa submetendo a sua atividade à de Deus.

Caso não adote esta atitude de abandono pacífico que Deus exige dela, a alma corre o risco de ferir a Misericórdia divina que se inclinou sobre ela, de deter o fluxo das comunicações divinas e, por conseguinte, de não usufruir das graças que lhe vêm através da contemplação.

---

[18] Poderíamos nos admirar com o fato dos mestres do Carmelo, especialmente São João da Cruz, terem preferido procurar os sinais da contemplação sobrenatural numa análise dos efeitos psicológicos que ela produz sobre a atividade das faculdades e na consciência psicológica, e não numa análise do próprio ato contemplativo, para procurar aí os elementos constitutivos da contemplação que sublinhamos na definição.

Uma análise do mecanismo interior, tal como fizemos para a contemplação filosófica e teológica, não é possível para a contemplação sobrenatural. Encontramo-nos aqui na presença de potências sobrenaturais: a virtude da fé e o próprio Deus pelos dons do Espírito Santo, cuja atividade escapa a toda percepção direta; o mistério que é o objeto da fé e no qual ela penetra é essencialmente obscuro.

Não podendo, então, analisar diretamente as atividades sobrenaturais que são desempenhadas na contemplação, os mestres espirituais ficam limitados a discerni-la a partir de seus efeitos e de suas ressonâncias no campo psicológico.

Voltar a formas de atividade espiritual que já não são convenientes quando Deus atua nela pode só provocar perturbação, inquietação e, talvez, desânimo se perseverarmos nesta recusa dos favores de Deus.

Por outro lado, abandonar demasiado cedo o trabalho discursivo na oração porque nos julgamos favorecidos com a contemplação, é perder nosso tempo e correr o risco de nos acomodarmos numa quietude preguiçosa que não alcança nem a luz infusa de Deus, nem as luzes adquiridas pelo trabalho das faculdades. São João da Cruz, advertido deste perigo, convida aquele que começa a ser favorecido com a contemplação a retomar, algumas vezes, as operações discursivas das faculdades. Seria ainda mais perigoso tomar por contemplação verdadeira aquilo que é apenas uma deformação doentia, pois a passividade não poderia senão favorecer uma penosa decadência física e, talvez, moral.

Diretores prudentes e amigos, Santa Teresa e São João da Cruz tinham, pois, o dever de lançar sobre estas regiões da vida espiritual toda a luz possível, a fim de nos ajudar a discernir a contemplação sobrenatural.

b) *Exposição dos sinais*

Na *Subida do Monte Carmelo,* São João da Cruz nos dá alguns "sinais que há de ver em si o espiritual para conhecer quando deve abandonar ... os discursos da meditação".[19] Na *Noite Escura,* indica alguns "sinais para reconhecer quando o espiritual caminha nesta noite e purificação sensitiva".[20] São sinais quase **[414]** idênticos, caracterizando, ademais, sensivelmente o mesmo momento da vida espiritual. O

---

[19] 2 S 13, Título.
[20] 1 N 9, Título.

Santo os expõe, no entanto, em termos ligeiramente diferentes e, daí, a possível confrontação e a explicação duns pelos outros.

Na *Subida do Monte Carmelo* o Santo escreve:

O primeiro sinal é não poder meditar nem discorrer com a imaginação, nem gostar disso como antes; ao contrário, só acha secura no que até então o alimentava e lhe ocupava o sentido.[21]

Na *Noite Escura*, onde este sinal é apresentado como terceiro, São João da Cruz diz que esta impotência das faculdades provém do fato de Deus se comunicar ao espírito puro onde não há discurso, por um ato de simples contemplação na qual os sentidos não podem participar.

O segundo é não ter vontade alguma de pôr a imaginação nem o sentido em outras coisas particulares, sejam exteriores ou interiores.[22]

O Santo acrescenta esta precisão importante: tal falta de gosto não implica inatividade ou paralisia das faculdades:

Não me refiro às distrações da imaginação, pois esta, mesmo no maior recolhimento, costuma andar vagueando; digo somente que não há de gostar a alma de fixá-la voluntariamente em outros objetos.[23]

Na *Noite Escura,* ele especifica que este desgosto geral é o sinal de que a impotência não provém de pecados ou imperfeições cometidos recentemente, porque neste último caso a alma sentiria gosto por qualquer outra coisa que não fosse ir para Deus.

No mesmo tratado, o Santo indica um sinal que é – parece-nos – a consequência desta impotência, ou seja:

ter a alma lembrança muito contínua de Deus, com solicitude e cuidado aflito, imaginando que não o serve, mas antes volve atrás no divino serviço. Assim pensa, por causa do desgosto que sente nas coisas espirituais. Por esta disposição interior, bem se vê que tal aridez e secura não procede de relaxamento e tibieza. O próprio da tibieza,

---

[21] 2 S 13,2.

[22] *Ibid.*, 3.

[23] *Ibid.*

com efeito, é não fazer muito caso nem ter solicitude, no íntimo, pelas coisas de Deus.[24]

Estes dois primeiros sinais: a impotência das faculdades e o desgosto geral são sinais negativos, insuficientes por si mesmos. A impotência poderia vir da negligência [415] e, neste caso, a alma teria pouco desejo de sair dela. Impotência e desgosto juntos poderiam provir

de melancolia ou resultar de algum humor doentio no cérebro ou no coração, que sói causar certo entorpecimento e suspensão do sentido. Quando assim acontece, a alma em nada pensa e não quer trabalhar com as potências nem sente gosto em fazê-lo, senão só em ficar naquele embevecimento saboroso.[25]

Desta forma, é necessário encontrar, conjuntamente aos dois primeiros sinais negativos, o terceiro que é positivo e, na opinião do Santo, o mais importante:

O terceiro sinal, e o mais certo, é gostar a alma de estar a sós com atenção amorosa em Deus, sem particular consideração, em paz interior, quietação e descanso, sem atos e exercícios das potências, memória, entendimento e vontade, ao menos discursivos, que consistem em passar de um a outro; mas só com a notícia e advertência geral e amorosa já mencionada, sem particular inteligência de qualquer coisa determinada.[26]

Este terceiro sinal positivo, o mais importante e o mais característico, é o único que Santa Teresa assinala quando, nas quartas Moradas, aborda o problema do discernimento da contemplação sobrenatural.[27]

Na Santa, a intervenção sobrenatural de Deus mediante o auxílio particular afirma-se de modo muito mais nítido no sabor ou suavidade do que no conhecimento. É a qualidade

---

[24] 1 N 9,3.

[25] 2 S 13,6.

[26] *Ibid.*, 4.

[27] Santa Teresa não assinala os dois sinais negativos apresentados por São João da Cruz, mas, nas quartas Moradas, trata com frequência da agitação e da impotência das faculdades.

do sabor e o modo como ele chega à alma que lhe permite discernir, com certeza, a contemplação sobrenatural. Sua análise psicológica, a um só tempo simples e penetrante, completa muito bem a exposição do terceiro sinal de São João da Cruz:

Esses dois reservatórios ... enchem-se de diferentes maneiras. Para um, a água vem de mais longe, através de muitos aquedutos e artifícios. ... Os "contentamentos" que, como tenho dito, resultam da meditação são, em minha opinião, a água trazida por encanamentos. Isso porque os trazemos mediante o pensamento, recorrendo na meditação às coisas criadas e cansando o entendimento. ...

Na outra fonte, a água vem de sua própria nascente, que é Deus. Assim, quando Sua Majestade deseja e é servido de conceder alguma graça sobrenatural, produz esta água com grandíssima paz, quietude e suavidade no mais íntimo de nós mesmos. ... Essa água vai **[416]** correndo por todas as Moradas e potências até chegar ao corpo. Por isso, eu disse que ela começa em Deus e termina em nós. ...

Lembrei-me agora, ao escrever isto, de que no versículo *Dilatasti cor meum* se diz que se lhe dilatou o coração. Como digo, não creio que esse deleite se origine no coração, mas num lugar ainda mais interior, como uma coisa profunda. Penso que deve ser o centro da alma. ...

Parece que, assim que começa a ser produzida a água celestial da nascente a que me refiro – o mais profundo de nós mesmos –, todo o nosso interior vai se dilatando e ampliando e se produzem bens indizíveis. ...

Não se trata de coisa que se possa imaginar, porque, por mais esforços que façamos, não a podemos adquirir. Nisso mesmo vemos não ser ela do nosso metal, mas daquele puríssimo ouro da sabedoria divina.[28]

O olhar da incomparável psicóloga que é Santa Teresa, para o qual não existe obscuridade na alma, discerniu que o sabor brota das profundidades e que traz em si o selo de sua origem sobrenatural.

---

[28] 4 M 2,3.4.5.6.

Os sinais sanjuanista e teresiano relativos à ação sobrenatural de Deus completam-se, então, de maneira muito propícia.

Os dois primeiros sinais privativos, impotência e desgosto, apresentados por São João da Cruz, acusam a confusão dos sentidos e das faculdades intelectuais diante do sobrenatural, que os transcende, e da atividade da Sabedoria divina, à qual não estão adaptados. O terceiro sinal, positivo, é constituído pela própria experiência do amor nas regiões da alma que já são capazes de recebê-la.

Os dois primeiros sinais já permitem descobrir a contemplação, seja quando na confusão da novidade a alma ainda não tomou consciência da sua experiência de amor, seja ainda quando esta experiência é tão pura e tão simples que se torna imperceptível.

A análise do terceiro sinal assinalado por Santa Teresa fornece um critério para apreciar a qualidade da união realizada. De fato, à alma experiente, a qualidade dos contatos divinos será indicada por estes sinais misteriosos apresentados pela Santa – a profundidade onde se realizam e a qualidade de sabor que produzem.

Estas precisões vão facilitar o discernimento da contemplação sobrenatural em qualquer circunstância? Não alimentemos ilusões. Apesar da clareza dos sinais, continua a ser bem difícil discernir a contemplação infusa nos casos individuais.

c) [417] *Complexidade dos casos individuais*

Depois de ter apresentado o terceiro sinal, o mais importante e o mais certo, São João da Cruz nos adverte, várias vezes, que ele é, às vezes, difícil de descobrir:

No princípio, entretanto, quando começa este estado, quase não se percebe esta notícia amorosa, e isto por duas causas: primeira, porque no começo costuma ser a contemplação mui sutil e delicada e quase insensível; segunda, porque tendo a alma se habituado à meditação, cujo exercício é totalmente sensível, com dificuldade percebe esse novo alimento insensível e já puramente espiritual.[29]

No capítulo seguinte, sublinha igualmente que este conhecimento será tanto mais insensível quanto mais for puro:

... convém saber que esta notícia geral é às vezes tão sutil e delicada, mormente quando é mais pura, simples, perfeita, espiritual e interior, que a alma, embora esteja empregada nela, não a vê nem sente.[30]

A esta dificuldade ajunta-se aquela que procede da intermitência da contemplação, em especial no seu princípio. Atividade das faculdades e contemplação se alternarão de tal maneira que será difícil para a alma distinguir esta última da distração ou do adormecimento momentâneo das faculdades.

Ademais, as descrições tão diferentes de estados sobrenaturais pertencentes a uma mesma etapa, feitas por Santa Teresa e São João da Cruz, dois santos da mesma época que confrontaram suas experiências, nos deixam entrever quanto as almas e suas graças são diferentes, como permanecem pessoais e particulares suas reações sob a ação de Deus e a expressão dos seus estados interiores. Nada de mais variado que as graças dos santos, os caminhos que Deus lhes impõe, suas experiências do sobrenatural. Os sinais da intervenção divina, oferecidos pelos nossos mestres da ciência mística, são certos e constantes, mas é preciso saber descobri-los sob formas e em climas espirituais bem diferentes.

As dificuldades da investigação são singularmente aumentadas pelas tendências patológicas, que, neste período, a purificação do sentido levará muitas vezes ao estado agudo, a ponto de parecerem dominar no campo psicológico e encobrir todo o resto. Segundo a expressão de São João da

---

[29] 2 S 13,7.
[30] *Ibid.*, 14,8.

Cruz, é bem o **[418]** "doente, submetido a tratamento"[31], que a direção deverá examinar e guiar. Como ousar afirmar, ante manifestações que parecem mórbidas e o são parcialmente, a existência duma ação contemplativa de Deus? E, no entanto, o progresso desta alma está em jogo. E se Deus intervém realmente, apenas a submissão prudente à sua ação pode assegurar tanto o progresso espiritual desta alma como a purificação da tendência.

Estas observações não dizem respeito, como se poderia pensar, a casos excepcionais ou anormais. Aplicam-se aos casos-limite, nos quais se afrontam os mais diversos elementos, casos que se revelam tão numerosos que poderíamos considerá-los normais no mundo das almas. Compreendemos como lhes é necessária uma direção espiritual experiente, a fim de lhes levar a tomar consciência da ação de Deus e de as orientar com segurança nesta importante encruzilhada da vida espiritual.

O que são estes sofrimentos, estas angústias, diante dos esplêndidos horizontes que se abrem? Não é preciso que a alma sofra, como Cristo, antes de entrar na glória? Ora, falando da contemplação, Santa Teresa declara que "o fato de Deus lhe dar semelhantes penhores indica que ele a quer para grandes coisas".[32]

---

[31] 1 N 11,2.
[32] CP 31,11.

OITAVO CAPÍTULO

Chamado à vida mística e à contemplação

> *Vede que o Senhor convida a todos.*
> *... tenho por certo que não faltará*
> *dessa água viva*
> *a todos quantos não ficarem pelo*
> *caminho.*[1]

[419] Depois de ter considerado a natureza e os efeitos da contemplação sobrenatural, que transforma a alma de claridade em claridade até à semelhança com o Verbo de Deus, como não desejar ser tomado assim por Deus, para que ele nos santifique, segundo toda a medida e poder da graça que nos destina?

Mas, diante deste desejo legítimo, eis que se apresenta um problema, surge um mistério que parece deter e quebrar o nosso ímpeto. Somos chamados à contemplação? Não é esse um favor reservado a alguns privilegiados?

Este problema foi muito discutido há alguns anos. Retomá-lo a fundo nos atrasaria por demais em nossa caminhada. No entanto, sua importância prática não nos permite negligenciá-lo inteiramente.

Proporemos, de uma maneira breve, uma dupla resposta, de direito e de fato, que nos parece dever salvaguardar a verdade dos princípios e a realidade dos fatos. Uma distinção preliminar entre contemplação e vida mística irá nos ajudar a esclarecer este problema.

A – *QUESTÃO PRELIMINAR*

[420] Contemplação e vida mística, na linguagem comum, se não no pensamento dos especialistas, têm o mes-

---

[1] CP 19,15.

mo sentido e designam uma única e mesma coisa. Esta confusão é a causa de muitas discussões e de múltiplos erros. Façamos, então, as distinções necessárias.

A vida mística é a vida espiritual marcada pela intervenção habitual de Deus mediante os dons do Espírito Santo.

A vida contemplativa é a vida de oração marcada pela intervenção habitual de Deus mediante os dons contemplativos da ciência, da inteligência e da sabedoria.

A vida mística ultrapassa, pois, a vida contemplativa que não é senão uma de suas formas, aliás, das mais elevadas. Uma vida ativa propriamente dita pode tornar-se mística pela intervenção habitual de Deus por meio dos dons ativos, dons de conselho ou de fortaleza por exemplo.

Referindo-nos ao que foi dito no capítulo sobre os dons do Espírito Santo, podemos afirmar que a distinção real dos dons não atinge a essência daquilo que cada um deles transmite e que permanece idêntica sob formas diversas.[2] Por isso, quaisquer que sejam os dons que Deus utiliza para intervir nas almas, é para a mesma santidade e para a mesma

---

[2] "Há diversidades de dons, mas o Espírito é o mesmo; diversidade de ministérios, mas o Senhor é o mesmo; diversos modos de ação, mas é o mesmo Deus que realiza tudo em todos. Cada um recebe o dom de manifestar o Espírito para a utilidade de todos. A um o Espírito dá a mensagem de sabedoria, a outro, a palavra de ciência segundo o mesmo Espírito; a outro o mesmo Espírito dá a fé; a outro ainda o único e mesmo Espírito concede o dom das curas; a outro, o poder de fazer milagres; a outro, a profecia; a outro, o discernimento dos espíritos; a outro, o dom de falar em línguas, a outro ainda, o dom de as interpretar. Mas é o único e mesmo Espírito que isso tudo realiza, distribuindo a cada um os seus dons, conforme lhe apraz" (1Cor 12,4-11).

Aquilo que o Apóstolo falou dos carismas na primitiva Igreja aplica-se à santidade e às suas formas, em todos os tempos. Em todos, ela se realiza mediante a união com o Espírito Santo e este Espírito Santo que habita em todos os santos, dá a cada um deles, um reflexo especial de sua formosura, uma forma particular de seu poder. Cf. III Parte – Contemplação e vida mística, Cap. 2: "Os dons do Espírito Santo"/ *III - Distinção entre os dons do Espírito Santo*, p. 422.

participação na sua vida íntima que as conduz, todas por caminhos diferentes.

A unidade da santidade deixa subsistir a distinção dos dons e dos caminhos que dirigem, a saber, o da vida contemplativa e o da vida mística onde a contemplação pode não aparecer.

B – *QUESTÃO DE DIREITO*

[421] *Todas as almas são chamadas à vida mística e à contemplação?*

De maneira muito oportuna, podemos distinguir um chamado geral e um chamado particular ou próximo.

Um chamado geral que pode ser enunciado assim: todas as almas podem chegar teoricamente à vida mística e à contemplação?

Um chamado particular ou próximo: todas as almas têm os meios práticos para aí chegar?

I – *Chamado geral*

Todas as almas podem chegar teoricamente à vida mística e à contemplação?

Sem hesitar e sem fazer a distinção entre vida mística e contemplação, podemos dar uma resposta afirmativa, muito segura, a esta primeira questão.

Com efeito, a vida mística e a contemplação não exigem outras potências além daquelas que o batismo concede a todas as almas: as virtudes infusas e os dons do Espírito Santo. Qualquer alma, possuindo os sete dons recebidos no batismo, pode ser movida por Deus e levada por ele à plenitude da vida mística, incluindo a contemplação sobrenatural.

Mas – poderíamos objetar –, uma vez que o exercício dos dons, quando não o seu desenvolvimento que está ligado ao do organismo sobrenatural todo inteiro, depende da livre intervenção de Deus, é preciso ainda que Deus queira elevar a alma à vida mística e à contemplação! O Apóstolo adverte-nos que Deus não doa sua graça às almas senão na medida em que escolheu para cada uma.[3] Não seria, pois, temerário fixar esta plenitude da vida da graça como a medida desejada por Deus para todas as almas?

Objeção séria e por vezes negligenciada, que nos coloca em face ao mistério dos desígnios de Deus acerca de cada alma. Na verdade, esquecemos muito facilmente que esta liberdade divina intervém como fator principal na distribuição da graça. A respeito deste mistério, podemos fazer brilhar luz suficiente para manter a resposta afirmativa à questão colocada acerca do chamado geral.

[422] Com efeito, conhecemos os desejos de Deus que são as exigências da sua natureza. Deus é Amor, portanto, Bem difusivo. Tem necessidade de se difundir; doar-se é um movimento essencial de sua natureza. Encontra uma alegria e uma glória incomparáveis na difusão da sua graça nas almas, e mais especialmente no seu reino perfeito em cada uma delas. Sua vontade livre é arrastada pelo movimento do seu amor. Como esta vontade livre poderia resistir ao apelo destes dons do Espírito Santo que lhe oferecem sua capacidade receptiva? Aliás, é ele mesmo quem faz da graça uma semente capaz de crescer e de se desenvolver. Ele é o Semeador; ele lançou a semente em nossas almas e, com este gesto, afirmou eficazmente que deseja que ela germine, cresça, amadureça, produza frutos segundo todo o poder que lhe concedeu. Somos o campo de Deus, que ele rega depois de ter semeado e que protege contra os inimigos exteriores. Deus quer o desenvolvimento perfeito da nossa graça. Tudo aquilo que sabemos sobre o poder difusivo do Amor em Deus, de sua vontade santificadora nos permite afirmar

---

[3] Cf. Rm 12,3.

que Deus quer o desenvolvimento perfeito da graça em nós e que para consegui-lo de modo eficaz irá utilizar todos os meios à sua disposição, inclusive as intervenções mediante os dons do Espírito Santo. A liberdade da sua misericórdia está suficientemente salvaguardada pela diversidade da graça em cada um de nós e pelos diferentes graus aos quais deve nos conduzir o seu desenvolvimento perfeito.

É exatamente esta doutrina do chamado geral que Santa Teresa proclama em termos bem claros. Fala não só do chamado à vida mística, mas, explicitamente, do chamado à contemplação:

Vede que o Senhor convida a todos. Ele é a própria verdade, não há por que duvidar. Se esse convite não fosse geral, ele não nos chamaria a todos e, mesmo que chamasse, não diria: *Eu vos darei de beber*. Ele poderia dizer: "Vinde todos porque, afinal, não perdereis nada; e darei de beber a quem eu quiser". Mas como ele disse, sem impor essa condição, "a todos", tenho por certo que não faltará dessa água viva a todos quantos não ficarem pelo caminho.[4]

No começo do capítulo seguinte, a Santa, preocupada em fazer concordar estas afirmações tão claras com o que havia dito anteriormente sobre os caminhos diferentes das almas que seriam ativas ou contemplativas,[5] acrescenta:

[423] Parece que, no capítulo precedente, eu contradisse o que antes tinha afirmado; porque, para consolar as que não chegavam aqui, falei que o Senhor atrai a si as almas por diversos caminhos, da mesma maneira como há muitas moradas. Assim, eu o repito; porque, como Sua Majestade compreendeu a nossa fraqueza, atendeu a todos por ser quem é. Mas ele não disse: "Venham uns por este caminho e outros por aquele". Em vez disso, foi tão grande a sua misericórdia que a ninguém impediu de procurar chegar a essa fonte de vida e dela beber. ... é bem verdade que ele não impede ninguém, mas, em vez disso, chama a todos publicamente em alta voz. Sendo porém tão bom, ele não nos força ... .

---

[4] CP 19,15.

[5] *Ibid.*, 20.

Sendo assim, segui o meu conselho e não fiqueis no caminho, mas pelejai como fortes até morrer na batalha, pois não viestes aqui senão para pelejar. Seguindo sempre com a determinação de antes morrer do que deixar de chegar ao fim do caminho.[6]

Estas afirmações tão enérgicas de Santa Teresa devem ser entendidas, no mínimo, como um chamado geral à contemplação.

Por seu lado, São João da Cruz escreve:

Aqui nos convém notar a causa pela qual há tão poucos que cheguem a tão alto estado de perfeição na sua união com Deus. Não é porque ele queira seja diminuto o número desses espíritos elevados, antes quereria fossem todos perfeitos.[7]

Estas afirmações dos dois mestres da ciência mística parecem-nos dever suprimir qualquer hesitação acerca do chamado geral à vida mística e à contemplação.

O problema do chamado próximo exige afirmações mais nuançadas.

II – *Chamado próximo*

Será que Deus chama eficazmente todas as almas à vida mística e à contemplação, dando-lhes as graças e os meios para aí chegar?

Dar uma resposta inteiramente afirmativa equivaleria a reconhecer que o desenvolvimento do organismo sobrenatural, que exige a vida mística, é um mínimo ao qual toda a alma pode chegar se é fiel à graça e aos meios que Deus pôs à sua disposição.

Que dizer então não só das almas salvas por uma absolvição *in extremis*, ou da criança que morre depois do **[424]** batismo, mas de tantas outras aparentemente tão pobres do ponto de vista natural e sobrenatural, cuja salvação não

---

[6] *Ibid.*, 20,1-2.
[7] Ch 2,27.

parece duvidosa e que não tiveram a menor ideia acerca da vida mística e da contemplação? Falamos de casos que parecem claros. O mistério que envolve as almas deve encobrir muitos outros menos aparentes.

Feitas estas reservas, cujo alcance só Deus conhece, parece-nos que não temos o direito de restringir este chamado próximo a alguns privilegiados. Está escrito que a Sabedoria eleva sua voz nas praças públicas para chamar ao seu festim de luz e de amor todos os humildes e pequenos.[8] O Mestre envia seus servos às mais frequentadas encruzilhadas e pelos caminhos, para encher a imensa sala dos divinos desposórios.[9] Santa Teresa comenta estes textos afirmando que Deus nos chama a todos para beber da fonte de água viva.[10]

Não seria falsear o sentido dos textos entendê-los apenas como um chamado geral que não implicaria um chamado próximo e imediato para o maior número de almas? Devemos, por conseguinte, acreditar que é a multidão de cristãos que Deus chama e a quem a sua vontade santificadora concede os meios práticos para chegar à vida mística.

Acaso não seria porque limitamos os modos da ação de Deus às formas familiares e conhecidas que somos levados a restringir esses chamados próximos e eficazes? E, contudo, os caminhos de Deus são multiformes. Existem caminhos diferentes não só para cada grande santo, mas para cada alma, mesmo a mais humilde. Como podemos nós ousar limitá-los àqueles que conhecemos e afirmar, ou até duvidar, de que eles existam para além de nossos horizontes familiares?

A santidade é uma, é verdade, mas os dons são muito variados. Todos são chamados à plenitude da união e da

---

[8] Cf. Pr 8,4.

[9] Cf. Lc 14,15ss.

[10] Cf. CP 20,1. Notemos que a Santa fala de um apelo à contemplação e não somente à vida mística.

caridade, mas os caminhos que conduzem a esses vértices vêm de pontos tão distantes uns dos outros, apresentam uma curva e aspectos tão diferentes! Virtudes e dons são tão variados e tão diversos em cada santo!

Respeitemos o mistério de Deus nas almas. A sua obscuridade nos oculta os infinitos recursos de sua sabedoria santificadora. Não neguemos aquilo que a fraqueza do nosso olhar não sabe descobrir neles. Acreditemos no chamado [425] premente da Sabedoria, pois que ela mesma o revela como tal. Acreditemos na afirmação dos santos cujos sentidos espirituais foram purificados de modo diferente dos nossos. Que nos dizem eles?

Santa Teresa afirma que existem vários caminhos para ir até Deus, tal como há muitas moradas no Céu,[11] que certas almas não encontram no seu trajeto a contemplação saborosa como meio para avançar, mas que o Mestre acabará por lhes fazer beber na fonte de água viva, se eles forem fiéis. Pensamos que a experiência de todo diretor de almas assentirá com esta afirmação de Santa Teresa; ela irá completá-la acrescentando que, na vida espiritual das almas fiéis, se manifesta uma ação dos dons práticos quando a ação dos dons contemplativos foi atrasada.

Qualquer que seja a solução dada a este problema do chamado, geral e próximo, à contemplação e à vida mística, para o conjunto das almas, todos aqueles que experimentaram a fome e a sede de Deus devem considerar o chamado próximo como indiscutível para eles mesmos. O eco interior percebido confirma este apelo e o torna certo. Que recebam, então, como dirigida a eles a exortação feita por Santa Teresa a suas filhas:

Sendo assim, segui o meu conselho e não fiqueis no caminho, mas pelejai como fortes até morrer na batalha, pois não viestes aqui senão

---

[11] Cf. CP 17,2; V 13,13.

para pelejar. Seguindo sempre com a determinação de antes morrer do que deixar de chegar ao fim do caminho.[12]

C – *QUESTÃO DE FATO*

Existem muitas almas que chegam à vida mística e à contemplação, e como explicar o fracasso, talvez, do maior número?

A questão do chamado, mesmo próximo, permanece um problema especulativo. Eis-nos aqui debruçados sobre os fatos, não com a curiosidade do inquiridor, mas com a preocupação de recolher observações que possam iluminar a nossa caminhada para Deus.

Na descrição das diversas Moradas, Santa Teresa nos dá uma resposta geral à primeira questão. Estas Moradas teresianas, mesmo aquelas que qualificamos de períodos de transição, não [426] marcam apenas etapas da ascensão. Infelizmente, cada uma delas é também um patamar onde um grande número de almas se estabelece definitivamente.

Entre as sete Moradas, apenas as quatro últimas dizem respeito à vida mística. As três primeiras constituem uma fase da vida espiritual caracterizada pela predominância da atividade das virtudes com os seus modos humanos. Estamos, pois, em presença de uma divisão que orienta de maneira precisa a nossa investigação.

I – *Almas fora do Castelo*

Ainda antes de nos ocuparmos das almas que se encontram nas primeiras Moradas, lancemos um olhar sobre as que estão fora do Castelo, porque não possuem a graça.

Com relação a elas, podemos fazer esta pergunta: pode haver uma vida mística autêntica nos não cristãos ou nos cristãos que não estão em estado de graça?

---

[12] CP 20,2.

Para esta questão podemos dar só uma resposta negativa de princípio, pois a vida mística exige a caridade sobrenatural.

1. Mas fora, ou melhor, ao lado desta vida mística propriamente dita, que tem efeitos de transformação, existem intervenções de Deus ou manifestações de uma ação divina exteriores ou interiores que atingem os sentidos interiores ou os sentidos exteriores de uma alma pagã ou em estado de pecado mortal. Com efeito, Deus pode falar ou manifestar sua potência a qualquer criatura inteligente, mostrar-lhe as suas vontades, e isto por meios miraculosos ou sobrenaturais.

Podemos mesmo admitir que Deus escolha uma alma privada da graça como instrumento das suas vontades, confira-lhe uma missão ou um poder carismático para a utilidade de outros.

Mas, neste caso, a manifestação divina não atinge senão os sentidos e as faculdades e não tem efeito santificante. Não existe ação mística propriamente dita.

Recusar este poder a Deus seria limitar sua potência. Aliás, a Sagrada Escritura nos oferece alguns exemplos de manifestações divinas deste gênero a falsos profetas, como, por exemplo, a Balaão, que profetiza em nome de Deus apesar de ser um sacerdote dos ídolos.

[427] Aliás, tais casos devem ser muito raros. Assim, quando nos encontramos diante de fenômenos misteriosos deste gênero, é preciso procurar-lhe a origem em causas naturais ou preternaturais, antes de os atribuir a uma intervenção divina.

2. Estas manifestações divinas extraordinárias podem ser destinadas, no pensamento de Deus, a provocar no pagão ou na alma em estado de pecado um choque psicológico que mude as disposições interiores. São Paulo caiu por

terra no caminho de Damasco e tem uma visão. Em sua surpresa, ele grita: "Quem és, Senhor?" – "Eu sou Jesus, a quem tu estás perseguindo. Mas levanta-te, entra na cidade, e te dirão o que deves fazer".[13] A sua submissão alcança-lhe de imediato a graça e entrega-o à ação do Espírito Santo.

O fenômeno milagroso o arrasou e domou. A vontade submete-se, a conversão é realizada e a vida mística pode começar.

3. No caso de alguns pagãos, de muçulmanos e, sobretudo, de cristãos não católicos, poderemos admitir que existe uma verdadeira vida mística com os seus efeitos santificantes. Estas almas seriam infiéis só aparentemente, mas pertenceriam à alma da Igreja pela fé na Trindade e num Mediador, pela prática da virtude, e estariam verdadeiramente em estado de graça.[14] Estes casos possíveis só dificilmente podem ser verificados.

II – *Almas das três primeiras Moradas*

Abordemos, agora, o caso das almas que se encontram nas três primeiras Moradas ou primeira fase da vida espiritual.

Afirmar que existe nelas uma vida mística seria contradizer formalmente Santa Teresa que caracteriza esta fase pela predominância da atividade das faculdades humanas ajudadas pelo auxílio geral de Deus.

Nestas almas, portanto, a vida mística não existe habitualmente. Mas em que medida as intervenções diretas de

---

[13] Cf. At 9,5-6.

[14] Cf. o penetrante estudo de Frei ÉLISÉE DE LA NATIVITÉ. "L'expérience mystique d'Ibn'Arabî est-elle surnaturelle?", apud *Études Carmélitaines mystiques et missionnaires*. Paris, DDB, vol. II, 16ème année, pp. 137-168, octobre 1931.

Deus – que já reconhecemos como possíveis nos infiéis –, se produzirão nestas almas cristãs que estão em estado de graça? Eis-nos obrigados a nuançar e a especificar nossas afirmações.

1. **[428]** Antes de tudo, as intervenções carismáticas de Deus que se produzem nos infiéis serão encontradas normalmente e com mais frequência nestas almas fiéis. Mesmo se fossem habituais, estas almas poderiam não ser elevadas acima das terceiras Moradas e até cair em pecado grave. Em sua descrição do Julgamento Final, Nosso Senhor nos faz escutar os protestos de certos taumaturgos que teriam profetizado em seu nome e que o Mestre declarará não conhecer.

2. A propósito da intervenção do Espírito Santo na santificação da alma, Santo Tomás declara que não está no poder da razão, ainda que iluminada pela fé e pela prudência infusa, "conhecer tudo ... e que, por isso, ela não pode livrar-se sempre da estultícia. Mas aquele que é omnisciente e onipotente nos livra, mediante sua moção, de toda estultícia, ignorância, embotamento, dureza de coração e outras misérias afins. Assim, os dons do Espírito Santo, que nos fazem seguir docilmente as inspirações divinas, são dados para nos livrar destes defeitos".[15]

Por meio das virtudes teologais e morais, o homem não está assim tão aperfeiçoado em vista do fim último sobrenatural que não tenha sempre necessidade de ser movido por uma inspiração superior do Espírito Santo.[16]

A partir destas afirmações poderemos concluir que a intervenção direta do Espírito Santo mediante os dons é ne-

---

[15] *Summa Theologica*, Ia, IIae, qu. 68, art. 2, ad 3um.
[16] Cf. *Ibid*.

cessária a todo o ato sobrenatural.[17] Pelo menos é preciso admitir que esta intervenção do Espírito Santo é necessária para realizar certos atos mais difíceis, para evitar certas tentações e, por conseguinte, para conservar o estado de graça em todos os períodos da vida espiritual.

Portanto, nas almas das três primeiras Moradas, se darão as intervenções do Espírito Santo.

Estas últimas, aliás, não criam a vida mística propriamente dita que implica não só a intervenção de Deus por meio dos dons, mas a predominância destas intervenções sobre a atividade das virtudes. Contudo, elas são um encaminhamento para intervenções mais qualificadas.

3. A natureza não dá saltos e a Sabedoria divina conduz tudo com força e suavidade, do princípio **[429]** ao fim. Ela prepara o futuro e o anuncia. Não existe nenhum estado caracterizado no qual estabeleça as almas que não seja já, em certa medida, recebido antecipadamente. Antes de gozar de modo habitual da visão da Santíssima Trindade, Santa Teresa tinha sido, muitas vezes, favorecida com esta visão, e muito tempo antes. A oração de quietude das quartas Moradas deve ser precedida, normalmente, por estados passageiros de quietação.

Santa Teresa repete com insistência que os progressos espirituais da alma não se assemelham ao crescimento do corpo humano que permanece estável, sem diminuir a estatura atingida. A alma sobe e desce. Nada de mais normal do que este movimento oscilante de uma alma fixada habitualmente numa Morada que, às vezes, volta atrás ou sobe para as Moradas superiores.[18]

---

[17] Cf. A exposição das opiniões dos teólogos acerca deste assunto no estudo de Fr. GARDEIL, Ambroise. "Dons du Saint-Esprit" apud *Dictionnaire de Théologie Catholique*, T. IV/2, col. 1728-1781.

[18] Cf. I Parte – Perspectivas, Cap. 9: "Crescimento espiritual", p. 190.

A experiência das almas vem confirmar esta elevação passageira das almas piedosas às Moradas superiores. Com efeito, independentemente destas graças místicas de ordinário elevadas, graças de conversão, que com bastante frequência marcam o início da vida espiritual e descobrem, por vezes, à alma os estados que terá de realizar mais tarde, existem outras muito mais frequentes, mas também muito menos marcantes. É uma quietude que certas vezes surge depois da comunhão, um recolhimento sobrenatural proveniente de um simples olhar para o tabernáculo e que um grande número de almas piedosas – se não todas – experimentam em várias ocasiões. Estes fatos sobrenaturais inscrevem-se na vida espiritual como fenômenos dos quais a alma mal toma consciência em meio às lutas e às securas quotidianas, cuja qualidade desconhece e sobre os quais não se atreve a apoiar esperanças de uma vida mais elevada. Só os prudentes conselhos de um diretor experimentado poderiam lhe revelar o valor do dom recebido e prepará-la discretamente para aqueles, mais elevados e mais frequentes, que Deus lhe destina no futuro. Se não for despertada sobre este ponto, talvez toda a sua vida decorra na convicção de que as graças místicas são fenômenos estranhos, reservados aos privilegiados e com os quais não tem que se preocupar.

III – *Segunda Fase*

A propósito da segunda fase (das quartas às sétimas Moradas) na qual se desenvolve a vida mística, devemos primeiro nos perguntar:

1. **[430]** Se muitas almas chegam aí?
Procuremos recolher o testemunho de Santa Teresa.
A Santa nos diz que "existem muitas almas que ficam à volta do Castelo",[19] isto é, que não estão em estado de gra-

---

[19] 1 M 1,5.

ça. Numerosas são também – não é, talvez, a maioria? – as que habitam nas primeiras Moradas, com uma vida cristã que se nutre de algumas práticas exteriores e que raramente se preocupa com atos interiores de amor ou de pensamento de Deus.

Nas segundas e terceiras Moradas encontram-se as pessoas preocupadas com a piedade e, segundo Santa Teresa,[20] são numerosas as que não vão além das terceiras Moradas.

Eis uma afirmação muito precisa de São João da Cruz a respeito deste ponto:

> Nem todos os que se exercitam deliberadamente no caminho espiritual conduz o Senhor à contemplação, e nem mesmo a metade dos espirituais.[21]

Esta mais da metade são aqueles que permanecem nas terceiras Moradas e não conhecem a contemplação própria das quartas Moradas.

É, pois, a grande maioria dos cristãos que não penetra na vida mística.

Fica uma elite que se abeira às quartas Moradas. Aliás, uma elite pertencente a todos os estados e a todas as camadas da sociedade.

No entanto, não reduzamos demais o número de cristãos que formam esta elite. Santa Teresa afirma que "muitíssimas almas chegam a esse estado".[22] Falando do mesmo período, São João da Cruz faz igual afirmação encorajadora.

Se considerarmos a fome e a sede de Deus que grassam vivamente em nossa época e que se manifestam pela fidelidade à oração, o amor ao silêncio e à solidão, a avidez pela ciência espiritual, os frutos reais da virtude, parece-nos que as afirmações de Santa Teresa e de São João da Cruz, feitas

---

[20] V 11,15.
[21] 1 N 9,9.
[22] V 15,2.

para a época deles, podem ser aplicadas com não menos verdade ao nosso tempo, que conhece uma renovação espiritual cheia de esperanças.

2. [431] Mas os Mestres do Carmelo acrescentam
haver muitíssimas almas que chegam a esse estado e poucas que vão adiante, e eu não sei de quem é a culpa.[23]

Tal é, como já dissemos, a noite e purificação do sentido, dentro da alma. Naqueles que devem entrar depois na outra noite mais profunda do espírito, a fim de chegarem à divina união de amor com Deus (a que nem todos, se não pouquíssimos, costumam chegar), esta noite, de ordinário, é acompanhada de graves tribulações.[24]

Santa Teresa e São João da Cruz distinguem, pois, muito claramente dois grupos desiguais entre aqueles que chegam à contemplação sobrenatural: o primeiro, mais numeroso, que compreende aqueles que permanecem nas quartas Moradas, conhecendo uma contemplação intermitente e imperfeita e suportando uma purificação do sentido pouco intensa e prolongada; o segundo, que compreende os raros privilegiados que, mediante a purificação do espírito, se tornam verdadeiros espirituais. Por que estas paralizações e estes fracassos em regiões já tão elevadas? Falta de generosidade! – respondem Santa Teresa e São João da Cruz:

Ó Senhor de minha alma e Bem meu! Por que não quisestes que, determinando-se a amar-vos – fazendo tudo o que pode para deixar o mundo e se dedicar ao amor de Deus –, a alma não gozasse logo a elevação a esse amor perfeito? Não me exprimo bem: tinha de falar e me queixar do fato de nós não a querermos; a culpa é toda nossa por não gozarmos logo de tamanha dignidade ... . Somos tão difíceis e demoramos tanto a nos entregar de todo a Deus que, como Sua Majestade não deseja que gozemos coisa tão preciosa sem pagar um grande preço, nunca acabamos de nos dispor.[25]

---

[23] *Ibid.*
[24] 1 N 14,1.
[25] V 11,1.

Por sua vez, São João da Cruz insiste com força:

Aqui nos convém notar a causa pela qual há tão poucos que cheguem a tão alto estado de perfeição na sua união com Deus. Não é porque ele queira seja diminuto o número destes espíritos elevados, antes quereria fossem todos perfeitos; mas acha poucos vasos capazes de tão alta e sublime. Provando-os em coisas pequenas, mostram-se tão fracos que logo fogem do trabalho, e não querem sujeitar-se ao menor desconsolo e mortificação; em consequência, não os achando fortes e fiéis naquele pouquinho com que lhes fazia mercê de começar a desbastá-los e lavrá-los, vê claramente como o serão ainda menos em coisa maior. Não vai, pois, adiante em os purificar.[26]

[432] Na *Subida do Monte Carmelo,* tinha escrito:

E quando é dito que tão poucas almas acertam com ele, devemos notar a causa: é que também muito poucas sabem e querem entrar nesta suma desnudez e vazio do espírito. A senda que leva ao cume do monte da perfeição, por ser estreita e escarpada, requer viajores desprovidos de carga cujo peso os prenda às coisas inferiores, nem sofram obstáculo algum que os perturbe quanto às superiores.[27]

No Prólogo da *Subida do Monte Carmelo,* declara que aquilo que o decidiu a escrever foi o

grande número de almas muito necessitadas. Estas iniciam o caminho da virtude e, no momento em que Nosso Senhor quer introduzi-las na noite escura, visando elevá-las à união divina, detêm-se, seja pelo receio de entrar e deixar-se introduzir nessa via, seja por não se entenderem a si mesmas, ou por lhes faltar guia esclarecido e hábil que as conduza até o cume.[28]

Falta de luz; falta, sobretudo, de generosidade: por isto que os escarpados caminhos da alta santidade são tão pouco frequentados.

Estas constatações dos mestres das vias espirituais confirmam as queixas do Amor que não é mais amado. E, contudo, ele nos chama a todos para a fonte de água viva de sua intimidade, e a sua vontade é que sejamos todos santos!

---

[26] Ch 2,27.

[27] 2 S 7,3.

[28] S, Prólogo, 3.

NONO CAPÍTULO
Teologia e contemplação sobrenatural

[433] O estudo da contemplação tem nos nossos dias uma surpreendente aceitação. Este sucesso, porém, não está isento de alguns perigos. Neste conhecimento amoroso que, na simplicidade do seu ato, oferece aspectos tão variados à admiração dos mais diferentes espíritos, cada um deles corre o risco de sublinhar com um traço forte o elemento que o conquistou, de puxá-lo para si a fim de interpretá-lo de acordo com a sua tendência e de falsear, assim, a noção da contemplação sobrenatural. Este perigo não foi inteiramente evitado.

É também uma demonstração um pouco estranha – mas muito comovente – o fato destes pensadores modernos – e não os menos importantes – recorrerem à contemplação para sair do cerco onde o seu próprio agnosticismo os fechou. A salvação da inteligência – teria dito um deles – seria assegurada pelo contemplativo que atinge o real para além das fórmulas e das aparências.

Para estes filósofos, a contemplação mística é um modo de conhecimento intuitivo muito elevado e muito penetrante. Chega-se aí com o auxílio de certa ascese e sob influências ainda maldefinidas. Assim, o caminho também está semeado de destroços. Algumas religiões a favorecem, e o catolicismo tem resultados particularmente bem-sucedidos. No entanto, este modo de conhecimento não é apanágio exclusivo de nenhuma religião e, com mais razão ainda, é independente da adesão a qualquer dogma. A contemplação mística não seria mais que uma alta e admirável intelectualidade.

Para outros pensadores, psicólogos experimentados e artistas delicados, a contemplação é uma emoção mais profunda do que todas as outras, um sopro vivo, dinamismo puro [434] cujas várias formas se encontram em todas as religiões, e que são independentes da crença ou mesmo da prática religiosa. Aliás – dizem eles –, não há oposição entre a intelectualidade fria, a precisão seca do dogma e a vida tão ardorosa, as liberdades tão audaciosas do místico?

Todos estes pensadores, boas pessoas para serem nossos amigos[1] – teria dito Santa Teresa –, inclinados para a contemplação e contemplativos por um desejo de luz ou mesmo por uma profunda necessidade da alma, admiram profundamente São João da Cruz, Santa Teresa e Santa Teresinha do Menino Jesus, mas, ao estudá-los, negligenciam o conteúdo da sua fé e sua submissão à Igreja. Pensam num método empírico para realizar o seu desejo de contemplação; sonham, para toda a humanidade, com uma mística sem dogma e uma contemplação sem teologia.

É um erro – não tão nítido, mas do mesmo gênero – que também encontramos em certos cristãos, muitas vezes fervorosos, mas geralmente pouco instruídos, que apreenderam da contemplação o papel do amor, ou melhor, da afetividade, e minimizam a utilidade do estudo do dogma para chegar a ela. Almas sentimentais para quem a contemplação significa apenas demoradas efusões místicas, e que não sabem mais saborear a verdade senão na unção das confidências de uma alma favorecida por Deus.

Do lado oposto, eis o teólogo intelectualista, sábio, respeitável e cheio de méritos; às vezes, espírito brilhante e profundo, que aborda o estudo e a exposição da contemplação, de forma especulativa, enquanto teólogo; e de forma prática, enquanto pregador e diretor. Dedicado ao estudo, não poderia errar na exposição especulativa de uma doutrina cujos pontos principais Santo Tomás e São João da Cruz determinaram. Tem o desejo muito louvável de lutar contra

---

[1] Cf. V 34,8.

a espiritualidade sentimental que não se esclarece à luz do dogma. Desta forma, ele prega a necessidade do estudo, e seus esforços se dirigem a esta saudável divulgação da teologia, que pode ser tão fecunda. Mas apoiando-se sobre uma experiência pessoal e realizada num campo muito limitado, ele afirma que a cultura teológica é necessária a toda alta e sã espiritualidade; geralmente aprecia esta em função daquela e julga as almas, as instituições e as correntes espirituais a partir da cultura que revelam ou mesmo da forma intelectual que revestem. Assim, mostra, se não o desprezo, pelo menos o desdém por toda espiritualidade que não esteja munida de suas disciplinas intelectuais e a trata como sentimental ou perigosa. Sem se dar conta, e talvez com a [435] melhor boa-fé do mundo, subordina a contemplação à teologia.

Talvez tenhamos particularizado exageradamente estes erros. Com efeito, via de regra, eles se apresentam mais sob a forma de tendências do que de afirmações explícitas. São, contudo, bastante pronunciados e perigosos para que os negligenciemos. Obrigam-nos a explicitar melhor a correlação entre a teologia e a contemplação, de onde tiraremos alguns corolários práticos.

A teologia e a contemplação têm um objeto comum que é a verdade divina. Elas se dirigem para esta verdade divina com instrumentos diferentes e, por consequência, não seriam capazes de apreendê-la de maneira idêntica. Enquanto que a teologia, utilizando a razão esclarecida pela fé, trabalha sobre a verdade dogmática – expressão perfeita da verdade divina em linguagem humana, mas expressão que permanece analógica – a contemplação, por meio da fé que os dons no seu exercício aperfeiçoam, passa para além do invólucro que é a fórmula dogmática e penetra até a própria realidade que é a verdade divina.[2]

---

[2] Cf. III Parte – Contemplação e Vida Mística, cap. 7: "A Contemplação", p. 546.

Esta identidade de objeto e a maneira diferente como chegam até ele explicam as estreitas ligações entre a teologia e a contemplação, e nos permitem identificá-las para o maior bem de cada uma delas.

1. Em primeiro lugar convém sublinhar que a contemplação é tributária da teologia, pois não poderia normalmente atingir a verdade divina em sua essência, sem passar pela adesão à verdade dogmática cuja fórmula lhe é fornecida pela teologia.

Esta afirmação ultrapassa o que foi dito anteriormente acerca da necessidade do estudo da verdade dogmática para o desenvolvimento da vida de oração em geral.[3] Aqui, trata-se, com efeito, da contemplação sobrenatural que certos filósofos modernos quereriam separar de todo dado dogmático.

Parece-nos que estes pensadores, que reconhecem de bom grado a superioridade e os maravilhosos sucessos da mística católica, deveriam não desprezar o testemunho dos grandes espirituais aos quais envolvem numa tão respeitosa veneração e que afirmam – todos eles – sua inteira submissão ao magistério dogmático da Igreja, seja por sua atitude, seja por suas palavras.

[436] Santa Teresa afirma, com tanta frequência e de forma tão enérgica, sua preocupação de submissão à Igreja e aos teólogos que parece inútil citar os textos literais.

Quanto à Santa Teresinha do Menino Jesus, ela tem tal preocupação de ortodoxia, que recusa ler uma obra cujo autor não é herético, mas apenas revoltado contra o seu Bispo.

Na verdade, para elas não há dúvidas de que a busca de Deus-Verdade exige como condição essencial a adesão à verdade revelada que a Igreja lhes apresenta. Esta verdade revelada nos oferece a luz para ir até Deus; é ela que, a todo

---

[3] Cf. II Parte – Primeiras Etapas, cap. 5: "As leituras espirituais", p. 278.

o momento, deve iluminar a nossa caminhada e fazer-nos entrever o fim, no meio da penumbra. Recusar submeter seu espírito à fórmula dogmática que o exprime é destruir em si a fé e a caridade, é tornar, de fato, impossível para si a contemplação sobrenatural cujos instrumentos ativos são estas duas virtudes teologais. Se em alguns casos excepcionais o número de verdades que a inteligência deve aceitar pode ser reduzido a um mínimo, em nenhum poderia ser suprimida esta adesão a verdades dogmáticas distintas, pois ela é essencial à fé.[4]

Notemos, além disso, que a fórmula dogmática não é apenas expressão analógica, isto é, símbolo ou sinal natural da verdade divina. Ela carrega em si a verdade divina que exprime. Não nos conduz somente para a verdade, tal como um sinal indicativo numa estrada; ela, tendo-a recebido em seu seio, no-la dá.

É isto que São João da Cruz explica no comentário da estrofe doze do *Cântico Espiritual*:

> Ó cristalina fonte,
> Se nesses teus semblantes prateados
> Formasses de repente
> Os olhos desejados
> Que tenho nas entranhas debuxados!

---

[4] A recusa a aderir a uma verdade revelada conhecida é sempre uma falta contra a fé. Mas convém notar que, entre as verdades dogmáticas, existem apenas algumas cujo conhecimento é de necessidade de meio, quer dizer, absolutamente indispensável à fé e à vida sobrenatural. São as verdades que dizem respeito à vida íntima de Deus (Trindade) e à mediação de Cristo. O conhecimento das demais é de necessidade de preceito, quer dizer, não deveria ser descuidado.

A adesão implícita às primeiras poderá, por vezes, ser suficiente. É assim que se pode explicar a existência da vida sobrenatural e de graças autenticamente místicas nos não cristãos. Cf. o estudo de Frei ÉLISÉE DE LA NATIVITÉ. "L'expérience mystique d'Ibn'Arabî est-elle surnaturelle?", apud *Études Carmélitaines mystiques et missionnaires*. Paris, DDB, vol. II, 16ème année, pp. 137-168, octobre 1931. Cf. especialmente as conclusões teológicas, pp. 162-168.

[437] Às proposições e artigos que propõe a fé, a alma chama semblantes prateados. Para compreensão desse verso e dos seguintes, precisamos saber que a fé é aqui comparada à prata, nas proposições que nos ensina; quanto à substância encerrada na fé, e as verdades nela contidas, são comparadas ao ouro. De fato, essa mesma substância que agora cremos, vestida e encoberta com a prata da fé, veremos e gozaremos dela na outra vida sem mais véu, despojado da fé, então, o ouro. ...

A fé, efetivamente, nos dá e comunica o próprio Deus, coberto, todavia, com prata de fé; mas nem por isso deixa de no-lo dar verdadeiramente. É como quem nos desse um vaso de ouro recoberto de prata, que, pelo fato de estar prateado, não deixaria de ser o dom de um vaso de ouro.[5]

A união íntima da fórmula dogmática com a verdade divina não poderia ser afirmada de forma mais clara. A fórmula não é um invólucro vazio; está cheia da substância da própria verdade divina.

Prosseguindo este comentário, São João da Cruz afirma que o contemplativo, já desde esta terra, ainda que de modo imperfeito, penetra neste ouro da verdade substancial, para além dos semblantes prateados da expressão:

Pelos olhos são simbolizados, como já dissemos, as verdades divinas, e as irradiações de Deus, que, repetimos, nos são propostas nos artigos de fé sob forma velada e indeterminada. ... O motivo de chamar aqui olhos a estas verdades é a grande presença do Amado que sente a alma, pois parece que sempre a está olhando.[6]

Mas é claro que no pensamento de São João da Cruz não poderíamos dissociar nesta terra estes dois elementos: o ouro puro da verdade e seus semblantes prateados que são as fórmulas dogmáticas. Para encontrar a verdade divina é preciso prender-se à fórmula dogmática que a exprime e a contém. Toda a afirmação contrária não só iria contra tal ou tal passagem das suas obras, mas tornaria incompreen-

---

[5] CE 12,4.
[6] *Ibid.*, 12,5.

síveis o conjunto da sua doutrina e a sua constante conduta pessoal.

Assim, também todo ensaio de mística sem dogma é contrário à doutrina de São João da Cruz e à própria natureza da contemplação. Seja qual for o poder de intuição de certas inteligências, não existe método empírico que lhe possa permitir franquear o fosso entre a contemplação natural e a contemplação sobrenatural. Não podemos chegar a descansar no [438] transcendente sobrenatural e a ser transformados por ele a não ser passando pela fé no dogma e pela ação do auxílio particular de Deus à alma por meio dos dons do Espírito Santo.[7]

Ao julgar severamente estas tentativas intelectualistas de mística natural, não podemos esconder a nossa simpatia por aqueles que as professam por causa da sinceridade que os anima, do afetuoso respeito que têm pelos místicos e do sopro espiritual que transmitem à filosofia moderna, bem como das esperanças que aí fazem brilhar.

Mas deixemos a um pensador eminente o cuidado de expor, numa linguagem melhor adaptada, esta dependência da contemplação com relação ao dogma:

A alma de João da Cruz é fiel à doutrina da Igreja. Nele, a experiência mais abissal concilia-se com os dados da teologia, e, ainda que exista aqui uma ligação secreta, com relação à razão, entre a verdade vivida no interior e a verdade formulada no exterior e escondida sob a fórmula do dogma, é bem a mesma plenitude da verdade à qual a fé se prende por primeiro e da qual viverá penetrando no escuro,

---

[7] Com a sua habitual maestria, Jacques Maritain estudou até a qual experiência natural de Deus podem conduzir as técnicas tão desenvolvidas da Índia. As místicas naturais, mesmo se praticadas por temperamentos muito bem-dotados e dóceis, não poderiam em nenhum caso conduzir à verdadeira contemplação sobrenatural infusa, sem o auxílio especial dos dons. Cf. MARITAIN, Jacques. "L'expérience mystique naturelle et le vide", apud *Études Carmélitaines mystiques et missionnaires*. Paris, DDB, vol. II, 23ème année, pp. 116-139, octobre, 1938.

no mistério, na densidade duma claridade liberta das distinções e das dispersões humanas. Julgamos que a tradição milenária da qual se alimenta a espiritualidade cristã não seria mais do que um invólucro exterior e que, uma vez que a alma está divinamente transformada, ela poderia ser lançada fora como uma casca vazia? Não é, ao contrário, verossímil e razoável pensar que esta tradição, que esteve na origem do crescimento espiritual, permanece sendo para ela um alimento indispensável? Além disso, na própria doutrina do Santo, entrevê-se um vínculo de conexão onde a humana e aparente disjunção entre a fórmula e a vida da fé se encontra superada. Pois, enfim, do mesmo modo que a noite das purificações passivas já se deixa pressentir na noite ativa, também a oração já está secretamente presente na meditação. E, inversamente, quando a alma desce da vida profunda de oração para o plano do pensamento discursivo, julgamos que a oração esteja completamente abandonada? Neste retorno à meditação, o pensamento não é muitas vezes sustentado e vivificado por uma vida de oração íntima e permanente? Obras teológicas, e mesmo obras filosóficas, foram escritas em estado de oração. Quando João da Cruz comenta seus poemas e funda a sua ciência da vida espiritual, a distância humana entre o silêncio místico e a linguagem discursiva não impede, de modo algum, que seja sempre a graça divina aquela que se comunica. É por esta razão que, quando João da Cruz se traduz a si mesmo haurindo da Sagrada Escritura e da doutrina da Igreja, a tonalidade é tal, [439] que nos parece impossível ver neste retorno às representações distintas um simbolismo de convenção. Mas, parece-nos que, pelo contrário, há fortes razões para ver neste retorno a uma palavra que se dá como sobrenatural a linguagem segundo a qual a alma invadida por Deus se exprime na verdade.

E há mais. Viver a vida de Jesus Cristo é, sem dúvida, outra coisa que falar historicamente de Cristo. Viver a vida trinitária é outra coisa que falar dela como um matemático ou mesmo um teólogo. No entanto, trata-se de Jesus Cristo mesmo e da Santíssima Trindade mesma, isto é, de uma plenitude sobre-humana da verdade revelada sob uma fórmula humana e exata. A segunda canção da *Chama Viva* é esclarecedora a este respeito, através do comentário que a acompanha:

>Oh! cautério suave!
>Oh! regalada chaga! ...
>Que a vida eterna sabe!

E João da Cruz escreve: "Embora mencione agora as Três [Pessoas divinas], por causa dos efeitos particulares que produzem, na realidade fala somente com uma Pessoa, dizendo: a morte em vida me hás trocado; porque as Três operam em unidade, e assim a alma atribui tudo a uma só, e, ao mesmo tempo, a todas".[8]

2. Tributária da teologia, a contemplação sobrenatural ultrapassa as fórmulas que aquela lhe propõe. São João da Cruz chama-lhe "secreta escada". Ela penetra até a própria verdade e porque vai além de toda tradução analógica podemos dizer que o seu campo próprio é a obscuridade do mistério desta verdade divina. Deste modo, quando ela se manifesta com toda a sua força, esta sabedoria mística
tem a propriedade de esconder as almas em si. Por vezes, com efeito, além do que costuma produzir, de tal modo absorve e engolfa a alma em seu abismo secreto, que esta vê claramente quanto está longe e separada de toda criatura. Parece-lhe, então, que a colocam numa profundíssima e vastíssima solidão, onde é impossível penetrar qualquer criatura humana. É como se fosse um imenso deserto, sem limite por parte alguma, e tanto mais delicioso, saboroso e amoroso, quanto mais profundo, vasto e solitário. E a alma aí se acha tão escondida, quanto se vê elevada sobre toda criatura da terra.[9]

Esta experiência, aliás transitória, indica as regiões nas quais a alma se encontra elevada na contemplação.

[440] Esta elevação acima de toda a criatura temporal é acompanhada de conhecimento:

---

[8] PALIARD, Jacques. "L'Ame de Saint Jean de la Croix" in *Saint Jean de la Croix et la Pensée Contemporaine*. Tarascon, Éditions du Carmel, 1942, pp. 5-29. Jacques Paliard era professor de filosofia na Faculdade de Aix-en-Provence. O artigo recolhe uma conferência que proferiu por ocasião do IV Centenário do nascimento de São João da Cruz e que foi reeditada em *Chant nocturne – Saint Jean de La Croix, mystique et philosophie*. Campin, Éd. Universitaires, Coll. Sagesse, 1991, pp. 97-112.

[9] 2 N 17,6.

Este abismo de sabedoria levanta, então, a mesma alma, e a engrandece sobremaneira, fazendo-a beber nas fontes da ciência do amor.[10]

Esta secreta escada ou contemplação é, com efeito, essencialmente
"sabedoria secreta", a qual, no dizer de Santo Tomás, é comunicada e infundida na alma pelo amor.[11]

Ou ainda dirá o Santo que
[é chamada] escada por ser a contemplação ciência de amor, a qual, como já dissemos, é conhecimento amoroso e infuso de Deus. Este conhecimento vai ao mesmo tempo ilustrando e enamorando a alma, até elevá-la, de grau em grau, a Deus, seu Criador.[12]

Esta ciência de amor, que eleva, ilumina e inflama, não passa pelo entendimento; luz simples, geral e espiritual procede de Deus nas profundezas da alma. Deus instrui na unção de amor que difunde.

Nesta água límpida que jorra de noite, a alma descobre tanta abundância de sabedoria e tanta plenitude de mistérios, que não somente merece o nome de espessura, mas ainda espessura exuberante, segundo aquelas palavras de Davi: *Mons Dei, mons pinguis, mons coagulatus,* "O monte de Deus é monte pingue, monte coagulado" (Sl 67,16).[13]

De modo especial, os mistérios de Cristo aparecem-lhe qual abundante mina com muitas cavidades cheias de ricos veios, e por mais que se cave, nunca se chega ao termo, nem se acaba de esgotar; ao contrário, vai-se achando em cada cavidade novos veios de novas riquezas, aqui e ali, conforme testemunha São Paulo quando disse do mesmo Cristo: *In quod sunt omnes thesauri sapientiae et scientiae Dei absconditi,* "Em Cristo estão escondidos todos os tesouros de sabedoria e ciência" (Cl 2,3).[14]

---

[10] *Ibid.*
[11] *Ibid.*, 17,2.
[12] *Ibid.*, 18,5.
[13] CE 36,10.
[14] *Ibid.*, 37,4.

São estas as riquezas de luz que a contemplação comunica à alma e por ela à Igreja.

Na verdade Deus, que inseriu toda a verdade que nos destinava na revelação feita a Cristo e aos Apóstolos, deixou, no entanto, à sua Igreja ajudada pelo Espírito Santo, o **[441]** cuidado de explorar este legado, de explicitá-lo, de traduzir em fórmulas claras e precisas as verdades nele contidas e espalhá-las entre o povo cristão.

A este trabalho de explicitação, a teologia traz o poder e a lógica da razão iluminada pela fé. A contemplação contribui para isso com a grande penetração do amor. O teólogo raciocina, deduz, conceitua em fórmulas precisas; o contemplativo perscruta as profundidades vivas da verdade. Ambos estão ao serviço da mesma causa. Parece-nos, contudo, que a razão do teólogo prima por organizar as posições conquistadas, enquanto o amor do contemplativo, mais penetrante, faz dele, muitas vezes, um audacioso explorador de vanguarda. A história da explicitação do dogma ao longo dos séculos confirma esta asserção. É ao olhar contemplativo de São Paulo que devemos a descoberta do grande mistério de Cristo do qual ele se diz apóstolo e ministro. É também aos contemplativos que devemos a explicitação da maior parte dos dogmas, especialmente os privilégios da Santíssima Virgem. O contemplativo precede, descobre e incita; o teólogo vem em seguida e estabelece a verdade.

3. É preciso que a teologia venha depois para controlar as afirmações da contemplação, especialmente as afirmações dogmáticas. A teologia, com efeito, que representa o magistério da Igreja, é a guardiã do depósito revelado. O contemplativo, qualquer que seja a elevação da sua contemplação, deve submeter estas luzes a este controle.

Foi isso que fizeram todos os grandes espirituais. São João da Cruz, depois de ter afirmado no prólogo do *Cântico* que "essas canções [foram] compostas em amor de abundante inteligência mística", submete-as, com o comentário que faz delas, "totalmente ao [juízo] da santa Madre Igreja".[15]

Santa Teresa não ousa confiar na certeza da presença de Deus em sua alma e nas luzes recebidas acerca do modo desta presença nas graças de união, enquanto um teólogo esclarecido, em nome da Igreja, não as confirmou.

Todo contemplativo, por mais elevado que seja, pode, na verdade, enganar-se a respeito de qualquer ponto, ao passo que a Igreja é infalível.

Que dizer do contemplativo principiante ou simplesmente adiantado, cuja contemplação é intermitente, que [442] pode enganar-se sobre a qualidade de suas relações com Deus, e em quem a iluminação, mesmo autenticamente sobrenatural, pode se carregar de impurezas e ilusões ao passar pelas faculdades não purificadas e faltas das aptidões naturais necessárias para interpretá-la? Se, apoiando-se orgulhosamente na certeza das comunicações divinas e na embriaguez que produzem, na própria força da luz que esclarecendo um ponto particular parece relegar os outros para a sombra, esta falsa – ou apenas imperfeita – contemplação recusa o controle da sã teologia, não há erros nem defeitos nos quais ela não possa cair. Parece-nos que muitas heresias ou movimentos espirituais desviados são provenientes de experiências místicas autênticas cuja luz, destinada a inscrever-se na síntese do dogma e da vida da Igreja, o orgulho, no entanto, ao recusar submetê-las ao magistério da Igreja, falseou.

4. A teologia controlará as luzes contemplativas, mas para fazê-las entrar no quadro do seu pensamento, cuidará para não destruir o sopro vivo que as anima mesmo na sua

---

[15] *Ibid.*, Prólogo, 2.4.

expressão. É no âmbito da expressão que as relações entre a teologia e a contemplação serão mais delicadas.

Depositária da verdade divina, a teologia tem a preocupação constante de lhe conservar sua expressão exata no plano do pensamento humano. Tem seus termos e suas fórmulas, invariáveis porque precisas. Todo o seu trabalho é dar clareza ao pensamento e precisão à expressão. Assim, compreende-se que, às vezes, ela se encontre pouco à vontade ante às expansões místicas.

Com efeito, o contemplativo traduz sua experiência íntima e pessoal do mistério de Deus. Se a sua contemplação é autêntica, a luz que traz da sua experiência é certa. Mas esta luz, ele a encontra na unção que recebe e da qual não poderá separá-la. Estas experiências do divino têm alguma coisa de muito poderoso e, ao mesmo tempo, de indeterminado, que é o selo do infinito. Dado que procedem do fundo do ser, tomam-lhe as formas e fazem-lhe vibrar todas as potências, usando, para se exprimir, do que há de mais profundo, mais forte e mais pessoal. A vibração produzida e a sua expressão serão tributárias das qualidades e das deficiências do temperamento do místico.

Esta expressão renunciará à linguagem dos conceitos – por demais precisos para traduzir as riquezas das realidades vislumbradas e as vibrações produzidas em todo o ser [443] humano – e irá, espontaneamente, para as imagens, os símbolos, as palavras de sentido indefinido, mais vastas, menos limitadas e, por consequência, melhor adaptadas ao infinito. E este lirismo, a experiência mística o carregará do calor e da força saborosa da impressão recebida.

Se esta experiência mística for muito elevada, se atingir uma alma e potências purificadas, se encontrar faculdades afinadas para no-la transmitir, então, ela nos traz o som harmonioso de todas as riquezas humanas de uma alma as quais cantam, jubilosas e vibrantes, sob a luz e o choque do

Infinito. Não poderíamos encontrar lirismo mais poderoso e mais delicado, poesia mais sublime. Divina pelo sopro que a anima, que reina nela e pelo gosto que deixa, esta poesia também é humana e tão variada quanto as almas.

Escutemos Santa Ângela de Foligno, poderosa, impetuosa, com suas palavras que explodem em labaredas de fogo, pois não pode conter os tumultuosos ardores de seu arrependimento e os excessos de amor pelos quais se sente invadida; Santa Gertrudes, mansa e pura, uma pomba de olhar límpido e afetuoso, de quem a paz beneditina harmonizou os gestos e as efusões; Santa Teresa, ardente e luminosa, audaz em seus desejos e discreta nos seus conselhos, sublime e equilibrada, uma alma real, maternal e divina, o gênio humano naquilo que possui de mais concreto e de mais universal. Conhecemos também Santa Teresinha do Menino Jesus, um fraco passarinho coberto apenas de uma leve penugem – dirá de si própria –, mas que tem os olhos e o coração da águia e das grandes almas.[16] Também sua voz, que nos parece infantil, tem efeitos poderosos quando canta a luz do Verbo e o amor do Espírito Santo. E por fim o mestre, nosso Doutor Místico, São João da Cruz, que conhece todas as vibrações do amor e os reflexos da luz que a sua ciência de teólogo sabe, a um só tempo, ordenar harmoniosamente e explicar e que, enfim, os exprime com a arte consumada de um artista e de um poeta em quem a técnica não quebra, absolutamente, o sopro inspirado.

Mesmo quando ela não se apresenta com a perfeição que descobrimos nestes gigantes da santidade, a contemplação enriquece singularmente de vida e de luz a expressão das verdades que viveu e comunica à linguagem uma força e um calor que lhe asseguram penetração e irradiação fecunda. Talvez, terá que sacrificar a arte ao movimento, a precisão à vida, mas

---

[16] Cf. Ms B, 4 vº.

pouco importa ouvir uma música soar melhor que outra, se não me move mais **[444]** que a primeira a praticar obras. Porque embora tenham dito maravilhas, logo se esquecem, pois não pegarão fogo à vontade.[17]

Ora, a eloquência vivificada pela experiência, embora não tendo nada dos artifícios de uma sabedoria persuasiva,[18] é soberanamente fecunda, pois é água viva que a fé fez jorrar dessa fonte do Espírito que cada um tem em sua alma.

Poderíamos continuar a distinguir a contemplação da teologia na expressão e sublinhar que a fórmula dogmática, que é a obra da teologia, é a expressão certa e precisa da verdade divina na linguagem do pensamento humano, enquanto que a expressão mística é uma tentativa de tradução viva da experiência desta verdade.

Mas para que continuar a distinguir e opor quando aquilo que importa sobremaneira é unir? Com efeito, foi o encontro delas numa alma que fez os pensadores profundos e os grandes mestres de todos os tempos, não apenas os Paulos e os Agostinhos, mas esses Padres da Igreja com sua linguagem saborosa e profunda que instauraram a ordem e o pensamento cristão, esses santos que o Espírito de Deus situa em cada virada da história a fim de guiar o povo cristão à meta suprema que é a edificação da Igreja.

5. Existe outro serviço que a teologia pode prestar à contemplação: é o de regularizá-la e de sustentá-la em sua caminhada, às vezes perigosa e com frequência dolorosa.

Eis-nos ainda diante de um assunto delicado no qual não quereríamos nos perder ou nos enganar com termos impróprios.

A experiência mística afeta todas as potências da alma, mas, dado que procede do amor e carrega consigo um eco

---

[17] 3 S 45,5.
[18] Cf. 1Cor 2,4.

indeterminado de infinito, parece escapar ao quadro intelectual do pensamento que a oprime por sua precisão e limitação e dirigir-se para os sentidos interiores e exteriores, mais aptos para recebê-la e onde ela pode manifestar as suas riquezas e a sua vida. Resulta disso, no contemplativo iniciante, uma certa diminuição e impotência da vida intelectual e, ao mesmo tempo, uma certa exaltação do sentido, enriquecida pelo gosto divino que aí se derrama. Algumas vezes, se dá mesmo uma preferência marcada por esta atividade espiritual sensível em detrimento da atividade [445] intelectual. Este espiritual principiante não quer ser senão um místico e se torna um quase anti-intelectual.

O perigo pode ser grave, pois é aquele do iluminismo ávido por manifestações sensíveis do espiritual, que procura constantemente a luz e o apoio destas manifestações em todos os passos de sua vida moral e espiritual. O equilíbrio humano, que exige que a inteligência seja o nosso guia em todas as circunstâncias e, especialmente no mundo dos gostos e das luzes místicas, é atingido. São João da Cruz professa tal respeito pela razão que pede que ela examine as coisas com o maior cuidado, quando nelas se misturam manifestações extraordinárias.[19]

O estudo da verdade revelada remediará este perigo, que pode resultar no comprometimento grave da vida espiritual. Ele dará à inteligência o alimento de que tem necessidade para não se tornar anêmica e o meio de cumprir sua função de controle na vida moral.

Acontecerá também que a embriaguez dos sentidos provocada pelos transbordamentos divinos será seguida por reações muito dolorosas. Passadas as impressões saborosas, as potências sensíveis e a própria razão encontram-se como que desamparadas e inquietas por esta invasão ou senhorio

---

[19] Cf. 2 S 21,4-5.

sob o qual puderam apenas permanecer passivas e cuja causa elas não vêm. Conhecemos as angústias de Santa Teresa depois de suas graças extraordinárias. Daí, uma necessidade de apoio e controle tanto mais intensa quanto a alma não sente mais que o vazio, um vazio que parece mais escuro e silencioso depois das saborosas plenitudes que ela conheceu:

Agora basta, Senhor! – dizia o Profeta Elias, depois de ter caminhado um dia no deserto para fugir da cólera de Jezabel – Agora basta, Senhor! Retira-me a vida, pois não sou melhor que meus pais.[20]

Este desalento surgia depois de ter feito resplandecer a glória de Yahweh sobre o monte Carmelo e de ter corrido, arrebatado pelo Espírito, diante do carro de Acab: "Elias era um homem que sofria como nós"[21] – nota a Sagrada Escritura.

Deus vem em socorro de Elias, enviando-lhe um Anjo que lhe leva um pão milagroso e fortificante. Ao contemplativo que conhece a profundeza da sua miséria oferece-se constantemente o pão da doutrina. É sobre este rochedo da fé, nas certezas da verdade revelada por Deus, que não pode se enganar nem nos enganar, que ele encontra [446] a paz no meio das angústias, a luz imutável e a atitude de esquecimento que convém às graças recebidas.

Compreendemos agora por que Santa Teresa, a quem o próprio Jesus se tinha apresentado como um livro vivo,[22] estava tão sedenta do contato com os teólogos. Teve, aliás, a imensa graça de conhecer os maiores do seu tempo: Frei Ibañez, a luz de Ávila; Frei Barrón, que a esclarece sobre a presença de Deus na alma; Frei Bartolomeu de Medina; o célebre Frei Bañez, seu teólogo de confiança, a quem recomendará para uma cátedra na Universidade de Salamanca;

---

[20] 1Rs 19,3.4.
[21] Tg 5,17 (Vulgata).
[22] Cf. V 26,5.

Frei García de Toledo por quem tem particular afeição devido aos talentos e dons magníficos com que foi favorecido por Deus; Frei Jerônimo Graciano, seu diretor, e São João da Cruz, que é realmente o pai de sua alma e um dos diretores que mais a ajudou.[23]

Não se cansa de testemunhar a sua gratidão àqueles que foram os verdadeiros benfeitores de sua alma. Durante o último período da sua vida, é sobretudo aos grandes teólogos que ela pede a luz para a direção de sua alma.[24]

As filhas de Santa Teresa mantêm relações assíduas com os teólogos. Os mestres da Universidade de Salamanca têm uma alta estima pelas contemplativas do porte de Ana de Jesus. Estes mestres são Curiel, Antolínez, Luís de Leão – que dizia que Ana de Jesus sabia mais do que ele após tantos anos de ensino –, Bañez – que, depois de ter sustentado uma tese de teologia, terminava sua argumentação dizendo: "Enfim, se não houvesse outra coisa a favor deste sentimento a não ser saber que a Madre Ana de Jesus o condivide, isso seria, a meus olhos, prova suficiente".

Teologia e contemplação sobrenatural apreçavam-se e serviam-se mutuamente.

A contemplação tem direito ao respeito da teologia, pois apreende o seu objeto comum de uma forma mais perfeita e tem efeitos mais profundos. A teologia faz sábios; a contemplação, santos.

6. É este respeito pela contemplação sobrenatural que nos parece faltar aos teólogos intelectualistas dos quais falamos no começo. Na verdade, são por demais instruídos para desconhecerem especulativamente o valor da contemplação, mas a sua convicção não desce ao plano **[447]** do

---

[23] Cf. Cta 269, novembro de 1578.
[24] Cf. II Parte – Primeiras Etapas, cap. 8: "A direção espiritual", p. 343.

julgamento prático. Se bem os compreendemos, parece-nos que esta anomalia provém da confusão prática entre contemplação teológica e contemplação sobrenatural.

O teólogo, com efeito, debruçado por vocação sobre a fórmula dogmática, encontra na sua tarefa alegrias muito elevadas, sente as suas faculdades exaltarem-se nos esplendores da verdade descoberta ou elucidada de maneira melhor; às vezes, repousa amorosamente sua inteligência na visão global de um mistério da nossa religião. Como não lhe aconteceria confundir as alegrias que ele experimenta nesta contemplação teológica com a contemplação sobrenatural, tanto mais que, em seu trabalho, sente-se por vezes ajudado sobrenaturalmente e que sua inteligência, habituada às claridades distintas, suporta com dificuldade o deslumbramento obscuro – para ele mais doloroso – da contemplação sobrenatural?

No seu pensamento, a contemplação sobrenatural torna-se, em virtude desta dificuldade pessoal de realizá-la, um fenômeno extraordinário, reservado a alguns raros privilegiados. De São João da Cruz e dos outros místicos, retém, sobretudo, as luzes distintas que nos trazem, e não percebe que suas vidas de intimidade com Deus decorreram, habitualmente, na secura e numa obscuridade que é aquela mesma do mistério do objeto essencial da fé que alcançaram.

Como se intui, os erros práticos que decorrem de tal postura na direção espiritual podem ser graves.

Contemplação teológica e contemplação sobrenatural não exigem igual cooperação por parte da alma. A primeira tem necessidade da atividade intelectual; a segunda alimenta-se, sobretudo, de abandono tranquilo e de humildade.

Impor a todos a atividade intelectual que a contemplação teológica exige é lançar a perturbação em grande número de almas que já atingiram a contemplação sobrenatural; é opor-se às suas necessidades e aos desejos de Deus a respeito delas; é fazê-las voltar para trás, arrancando-as de sua contemplação, do repouso e do proveito que encontravam na escuridão da fé. Deus as transforma, nesta contemplação, mas desde que abandonem toda preocupação e que sosseguem a atividade de suas faculdades. Semelhantes exigências intelectualistas desconhecem a doutrina de São João da Cruz. Desta doutrina, sublinha-se de bom grado o arcabouço intelectual para fazer notar que pertence à mais segura das escolas teológicas, mas negligencia-se seus pontos essenciais, **[448]** aqueles em que o Santo pede para se superar todas as coisas – mesmo o plano intelectual mais seguro –, a fim de se entregar à invasão da luz divina. Por que não relemos também as passagens da *Chama Viva de Amor* onde o Doutor Místico, com toda a veemência, se ergue contra aqueles – e o diretor imprudente está incluso aí – que perturbam a paz da alma contemplativa e a impedem de saborear as delicadas unções do Espírito Santo?

Estas unções, pois, e matizes, têm a delicadeza e sublimidade do Espírito Santo, e, por causa de sua finura e sutil pureza, não podem ser entendidas pela alma nem por quem a dirige, mas unicamente por aquele que opera tais primores para comprazer-se mais na alma. E muito facilmente acontece que o mínimo ato que a alma queira fazer de sua parte, seja com a memória, o entendimento, ou a vontade, seja aplicando ali o sentido, ou conhecimentos ou ainda procurando gozo e sabor, basta para perturbar ou impedir essas unções no seu íntimo – o que constitui grave prejuízo e dor, e motivo de pena e grande lástima.

Oh! É caso importante e digno de admiração: não aparecendo o prejuízo, nem quase nada o que se interpôs naquelas santas unções, é mais doloroso e irremediável do que se fossem prejudicadas e perdidas muitas outras almas comuns, ordinárias, que não se acham neste estado, onde recebem tão subido esmalte e matiz. É como se num rosto de primorosa e delicada pintura trabalhasse uma tosca mão, com ordinárias e grosseiras cores; seria então o prejuízo, maior e mais notável, mais para lastimar, do que se manchassem muitos rostos de pintura comum. Na verdade, se o lavor daquela mão delicadíssima do Espírito Santo veio a ser estragado por outra mão grosseira, quem acertará a refazê-lo? ...

Vem o diretor espiritual, que não sabe senão martelar e bater com as potências qual ferreiro, e pelo fato de não ensinar mais do que aquilo, nem saber mais do que meditar, dirá: vamos, deixai-vos destes repousos, pois isto é ociosidade e perda de tempo; ocupai-vos em meditar e fazer atos interiores, porque é necessário agir de vossa parte quanto vos for possível; essas coisas são iluminismos e enganos de néscios.

E, assim, por não entenderem tais diretores os graus da oração e as vias de espírito... . Não digas, portanto: Oh! Esta alma não progride, porque nada faz! Pois se é verdade que nada faz, por esta mesma razão de não agir, provar-te-ei aqui como faz muito. Quando o entendimento se vai despojando de conhecimentos particulares, sejam naturais ou espirituais, vai progredindo; e quanto mais ficar vazio de qualquer conhecimento determinado, e de todos os atos que lhe são próprios, tanto mais se adianta o mesmo entendimento no seu caminho para o sumo bem sobrenatural...

Tais diretores não sabem o que seja espírito. Fazem a Deus grande injúria e desacato, querendo meter sua mão grosseira na obra divina ... .

No entanto, estes ainda erram com boa intenção, porque a mais não chega sua ciência. Não lhes serve isto de escusa, todavia, nos conselhos que temerariamente dão, sem **[449]** primeiro se informarem do caminho e espírito em que Deus conduz a alma, intrometendo sua mão grosseira naquilo que não entendem, e não deixando que a alma seja entendida por outrem. Não é coisa de pouco peso e de pequena culpa fazer uma alma perder bens inestimáveis, e até deixá-la, por vezes, muito prejudicada por temerário conselho. E, assim, quem temerariamente erra, quando estava obrigado a acertar – como cada um o deve estar em seu próprio ofício –, não ficará sem castigo, em proporção ao prejuízo que ocasionou. Nestas coisas de Deus, havemos de tratar com muita ponderação, e com os olhos bem abertos, mormente em caso tão importante e em negócio tão sublime como é o destas almas, onde se aventura um ganho quase infinito em acertar, e uma perda quase infinita em errar.[25]

---

[25] Ch 3,41-42.43.44.47.54.56.

O tom indignado do grande Doutor Místico nos fala da importância dos mínimos erros de direção em tais matérias, e isso nos servirá para desculpar os desenvolvimentos que nós mesmos damos a respeito desta questão.

Na verdade, são inúmeras as almas que ficam detidas no limiar da vida espiritual devido a estas exigências da cultura dogmática, porque suas ocupações não lhes deixam tempo livre para o estudo, ou porque não têm a cultura suficiente para aplicarem-se a ele com proveito. Entre elas, as almas de boa vontade, humildes, muitas vezes heroicas no cumprimento do seu dever de estado, não serão jamais capazes de alcançar senão uma espiritualidade inferior e sentimental, nunca serão contemplativas? Entre as bem-aventuranças, Santo Tomás distingue duas que são as dos contemplativos: *Beati mundo corde...* "Bem-aventurados os corações puros, porque verão a Deus"; *Beati pacifici...* "Bem-aventurados os pacíficos, porque serão chamados filhos de Deus".[26] A pureza do olhar, a paz – fruto do apaziguamento das paixões – obtêm a contemplação. Para que acrescentar a cultura dogmática às exigências de Cristo assinaladas pelo príncipe da teologia?

Acrescentamos que, mesmo para os espíritos instruídos e que têm tempo para aperfeiçoar a sua cultura teológica, é de se temer um excesso em certos casos. Com efeito, a virtude da fé – que supõe o conhecimento da verdade revelada e é esclarecida pela sua luz – assenta-se sobre a submissão da inteligência. Depois de ter estudado, a inteligência deve submeter-se para aderir à autoridade de Deus (*obsequium rationabile*). Um estudo que desenvolvesse a curiosidade da inteligência ou mesmo o seu orgulho, a ponto de lhe [450] tornar difícil a submissão, hesitante ou instável, seria mais um estorvo para a fé do que um auxílio.

---

[26] Cf. *Summa Theologica*, Ia, IIae, qu. 69, art. 3 et 4.

Nem todo o estudo aprofundado da verdade revelada produzirá estes resultados. Aquele que é feito para servir de fundamento racional da fé, segundo a capacidade do espírito e as exigências da cultura, ou ainda para cumprir um dever de estado ou de vocação, estará geralmente protegido contra estes perigos. Mas que dizer dos estudos empreendidos por mera curiosidade, por esnobismo, e levados avante com certo espírito crítico ou simples prazer intelectual? A fé, via de regra, com certeza não sucumbe, mas a contemplação sobrenatural, que tinha sido encarada como uma meta ou, pelo menos, como um termo, raramente é alcançada. Se, uma vez ou outra, a alma é elevada a esta contemplação, a escuridão se lhe apresenta de tal maneira dolorosa e cheia de angústias, que ela volta atrás e vai procurar, no campo das ideias distintas e das fórmulas dogmáticas, o alimento sem o qual seu espírito curioso, e talvez presunçoso, já não pode passar. Enganada por seus atrativos intelectuais, transviada pela alegria que encontra em satisfazê-los, fará da sua oração – se continua fiel a ela – um estudo que, às vezes, irá levá-la à contemplação teológica, mas renunciou para sempre à contemplação sobrenatural que não compreende ou considera um fenômeno místico extraordinário. Priva-se, assim, da obra maravilhosa de transformação que Deus opera nas almas, talvez menos instruídas, mas mais humildes. Deus queira que, com a autoridade que lhe dá sua ciência, não afaste as almas que se confiam às suas luzes. Já explicamos – parece-nos – a razão pela qual um fosso tão profundo separa a cultura teológica da contemplação sobrenatural. Possam tais almas encontrar um mestre de espiritualidade que, seguindo a escola da Reformadora do Carmelo, tenha a suficiente influência e ciência para lhes ensinar que a oração consiste menos em pensar do que em amar, menos em agir do que em entregar-se.[27]

---

[27] Cf. 4 M 1,7.

Ainda nos falta assinalar que, por vezes, infelizmente, alguns espíritos, em virtude destes estudos mal-orientados ou desenvolvidos em regiões por demais elevadas para o vigor deles, trazem principalmente dúvidas, tanto mais dolorosas e tenazes quanto mais a sua fé era, então, simples e alicerçada em suas vidas.

Deste modo, bendizendo os movimentos modernos que trabalham para a divulgação da doutrina teológica e espiritual, pensamos que devam estar sob a tutela de uma prudente discrição e que um trabalho de piedade e ascese deve ser conduzido paralelamente para que as almas encontrem verdadeiramente a luz de Deus e se abram para o seu reino perfeito.

[451] Os exemplos dos santos mostrarão, melhor do que estas considerações, a linha de conduta a seguir nestas matérias. São João da Cruz, o mestre da sabedoria sobrenatural, revela-se um aluno brilhante nos seus estudos, mas "modesto" – dizem-nos os seus condiscípulos –, pois busca, através de tudo, a luz do Infinito. Conforme as necessidades da sua alma, voltará, ao longo da sua vida, aos estudos teológicos. Em Baeza, atrairá para seu convento os mestres da Universidade que virão assistir às sustentações orais teológicas mas, ao mesmo tempo, censurará esta curiosidade acerca das questões sutis a qual não está isenta de perigos. Deixa aos estudantes do Carmelo esta fórmula que resume o seu dever: *Ubi humilitas, ibi Sapientia*, "Onde há humildade, aí está a Sabedoria".

Santa Teresa, que amava a ciência nos letrados e a doutrina para ela e para suas filhas, castigava amavelmente as pretensões intelectuais que nelas descobria. Eis uma passagem de uma das suas cartas à sua filha muito querida, Maria de São José, Priora de Sevilha:

Asseguro-lhe que Vossa Reverência nunca me cansa – quanto às cartas –, antes me descansa de outros cansaços. Achei muita graça de pôr Vossa Reverência a data em letras. Praza a Deus não a tenha escrito em algarismos por fugir à humilhação.

Antes que me esqueça. Muito boa teria eu achado sua carta ao Frei Mariano se não fosse aquele latim. Deus livre a todas as minhas filhas de presumirem de latinistas. Nunca mais lhe aconteça isto, nem consinta. Muito mais quero que se prezem de parecer simples – o que é muito próprio de santas – do que de tão retóricas.[28]

Conta-se que um dia mostrou-se mais severa. Recebia no locutório uma postulante que parecia preencher as condições para ser admitida. A jovem faz uma pergunta: "Madre, posso trazer minha Bíblia?". Nesta pergunta banal, a Santa Madre encontrou um indício de orgulho de espírito, de pretensões intelectuais que haveriam de crescer. "Minha filha, fique em sua casa com a sua Bíblia!" – responde ela. E assim se fez. Os pressentimentos de Santa Teresa tornaram-se realidade e a jovem não permaneceu num outro mosteiro no qual entrara.

Terminemos com este relato que nos deixou o Irmão Reginaldo, sobre um episódio da vida de Santo Tomás de Aquino: "Um dia – a 6 de dezembro de 1273, três meses antes de sua morte – **[452]** enquanto Santo Tomás celebrava missa na capela de São Nicolau em Nápoles, deu-se nele uma grande mudança. A partir de então, deixou de escrever e de ditar. Ficaria, assim, a *Summa* incompleta? Dado que Reginaldo se lamentava disso, o mestre disse-lhe: "Não posso mais". E, insistindo o outro... "Reginaldo, não posso mais; foram-me reveladas tais coisas que tudo o que escrevi me parece palha. Agora, espero o fim da minha vida depois dos meus trabalhos".

"Palha"! É isso a doutrina de Santo Tomás de Aquino, o príncipe da teologia, quando colocada na presença dos inefáveis fulgores que o Verbo, Sol divino, faz descer silenciosamente sobre a alma que se oferece, pura e tranquila,

---

[28] Cta 144, 19 de novembro de 1576.

à invasão de sua luz! Isto nos deveria ser suficiente. Contudo, parece-nos que um paralelo entre as espiritualidades de Santa Teresinha do Menino Jesus e de Irmã Elisabete da Trindade pode lançar ainda algumas luzes sobre este problema das relações da teologia com a contemplação e deixar mais precisas as conclusões práticas.

Santa Teresinha do Menino Jesus e a sua doutrina da infância espiritual são universalmente conhecidas. Irmã Elisabete da Trindade, Carmelita de Dijon, menos conhecida da maioria dos cristãos, exerce no mundo dos espirituais contemplativos uma influência que pode ser comparada àquela da santa Carmelita de Lisieux.

Ainda no seio de sua família, Irmã Elisabete experimentou sensivelmente a presença da Santíssima Trindade em sua alma. Um Dominicano, Frei Vallée, alma luminosa de teólogo e de contemplativo, deu-lhe a explicação da sua experiência, expondo-lhe o dogma da inabitação de Deus em nós. No Carmelo de Dijon, onde entrou, Irmã Elisabete viveu deste dogma e daquele que o completa e o qual São Paulo, em suas epístolas contemplativas, lhe revelou: o mistério da adoção divina que, por meio de Cristo, Deus estendeu a toda a humanidade. Transformada em vítima de louvores da Santíssima Trindade e do mistério da difusão da vida divina nas almas, morreu após seis anos de vida religiosa.

Enquanto Santa Teresinha do Menino Jesus fala de confiança e abandono, prega a fidelidade às pequenas coisas, orienta-nos para as formas vivas de Jesus Cristo no presépio e na paixão – e isto com uma linguagem e maneiras de criança –, Irmã Elisabete arrasta para o recolhimento nos esplendores dos mais altos mistérios do cristianismo e faz figura de teóloga, ao lado de São Paulo e dos discípulos de Santo Tomás. [453] Daí, procedem as opiniões expressas do seguinte modo: "A espiritualidade de Santa Teresinha do Menino Jesus é uma boa e pequena espiritualidade para as multidões e pessoas modestas; a de Irmã Elisabete impõe-se aos espíritos um pouco elevados".

Não podemos negar que a espiritualidade de Irmã Elisabete é uma espiritualidade dogmática e devemos reconhecer que é esse um dos seus grandes méritos. No entanto, é ainda necessário especificar em que sentido e em que medida ela é dogmática.

À Irmã Elisabete, o dogma forneceu um ponto de partida ou uma confirmação de um estado já vivido, e serve sempre de apoio para se entregar à invasão da luz divina, entrar na contemplação sobrenatural e permanecer tranquila na escuridão, que é o seu fruto. Irmã Elisabete ultrapassa a luz distinta e submerge-se nas trevas: *"Nescivi"* – dirá ela ao regressar da sua contemplação. Esta contemplativa de quem querem fazer uma teóloga é, sobretudo, filha de São João da Cruz. A sua contemplação é mais dionisiana do que positiva, mais carregada de saborosa escuridão do que de claridades distintas; a maior parte das vezes, vive numa atmosfera sem ar e sem luz, sem perfumes ou imagens, e alimenta-se apenas de fé e de silêncio.

Portanto, Irmã Elisabete não sente necessidade de cultura teológica. Ela diz que Frei Vallée deu-lhe tudo no dia em que lhe revelou o dogma da inabitação divina na alma. Não voltará a vê-lo senão raramente. A São Paulo, ela pede a substância do grande mistério, essa massa confusa e saborosa, para aí se perder deliciosamente, sem se preocupar com os contornos e as precisões fixadas mais tarde pela teologia.

A Madre Priora, que foi a confidente de Irmã Elisabete durante os seis anos que passou no Carmelo, declarava que esta tinha uma cultura dogmática e espiritual muito restrita. Tinha frequentado um catecismo de perseverança em sua paróquia, tinha tido nas mãos os livros que normalmente se dá às noviças, alimentava-se com o *Cântico Espiritual* de

São João da Cruz e com as epístolas de São Paulo – obras que levara ao Carmelo quando entrou. Escutara com a comunidade as pregações de vários retiros, mas jamais teve alguma preocupação de cultura teológica propriamente dita.

Que os teólogos aprendam com Irmã Elisabete a utilizar a verdade dogmática para se recolherem em Deus. Farão, assim, com que ela cumpra a sua missão que é a de chamar as almas para o recolhimento e irão assegurar-lhe a glória que desejava. Mas... que eles se apoiem nela para impor a todos os espirituais uma cultura teológica aprofundada [454] e extensa... Isso nos parece inteiramente contrário aos seus exemplos e às exigências da sua espiritualidade!

Em Santa Teresinha do Menino Jesus, o papel da verdade dogmática é menos aparente. Em suas orações a pequena Santa de Lisieux olha Jesus, procura o "caráter" Bom Deus,[29] faz uma oração vocal para se recrear na sua aridez, ou ainda, suporta calmamente o desagradável ruído que faz uma vizinha. Mas não nos iludamos com isso! Esta simplicidade não é ignorância e, muito menos, incapacidade intelectual. Não seria antes o fruto da primazia dada voluntariamente à atividade do amor na oração?

Santa Teresinha do Menino Jesus desejou muito saber e mesmo estudar o hebraico para ler a Sagrada Escritura nos textos originais.[30] Mas o próprio Deus, que velava com cuidado zeloso sobre esta alma, mortificou esse desejo a fim de que ela não caísse na vaidade do saber. No entanto, leu excelentes autores: o Padre Arminjon; o Padre Surin, que muito aprecia; São João da Cruz, que veio a ser o seu mestre. O Espírito Santo fez o resto, tão bem que a doutrina espiritual de Santa Teresinha do Menino Jesus é cheia de riquezas teo-

---

[29] Cf. *Conselhos e Lembranças*. São Paulo, Paulus, 2006[7], p. 73.

[30] Cf. UC 4.8.5; cf. também *Conselhos e Lembranças*. São Paulo, Paulus, 2006[7], p. 73.

lógicas e místicas que causam admiração de quem quer que passe para além do véu de simplicidade que as oculta. E se nos obrigassem a compará-la, neste ponto, com Irmã Elisabete, não hesitaríamos em reconhecer em seu pensamento maior originalidade e, talvez, mais profundidade.

Mas as nossas duas santas carmelitas devem sorrir no céu ao nos ouvir colocá-las em paralelo num plano onde se detiveram tão pouco e sobre o qual não tiveram nenhuma pretensão. Nem filósofas, nem teólogas, desejaram somente conhecer e amar a Deus, desejaram tornar-se santas. Chegaram lá; cada uma pelo caminho que correspondia à sua graça.

Qual das duas vias devemos escolher para nos tornarmos, também nós, contemplativos e santos como elas foram? De fato, não podemos escolher: cada um deve seguir aquela via que a graça lhe indica... Não será necessariamente a de maior cultura dogmática e espiritual, mas aquela que nos dará, a um só tempo, mais luz a respeito de Deus e de nós mesmos, aquela que nos fará progredir na humildade, pois é aos simples e aos pequenos que Deus concede sua Sabedoria: "Em verdade vos digo: Aquele, portanto, que se tornar pequenino como esta criança, esse é o maior no Reino dos Céus".[31]

---

[31] Mt 18,3.4.

DÉCIMO CAPÍTULO

A fé e a contemplação sobrenatural

> *A fé é o único meio próximo e proporcionado para a alma chegar à união com Deus.*[1]

[455] Os problemas que a contemplação sobrenatural suscita, à medida que os aprofundamos, parecem cada vez mais difíceis. O emaranhado entre o humano e o divino cria uma complexidade que poderíamos julgar uma confusão. Aliás, como guiar uma alma nestas regiões sem veredas, onde, por consequência, não há senão caminhos individuais e casos particulares? Se ao menos pudéssemos ter uma visão de conjunto, fazer uma síntese que permitisse abarcar toda a extensão do problema, coordenar seus diversos aspectos e, assim, situar-lhe todos os detalhes. A quem poderíamos pedir esta síntese luminosa, senão a São João da Cruz? Como Doutor Místico cabe a ele no-la dar. E ele o fez, efetivamente, reconduzindo toda a doutrina da contemplação a uma exposição do papel da fé.

Recolhamos a sua doutrina que nos promete ser valiosa, estudando com ele o quanto a fé é necessária, o que é, de que de maneiras é praticada, quais as características do conhecimento que assegura. Será fácil, em seguida, fazer jorrar desta exposição algumas conclusões práticas.

A – *NECESSIDADE DA FÉ*

[456] "A fé é o único meio próximo e proporcionado para a alma chegar à união com Deus".[2] Esta afirmação não

---

[1] 2 S 9,1.

[2] *Ibid.* A fé da qual São João da Cruz fala é a fé viva e ativa, isto é, aquela que é vivificada pela caridade.

é só o assunto desenvolvido no nono capítulo da *Subida do Monte Carmelo;* ela é repetida várias vezes em outros lugares, sob formas diversas. É um princípio sobre o qual São João da Cruz assenta toda a sua doutrina contemplativa e que lhe dirige a ascese. Devemos, pois, deter-nos para explicá-lo e o comprovar.

"A fé é o único meio próximo e proporcionado" – diz o Santo. Os outros meios – talvez necessários – não estão excluídos por esta afirmação. Contudo, não há senão um que é imediato e proporcionado ao qual todos os outros estão subordinados e no qual todos devem desembocar: a fé, único meio próximo e proporcionado para a união com Deus.

A união com Deus da qual se trata aqui é a união sobrenatural, aquela que é o fruto da graça santificante, participação da vida divina; união que nos introduz na vida íntima de Deus como filhos do Pai, irmãos de Cristo e templos do Espírito Santo. "... que todos sejam um. Como tu, Pai, estás em mim e eu em ti que estejam eles em nós",[3] – dissera Jesus ao falar desta união que constitui a nossa vocação sobrenatural.

Esta união é realizada em todos os batizados que estão em estado de graça; comporta graus diferentes que são determinados em cada alma pela medida desta graça.

A afirmação de São João da Cruz: "A fé é o único meio próximo e proporcionado para a alma chegar à união com Deus", implica dizer que o não batizado não pode chegar a esta união senão por meio da fé, pois "a fé é o começo da salvação do homem, fundamento e raiz de toda a justifica-

---

A fé informe (sem caridade), ainda que permaneça sendo uma virtude, é uma virtude imperfeita e morta: "É absolutamente verdadeiro afirmar que a fé sem obras é morta e inútil" – diz o Concílio de Trento. 6ª Sessão: Decreto sobre a justificação, cap. 7 (Dz 1531).

[3] Jo 17,21.

ção".[4] Da mesma forma, o batizado não pode efetivar sua união com Deus e desenvolvê-la senão mediante a fé.

[457] A fé é a porta de entrada necessária para chegar a Deus. É o que o Apóstolo afirma claramente: "Aquele que se aproxima de Deus deve crer que ele existe e que recompensa os que o procuram".[5]

Estas afirmações do Apóstolo São Paulo e do Concílio de Trento poderiam ser suficientes para provar a afirmação de São João da Cruz. Mas estamos num ponto demasiado importante e muito rico em diretivas práticas para que não o exploremos mais profundamente. É preciso, desde já, refutar a objeção, tornar impossíveis as fugas perante as conclusões rigorosas, e isto esclarecendo e justificando o princípio.

Para colocar em relevo e provar a absoluta necessidade da fé para a união com Deus, procedamos por eliminação, constatando sucessivamente que as potências de conhecimento que possuímos, sentidos e inteligência, são de fato incapazes de nos conduzir até esta união com Deus.

Na verdade, os sentidos – tato, vista, ouvido etc. – movem-se no mundo sensível e nos põem em contato com ele. Percebem os acidentes ou qualidades exteriores dos seres materiais (massa, cor etc.), mas não vão além disso. Ora, Deus é puro espírito. Não tem em si nem corpo, nem matéria, nem qualidades sensíveis que o possam entregar à percepção dos sentidos. Estes não o podem apreendê-lo. Não poderiam, pois, ser para nós um meio próximo e proporcionado para alcançá-lo e para nos unir diretamente a ele.

É verdade que a inteligência pode extrair das percepções dos sentidos ideias gerais e, prosseguindo seu trabalho

---

[4] Concílio de Trento. 6ª Sessão: Decreto sobre a justificação, cap. 8 (Dz 1532).
[5] Hb 11,6.

sobre elas, elevar-se até Deus. É assim que, percebendo no mundo, mediante os sentidos, o movimento, a vida, a beleza, podemos pelo raciocínio elevar-nos até ao conhecimento de um Deus criador, infinito e providencial. A imensidão do oceano, a magnificência de um panorama, a paz da natureza, se não forem suficientes para elevar a alma, podem, pelo menos, criar o recolhimento e impressões profundas que favoreçam a sua evasão para o Infinito.

Melhor ainda: certos fenômenos sobrenaturais sensíveis podem provocar uma tal impressão nos sentidos que a alma sobe para Deus num movimento espontâneo, a fim de adorá-lo e agradecê-lo. Depois da primeira pesca milagrosa, Pedro, que viu as duas barcas encherem-se de peixes, reconhece neste prodígio o poder absoluto [458] do Mestre e se lança a seus pés, tremendo de emoção: "Afasta-te de mim, Senhor, porque sou um pecador!"[6]

Nestes diferentes casos, os sentidos perceberam apenas os fenômenos sensíveis. É a inteligência e as potências espirituais da alma que, por meio destes dados sensíveis, encontram Deus e sua graça. Um ser, dotado apenas de vida sensitiva, não notaria nestes fenômenos mais que o sensível e não se elevaria até ao conhecimento de Deus.

As percepções sensíveis são uma etapa. O quanto seja útil e mesmo necessária, São João da Cruz o indica na canção cinco do *Cântico Espiritual*:

> Mil graças derramando,
> Passou por estes soutos com presteza.
> E, enquanto os ia olhando,
> Só com sua figura
> A todos revestiu de formosura.[7]

---

[6] Lc 5,8.
[7] *Cântico Espiritual*, estrofe 5.

Deus passou como que às pressas na natureza sensível, mas isso foi o suficiente para deixar aí "um rastro de quem ele é", "inúmeras graças e virtudes". Estas criaturas dão "o testemunho da grandeza e excelência de Deus ... à alma que, pela consideração, as interroga".[8] Este testemunho é só um traço indicador da passagem de Deus. Para aproveitá-lo é preciso segui-lo e, portanto, ultrapassá-lo. Deter-se, ou mesmo instalar-se para saborear o gozo estético que produz, seria desconhecer sua finalidade providencial; seria transformar em fim aquilo que não é senão um meio. Deus, com efeito, está mais longe, está para além das percepções dos sentidos. Compete a outras potências apreendê-lo e estabelecer o contato.[9]

Foi dado este poder à inteligência? Poderíamos pensar que sim. Deus é espírito e a inteligência se move como que em seu campo no mundo das ideias. A inteligência prova, com efeito, a existência dum Ser subsistente e necessário, causa primeira. Chega a descobrir algumas [459] perfeições de Deus, aplicando-lhe as qualidades que estão presentes em suas criaturas e que devem se encontrar nele como na causa primeira.

Na verdade, este conhecimento natural não é, certamente, de desprezar e leva a uma união com Deus pelo amor que gera. No entanto, ele é muito inferior àquele que Deus nos propõe em nosso fim sobrenatural.

---

[8] CE 5,1.

[9] São João da Cruz, tal como Santa Teresa, não despreza nem foge da natureza sensível para se fechar numa noite que quer ignorar tudo. Coloca-a no seu devido lugar dentro da escala de valores espirituais que devem nos encaminhar rumo à união com Deus. Sabemos como os dois Reformadores do Carmelo se empenhavam para que seus conventos se situassem em lugares onde as almas pudessem utilizar as belezas da natureza para se recolherem e se elevarem até Deus. Toda a teoria da arte em São João da Cruz decorre deste mesmo princípio: a realização artística deve ser simples, pura, evocativa e despojada; (ser pura e simples, para conduzir a alma a Deus sem a reter no gozo estético).

Somos chamados a conhecer Deus como ele se conhece e a amá-lo como ele se ama, a entrar na intimidade das três Pessoas participando nas suas operações segundo o modo da nossa graça criada. Ora o conhecimento natural de Deus adquirido pela inteligência reconhece-o como autor da ordem natural, encontra suas perfeições nas riquezas que ele estabeleceu em suas obras, mas não chega até à própria deidade, isto é, ao conhecimento de Deus como Deus, realizando em si mesmo a síntese de suas infinitas perfeições e vivendo da sua vida trinitária. Se compararmos Deus a um diamante de múltiplas facetas ou à luz do sol que traz em sua brancura as sete cores do arco-íris – facetas e cores representando as perfeições de Deus –, podemos dizer que a inteligência encontra e admira sucessivamente as facetas do diamante e as várias cores do espectro solar nos reflexos que Deus faz brilhar nas suas obras, mas que é impotente para abarcar com um olhar, mesmo de maneira imperfeita, o próprio diamante, ou a descobrir na sua simplicidade a luz branca do sol. Ela só pode apreender Deus naquilo que aparece dele nas criaturas. Ao estudá-lo assim nos seus diversos reflexos, ela, de certo modo, fragmenta-o à medida da sua capacidade.

Potência finita, a inteligência não poderia, de fato, conhecer diretamente o infinito, a deidade e a vida trinitária com suas próprias forças. A inteligência conhece por abstração, apreendendo a realidade intelectual de um ser e estudando-a no verbo mental que formou e que envolve. Como poderia a inteligência apreender a realidade intelectual da divindade, abstrai-la, formar um verbo mental que a exprima e a envolva, uma vez que Deus é infinito e a ultrapassa totalmente?

Esta impotência da inteligência para se elevar até à deidade e à vida trinitária e para conhecê-la em si mesma permite-nos concluir que não conheceremos Deus em si mesmo se ele próprio não se revelar e, ao mesmo tempo, nos der um poder sobrenatural capaz de receber a sua luz. De fato, Deus revelou-se e nos deu a virtude da fé que é uma aptidão para apreendê-lo.

B – *O QUE É A FÉ?*[10]

[460] Da fé, conhecemos a definição que nos dão a teologia e o catecismo: é uma virtude sobrenatural teologal pela qual aderimos a Deus e às verdades por ele propostas, baseados na autoridade de Deus que no-las revela.[11]

Aqui, a palavra *virtude* não significa uma facilidade adquirida pela repetição dos atos, mas uma potência que nos torna capazes de praticar um ato, no caso presente "que nos torna capazes de aderir a Deus".

Esta virtude é *sobrenatural*. É dada por Deus, ajunta-se, portanto, às nossas faculdades naturais e faz parte do organismo sobrenatural recebido no batismo.

A fé é uma virtude *teologal*, leva-nos a aderir "a Deus" que é o "objeto material da fé" e, como aderimos a ela "baseados na autoridade de Deus verdade", Deus torna-se também o motivo ou objeto formal da fé.[12]

Para tratar da fé nas suas relações com a contemplação e explicar como a fé é o único "meio próximo e proporcio-

---

[10] Não se busque aqui uma exposição completa e didática da doutrina católica sobre a virtude e o ato de fé. Limitamo-nos a destacar as verdades que esclarecem a doutrina espiritual de São João da Cruz, da qual tratamos.

[11] O Concílio Vaticano I a define: "Virtude sobrenatural, pela qual, sob a inspiração de Deus e com a ajuda da graça, cremos ser verdade o que ele revela" – Concílio Vaticano I. Constituição *Dei Filius*, cap. 3: A fé (Dz 3008).

[12] A fé tem por objeto as coisas invisíveis que ultrapassam a razão humana (os mistérios). É por isso que o Apóstolo diz (Hb 11,1) que a fé é um meio de demonstrar as realidades que não se veem (Cf. *Summa Theologica*, IIa, IIae, qu. 1, a. 1.4.).

A fé e a contemplação sobrenatural

nado" para se unir a Deus, tentemos apreender a gênese de um ato de fé.[13]

É proposta uma verdade; por exemplo, o dogma da Santíssima Trindade: um só Deus em três Pessoas. Encontro o enunciado desta verdade num livro ou, mais habitualmente, recebo-a através do ensinamento oral. É pelo sentido da vista ou do ouvido que a verdade chega à minha inteligência. "*Fides ex auditu*: a fé vem pelo ouvido" – nota o Apóstolo;[14] e para acentuar a necessidade desta intervenção dos sentidos, acrescenta: "E como poderiam crer naquele que não ouviram? E como poderiam ouvir sem pregador?".[15]

[461] Chegada à inteligência por meio dos sentidos, esta verdade se torna o objeto de um trabalho intelectual. Ela não é evidente por si mesma e não força a adesão da inteligência como um princípio primeiro ou uma conclusão silogística cujas premissas já estariam admitidas. A inteligência deve, então, proceder a um exame para buscar os sinais de verdade. Este exame dirige-se, em primeiro lugar, aos termos que constituem o enunciado da verdade "Um único Deus..., três pessoas". Tais termos são conhecidos assim como as ideias que exprimem, mas a correlação que é afirmada por estes termos, correlação que constitui a verdade enunciada, permanece misteriosa. No âmbito daquilo que conhece, a inteligência não descobriu, em nenhum lugar, um ser no qual "uma única natureza" reúna "três pessoas" e não vê como três pessoas podem associar-se tão intimamente na vida e nas operações de uma só natureza. Contudo, reconheço que o enunciado desta misteriosa verdade não comporta em si mesmo nenhuma contradição. As

---

[13] Na análise detalhada da gênese do ato de fé, as opiniões dos teólogos são bastante diferentes. Para a nossa argumentação bastará fornecer as etapas essenciais e geralmente reconhecidas por todos como tais.

[14] Rm 10,17 (Vulgata).

[15] *Ibid.*, 14.

afirmações "um" e "três", que parecem se opor, não se referem ao mesmo objeto: uma única natureza e três pessoas. A verdade é, pois, crível e eu poderia aderir a ela se um testemunho exterior a impusesse a mim com autoridade suficiente. Com efeito, admito muitos fatos e verdades que não verifiquei, baseado no testemunho de alguém digno de fé.

No caso presente, quem me propõe esta verdade? E qual é o valor do seu testemunho? É o sacerdote que fala em nome da Igreja. Posso e devo, ao menos uma vez, prosseguir a minha investigação e examinar o valor do testemunho da Igreja. O resultado da minha investigação é este: a Igreja, instituída por Jesus Cristo, é divina; ela recebeu a missão de difundir a verdade revelada, e o privilégio da infalibilidade assegura a integridade do legado que lhe foi confiado. A Igreja fala, portanto, em nome de Deus e como o próprio Deus em matéria de fé e de costumes. É Deus quem fala por intermédio dela. Deus tem o direito de me impor verdades a serem cridas, não pode me enganar, nem se enganar. Por outro lado, é perfeitamente normal que a minha inteligência não possa compreender todas as verdades divinas, sobretudo aquelas que dizem respeito à sua vida íntima. Logo, é razoável que eu aceite esse testemunho. Devo fazê-lo, em virtude do respeito e da submissão que exigem a autoridade de Deus e tudo o que procede dele.

Nesta investigação, a inteligência foi poderosamente sustentada pelas boas disposições da vontade. A investigação é árdua; sobretudo, seus resultados comportam **[462]** sérios riscos para a alma. Se o testemunho é verdadeiro, será preciso aceitar a verdade proposta, observar os preceitos que lhe estão ligados e, talvez, mudar inteiramente de conduta.

A virtude da fé já exerceu certa influência sobre o trabalho da investigação em si e sobre as boas disposições que o realizaram. Nesta primeira etapa, ela esclareceu a inteligência e fortificou a vontade:

"A virtude da fé – diz Santo Tomás – dá à alma uma inclinação para tudo o que acompanha, segue ou precede o ato".[16]

Terminada a investigação, a verdade em si mesma não aparece mais evidente do que antes. Assim, por si mesma, não poderia forçar a adesão. Contudo, o testemunho apresenta-se com garantias de certeza moral. Além disso, a alma possui a humildade de espírito para aceitar o testemunho, a confiança afetiva para com a testemunha a fim de aderir ao seu testemunho. Terminou a primeira fase; tudo está pronto para o ato de fé.

Este ato de fé, segundo Santo Tomás, é "um ato da inteligência que adere à verdade divina sob o comando da vontade, movida por Deus mediante a graça".[17]

Esta definição mostra-nos que o ato de fé é produzido conjuntamente pela inteligência que adere submetendo-se, pela vontade que dirige a adesão e pela virtude teologal da fé. A virtude infusa da fé entra neste ato como causa principal. É ela que lhe confere a sua perfeição específica, tornando-o sobrenatural. Estamos no ponto crucial. Procuremos analisar sem entrar em sutilezas que não serviriam ao nosso tema.

A virtude da fé faz parte do organismo sobrenatural dado pelo batismo. Enquanto a graça é uma participação formal criada, mas real, da natureza divina, a fé é uma participação na vida divina como conhecimento. Ela é – diz Santo Tomás – "uma luz divinamente infusa no espírito do homem", "um selo da verdade primeira".[18] É uma aptidão constante para conhecer a Deus como ele se conhece, para

---

[16] In IV *Sent.*, Lib. III, dist. 24, quest. 1, art. 2, sol. 2.

[17] *Summa Theologica*, IIa, IIae, q. 2, a. 9.

[18] *"Lumen quoddam quod est habitus fidei divinitus menti humanae infusum: lumen fidei est quaedam sigillatio primae veritatis"* (In *Boeth. de Trin.* quest. 3, art. 1, sub 4).

receber segundo a medida limitada da graça criada, é verdade, mas para receber verdadeiramente a luz da fornalha [463] luminosa que é o próprio Deus. É o olhar da nossa vida sobrenatural.

A virtude da fé se insere na inteligência do mesmo modo que a graça se insere na essência da alma. A fé é uma qualidade operativa sobre a nossa faculdade de conhecer, do mesmo modo que a graça é uma qualidade entitativa sobre a essência. A comparação com um enxerto inserido num tronco pode esclarecer as relações da vida sobrenatural fixada sobre a vida natural da alma. O enxerto vive do tronco de cujas raízes e seiva ele se utiliza, mas prolongando-lhe o caule produz frutos que são especificamente os seus e não os do tronco primitivo. Igualmente a virtude da fé fixada sobre a inteligência utiliza os dados que esta extraiu das percepções sensíveis, mas eleva e prolonga a sua atividade num campo sobrenatural onde ela não poderia penetrar e lhe faz produzir frutos ou atos sobrenaturais, que são especificamente os da virtude da fé. Da mesma maneira que o caule primitivo é talhado e detido em seu crescimento para receber o enxerto a fim de que só este se desenvolva e dê fruto, também a inteligência se submete diante do mistério divino e, de certo modo, se detém em sua caminhada para que a fé que carrega possa produzir o seu ato e dar o seu fruto sobrenatural.

Comparação grosseira, talvez, mas que mostra como a atividade da virtude da fé está ligada à da inteligência e se enxerta sobre ela para produzir o ato sobrenatural da fé.[19]

---

[19] Estas considerações esclarecem – parece-nos – a discussão acerca da natureza do ato sobrenatural de fé: "Certos espíritos – escreve Frei Garrigou-Lagrange – chegam a considerar o nosso ato de fé como um ato substancialmente natural, revestido duma modalidade sobrenatural: 'substancialmente natural', porque repousaria sobre o conhecimento natural histórico da pregação de Jesus e dos milagres que a confirmaram; 'revestido duma modalidade sobrenatural' para que seja útil à salvação. Já se disse

Colocados estes princípios, voltemos ao ato de fé do qual analisamos todos os dados preliminares. Doravante, a alma pode fazer **[464]** o ato de fé dizendo: "Creio num só Deus em três Pessoas, porque Deus o revelou".

Este ato de adesão ao mistério da Santíssima Trindade aparece e se revela, talvez, no campo da consciência psicológica, como um simples ato de submissão da inteligência à autoridade de Deus, sob a moção da vontade. A intervenção da virtude da fé, de ordinário, não é percebida psicologicamente, pois se trata de virtude sobrenatural que não pode ser apreendida experimentalmente em si mesma. Podemos apenas ou conhecer a facilidade que dá ou, pelo contrário, a intensidade do esforço que ela exige para realizar seu ato.

Mas qualquer que seja a percepção psicológica ou a ausência de percepção, ao dizer "Eu creio... baseado na autoridade de Deus", a alma fez um ato sobrenatural, a virtude da fé entrou em ação.

Com efeito, é preciso notar que aos motivos que tinham levado a aceitar o valor do testemunho, substituiu-se, agora, a autoridade de Deus. A inteligência aceitou submeter-se por causa da veracidade dos Evangelhos e dos milagres de

---

muitas vezes que esta modalidade faz pensar no banho de ouro aplicado sobre o cobre para fazer a película de revestimento. Teríamos assim um 'sobrenatural revestido' e não uma vida nova essencialmente sobrenatural" (Frei GARRIGOU-LAGRANGE, Réginald. *Perfection chrétienne et contemplation selon Saint Thomas d'Aquin et Saint Jean de la Croix*. Saint-Maximin, Var, Éditions de la Vie spirituelle, 1923[4], pp. 65-66).

Esta sobrenaturalidade essencial do ato de fé ensinada por Santo Tomás e pelos seus comentadores de Salamanca – e que julgamos assegurada pelo motivo da fé (Deus-Verdade), que é sobrenatural, e pela virtude da fé, que é a causa principal dela – parece-nos inteiramente conforme à doutrina de São João da Cruz e exigida por ela. Como explicar a purificação da fé na noite, e a contemplação infusa que é seu fruto, se o ato de fé for apenas um ato natural da inteligência revestido duma modalidade sobrenatural pela fé? Ao contrário, tudo se esclarece se fizermos um ato essencialmente sobrenatural, produzido pela virtude da fé enxertada sobre a inteligência, de cuja atividade e submissão ela se utiliza.

Nosso Senhor; a fé, de certo modo, deixa estes motivos racionais sepultados em seus fundamentos e realiza o seu ato, apoiando-se na autoridade de Deus.

Mas, sobretudo, este ato da virtude de fé, este enxerto sobrenatural inserido no tronco que é a inteligência, é um ato sobrenatural que ultrapassa o campo ordinário e limitado da atividade da inteligência e alcança a verdade primeira, o próprio Deus, ao qual adere e faz aderir a inteligência e toda a alma numa atitude humilde de consentimento. Por meio do ato de fé a alma é levada

a um contato direto, uma união íntima com a palavra interna de Deus .... E como esta palavra interna não existia só no tempo da manifestação da palavra exterior, mas subsiste, enquanto palavra eterna de Deus, num presente eterno, ela eleva nosso espírito à participação da sua verdade e da sua vida sobrenaturais, e deixa-o descansar aí.[20]

Esta tomada de contato com a Verdade primeira, a própria deidade, dá à alma, segundo a palavra de São Paulo, a substância, a realidade daquilo que ela espera, a certeza daquilo que não vê: *sperandarum substantia rerum, argumentum non apparentium*.[21] Pôde ser chamada uma verdadeira "posse de Deus em estado obscuro".

[465] Estas fórmulas tão completas e tão luminosas deveriam nos bastar, mas a verdade é tão profunda e ao mesmo tempo tão consoladora, que não nos cansamos de interrogar os mestres para lhes pedir uma nova expressão que lhe ilustre um aspecto particular.

O que se passa em nós quando acreditamos é um fenômeno de luz interna e sobre-humana.[22]

---

[20] SCHEEBEN, M.-J. *Dogmatik*, I, § 40, n. 681.

[21] Hb 11,1.

[22] LACORDAIRE, H.-D. *Conférences de N.D. de Paris*. Paris, Sagnier et Bray, 1853, tome 1er – "17º Conférence, année 1843: De la certitude supra-rationnelle ou mystique, produite dans l'esprit par la doctrine catholique", p. 349.

E Dom Gay, no seu tratado sobre as *Virtudes Cristãs,* mostra o contato estabelecido pela fé:

No que diz respeito à percepção real, comandada, meritória, do sobrenatural revelado, os sentidos mais refinados e a razão mais exercitada, permanecem inteiramente incapazes. Apenas a fé no-la pode dar, e não só ela é necessária para nos fazer aderir ao íntimo da Revelação, quer dizer, à Realidade divina enunciada em linguagem humana, mas também não poderíamos, sem a graça que a inicia em nós, aceitar como convém as provas em que se apoia.[23]

Dom Gay acentua o papel da virtude de fé na primeira fase quando ela nos ajuda a "aceitar as provas em que se apoia", mas nós retemos sobretudo a expressão tão oportuna que precisa a natureza do ato de fé o qual nos faz "aderir ao íntimo da Revelação, quer dizer, da Realidade divina enunciada em linguagem humana".

É este encontro com a Realidade divina assegurada pela fé que São João da Cruz enuncia, e é sobre ele que assenta a sua doutrina:

A fé – diz ele no *Cântico Espiritual* –, efetivamente, nos dá e comunica o próprio Deus, coberto, todavia, com prata de fé; mas nem por isso deixa de no-lo dar verdadeiramente. É como quem nos desse um vaso de ouro recoberto de prata, que, pelo fato de estar prateado, não deixaria de ser o dom de um vaso de ouro.[24]

Dado que a fé atinge a Deus diretamente, ela é o meio próximo e proporcionado para a união com Deus, explica o Santo na *Subida do Monte Carmelo*:

Porque é tanta a semelhança que há entre ela (a fé) e Deus que toda a diferença consiste em ser Deus visto ou crido. Porque assim como Deus é infinito, a fé no-lo propõe infinito; como é Trindade de pessoa em unidade de natureza, do mesmo modo a fé no-lo mostra como tal; enfim, como Deus é treva para nosso entendimento, também a fé seme-

---

[23] DOM GAY, Charles Louis. *De la vie et des vertus chrétiennes considérées dans l'état religieux.* Poitiers, Henry Oudin Libraire-éditeur, 1875, t. I, pp. 159-160.

[24] CE 12,4.

lhantemente nos cega e deslumbra. Portanto, só por este meio da fé se manifesta Deus à alma, em divina luz que excede todo entendimento; e quanto mais fé tem a alma, mais unida está com Deus.[25]

[466] Ilustrando o mesmo pensamento evocando os soldados de Gedeão que levavam nas mãos lâmpadas ocultas em vasos de barro, o Santo acrescenta que:

Para se unir a alma com Deus nesta vida e comunicar-se imediatamente com ele, deve penetrar nas trevas ... e tomar nas mãos, em trevas, as urnas de Gedeão, isto é: nas obras da vontade – aqui significadas pelas mãos – deve trazer escondida a luz, que é a união do amor, embora na obscuridade da fé; até que, enfim, quebrado o vaso desta vida mortal, único impedimento à luz da fé, logo veja e contemple a Deus face a face na glória.[26]

Esta identidade do objeto da fé e da visão e esta posse de Deus em estado obscuro que a fé assegura foram apresentadas de forma muito oportuna por Dom Berteaud, Bispo de Tulle. Falando da passagem da fé à visão celeste, ele diz:

As sombras desaparecerão, sem mudar de objeto; sem nova busca, encontraremos, sob os nossos olhos, a essência divina. Será demonstrado que temos a Deus como termo do nosso conhecimento pela fé. Este pequeno germe continha o infinito. Alguns se queixavam da falta de beleza e de brilho das fórmulas da fé; diziam que eram medíocres e apagadas. No entanto, os esplendores sem limites estavam contidos nelas, sem constrangimentos e sem diminuições. O objeto infinito inseriu-se integralmente em fracas sílabas. Jorrará um dia, resplandecente, diante de nossos olhos.[27]

Estes textos já sugerem interessantes e numerosas conclusões práticas. Reservemo-las para apresentá-las de forma mais completa, quando tivermos analisado os diferentes modos do exercício da virtude de fé e as características do conhecimento que nos dá.

---

[25] 2 S 9,1.

[26] *Ibid.*, 9,3.4.

[27] DOM BERTEAUD. *Lettre pastorale sur la foi*, in *Œuvres pastorales*. Paris, 1872, part. I, p. 161-162, citado pelo *Dictionnaire de Théologie Catholique*, Tome VI/1, art. "Foi", col. 362.

C – *MODOS IMPERFEITO E PERFEITO DO EXERCÍCIO DA VIRTUDE DE FÉ*

Já assinalamos os dois modos de exercício da virtude da fé: o primeiro, racional e imperfeito, recebe luzes da razão e é regido por ela; o segundo, puramente sobrenatural e perfeito, porque aperfeiçoado pela ação do próprio Deus através dos dons do Espírito Santo.[28] Vamos encontrar sucessivamente estes dois modos no desenvolvimento progressivo do ato de fé, do qual descrevemos anteriormente as primeiras fases.

[467] Este ato, que o trabalho das faculdades preparou e que é o fruto da virtude da fé, atinge a realidade divina contida no dado revelado. Mas a atividade da virtude da fé está por demais ligada à da inteligência para que um só ato de fé possa fixá-la em seu divino objeto que é obscuro. A inteligência é criada para a luz; por isso, não conseguirá ficar pacificamente na escuridão. Depois de ter entrado com a fé no escuro, regressa por si mesma às claridades que serviram de base ao ato de fé e que são dadas pelas fórmulas dogmáticas.

Aliás, não é para duvidar ou para recomeçar uma investigação que a alma retorna à verdade dogmática, mas para trabalhar com as suas faculdades naturais sobre a verdade divina que lhe é proposta em linguagem humana. A fé pede à inteligência para penetrar e explorar esta verdade, para explicitá-la com a ajuda de raciocínios e analogias, para mostrar suas vantagens e sua relação com outras verdades, tirar dela novas conclusões.

Trabalho do teólogo, eminentemente útil, que assegura as bases racionais da fé; torna mais largas, mais acessíveis e mais luminosas as avenidas que conduzem a ela, ostenta

---

[28] Cf. II Parte – Primeiras Etapas, Cap. 10: "Sabedoria sobrenatural e Perfeição cristã", p. 383.

as riquezas do dado revelado explicando-lhe as verdades que contém, elabora a mais elevada das ciências: a teologia.

Mas se a inteligência não pode fazer obra mais nobre e mais útil do que a de se pôr a serviço da fé, esta, pelo contrário, não pode encontrar na atividade da inteligência senão um auxílio inferior à sua natureza e às suas exigências. A fé é uma virtude sobrenatural cujo objeto é Deus, verdade infinita. A inteligência é uma faculdade natural, que não pode trabalhar senão sobre ideias que não ultrapassem a sua medida. Aplicada ao dado revelado, a inteligência não poderá exercer sua atividade sobre o objeto próprio da fé, isto é, sobre a Realidade divina infinita que a ultrapassa, mas apenas sobre as ideias analógicas que a traduzem.

Parece, pois, que a fé encontrará na razão apenas um instrumento imperfeito, luzes e um modo de atividade inferiores àquilo que lhe convém como potência sobrenatural. Esta fé, cuja dependência com relação à atividade da razão mantém habitualmente no campo dos conceitos analógicos, poderá ser chamada: "fé conceitual" ou "fé imperfeita no seu exercício".

Só Deus pode, mediante os dons do Espírito Santo, manter a fé à altura do seu objeto divino e assegurar, assim, o seu exercício perfeito.

[468] Passividades produzidas na alma pela caridade e transformadas pelo Espírito Santo em pontos de apoio permanentes para suas operações diretas na alma, os dons do Espírito Santo oferecem a alma às intervenções misericordiosas de Deus. Estas intervenções têm como primeiro efeito aperfeiçoar o exercício das virtudes. É deste modo que quando a fé atinge o seu objeto divino, Deus, por meio dos dons, faz descer sobre a alma eflúvios saborosos, luminosos ou simplesmente pacificadores que aprisionam ou paralisam as faculdades, dando-lhe um certo gosto pelo obscuro. Assim, eles impedem a fé de voltar às operações

habituais da razão; conservam-na desperta e voltada para o objeto divino, revelando-o a ela como uma realidade obscura – às vezes, quase atingida; na maior parte das vezes, apenas suspeitada; no entanto, sempre soberanamente atraente. Deus tornou-se a luz da alma. Desta forma, mantida pelo seu objeto divino nesta manifestação obscura e, por vezes, dolorosa, a fé encontra seu modo de exercício perfeito, aquele que convém a uma virtude teologal que tem Deus como objeto e motivo.[29]

A fé que, segundo São João da Cruz, é o único meio próximo e proporcionado para a união divina, é por excelência esta fé viva contemplativa que os dons do Espírito Santo fixaram pacificamente em seu objeto e que se apoia sobre ele. É esta fé que exige que fechemos "os olhos do entendimento às coisas superiores e inferiores".[30] É ela que realiza a transformação e a união, "segundo [quanto é dito] por Oseias, com estas palavras: *Sponsabo te mihi in fide* (Os 2,20), a saber, unir-te-ei comigo pela fé".[31]

D – *CARACTERÍSTICAS DO CONHECIMENTO DA FÉ*

Definindo a fé como "um hábito da alma certo e obscuro",[32] São João da Cruz sublinhou duas características da fé que distinguem também a contemplação que é o seu fruto. Estas duas características de obscuridade e de certeza são de tal importância prática que temos o dever de as examinar à luz da doutrina dos santos.

---

[29] Ver na III Parte – Contemplação e vida mística, Cap. 2: "O dons do Espírito Santo", p. 414, as relações entre as virtudes e os dons, especialmente no ato de fé viva.

[30] CE 12,4.

[31] 2 N 2,5.

[32] 2 S 3,1.

I – *Escuridão da fé*

[469] São João da Cruz insiste principalmente sobre a escuridão da fé, como um dos pontos mais importantes da sua doutrina contemplativa. A fé é obscura – escreve ele – porque faz crer verdades reveladas pelo próprio Deus, e que estão acima de toda luz natural, excedendo, sem proporção alguma, a todo humano entendimento. Portanto, esta excessiva luz, que a alma recebe da fé, converte-se em espessa treva, porque o maior sobrepuja e vence o menor, assim como a luz irradiante do sol obscurece o brilho de quaisquer luzes, fazendo não mais parecerem luzes aos nossos olhos, quando ele brilha e vence nossa potência visual. Em vez de dar-nos vista, o seu esplendor nos cega, devido à desproporção entre o mesmo sol e a potência visual. De modo análogo a luz da fé, pelo seu grande excesso, supera e vence a luz de nosso entendimento que só alcança por si mesma a ciência natural; embora tenha [capacidade de alcançar] as coisas sobrenaturais ... , quando Nosso Senhor a quer pôr em ato sobrenatural. ...

Assim é a fé para a alma; diz-nos coisas jamais vistas ou entendidas em si mesmas, nem em suas semelhanças, pois não as têm. Sobre as verdades da fé não podemos ter luz alguma de ciência natural, porque não são proporcionadas aos nossos sentidos. Somente pelo ouvido cremos o que nos é ensinado, submetendo cegamente nossa razão à luz da fé.[33]

A treva provém da desproporção que existe entre a inteligência e o objeto que lhe propõe a fé. Com efeito, a fé tem por objeto as coisas invisíveis que ultrapassam a razão humana (os mistérios). É por isso que o Apóstolo diz que a fé "é um meio de demonstrar as realidades que não se veem".[34] É o que o Santo Doutor explica de forma ainda mais precisa no livro da *Noite* do espírito:

... convém supor certa doutrina do Filósofo: quanto mais as coisas divinas são em si claras e manifestas, tanto mais são para a alma natu-

---

[33] *Ibid.*, 3,1.3.
[34] Hb 11,1.

A fé e a contemplação sobrenatural

ralmente obscuras e escondidas. Assim como a luz: quanto mais clara, tanto mais cega e ofusca a pupila da coruja; e quanto mais se quer fixar os olhos diretamente no sol, mais trevas ele produz na potência visual, paralisando-a, porque lhe excede a fraqueza ... .

Por sua vez disse Davi: *Nubes et caligo in circuitu ejus,*"Nuvens e escuridão estão em redor dele" (Sl 96,2); não porque isto seja realmente, mas por ser assim para os nossos fracos entendimentos, os quais, em tão imensa luz, **[470]** cegam-se e se ofuscam, não podendo elevar-se tanto. Esta verdade o mesmo Davi o declarou em seguida, dizendo: *Prae fulgore in conspectu ejus, nubes transierunt,* "Pelo grande resplendor de sua presença, as nuvens se interpuseram" (Sl 17,13), isto é, entre Deus e o nosso entendimento.[35]

Estas trevas, normalmente, serão tanto maiores para a alma quanto mais ela estiver perto de Deus. Ninguém jamais sondou o abismo do Infinito e experimentou sua obscuridade como a Santíssima Virgem cuja graça não é comparável a nenhuma outra:

Parece incrível dizer que a luz sobrenatural e divina tanto mais obscurece a alma, quanto mais tem de claridade e pureza; e que menor

---

[35] 2 N 5,3. Estas explicações de São João da Cruz nos mostram que a escuridão não vem da distância que existiria entre Deus e fé, entre o objeto e o olho, mas, ao contrário, é provocada pelo contato entre o Objeto divino resplandecente e o olhar.

É neste sentido que é preciso compreender a palavra de João de Santo Tomás, o grande teólogo dos dons do Espírito Santo, que escreve: *Fides attingit Deum secundum quamdam distantiam ab Ipso, quatenus fides est de non visis* (Ia, IIae, qu. LXVIII, disp.18, a. 4, n.14). A fé atinge Deus, mas permanecendo a certa distância, no sentido de que o atinge na obscuridade. O contato é, pois, real, mas a obscuridade permanece e parece separar. Que a morte faça cair o véu e, imediatamente, a visão face a face descobre aquilo que a fé tinha apreendido, mas não via.

Falando da caridade, João de Santo Tomás acrescenta: *"caritas autem attingit Deum immediate in se, intime se uniens ei quod occultatur in fide.* A caridade atinge Deus em si mesmo sem mediação e une-se intimamente àquilo que estava escondido na fé". Em outras palavras, aquilo que a fé alcança na obscuridade, a caridade fá-lo seu na união. Então, podemos dizer da fé que ela é intencional neste sentido de que a sua apreensão imediata do Objeto divino é orientada e ordenada para uma penetração íntima e para uma união cada vez mais perfeita com ele.

seja a obscuridade quando a luz é menos clara e pura. Entenderemos bem esta verdade se considerarmos o que já ficou provado mais acima, com a sentença do Filósofo: as coisas sobrenaturais são tanto mais obscuras ao nosso entendimento quanto mais luminosas e manifestas em si mesmas.[36]

A fé não oferece senão escuridão à inteligência; apresenta-lhe iluminações de qualidade superior a de todas as outras ciências. Existe mais luz numa página de catecismo do que em todas as filosofias **[471]** antigas. No *Cântico Espiritual,* nosso Doutor Místico chama a fé de "fonte cristalina"

por dois motivos: primeiro, por ser de Cristo seu Esposo; segundo, porque tem as propriedades do cristal, sendo pura nas verdades e ao mesmo tempo forte, clara e limpa de quaisquer erros e de noções naturais.[37]

Santo Tomás distingue

[as verdades] que caem sob a fé, por si mesmas e diretamente (*per se et directe*), e que ultrapassam a razão natural – como o ser Deus uno e trino, o Filho de Deus ter se encarnado – daquelas que caem sob a fé por estarem, de algum modo, ordenadas a ela – como tudo quanto está contido na Sagrada Escritura.[38]

---

[36] 2 N 8,2. Também Santa Ângela de Foligno descreveu sua experiência desta noite produzida pela luz: "Um dia ... vi Deus nas trevas, e necessariamente nas trevas porque estava situado por demais alto, acima do espírito, e tudo o que pode se tornar objeto de um pensamento não tem proporção com ele. ... É um deleite inefável no bem que contém tudo, e lá nada pode tornar-se o objeto de uma palavra ou de um conceito. Não vejo nada, vejo tudo: a certeza é haurida das trevas. Quanto mais as trevas são profundas, mais o bem excede tudo; é o mistério escondido... Prestai atenção. O divino poder, sabedoria e vontade, que vi noutro lugar maravilhosamente, parecia menor do que isto. Este é um todo; os outros, eu diria que são partes". (SANTA ÂNGELA DE FOLIGNO. *Le livre des visions et des instructions de la bienheureuse Angèle de Foligno*. Traduction Ernest Hello. Paris, Editons Perrin, 1902, chap. XXVI, pp. 95-96).

[37] CE 12,3.

[38] *Summa Theologica*., IIa, IIae, qu. 8, art. 2.

O objeto primário da fé, enquanto transcendente, é essencialmente obscuro. Ao contrário, o objeto secundário pode ser apreendido pela razão e se tornar para ela inteiramente luminoso. Ao redor do mistério obscuro em si mesmo, existe, então, uma orla luminosa formada pelas verdades sobre as quais a inteligência se pode exercitar a seu bel-prazer e com plena liberdade, ainda que elas caiam sob a fé.

O próprio mistério não é inteiramente obscuro. Sem dúvida, não pode ser penetrado em si mesmo. Contudo, a Igreja no-lo apresenta numa fórmula dogmática adaptada aos nossos modos de pensar e de falar. Esta fórmula não entrega à inteligência todo o segredo que contém, mas dá uma expressão analógica dele que ela pode apreender e sobre a qual pode trabalhar. São João da Cruz, na mesma estrofe do *Cântico*, compara estas fórmulas a "semblantes prateados" sob os quais estão escondidas as próprias verdades e sua substância que são comparadas ao ouro.[39] Portanto, o mistério não tem só a sua orla luminosa, mas a sua superfície ou fórmula dogmática que oferece as suas maravilhosas claridades à inteligência:

A fé, efetivamente, nos dá e comunica o próprio Deus, coberto, todavia, com prata de fé; mas nem por isso deixa de no-lo dar verdadeiramente. É como quem nos desse um vaso de ouro recoberto de prata, que, pelo fato de estar prateado, não deixaria de ser o dom de um vaso de ouro.[40]

Esta posse realiza a transformação e a semelhança de amor que produz uma luz nova de **[472]** conaturalidade. A noite é maravilhosamente iluminada por esta luz que jorra dela. É isso que faz com que São João da Cruz escreva:

Assim foi figurada a fé naquela nuvem que separava os filhos de Israel dos egípcios, na passagem do Mar Vermelho. A Sagrada Escri-

---

[39] Cf. CE 12,4.
[40] *Ibid.*

tura diz: *erat nubes tenebrosa et illuminans noctem,*[41] a nuvem era tenebrosa e iluminava a noite. Admirável coisa: sendo tenebrosa, iluminava a noite! ... Portanto, seja esta a nossa conclusão: a fé, escura noite, ilumina a alma, que também é noite escura, e se verificam então as palavras de Davi a este propósito: *Et nox illuminatio mea in deliciis meis,* "a noite se converte em claridade para me descobrir as minhas delícias" (Sl 138,11). Isto é: nos deleites de minha pura contemplação e união com Deus, a noite da fé será minha guia.[42]

Sombras e claridades da fé parecem dominar sucessivamente, segundo os períodos. Este jogo de luz e escuridão é tão importante e tão notável a ponto de São João da Cruz fazer dele o sinal característico das diversas etapas do desenvolvimento da fé. É deste modo que a alma encontrará, na sua caminhada para a contemplação perfeita,

a noite do sentido

[comparada] ao crepúsculo, ou seja, à hora em que os objetos começam a se obscurecer aos olhos;[43]

a noite do espírito

[que] referindo-se à parte superior ou racional, deve, em consequência, ser mais escura e mais interior, porque despoja a alma de sua luz própria, cegando-a;[44]

e finalmente a aurora

[que,] próxima do dia, não é por sua vez tão escura quanto a meia-noite, pois já está perto da ilustração e informação da luz do dia.[45]

Este crepúsculo e esta noite são provocados pela invasão da luz divina. A luz conceitual, adaptada às nossas faculdades como a luz do dia aos nossos olhos, sucumbe diante da luz transcendente de Deus e do seu mistério, quando a fé penetrou em seu objeto primeiro e aí é mantida

---

[41] Ex 14,20.
[42] 2 S 3,4.5.6.
[43] *Ibid.*, 2, 1.
[44] *Ibid.*, 2,2.
[45] *Ibid.*, 2,1.

mediante os dons. Ante o fulgor do ouro da verdade que aflora, os semblantes prateados [473] das fórmulas dogmáticas empalidecem. Progressivamente, o crepúsculo e a noite sucedem ao dia.

Aliás, não há senão obscuridade neste deslumbramento que envolve as faculdades inaptas e maculadas. A alma é aí esclarecida acerca de suas fraquezas e do valor das coisas. Nesta escuridão, que oculta a fonte de luz transcendente que a produz, estabelece-se uma escala de valores na perspectiva do infinito.

Por outro lado, eis que esta noite purifica e adapta. Ela se transforma, à medida que realiza a sua obra, numa aurora cheia de luz saborosa, de tranquilidade e de paz. Contudo, não nos demoremos num assunto que teremos de estudar mais demoradamente.

Será suficiente notar que na fé não há senão luz; sua escuridão é efeito da transcendência da luz que invade a inteligência quando esta penetra em Deus e no seu mistério. Ora, dado que São João da Cruz, como verdadeiro contemplativo, sedento de infinito, não abre seu olhar e o do seu discípulo senão à luz transcendente de Deus, ele nos adverte com insistência que a fé é obscura e que esta escuridão é o sinal característico e certo de que a fé atingiu o seu verdadeiro objeto.

II – *Certeza da fé*

A fé é obscura e certa. A certeza é a segunda característica da fé que São João da Cruz assinala.

A certeza da fé pode ser considerada quer no objeto que a fé propõe, quer no sujeito que faz o ato de fé. Podemos, pois, distinguir a certeza objetiva e a certeza subjetiva.

A certeza do objeto é absoluta e está acima de todas as outras certezas, em razão do testemunho sobre o qual se apoia: o testemunho de Deus que é verdade. As outras certezas, mesmo aquelas que procedem da evidência percebida pelos sentidos ou pela inteligência, estão ligadas à estrutura de nossas faculdades humanas, sujeitas ao erro. A verdade da fé é independente de toda a percepção e se apoia em Deus que não pode se enganar, nem nos enganar.

Considerada no fiel, a certeza não é outra coisa senão a firmeza da adesão à verdade proposta. Esta firmeza de adesão deve ser completa, sem restrições nem condições; não admite nenhuma dúvida voluntária e exige uma submissão total da inteligência.

[474] No entanto, existem graus nesta certeza subjetiva, segundo o apoio que a sustenta. Certamente, nos seus inícios, a fé se apoia na autoridade de Deus – porque, sem isso, não seria sobrenatural[46] –, mas muito mais sobre o valor do testemunho humano e das razões que lhe dão crédito. Progressivamente, o ato de fé liberta-se dos seus motivos naturais e racionais para ir extrair toda a sua força do testemunho de Deus. Esta purificação do motivo é consideravelmente ajudada ou mesmo realizada pela percepção da verdade divina. "Não vejo nada – diz Santa Ângela de Foligno –, vejo tudo. A certeza é haurida das trevas".[47]

Esta certeza liberta a fé dos motivos racionais que lhe serviram de base e a orienta, de fato, em direção à obscuridade que lhe oferece um apoio seguro e saboroso. "Quanto menos compreendo, mais acredito e mais amo" – diria Santa Teresa. Quanto a São João da Cruz faz a alma dizer:

Na escuridão, segura.[48]

---

[46] *Quia fides habet certitudinem ex lumine infuso divinitus*, "a fé tem a sua certeza da luz que Deus divinamente infunde" (SANTO TOMÁS. *Ir. Joann.* Cap. 4, Lectio V, n. 662).

[47] Santa ÂNGELA DE FOLIGNO. *Le livre des visions et des instructions de la bienheureuse Angèle de Foligno*. Traduction Ernest Hello. Paris, Editons Perrin, 1902, chap. XXVI, pp. 95-96.

[48] *Noite Escura*, estrofe 2.

A respeito desta fé que de repente encontra a sua certeza e uma certeza inabalável em si mesma, escreve Jacques Rivière:

> Os que não creem percebem uma espécie de violência feita à nossa alma, mas não notam que é para fixar nela alguma coisa que a atravessou e que corre o risco de desaparecer. Eles não veem este pássaro que posou por um instante. Assim, o gesto que fazemos – e aparentemente vazio – para agarrá-lo pelas asas, parece-lhes absurdo... Mas para aquele que sentiu realmente o pássaro resvalá-lo, todos estes escrúpulos lógicos não têm sentido.[49]

Se não tivermos cuidado, estas afirmações tão claras poderiam nos induzir ao erro, fazendo-nos crer que a paz na adesão é o sinal que dá a medida da perfeição da fé. A fé tranquila e cega das pessoas simples seria sempre de qualidade superior à do intelectual, em quem a adesão sincera à verdade revelada deixa certa inquietação intelectual e muitos problemas a resolver. Julgar desta maneira seria esquecer as exigências da inteligência criada para a luz e que, diante da obscuridade do mistério que a fé lhe apresenta, deve, normalmente, experimentar um mal-estar, quando não a inquietude. Esta insatisfação será **[475]** tanto mais acentuada quanto mais desenvolvida, mais curiosa e mesmo mais inquieta por tendência do temperamento for a inteligência; e provocará um certo movimento das faculdades, uma busca, por vezes, uma agitação um tanto febril da qual brotarão objeções formuladas e angústias irracionais. É este o mecanismo psicológico normal da tentação contra a fé, cuja violência a ação do demônio pode, em certos casos, aumentar.

Na verdade, esta agitação não é senão tentação. Desenvolve-se fora da certeza que é firmeza de adesão à verdade revelada. Esta firmeza de adesão, que decorre da virtude da

---

[49] RIVIÈRE, Jacques. *A la trace de Dieu.* Paris, Éd. Gallimard, 1925[25], p. 335.

fé e é impressa nela pela vontade, pode permanecer inteira neste bulício ou mesmo tornar-se mais forte e mais tenaz por causa dele. Há luta, perturbação interior, tempestade tanto mais dolorosa quanto mais a fé for viva e firme. Mas ela se fortalece no combate e sai dele mais segura e purificada.

A experiência mística que paralisa e pacifica pode não suprimir as tentações contra a fé, seja porque, parcial ou intermitente, ela deixa a algumas faculdades ou a toda atividade psicológica períodos de liberdade, seja porque produz noites totais, favoráveis ao desenvolvimento da tentação.

A tentação contra a fé não é, pois, incompatível com uma fé sólida, nem mesmo com uma experiência mística elevada. Parece-nos importante sublinhar que ela é uma provação destinada a fortalecer uma fé inicial, a burilar uma fé já sólida ou até a provocar, numa fé viva muito elevada, o sofrimento redentor que merecerá para outros a luz para caminhar na via da salvação. Pensamos na provação que Santa Teresinha do Menino Jesus sofreu e acerca da qual escreve:

> Nos dias tão alegres do Tempo Pascal, Jesus fez-me sentir que há, verdadeiramente, almas que não têm fé, que, pelo abuso das graças, perdem este precioso tesouro, fonte das únicas alegrias puras e verdadeiras. Permitiu que minha alma fosse invadida pelas mais densas trevas e que o pensamento do Céu, tão doce para mim, não fosse mais do que motivo de luta e tormento... Esta provação não devia durar alguns dias, algumas semanas; devia prolongar-se até a hora marcada pelo Bom Deus e... esta hora ainda não chegou...[50]

> ... Quando quero repousar meu coração fatigado das trevas que o cercam com a lembrança do país luminoso pelo qual aspiro, meu tormento redobra. Parece-me que as trevas, servindo-se da voz dos pecadores, dizem, zombando de mim: "Sonhas com a luz, com uma pátria embalsamada dos mais suaves perfumes, sonhas com a posse *eterna* do Criador de todas estas maravilhas, **[476]** pensas sair um dia

---

[50] Ms C, 5 vº.

dos nevoeiros que te cercam... Avante! Avante! Alegra-te com a morte que haverá de te dar, não o que esperas, mas uma noite mais profunda ainda, a noite do nada". ...

Ah! Que Jesus me perdoe se o magoei. Mas, ele bem sabe que, embora não desfrute do gozo da fé, procuro, pelo menos, fazer as obras. Acho que fiz mais atos de fé de um ano para cá do que durante toda a minha vida. A cada nova ocasião de combate, quando meus inimigos vêm me provocar, comporto-me com bravura. Sabendo que é uma covardia bater-se em duelo, viro as costas aos meus adversários, sem me dignar a olhá-los de frente, e corro para meu Jesus. Digo-lhe que estou pronta a derramar até a última gota de meu sangue para confessar que existe um Céu. Digo-lhe que me alegro por não gozar sobre a terra deste belo Céu, a fim de que ele o abra, por toda a eternidade, aos pobres incrédulos.[51]

Esta descrição de Santa Teresinha do Menino Jesus manifesta uma tentação feita de trevas e de obsessão, cuja violência provoca uma adesão cada vez mais firme e tenaz à verdade e revela o caráter redentor de tal provação. A perfeição da fé não está, portanto, na medida da paz que a acompanha. Uma fé muito forte e muito pura pode conhecer grandes tempestades. Trata-se de uma verdade em todas as etapas do desenvolvimento da vida espiritual. A certeza é produzida unicamente pela firmeza da adesão à verdade, certa, mas obscura. Pareceu-nos necessário acentuá-lo.

E – *CONCLUSÕES PRÁTICAS*

É toda a doutrina prática dos mestres do Carmelo que jorra das verdades expostas. Limitemo-nos a assinalar alguns pontos dentre os mais importantes.

1. Dado que a fé alcança a Deus e que Deus, semelhante a um fogo consumidor (*ignis consumens*) está sempre em

---

[51] *Ibid.*, 6 vº e 7 rº.

atividade para se doar, cada ato de fé viva, isto é, acompanhado de caridade, estabelece contato com esta fornalha, coloca sob a influência direta da sua luz e da sua chama. Em outros termos, assegura à alma um aumento da graça, participação na natureza divina. Então, sejam quais forem as circunstâncias que acompanham este ato de fé – aridez ou entusiasmo, alegria ou sofrimento –, ele atinge a Realidade divina; e mesmo se não sinto nada deste contato em minhas faculdades, sei que existiu e que foi eficaz. Hauri de Deus na [477] medida da minha fé, numa medida talvez mesmo mais abundante, se a Misericórdia divina interveio para cumular minhas deficiências e se doar, tendo em consideração, não os meus méritos, mas somente a minha miséria.

2. Sendo a fé o único meio próximo e proporcionado para alcançar a Deus, toda a busca de união com Deus deverá recorrer à sua mediação e à sua atividade. Só a fé nos pode conduzir às fontes divinas da graça. A graça dos próprios sacramentos que atuam *ex opere operato*, por sua própria virtude, normalmente não chega à alma senão pela fé. É pela fé que nos unimos a Nosso Senhor na santa Eucaristia e que atingimos a sua divindade e, até mesmo, a sua humanidade. Da mesma maneira, o comércio de amizade com Deus na oração não se realizará senão pela fé. A oração, considerada na parte de atividade que a alma traz a ela, não será outra coisa senão a fé amorosa que procura Deus, e pode ser considerada como uma sucessão de atos de fé. Consequentemente, se a alma, na aridez e na impotência, realiza fielmente atos de fé e de amor, ela pode acreditar que faz uma boa oração, mesmo se não lhe sente os efeitos.

3. A oração, não atingindo a Deus senão pela fé, irá buscar na qualidade da fé sua própria perfeição. Encontraremos, então, no desenvolvimento da vida de oração as duas fases que o desenvolvimento da virtude da fé implica. A

primeira fase – ou orações ativas – corresponde à fé que se esclarece por meio das luzes da razão; a segunda – ou orações passivas – é alimentada pela fé viva aperfeiçoada pelos dons do Espírito Santo. A fé conceitual, como já vimos, atinge a Realidade divina, mas volta ao exercício das faculdades para encontrar aí sua luz e seu alimento. A oração que lhe corresponde será um verdadeiro trato com Deus, mas que será sustentado pela atividade da imaginação, da inteligência ou da vontade. Nela, a atividade das faculdades é predominante. Daí decorre seu nome de orações ativas cujas diversas formas distinguimos nas três primeiras Moradas teresianas.

A fé viva ou perfeita, pelo contrário, recebe sua luz e sua medida do próprio Deus por meio dos dons do Espírito Santo. Nas orações que ela anima, a alma, atraída para a Realidade divina pelas percepções obscuras que os dons lhe concedem, é como que elevada acima de suas operações naturais ou, pelo menos, tende continuamente para esta Realidade que se revela. Suas orações são definidas como contemplativas ou passivas e é a atividade divina que nelas predomina.

4. **[478]** São João da Cruz oferece os sinais que permitem distinguir estas duas fases da vida de oração,[52] sinais da maior importância em virtude da diferente conduta que cada uma destas fases impõe à alma.

Nas orações ativas, em que a fé encontra seu alimento e seu apoio na atividade das faculdades, a alma tem o dever de estudar a verdade revelada, de preparar a oração e de ativar as faculdades durante a oração na medida em que esta atividade é necessária para manter o trato com Deus.

---

[52] Cf. III Parte – Contemplação e vida mística, cap. 7: "A contemplação", p. 546.

Na segunda fase das orações contemplativas, tendo a fé encontrado seu alimento no próprio Deus, o dever da alma é de apaziguar a atividade das faculdades naturais e de sustentar, com atos muito simples, esta atração que a Realidade divina exerce sobre ela. A atividade dos dons exige esta paz silenciosa, e o respeito devido à atividade divina predominante impõe esta orientação firme em direção ao objeto divino.

5. Encontrando a oração a sua eficácia sobrenatural na qualidade da fé que a anima e, em seguida, na intimidade e na frequência dos contatos com Deus que assegura, as orações contemplativas são incomparavelmente mais eficazes que as orações ativas. Com efeito, enquanto nestas últimas a fé, de modo imperfeito, apenas toma contatos intermitentes e se detém, geralmente, nos atos das faculdades naturais, nas orações passivas, a fé, graças aos dons do Espírito Santo que a aperfeiçoam no seu exercício, mantém habitualmente a alma sob a ação de Deus. Nas orações ativas, a alma haure, de tempos em tempos, das fontes divinas; nas orações passivas, permanece imersa nas águas e nas chamas purificadoras do Espírito Santo onde é transformada, de claridade em claridade, até à semelhança divina.

6. O desejo de uma transformação sobrenatural mais rápida e mais profunda não autoriza um esforço para se elevar até a estas orações passivas tão fecundas? Na verdade, parece que bastaria deter a atividade das faculdades depois de um ato de fé para suprimir o retorno aos atos naturais e manter, assim, a alma na realidade obscura que acaba de alcançar. Santa Teresa tratou bem amplamente desta tentativa e afirma que ela **[479]** procede de uma presunção orgulhosa e que acabaria em vão.[53]

---

[53] Cf. 4 M 3.

A contemplação sobrenatural é um dom gratuito da Misericórdia divina. Com efeito, só Deus pode pôr em ação os dons do Espírito Santo que a originam, aperfeiçoando a fé nos seus exercícios.

Deus dá quando quer e como quer, pouco importando a antiguidade ou os serviços prestados. ... o Senhor, muitas vezes, não dá em vinte anos a um a contemplação que concede a outro num único ano.[54]

Não posso concordar com o recurso a artifícios humanos em coisas a que Sua Majestade parece ter imposto limites, porque as reserva para si.[55]

Só a humildade pode pretender atrair os dons da Misericórdia divina, porque Deus resiste aos soberbos e concede a sua graça aos humildes. Para chegar à contemplação, será mais útil uma atitude humilde do que os esforços mais violentos. Esta atitude de humildade consistirá praticamente em "pedir como pobres necessitados diante de um rico imperador",[56] em nos voltarmos para formas modestas das orações ativas e a esperar, num trabalho paciente e sereno, que Deus nos eleve até às orações passivas:

Quando alguém te convidar para uma festa de casamento – diz Nosso Senhor –, não te coloques no primeiro lugar ... . Pelo contrário, ... ocupa o último lugar, de modo que, ao chegar quem te convidou, te diga: "Amigo, vem mais para cima". E isso será para ti uma glória em presença de todos os convivas. Pois todo aquele que se exalta será humilhado, e quem se humilha será exaltado.[57]

A parábola evangélica aplica-se à letra da vida de oração: para merecer ser elevado à contemplação, é necessário colocar-se humildemente no último lugar entre os espirituais. Neste último lugar, é bom desejar os meios mais elevados e mais rápidos para chegar à união perfeita, mas guardando-se de qualquer esforço presunçoso para obtê-los por si mesmo.

---

[54] V 34,11.
[55] 4 M 3,5.
[56] *Ibid.*
[57] Lc 14,8-11.

7. A contemplação, como a fé viva da qual ela é o fruto, tem por objeto a própria deidade, e só pode percebê-la como uma realidade obscura, por causa de sua transcendência. Do mesmo modo que a fé, ela é um conhecimento certo e obscuro. Esta dupla característica de certeza **[480]** e escuridão, especialmente a segunda, revelará sua existência na alma e será um critério de sua pureza. No seio da multiplicidade de impressões, na agitação interior que acompanha com bastante frequência a contemplação sobrenatural, esta obscuridade indicará ao contemplativo as regiões onde se exerce a fé viva que ele deve proteger e onde ele deve se refugiar.

Sendo esta escuridão o sinal revelador da Realidade divina, o contemplativo, na sua contemplação, deverá preferir deliberadamente esta obscuridade a todas as luzes distintas, quer jorrem de fórmulas dogmáticas, quer venham do próprio Deus, para permanecer por meio dela em contato com a Realidade divina. Deverá vigiar para não se permitir atrair pela agitação das faculdades inferiores, fosse para pacificá-las, fosse mesmo para se deixar envolver pelo gosto que vem de Deus ou para seguir-lhe a suavidade nos sentidos. Em todas as circunstâncias, deve erguer a antena da fé acima de todas as percepções e de todas as agitações, e voltar à escuridão serena e pacífica onde o Infinito se revela e se dá.

São João da Cruz nos diz como o demônio prima por dar, neste estado, conhecimentos e gostos, e lamenta a grande infelicidade da alma que não se compreende e, agarrando um bocadinho de conhecimentos distintos e de gostos sensíveis, impede a Deus de absorvê-la inteiramente.[58] Do mesmo modo, nas canções dezoito e dezenove do *Cântico*, depois de ter convidado as faculdades inferiores

---

[58] Cf. Ch 3,63.

a permanecerem no âmbito que lhes é próprio – os "arrabaldes" –, a fim de não levarem sua agitação para o íntimo da alma, pede a Deus que lhe conceda graças tais que não tenha a faculdade de falar delas e que a parte sensitiva não possa tomar parte nas mesmas.[59]

Sendo fé o único meio próximo e proporcionado para alcançar a Deus, em nossa caminhada rumo à união divina, não devemos preferir nenhuma luz natural, nem nenhum dom sobrenatural por mais elevado que seja a ela. Este desprendimento de todos os bens constitui toda a ascese contemplativa. Assim, purificam-se a fé e a esperança, e se realiza a união perfeita com Deus, segundo a medida da nossa graça.

8. Estes desenvolvimentos nos permitem:

a) Apreciar o valor dos conhecimentos distintos ou gostos recebidos na oração. Eles iluminam o caminho **[481]** e apaziguam as faculdades; "cativam" – segundo a expressão de Santa Teresinha do Menino Jesus. São um meio precioso para ir até Deus e a alma deve utilizá-los com reconhecimento e humildade. O apego a estes conhecimentos pode transformá-los em perigosos obstáculos.

b) Afirmar que eles não são absolutamente necessários para atingir a perfeição ou, mesmo, a contemplação perfeita. Podemos conceber – e eles existem de fato – estados contemplativos em que, no meio da agitação das faculdades, se manifesta só esta percepção obscura de Deus que é o elemento essencial da contemplação.

c) Que os maiores contemplativos não são necessariamente aqueles que recebem o maior número de luzes dis-

---

[59] Cf. sobretudo CE 18,4 e 19,1.

tintas sobre Deus, mas que, mais do que todos os outros, eles percebem a transcendência divina na obscuridade dos seus mistérios.

d) Que, deixando de lado os desígnios de Deus sobre tal ou tal alma e a participação na Paixão de seu Filho que ele lhe impõe, o estado de perfeição implica normalmente, numa invasão desta obscuridade em toda a alma e em suas faculdades, as quais, a partir de então purificadas e adaptadas ao divino, encontram nela um saboroso alimento. A transcendência divina é mais bem-conhecida – e, portanto, mais obscura do que nunca –, mas nesta escuridão mais profunda a alma percebe a claridade da aurora. Claridade e gosto sutis, unções delicadas que os sentidos ignoram, que a própria alma parece ignorar, de tal modo está direcionada, com todas as suas forças, com todo o seu ser, em pacíficos ardores, para a Realidade divina que a penetra e à qual quer se entregar sempre mais.

Tal foi a oração perfeita da Virgem Maria, inteiramente iluminada e abrasada pelos fogos divinos, mas cuja fé serena e ardente parecia ignorar as riquezas que possuía, a fim de ir sempre mais longe na sombra luminosa do Espírito Santo que a envolvia e a penetrava.

SOU FILHA DA IGREJA

INTRODUÇÃO DA PRIMEIRA EDIÇÃO

[485] *Sou filha da Igreja* é a continuação de *Quero ver a Deus*. Então, este segundo volume continua a descrição do itinerário espiritual teresiano.

Poderíamos nos surpreender com esta mudança de título a meio caminho do fim. Será que Santa Teresa, que partira para ver a Deus, teria se tornado mais prudente pelas dificuldades, e que, renunciando à meta impossível de sua aventura heroica, teria enfim se resignado a estabelecer-se junto de nós, em nossos horizontes familiares para viver simplesmente como boa cristã e realizar deste modo o seu destino temporal de filha da Igreja?

Nada disso! Não esperemos que esta valente castelhana de Ávila, engrandecida ainda mais pelo chamamento divino, abdique o ideal entrevisto na partida. Ela jamais consentirá em diminuí-lo a fim de ajustá-lo à timidez de nossa fraqueza. À medida que se aproxima dele, descreve-o sempre maior e mais elevado. Seus desejos se tornam mais vastos e mais ardentes na medida em que o conquista, realizando-o. De fato, ela verá a Deus tão perfeitamente quanto é possível nesta terra, naquilo que chama de visão intelectual da Santíssima Trindade. Mas – e é este o fato que devemos sublinhar – ela não chegará a estes cumes senão depois de ter descoberto a Igreja e de lhe ter sacrificado tudo.

Nesta contemplativa – que, ao escrever, entrega sua alma – doutrina e vida estão tão estreitamente unidas que não podemos compreender nem uma, nem outra, senão aproximando-as. E eis que, neste mosteiro reformado de São José de Ávila, cujos pormenores todos ela organizou para ver a Deus e viver na sua intimidade, ela toma consciência de sua pertença à Igreja; é a própria Igreja que ela descobre nos novos ardores que sobem de sua alma. Ela buscara Jesus e é o Cristo total que se lhe revela.

[486] A meta não mudou, mas como se dilataram admiravelmente os seus horizontes! Não via senão Deus e a si mesma; agora, não quer saber senão de Cristo e de seus membros. Os bens ciosamente acumulados para a descoberta de Deus, ela os sacrifica tanto quanto o bem da Igreja o exige. Mais ávida do que nunca de luz e de intimidade divinas, sacrifica sua tranquilidade pessoal e sua solidão para fundar mosteiros dedicados à oração dolorosa em favor da Igreja e estende sua Reforma aos religiosos a fim de conseguir, por meio deles, aquilo que a sua condição de mulher lhe impede de fazer pelas almas. Esta contemplativa toma sobre si inúmeras preocupações e torna-se uma fundadora que se pode encontrar em todos os caminhos cheios de perigos da Espanha. Um dia, inclusive, deixará sua obra para voltar como Priora ao Mosteiro da Encarnação que deixara dez anos antes, pois já não alimentava a sua alma. Acolhida com protestos pelas religiosas que não a querem, fixa-se aí durante três anos e, por um destes jogos paradoxais pelos quais a Sabedoria de amor afirma o seu poder e a sua liberdade soberanos, é neste mosteiro abandonado por Teresa para melhor encontrar a Deus, que Jesus vem até ela para elevá-la à união perfeita do matrimônio espiritual.

O matrimônio espiritual é um autêntico contrato. Deus se doa definitivamente à alma e se revela de maneira constante à alma numa visão intelectual. Contudo, para selar a união, não há anel, mas, sim, o cravo que prende à Cruz. Nada de convites à intimidade nupcial, mas uma solicitação para trabalhar como uma verdadeira esposa para honra do Esposo. A posse tranquila de Deus nesta união não é um fim, nem um repouso; é um meio para trabalhar mais eficazmente. Jesus Cristo não desposa as almas nesta terra a não ser para associá-las mais intimamente às suas imolações e aos seus trabalhos pela Igreja. Esta é a doutrina que Teresa desenvolve nos últimos capítulos do *Castelo Interior*. Efetivamente, ela vai trabalhar e sofrerá até que a morte venha ao seu encontro em Alba de Tormes, quando regressa de Burgos, onde levou a cabo a mais difícil das suas fundações.

A aproximação da morte libera, por fim, seus ardentes desejos de ver a Deus. Também faz brilhar um raio de luz do além que lhe revela esse nome novo inscrito – diz o Apocalipse – sobre a misteriosa pedra branca dada aos que venceram o combate.[1] Este novo nome, o seu, é: *filha da Igreja*. Ela o repete com uma alegria irreprimível e cai em êxtase. Este nome de eternidade de Teresa de Ávila, a Igreja o traduziu para nós, inscrevendo **[487]** no pedestal da sua estátua na Basílica de São Pedro de Roma: *Mater Spiritualium*.

Teria sido trair a mensagem teresiana não colocar este fato no lugar que lhe convém. *Quero ver a Deus* indicava a aspiração essencial da alma teresiana. *Sou filha da Igreja* definirá a qualidade do seu amor, o objetivo de sua vida e de sua obra, a nota característica da vocação que ela deixou aos seus discípulos. Era necessário revelar a dualidade desta vocação teresiana no seu movimento simples e único. Estas duas expressões de Santa Teresa – aquela da partida e essa dos cumes – são, ademais, o eco do duplo grito de guerra de Elias, o Profeta e Patriarca do Carmelo, de quem Teresa se proclamava filha: *Vivit Dominus in cujus conspectu sto... Zelo zelatus sum pro Dominus Deo exercituum*: Vive o Senhor em cuja presença estou... Eu me consumo de ardente zelo pelo Senhor Deus dos Exércitos.[2]

---

[1] Cf. Ap 2,17.
[2] 1Rs 17,1; 19,10 (Vulgata).

Este título, *Sou filha da Igreja*, suscitará em alguns a ideia de que encontrarão nestas páginas uma doutrina de apostolado. Não esqueçamos que Santa Teresa é uma contemplativa e se dirige a contemplativas. Contudo, é evidente que estes contemplativos que ela forma se tornam apóstolos, e apóstolos de grande qualidade, pois faz deles instrumentos perfeitos do Espírito Santo. À falta de um método de apostolado, Santa Teresa nos oferece um método para a formação de apóstolos.

Veio-nos a tentação de desenvolver este aspecto do Magistério teresiano, mas isso teria sido sobrecarregar ainda mais este volume já denso e sair do plano fixado para este trabalho. Assim, limitamo-nos a dar as indicações essenciais. Julgamos que serão suficientes para demonstrar que estes instrumentos do Espírito Santo que Santa Teresa nos apresenta são os apóstolos perfeitos, como os que Jesus estabeleceu como colunas fundamentais da sua Igreja, como os que o Espírito Santo coloca nas viradas da história para nelas realizarem os grandes gestos de Deus, como os que pedimos para o nosso tempo.

Na Oitava da Epifania, 1950.

IV Parte

ATÉ A UNIÃO DE VONTADE

Devemos agora considerar em detalhes a ação da Sabedoria de Amor.

As ondas invasoras de amor que ela difunde não são entregues ao acaso das circunstâncias. Ela é Sabedoria. Ordena-as para o fim que lhes fixou e que podemos descobrir. Este fim último é o Reino perfeito de Deus na alma – mediante a transformação de amor – e a edificação da Igreja.

Fim intermediário que marca uma etapa decisiva é a conquista da vontade, faculdade mestra da alma.

As quartas Moradas preparam este triunfo de Deus, que será assegurado nas quintas Moradas pela união de vontade.

O desenvolvimento progressivo da ação de Deus até à união de vontade, os efeitos desta ação, a cooperação da alma, a própria união de vontade e o que ela reserva, serão o tema desta quarta Parte.

PRIMEIRO CAPÍTULO

As primeiras orações contemplativas

> *É, portanto, uma centelhazinha do seu verdadeiro amor que o Senhor começa a acender na alma.*[1]

[493] No início das quartas Moradas, Santa Teresa escreve:

Para começar a falar das quartas moradas, bastante necessário é o que fiz: encomendar-me ao Espírito Santo e suplicar-lhe que, daqui em diante, fale por mim, a fim de que eu possa dizer algo das moradas restantes de um modo que o entendais.[2]

Unamo-nos a esta oração que Santa Teresa tornará ainda mais premente no início das quintas Moradas.

Na verdade, falar sobre as intervenções de Deus na vida espiritual, e especialmente nas orações, é uma questão delicada e complexa. Na falta de afirmações de Santa Teresa, as ardentes discussões sobre a contemplação e os resultados negativos da pesquisa iniciada por Dom Saudreau "para fixar a terminologia mística" e conseguir um acordo[3] deveriam ser suficientes para nos convencer disso.

Para resolver os problemas espirituais e psicológicos que estas intervenções de Deus, por meio do auxílio particular, levantam, Santa Teresa gostaria de ter muita ciência:

Para essas coisas seria preciso instrução. Seria bom explicar aqui o que é auxílio geral e auxílio particular, porque há muitos que o igno-

---

[1] V 15,4.
[2] 4 M 1,1.
[3] Cf. Dom SAUDREAU, Auguste. "Pour fixer la terminologie mystique", apud *Le Supplément à La Vie Spirituelle.* Les Éditions de l'Abeille, Lyon – Les Éditions du Cerf, Paris, années 1929-1931.

ram. Isso serviria para mostrar que, com relação a esse auxílio tão particular, o Senhor quer que a alma, como se diz, veja com seus próprios olhos.[4]

[494] Como distinguir o auxílio particular, que produz orações sobrenaturais, do auxílio geral que ajuda a atividade humana nas orações ordinárias? Isto já foi dito anteriormente.[5] No entanto, sublinhemos brevemente o critério para o qual Santa Teresa chama a atenção com insistência e lhe permite dar uma definição das orações sobrenaturais:

Chamo de oração sobrenatural algo que não podemos adquirir com nosso engenho e esforço, por mais que procuremos, embora possamos nos dispor a ele, o que é muito importante.[6]

Pouco servem penitências, orações ou outras coisas, se o Senhor não o quiser dar.[7]

Estabelecida esta distinção, temos que estudar as primeiras formas que as intervenções de Deus assumem por meio do auxílio particular nas orações.

E antes de tudo, qual é a primeira forma da ação sobrenatural de Deus numa alma?

Esta questão requer uma dupla resposta, conforme se siga aquilo que se considera a ordem lógica – a ordem imposta pelo desenvolvimento normal da graça na alma –, ou a ordem cronológica – aquela que, de fato, é seguida por Deus.

Seguiremos a ordem lógica na nossa exposição, mas a ordem cronológica merece que nos detenhamos um pouco.

Na verdade, encontramo-nos no âmbito próprio da Misericórdia divina. Na distribuição dos seus dons, esta Misericórdia divina permanece soberanamente livre e consulta apenas o seu beneplácito. O "Espírito sopra onde quer" –

---

[4] V 14,6.

[5] Cf. III Parte – Contemplação e vida mística, Cap. 7: "A contemplação"/ B. – III. Os sinais, p. 557.

[6] R 5,3.

[7] V 14,5.

diz Jesus a Nicodemos.[8] Este mesmo Espírito dá a cada um "conforme lhe apraz".[9] A escolha "não depende, portanto, daquele que quer, nem daquele que corre, mas de Deus que faz Misericórdia".[10]

De fato, Santa Teresa observa:

Acontece muitas vezes que Deus toca uma alma muito ruim (entenda-se: não estando, então, no meu parecer, em pecado mortal), pois uma visão, mesmo muito elevada, o Senhor permitirá a alguém em mau [495] estado que a tenha, para trazê-lo a si.[11]

Estes favores enumerados pela Santa – visões ou palavras interiores, invasões de suavidade, arroubamentos muito rápidos – não são, propriamente falando, graças contemplativas, nem elevam a alma a um estado contemplativo durável, mas, embora transitórios, são graças muito preciosas e importantes.

Habitualmente, operam uma verdadeira conversão, mesmo quando não é preciso libertar a alma do pecado. Revelam o mundo sobrenatural como uma realidade viva, abrem horizontes insuspeitados até então e, ao mesmo tempo, dilatam a alma, criam nela desejos, imperiosas necessidades que nada, a não ser a plenitude da vida divina vislumbrada por um momento, pode satisfazer doravante.

Além deste apelo rumo às alturas, estas graças trazem geralmente consigo luzes para o futuro. Seria imprudente para a alma tentar interpretá-los por si mesma, mas um olhar experiente descobrirá aí, com facilidade, indicações bastante claras sobre a forma de perfeição e o caminho particular que Deus quer para a alma que tomou para si.

Sob este duplo aspecto, elas são um benefício de um alcance muitas vezes incalculável para um caminho espiri-

---

[8] Jo 3,8 (Vulgata).
[9] 1Cor 12,11.
[10] Rm 9,16.
[11] CP – Ms do Escorial 25,2.

tual que se abre à sua luz. Por isso, é conveniente guardar e cultivar sua lembrança, não para se vangloriar e deleitar-se nelas, mas para agradecê-las a Deus e reencontrar, frequentemente, naquilo que deixaram de profundo, as exigências do Amor divino. Estes primeiros favores são chagas dolorosas e suaves. Felizes as almas assim feridas, e serão ainda mais felizes se o seu amor for suficientemente generoso para reavivar, sem cessar, a chaga ardente!

Normalmente, segundo o testemunho de Santa Teresa, este primeiro assenhorear-se de Deus por meio de uma graça mística profunda, permanece sendo, contudo, um fato extraordinário.

Em geral a Misericórdia divina submete-se às leis de uma invasão progressiva da alma. Em outros termos, ela segue a ordem lógica.

Santa Teresa observa, numa *Relação* escrita ao Padre Álvarez, que foi assim que aconteceu com ela:

[496] A primeira oração sobrenatural que, a meu ver, senti ... é um recolhimento interior.[12]

Ora, este recolhimento passivo está no primeiro estágio da invasão divina e precede a oração de quietude, como indica Santa Teresa em seus diversos tratados e na *Relação* já citada.

São muitos os efeitos desta oração; direi alguns. Mas falarei primeiro de outra maneira de oração, que quase sempre começa antes da que tratamos. Como já a abordei em outras partes, não me estenderei sobre o assunto.[13]

As primeiras orações contemplativas são, portanto, segundo Santa Teresa, o recolhimento passivo e a oração de quietude ou de gostos divinos.[14]

---

[12] R 5,3.

[13] 4 M 3,1.Cf. também V 14; CP 28-29; R 5.

[14] Na classificação dos graus de oração dada no livro da *Vida*, essas duas orações sobrenaturais pertencem ao segundo grau, isto é, à segunda maneira de regar o jardim com a nora (V 14-15).

Junto destas duas orações teresianas e relacionando-as com o mesmo período de vida espiritual, devemos colocar a oração da aridez contemplativa ou de fé, da qual São João da Cruz fala longamente na *Subida do Monte Carmelo*.

A – *O RECOLHIMENTO SOBRENATURAL*

Embora Santa Teresa tenha tratado anteriormente do recolhimento sobrenatural, é só no *Castelo Interior* e na *Relação* feita ao Padre Álvarez, escrita mais ou menos na mesma época, que ela o distingue nitidamente da oração de quietude. Só então é que seu olhar se tornou suficientemente penetrante e sua pena suficientemente ágil para nos dar uma descrição especial deste recolhimento. Escutemo-la:

Trata-se de um recolhimento que ... não consiste em ficar às escuras ou em fechar os olhos, nem em coisa alguma exterior, muito embora, involuntariamente se fechem os olhos e se deseje solidão. ... Os nossos sentidos e as coisas exteriores parecem ir perdendo seus direitos, ao passo que a alma vai recuperando os seus, que havia perdido.

Dizem que a alma entra em si; outras vezes, que "se eleva acima de si". Com essa linguagem não saberei esclarecer nada, pois tenho este defeito: pensar que, dizendo as coisas como sei, me dou a entender, quando talvez elas só estejam claras para mim.

Façamos de conta que os sentidos e [497] as faculdades – que são, como eu já disse, os habitantes deste Castelo (a comparação que usei para conseguir explicar algo do assunto) – saíram e andam, há dias e anos, com gente estranha, inimiga do bem do Castelo. Suponhamos também que, vendo a sua perdição, eles já vêm se acercando deste, embora não cheguem a entrar (porque terrível é o mau costume). Mas já não são traidores e andam ao seu redor.

Vendo-os já animados de boa vontade, o grande Rei que reside no Castelo deseja, por sua grande misericórdia, trazê-los de novo a si e, como bom pastor, com um assovio tão suave que nem mesmo eles quase ouvem, faz que conheçam sua voz e não andem tão perdidos, mas voltem à sua morada. E tem tanta força esse assovio do pastor que eles abandonam as coisas exteriores que os absorviam e entram no Castelo.

Parece-me que nunca o dei a entender tão bem quanto agora.[15]

A Santa faz questão de sublinhar que este recolhimento sobrenatural é completamente distinto do recolhimento ativo ao qual fez tantos elogios no *Caminho de Perfeição*.[16]

Este recolhimento ativo é um método excelente que disciplina as potências, facilita de maneira singular a oração e prepara para a contemplação perfeita. Está "em nossas mãos" e quem quiser chegar a ele, que não perca o ânimo.[17]

Pelo contrário, o recolhimento passivo é um puro favor de Deus, ao qual não podemos aspirar pelos nossos esforços.

Deixemos mais uma vez a palavra à Santa Teresa, cuja elevada experiência é a única que pode nos esclarecer em assuntos tão delicados:

É de grande ajuda receber de Deus essa graça (o recolhimento).

E não julgueis que ela possa ser alcançada por meio do entendimento, empenhando-vos em pensar que tendes Deus dentro de vós, ou pela imaginação, imaginando-o dentro de vós. Isto que acabei de dizer, além de bom, é uma excelente maneira de meditar, porque se funda sobre esta verdade: o fato de Deus estar dentro de nós mesmos. Contudo, não se trata disso, pois cada um o pode fazer, com o favor do Senhor, evidentemente.

Aquilo a que me refiro, no entanto, se passa de modo diferente. Às vezes, antes de se começar a pensar em Deus, os sentidos e faculdades já se encontram no Castelo, não sabendo eu por onde nem como ouviram o assovio do pastor. Não foi pelos ouvidos, pois não se ouve nada. Mas sente-se notavelmente um recolhimento **[498]** suave para o interior, como verá quem passar por isto, já que eu não o sei elucidar melhor.[18]

Este recolhimento sobrenatural é, então, certamente um efeito da ação de Deus, um sinal da sua presença. O Mestre

---

[15] 4 M 3,1-3.
[16] Cf. CP 26 e, especialmente, o cap. 28.
[17] *Ibid.*, 29,7.
[18] 4 M 3,3.

ainda não se manifesta, mas, a distância, o seu poder revela-se operante. Emite de longe um assovio misterioso; a alma não o ouviu, e não depreendeu nada diretamente, mas sente-se apaziguada, envolvida num manto de recolhimento por um poder que ela ignora. Não é preciso mais nada para lhe revelar a presença do Mestre. Sente-se numa terra santa; suas potências tornam-se, repentinamente, dóceis; domina-as uma suave força e o influxo desta unção as penetra de um respeito afetuoso. Cada uma tomou o lugar que a ordem divina lhe destina na alma e aí permanece numa espera serena e cheia de suavidade. Estão todas à escuta do divino que sentem próximo, mas que, contudo, não veem, nem percebem diretamente.

Como em toda a ação direta de Deus, há o mais e o menos neste recolhimento sobrenatural.

Às vezes, parece ser produzido por um apelo tão discreto que é quase imperceptível, enquanto, em outros casos, ele se impõe por um domínio tão forte que reduz as faculdades à impotência.

Nas almas iniciantes – chamamos assim àquelas que ainda não experimentaram os favores sobrenaturais –, seus efeitos sensíveis são normalmente muito notáveis, ao passo que, nos sentidos já dóceis, porque habituados ao divino, a impressão que produz pode ser tão tênue e tão suave que a alma mal toma consciência dele.

Este recolhimento passivo pode não ser seguido de nenhuma manifestação sobrenatural e ser concedido para deter a agitação interior ou tornar mais tranquila uma oração ativa de simples olhar.

No entanto, na maior parte das vezes, é o prelúdio de favores mais elevados. Misericordiosamente, o Mestre cria, ele mesmo, as disposições de atenção silenciosa e de pacífica submissão que ele deseja encontrar quando de suas manifestações. O recolhimento sobrenatural anuncia e prepara, então, as visitas divinas.

[Este recolhimento] – diz Santa Teresa – prepara ... a alma para saber escutar a Deus.[19]

[499] Sem artifícios humanos, parece que se vai construindo o edifício para a oração a que me referi (oração de quietude).[20]

Esta paz sobrenatural e de recolhimento que Deus enviou como mensageira antes dele, permanece na alma, depois de cada uma de suas passagens, como o sinal mais autêntico e mais característico de sua ação. O nosso Deus é um Deus de paz.

B – ORAÇÃO DE QUIETUDE OU DOS GOSTOS DIVINOS

Anunciado pelo recolhimento passivo, Deus começa a nos "dar o seu Reino"[21] na oração de quietude. Santa Teresa, em seus escritos, deu muitas descrições da oração de quietude ou dos gostos divinos. Será útil reler as principais, não para se entregar a um jogo de comparações que poria em destaque as diferenças, mas, pelo contrário, para extrair-lhes o elemento essencial.

Eis uma das primeiras, na ordem cronológica, aquela que Santa Teresa dá no *Caminho de Perfeição*:

Quero ainda explicar, filhas ... esta oração de quietude, na qual, segundo me parece, o Senhor, como eu disse, começa a mostrar que ouviu a nossa súplica e a nos dar o seu Reino, para que o louvemos.

Isso já é coisa sobrenatural, que não podemos obter por nós mesmas, por mais esforços que façamos. Porque, aqui, a alma se põe em paz, ou o Senhor a põe com sua presença, melhor dizendo, como fez com o justo Simeão, já que todas as faculdades sossegam. A alma compreende, de uma maneira muito longe do alcance dos sentidos exteriores, que já está junto do seu Deus e que, com mais um pouquinho, chegará a formar uma única coisa com ele por meio da união.

---

[19] *Ibid.*, 3,4.
[20] *Ibid.*, 3,1.
[21] CP 31,1.

Não que o veja com os olhos do corpo ou da alma. ... [Tem] apenas a certeza de que se vê no Reino, ou ao menos perto do Rei que lhe há de dar o Reino. Ela se sente tão respeitosa que sequer lhe ousa pedir algo. ...

Sente-se um enorme deleite no corpo e grande satisfação na alma. Está tão contente por se ver junto à fonte, que antes de beber já está satisfeita. Parece-lhe já não haver mais a desejar: as faculdades, aquietadas, não desejam mexer-se, pois tudo lhes parece estorvar o amor; mas não estão **[500]** tão perdidas que não possam pensar junto de quem estão, pois duas delas estão livres.

A vontade é a que está cativa.[22]

No livro da sua *Vida*, Santa Teresa escreve sobre o mesmo assunto:

Essas faculdades não se perdem nem ficam adormecidas; só a vontade se ocupa, de modo que, sem saber como, se torna cativa, apenas dando consentimento para que Deus a encarcere.[23]

Destas descrições oferecidas pelo livro da *Vida* e pelo *Caminho de Perfeição*, fica claro que a ação de Deus na oração de quietude se exerce sobre a vontade. Todavia, permanece a possibilidade de uma confusão entre o recolhimento passivo e a oração de quietude que não parecem distintos.[24] Mas eis que, no *Castelo Interior*, Santa Teresa, com a sua experiência enriquecida, nos dá uma descrição mais simples, mais límpida, mais luminosa, a qual delineia com traços mais específicos a natureza da oração de quietude, a sua origem e os diversos efeitos.

Ao desenvolver a comparação já conhecida dos dois reservatórios, a Santa diz que um recebe a água através de um aqueduto e o outro

---

[22] *Ibid.*, 31,1.2.3.

[23] V 14,2.

[24] Assim escreve a Santa no livro de sua *Vida*: "Eu disse que, nesse primeiro recolhimento e quietude, não se perdem as potências da alma" (V 15,1). Parece assimilar o recolhimento à quietude.

... tendo sido construído na própria nascente (Deus), vai se enchendo sem nenhum ruído ... .

... não creio que esse deleite se origine no coração, mas num lugar ainda mais interior, como uma coisa profunda. Penso que deve ser o centro da alma, tal como depois vim a entender e explicarei no fim.

... Parece que, assim que começa a ser produzida a água celestial da nascente a que me refiro – o mais profundo de nós mesmos –, todo o nosso interior vai se dilatando e ampliando e se produzem bens indizíveis. Nem a própria alma sabe entender o que se passa ali. Sente uma fragrância interior, digamos agora, como se nessa grande profundidade houvesse um braseiro onde se lançassem finíssimos perfumes. Não se vê o fogo, não se sabe onde arde, mas o calor e os perfumados vapores penetram a alma toda, não poucas vezes, como eu disse, atingindo também o corpo.

Olhai, entendei-me: não se sente calor nem se aspira o perfume, o que se passa é coisa mais delicada. Uso essas expressões para que compreendais o que digo.[25]

[501] Enquanto que a vontade se encontra suavemente subjugada pelos gostos divinos que saboreia, qual é a sorte das outras potências?

Santa Teresa deixa-nos entrever que pode ser muito diferente, conforme as circunstâncias.

Eis o caso em que elas têm certo conhecimento e, portanto, tomam parte no festim delicioso da vontade. Pretendem vir em auxílio da vontade e aumentar a quietude mediante atividade que lhes é própria.[26] Agitação vã e perturbadora: lançam achas de lenha sobre uma fagulha com o risco de apagá-la.

---

[25] 4 M 2,3.4.5.6.

[26] A Santa descreve assim o trabalho do entendimento que anda "buscando muitas palavras e considerações para agradecer por esse benefício, e amontoando pecados e faltas para ver que não o merecem. Tudo isso se movimenta aqui: o entendimento vem com razões, a memória não se aquieta... A mente também busca dar graças muito elaboradas" (V 15,6.9).

As outras duas faculdades (entendimento e memória) ajudam a vontade, para que esta se vá tornando capaz de fruir de tanto bem, embora algumas vezes, mesmo estando a vontade unida, muito atrapalhem ... , pois estas se tornam então pombas que não se contentam com a comida que o dono do pombal dá, buscando alimento por conta própria; essas pombas, nesse caso, se dão tão mal que acabam por voltar, ficando assim indo e vindo, na esperança de que a vontade lhes dê um pouco do que desfruta.[27]

Em virtude de sua agitação, estas potências tornaram-se inaptas de saborear os gostos divinos.

Às vezes, o entendimento não participa, de nenhum modo, do festim da alma. Sente-se, assim, perturbado com isso:

Acontece de estar a alma com enorme quietude e de o entendimento estar tão distante que parece não ser em sua casa que aquilo acontece. Assim, parece-lhe que está em casa alheia como hóspede e buscando outros lugares onde estar: aquele não o contenta.[28]

Portanto, estas quartas Moradas, caracterizadas pela quietude, são também moradas muito agitadas.

Poderá acontecer, ainda, que todas as potências sob as torrentes de água viva e como que embevecidas:

... aqui, a água da graça é posta na garganta da alma; esta já não pode ir adiante, nem sabe como, nem pode voltar atrás; ela gostaria de regozijar-se com uma grandíssima glória. É como um moribundo que está com a vela na mão, prestes a ter a morte que deseja, fluindo daquela agonia com o maior prazer que se pode imaginar. ...

[502] As faculdades só têm condições de ocupar-se em Deus; parece que nenhuma ousa mexer-se, nem podemos fazer que se movam, exceto com muito esforço para distrair-nos, e, ainda assim, acho que não poderíamos consegui-lo por inteiro. Vêm então, desordenadamente, muitas palavras de louvor a Deus, que só o próprio Senhor as pode corrigir. O entendimento, pelo menos, de nada vale aqui. A alma fica desejosa de louvá-lo em voz alta, pois não cabe em si, estando

---

[27] V 14,3.
[28] CP 31,8.

num saboroso desassossego. Eis que as flores já se abrem e já começam a exalar seu odor.[29]

Esta oração assim descrita é o terceiro grau de oração ou o regar por meio da canalização de um arroio, que Santa Teresa distingue claramente, no livro de sua *Vida*, da oração de quietude, porque – diz ela – a água corre com mais abundância e as virtudes são mais fortes.[30]

Mudou de opinião, tanto na *Relação* ao Padre Álvarez[31] como no *Castelo Interior*, onde ela liga esta oração de embevecimento à simples quietude porque, embora embevecidas, as potências não estão unidas a Deus. Os efeitos sensíveis são mais intensos, a eficácia é, talvez, maior, mas o modo de ação de Deus continua sendo o mesmo da quietude: só a vontade se sente verdadeiramente cativa.

Aliás, Santa Teresa constata no *Castelo Interior* que sua exposição difere do que disse outrora:

> Aqui, a meu ver, as faculdades não estão unidas; encontram-se antes embevecidas, olhando com espanto o que será aquilo.
>
> É possível que, nestas coisas interiores, eu contradiga algo do que escrevi em outras partes. Não é de espantar, porque, nos quase quinze anos decorridos desde que o escrevi, creio ter recebido do Senhor mais luzes para entender tais coisas.[32]

Tal é a oração de quietude que subjuga suavemente a vontade, "uma centelhazinha do seu verdadeiro amor que o Senhor começa a acender na alma",[33] "um sinal ou garantia

---

[29] V 16,1.3.

[30] Cf. *Ibid.*, 17,2-4.

[31] Ela escreve nas *Relações*: "Desta oração costuma advir um adormecimento que chamam sono das potências, que não estão absortas nem tão suspensas que se possa denominar isso arroubo. Se bem que não seja de todo união, alguma vez, e mesmo muitas, a alma percebe que só a vontade está unida" (R 5,5).

[32] 4 M 2,6.7.

[33] V 15,4.

..., indicando que já a escolheu para grandes coisas, caso ela se disponha a recebê-las."[34]

C – *A ARIDEZ CONTEMPLATIVA OU ORAÇÃO DE FÉ*

[503] Esta denominação parece evocar um estado bem diferente da quietude. Todavia, as primeiras formas de oração contemplativa descritas por São João da Cruz com este título correspondem à oração de recolhimento e à quietude teresiana.

São João da Cruz oferece estas descrições nos capítulos da *Subida do Monte Carmelo*[35] e na *Noite Escura* do sentido,[36] que expõem os sinais indicadores de que uma alma deve passar da meditação à contemplação. Estes sinais já foram estudados.[37] Será, portanto, suficiente retomar os mais importantes para colocar em relevo os traços característicos da aridez contemplativa, segundo São João da Cruz.

Para São João da Cruz, a contemplação é um conhecimento amoroso. Consiste essencialmente em receber a luz do Sol que é Deus e que paira constantemente sobre as almas.

Esta luz divina, por causa de sua transcendência, tem a obscuridade como efeito normal sobre as faculdades inaptas para recebê-la. A noite caracteriza a contemplação.

Esta noite é experimentada na impotência, na aridez e enfado das faculdades que não podem se aplicar às opera-

---

[34] *Ib.*, 15,5.

[35] Cf. 2 S 13 e 14.

[36] Cf. 1 N 8 e 9.

[37] Cf. Parte III – Contemplação e Vida Mística, Cap. 7: "A Contemplação", p. 546.

ções que lhes eram habituais e nas quais encontravam contentamento e proveito.

No meio desta desolação, contudo, experimenta-se certa paz. A alma sente prazer em estar sozinha, sem consideração particular, em quietude e repouso, sem ação nem exercício das potências, num conhecimento amoroso.

Este conhecimento amoroso é tão sutil e tão delicado que a alma, totalmente absorvida como está pelo pesar das satisfações sensíveis das quais a impotência das faculdades a priva, não chega sequer a tomar consciência dele. Portanto, as primeiras orações contemplativas são todas de aridez, impotência e desolação.

Todavia, um pouco mais tarde, acontece que
logo que entra em oração, como quem já está com a boca na fonte, bebe à vontade e com suavidade, sem o trabalho de conduzir a água pelos aquedutos das passadas considerações, **[504]** formas e figuras. E, assim, logo em se pondo na presença de Deus, acha-se naquela notícia confusa, amorosa, pacífica e sossegada em que vai bebendo sabedoria, amor e sabor.[38]

Mais adiante, o Santo descreve um estado no qual
entra a alma às vezes como num profundo esquecimento de tudo, não sabendo onde está, nem o que se passa nela e, até, perde a noção do tempo ... .

A causa de tal olvido é a pureza e simplicidade dessa notícia que, sendo tão pura, quando ocupa a alma purifica-a de todas as apreensões e formas dos sentidos e da memória, de que anteriormente se servia agindo no tempo: e assim a deixa olvidada de tudo e como fora do tempo. Eis por que esta oração, embora dure muito, parece à alma brevíssima, porque fica então unida em inteligência pura, que não está sujeita ao tempo.[39]

Citamos esta descrição de um estado mais elevado porque nos parece sublinhar o traço característico da oração

---

[38] 2 S 14,2.
[39] *Ibid.*, 14,10.11.

contemplativa sanjuanista e a linha de seu desenvolvimento, da mesma maneira que o sono das potências ilustra a natureza essencial da quietude teresiana.

Por mais diferentes que sejam estas primeiras orações contemplativas, apresentam-nos uma ação de Deus autenticamente sobrenatural que se exerce sobre as potências da alma. É uma torrente saborosa de amor ou de luz que jorra de uma nascente profunda e desce sobre a vontade ou sobre o entendimento e, em certas circunstâncias, sobre as duas ao mesmo tempo.

A nascente que é Deus permanece distante. As faculdades se dessedentam na água viva que jorra dela, mas Deus não se entrega à alma por um contato imediato. Pode se dar aí um embevecimento das potências que vá até o sono místico, mas não existe – como diria Santa Teresa – a união completa.

Ademais, as faculdades só recebem esta água viva com intermitência. A contemplação é imperfeita. E, contudo, estas primeiras orações contemplativas são realmente uma preparação para a oração e contemplação perfeitas. Não são elas que nutrem as potências, as tornam dóceis e as adaptam ao espiritual e já as purificam? Já trabalham para uma união e são sua garantia, pois aquilo que Deus começou, ele há de completar se a alma for fiel.

[505] Quando a alma tiver ultrapassado estas regiões dos principiantes e enquanto não tiver chegado à união perfeita, estas primeiras orações sobrenaturais – quietude e aridez contemplativa – permanecerão sendo sua atmosfera habitual, a base onde Deus irá tomá-la, às vezes, para elevá-la mais alto, serão o fundo no qual voltará prontamente a fixar-se, pois as ações de Deus mais qualificadas – excetuada a união perfeita – não podem ser senão passageiras.

SEGUNDO CAPÍTULO
Deus-luz e Deus-amor

O que se recebe está no recipiente ao modo daquele que recebe.[1]

[506] A exposição das primeiras orações sobrenaturais fez-nos constatar algumas diferenças entre as orações de Santa Teresa e as de São João da Cruz.

Santa Teresa fala de recolhimento sobrenatural e de quietude; São João da Cruz, de contemplação. São João da Cruz exige a convergência de três sinais para reconhecer a contemplação; Santa Teresa oferece apenas um.

É sobretudo o ambiente que difere. Santa Teresa nos introduz em regiões onde transborda o sabor que dilata. São João da Cruz nos mantém em zonas menos cálidas, onde a aridez, a impotência e, muitas vezes, a inquietação parecem reinar como soberanas.

São João da Cruz afirma que se pode chegar à contemplação sem termos consciência disso. Santa Teresa, ao contrário, faz constantemente apelo à sua experiência para descrever os estados sobrenaturais e àquela de seus leitores para os compreender. E isso a tal ponto que poderíamos perguntar se linguagens tão diferentes se aplicam ao mesmo período da vida espiritual.

Não há dúvidas, porém, de que ambos se referem às primeiras manifestações da ação sobrenatural de Deus na oração.

Por outro lado, em meio às diferenças, há pontos de encontro característicos: certos traços do quadro de [507]

---

[1] Axioma da Filosofia Escolástica.

São João da Cruz parecem tirados das descrições de Santa Teresa e vice-versa. São João da Cruz fala da alma que "logo que entra em oração ... bebe à vontade e com suavidade, sem o trabalho de conduzir a água pelos aquedutos das passadas considerações",[2] enquanto que Santa Teresa insiste na agitação e confusão de certas faculdades durante a quietude.

Ainda que não houvesse estas semelhanças, não poderíamos acreditar que dois Mestres da mesma Escola, que confrontaram diariamente suas experiências, durante muitos anos em Ávila (1572-1574) e que estiveram tão unidos para o bem das almas das mesmas pessoas, tivessem nos deixado uma doutrina cujas diferenças fossem irredutíveis.

Tentemos reduzir estas diferenças ou, pelo menos, explicá-las. Isto nos obrigará a repetições. Não serão inúteis se nos levarem a pensar nestas verdades sob uma nova luz e a tirar delas conclusões práticas.

A – *LUZ E AMOR NA EXPERIÊNCIA MÍSTICA*

A contemplação sobrenatural, este olhar simples da fé aperfeiçoada em seu exercício pelos dons do Espírito Santo, procede de uma dupla atividade sobrenatural: a da alma, cuja fé amante penetra na verdade divina, seu objeto próprio; e aquela de Deus que, mediante seus dons, simplifica, pacifica e torna a fé contemplativa.

Um duplo fruto é produzido por esta dupla atividade. A fé amante, que penetra em Deus – amor que se doa a todos aqueles que o procuram –, haure dele riquezas divinas de graça. Deus, de sua parte, por meio dos dons do Espírito Santo, concede certa experiência de si mesmo e da sua graça.

---

[2] 2 S 14,2.

O primeiro destes frutos é independente do segundo, pois as riquezas divinas da graça podem chegar à alma sem experiência alguma do dom recebido. O segundo, unindo-se ao primeiro, caracteriza a contemplação sobrenatural.

É nesta experiência de Deus, por meio dos dons que vamos reter, de modo especial, nossa atenção.

[508] Esta ação de Deus, por meio dos dons do Espírito Santo é regrada pela Misericórdia de Deus. É, portanto, totalmente gratuita. Nós o sabemos: esta Misericórdia não tem outra lei senão o seu beneplácito. Deus apodera-se de quem quer, quando quer e como quer.

No entanto, feita esta observação que nos preservará de toda a sistematização por demais rigorosa, é preciso reconhecer que a Misericórdia divina tem modos de agir habituais e leis de progressão que encontramos na experiência da maior parte das almas e que podem ser determinadas.

A experiência evidencia, em primeiro lugar, que a influência divina procede das profundezas da alma.

Recordemos a visão simbólica do *Castelo Interior*: Deus está presente nas sétimas Moradas e, daí, envia luz e moções que atrairão a alma até o amplexo de união do matrimônio espiritual.

Na oração de quietude, Santa Teresa nota esta nítida percepção de que a água viva jorra de uma nascente que é Deus, que não tem sua origem no coração, mas que pelo contrário vem de um "lugar ainda mais interior, como uma coisa profunda. Penso que deve ser o centro da alma".[3]

Neste jorrar de vida divina que procede das profundezas, existe um chamado. Suave, mas fortemente, a alma e suas potências sentem-se levadas a ir junto à nascente do dom divino: Deus escondido no íntimo da alma. Os eflúvios divinos orientam, então, a alma para as profundezas

---

[3] 4 M 2,5.

dela mesma e criam este movimento de interiorização que deve ter por termo a comunicação da união perfeita.

Os primeiros a sentir a ação do Deus interior são os sentidos e as potências mais exteriores. Esta influência divina que Santa Teresa compara ao assovio do bom Pastor – assovio leve e suave que as faculdades dispersas mal se percebem, mas no qual reconhecem a sua voz – produz o recolhimento passivo, a primeira das orações sobrenaturais.

Nas orações contemplativas que sucedem ao recolhimento – a quietude e a aridez contemplativa – a ação de Deus está localizada em faculdades já mais interiores: a vontade e o entendimento. Na oração de união é o centro da alma que é tocado pelo próprio Deus. Não precisamos ir mais longe. Basta-nos determinar o movimento progressivo da [509] ação de Deus que, procedendo da parte mais íntima da alma, se expande, primeiro, na periferia e ela própria se interioriza progressivamente à medida que se torna mais qualificada.

Prometemos a nós mesmos reduzir e explicitar as diferenças entre a quietude teresiana e a aridez contemplativa de São João da Cruz. Eis-nos aqui diante de nosso tema.

Deus é luz e amor. Na riqueza infinita da simplicidade divina, estes dois atributos correspondem às faculdades humanas do saber e do querer. Deus é luz para a inteligência humana e para a fé que se enxerta nela. É amor para a vontade e para a caridade sobrenatural. Por sua vez, Deus se entrega como luz por meio do dom da inteligência e se deixa experimentar como amor pelo dom da sabedoria.

Sendo a contemplação essencialmente um ato da virtude da fé aperfeiçoada pelos dons, ela tende para Deus-luz. Mas como a caridade se revela operante na contemplação – pois é ela que, mediante os dons, torna a fé contemplativa – a contemplação, de fato, não pode repousar em Deus-luz senão no amor e por meio do amor.

Por consequência, Deus se entregará na contemplação como luz e como amor. Podemos, contudo, distinguir este duplo aspecto nas manifestações divinas? São João da Cruz assegura que ou um ou outro predomina mesmo nas comunicações divinas mais elevadas, recebidas na substância da alma. A distinção é melhor caracterizada e mais relevante nas primeiras orações contemplativas, onde as influências divinas são recebidas no entendimento ou na vontade.

O estudo destas duplas manifestações de Deus-luz e de Deus-amor já nos permitirá lançar alguma luz sobre as diferentes orações de São João da Cruz e de Santa Teresa.

I – *A luz e o dom da inteligência*

As manifestações de Deus-luz não poderiam ser experimentadas como tais por nossa inteligência. Tal é a lei geral que São João da Cruz enuncia e explica:

... não tem o entendimento as disposições requeridas nem a capacidade conveniente, estando preso no cárcere do corpo, para a percepção de uma notícia clara de Deus. Esta luminosa notícia **[510]** não é própria para esta terra; faz-se preciso morrer ou renunciar à sua posse. Quando Moisés pediu a Deus essa notícia clara, recebeu como resposta: "Não me verá nenhum homem que possa continuar a viver" (Ex 33,20). "Ninguém jamais viu a Deus, afirma São João" (Jo 1,18).

Eis por que a contemplação – acrescenta o Santo – pela qual o entendimento tem mais alta notícia de Deus, se chama teologia mística, ou sabedoria secreta de Deus; porque está escondida para o próprio entendimento que a recebe. Por este motivo São Dionísio a denomina: "Raio de treva" ... . Segundo Aristóteles, do mesmo modo que os olhos do morcego ficam cegos à luz do sol, assim nosso entendimento se obscurece e cega diante do mais luminoso em Deus, que para nós é pura treva; e quanto mais elevadas e manifestas são em si mesmas as coisas divinas, mais se tornam para nós incompreensíveis e obscuras.[4]

---

[4] 2 S 8,4.6.

O entendimento humano não está adaptado para perceber esta luz divina. No entanto, ele a recebe e a experimenta nos diversos efeitos que produz. Estes efeitos serão analisados mais profundamente quando falarmos das *Noites,* mas nos parece ser necessário indicá-los desde agora.

Esta luz, incidindo sobre a inteligência, torna-a incapaz de qualquer atividade ordenada:

O primeiro sinal é não poder meditar nem discorrer com a imaginação, nem gostar disso como antes; ... .

O segundo é não ter vontade alguma de pôr a imaginação nem o sentido em outras coisas particulares, sejam exteriores ou interiores. Não me refiro às distrações da imaginação, pois esta, mesmo no maior recolhimento, costuma andar vagueando ... .[5]

Esta impotência para meditar e, de uma maneira mais geral, de reencontrar as formas da atividade discursiva que eram habituais precedentemente, pode transformar-se em paralisia completa das faculdades.

A impotência é acompanhada de um mal-estar que São João da Cruz explica pelo encontro de dois contrários: a luz de Deus e as impurezas da alma:

Está claro que esta obscura contemplação também é penosa para a alma, nos princípios. Com efeito, tendo esta divina contemplação infusa tantas excelências, extremamente boas, e a alma, ao invés, ainda estando cheia de tantas misérias em extremo más – por não estar purificada –, não podem caber dois **[511]** contrários num só sujeito que é a alma. Logo, necessariamente esta há de penar e padecer, sendo o campo onde se combatem os dois contrários que lutam dentro dela.[6]

A invasão mais completa desta luz divina cria normalmente uma impressão de obscuridade e, ao mesmo tempo, um conhecimento geral confuso e amoroso:

... algumas vezes mesmo, essa luz, quando é mais pura, se torna treva para quem a recebe, porque priva o entendimento de suas luzes

---

[5] 2 S 13,2.3.
[6] 2 N 5,4.

ordinárias, de imagens e fantasias, e só o deixa então perceber e ver a treva.[7]

O conhecimento geral amoroso, que caracteriza a contemplação sobrenatural, foi descrito muitas vezes. Voltaremos a ele apenas para assinalar com São João da Cruz que ele pode ser imperceptível tanto em seus começos como quando atinge uma grande pureza e uma simplicidade perfeita:

Quando, porém, essa luz divina não investe com tanta força sobre a alma, esta não sente treva, nem vê luz, nem apreende coisa alguma que ela saiba, de uma parte ou de outra.[8]

Esta ausência de toda a experiência, e mesmo experiência privativa, da luz é mais completa nos estados mais elevados:

Entretanto, convém saber que esta notícia geral (conhecimento contemplativo) é às vezes tão sutil e delicada, mormente quando é mais pura, simples, perfeita, espiritual e interior, que a alma, embora esteja empregada nela, não a vê nem sente. Isto sucede, sobretudo, como dissemos, quando esta notícia é em si mais clara, perfeita e simples; e assim o é quando na alma penetra mais limpa e segregada de outras intelecções e notícias particulares em que o entendimento ou o sentido poderiam fazer presa. A alma, então, carecendo destas últimas, nas quais o entendimento e sentido têm costume e habilidade de se exercitar, não as sente, ...

Eis uma comparação que tornará mais compreensível nosso pensamento: se considerarmos o raio de sol penetrando num aposento, observaremos que será mais perceptível à vista na proporção em que o ar estiver mais carregado de átomos de poeira. ... E se estivesse totalmente isento de pó e até dos átomos mais sutis, ficaria de todo obscuro e imperceptível o dito raio à nossa vista: por falta de objetos visíveis não acharia onde fixar-se; pois a luz não é propriamente o objeto da vista, mas sim o meio pelo qual os olhos veem o que é visível. [512] Não havendo esses objetos visíveis sobre os quais a luz do

---

[7] 2 S 14,10.
[8] *Ibid.*

raio se possa refletir, nada se verá. Por exemplo: se entrasse o raio por uma janela e saísse por outra sem encontrar objeto algum sobre o qual pudesse refletir-se, não o poderíamos ver.[9]

Estas afirmações de São João da Cruz permitem-nos resumir esta análise da experiência da luz divina assim: a alma não pode aperceber-se da luz divina porque não possui faculdade susceptível de lhe ser adaptada. A única experiência que pode ter dela é a dos seus efeitos privativos de impotência, sofrimento ou obscuridade, efeitos dolorosos que, no entanto, estão habitualmente impregnados de certo sabor que procede do amor.

II – *O amor e o dom da sabedoria*

Se as comunicações de Deus-luz são privativas e decepcionantes para as faculdades humanas, aquelas de Deus-amor são, pelo contrário, positivas e cheias de delícias.

A desproporção entre o Infinito divino e o humano, que não permite à inteligência perceber a luz divina, não impede a vontade de experimentar Deus-amor. A inteligência só pode conhecer, englobando e, portanto, algo menor que ela mesma. À vontade, para amar, penetrar no amado e experimentar-lhe o amor, basta um contato. Que importa se os dois seres que o amor une se apresentem um ao outro com uma certa igualdade, como dois rios que misturam suas águas, ou que haja aí desproporção, como entre a gota de água e o oceano onde a deitam? O amor realiza a sua obra de compenetração, de união e gera a igualdade. Assim, apesar de suas deficiências, a vontade e os sentidos podem receber Deus-amor, unir-se a ele e experimentá-lo segundo seu modo de sentir e de conhecer.

Aliás, a Igreja nos ensina que a caridade nos é dada na terra tal como será no céu. As outras virtudes teologais da

---

[9] *Ibid.*, 8.9.

fé e da esperança desaparecerão como instrumentos imperfeitos; a caridade permanecerá. Mudará o modo e poderá gozar seu objeto divino que captará não só pela fé, mas pela visão face a face; não mudará de natureza, pois já, desde esta terra, ela nos une a Deus real e intimamente, sem outro intermediário que a escuridão em que a fé a deixa.

[513] A caridade encontra, desde esta terra, em si mesma um corretivo para a escuridão à qual a fé a condena. O contato e a união por semelhança de natureza que ela cria com as realidades sobrenaturais não lhe asseguram a visão, mas certa percepção e conhecimento experimental destas realidades por conaturalidade. O privilégio que o amor possui de criar simpatia, de se dilatar no contato e de realizar certo conhecimento mútuo entre os seres que une, torna-se, no organismo sobrenatural da graça, o dom da sabedoria.

Nas primeiras orações contemplativas, das quais estamos tratando, este dom da sabedoria faz experimentar, não o próprio Deus, mas o dom que Deus faz à alma de sua caridade. É o movimento do amor na alma, seu senhorio sobre a vontade, seu transbordar nas outras faculdades e até nos sentidos que a alma descobre na dilatação e na alegria que o amor traz a ela. "O amor de Deus foi derramado em nossos corações pelo Espírito Santo".[10] As primeiras orações contemplativas esclarecem esta afirmação de São Paulo, esperando que, mais tarde, contatos divinos mais profundos façam a alma experimentar a continuação do texto do Apóstolo "pelo Espírito Santo que nos foi dado", revelando-lhe o Espírito Santo ao centro dela mesma.

As orações de quietude e do sono das potências são as manifestações típicas de Deus-amor nas potências da alma. Basta reler as descrições teresianas citadas no capítulo precedente para nos convencermos disso.[11]

---

[10] Rm 5,5.

[11] Cf. IV Parte – Até à união de vontade, Cap. 1: "As primeiras orações contemplativas/ B. Oração de quietude ou dos gostos divinos", p. 662.

III – *Unidade da contemplação e os dois dons contemplativos*

Observamos que se não é possível ilustrar melhor as manifestações de Deus-amor do que citando as descrições de Santa Teresa nas suas quartas Moradas; pelo contrário, as manifestações de Deus-luz nos colocam no ambiente sanjuanista. Descrever estas últimas reconduz-nos aos sinais de contemplação dados pelo Santo Doutor.

Santa Teresa, com efeito, fala de um amor saboroso na vontade; São João da Cruz fala de conhecimento recebido no entendimento, o qual fica ofuscado.

Existem, portanto, duas formas bem distintas de contemplação: uma, luminosa, que seria descrita por São João da [514] Cruz, e outra, amorosa, aquela de Santa Teresa?

Distinguir duas formas de contemplação que se excluem uma da outra seria contrário à própria natureza da contemplação, que procede simultaneamente da fé e da caridade e que produz conhecimento e amor. Isso seria também a contradizer os enunciados de São João da Cruz e de Santa Teresa que pretenderíamos invocar para nos justificar.

Aos dois sinais privativos produzidos pelo ofuscamento da luz sobre as faculdades, São João da Cruz acrescenta um terceiro, o mais certo – diz ele –, positivo, e que se refere ao dom de sabedoria:

O terceiro sinal, e o mais certo, é gostar a alma de estar a sós com atenção amorosa em Deus, sem particular consideração, em paz interior, quietação e descanso.[12]

Eis, então, que ele se liga intimamente à quietude teresiana. Por outro lado, a própria Santa Teresa indica, nas descrições da quietude, efeitos privativos sobre o entendimento:

---

[12] 2 S 13,4.

Acontece de estar a alma com enorme quietude e de o entendimento estar tão distante que parece não ser em sua casa que aquilo acontece. Assim, parece-lhe que está em casa alheia como hóspede e buscando outros lugares onde estar: aquele não o contenta.[13]

São João da Cruz não nos ofereceu uma descrição mais exata e igualmente pitoresca da confusão do entendimento quando a luz divina invade a inteligência. Santa Teresa volta frequentemente a esta agitação do entendimento durante a oração de quietude, entendimento que, no momento, é preciso tratar como a um louco.[14]

[515] As comunicações de Deus-luz e Deus-amor são, portanto, concomitantes na contemplação, mesmo no princípio, salvo raras exceções. É pela comunicação de amor que a alma, no início, toma consciência da invasão da luz – como afirma São João da Cruz. O terceiro sinal positivo é necessário para confirmar o valor dos outros dois:

Quando, [a notícia amorosa e geral] se comunica também à vontade, como quase sempre sucede, não deixa a alma de compreender, mais ou menos claramente, estar ocupada e absorvida nesta notícia, por pouco que nisto pense: sente-se então cheia de um amor saboroso sem saber nem entender particularmente o que ama. Por isso é denominada "notícia amorosa e geral", porque assim como a recebe o entendimento em comunicação obscura, do mesmo modo sucede à vontade na qual infunde amor e sabor confusamente, sem compreender com clareza o objeto do seu amor.[15]

---

[13] CP 31,8.

[14] Para reduzir ainda as diferenças entre a contemplação de Santa Teresa e a de São João da Cruz, pode-se afirmar – parece-nos – que durante os longos anos em que ela ficou na aridez, não podendo se servir nem de sua imaginação, nem de seu entendimento (V 7, 8 e 9; C 26; 6 M 7), Santa Teresa se achava num estado contemplativo do qual percebia só o sofrimento. A Santa já tinha sido favorecida pela oração de união, e a lembrança dessas graças, tornando suas faculdades impotentes, levava-a a aspirar por manifestações divinas positivas.

Não conhecendo a natureza e o valor desses efeitos privativos, ela não pensava senão em se desolar com isto, e esperava os transbordamentos do dom da sabedoria para falar de contemplação.

[15] 2 S 14,12.

Deus-luz e Deus-amor

Referindo-nos ao que foi dito sobre a identidade substancial das manifestações divinas feitas pelos diversos dons do Espírito Santo, sobre suas diferentes tonalidades e sobre a orientação delas para finalidades particulares, podemos concluir que não existe diferença essencial entre as manifestações de Deus-luz e as manifestações de Deus-amor, que são obumbrações sobre a alma de atributos divinos diferentes, produzindo efeitos diferentes, mas ambas são a única e idêntica essência de Deus.

As manifestações de Deus-luz e manifestações de Deus-amor não se opõem. São João da Cruz e Santa Teresa confrontaram suas experiências em múltiplos colóquios. Estas mútuas confidências não criaram nem perturbação, nem a divisão entre suas almas. Muito pelo contrário, elevaram-nos num êxtase comum.

Não há duas contemplações cristãs. Há apenas uma que se dirige para Deus Uno em três Pessoas, mas que pode produzir, nas almas, efeitos diversos.

Estas diferenças existem. A contemplação de São João da Cruz, tal como a deixa entrever a *Subida do Monte Carmelo*, não pode se identificar com aquela de Santa Teresa, descrita no livro da sua *Vida* e no *Castelo Interior*. Com o pretexto de as unificar, não cedamos à tentação de as uniformizar. As manifestações de Deus-luz e de Deus-amor, embora não se excluam e sejam concomitantes [516] em toda a contemplação, se afirmam em formas de contemplação diferentes pela tonalidade e circunstâncias.

A diversidade dos métodos de ensino – descritivo em Santa Teresa e científico em São João da Cruz – não basta para explicar aquilo que seus enunciados trazem de diferente. Somente a experiência deles, que não foi semelhante, é capaz de nos dar uma razão satisfatória.

Mas, assim, levanta-se um novo problema: Por que é que suas experiências foram diferentes? A resposta a esta questão pode estar carregada de consequências práticas. Vamos tentar encontrá-la.

B – *A EXPERIÊNCIA TERESIANA E A EXPERIÊNCIA SANJUANISTA*

Uma explicação fácil seria atribuir estas diferenças à ação do próprio Deus. Na verdade, encontramo-nos no âmbito da Misericórdia divina que dispõe tudo com força e sabedoria e gosta de manifestar a sua liberdade soberana pela diversidade de seus dons. Quis dar a luz a São João da Cruz e o amor a Teresa. *Sit pro ratione voluntas*. Sua vontade explicaria tudo e nos dispensaria de uma investigação.

Atribuir assim a Deus de maneira exclusiva, atribuir à sua ação direta e imediata, os diferentes efeitos da contemplação, não seria negligenciar os modos de ação habituais da Providência?

De fato, a ação de Deus adota as formas da natureza: a sua onipotência e a sua sabedoria triunfam na utilização das causas segundas e só excepcionalmente se liberam de sua ajuda para entrar nos detalhes da produção e da organização dos seres e do mundo.[16] Esta lei é tão geral que não temos o direito de apelar para a causalidade direta e imediata de Deus senão quando tivermos podido eliminar a influência das causas segundas naturais.

[517] No caso presente, a diferença de temperamentos entre Santa Teresa e de São João da Cruz parece poder dar uma explicação suficiente para as formas particulares de suas experiências.

---

[16] É interessante constatar com que finura crítica São João da Cruz aplicou este princípio no estudo das palavras interiores. Ele distingue as palavras sucessivas, pronunciadas pela alma sob o influxo de uma luz sobrenatural, e as palavras formais que a alma recebe passivamente. Nas palavras sucessivas as faculdades dão uma forma verbal distinta da luz geral de Deus; nas palavras formais é ele mesmo que, por sua ação direta, dá à luz esta forma verbal. Cf. 2 S 29,1-30,7.

"Quidquid recipitur, ad modum recipientis recipitur. "Tudo o que se recebe é recebido segundo o modo daquele que recebe" – dizia o axioma escolástico. O sol que ilumina uma paisagem brilha nela com reflexos diferentes segundo as cores dos objetos que recebem os seus raios. A luz branca expõe sobre a superfície as cores vivas do vitral que atravessou. O líquido toma a forma do recipiente que o contém. O grito angustiado de uma criança desperta emoções diferentes em sua mãe ou numa pessoa estranha. Deus é um sol que paira sobre as almas. É um oceano de onde cada um haure a água conforme a forma do recipiente que tem.

Portanto, eis aqui São João da Cruz, artista, mas, sobretudo, pensador, teólogo e filósofo acostumado às tarefas intelectuais, e Santa Teresa, de coração ardente, admiravelmente equilibrada, de sensibilidade apurada, de vontade forte. O Sol divino paira sobre suas almas e as ilumina com os seus raios ardentes. Suas potências abrem-se, serenas e profundas, a esta torrente divina benfazeja... E não é normal que a mesma ação produza efeitos diferentes – tudo o que se recebe é recebido ao modo daquele que recebe –, visto que a ação de Deus se exerce sobre potências que ela torna cativas, subjuga, mas não suspende? Na união, elas estão privadas de sua ação; aqui, podem reagir e o fazem segundo o modo que lhes é próprio e pessoal. Na torrente divina, São João da Cruz capta, sobretudo, a luz e indica os efeitos privativos que ela produz no entendimento e conhecimento amoroso que os acompanha ao fundo da alma. Santa Teresa capta, sobretudo, o sabor do amor, proclama a suavidade que aprisiona a vontade e sobe da nascente profunda que é Deus.

Teríamos resolvido o problema das diferenças entre os enunciados teresiano e sanjuanista destas primeiras orações contemplativas? Poderíamos concluir que as manifestações de Deus-luz e de Deus-amor são produzidas pela mesma luz branca do Sol divino que extrai das almas suas tonalidades diferentes, e que as próprias águas vivas, derramando-se segundo a medida, capacidade e forma do recipiente que as recebe, produzam aí uma experiência que só o temperamento de cada alma torna diferente? Como ousaríamos proceder com afirmações categóricas neste misterioso campo da [518] ação direta e pessoal de Deus nas almas, cujo segredo ele mesmo guarda zelosamente? Ao indicar uma lei que condiz à ação divina, demos a sugestão de uma explicação que parece ser válida em muitos casos. Que a Misericórdia divina nos preserve de dogmatizar no seu âmbito e de querer restringir sua ação aos limites rígidos das nossas leis racionais![17]

E no entanto, apesar de tudo o que há de impreciso e, talvez, de incerto nestas sugestões, acreditamos poder apoiar nelas um juízo e diretivas práticas para a vida de oração em nosso tempo.

Na verdade, hoje mais do que nunca, admiramos a riqueza transbordante da vida em Santa Teresa, a simplicidade e a sublimidade desta alma, seu equilíbrio audacioso e sereno, amamos seu modo de oração direto e vivo, mas, de uma maneira geral, depois que as almas fizeram alguns progressos na oração, sentem-se mais à vontade no ambiente seco da contemplação sanjuanista do que nas expansões saborosas da quietude teresiana. Não escolheram, pois, se o tivessem feito, teriam, provavelmente, se dirigido rumo à riqueza fecunda da Madre, mais do que ao desnudamento

---

[17] Ao buscar a ação de Deus no mundo e nos acontecimentos, é preciso manter-se entre dois erros opostos: o naturalismo prático, que só vê as causas naturais e lhes atribui tudo, e certo fideísmo prático, que em todas as coisas veria a intervenção direta de Deus. O espírito de fé esclarecido que, em certos casos, sabe reconhecer a intervenção direta de Deus, sabe também descobrir, de uma maneira geral, nos acontecimentos a parte das causas segundas, e, dominando-as, a atividade primeira de Deus que utiliza tudo, mesmo as causas livres, para a realização dos seus desígnios.

total do Doutor Místico. Mas as coisas são assim. As almas modernas, nos passos de Santa Teresinha do Menino Jesus e, como ela, experimentam sobretudo os efeitos privativos da contemplação. Pobres diante de Deus, vão até Santa Teresinha do Menino Jesus e, por ela e com ela, até São João da Cruz.

Como explicar esta pobreza diante de Deus e sob sua ação, ao mesmo tempo em que esta necessidade do vivo, do concreto, do absoluto, que se manifesta na corrente das filosofias existencialistas e, ainda, a onda de doutrinas que envolvem a vida toda? Não seria porque a civilização nos fez intelectualistas, quando não verdadeiramente intelectuais? A inteligência orgulhosa e divinizada alargou complacentemente o seu reino, cita tudo em seu tribunal crítico até citar-se a si mesma e se tornar agnóstica.

O espírito, ressequido por seu orgulho, tem sede de vida. Ora, mesmo nas relações com Deus, ele permanece orgulhoso e [519] intelectualista e, evidentemente, não pode senão recolher uma luz que o ofusca e empobrece, mas, desta vez, para o purificar e enriquecer.

É sem dúvida para responder a este movimento e a esta necessidade que a Igreja fez de São João da Cruz, Doutor Místico do Carmelo, um Doutor da Igreja universal.

Apoiando-nos nesta declaração e nestas necessidades, acreditamos dever insistir sobre o magistério do Santo Doutor nestas primeiras orações contemplativas.

TERCEIRO CAPÍTULO
As Noites

Oh! noite que me guiaste,
Oh! noite mais amável que a alvorada!
Oh! noite que juntaste
Amado com amada,
Amada já no Amado transformada![1]

[520] Os dois tratados didáticos de São João da Cruz, a *Subida do Monte Carmelo* e a *Noite Escura* são um comentário do cântico da *Noite Escura* do qual acabamos de ler uma estrofe. Neste comentário, o Santo expõe os princípios que guiam a subida da alma rumo aos cumes da união divina. Isto deixa-nos entrever a importância do simbolismo da noite na doutrina sanjuanista. A alma caminha para Deus na noite; é a noite que torna o caminho pacífico e fecundo. A noite constitui todo o itinerário da alma para Deus. Melhor: ela é o próprio itinerário. "O trânsito que leva a alma à união com Deus pode receber a denominação de noite"[2] – diz o Santo.

Eis-nos, então, no coração da doutrina de São João da Cruz. Mas, ao mesmo tempo, diante de um simbolismo e de uma terminologia que exigem certas explicações. Peçamo-las ao Doutor Místico, que no-las fornecerá falando sobre a natureza desta noite, sua necessidade e seus diversos modos.

A – *NATUREZA DA NOITE*

Noite, para São João da Cruz, significa privação e desnudez. As noites são as privações e purificações [521] pelas

---

[1] *Noite Escura*, estrofe 5.
[2] 1 S 2,1.

quais a alma deve passar para alcançar a união com Deus. São denominadas "noites" porque, nelas, a alma "caminha às escuras como de noite".[3]

Mas eis uma explicação:

A alma, no momento em que Deus a une ao corpo, assemelha-se a uma *tábula rasa*, na qual nada se houvesse gravado; nenhum meio natural tem de adquirir qualquer conhecimento, a não ser através dos sentidos. É semelhante ao prisioneiro retido em um cárcere escuro, onde nada distingue, com exceção do que pode ser entrevisto pelas janelas da prisão; se não olhar por elas, nada verá. Deste modo, se a alma nada percebesse pelos sentidos – que são as janelas da prisão – nada poderia perceber por outro meio.

Renunciar às noções que vêm dos sentidos e rejeitá-las é, evidentemente, colocar-se na obscuridade e no vazio.[4]

São João da Cruz observa:

... não pretendemos falar aqui da pobreza material que não despoja o coração ávido dos bens deste mundo; mas nos ocupamos da desnudez do gosto e apetite, que deixa a alma livre e vazia de tudo, mesmo possuindo muitas riquezas. Efetivamente, não são as coisas deste mundo que ocupam a alma nem a prejudicam, pois lhe são exteriores, mas somente a vontade e o apetite que nela estão e a inclinam para estes mesmos bens.[5]

A noite afeta, portanto, muito mais o apetite do que a faculdade sobre a qual ele se encontra. Por isso, São João da Cruz escreve:

Damos aqui o nome de noite à privação do gosto no apetite de todas as coisas. Com efeito, sendo a noite a privação da luz, e consequentemente de todos os objetos visíveis, ficando a potência visual às escuras e sem nada, assim podemos chamar noite para a alma à mortificação dos apetites: pois a privação de todos eles a deixa na obscuridade e no vazio. A potência visual por meio da luz se satisfaz e emprega nos objetos, que não mais se veem quando esta se extin-

---

[3] *Ibid.*, 1,1.
[4] *Ibid.*, 3,3-4.
[5] *Ibid.*, 3,4.

gue; de modo análogo a alma por meio do apetite se deleita e satisfaz nas coisas saboreadas pelas suas potências; uma vez apagado, ou por melhor dizer, mortificado o apetite, a alma deixa de satisfazer-se no gosto de todas as coisas e fica, segundo o mesmo apetite, às escuras e no vazio.[6]

[522] A noite, então, não provoca um aniquilamento da potência, mas uma mortificação do apetite. Trata-se de uma importante distinção a termos presente.

A noite, como a noite natural, compõe-se de três partes: o crepúsculo, noite fechada e a aurora:

> O trânsito que leva a alma à união com Deus pode receber a denominação de noite por três razões. A primeira, quanto ao ponto de partida, pois, renunciando a tudo o que possuía, a alma priva-se do apetite de todas as coisas do mundo, pela negação delas. Ora, isto, sem dúvida, constitui uma noite para todos os sentidos e todos os apetites do homem. A segunda razão, quanto à via a tomar para atingir o estado de união. Esta via é a fé, noite verdadeiramente escura para o entendimento. Enfim, a terceira razão se refere ao termo ao qual a alma se destina, termo que é Deus, e que por isso mesmo pode ser denominado uma noite escura para a alma nesta vida. Estas três noites hão de passar pela alma, ou melhor, por estas três noites há de passar a alma a fim de chegar à divina união.

> ... as três noites são uma só noite dividida em três partes. A primeira noite – a dos sentidos – pode ser comparada ao crepúsculo: momento em que já não mais se distinguem os objetos entre si. A segunda noite – a da fé – assemelha-se à meia-noite, quando a obscuridade é total. A terceira, finalmente, comparada ao fim da noite, e que dissemos ser o próprio Deus, precede imediatamente a luz do dia.[7]

Por estes diversos motivos, e especialmente por causa da natureza de Deus e da fé que o alcança, o reino da noite se estende por todo o itinerário espiritual. Então, a cada etapa, nós a encontraremos com um aspecto particular. Por

---

[6] *Ibid.*, 3,1.
[7] *Ibid.*, 2,1.5.

ora, vamos considerá-la em seus traços gerais e comuns a todos os períodos.

B – *NECESSIDADE DA NOITE*

Para provar a necessidade da noite, São João da Cruz consagra-lhe nada menos que nove capítulos na *Subida do Monte Carmelo*[8] e seis na *Noite Escura*.[9] Sua lógica revela-se aí rigorosa, precisa e absoluta. É impossível escapar-lhe.

I – *Danos causados pelas tendências em geral**
a) **[523]** *Efeito privativo*

Nosso guia nos coloca, primeiramente, diante da meta a atingir: "a divina luz da perfeita união do amor de Deus".[10] Os meios a adotar devem estar à altura de tal fim.

Eis o argumento geral:

A razão está em que dois contrários, segundo o ensinamento da filosofia, não podem subsistir ao mesmo tempo num só sujeito. Ora, as trevas, que consistem no apego às criaturas, e a luz, que é Deus, são opostas e dessemelhantes. É o pensamento de São Paulo escrevendo aos coríntios: *Quae societas luci ad tenebras?*, "Que pode haver de comum entre a luz e as trevas?" (2Cor 6,14). Portanto, se a alma não rejeita todas as afeições às criaturas, não está apta a receber a luz da união divina.[11]

---

[8] Cf. *Ibid.*, 4-12.

[9] Cf. 1 N 2-7.

* N.T.: Como já aludido em nota da I Parte – Perspectivas, Cap. 3: "Conhecimento de si mesmo"/ A. Objeto do conhecimento de si mesmo, II – Conhecimento espiritual, c) Más tendências, p. 85, São João da Cruz, ao referir-se às más tendências inerentes à natureza humana usa o vocábulo "apetite".

[10] S, Prólogo, 1.

[11] 1 S 4,2.

Sigamos o raciocínio do Santo Doutor. O amor estabelece certa igualdade e semelhança entre aquele que ama e o objeto amado. Ao amar a criatura, a alma

desce ao mesmo nível que ela, e desce, de algum modo, ainda mais baixo, porque o amor não somente iguala, mas ainda submete o amante ao objeto amado do seu amor. Deste modo, quando a alma ama alguma coisa fora de Deus, torna-se incapaz de se transformar nele e de se unir a ele. A baixeza da criatura é infinitamente mais afastada da soberania do Criador do que as trevas o são da luz. ... Quem está nas trevas não compreende a luz; da mesma forma, a alma colocando sua afeição na criatura não compreenderá as coisas divinas; porque até que se purifique completamente não poderá possuir Deus neste mundo pela pura transformação do amor, nem no outro pela clara visão.[12]

Todo o ser das criaturas comparado ao ser infinito de Deus nada é. Resulta daí que a alma, dirigindo suas afeições para o criado, nada é para Deus, e até menos que nada, pois, conforme já dissemos, o amor a assemelha e torna igual ao objeto amado e a faz descer ainda mais baixo. Esta alma tão apegada às criaturas não poderá de forma alguma unir-se ao ser infinito de Deus, porque não pode existir conveniência entre o que é e o que não é.[13]

O Santo enumera os diversos bens deste mundo para fazer aplicações do princípio exposto:

[524] ... toda a beleza das criaturas comparada à infinita beleza de Deus não passa de suma fealdade, segundo diz Salomão nos Provérbios: *Fallax gratia, et vana est pulchritudo,* "A graça é enganadora e vã a formosura" (Pr 31,30). A alma, presa pelos encantos de qualquer criatura, é sumamente feia diante de Deus, e não pode de forma alguma transformar-se na verdadeira beleza, que é Deus, pois a fealdade é de todo incompatível com a beleza.[14]

E assim acontece com toda a sabedoria do mundo, com toda a habilidade humana, com todos os prazeres e todos

---

[12] *Ibid.*, 4,3.

[13] *Ibid.*, 4,4.

[14] 1 S 4,4.

os gostos da vontade, com as riquezas e com toda a glória daquilo que é criado, cujo amor torna a alma incapaz para a transformação em Deus:

> É, portanto, grande ignorância da alma ousar aspirar a esse estado tão sublime da união com Deus, antes de haver despojado a vontade do apetite de todas as coisas naturais e sobrenaturais que lhe podem servir de impedimento ... , pois é incomensurável a distância existente entre elas e o dom recebido no estado da pura transformação em Deus. Nosso Senhor Jesus Cristo, ensinando-nos este caminho, diz por São Lucas: *Qui non renuntiat omnibus quae possidet, non potest meus esse discipulus,* "Quem não renuncia a tudo que possui, pela vontade, não pode ser meu discípulo" (Lc 14,33). É verdade evidente: pois a doutrina ensinada pelo Filho de Deus ao mundo consiste neste desprezo de todas as coisas, a fim de nos tornar capazes de receber a recompensa do espírito de Deus. E enquanto a alma não se despojar de tudo, não terá capacidade para receber esse espírito de Deus em pura transformação.[15]

Segundo seu costume, São João da Cruz fundamenta e ilustra sua doutrina com figuras tiradas da Sagrada Escritura:

> Encontramos uma figura dessa verdade no livro do Êxodo, onde se lê que Deus enviou o maná do céu aos filhos de Israel só quando lhes faltou a farinha trazida do Egito (Ex 16,3-4). ... E não somente se torna incapaz do espírito divino a alma detida e apascentada por gostos estranhos, mas ainda causam grande enfado à Majestade de Deus os que, buscando o manjar do espírito, não se contentam puramente com o Senhor e querem conservar ao mesmo tempo o apetite e afeição de outras coisas. A Sagrada Escritura ainda nos narra, no mesmo livro do Êxodo, que os israelitas, pouco satisfeitos com aquele manjar tão leve (Nm 11,4), apeteceram e pediram carne (Ex 16,8-13). E Nosso Senhor ficou gravemente irado, por ver que queriam misturar comida tão baixa e grosseira com manjar tão alto e simples que **[525]** encerrava em si o sabor e substância de todos os alimentos. Também Davi nos diz que aquelas carnes estavam ainda em sua boca, quando *ira Dei decendit super eos,* "a cólera de Deus rebentou sobre eles" (Sl 77,30-31) e o fogo do céu consumiu muitos milhares, mostrando

---

[15] 1 S 5,2.

assim o Senhor julgar coisa abominável o terem eles apetite de outro alimento, quando lhes era dado manjar do céu.[16]

São João da Cruz multiplica as provas e os exemplos. Deseja infundir em nosso espírito a convicção que brota da sua experiência. Tem receio de não conseguir nos convencer. Eis aqui seus apelos quase desolados:

> Oh! Se soubessem as almas interiores a abundância de graças e de bens espirituais de que se privam, recusando desapegar-se inteiramente do desejo das ninharias deste mundo! Como achariam, nesta simples alimentação do espírito, o gosto de todas as melhores coisas! Mas, por causa desta persistência em não querer contentar-se, não [o] podem apreciar.[17]

b) *Danos positivos*

A este argumento geral, exposto de uma forma tão convincente, São João da Cruz acrescenta um relato mais preciso e mais detalhado, que deve nos mostrar como as tendências causam à alma dois danos principais. O primeiro é privativo e consiste na privação do Espírito de Deus. O segundo é positivo e múltiplo: as tendências cansam a alma, atormentam-na, obscurecem-na, mancham-na e enfraquecem-na.

O Santo já tratou do dano privativo. Volta a ele para resumi-lo em termos categóricos:

> Assim como na ordem natural, uma forma não pode ser introduzida num recipiente sem ser primeiramente expelida do mesmo a forma contrária, e, enquanto uma permanecer, se tornará obstáculo à outra devido à incompatibilidade existente, do mesmo modo a alma cativa do espírito sensível jamais poderá receber o espírito puramente espiritual. Nosso Senhor diz em São Mateus: *Non est bonum sumere panem filiorum et mittere canibus,* "Não é bom tomar o pão dos filhos

---

[16] 1 S 5,3.
[17] *Ibid.*, 5,4.

e lançá-lo aos cães" (Mt 15,26); e, num outro trecho: *Nolite sanctum dare canibus*, "Não deis aos cães o que é santo" (Mt 7,6).[18]

Os danos positivos são longamente expostos. São João da Cruz faz passar nestas páginas – que gostaríamos de poder citar *in extenso* – todo o seu horror ao pecado e, ao mesmo tempo, o seu sofrimento por ver tantas almas permanecerem na mediocridade espiritual porque **[526]** mortificam suas tendências apenas de modo imperfeito. Algumas citações suscitarão em nós o desejo de ler e analisar o próprio texto.

1. Eis, em primeiro lugar, o cansaço produzido pelas tendências:

É manifesto que os apetites fatigam e cansam a alma; assemelham-se às criancinhas inquietas e descontentes que sempre estão pedindo à sua mãe, ora uma coisa, ora outra, e jamais se satisfazem. ... A alma presa aos apetites efetivamente se cansa: é como um doente febril que não se sentirá bem enquanto a febre não houver passado. ... Cansa-se e fatiga-se a alma com seus apetites porque é ferida e perturbada por eles, como a água agitada pelos ventos que a revolvem sem deixá-la sossegar: em lugar nenhum, nem em coisa alguma pode achar repouso. De tal alma diz Isaías: *Cor impii quasi mare fervens,* "O coração do ímpio é como um mar agitado" (Is 57,20). ... É como homem faminto que abre a boca para se alimentar de vento. Bem longe de satisfazer a fome, definha, porque o ar não é o seu alimento.[19]

2. Por ser esmagadora, esta fadiga não é pacífica, é a fadiga de um febricitante e de um agitado.

Os apetites causam na alma o segundo efeito do dano positivo, que consiste em atormentá-la e afligi-la ... . A esse propósito, disse também Davi: *Circumdederunt me sicut apes, et exarserunt sicut ignis in spinis,* "Cercaram-me como abelhas pungindo-me com seus

---

[18] 1 S 6,2.
[19] 1 S 6,6.

aguilhões, e se incendiaram contra mim como fogo em espinhos" (Sl 117,12). Como o lavrador, desejoso da colheita, excita e atormenta o boi que está sob o jugo, assim a concupiscência aflige a alma que se sujeita ao jugo dos seus apetites para obter o que aspira.

O forte Sansão disso nos oferece exemplo no livro dos Juízes: era juiz em Israel, célebre por seu valor, gozava de grande liberdade. Tendo caído em poder de seus inimigos, privaram-no de sua força, vazaram-lhe os olhos, obrigaram-no a rodar a mó do moinho e lhe infligiram as mais cruéis torturas (Jz 16,21). Tal é a condição da alma na qual os seus apetites vivem e vencem. Causam-lhe um primeiro mal que é o de enfraquecê-la e cegá-la, como explicaremos mais adiante. Atormentam-na e afligem-na depois, atando-a à mó da concupiscência. E os laços com que está presa são os seus próprios apetites.

Deus [sente-se] tocado de compaixão para com as almas .... O Senhor nos convida nesta passagem de São Mateus: *Venite ad me, omnes qui laboratis et onerati estis, et ego reficiam vos, et invenietis requiem animabus vestris,* "Vinde a mim, todos os que andais em trabalho, e vos achais carregados, e eu vos aliviarei" (Mt 11,28-29). Como se dissesse: Todos vós que andais atormentados, aflitos e carregados com o fardo de vossos cuidados e apetites, **[527]** vinde a mim, e achareis o repouso que os mesmos apetites tiram às vossas almas.[20]

3. O terceiro dano causado pelas tendências é ainda mais grave e nocivo, sobretudo para o contemplativo. As tendências, como as paixões, cegam. Tal como as nuvens e os nevoeiros que encobrem os raios do sol, assim elas detêm a luz de Deus e a da razão. O homem fica cego por causa da sua tendência, que reina como soberana na escuridão que ela cria.

O terceiro dano que causam na alma os apetites é obscuridade e cegueira. Assim como os vapores obscurecem o ar e interceptam os raios solares, ou como o espelho embaciado não pode refletir com nitidez a imagem que lhe é apresentada; assim como a água turva não pode reproduzir distintamente os traços do rosto que nela se mira; do

---

[20] 1 S 7,1.2.3.4.

mesmo modo a alma, cujo entendimento é cativo dos apetites, se acha obscurecida e não permite ao sol da razão natural, nem ao sol sobrenatural, que é a Sabedoria de Deus, a liberdade de penetrá-la e iluminá-la com os seus esplendores. Sobre isso diz Davi: *Comprehenderunt me iniquitates meae, et non potui, ut viderem*, "Senhorearam-me as minhas iniquidades, e eu não pude ver" (Sl 39,13).

Quando o entendimento é sepultado nas trevas, a vontade desfalece e a memória fica embotada. Ora, como estas duas potências dependem, em suas operações, da primeira, cegando-se o entendimento as outras caem necessariamente na perturbação e na desordem. ...

O apetite cega e ainda obscurece a alma porque, enquanto apetite, é cego e necessita da razão como guia. Disto se depreende que, todas às vezes que a alma cede às tendências do apetite, assemelha-se ao que, tendo boa vista, se deixa guiar por quem não enxerga. ... Para que servem os olhos à mariposa, quando, ofuscada pela formosura da luz, precipita-se dentro da mesma chama? Assim, podemos comparar quem se entrega aos seus apetites ao peixe fascinado pelo archote cuja luz antes lhe serve de trevas, impedindo-o de ver as redes armadas pelo pescador. Explica-o muito bem o Profeta em um de seus salmos, quando diz: *Supercecidit ignis, et non viderunt solem;* "Caiu fogo de cima e não viram o sol" (Sl 57,9) ...

Oh! Se os homens soubessem de quantos bens de luz divina os priva esta cegueira causada pelos seus apegos e afeições desregradas, e em quantos males e danos os fazem cair cada dia por não se quererem mortificar! Porque não há que fiar de bom entendimento, nem de dons recebidos de Deus, para julgar que deixará a alma de ficar cega e obscura, e de ir caindo de mal a pior, se tiver alguma afeição ou apetite. Poderia alguém acreditar que um varão tão perfeito, sábio e dotado dos favores do céu, como foi Salomão, havia de cair na velhice em tal desvario e endurecimento da vontade, **[528]** a ponto de levantar altares a tantos ídolos e os adorasse (1Rs 11,4-8)? Para isto foi suficiente aquela afeição que tinha às mulheres, e a negligência em reprimir os apetites e deleites de seu coração.[21]

---

[21] 1 S 8,1,2,3,6.

4. Entregue, cegada pelas tendências, ao instinto, a alma contrai uma mancha. Trata-se da mancha que lhe imprimem as criaturas às quais as tendências a prendem de maneira desordenada. É o quarto dano que as tendências causam à alma.

Segundo o ensinamento do Eclesiástico: *Qui tetigerit picem, inquinabitur ab ea,* "Quem tocar o piche ficará manchado dele" (Eclo 13,1). Ora, tocar o piche é satisfazer com qualquer criatura o apetite de sua vontade. ... E assim como o ouro ou diamante se caísse, aquecido, no piche ficaria disforme e besuntado, porquanto o calor derrete e torna mais aderente o piche, assim a alma, dirigindo o ardor de seus apetites para qualquer criatura, dela recebe, pelo calor do mesmo apetite, máculas e impureza. ... Assim como ficaria desfigurado o rosto mais formoso, com manchas de fuligem, a alma, igualmente, que é em si muito perfeita e acabada imagem de Deus, fica desfigurada pelos apetites desregrados que conserva.[22]

... se tivéssemos de tratar expressamente da abominável e suja figura que nela deixam (os apetites), não acharíamos coisa, por mais manchada e imunda, ou lugar tão cheio de teias de aranha e répteis repelentes, nem podridão de corpo morto, a que pudéssemos compará-la. Porque, embora a alma desordenada permaneça, quanto à sua substância e natureza, tão perfeita quanto no momento em que Deus a tirou do nada, todavia, na parte racional do seu ser, torna-se feia, obscura, manchada e exposta a todos estes males e ainda a grande número de outros.[23]

5. A própria vontade é atingida pelas tendências. Estas a enfraquecem e entibiam-na, dispersando suas energias por diversos objetos. É este o quinto dano. A alma não tem força para caminhar na senda da virtude e de aí perseverar.

Com efeito, se a força do apetite é repartida, o seu vigor se torna menos intenso do que se fosse concentrado inteiro em um só ponto .... Se descobrimos um vaso de água quente, esta perde facilmente o calor;

---

[22] 1 S 9,1.
[23] *Ibid.*, 9,3.

as essências aromáticas, quando expostas ao ar, se evaporam gradualmente, perdendo a fragrância e a força do perfume; a alma, do mesmo modo, não concentrando os seus apetites só em Deus, perde o ardor e o vigor da virtude. ...

[529] Os apetites enfraquecem a virtude da alma, como as vergônteas que, crescendo em torno da árvore, lhe sugam a seiva e a impedem de dar frutos em abundância. ... Também se parecem estes com as sanguessugas sempre chupando o sangue das veias. ...

São também como as viborazinhas que a mordem (a víbora-mãe) e matam-na à medida que crescem em seu ventre, conservando a própria vida às expensas da de sua mãe.[24]

Tais são os múltiplos danos causados à alma pelas más tendências. Temos que concordar que, apresentada sob esta forma rigorosa, ilustrada com comparações expressivas, a exposição reveste-se de uma força singular e quase terrificante.

II – *Só as tendências voluntárias são prejudiciais.*

Mas será verdade que todas as tendências nos expõem a todos estes males? São João da Cruz especifica: só as tendências voluntárias, que são matéria de pecado mortal, admitem o primeiro e o mais grave dano, ou seja, a privação da graça. Mas ele acrescenta que todas as tendências em matéria de pecado mortal, de pecado venial ou de faltas consideradas simples imperfeições, se forem voluntárias, produzem, em diferentes graus, os danos positivos.[25] O Santo Doutor pôs o acento no caráter voluntário. Efetivamente:

Não trato aqui dos apetites irrefletidos da natureza, dos pensamentos que não passam de primeiro movimento ou das tentações não consentidas, porque tudo isso nenhum dos ditos males causa à alma. Embora a pessoa que por essas coisas passa julgue estar manchada e

---

[24] *Ibid.*, 10,1.2.3.
[25] Cf. 1 S 12.

cega, por causa da perturbação e paixão que tais tentações lhe causam, não sucede deste modo: antes, lhe trazem os proveitos contrários.[26]

Refiro-me aos voluntários, porque os apetites naturais pouco ou nada impedem à união da alma, quando não são consentidos nem passam de primeiros movimentos.[27]

... destes pecados, nos quais a vontade toma tão fraca parte, está escrito que o justo cairá sete vezes, e tornar-se-á a levantar (Pr 24,16). Quanto aos apetites deliberados e voluntários, e pecados veniais de advertência, ainda sendo em coisa mínima, basta um só deles que não se vença, para impedir a união da alma com Deus.[28]

[530] Depois de ter distinguido, claramente, as tendências voluntárias dos apetites que "não são consentidos, nem passam dos primeiros movimentos" que são "todos aqueles em que a vontade racional não toma parte nem antes nem depois do ato" e que é "impossível mortificá-los inteiramente e fazê-los desaparecer nesta vida",[29] o Santo dá exemplos de tendências voluntárias e insiste sobre seus efeitos funestos:

Estas imperfeições habituais são: costume de falar muito, apegozinho a alguma coisa que jamais se acaba de querer vencer, seja a pessoa, vestido, livro ou cela; tal espécie de alimento; algumas coisinhas de gostos, conversações, querendo saber e ouvir notícias, e outros pontos semelhantes. ... Pouco importa estar o pássaro amarrado por um fio grosso ou fino... Mas, por frágil que seja, o pássaro estará sempre retido por ele enquanto não o quebrar para alçar voo.[30]

E o Santo recorre à sua experiência para fundamentar este grave ensinamento:

... temos encontrado, por várias vezes, pessoas a quem Deus concedera a graça de adiantar-se muito no caminho do desprendimento e da liberdade de espírito e que por conservarem a vontade presa em

---

[26] *Ibid.*, 6.
[27] *Ibid.*, 11,2.
[28] 1 S 11,3.
[29] *Ibid.*, 11,2.
[30] *Ibid.*, 11,4.

algum pequeno apego, sob pretexto de algum bem, conveniência ou amizade, daí vieram a perder gradualmente o espírito da santa solidão, o gosto das coisas de Deus ... .[31]

Este capítulo onze da *Subida ao Monte Carmelo* é um dos mais importantes do magistério didático de São João da Cruz. Vigoroso, austero, preciso, apresenta-nos todas as exigências do amor que quer triunfar em uma alma. Enquanto houver nela um apetite voluntário, ainda que mínimo, que não esteja mortificado, ela não só não pode aspirar ao amplexo perfeito do amor, mas deve temer voltar para trás.

III – *Danos causados por cada um dos pecados capitais.*

Mas São João da Cruz não é só um vigoroso teórico da ascese que o amor perfeito exige. É um diretor que, com bondade paternal, põe à **[531]** nossa disposição sua clarividência e sua penetração psicológica, a fim de nos ajudar a descobrir as tendências que, em nós, requerem uma noite purificadora.

É nos primeiros capítulos da *Noite Escura* que encontramos o quadro, traçado com mão de mestre, das imperfeições destes principiantes que têm "os modos de crianças"[32] na vida espiritual.

E para que, com mais clareza, apareça esta verdade e se veja quão faltos estão os principiantes em matéria de virtudes, nas coisas que fazem com facilidade, levados pelo gosto, iremos notando, pelos sete vícios capitais, algumas das muitas imperfeições em que caem.[33]

É impossível resumir as vinte páginas que São João da Cruz consagra a esta análise das faltas e das tendências. Elas estão entre as mais úteis e mais penetrantes que o

---

[31] *Ibid.*, 5.
[32] 1N 1,2
[33] 1 N 1,3.

Doutor místico escreveu. Lê-las, relê-las e meditá-las longamente é um dever para toda alma que aspira à perfeição.

1. Comecemos pelo orgulho espiritual:

Nesta prosperidade, sentem-se estes principiantes tão fervorosos e diligentes nas coisas espirituais e exercícios devotos, que, embora as coisas santas de si humilhem, devido à imperfeição deles, muitas vezes lhes nasce certo ramo de soberba oculta, de onde vem a ter alguma satisfação de suas obras e de si mesmos. Nasce-lhes também certa vontade algo vã, e às vezes muito vã, de falar sobre assuntos espirituais diante de outras pessoas, e ainda, às vezes, de ensiná-los mais do que de aprendê-los. Condenam em seu coração a outros quando não os veem com o modo de devoção que eles queriam ... .

E a tanto mal costumam chegar alguns, que a ninguém quereriam parecesse bom senão eles mesmos ... .

Às vezes, também, quando seus mestres espirituais ... não lhes aprovam o espírito e modo de proceder ..., julgam não ser compreendidos, ou que os mestres não são espirituais, porque não aprovam ou não condescendem com o que eles querem.[34]

Com uma ironia delicada, mas penetrante, o Santo descobre as hábeis camuflagens e, ao mesmo tempo, as ingenuidades ridículas do orgulho:

[532] Com grande presunção, costumam propor muito, e fazer pouco. Têm, por vezes, muita vontade de serem notados pelos outros, quanto ao seu espírito e devoção; para isto dão mostras exteriores de movimentos, suspiros e outras cerimônias ... .

Têm vergonha de dizer seus pecados claramente, para que os confessores não os tenham em menos conta ... .

Também alguns destes têm em pouco suas faltas; outros se entristecem em demasia quando veem suas quedas, pensando que já haviam de ser santos; e, assim, aborrecem-se contra si mesmos, com impaciência, o que é outra imperfeição.[35]

---

[34] *Ibid.*, 2,1.2.3.
[35] *Ibid.*, 2,3.4.5.

Para tornar este quadro mais claro, São João da Cruz põe diante de nossos olhos a descrição dos verdadeiros humildes que

[darão] o sangue de seu coração a quem serve a Deus, e ajudarão, quanto lhes for possível, para que ele seja servido. ... Almas, porém, que no princípio caminham com esta maneira de perfeição, existem – conforme ficou dito e assim o entendo – em pequeno número, e muitas poucas são as que não caem nos defeitos contrários, com o que já nos contentaríamos.[36]

2. A descrição da avareza é mais breve, porém carregada de observações precisas:

Muitos destes principiantes têm às vezes também grande avareza espiritual. ... andam muito desconsolados e queixosos por não acharem, nas coisas espirituais, o consolo desejado. Muitos nunca se fartam de ouvir conselhos e de aprender regras de vida espiritual; querem ter sempre grande cópia de livros sobre este assunto. ... Além disto, carregam-se de imagens e rosários bem curiosos; ora deixam uns, ora tomam outros; vivem a trocá-los e destrocá-los; querem-nos, já desta maneira, já daquela outra, afeiçoando-se mais a esta cruz do que aquela, por lhes parecer mais interessante. Também vereis a outros bem munidos de *Agnus Dei*, relíquias e santinhos, como as crianças com brinquedos. Condeno, em tudo isto, a propriedade do coração e o apego ao modo, número e curiosidades destas coisas; pois esta maneira de agir é muito contrária à pobreza de espírito.[37]

3. As advertências de São João a respeito da luxúria são particularmente valiosas:

... a respeito deste vício de luxúria (sem referir-me aos pecados deste gênero nos espirituais, pois meu intento e só tratar **[533]** das imperfeições que se hão de purificar na noite escura), têm estes principiantes muitas imperfeições que se poderiam chamar de luxúria espiritual ... . Acontece muitas vezes, nos mesmos exercícios espirituais, sem coope-

---

[36] *Ibid.*, 2,8.
[37] *Ibid.*, 3,1.

ração alguma da vontade, despertarem e se levantarem, na sensualidade, movimentos e atos baixos, mesmo estando a alma em muita oração, ou recebendo os sacramentos da penitência e eucaristia. ...

[Estes movimentos procedem] do gosto que muitas vezes experimenta a natureza nas coisas espirituais. ... Formando estas duas partes (espírito e sentido) uma só pessoa, participam, de ordinário, uma à outra do que recebem, cada qual à sua maneira; pois, como diz o filósofo, qualquer coisa que se recebe, à maneira do recipiente se recebe. Assim, nestes princípios, e mesmo até quando a alma já está mais adiante, por ter a sensualidade imperfeita, recebe o espírito de Deus, muitas vezes, com a mesma imperfeição.[38]

Princípio e conclusão luminosos, que não podem ser aplicados a todos os casos e a todas as almas, mas que permitem tranquilizar as apreensões de muitas almas delicadas e puras que atingiram graus muito elevados da vida espiritual.

A segunda causa de onde procedem, às vezes, estas revoltas é o demônio que – para inquietar e perturbar a alma, no tempo da oração, ou quando a esta se dispõe –, procura despertar na natureza tais movimentos torpes. E se, então, a alma se preocupa com eles, prejudicam-na bastante. ...

A terceira origem donde soem proceder e fazer guerra estes torpes movimentos é o temor que eles mesmos incutem nas pessoas que lhes são sujeitas. O medo que desperta a súbita lembrança de tais coisas em tudo o que pensam ou fazem provoca esses movimentos sem culpa sua.[39]

Estes movimentos ainda aumentam em certas almas de natureza "sensível e impressionável".[40]

À luxúria espiritual, São João da Cruz associa ainda a jactância, o exagero, a vã complacência com que certas pessoas falam de assuntos de devoção ou cumprem atos de piedade. Descobre-a também em muitas afeições contraídas sob pretexto da espiritualidade:

---

[38] *Ibid.*, 4,1.2.
[39] *Ibid.*, 4,3.4.
[40] *Ibid.*, 4,5.

... afeições ... que muitas vezes nascem de luxúria e não de espírito. Isso dá-se a conhecer quando, juntamente com a lembrança daquela afeição, não cresce a lembrança e amor de Deus, mas antes remorso na consciência. Quando a afeição é puramente espiritual, à medida que cresce, aumenta também a de Deus; e quanto maior é a sua lembrança, maior igualmente [534] é a de Deus, e infunde desejos dele; e, em crescendo uma, cresce a outra.[41]

Regra de ouro e critério infalível cuja importância Santa Teresinha do Menino Jesus tinha realçado e que escrevera no verso de uma estampa com a imagem de São João da Cruz.[42]

4. A cólera também se manifesta nos principiantes:

... encolerizam-se com muita facilidade por qualquer ninharia e chegam a ponto de se tornarem intratáveis. Isto sucede, muitas vezes, após terem gozado de muito recolhimento sensível na oração.[43]

Na verdade, não sabem suportar a privação dos gostos e das delícias e assemelham-se à criança quando a apartam do peito materno.[44]

Às vezes, os principiantes também
se irritam contra os vícios com certo zelo inquieto ... ; chegam a ter ímpetos de repreender os outros com muito mau modo ... como se somente eles fossem senhores da virtude.[45]

Ou então

... zangam-se consigo mesmos, com impaciência pouco humilde; e chega a ser tão grande essa impaciência ... que quereriam ser santos num só dia.[46]

---

[41] *Ibid.*, 4,7.
[42] Cf. CT 188, 7 de maio de 1896.
[43] *Ibid.*, 5,1.
[44] Cf. *Ibid.*, 5,2.
[45] *Ibid.*, 5,2.
[46] *Ibid.*, 5,3.

5. São João da Cruz insiste longamente na gula espiritual, pois, diz ele:

Com dificuldade se acha um destes principiantes que, mesmo procedendo bem, não caia em alguma das muitas imperfeições, geralmente nascidas, nesta espécie de vício, do sabor encontrado, a princípio, nos exercícios espirituais. ... Atraídos pelo gosto experimentado em suas devoções, alguns se matam de penitências... Agem sem ordem nem conselho de outrem... .

... Colocam a sujeição e obediência, aceita por Deus como o melhor e mais agradável sacrifício, abaixo da penitência física, que ... é apenas sacrifício animal a que, como animais, se movem, pelo apetite e gosto ali oferecidos. ... O demônio procura, de sua parte, perdê-los mais ainda, atiçando a gula espiritual, e, para isto, aumenta-lhes os gostos e apetites.

... quando comungam, empregam todas as diligências em procurar algum sentimento ou gosto, mais do que em reverenciar e louvar com humildade a seu Deus. De tal maneira **[535]** buscam consolações que, em não as tendo, julgam nada terem feito ... .

Do mesmo modo procedem no exercício da oração. Pensam que tudo está em achar gosto e devoção sensível, e procuram obtê-lo, como se diz, à força de braços, cansando e fatigando as potências e a cabeça ... .

Os que assim estão inclinados a esses gostos também caem noutra imperfeição muito grande: são muito frouxos e remissos em seguir pelo caminho áspero da cruz.[47]

6. A inveja e a preguiça espiritual, sobre as quais São João nos fala em último lugar, são frutos do orgulho e da gula. A inveja leva os principiantes a

sentir movimentos de pesar com o proveito espiritual dos outros; experimentam uma pena sensível quando veem outras almas passar-lhes à frente no caminho espiritual, e não querem que, por esse motivo, sejam louvadas. ... às vezes não podem mesmo suportar esses louvores ao próximo sem que procurem desfazê-los ... . Ficam com o

---

[47] *Ibid.*, 6,1.2.5.6.7.

olho grande, como se costuma dizer, por não receberem os mesmos elogios, porque todo o seu desejo é de serem preferidos em tudo.

Os principiantes são tomados, muitas vezes, de tédio nas coisas que são mais espirituais; e delas procuram fugir, por não encontrarem aí consolações sensíveis. ... Quando alguma vez não encontram na oração aquele sabor que o seu apetite desejava. ... não querem mais voltar a ela; chegam mesmo a abandonar a oração ou a fazê-la de má vontade.

Ainda costumam essas almas sentir tédio quando lhes é ordenada alguma coisa que não lhes agrada.[48]

"Das muitas imperfeições em que vivem os principiantes"[49] surge a necessidade das purificações da noite. É a constatação que São João da Cruz faz como conclusão de cada um destes quadros.

C – *FASES E MODOS DA NOITE*
I – *Fases*

Desde o primeiro capítulo da *Subida do Monte Carmelo*, São João da Cruz nos adverte que a noite compreende duas fases: a purificação do sentido e a purificação do espírito:

[536] A primeira noite ou purificação se realiza na região sensitiva da alma ... . A segunda visa as faculdades espirituais.[50]

No livro da *Noite* encontramos a mesma divisão:

A primeira noite, ou purificação, é a sensitiva, na qual a alma se purifica segundo o sentido, submetendo-o ao espírito. A segunda noite, ou purificação, é a espiritual, em que se purifica e despoja a alma segundo o espírito, acomodando-o e dispondo-o para a união de amor com Deus. A noite sensitiva é comum, e acontece a muitos dos que são principiantes; ... . A espiritual sucede a muito poucas almas, já exercitadas e adiantadas na perfeição.[51]

---

[48] *Ibid.*, 7,1.2.4.
[49] *Ibid.*, 7,5.
[50] 1 S 1,2.
[51] 1 N 8,1.

IV Parte – Até a união de vontade

As duas fases da noite são, portanto, bem distintas, seja pelas regiões da alma nas quais se processam, seja pelo fim que alcançam. Tentemos precisá-las.

A noite sensitiva atinge as potências sensíveis e as acomoda ao espírito. Quais são estas potências sensíveis? Os sentidos exteriores e interiores aos quais, evidentemente, é necessário acrescentar a imaginação. Ela se dá apenas nas potências sensíveis? Não pensamos assim.

A alma, com efeito, está imersa no corpo e se a lógica da abstração distingue claramente a vida intelectual com as suas faculdades, da vida sensível com as suas potências, esta distinção não é assim tão clara na móvel realidade da vida.

Há faculdades intelectuais, ou melhor, uma determinada parte das faculdades intelectuais, que está em relação constante com as potências sensíveis. Existe uma memória sensível das imagens, mas há também uma inteligência que penetra nas imagens para extrair delas as ideias gerais; existe uma vontade que, pelos seus gostos, tende para as coisas sensíveis e sofre a sua influência antes de ter podido dominar suas impressões. Estas faculdades intelectuais à borda das potências sensíveis, na medida em que suas atividades estão ligadas àquela dessas potências e se tornam, assim, estreitamente dependentes delas, pertencem ao sentido. O sentido está localizado, mais do que numa potência, em uma região da alma. Está situado na periferia, lá onde se produzem estas operações nas quais as potências sensíveis têm uma influência predominante. O espírito é o centro da alma e compreende toda a região onde se realizam as operações puramente intelectuais.

[537] Esta localização pode, sozinha, explicar as distinções familiares aos místicos. De fato, eles falam dos arrabaldes da alma, onde se encontram as potências superficiais, isto é, as potências sensíveis propriamente ditas – os sentidos e a imaginação, mas também o entendimento

e uma parte da vontade e evocam com respeito as profundezas secretas – a inteligência e a vontade de fundo. As primeiras constituem o sentido; as segundas são o espírito. Esta terminologia, por desconcertante que pareça à ciência psicológica tradicional, corresponde a uma localização da agitação e da paz experimentadas no curso da união com Deus. Com efeito, a ação de Deus difunde, com frequência, sua paz nas profundezas da alma, da inteligência e da vontade, enquanto que a imaginação e o entendimento, esta faculdade que raciocina, se agitam bastante ruidosamente.

São estas potências superficiais e instáveis, simultaneamente às potências sensíveis, que a purificação dos sentidos tem por objetivo submeter ao espírito, a fim de que não lhe sejam incômodas quando estiver sob a ação de Deus.

II – *Modos*

Esta purificação, seja sensitiva, seja espiritual, exige uma atividade dupla: aquela de Deus e a da alma. Daí, a noite ativa que compreende o que a alma "pode fazer e faz por si mesma" para entrar nesta noite, e a noite passiva em que "a alma nada faz, mas Deus age nela e ela se comporta como paciente".[52]

Ao expor as imperfeições dos principiantes, São João da Cruz observa, a cada momento, a ineficácia da atividade humana para destruir tais defeitos:

> Destas imperfeições, porém, como das demais, não pode a alma purificar-se perfeitamente até que Deus a ponha na purificação passiva daquela noite escura que logo diremos. Convém, entretanto, à alma fazer de sua parte quanto lhe for possível, para purificar-se e aperfeiçoar-se, a fim de merecer que Deus a ponha naquela divina cura, onde fica sarada de tudo o que não podia remediar por si mesma.[53]

---

[52] 1 S 13,1.
[53] 1 N 3,3.

[538] Por mais que a alma principiante se exercite na mortificação de todas as suas ações e paixões, jamais chegará a consegui-lo totalmente, por maiores esforços que empregue, até que Deus opere passivamente nela por meio da purificação da noite.[54]

A noite ativa deve, então, preparar e merecer a noite passiva, a única eficaz. Aliás, esta última exige uma cooperação mais enérgica e mais dolorosa que toda a ascese que a precedeu.

O itinerário espiritual que constitui a noite comporta, por conseguinte, um aspecto ativo e um aspecto passivo, tão estreitamente ligados que são inseparáveis. "Se quiséssemos materializá-lo – escreveu-se muito bem – poderíamos, muito acertadamente, traçar uma linha reta de baixo para cima, simbolizando o papel pessoal da atividade da alma. Depois, a partir de um determinado ponto desta linha, um arco circular, nascendo dela e afastando-se para se lhe ajuntar ao cimo, materializando a iniciativa divina".[55]

Desta forma, a *Subida do Monte Carmelo,* que descreve o papel ativo da alma, e a *Noite Escura,* que detalha a ação de Deus, são inseparáveis.

Para dizer a verdade, a ascese, tal como a descreve a *Subida do Monte Carmelo*, parece-nos totalmente contemplativa, no sentido que não só prepara para a contemplação, mas que supõe, para ser compreendida e aplicada, que a alma já tenha experimentado, ao menos de uma forma passageira, os influxos divinos que fazem sentir a necessidade da noite, despertando a sede do absoluto.

É, ademais, o que afirma São João da Cruz no seu Prólogo da *Subida*:

---

[54] *Ibid.*, 7,5.

[55] Frei LUCIEN-MARIE DE SAINT JOSEPH. "Introduction à la Montée du Carmel". In *Œuvres Complètes*. Paris, Desclée de Brouwer, 1949, p. 7.

Não é, aliás, meu principal intento dirigir-me a todos, mas a algumas pessoas de nossa santa Ordem dos Primitivos do Monte Carmelo, tanto frades como monjas, que me pediram empreendesse esta obra; estes, aos quais Deus concedeu a graça de pôr no caminho desse Monte, como já se acham desapegados das coisas do mundo, compreenderão melhor a doutrina da desnudez do espírito.[56]

Consequentemente, se é verdade que esta doutrina pode, em certos casos, preparar a entrada nas quartas Moradas, é apenas nestas regiões que ela encontra a experiência que a ilumina e explica, a atmosfera que permite submeter-se a ela e que lhe garante a sua plena fecundidade.

---

[56] S, Prólogo, 9.

QUARTO CAPÍTULO
Noite passiva do sentido

Em uma noite escura,
De amor em vivas ânsias inflamada,
Oh! ditosa ventura!
Saí sem ver notada,
Já minha casa estando sossegada.[1]

[539] A noite do sentido é estudada por São João da Cruz no seu duplo aspecto: ativo e passivo. Duas noites muito distintas, embora recaindo sobre as mesmas faculdades: a noite ativa não é senão a mortificação dos apetites realizada pela alma; a noite passiva é a obra de Deus e de sua ação direta na alma.

A própria noite ativa comporta duas fases. Uma primeira fase preparatória que corresponde às três primeiras Moradas teresianas. São João da Cruz simplesmente a assinala, mas não a estuda. O Santo, com efeito, toma os "principiantes, quando Deus os começa a pôr no estado de contemplação".[2] Inicia-se, então, a segunda fase da noite ativa que se une à noite passiva para a purificação da alma.

Na primeira fase preparatória, Deus não intervém diretamente na vida espiritual da alma. Ela toma a iniciativa da sua atividade espiritual e dirige, portanto, esta noite ativa segundo suas vontades. Na segunda fase, pelo contrário, onde a noite ativa e a noite passiva vão emparelhadas, a intervenção de Deus, que progressivamente toma a direção da vida espiritual, tira da alma a iniciativa e a obriga à submissão à ação de Deus.

---

[1] *Noite Escura*, estrofe 1.
[2] 1 S 1,3.

Por consequência, nesta segunda fase da noite do sentido, a mais importante e a única que São João **[540]** da Cruz estuda, a noite ativa e a noite passiva estão estreitamente unidas e devem complementar-se. O tratado da *Noite do sentido* não pode ser separado da *Subida do Monte Carmelo* e deve ser estudado ao mesmo tempo. Estas duas noites não podem ter todo o seu poder de purificação se a ação delas não estiver sincronizada. Ora, dado que Deus tomou, desde então, a iniciativa e a direção e que a alma deve submeter-se, a noite passiva produzida por ele deve ter a precedência sobre a noite ativa. Esta, que é fruto da atividade da alma, deve regular-se pela noite passiva, acompanhar o seu ritmo e responder às suas exigências.

É por isso que, depois de ter exposto as primeiras orações contemplativas, parece-nos necessário falar da noite passiva do sentido antes de especificar os deveres da alma neste período. É a ação purificadora de Deus que vai ditar a cooperação ou noite ativa da alma.

Na *Noite Escura*, São João da Cruz escreve, a propósito da noite passiva em geral:

> Como, por ordem, costuma suceder primeiro a noite sensitiva, falaremos dela em primeiro lugar, dizendo alguma coisa a esse respeito, porém brevemente; porque sobre essa noite do sentido, sendo mais comum, há mais coisas escritas. Passaremos a tratar mais de propósito da noite espiritual, por haver dela muito pouca linguagem, falada ou escrita, e mui raro quem a declare por experiência.[3]

Este texto nos fala do lugar limitado e secundário que a noite do sentido ocupa na doutrina de São João da Cruz e no seu tratado *Noite Escura*, reservado especialmente à noite do espírito. Esta "alguma coisa" dita brevemente nos dá, contudo, uma doutrina original sobre a noite passiva do sentido que não encontramos em nenhum outro lugar sob esta forma lógica e precisa. Para nós, será suficiente

---

[3] 1 N 8,2.

a recolhermos, a fim de compreender a natureza e a causa desta noite passiva do sentido, o momento em que se situa, os seus efeitos de sofrimento e de graça.

A – *NATUREZA E CAUSA DA NOITE PASSIVA DO SENTIDO*

Como o procedimento destes principiantes no caminho espiritual é muito imperfeito, e se apoia bastante no próprio gosto e inclinação, conforme já dissemos, quer Deus levá-los mais adiante. Para isto, levanta-os, desse amor imperfeito, a um grau mais elevado de seu divino amor; liberta-os do baixo exercício do sentido e **[541]** discurso em que tão limitadamente e com tantos inconvenientes andam buscando a ele, para conduzi-los ao exercício do espírito em que com maior abundância de graça e mais livres de imperfeições podem comunicar-se com o Senhor. Já percorreram, durante algum tempo, o caminho da virtude, perseverando em meditação e oração; pelo sabor e gosto que aí achavam, aos poucos se foram desapegando das coisas do mundo e adquiriram algumas forças espirituais em Deus. Deste modo, conseguiram refrear algum tanto os apetites naturais, e estão dispostos a sofrer por Deus um pouco de trabalho e secura sem volver atrás, para o tempo mais feliz. Estando, pois, estes principiantes no meio das melhores consolações em seus exercícios espirituais, e quando lhes parece que o sol dos diversos favores os ilumina mais brilhantemente, Deus lhes obscurece toda esta luz interior. Fecha-lhes a porta, vedando-lhes a fonte viva da doce água espiritual que andavam bebendo todas às vezes e todo o tempo que desejavam... Eis que de repente os mergulha Nosso Senhor em tanta escuridão que ficam sem saber por onde andar, nem como agir pelo sentido, com a imaginação e o discurso. Não podem mais dar um passo na meditação, como faziam até agora. Submergido o sentido interior nesta noite, deixa-os Deus em tal aridez que, não somente lhes é tirado todo o gosto e sabor nas coisas espirituais, bem como nos exercícios piedosos antes tão deleitosos, mas, em vez de tudo isto, só encontram amargura e desgosto.[4]

---

[4] *Ibid.*, 8,3.

Assim é a noite passiva no seu início. A alma não encontra gosto ou consolo, não somente nas coisas divinas, mas também em coisa alguma criada. Quando Deus, de fato, põe a alma nesta noite escura a fim de purificar-lhe o apetite sensitivo, por meio da aridez, não a deixa encontrar gosto ou sabor em coisa alguma.[5]

Mas, o próprio Santo sublinha que na origem de tais estados podem se encontrar causas muito diferentes da ação divina. As más tendências, a tibieza ou a melancolia também criam estados de impotência e de tristeza.

São João da Cruz preocupa-se em nos fazer reconhecer a verdadeira noite passiva. Dá, então, um segundo sinal que não poderia ser produzido pela tibieza ou pela melancolia. A presença dele indica que elas não agem, pelo menos num grau notável:

> O segundo sinal para que se creia tratar-se, de fato, de purificação sensitiva, é ter a alma lembrança muito contínua de Deus, com solicitude e cuidado aflito, imaginando [542] que não o serve, mas antes volve atrás no divino serviço. Assim pensa, por causa do desgosto que sente nas coisas espirituais.[6]

O terceiro sinal relembra-nos o primeiro sinal da contemplação dado pela *Subida do Monte Carmelo*, e consiste na impossibilidade, para a alma, por mais esforços que empregue nisso, de meditar e discorrer com o entendimento e com a ajuda da imaginação.[7]

Esta impotência para discorrer, longe de diminuir, só aumenta à medida que se avança – sublinha o Santo.[8]

---

[5] *Ibid.*, 9,2.

[6] *Ibid.*, 9,3.

[7] *Ibid.*, 9,8.

[8] Uma comparação entre os sinais dados em 2 S 13-14 – para reconhecer o momento em que a alma deve passar ao estado de contemplação – e os sinais dados em 1 N 9 – para conhecer se a alma está na noite passiva do sentido – mostra que se trata aproximativamente do mesmo período da vida espiritual.

Contudo, os sinais dados na *Subida* são mais gerais e mais universais. Na *Noite,* o Santo colocou o acento sobre o sofrimento privativo e o

São João da Cruz não deixa de repetir que é o próprio Deus quem provoca esta secura purificadora. A contemplação que ele infunde é a sua causa próxima:

> O motivo desta secura é a mudança operada por Deus na alma, elevando todos os bens e forças do sentido ao espírito; e como o sentido não tem capacidade para esses bens do espírito, fica privado de tudo, na secura e no vazio. A parte sensitiva não tem capacidade para receber o que é puramente espiritual, e assim, quando o espírito goza, a carne se descontenta e relaxa para agir. Todavia a parte espiritual, que vai recebendo o alimento, cria novas forças, com maior atenção e vigilância do que antes tinha, na sua solicitude em não faltar a Deus.[9]

São João da Cruz repete sob diversas formas a mesma verdade, que nos faz bem escutar novamente, pois ele acrescenta, a cada vez, alguma precisão.

> Eis a causa desta mudança: quando a alma passa da via discursiva a outra mais adiantada. Deus é quem nela age diretamente, e parece prender as potências interiores tirando o apoio do entendimento, o gosto da vontade e o trabalho da memória.[10]

[543] E mais adiante:

> Deus aqui começa a comunicar-se não mais por meio do sentido, como o fazia até então quando a alma o encontrava pelo trabalho do raciocínio, ligando ou dividindo os conhecimentos; agora ele o faz puramente no espírito, onde não é mais possível haver discursos sucessivos. A comunicação é feita com um ato de simples contemplação, a que não chegam os sentidos interiores e exteriores da parte inferior. Por isto, a imaginação e fantasia não podem apoiar-se em consideração alguma, nem doravante achar aí arrimo.[11]

---

mostra como algo que transborda da oração e que penetra a vida exterior da alma. A noite é, pois, mais claramente indicada; talvez esteja ela mais avançada do que na descrição da *Subida do Monte Carmelo*.

É bom utilizar todos os sinais dados para fazer o diagnóstico espiritual da alma.

[9] 1 N 9,4.
[10] *Ibid.*, 9,7.
[11] *Ibid.*, 9,8.

Estes diversos textos esclarecem-se mutuamente e nos dão a explicação psicológica deste enfado de todas as coisas exteriores e sensíveis e da impotência, que são os fenômenos característicos da noite passiva do sentido.

Na contemplação infusa, Deus se comunica neste período à parte superior da alma e assegura-lhe, assim como às virtudes teologais que aí têm a sua sede, o alimento e o apoio que antes encontravam nas operações dos sentidos. Segundo a palavra de São João da Cruz, Deus "parece prender as potências interiores"[12] e libertando-as de sua dependência no que diz respeito às potências exteriores, as submete à sua própria influência.

Esta libertação da parte superior deixa os sentidos como que isolados, priva-os da direção que encontravam nas faculdades intelectuais e da alegria que lhes proporcionavam estas trocas. Doravante, a atividade das potências sensíveis não é senão desordem e inutilidade experimentadas na tristeza e no cansaço.

Quanto a participar da luz e do sabor que Deus derrama na parte superior, as potências, por enquanto, não conseguem chegar aí, pois não estão adaptadas para receber essas comunicações. "... o sentido não tem capacidade para esses bens do espírito – diz São João da Cruz –, fica privado de tudo, na secura e no vazio".[13] Esta impotência do sentido é a razão da noite passiva do sentido e a causa do sofrimento que a acompanha. Estas potências sensíveis irão, portanto, conhecer a agitação impotente e o fastio doloroso até que, purificadas e tornadas aptas por meio deste sofrimento, possam participar, elas mesmas, do festim divino. Feita a adaptação, a noite do sentido estará terminada.

---

[12] *Ibid.*, 9,7.
[13] *Ibid.*, 9,4.

A exposição de São João da Cruz nos mostra que a purificação dos sentidos refere-se a todos os apetites das coisas exteriores e sensíveis e que as potências que são **[544]** atingidas por esta purificação não serão apenas os sentidos propriamente ditos – janelas para o mundo exterior sensível –, mas todas as potências cuja atividade está ligada de uma maneira imediata àquela dos sentidos e, por conseguinte, a imaginação, o entendimento que trabalha sobre as imagens, a própria vontade que, por seus gostos, está ligada às coisas sensíveis. São, portanto, as potências sensíveis e as faculdades intelectuais em sua atividade enquanto marginais aos sentidos, que são submetidas à purificação do sentido. É este conjunto que constitui – como já dissemos – a região do sentido, distinta daquela do espírito.

Como se vê, a noite do sentido é uma prova apenas na aparência. Produzida por uma ação divina qualificada, ela é um sofrimento para o sentido só porque esta comunicação é por demais espiritual para a sua impureza e rudeza. Trata-se de uma graça inestimável que é um apelo próximo e que realiza uma verdadeira preparação para coisas mais elevadas.

B – *MOMENTO E DURAÇÃO DA NOITE PASSIVA*

Nesta noite escura começam a entrar as almas quando Deus as vai tirando do estado de principiantes – ou seja, o estado dos que meditam –, e as começa a pôr no dos aproveitados ou proficientes que é já o dos contemplativos.[14]

A noite passiva do sentido começa, então, com a contemplação que a produz.

Ela se situa e estende a sua influência sobre todo o período de transição que conduz a alma da meditação à contem-

---

[14] *Ibid.*, 1,1.

plação habitual. Fruto da contemplação e destinada a assegurar-lhe o desenvolvimento, corresponde exatamente às primeiras orações contemplativas enquanto estas permanecem intermitentes. Na progressão espiritual do *Castelo Interior*, a noite passiva do sentido localiza-se nas quartas Moradas.

Ligada à contemplação sobrenatural, a noite passiva do sentido sofrerá, então, na vida espiritual das almas as vicissitudes do chamado mais ou menos precoce ou tardio da contemplação.

Talvez, menos preocupado do que nós com a exatidão cronológica, São João da Cruz afirma, de uma maneira geral, que quando as almas

[545] já percorreram, durante algum tempo, o caminho da virtude, perseverando em meditação e oração, ... Deus lhes obscurece toda esta luz interior. Fecha-lhes a porta, vedando-lhes a fonte viva da doce água espiritual que andavam bebendo todas às vezes e todo o tempo que desejavam.[15]

Segundo o testemunho do Santo, a noite passiva é normalmente precedida de um período de noite ativa do sentido. Uma preparação é, portanto, exigida para receber este dom gratuito de Deus. Eis a razão pela qual as pessoas que, deixando o mundo e realizando com vigor esta noite ativa, são introduzidas muito rapidamente na noite passiva.

Esta mudança verifica-se, ordinariamente, mais depressa nas pessoas recolhidas, quando principiam o caminho espiritual, do que nas outras. As primeiras estão mais livres das ocasiões de voltar atrás, e assim mortificam com mais diligência os apetites nas coisas mundanas. É justamente esta a condição requerida para começar a entrar nesta ditosa noite do sentido. Geralmente não se passa muito tempo, a contar do início da vida espiritual, sem que entrem tais almas nesta noite do sentido; aliás, quase todas passam por ela, pois é muito comum sentir aridez.[16]

---

[15] *Ibid.*, 8,3.
[16] *Ibid.*, 8,4.

A duração e a intensidade da prova são por demais variáveis para que São João da Cruz as possa precisar de uma forma que não seja por indicações gerais.

... não acontece em todos do mesmo modo, nem são para todos as mesmas tentações, porque vai tudo medido pela vontade de Deus, e conforme à maior ou menor imperfeição a purificar em cada pessoa; depende também do grau de amor unitivo a que Deus quer levantar a alma, e assim ele a humilhará mais ou menos intensamente, por maior ou menor tempo.[17]

À luz da sua experiência, o Santo estabelece categorias determinadas pelo apelo de Deus e o fervor das almas.

Comecemos pelas mais fracas:

Aos que são muito fracos, purifica Deus mui remissamente e com leves tentações, levando-os por muito tempo pela noite, dando-lhes de ordinário alimento ao sentido para que não voltem atrás. Tarde chegam à pureza de perfeição nesta vida e alguns, jamais.[18]

Estas descrições nos mostram em São João da Cruz a ciência de Deus unindo-se à ciência do homem. **[546]** Íntimo de Deus, o Santo sabe que a Misericórdia divina não se espanta com as demoras e a timidez da fraqueza humana. Ela não magoa, não impõe seus melhores dons, sobretudo quando são dolorosos, mas, amorosamente debruçada sobre esta fraqueza, adapta-se a ela e espera, com paciência, que ela consinta e aceite.

E no que diz respeito a almas ainda mais fracas, eis o paciente jogo do amor divino:

A outras almas mais fracas anda o Senhor, ora se manifestando, ora se escondendo, para exercitá-las em seu amor, pois sem desvios não aprenderiam a chegar-se a Deus.[19]

Deus contenta-se misericordiosamente com este pouco, mas que tristeza constatar que estas almas são tão lentas,

---

[17] *Ibid.*, 14,5.
[18] *Ibid.*
[19] *Ibid.*

que não compreendem o dom de Deus e que lhe correspondem tão frouxamente.

Mas eis aqui as almas corajosas e fortes que vão dar grande alegria a Deus, pois chegarão, mediante a noite do espírito, à união de amor. Deus age nelas viva e intensamente e as submete a provas especiais:

> As almas, porém, que hão de passar a tão ditoso e alto estado como é a união de amor, por maior pressa com que Deus as leve, ordinariamente costumam permanecer muito tempo nestas securas e tentações, como a experiência comprova.[20]

C – *EFEITOS DA NOITE PASSIVA*

São de duas espécies, inseparáveis uns dos outros, mas distintos: efeitos dolorosos e efeitos benéficos.

I – *Efeitos dolorosos*

> A primeira noite, ou purificação, é amarga e terrível para o sentido .... A segunda, porém, não se lhe pode comparar, porque é horrorosa e medonha para o espírito.[21]

A noite do sentido é apenas uma preparação, a porta apertada que dá acesso ao caminho estreito da noite do espírito.[22] No entanto, os seus sofrimentos não são para desprezar.

1. **[547]** Alguns foram já indicados na descrição da noite. São as securas, a impotência das faculdades que, antes, encontravam sabor e alegria na oração e, agora, se sentem privadas deles, não encontrando consolação nem gosto nas coisas de Deus, nem tampouco em todas as coisas criadas.

---

[20] *Ibid.*, 14,6.
[21] *Ibid.*, 8,2.
[22] Cf. *Ibid.*, 11,4.

Este sofrimento atinge até a parte espiritual que, realmente fortalecida pela luz contemplativa, não experimenta, contudo, este auxílio desde o princípio:

> Se não experimenta desde o princípio sabor e deleite de espírito, mas, ao contrário, secura e desgosto, é unicamente pela novidade da mudança. Acostumado aos gostos sensíveis, o paladar espiritual ainda os deseja; não se acha suficientemente adaptado e purificado para tão finos deleites. Até que se vá dispondo pouco a pouco, por meio desta árida e escura noite, a sentir gosto e proveito espiritual, não pode experimentar senão secura e desabrimento, com a falta do sabor que antes encontrava com tanta facilidade.[23]

A este propósito, São João da Cruz relembra os hebreus conduzidos por Deus ao deserto e alimentados por ele com o maná

> e no qual cada um achava o sabor apetecido, conforme diz a Escritura (Sb 16,20-21). Contudo, não se contentavam, e era-lhes mais sensível a falta dos gostos e temperos das viandas e cebolas do Egito – às quais já estava acostumado e satisfeito o seu paladar –, do que a delicada doçura do maná celeste. Donde, gemiam e suspiravam pelas viandas da terra (Nm 11,4-6), tendo os manjares do céu.[24]

2. A impotência e o tédio, sucedendo às facilidades e aos sabores anteriormente experimentados, provocam normalmente a angústia:

> A alma tem lembrança muito contínua de Deus, com solicitude e cuidado aflito, imaginando que não o serve, mas antes volve atrás no divino serviço. Assim pensa, por causa do desgosto que sente nas coisas espirituais.[25]

A alma, com efeito, está como que perdida e atribui a pecados, talvez ocultos, esta mudança e a aparente severidade de Deus a seu respeito. Para uma alma fervorosa não existe sofrimento comparável a este.

---

[23] *Ibid.*, 9,4.
[24] *Ibid.*, 9,5.
[25] *Ibid.*, 9,3.

[548] ... padecem os espirituais grandes penas. Seu maior sofrimento não é o de sentirem aridez, mas o receio de haverem errado o caminho, pensando ter perdido todos os bens sobrenaturais, e estar abandonados por Deus, porque nem mesmo nas coisas boas podem achar arrimo ou gosto.[26]

3. Estas angústias levam-nas, pelo menos no início, a uma atividade que não é mais própria deste tempo e que só serve para aumentar a inquietação:

Muito se afanam então, e procuram, segundo o antigo hábito, aplicar as potências com certo gosto em algum raciocínio; julgam que, a não fazer assim, ou a não perceber que estão agindo, nada fazem. Mas, quando se aplicam a este esforço, sentem muito desgosto e repugnância no interior da alma, pois esta se comprazia em quedar-se naquele sossego e ócio, sem obrar com as potências. Deste modo, perdendo-se de um lado, nada aproveitam do outro.[27]

4. São João da Cruz aponta outros sofrimentos que podem ser provocados por tendências patológicas, como, por exemplo, a melancolia. Estas tendências intervêm na noite passiva do sentido, não a título de causa principal da aridez, pois "quando [esta] tem somente uma causa física, tudo para só em desgosto e abatimento da natureza",[28] mas a título de causa secundária e aumentando-lhe o tormento.

Ao referir-se à luxúria,[29] o Santo faz alusão a alguns efeitos da melancolia. Poderíamos assinalar outros, de gêneros bem diferentes, produzidos por esta melancolia ou por outros humores e tendências. O mal-estar sensível da alma, a impressão de vazio não podem senão irritar e levar estas tendências profundas, que habitualmente exercem um

---

[26] *Ibid.*, 10,1.
[27] *Ibid.*
[28] *Ibid.*, 9,3.
[29] *Ibid.*, 4,3.

grande peso na atividade da alma, a um certo paroxismo de atividade febril. O Santo Doutor confia que a noite do espírito vencerá essas tendências. Luz e preciosa esperança que iluminam os casos-limite e permitem esperar o triunfo da graça, nos desconcertantes sobressaltos experimentados nessa noite.

5. Os corajosos que devem passar pela noite do espírito já são submetidos a um tratamento particularmente enérgico na noite do sentido.

[549] [Neles,] esta noite, de ordinário, é acompanhada de graves tribulações e tentações sensitivas, muito prolongadas, embora durem mais em alguns, e menos em outros. Com efeito, a certas pessoas se lhes manda o espírito de Satanás (2Cor 12,7), isto é, o espírito de fornicação, para que lhes açoite os sentidos com abomináveis e fortes tentações, e lhes atribule o espírito com feias advertências, e torpes pensamentos, visíveis à imaginação, e isto por vezes lhes causa maior pena do que a morte.

Outras vezes, se lhes acrescenta ainda, nesta noite, o espírito de blasfêmia, que anda atravessando todos os pensamentos e conceitos com blasfêmias intoleráveis, sugeridas às vezes com tanta força, na imaginação, a ponto de quase serem pronunciadas, causando às almas grave tormento.

Em outras ocasiões, é dado também outro abominável espírito, a que Isaías chama *"spiritus vertiginis"* (Is 19,14), não para os fazer cair, mas para exercitá-los. De tal maneira esse espírito lhes obscurece o sentido enchendo-os de mil escrúpulos e perplexidades, tão intrincadas a seu juízo, que jamais se satisfazem com coisa alguma, nem podem apoiar o raciocínio em qualquer conselho ou razão. É este um dos mais sérios aguilhões e horrores da noite do sentido, muito em afinidade com o que experimentam as almas na noite do espírito.

... os trabalhos interiores ... são os que com maior eficácia purificam o sentido a respeito de todos os gostos e consolos ... ; aqui é a alma humilhada deveras para a sua futura exaltação.[30]

---

[30] *Ibid.*, 14,1.2-3.4.

II – *Efeitos benéficos*

a) A Sabedoria de amor só fere para curar. A alma toma consciência disso e São João da Cruz põe em seus lábios estes versos:

> *Oh! ditosa ventura!*
> *Sai sem ser notada,*

que indicam o movimento realizado na noite passiva do sentido:

> Esta saída se refere à sujeição que a alma tinha à parte sensitiva, buscando a Deus por exercícios tão fracos, limitados e contingentes, como são os desta parte inferior. ... Será de grande satisfação e consolo para quem é levado por este caminho ver o que parece tão áspero e adverso, e tão contrário ao sabor espiritual, produzir tão grandes benefícios no espírito. Estes proveitos são conseguidos quando a alma sai, segundo a afeição e operação mediante a noite, de todas as coisas criadas, elevando-se às eternas. Aí está a grande ventura e dita.[31]

Esta "infusão secreta, pacífica e amorosa de Deus"[32] que é a contemplação, liberta o espírito da sua [550] sujeição ao sentido, acalma pouco a pouco, na noite, o próprio sentido e permite, assim, o livre e tranquilo comércio da alma com Deus que se comunica pelos dons.

Uma vez esta casa da sensualidade sossegada, isto é, mortificada, as paixões acalmadas, os apetites quietos e adormecidos por meio desta ditosa noite da purificação do apetite sensitivo, saiu a alma a começar o caminho ou via do espírito, que é dos proficientes e adiantados, via a que por outro nome chamam também via iluminativa ou de contemplação infusa. Neste caminho, Deus vai por si mesmo apascentando e nutrindo a alma, sem que ela coopere ativamente com qualquer indústria ou raciocínio.[33]

A adaptação do sentido à ação de Deus no espírito, a paz silenciosa e o transbordar da suavidade em toda a alma, que

---

[31] *Ibid.*, 11,4.
[32] *Ibid.*, 10,6.
[33] *Ibid.*, 14,1.

são os frutos da noite passiva do sentido, constituem o seu efeito essencial.

b) A este efeito principal – nota São João da Cruz – ajuntam-se preciosos bens particulares: infusão de luz e de amor.

1. A luz da Sabedoria de amor no sofrimento esclarece a alma sobre si mesma:

> O primeiro e principal proveito causado na alma por esta seca e escura noite de contemplação é o conhecimento de si mesma e de sua miséria. ... estas securas e vazio das potências ... fazem-na melhor conhecer a própria baixeza e miséria que no tempo da prosperidade não chegava a ver. Verdade esta bem-figurada no Êxodo: querendo Deus humilhar os filhos de Israel a fim de que se conhecessem, mandou-os despir e tirar o traje e ornamento de festa com que de ordinário andavam vestidos no deserto, dizendo: "Daqui por diante, despojai-vos dos ornatos festivos, e vesti as roupas comuns de trabalho, para que saibais o tratamento que mereceis" (Ex 33,5). ... no tempo em que andava como em festa, achando em Deus muito gosto, consolo e arrimo, [a alma] vivia bem mais satisfeita e contente, parecendo-lhe que de algum modo o servia ... . Quando se vê depois com esta outra veste de trabalho na secura e no desamparo, com todas as anteriores luzes obscurecidas, então verdadeiramente é esclarecida sobre esta virtude tão excelente e necessária do conhecimento próprio. Já se tem em nenhuma conta, e não acha satisfação alguma em si; vê agora como, de si, nada faz e nada pode. Esta falta de gosto consigo mesma, e o desconsolo que sente por não servir a Deus, agradam mais a ele [551] do que todas as obras e gostos que a alma tinha antes, fossem os maiores ... .[34]

2. A luz que mostra à alma a sua miséria também esclarece a grandeza e a excelência de Deus.

São João da Cruz se compraz em citar os textos bíblicos que comprovam esta afirmação de sua experiência:

---

[34] *Ibid.*, 12,2.

"Luzirá tua luz nas trevas" (Is 58,10) ... "A vexação nos leva a conhecer a Deus" (Is 28,19) ... .

"A quem ensinará Deus sua ciência, e a quem fará entender sua audição?". E prossegue: "aos desmamados do leite, e aos tirados dos peitos" (Is 28,9). ... "Na terra deserta, sem água, seca e sem caminho, apareci diante de ti para poder ver tua virtude e tua glória" (Sl 62,3).[35]

As aplicações são fáceis, e o Santo não deixa de fazê-las para provar que a noite do sentido já é luminosa e que do conhecimento de si mesmo produzido pela noite,
como de seu fundamento, procede o conhecimento de Deus. Eis por que Santo Agostinho dizia a Deus: "Senhor, conheça-me eu a mim, e conhecer-te-ei a ti",[36] pois, como declaram os filósofos, por um extremo se conhece o outro.[37]

3. Desta dupla luz brota o respeito devido à majestade divina:

... aquela graça tão saborosa, que a consolava (a alma), aumentava-lhe os desejos de Deus, tornando-os algo mais ousados do que era conveniente, e até chegavam a ser pouco delicados e não muito respeitosos.[38]

Na noite do espírito a transcendência divina é percebida na obscuridade. A alma coloca-se, então, no lugar e na atitude convenientes, a exemplo de Moisés que, diante da sarça ardente, tendo tirado as sandálias, "tornou-se tão prudente e tão precavido que, como diz a Sagrada Escritura, não somente perdeu aquele atrevimento de aproximar-se de Deus, mas nem mesmo ousava considerá-lo (Ex 3,6)". A alma, "tirados os sapatos dos apetites e gostos, [conhece] profundamente sua miséria diante do Senhor, como lhe [convém] para ser [digna] de ouvir a palavra divina".[39]

---

[35] *Ibid.*, 12,4.5.6.
[36] *Solilóquios*, 2 Livro 1,1.
[37] 1 N 12,5.
[38] *Ibid.*, 12,3.
[39] *Ibid.*, 12,3.

4. **[552]** Esta atitude respeitosa diante de Deus é um sinal da humildade que a alma adquiriu nesta noite. De fato, os vícios espirituais descritos anteriormente purificam-se nesta noite: o orgulho com todo o seu séquito de imperfeições, a avareza, a gula espiritual, a inveja e os outros vícios:

Vendo-se (a alma) agora tão árida e miserável, nem mesmo por primeiro movimento lhe ocorre a ideia – como outrora acontecia – de estar mais adiantada do que os outros, ou de lhes levar vantagem. Muito ao contrário, conhece que os outros vão melhor.[40]

Na verdade, abrandada e humilhada por estas securas e dificuldades, bem como por outras tentações e trabalhos em que, por vezes, Deus a exercita nesta noite, torna-se mansa para com ele, para consigo mesma e para com o próximo. Já não se aborrece com alteração contra si mesma por causa de faltas próprias, nem contra o próximo vendo as faltas alheias, e até em relação a Deus não tem mais desgostos e queixas descomedidas quando ele não a atende depressa.[41]

Estas securas fazem, pois, a alma caminhar puramente no amor de Deus. Já não se move a obrar por causa do gosto ou sabor da obra ... , mas age só para dar gosto a Deus.[42]

5. São João da Cruz enumera outros proveitos que a alma retira destas securas, a saber:

... exercita-se a alma nas virtudes em conjunto – por exemplo na paciência e na benignidade ... . Exercita-se na caridade ... , na virtude da fortaleza.[43]

A alma se ocupa ordinariamente com a lembrança de Deus, em temor e receio de volver atrás no caminho espiritual.[44]

Além dos proveitos citados, há outros inumeráveis que se alcançam por meio desta seca contemplação. Acontece à alma, muitas vezes, estar no meio de securas e apertos, e, quando menos pensa,

---

[40] *Ibid.*, 12,7.
[41] *Ibid.*, 13,7.
[42] *Ibid.*, 13,12.
[43] *Ibid.*, 13,5.
[44] *Ibid.*, 13,4.

comunica-lhe o Senhor suavidade espiritual e amor puríssimo como luzes espirituais muito delicadas, cada qual de mais proveito e valor do que todas as anteriores.[45]

Os últimos proveitos indicados por São João da Cruz já não são mais obra purificadora da luz, mas obra positiva e criadora do amor.

A Sabedoria de amor, que produz esta noite passiva, não purifica e não liberta dolorosamente senão para inflamar e conquistar pelo amor.

[553] A infusão passiva do amor perfeito e seu triunfo são o fim último da noite que já se afirma, ao menos obscuramente. Assim, a alma diz:

De amor em vivas ânsias inflamada,

Esta inflamação de amor de modo ordinário não é sentida logo no princípio da noite, seja por causa da impureza do natural que não lhe permite manifestar-se, ou seja porque a alma, não compreendendo esse novo estado, não lhe dá pacífica entrada. Entretanto, às vezes – exista ou não esse obstáculo –, logo começa a alma a sentir-se com desejo de Deus: e quanto mais vai adiante, mais se vai aumentando nela esta afeição e inflamação de amor divino, sem que a própria alma entenda nem saiba como ou donde lhe nasce o amor e afeto. Chega por vezes a crescer tanto, no seu íntimo, essa chama e inflamação, que o espírito com ânsias de amor deseja a Deus. Realiza-se na alma, então, o que Davi, estando nesta noite, disse de si mesmo, com estas palavras: "Porque se inflamou o meu coração" – a saber, em amor de contemplação – "meus rins foram também mudados", isto é, meus gostos e apetites sensíveis foram transformados, transportando-se da via sensitiva à espiritual, nesta secura e desaparecimento de todos eles, de que vamos falando. "E fui reduzido a nada, e aniquilado, e nada mais soube" (Sl 72,21-22). ... Algumas vezes, por crescer muito a inflamação de amor no espírito, tornam-se tão veemente as ânsias da alma por Deus, que os ossos parecem secar-se com esta sede. A natureza desfalece perdendo seu calor e força, pela vivacidade de tão amorosa sede; pois, na verdade, a alma experimenta como esta sede

---

[45] *Ibid.*, 13,10.

de amor é cheia de vida. Era a mesma sede que Davi sentia e tinha dentro de si, quando disse: "Minha alma tem sede do Deus vivo" (Sl 41,3), isto é, viva foi a sede que minha alma sentiu. E sendo viva, pode-se dizer que esta sede mata.[46]

Na noite, e graças a ela, o amor apoderou-se em parte desta alma. A angústia que o acompanha revela o seu desconforto em meio às impurezas que o rodeiam; a sede que manifesta exprime sua necessidade de expansão, os seus desejos de conquista.

Oh! ditosa ventura!

Ainda um pouco de tempo e o amor angustiado poderá habitualmente beber, tranquilo, na nascente da água viva. Assim nutrido e fortificado, marcará sua primeira vitória notável: a conquista da vontade.

Mas para que os combates dolorosos e calmos que ele trava se transformem em triunfos, é necessária a cooperação da alma nesta noite ativa da qual nos falta falar.

---

[46] *Ibid.*, 11,1.

QUINTO CAPÍTULO

Noite ativa do sentido durante a oração

[Há] muitíssimas almas que chegam a esse estado e poucas que vão adiante, e eu não sei de quem é a culpa. É bem certo que Deus não falta.[1]

[554] É esta a afirmação de Santa Teresa ao falar das primeiras orações contemplativas de recolhimento e quietude.

A propósito da noite do sentido, que se situa no mesmo período da vida espiritual, São João da Cruz declara:

A noite sensitiva é comum, e acontece a muitos dos que são principiantes.[2]

Quanto à noite do espírito, que desemboca na união de amor, o Santo afirma:

A espiritual sucede a muito poucas almas.[3]

A respeito das causas deste fracasso parcial da maior parte das almas que conheceram o dom de Deus nas primeiras orações contemplativas, nossos dois Santos guardam uma sábia e caridosa reserva. "... o motivo disso só Deus sabe"[4] – diz São João da Cruz. "É bem certo que Deus não falta"[5] – observa Santa Teresa. Nossos dois Doutores estão por demais familiarizados com o mistério que envolve o chamado e o progresso das almas para pretenderem dissipar sua obscuridade. Conhecem muitíssimo bem a fraqueza

---

[1] V 15,2.
[2] 1 N 8,1.
[3] *Ibid.*
[4] *Ibid.*, 9,9.
[5] V 15,2.

humana, suas delongas, suas penosas trajetórias, bem como suas reações bruscas – às vezes, eficazes – para não temerem arruiná-la de maneira definitiva com afirmações excessivamente absolutas.

[555] E, contudo, não há dúvidas de que põem em causa, sobretudo, a falta de generosidade das almas e também a ignorância delas. A ação de Deus, em particular a ação direta, espera uma resposta adequada. Caso não a encontre, não prossegue a sua obra.[6]

O problema é grave. Trata-se de um fracasso ou de um êxito para a alta santidade. A glória de Deus e o bem da Igreja estão em jogo. No Reino de Deus mede-se tudo pela qualidade. O fracasso de uma alma engajada por Deus no caminho destinado ao vértice é uma desgraça maior do que a mediocridade de milhares de outras que sempre caminharam por baixios profundos. Estes insucessos causam grande pena no Reino de Deus! São João da Cruz comoveu-se dolorosamente com isso.

Os principiantes nas vias espirituais têm à sua disposição uma quantidade de livros para os guiar. Ao contrário, os principiantes na contemplação, cujas necessidades são tão específicas e prementes, não os encontram. É isso que leva São João da Cruz a escrever a *Subida do Monte Carmelo*:

Se me decido a este trabalho – dirá ele no Prólogo da *Subida* –, não é por crer-me capaz de tratar de assunto tão árduo, mas confiando em que o Senhor me ajudará a dizer alguma coisa, para proveito de grande número de almas muito necessitadas. Estas iniciam o caminho da virtude e, no momento em que Nosso Senhor quer introduzi-las na noite escura, visando elevá-las à união divina, detêm-se, seja pelo receio de entrar e deixar-se introduzir nessa via, seja por não se

---

[6] "Para a alma, o fato de Deus lhe dar semelhantes penhores indica que ele muito a quer; se não for por sua culpa, avançará muito. Mas, se vê que, pondo o Reino do Céu em sua casa, ela volta para a terra, o Senhor não só não lhe mostrará os segredos que há em seu Reino, como poucas vezes lhe concederá essa graça, e por um breve espaço de tempo" (CP 31,11).

entenderem a si mesmas, ou por lhes faltar guia esclarecido e hábil que as conduza até o cume. Causa lástima ver muitas almas às quais Deus dá talento e graças para irem adiante e que – se quisessem ter ânimo – chegariam a esse alto estado de perfeição; e ficam paradas, sem progredir, no seu modo de tratar com Deus, não querendo ou não sabendo, por falta de orientação, desapegar-se daqueles princípios.[7]

É para guiar estas mesmas almas em suas vias contemplativas que Santa Teresa escreveu o *Caminho de Perfeição* e o *Castelo Interior*.

[556] Nestes tratados, encontraremos explicadas em detalhes a noite ativa do sentido e aquela do espírito, isto é, a conduta que a alma deve manter para se preparar e responder à ação de Deus.

Em outros escritos, nossos dois Santos parecerão, talvez, mais sublimes, mas em nenhum outro segmento estarão mais próximos de nós para exercer sua missão de Mestres e Doutores. A convergência de suas doutrinas sobre as mesmas etapas da vida espiritual, porque oferecidas de uma maneira diferente, esclarece maravilhosamente os diversos aspectos e constitui um corpo de doutrina harmoniosa.

A – *COMO CONDUZIR ESTA NOITE ATIVA?*

Que estas belas promessas, no entanto, não nos façam sonhar com uma doutrina de fórmulas claras e precisas que se possa aplicar com facilidade aos diversos casos que se apresentam.

I – *Dificuldades*

1. De fato, sob a forte luz que reina nestas regiões, a diversidade das almas aparece de tal forma que nos faz pensar naquela dos anjos, onde cada um é uma espécie em si.

---

[7] S, Prólogo, 3.

Não existem sequer duas almas que se assemelham pela metade – conclui São João da Cruz.[8]

Seus estados são ainda tão mais variados quanto são diversas, sejam as graças que conduzem as almas, sejam as vibrações que um mesmo choque sobrenatural pode suscitar em cada uma delas.

Como poderíamos nós, no meio de tal diversidade, propor um método uniforme para responder a todas as necessidades?

Não esqueçamos, por outro lado, que nos encontramos no âmbito da Sabedoria que, progressivamente, toma toda a direção da alma. Está escrito sobre esta Sabedoria que os seus pensamentos não são os nossos pensamentos e que os seus caminhos não são os nossos caminhos.[9] Soberanamente livre, esta Sabedoria só obedece a ela mesma. Assim, a razão é tão impotente para reduzir a fórmulas o ritmo poderoso e suave de sua ação, como o é para criar um método e a ele se [557] submeter. Esta submissão – podemos depreender – consiste em total docilidade, feita a um só tempo de fidelidade e de liberdade no amor. Opõe-se a toda a formulação, cuja precisão lhe seria uma coação e limitação.

Encontramo-nos numa região sem veredas – proclama São João da Cruz. Aí, procuraríamos em vão o rastro daqueles que nos precederam, a fim de o seguir. Este rastro é tão invisível quanto aquele do navio que sulcou o oceano ou o do pássaro que fendeu os ares no seu voo ligeiro.[10] Por isso, o Santo ergue-se com veemência contra os que ousassem dirigir, com o auxílio de métodos-receita feitos à medida da sua razão e da sua experiência, a caminhada das almas que o Espírito Santo envolveu com a sua luz.

---

[8] Cf. Ch 3,59.
[9] Cf. Is 55,8.
[10] 2 N 17,8.

2. Eis aqui circunstâncias que aumentam ainda mais as dificuldades e que impedem definir a doutrina adequada. Neste período de transição em que nos encontramos, a contemplação ainda é imperfeita. Imperfeita, antes de tudo, porque é intermitente. Deus intervém apenas por alguns momentos. A alma reencontra, então, a possibilidade – e, portanto, o dever – de, às vezes, retomar a oração ativa de outrora. Imperfeita, ainda, quando é dada à alma, pois, habitualmente, não afeta senão uma ou duas potências, deixando as outras na impotência ou no desatino. Deste modo, encontram-se duas regiões criadas na alma com duas atmosferas diferentes que impõem uma dupla atenção e um duplo tratamento. Como seria possível acudir a necessidades e estados tão diferentes com conselhos precisos?

3. Ainda que fosse possível encontrar estes conselhos adequados e formulá-los de uma maneira precisa, a alma não parece ser capaz de recebê-los, nem de compreendê-los. De fato, é justamente do estado da alma neste período que provêm as dificuldades mais dolorosas para ela mesma.

Nestas novas regiões em que acaba de penetrar, tudo lhe é desconcertante e doloroso: esta escuridão que o seu olhar não consegue penetrar para ter uma ideia clara das coisas e do seu estado; este sabor sutil do qual se fala e que ela às vezes intui, mas que a triste recordação das alegrias desaparecidas não lhe permite saborear; este contraste – percebido em si – de sua miséria e pobreza mais profundamente vividas com as riquezas sobrenaturais que lhe são, por vezes, reveladas.

Como, em meio a esta escuridão que a envolve e no marasmo no qual habitualmente se encontra mergulhada, a alma, semelhante a um enfermo em tratamento, poderia receber algum ensinamento qualquer e tirar proveito dele?

II – *Meios*

[558] Devemos, então, renunciar a fazer chegar a esta alma um pouco de luz, mesmo nas horas de maior desolação? Certamente que não! Mas é preciso projetar esta luz na forma que convém a este estado e a estas regiões.

1. Os métodos devem ser rejeitados. Os conselhos precisos são, no mínimo, inadequados ao conjunto. Para nos guiar nestas regiões, São João da Cruz e Santa Teresa nos oferecem apenas diretivas gerais.

Encontramos estas diretivas, aqui e ali, em seus escritos, traçadas por pinceladas sucessivas; pinceladas delicadas e, às vezes, precisas, mas que permanecem gerais. Têm em vista tornar a alma atenta ao sopro de Deus e dócil à sua ação. Indicam mais uma direção a tomar do que uma vereda a seguir, uma atitude de alma a ser custodiada mais do que uma virtude a ser praticada. Setas indicadoras apontadas obstinadamente para o Infinito, solicitam a alma, de maneira constante, a dirigir-se rumo a seu Deus, repetindo-lhe sem cessar que, para atingir o seu fim divino e evitar todos os perigos, é necessário – e isto basta – permanecer simples, pobre, livre, manter o olhar inflexivelmente fixo em Deus, atravessando o deserto que a ele conduz.

Parecerá, à primeira vista, que as doutrinas dos dois Santos é muito diferente, que, às vezes, elas até se opõem. Mas, habituando-nos a elas e as esquadrinhando um pouco, não tardaremos a nos dar conta de que apenas o enfoque e os aspectos considerados são diferentes, que ambos os santos quiseram responder às mesmas necessidades, que pretendem induzir à mesma atitude de docilidade e liberdade, a garantir a mesma fidelidade sob uma ação de Deus idêntica, e que a luz convergente deste duplo magistério permite fazer uma síntese doutrinal espantosamente rica e profunda, o mais precioso dos auxílios porque o mais adequado e menos embaraçoso para uma alma que se encontra neste período da vida espiritual.

2. Estas diretivas, mais aptas para formar e dirigir do que para guiar nos pormenores, não são suficientes para evitar os erros e as quedas, seja qual for a boa vontade da alma. A ciência do amor é uma ciência prática, na qual a humilde experiência é mestra soberana. Aqui, erros e quedas instruem muito mais do que as vitórias; sozinhos, eles podem mostrar o valor das diretivas dos Mestres e determinar-lhes o alcance. Ter tropeçado nas grades de proteção ou mesmo caído **[559]** por ignorância, seguidas vezes, nas duas valas que ladeiam o caminho particular que deve seguir, indica experimentalmente à alma dentro de quais limites ela deve caminhar rumo ao seu Deus. A ciência de amor é ciência de humildade.

3. Além disso, não nos inquietemos por esta alma. Nesta escuridão, ela caminha com segurança e, em breve, com firmeza. Não é acaso o Mestre que despertou nela? Já não está mais sozinha. Foi a ação da Sabedoria de amor que provocou esta obscuridade e este marasmo. Esta Sabedoria está aí, viva, atuante, vigiando tudo. A alma o sabe obscuramente; às vezes, percebe-o claramente. Não insistamos, pois, sobre o sofrimento e os perigos deste período. A alma sente-se feliz, mais feliz do que nunca; caminha segura sob a luz da chama viva que, talvez ainda tímida, arde em seu coração, mas que a guia certeira rumo à meta misteriosa que Deus lhe fixou:

> Nem eu olhava coisa,
> Sem outra luz nem guia
> Além da que no coração me ardia.
>
> Essa luz me guiava
> Com mais clareza que a do meio-dia,
> Aonde me esperava
> Quem eu bem conhecia,
> em sítio onde ninguém aparecia.[11]

---

[11] *Noite Escura*, estrofes 3-4.

São João da Cruz que cantou o esplendor luminoso desta chama, pegou, entretanto, da pena para vir em socorro da extrema necessidade das almas nas quais ela começa a arder. Contradição? Não, claro que não! O humano e o divino unem-se maravilhosamente nas obras sobrenaturais. Aliás, é exatamente para ensinar à alma a descobrir, na escuridão e na névoa, esta chama que arde nela, para libertá-la e alimentá-la a fim de que se torne luminosa e penetrante, que os nossos Mestres nos oferecem sua doutrina.

Recolhamos suas diretivas preciosas que nos mostrarão como, primeiro na oração e depois fora dela, a alma deve pôr em prática o dom de si, a humildade e o silêncio, para responder às exigências da Sabedoria de amor, neste período. Não lhes peçamos para dissipar a noite que Deus fez, mas que coloquem aí alguns pontos de referência luminosos para guiar o caminho.

B – *NOITE ATIVA DURANTE A ORAÇÃO*

[560] O comportamento da alma, durante a oração, neste período, será regulado pela necessidade de se adaptar à intermitência da contemplação e às suas formas imperfeitas.

I – *Duplo dever*

A alma tem o duplo dever: primeiro, de respeitar a ação de Deus quando ele lhe concede a contemplação e de favorecê-la por um abandono pacífico e silencioso; em segundo lugar, de retomar a sua atividade pessoal quando a contemplação falta ou quando sua própria forma imperfeita exige um complemento de atividade.

1. São João da Cruz se sobressai ao pôr em relevo o primeiro destes deveres:

... qualquer que seja a ocasião e tempo em que a alma começar a entrar neste simples e ocioso estado de contemplação, no qual já não pode meditar, ... , não há de querer procurar meditações nem apoiar-se aos gostos e sabores espirituais; ao contrário, é preciso estar sem arrimo, e de pé, com o espírito desapegado de tudo e acima de todas essas coisas, conforme declara Habacuc que havia de fazer para ouvir a palavra do Senhor: "Estarei, diz, em pé sobre minha guarda e firmarei meu passo sobre minha munição, e contemplarei o que me for dito" (Hab 2,1). Como se dissera: levantarei minha mente sobre todas as operações e conhecimentos que possam cair sob meus sentidos, e o que estes possam guardar e reter em si, deixando tudo abaixo; e firmarei o passo sobre a munição de minhas potências, não as deixando andar em atividades próprias, a fim de poder receber na contemplação o que me for comunicado da parte de Deus; pois, como dissemos, a contemplação pura consiste em receber.[12]

Os bens que Deus comunica nesta contemplação são inefáveis. É toda uma transformação que se opera, transformação cujas maravilhas São João da Cruz nos relata no *Cântico Espiritual* e na *Chama Viva*. Mas, Deus não age se não estivermos silenciosos e tranquilos.

[561] São, porém, inestimáveis os bens que esta comunicação e contemplação silenciosa deixam impressos na alma, sem ela então o sentir, conforme dissemos. De fato, são unções secretíssimas, e, portanto, delicadíssimas, do Espírito Santo, que ocultamente enchem a alma de riquezas, dons e graças espirituais; porque sendo operações do próprio Deus, ele as faz necessariamente como Deus.

... muito facilmente acontece que o mínimo ato que a alma queira fazer de sua parte, seja com a memória, o entendimento, ou a vontade, seja aplicando ali o sentido, ou desejo, ou conhecimento ou ainda procurando gozo e sabor, basta para perturbar ou impedir essas unções no seu íntimo – o que constitui grave prejuízo e dor, e motivo de pena e grande lástima.

Oh! É caso importante e digno de admiração: não aparecendo o prejuízo, nem quase nada o que se interpôs naquelas santas unções, é mais doloroso e irremediável do que se fossem prejudicadas e perdidas muitas outras almas comuns, ordinárias, que não se acham neste estado, onde recebem tão subido esmalte e matiz. É como se num

---

[12] Ch 3,36.

rosto de primorosa e delicada pintura trabalhasse uma tosca mão, com ordinárias e grosseiras cores; seria então o prejuízo, maior e mais notável, mais para lastimar, do que se manchassem muitos rostos de pintura comum. Na verdade, se o lavor daquela mão delicadíssima do Espírito Santo veio a ser estragado por outra mão grosseira, quem acertará a refazê-lo?[13]

Nesta passagem, São João da Cruz fala dos graus superiores da contemplação. Em seus graus inferiores, o influxo divino tem direito ao mesmo respeito e exige a mesma atitude silenciosa. Com maior compaixão para com os principiantes, ainda ignorantes, o Santo Doutor não é menos insistente em recomendar-lhes a paz e o silêncio:

É digno de lástima ver muitos espirituais, cujas almas aspiram a este sossego e repouso de quietação interior, onde se enchem de paz e fartura divina, que, em vez disso, andem em desassossego, querendo trazer suas almas ao mais exterior, para percorrerem o caminho já andado ... . Obrigam-nas a deixar o repouso do termo, para retomar os meios que conduzem a ele, isto é, as considerações. ... Essas pessoas, ignorando o mistério desse novo caminho, pensam estar ociosas sem fazer nada ... .[14]

Estas pobres almas perdem o fruto dos benefícios da contemplação que se inicia. São João da Cruz multiplica as comparações, a fim de salientar os danos causados por esta agitação. A alma assemelha-se

[562] ao menino que, estando a receber, sem trabalho seu, o leite encontrado no peito materno chegado e junto à boca, tiram-lhe o peito e querem que torne a procurá-lo com seus próprios esforços.[15]

ou ainda a

um menino que a mãe quisesse carregar nos braços, e fosse gritando e esperneando para andar com seus pés, e assim, nem anda ele, nem deixa andar a mãe; ou como a imagem em que um pintor trabalhasse,

---

[13] *Ibid.*, 3,40-42.
[14] 2 S 12,7.
[15] *Ibid.*, 14,3.

e alguém se pusesse a movimentá-la; não poderia ser pintada, ou, então, ficaria borrada.[16]

Esta volta à meditação produz uma recrudescência de pena e inquietação, como já dissemos ao falar dos sofrimentos da purificação do sentido:

Esforçam-se muito, e acham pouco ou nenhum fruto em seus exercícios. Antes quanto mais trabalham, mais se lhes aumenta e cresce a secura com muita perturbação e fadiga para a alma; porque não podem mais encontrar o que desejam naquele primeiro modo tão sensível.[17]

...quanto mais insistem, menos aproveitam, porque, obstinando-se no emprego desses meios, perdem tudo, e retiram a alma da paz espiritual.[18]

Deste modo, perdendo-se de um lado, nada aproveitam do outro; e, em procurar seu próprio espírito, perdem aquele, que tinham, de tranquilidade e paz.[19]

Respeito pela ação de Deus e proveito espiritual unem-se, então, para impor à alma o dever de permanecer silenciosa e tranquila na contemplação.

Os testemunhos de Santa Teresa sobre este ponto não faltam. Reservamos seu preciso e matizado Magistério para o momento em que fizermos a aplicação prática desse princípio às diversas orações deste período.

2. Em compensação, a Santa sublinha, com fortes afirmações, o segundo dever, isto é, a necessidade de suprir mediante a atividade das faculdades, a falta ou a imperfeição da contemplação.

Efetivamente, a Santa julga necessário insistir neste dever, sobretudo junto da alma que experimentou o influxo de Deus e que não pode deixar de desejar reencontrá-lo:

---

[16] Ch 3,66.
[17] 2 S 12,6.
[18] *Ibid.*, 12,7.
[19] 1 N 10,1.

[563] Haveis logo de querer, filhas minhas, procurar ter esta oração (de quietude), e tendes razão. Pois, como eu disse, a própria alma não chega a compreender as graças que então lhe concede o Senhor, bem como o amor com que ele a vai aproximando de si.[20]

Desejo legítimo, sem dúvida. Mas, para torná-lo realidade, não é preciso tentar se colocar na atitude passiva que estes estados sobrenaturais exigem e, assim, tentar provocar a intervenção divina? Não poderíamos encontrar na doutrina de São João da Cruz um convite para tal atitude de passividade, convite a ser adotado de forma habitual durante todo este período de transição?

"Disparate!" – responde Santa Teresa.[21]

E, se Sua Majestade não começou a fazê-lo em nós, não consigo entender como seja possível deter o pensamento de maneira que não provoque mais prejuízo do que benefício. É verdade que isso foi objeto de uma controvérsia bem renhida entre algumas pessoas espirituais. Eu, por mim, confesso minha pouca humildade: nunca me deram razão para que eu me renda ao que dizem. Uma dessas pessoas recorreu a certo livro do Santo Frei Pedro de Alcântara .... Lemos esse livro, e ele diz o mesmo que eu.[22]

Notemos que, nesta passagem, a Santa fala da alma que já se encontra no recolhimento sobrenatural. Com maior razão, a alma não deverá condenar-se à passividade quando o influxo divino não se faz sentir de nenhuma maneira:

Torno a avisar que é muito importante "não elevar o espírito se o próprio Senhor não o eleva" – o que é, logo se entende. Isso é especialmente ruim para mulheres, em quem o demônio poderá causar alguma ilusão.[23]

Talvez digais: se assim for, como alcançaremos essas graças se não as procuramos? Respondo-vos que não há melhor maneira do que a que vos disse: não procurá-las.[24]

---

[20] 4 M 2,8.
[21] V 12,5.
[22] 4 M 3,4.
[23] V 12,7.
[24] 4 M 2,9.

Esclarecido este ponto, a Santa expõe em diversas passagens de seus escritos as razões do conselho imperioso que ela nos dá.

A primeira e principal razão é que tal atitude está contaminada pelo orgulho. A contemplação é um dom gratuito da Misericórdia divina:

[564] ... Sua Majestade não é obrigado a conceder-nos gostos, como o é de dar-nos a glória eterna se seguirmos os seus mandamentos.

... não deixa de ser de pouca humildade pensar que, por nossos serviços miseráveis, haveremos de conseguir coisa tão grande... .

A primeira coisa em que vereis se sois humildes é não pensando que mereceis essas graças e gostos do Senhor.[25]

Ora, só a humildade pode atrair as efusões da Misericórdia. É assim que a humildade se torna a grande lei, a disposição mais importante para obter a contemplação:

Haveis logo de querer ... procurar ter essa oração ... . Ajamos como os que ocupam as moradas anteriores. E humildade, humildade! Por ela, o Senhor se deixa render a tudo quanto dele queremos.[26]

A humildade não é apenas um sentimento. Ela deve se traduzir aqui numa atitude. A alma humilde vai se comportar como o pobre que não tem nada e que não tem direito a nada. Contudo, sem dissimular seus legítimos desejos de uma união sempre mais íntima no amplexo divino, ela irá se submeter à humilde atividade das faculdades até que Deus se debruce sobre ela para elevá-la até à passividade saborosa:

Quando alguém te convidar para uma festa de casamento – diz-nos Nosso Senhor – não te coloques no primeiro lugar. ... ocupa o último lugar, de modo que, ao chegar quem te convidou, te diga: "Amigo, vem mais para cima". E isso será para ti uma glória em presença de todos os convivas. Pois todo aquele que se exalta será humilhado, e quem se humilha será exaltado.[27]

---

[25] *Ibid.*
[26] *Ibid.*, 2,8.9.
[27] Lc 14,8-11.

A palavra evangélica encontra no plano espiritual uma aplicação ainda mais rigorosa do que no plano puramente natural. A Misericórdia se volta para o humilde, humilhando o soberbo: *Dispersit superbos... Deposuit potentes de sede et exaltavit humiles,*[28] – cantava a Virgem Maria no seu *Magnificat*.

O último lugar que a humildade procurará neste período será o de uma oração de tranquila atividade. Será ela que atrairá a graça divina que eleva. Qualquer outra atitude seria punida, mais cedo ou mais tarde, com a privação das graças já recebidas.

[565] Santa Teresa acrescenta que o esforço para suspender a atividade das faculdades resultaria em desgosto, sofrimento e estupidez:

Tentar ou presumir suspendê-lo (o entendimento) por nós mesmos, deixar de agir com ele, é o que considero inconveniente, porque assim ficaremos bobos e frios, e não conseguiremos nem uma coisa nem outra. ... É um disparate querermos conter as potências da alma e pensar em aquietá-las.

... será trabalho perdido, e a alma vai ficar um tanto desgostosa, como se estivesse prestes a dar um salto e se sentisse segura por trás.[29]

No *Castelo Interior* acrescenta esta observação:

A própria preocupação em não pensar nada talvez desperte o pensamento a pensar muito.[30]

Portanto, trata-se de um esforço presunçoso, inútil, arriscado e penoso, este de se condenar a si mesmo à passividade a fim de conseguir a contemplação.

Mas o que a alma deve fazer durante este período? Como ela vai atuar sem estorvar a ação divina, talvez bem próxima ou já no início? Vamos tentar dizê-lo. Mas, antes,

---

[28] *Ibid.*, 1,51-52.
[29] V 12,5.
[30] 4 M 3,6.

escutemos Santa Teresa esboçar a traços largos a atitude da alma:

> O que devemos fazer é pedir como pobres necessitados diante de um rico Imperador e logo baixar os olhos, esperando com humildade. Quando percebemos que Deus, por seus secretos caminhos, nos ouve, devemos calar-nos, pois ele nos permitiu estar junto de si, sendo aconselhável procurar não trabalhar com o entendimento – se nos for possível, quero dizer. Mas, se ainda não percebemos que esse Rei nos ouviu e nos vê, não devemos ficar espantados.
>
> Não pouco o fica a alma quando isso procurou. E fica muito mais seca, e até talvez mais inquieta a imaginação, com a força despendida para não pensar em nada. Não façamos assim; o Senhor quer que lhe peçamos e consideremos estar em sua presença, pois sabe o que nos convém. Não posso concordar com o recurso a artifícios humanos em coisas a que Sua Majestade parece ter imposto limites, porque as reserva para si. Ele não impôs esses limites a muitas outras, que podemos fazer com a sua ajuda, **[566]** até onde permite a nossa miséria, como penitências, boas obras e orações.[31]

Estes conselhos gerais, a um só tempo tão amplos e tão matizados, seriam suficientes, se não nos encontrássemos num ponto muito importante da vida espiritual, sobre o qual jamais projetaremos demasiada luz para ajudar as almas a superá-lo. Eis, então, alguns corolários práticos tirados dos princípios enunciados até agora. Faremos, em seguida, a sua aplicação às diversas orações próprias deste período de transição.

II – *Corolários práticos*

1. *Preparar a oração*

Preparação próxima mediante uma leitura ou a escolha de um assunto determinado é a primeira obrigação da alma neste período.

---

[31] *Ibid.*, 3,5.

IV Parte – Até a união de vontade

Santa Teresa no-lo disse: não temos o direito de esperar passivamente a vinda de uma graça especial da contemplação. Devemos nos preparar para ela, usando as faculdades que estão à nossa disposição. Exigem-no a humildade e o bom-senso.

Mas todo diretor conhece as repugnâncias, quando não as resistências, de algumas almas sobre este ponto. A alma está cheia da recordação e, talvez, do sabor da oração da manhã ou da do dia anterior; deseja tão ardentemente reencontrar este contato substancioso com a escuridão! Não a obrigam a voltar atrás? A preparação feita na véspera foi-lhe inútil e poderia ter sido incômoda se a alma tivesse querido utilizá-la. O diretor que exige a preparação para a oração não é um daqueles com quem São João da Cruz se zanga com tão justa severidade na *Chama Viva*, pois que não compreendem nada dos caminhos do espírito e se atêm a receitas e métodos?

... estorvam [as almas], impedindo aquela paz da contemplação sossegada e quieta que Deus lhes dava; querem que elas continuem no caminho da meditação e discurso imaginário.[32]

Já respondemos a esta objeção fazendo notar que o melhor meio para merecer a graça da contemplação é o de manter-se humildemente no último lugar, isto é, ocupar tranquilamente as faculdades, esperando que o próprio Deus nos eleve mais **[567]** alto. Esta objeção, porém, nos obriga a definir o dever da preparação da oração e a indicar como é preciso fazê-la.

Esta preparação deve levar em conta os progressos realizados e o grau de vida espiritual a que a alma chegou. Com efeito, neste período em que a alma não goza da contemplação sobrenatural, ela é habitualmente incapaz de se entregar à meditação propriamente dita. Esta impotência,

---

[32] Ch 3,53.

quer seja o fruto de graças místicas ou de perseverantes esforços que simplificaram as operações da inteligência, não permite mais que as orações de simplicidade. A preparação da oração será feita, então, para introduzir imediatamente a alma nestas orações.

Ela evitará longas leituras – que não conseguiriam senão fatigá-la – e a multiplicidade de pensamentos – que causaria a agitação. Velará por permanecer simples, quase esquemática. Procurará um versículo da Sagrada Escritura, um pensamento impressionante, um olhar sobre uma atitude de Cristo, a palavra luminosa ou aquela que recolhe, enfim, tudo o que for suficiente para fixar as faculdades, para apaziguar a alma toda e ocupá-la até que apraze ao Mestre elevá-la mais alto. Assim poderá recuperar a paz quando, no decorrer da oração, ela se deixou arrastar pelas distrações, ou perturbar-se pela agitação dolorosa das faculdades exteriores.

Encontrar o pensamento, a imagem ou a palavra que irão fixar a atenção da alma ou que a recolherão no princípio da oração e que, em seguida, haverão de lhe servir de escudo ou de ponto de referência contra a agitação durante a oração é o fim e o resultado da preparação neste período de transição.

Acrescentemos duas observações antes de fechar este parágrafo.

A primeira é que, frequentemente, bastará que alma comece esta preparação para que, de pronto, se sinta recolhida em Deus e reencontre sua oração sobrenatural, manifestando, assim, o vigilante Mestre o ardor do seu desejo de recompensar a humildade e de responder aos primeiros progressos de uma alma que lhe é cara de um modo particular.

A segunda observação, de grande importância prática, pode ser assim formulada: quando a preparação não consegue assegurar um alimento às faculdades ou recolhê-las, ela é sempre uma garantia contra a tentação da ociosidade e serve para provar que a alma se encontra na aridez contemplativa. Aparentemente inútil, é mais do que nunca preciosa e atinge seu fim, colocando a alma sob a ação dolorosa e real de Deus.

2. *Perseverar na oração ativa,*
[568] até que a alma seja elevada à contemplação. Este segundo corolário parece não precisar de grandes desenvolvimentos, depois do que acabamos de dizer sobre a preparação. No entanto, não será inútil trazer aqui o testemunho de São João da Cruz, dado que o ouvimos sobretudo recomendar-nos a passividade.

Para evitar confusão no desenvolvimento desta doutrina é útil dar a entender ... em que tempo e ocasião deve a alma abandonar a meditação discursiva por meio de imagens, formas e figuras; para não acontecer deixá-la antes ou depois do tempo conveniente ao seu progresso espiritual. Pois, assim como convém deixá-la em tempo oportuno, para não impedir a divina união, assim também é necessário não abandoná-la antes do tempo para não voltar atrás; pois embora não sirvam as apreensões das potências internas de meio próximo para a união aos proficientes, todavia, servem de meios remotos para os principiantes; dispõem e habituam o espírito a elevar-se, pelo sentido, às realidades espirituais, e o desembaraçam das formas e imagens baixas, terrenas, mundanas e naturais.[33]

O Santo aplicou-se em fixar com cuidado o momento em que a alma deve abandonar a oração ativa. Um pouco mais adiante, aborda diretamente a questão que nos ocupa:

Sobre o que acaba de ser explicado, poderia surgir uma dúvida: se os proficientes, aos quais Deus começa a pôr nessa notícia sobrenatural de contemplação já referida, estarão, pelo mesmo fato, na impossibilidade permanente de tirar proveito no exercício da meditação discursiva e das formas e imagens naturais. Respondo a esta objeção declarando não se tratar de abandonar definitivamente a meditação,

---

[33] 2 S 13,1.

ou de jamais procurá-la; porque, no princípio, as almas que começam a entrar na notícia amorosa e simples de Deus não têm ainda tão perfeitamente adquirido o hábito de contemplação, a ponto de nela se estabelecerem quando lhes apraz; igualmente, não se acham tão afastadas da meditação, que não possam algumas vezes meditar e discorrer naturalmente, como costumavam, encontrando neste exercício algum novo alimento. Ao contrário, nesses princípios, ao reconhecerem, pelos sinais já mencionados, que não está o espírito estabelecido naquela quietação e notícia sobrenatural, é mister voltarem à meditação discursiva, até chegarem a adquirir, com certa perfeição, o hábito de que falamos. ... Mas, enquanto as almas não tiverem chegado a este ponto – **[569]** que é o dos proficientes na contemplação – há alternância ora de uma, ora de outra coisa, em tempos diversos.[34]

Ensinamento precioso, que levará a evitar a tentação de querer retomar sua oração no ponto em que foi deixada pela manhã ou no dia anterior, tal como lhe sugeriria o desejo do sabor sobrenatural e de uma ação mais poderosa de Deus. Com efeito, Santa Teresa nos adverte com frequência:

... como eu já disse – e não queria que fosse esquecido –, nesta vida a alma não cresce como o corpo, embora cresça verdadeiramente; mas uma criança, depois que cresce e atinge o desenvolvimento, tornando-se adulta, não volta a ter um corpo pequeno. No caso da alma, no entanto, isso acontece.[35]

Daí a necessidade – conclui a Santa – de retornar às simples considerações, quando a alma já não se sinta tão perfeitamente unida a Deus.

3. *No decorrer da oração a alma deve retornar à meditação, quando não estiver sob a ação da graça contemplativa.*

A contemplação pode cessar no decorrer da oração, seja porque Deus não a concede senão de uma forma transitória, seja – o que é mais frequente – porque a alma não é fiel

---

[34] *Ibid.*, 15,1.
[35] V 15,12.

em correspondê-la. Às vezes, a alma deixa-se arrastar pelas distrações, pelo bulício das potências sensíveis, ou mesmo pelos eflúvios do sabor sobrenatural e perderá, assim, o contato com Deus de onde brota a contemplação. O vazio e a ociosidade que encontra então devem ser preenchidos por uma busca ativa de Deus.

Se a alma – diz São João da Cruz – não gozasse dessa notícia ou advertência em Deus, consequentemente nada faria nem receberia na oração. Com efeito, de um lado, abandonando a meditação mediante a qual trabalhava discorrendo com as potências sensitivas e, de outro lado, faltando-lhe a contemplação – isto é, a notícia geral de que falamos, na qual a alma tem ocupadas as suas potências espirituais, memória, entendimento e vontade, unidas nessa mesma notícia já operada e recebida nelas –, faltar-lhe-ia necessariamente todo exercício acerca de Deus.[36]

Donde o Santo conclui que, quando isto se dá, é necessário voltar à meditação. É nestes momentos de perturbação causada pelas distrações ou pela agitação que levaram a perder a contemplação, e na humilhação dolorosa da [570] aridez, que sobe à tona a utilidade da preparação da oração. Um simples e pronto retorno ao pensamento ou à imagem que nos recolhe será suficiente para retomar o contato perdido com a Realidade divina ou, pelo menos, para assegurar às faculdades um ponto de referência luminoso e um apoio na tempestade, esperando que elas possam reencontrar uma paz completa.

Depois de ter proclamado a necessidade do retorno à meditação quando cessa a contemplação, São João da Cruz acrescenta:

Entretanto, convém saber que esta notícia geral é às vezes tão sutil e delicada, mormente quando é mais pura, simples, perfeita, espiritual e interior, que a alma, embora esteja empregada nela, não a vê nem sente.[37]

---

[36] 2 S 14,6.
[37] *Ibid.*, 14,8.

É preciso repeti-lo aqui: nem toda a impressão de ociosidade deve ser combatida por uma volta à meditação, sobretudo quando a alma já foi favorecida com a contemplação. O delicado problema do discernimento da contemplação, surge muitas vezes nas suas formas sutis de contemplação simples e seca. Cabe ao diretor fazer esse discernimento e dar à alma diretivas gerais que correspondam às suas necessidades.

Uma última conclusão dos princípios expostos parecerá de uma aplicação ainda mais difícil.

4. *Nas orações contemplativas imperfeitas a alma deverá assegurar a paz e o silêncio às faculdades que estão sob o influxo de Deus, mas continuar agindo com as potências livres e, na medida em que o puder, sem perturbar a paz do fundo da alma.*

Foi sobre este ponto que versou a "controvérsia bem renhida entre algumas pessoas espirituais"[38] a que Santa Teresa faz alusão no terceiro capítulo das quartas Moradas. Tratava-se, precisamente, de saber se o recolhimento passivo, mas sem atenção amorosa, impunha o dever de suspender o entendimento. Já escutamos a Santa nos expor seu pensamento e a encontrar sua justificação no livro do "santo Frei Pedro de Alcântara", cujo testemunho opunham contra ela. Fiel ao princípio muitas vezes afirmado de que a passividade é uma atitude orgulhosa [571] e estéril na espera de uma intervenção divina, Santa Teresa sustenta que, na contemplação imperfeita, as faculdades que não estão sob a ação de Deus devem continuar a agir, na medida em que a atividade delas não perturbe as regiões da alma tomadas por Deus.

---

[38] 4 M 3,4.

Parece-nos que a discussão da qual fala Santa Teresa resultava não tanto de uma oposição de doutrina, mas da falta de penetração psicológica por parte de seus contraditores e de uma experiência espiritual ainda incompleta neles.

De fato, nas primeiras orações contemplativas a alma está toda entregue à nova suavidade do sabor divino ou, ao contrário, à tristeza da sua secura impotente e à saudade das consolações de outrora. A impressão de plenitude que acompanha toda a ação sobrenatural, mesmo no seu mais ínfimo grau, transborda na consciência psicológica e cria nela uma impressão de envolvimento completo, ou mesmo de união perfeita. A aridez contemplativa cria a mesma impressão de um envolvimento pelo vazio doloroso em todas as faculdades. A alma sente-se, então, por demais surpresa e desconcertada com a novidade do espetáculo interior para se descobrir sob a graça que recebe. Não conseguiria fazer a distinção exata entre suas faculdades; pode afirmar apenas a sua impotência para transcender esta plenitude e para deixar algumas faculdades em repouso, agindo moderadamente com outras.

Santa Teresa, pelo contrário, cuja elevada experiência contemplativa dominou estes primeiros estados, superando-os, e que os analisou com a sua maravilhosa penetração psicológica, distingue nitidamente neles – como já vimos em suas descrições do recolhimento passivo e da oração da quietude – o assenhoreamento divino e a liberdade das faculdades, as regiões de paz e zonas de bulício.

Sua doutrina é eminentemente útil para a alma ofuscada nestes inícios. Uma vez que sua atenção é despertada para este ponto, ela consegue mais facilmente discernir, por si mesma, durante a contemplação, aquilo que a experiência de Santa Teresa lhe revelou. Aquilo que antes considerava distinções sutis e, talvez, vãs, tornam-se-lhe luminosas, e ela não tarda a apreciar a maravilhosa eficácia dos conselhos que decorrem daí:

Eu disse que, nesse primeiro recolhimento e quietude, não se perdem as potências da alma, mas esta, de tão satisfeita com Deus enquanto aquilo dura, mesmo que as duas potências possam extraviar-se [572] (o entendimento e a memória), não perde a quietude e o sossego já que a vontade está unida com Deus.[39]

Ocupar as potências que permanecem livres; respeitar o repouso sobrenatural daquelas que estão sob a ação de Deus, evitando toda a atividade desordenada que poderia perturbá-la; não oferecer, por conseguinte, neste período, senão uma atividade tranquila na oração: tais são as diretivas que resumem a doutrina dos nossos Mestres.

Mas estas diretivas gerais devem levar em conta, no plano prático, situações tão diferentes, estados de alma tão diversos que nos será muito útil, para captar-lhes todo o alcance, seguir ainda nossos Santos na aplicação que eles mesmos fizeram nas orações deste período.

Santa Teresa nos dará sua doutrina matizada e precisa para as orações de recolhimento passivo e de quietude; São João da Cruz será o nosso guia na aridez contemplativa.

III – *Aplicações às orações contemplativas*

1. *O recolhimento passivo*

Já tratamos deste recolhimento sobrenatural que, na ordem lógica e muito frequentemente também na ordem cronológica, é a primeira das orações contemplativas. Santa Teresa o distingue esmeradamente do simples recolhimento ativo; no entanto, ele não é senão "um saber escutar a Deus".[40]

Creio ter lido que é semelhante ao que o ouriço ou a tartaruga fazem quando se escondem em si mesmos. E quem o escreveu devia entendê-lo bem. Mas esses animais entram em si quando querem; isto

---

[39] V 15,1.
[40] 4 M 3,4.

de que falo não está em nosso querer, ocorrendo quando o Senhor deseja nos conceder essa graça.[41]

O que deve fazer a alma cujas faculdades estão recolhidas pelo suave assovio do Bom Pastor?

Ou este recolhimento passivo é o prelúdio e a preparação para uma ação de Deus mais qualificada – e a alma só tem que se abandonar a esta ação –, ou então este recolhimento passivo é somente um influxo de Deus que não levará mais adiante a sua ação. Quando isto se dá, não há que hesitar:

[573] Na oração de recolhimento – escreve Santa Teresa, falando do segundo caso –, não se devem deixar a meditação nem o trabalho do entendimento.[42]

Se Sua Majestade não começou a fazê-lo em nós, não consigo entender como seja possível deter o pensamento de maneira que não provoque mais prejuízo do que benefício.[43]

Com efeito, dado que neste recolhimento as faculdades não se encontram efetivamente subjugadas, elas têm a obrigação de aproveitar da sua liberdade para procurar a Deus ativamente, servindo-se da singular facilidade que o recolhimento passivo lhes assegura:

... se Deus nos deu as potências para que com elas trabalhássemos e se tudo tem o seu valor, não há por que sujeitá-las a encantamentos. Deixemo-las fazer o seu ofício, até que o Senhor lhes reserve outro maior.[44]

Ademais, esta atividade deve realizar-se "sem nenhum esforço ou ruído"[45] porque as
obras interiores são todas suaves e pacíficas, e fazer algo penoso antes prejudica do que beneficia.[46]

---

[41] *Ibid.*, 3,3.
[42] *Ibid.*, 3,8.
[43] *Ibid.*, 3,4.
[44] *Ibid.*, 3,6.
[45] *Ibid.*, 3,7.
[46] *Ibid.*, 3,6.

Santa Teresa nos deixa, então, pensar que esta atividade das faculdades será bem simplificada e vai limitar-se a manter uma atenção geral a Deus e à sua presença:

Segundo entendo, o que mais convém à alma a quem o Senhor quis colocar nesta morada é fazer o que fica dito. Que sem nenhum esforço ou ruído ela procure interromper o discorrer do entendimento, mas não suspendê-lo, nem a imaginação. É bom que se lembre de que está diante de Deus e quem é esse Deus. Se, com o que sente em si, a alma ficar embebida, tanto melhor. Mas que não procure entender o que é, porque se trata de dom destinado à vontade. Usufrua dele sem nenhum artifício, apenas com algumas palavras amorosas. Embora não procuremos estar aí sem pensar em nada, estamos assim muitas vezes, ainda que por um breve espaço de tempo.[47]

Estes últimos conselhos já se referem à oração de quietude e resumem uma doutrina que Santa Teresa se agradou em desenvolver, porque a considerava prática para um grande número de almas:

[574] Conceda-me Sua Majestade a graça de eu me fazer compreender bem, visto haver muitíssimas almas que chegam a esse estado e poucas que vão adiante, e eu não sei de quem é a culpa. É bem certo que Deus não falta.[48]

2. *Oração de quietude*

Descrita bem longamente no capítulo já citado,

essa oração é ... uma centelhazinha do seu verdadeiro amor que o Senhor começa a acender na alma.[49]

Para a alma

é coisa que se torna muito sensível ... pelo grande contentamento e sossego das potências e por um deleite muito suave. ... Ela não se atreve a se mexer nem a se agitar, temendo que aquele bem fuja de suas mãos. Às vezes, nem sequer deseja respirar.[50]

---

[47] *Ibid.*, 3,7.
[48] V 15,2.
[49] *Ibid.*, 15,4.
[50] *Ibid.*, 15,1.

Para descrever esta suavidade, as comparações afloram numerosas no espírito de Santa Teresa:

... assim que começa a ser produzida a água celestial da nascente a que me refiro ... , todo o nosso interior vai se dilatando e ampliando ... . Nem a própria alma sabe entender o que se passa ali. Sente uma fragrância interior ... como se nessa grande profundidade houvesse um braseiro onde se lançassem finíssimos perfumes. Não se vê o fogo, não se sabe onde arde, mas o calor e os perfumados vapores penetram a alma toda, não poucas vezes, como eu disse, atingindo também o corpo.[51]

Mas nesta oração – observa Santa Teresa – só a vontade está subjugada:

Parece-lhe (à alma) já não haver mais a desejar: as potências, aquietadas, não desejam mexer-se, pois tudo lhes parece estorvar o amor; mas não estão tão perdidas que não possam pensar junto de quem estão, pois duas delas estão livres.

A vontade é a que está cativa.[52]

A mesma observação no *Castelo Interior*[53] e no livro da *Vida*:

... essas potências não se perdem nem ficam adormecidas; só a vontade se ocupa, de modo que, sem saber como, se torna cativa, apenas dando consentimento para que Deus a encarcere, [575] como quem bem sabe ser presa daquele a quem ama. Ó Jesus, Senhor meu! Quanto nos vale aqui o vosso amor. Pois ele ata a tal ponto o nosso que não deixa liberdade, naquela hora, para amar alguma coisa além de vós.[54]

O dever da alma é, evidentemente, proteger esta paz da vontade presa de quem a cativou. Esta paz é menos ameaçada pelas tentações exteriores do que pela agitação das faculdades interiores, pelo entendimento e pela memória.

---

[51] 4 M 2,6.
[52] CP 31,3.
[53] 4 M 2,8.
[54] V 14,2.

Santa Teresa, que parece ter sofrido muito com o bulício destas faculdades, volta em todos os seus tratados a essa luta interior e aos meios de triunfar dela. O entendimento, a imaginação e a memória participam, às vezes, do gozo da vontade; com frequência, parecem ignorá-lo. Em ambos os casos, a atividade delas pode ser perigosa.

De fato, quando estas participam do gozo,
ajudam a vontade, para que esta se vá tornando capaz de fruir de tanto bem.[55]

Mas a ajuda delas é bem mais prejudicial, pois traz consigo a agitação:

[Estas duas potências] se tornam então pombas que não se contentam com a comida que o dono do pombal dá, buscando alimento por conta própria; essas pombas, nesse caso, se dão tão mal que acabam por voltar .... Elas devem pensar que beneficiam a vontade. Mas, nas vezes em que a memória ou imaginação quer representar para a vontade o que esta está sentindo, o resultado é maléfico.[56]

Quanto ao entendimento,
[anda] buscando muitas palavras e considerações para agradecer por esse benefício, e amontoando pecados e faltas para ver que não o merece. Tudo isso se movimenta aqui: o entendimento vem com razões, a memória não se aquieta; confesso que essas potências às vezes me cansam.[57]

Em outras ocasiões, o entendimento e as outras potências ficam quase desvairados:

... o entendimento se contém ou é contido pelo fato de ver que não entende o que quer. Assim anda de um lado para o outro, como tonto que em nada toma assento.[58]

[576] Acontece de estar a alma com enorme quietude – diz Santa Teresa no *Caminho de Perfeição* – e o entendimento estar tão distante que parece não ser em sua casa que aquilo acontece. Assim,

---

[55] *Ibid.*, 14,3.
[56] *Ibid.*
[57] *Ibid.*, 15,6.
[58] 4 M 3,8.

parece-lhe que está em casa alheia como hóspede e buscando outros lugares onde estar: aquele não o contenta.[59]

Estranha impressão, sem dúvida! E, contudo, não é normal este desatino febril das faculdades diante da imobilidade e do silêncio da vontade, sua senhora, bem como este não sentir-se mais em sua própria casa, doravante sob o domínio de um poder misterioso que não se revela senão por meio de sua força?

Como se vê, a oração de quietude vive em ambientes muito diferentes. O que fazer para protegê-la contra a boa vontade intempestiva das faculdades ou contra a agitação delas?

Que a vontade, com sossego e discrição, entenda que não é com a força de braços que se negocia bem com Deus, e que estes são achas de lenha postas sem discernimento para apagar a centelha. Que ela reconheça isso e, com humildade, diga: "Senhor, que posso fazer aqui? Que tem que ver a serva com o Senhor e a terra com o céu?" Podem-se dizer também outras palavras de amor, que surgem espontaneamente, com grande convicção de que é verdade o que diz, sem levar em conta o entendimento, que é um moinho. E se a vontade quer partilhar do que frui com o entendimento ou se esforça para recolhê-lo – muitas vezes a alma experimentará o repouso e a união da vontade, e uma grande confusão no entendimento –, é melhor que o abandone, não indo atrás dele, mantendo-se, contudo, na alegria da graça, recolhida como uma sábia abelha; porque, se nenhuma abelha entrasse na colmeia, mas se fossem todas, umas em busca das outras, como seria possível fabricar o mel?

Desse modo, a alma vai perder muito se não tiver cuidado, especialmente se o entendimento for arguto e, organizando reflexões e arrolando razões, pensar, se essas reflexões e razões forem bem formuladas, que realiza alguma coisa.[60]

Eis aqui uma declaração ainda mais enérgica a propósito do entendimento:

---

[59] CP 31,8.
[60] V 15,6.7.

... a vontade, quando se vê nesta quietude, deve considerar o entendimento um louco, porque, se desejar trazê-lo consigo, será obrigada a se ocupar de algo e com isso se inquietar. Nessa altura da oração, tudo seria [577] esforço e nenhum lucro, pois perderíamos o que o Senhor nos dá sem nenhum esforço nosso.[61]

Livre da agitação do entendimento e das outras faculdades, a vontade, abandonada "nos braços do amor",[62] não deve ficar inativa:

Não se deve deixar de todo a oração mental, nem algumas palavras, mesmo pronunciadas, caso a alma queira ou consiga dizê-las; porque se a quietude for profunda, mal se poderá falar, exceto com muito esforço.[63]

A atividade será, então, maior ou menor, segundo o grau de quietude. Escutemos mais uma vez Santa Teresa especificar aquilo que convém fazer:

[Entendamos que] estamos muito próximos de Sua Majestade, pedindo-lhe favores, rogando-lhe pela Igreja, pelos que se encomendaram a nós e pelas almas do purgatório – não com o ruído das palavras, mas com o sentimento de desejar que ele nos ouça. É uma oração que abrange muito e alcança mais do que o exercício permanente do entendimento. A vontade deve despertar em si algumas razões que avivem esse amor para que, vendo-se tão melhor, faça alguns atos amorosos em prol daquele a quem tanto deve; isso, como eu já disse, sem admitir o ruído do entendimento, sempre em busca de grandes coisas. Mais valem aqui umas palhinhas colocadas com humildade – e são menos que palhas, já que colocadas por nós –, que servem para avivar mais esse fogo, do que um monte de lenha de razões muito eruditas que, a meu ver, o apagarão no espaço de um Credo.[64]

E ainda outra comparação, por meio da qual Santa Teresa nos fala de novo sobre a suavidade e a paz que devem regrar as necessárias intervenções da atividade nesta quietude:

---

[61] CP 31,8.
[62] 4 M 3,8.
[63] V 15,9.
[64] V 15,7.

IV Parte – Até a união de vontade

É bom procurar mais solidão para dar lugar ao Senhor e deixar que Sua Majestade aja como em coisa própria. Quando muito, digamos uma palavra de raro em raro, suavemente, como quem sopra [578] uma vela quando vê que ela vai se apagar para tornar a acendê-la. Se, contudo, ela estiver ardendo, soprá-la só serve, a meu ver, para apagá-la. Digo que seja suave o sopro para que, por tentarmos unir muitas palavras com o entendimento, não se ocupe a vontade.[65]

Além disso, que a alma não se preocupe demais com a atividade a apresentar. Que ela deixe-se
a si mesma nos braços do amor. Sua Majestade lhe ensinará o que fazer nessa situação. Quase tudo consiste em achar-se indigna de tanto bem e dedicar-se à ação de graças.[66]

---

[65] CP 31,7.
[66] 4 M 3,8.

SEXTO CAPÍTULO

NOITE ATIVA DO SENTIDO (continuação)
A aridez contemplativa

> ... *assim como o sol está madrugando para penetrar em tua casa, se lhe abrires a janela, assim Deus que não dorme em guardar a Israel, também está vigilante.*[1]

[579] Aridez contemplativa é o nome que demos às primeiras formas de contemplação descritas por São João da Cruz.

Entre esta aridez contemplativa e a quietude saborosa de Santa Teresa, assinalamos alguns pontos de semelhança que permitem situá-las na mesma etapa espiritual. Subsistem ainda diferenças bastante importantes.

Estas duas formas de experiência contemplativa introduzem-nos em atmosferas diferentes. A quietude teresiana revela os seus efeitos, sobretudo, na vontade e aí são positivos e saborosos. A secura sanjuanista parece atingir, sobretudo, o entendimento e introduz nele efeitos privativos, porque luminosos.

Via de regra, o contemplativo de hoje é mais atraído pela atmosfera sanjuanista, pois nela encontra maior afinidade com sua própria experiência. Assim, a doutrina de São João da Cruz conhece uma nova atualidade.

De fato, foi a São João da Cruz que se dirigiu a grande e poderosa contemplativa que foi Santa Teresinha do Menino Jesus. Também ela, ao descrever sua oração, fala com

---

[1] Ch 3,46.

insistência da secura, "da mais absoluta aridez".[2] São João da Cruz tornou-se seu Mestre **[580]** e seu Doutor Místico. Sabia de cor páginas inteiras e as recitava no recreio para as suas noviças:

> Ah! Quantas luzes hauri nas obras de nosso Santo Padre João da Cruz!... Com a idade de dezessete e dezoito anos não tinha outro alimento espiritual.[3]

Estas indicações não poderiam ser negligenciadas. Revelam necessidades e nos convidam a estudar, mais detalhadamente, a linha de conduta da alma nesta oração sanjuanista de aridez contemplativa durante a noite do sentido.

Para evitar qualquer confusão, sublinhemos, em primeiro lugar, que a secura de que se trata aqui é verdadeiramente contemplativa; quer dizer: preenche os três sinais exigidos por São João da Cruz. Se os três sinais não se encontrassem aí reunidos, é evidente que seria necessário, para obedecer ao próprio São João da Cruz, retornar à meditação e à atividade das faculdades para alimentar o trato de amizade com Deus.

Uma vez que a aridez é reconhecida como fruto da ação de Deus, impõe-se à alma o duplo dever já assinalado: respeitar a ação de Deus e completá-la.

São João da Cruz se compraz em insistir sobre o primeiro dever a ponto de parecer negligenciar o segundo.

Esta insistência, à primeira vista um pouco surpreendente e que parece opor-se à Santa Teresa, revela-se, depois de refletirmos, perfeitamente justificada pelo caráter privativo desta contemplação e por suas consequências. Na verdade, o sabor não é ordinariamente sentido – sobretudo no início – por ser demasiado sutil para uma alma que está toda entregue à lembrança das graças de outrora e à luta

---

[2] Ms A, 75 v°.
[3] *Ibid.*, 83 r°.

contra as divagações das faculdades. É tanto mais necessário afirmar a existência da contemplação quanto mais ela for escondida; é tanto mais útil recordar suas exigências de silêncio quanto mais esta aridez contemplativa, que afeta especialmente os temperamentos intelectuais, mais sensíveis à falta de luz, provoca neles reações mais dolorosas de impotência, de agitação e de divagações.

O destaque dado por São João da Cruz sobre o respeito devido à ação de Deus por meio do silêncio, responde, então, a uma necessidade particular destas almas. De resto, ele não implica a desconsideração do dever de cooperação ativa.

[581] Não seria possível determinar, em todos os seus pormenores, a atitude a ser mantida durante esta secura. É feita de docilidade e de tenaz fidelidade. Duas diretrizes permitem concretizá-la, e podemos enunciá-las desta forma:

A. Tender, pela fé, à região pacífica do espírito e aí permanecer.

B. Não fazer caso do bulício do sentido inferior da alma e levar-lhe algum apaziguamento por meio de certos artifícios.

A – *TENDER, PELA FÉ, À REGIÃO PACÍFICA DO ESPÍRITO E AÍ PERMANECER*

Encontramo-nos na noite passiva do sentido, que é uma passagem do sentido ao espírito mediante a adaptação do primeiro ao segundo. É a luz contemplativa que faz esta adaptação e realiza esta passagem.

Esta primeira diretiva indica qual deve ser a cooperação ativa: pela sua docilidade, a alma deve favorecer esta passagem do sentido ao espírito e cooperar ativamente com a graça que a realiza, fazendo atos de fé.

Mas a alma compreenderá esta diretiva? Além disso, para favorecer um movimento é preciso ter consciência dele. E ainda, para se dirigir à região do espírito é preciso compreender, em seu alcance concreto e em sua localização viva, o significado das palavras "sentido" e "espírito".

Estas localizações são familiares aos místicos que nos falam todos de uma "cela interior", de um "fundo da alma", de uma região mais íntima e pacífica que é a sede da presença e da atividade de Deus na alma. Para São João da Cruz, o sentido compreende as potências sensíveis e as faculdades intelectuais em suas relações imediatas com elas; por consequência a periferia da alma. O espírito designa as regiões mais interiores.[4]

Mais tarde, estas noções vão se tornar familiares à alma, esclarecerão sua experiência, especificando-a. Por enquanto, permanecem unicamente especulativas e não se referem a nenhuma experiência específica. Na quietude [582] teresiana, há uma percepção indicando que o sabor provém de uma nascente profunda. Desta maneira, é fácil identificar o espírito com estas regiões profundas que produzem a quietude. A alma compreende que o movimento do sentido em direção ao espírito é o que a liberta das influências exteriores, para colocá-la sob o jorrar da fonte.

Na aridez contemplativa, ao menos neste início, um véu pesado e cinza envolve a alma e suas faculdades, parecendo impedir qualquer distinção entre elas e unificá-las na mesma impotência e imobilidade.

Em tais circunstâncias, como achar a direção onde se encontra o espírito e como favorecer um movimento do qual se tem a impressão de não perceber nada?

Existe, contudo, um critério prático que fica ao alcance da alma. É o da paz e do silêncio. O "sentido", para São João da Cruz, corresponde aos arrabaldes onde reinam a agitação e o bulício, pois as potências sensíveis encon-

---

[4] Cf. IV Parte – Até à união da vontade, cap. 3: "As noites", p. .686.

tram-se neles. O "espírito", falando propriamente, é a morada de Deus. É aqui que ele vive e age na paz, aqui que se deixa apreender pela fé e, às vezes, entrever pela experiência como a única e transcendente Realidade. O espírito é o ponto de encontro entre Deus que se dá como Pai e a alma que o procura com sua graça filial. Esta morada divina é silenciosa, pois é no silêncio que Deus gera e que toda vida divina é recebida.

Esta experiência do silêncio e da paz que acompanha toda a geração espiritual é a primeira e a mais constante. Ela é possível na aridez contemplativa por meio do ato de fé ou ato anagógico.

De fato, a fé, virtude teologal, "único meio próximo e proporcionado para a alma chegar à união com Deus",[5] eleva a inteligência subjugada, e com ela toda a alma, e a põe em contato com Deus. Ela, portanto, insere no mundo sobrenatural e nesta região do espírito onde Deus age e se doa.

Nesta aridez que é verdadeiramente contemplativa, a fé, penetrando em seu objeto divino, encontra nele, para aperfeiçoá-la em seu exercício, a ação de Deus por meio dos dons do Espírito Santo. Esta ação de Deus, que torna a fé viva, assegura-lhe, se não um sabor sentido, pelo menos uma influência que a pacifica silenciosamente e a convida ao repouso no seu objeto.

[583] Assim, pois, a atividade da fé viva produz, pelo menos como experiência mínima, uma impressão sutil de silêncio e de paz. É este silêncio que indica à alma a região do espírito para a qual deve tender, e que lhe especifica os atos que deve cumprir para lá chegar.

Consequentemente, ela chegará a ele, fazendo atos de fé, ou melhor, atos anagógicos, isto é, atos simples de uma virtude teologal que ultrapassam as premissas ou funda-

---

[5] 2 S 9,1.

mentos, que descartam especulações e raciocínios e vão diretamente ao seu objeto divino para repousarem só nele.

Que forma dar a estes atos? É neste ponto que a diretiva, para se adaptar a todos, deve permanecer uma seta indicadora, fixando o fim a atingir através de regiões onde não há caminhos, onde cada um deve procurar o seu caminho. No entanto, desde que se saiba ultrapassá-las ligeiramente para encontrar seu caminho próprio, é possível dar algumas indicações, fixar alguns pontos de referência. Principalmente, devem nos prender a atenção os meios que resultaram em êxito para alguns e os conselhos dos grandes mestres espirituais.

I – *Aspiração amorosa*

Eis aqui João de São Sansão, o cego santo, facho luminoso da Reforma Carmelitana de Touraine no século XVII, que, para conduzir a alma à paz das regiões do espírito, preconiza o exercício da "aspiração".

"A aspiração é um impulso amoroso e inflamado do coração e do espírito pelo qual a alma, ultrapassando a si mesma e a todas as coisas criadas, vai se unir estreitamente a Deus na vivacidade de sua expressão amorosa. Aqueles que têm as disposições para a aspiração – observa ele – devem fazer esforços até que sua aspiração, mais abreviada do que prolongada, seja doce, sensível e saborosa".[6]

Chegaremos lá, progressivamente. No princípio, a aspiração apoia-se em coisas visíveis; pouco a pouco, torna-se

---

[6] JEAN DE SAINT-SAMSON. *Le Vrai Esprit du Carmel*, cap. XXI, parág. 266 (*Le Vray Esprit du Carmel, reduit en forme d'exercice pour les Ames qui tendent à la Perfection Chrestienne & Religieuse. Par le Ven. F. Jean de S. Samson Religieux Carme de la Reforme Ø Observance de Rennes, en la Province de Touraine*, Avec un recueil de ses Lettres Spirituelles), Imprimeur Jean Durand, Rennes, M. DC. LV. [edição numerada]. Cf. Frei SERNIN-MARIE DE SAINT ANDRÉ. *Vie de V.F. Jean de Saint-Samson*. Paris: Librairie Poussielgue Frères, 1881, p. 141.

mais concisa, mais breve, concentra-se e traz em si mesma "as verdades reduzidas de um modo mais essencial". Chega-se, assim, ao "próprio amor".[7]

O amor produzido pela aspiração é tão forte em certas almas que a vontade entra sozinha no seio amoroso de Deus que ela goza acima de toda inteligência e de toda expressão, enquanto o entendimento permanece à porta como que admirado e suspenso em sua ação. É um fluxo amoroso, que inunda vivamente **[584]** e arrasta, que arrebata e encobre com suas ondas, no meio das quais a alma é Deus mesmo, seu espírito, sua divindade, tanto quanto uma criatura o pode ser nesta vida.[8]

Este exercício de aspiração que faz a alma refluir para Deus por atos de amor, cada vez menos diluídos em fórmulas e cada vez mais sutis e penetrantes, é extremamente eficaz, como assegura João de São Sansão. Ele utiliza, de fato, o ato de amor – que é o ato anagógico por excelência – e fixa, assim, a alma, pelo amor, em seu Objeto que é Deus-Amor.

João de São Sansão observa que não é preciso tratar do exercício da aspiração demasiado cedo, porque, nos principiantes, o amor não é suficientemente forte para elevá-los eficazmente.

O grande místico cego também nota que este exercício não convém a todas as almas, mesmo às contemplativas. É próprio para

aqueles que aproveitam de modo notável das vias místicas, especialmente se são de uma natureza afetiva. Certos espíritos não são e jamais serão próprios para isso, ocupando-se em Deus e de Deus pela santa e amorosa especulação que é, também ela, uma excelente via mística.[9]

---

[7] *Le Vrai Esprit du Carmel*, cap. XXI, par. 265 [edição numerada]. Cf. Frei SERNIN. *Ibid.*, p. 141-142.

[8] JEAN DE SAINT-SAMSON. *Maximes spirituelles* – Nouvelle édition revue et corrigée par le P. Sernin-Marie de St. André. Paris: Librairie Poussielgue Frères, 1883, p. 157. Cf. *Vie Spirituelle*, 1925, que dá um resumo muito instrutivo da doutrina de João de São Sansão. Cf. mais especialmente sobre a aspiração, cap. 6, p. 134ss.

[9] *Ibid.*, p. 156.

II – *O ato de fé anagógico*

Encontramos, na pena de João de São Sansão a distinção entre os temperamentos afetivos – em quem a contemplação é, sobretudo, amorosa e que podem subir até a nascente de puro amor do qual experimentam o sabor – e os temperamentos intelectuais – nos quais a contemplação é, sobretudo, conhecimento e, por conseguinte, seca. Para estes últimos, aos quais somos constantemente reconduzidos, o sentimento do amor, menos desperto, pode ser menos utilizado. A contemplação deles é mais seca do que amorosa, mais estática do que dinâmica. A paz que constitui o seu fundo pode ser acompanhada de toda a espécie de impressões: imobilidade e silêncio absoluto, percepção da Realidade divina através de uma nuvem opaca, impressão de um muro que impede qualquer passo para frente, ou mesmo a impressão de ser rechaçado. Podemos apenas [585] caracterizar estes estados tão numerosos e tão variados quanto o são as almas e os momentos de contemplação de cada uma.

É o exercício da virtude da fé que lhes convém. Mas como, na prática, fazer os atos de fé? Via de regra, não será utilizando uma fórmula, mas mantendo um olhar fixo, conservando uma atitude interior que exprimam a orientação da alma para Deus, atenção serena e posta em ato, abertura à sua ação.

De fato, é pela fé que se estabelece e se mantém o contato com Deus. Os dons do Espírito Santo, de ordinário, aperfeiçoam a fé que age. Não temos o direito de contar com um influxo de Deus que suspenda as faculdades e aja sem o nosso concurso.

A aridez e a impotência deixam para nós o dever de exercitar ativamente a nossa fé, de uma maneira serena e sutil, de mantê-la desperta com um olhar penetrante sobre a Realidade percebida ou intuída, com uma jaculatória breve e concisa que se repete sem cessar, pois que, a cada vez, Deus se torna presente e vivo, ou ainda com uma simples atitude de paz sob a ação de Deus, numa paciente espera de um Deus que se escondeu e que nos reduziu à impotência para que o encontremos mais profundamente.

Santa Teresinha do Menino Jesus permanece, alternadamente, serena no túnel onde só brilha "a claridade que se difunde à volta dos olhos abaixados da Face [de Jesus]",[10] ou mantém o olhar fixo na nuvem que esconde o Sol divino do qual ela consente em esperar os raios luminosos "até o dia sem ocaso em que [sua] fé se extinga".[11] Santa Joana de Chantal aconselha a alma a permanecer imóvel na presença do Mestre, como uma tela diante de um artista que a deve animar com um vivo desenho.

Mas, para além destes modos particulares, eis a doutrina de São João da Cruz sobre o exercício da fé nestas regiões:

... a alma, neste tempo, há de ser levada de modo totalmente contrário ao que seguia até então. Se lhe davam matéria para meditar, e tinha meditação, agora lhe seja tirada e não medite; porque, torno a dizer, não poderá, por mais que o queira, e, em vez de recolher-se, distrair-se-á. ... pela obra que quer fazer por meio do sentido, afasta-se do bem pacífico e tranquilo que lhe está sendo infundido secretamente no espírito ... . Por tal razão, quando a alma se acha neste estado, de modo algum se lhe há de impor que medite e se exercite em atos **[586]** determinados, nem que procure sabor ou fervor. Seria, com efeito, pôr obstáculo a quem nela age de modo principal, isto é, a Deus, como digo, pois é ele que em segredo e quietação anda a infundir na alma sabedoria e conhecimento amoroso, sem especificação de atos, embora por vezes mova a alma a fazê-los distintamente, durante algum tempo. De sua parte, a alma também se há de conduzir somente com essa atenção amorosa a Deus, sem atos particulares, mantendo-se, conforme dissemos, passivamente, sem fazer diligências por si

---

[10] CT 110, 30-31 de agosto de 1890.
[11] P 54,16.

mesma, e só com determinação e atenção amorosa, simples e singela, como quem abre os olhos, com atenção de amor.

... para recebê-lo (o conhecimento amoroso) a alma há de estar muito aniquilada em suas operações naturais, livre e desocupada, quieta, pacífica e serena, conforme ao modo de Deus. É assim como o ar, o qual na medida em que estiver mais limpo de vapores, e mais puro e sereno, mais será iluminado e aquecido pelo sol. Daí, a necessidade para a alma de não estar apegada a coisa alguma, seja a exercício de meditação ou raciocínio, seja a qualquer sabor, sensitivo ou espiritual; nem a outros quaisquer conhecimentos ... .

... ao contrário, é preciso estar sem arrimo, e de pé, com o espírito desapegado de tudo e acima de todas essas coisas, conforme declara Habacuc que havia de fazer para ouvir a palavra do Senhor: "Estarei, diz, em pé sobre minha guarda, e firmarei meu passo sobre minha munição, e contemplarei o que me for dito" (Hab 2,1). Como se dissera: levantarei minha mente sobre todas as operações e conhecimentos que possam cair sob meus sentidos, e o que estes possam guardar e reter em si, deixando tudo abaixo; e firmarei o passo sobre a munição de minhas potências, não as deixando andar em atividades próprias, a fim de poder receber na contemplação o que me for comunicado da parte de Deus; pois, como dissemos, a contemplação pura consiste em receber.[12]

Este texto descreve de uma maneira particularmente apropriada o isolamento pacífico da alma na região do espírito.

O Santo não se cansa de insistir sobre o desapego e a paz necessários à pureza da fé. Nesta aridez, que por vezes se assemelha à morte, a alma deve ter uma postura firme contra o ativismo intelectual que procura um alimento no pensamento distinto e contra o desalento que se abate na passividade completa. Deve conservar sua fé desperta, reta, pura, desapegada de tudo, como uma antena **[587]** erguida acima de todos os barulhos do mundo para captar as ondas do Infinito.

---

[12] Ch 3,33.34.36.

Se a alma procurar desocupar-se assim de todas as coisas, chegando a ficar vazia e desapropriada de todas elas, ... tendo ela feito o que era de sua parte, é impossível que Deus deixe de fazer a dele em comunicar-se à alma, pelo menos em segredo e silêncio. Isto é mais impossível do que deixar de brilhar o raio de sol em lugar sereno e descoberto. Na verdade, assim como o sol está madrugando para penetrar em tua casa, se lhe abrires a janela, assim Deus que não dorme em guardar a Israel (Sl 120,4), também está vigilante para entrar na alma vazia e enchê-la de bens divinos.

Deus está como o sol sobre as almas, para comunicar-se a elas.[13]

Em contrapartida, com que tristes acentos nos fala o Santo Doutor dos danos causados pela agitação voluntária no seio da contemplação.

Estas unções, pois, e matizes, têm a delicadeza e sublimidade do Espírito Santo ... . E muito facilmente acontece que o mínimo ato que a alma queira fazer de sua parte, seja com a memória, o entendimento, ou a vontade, seja aplicando ali o sentido, ou desejo, ou conhecimentos ou ainda procurando gozo e sabor, basta para perturbar ou impedir essas unções no seu íntimo – o que constitui grave prejuízo e dor, e motivo de pena e grande lástima.

Oh! É caso importante e digno de admiração: não aparecendo o prejuízo, nem quase nada o que se interpôs naquelas santas unções, é mais doloroso e irremediável do que se fossem prejudicadas e perdidas muitas outras almas comuns, ordinárias, que não se acham neste estado, onde recebem tão subido esmalte e matiz. É como se num rosto de primorosa e delicada pintura trabalhasse uma tosca mão, com ordinárias e grosseiras cores; seria então o prejuízo, maior e mais notável, mais para lastimar, do que se manchassem muitos rostos de pintura comum. Na verdade, se o lavor daquela mão delicadíssima do Espírito Santo veio a ser estragado por outra mão grosseira, quem acertará a refazê-lo?[14]

Estas citações – como já teremos notado – são todas tiradas da *Chama Viva de Amor*. Parecem, portanto, aplica-

---

[13] *Ibid.*, 3,46.47.
[14] *Ibid.*, 3,41.42.

rem-se apenas à contemplação perfeita da alma que já chegou ao cume. Na verdade, assim como não há senão uma contemplação sobrenatural, assim também não existe senão uma atitude contemplativa. Uma e outra se aperfeiçoam progressivamente. O desenvolvimento delas está constantemente numa **[588]** mútua e estreitíssima interdependência e, desde o princípio, está regulado pelas mesmas leis.

Dado que a aridez da qual nos ocupamos é claramente contemplativa, a alma deve já conhecer a resposta perfeita a ser dada à ação de Deus e esforçar-se por concretizar, onde quer que se exerça a intermitência da contemplação e onde o permite a inadaptação de suas faculdades, a atitude contemplativa em sua plena medida.

É o sentido, ruidoso e pesado em seu caminho, que levanta obstáculos à recepção perfeita do sopro do Espírito Santo. É possível torná-lo menos nocivo, livrar-se de suas agitações perturbadoras? A segunda diretiva vai nos responder.

B – *NÃO FAZER CASO DO BULÍCIO DO SENTIDO E LEVAR-LHE ALGUM APAZIGUAMENTO POR MEIO DE CERTOS ARTIFÍCIOS*

O exercício da fé ou mesmo a aspiração amorosa, embora sempre abram a alma à luz de Deus, nem sempre estendem efetivamente o reino da paz até às faculdades inferiores. Pelo contrário, estas potências agitam-se, exigentes e buliçosas, estorvando, assim, o movimento de liberação rumo ao espírito. Que fazer para apaziguar este tumulto?[15]

---

[15] Nas místicas puramente naturais, como as místicas hindus, encontra-se uma técnica muito exigente para o apaziguamento das potências e a simplificação de suas operações. Assim, a Baghavad Gîtâ apresenta vários tipos iogas ou vias de ascese para chegar a se perder no Um, a saber: o conhecimento, a devoção, as obras e a contemplação direta (Cf. *A Bagha-*

Noite ativa do sentido (continuação)

O dever da alma é não fazer caso deste bulício e fugir dele, dirigindo-se, por meio de um movimento mais vigoroso, **[589]** em direção ao espírito. O cervo perseguido pelos cães – diz Tauler – acelera a sua corrida para a fonte de água viva.[16] São João da Cruz observa que a alma já perfeita se distingue por escapar aos terrores que o demônio lança no sentido correndo a recolher-se no esconderijo obscuro da fé no espírito.[17] Este bulício que reina no sentido é eminentemente purificador e contribui para levar a saborear o silêncio do espírito. Mas neste período de transição, menos que em qualquer outro, o rumo do homem não está em seu poder. De fato, seja pela inexperiência dos inícios que desperdiça as forças em violentos esforços, seja pela disposição particular do temperamento que não pode suportar a passividade, seja mesmo pelas preocupações obsessivas do momento que invadiram o campo as faculdades, é frequentemente difícil, às vezes até impossível, elevar-se um momento acima desta agitação ou, pelo menos, dominá-la suficientemente para que a paz da região superior não seja perturbada. Surge a fadiga, o próprio corpo se cansa com

---

vad Gîtâ, tradução segundo Shrî Aurobindo, e *Discipline monastique,* por Swâmi Brahmânanda). Notemos que essas técnicas resultam apenas numa sublimação da atividade das faculdades e numa perda no Um ou Universal que se proclama Deus. A mística católica procura a união com um Deus pessoal, vivo e distinto de nós. Ela aspira à união perfeita com ele e não a uma fusão panteísta. Em sua caminhada rumo ao Um, ela conta com o esforço do homem, mas, sobretudo, com a ação de Deus. Sua técnica muito exigente, tal como aparece no quadro austero das Ordens monásticas contemplativas, não é uma técnica de força que quer atingir um fim, mas uma técnica de docilidade que quer se dobrar ao movimento da graça e respeitar a liberdade de Deus que deve realizar em nós o querer e o agir.

A mística natural pode produzir um super-homem chegado a estados superiores. A mística católica produz um filho de Deus, movido pelo Espírito de Deus. Cf. I Parte – Perspectivas, cap. 7: "O demônio", nota 2, p. 147.

[16] Cf. I Parte – Perspectivas, cap. 7: "O demônio", nota 2, p. 147.

[17] Cf. CE 16,6.

esta imobilidade, o nervosismo se manifesta. É preciso ter discrição para evitar desordens mais graves, ou até para poupar as forças e sustentar o esforço da resistência.

I – *Discrição*

Será que a discrição imporá que se deixe a oração para dedicar-se à atividade que, nestes casos, assegura uma diversão e um repouso? Em alguns casos, esta diversão pode ser necessária. Santa Teresa nos diz, com efeito, que para suportar certos desgostos ou o desatino que se segue a certas graças de união é bom deixar a oração para se dedicar à atividade:

O melhor remédio (não para acabar com o sofrimento, pois este não o conheço, mas para melhor suportá-lo) é ocupar-se em obras de caridade e outras coisas exteriores, esperando na misericórdia de Deus.[18]

A Santa dá a mesma diretiva para certos temperamentos cuja fraqueza não pode suportar os efeitos sensíveis da contemplação. Mas é um tratamento excepcional. No primeiro caso, falamos de almas que sofrem certas provas particularmente difíceis das sextas Moradas; no segundo, encontramo-nos na presença de temperamentos cuja fraqueza exige uma vigilância atenta. Não poderíamos generalizar este conselho sem corrermos riscos. Na aridez contemplativa, [590] trocar a oração pela atividade, por causa do sofrimento de secura que se experimenta nela, seria, de ordinário, ceder a uma tentação perigosa e muitas vezes sedutora.

Tentação perigosa em virtude dos efeitos funestos que já indicamos ao expor a doutrina de São João da Cruz. E tanto mais perigosa quanto a diversão que a atividade promete e o sabor espiritual que às vezes ela traz consigo a

---

[18] 6 M 1,13.

tornam sedutora. De fato, Deus se faz, de quando em quando, mais sensivelmente presente à alma no meio de suas ocupações exteriores do que durante a oração. Quando a alma o busca, ele parece afastar-se e esconder-se por detrás de um véu espesso que só deixa passar a sutil impressão de uma presença longínqua, enquanto que parece voltar e verter-se suavemente até dentro de seus sentidos, quando a alma cessa sua dolorosa busca interior e se abre ao mundo exterior, retomando suas ocupações habituais. Esta experiência saborosa vem confirmar a impressão de esterilidade deixada pela aridez contemplativa e traz um selo de certeza ao pensamento de que esta oração não é senão perda de tempo. Tentação sedutora, sem dúvida, mas tentação! Tentemos demonstrá-lo, porque o perigo é grave.

Durante a contemplação e por seu intermédio, a luz e o amor descem sobre a alma. A abundância da luz, bem como a inadaptação das faculdades é que produzem a secura e a não percepção. Os efeitos sobrenaturais parecem não ultrapassarem a região do espírito e, assim, as faculdades inferiores ficam paralisadas ou agitadas.

Ora, suponhamos que cesse a contemplação e que as faculdades retomem a sua atividade nas condições habituais. Nesta mesma atividade, a alma toma consciência do trabalho realizado nela pela contemplação e das riquezas que recebeu. As faculdades tornaram-se mais penetrantes, mais aptas para captar o divino nas criaturas. Elas mesmas parecem carregadas de luz e de amor. Há pouco, a alma esgotava-se na procura de um Deus que não se entregava e parecia inacessível. Eis que agora, a esta alma que a aridez tornou sedenta do divino, todas as coisas se apresentam cheias e transbordantes deste Deus escondido e lhe descobrem, em suas profundezas, os seus segredos divinos. Os textos sagrados brilham com novas luzes; as máximas dos santos proclamam seus profundos sentidos, a própria natureza ostenta em todas as suas belezas os sinais de Deus que a criou. A alma está em festa. Nas faculdades apaziguadas, brilha a luz e o sabor sobrenatural transborda.

Sucedendo à secura da contemplação, esta festa da alma poderia levar a crer numa ascensão a um [591] estado espiritual mais elevado. Sabemos, agora, que não é assim. É a tomada de consciência dos benefícios da contemplação que cria esta alegria, e esta tomada de consciência só acontece quando a contemplação acaba. Trata-se da alegria que a tomada de consciência do bem-estar produzido por um sono repousante ou do desaparecimento de um ponto doloroso após uma intervenção cirúrgica dá ao despertar. A alegria está ligada ao despertar, mas é ao sono ou à intervenção que se deve este benefício.[19]

O que pensar daquele que procurasse a alegria do despertar, mas recusasse a imobilidade do sono? Atitude, pelo menos, estranha e que deitaria tudo a perder: o benefício e as alegrias da tomada de consciência. Também seria assim para a alma que, seduzida pelos gostos saboreados na atividade depois da secura contemplativa, julgasse poder gozar deles continuamente, abandonando a secura para se entregar só à atividade.

II – *Paciência*

A aridez contemplativa é um bem. É preciso suportá-la apesar do cansaço e das tentações sedutoras. Esta é a lei. Mas para se manter sem perigo e sem desfalecer, a energia perseverante tem necessidade de discrição e de humilde pa-

---

[19] O estudo das graças de completa união das quintas Moradas ou os arroubamentos das sextas nos colocarão diante do mesmo fenômeno. Veremos que é o despertar das faculdades destas graças, as quais suspenderam toda sua atividade consciente, que permite à alma explorar as riquezas substanciais que ela aí recebeu e gozar delas plenamente.

ciência. Isso já foi dito a propósito da luta entre as distrações e securas do primeiro período da vida espiritual.[20] Precisamos repeti-lo aqui, pois nunca a discrição e a paciência foram mais necessárias e devem tornar-se industriosas.

A guerra que se trava contra as forças que não podemos dominar em nós é desgastante, sem proveito e nefasta. Tal é a agitação das faculdades nesta aridez contemplativa. Ao lutar contra ela com violência, esgotaríamos imediatamente as nossas forças e perturbaríamos as operações pacíficas da contemplação. As faculdades só obedecem totalmente à vontade quando estão sob sua coação imediata. Estão agitadas nesta aridez, porque a vontade está sob o influxo de Deus. Esta não pode dirigir-se para elas a não ser deixando o contato divino. Consequentemente, a violência e os esforços diretos de [592] apaziguamento constituem um cansaço e fazem perder a contemplação que desejavam servir. A paciência é o único remédio eficaz.

Contudo, quando esta agitação das faculdades é de tal ordem que o ato anagógico não consegue ultrapassá-la para entrar na paz do espírito, ou quando no decurso da contemplação ela ameaça transbordar para toda a alma, podemos tentar deter seus efeitos nocivos, colocando as faculdades sob uma influência apaziguadora. Trata-se de encontrar a diversão que deterá esta agitação o tempo suficiente para permitir a evasão do espírito ou que colocará uma ordem satisfatória para que não seja perturbada a nudez da contemplação.

III – *Algumas influências apaziguadoras*

Encontrar os meios que asseguram esta feliz evasão é uma arte. Estes meios são diferentes segundo as almas, e a

---

[20] Cf. II Parte – Primeiras Etapas, cap. 6: "Distrações e aridez / C – Remédios", p. 313.

sua eficácia, muitas vezes, não é senão efêmera. Cada um deve procurar aqueles que lhe convêm e mudá-los logo que se tornem inúteis. Isto equivale a dizer que as indicações que se seguem apresentarão algumas sugestões, mais do que conselhos precisos.

Santa Teresinha do Menino Jesus nos diz que nas suas securas – que, sem dúvida, eram contemplativas – ela recorria, nestes momentos de cansaço, à oração vocal:

> Às vezes, quando meu espírito está numa tão grande secura que me é impossível conceber um pensamento para me unir ao Bom Deus, recito *bem lentamente* um "Pai-nosso" e depois a saudação angélica. Então, essas orações me extasiam; alimentam minha alma mais do que se as tivesse recitado, precipitadamente, uma centena de vezes...[21]

A lenta recitação de uma oração estimada, algumas jaculatórias habitualmente saborosas para a alma, podem deter os primeiros movimentos de uma tempestade que se anuncia e, às vezes, até acalmá-la quando já se desencadeou. A oração vocal é a companheira necessária da contemplação para alguns temperamentos aos quais longos hábitos de atividade tornam insuportável a imobilidade que ela impõe. É assim que almas que parecem não poder rezar de outra maneira senão vocalmente, podem ser grandes contemplativas. Este caso é bastante frequente em pessoas de cultura intelectual não tão vasta, cuja vida exterior e conversação revelam uma íntima união com Deus. De resto, a oração vocal pode trazer apaziguamento a todos os contemplativos, [593] e eles devem recorrer a ela de tempos em tempos. Na oração vocal, feita nestas circunstâncias, a alma deverá apegar-se menos a aprofundar o sentido das palavras mediante a aplicação da inteligência do que em extrair o sabor de recolhimento que elas contêm.

A escolha da oração pode ser de grande importância. Aquela que colocar as faculdades na mesma atmosfera da

---

[21] Ms C 25 vº.

própria contemplação do momento será excelente. Um determinado salmo, por exemplo, poderá traduzir admiravelmente a solidão da alma, o sentimento de sua impotência; outro exprimirá a confiança que jorra das profundezas do silêncio e da miséria em que jaz. Pelo menos por alguns instantes, a unidade da alma irá se recompor e, com ela, o apaziguamento. Devemos salientar aqui a influência particularmente apaziguadora da oração dirigida à Santíssima Virgem. Algumas almas sempre encontram nela uma ajuda eficaz. Outras preferem recorrer a uma oração de confiança na Misericórdia divina e a uma oração de humildade que é sempre saborosa, pois Deus se inclina sempre sobre a humildade confiante.

Os atrativos da graça são um excelente guia para esta escolha. A experiência ensinará, assim, a cada um as fórmulas que mais o ajuda e para as quais, por consequência, ele tem o dever de voltar com mais assiduidade.

Frequentemente, esta oração será um grito da alma, uma exclamação, um apelo, palavras que evocam um estimado tema de oração ou uma luz sobrenatural impressa na alma, os quais exprimem uma necessidade profunda, uma aspiração de todo o ser. É por isso que eles ressoam com tanta força e trazem consigo um sabor tão substancial, bastando pronunciá-los para que tudo se pacifique e as potências acorram docilmente, ávidas do recolhimento que eles oferecem. "Meu Senhor e meu Deus"; "Eu sou Aquele que é, tu és aquela que não é"; "Meu Deus, tende piedade de mim" – fórmulas ricas e poderosas que, de certo modo, embalam o sono das faculdades, enquanto a alma saboreia silenciosamente, em suas profundezas, a misteriosa e substancial verdade divina que estas palavras exprimem em linguagem humana.

Pode ser que a agitação retorne, mas o ganhar tempo já é ganhar muito. Na verdade, é ganhar tudo, pois não se trata tanto de suprimir toda esta agitação quanto de permitir à alma conservar ou retomar, apesar de todos os obstáculos, o contato com Aquele que a mantém sob sua inefável claridade.

A atitude do corpo durante a oração não é indiferente e pode contribuir para o apaziguamento da alma. Às vezes, se fará sentir a **[594]** necessidade de assumir uma postura física que exprima o sentimento interior e que, harmonizando as atitudes interiores e exteriores, irá compor a unidade do ser. Mas é preciso vigiar para que a busca desta unidade não imponha um cansaço físico excessivo ou não provoque o nervosismo. A discrição é, mais uma vez, necessária aqui. A atitude física, embora sendo repousante, não deve favorecer o entorpecimento das faculdades, mas, libertando-as de todo o constrangimento incômodo, deve ser um apoio para a alma e sustentá-la em sua dolorosa e enérgica espera de Deus.

Não poderíamos esquecer a influência pacificadora da Eucaristia, de "Jesus Sacramentado", como dizem, de uma forma admirável, algumas línguas estrangeiras. A comunhão eucarística pode produzir efeitos físicos, e a experiência demonstra que apenas a proximidade de Jesus-Hóstia, o entrar numa igreja onde ele reside, produzem efeitos sensíveis de apaziguamento interior em algumas almas de oração. Basta-lhes, depois, de tempos em tempos, fazer atos de fé na presença divina, fixar o tabernáculo ou dirigir-lhe, às vezes, o olhar para que estes efeitos de pacificação se mantenham. Não é o momento de investigar se estes efeitos têm uma causa exclusivamente sobrenatural. Basta-nos indicá-los para que a alma em busca de recolhimento use desta proximidade a Jesus-Hóstia que prende tão bem os sentidos interiores.

Para outras almas, ao contrário, esta proximidade é um incômodo e causa de agitação. Atraídas ao mesmo tempo

Noite ativa do sentido (continuação)

pelo encanto de Jesus-Hóstia e por uma necessidade intensa de recolhimento dentro de si mesmas, elas ficam suspensas, incertas, hesitando na escolha e... inquietas, até mesmo depois de terem escolhido. Para estas almas – como, aliás, para muitas outras – a solidão completa parece ser preferível e mais apaziguadora. Ela as liberta de todo o constrangimento interior e exterior, de um certo pudor sem razão, do receio de se singularizar e deixar transparecer a irradiação da graça interior. Só ela lhes permite entregarem-se inteiramente ao influxo divino. Em nenhum outro lugar mais do que na solidão, estas almas encontram Deus, Espírito vivo e Amor transbordante, e percebem suave sopro de sua presença divina e das delicadas unções de sua ação nas profundezas. Desta forma, embora não desprezando os efeitos pacificadores da presença eucarística, elas não hesitam em sacrificá-la para irem ao silêncio substancioso do deserto. Quem ousaria censurá-las quando a história nos mostra quão numerosas foram as almas que o deserto atraiu e quão vigorosas e plenas de Deus ele as devolveu ao mundo?

[595] Tal é a diversidade das almas, da sua graça e das suas necessidades. Cada um, esclarecido pela sua experiência, cujos dados uma sábia direção ajudará a determinar, deverá encontrar o que lhe convém. Qualquer escolha prematura de métodos ou de meios poderia ser funesta e incômoda. É assim que se descobrirá o próprio caminho para fugir, através do tumulto, rumo à paz e ao silêncio das profundezas.

Às vezes, a evasão será impossível, seja porque a alma se demorou a empreender a fuga e não considerou isso seriamente senão quando já estava atolada, seja porque a imagem ou o pensamento estranhos adquiriram repentinamente a forma de uma obsessão, seja ainda porque o barulho do exterior infligiu à alma um mal-estar do qual não pode se livrar.

IV Parte – Até a união de vontade

Nada mais resta à alma senão lamentar-se de sua impotência, recorrer ao auxílio de Deus e à intercessão dos santos para que a tranquilizem e a libertem. A humilde paciência nem sempre é uma disposição que liberta, mas ela sempre faz que se encontre nesta agitação uma purificação, por certo, mais meritória e, talvez, mais eficaz do que aquela que o sabor do silêncio proporciona. Escutemos Santa Teresinha do Menino Jesus nos confiar aquilo que ela fazia em tais circunstâncias:

Durante a oração da tarde, fiquei, por muito tempo, na frente de uma Irmã que tinha uma mania estranha e, penso eu... muitas luzes, pois, raramente se servia de um livro. Eis como me vinha a coisa. Logo que esta Irmã chegava, punha-se a fazer um estranho barulhinho semelhante ao que se faz esfregando duas conchas uma contra a outra. Apenas eu percebia isso, pois tenho o ouvido extremamente aguçado (talvez, um pouco demais). Dizer-vos, minha Madre, quanto este barulhinho me aborrecia, é coisa impossível. Tinha muita vontade de virar a cabeça e olhar para a culpada que, certamente, não percebia seu tique. Era o único meio de mostrá-lo a ela. Mas, no fundo do coração, sentia que era preferível sofrer isso por amor ao Bom Deus e para não magoar a Irmã. Ficava, pois, tranquila, tentando unir-me a Nosso Senhor e esquecer o barulhinho... Tudo era inútil. Sentia o suor que me inundava e era obrigada a fazer simplesmente uma oração de sofrimento. Mas, embora sofrendo, procurava o meio de não fazê-lo com aborrecimento, mas com alegria e paz, pelo menos no íntimo da alma. Esforçava-me, então, por amar o barulhinho tão desagradável; ao invés de procurar não o ouvir (coisa impossível), punha minha atenção em bem escutá-lo, como se fosse um encantador concerto, e toda a minha oração (que não era a de quietude) se passava em oferecer este concerto a Jesus.[22]

E é esta mesma ascese de humilde paciência que convém e esta calma insípida, ainda mais desconcertante do que a agitação **[596]** das faculdades, pois o barulho traz uma impressão de vida e, até certo ponto, dá ideia de uma presença,

---

[22] *Ibid.*, 30 rº e vº.

enquanto que esta calma absoluta cria a certeza da ausência da Realidade divina da qual a alma está sedenta.

Neste silêncio feito de impotência e de vazio, Santa Teresa representa sua alma como um jardim cujo jardineiro é o próprio Deus.

... eu tinha grande deleite em considerar a minha alma um jardim e ver o Senhor passeando nele. Eu lhe suplicava aumentasse o perfume das florezinhas de virtudes, que começavam, pelo que eu percebia, a querer brotar, e que elas fossem para a sua glória, e que ele as sustentasse, pois eu não queria nada para mim, pedindo-lhe ainda que podasse as que quisesses, porquanto eu sabia que flores melhores iriam brotar. Digo "podar" porque há momentos em que a alma não se lembra desse jardim: tudo parece seco, sem água para sustentar, tendo-se a impressão de que a alma jamais teve em si virtudes. É grande o sofrimento. Porque o Senhor deseja que o pobre jardineiro pense que todo o trabalho que teve para cuidar do jardim e regá-lo se perdeu. É então que chega o real momento de arrancar pela raiz as ervas daninhas, mesmo pequenas, que ficaram e de reconhecer que nenhum esforço basta se Deus nos tira a água da graça; assim, vemos que o pouco que temos é nada, e menos que nada, ganhando muita humildade. Eis que as flores voltam a crescer.[23]

A humilde paciência de Santa Teresinha do Menino Jesus nas mesmas circunstâncias tira de sua graça de pobreza espiritual uma nota particular de simplicidade. Mas que importa o modo, desde que a alma permaneça tranquila e que Deus possa agir com toda a liberdade?

... deveria falar-vos do retiro que precedeu minha Profissão. Longe de me trazer consolações, a mais absoluta aridez e quase o abandono foram minha partilha. Jesus, como sempre, dormia em minha barquinha. Ah! Vejo que é raro que as almas o deixem dormir, tranquilamente, nelas. Jesus está tão cansado de sempre tomar a iniciativa e tudo custear, que se apressa em aproveitar do repouso que lhe ofereço. Sem dúvida, não despertará antes do meu grande retiro da eternidade, mas ao invés de me entristecer, isso me dá uma alegria imensa...[24]

---

[23] V 14,9.
[24] Ms A 75 v°.

Mas, este vazio é de tal maneira pesado que, às vezes, acontece-lhe adormecer. E eis que ela encontrou o meio de não se perturbar ao despertar:

[597] ... mas não me desconsolo... Penso que as *criancinhas* agradam seus pais, tanto quando dormem como quando estão acordadas; penso que, para fazer operações, os médicos adormecem os doentes; penso, enfim, que "o Senhor vê nossa fragilidade e lembra-se de que somos pó (Sl 102, 14)".[25]

Não pensemos, contudo, que se trata de preguiça ou desleixo. Santa Teresinha sabe estimular-se também neste vazio da secura que experimenta durante as suas ações de graças. Aqui está o meio que ela habitualmente emprega para o preencher:

Imagino minha alma como um terreno *livre*; peço à Santíssima Virgem para tirar os *entulhos* que o possam impedir de estar *livre*. Em seguida, suplico-lhe levantar ela mesma uma vasta tenda, digna do *céu*, que a orne com seus *próprios* adornos. Depois, convido todos os santos e anjos a virem fazer um magnífico concerto. Parece-me que, ao descer ao meu coração, Jesus fica contente de se ver tão bem recebido, e fico contente também... Tudo isso não impede que as distrações e o sono venham me visitar, mas, ao sair da ação de graças, vendo que a fiz tão mal, tomo a resolução de ficar o dia todo em ação de graças...[26]

Na sua admirável carta à Irmã Maria do Sagrado Coração, de 14 de setembro de 1896, a Santa indica com exatidão, graças à história do passarinho – que conviria citar na íntegra –, sua atitude de contemplação feita de um olhar obstinadamente fixo em Deus através de todas as impotências e névoas, apesar das fraquezas e até do sono que vêm incomodá-la ou interrompê-la.

Considero-me como um fraco passarinho coberto apenas de uma leve penugem. Não sou *águia*; dela tenho simplesmente *os olhos* e o *coração*, pois, apesar de minha pequenez extrema, ouso fixar o Sol

---

[25] *Ibid.*, 75 v°-76 r°.
[26] *Ibid.*, 79 v°- 80 r°.

Noite ativa do sentido (continuação)

Divino... Com um audacioso abandono, quer continuar (o passarinho) fixando seu divino Sol. Nada seria capaz de o assustar; nem o vento, nem a chuva, e se sombrias nuvens vêm esconder o Astro do Amor, o passarinho não mudará de lugar.

Quando quer fixar o Sol Divino e as nuvens o impedem de ver um único raio, seus olhinhos se fecham sem querer, sua cabecinha se esconde sob a asinha e o pobrezinho adormece, pensando fixar sempre seu Astro querido. Ao despertar, não se desola; seu coraçãozinho fica em paz. Recomeça seu ofício de *amor*, invoca os anjos e os santos que se elevam como águias até o Foco devorador, objeto de seu desejo.[27]

Que verdades luminosas e que profunda sabedoria nestas fórmulas e nestes meios aparentemente pueris!

[598] Estas experiências expostas com um encanto tão cativante nos apresentam, não métodos a adotar, mas uma lição daquela docilidade de que a alma deve servir-se, um exemplo da variedade dos meios que, adaptados aos seus gostos e às circunstâncias, ela deve saber descobrir para manter-se corajosa, pacífica e desperta em sua fé e se abrir a todo o poder da luz divina que lhe chega.

De fato, é bem disto que se trata, unicamente disto: velar tranquilamente na fé diante da Sabedoria de amor cuja presença é marcada por esta obscuridade, nesta mistura de silêncio e bulício, e que faz jorrar da noite fontes vivificantes e transformadoras.[28]

---

[27] Ms B 4 v°- 5 r°.

[28] A doutrina oferecida aqui é a mesma que aquela que foi dada no capítulo sobre o silêncio (III Parte, cap. 5, p. 492) e, principalmente, naquele sobre a fé (III Parte, cap. 10, p. 612). Ela é de tal importância prática que não poderíamos deixar de insistir muito e, principalmente, apresentá-la sob aspectos diferentes que permitem defini-la. São João da Cruz não se cansa de repeti-la, sob formas diferentes, em seus diversos tratados.

SÉTIMO CAPÍTULO
Noite ativa fora da oração

> *Quem não desejar ouvir falar delas*
> *(das virtudes) nem praticá-las deve*
> *manter-se em sua oração mental o*
> *resto da vida.*[1]

A – *ASCESE ABSOLUTA*

[599] É no *Caminho de Perfeição*, seguindo sua exposição sobre as virtudes necessárias ao contemplativo, que Santa Teresa faz tal advertência desta forma enérgica, quase rude. Sem desapego, sem humildade, sem o dom de si realizados de uma forma absoluta, Deus não concede a graça da contemplação. Ou melhor, explica a Santa: quando uma alma pratica estas virtudes sem colocar nelas esta nota de absoluto que lhe assegura a perfeição, Deus a visita de tempos em tempos, como faz o senhor para com os trabalhadores de sua vinha, mas ele não a trata como sua, prodigalizando-lhe todos os seus dons. Em outros termos, a contemplação não se desenvolve fora deste absoluto na ascese.

É isso que nos surpreende. Na verdade, a divisão clássica em período ascético e período místico no desenvolvimento da vida espiritual, deixou-nos a impressão de que há um tempo para adquirir as virtudes por um esforço perseverante e um tempo para amar e se deixar amar por Deus, no abandono e na paz de uma morada pacífica.

Para Santa Teresa, semelhante concepção aparece como falsa. Eis aqui um texto já citado, mas que é necessário reler devido à sua importância:

---

[1] CP 16,5.

[600] Direis, filhas minhas, para que vos falo em virtudes quando tendes tantos livros que as ensinam, e que não quereis senão contemplação. Afirmo que, mesmo que pedísseis meditação, eu poderia falar dela e aconselhar todas a tê-la como prática, mesmo que não tivésseis virtudes; porque ela é um princípio para se alcançarem todas as virtudes, coisa que, para nós, cristãos, é questão de vida ou morte. ...

Mas contemplação é outra coisa, filhas. ... este Rei só se entrega a quem se dá de todo a ele.[2]

O pensamento de Santa Teresa é muito claro: no início da vida espiritual, quando a alma pratica meditação, é a fidelidade à oração que importa acima de tudo; quando a alma se tornou contemplativa, é a ascese que deve tomar a dianteira. Às suas filhas do Mosteiro de São José de Ávila que lhe pedem conselhos para progredir na contemplação que se lhes tornou habitual, ela responde escrevendo o *Caminho de Perfeição*, cujos vinte primeiros capítulos expõem a ascese absoluta que o contemplativo deve praticar.

... embora nas batalhas o alferes não peleje, nem por isso deixa de correr grande perigo e, no seu íntimo, deve lutar mais do que todos, já que, portando o estandarte, não se pode defender e, mesmo que o façam em pedaços, não pode soltá-lo.

Assim, os contemplativos devem levar erguida a bandeira da humildade e sofrer todos os golpes sem dar nenhum; porque o seu ofício é padecer como Cristo, levantar bem alto a cruz, não a deixar sair das mãos por mais perigos em que se vejam; não devem eles dar mostras de fraqueza no sofrimento, pois para suportá-lo receberam esse honroso ofício.[3]

Não interpretemos esta comparação no sentido de uma ascese feita unicamente de passividade dolorosa. Trata-se muito mais de uma ascese ativa, como o prova a exposição sobre as virtudes que Santa Teresa apresentou nas páginas antecedentes.

---

[2] *Ibid.*, 16,3.4.
[3] *Ibid.*, 18,5.

Mal temos necessidade de indicar que a mesma afirmação se encontra sob a pena do Doutor Místico do Carmelo, pois isso aparece extremamente evidente a quem apenas abriu os tratados de São João da Cruz. Desde o início da *Subida do Monte Carmelo*, o Santo nos revela as **[601]** rudes exigências do amor divino, apresentando-nos o único caminho que leva ao cume do Carmelo, sobre o qual está inscrito cinco vezes "nada". E São João da Cruz comenta:

> Para chegares a saborear tudo,
> Não queiras ter gosto em coisa alguma.
> Para chegares a possuir tudo,
> Não queiras possuir coisa alguma.
> Para chegares a ser tudo,
> Não queiras ser coisa alguma.
> Para chegares a saber tudo,
> Não queiras saber coisa alguma.
> Para chegares ao que não gostas,
> Hás de ir por onde não gostas.
> Para chegares ao que não sabes,
> Hás de ir por onde não sabes.
> Para vires ao que não possuis,
> Hás de ir por onde não possuis.
> Para chegares ao que não és,
> Hás de ir por onde não és.
>
> Modo de não impedir o tudo:
>
> Quando reparas em alguma coisa,
> Deixas de arrojar-te ao tudo.
> Porque para vir de todo ao tudo,
> Hás de negar-te de todo em tudo.
> E quando vieres a tudo ter,
> Hás de tê-lo sem nada querer.
> Porque se queres ter alguma coisa em tudo,
> Não tens puramente em Deus teu tesouro.[4]

---

[4] 1 S 13,11-12.

Tal é o código do caminho que conduz ao cume do Carmelo. Tal é o estatuto que regula a participação da alma nesta obra de transformação pelo amor, o ideal apresentado pelos Mestres do Carmelo.

Para muitos, sem dúvida, estes preceitos parecerão exagerados; verão neles um desafio lançado às energias morais do homem. Outros, pelo contrário, vão achá-los luminosos e mesmo sua austeridade lhes parecerá saborosa. Ao ler Santa Teresa e São João da Cruz, terão a impressão de que estes Mestres traduzem em linguagem precisa e clara as exigências sussurradas à alma pelo Mestre interior e lhes indicam o meio de ser fiéis a ela. O heroísmo desta ascese, o clima no qual ela os introduz, torna-se para eles fonte de paz e lhes assegura o equilíbrio espiritual.

Estes últimos têm sobre os primeiros a vantagem de contar com certo conhecimento experimental do absoluto, de ter percebido – pelo menos numa luz confusa – algo da pureza de Deus e das suas exigências com relação aos que se aproximam dele.

[602] Em outras palavras, para compreender a doutrina da *Subida do Monte Carmelo* e do *Caminho de Perfeição* é preciso ser ao menos um principiante na contemplação. Foi para esses principiantes e para os que progridem nas vias contemplativas que estes tratados foram escritos. Não tenhamos dúvida sobre isso.

Os preceitos absolutos que encontramos neles são a consequência rigorosamente lógica da oposição radical que existe entre Deus e o pecado, entre a graça e as más tendências entre o espírito e a carne.

Assim como na ordem natural, uma forma não pode ser introduzida num recipiente sem ser primeiramente expelida do mesmo a forma contrária, e, enquanto uma permanecer, se tornará obstáculo à outra devido à incompatibilidade existente, do mesmo modo a alma cativa do espírito sensível jamais poderá receber o espírito puramente espiritual.[5]

---

[5] *Ibid.*, 6,2.

A alma deve trabalhar com todas as suas energias para diminuir esta oposição: é a cooperação que Deus exige dela para realizar, ele mesmo, a invasão de sua graça. Os tratados *Subida do Monte Carmelo* e *Caminho de Perfeição* constituirão para a alma, neste período, não obras que apresentam um ideal distante no qual querem se inspirar, mas manuais de vida que fornecem, a cada instante, a fórmula prática de realização adaptada às necessidades do momento.

É, portanto, para a realização do absoluto que a alma deve trabalhar com tudo o que ela comporta de ascese enérgica e, às vezes, violenta. O desenvolvimento da contemplação depende disso. Seja-nos permitido insistir. Dissociamos, com demasiada frequência, contemplação e ascese, quietude e virtude, às vezes para opô-las. Este erro prático é extremamente funesto, pois convida ao repouso ou, pelo menos, o permite, quando o esforço da virtude é mais que necessário.

Releiamos, uma vez mais, Santa Teresa que não se cansa de repetir, de variadas maneiras, esta verdade importante:

> Tudo reside em nos entregar a ele com toda a determinação, deixando o palácio à sua vontade, para que ele ponha e tire coisas dele como se fosse propriedade sua. ... E como não pretende forçar a nossa vontade, ele recebe o que lhe damos, mas não se entrega de todo enquanto não nos damos a ele por inteiro.

> Isso é uma coisa certa e, por importar tanto, eu a recordo muitas vezes. O Senhor não opera **[603]** na alma enquanto ela não se entrega a ele, sem empecilhos, e nem sei como haveria de agir se assim não fosse; ele é amigo de toda harmonia.[6]

Mas, em outro trecho, a Santa acrescenta, com um pouco de tristeza:

> Somos tão difíceis e demoramos tanto a nos entregar de todo a Deus que ... nunca acabamos de nos dispor.[7]

---

[6] CP 28,12.

[7] V 11,1.

A pena de São João da Cruz – nós o sabemos – marca estas mesmas afirmações com traços ainda mais fortes. Pobreza espiritual absoluta equivale, para ele, à união divina perfeita. Assim, a falta de energia no desapego é a causa mais evidente do fracasso e da retenção das almas nas ascensões místicas. Na *Chama Viva de Amor* escreve:

> Aqui nos convém notar a causa pela qual há tão poucos que cheguem a tão alto estado de perfeição na sua união com Deus. Não é porque ele queira seja diminuto o número destes espíritos elevados, antes quereria fossem todos perfeitos; mas acha poucos vasos capazes de tão alta e sublime obra. Provando-os em coisas pequenas, mostram-se tão fracos que logo fogem do trabalho, e não querem sujeitar-se ao menor desconsolo e mortificação e atuar com sólida paciência.[8]

Concluamos dizendo que a noite ativa do sentido não impõe deveres menos rigorosos fora da oração do que durante a mesma. A fidelidade em se submeter pacientemente à ação de Deus na contemplação só pode encontrar toda a sua eficácia sobre a Misericórdia divina na ascese generosa e absoluta que deve acompanhá-la.

Não podemos dissociar a fidelidade ao Espírito de Deus na oração da generosidade na prática da ascese absoluta fora dela.

Esta ascese absoluta não pode ser realizada de uma só vez. É preciso um mestre para regular a sua progressão. Este mestre é a Sabedoria de amor que se despertou na alma e cuja luz e ação invasoras apresentam, cada dia, novas exigências.

B – *REALIZAÇÃO DA ASCESE*

É acertando o passo com o passo de Deus que a generosidade da alma encontrará a ascese necessária nesta noite do sentido.

---

[8] Ch.a 2,27. N.T.: Nesta citação, em virtude das diferenças existentes no texto das duas redações da *Chama Viva de Amor*, vimo-nos obrigados a citar a primeira redação – Redação A –, indicada com a letra "a" após a sigla usual.

[604] A alma, com efeito, não deve duvidar que este despertar da Sabedoria de amor que ela experimenta, pelo menos de vez em quando, na oração saborosa ou dolorosa, não seja o sinal de um desejo de assenhoreamento completo que apresenta um início de realização. Deus vela sobre Israel e a sua solicitude é constante por esta alma sobre a qual já afirmou seus direitos de uma forma particular. Com certeza, ele prepara, com todos os recursos da sua sabedoria e com as carícias de seu amor, as invasões plenas, das quais já deu os penhores.

Mas como a alma vai discernir esta ação providencial e descobrir de uma maneira prática esta luz orientadora de Deus que parece se encobrir numa sombra ainda mais misteriosa do que aquela da contemplação mais escura? Aqui, menos do que em qualquer outra etapa, não poderíamos falar de métodos ou de sinais precisos. No entanto, algumas indicações podem ser dadas para permitir à alma ajustar sua atividade ascética ao ritmo da ação de Deus.

I – *A luz interior*

Qualquer que seja a secura da contemplação que a alma experimenta neste período, a luz de Deus nunca está ausente. Esta luz rasga, raramente, a noite como um relâmpago. Às vezes, esclarece a alma sobre Deus e, sempre, sobre si mesma.

Semelhante a um veículo cujos possantes faróis iluminam o caminho ou, melhor ainda, semelhante a um astro luminoso que ilumina, ele mesmo, o seu trajeto, Deus, na sua invasão, projeta fachos luminosos que destacam, de uma forma impressionante, os obstáculos que se levantam em seu caminho e que descobrem até mesmo os meios para facilitar seu progresso.

Aparecem, assim, não só os defeitos exteriores que habitualmente se manifestam, mas as tendências profundas que se escondem. É uma tendência ao orgulho ou ao egoísmo, desconhecida sob esta forma ou que se ocultava sob um motivo nobre, quando não até sobrenatural. É uma necessidade de silêncio ou de submissão, um desejo de dom completo que surgem das obscuras profundezas do inconsciente e que se impõem, exigentes e imperiosos, à atenção da alma.

Às vezes, a luz se torna precisa: põe em relevo um pormenor insignificante na aparência, exige um ato mínimo e que dá a impressão de pouco razoável.

Ordinariamente, a luz descobre o fundo mau da alma nas suas profundezas, este "pecado" no sentido paulino **[605]** da palavra, cujas ramificações penetram em todas as faculdades e cuja influência se estende a todos os atos.

Estas luzes, mediante sua precisão, mediante a massa de pecado que descobrem e, sobretudo, pelas novas e vivas profundezas que elas atingem e ferem, desconcertam a alma. Acontece que ela bem gostaria de se esquivar às suas exigências e, quando se decide a segui-las, pergunta-se a si mesma até que ponto ela o pode e o deve fazer.

Tais luzes são certamente uma manifestação da solicitude do Mestre interior que as faz surgir sob os pés da alma, à medida das suas necessidades.

Este pormenor que brilha é um indício de tendências profundas que, como recifes perigosos no mar, não emergem senão por um ponto quase imperceptível. Este mínimo ato exigido é uma prova de amor à qual o Mestre vincula um valor particular cuja importância o futuro virá a mostrar. Esta massa confusa de pecado que se manifesta é o fundo de miséria, o abismo de pecado que mancha a nossa natureza humana e que é tão importante conhecer para estar na verdade e assumir uma atitude de humildade diante de Deus.

É preciso recolher com cuidado estas indicações que se destacam muito nítidas no facho luminoso que o farol interior difunde. Caso não se respondesse a essas exigências, o farol poderia se apagar. Acabaria o tormento, mas a alma poderia estabelecer-se definitivamente na mediocridade. Ela não veria mais o laço que a prende, impedindo-a de subir rumo ao seu Deus, ou este peso de miséria que deve alimentar sua humildade e purificar a sua confiança:

Porque enquanto houver apego a alguma coisa, por mínima que seja, é escusado poder progredir a alma na perfeição. Pouco importa estar o pássaro amarrado por um fio grosso ou fino. ... Mas, por frágil que seja, o pássaro estará sempre retido por ele enquanto não o quebrar para alçar voo.[9]

A alma que não aproveitou a luz para romper o laço ou, pelo menos, diminuir a tendência corre, a partir de então, o risco de permanecer definitivamente presa e – o que é pior – de, doravante, não ver mais o que a mantém ancorada em sua imobilidade.

No entanto, como neste período de transição o natural e o sobrenatural se encontram estreitamente misturados e porque a alma não tem ainda o discernimento suficiente para distinguir a luz divina das suas dissimulações, ela não deverá seguir as luzes precisas – sobretudo se forem importantes e parecerem impor atos pouco **[606]** razoáveis – a não ser depois de as ter submetido a um guia experiente. Ao expô-las, deverá apresentá-las nas circunstâncias concretas, únicas que podem explicá-las e revelar as exigências divinas. O guia espiritual vai interpretá-las segundo as leis da sabedoria sobrenatural que, neste período, podem impor a loucura da cruz e deve ajudar a alma no esforço generoso que ela tem que fazer.

As luzes gerais e confusas sobre o fundo mau da alma têm, por si mesmas, uma grande utilidade prática, pois já são luzes purificadoras. Elas não podem, porém, guiar a

---

[9] 1 S 11,4.

ascese a não ser sob a condição de serem precisadas e interpretadas.

Estas indicações precisas, nós as encontramos, primeiramente, nos tratados de ascese escritos para este período da vida espiritual. São João da Cruz nos oferece a sua análise penetrante dos vícios espirituais dos principiantes. Os tratados de Santa Teresa estão repletos de observações ou de passagens que revelam as tendências sutis, répteis venenosos, cobras ou simples lagartixas, sob a máscara espiritual com que, com tanta complacência, se revestem. A experiência da alma, confusa neste período, tem necessidade, a fim de se tornar prática, de se explicitar no contato com a doutrina dos mestres mais esclarecidos, sobre Deus e sobre as profundezas da alma.

Estas oportunas e necessárias explicações serão fornecidas pelo guia espiritual, pelos superiores ou por aqueles que a rodeiam. Acaso não se poderia dizer que não existe nada de mais oculto para nós do que as tendências que aparecem em toda a nossa conduta e que se manifestam com tanta evidência àqueles que estão à nossa volta? Fazem de tal modo parte de nós mesmos que desde há muito tempo nos habituamos a elas – se é que nós já não as justificamos plenamente. Se a luz de Deus, ao revelá-las, quebra o encanto ou pelo menos a paz de nosso bom relacionamento com elas, então, sentimo-nos desconcertados e não vemos seus detalhes. Consultemos um juiz ao mesmo tempo clarividente e caridoso, que não terá dificuldade em nos mostrar as formas múltiplas e visíveis desta tendência e nem em nos indicar os pontos que exigem a energia dos nossos esforços.

II – *Os acontecimentos providenciais*

De uma forma mais precisa e mais segura que as luzes interiores, os acontecimentos providenciais determinam o dever da alma neste período e esclareçem seu caminho na realização do absoluto.

[607] A ação da Providência se estende a tudo, e no que diz respeito aos homens, ela busca uma meta única que é a edificação do Corpo Místico de Cristo e, por consequência, a santificação dos eleitos que são os seus membros. Causas necessárias ou causas livres são, nas mãos da Sabedoria divina, instrumentos de cujo poder, boa vontade ou ódio ela se serve com uma arte soberana e delicada para a realização da sua grande obra.

Como duvidar que esta Sabedoria não envolve com uma solicitude especialíssima as almas que chamou, que justificou ou sobre as quais afirma, mediante intervenções experimentadas, o seu particular desígnio de santificação e de consumação na unidade?

Sereis odiados de todos por causa de meu nome. Mas nem um só cabelo de vossa cabeça se perderá – dizia Jesus a seus Apóstolos.[10]

Não é a todos os privilegiados da escolha divina que se aplica esta palavra do Senhor de todas as coisas? Na verdade, poderia ele deixar ao acaso os acontecimentos que atingem essas almas e que dificultariam a sua obra de santificação nelas? A afirmação muito clara do Apóstolo responde a esta pergunta:

E nós sabemos que Deus coopera em tudo para o bem daqueles que o amam, daqueles que são chamados segundo o seu desígnio.[11]

Mais tarde, quando tiver chegado ao desposório espiritual, Deus vai se mostrar divinamente ciumento desta alma, a ponto de Santa Teresa escrever:

Nosso Senhor parece desejar que todos entendam que aquela alma já é sua e que ninguém deve tocar nela. Não há mal no fato de se atingirem o corpo, a honra e as posses (pois de tudo se tirará honra para Sua Majestade); mas a alma não o deve ser nunca. O Senhor lhe

---

[10] Lc 21,17-18.
[11] Rm 8,28.

servirá de amparo contra todo o mundo e até contra todo o inferno, a não ser que ela, com inconcebível atrevimento, se afaste de seu Esposo.[12]

Desde então, Deus vela por esta alma com uma solicitude amorosa e procura, por todos os meios, sua santificação que lhe interessa mais do que tudo no mundo.

A alma deve crer nesta solicitude amorosa e eficaz da Sabedoria divina. Deve descobrir sua manifestação em tudo aquilo que lhe acontece e extrair, de todos os **[608]** acontecimentos que a atingem, a graça e a luz que aí lhe foram depositadas. Graça e luz tanto mais preciosas quanto mais elas são precisas, práticas e contínuas e que lhe chegam no momento em que a obscuridade e a aridez de sua oração, ao mesmo tempo que as dificuldades exteriores, tornam sua caminhada incerta e hesitante.

Geralmente, será suficiente uma humilde e amorosa submissão para recolher estes tesouros.

Esta submissão torna-se mais difícil quando, na produção do acontecimento que atinge a alma, intervém uma causa livre. Com efeito, parece-nos que a causa livre é a única a agir. Sua liberdade, os motivos que conhecemos de sua escolha num sentido determinado, encobrem-nos, na verdade, sua qualidade de instrumento e diminuem ainda mais aos nossos olhos a eficácia da influência da causa primeira que é Deus. O determinismo das leis físicas nos parece deixar mais lugar à ação providencial. É assim que a nossa fé descobre mais facilmente a causalidade primeira de Deus num acidente devido a causas naturais do que naquele que é fruto da hostilidade. Esquecemos que a Sabedoria eterna, que abarca o mundo de uma extremidade à outra com força e suavidade, zomba dos obstáculos que transforma em meios; que, pura e simples, ela penetra e utiliza, com

---

[12] 6 M 4,16.

a mesma facilidade para a realização dos seus desígnios, a liberdade da vontade humana e o determinismo das causas naturais. Age, como que zombando, através do mundo e é junto aos homens que ela encontra seus mais belos triunfos. *Ludens in orbe terrarum... deliciae meae cum filiis hominum.*[13] É também na ação de Deus, através e pelas causas segundas humanas, que a nossa fé amorosa encontrará os seus triunfos mais proveitosos e mais frequentes.

Dentro da mesma ordem prática, sublinhemos que no período da vida espiritual em que nos encontramos, a fé deve estar mais desperta no âmbito das situações providenciais do que no âmbito dos acontecimentos. Um acontecimento passa e sua influência, ordinariamente, é limitada. Uma situação, hipoteticamente, permanece e impõe-se. Ela é para nós uma fonte mais abundante de luz e de graça para a realização do desígnio de Deus. O ambiente familiar no qual fomos educados, a educação recebida, esta qualidade natural, aquela deficiência física ou moral, uma impotência habitual, podem **[609]** determinar a vocação de uma alma e trazer-lhe graças eficazes de santidade.

A Providência cria, adapta, modifica estas situações segundo as necessidades daqueles que ama, para conceder a graça necessária ou impor suas exigências de uma maneira clara, algumas vezes imperiosa. Ao lermos as vidas dos santos poderíamos pensar que eles são o fruto do seu ambiente ou das situações que viveram. Na realidade, é Deus que faz seus santos e que, amorosa e progressivamente, para recompensar a fidelidade deles, os impele ao heroísmo, a fim de fazer jorrar de suas almas os gritos e os movimentos que os liberam para atingir os vértices. Tobias foi provado porque foi fiel. Da alma de Jó – também ele provado por causa da sua fidelidade –, remonta a pacífica e resignada

---

[13] Pr 8,31.

aceitação: "O Senhor o deu, o Senhor o tirou; bendito seja o nome do Senhor".[14] Deus tortura admiravelmente seus santos – como constatam os teólogos Carmelitas de Salamanca. São esses tormentos admiráveis, produzidos pela luz divina em suas almas, e as situações que tiveram que sofrer, que lhes asseguram sua santidade. Que a nossa admiração por eles seja menos racional e que, ultrapassando as causas segundas, como eles mesmos o fizeram, vá até à causa primeira que os quis eficazmente santos e proporcionou-lhes os meios necessários para sua fidelidade.

Existem obras excelentes que falam das vantagens e riquezas espirituais deste abandono à Providência que dirige tudo para o bem daqueles que a amam. No entanto, trata-se de um problema prático ao qual elas não dão a solução e que se coloca de uma maneira mais aguda nestas quartas Moradas, período de transição durante o qual o sobrenatural e o natural se encontram estreitamente misturados e a ação divina, intermitente e incompleta, dá lugar à atividade das faculdades e até à iniciativa pessoal. Este problema prático é: Em que medida é preciso se abandonar e em que medida é preciso agir? Devemos aceitar pacificamente os acontecimentos ou devemos reagir a eles e mesmo tentar modificá-los?

Trata-se de um problema que aquele que experimentou ao mesmo tempo o alcance dos acontecimentos providenciais sobre sua alma e a eficácia de sua ação pessoal não pode deixar de se colocar e, às vezes, com certa inquietação. Não vemos Santa Teresinha do Menino Jesus, embora nas regiões mais elevadas e tão firme em sua doutrina da infância espiritual e do abandono – vítima, também ela, de inquietações –, perguntar, neste sonho tão consolador do fim da sua vida, à sua celeste visitante:

---

[14] Jó 1,21.

[610] Minha Madre... dizei-me ainda se o Bom Deus não me pede alguma coisa a mais que minhas pobres e pequenas ações e meus desejos.[15]

No plano da ação, encontramos as obscuridades que constituem o sofrimento da oração. Com efeito, não é necessário que a noite envolva a vontade, tal como ela envolve a inteligência? Tanto uma como outra devem deixar o mundo dos sentidos. A obscuridade que encontram aí e que é um sinal de purificação é destinada, providencialmente, a orientá-las rumo uma luz mais elevada e mais simples.

Parece-nos que procuraríamos em vão, neste período, resolver especulativamente este problema do abandono e da atividade. A alma deve se resignar à obscuridade e não procurar provisões de luz para sua caminhada na região a que se achega e onde não há caminhos.[16]

Mas em compensação, a luz para cada uma de suas iniciativas e de suas atitudes brilhará, geralmente, no momento desejado e pelos meios que indicamos precedentemente.

Quando eu vos enviei – perguntava o Mestre a seus Apóstolos – sem bolsa, nem alforje, nem sandálias, faltou-vos alguma coisa? – Nada, responderam.[17]

Esta é a situação da alma e esta poderia ser sua resposta, sob o ponto de vista espiritual. Por que, então, haveria de se preocupar com provisões para o caminho ou com os princípios que conciliariam sua dupla obrigação de abandono e atividade?

Um problema mais particular vem lhe atormentar e, às vezes, inquietá-la em sua obediência. Sucede que os acontecimentos exteriores ou as ordens dos Superiores são nitidamente contrários às suas inclinações ou impedem a reali-

---

[15] Ms B, 2 r°-v°.

[16] Cf. Esquema gráfico-literário do *Monte de Perfeição*, de São João da Cruz.

[17] Lc 22,35.

zação de luzes interiores claras. É assim que uma alma sente uma necessidade profunda de silêncio e de recolhimento – na verdade, indispensáveis ao progresso da sua vida de oração – e vê-se obrigada, em virtude dos acontecimentos ou por ordem dos Superiores, a uma atividade transbordante e cheia de preocupações. O que deve fazer e a qual das duas manifestações da vontade divina deve obedecer?

Sem hesitar, respondemos: estas duas manifestações da vontade divina são ambas autênticas; a alma deve obedecer às duas. Com efeito, habitualmente, **[611]** elas não são contraditórias e o Espírito de Deus não manifesta as suas vontades em sentidos diferentes a não ser para obrigar a alma a uma feliz conciliação, a uma sábia dosagem que é verdadeiramente a sua vontade. Não vemos em todos os carros os freios cuja força está prudentemente regulada por aquela do próprio motor? Assim também Deus, ao dar um atrativo interior, regula-lhe sabiamente a realização, por meio dos acontecimentos exteriores e das ordens dos Superiores.

O atrativo interior indica a direção do caminho e assegura a energia necessária; as indicações exteriores determinam a via a seguir e a medida a ser conservada. A atividade e as preocupações que parecem incomodar o atrativo do silêncio, pelo contrário, purificam-no, destruindo a gula espiritual ou a preguiça que poderiam se misturar aí, limitam os momentos durante os quais se pode dedicar a ele e asseguram às faculdades o movimento que a imobilidade do silêncio torna necessário.

Estas luzes, que logo de início, a alma tinha contraposto, mostram, pelo contrário a solicitude afetuosa da Sabedoria divina pela alma da qual tomou a direção e que quer fazer completamente sua. Se acontecesse, no entanto, que em determinadas circunstâncias a ordem do Superior ou os acontecimentos fossem totalmente contrários a um atrativo interior ou a uma inspiração precisa, a alma, depois de ter dado a conhecer e, se possível, ter controlado o seu estado, deveria obedecer sem hesitar às indicações exteriores como àquelas que, no momento, lhe trazem da maneira mais autêntica a vontade de Deus. Qualquer outra linha de conduta poderia desviá-la para regiões onde, seguindo suas luzes pessoais, perderia Deus e não encontraria senão a si mesma.

III – *A prudência*

As duas diretrizes que acabam de ser dadas têm em vista colocar a alma sob a direção da Sabedoria que fixará os modos e a progressão da ascese a ser feita neste período.

Eis, contudo, que Santa Teresa nos recorda, para este período, a necessidade de uma prudência guiada pela razão e esclarecida pela fé.

Muitas razões fazem dela um dever. Em primeiro lugar, a novidade destas regiões onde a alma chegou e a maneira de agir que lhe é imposta; as tendências que, mortificadas no plano exterior, manifestam-se vivas no plano espiritual; a confiança presunçosa [612] que as graças recebidas e a impressão de força que elas deixam podem alimentar; finalmente, o demônio cuja ação encontra nestas circunstâncias condições particularmente favoráveis. Ele sabe que deve esforçar-se para capturar as almas neste período obscuro da passagem do sentido ao espírito, sob pena de vê-las escapar definitivamente à sua ação e de lhe arrebatarem muitas almas. Segue uma advertência de Santa Teresa:

Insisto tanto no aviso de evitar as ocasiões de pecado porque o demônio tenta muito mais uma alma destas do que várias outras a quem o Senhor não tenha concedido essas graças. Isso porque as almas que as receberam podem causar-lhe grande prejuízo levando outras consigo e, provavelmente, beneficiando muito a Igreja de Deus. Basta, aliás, ao demônio ver que Sua Majestade mostra por uma alma amor particular, para que tudo faça a fim de perdê-la. Assim, essas almas são muito combatidas e, se vierem a perder-se, serão muito mais desgraçadas do que as outras.[18]

Assim, termina a Santa a exposição das quartas Moradas dando este último aviso:

Estendi-me muito nesta morada por ser nela que, segundo creio, entra o maior número de almas. E, como também entra o natural juntamente com o sobrenatural, o demônio pode causar mais prejuízo. Isso porque, nas moradas restantes, o Senhor não lhe dá tanto lugar.[19]

Santa Teresa indica alguns dos deveres especiais que a prudência, tão necessária neste período, impõe.

Primeiramente, a alma deve evitar as ocasiões. O sentimento de sua força, o conhecimento das graças recebidas poderiam levá-la a negligenciar as precauções até então tomadas contra a sua fraqueza:

Insisto num aviso a quem se encontrar neste estado: evite muitíssimo as ocasiões de ofender a Deus. É que, neste ponto, a alma ainda não está formada. Que se pode esperar senão a morte se se afasta do peito da mãe uma criança que começa a mamar?[20]

Eis aqui algo muito bem dito e que coloca este contemplativo que goza de uma oração de quietude no seu lugar de principiante.

[613] Estas ocasiões a serem evitadas são não somente as ocasiões de pecado, mas, sobretudo, aquelas que poderiam afastá-la da oração:

Tenho grande temor de que isso aconteça a quem, tendo recebido de Deus essa graça, se afastar da oração, a não ser por motivo muito grave e que se volte a ela de imediato. Caso contrário, a alma irá de mal a pior.

Muito há que temer neste caso. Conheço algumas pessoas que me causam grande lástima. Elas exemplificam o que digo: afastaram-se daquele que, com tanto amor, queria dar-lhes sua amizade, mostrando-o por obras.[21]

---

[18] 4 M 3,10.
[19] *Ibid.*, 3,14.
[20] *Ibid.*, 3,10.
[21] *Ibid.*

A perseverança que Santa Teresa recomendou tantas vezes especialmente no *Caminho da Perfeição*[22] e livro da *Vida*,[23] como condição garantida de sucesso na oração, deve ser recomendada de uma maneira especial neste período, não só por causa das dificuldades da oração em si, mas ainda mais por causa das solicitações exteriores das quais a alma é objeto, solicitações que respondem, com muita frequência, a uma necessidade de apostolado que se desperta, e que constituem um verdadeiro perigo para o contemplativo.

Ordinariamente, as primeiras graças contemplativas transparecem e podem suscitar certa admiração. Por outro lado, a alma sente a necessidade de dar aos outros as riquezas que lhe parecem transbordantes. Não é este o movimento normal da caridade? Escutemos a nossa sábia Mestra sobre este ponto:

> Outra tentação, muito comum nos que começam a saborear o sossego e a ver o quanto ganham com ele, é o desejo de que todos sejam espirituais. Não é ruim desejá-lo, mas lutar por isso pode não ser bom se não se tiver muita sagacidade e discrição para agir de uma maneira que não dê a impressão de que se pretende ensinar. Quem quiser fazer algum bem nesse aspecto deve fortalecer muito as suas virtudes para não causar tentação os outros.
>
> Isso aconteceu comigo quando eu procurava que outras pessoas fizessem oração ... .
>
> Há, além disso, outro grande inconveniente, a perda da alma. Sobretudo no princípio, ela só deve se preocupar consigo mesma e pensar que na terra há apenas Deus e ela.[24]

[614] Que estes avisos não se dirigem só às almas das primeiras Moradas, mas também àquelas que gozaram das orações contemplativas, prova-o a alusão de Santa Teresa

---

[22] CP 21 a 23.
[23] V 8.
[24] *Ibid.*, 13,8.9.

à sua experiência pessoal no tempo em que experimentara a oração de união, assim como as afirmações muito claras que recolhemos de sua pena um pouco mais adiante:

> Numa dessas visitas (terceira maneira de regar o jardim), por menos que dure, é tal o jardineiro, na verdade o criador da água, que a dá sem medida ... , fazendo a fruta crescer e amadurecer para que a alma se sustente com o seu jardim ... . Mas ele não lhe permite repartir as frutas até que a alma esteja tão forte com o que comeu que não gaste as frutas todas apenas provando-as e dando-as a outros – o que não lhe traria proveito nem pagamento daqueles a quem as der –, mas que as conserve e não se ponha a dar de comer do seu próprio alimento, ficando talvez a morrer de fome.[25]

A terceira maneira de regar da qual Santa Teresa nos fala nesta passagem, e que não dá o direito de pensar em um apostolado pessoal, é o sono das potências, superior à simples oração da quietude. Notemos, porém, que a Santa se refere a pessoas que não são sacerdotes e que não têm uma função de apostolado e, por consequência, que não podem agir sobre o próximo senão pelo transbordar de sua plenitude divina pessoal.

Quando a alma chega ao quarto grau de oração – portanto, à oração de união – pode começar a doar, sem prejuízo para si, suas riquezas:

> ... ela entende com clareza que o fruto não é seu e que já pode começar a reparti-lo sem que lhe faça falta. Ela começa a se mostrar como alma que guarda tesouros do céu e a ter desejos de reparti-los com outros, suplicando a Deus que não seja ela a única abastada. Ela passa a beneficiar os que lhe são próximos sem o saber e sem nenhum esforço pessoal.[26]

Chegada aos arroubamentos que caracterizam as sextas Moradas, a alma não corre mais nenhum perigo. Estes pe-

---

[25] *Ibid.*, 17,2.
[26] *Ibid.*, 19,3.

rigos do mundo lhe são, pelo contrário, proveitosos porque ocasiões de vitória:

> Ela olha para os de baixo como quem está a salvo; já não teme os perigos, mas os deseja, como quem de alguma maneira tivesse a garantia da vitória.[27]

[615] Estes conselhos de Santa Teresa, que não têm valor absoluto senão para os contemplativos sem missão de apostolado, fornecem indicações muito preciosas a todos aqueles que, por dever de estado, estão obrigados a procurar o bem espiritual do próximo. Mostram a esses últimos como, nestes primeiros períodos de fervor transbordante, devem proteger cuidadosamente a própria união com Deus, ainda que já enriquecida de graças contemplativas, contra uma atividade excessiva de apostolado e contra os perigos que acompanham seu exercício.

Há, nesta necessidade de apostolado, uma certa presunção que procede do sentimento das riquezas recebidas, ou melhor, da comunicação feita aos sentidos, da graça espiritual. Nestas percepções sensíveis do espiritual se enxertam outros perigos ainda mais graves que poderão ser estudados de maneira mais completa com São João da Cruz no começo da noite do espírito.

Devemos neste momento destacar um caso particular que, na aparência, parece pertencer às sextas Moradas, mas que, contudo, remete-nos para as orações contemplativas das quartas Moradas. A propósito justamente das quartas Moradas é que Santa Teresa o descreve de modo bem extenso:

> Para um perigo vos quero alertar, ainda que já o tenha feito em outra parte: aquele em que vi cair pessoas de oração, em especial mulheres ... . Algumas há que, sendo fracas de compleição – por causa de muita penitência, oração e frequentes vigílias, ou mesmo sem isso –, tendo algum regalo espiritual, sujeita-lhes a própria natureza. Como

---

[27] *Ibid.*, 20,22.

sentem algum contentamento interior e um desfalecimento exterior ou fraqueza quando há o sono chamado espiritual – que é uma graça superior às mencionadas – parece-lhes que tudo é a mesma coisa e deixam-se embevecer. E, quanto mais se entregam a isso, tanto mais se embevecem, porque a natureza vai se enfraquecendo mais e, em sua opinião, isso constitui um arroubo. Eu, de minha parte, o chamo de pasmaceira, pois não se trata senão de perda de tempo e de saúde.

A certa pessoa lhe acontecia de ficar nesse estado oito horas. Ela nem perdia os sentidos nem tinha noção de Deus. Mantinha em engano o confessor e muitos outros, bem como a si mesma, embora involuntariamente. Mas houve quem a entendesse. Mandaram-na comer, dormir e não fazer tanta penitência; com isso, desapareceu tudo. Creio de fato [616] que o demônio se esforçava aí para tirar algum lucro, tendo chegado a consegui-lo em alguma medida.[28]

Estes fenômenos pareceram a Santa Teresa assaz importantes e numerosos para que lhes consagrasse todo um capítulo do livro das *Fundações* e especificasse a descrição psicológica. Eis a passagem que oferece os traços característicos:

Percebo nisso que, como o Senhor começa a agraciar a alma, e como é da nossa natureza gostar do deleite, empenhamo-nos tanto nesse prazer que não queremos deixá-lo nem perdê-lo por nenhuma razão; porque, na verdade, trata-se de algo mais gostoso do que todas as coisas do mundo. Se isso por acaso atinge alguém que é naturalmente fraco ou cuja atenção (melhor dizendo, imaginação) não consegue se distrair, mas, voltando-se para uma coisa, queda-se nela, sem afastar-se mais (como muitas pessoas que começam a pensar em algo, mesmo que não seja de Deus, e ficam embevecidas ou contemplando alguma coisa sem se dar conta do que veem, pessoas de modos pausados que – dir-se-ia – esquecem-se por descuido do que vão dizer), pode-se ser levado a mil embustes gostosos, se houver propensão para a melancolia.[29]

Tais casos patológicos de forma aguda, como estes, são encontrados algumas vezes; felizmente, são bastante raros.

---

[28] 4 M 3,11-12.

[29] F 6,2.

Com mais frequência, encontramos casos menos claramente caracterizados, nos quais as mesmas deficiências se apresentam sob aparências diferentes.

Todos estes temperamentos são afetados – e essa é a causa de toda a desordem – por uma fraqueza psíquica que assegura a toda a ação sobrenatural de Deus, ou mesmo a toda a impressão espiritual, efeitos tão intensos nas potências sensíveis que, à primeira vista, não podemos senão ser enganados sobre a qualidade da ação sobrenatural da qual estas vibrações sensíveis nos trazem um eco. Houve um simples recolhimento passivo e eis que a alma desfalece como se tivesse sido arrebatada num êxtase, com suspensão das potências; uma simples consolação espiritual produz um sono das potências que se prolonga indefinidamente.

Dado que estas pessoas ficam fácil e profundamente absorvidas na oração, que encontram certo gosto em se deixar prender e que a atividade exterior, ao contrário, só lhes traz fastio e impotência, **[617]** elas não desejam senão a contemplação e a união íntima e profunda com Deus na noite. Dado que elas retêm com grande intensidade e, às vezes, com agudeza, toda impressão espiritual e que a experiência e a linguagem dos grandes espirituais parecem não ter já segredos para elas, pensa-se que são notavelmente dotadas para a vida contemplativa. As riquezas espirituais sensíveis que se manifestam nelas podem ser uma causa de erro grave na direção. Dar crédito aos seus atrativos e encorajá-las a cultivá-los pode ter, com efeito, consequências muito funestas tanto na ordem física como no plano moral e espiritual.

Convencida de que recebe favores qualificados, a alma procura esses efeitos sensíveis – em particular este embevecimento –, mantém-nos e se abandona a eles.

Um dos primeiros e, talvez, o menor dos inconvenientes de que Santa Teresa fala, e que nós resumimos em poucas palavras, é uma perda de tempo e do mérito [proporcionado por] um ato ou pelo despertar muitas vezes a vontade para amar mais a Deus.[30]

O amor-próprio é geralmente alimentado por estes fenômenos e pode desenvolver-se em proporções alarmantes. A alma, na verdade, não está preservada da vanglória – como se dá em qualquer graça mística autêntica – pelo suave aniquilamento que o contato divino produz.

Mas, sobretudo, estas vibrações por demais fortes e estes embevecimentos desgastam as forças físicas; "só servem para tolher as potências e os sentidos – diz Santa Teresa – e para eles não fazerem aquilo que sua alma lhes manda".[31] E se as almas enganadas acrescentam a esta fadiga mortificações e jejuns que, aumentando a fraqueza, favorecem ainda mais estes estados,

elas poderiam morrer ou ficar bobas caso não procurassem um remédio.[32]

Para remediar tal situação, é necessário discernir muito rapidamente estes estados, o que nem sempre é fácil – afirma Santa Teresa – visto que, geralmente, mistura-se aí uma ação de Deus autêntica e que estas almas são de boa fé, tendo por consequência o não podermos considerá-las e tratá-las como iludidas e tapeadas. E como, por outro lado, esta fraqueza psíquica e o **[618]** nervosismo que a acompanha proporcionam, com frequência, aos dons naturais e às qualidades morais das pessoas que afetam certo brilho exterior muito sedutor, compreende-se que uma prudência normal não consegue ser suficiente para desvelar estes casos nas suas primeiras manifestações e que se faça necessário um dom particular, esclarecido pela experiência.

Contudo, Santa Teresa dá certos sinais que podem facilitar a sondagem. Não é possível resistir à força do ver-

---

[30] *Ibid.*, 6,5.
[31] *Ibid.*
[32] *Ibid.*, 6,2.

dadeiro arroubamento, enquanto que, com um pouco de energia, pode-se deter os efeitos deste embevecimento. No verdadeiro arroubamento, a força divina não se exerce senão durante um tempo bem curto, embora seus efeitos possam se prolongar por certo tempo. O embevecimento, pelo contrário, prolonga-se habitualmente por um longo tempo, porque a alma se abandona a ele. O sinal mais autêntico é que o verdadeiro arroubamento produz grandes efeitos de virtude e, especialmente, da humildade. O embevecimento, pelo contrário, paralisa e "é como se não tivesse acontecido"; o que ele faz é "cansar o corpo".[33]

Tratamos deste caso a propósito da ascese fora da oração, pois é a esta ascese que concernem os remédios eficazes para preveni-lo ou deter o seu desenvolvimento.

Devemos afastar, com efeito, estes temperamentos de toda a vida contemplativa. É o papel de Marta que lhes convém, quaisquer que sejam seus atrativos e mesmo suas aparentes aptidões para o papel de Maria. Se estas pessoas já estiveram comprometidas nesta vida, é necessário reduzir o tempo consagrado à oração e até afastá-las completamente dela durante certos períodos e assegurar-lhes constantemente a diversão exterior do trabalho.

Também se suprimirá as mortificações que as enfraquecem e se fortificará o corpo mediante um repouso apropriado e uma alimentação mais abundante. Escreve Santa Teresa:

> A certa pessoa lhe acontecia de ficar nesse estado oito horas. Ela nem perdia os sentidos nem tinha noção de Deus. ... Mas houve quem a entendesse. Mandaram-na comer, dormir e não fazer tanta penitência; com isso desapareceu tudo.[34]

Estes conselhos de moderação parecem nos distanciar – se é que não parecem estar em contradição – da realização

---

[33] *Ibid.*, 6,14.
[34] 4 M 3,12.

[619] enérgica do absoluto que reconhecemos indispensável para o desenvolvimento da ação de Deus na alma, neste período. E, todavia, é justamente a renúncia absoluta que se impõe a esta alma, privando-a dos sabores da oração tão cativantes e fazendo-a caminhar contra seus atrativos, que tão naturalmente chama de divinos e de manifestação certa da vontade de Deus.

Esta forma de renúncia nos deixa entrever como podem ser variadas as exigências de Deus nos seus primeiros influxos, a prudência que o diretor espiritual deve ter para determiná-las e a docilidade necessária à alma para realizá-las.

OITAVO CAPÍTULO
A obediência

*... o caminho que leva mais depressa
à suma perfeição é a obediência.*[1]

[620] As quartas Moradas nos fazem pensar nessas espessuras onde a vegetação verdejante brota jovem, vigorosa e cheia de promessas, entrelaçamento confuso de ramos, cipós e sarças, penumbra que os raios que ali penetram tornam mais escura, mas de onde surge a vida. Elas apresentam, com efeito, uma mistura de natural e de sobrenatural, de ação de Deus – mas intermitente e imperfeita – e de reações surpreendentes das faculdades.

Conseguiremos lançar luz neste caos?...

Não seria excessivo multiplicar os esforços, pois importa sobremaneira à glória de Deus que a alma não se deixe deter pelas dificuldades destas espessuras.

Em suma – as páginas precedentes o demonstram –, a alma, aqui, deve aprender a se submeter à Sabedoria de amor e a dobrar-se à sua ação. É, pois, um problema prático de obediência que se coloca para ela a cada momento. Assim, podemos dizer que a obediência é a virtude que caracteriza este período.

Um estudo sobre esta virtude da obediência deve, então, iluminar e permitir resumir, bem como precisar, os deveres da alma neste período, no-los mostrando sob outro ângulo.

A – *A NATUREZA DA OBEDIÊNCIA*

A obediência é uma virtude que une o homem a Deus, submetendo-o à vontade divina manifestada pelo próprio

---

[1] F 5,10.

Deus **[621]** ou pelos seus representantes. Já se pôde dizer desta virtude que ela é quase teologal.[2] De fato, liga-se à virtude da justiça que nos faz dar a Deus o que lhe é devido. Deus tem direitos soberanos sobre nós que somos suas criaturas. A submissão ao seu beneplácito e a execução, em todos os detalhes, da missão que ele nos confiou constituem para nós um dever que nos impõe a sua absoluta soberania.

Além disso, o plano para cuja realização ele nos pede para trabalharmos é infinitamente sábio. Ele deve ter em vista, a um só tempo, a glória de Deus e a nossa felicidade. Não há nada que não seja muito razoável, sábio e são em tudo o que Deus exige de nós. Este Senhor absoluto não exerce seu poder senão para nosso bem e respeitando nossa liberdade. A sabedoria dos desígnios de Deus, assim como seu soberano poder são, então, o fundamento da nossa obediência.

A vontade divina chega até nós por diversos canais. Em primeiro lugar, a lei inscrita por Deus nos seres e que os dirige para o seu fim providencial. De acordo com a sua natureza, esta lei é física e necessária para as criaturas privadas de razão; é moral para o homem, pois que respeita a sua liberdade e dirige-se à sua razão que lhe explora os primeiros princípios, a fim de extrair deles o conjunto dos nossos deveres naturais para com Deus, para conosco e para com o próximo.

Ao código da Lei natural ajuntam-se os preceitos da Lei evangélica, formulados por Cristo e que conduzem o homem ao seu fim sobrenatural.

Deus também confiou o direito e o encargo de manifestar sua vontade aos seus representantes: todos aqueles que, direta ou indiretamente, detêm certa autoridade.

---

[2] Frei JOÃO DE JESUS MARIA. *Instructions des novices*. Bruxelas: MTh Soumillon, 2000, IIème Partie, ch. 6, p. 126.

... não há autoridade que não venha de Deus, e as que existem foram estabelecidas por Deus. De modo que aquele que se revolta contra a autoridade, opõe-se à ordem estabelecida por Deus.[3]

Entre os representantes de Jesus, a Igreja ocupa um lugar especial. Sua missão espiritual, assim como os poderes que recebeu diretamente de Cristo, asseguram à sua autoridade um primado que todos devem reconhecer.

Esta delegação divina confere, tanto ao poder secular como à Igreja, o direito de promulgar leis gerais, impor preceitos particulares, subdelegar uma parte de sua autoridade. Cada um de nós encontra, assim, [622] constantemente, não importa em que campo de sua vida pessoal ou social, toda uma rede de canais que lhe traz manifestações concretas e diversas do imperativo divino.

Em certos casos Deus reserva-se a si mesmo o direito de manifestar sua vontade às almas por meio de inspirações interiores e até de executá-la mediante as moções do seu Espírito. É esta intervenção direta de Deus na vida da alma que constitui, a um só tempo, a graça e a dificuldade das quartas Moradas. É ela que põe sob uma nova luz o problema da obediência.

B – *EXCELÊNCIA DA OBEDIÊNCIA*

"O que eu quero ensinar-te" – escreve São Jerônimo ao monge Rústico – "é que não te abandones ao teu arbítrio pessoal".[4]

Não se disse, com efeito, que a obediência é a primeira das virtudes morais? São Gregório explica esta primazia:

A obediência é a única virtude que faz germinar as virtudes em nossas almas, e que as mantém após tê-las implantado.[5]

---

[3] Rm 13,1-2.

[4] Cf. São JERÔNIMO. *Œuvres mystiques* – Partie II: "Obligations des solitaires à Rustique", n. 296.

[5] São GREGÓRIO MAGNO. *Moralia*, livro XXXV, c. XXIV, n. 28.

Ela garante a ordem exterior na cidade, bem como a ordem interior na alma. Sem ela, não há coesão nos esforços, nem subordinação num grupo; é considerada, por isso, como a força principal dos exércitos.

É ela que faz a beleza e a harmonia das potências celestes. São Gregório diz ainda:

> Se só a beleza da ordem faz que se encontre tanta obediência onde não há pecado, quanto mais subordinação e dependência deve haver entre nós onde o pecado coloca tanta confusão sem esse recurso.[6]

Afirma Cassiano que, na Tebaida, os monges mais detestáveis eram os sarabaítas que se preocupavam por si mesmos de arranjar-lhes o necessário, viviam independentes dos anciãos, faziam o que lhes agradava e consumiam-se noite e dia nos trabalhos.[7]

O juízo de Cassiano é um eco das palavras de Isaías. Exclamava o povo: "Por que temos jejuado e tu **[623]** não o vês? Temos mortificado as nossas almas e tu não tomas conhecimento disso?". E o Senhor respondeu: "A razão está em que, no dia mesmo do vosso jejum, buscais à vossa vontade".[8]

Na verdade, nenhum sacrifício pode ser agravável a Deus se não o acompanha a oferta das nossas faculdades humanas por excelência: a inteligência e a vontade livre. São elas que a obediência imola a Deus. Desta maneira, já foi escrito que "a obediência é melhor que o sacrifício".[9]

E porque a obediência é o mais perfeito dos sacrifícios,[10] ela é a prova e o sinal do amor que aspira a dar: "o que me

---

[6] São GREGÓRIO MAGNO. *Epist.*, livro V, ep. LIV.

[7] Cf. CASSIANO João. *Conlatio abbatis Piamum*; cap. IV, VII: "De tribus generibus monachorum".

[8] Is 58,3.

[9] 1Sm 15,22.

[10] Cf. D 13.

ama observa os mandamentos"[11] – sublinha o Apóstolo do amor. Isto lhe parece tão evidente a ponto de afirmar:

> Aquele que diz: "Eu o conheço", mas não guarda os seus mandamentos, é mentiroso ... . Mas o que guarda a sua palavra, nesse, verdadeiramente, o amor de Deus é perfeito.[12]

A obediência, mais do que uma prova de amor, é um ato que une. Sua preeminência sobre as outras virtudes, as riquezas que traz consigo, a sua eficácia na aquisição da perfeição advêm-lhe do seu valor unitivo.

Santo Tomás definiu a obediência como uma adesão ao sumo bem. No programa de perfeição que os votos religiosos propõem, a obediência cria, com o sumo bem que é Deus, a união que a pobreza e a castidade preparam e estabilizam, quebrando os apegos aos bens exteriores e sensíveis. A pobreza e a castidade têm um papel sobretudo negativo. À obediência cabe o papel positivo de unir a Deus e à sua vontade.

Um texto do Eclesiástico nos revela o mistério da obediência e a fonte das suas riquezas. Escreve:

> *Fons sapientiae Verbum Dei in excelsis, et ingressus illius mandata aeterna.* "A fonte da sabedoria é o Verbo de Deus nos altos céus, e a sua entrada (no mundo) são as leis eternas".[13]

Em poucas palavras o autor inspirado, ou antes, a própria Sabedoria, nos fala da sua obra, da sua origem e da sua descida **[624]** entre nós. Esta Sabedoria é Deus, é o Verbo no seio da Santíssima Trindade. Ela organizou o mundo enquanto Deus o criava e assegurou a ordem e o caminhar regular deste mundo, alocando-se nas leis que fixou para ele. Voltemos a ler o texto: *ingressus illius*. A Sabedoria entra verdadeiramente no mundo por meio das leis. A Lei é mais do que uma manifestação do Verbo; ela é a sua mo-

---

[11] Jo 14,21.
[12] 1Jo 2,4-5.
[13] Cf. Eclo 1,5 (Vulgata).

rada nesta terra. Dignidade incomparável da Lei, templo material que abriga a Sabedoria, que a manifesta e a doa. Esta dignidade e esta riqueza divinas da Lei constituem o valor e a riqueza da obediência.

A obediência é, efetivamente, uma submissão da vontade do homem à vontade de Deus manifestada pela lei ou por uma ordem. A obediência verdadeira não é só submissão exterior, simples adesão e execução da ordem recebida; é uma submissão do espírito que transpõe a porta deste templo material que é a lei, para captar a presença divina que a vivifica e lhe dá sua razão de ser. Através da casca, ou melhor, do véu da ordem recebida, a obediência procura a Deus e comunga verdadeiramente com ele.

Comunhão com Deus por meio da obediência... Não é dizer demais? Não seria afirmar uma certa encarnação de Deus na Lei e nos Superiores que no-lo ofereceriam à maneira das espécies eucarísticas?

Respeitemos as distâncias que impõe a transcendência dos mistérios do altar, a presença na hóstia do corpo e do sangue imolados de Cristo Jesus; salientemos que as mesmas palavras podem ter, em casos diferentes, um sentido mais ou menos amplo. Feitas estas advertências, não hesitemos em afirmar que a obediência sobrenatural nos faz comungar com a Sabedoria, portanto, com Deus, na Lei e nos Superiores.

É deste modo que para chegar a esta estável adesão a Deus, que é a perfeição, três meios de comunhão com ele nos são oferecidos.

A comunhão eucarística, que nos assegura a presença da ação vivificante do corpo, do sangue, da alma e da divindade de Jesus em estado de imolação e, portanto, da difusão da sua vida. É o sacramento, por excelência, sinal que significa e produz a graça *ex opere operato* e que nos dá o próprio autor da graça. É o sacramento que faz os santos e constrói a Igreja.

IV Parte – Até a união de vontade

A contemplação, por meio do contato com Deus que a fé viva estabelece, entrega a alma às invasões vivificantes da luz do Verbo que transforma, de claridade em claridade, até a semelhança com Deus. Aqui, a comunhão se faz através da fórmula dogmática pela fé enxertada na [625] inteligência. É uma comunhão na luz saborosa do amor.

A comunhão que a obediência sobrenatural realiza, através do véu da Lei e do Superior, também chega verdadeiramente a Deus e nos une a ele pelo amor enxertado na vontade.

Estas três comunhões têm uma eficácia unitiva diferente: a da comunhão eucarística, considerada em si mesma, é incomparavelmente a maior. A da contemplação, que comporta uma intervenção de Deus mediante os dons do Espírito Santo, põe-se em segundo lugar, antes da comunhão pela obediência que conserva, contudo, sua eficácia própria.

No entanto, se considerarmos não o seu valor por si, mas a sua frequência, constatamos que a Eucaristia só é possível uma vez por dia; que a contemplação sobrenatural prossegue sendo privilégio de certas almas e em certas horas, enquanto que a comunhão por meio da obediência é um bem de todos os momentos. Podemos, então, pensar que esta última, exatamente por causa da sua frequência, se coloca na vida espiritual das almas entre os mais importantes e mais eficazes meios de santificação. "... o caminho que leva mais depressa à suma perfeição é a obediência"[14] – escreve Santa Teresa. Uma análise dos bens que ela proporciona, como a comunhão com a Sabedoria, no-lo mostrará ainda melhor.

A comunhão com a Sabedoria nos assegura todas as propriedades da própria Sabedoria. Em primeiro lugar, a Sabedoria é luz, porque ela tem sua origem no Verbo que

---

[14] F 5,10.

é a luz no seio de Deus e que ilumina toda inteligência que vem a este mundo. A obediência nos faz participar da luz da Sabedoria.

Os pensamentos de Deus ultrapassam os nossos pensamentos, como o céu ultrapassa a terra. Os desígnios de Deus são infinitos como a inteligência que os concebeu. Sua transcendência torna-os obscuros e impenetráveis para nós. Como poderemos assegurar a este desígnio de Deus sobre o mundo – do qual não conhecemos senão a fórmula geral e que conserva em seu mistério, até o fim de nossa vida, o papel que nos foi confiado – a cooperação humana e, portanto, inteligente e livre, que devemos a ele? Como descobrir, no dinamismo instável das paixões e das vontades dos **[626]** homens, na complexidade dos acontecimentos exteriores, a vontade atual de Deus sobre nós?

É na Lei e nas ordens dos Superiores que a Sabedoria colocou a luz prática que nos indica a vontade de Deus. *Omnia mandata tua veritas*[15] – canta o salmista. *Lucerna pedibus meis verbum tuum et lumen semitis meis.*[16] "Todos os vossos mandamentos são verdade". "A vossa palavra é lâmpada para os meus passos e luz para os meus caminhos". *Declaratio sermonum tuorum iluminat et intellectum dat parvulis,*[17] "a explicação de vossas palavras ilumina e instrui os pequeninos.

É pela obediência que o homem capta esta luz e a faz entrar em sua vida. A obediência caminha sempre na luz. Ela não impõe a submissão à inteligência a não ser para fazê-la ultrapassar suas próprias luzes, que só podem ser limitadas, e para fazê-la entrar na grande luz de Deus. De maneira misteriosa, mas certa, ela indica à alma os cami-

---

[15] Sl 118[119],86.

[16] *Ibid.*, 118[119],105.

[17] *Ibid.*, 118[119],130.

nhos que a Sabedoria lhe traçou e a conduz a estas regiões que a Sabedoria lhe fixou como morada da eternidade.

São Paulo afirma a respeito do Filho, que é o esplendor da glória do Pai, que Deus criou tudo por ele e que tudo conserva pelo poder de seu Verbo.[18] Assim como a luz, a onipotência e a força são propriedades do Verbo-Sabedoria. Esta força, ele a comunica aos seus instrumentos. Estes a recebem como um dos frutos de sua comunhão com a Sabedoria pela obediência.

Está escrito *viriliter agite et confortetur cor vestrum*.[19] "Ajam varonilmente", ou melhor: "obedeçam corajosamente e o vosso coração será fortificado". A força conferida pela obediência aparece como um dos frutos mais misteriosos da comunhão com a Sabedoria. E, no entanto, é um fato experiencial. Depois das hesitações do princípio, qualquer que seja sua fraqueza, a obediência encontra, na adesão à vontade divina, a força para continuar o seu caminho rumo à meta a atingir.

A fecundidade da obediência e suas vitórias são as melhores provas da intervenção da Sabedoria para sustentar sua ação. Está escrito que "aquele que obedece cantará suas vitórias",[20] e nós poderíamos traduzir: cantará seus triunfos.

[627] A Sabedoria, com efeito, é eminentemente fecunda. Ela "alcança com vigor de um extremo ao outro e governa o universo retamente".[21] O Verbo de Deus nunca retorna vazio,[22] mas realiza tudo o que expressa. Isto quer dizer que a Sabedoria realiza todos os seus desígnios e segundo os ordenou.

---

[18] Cf. Hb 1,2-3.
[19] Sl 30[31],25.
[20] Pr 21,28 (Vulgata).
[21] Sb 8,1.
[22] Cf. Is 55,11.

Comungando com a Sabedoria, o obediente faz sua esta fecundidade. A atividade participa da fecundidade da atividade divina que ela secunda e que garante para si o sucesso reservado ao desígnio divino com o qual ela coopera. É porque entram, por sua obediência, na linha dos decretos da Sabedoria que os santos são realizadores prestigiosos, cujas obras resistem à prova do tempo – que desgasta as obras mais fundamentadas – e às revoluções que derrubam civilizações.

Como a Igreja que permanece forte e serena no seio das mais violentas tempestades, assim também as grandes Ordens religiosas fundadas pelos santos sobrevivem com maior fervor às mais sanguinolentas reviravoltas. O instrumento humano que Deus escolheu e que se entregou a ele pode ser fraco; às vezes, será bem pouco dotado naturalmente e, contudo, a luz da qual ele goza vai mais longe do que as intuições do gênio, a força que o sustenta eleva-o acima do herói, também a fecundidade que se une à sua atividade é aquela que pertence à própria Sabedoria.

Na Epístola aos Coríntios, o Apóstolo tinha posto em relevo os movimentos desconcertantes da Sabedoria que se compraz em escolher o que é insensato e fraco aos olhos do mundo para confundir aquilo que é sábio e forte.[23] Na Epístola aos Filipenses, ele celebra, conjuntamente, esta loucura da cruz e a obediência, que explica sua fecundidade, salientando que a obediência foi o princípio da glorificação de Cristo:

[Jesus Cristo] esvaziou-se a si mesmo, e assumiu a condição de servo, tomando a semelhança humana. E, achado em figura de homem, humilhou-se e foi obediente até a morte, e morte de cruz! Por isso, Deus o sobre-exaltou grandemente e o agraciou com o Nome que é sobre todo o nome, para que, ao nome de Jesus, se dobre todo

---

[23] Cf. 1Cor 1,27.

joelho dos seres celestes, dos terrestres e dos que vivem sob a terra, e, para glória de Deus, o Pai, toda língua confesse: Jesus é o Senhor.[24]

[628] A Epístola aos Hebreus traz um complemento a este pensamento e a este elogio da fecundidade da obediência:

E, levado à perfeição (Cristo), se tornou para todos os que lhe obedecem princípio de salvação eterna.[25]

A Sabedoria desce à terra pela Lei; é a obediência que a recebe. A Sabedoria, "eflúvio do poder de Deus",[26] e a obediência, humilde cooperação humana, asseguram o Reino de Deus entre nós. A sua união não se limita a este triunfo terrestre; ambas sobem até Deus para gozar eternamente de sua vitória numa glória comum no seio de Deus.

C – QUALIDADES DA OBEDIÊNCIA

A obediência só se torna a perfeita colaboradora da Sabedoria mediante várias iniciativas. Para ser ordenada, tem que procurar o representante autorizado da Sabedoria; para se tornar sobrenatural, deve ver, neste representante, a Deus que se esconde; finalmente, tem que consentir na totalidade das exigências divinas.

I – Obediência ordenada

A obediência ordenada é aquela que dá a cada um dos representantes de Deus a submissão devida à autoridade de que está revestido.

Com efeito, a Sabedoria, soberana, senhora e reguladora do mundo, transmite as suas vontades por múltiplos canais que são a Lei e os Superiores. A Lei natural, a Igreja, o Estado com as suas leis positivas e os seus representantes

---

[24] Fl 2,7-11.
[25] Hb 5,9.
[26] Sb 7,25.

qualificados estabeleceram uma rede complexa de obrigações e de prescrições que cercam o homem por todos os lados. O religioso em seu convento, além das prescrições comuns a todos os cristãos, encontra, multiplicadas sem limites, as prescrições que provêm da sua Regra, das Constituições, do Cerimonial e da vigilância constante dos seus Superiores que regulam toda a sua vida e fixam todas as suas ações. Como ordenar, neste aparente labirinto, a própria obediência e dar a cada autoridade a submissão que lhe é devida? Um discernimento se impõe.

[629] Tal como condiz à Sabedoria, que dispõe todas as coisas com força e suavidade desde seu princípio até seu termo, as autoridades por ela delegadas estão hierarquizadas e foram estabelecidas, cada uma delas, no âmbito que lhe é próprio. A Lei natural está na base da moralidade; as leis positivas que a explicam devem-lhe um respeito filial. A Igreja possui a autoridade soberana que requer a sua missão espiritual, a mais elevada de todas. O Estado reina sobre o temporal e o rege pelo mecanismo de uma administração muitas vezes complicada. A autoridade da Igreja prevalece sobre a da Ordem religiosa, que dela recebe as leis que convêm à sua missão particular.

Ordenar a própria obediência consistirá, então, em encontrar a ordem divina estabelecida pela Sabedoria, procurando em cada caso a autoridade legítima (pois que delegada neste campo pela Sabedoria). Ordinariamente, o problema é bastante simples. Os códigos das leis e a razão experimentada dos especialistas resolvem os casos duvidosos.

Não seria necessário, portanto, insistir sobre este ponto se, muitas vezes, especialmente nos que fizeram profissão de obediência, o julgamento não sofresse a influência de seus gostos e preferências. Dentre as leis que nos são impostas, daremos maior importância àquelas que, com suas obrigações precisas, nos prendem com mais frequência e mais de perto. Assim, as leis da Igreja se diluem ao longe ou caem mesmo no esquecimento, enquanto que as regras ou até os simples usos da vida monástica adquirem tal importância na vida que faltar a elas ou, principalmente, alterá-las, produzirá uma emoção e até uma perturbação que a consciência só deveria conhecer em faltas graves. De igual modo, num ambiente fechado, há de se sentir o fascínio pelo Superior próximo, cuja autoridade aumentará progressivamente a ponto de, logo, aparecer como a única legítima em todos os campos. Ou ainda: entre os Superiores, o inferior não reconhecerá autoridade real senão naquele que lhe pareça santo ou dotado de certas qualidades que aprecia ou, sobretudo, naquele que lhe desperta mais simpatia. É a ele que recorrerá em todas as circunstâncias e ele é o único cujas decisões serão indiscutíveis. E, no entanto, não são nem as qualidades naturais, nem os dons sobrenaturais, nem mesmo a santidade que constituem o fundamento da autoridade, mas unicamente a delegação divina. Escribas e fariseus foram amaldiçoados por Jesus e, contudo, o Mestre pede que lhe obedeçam porque ocupam a cátedra de Moisés e herdaram a sua autoridade.

Nestes casos em que o próprio juízo está falseado, ordenar a obediência exigirá mais do que um esforço intelectual; será necessário um **[630]** redirecionamento moral que porá tudo às claras e na perfeita obediência.

Pode acontecer que duas leis ou dois Superiores se oponham por prescrições diferentes ou contraditórias num campo que parece comum às suas autoridades. Prova delicada para aquele que deve obedecer. E, talvez, ele mesmo a terá provocado devido a consultas supérfluas junto dos Superiores. A dificuldade atual o fará mais discreto para o futuro. Um exame mais aprofundado dos direitos de cada um dos Superiores permitirá, normalmente, descobrir a autoridade legítima nos casos litigiosos. A obediência para com

A obediência

o verdadeiro representante de Deus e o silêncio respeitoso para com o outro possibilitarão resolver sobrenaturalmente o conflito.

Conflito mais grave é o que opõe as vontades de Deus claramente manifestadas à alma por via sobrenatural e as do diretor ou do representante da Igreja. Falamos das "vontades de Deus claramente manifestadas" para não falar senão dos casos em que o conflito é real e eliminar as manifestações que o erro ou a má-fé qualificam de divinas. Quando, então, a oposição entre a vontade de Deus manifestada à alma e a vontade dos Superiores é verdadeira e se trata de obras exteriores que estão submetidas à autoridade da Igreja, deve-se ordenar a própria obediência submetendo-se à autoridade da Igreja.

Mas isso não é violar os direitos de Deus, princípio e fonte de toda a autoridade? Não é subtrair a alma à sua ação soberana e impedi-la de chegar à perfeição que não é outra coisa senão um assenhoreamento total de Deus sobre a alma? "Todos os que são conduzidos pelo espírito de Deus são filhos de Deus" – afirma o Apóstolo.[27] Santo Agostinho especifica que "o justo não tem lei",[28] afirmando a proeminência do amor sobre as obrigações exteriores da lei, no estado de perfeição. E, no entanto, a afirmação de Cristo a seus Apóstolos é clara e categórica:

> Em verdade vos digo: tudo quanto ligardes na terra será ligado no céu e tudo quanto desligardes na terra será desligado no céu.[29]

Ao deixar a terra, Jesus não deixou senão uma autoridade, a da Igreja. Ele mesmo se submete a ela e não quer fazer nenhuma obra, nem nenhum movimento exterior que ela não lhe tenha permitido. Mistério inefável da condescen-

---

[27] Rm 8,14.
[28] *Contra Fausto*, c. 8.
[29] Mt 18,18.

823

dência [631] divina! É sobre esta disposição estabelecida por Deus que Santa Teresa se apoia para afirmar, a propósito das palavras sobrenaturais:

Tratando-se (tais palavras) de assuntos graves, alguma obra a empreender ou negócios de outras pessoas, ela nada deve fazer. Nem lhe passe pela ideia agir sem a opinião de um confessor erudito, prudente e servo de Deus. Isso mesmo que o entenda muito bem e lhe pareça claramente ser coisa de Deus.

Esse é o desejo de Sua Majestade. E não se trata de deixar de fazer o que ele manda, pois nos diz que consideremos o confessor como seu representante.[30]

A vontade de Deus não será detida por esta atitude? A Santa julga que não. O próprio Deus agirá sobre a autoridade que parece detê-la.

... Nosso Senhor o dará (ânimo) ao confessor e fará que ele creia que é espírito seu, quando ele quiser. Quando assim não suceder, a alma não está obrigada a fazer coisa alguma. Já agir de outro modo neste aspecto, guiando-se pelo próprio parecer, considero-o coisa muito perigosa.[31]

O próprio Deus se reserva o direito de iluminar, acerca das vias extraordinárias de uma alma, o diretor que se encarrega dela e a quem esta deve se submeter. Aquilo que parecia dificuldade para ordenar a obediência faz resplandecer a disposição maravilhosa da Sabedoria que se compromete a provar por duas vezes que é ela quem dita diretamente as suas vontades a uma alma.

Sem dúvida, ordenar a própria obediência não comporta sempre tais dificuldades. No entanto, era necessário apontá-las, pois – prova-o a experiência – os desvios mais graves da obediência, e que às vezes dão escândalo, provêm do fato da alma não ter sabido ou querido reconhecer a autoridade legítima e, deste modo, não ter entrado no plano da Sabedoria divina.

---

[30] 6 M 3,11.
[31] *Ibid.*

II – *Obediência sobrenatural*

A obediência sobrenatural é aquela que, por um olhar de fé, descobre Deus na Lei e no Superior e faz subir até ele a sua submissão.

[632] Com efeito, é por meio da fé que se estabelece o contato sobrenatural com Deus. Nosso Senhor exigia a fé aos que lhe solicitavam um benefício. A fé da cananeia o comove; a do centurião fá-lo estremecer, enquanto que a hemorroíssa de Cafarnaum lhe arranca a cura por um gesto de fé audaciosa. A fé, levando a aderir a Deus, estabelece o contato que permite o transbordamento da Misericórdia divina. Este contato mediante a fé é necessário a toda a comunhão sobrenatural com Deus. O pagão sem fé que recebesse o pão eucarístico realizaria apenas um contato físico com as santas espécies e não comungaria verdadeiramente Jesus Cristo. A fé viva é o instrumento específico da contemplação. Quanto à obediência, se ela não for sobrenatural, obtém certos efeitos exteriores já apreciáveis, mas não pode pretender ser uma comunhão com a Sabedoria, nem dela haurir suas riquezas sobrenaturais de luz, força e fecundidade, a não ser que esteja munida da antena da fé que a leva até o próprio Deus. De resto, cada ato de obediência traz em si uma capacidade ilimitada de sobrenatural; é, normalmente, com a medida de sua fé que a alma haure e se enriquece dela. É sumamente importante, então, atualizar a própria fé obedecendo, a fim de aproveitar deste meio de santificação que está constantemente ao nosso alcance.

Atualizar a própria fé exige esforço. Não pensam em fazê-lo aqueles para quem a obediência oferece poucas dificuldades. Dóceis ou mesmo passivos por temperamento, não tendo ideias pessoais e com uma vontade falha de energia para se afirmar e correr qualquer risco, obedecer lhes parece, normalmente – quando não constantemente –, a parte mais fácil. Esta facilidade em se submeter em tudo pode fazer deles excelentes elementos de comunidade ou de grupos. Correm o grave risco de se abandonarem a ela e não a ultrapassarem senão raramente para irem a Deus com uma fé ávida de uma graça cuja necessidade eles não sentem. A sua obediência é fácil, mas pouco ou nada sobrenatural.

Um perigo semelhante ameaça aqueles que estão demasiadamente apegados ao seu Superior. Esta afeição legítima é sempre louvável enquanto se mantém discreta. Corre o risco, porém, de manter a alma simplesmente nas relações naturais com o Superior e deter o impulso da fé. De fato, é próprio da fé rasgar os véus, estes "semblantes prateados",[32] que sempre escondem na terra o ouro da presença divina, e ultrapassá-los para chegar até ao próprio Deus. [633] Se estes semblantes prateados estiverem resplandecentes de beleza, seus encantos podem se tornar um obstáculo que retém e faz esquecer o tesouro incomparável que eles encerram. Assim, as qualidades eminentes de um Superior e a afeição que se lhe dedica, depois de terem sido um meio que maravilhosamente facilita a obediência, podem ser obstáculo que detém o movimento da fé rumo a Deus a quem este Superior representa. A ilusão pode ser completa. Julgava-se que se obedecia com perfeição. Muda o Superior... e a obediência parece ter desaparecido com os semblantes prateados que lhe serviam de apoio. A facilidade tinha feito renunciar ao esforço de ultrapassar e, na inação, a fina ponta da fé embotou-se.

Naquele que, pelo contrário, não encontra no Superior as qualidades que lhe agradam, este esforço de superação para chegar a Deus se mostrará necessário como o único meio para permanecer fiel ao seu dever. Estas dificuldades são, talvez, uma disposição providencial com relação a ele. Se, na verdade, tal pessoa for alguém dotado e destinado

---

[32] CE 12,4.

a dirigir os outros mais tarde, importa muitíssimo que ela aprenda, em primeiro lugar, a comungar com Deus pela obediência. Ela não conseguiria ser um intérprete fiel da vontade de Deus para os seus inferiores se ela mesma, pela obediência sobrenatural, não tivesse aprendido a abrir sua alma à luz de Deus e se não a tivesse tornado dócil e flexível sob sua ação.

III – *Obediência completa*

Esta nova qualidade visa a assegurar a perfeição do próprio ato de obediência.

A submissão puramente exterior não seria – é evidente – suficiente. A obediência compromete, em primeiro lugar, a vontade. Une a vontade humana à vontade divina, submetendo a primeira à segunda. Sem dúvida, a obediência exige, em primeiro lugar, a entrega completa da vontade.

Mas podemos dissociar a vontade da inteligência que a esclarece e determina suas escolhas? Deus é o nosso Senhor absoluto. Uma homenagem apenas parcial não seria digna dele. Ademais, para que a obediência seja uma comunhão com a Sabedoria, ela deve entregar-lhe todo o nosso ser. Para ser perfeita, deve ser completa, humana no sentido pleno da palavra, submetendo a Deus todas as nossas faculdades, sobretudo as mais nobres: a inteligência e a vontade.

A submissão da inteligência coloca um problema, cujas dificuldades não podemos dissimular. Criada para a verdade, **[634]** como a vontade para o bem, a inteligência não pode se submeter senão à verdade. Ninguém pode obrigá-la a uma submissão constante e incondicional se não puder garantir que possui sempre a verdade. Deus e a Igreja infalível têm direito a esta submissão total. O Superior, encarregado legítimo de Deus para transmitir as suas vontades, nem por isso se torna infalível. Ele tem direito à submissão da vontade. Os riscos de errar que seu mandato lhe deixa permitem-lhe pretender uma submissão total da inteligência?

Eis um caso prático para concretizar o problema. Um religioso ocupado numa tarefa na qual é considerado um perito recebe do seu Superior a ordem de executá-la de outra forma. Respeitosamente, como deve ser, faz notar a sua experiência e os inconvenientes da ordem dada. Não obstante, o Superior mantém a ordem. O religioso a cumpre com toda a sua boa vontade. Mesmo assim, o resultado é aquele que ele tinha previsto; vê-se claramente que o Superior se enganou. O religioso, na obediência completa que queria dar à ordem recebida, deveria ter feito entrar a submissão do seu juízo, quando o Superior se enganava?[33]

A solução do problema encontra-se numa distinção entre juízo especulativo e juízo prático. O primeiro refere-se ao fato em si, independentemente das circunstâncias prescritas, e pode ser conservado quando se tem a evidência a seu favor. Assim, o inferior teria podido, sem faltar ao seu dever, formular este juízo: "Apoiando-me na minha experiência, posso afirmar que a melhor maneira de fazer este trabalho é aquela que utilizo habitualmente".

O juízo prático tem por objeto o caso concreto, tal como ele se apresenta nas circunstâncias particulares com a ordem do Superior. Este juízo tem que se submeter para que a obediência seja perfeita. No caso presente, poderia formular-se assim: "A melhor maneira de fazer este trabalho, na circunstância presente, tendo sido dada a ordem do Superior, é aquela que ele me indica".

A submissão do juízo prático é suficiente para assegurar a perfeição da obediência. A ordem do Superior não implica a definição de uma verdade geral; quando muito pode

---

[33] Tomamos um caso extremo e quase extraordinário, se bem que possível. Normalmente, em semelhante caso, o Superior terá, para dar tal ordem, motivos que serão justificados pela experiência.

fundar-se no enunciado de uma verdade particular, cujo alcance não ultrapassa a ordem que é dada.

Mas – poderiam dizer – oferecer a submissão do **[635]** juízo prático implica o risco de adesão ao erro, pois os dados podem ser contrariados pelos resultados da execução da ordem recebida! Isso é julgar superficialmente o valor da obediência. É possível, de fato, como no exemplo acima, que os efeitos materiais e exteriores do ato de obediência não correspondam à intenção do Superior, nem à de quem executou a ordem, e que, por consequência, houve um erro. Mas este erro não é senão parcial. Ele deixa ao ato de obediência o seu valor mais importante que é o de ser uma submissão à vontade de Deus, manifestada autenticamente pelo Superior, mesmo quando este se engana.[34] Esta submissão do juízo e da vontade é o que Deus considera em primeiro lugar no ato de obediência. É o perfume que lhe agrada, a homenagem que ele espera de nós e que aceita de bom grado. Permanece, então, a verdade que o melhor, mesmo quando um ato de obediência acabe num fracasso aparente, é executar esse ato porque Deus o quer assim. O juízo prático que se submetia, reconhecendo a excelência desse ato, não era errado.

Tocamos aqui num ponto importante sobre o qual devemos insistir. Esta submissão, não só da vontade, mas também do julgamento que deve aderir ao obscuro ou ao improvável, tem tal valor diante de Deus que se torna a principal cooperação do homem nas grandes obras de Deus. Abraão tinha recebido a promessa formal de que seria pai e um grande povo. A ordem que lhe é dada é a de imolar Isaac, seu único filho. Sente-se no dever de obedecer. É assim que merece ver a promessa realizada e tornar-se pai dos crentes.

---

[34] A autoridade do Superior é independente de seu julgamento. Também suas decisões, contanto que não sejam tirânicas, tiram suas forças dessa autoridade e não dos motivos dados para as justificar.

IV Parte – Até a união de vontade

Em 1571, Santa Teresa estava toda tomada por suas fundações que se alastravam desde há três anos. Para fazer retornar a paz ao Mosteiro da Encarnação que a Santa tinha deixado a fim de empreender a sua Reforma, o Padre Hernandez, Visitador, nomeia-a Priora. Tinha que abandonar sua obra e regressar a um mosteiro onde não a desejavam. O Padre Visitador não se livrava habilmente de uma grande preocupação, passando-a para Teresa? Quem não percebia isso? No entanto, ela aceita. A paz volta ao Mosteiro da Encarnação e, no ano seguinte, a Santa recebe aí a graça do matrimônio espiritual.

O mistério da Anunciação oferece-nos um quadro ainda mais simples e uma lição mais comovente. **[636]** O Arcanjo propõe o mistério. "Como é que vai ser isso, se eu não conheço homem algum?" – responde a Virgem. Para ela, tudo é obscuro. "O Espírito Santo virá sobre ti e o poder do Altíssimo vai te cobrir com a sua sombra". O Anjo não dissipou a escuridão do mistério. Ele simplesmente anunciou a intervenção direta de Deus. "Eu sou a serva do Senhor; faça-se em mim segundo a tua palavra".[35] A Virgem submeteu-se e o mistério da Encarnação realiza-se imediatamente.

Antes de se tornar, nos vértices, a cooperadora humana das maiores obras de Deus, a obediência deve ser a mais constante e a mais fiel prova do amor,[36] o humilde e quotidiano exercício que fortifica sobrenaturalmente e torna dóceis as faculdades humanas, entrega-as progressivamente à ação de Deus e lhes merece – tanto quanto possível – o primeiro dos assenhoreamentos definitivos e profundos: a união da vontade.

---

[35] Lc 1,34-38.
[36] Cf. Jo 14,21.

NONO CAPÍTULO
A união de vontade

> *Esta é a união que tenho desejado por toda a minha vida.*
> *É ela a que peço sempre a Nosso Senhor.*[1]

[637] Eis que se encerra o duro trabalho das quartas Moradas, trabalho sustentado por influxos saborosos, mas realizado no sofrimento, na noite do sentido, segundo a terminologia sanjuanista.

À alma é oferecida uma recompensa divina que é uma autêntica transformação: a união de vontade. Deixemos a palavra a Santa Teresa. A encantadora comparação do bicho da seda vai lhe permitir resumir as etapas superadas, situar a nova graça e assinalar-lhe a importância:

Já tereis ouvido das maravilhas de Deus no modo como se cria a seda, invenção que só ele poderia conceber. É como se fosse uma semente, grãos pequeninos como o da pimenta. ... Pois bem, com o calor, quando começa a haver folhas nas amoreiras, essa semente – que até então estivera como morta – começa a viver. E esses grãos pequeninos se criam com folhas de amoreira; quando crescem, cada verme, com a boquinha, vai fiando a seda, que tira de si mesmo. Tece um pequeno casulo muito apertado, onde se encerra; então desaparece o verme, que é grande e feio, e sai do mesmo casulo uma borboletinha branca, muito graciosa. ...

A alma – representada por essa lagarta – começa a ter vida quando, com o calor do Espírito Santo, começa a beneficiar-se do auxílio geral que Deus dá a todos, fazendo uso dos meios confiados pelo Senhor à sua Igreja: confissões frequentes, boas leituras e sermões. ... Então ela começa a viver e encontra sustento nisso, bem como em

---

[1] 5 M 3,5.

IV Parte – Até a união de vontade

boas meditações, até estar crescida. É aqui que se concentra o meu propósito, pois o resto pouco importa.

[638] Tendo, pois, se desenvolvido – que é o que disse no princípio disto que escrevi –, a lagarta começa a fabricar a seda e a edificar a casa onde há de morrer. ...

Portanto, vedes aqui, filhas, o que podemos fazer com o favor de Deus: que o próprio Senhor seja a nossa morada, como o é na oração de união, edificando-a nós mesmas![2]

A Santa explica que para a construção desta morada divina – coisa que está em nosso poder – é necessário tirar de nós mesmos e dar de nós mesmos como fazem os bichinhos da seda.

Ainda bem não terminamos de fazer tudo o que nos cabe, Deus une a esse trabalhinho – que não é nada – a sua grandeza, conferindo-lhe tanto valor que o próprio Senhor se torna a nossa recompensa. ...

Eia, pois, filhas minhas! Apressemo-nos a fazer esse trabalho e a tecer tal casulo ... .

Morra, morra esse verme, tal como o da seda quando acaba de realizar a obra para a qual foi criado! E comprovareis como vemos a Deus e nos vemos tão introduzidas em sua grandeza como a lagartinha em seu casulo. Atentai, contudo: quando digo que vemos a Deus, refiro-me ao modo como ele se faz sentir nesse tipo de união.

Vejamos agora o que acontece a essa lagarta; é para isso que tenho dito tudo o mais. Quando está nesta oração – e bem morta está para o mundo –, dela sai uma borboleta branca.[3]

A transformação operada pela oração de união equivale a uma verdadeira metamorfose. É esse o sentido da comparação que a própria Santa Teresa sublinha.

Eu vos digo, na verdade, que a própria alma não se conhece a si mesma. Porque há aqui a mesma diferença que existe entre uma lagarta feia e uma borboletinha branca.[4]

Antes de estudar esta ação profunda de Deus na alma, devemos indicar um problema suscitado pela descrição teresiana e sua terminologia.

---

[2] *Ibid.*, 2,2.3.4.5.
[3] *Ibid.*, 2,5.6.7.
[4] *Ibid.*, 2,7.

Ao descrever o mesmo período da vida espiritual, isto é, aquele que marca o fim da purificação do sentido, São João da Cruz não fala de união de vontade, mas unicamente de contemplação.

A alma ... costuma passar longo tempo, e mesmo anos em que, ultrapassando o estado dos principiantes, exercita-se na via dos adiantados. Como **[639]** escapada de um estreito cárcere, anda nas coisas de Deus com muito maior liberdade e íntima satisfação, gozando de mais abundante deleite interior do que sucedia no princípio, antes de entrar naquela noite sensitiva. ... com grande facilidade acha logo em seu espírito muito serena e amorosa contemplação, e sabor espiritual, sem trabalho discursivo.[5]

As diferenças assinaladas anteriormente entre os dois Mestres espirituais do Carmelo[6] teriam se acentuado a ponto do desacordo sobre a descrição das quintas Moradas ser, agora, completo?

Qual é a nota essencial da contemplação saborosa, tornada habitual e fácil, ou da união de vontade?

Observemos, antes de tudo, como é breve a descrição de São João da Cruz. O nosso Santo é um diretor. Ora, da mesma forma que o médico vai ao encontro dos doentes e não daqueles que estão bem, o diretor vai ao encontro das almas em sofrimento e dificuldade. Então, no itinerário espiritual, São João da Cruz detém-se nos períodos de transição que exigem mais trabalho e que são mais obscuros. Por isso, como diretor prudente e compassivo, ele é o Doutor das noites. Os períodos de euforia, como as quintas Moradas, retêm-no muito pouco, embora a alma passe aí ordinariamente um tempo bastante longo e até mesmo

---

[5] 2 N 1,1. Não ousaríamos afirmar que estas descrições correspondam exclusivamente às quintas Moradas teresianas, mas elas, sem dúvida, as compreendem, pois se referem ao "longo tempo" que separa a noite do sentido (início das quartas Moradas) da noite do espírito (sétimas Moradas).

[6] Cf. IV Parte – Até a União de vontade, cap. 2, "Deus-luz e Deus-amor", p. 670.

IV Parte – Até a união de vontade

anos, pois encontra nelas paz e gosto. Suas descrições, de algumas linhas apenas, limitam-se ao que já citamos.

Que São João da Cruz, nas poucas linhas consagradas a este período – que para ele é um período intermediário entre as duas noites –, ressalte os efeitos contemplativos, não nos espanta, pois assim o exigiam, simultaneamente, a lógica de sua exposição e a nota particular de sua experiência. João capta sobretudo a luz – como já dissemos precedentemente[7] – e Teresa, o amor. O primeiro acentua a contemplação suave e saborosa; a segunda fala da união de vontade que é o fruto do amor: dois aspectos diferentes de um mesmo estado, cujas múltiplas riquezas nos são, assim, reveladas.

Mas, para além da própria brevidade dos textos de São João da Cruz que nos impede de ver neles uma exposição completa deste período e de buscar aí elementos precisos que o Santo não quis oferecer, pensamos que as **[640]** descrições de Santa Teresa, mais desenvolvidas, são também mais próximas da vida. Assim, enquanto devemos utilizar amplamente a doutrina de São João da Cruz para o estudo das quartas e sextas Moradas, a doutrina de Santa Teresa será o nosso único guia nestas quintas Moradas.

Os quatro capítulos das quintas Moradas são consagrados à descrição, primeiro de uma graça mística de união (cap. 1 e 2) e, em seguida, de um estado de união ou união de vontade propriamente dita (cap. 3 e 4). Habitualmente dissociam-se estas duas descrições. A primeira, referindo-se a uma graça extraordinária, é deixada aos iniciados e especialistas. Estuda-se a segunda porque não é uma graça passageira, mas um estado que se tornou estável e, sobretudo, porque Santa Teresa afirma que podemos chegar aí por meio de nossos próprios esforços.

---

[7] *Ibid.*

Parece-nos que esta dissociação rompe arbitrariamente a união das quintas Moradas teresianas e corre o risco de não reconhecer o valor da própria união de vontade e de falsear a perspectiva na qual ela se inscreve.

A união de vontade constitui, sem dúvida, a característica das quintas Moradas. É esta união de vontade que a Santa quer estudar e pôr em relevo; ela é o objeto dos seus ardentes desejos:

Esta é a união que tenho desejado por toda a minha vida. É ela a que peço sempre a Nosso Senhor.[8]

Qual será o papel da graça mística em correlação com a união de vontade? É o "atalho"[9] para ela. Portanto, para chegar a este ditoso estado, dois caminhos se abrem diante da alma: o atalho da graça mística e o caminho ordinário dos esforços perseverantes.

Mas, não nos contentemos com o estudar o caminho ordinário sem considerar o atalho, usando o pretexto de que as graças extraordinárias têm apenas um interesse prático limitado. Negligenciaríamos uma importantíssima doutrina. Em Santa Teresa, as graças místicas, pontos de referência luminosos que marcam as etapas, são também símbolos que falam da graça da etapa e determinam sua qualidade. Aqui, a graça mística indica as regiões profundas onde se estabeleceu a união de vontade. Esta doutrina deve ser sublinhada como uma das mais oportunas.

[641] De fato, quantas ilusões a respeito desta união de vontade! É tão fácil confundi-la com uma boa vontade perseverante, com alguns gostos sobrenaturais ou ainda com desejos ardentes! Santa Teresa perseguiu estas ilusões. Escutemo-la.

Acho às vezes graça quando vejo certas almas nas horas de oração desejosas de ser abatidas e publicamente afrontadas por amor de Deus,

---

[8] 5 M 3,5.
[9] 5 *Ibid.*, 3,4.

e, depois, se cometem uma pequena falta, quererem encobri-la se o puderem. Ai! E se não a fizeram e dela são acusadas! Deus nos livre![10]

E agora:

Quando vejo algumas pessoas muito diligentes em compreender a oração que têm e muito concentradas quando estão nela (a tal ponto que não ousam mexer-se nem agir com o pensamento, a fim de não perderem um pouquinho do gosto e da devoção que tiveram), percebo quão pouco entendem do caminho por onde se alcança a união. E pensam que nisso reside o essencial.

Não, Irmãs, não; o Senhor quer obras.[11]

E a Santa, dando como exemplo de obra a ser realizada os cuidados para com uma enferma, sacrificando suas devoções, conclui:

[Fazei tal obra] não tanto por ela (a enferma), mas porque sabeis que o vosso Senhor deseja isso.

Essa é a verdadeira união com a vontade de Deus.[12]

Santa Teresa dirige-se às suas filhas, seus exemplos são tirados de sua vida. Seria fácil transpô-los para outro ambiente.

A Santa indica uma ilusão ainda mais sutil:

Não penseis que a união consista, se me morre o pai ou o irmão, em conformar-me a tal ponto à vontade de Deus que não o ressinta. Ou então, se há sofrimentos e enfermidades, sofrê-los com alegria. Isso é bom e, às vezes, é discrição porque não podemos mais e fazemos da necessidade virtude.

Há sinais ainda mais profundos que permitem reconhecer a verdadeira união de vontade. A análise da graça mística de união vai nos permitir descobri-los.

A – *A GRAÇA MÍSTICA DA UNIÃO*

[642] Em primeiro lugar, Santa Teresa nos apresenta a graça de união mística como um aprofundamento dos fa-

---

[10] *Ibid.*, 3,10.
[11] *Ibid.*, 3,11.
[12] *Ibid.*

vores precedentes. Assim, ela a coteja com a forma mais elevada da quietude, que é o sono das potências, para marcar-lhe as diferenças.

Não penseis que se trata de algo parecido a um sonho, como a passada. Digo semelhante a um sonho porque a alma parece estar como que adormecida: nem lhe parece que dorme nem se sente acordada. Aqui, estamos todas adormecidas, e bem-adormecidas, às coisas do mundo e a nós mesmas. Na verdade, ficamos como sem sentidos durante o pouco tempo em que dura a união e não podemos pensar, ainda que o queiramos. ...

... Em suma, está como quem morreu para o mundo, a fim de viver mais em Deus. Assim, é uma morte saborosa, apartando-se a alma – que permanece no corpo – de todas as operações que pode ter.[13]

Dá-se, pois, uma verdadeira suspensão das potências que toma a forma de um desfalecimento, com perda de consciência.

[Nem] sequer sei se lhe resta vida para respirar. Pensando agora nisso, parece-me que não. Pelo menos, se respira, é sem saber que o faz.[14]

De resto, esta perda de consciência é, aliás, muito breve:

... essa alma ... nem vê, nem ouve, nem percebe o tempo em que está assim (tempo que sempre é breve, parecendo-lhe a ela muito mais breve do que realmente é).[15]

O despertar é seguido de angústias:

... até ser grande a experiência, a alma fica em dúvida sobre o que foi aquilo: ilusão, sonho, coisa dada por Deus ou transfiguração do demônio em anjo de luz. Ela fica com mil suspeitas, sendo bom que as tenha, porque – como eu disse – até a própria natureza pode ser aí fonte de engano para nós.[16]

Esta escuridão completa caracteriza a graça de união mística das quintas Moradas. As graças místicas das sextas

---

[13] *Ibid.*, 1,3.4.
[14] *Ibid.*, 1,4.
[15] *Ibid.*, 1,9.
[16] *Ibid.*, 1,5.

Moradas serão recebidas na luz. **[643]** Uma certeza, contudo, afirma-se no meio desta escuridão, e esta certeza é essencial à graça, de tal maneira que Santa Teresa assegura que ela é o sinal mais certo de sua autenticidade.

> Voltemos, pois, ao sinal que digo ser o certo. ... Deus se fixa a si mesmo no interior da alma de modo que, quando esta volta a si, de nenhuma maneira pode duvidar que esteve em Deus e Deus nela.
>
> Essa verdade se imprime nela com tanta firmeza que, ainda que passem anos sem Deus voltar e conceder-lhe essa graça, nem a alma se esquece nem pode duvidar de que esteve na presença divina.[17]

Afirma a Santa[18] que só Deus pode conceder esta certeza, independentemente de toda visão. E esta certeza é de tal natureza que lhe fez conhecer, a ela mesma, a presença de Deus na alma.

> Conheço uma pessoa que não tinha conhecimento de que Deus está em todas as coisas, fazendo-o por presença, potência e essência. Ora, por uma graça que o Senhor lhe concedeu, ela o veio a crer.[19]

Tal certeza revela à alma o que se passou na obscuridade deste influxo divino. Uma verdadeira união de Deus com a essência da alma. As afirmações da Santa são claras, embora expressas apenas com alusões:

> ... é ele (o Senhor) quem entra no centro da alma sem porta alguma, como entrou onde estavam seus discípulos quando disse *Pax vobis* ou quando saiu do sepulcro sem levantar a pedra.[20]

Ela já tinha afirmado:

> Sua Majestade se encontra tão unida à essência da alma, que o inimigo não arriscará aproximar-se. Creio que nem mesmo entende esses segredos.[21]

Relacionando esta graça com as que virão nas Moradas seguintes, Santa Teresa dirá que é um primeiro encontro

---

[17] *Ibid.*, 1,9.
[18] Cf. *Ibid.*, 1,10.
[19] *Ibid.*
[20] *Ibid.*, 1,12.
[21] *Ibid.*, 1,5.

com o Esposo que se propõe unir-se definitivamente a esta alma. Por conseguinte, o Mestre quer,

como dizem, conceder-lhe que se vejam e se encontrem. ...
Podemos dizer que é assim, porque assim se passa, ainda que num curtíssimo espaço de tempo.[22]

B – *EFEITOS DA GRAÇA MÍSTICA:*
UNIÃO DE VONTADE

[644] Neste encontro, que se dá numa união de toda a alma com Deus – e não apenas de uma de suas faculdades[23] –, o Mestre realiza uma obra profunda:

... Deus atordoou [esta alma] por completo para melhor imprimir nela a verdadeira sabedoria.[24]

Utilizando uma passagem do *Cântico dos Cânticos*, a Santa diz em outro lugar:

... o Senhor a introduziu na adega do vinho e ordenou nela a caridade.[25]

Isto equivale a dizer que este contato divino produziu uma abundante infusão de caridade.

Este amor é tão abundante e de tal qualidade que a alma fica marcada por ele. Tais são os efeitos dos toques substanciais, profundos e imutáveis como a essência da alma que eles afetam. Esta graça mística de união realiza um assenhoreamento efetivo de Deus sobre a alma. Doravante ela se encontra marcada com um selo divino:

Ele (Deus) deseja também que [a alma], sem que entenda como, saia dali marcada com o seu selo.

Com efeito, a alma não faz neste estado mais do que a cera quando alguém lhe imprime o selo, já que ela própria não o imprime em

---

[22] *Ibid.*, 4,4.
[23] Cf. *Ibid.*, 1,11.
[24] *Ibid.*, 1,9.
[25] *Ibid.*, 2,12.

si mesma; apenas se dispõe a isso, pela sua brandura. Ainda assim, não é ela que se dispõe; só permanece quieta e consente em receber a marca.[26]

Santa Teresa nos adverte que este senhorio de Deus depois de uma graça de união não é ainda definitivo. Ele pode ser perdido, e o demônio não deixa de utilizar suas artimanhas mais sutis para destruí-lo.

A comunicação com Deus não foi mais do que um breve encontro, e o demônio se esforçará por perturbar a alma e desviá-la desse noivado. ...

Eu vos digo, filhas, que tenho conhecido pessoas muito adiantadas que, tendo chegado a este estado, foram tiradas dele pela grande sutileza e astúcia do demônio, que voltou a ganhá-las para si. Deve juntar-se todo o inferno para isso, [645] pois, como digo muitas vezes, não é uma só alma que se perde, mas uma multidão delas. O demônio tem boa experiência disso.[27]

Com efeito, é preciso esperar o desposório espiritual para que Deus se apodere da alma, de tal maneira que nenhum inimigo possa separá-la dele.

Se bem que os laços criados pela graça de união possam ser cortados pela astúcia do demônio, a alma saiu verdadeiramente transformada deste contato com Deus, a tal ponto que não se conhece a si mesma. Porque há aqui a mesma diferença que existe entre uma lagarta feia e uma borboletinha branca.[28]

Estas palavras de Santa Teresa, já citadas, e que evocam a metamorfose do bicho da seda em borboleta, falam-nos

---

[26] *Ibid.*, 2,12.

[27] *Ibid.*, 4,5-6. Nas páginas que seguem, Santa Teresa descreve com agudeza esta ação sutil do demônio que chega a separar de Deus uma alma já conquistada por ele: "Mas vem o demônio com suas sutis armadilhas e, sob a aparência de bem, vai afastando-a da vontade divina em coisinhas insignificantes e introduzindo-a em outras que faz parecer não ruins. Assim, vai pouco a pouco obscurecendo o seu entendimento, enfraquecendo-lhe a vontade e fazendo crescer nela o amor-próprio, até que, de queda em queda, afasta a alma da vontade de Deus e a aproxima da sua" (5 M 4,8).

[28] *Ibid.*, 2,7.

dos efeitos extraordinariamente profundos e fecundos da graça de união. Houve uma abundante infusão de amor nesse contato de Deus. É natural que seja a vontade a acusar seus efeitos mais poderosos, pois é ela a faculdade receptiva do amor. Tomada por Deus, está totalmente abandonada ao seu beneplácito:

> Como a alma já se entrega em suas mãos e está tão rendida pelo grande amor, não sabe nem deseja senão que Deus faça dela o que quiser.[29]

Este abandono e esta docilidade da vontade, que comportam, aliás, graus e se aperfeiçoarão em seguida, asseguram

> descanso nesta vida e na outra também. Nenhum evento da terra a afligirá, a não ser que ela se veja em algum perigo de perder a Deus ou de ver que ele é ofendido. Fora disso, nem enfermidade, nem pobreza nem mortes a atingirão – exceto de alguma pessoa que há de fazer falta à Igreja de Deus. Bem vê essa alma que o Senhor sabe fazer melhor do que ela pode desejar.[30]

[646] O assenhoreamento divino produziu um desapego que é um desenraizamento. É este um dos efeitos mais sensíveis. A alma encontra-se como que perdida no meio daquilo que antes a ocupava:

> Oh! Ver o desassossego dessa borboletinha, apesar de nunca ter estado mais quieta e tranquila em sua vida, é coisa para louvar a Deus! Ela não sabe onde pousar e descansar. Depois de ter experimentado tal estado, tudo da terra a descontenta, em especial quando são muitas as vezes que Deus lhe dá desse vinho.
>
> Quase sempre lhe ficam novos lucros. Já não dá valor ao que fazia quando lagarta, que era tecer pouco a pouco o casulo...
>
> ... o apego aos parentes, amigos e posses (que era tal que nem seus atos interiores, suas determinações e seu desejo de apartar-se conseguiam rompê-lo, fortalecendo-se ele, pelo contrário, cada vez mais) converte-se em peso. A alma tem pena de se ver obrigada àquilo

---

[29] *Ibid.*, 2,12.
[30] *Ibid.*, 3,3.

que, para não ir contra Deus, é preciso fazer. Tudo a cansa, porque ela provou que o verdadeiro descanso não pode ser oferecido pelas criaturas.[31]

Este desprendimento que faz com que a borboletinha se sinta "estranha às coisas da terra"[32] e que não pouse "em gostos espirituais nem em contentamentos da terra",[33] é acompanhado de ardores de amor que provocam grandes desejos de glorificar a Deus:

Tudo quanto pode fazer por Deus lhe parece pouco, comparado com os seus desejos.[34]

Desejos eficazes que lhe asseguram a força para praticar as austeridades da imolação apostólica:

Com efeito, a fraqueza que antes sentia para fazer penitência transformou-se em força.[35]

Este amor cria nas almas uma solicitude estranha, pois é de tal maneira nova, forte e dolorosa:

Ó grandeza de Deus! Poucos anos antes – e talvez ainda há poucos dias – estava essa alma de tal forma que não se lembrava senão de si! Quem lhe incutiu tão penosas preocupações?[36]

Santa Teresa insiste no sofrimento que custa à alma o amor que lhe foi infundido:

[647] Tenho considerado muitas vezes isso e penso no tenebroso tormento que padeceu e padece certa pessoa que conheço ao ver as ofensas feitas a Nosso Senhor. Trata-se de dor tão profunda que preferiria a morte a ela.[37]

O que mais a tortura, no entanto, é a perda de muitos cristãos.[38]

---

[31] *Ibid.*, 2,8.
[32] *Ibid.*, 2,9.
[33] *Ibid.*, 4,1.
[34] *Ibid.*, 2,8.
[35] *Ibid.*
[36] *Ibid.*, 2,11.
[37] *Ibid.*, 2,14.
[38] *Ibid.*, 2,10.

A união de vontade

Vê-se com tal desejo de louvar ao Senhor que gostaria de desfazer-se e morrer por ele mil mortes. Logo começa a sentir o anseio de padecer grandes sofrimentos, sem poder fazer outra coisa. Tem grandíssimos desejos de penitência, de solidão e de que todos conheçam a Deus.[39]

De fato, esta graça de união é sempre fecunda para os outros, mesmo que a alma lhe fosse infiel:

Creio que Deus quer que uma graça tão grande não seja concedida inutilmente. Se a alma não se beneficia a si com ela, que sirva de proveito para outros. Porque, como fica com esses desejos e virtudes durante todo o tempo em que perdura no bem, ela beneficia outras almas, comunicando-lhes calor a partir do seu próprio calor. E, mesmo depois de perdido esse calor, ainda lhe fica a ânsia de fazer bem aos outros e o gosto de lhes comunicar os favores concedidos por Deus a quem o ama e serve.

Conheci uma pessoa a quem acontecia [isso]. ... Assim procedendo, fez muitíssimo bem.[40]

Tais são as riquezas maravilhosas depositadas na alma pela graça de união mística. O contato com Deus foi de curta duração; os frutos deste contato, porém, são permanentes. Santa Teresa distingue, muito oportunamente, a graça mística de seus efeitos. A graça é extraordinária e reservada a certas almas; os seus efeitos, dado que constituem a união de vontade que caracteriza as quintas Moradas, são altamente desejáveis.

Mas estes efeitos, por legítimos que sejam, podem ser eficazes? Como tornar próprios estes frutos sem a graça mística? Ou melhor: como chegar à união de vontade sem esta suspensão das potências? Santa Teresa resolveu o problema: a graça mística é um atalho. Existe um caminho ordinário que se abre a todas as almas.

Poderoso é o Senhor para enriquecer as almas por muitos caminhos e trazê-las a estas moradas, sem passar pelo atalho que foi mencionado.[41]

---

[39] *Ibid.*, 2,7.
[40] *Ibid.*, 3,1-2. Cf. V 19,3.
[41] *Ibid.*, 3,4.

C – *O CAMINHO ORDINÁRIO RUMO À UNIÃO DE VONTADE*

[648] No limiar deste nova via, Santa Teresa nos adverte seriamente que, por ser ordinário, o caminho não será menos custoso:

Mas prestai grande atenção a isto, filhas: é necessário que morra a lagarta – e o faça à vossa custa. Ali ajuda muito a fazê-la morrer o ver-se em vida tão nova; aqui é preciso que a matemos nós mesmas. Eu vos confesso que será com muito mais sofrimento.[42]

A imagem do atalho que corta a sinuosa rota principal parece garantir, a essa última, facilidade na lentidão. Temos que corrigir: para o atalho, a rapidez e certa facilidade; para o caminho ordinário, a lentidão e a rude ascese.

Não nos espantemos. É exatamente ao mesmo ponto que os dois caminhos – graça mística e caminho ordinário – devem conduzir. Tenhamos novamente na memória os efeitos da união mística já descritos. Resumem-se em duas palavras: amor qualificado e desapego absoluto. A mudança na forma de aquisição poderia bem nos levar, como que inconscientemente, a diminuir o valor destas palavras e das realidades daquilo que elas significam. Desta forma, a própria união de vontade seria posta em jogo. Ela não poderia ser verdadeira sem este amor qualificado que realiza um profundo assenhoreamento divino e sem o desapego absoluto necessário ao reino deste amor.

I – *Ascese do desapego*

Nós o compreendemos facilmente: para chegar ao desapego dos pais, dos amigos e dos bens deste mundo, que resulta na liberdade perfeita e que faz a alma sentir como "tudo da terra a descontenta"[43] é preciso trabalhar "muito, muito, não devendo nos descuidar nem pouco nem muito".[44]

---

[42] *Ibid.*, 3,5.

[43] *Ibid.*, 2,8.

[44] *Ibid.*, 1,2.

[649] Este trabalho enérgico estará voltado para a prática das virtudes – particularmente da obediência, que liberta a vontade e o julgamento –, e para o dom de si que há de ser completo.

Mas olhai, filhas, para isso de que tratamos, o Senhor não quer que fiqueis com nada. Pouco ou muito, tudo o quer para si. De acordo com o que considerardes que tendes dado, ser-vos-ão concedidas maiores ou menores graças. Não há melhor prova para entender se a nossa oração chegou ou não à união total.[45]

A espada da ascese ativa, por si só, não pode conseguir tal libertação. A alma só sabe manejá-la seguindo suas visões limitadas e inconscientemente egoístas. Poupa-se sem o saber e realiza movimentos de compensação. De resto, como poderia ela, sem crueldade aparente, sem presunção ou sem ferir a caridade, privar-se de bens necessários e quebrar o laço de afeições legítimas, como aquelas em relação aos pais e aos amigos? Só a espada de Deus tem o direito de cortar certos laços e de penetrar nas profundidades libertadoras. Fá-lo por meio dos acontecimentos e das causas segundas livres. A vida dos santos e a experiência das almas, cuja coragem soube atrair o olhar de Deus e merecer esta honra, revela-nos com que força misericordiosa a Sabedoria de amor se esmera em torturar aqueles que chama à união perfeita.

II – *Exercício de amor*

A parte da alma não se limita à ascese do desapego. Ainda mais importante é o desenvolvimento do amor. A união é obra do amor. Assim, convém repetir com São João da Cruz que aquilo que importa sobremaneira é que a alma se exercite no amor.[46] Algumas almas concedem a este exercí-

---

[45] *Ibid.*, 1,3.
[46] Cf. Ch 1,34.

cio de amor tal prioridade que a preocupação do desapego passa para o segundo plano. Exatamente como Santa Teresinha do Menino Jesus. O que dissemos sobre a graça mística de união parece justificar esta atitude. O desapego é nela o fruto da infusão de amor. O amor é nela, a um só tempo, fim e meio. E por que não haveria de ser assim no caminho ordinário? Mas ainda é preciso velar para que este desapego seja real, pois deve manifestar-se para autenticar a qualidade do amor. Seja o que for desta prioridade, [650] o certo é que só o amor pode dar ao trabalho do desapego a sua perfeição e assegurar à alma este abandono e esta docilidade que são a característica da verdadeira união de vontade.

O que comporta este exercício do amor? Dirigindo-se às suas filhas, Santa Teresa as alerta contra a ilusão criada pela intensidade do sentimento, sobretudo contra esta inquieta e ávida busca de Deus que gostaria de alcançá-lo apenas no recolhimento e nos gostos. Já a ouvimos ralhar amavelmente com estas "pessoas concentradas" que parecem que não ousam se mexer com medo de perder um pouquinho dos gostos e da consolação, pois

pouco entendem do caminho por onde se alcança a união. ...
Não, irmãs, não; o Senhor quer obras. Se vedes uma enferma a quem podeis dar algum alívio, não vos importeis em perder essa devoção e tende compaixão dela. Se ela sente alguma dor, doa-vos como se a sentísseis vós. E, se for necessário, jejuai para que ela coma; não tanto por ela, mas porque sabeis que o vosso Senhor deseja isso.
Essa é a verdadeira união com a vontade de Deus.[47]

Eis claramente afirmada a importância dos atos para realizar esta união que reside na vontade e não na sensibilidade. São necessários, portanto, atos e atos que desenvolvam verdadeiramente a caridade. Não é este o lugar para lembrar que somente desenvolvem a virtude aqueles atos que empregam toda a força da virtude já adquirida – e que,

---

[47] 5 M 3,11.

por isso, são chamados intensos –, enquanto que os atos fracos, bons em si mesmos, mas que não exercitam toda a caridade adquirida, correm o risco, pelo contrário, de diminuir-lhe a força. Esta verdade teológica tem um considerável alcance prático. Intensidade, aliás, significa perfeição do ato em si mesmo e pureza de intenção, e não necessariamente esforço ou violência para o praticar.

Parece, então, que o desenvolvimento da caridade e a união de vontade – que é o seu fruto – estão ligados a fatores imponderáveis. Uma determinada pessoa caminha cumprindo seu dever, de boa vontade, sem fervor, mas também sem laxidão aparente. Seus atos são bons, mas fracos. Outra pessoa, sua companheira, mal se distingue dela, mas o seu fervor vigilante alimenta uma fidelidade atenta em purificar sua intenção e em acrescentar aos seus atos esse quase nada que lhe assegura a perfeição. Seus atos são bons e intensos. Apenas esta última **[651]** se exercita no amor. Os anos passam numa vida comum que as une e que pouco as diferencia exteriormente. Todavia, esta última chegou à união de vontade, enquanto que a primeira – talvez mais bem-dotada – adormeceu numa facilidade e num automatismo que retiveram todo o progresso.

III – *A intervenção de Deus*

O esforço ativo da alma não pode chegar ao amor que realiza a união de vontade, nem tampouco ao desapego e à docilidade que a graça mística nos mostrou. Sem dúvida, é sempre verdade afirmar que a caridade é coisa divina e que só o Espírito Santo pode difundi-la em nossos corações. É também verdade que ela pode ser objeto de mérito. Agora, precisamos aqui, ao afirmar que o amor qualificado, mesmo no caminho ordinário, não é unicamente o fruto dos méritos da alma: ele é concedido por uma intervenção misericordiosa da Sabedoria divina. Importa sublinhar esta verdade para que a união de vontade não seja atribuída apenas aos esforços da alma e mesmo para que o caminho ordinário não seja considerado como exclusivamente ascético.

Para Santa Teresa, com efeito, o trabalho da alma tem por fim somente conseguir

[aquilo] que é necessário para estar inteiramente unidas à vontade de Deus.[48]

Ainda bem não terminamos de fazer tudo o que nos cabe, Deus une a esse trabalhinho – que não é nada – a sua grandeza, conferindo-lhe tanto valor que o próprio Senhor se torna a nossa recompensa.[49]

E

O Senhor é poderoso para enriquecer as almas por muitos caminhos e trazê-las a estas moradas.[50]

Ademais, além da união de dois seres exigir a convergência do seu amor recíproco – e, portanto, a livre participação de cada um deles –, a união de vontade é um assenhoreamento de Deus sobre a alma e deixa, por consequência, a parte principal à sua ação.

[652] Esta intervenção divina que infunde misericordiosamente o amor já se deu nas orações de quietude ou na aridez contemplativa que, sob experiências diversas, são todas infusão de amor na vontade.[51] O próprio São João da Cruz, nas poucas linhas que consagrou a este período, caracteriza-o pela facilidade em encontrar uma serena e amorosa contemplação e sabor espiritual.[52] Depreende-se, pois, que Deus prende progressivamente a alma por laços suaves ou dolorosos até que seja realizada a união de vontade.

---

[48] *Ibid.*, 3,6.

[49] *Ibid.*, 2,5.

[50] *Ibid.*, 3,4.

[51] Na oração de quietude especialmente, Santa Teresa se compraz em sublinhar que apenas a vontade está constantemente presa. A quietude é, portanto, uma preparação direta para a união de vontade.

[52] Cf. 2 N 2,1.

Então, para distinguir do caminho ordinário o atalho, que é a graça mística, convém salientar não tanto a intervenção direta de Deus – que é comum e necessária a ambos – quanto o modo desta intervenção. Num texto já citado, Santa Teresa nos dá a solução do problema:

> Poderoso é o Senhor para enriquecer as almas por muitos caminhos e trazê-las a estas moradas, sem passar pelo atalho que foi mencionado.[53]

Aquilo que caracteriza o atalho é a suspensão das potências – portanto, o modo extraordinário e poderoso pelo qual a graça é concedida, e não uma qualidade especial desta graça. Seja qual for o caminho que aí conduz, a união de vontade consiste em um amoroso assenhoreamento de Deus sobre a vontade que se torna, assim, entregue e dócil às suas moções.

Graça preciosa, "mas, ai de nós, quão poucos devemos chegar a ela!";[54] graça muitíssimo desejável que indica uma etapa de extrema importância no caminho da perfeição e que, sobretudo, é um ponto de partida para as últimas etapas rumo à santidade, para a realização de altos projetos no plano divino.

---

[53] *Ibid.*, 3,4.
[54] *Ibid.*, 3,6.

DÉCIMO CAPÍTULO
O mistério da Igreja

Para que sejam um, como nós somos um.[1]

[653] A união de vontade realiza uma verdadeira transformação da alma. Os efeitos da graça mística no-lo demonstram. Uma importante etapa foi ultrapassada. Outra se anuncia por esta transformação que coloca a alma no limiar de um mundo novo. Este mundo ainda aparece apenas numa semiobscuridade que deixa imprecisas as formas, embora revelando-lhes toda a grandeza. Mas é o albor da aurora carregado de esperança que, nas próximas Moradas, se transformará numa luz plena e revelará os esplendores.

Recolhamos com cuidado estas claridades que fazem parte das riquezas da união de vontade. São indícios preciosos que solucionam problemas importantes e permitem uma orientação rumo a novas realizações.

A – *O ZELO DAS ALMAS*

"A própria alma não se conhece a si mesma"[2] – escreve Santa Teresa. Esta mudança se faz acompanhar de surpresa e até mesmo de inquietação quando ela é produzida bruscamente pela graça mística.

A borboletinha que deixou a sua crisálida e cujas asas já cresceram não sabe mais onde pousar, pois "[percebe-se] ...

---

[1] Jo 17,22.
[2] 5 M 2,7.

estranha as coisas da terra".[3] Mas para onde irá esta pobrezinha?

[654] Este desassossego não é, de modo algum, o efeito passageiro de um deslumbramento. Sobrevém à alma como consequência do desapego realizado; mais ainda dos novos e profundos desejos que a levam para o alto. Sem dúvida, desejos de retornar a essas regiões obscuras de onde ela veio com a certeza de "que esteve em Deus e Deus nela",[4] mas também solicitude ardente e dolorosa por Deus e pelas almas, coisa que não tinha experimentado num grau tão elevado.

Poucos anos – e talvez ainda há poucos dias – estava essa alma de tal forma que não se lembrava senão de si. Quem lhe incutiu tão penosas preocupações?[5]

... penso no tenebroso tormento que padeceu e padece certa pessoa que conheço ao ver as ofensas feitas a Nosso Senhor. Trata-se de dor tão profunda que preferiria a morte a ela.[6]

Eis um novo fato que a Santa se compraz em colocar em relevo. Ela evoca, longamente, o martírio de Nosso Senhor "a quem não escapava nenhuma das grandes ofensas que se faziam a seu Pai"[7] e o seu ardente desejo de sofrimento e de morte para a salvação dos pecadores. Guardadas as devidas proporções, o sofrimento da alma é semelhante ao de Cristo.

Ele é essencial a este estado:

---

[3] *Ibid.*, 2,9. Apoiando-nos sobre a convergência dos dois caminhos para a mesma união de vontade, a exemplo da própria Santa Teresa, nós descrevemos a união de vontade a partir dos efeitos da graça mística. A ação repentina e profunda desta graça dá uma consciência nítida e mais viva da mudança operada.

[4] *Ibid.*, 1,9.

[5] *Ibid.*, 2,11.

[6] *Ibid.*, 2,14.

[7] *Ibid.*, 2,14.

Quem dissesse, depois que chegou até aqui, que sempre está em descanso e deleite, diria eu que nunca chegou.[8]

Nestas páginas em que ela trata da união de vontade com uma lógica toda sua – que não é a lógica do pensamento, mas lógica da descrição que abarca tudo aquilo que ela descobre diante de si –, Santa Teresa fala da imensa obra de conversão realizada pelos grandes santos que receberam tais favores e corresponderam a eles.[9]

Sem dúvida alguma, a união de vontade dá uma orientação de fundo para a salvação das almas. É este o fato importante que devemos reter.

De onde vem este zelo? A Santa responde:

Eu vo-lo direi.

Não ouvistes a Esposa dizer que o Senhor a introduziu na adega do vinho e ordenou nela a caridade? **[655]** Eu já o mencionei aqui em outra passagem, embora não a esse respeito. Pois assim se passa nesse caso.[10]

A caridade foi ordenada na alma pelo próprio Deus em direção ao seu duplo objeto: Deus e o próximo. E, comentando este duplo preceito, a Santa escreve:

A meu ver, o sinal mais certo para verificar se guardamos essas duas coisas é a observância fiel do amor ao próximo. ... E convencei-vos: quanto mais praticardes este último, tanto mais estareis praticando o amor de Deus.[11]

Esta importância dada ao amor do próximo e mesmo o sacrifício das devoções que a Santa exige em favor dos atos de caridade[12] são características de um novo estado de alma. Ainda pouco antes, Santa Teresa indicava como um grande perigo para a alma o querer distribuir os frutos do

---

[8] *Ibid.*, 2,9.
[9] Cf. *Ibid.*, 4,6.
[10] *Ibid.*, 2,11-12.
[11] *Ibid.*, 3,8.
[12] Cf. *Ibid.*, 3,11.

seu jardim. A alma que recebia este aviso tinha bebido da terceira água, aquela da quietude perfeita, que é o sono das potências.[13] Depois da graça de união, ela "já pode começar a reparti-los sem que lhe faça falta".[14]

É pouco dizer: a alma fortalecida não só pode, mas deve dar suas riquezas, embora ainda com prudência. Ela sente uma necessidade imperiosa disso.

Explicar esta mudança profunda afirmando que Deus ordenou a caridade não parece suficiente. Por que é que a ordem da caridade exige, com efeito, que a alma se volte para o próximo? Santa Teresa não o diz explicitamente com a desculpa de que não é teóloga e não pode dar a razão de muitas coisas que observou. Dá-nos, contudo, a chave do problema.

Ao desenvolver a comparação do bicho da seda, faz este comentário, à primeira vista, singular:

> Tendo, pois, se desenvolvido – que é o que disse no princípio disto que escrevi –, a lagarta começa a fabricar a seda e a edificar a casa onde há de morrer. Eu gostaria de explicar que essa casa é, para nós, Cristo. Creio ter lido ou ouvido em algum lugar que *a nossa vida está escondida em Cristo ou em Deus* – o que é a mesma coisa – ou que *nossa vida é Cristo* (Cf. Col. 3,3-4). Para o meu propósito, qualquer uma dessas expressões serve.[15]

[656] Esta afirmação surpreendente, que não está ligada a nada do que a Santa expôs anteriormente e que a obriga a explicar como podemos trabalhar para que "o próprio Senhor seja nossa morada, como o é na oração de união",[16] parece trazer um elemento novo, o qual aumenta a complexidade da descrição. Um momento de reflexão nos

---

[13] Cf. V 17,2.

[14] *Ibid.*, 19,3. Cf. IV Parte – Até à união de vontade, cap. 7: "Noite ativa fora da oração", p. 784.

[15] 5 M 2,4.

[16] *Ibid.*, 2,5.

mostra que não é nada disso! Esta afirmação nos revela, na verdade, uma experiência espiritual das mais importantes e das mais interessantes. O fato de que, na união de vontade, Santa Teresa tenha tomado consciência de que ela fora introduzida no Cristo e que, desde então, Cristo seria a morada onde sua vida estaria escondida, o que é senão a descoberta de sua incorporação a Cristo na Igreja, de sua inserção no Cristo total? Que esta incorporação em Cristo seja experimentada por ela neste momento como um fato vivo e vivido na obscuridade é um grande acontecimento. Compreendemos a mudança de atitude de sua alma, observada anteriormente. Uma nova orientação de sua vida não nos surpreenderá. Mistério de unidade, mistério de obscuridade, fonte de semelhante luz! Detenhamo-nos um momento para analisá-lo.

B – *O MISTÉRIO DA IGREJA*

A união de vontade é um assenhoreamento da Sabedoria de amor sobre a vontade. A partir desse momento, a alma fica marcada com um selo divino[17] que, embora não seja indelével, é, contudo, permanente e produz abandono e docilidade. Expliquemos o símbolo dizendo que a Sabedoria se instalou de forma habitual na vontade para aí reinar como senhora.

A Sabedoria só pode reinar para realizar o pensamento de Deus. Ela mesma é o Pensamento de Deus. Não conquista, não age e não leva a agir a não ser para manifestar, vivo e concreto, nos acontecimentos e nas almas, o pensamento de Deus sobre o mundo. Este pensamento de Deus sobre o mundo, nós o conhecemos pelo Apóstolo São Paulo. Ele é o mistério oculto desde os séculos em Deus, criador de todas as coisas ... . Às gerações e aos homens do passado ele não foi dado a conhecer,

---

[17] Cf. *Ibid.*, 2,12.

como foi agora revelado aos seus santos Apóstolos e Profetas, no Espírito: **[657]** os gentios são coerdeiros, membros do mesmo Corpo e coparticipantes da Promessa em Cristo Jesus.[18]

Este desígnio é o de salvar todos os homens sem distinção, identificando-os todos com Cristo Jesus na unidade do seu Corpo Místico.

Desde a eternidade, Deus já contemplava o Cristo total, a Igreja, e encontrava nela as suas complacências como na obra-prima da sua Misericórdia. Ao sair para criar, Deus ia, através de todas as vicissitudes das obras do seu amor, rumo à realização do seu Cristo. *Finis omnium Ecclesia*, a Igreja é o fim de todas as coisas, segundo o testemunho de Santo Epifânio.[19] As próprias vicissitudes, queda dos anjos, pecado do homem, foram permitidas por Deus apenas como ocasião e meio para mostrar toda a força do seu braço, toda a medida do amor que ele desejava dar ao mundo. Não afirmou Santo Agostinho que Deus permitiu a queda dos anjos a fim de criar o homem? O pecado do homem é uma "feliz culpa"[20] que nos mereceu o Cristo Redentor.

É por Jesus Cristo que Deus vai realizar o seu mistério de Misericórdia; por Cristo que tem uma geração eterna, porque é o Verbo de Deus:

Ele é a Imagem do Deus invisível, o Primogênito de toda criatura, porque nele foram criadas todas as coisas, nos céus e na terra, as visíveis e as invisíveis: Tronos, Soberanias, Principados, Autoridades, tudo foi criado por ele e para ele. Ele é antes de tudo e tudo nele subsiste.[21]

Depois da queda do homem, ele se encarnou, e, dentro do novo plano da Redenção, Deus concedeu ao Verbo en-

---

[18] Ef 3,9.5.

[19] SANTO EPIFÂNIO DE SALAMINA (315-403), *Panarion* I,1,5 (Migne, PG 41,181). Cf. III Parte – Contemplação e Vida Mística, cap. 1: "A Sabedoria de amor", nota 20.

[20] Liturgia do Sábado Santo, *Exsultet*.

[21] Cl 1,15-17.

carnado, o Cristo Jesus, a primazia e a plenitude em todas as coisas:

> Ele é a cabeça da Igreja, que é o seu Corpo. Ele é o Princípio, o Primogênito dos mortos, tendo em tudo a primazia, pois nele aprouve a Deus fazer habitar toda a Plenitude e reconciliar por ele e para ele todos os seres, os da terra e os dos céus, realizando a paz pelo sangue da sua cruz.[22]

A epístola aos Efésios também afirma este desígnio eterno de Deus de reunir todas as coisas em Cristo:

> [Deu-nos] a conhecer o mistério da sua vontade, conforme decisão prévia que lhe aprouve tomar para levar **[658]** o tempo à sua plenitude: a de em Cristo recapitular todas as coisas, as que estão nos céus e as que estão na terra.[23]

No seu pensamento eterno, Deus não vê senão o seu Cristo, e é nele que ele descobre cada um de nós, porque foi nele que ele nos colocou:

> Nele, ele nos escolheu antes da fundação do mundo, para sermos santos e irrepreensíveis diante dele no amor. Ele nos predestinou para sermos seus filhos adotivos por Jesus Cristo, conforme o beneplácito da sua vontade, para louvor e glória da sua graça, com a qual ele nos agraciou no Bem-amado... .
>
> Nele, predestinados pelo propósito daquele que tudo opera segundo o conselho da sua vontade, fomos feitos sua herança, a fim de servirmos para o seu louvor e glória, nós, os que antes esperávamos em Cristo.[24]

Por isso, este decreto divino que nos fala do amor eterno do Pai para com o seu Cristo, e para conosco em Cristo, deve fazer jorrar de nossos corações um hino de gratidão:

> Bendito seja o Deus e Pai de Nosso Senhor Jesus Cristo, que nos abençoou com toda a sorte de bênçãos espirituais, nos céus, em Cristo.[25]

---

[22] *Ibid.*, 1,18-20.
[23] Ef 1,9-10.
[24] *Ibid.*, 1,4-6.11-12.
[25] *Ibid.*, 1,3.

O mistério da Igreja

Cristo Jesus veio à terra para realizar este decreto divino, vontade de Deus.[26] Ele não revelou este desígnio de Deus senão progressivamente e em termos velados, em respeito à fraqueza dos seus ouvintes e para não chocar-se de frente com as suas interpretações egoístas das promessas messiânicas. Fala do Reino de Deus que vem estabelecer, das leis de seu desenvolvimento, de suas exigências. Denomina-se a si próprio como o caminho que é preciso seguir, a porta do redil que há de reunir todas as ovelhas, o bom pastor destas mesmas ovelhas; é a luz que ilumina, a verdade que brilha para todos, a vida que deve derramar-se em todas as almas. É, enfim, o alimento das almas: não se pode ter a vida a não ser comendo sua carne e bebendo seu sangue:

> Eu sou o pão da vida. ... Em verdade, em verdade, vos digo: se não comerdes a carne do Filho do Homem e não beberdes o seu sangue, não tereis a vida em vós. ... Quem come a minha carne e bebe o meu sangue permanece em mim, e eu nele. Assim como o Pai, que vive, me enviou e eu vivo pelo Pai, também aquele que de mim se alimenta viverá por mim.[27]

[659] Esta linguagem parecia dura e obscura para os judeus. E como não o haveria de ser, abordando tão de perto o mistério oculto a que se referiam as afirmações precedentes? Quando o mistério for revelado em plena luz, a pregação de Jesus encontrará a sua explicação.

Esta revelação será feita depois da Ceia aos Apóstolos, convertidos em sacerdotes e amigos de Cristo, no momento em que a presença eucarística derrama em suas almas a unção que ilumina e inflama. Jesus lhes diz:

> Eu sou a videira e vós os ramos. ... Permanecei em mim, como eu em vós. ... Aquele que permanece em mim e eu nele produz muito fruto; porque, sem mim, nada podeis fazer. ... Meu Pai é glorificado quando produzis muito fruto e vos tornais meus discípulos.[28]

---

[26] Cristo, ao entrar no mundo, afirmou: "Eis-me aqui, ... eu vim, ó Deus, para fazer a tua vontade" (Hb 10,7).

[27] Jo 6,48.53.56-57.

[28] *Ibid.*, 15,4.5.8.

Antes, ele já lhes havia dito quem ele era:

Nesse dia, compreendereis que estou em meu Pai e vós em mim e eu em vós. Quem tem meus mandamentos e os observa é que me ama; e quem me ama será amado por meu Pai. Eu o amarei e me manifestarei a ele.[29]

Os Apóstolos estremeceram sob esta luz que esperavam e que explicava, unificando-a, toda a doutrina anteriormente recebida.

E agora, Jesus rezava em voz alta na presença dos seus Apóstolos e, na sua oração, falava claramente sobre si mesmo, sobre sua missão, fixava o fim de sua vida e as intenções do seu sacrifício.

Não havia mais do que uma intenção para ele, para os seus Apóstolos e para todos aqueles que mais tarde haveriam de crer em sua palavra:

... que todos sejam um. Como tu, Pai, estás em mim e eu em ti, que eles estejam em nós, para que o mundo creia que tu me enviaste. Eu lhes dei a glória que me deste para que sejam um, como nós somos um: Eu neles e tu em mim, para que sejam perfeitos na unidade e para que o mundo reconheça que me enviaste e os amaste como amaste a mim.[30]

Cristo morreu para a unidade do seu Corpo Místico. O sangue que ele derramou é o sangue da nova aliança que Deus veio estabelecer com os homens, o laço que uniu tudo o que estava separado. Deus ressuscitou-o e

Deus, que é rico em misericórdia, pelo grande amor com que nos amou ... nos vivificou juntamente **[660]** com Cristo ... e com ele nos ressuscitou e nos fez assentar nos céus, em Cristo Jesus.[31]

É pela recepção do corpo e do sangue de Cristo que entramos em Cristo e que nos colocamos sob sua ação redentora e unificadora. É assim que se cria "um só Homem

---

[29] *Ibid.*, 14,20-21.
[30] *Ibid.*, 17,21-23.
[31] Ef 2,4-6.

Novo", que somos reconciliados "com Deus em um só Corpo, por meio da cruz" e que, "num só Espírito, temos acesso junto ao Pai".[32]

A obra continua através dos séculos. O desígnio de Deus realiza-se em nós e no mundo:

Portanto, já não sois estrangeiros e adventícios, mas concidadãos dos santos e membros da família de Deus. Estais edificados sobre o fundamento dos Apóstolos e dos Profetas, do qual é Cristo Jesus a pedra angular. Nele bem articulado, todo o edifício se ergue em santuário sagrado, no Senhor, e vós, também, nele sois co-edificados para serdes uma habitação de Deus, no Espírito [Santo].[33]

Este edifício, ou Cristo total, guarda, como qualidade essencial e vital, esta unidade que Cristo pediu para ele:

... um só Corpo e um só Espírito, assim como é uma só a esperança da vocação a que fostes chamados; ... um só Senhor, uma só fé, um só batismo; ... um só Deus e Pai de todos, que é sobre todos, por meio de todos e em todos.[34]

Contudo, neste corpo tão perfeitamente unificado há membros diversos. Esta diversidade provém da diferente medida de graça que Cristo julgou bom conceder a cada um de nós,[35] e da diversidade das funções que ele nos confiou:

A uns ser Apóstolos, a outros Profetas, a outros evangelistas, a outros pastores e mestres.[36]

A um, o Espírito dá a mensagem de sabedoria; a outro, a palavra de ciência segundo o mesmo Espírito; a outro o mesmo Espírito dá a fé; a outro ainda o único e mesmo Espírito concede o dom das curas; a outro, o poder de fazer milagres; a outro, a profecia; a outro, o discernimento dos espíritos; a outro, o dom de falar em línguas, a outro ainda, o dom de as interpretar. Mas é o único e mesmo Espírito

---

[32] *Ibid.*, 2,15-18.
[33] *Ibid.*, 2,19-22.
[34] *Ibid.*, 4,4-6.
[35] Cf. *Ibid.*, 4,7.
[36] *Ibid.*, 4,11.

que isso tudo realiza, distribuindo a cada um os seus dons, conforme lhe apraz.[37]

[661] A plenitude de Cristo desce sobre cada um de nós. Recebemos sua graça que nos faz participar da sua filiação divina e de todos os seus privilégios. Nós somos filhos e herdeiros do Pai, como ele; somos sacerdotes e reis, com ele.

Mas esta plenitude, ao descer sobre nós, manifesta suas riquezas, os reflexos de sua beleza divina e a diversidade das funções do seu sacerdócio. Tal como um prisma que, ao receber a luz branca, mostra todas as suas virtualidades, também o Corpo Místico de Cristo descobre, mostrando-as em seus membros, todas as riquezas que nossos pobres olhos não conseguiriam abranger num único olhar na plenitude simples e luminosa de Cristo Jesus. O plano divino que fez esta unidade quis, também, a diversidade. Ao nos predestinar para sermos seus filhos adotivos em Cristo,[38] Deus colocou-nos em um membro do seu Corpo Místico para aí proclamar uma virtude particular de Cristo[39] e cumprir uma função do seu sacerdócio.

A nossa participação em Cristo não é somente receptiva; é ativa também. Ao subir para o Pai, Cristo enviou a Igreja ao mundo, como seu Pai o havia enviado, para pregar, batizar e salvar. A vida que ele difunde é amor. Este amor, porque bem difusivo de si mesmo, está sempre caminhando para novas conquistas. Aqueles a quem ele invadiu são também arrastados em seu movimento e se tornam instrumentos de sua ação, canais da vida que ele difunde.

Esta é a Igreja cuja cabeça é Cristo e
cujo Corpo, em sua inteireza, bem-ajustado e unido por meio de toda junta e ligadura, com a operação harmoniosa de cada uma das

---

[37] 1Cor 12,8-11.
[38] Cf. Ef 1,5.
[39] Cf. 1Pd 2,9.

suas partes, realiza o seu crescimento para a sua própria edificação no amor.[40]

Tal é o pensamento de Deus que se realiza progressiva, mas seguramente, apesar de todos os obstáculos, através dos séculos. É a grande realidade, o fato que domina a história dos povos e do mundo. É o fim e a razão de todas as coisas. Assim, quando o Cristo total tiver alcançado "o estado de Homem Perfeito, a medida da estatura da plenitude de Cristo",[41] a figura deste mundo passará e a realidade aparecerá: a do Cristo, em quem Deus manifestou "a ação do seu poder eficaz, ... , ressuscitando-o dentre os mortos e fazendo-o assentar-se à sua direita **[662]** nos céus, muito acima de qualquer Principado e Autoridade e Poder e Soberania" e em quem realizou o seu desígnio, pondo-o "como cabeça da Igreja, que é seu corpo" e assegurando-lhe "a plenitude daquele que plenifica tudo em tudo".[42]

C – *O MISTÉRIO DA IGREJA E A ESPIRITUALIDADE DE SANTA TERESA*

O mistério da Igreja nos revela o desígnio do amor divino, seu movimento; entrega-nos o segredo da estratégia divina no mundo, o objetivo de sua ação nas almas, e de sua atividade exterior pelos acontecimentos. Este dogma não pode ser simplesmente objeto da nossa contemplação. Ele é essencialmente prático e deve entrar em nossa vida espiritual. Afirma que temos um lugar a ocupar, uma missão a cumprir no Corpo Místico de Cristo. Ocupar este lugar, realizar esta missão são coisas inseparáveis da nossa perfeição, ou melhor: elas a constituem e a determinam. A

---

[40] Ef 4,16.
[41] *Ibid.*, 4,13.
[42] *Ibid.*, 1,20-23.

santidade só pode ser encontrada no cumprimento do pensamento de Deus. A espiritualidade que quer nos conduzir à santidade tem que nos revelar este desígnio único de Deus que é a Igreja, guiar-nos para o lugar que nos foi reservado, levar-nos a realizar a missão que aí nos é confiada.

Esta descoberta da Igreja é o importante acontecimento que acompanha a união de vontade. A descoberta é ainda obscura, como as outras descobertas das quintas Moradas. É só mais tarde que ela brilhará na luz e numa plena consciência. Recolhemos anteriormente os sinais que revelam como ela é profunda e certa.

Deus ordenou a caridade na alma. Este amor ardente ultrapassa Cristo Jesus para chegar ao Cristo comunicado e difundido em seus membros. Este amor ardente é inquieto porque ainda não alcançou distintamente o seu objeto. Não sabe onde se colocar, mas já sofre muito por Cristo e pelos seus membros. E já é fecundo sem o saber.[43] Deus ordenou a caridade na alma, o que equivale a dizer que ordenou seu duplo objeto – Deus e as almas – rumo à única realidade em que eles se unem: a Igreja.

[663] Por que Deus esperou tanto tempo para conceder a experiência deste mistério e movimento espiritual que lhe corresponde? A Sabedoria age com força e suavidade, com peso e medida. Era necessário que a alma se consolidasse em sua união com Deus. Santa Teresa nos disse que o cuidado da perfeição pessoal era fundamental no primeiro período, que o principiante devia, antes de tudo, orientar-se para Deus, organizar a sua ascese em função desta busca de Deus para torná-la eficaz; que os desejos de apostolado poderiam ser prejudiciais se desviassem o olhar de Deus. Ainda há pouco, ela nos mostrava o perigo que os transbordamentos divinos das primeiras orações sobrenaturais

---

[43] Cf. as descrições anteriores.

fazem a alma correr, levando-a a dar-se sem medida e com proveito para os outros, quando ela não pode renovar suas forças. Ilusões da atividade própria, do orgulho, da força recebida na quietude... Santa Teresa indicou-as todas. Seu atual convite para entrar no movimento do amor de Deus, na Igreja, está certo e deve ser seguido.

Sua vida oferece uma preciosa confirmação e uma demonstração à sua doutrina. A Santa nos diz que, nos primeiros anos da sua vida religiosa, ela foi às vezes elevada à oração de união.[44] Estas graças tornaram-na muito forte nos grandes sofrimentos de sua doença e lhe permitiram exercer um apostolado bem frutuoso, especialmente junto de seu pai e de algumas pessoas do mundo. Após um longo período de espera – que a Santa denomina tibieza – a influência divina fez-se sentir de novo em sua alma. Entre os grandes favores que ela recebe então, visões e revelações que, na verdade, pertencem às sextas Moradas, encontra-se a transverberação[45] que lhe confere a graça da maternidade espiritual. Sem tardança, o efeito desta graça aparece na instauração da Reforma e na fundação do Mosteiro de São José de Ávila.

Parece realmente que, ao fundar este mosteiro, a Santa se propunha apenas a criar um retiro que lhe permitisse viver numa intimidade profunda com Cristo Jesus.[46]

É verdade, contudo, que o tempo fazia crescer em mim o desejo de contribuir para o bem de alguma alma; eu muitas vezes sentia-me [664] como quem tem um grande tesouro guardado e deseja dá-lo para que todos gozem, mas tem as mãos atadas para não poder distribuí-lo. Eu tinha a impressão de estar com as mãos atadas dessa maneira porque eram tantas as graças recebidas naqueles anos que me pareciam mal-empregadas apenas em mim. Eu servia ao Senhor com

---

[44] Cf. V 4,7.
[45] Cf. *Ibid.*, 29,13.
[46] Cf. *Ibid.*, 32; CP 1.

minhas pobres orações e procurava que as Irmãs fizessem o mesmo e valorizassem muito o bem das almas e o progresso de sua Igreja. Quem com elas se relacionava saía edificado. E nisso se embebiam os meus grandes desejos.[47]

As notícias recebidas das guerras de religião que assolam a França[48] e a visita do sacerdote franciscano, de regresso das Índias Ocidentais, que lhe fala "que lá, por falta de doutrina, perdiam-se muitas almas",[49] aumentam e explicitam estes ardores de apostolado, determinam-na a fundar novos mosteiros com uma finalidade apostólica,[50] e a estender a sua Reforma aos religiosos, pois eles, sim, poderiam trabalhar para a salvação das almas.

Assim nos aparece como Santa Teresa descobriu, progressivamente, a Igreja que é o Cristo total, como ela experimentou a unidade que a constitui, os laços de vida profunda que unem as almas a Cristo e entre si, levando em seu coração as feridas que Cristo recebia na França e, sofrendo, até às lágrimas, a miséria moral, destes milhões de almas que se perdiam na longínqua América. Entrando, desta forma, nas profundezas da Igreja do seu tempo, ela encontrou aí o lugar e a missão que Deus, em seu desígnio eterno, lhe tinha destinado, a ela e à sua Reforma.

Esta dupla descoberta não é intelectual. Profunda e viva, procede de uma luz de amor que penetra toda a alma, cria nela um movimento de fundo e se impõe, doravante, a toda a atividade interior e exterior.

Este novo zelo não é, com efeito, tal como às vezes se afirma, um simples transbordar do supérfluo que abandonaria a alma a si mesma e aos seus cuidados de perfeição pes-

---

[47] F 1,6.
[48] Cf. CP 1,2.
[49] F 1,7.
[50] Cf. CP 1,2-6.

soal, não lhe permitindo utilizar a favor dos outros senão as forças não usadas. Trata-se de um movimento de fundo e vital que arrebata a alma toda e a entrega inteiramente à Igreja e aos seus membros. Não é um recipiente que transborda, mas um reservatório cujas comportas todas se abrem para [665] fecundar o campo da Igreja. A perfeição atual para esta alma reside no dom total de si mesma e, sem nenhuma reserva, à Igreja.

Mas ela não corre algum perigo ao se doar assim sem medida? Talvez, nestas quintas Moradas, sim; e Santa Teresa a adverte disso,[51] afirmando, contudo, a necessidade deste dom. No entanto, logo, esta perda de si se transformará em enriquecimento. Mais ainda: ela é necessária, a partir de agora, ao aperfeiçoamento da alma. Para ser digna da purificação essencial da qual tem necessidade, é preciso, antes de tudo, que ela preste grandes serviços a Deus,[52] e é o exercício do zelo que, via de regra, irá lhe assegurar uma parte importante desta própria purificação. Mas não nos antecipemos.

Seja-nos permitido, contudo, indicar, desde agora, o perigo desta espiritualidade que quer ser somente busca de pureza e de perfeição da alma, que não vai a Deus senão para receber e se tornar um brilhante satélite do Sol divino. Para conseguir isso, foge-se, isola-se, evita-se todos os contatos interiores e exteriores que poderiam ser um obstáculo à realização desta beleza que se deseja sem mácula e tão somente divina. Santa Teresa falou-nos de como esta atitude da alma era indispensável durante um primeiro período. E, por outra parte, há vocações e estados que não têm o direito de se consagrar à ação exterior. Mas, feitas estas reservas, quem não vê o sutil egoísmo espiritual que se es-

---

[51] Cf. 5 M 4,5-6.
[52] Cf. Ch 2,28.

conde nessa concepção de perfeição que renunciaria para sempre a entrar no mistério da Igreja? Esse egoísmo deteria o movimento do amor, caso não lhe viesse a dar até mesmo a morte. O esplêndido isolamento dessa alma poderia, quando muito, assemelhar-se a estes lagos que recolhem as águas da torrente e as retêm. É de se temer que, retendo ciosamente suas águas, ele acabe por obrigar a torrente a desviar seu curso e que, pouco depois, encontre, no vazio de sua alma, apenas a recordação das graças recebidas noutro tempo.

Não há dúvidas de que a alma, nestas regiões, deve se doar. Pela união de vontade, Cristo tornou-se sua morada. Ela só progredirá, deixando-se levar pelo pensamento e pelo amor de Cristo que "amou a Igreja e se entregou por ela".[53] Para a alma, assim como para Cristo, a Igreja tornou-se a realidade **[666]** viva na qual e para a qual deve viver, trabalhar e morrer. A união da alma com Cristo está orientada para uma unidade mais alta: aquela de Cristo com a sua Igreja.

Estaremos diante de uma lei geral? Essa descoberta prática da Igreja, após um período que prepara o assenhoreamento divino, vai se impor a toda a santidade? Certamente, há muitos meios para descobrir e realizar na prática o dogma da Igreja. Santa Teresa nos apresenta uma experiência que não poderíamos considerar universal. Mas, se nos desprendermos dos modos exteriores e retivermos apenas a linha geral, não vamos encontrá-la nas ascensões espirituais dos gigantes de santidade que o Espírito Santo, nos primeiros séculos da Igreja, conduziu até aos cumes? O Espírito Santo apoderou-se dos Apóstolos, inflamou-os nos ardores do zelo e entregou-os à Igreja para que aí, pelo sofrimento e pelos trabalhos, se tornassem Apóstolos perfeitos e santos. Aqueles a quem, com razão, chamamos Padres da Igreja,

---

[53] Ef 5,25.

tinham vivido, em sua maior parte, primeiramente, na solidão. Foi ali que o Espírito se apoderou deles para lançá-los de novo no mundo, como testemunhas e instrumentos de sua graça, e fazê-los realizar, a um só tempo, nos trabalhos suportados para glória dele, a sua missão e a sua santidade.

Esta é, com efeito, a ordem do plano divino: a Sabedoria assume uma humanidade, imola-a e a dá em alimento: Encarnação, Redenção, Igreja! Tal é a lógica divina dos mistérios, tais são as etapas das realizações divinas, sendo a Igreja o fim de todas as coisas. Devemos encontrar esta lógica e esta ordem em toda a parte. Por conseguinte, é ela que deve marcar as etapas da santidade.

E, de fato, na espiritualidade que Santa Teresa nos apresenta, a união de vontade, que é uma tomada de posse da Sabedoria, será seguida pelos trabalhos purificadores e redentores das sextas Moradas que precederão a união e o dom perfeito à Igreja, nas sétimas Moradas.

V Parte

SANTIDADE PARA A IGREJA

[669] " ... falemos, pois, das sextas Moradas, onde a alma, já [ficou] ferida pelo amor do Esposo"[1] – escreve Santa Teresa no limiar destas Moradas. Deus apoderou-se desta alma e se manifestou a ela. Neste contato profundo, acenderam-se os ardores de amor. É uma primavera plena de promessas, mas somente uma primavera. Os rebentos cheios de seiva pedem, de uma só vez, as chuvas benfazejas e os calores ardentes do sol para se abrirem e desabrocharem. A alma não está suficientemente transparente para que nela apareça a face de seu Deus; seu olhar não está suficientemente puro para descobri-la. E não é também necessário que ela se torne, concomitantemente, um perfeito instrumento do amor?

A própria Sabedoria se põe a trabalhar. Não manifestará, em nenhuma outra parte, estratégias divinas mais brilhantes e mais misericordiosas. Ela enriquece e empobrece; revela-se para abrasar e se esconde para atiçar a chama dos desejos; quebra para amolecer e fere para curar. Desta forma, ela purifica, transforma e pacifica.

Pobre e confiante, dócil e forte, a alma chega ao desposório espiritual. É uma primeira etapa. Mais tarde, será elevada ao matrimônio espiritual ou união transformante e descobrirá nela, então, as mais altas maravilhas que Deus pode realizar nesta terra numa pura criatura.

Nestas regiões onde a ação divina se faz transformadora e unitiva, Santa Teresa se sente à vontade. Detém-se

---

[1] 6 M 1,1.

aí de bom grado. Cinquenta páginas, mais de um terço do *Castelo Interior*, são consagradas à descrição das sextas **[670]** Moradas; vinte e duas páginas às sétimas Moradas. Ao todo, mais da metade do tratado. Agradeçamos a Santa. Está aqui, com efeito, o verdadeiro campo da Sabedoria, aquele onde ela estabelece seu Reino na alma e onde realiza sua grande obra de santificação.

Diríamos: regiões pouco frequentadas! Sim – é preciso reconhecê-lo –; os santos são raros. São tão raros quanto as almas que se entregam sem nenhuma reserva às vontades e às ações do Amor.

Contudo, não recuemos diante deste estudo. A luz que brilha nestes vértices, por ser sublime, é mais simples e mais límpida. Ela determina em linhas retas e puras o fim a atingir. Também projeta suas luzes sobre as vertentes da montanha por onde caminhamos. Que ela possa tornar grandes os nossos desejos e forte a nossa confiança!

PRIMEIRO CAPÍTULO

Enriquecimentos divinos

... é Deus que age.[2]

[671] Nas elevadas planícies da união de vontade, durante "longo tempo, e mesmo anos",[3] a alma encontrou, em patamares, repousantes comodidades para a escalada; nas altas pastagens, encontrou alimento saboroso. Com o salmista, ela pode dizer:

> O Senhor é meu pastor, ...
> Em verdes pastagens me faz repousar,
> para águas tranquilas me conduz
> e restaura as minhas forças.[4]

O divino Pastor prepara-a, assim, para as árduas tarefas que a esperam.

Com efeito, eis que, nos confins das planuras, estendem-se as abruptas vertentes da noite do espírito. Sua austera sombra, por vezes, já se projetou sobre o caminho naqueles "presságios e mensageiros" dos quais São João da Cruz fala.[5] A alma, agora, está pronta para a ação. Impõe-se a ascensão. Recusar-se seria estacionar; talvez, perder tudo.

É normal que, desde o início deste período de ascensão das sextas Moradas, Santa Teresa fale dos sofrimentos que nele se encontram. E, quiçá, seja ainda mais normal que São João da Cruz – a quem a noite atrai, porque as almas aí se encontram em aflições –, se dirija diretamente às obscuridades da angústia.

---

[2] Ch 3,67.
[3] 2 N 1,1.
[4] Sl 22[23],1.2-3.
[5] 2 N 1,1.

Quanto a nós, que desejamos apenas explicar e comentar a doutrina dos Mestres carmelitas, cremos dever falar, inicialmente, dos enriquecimentos divinos deste período. Não é medo de [672] desanimar, mas, antes, desejo de esclarecer, colocando em primeiro plano a verdade que explica tudo nesta etapa suprema da ascensão e que dá a perspectiva real e viva na qual devem se inserir todos os fenômenos que nela encontramos.

Esta verdade é que, no estado do qual falamos, "é principalmente Deus quem age".[6] Se a noite encobre na obscuridade a face do bom Pastor, ele, contudo, permanece presente e mais ativo do que nunca. É ele quem ilumina, purifica, inflama e une. A noite é tão escura e tão dolorosa apenas porque o Pastor conduz a alma "por caminhos justos, por causa de seu nome".[7]

Afirmar esta verdade da ação predominante de Deus, assinalar os traços característicos desta ação e indicar seus diversos modos será o objeto de nosso estudo preliminar.

A – *A SABEDORIA, ARTÍFICE DE SANTIDADE*

Nas quartas Moradas, a ação de Deus, sendo intermitente e atingindo apenas certas potências, estava misturada a muitos elementos humanos e de atividade natural. A união de vontade marcou um progresso muito sensível. A alma possuída por Deus, arrancada do seu meio, é orientada, por aquele que dela se apoderou, rumo a outras regiões e a outras tarefas. A união de vontade, senhorio de Deus sobre a alma, é um ponto de partida, pois vai permitir a Deus agir a seu bel-prazer.

---

[6] Ch 3,29.
[7] Sl 22[23],3.

O selo divino que a alma recebeu traz em si o anúncio do desígnio de Deus; ele só revelará seu segredo na experiência das regiões superiores. Por enquanto, tudo é escuridão e novos ardores. No entanto, nesta obscuridade, brilha uma certeza: a alma esteve em Deus. Ela guarda uma ardente nostalgia de Deus que a tomou e das regiões secretas para onde ele a conduziu. A borboletinha está inquieta – diz Santa Teresa – e não sabe onde pousar.

Mas aonde irá a pobrezinha? Não pode voltar ao lugar de onde saiu, pois como eu disse, não está em nossa mão fazê-lo. Temos de esperar até que Deus seja servido de voltar a conceder-nos essa graça.[8]

Esta união é exclusivamente obra de Deus. Tal verdade, proclamada por ocasião da graça mística da união **[673]** das quintas Moradas, já estava claramente contida na classificação dos diferentes graus de oração dados pela Santa no livro da *Vida*. Todas as orações superiores à quietude e ao sono das potências das quartas Moradas estão simbolizadas na chuva abundante que marca uma plena ação de Deus.

... chuvas frequentes; neste caso, o Senhor rega, sem nenhum trabalho nosso, sendo esta maneira incomparavelmente melhor do que as outras.[9]

As descrições do *Castelo Interior*, mais precisas e mais nuançadas, deixam entrever melhor os graus e os efeitos destes perfeitos influxos, e – é preciso notar – a afirmação da ação soberana de Deus nestas regiões permanece subjacente em cada uma delas e é considerada como verdade tão evidente que mal é repetida. Para Santa Teresa, estas regiões constituem o campo da teologia mística ou secreta sabedoria de Deus. São os ateliês divinos onde a Sabedoria plasma a santidade das almas, ou melhor: é uma Morada que é o "Cristo ... ou Deus – o que é a mesma coisa".[10] As-

---

[8] 5 M 2,9.
[9] V 11,7.
[10] 5 M 2,4.

sim, a única preocupação da Santa será a de desmascarar as dissimulações que a doença, a má-fé ou o demônio podem produzir.

Mais explícitas ainda são as afirmações de São João da Cruz. Em todos os graus desta ascensão, o santo Doutor insiste sobre a parte preponderante e essencial da ação de Deus. Eis aqui uma definição da noite:

Esta noite escura é um influxo de Deus na alma, que a purifica de suas ignorâncias ... . Nela vai Deus em segredo ensinando a alma e instruindo-a na perfeição do amor, sem que a mesma alma nada faça, nem entenda como é esta contemplação infusa. Por ser ela amorosa sabedoria divina, Deus produz notáveis efeitos na alma, e a dispõe, purificando e iluminando, para a união de amor com ele. Assim, a mesma amorosa Sabedoria que purifica os espíritos bem-aventurados, ilustrando-os, é que purifica e ilumina a alma.[11]

Durante as longas securas silenciosas, "é o próprio Deus que está fazendo ... sua obra passivamente na alma".[12]

Na *Chama Viva de Amor*, o tratado sereno e pacífico dos mais altos estados da vida espiritual, o Santo insiste [674] muitas vezes sobre as árduas ascensões que os precederam, a fim de proclamar, energicamente, a mesma verdade:

Primeiramente, estejamos certos de que se a alma busca a Deus, muito mais a procura o seu Amado.[13]

Isto tem em vista prepará-la para a união, não só pelas purificações dolorosas, mas também pelas unções enriquecedoras.

Isto deve ela (a alma) compreender: o desejo de Deus em todas as mercês que lhe concede, nas unções e olores de seus unguentos, é dispor a alma para outros mais subidos e delicados unguentos, os quais serão mais conformes ao feitio de Deus, até fazê-la chegar a

---

[11] 2 N 5,1.

[12] 2 N 8,1.

[13] Ch 1,28.

tão delicada e pura disposição que mereça, enfim, a união divina, e a transformação substancial em todas as suas potências.

Considere, pois a alma, como nesta obra é principalmente Deus quem age.[14]

De fato, é importante que a alma não o ignore, para que ela se deixe
[levar] pela mão aonde ela jamais saberia ir, isto é, às coisas sobrenaturais, incompreensíveis ao seu entendimento, vontade e memória.[15]

É ainda com mais força que o Santo relembra esta verdade ao diretor que tem suas ideias e seus métodos.

... considerem que o principal artífice, guia e inspirador das almas em semelhante obra é o Espírito Santo e não eles. Este Espírito divino jamais perde o cuidado delas; os diretores são apenas instrumentos.[16]

Terminadas as preparações, a ação de Deus vai se ampliando, se aprofundando. Deus se precipita na alma purificada para apoderar-se dela toda inteira.

... assim como o sol está madrugando para penetrar em tua casa, se lhe abrires a janela, assim Deus que não dorme em guardar a Israel (Sl 120,4), também está vigilante para entrar na alma vazia e enchê-la de bens divinos.[17]

[675] Invasões divinas, feridas daquela "chama que é o Espírito Santo",[18] desposório espiritual, artes da Sabedoria eterna[19] conduzem a alma à união perfeita.

Os jogos divinos continuam na substância da alma onde o Espírito Santo celebra a festa do amor,[20] onde o Verbo repousa como que adormecido e, às vezes, acorda num maravilhoso despertar que revela à alma suas sublimes rique-

---

[14] *Ibid.*, 3,28-29.
[15] *Ibid.*, 3,29.
[16] *Ibid.*, 3,46.
[17] *Ibid.*
[18] *Ibid.*, 1,19.
[19] Cf. *Ibid.*, 1,8.
[20] Cf. *Ibid.*, 1,9.

zas,[21] o cautério suave do Espírito Santo, o toque delicado do Verbo e a branda mão do Pai.[22] A ação de Deus nestas regiões elevadas é direta, embora, ordinariamente, ela permaneça hierarquizada como toda ação providencial.

Concluiremos também daqui que estas almas são purificadas e iluminadas pela mesma Sabedoria de Deus que purifica os anjos de suas ignorâncias, instruindo-os e esclarecendo-os sobre as coisas desconhecidas, derivando-se de Deus pelas hierarquias, desde as primeiras até às últimas, e descendo destas últimas aos homens. Por esta razão, todas as obras e inspirações vindas dos anjos, diz a Sagrada Escritura, com verdade e propriedade, vêm deles e de Deus ao mesmo tempo. O Senhor, efetivamente, costuma comunicar suas vontades aos anjos e eles vão por sua vez comunicando-as uns aos outros sem dilação alguma, como um raio de sol que atravessasse vários vidros colocados na mesma linha. O raio, embora atravesse todos, todavia, atravessa-os um por um, e cada vidro transmite a luz ao outro, modificada na proporção em que a recebe, com maior ou menor esplendor e força, quanto mais ou menos cada vidro está perto do sol.

... Segue-se ainda que o homem, sendo o último ao qual chega esta amorosa contemplação – quando Deus a quer dar – há de recebê-la, por certo, a seu modo, mui limitada e penosamente.[23]

Muitas graças extraordinárias, como as visões e até mesmo esta graça da paternidade que assegura as primícias do espírito e permite transmiti-las,[24] são obras dos anjos.

Contudo, as graças mais elevadas, como a chaga da qual fala a segunda estrofe da *Chama Viva de Amor*, são os toques
da divindade na alma, sem forma nem figura alguma intelectual ou imaginária.[25]

---

[21] Cf. *Ibid.*, 4,1-13.
[22] Cf. *Ibid.*, 2.
[23] 2 N 12,3-4
[24] Cf. Ch 2,12.
[25] *Ibid.*, 2,8.

[676] Cheguem as comunicações sobrenaturais diretamente à alma por um toque imediato de Deus ou pela causalidade instrumental dos anjos, elas são obras da Sabedoria de amor no sentido que indicamos, isto é: elas excluem a causalidade humana e procedem de uma ação originária de Deus e de um de seus desígnios particulares com relação à alma.

Ademais, a alma que, habitualmente, não se dá conta da presença de um intermediário quando ele existe (para descobri-lo, é preciso a penetração de um São João da Cruz ou de uma Santa Teresa), toma consciência deste desígnio particular e desta ação de Deus. Sente-se objeto de um influxo precedido de uma escolha divina. Desde a primeira página de sua autobiografia, Santa Teresinha do Menino Jesus exprime, com a deliciosa simplicidade que lhe é própria, esta tomada de consciência muita clara da escolha divina que explica tudo:

... abrindo o santo Evangelho, meus olhos deram com estas palavras: "Tendo Jesus subido a uma montanha, chamou a si os que lhe aprouve e aproximaram se dele" (Mc 3,13). Eis o mistério de minha vocação, de minha vida toda inteira, e sobretudo, o mistério das predileções de Jesus por minha alma... Ele não chama os que são dignos, mas os que lhe apraz; ou como diz São Paulo: "Terei misericórdia de quem me aprouver ter misericórdia (Cf. Ex 33,19). Terei compaixão de quem eu quiser ter compaixão. Desta forma, a escolha não depende de quem a quer nem de quem corre, mas da misericórdia de Deus" (Rm 9,15-16).[26]

A eficácia desta escolha divina se revela à alma muito mais no maravilhoso encadeamento das graças recebidas do que em tal favor particular:

Vosso amor acompanhou-me desde a infância – escreve Santa Teresinha do Menino Jesus –, cresceu comigo, e agora, é um abismo cuja profundidade não posso sondar.[27]

---

[26] Ms A, 2 r°.
[27] *Ibid.*, C, 35 r°.

O testemunho da santinha liga-se ao do Apóstolo que tinha dito: "... pela graça de Deus sou o que sou".[28]

Todos os santos que chegaram aos mais altos graus da santidade unem-se, assim, num cântico de reconhecimento que restitui a Deus aquilo que eles receberam: a santidade.

[677] Esta tomada de consciência na luz dos vértices e a convicção que ela cria nos parecem o testemunho mais impressionante da soberania de Deus na obra da santificação, especialmente nestas últimas etapas onde a Sabedoria de amor se revela através de intervenções diretas.

B – *CARACTERÍSTICAS DESTA AÇÃO DIVINA*

Antes de estudar detalhadamente a ação de Deus nesta última etapa da vida espiritual, assinalemos, desde já, aquilo que a caracteriza para termos uma visão de conjunto.

Nestas regiões, a Sabedoria infunde o amor cuja profundidade indica a qualidade, um amor que purifica e une, que é fonte de luz, que realiza progressivamente uma presença divina interior e faz da alma um instrumento divino.

I – *A Sabedoria infusa do amor*

A união de vontade era já o fruto de uma infusão de amor qualificado, e Santa Teresa observa que as sextas Moradas são habitadas por uma alma ferida pelo amor.[29] Todas as graças descritas ulteriormente pela Santa têm como efeito principal o desenvolvimento de um amor que a alma recebe passivamente. Os delicados e sutis impulsos dos quais ela fala em primeiro lugar são como uma centelha que salta "desse braseiro aceso que é Deus ... , de modo a deixá-la

---

[28] 1Cor 15,10.
[29] Cf. 6 M 1,1.

sentir (a alma) aquele abrasamento".[30] Os arroubamentos fazem "crescer a centelha que já mencionamos ... . Abrasando-se toda, tal outra fênix, ela (a alma) se renova por completo".[31] E a Santa ainda escreve: "... estando a alma tão repleta de amor, qualquer ocasião capaz de acender mais esse fogo a faz voar. Assim, nesta Morada, são muito frequentes os arroubos".[32] Alternadamente, os sofrimentos que servem "para aumentar-lhe os desejos de **[678]** fruir do Esposo" e as visões que revelam sua presença aumentam o amor até que, enfim, chegam estas agonias quase intoleráveis[33] que anunciam a união perfeita.

São João da Cruz, que havia sublinhado precedentemente os efeitos da luz divina, fala, agora, quase a mesma linguagem de Santa Teresa. É uma alma ferida pelo amor que também ele nos apresenta no início do *Cântico Espiritual* e na *Chama Viva de Amor*. São as invasões do amor, recebidas passivamente na contemplação, que constituem a noite escura a qual ele denomina, de maneira esplêndida, como "noite obscura de fogo amoroso".[34] Trata-se da mesma chama, isto é, do Espírito Santo, que, mais tarde, a glorificará e que, agora, a penetra para purificá-la.[35] Estes assaltos do amor na alma assemelham-se àqueles do fogo material que investe contra a madeira, que a envolve, seca-a, penetra-a e a transforma em fogo.[36]

Esta comparação traduz muito bem a experiência das chamas de amor que Santa Teresinha do Menino Jesus, com

---

[30] 6 M 2,4.

[31] *Ibid.*, 4,3.

[32] *Ibid.*, 6,1.

[33] Cf. *Ibid.*, 11,1.

[34] 2 N 12,1.

[35] Cf. Ch 1,19.

[36] *Ibid.* Cf. tb. 2 N 10, onde a comparação é mais desenvolvida.

poucas palavras, exprimia depois de sua oferta ao Amor Misericordioso:

Ah! Desde este feliz dia, parece-me que o *Amor* me penetra e me envolve; parece-me que a cada instante este *Amor Misericordioso* me renova, purifica minha alma e aí não deixa nenhum traço de pecado.[37]

Toda a ação de Deus é infusão de amor: é o amor que realiza a conquista da alma, passiva sob seus assaltos.

Esta palavra amor exprime toda a experiência da alma nestes contatos íntimos com o soberano Bem, difusivo de si mesmo. É esta mesma palavra que sempre resumiu a experiência daqueles que mais se aproximaram de Deus e que sentiram o dinamismo ardente do Ser infinito se debruçando sobre a miséria humana para lhe comunicar sua vida que consome e arrastá-la no movimento de sua caridade: "Deus é fogo consumidor";[38] "Deus é Amor"[39] – disseram Moisés, São João e São Paulo.

II – *Amor qualificado pelas profundezas onde age*

[679] A comparação do fogo investindo a madeira já revela uma penetração progressiva do fogo do amor na alma, contudo, de uma maneira imperfeita. É preciso explicá-lo, porque, aqui, profundeza significa qualidade.

Na união mística das quintas Moradas, o encontro divino se dá "no centro de nossa alma".[40]

Deus se fixa a si mesmo no interior da alma, de modo que, quando esta volta a si, de nenhuma maneira pode duvidar que esteve em Deus e Deus nela.[41]

---

[37] Ms A, 84 r°.
[38] Ex 3,2-6; Dt 4,24; Hb 12,29.
[39] 1Jo 4,16.
[40] 5 M 1,12.
[41] *Ibid.*, 1,9.

Estas regiões profundas, descobertas nas quinta Moradas, vão se abrir progressiva e simultaneamente à ação da Sabedoria e ao olhar da alma. É isso que faz a Santa escrever, ao expor estas quintas Moradas:

... o que há nesta Morada e o que vem depois (nas sextas Moradas) [é] o mesmo.[42]

Ao longo da descrição das sextas Moradas, ela acrescenta:

... bem se poderiam unir esta e a última (as sextas e as sétimas Moradas), pois de uma a outra não há porta fechada.[43]

Já no livro de sua *Vida* – com uma experiência menos desenvolvida, é verdade – ela tinha agrupado as orações destas três últimas Moradas sob a comum denominação de orações de união.

Sem dúvida, profundas diferenças justificam esta subdivisão em Moradas separadas,[44] mas aquilo que a Santa quis assinalar e que nos interessa no momento é que, nas graças características das quintas Moradas e de modo cada vez mais habitual nas Moradas seguintes, a ação de Deus está localizada nestas regiões profundas, ou seja: o centro da alma que é a própria Morada de Deus.[45]

[680] São João da Cruz não situa diferentemente as operações do amor neste período. A contemplação que a alma recebe aí é "linguagem de Deus à alma, comunicada de puro espírito a espírito puro; tudo, portanto, que é inferior ao espírito ... , não a pode perceber".[46]

Na *Chama Viva de Amor,* as localizações são ainda mais precisas. O Santo indica que não só as chagas de amor que

---

[42] *Ibid.*, 2,7.

[43] 6 M 4,4.

[44] Cf. 7 M 1, onde se encontram indicadas as diferenças entre a união mística simples e aquela do matrimônio espiritual.

[45] Cf. 7 M 2,3.

[46] 2 N 17,4.

precedem imediatamente a união e os toques do Verbo que a seguem,[47] mas também as unções sutis e delicadas que purificam, "penetram na profundidade da íntima substância da alma".[48]

Estas localizações, familiares a todos os místicos, não são meros símbolos criados pela imaginação. Eles são o fruto de uma experiência muito clara. Santa Teresa se sente arrancada do mundo exterior pela graça mística e introduzida na obscuridade das profundezas de si mesma; pelo voo do espírito ela é conduzida para dentro de Deus e no matrimônio espiritual ela é colocada na presença deste Deus que habita o centro de sua alma.

São João da Cruz parece ter um sentido ainda mais agudo da profundidade. Depois de ter estabelecido a distinção entre a região dos sentidos – os arrabaldes buliçosos – e aquela do espírito – esconderijo segurísssimo contra todos os inimigos –, "profundíssima e vastíssima solidão, ... um deserto imenso, sem limite por parte alguma",[49] ele parece constantemente preocupado, para si e para os outros, em descobrir e levar a descobrir novas profundezas na alma.

---

[47] Cf. Ch 2,17-20.

[48] *Ibid.*, 3,68. Seria o momento de estudar com os teólogos se esta ação de Deus, ou infusão de amor nas profundezas da alma, e até em sua substância, se faz pelos dons do Espírito Santo ou diretamente, sem a mediação deles.

Este estudo nos levaria a sair da linha imposta por nossa finalidade, exclusivamente prática. Seja-nos permitido, porém, observar que se considerarmos os dons do Espírito Santo, não só em sua diversidade específica, que orienta cada um deles para um dom particular de Deus, mas em sua realidade essencial e comum que é a passividade ou potência obediencial da caridade, não vemos por que os dons do Espírito Santo não seriam suficientes para receber esta ação de Deus na substância da alma. Seria importante, então – nós o vemos –, que o teólogo se ativesse em precisar a natureza íntima dos dons para resolver estes problemas, mais do que dirigir-se ao tema mais fácil das propriedades de cada dom em particular.

[49] 2 N 17,6.

Toda a sua técnica espiritual consiste no superar incessantemente as profundezas para mais encontrar a Deus.

[681] Na verdade, São João da Cruz depreendeu que profundeza equivale à qualidade e força do amor. Somente ele pode nos explicar isso:

Primeiramente, devemos saber que a alma como substância espiritual não tem alto nem baixo, nem maior ou menor profundidade em seu próprio ser, como têm os corpos quantitativos. Como nela não há partes distintas, não existe diferença entre interior e exterior, pois é um todo simples.[50]

E, no entanto:

Damos o nome de centro mais profundo de alguma coisa, ao que constitui o ponto extremo de sua substância e virtude, e onde se encerra a força de suas operações e movimentos.[51]

Postas estas preliminares, o Santo continua:

---

[50] Ch 1,10. Esta afirmação da simplicidade da alma parece tornar ilusórias as localizações das quais falamos e a experiência mística sobre a qual elas se apoiam. Contudo, não é assim.

Observemos, primeiramente, que a simplicidade da alma não impede a distinção das potências da alma entre si com a essência da alma. Na própria substância, Santa Teresa vê certa diferença entre a alma e o espírito, como aquela que existe entre a chama e a fogueira. A ação de Deus pode, então, com justa razão, ser experimentada de uma maneira distinta em cada uma das faculdades ou na substância da alma.

Mas convém, sobretudo, notar que a experiência incide mais no dinamismo do amor do que no terreno da ação. Ora, este amor, infundido por Deus na substância da alma, a conquista e a penetra progressivamente à maneira do óleo que penetra e embebe progressivamente um corpo duro. É este progresso de conquista do amor que alcança a experiência e que ela percebe como um movimento. Quando a alma recebeu a medida do amor para a qual ela é feita ou, em outros termos, quando o amor desenvolveu toda a sua força, conquistando a alma e suas faculdades segundo a perfeição que Deus fixou para ela, este amor atingiu o centro mais profundo e realizou a união da qual era capaz. Vemo-lo: a substância da alma permanece simples, mas existe, contudo, um progresso do amor que conquista e é este progresso que é experimentado como um penetrar mais no fundo.

Estas explicações parecem concordar com aquilo que São João da Cruz diz, em seguida, sobre a força de penetração do amor.

[51] *Ibid.*, 1,11.

O centro da alma é Deus. Quando ela houver chegado a ele, segundo toda a capacidade de seu ser, e a força de sua operação e inclinação, terá atingido seu último e mais profundo centro em Deus.[52]

Esta força de penetração, este peso que arrasta para as profundezas não é outra coisa senão o amor. *Amor, pondus meum*. Segundo Santo Agostinho, o amor é um peso.[53]

Observemos como o amor é a inclinação da alma e a sua força e potência para ir a Deus, pois é mediante o amor que a alma se une [682] com Deus; e, assim, quanto mais graus de amor tiver, tanto mais profundamente penetra em Deus e nele se concentra. Donde chegamos à seguinte conclusão: na mesma proporção dos graus de amor divino possuídos pela alma, são os centros que ela pode ter em Deus, cada um deles mais profundo que outro ... . Deste modo, podemos interpretar aquelas muitas moradas que, no dizer do Filho de Deus, há na casa do Pai celeste (Jo 14,12). Logo, para a alma estar em seu centro que é Deus, basta-lhe ter um só grau de amor ... . Se tivesse dois graus, ter-se-ia unido mais a Deus, concentrando-se nele mais adentro; se chegar a possuir três graus, aprofundar-se-á em três centros.[54]

Sentido e espírito constituem, então, apenas uma primeira medida ou etapa da profundeza. Uma vez alcançado o espírito, o amor aperfeiçoando-se nele, cava na substância da alma sucessivas profundezas que são o sinal de sua qualidade.

Essa linguagem une-se ao simbolismo teresiano do *Castelo Interior*, no qual o desenvolvimento do amor e da união com Deus é marcado pelo progresso através das Moradas cada vez mais interiores até a sétima, onde se realiza a união transformante.

Interiorização e profundidade estão, portanto, em função da qualidade e da força do amor. Desta forma, o Santo acrescenta:

---

[52] *Ibid.*, 1,12.
[53] Cf. *Confissões* 13,9.
[54] Ch 1,13.

Quando, pois, a alma diz aqui que essa chama de amor a fere em seu mais profundo centro, quer manifestar como o Espírito Santo a fere e investe no âmago de sua substância, energia e força.[55]

III – *Amor purificativo e unitivo*

Aqui, indicamos esta propriedade do amor apenas para relembrar. Já assinalada, ela deve ser objeto de maiores desenvolvimentos, pois marca a obra essencial do amor nestas regiões a ponto das sextas Moradas serem sinônimo de purificação profunda e de caminhada rumo à perfeição da união.

IV – *Amor, fonte de luz*

Após ter afirmado que as graças das três últimas Moradas se situam nas mesmas profundezas do centro da alma, Santa Teresa aponta como a diferença mais [683] notável entre a graça da união mística das quintas Moradas e a união transformante das sétimas, o fato da primeira ser recebida na obscuridade completa.

... o Senhor une a alma a si, mas tornando-a cega e muda – como ficou São Paulo em sua conversão – e fazendo-a perder o sentido de como se realiza a graça que então frui. O grande deleite que ela sente no momento é o ver-se junto de Deus. Mas, quando este a une a si, a alma não entende coisa alguma, pois se perdem todas as potências.

Nesta última Morada (na união transformante), as coisas são diferentes. O nosso bom Deus quer já tirar-lhe as escamas dos olhos, bem como que veja e entenda algo da graça que lhe é concedida – embora isso se efetue de modo um tanto estranho.[56]

Já era a luz que distinguia as graças das sextas Moradas das precedentes. Descrevendo-as, a Santa constata:

---

[55] *Ibid.*, 1,14.
[56] 7 M 1,5-6.

... a alma nunca esteve tão desperta para as coisas de Deus, nem com tão grande luz e conhecimento de Sua Majestade.[57]

Estas luzes são "alguns segredos – como coisas do céu e visões imaginárias", palavras interiores das quais a alma poderá, depois, dar-se conta.

São parte integrante dos arroubamentos, a ponto de Santa Teresa declarar:

> Creio que não se trata de arroubos se a alma a quem Deus dá essa graça não entende vez por outra esses segredos. Nesse caso, parece-me ser alguma fraqueza natural.[58]

Estas mercês extraordinárias teresianas assinalam e colocam em relevo a qualidade particular da graça da Morada na qual eles se situam. Fornecem, então, para a determinação das etapas, indicações preciosas que, aliás, é fácil de verificar.

No princípio da vida espiritual, o amor se nutria do conhecimento distinto das verdades da fé, realizado segundo as leis psicológicas normais. Quando o amor brotou diretamente do fundo da alma, seja em saborosos eflúvios ou numa plácida aridez, ele colocou o entendimento na impotência. A obscuridade que resultava disso tornou-se mais profunda no início das sextas **[684]** Moradas. É a plena noite da purificação do espírito. Mas, além dessas noites serem, às vezes, sulcadas por relâmpagos que rasgam seu véu de trevas, além da alma estar constantemente iluminada pela contemplação infusa sobre si mesma e sobre a transcendência de Deus, a ponto de

ver como são baixos, limitados, e de certo modo impróprios, todos os termos e vocábulos usados nesta vida para exprimir as coisas divinas,[59]

---

[57] 6 M 4,4.
[58] *Ibid.*, 4,9.
[59] 2 N 17,6.

eis que nestas sextas Moradas surgem os primeiros clarões da aurora:

... assim como os levantes matutinos dissipam a escuridão da noite, e manifestam a luz do dia, assim esse espírito sossegado e quieto em Deus é levantado da treva do conhecimento natural, à luz matutina do conhecimento sobrenatural do próprio Deus. Não se trata, contudo, de conhecimento claro, senão obscuro, como dissemos, qual noite próxima aos levantes da aurora, em que, nem é totalmente noite, nem é totalmente dia, mas, conforme dizem, está entre duas luzes.[60]

Estes levantes da aurora são produzidos pela luz que jorra do amor. São João da Cruz, com efeito, nos explica que as verdades sobrenaturais se inscrevem na nossa alma de duas maneiras: por meio da fé no entendimento e por meio do amor na vontade.

[A alma diz que] estão debuxadas nas entranhas, isto é, na alma, segundo o entendimento e a vontade. De fato, é pela fé que são estas verdades infundidas na alma, segundo o entendimento. Como a notícia delas não é perfeita, diz que estão apenas debuxadas. O debuxo não é perfeita pintura; do mesmo modo, a notícia da fé não é perfeito conhecimento. ...

Além deste debuxo da fé, há na alma que ama, outro debuxo de amor, segundo a vontade. ... é tão perfeita a semelhança realizada pelo amor na transformação dos amados, que podemos dizer: cada um é o outro, e ambos são um só. Explica-se isto pela posse de si mesmo que um dá ao outro, na união e transformação de amor, na qual cada um se deixa e troca pelo outro; assim, cada um vive no outro, sendo um e outro, entre si, um só, por essa mesma transformação de amor.[61]

[685] A linguagem precisa da teologia esclarece estas afirmações de São João da Cruz. O entendimento, esclarecido pela fé, não consegue haurir das verdades sobrenaturais senão o conhecimento do que é capaz, isto é, o conhecimento analógico ou conceitual expresso pelas fórmulas

---

[60] CE 14-15,23.
[61] *Ibid.*, 12,6-7.

dogmáticas. Um esboço, mas que pode ser aperfeiçoado nesta terra.

No entanto, eis que o amor se põe em ação. Ele transforma a alma e a une a Deus numa mútua compenetração e numa semelhança que se tornam cada vez mais perfeitas. Desta compenetração irrompe, graças ao dom de sabedoria, uma experiência afetiva e um conhecimento fruitivo. A caridade, participação da vida de Deus, divinizou a alma, assimilou-a em Deus como a gota d'água no oceano e, mediante este contato, fê-la experimentar Deus em si e lhe concedeu aquilo que denominamos conhecimento por conaturalidade.[62]

Este conhecimento por conaturalidade afetiva, que procede do esboço traçado na vontade pelo amor, torna-se tão claro nas sextas Moradas que pode ser comparado aos levantes da aurora. Normalmente, ele irá se desenvolvendo com as invasões progressivas do amor. Às vezes, alumiado nos repentinos clarões por este "sussurro dos ares amorosos",[63] comunicação e altíssimo conhecimento de Deus que emanam de contatos substanciais,[64] ele é de ordinário "geral e obscuro",[65] concedido à alma como uma "substância apreendida e despojada de acidentes e imagens".[66] Contudo, é real e vivo como o amor que o gera. E, dado que procede de um contato com as profundezas de Deus e que balbucia os íntimos segredos aí experimentados, ele corrige a imperfeição essencial do simples conhecimento da fé, so-

---

[62] Sobre este conhecimento por conaturalidade, cf. MARITAIN, Jacques. "L'expérience mystique naturelle et le vide". Apud *Études Carmélitaines mystiques et missionnaires*. Paris: DDB, vol. II, 23ème année, p. 116-139, octobre, 1938.

[63] CE 14-15,12.

[64] Cf. *Ibid.*

[65] Ch 3,49.

[66] CE 14-15,14.

lidário com a fraqueza de nossos humildes meios humanos de conhecer.

... toda união se pode chamar debuxo de amor, comparada àquela perfeita figura de transformação na glória. Quando se alcança, todavia esse debuxo de transformação, nesta vida mortal, é imensa felicidade.[67]

V – *Amor que realiza as presenças divinas*

[686] Não se pode contestar que as luzes mais preciosas oferecidas por esta ciência do amor se referem às presenças divinas na alma.

Já o influxo do recolhimento passivo, as torrentes da quietude que transbordam sobre a vontade ou sobre todas as potências como no sono das potências, revelaram à alma, nas quartas Moradas, a presença nela de uma fonte viva e profunda. No entanto, a fonte lhe permanecia distante como a geleira o está daquele que se dessedenta nas águas vivas da torrente que dela procede. Não estaria ela, talvez, por demais aprazida neste sabor de eternidade e, como que submersa nesta plenitude transbordante que preenchia seus desejos e capacidades? Não teria julgado ter tocado os vértices da experiência mística? E não estaria suficientemente desapegada destas benfazejas torrentes para dirigir seu olhar à fonte viva de onde elas lhes vêm? O sabor, mais sutil e mais austero, da aridez contemplativa pode produzir os mesmos efeitos de envolvimento deslumbrante e limitar as aspirações da alma àquilo que ela concede. Estas riquezas saborosas são, contudo, apenas dons de Deus; pouca coisa se comparadas ao contato com o próprio Deus que as Moradas superiores proporcionam. A graça mística de união das quintas Moradas é um primeiro encontro que dá à Santa Teresa a certeza de que Deus está presente na alma.[68] As

---

[67] *Ibid.*, 12,8.
[68] Cf. 5 M 4,4; 5 M 1,9.

graças das sextas Moradas, os apelos do Amado, suas visitas e suas ausências aumentam a ferida de amor feita por este primeiro contato. A alma encaminha-se, assim, para o encontro do desposório, onde se trocam as promessas, e para o matrimônio espiritual que consagra a mútua pertença numa visão intelectual do Amado.

Nesta cadeia de graças extraordinárias descritas por Santa Teresa, aparece luminosa a graça de fundo deste período e seu progressivo desenvolvimento. Na verdade, para todas as almas, sejam elas quais forem, "toda a noite do espírito não é senão o caminho doloroso rumo a este conhecimento experiencial do Objeto divino".[69]

Caminho doloroso, pois a presença manifestada à alma não é suficientemente clara e, de ordinário, **[687]** por então, ela se encobre com espessas sombras. Mas a alma não quer senão o próprio Amado:

Não queiras enviar-me
Mais mensageiro algum,
Pois não sabem dizer-me o que desejo.

... E como [a alma] sabe não existir coisa alguma que possa curar sua doença, a não ser a presença e vista do Amado, [desconfia] de qualquer outro remédio.[70]

A necessidade do próprio Deus, para além de todos os seus dons, de suas luzes e de seus amplexos, constitui o dinamismo deste período. A realização progressiva de sua presença é um de seus traços característicos.

Dirigindo-se a Deus, a alma lhe pede para que ele mesmo revele a sua presença:

Ó cristalina fonte,
Se nesses teus semblantes prateados

---

[69] Cf. Frei LUCIEN-MARIE DE SAINT JOSEPH. "A la recherche d'une structure". Apud *Études Carmélitaines mystiques et missionnaires*. Paris: Desclée de Brouwer et Cie, Vol. II, 23ème année, p. 269, octobre, 1938.

[70] CE 6,1.2.

Formasses de repente
Os olhos desejados
Que tenho nas entranhas debuxados![71]

O duplo esboço da fé e do amor que a alma traz em si revela-lhe, em primeiro lugar, o próprio Deus. O esboço do amor é menos imperfeito. Ademais, é ele que brota dos contatos vivos e diretos deste período. É para ele que a alma se dirige a fim de realizar a presença divina da qual sente uma necessidade tão ardente.

Na verdade, trata-se de realizar, no sentido moderno da palavra, a presença divina, enriquecendo-a de íntimas e profundas relações e de contatos diretos e vivos.[72] Deus não muda. Ele está uniformemente presente em todas as partes, sem mais nem menos. Aquilo que pode mudar são nossas relações com ele, isto é: o amor que ele derrama e aquele que nós lhe oferecemos. São estas trocas de amor que, transformando-nos e nos unindo a ele, produzem o conhecimento por conaturalidade, criam a presença e nos levam a realizá-la.

E da obscuridade do amor que aflora a presença divina; é das profundezas, onde o amor faz suas trocas e realiza a semelhança, que nos vêm os traços do Amado. Esta presença, independente de toda visão ou percepção extraordinária, primeiro e **[688]** essencial fruto do conhecimento por conaturalidade, é obscura mas viva, tal como o abraço que a produziu. Ela se torna contínua quando o amor tornou a alma transparente e selou os laços da união.

A realização desta presença comporta etapas que teremos que precisar. Por enquanto, recolhamos alguns teste-

---

[71] *Cântico Espiritual*, estrofe 12.

[72] É neste sentido de realização de presença pela fé e, sobretudo, pelo amor, que São Paulo deseja aos efésios que Deus estabeleça a morada de Cristo em suas almas: *Christum habitare per fidem in cordibus vestris* (Ef 3,17).

munhos que expõem como ela é viva e profunda em meio às sombras que a envolvem.

São João da Cruz nos fala do Verbo que repousa, adormecido, "no centro e fundo de [sua] alma, ... na sua mais pura e íntima substância" e que, por vezes, se ergue em mansos e afetuosos despertares.[73]

Santa Teresinha do Menino Jesus dizia à Madre Inês de Jesus:

> Não vejo o que terei a mais, depois de minha morte, que já não tenha nesta vida. Verei a Deus, é verdade! Mas quanto a estar com ele, já o estou desde esta terra.[74]

E para sublinhar esta presença viva que nenhuma graça extraordinária pode revelar, ela escrevia como explicação do quadro "O sonho do Menino Jesus":

> Pintei este divino Menino de maneira a mostrar o que ele é para mim... De fato, quase sempre *está dormindo*... O Jesus da pobre Teresa não a acaricia como acariciava sua Santa Madre.[75]

Esta realização de presença não se detém na deidade; ela se dirige, de uma maneira mais ou menos distinta, segundo a graça de cada um, para cada uma das três Pessoas divinas,[76] especialmente para Cristo Jesus com quem a caridade divina nos aparenta como filhos de Deus e nos incorpora como membros de sua Igreja. Talvez ela nos revele até mesmo a presença de Maria, cuja função maternal não

---

[73] Ch 4,3.

[74] UC 15.5.7.

[75] CT 160, 3 de abril de 1894.

[76] Certas visões de Santa Teresa, cujo simbolismo é ordinariamente tão próximo da realidade, esclarecem muito bem esta presença penetrante de amor que é preciso realizar. A Santa, um dia, viu que as três Pessoas divinas se reproduziam distintamente dentro de sua alma (R 16,1), que a imagem delas estava esculpida em sua alma (R 47). Por fim, certo dia, "no centro [da alma], foi-me apresentado Cristo Nosso Senhor ... . Eu parecia vê-lo em todas as partes da minha alma claro como um espelho; e esse espelho, não sei como, também era feito todo do próprio Senhor, através de uma comunicação muito amorosa que não sei descrever" (V 40,5).

poderia ficar inativa nesta geração espiritual da qual nós somos os sujeitos.[77]

VI – *Amor que forma o apóstolo perfeito*

[689] Antes de iluminar a inteligência, o amor se instala na vontade; antes de se derramar em conhecimento de conaturalidade, ele arrebata a alma, transforma-a e a une a Deus. Assim, antes mesmo, ou melhor, ao mesmo tempo em que ele suscita um contemplativo que o descobre, ele entrega a alma a Deus como instrumento de seus desígnios.

Unida a Deus e transformada nele, a alma não pode mais se separar dele e o acompanha por toda parte para onde o peso da misericórdia a arrasta. Com Cristo, ela desce novamente em direção ao mundo e encontra na Igreja seu objeto pleno: Deus e o próximo. Ativa e empreendedora, a caridade não pode senão partilhar os trabalhos e imolações de Cristo pela sua Igreja.

Desta forma, as mesmas invasões de amor que, nesta etapa suprema, unem a Deus e levam à realização de sua presença, formam o apóstolo perfeito que é instrumento de Deus. Esta formação pode comportar graças carismáticas, como as investidas de um Querubim que, "transverberando esta alma que já está inflamada como brasa",[78] lhe confere, assim, tesouros e grandezas, "as primícias do espírito, segundo o maior ou menor número de [seus] filhos".[79] Ela repousa sempre sobre as influências profundas e é feita de luminosas descobertas do Cristo total, de ardores para servi-lo e fazê-lo crescer, de purificação das faculdades operativas

---

[77] Cf. Frei MARIA-EUGÊNIO DO MENINO JESUS. "Les Frères de Notre-Dame". Apud *La Vie Mariale au Carmel*. Tarascon: Éd. du Carmel, 1943, p. 28-35.

[78] Ch 2,9.

[79] *Ibid.*, 2,12.

e também de sofrimentos exteriores, na medida em que o exige a missão particular da alma possuída assim por Deus.

Para dizer a verdade, esta formação do apóstolo aparece muito pouco nos escritos de Santa Teresa e, sobretudo, nos de São João da Cruz, que deram maior relevo às virtualidades contemplativas da caridade. Eles não a encontravam na sua experiência interior. O poder da ação de Deus não se afirma numa tomada de consciência psicológica, como a realização da presença de Deus. São os fatos exteriores que a proclamam. Assim, é à vida deles e à missão realizada por nossos Mestres que vamos pedir para suprir o silêncio de seus escritos. Eles nos mostrarão que o amor faz os apóstolos perfeitos – pois somente ele pode fazer os instrumentos de Deus – e como ele fecunda a ação que vivifica com sua chama.

C – *AS MANEIRAS DIVINAS DE AGIR*

[690] Como, ou melhor, sob quais modalidades exteriores, Deus infunde este amor qualificado, cujas altas virtualidades se revelam na contemplação luminosa e na fecundidade do apostolado? É possível dar uma resposta a esta questão e ela pode ser útil?

Sem dúvida, estamos num campo onde a Sabedoria reina afirmando sua liberdade e manifestando, até ao infinito, os seus variados recursos. A região não tem veredas traçadas. É inútil, então, querer procurá-las. E seria um erro perigoso pretender traçá-las.

Contudo, sob a condição de que saibamos nos guardar de toda sistematização *a priori* e mesmo de toda generalização rigorosa, estas maneiras divinas de agir que constatamos na vida dos santos podem ser o objeto de um proveitoso estudo. Sua diversidade, que nos descobre os surpreendentes recursos da Sabedoria, nos deixa entrever, concomitantemente, uma admirável unidade na ação de Deus. Ao explorá-las, aprendemos algumas leis da ação de Deus e, sobretudo, que docilidade ela exige de todos aqueles que querem se submeter a ela amorosamente.

No Carmelo, três santos que superaram as etapas e nos confiaram suas almas se oferecem às nossas investigações. Três santos, três almas diferentes, talvez, três vias. Certamente, uma mesma escola, uma única santidade.[80]

I – *Santa Teresa de Ávila*

Eis, primeiro, Santa Teresa que nos expõe as maneiras divinas de agir das quais ela tem experiência, com um transbordamento de vida profunda, uma penetração e um discernimento do humano e do divino que fazem das descrições [691] das sextas e sétimas Moradas páginas incomparáveis em razão do sopro divino que as anima e da agudeza da psicologia humana que aí se manifesta.[81]

---

[80] A sistematização é tanto mais fácil e, ao mesmo tempo, tanto mais perigosa, quanto menos frequente é a experiência destas regiões. Por falta de verificação experiencial pessoal, não podemos distinguir na doutrina dos santos aquilo que é pessoal daquilo que é essencial e generalizamos indistintamente até os mínimos detalhes. Assim, puderam pensar que as etapas e as graças extraordinárias de Santa Teresa deviam ser encontradas em todos os santos. Uma aproximação entre três santos do Carmelo (Santa Teresa, São João da Cruz e Santa Teresinha do Menino Jesus) irá nos permitir – assim o esperamos – evitar este obstáculo ou, pelo menos, facilitará alguns discernimentos preciosos e, talvez, suficientes.

[81] No livro da *Vida* (cc. 18 a 22 e 37 a 40), a Santa fizera as descrições de quase todas as graças das sextas Moradas, as quais permanecem preciosas, pois contêm detalhes que não achamos em outros lugares. No entanto, no *Castelo Interior*, que a Santa escreve quando já chegou ao matrimônio espiritual, ela domina com maior perfeição seu assunto. A descrição é mais sóbria, embora sempre viva; muitas expressões por demais ardentes caem e as vibrações da alma são mais pacíficas e mais profundas; os detalhes característicos são colocados em destaque e tudo se inscreve numa perspectiva que, doravante, a Santa descobre completamente.

... comecemos agora a ver como o Esposo se comporta com ela (a alma já ferida) e como, antes que o seja de forma consumada, faz com que ela muito deseje isso.[82]

Tal é, nestas sextas Moradas, a tática divina: fazer crescer os desejos para aumentar o amor e obter da alma uma preparação mais ativa e mais intensa para a união perfeita.

Estes desejos, Deus os atiça mediante apelos, nos quais ele se deixa pressentir; mediante visitas tão repentinas e tão rápidas que ele mal se deixa entrever. A ferida dolorosa e suave feita por meio do primeiro encontro cresce. A chama de amor sobe mais ardente e os desejos de possuir se tornam mais vivos:

O Senhor usa para isso de meios tão delicados que a própria alma não os entende, nem creio que acertarei em explicá-los de modo compreensível, a não ser àquelas que passaram por isso. Trata-se de impulsos tão delicados e sutis, procedentes do mais íntimo da alma, que não sei com que compará-los de maneira adequada.

... muitas vezes, estando a própria pessoa descuidada e sem se lembrar de Deus, Sua Majestade a desperta, à maneira de um cometa que passa depressa, ou de um trovão, ainda que não haja ruído. A alma entende muito bem que Deus a chamou. ...

A alma sente-se saborosissimamente ferida, mas não percebe como nem quem a feriu. Sabe tratar-se de coisa preciosa e deseja não sarar jamais daquela ferida. ...

E isso provoca grande dor — ainda que dor saborosa e doce.[83]

Como isso lhe acontece com frequência, a Santa esclarece, muito oportunamente, reafirmando sua incapacidade de explicá-lo:

... o Amado dá claramente a entender que está com a alma; por outro, parece chamá-la **[692]** com um sinal tão certo que não se pode duvidar. É um silvo tão penetrante que a alma não pode deixar de ouvir. ...

---

[82] 6 M 2,1.
[83] *Ibid.*, 2,2.1.

Estava eu pensando agora: será que desse braseiro aceso que é o meu Deus salta alguma fagulha e cai na alma, de modo a deixá-la sentir aquele abrasamento? Como a fagulha em si, tão deleitosa, é insuficiente para queimá-la, causa-lhe aquela dor. O seu toque produz aquele efeito. Parece-me que essa é a melhor comparação a que pude chegar.[84]

Eis outra graça que se parece muito à anterior:

... parece que lhe sobrevém (à alma) um deleitoso abrasamento. É como se de repente fosse penetrada por um perfume tão intenso (não digo ser um perfume; apenas faço uma comparação) que se espalhasse por todos os sentidos. Perfume ou algo do gênero; digo-o para explicar como se percebe estar ali o Esposo. Isso desperta na alma um saboroso desejo de fruir dele ... .

Essa graça nasce de onde já ficou dito.[85]

Estas graças elevam a alma inteira em direção à divina presença que ela traz em si. Eis

outro modo de despertar a alma. Embora possa parecer uma graça maior ... , oferece mais riscos ... .

Trata-se das falas que Deus mantém com a alma de muitas maneiras.[86]

Por causa destes riscos, a Santa quer deter-se um pouco nesta graça.[87] Dado que vamos voltar a este ponto, bem como às graças que haverão de segui-lo, podemos tratar rapidamente.

É preciso assinalar, contudo, que estas falas obrigam "o entendimento [a ficar] apto a entender o que Deus quer que entenda",[88] trazem consigo "a soberania e o poder ..., de modo que à fala corresponde a ação",[89] deixam a alma

---

[84] *Ibid.*, 2,3.4.
[85] *Ibid.*, 2,8.
[86] *Ibid.*, 3,1.
[87] Cf. *Ibid.*
[88] V 35,1.
[89] 6 M 3,5.

"sossegada ... forte, disposta, segura, em quietude e iluminada",[90] revelam uma presença viva e próxima, a presença do Mestre de todas as coisas.

Os progressos do amor que estas visitas e estas angústias asseguram preparam a alma para aquele encontro do desposório onde se faz a troca de promessas.

[693] Este desposório é concluído num arroubo, num encontro na luz que, às vezes, é acompanhado de transportes, de voo do espírito, que revelam a fraqueza do corpo e a força irresistível do "poderoso Gigante".[91]

As visões intelectuais e imaginárias, que colocam na presença de Cristo – hóspede da alma – e dos santos que formam sua corte, também desempenham a função de luz e fixam o olhar de toda a alma nesta divina presença. Enquanto feridas mais profundas que todas as anteriores, deixam nela um ardor de amor e de desejos de tamanha intensidade que os laços do corpo se romperiam, caso Deus não detivesse sua ação.

O matrimônio espiritual vem, por fim, selar a união e mudar as promessas em comunicação das pessoas, na transformação de amor. Para Santa Teresa, esta suprema pertença foi marcada por uma visão imaginária muito elevada: a entrega de um cravo e uma palavra do Cristo-Esposo que lhe contava o alcance desta graça.[92] Daí por diante, na mútua possessão, Deus e a alma gozam de seu amor recíproco que se tornou perfeito. A visão intelectual é constante, embora numa claridade que varia e modifica a intensidade da alegria que a acompanha.

Assim, considerando o itinerário espiritual de Santa Teresa a partir da descrição que ela faz, este nos aparece como

---

[90] V 25,18.
[91] 6 M 5,2.
[92] Cf. R 35.

tendo por pontos de referência as graças extraordinárias que lhe foram poderosos meios de santificação. O atalho que ela evidencia nas quinas Moradas continua nas etapas seguintes. É por esta senda abrupta, mas rápida, que Deus a fez subir até aos vértices. Tal é o juízo que uma visão de conjunto dos caminhos seguidos pela Santa parece impor.

Temos, porém, o dever de desconfiar dessas sínteses apressadas e de não aceitar, senão com ponderação, a própria luz clara que delas deriva. A verdade, com efeito, é aqui mais nuançada. Esta Mestra da vida espiritual tem uma experiência que excede em muito estas graças.

Talvez vos pareça, irmãs – escreve ela no início das sétimas Moradas –, que já falamos tanto a respeito desse caminho espiritual que nada mais há a dizer. Grande disparate seria pensar assim. Se a grandeza de Deus não tem limites, tampouco o terão as suas obras. ... Desse modo, não vos espanteis com o que foi dito e com o que se disser, pois não se trata senão de uma parcela de tudo o que há para contar de Deus.

[694] A Santa tem um sentido por demais penetrante da transcendência divina para colocar limites ao poder de Deus e aos meios de agir de sua sabedoria. Ademais, não tem ela o sentimento obscuro de que todos os trabalhos que Deus lhe impõe durante este período de ascensão de 1560 a 1572 – fundação do Mosteiro de São José de Ávila com as tribulações que a acompanham, extensão de sua Reforma aos frades, fundações de mosteiros na Castela e volta como Priora ao Mosteiro da Encarnação em 1571 – lhe foram fontes de graças preciosas e, talvez, decisivas? Ela não fala disso e nos deixa o encargo de explicitá-lo e de tirar as conclusões.

No entanto, eis aqui uma experiência que ela observa e que não é uma graça extraordinária:

Sua Majestade comunica-se com a alma também de outras maneiras bastante mais elevadas e menos perigosas. Estas não podem ser reproduzidas pelo demônio, creio eu. Assim, mal se podem exprimir, por serem graças muito ocultas. Já as imaginárias podem ser melhor explicadas.[93]

A Santa descreve, então, as percepções sobrenaturais que são puramente intelectuais e isso nos conduz a São João da Cruz.

II – *São João da Cruz*

Mais ainda do que em outras regiões não se poderia falar de diferença essencial entre a experiência de Santa Teresa e aquela de São João da Cruz. Cada um deles conserva, evidentemente, sua graça e seu gênio. Santa Teresa instrui, dando sua experiência positiva que, sob a destreza de sua pena, guarda toda sua viva riqueza. O sacerdote e diretor que é São João da Cruz dirige-se às almas em dificuldade e, com sua ciência precisa de teólogo, aponta os perigos dos dons divinos e revela os tesouros escondidos sob certos estados de desnudez e pobreza dolorosa. Assim, ambos os santos se completam e nos oferecem conjuntamente uma síntese doutrinal cujos elementos não poderíamos dissociar sem riscos.

Mas sabemos, seja por sua vida, seja também pelas alusões em seus escritos, que São João da Cruz conhecia por experiência as graças extraordinárias descritas por **[695]** Santa Teresa. De algumas, ele fala pouco e dá a explicação para isso:

Seria aqui lugar conveniente – escreve ele no comentário à XIII estrofe do *Cântico Espiritual* – para tratar das diferentes espécies de êxtases, arroubamentos e sutis voos de espírito que às almas soem acontecer. Como, porém, meu intento não é outro senão explicar brevemente estas canções, conforme prometi no prólogo, ficarão tais assuntos para quem melhor do que eu saiba tratá-los. Além disso, a bem-aventurada Teresa de Jesus, nossa Madre, deixou admiráveis escritos

---

[93] 6 M 10,1.

sobre estas coisas de espírito, e, espero em Deus, muito brevemente sairão impressos.[94]

Assim, à bem-aventurada Teresa de Jesus cabe o encargo de explicar estas visitas divinas que têm efeitos exteriores. O Santo tem outra mensagem, cujo comentário das estrofes catorze e quinze do mesmo *Cântico Espiritual* nos descobre o objeto:

> Não havemos de pensar que essas visitas de Deus são sempre acompanhadas de temores e desfalecimentos naturais. Só acontece assim aos que começam a entrar no estado de iluminação e perfeição, quando recebem esta espécie de comunicação divina; porque, a outras almas, isto sucede, antes, pelo contrário, com grande suavidade.[95]

O Santo descreve, então, uma comunicação divina que assume outra forma e se assemelha à noite passiva:

> Durante esse sono espiritual que a alma dorme no peito de seu Amado, possui e goza todo o sossego, descanso e quietude de uma noite tranquila. Recebe, ao mesmo tempo, em Deus uma abissal e obscura compreensão divina.[96]

Trata-se, evidentemente, da contemplação infusa da qual ele fala abundantemente no livro da *Noite Escura* do espírito e na *Chama Viva:*

> ... é a teologia mística denominada pelos teólogos "sabedoria secreta", a qual, no dizer de Santo Tomás,[97] é comunicada e infundida na alma pelo amor. Esta operação é feita secretamente, na obscuridade, sem ação do entendimento e das outras potências. ... estas não chegam a perceber aquilo que o Espírito Santo infunde e ordena na alma [que], conforme diz a Esposa nos Cantares (Ct 2,4), [não chega a] saber nem compreender como seja.

[696] Esta contemplação, segundo a expressão de São Dionísio é "um raio de treva para o entendimento";[98] ou me-

---

[94] CE 13,7.
[95] *Ibid.*, 14-15,21.
[96] *Ibid.*, 14-15,22.
[97] Cf. *Summa Theologica*, IIa, IIae, q. 45, a. 2.
[98] Ch 3,49.

lhor ainda, diz nosso santo Doutor, é "linguagem de Deus à alma, comunicada de puro espírito a espírito puro".[99]

Estamos nas mesmas regiões profundas que as graças místicas nos tinham descoberto. Mas, aqui, tudo é "profundo silêncio"[100] e escuridão para os sentidos – que não compreendem nada das operações divinas –, bem como para o diretor espiritual que gostaria de as penetrar:

... este caminho para ir a Deus [é] tão secreto e oculto ao sentido da alma, como o é para o corpo o caminho sobre o mar, cujas sendas e pisadas não se conhecem.[101]

A alma é assim transportada a um abismo secreto, do qual, às vezes, tem uma clara sensação.

... além do que costuma produzir, de tal modo [esta contemplação] absorve e engolfa a alma em seu abismo secreto, que esta vê claramente quanto está longe e separada de toda criatura. Parece-lhe, então, que a colocam numa profundíssima e vastíssima solidão, onde é impossível penetrar qualquer criatura humana. E como se fosse um imenso deserto, sem limite por parte alguma, e tanto mais delicioso, saboroso e amoroso, quanto mais profundo, vasto e solitário.[102]

Neste silêncio se dá uma obra da graça que não fica devendo nada àquela das outras visitas divinas.

São ... inestimáveis os bens que esta comunicação e contemplação silenciosa deixam impressos na alma, sem ela então o sentir, conforme dissemos. De fato, são unções secretíssimas, e, portanto, delicadíssimas, do Espírito Santo.[103]

Este abismo de sabedoria levanta, então, a mesma alma, e a engrandece sobremaneira, fazendo-a beber nas fontes da ciência do amor.[104]

---

[99] 2 N 17,4.
[100] Ch 3,34.
[101] 2 N 17,8.
[102] *Ibid.*, 17,6.
[103] Ch 3,40.
[104] 2 N 17,6.

Esta contemplação, com efeito, não é privilégio exclusivo das almas já purificadas, como parecia insinuá-lo a passagem do *Cântico Espiritual* citada há pouco.[105] É "caminho que conduz e leva às perfeições da união com Deus".[106] É ela que age quando a alma se encontra "nas [697] trevas e angústias da purificação".[107] Esta contemplação "por demais simples, geral e espiritual"[108] é uma "secreta escada" pela qual a alma "disfarçada" se encaminha para Deus,[109] pois

assim como pela escada se sobe a escalar os bens, tesouros e riquezas que se acham nas fortalezas, assim também, por esta secreta contemplação, sem saber como, a alma sobe a escalar, conhecer e possuir os bens e tesouros do céu.[110]

O Santo insiste, explica, parece se repetir. É porque ele está no seu campo. Sua mensagem está aí. Afirma-o, dizendo que ele se propôs

explicar esta noite a muitas almas, que, estando dentro dela, contudo, a ignoravam.[111]

Pois importa muito à alma saber

que, nesta quietude, embora não se sinta caminhar ou fazer qualquer coisa, adianta-se muito mais do que se andasse com seus pés, pois Deus a leva em seus braços.[112]

Estas últimas palavras nos fazem pensar em Santa Teresinha do Menino Jesus. O conjunto evoca uma graciosa descrição de um estado semelhante que Santa Teresa de

---

[105] Cf. CE 14-15,21-22.
[106] 2 N 17,7.
[107] *Ibid*., 17,3.
[108] *Ibid*.
[109] *Ibid*., 17,1.
[110] *Ibid*., 18,1.
[111] *Ibid*., 22,2.
[112] Ch 3,67.

Ávila experimentou não só durante a oração, mas também no decorrer do dia:

> Outras vezes me acomete uma estupidez da alma – eu digo que é – que me dá a impressão de que não faço bem nem mal, mas ando por ver andar os outros, como se diz: sem pesar e sem glória, nem viva nem morta, sem prazer nem sofrer. Parece que não se sente nada. Eu penso que a alma anda como um jumentinho que pasta e que se sustenta porque lhe dão de comer, comendo quase sem sentir. Porque a alma nesse estado não deve estar sem comer algumas grandes graças de Deus, já que, tendo vida tão miserável, não é para ela um peso viver, e o seu ânimo não arrefece; no entanto, não se sentem movimentos nem efeitos para que a alma o entenda.[113]

Um tal estado deixa Santa Teresa desconcertada, pois está habituada aos transbordamentos divinos. No entanto, com aquele "me [698] parece" que em nada diminuiu o valor de suas afirmações, ela continua:

> Isso me parece agora navegar com ares muito serenos, andando muito sem saber como.[114]

Santa Teresa conhecia bem esta calmaria e a fecundidade da ação profunda de Deus que ela dissimula. Não separemos, pois, com arestas muito vivas, a experiência teresiana daquela de São João da Cruz. Permanece, contudo, o fato de que São João da Cruz é o Doutor desta maneira divina de agir, silenciosa e obscura, que é a contemplação infusa.

III – *Santa Teresinha do Menino Jesus*

A comparação sanjuanista de Deus que leva a alma em seus braços[115] nos faz pensar de imediato em Santa Teresinha do Menino Jesus. A semelhança entre os dois santos não se limita a um jogo de imagens. Ela é tão profunda que

---

[113] V 30,18.
[114] *Ibid.*, 30,19.
[115] Cf. Ch 3,67.

Santa Teresinha pode ser chamada a filha mais ilustre de São João da Cruz. Naquilo que concerne especialmente ao ponto que tratamos, fica claro que encontramos o mesmo clima de contemplação ao passar do Doutor Místico à Mestra das pequenas almas.

Os relatos sobre oração da Santinha de Lisieux são bem conhecidos. Durante seu retiro para a Tomada de Hábito:

> Nada junto de Jesus... Secura!... Sono!...[116]
> O pobre cordeirinho não pode dizer nada a Jesus e, sobretudo, Jesus não lhe diz nada.[117]

E ainda:

> O cordeiro se engana pensando que o brinquedo de Jesus não está nas trevas; está mergulhado nelas. Talvez – e o cordeirinho há de convir –, estas trevas são luminosas, mas apesar de tudo, são trevas...[118]

Um ano e meio depois, durante o retiro para a Profissão, é a mesma impotência e a mesma escuridão:

> [699] ... não compreendo o retiro que estou fazendo; não penso em nada. Numa palavra, estou num túnel bem escuro![119]

Cartas e *Manuscritos Autobiográficos* trazem o mesmo testemunho.[120] A impotência parece aumentar. A partir de 1892, todos os autores espirituais deixam-na na aridez.[121] Não existe um momento em que ela se sinta menos consolada que durante suas ações de graças.[122]

Contudo, dessa obscuridade brota uma certeza: Deus a instrui e trabalha em sua alma:

---

[116] CT 74, 6 de janeiro de 1889.
[117] CT 75, 6 ou 7 de janeiro de 1889.
[118] CT 78, 8 de janeiro de 1889.
[119] CT 112, 1º de novembro de 1890.
[120] Cf. *Cartas*, início de setembro de 1890 – Ms A, 75 vº.
[121] Cf. Ms A, 83 rº e vº.
[122] Cf. *Ibid.*, 79 vº.

E este Amado instrui minha alma, fala-lhe no silêncio, nas trevas...[123]

Mesmo depois da oferta ao Amor Misericordioso e o transbordamento divino que a seguiu em 1895, Deus não muda seu modo de agir profundo na aridez da alma.

Não penseis que nado em consolações. Oh! Não! Minha consolação é não ter nenhuma sobre a terra. Jesus instruiu-me em segredo, sem se mostrar, sem fazer ouvir sua voz. Ele o faz não por meio de livros, pois não compreendo o que leio.[124]

Por fim, eis aqui uma página que a Santa escrevia em 1890 e na qual ela marcava os traços característicos do seu itinerário espiritual:

Antes de partir, seu Noivo perguntou-lhe para que país ela gostaria de viajar, que caminho gostaria de seguir etc. etc. A noivazinha respondeu-lhe que tinha apenas um desejo: chegar ao cimo da *montanha do Amor*. ... Então, Jesus tomou-me pela mão e me fez entrar num túnel onde não faz nem frio, nem calor, onde o sol não brilha e onde nem a chuva, nem o vento vêm nos visitar; um túnel onde não vejo nada a não ser uma claridade semivelada, a claridade que se difunde à volta dos olhos abaixados da Face de meu Noivo...

Não vejo se avançamos para o cimo da montanha, porque nossa viagem se faz debaixo da terra. No entanto, sem saber como, parece-me que daí nos aproximamos.[125]

Lendo estas linhas, compreendemos que Santa Teresinha do Menino Jesus nutriu-se avidamente dos escritos de São João da Cruz:

[700] Ah! Quantas luzes hauri nas obras de nosso Santo Padre João da Cruz!... Com a idade de 17 e 18 anos não tinha outro alimento espiritual.[126]

Neste período decisivo de suas ascensões, ela encontrava aí a tranquilizadora descrição da penumbra e do vazio

---

[123] CT 135, 15 de agosto de 1892.

[124] Ms B, 1 rº.

[125] CT 110, 30-31 de agosto de 1890.

[126] Ms A, 83 rº.

pacífico nos quais vivia, a confirmação de que estas eram maneiras divinas de agir, silenciosas e profundas, e de que podia apoiar o ardor imenso de seus desejos de amor sobre esta pobreza.

São João da Cruz fez Santa Teresinha entender-se a si mesma. E ele também nos faz entender Santa Teresinha – e tão bem que parece que não podemos descobrir todas as maravilhosas profundezas da via da infância espiritual senão à luz da doutrina do Doutor Místico.

Em compensação, a Santa de Lisieux coloca ao nosso alcance São João da Cruz, traduzindo-o numa linguagem e experiência que podemos apreender, pois são aquelas de nosso tempo. Traduzida assim para o nosso uso, esta experiência de Santa Teresinha do Menino Jesus conserva todo o seu valor: permanece uma perfeita realização sanjuanista, pois que despojada de graças extraordinárias e empobrecida até mesmo de gosto espiritual.

Destes limites extremos da pobreza espiritual na oração, somos conduzidos como que insensivelmente por Santa Teresinha do Menino Jesus para outras maneiras divinas de agir que saem do quadro da oração propriamente dita.

Dizemos "habitualmente", pois já vimos Santa Teresa nos assegurar, com uma experiência de influxos divinos, que as almas concentradas, que colocam a perfeição em nada perder dos gostos da oração, "pouco entendem do caminho por onde se alcança a união". "... o Senhor quer obras"– acrescenta ela, especificando que não devemos hesitar em abandonar nossas devoções para socorrer um enfermo. [127] Seus trabalhos apostólicos de fundação e os sofrimentos que encontrou aí contribuíram largamente para lhe merecer as infusões transbordantes de amor que a conduziram ao matrimônio espiritual.

---

[127] 5 M 3,11.

O testemunho de São João da Cruz sobre este ponto é precioso:

Na verdade, hão de ter feito muitos serviços a Deus, com grande paciência e constância [701] em seu amor, tornando-se muito agradáveis diante dele pela vida e pelas obras, aqueles aos quais o Senhor faz tão assinalada mercê, como seja a de tentá-los mais interiormente para avantajá-los em dons e merecimentos.[128]

E São João da Cruz cita o exemplo de Jó e de Tobias, provados – porque permaneceram fiéis – com sofrimentos que os tornaram perfeitos.

Trabalhos e sofrimentos merecem, então, infusões de amor e são até mesmo necessários para a ascensão nestas elevadas regiões. Deus não infunde o amor que purifica e que transforma apenas nas graças extraordinárias da oração e na contemplação. Santa Teresinha do Menino Jesus no-lo mostra de forma ainda mais clara que Santa Teresa e São João da Cruz.

Foi ao fazer a Via Sacra no coro que ela recebeu a ferida do Amor Misericordioso.[129] Mas, a maior parte das graças importantes de sua vida, foi-lhe concedida fora da oração. Assim foi a graça de Natal de 1886, que opera uma transformação psicológica e lhe permite começar "uma carreira de gigante" e que lhe adveio depois de um esforço de virtude;[130] assim foi o zelo pelas almas, "ardor desconhecido e muito vivo" que a faz sair do "estreito círculo" onde vivia e que se acende em sua alma à vista de uma estampa de Nosso Senhor na Cruz: "... fiquei impressionada – ela escreve – com o sangue que corria de uma de suas mãos divinas".[131] Ela mesma diz que as luzes lhe vêm mais frequentemente em meio às ocupações diárias.

---

[128] Ch 2,28.
[129] Cf. UC 7.7.2.
[130] Ms A, 44 vº.
[131] *Ibid.*, 45 vº - 46 vº.

Jesus não tem necessidade de livros, nem de doutores para instruir as almas. Ele, o Doutor dos doutores, ensina sem ruído de palavras... Jamais o ouvi falar, mas sinto que está em mim; a cada instante, ele me guia e me inspira o que devo dizer ou fazer. Descubro, bem no momento em que tenho necessidade, luzes até então nunca vistas. Na maior parte das vezes, não é durante a oração que elas são mais abundantes, mas antes é no meio de minhas ocupações diárias...[132]

Por outro lado, eis que ela afirma dormir frequentemente durante a oração. Não dormindo o suficiente à noite, muitas vezes, apesar de seus esforços, adormece no coro ao longo das horas de oração e na ação de graças. Mas ela não se desconsola:

[702] ... deveria desolar-me por dormir (e já se vão sete anos) durante minhas orações e ações de graça, mas não me desconsolo... Penso que as criancinhas agradam seus pais, tanto quando dormem, como quando estão acordadas; penso que, para fazer operações, os médicos adormecem os doentes; penso, enfim, que "o Senhor vê nossa fragilidade e lembra-se de que somos pó".[133]

Sem dúvida, a Santinha pensa que o sono não impede Deus de agir, ou mesmo que tira proveito disso para infundir mais profundamente sua graça.

Mas, citar estes textos e destacar estas afirmações, não é pretender provar demais? Não poderíamos concluir que Santa Teresinha do Menino Jesus não é absolutamente uma contemplativa? Não pensamos assim, pois ela mostra uma estima pela oração e uma fidelidade a estar presente a ela que a fazem superar todas as dificuldades e a levam a escrever:

Disse um Sábio: "Dai-me uma alavanca, um ponto de apoio e eu levantarei o mundo". O que Arquimedes não pôde obter, porque seu pedido não se dirigia a Deus e não era feito senão sob o ponto de vista material, os santos o obtiveram em toda a sua plenitude. O Onipotente

---

[132] *Ibid.*, 83 vº.
[133] *Ibid.*, 75 vº - 76 rº.

deu-lhes por ponto de apoio: ele mesmo e ele somente; por alavanca: a oração, que abrasa com o fogo do amor, e foi assim que levantaram o mundo. É assim que ainda o levantam os santos militantes, e que, até o fim do mundo, o levantarão os santos vindouros.[134]

De resto, como poderia ter se santificado numa Ordem contemplativa – como o Carmelo – sem utilizar completamente o seu meio próprio que é a oração e a contemplação?

Então, não poderíamos duvidar que Santa Teresinha seja uma contemplativa e que Deus não tenha derramado nela abundantemente seu amor no silêncio da oração. Seu testemunho, contudo, tem um alcance mais geral. Considerando-o em seu conjunto, ele nos revela de uma só vez as maneiras de Deus agir com relação a uma alma da qual ele se apossou e a atitude de humilde e confiante docilidade que o amor cria nela para permanecer sob esta influência e assegurar-lhe toda a sua eficácia.

Este estudo sumário sobre três santos carmelitas mostra que para derramar em suas almas a caridade que os fez subir aos vértices, Deus utilizou três meios: **[703]** as graças extraordinárias, a contemplação infusa, a atividade do amor nas obras. As três maneiras de agir se encontram nos três santos, mas em graus variados. Em Santa Teresa, as graças extraordinárias e os trabalhos de apostolado se destacam com grande relevo, enquanto que a contemplação infusa silenciosa parece ficar em segundo plano. Em São João da Cruz, a contemplação infusa e as graças predominam, enquanto que as obras aparecem menos neste período de ascensão. Em Santa Teresinha do Menino Jesus,[135] as graças

---

[134] Ms C, 36 rº e vº

[135] Mesmo em Santa Teresinha do Menino Jesus, as graças extraordinárias, embora pouco numerosas, tiveram uma influência decisiva. Cf. a graça de Natal de 1886, a ferida do Amor Misericordioso, sem falar na sua cura milagrosa.

extraordinárias são pouco numerosas, mas, em compensação, a contemplação, o humilde cumprimento do dever de estado e o amor às almas foram-lhe os meios poderosos para atrair as torrentes do Amor infinito.

Se nos fosse permitido tirar conclusões mais gerais, abrangendo todas as almas, nós as formularíamos assim: as maneiras divinas de agir que elevam as almas aos cumes são tão variadas quanto os desejos particulares da Sabedoria e as vocações das almas. Via de regra, é por uma síntese dos três meios indicados que o amor perfeito é infundido. Uma via exclusivamente contemplativa, sem graças extraordinárias e sem atividade exterior de caridade, parece extremamente rara, embora possível. Também parece possível, se bem que, talvez, ainda mais raro, que uma alma seja elevada à transformação de amor não sendo absolutamente contemplativa e dando-se unicamente aos trabalhos do apostolado.

Estas análises psicológicas e estas distinções sutis nos repetem uma verdade mais simples e mais profunda, a saber: que Deus é Amor. É este peso infinito de amor que faz com que Deus se incline em direção a nós para nos invadir e nos transformar nele. Este amor ativo, que encontra sua alegria em nos conquistar e reinar em nós, espera de nossa parte a cooperação de uma atitude e de atos que exprimem o amor. Esta atitude e estes atos exigidos por Deus são determinados de uma maneira mais imediata pelos deveres de estado, os acontecimentos, a luz interior de nossa graça. O contemplativo atinge a Deus no silêncio da oração; o apóstolo solicitará sua influência nas angústias de suas dificuldades e a merecerá por seus trabalhos. Que a prova de amor desejada por Deus seja oferecida com generosidade, e o Amor divino **[704]** descerá para nos invadir e se instalar em nós como em sua morada.

Se alguém me ama, guardará minha palavra e o meu Pai o amará e a ele viremos e nele estabeleceremos morada.[136]

Este amor de Deus que urge em nós, suas irrupções na alma que ele reconheceu fiel, sua ação profunda e dolorosa para tornar esta alma digna de tal Hóspede e idônea para o papel que deve cumprir, a instalação definitiva e seu perfeito reinado na alma, tudo isso constitui a trama do doloroso e heroico drama que as sextas e sétimas Moradas nos apresentam.

---

[136] Jo 14,23.

SEGUNDO CAPÍTULO

Graças extraordinárias: Palavras e Visões

> *Se Nosso Senhor não me tivesse feito as graças que me fez,
> não me parece que eu teria tido ânimo para as obras realizadas.*[1]

[705] Os enriquecimentos divinos deste período são os enriquecimentos de amor. Deus purifica, ilumina, transforma, une-se à alma definitivamente através de uma infusão abundante de um amor cada vez mais qualificado. Verdade fundamental que explica estas ascensões e que, por este motivo, não conseguiríamos enfatizar suficientemente.

Na descrição deste magnífico trabalho da caridade, a mais bela das obras de Deus que nos é permitido contemplar nesta terra, os grandes espirituais – Santa Teresa em particular – reservam um espaço significativo às graças extraordinárias. Sem dúvida estes mestres não ignoram que tais graças não são necessárias à santidade. No entanto, eles nos indicam o papel importante que tais mercês podem ter nela. Estes fenômenos deslumbrantes que marcam, com efeito, muito oportunamente as etapas e as esclareçam, têm também um poder de santificação totalmente singular.

Santa Teresa justifica suas longas descrições, escrevendo no início das sextas Moradas:

> Deus tem outro modo de despertar a alma. Embora possa parecer uma graça maior do que as já mencionadas, oferece mais riscos e, por isso, me deterei um tanto nela.[2]

---

[1] R 34.
[2] 6 M 3,1.

Na verdade, os favores sobrenaturais podem ser perigosos porque estão sujeitos às simulações e **[706]** porque, às vezes, podem nutrir o orgulho e a ilusão. Não, porém, a ponto de justificar aquela atmosfera de desconfiança que, por causa deles, algumas pessoas sustentam com relação à vida mística em geral. Nem tão pouco a ponto de legitimar o sorriso céptico – quando não irônico – que a sua mera evocação faz aflorar sobre os lábios.[3]

Para dissipar temores e equívocos, Santa Teresa nos propõe seu remédio habitual: lançar luzes. Detenhamo-nos alguns instantes para aprender com ela e com São João da Cruz o que são as graças extraordinárias e quais são seus efeitos, sua frequência e seu tempo; como Deus as produz; como discernir sua origem divina e, por fim, que atitude de alma tomar para recebê-las.

A – O QUE É UMA GRAÇA EXTRAORDINÁRIA E QUAIS SÃO ELAS?

I – Definição

As graças extraordinárias das quais falamos aqui são formas particulares da ação direta de Deus sobre a alma que produzem um conhecimento distinto, seja com o auxílio de uma impressão sobre os sentidos, seja por meio de uma infusão de luz na inteligência.

---

[3] Há pessoas que rejeitam e diretores que proíbem estudar a doutrina dos santos concernente às graças extraordinárias, a fim de não facilitar as ilusões. De fato, é preciso reconhecer que este estudo pode, em imaginações por demais vivas ou em temperamentos pouco equilibrados, fazer nascer ou desenvolver desejos de manifestações extraordinárias. Por outra parte, a ignorância da doutrina dos mestres deixa os diretores hesitantes e temerosos diante das realidades preternaturais. Não é raro constatar que a desconfiança com relação à doutrina acompanha uma ingênua credulidade no que diz respeito a todas as realidades maravilhosas.

Precisemos os termos. Por "ação direta de Deus" entendemos, como já foi dito anteriormente, uma ação de Deus que não exclui a ação de um instrumento, mas na qual a alma não intervém de nenhuma maneira para produzi-la e a qual ela recebe passivamente.

A palavra "extraordinário" qualifica este modo particular da ação direta de Deus que se exerce diretamente sobre as faculdades ou sobre os sentidos para produzir neles uma luz ou uma imagem.

[707] Desta forma, permanecerão no âmbito da maneira divina de agir ordinária toda infusão de caridade, qualquer que seja sua intensidade, os contatos mais profundos e os toques substanciais com a luz confusa de conaturalidade que produzem, mesmo se esta luz já for o bastante forte e clara para ser comparada à luz da aurora, pois ela é o fruto normal da caridade e dos dons.

Diversamente, todas as luzes sobrenaturais que não podem ser o fruto normal da caridade, seja porque distintas, seja em razão do modo com que são recebidas – como todas as imagens em geral –, serão atribuídas a uma ação extraordinária de Deus que, inclinando-se sobre os nossos meios humanos de conhecer, sobre os nossos sentidos e sobre nossa inteligência, infunde neles diretamente a luz por um meio adaptado à sua capacidade.

Como podemos ver, o termo "extraordinário" não qualifica aqui a abundância e a qualidade excepcional de uma infusão de amor, nem o poder maravilhoso de seus efeitos – como uma conversão ou um êxtase[4] – e nem mesmo a raridade de um estado ou de um fenômeno místico – como

---

[4] Falaremos mais adiante, depois da *Noite do espírito*, dos efeitos exteriores e físicos da ação de Deus, como aqueles do êxtase. Na verdade, parece que na suspensão dos sentidos ou êxtase não há um efeito direto da ação de Deus, mas apenas uma reação da fraqueza das potências naturais sob a força extraordinária da ação de Deus.

a união de vontade ou a união transformante –, mas um modo particular da ação divina, que, por um jogo de contrastes, é extraordinária apenas porque Deus, a fim de nos iluminar, se abaixa até nós para nos falar com a linguagem adaptada aos nossos sentidos e à nossa inteligência.

Muitas vezes, Deus falará esta linguagem humana à alma no êxtase; acrescentará, habitualmente, uma abundante efusão de caridade, mas qualquer que seja a transcendência dos dons divinos que o acompanham, é a ação direta sobre as faculdades que constitui a graça extraordinária da qual falamos.

São João da Cruz classificou estes conhecimentos extraordinários segundo as potências que os recebem. Ele distingue, assim, as comunicações que chegam à alma pelos sentidos corporais exteriores (visão, audição, paladar, olfato e tato) – como as visões exteriores, as palavras, os sabores, os perfumes etc.[5] –, aquelas que são formadas sobrenaturalmente na imaginação – como as visões imaginárias[6] – e, por fim, os conhecimentos claros e [708] distintos que, por via sobrenatural, chegam diretamente ao entendimento mediante visões intelectuais, revelações, locuções interiores e sentimentos espirituais.[7] Esta classificação é exaustiva e corresponde ao plano lógico da *Subida do Monte Carmelo*.

Ao contrário, a classificação teresiana é totalmente experiencial. A Santa indica tão somente as palavras e as visões e remete a estas duas categorias todos os modos de ação extraordinária de Deus, fazendo, aliás, as distinções necessárias. Daí, certos encontros e desencontros entre as classificações teresiana e sanjuanista que poderiam criar confusões, se nos detivéssemos na terminologia sem ir até

---

[5] Cf. 2 S 11.
[6] Cf. *Ibid.*, 16.
[7] Cf. *Ibid.*, 23.

a definição. Assim, algumas visões intelectuais de verdades em Santa Teresa são revelações em São João da Cruz.

Adotaremos a classificação teresiana, iluminando-a com o magistério de São João da Cruz. Desta forma, evitaremos delongas e, talvez, repetições, oferecendo uma doutrina sobre os problemas suscitados pela questão das graças extraordinárias que será suficiente para o nosso tema.

II – *Graças extraordinárias em Santa Teresa*

a) *As palavras*. Por volta de 1540, dá-se a primeira comunicação extraordinária com que Santa Teresa é agraciada. A Santa tinha, então, vinte e cinco anos. Enquanto se entretinha no locutório com uma pessoa, Cristo apareceu a ela com um rosto austero, a fim de dar-lhe a entender que estas amizades não lhe convinham.[8] Esta manifestação fica isolada. Passam-se mais de quinze anos antes do período das grandes graças extraordinárias, das quais, cronologicamente, as primeiras são as palavras interiores (1557):

> Trata-se de falas que Deus mantém com a alma de muitas maneiras. Umas parecem vir do exterior; outras, do mais íntimo da alma; outras de sua parte superior; e outras ainda, tão do exterior que se escutam com os ouvidos, assemelhando-se a uma voz articulada.[9]

[709] Todavia, as palavras que Santa Teresa escuta são habitualmente interiores:

> Trata-se de palavras bem formadas, mas inaudíveis aos ouvidos corporais. São, porém, entendidas mais claramente do que se fossem ouvidas. Por mais que se resista, é impossível deixar de compreendê-las.[10]

São João da Cruz dedica um estudo muito penetrante a estas palavras. Ele as distingue em três classes: palavras sucessivas, palavras puramente formais e palavras substanciais.

---

[8] Cf. V 7,6.
[9] 6 M 3,1.
[10] V 25,1.

1. As palavras sucessivas

Denomino palavras sucessivas certos raciocínios ou proposições que o espírito, recolhido, interiormente, vai formando.[11]

Considerando a definição, estas palavras sucessivas não são graças extraordinárias, pois é o espírito e não Deus quem as formula. O Santo, contudo, as estuda extensamente, pois

embora seja o espírito humano o que desenvolve aquelas razões, como instrumento, muitas vezes o Espírito Santo o ajuda a formar aqueles conceitos, palavras e raciocínios verdadeiros. E assim fala a si mesmo o espírito, como se fosse terceira pessoa. Porque, como está recolhido e unido à verdade que o ocupa, e o Espírito divino também lhe está unido naquela verdade – como sempre o está com toda verdade –, por meio dessa comunicação do entendimento com o Espírito Santo, vão se formando no interior e sucessivamente as demais verdades relacionadas à primeira, abrindo para isto a porta e dando luzes o Espírito de Deus, supremo mestre; pois esta é uma das maneiras usadas pelo Espírito Santo para ensinar.

Assim iluminado e ensinado por esse supremo mestre, o entendimento, ao compreender aquelas verdades, vai formando as suas concepções sobre o que lhe é comunicado da parte de Deus. Podemos dizer, portanto, "a voz é de Jacó e as mãos de Esaú" (Gn 27,22).[12]

Esta influência luminosa do Espírito Santo pode dar um alto valor a estas palavras, sobretudo quando o Espírito divino se comunica com abundância, Mas, a ilusão é fácil, mesmo quando

esta comunicação e ilustração do entendimento não oferece motivo para engano. No entanto, **[710]** pode haver erro, e frequentemente o há, nas palavras e conclusões formadas pelo entendimento.[13]

O entendimento começou sob uma influência divina; prossegue com seu próprio movimento:

---

[11] 2 S 28,2.
[12] *Ibid.*, 29,1-2.
[13] *Ibid.*, 29,3.

Existem entendimentos tão vivos e penetrantes que, apenas recolhidos em alguma consideração, discorrem naturalmente com extrema facilidade, exprimindo os pensamentos com palavras interiores e raciocínios muito agudos, atribuindo, sem mais nem menos, tudo a Deus ... . Isto é muito comum: várias pessoas se enganam pensando ser isso muita oração e comunicação de Deus e por este motivo escrevem ou fazem escrever o que se passa com elas. E, porventura, nada será tudo aquilo, sem substância de nenhuma virtude, servindo apenas para alimentar a vaidade.[14]

O Santo tem uma grande experiência de realidades deste gênero. Assim, ele não deixa de açoitar esta imperfeição:

Admira-me muito o que se passa em nossos tempos, isto é, qualquer alma por aí, com quatro maravedis de consideração, quando sente, em um pouco de recolhimento, algumas locuções dessas, logo as batiza como vindas de Deus. E convencida de assim ser, afirma: "Disse-me Deus, respondeu-me Deus". E não é assim: na maior parte das vezes, é a própria alma falando a si mesma.[15]

Além disso, o demônio pode intrometer-se e, por meio de suas sugestões, assumir o lugar do Espírito Santo.

Este mal sempre existiu e não podemos deixar de pensar que, em nossos tempos, muitas das mensagens divinas de grande sucesso não são feitas senão de palavras sucessivas onde a inspiração divina, no princípio, pode não faltar, mas que permanece, certamente, limitada. A doutrina de São João da Cruz neste ponto é, portanto, sempre prática. Deve ser meditada.

2. As palavras formais são, autenticamente, favores sobrenaturais.

As palavras formais ... produzem-se sobrenaturalmente no espírito, recolhido ou não, sem a intervenção de sentido algum. ... Diferem-se muito das que acabamos de tratar.[16]

---

[14] *Ibid.*, 29,8.
[15] *Ibid.*, 29,4.
[16] *Ibid.*, 30,1.

No entanto, existem graus entre elas.

[Estas palavras] são, ora mais, ora menos, distintas e precisas: muitas vezes consistem em simples conceitos [711] sugeridos ao espírito sob forma de resposta ou de qualquer outro modo. Às vezes, são uma só palavra; ora duas ou mais; ora se sucedem como as precedentes e transmitem à alma longa instrução. Todas recebe o espírito sem nada fazer de sua parte, como quando uma pessoa fala com outra. Assim lemos ter acontecido com Daniel quando diz ter falado nele o anjo (Dn 9,22).[17]

Estas palavras podem ser puramente formais e, então, não têm por fim senão "instruir [a alma] e dar-lhe luz sobre tal ou tal ponto".[18] O demônio também pode produzi-las; e, como tais palavras puramente formais provocam bem pouco efeito na alma, é difícil distingui-las.

3. As palavras substanciais, ao contrário, são palavras formais nitidamente caracterizadas, pois que imprimem na alma aquilo que elas significam:

Por exemplo, se Nosso Senhor dissesse formalmente a alguma alma: "Sê boa", logo substancialmente seria boa. Ou se dissesse: "Ama-me", no mesmo instante teria e experimentaria em si mesma substância de amor divino. Ou ainda, se a alma estando com grande temor, Deus lhe dissesse: "Não temas", subitamente teria grande fortaleza e tranquilidade. A palavra de Deus é cheia de poder (Ecl 8,4), diz-nos o Sábio; obra substancialmente na alma o que exprime ... . No Evangelho, vemos o poder dessa palavra divina com a qual o mesmo Senhor sarava os enfermos e ressuscitava os mortos simplesmente por dizê-la. Assim são as palavras substanciais com que ele favorece a certas almas; são de tão grande valor e importância que lhes comunicam vida, virtude e dons incomparáveis; porque uma só palavra dessas faz mais bem à alma do que tudo quanto haja feito em toda a sua vida.[19]

---

[17] *Ibid.*, 30,2.
[18] *Ibid.*, 30,3.
[19] *Ibid.*, 31,1.

Cabe apenas a Deus vincular tal eficácia às palavras formais. Assim, não poderíamos duvidar de sua origem quando elas são substanciais. São João da Cruz, no entanto, aponta para uma exceção: aquela da alma que teria se oferecido, por um pacto voluntário, ao demônio, o qual poderia, assim, imprimir nela "os seus efeitos, mas de malícia e não de bem".[20]

Parece que todas as palavras das quais Santa Teresa faz uma menção explícita em seus escritos foram substanciais:

[712] *Não tenhas medo, filha, pois sou eu que não te desampararei ... . E eis-me sossegada, só com essas palavras; eis-me forte, disposta, segura, em quietude e iluminada ... .*[21]

... disse-me o Senhor: *Que temes? Não sabes que sou todo-poderoso? Eu cumprirei o que te prometi* (e assim o fez bem depois). Fiquei logo com muita força, e teria empreendido outra vez muitas coisas ... .

... muitas [vezes], ele me repreendia, o que faz ainda hoje quando tenho imperfeições, e de uma maneira capaz de desfazer a alma. Essas repreensões ao menos trazem consigo a correção, porque Sua Majestade, como eu disse, dá o conselho e o remédio. Outras vezes, ele me trazia à memória meus pecados passados, em especial quando desejava me conceder favores destacados; nessas ocasiões, a alma tem a impressão de já estar no verdadeiro Juízo, porque a verdade lhe é apresentada com tamanha clareza que ela não sabe onde se esconder.[22]

Quando estas palavras lhe anunciavam acontecimentos futuros, deixavam
uma grandíssima certeza ... . Os anos passam, mas não se apaga nela a convicção de que Deus empregará outros meios, desconhecidos dos homens. Por fim, sua palavra se realizará, o que de fato acontece.

Referindo-se apenas às palavras substanciais, Santa Teresa indica que ela só reconhece a estas como autenticamente divinas. São João da Cruz, guiado pela preocupação

---

[20] *Ibid.*, 31,2.

[21] V 25,18.

[22] *Ibid.*, 26,2.

de indicar o divino em qualquer parte onde este se encontre, alargou proveitosamente seu campo de investigação até às palavras puramente formais e, inclusive, sucessivas para evidenciar o peso da influência da ação divina. Todavia, como segundo seu parecer, nestes dois grupos as influências sobrenaturais e naturais estão tão misturadas e os efeitos sobrenaturais são tão pouco claros a ponto de sempre subsistir uma dúvida a respeito deles, é prudente, então, reservar, com Santa Teresa, o nome de "palavras interiores" às palavras substanciais que trazem nelas o sinal autêntico de sua origem sobrenatural.

b) *As visões*. O termo "visão" presta-se a confusão. Precisemos seu sentido.

São João da Cruz observa que chamamos ver o entender da alma.[23] Neste sentido, podemos dizer que todo [713] conhecimento, qualquer que seja seu objeto ou seu modo, é uma visão da verdade.

Tomada na sua acepção ordinária e comum, a palavra visão tem um sentido muito mais restrito. Reservamo-la à percepção, pelo sentido exterior da visão ou pelo sentido interior da imaginação, de uma forma corporal. É assim que dizemos que Santa Bernadete teve uma visão exterior de Nossa Senhora e que Santa Teresa teve visões interiores da humanidade de Jesus Cristo.

Santa Teresa não usa a palavra visão no seu sentido mais amplo, aplicando-a a todo conhecimento e tampouco a reserva apenas para as percepções sensíveis das formas corpóreas. As primeiras manifestações sobrenaturais com as quais foi agraciada, depois das palavras interiores, são as percepções de presenças, sem nenhuma imagem sensível. Ela as denomina visões intelectuais. Estas visões intelec-

---

[23] Cf. 2 S 23,2.

tuais serão completadas, um pouco mais tarde, pelas visões imaginárias. Virão, por fim, as visões intelectuais puras que terão por objeto a Deus ou seus atributos. Antes de definir, escutemos as descrições tão vivas da Santa:

1. Visões intelectuais de substâncias corpóreas.

Quando a Santa se aflige por causa de um decreto da Inquisição que proibia a leitura de um grande número de livros espirituais escritos em língua castelhana, ela escutou Nosso Senhor lhe dizer:

Não sofras, que te darei livro vivo. Eu não podia compreender por que ele me dissera isso, pois ainda não tinha tido visões. Mais tarde, há bem poucos dias, o compreendi muito bem.[24]

E continua:

Estando no dia do glorioso São Pedro dedicada à oração, vi perto de mim, ou, melhor dizendo, senti, porque com os olhos do corpo ou da alma nada vi, Cristo ao meu lado. Parecia-me que ele estava junto de mim, e eu via ser ele que, na minha opinião, me falava.

Dada a minha grande ignorância sobre a possibilidade de semelhante visão, senti grande temor no início, e a única coisa que fiz foi chorar, embora, ouvindo do Senhor uma só palavra de segurança, ficasse em meu estado habitual, em quietude, consolada e sem nenhum temor. Parecia-me que Jesus Cristo sempre estava ao meu lado; e, como não era visão imaginária, não percebia de que forma. Mas sentia com clareza tê-lo sempre ao [714] meu lado direito, como testemunha de tudo o que eu fazia. Nenhuma vez em que me recolhesse um pouco ou não estivesse muito distraída eu podia ignorar que ele estava junto de mim.[25]

Esta visão é bem diferente da presença de Deus experimentada na oração de união ou de quietude. A Santa nota com precisão que, nestas orações,

a presença de Deus [é] percebida pelos efeitos que ... são produzidos na alma, por ser desse modo que Sua Majestade quer dar-se a sentir.

---

[24] V 26,5.
[25] Ibid., 27,2.

Aqui, vê-se com clareza que Jesus Cristo, filho da Virgem, está presente.[26]

Trata-se de uma verdadeira percepção de uma presença próxima e ativa. Como chamá-la a não ser de visão, embora os sentidos não vejam a forma corporal desta presença? Como, sobretudo, explicá-la? Falando em terceira pessoa, Santa Teresa expõe o embaraço que experimenta para fazê-lo:

> Ela procurou seu confessor cheia de aflição. Ele lhe disse que, se não via nada, como sabia ela tratar-se de Nosso Senhor. Pediu-lhe que descrevesse o seu rosto. A pessoa respondeu-lhe que não o sabia fazer, nunca via rosto, nem podia dizer mais do que tinha dito. Só sabia que era ele quem lhe falava e que não era ilusão.[27]

Estas afirmações – compreende-se muito bem – não deviam ser suficientes para um confessor que não tinha senão o seu bom-senso para julgar tais realidades. E multiplicava as perguntas:

> O confessor me perguntou: quem disse que era Jesus Cristo? Ele mesmo o disse muitas vezes, respondi; mas, antes que ele me dissesse, já estava impresso no meu pensamento que era ele. Antes disso, ele já me dizia, mas eu não o percebia.[28]

E a visão durava "muitos dias e, às vezes, até mais de um ano",[29] sem que o confessor e o conselho dos iniciados pudessem resolver este caso embaraçoso. Felizmente, alguns anos mais tarde, São Pedro de Alcântara veio a Ávila e, com a autoridade de sua experiência pessoal e de sua santidade, pôde tranquilizar a Santa[30] e os espirituais que a perturbavam com suas inquietações.[31]

---

[26] *Ibid.*, 27,4.
[27] 6 M 8,3.
[28] V 27,5.
[29] 6 M 8,3.
[30] Cf. V 30,2.
[31] Cf. *Ibid.*, 28,16.

2. Visões imaginárias.

[715] Santa Teresa não tinha sido ainda tranquilizada com relação às visões intelectuais, quando foi agraciada com as visões imaginárias.

Vejamos então ... como o Senhor se faz presente. É como se num estojo de ouro tivéssemos uma pedra preciosa de grandíssimo valor e virtude. Sabemos com certeza que ela se encontra ali, ainda que nunca a tenhamos visto. Se a trazemos conosco, não deixamos de sentir os seus efeitos benéficos. E, embora nunca a vejamos, atribuímos a ela muito valor ... .

Todavia, não ousamos olhar para ela, nem abrir o relicário. ... só o dono da joia sabe a maneira de abri-lo. E, ainda que no-la tenha emprestado para que nos beneficiássemos dela, guardou consigo a chave. Sendo a pedra coisa sua, abrirá o estojo quando nos quiser mostrá-la ... .

Digamos agora que, ocasionalmente, o dono queira abrir o estojo e mostrar a pedra por alguns instantes para beneficiar a pessoa a quem a emprestou. ... É o que acontece na visão de que falamos agora. Quando Nosso Senhor é servido de favorecer mais a essa alma, mostra-lhe a sua Sacratíssima Humanidade da maneira que lhe convém: ou como andava no mundo, ou depois de ressuscitado. E, embora essa visão seja tão rápida que poderia ser comparada a um relâmpago, essa imagem gloriosíssima fica esculpida na memória de modo tal, que considero impossível a alma apagá-la até que a veja onde sempre a poderá fruir.[32]

Esta imagem é viva e incomparavelmente bela:

Seu resplendor é como uma luz infusa, semelhante a um sol coberto por algo tão transparente quanto o diamante, se fosse possível lapidá-lo assim. As vestes parecem de tecido finíssimo da Holanda.[33]

No livro da *Vida*, a Santa descreve, ainda mais extensamente, esta claridade junto da qual "o clarão do sol ... parece sem brilho", este "brilho infuso que [dá] enorme prazer à vista e não [cansa]", esta "luz que não conhece noite ..., de

---

[32] 6 M 9,2-3.
[33] *Ibid.*, 9,4.

tal maneira que, por maior entendimento que tivesse, ninguém em todos os dias de sua vida, poderia por si mesmo imaginar como é".[34]

Desta forma, a alma se sente alvoroçada.

Estando a alma muito longe de julgar que verá algo, com o pensamento abstraído, apresenta-se-lhe, de repente, a visão inteira, transtornando-lhe todas as faculdades e sentidos. Estes, que no início mergulham no temor e no alvoroço, são logo postos por ela naquela ditosa paz de que falamos.

Assim como, quando [716] São Paulo foi derrubado, veio do céu aquela tempestade e abalo, assim também aqui, neste mundo interior, ocorre grande comoção. E, num instante – como eu disse – fica tudo sossegado.[35]

Quase todas as vezes que Deus concede essa graça à alma, fica ela em arroubo.[36]

Assim, é para poupar sua fraqueza – afirma Santa Teresa – que Nosso Senhor lhe descobre progressivamente suas mãos, seu rosto divino e, enfim,

num dia de São Paulo, durante a missa, essa Humanidade sacratíssima se apresentou a mim por inteiro, tal como é representado ressuscitado.[37]

Santa Teresa declara nunca ter contemplado tais visões com os olhos do corpo, mas sempre com os olhos da alma.[38] Ela, então, nunca teve visões corporais exteriores, mas somente visões imaginárias.

Estas visões imaginárias eram, habitualmente, acompanhadas de uma visão intelectual.

E quase sempre vêm juntos esses dois tipos de visão. E é bom que venham, porque, com os olhos da alma, vemos a excelência, a formosura e a glória da Santíssima Humanidade, e, da outra maneira

---

[34] V 28,5.
[35] 6 M 9,10.
[36] *Ibid.*, 9,4.
[37] V 28,3.
[38] Cf. *Ibid.*, 28,4; 6 M 9,4.

aludida, percebemos como é Deus e quão poderoso, vemos que ele tudo pode, tudo ordena, tudo governa e tudo enche com o seu amor.[39]

A visão imaginária cobre a visão intelectual, revestindo-a de formas vivas e resplandecentes.[40]

Todas as potências interiores da alma, intelectuais e sensíveis, encontram-se presas pela mesma presença que se manifesta a cada uma, segundo sua maneira própria. Assim, compreendemos como Santa Teresa possa afirmar que estas visões imaginárias, acompanhadas de visões intelectuais, de algum modo, são mais proveitosas, por estarem em maior conformidade com a nossa natureza.[41]

[717] E, embora a visão passada de que falei (visão intelectual), que representa Deus sem imagem, seja mais elevada, esta última é mais adequada à nossa fraqueza, pois dura mais na memória e traz bem-ocupado o pensamento, porque deixa representada e impressa na imaginação presença tão divina.[42]

3. Visões de substâncias espirituais

As visões precedentes, fossem elas imaginárias ou intelectuais, remetiam a substâncias que tinham um corpo. As visões de substâncias espirituais são aquelas que levam a alma a perceber as substâncias que não possuem formas corporais, como as verdades, os anjos ou o próprio Deus. Estas visões de substâncias espirituais podem ser imaginárias ou intelectuais, conforme sejam percebidas por meio dos sentidos com o auxílio de uma imagem, ou por meio da inteligência com o auxílio de uma luz que lhe foi infundida.

Estas visões, em virtude de sua própria natureza, suscitam problemas mais delicados. Antes de abordá-los, reco-

---

[39] V 28,9.

[40] Cf. No capítulo 33 do livro da *Vida,* Santa Teresa descreve uma visão na qual vê Nossa Senhora numa visão intelectual e imaginária, e São José numa visão apenas intelectual.

[41] 6 M 9,1.

[42] V 28,9.

lhamos os testemunhos de Santa Teresa que experimentou, entre as visões deste gênero, aquelas que são as mais características. Encontraremos nela três categorias de visões de substâncias espirituais: as visões de acontecimentos ocultos ou futuros, as visões de atributos divinos e da própria alma e, por fim, as visões da Santíssima Trindade.

α) Visões de realidades ocultas. Estas visões de realidades ocultas, visões à distância ou do futuro, são por demais numerosas em Santa Teresa. Ela foi agraciada com elas até o final de sua vida. Tais visões são habitualmente imaginárias e intelectuais ao mesmo tempo: a luz explica a imagem e a imagem fixa a luz em formas sensíveis e precisas.

Eu estava em oração perto do Santíssimo Sacramento quando me apareceu um santo cuja Ordem está um tanto decaída. Tinha nas mãos um grande livro, que abriu, dizendo-me que lesse umas palavras escritas em letras grandes e muito legíveis: Nos tempos vindouros, esta Ordem florescerá; haverá muitos mártires.

De outra vez, estando no coro durante as Matinas, vi diante dos meus olhos seis ou sete religiosos dessa mesma Ordem – ou assim me pareceu – com espadas nas mãos. Isso significava, penso eu, que eles hão de defender a fé; porque mais tarde, [718] quando eu estava em oração, meu espírito foi arrebatado, e eu parecia estar num enorme campo onde muitos lutavam; os combatentes dessa Ordem se batiam com grande ânimo. Seus rostos estavam formosos e muito abrasados; eles deixaram muitos caídos, vencidos, e outros mortos. Tive a impressão de que a batalha era contra os hereges.[43]

Puramente carismáticas, isto é, concedidas para o bem dos outros, estas visões não entram, propriamente falando, na vida espiritual da Santa e não apresentam um desenvolvimento progressivo em harmonia com suas ascensões espirituais.

---

[43] *Ibid.*, 40,13-14.

β) Visões que têm por objeto a Deus ou a alma. No livro de sua *Vida,* Santa Teresa nota, entre as graças recebidas, certas luzes fulgurantes, como, por exemplo, aquela pela qual lhe foi

explicado o modo pelo qual Deus é um só em três Pessoas com tanta clareza que [ficou] abismada e muito consolada.[44]

Se simples luz ou visão, não saberíamos definir.

Mas eis aqui uma luz sobre Deus verdade que impressionou fortemente a Santa e que ela considera como "enorme graça"[45] Trata-se de uma visão da qual faz menção tanto no livro da *Vida* como no *Castelo Interior.*[46]

Eu parecia ter o espírito imerso naquela Majestade que de outras vezes percebi.

Compreendi nessa Majestade uma verdade que é a plenitude de todas as verdades ... .

... compreendi o que é estar uma alma na verdade na presença da própria Verdade.

Essa Verdade que digo se me deu a entender, é em si mesma verdade, não tendo princípio nem fim.

... mas não sei descrever como, porque nada vi.[47]

Esta visão intelectual é acompanhada de uma palavra interior e de uma imagem que se grava profundamente em sua alma.

Ficou-me esculpida uma verdade desta divina Verdade que se me representou, sem eu saber como nem o quê.[48]

Cremos poder vincular esta manifestação de uma alta verdade àquela "espécie de visão e de linguagem"[49] **[719]** que Santa Teresa descreve a propósito das visões intelectuais[50] e na qual

---

[44] *Ibid.,* 39,25.
[45] *Ibid.,* 40,2.
[46] Cf. *Ibid.,* 40 e 6 M 10.
[47] *Ibid.,* 40,1.3.4.1.
[48] *Ibid.,* 40,3.
[49] *Ibid.,* 27,7.
[50] Cf. *Ibid.,* 40,3.

o Senhor apresenta o que deseja que a alma compreenda no mais profundo do seu íntimo, agindo ali sem imagens nem palavras, mas à maneira da visão já explicada (intelectual).

E deve-se dar muita atenção a esse modo de Deus fazer com que a alma entenda o que ele quer, e grandes verdades e mistérios, porque, muitas vezes, aquilo que entendo quando o Senhor me explica alguma visão que Sua Majestade quer me representar, é bem assim.

... isso não acontece sempre na contemplação, mas muito poucas vezes; nestas, não somos nós que agimos, nem nada fazemos: tudo parece obra do Senhor. É como se sentíssemos no estômago um alimento que não ingerimos; percebemos que está ali, mas não sabemos ... quem o pôs.

Aqui, a alma não faz nada. ... encontra tudo cozido e comido; só lhe resta aproveitar ... .

... [Ela] se vê, num átimo, sábia e tão instruída sobre o mistério da Santíssima Trindade e de outras coisas muito elevadas que não há teólogo com quem ela não se atrevesse a argumentar acerca da verdade dessas grandezas.[51]

Estas descrições tão precisas, que colocam simultaneamente em relevo a passividade da alma e a riqueza luminosa deste tesouro que, de repente, ela descobre em si, nos apresentam o mecanismo da visão intelectual, isto é, da infusão direta, por parte de Deus, de uma luz na alma.

No seguimento desta visão intelectual da Verdade, Santa Teresa relata uma visão – esta imaginária – da alma habitada por Deus:

... a minha alma se recolheu de imediato e deu-me a impressão de ser um claro espelho. Não havia parte posterior, nem lados, nem alto, nem baixo que não fosse claridade; e, no centro, foi-me apresentado Cristo Nosso Senhor da maneira como costumo vê-lo. Eu parecia vê-lo em todas as partes da minha alma claro como um espelho; e esse espelho, não sei como, também era feito todo do próprio Senhor, através de uma comunicação muito amorosa que não sei descrever.

Essa visão me parece benéfica para as pessoas que se dedicam ao recolhimento.[52]

---

[51] *Ibid.*, 27,6.7.8.9.
[52] *Ibid.*, 40,5.6.

Esta visão é útil para o recolhimento, porque a luz é aí explicitada mediante uma imagem que cativa os sentidos. Sem dúvida, a visão é ao mesmo tempo intelectual e imaginária e descobrimos nela a sobreposição desta última sobre a primeira, sobreposição cujas vantagens Santa **[720]** Teresa elogiou a propósito das visões imaginárias de substâncias corporais.

Às vezes, a imagem se apresenta muito menos nítida, a ponto da Santa não ousar afirmar sua existência. A visão intelectual, pelo contrário, se destaca mais nitidamente.

Estando uma vez em oração, foi-me apresentado muito brevemente (sem que eu visse uma coisa formada, mas numa representação muito clara) como se veem todas as coisas em Deus e como todas elas estão encerradas nele por inteiro. Não sei descrevê-lo, mas a imagem ficou muito impressa na minha alma ... .

Parece-me que vi o que vou dizer, embora não o possa afirmar, digo desde já, que de fato vi alguma coisa. Mas algo devo ter visto, já que posso fazer essa comparação. ... Talvez seja eu quem não sabe entender essas visões, que não parecem imaginárias, embora algumas devam conter um quê de imagem. ...

Digamos, portanto, que a Divindade é apresentada como um diamante muito claro, muito maior que o mundo inteiro, ou como um espelho – como eu já disse ao falar da outra visão ... . Nesse diamante, vemos tudo o que fazemos, pois ele encerra tudo em si, não havendo nada que exista fora de sua imensidade.[53]

É preciso observar que nas visões de substâncias espirituais encontramos a mesma ordem progressiva que nas visões de substâncias corpóreas: a visão intelectual é dada por primeiro; a visão imaginária vem se ajuntar à visão intelectual para aperfeiçoá-la e aumentar o poder de seus efeitos. O mesmo desenvolvimento progressivo aparece nas visões da Santíssima Trindade – pelo menos naquelas que precedem o matrimônio espiritual.

---

[53] *Ibid.*, 40,9.10. Santa Teresa descreve esta mesma visão, com poucas palavras, no *Castelo Interior* (6 M 10,2).

γ) **Visões da Santíssima Trindade.** Estas visões da Santíssima Trindade marcam um aprofundamento singular da vida divina na alma e trazem a ela um novo elemento. A visão intelectual com a qual a Santa é agraciada num primeiro momento causa-lhe certa surpresa.

Na terça-feira depois da Ascensão, tendo estado algum tempo em oração depois de comungar, aflita, porque me distraía de uma maneira que me impedia de fixar-me numa coisa, queixei-me ao Senhor da nossa miserável natureza. Minha alma começou a se inflamar, parecendo-me que entendia claramente que tinha presente toda a Santíssima Trindade em visão intelectual. Nela, por certa maneira de representação (que era uma figura da verdade para que eu, em minha rudeza, pudesse entender), minha alma entendeu que Deus é trino e uno; assim, parecia-me **[721]** que as três Pessoas me falavam e se representavam distintamente dentro de minha alma. ... Compreendi as palavras que o Senhor diz – "Estarão com a alma em graça as três Pessoas Divinas" –, porque as via dentro de mim do modo como disse.

... Parece que ficaram tão impressas em minha alma aquelas três Pessoas que vi, sendo Deus um só, que, se durasse assim, seria impossível eu deixar de estar recolhida com tão divina companhia.[54]

Esta presença intelectual, com efeito, continua sendo-lhe concedida. Um mês mais tarde, a Santa observa:

Essa presença das três Pessoas, de que falei no princípio, trago-a até hoje – que é dia da Comemoração de São Paulo – presente em minha alma com muita frequência. E como eu estava acostumada a só trazer Jesus Cristo, sempre me parecia haver algum impedimento em ver três Pessoas, embora entendendo que é um só Deus. E disse-me hoje o Senhor, quando eu pensava nisso, estar errada em imaginar as coisas da alma com a representação das do corpo; que eu entendesse tratar-se de coisas muito diferentes, e que a alma tem capacidade de gozar muito. Pareceu-me que ele se representou a mim tal como numa esponja a água se incorpora e embebe; parecia-me que a minha alma se enchia dessa maneira com aquela Divindade, gozando e tendo em si, de certo modo, as três Pessoas.

---

[54] R 16,1-2. 29 de maio de 1571, no Mosteiro de São José de Ávila.

Também ouvi: "Não te esforces para me teres encerrado em ti, mas para te encerrares em mim". Parecia-me que, de dentro de minha alma – onde estavam, e eu via, essas três Pessoas –, elas se comunicavam a todas as coisas criadas, não faltando nem deixando de estar comigo.[55]

Santa Teresa escreve esta *Relação* pouco tempo após ter sido agraciada com estas visões cuja novidade deixa sua pena embaraçada. Quando, sete anos depois, ela for escrever o *Castelo Interior*, sua pena terá reencontrado toda a sua destreza. Doravante, elevada aos estados superiores, ela compreende melhor a natureza das visões e pode delinear o estado que elas caracterizam.

Ela nos ensina, então, que estas visões intelectuais da Santíssima Trindade são concedidas à alma quando ela entra nas sétimas Moradas e antes que seja agraciada com o favor do matrimônio espiritual.

Introduzida a alma nesta Morada, mediante visão intelectual se lhe mostra, por certa espécie de representação da verdade, a Santíssima Trindade – Deus em três Pessoas. Primeiro lhe vem ao espírito uma inflamação que se assemelha a uma nuvem de enorme claridade. Ela vê então nitidamente a distinção das divinas Pessoas; por uma notícia admirável que lhe é [722] infundida, entende com certeza absoluta serem as três uma substância, um poder, um saber, um só Deus.

Dessa maneira, o que acreditamos por fé é entendido ali pela alma por vista, se assim o podemos dizer, embora não seja vista dos olhos do corpo nem da alma, porque não se trata de visão imaginária. Na sétima Morada, comunicam-se com ela e lhe falam as três Pessoas. Elas lhe dão a entender as palavras do Senhor que estão no Evangelho: que viria ele, com o Pai e o Espírito Santo, para morar na alma que o ama e segue seus mandamentos.

... Perceba-se que o fato de a alma trazer em si essa presença não se passa de modo tão perfeito, isto é, tão claro como quando se lhe manifesta na primeira vez ... .

---

[55] *Ibid.*, 18.

Mas, embora não seja com essa luz tão clara, a alma não deixa de perceber que está na companhia do Senhor.[56]

Eis-nos, assim, pois, bem-informados: Santa Teresa entrou nas sétimas Moradas na terça-feira depois da Ascensão de 1571, quando foi agraciada com esta visão intelectual da Santíssima Trindade que, desde então, torna-se habitual.

Esta visão intelectual de uma natureza particular – pois que produzida por "uma inflamação que se assemelha a uma nuvem de enorme claridade"[57] – não atingirá sua perfeição senão no matrimônio espiritual. Lendo as *Relações* de Santa Teresa temos a impressão de que, no tempo de espera, esta visão intelectual é ela mesma sustentada e aperfeiçoada por visões de uma outra espécie.

A Santa, neste mesmo ano, anota:

Uma vez, estando eu em oração, o Senhor me mostrou, por um estranho modo de visão intelectual, o estado da alma em graça; em sua companhia vi a Santíssima Trindade em visão intelectual, vindo dela, até a alma, um poder que se assenhoreava de toda a terra. ...

Mostrou-me ele também o estado da alma em pecado, sem nenhum poder, mas como alguém que estivesse de todo atado e preso, com os olhos tapados, que, mesmo querendo, não pode ver, nem andar, nem ouvir, encontrando-se em grande obscuridade. Causaram-me tanta lástima as almas que assim estão que qualquer trabalho me pareceria leve se servisse para livrar uma delas.[58]

No ano seguinte, aos 22 de setembro de 1572, dois meses antes do matrimônio espiritual, a Santa recebe a graça de uma visão imaginária a qual relata bem extensamente, a fim de indicar as precisões que ela oferece à visão intelectual:

... depois que tive a visão da Santíssima Trindade ... , foi-me dado a entender muito claramente isso, de modo que, por intermédio de

---

[56] 7 M 1,6.9.
[57] *Ibid.*, 1,6.
[58] R 24.

certos recursos e comparações, eu o vi numa visão imaginária. E se bem que outras vezes me tivesse sido dada a entender a Santíssima Trindade por meio de visão intelectual, a verdade não ficava em mim depois de alguns dias como esta de que agora **[723]** falo, de maneira a que eu pudesse pensar nisso e com isso me consolar. E agora vejo do mesmo modo como o ouvi de letrados, não o tendo entendido como agora. ...

Representaram-se a mim três Pessoas distintas, pois a cada uma se pode ver e falar individualmente. E depois pensei que só o Filho tomou carne humana, o que prova essa verdade. Essas Pessoas se amam, comunicam-se e se conhecem. ... Em todas essas três Pessoas não há senão um querer, um poder e um domínio, de modo que nada pode uma sem a outra: de quantas criaturas há, é só um o Criador.[59]

Enfim, aos 18 de novembro de 1572, por ocasião do matrimônio espiritual, Santa Teresa é agraciada com duas visões que possuem um caráter particular o qual ela mesma sublinha. Trata-se, primeiro, de uma visão imaginária da Santíssima Humanidade de Cristo:

Na primeira vez em que Deus concede essa graça, quer Sua Majestade mostrar-se à alma por visão imaginária de sua Sacratíssima Humanidade, a fim de que ela perceba com clareza que recebe tão soberano dom.

É possível que com outras pessoas ocorra de modo diferente ... .

Talvez julgueis que isso não fosse novidade, pois o Senhor já tinha se apresentado outras vezes a essa alma de tal modo. Todavia, dessa vez foi tão diferente que a deixou desatinada e espantada. Em primeiro lugar, porque a visão se revestiu de grande força; e, em segundo, em função das palavras ditas. No interior de sua alma – onde o Senhor lhe apareceu –, essa pessoa nunca tivera outras visões, a não ser a passada.[60]

Ao mesmo tempo, a união da alma com Deus
se passa no centro mais íntimo da alma, que deve ser onde está o próprio Deus – lugar no qual, a meu ver, não é preciso porta para

---

[59] *Ibid.*, 33,1.3.
[60] 7 M 2,1.2.

entrar. Digo que não é necessária porta porque em todas as graças aqui mencionadas, os sentidos e as faculdades parecem servir de intermediários, o mesmo devendo acontecer com esse aparecimento da humanidade do Senhor.

Mas o que se passa na união do matrimônio espiritual é muito diferente! O Senhor aparece no centro da alma sem visão imaginária, mas intelectual, ainda mais sutil do que as mencionadas ... .[61]

Esta visão intelectual tão elevada parece ser a descoberta da presença de Deus na alma, graças à união perfeita que é contraída com ele e, "ainda que **[724]** esta grande graça não deva realizar-se perfeitamente enquanto vivermos",[62] ela marca, contudo, um vértice e já uma posse definitiva. Com efeito, doravante, "[fica] sempre a alma com o seu Deus naquele centro"[63] – afirma Santa Teresa.

III – *Qualidade destas graças*

As comunicações divinas que acabamos de enumerar – palavras e visões – são todas elas graças extraordinárias, isto é, favores produzidos por uma ação direta de Deus sobre as faculdades ou sobre os sentidos? Tentemos precisá-lo. A classificação destas graças dada por São João da Cruz nos ajudará.

a) *Palavras*. Se, à luz da definição dada, examinarmos as palavras interiores que Santa Teresa relata, fica claro que estas palavras, sendo palavras substanciais, são graças extraordinárias.

As palavras sucessivas descritas por São João da Cruz, sendo pronunciadas pela alma sob a ação da luz divina, não são graças extraordinárias.

---

[61] *Ibid.*, 2,3.
[62] *Ibid.*, 2,1.
[63] *Ibid.*, 2,4.

Quanto às palavras puramente formais, elas são, por definição, graças extraordinárias, pois produzidas diretamente por Deus. Todavia, como seus efeitos são pouco sensíveis, é difícil, em muitos casos, discerni-las das palavras sucessivas. É, portanto, prudente abster-se de um julgamento sobre a qualidade delas.

b) *Visões*. Não é tão fácil qualificar as visões teresianas. Sobretudo neste âmbito, a classificação sanjuanista nos será útil.

1. São João da Cruz distingue três espécies de visões: as visões propriamente ditas, as revelações e as notícias de verdades. As visões propriamente ditas penetram diretamente, com o auxílio de uma luz sobrenatural, as realidades ausentes do céu e da terra e remetem para Deus, para as realidades espirituais ou para as realidades corpóreas.

[725] A visão de Deus e das substâncias espirituais dizem respeito à outra vida, pois não se pode ver a Deus sem morrer. O Santo admite, contudo, que as visões dessa espécie são possíveis na terra,

em caso muito raro e de modo transitório; nestas circunstâncias excepcionais, Deus dispensa ou salva a condição desta vida mortal, abstraindo totalmente o espírito, e pela sua divina graça suprindo as forças naturais que a alma então deixa de dar ao corpo. ... Mas estas visões tão substanciais, como as de São Paulo, Moisés e nosso pai Elias ... , mesmo sendo transitórias, raramente acontecem, ou melhor dizendo, quase nunca, e a bem poucos.[64]

As visões das realidades corpóreas são as visões de substâncias corpóreas das quais falamos anteriormente.

Todas as visões são graças extraordinárias.

As revelações consistem na manifestação de segredos e mistérios. Referem-se ao que Deus é em si mesmo, ou seja, ao mistério da Santíssima Trindade e aos atributos divinos,

---

[64] 2 S 24,3.

ou ainda ao que é em suas obras e em todos os outros dogmas da fé. Como a Revelação já está completa, as graças desse gênero ilustram ou manifestam uma verdade já conhecida, dando-lhe a compreensão. As revelações normalmente acontecem por meio "de palavras, sinais, figuras".[65]

As notícias, que consistem em
distinguir e ver o mesmo entendimento, verdades referentes a Deus ou a fatos presentes, passados e futuros,[66]
podem ter por objeto o Criador ou as criaturas.

As notícias sobre Deus são a pura contemplação. São o fruto do amor unitivo. Na sua forma perfeita, elas
são próprias do estado de união, ou, por melhor dizer, são a própria união. Consistem num misterioso contato da alma com a divindade.[67]

Os toques substanciais, ao enriquecer a alma, atualizam essas notícias que são os mais preciosos entre os dons, pois que procedem da união e são a própria união.

[726] Estas notícias sobre Deus não são graças extraordinárias, porque são o fruto da conaturalidade realizada pela caridade. Ainda que sumamente elevadas e desejáveis, estão dentro da normalidade do desenvolvimento da graça e são produzidas por ela.

As notícias dos objetos inferiores a Deus são muito diferentes. Relacionam-se com as realidades em si, com os fatos, os acontecimentos que se passam entre os homens. São João da Cruz fala-nos que estas notícias podem proceder seja de um carisma – dom particular de sabedoria ou de profecia –, seja de uma aptidão do espírito que, com o auxílio de mínimos indícios exteriores, descobre realidades profundas. Em ambos os casos, é necessária uma luz divina para atualizar o dom ou aptidão.

---

[65] *Ibid.*, 27,1.
[66] *Ibid.*, 26,2.
[67] *Ibid.*, 26,5.

Estas notícias, portanto, não são, via de regra, graças extraordinárias no sentido que foi indicado. São João da Cruz insiste para que não nos apeguemos a elas ou mesmo para que não nos fiemos delas.

2. Esta classificação nos oferece luzes preciosas para determinar a natureza das visões com as quais Santa Teresa foi agraciada. Examinemo-las sucessivamente.

As visões intelectuais ou imaginárias de substâncias corpóreas que descrevemos eram visões propriamente ditas e, por isso, devem certamente ser consideradas como graças extraordinárias.

As distinções devem ser feitas nos fenômenos sobrenaturais que agrupamos sob o título de visões de substâncias espirituais.

Entre as visões de substâncias espirituais descritas por Santa Teresa, existem algumas que podem ser qualificadas como visões de Deus ou de realidades espirituais no sentido sanjuanista? Não o cremos.[68] As visões mais elevadas relatadas por Santa Teresa – aquelas da Santíssima Trindade – persistem, enquanto que as visões de Deus das quais fala São João da Cruz duram apenas um instante. As visões teresianas que conhecemos podem ser explicadas sem que sejamos obrigados a recorrer a um fenômeno tão raro e extraordinário como parece ser a graça descrita pelo Doutor Místico. Caso persistisse alguma [727] dúvida a este respeito, parece-nos que seria preciso elucidá-la estudando, não as visões da Santíssima Trindade, mas a visão de Deus Verdade que causou uma tão profunda impressão na Santa.

Esta visão de Deus Verdade que é acompanhada de uma palavra interior e de uma imagem que se grava nela, as vi-

---

[68] É possível que a Santa tenha gozado de tais visões e que não as tenha descrito.

sões da alma habitada pelo Cristo, da alma em estado de graça e em estado de pecado, a visão imaginária da Santíssima Trindade nos parecem ser revelações no sentido de São João da Cruz. O Santo diz, com efeito, que esta manifestação de segredos divinos é feita, ordinariamente, com o auxílio de palavras, figuras e símbolos. Estas revelações são graças extraordinárias.

As visões teresianas sobre o futuro também são graças extraordinárias, pois que revelações que procedem de uma infusão extraordinária de luz divina distinta.[69]

As visões intelectuais da Santíssima Trindade com as quais a alma é agraciada ao entrar nas sétimas Moradas, não são revelações, mas notícias espirituais que procedem deste grau supremo de caridade. Portanto, não são graças extraordinárias no sentido estrito da definição. No período que precede o matrimônio espiritual, esta visão intelectual dura, segundo o testemunho de Santa Teresa, certo tempo, mas parece atenuar-se depois de alguns dias.[70] Dado que a união não é perfeita, a visão intelectual também não o é, mas em Santa Teresa ela foi então sustentada por graças extraordinárias as quais qualificamos como revelações. Quando a alma chegou ao matrimônio espiritual, a visão intelectual encontrará sua perfeição na própria perfeição da união realizada. A partir de então, as graças extraordinárias podem cessar. A alma está em posse de uma luz que lhes é superior: aquela que procede do amor unitivo e que revela, de modo constante, o tesouro divino que habita nela e a união perfeita realizada com ele.[71]

---

[69] Cf. 2 S 27.

[70] Cf. R 33,1.

[71] Encontraremos mais adiante, no capítulo "Desposório e matrimônio e matrimônio espiritual", p. 1211ss., maiores explicações sobre a visão intelectual da Santíssima Trindade.

As experiências de Santa Teresa estão em perfeita harmonia com o magistério de São João da Cruz que coloca, acima de todas as luzes recebidas por via extraordinária, a luz da aurora que surge da perfeição do amor unitivo.

B – *EFEITOS DAS GRAÇAS EXTRAORDINÁRIAS*

[728] A preocupação – aliás, legítima – de não nutrir desejos de graças extraordinárias leva, às vezes, a minimizar o efeito de tais favores. Parece-nos preferível proclamar a verdade sobre este ponto, mesmo se, em certos casos particulares isso poderia resultar em alguns inconvenientes. Ora, a verdade é que estas graças, normalmente, têm uma considerável influência no desenvolvimento da vida espiritual das pessoas que as recebem e na realização da missão que lhes é confiada. Foi assim com Santa Teresa.

I – *Santificação da alma*

A primeira palavra interior que Santa Teresa ouviu e que foi expressa assim: "Já não quero que fales com homens, mas com anjos",[72] desapega-a das conversações no locutório e de toda a afeição que não fosse puramente espiritual.

... nunca mais consegui permanecer em amizades nem ter consolo nem afeição particular senão por pessoas que, pelo que percebo, amam a Deus e procuram servi-lo. ...

Desde aquele dia, fiquei animada a deixar tudo por Deus, de uma maneira que me deu a impressão de que ele quis, naquele momento – pois não me parece ter sido mais do que isso –, transformar por inteiro sua serva. Assim, não foi necessário que me mandassem fazê-lo.[73]

Tanto quanto, ou até mais que as palavras interiores, as visões e revelações são plenas de luz e de graça. Con-

---

[72] V 24,5.
[73] *Ibid.*, 24, 6.7.

tribuem "muito para se praticarem as virtudes com maior perfeição"[74] e fazem com que a alma "[passe] a compreender verdades tão grandes que não tem necessidade de outro mestre".[75] Elas a penetram de humildade[76] e a abrasam de amor.[77]

A alma se transforma, sempre embebida; parece-lhe que começa **[729]** a amar Deus com um novo amor vivo muito elevado[78]

– escreve a Santa a propósito das visões imaginárias.

Estes efeitos da graça, verdadeiras joias, eram tão visíveis que ela os podia apresentar como provas da ação divina àqueles que duvidavam disso:

> E eu poderia mostrar a eles essas joias, porque todos os que me conheciam viam que sem dúvida a minha alma se transformara – e assim o dizia meu confessor. A diferença era muito grande em todas as coisas, nada tendo de dissimulação, mas sim de uma clareza que todos podiam ver.[79]

Tal testemunho de Santa Teresa é tão profundamente confirmado pela hagiografia dos santos que não se faz necessário insistir. A exemplo dos pescadores da Galileia que, depois de terem escutado o chamado do Mestre, contemplado o seu rosto e recebido miraculosamente o Espírito Santo, tornaram-se apóstolos, a exemplo de São Paulo, caído por terra em Damasco, que se tornou o Apóstolo das nações, muitas almas foram transformadas por uma palavra substancial ou uma visão, e foram orientadas eficazmente para uma missão que lhes foi, assim, revelada.

---

[74] 6 M 9,17.
[75] *Ibid.*, 9,10.
[76] Cf. V 29,3.
[77] Cf. *Ibid.*, 29,13.
[78] *Ibid.*, 28,9.
[79] *Ibid.*, 28,13.

É preciso, contudo, observar que estes efeitos de transformação não procedem diretamente do favor, mas de uma graça que lhes está adjunta.[80]

II – *Luz*

O efeito próprio das graças extraordinárias é a luz; e uma luz de tal qualidade que pode ter uma influência extraordinária sobre a vida espiritual.

Esta luz, a um só tempo clara e transcendente, adaptada e transbordante, penetra nas faculdades e nas mais humildes potências cognitivas do homem, revelando-lhes, de uma maneira imediata e viva, as realidades sobrenaturais cuja imagem e lembrança imprime nas profundezas e, avivando o seu desejo, facilita-lhes doravante o contato.

[730] Santa Teresa sublinha como, especialmente as visões intelectuais que se prolongavam, mantinham a presença contínua de Nosso Senhor:

Embora já saibamos que Deus está presente em tudo o que fazemos, a nossa natureza é tal que se descuida de nisso pensar. Essa atitude não é possível aqui, pois o Senhor, que está junto da alma, a desperta para esse pensamento. Estando ela quase sempre em constante exercício de amor para com Aquele que vê ou sente estar junto a si, recebe mais amiúde as graças de que falei. ...

Assim, quando o Senhor é servido de tirar-lhe essa graça, a alma sente imensa saudade.[81]

A visão imaginária é ainda mais útil, segundo o testemunho de Santa Teresa,[82] pois que mais adaptada aos nossos meios ordinários de conhecer mediante os sentidos e

---

[80] Uma palavra puramente formal continua sendo uma graça extraordinária, ainda que tenha pouco efeito de santificação.
Uma revelação pode, da mesma forma, trazer apenas a luz sobre um ponto particular, sem deixar de ser graça extraordinária.

[81] 6 M 8,4.5.

[82] Cf. V 28,9-10.

porque grava na memória imagens vivas que não mais se apagarão.

A experiência mística encontra na luz das graças extraordinárias uma ajuda preciosa. Tal experiência é essencialmente obscura e permanece assim, mesmo quando sua luz merece ser chamada de um levante da aurora. No tenebroso período da noite do espírito, esta luz parece sepultada na noite. É então que, normalmente, intervém o maior número de graças extraordinárias e que a alma recebe delas o mais oportuno auxílio.

A experiência mística conserva sempre a certeza de possuir um tesouro divino. Mas, este tesouro está encerrado num estojo e a alma não pode gozá-lo, às vezes, senão fechando os olhos. A fé – é verdade – explica-lhe o mistério oculto numa fórmula perfeita, mas esta própria fórmula guarda zelosamente, sob o véu dos semblantes prateados e luminosos, o mistério do ouro de sua substância. A graça extraordinária abre por um instante o estojo que deixa, assim, ver o seu tesouro.[83] Ela parece revelar o semblante da fórmula dogmática que, embora luminosa, é um invólucro; faz resplandecer a vida divina que esta fórmula contém e protege, e a faz transbordar, numa explicitação luminosa e viva, sobre as faculdades que a recebem na surpresa e na alegria.

Apesar de sua fé ardente, Pedro dormia no Tabor, enquanto Jesus rezava. Eis que, com Tiago e João, é introduzido na visão resplandecente que lhe torna [731] sensíveis as riquezas interiores da oração do Mestre. Entendemos por que ele quer armar a tenda sobre o Tabor. Mais, tarde, ele afirmará que as fórmulas da fé são mais seguras do que as visões – *Habemus firmiorem propheticum sermonem*[84] –, mas isso se dá após ter feito apelo ao testemunho de sua

---

[83] Cf. 6 M 9,2-3.
[84] 2Pd 1,19.

visão da glória de Cristo, a qual lhe deu uma consciência pessoal viva e profunda.

As graças extraordinárias enriquecem a alma e marcam profundamente a vida espiritual dos santos em todo o seu desenvolvimento. Com frequência, no limiar do caminho estreito no qual Deus engaja seus privilegiados, ele situa uma graça extraordinária que, tal como um farol, marca-lhe a entrada, ilumina-lhe a vereda e as árduas subidas e já lhe descobre, com seus potentes fachos luminosos, o cume. As visões com as quais Santa Teresa foi agraciada deram à sua vida, à sua doutrina e à sua missão este caráter cristocêntrico que é uma de suas riquezas. Com plena razão, puderam sublinhar que o mistério do Cristo total – que é o pensamento-mestre da pregação e da espiritualidade paulina – já se encontra todo inteiro na visão de Cristo que o faz cair por terra no caminho de Damasco e que afirma ser o Jesus que Saulo persegue ao perseguir os cristãos.[85] Quem poderá dizer exatamente aquilo que as repetidas visões e as palavras da Virgem Imaculada deixaram na alma de Bernadete? Certamente um chamado à santidade e à realização da beleza descoberta, chamado cujo poder eficaz se manifestou numa rude pobreza humana recoberta dos delicados encantos da simplicidade divina. E não é também a beleza e o sorriso de cura de Nossa Senhora que se imprimiram sobre a fisionomia cativante de Santa Teresinha do Menino Jesus?

III – *Efeitos carismáticos*

O imenso proveito que a alma pode tirar dessas graças extraordinárias não deve nos ocultar o fato de que elas são em si carismáticas. Portanto, é mais no bem que propor-

---

[85] Cf. Padre MERSCH, Émile, s.j. *Le Corps Mystique du Christ*. Paris: DDB, 1936², 1ère Partie, ch. IV.

cionam ao próximo e à Igreja do que em seus efeitos de santificação que devemos procurar sua repercussão específica e a finalidade para a qual elas foram providencialmente ordenadas.

[732] Estas graças extraordinárias são dadas por Deus para assegurar luz, força e crédito na realização das missões sobrenaturais. Esta finalidade não exclui a precedente e tão pouco o bem da Igreja – fim de todas as coisas –, não exclui a santificação dos membros que trabalham para edificá-la, mas, pelo contrário, exige-a e a provoca. Bem da Igreja e bem espiritual particular das almas harmonizam-se no plano divino. É importante, contudo, sublinhar este caráter carismático como a característica essencial destas graças extraordinárias. É aquele que aparece mais claramente na história do povo hebraico e na história da Igreja. Ele é o único que explica a frequência destes sinais sensíveis da ação de Deus ou a ausência deles nos itinerários particulares da santidade.

Saulo foi escolhido como um vaso de eleição e Apóstolo dos gentios. A visão que o converteu, assegurou-lhe luz e força para a realização de sua missão.

As graças extraordinárias que ajudaram tão poderosamente Santa Teresa a chegar à união transformante são uma preparação evidente para a sua missão de Reformadora e de Mestra da vida espiritual. A visão e os assaltos do Querubim conferiram-lhe visivelmente a graça da maternidade. Ela mesma reconhece a luz e o apoio eficaz que encontrou nestas graças:

Se Nosso Senhor não me tivesse feito as graças que me fez – escreve ela em 1572 –, não me parece que eu teria tido ânimo para as obras realizadas nem forças para os sofrimentos que se têm passado, as contradições e maus julgamentos. Assim, depois que se começaram as fundações, foram-me tirados os temores que eu antes tinha de estar enganada, sendo infundida em mim a certeza de que era Deus, o que me fazia lançar-me a coisas difíceis ... . Por isso percebo que Sua Majestade Nosso Senhor, como quis despertar o princípio desta Ordem e, por sua misericórdia, me tomou como instrumento, foi obrigado a suprir o que me faltava ... para que tivesse efeito e se mostrasse melhor a sua grandeza em coisa tão ruim.[86]

Até as indiscrições – tão dolorosas para Santa Teresa – que hão de por em público a vida de sua alma, aumentariam seu crédito para suas fundações. É a visão de uma alma justa que proporcionará o tema de sua obra-mestra, o *Castelo Interior,* cujas etapas mais importantes ela marcará com o sinal luminoso de um favor extraordinário que lhe ilustrará a graça.

[733] Deus, que confere autenticidade ao culto dos santos através dos milagres, não hesita em marcar com o sinal da graça extraordinária a doutrina e o movimento da piedade que ele deseja universalizar em sua Igreja. As revelações feitas a Santa Margarida Maria Alacoque propagam o culto ao Sagrado Coração e as aparições a Santa Bernadete criam o movimento das multidões em direção a Lourdes. Os recursos da Sabedoria são infinitos. Deus teria podido usar de outros meios para chegar ao mesmo fim. Via de regra, agrada-lhe escolher os meios mais adaptados e mais simples e dar crédito, mediante o selo divino de suas graças exteriores, às missões exteriores extraordinárias.

C – *FREQUÊNCIA E MOMENTO DAS GRAÇAS EXTRAORDINÁRIAS*

Extraordinário é quase sinônimo de raro. As graças extraordinárias são, com efeito, raras, mas de uma raridade que comporta graus.

No Antigo Testamento, São João da Cruz observa como [por] não estarem bem-assentados os fundamentos da fé, nem estabelecida a Lei evangélica, ... era mister interrogar a Deus e receber

---

[86] R 34.

as suas respostas, fosse verbalmente, ou por meio de visões ou revelações, fosse em figuras ou símbolos, ou, afinal, por sinais de qualquer outra espécie. ... na antiga Lei, este modo de tratar com Deus era usado e lícito; e não somente era lícito, mas ainda o próprio Deus o mandava, repreendendo o povo escolhido quando o não fazia. ... vemos, na Sagrada Escritura, que Moisés sempre consultava o Senhor, e o mesmo fazia o Rei Davi, e todos os outros reis de Israel em suas guerras e necessidades, bem como os sacerdotes e antigos profetas.[87]

Portanto, as graças extraordinárias no Antigo Testamento fazem parte da ordem normal da Providência que as utilizava para exercer sua autoridade sobre seu povo eleito e ditar-lhe suas vontades. São João da Cruz acrescenta:

Agora, já estabelecida a fé em Cristo, e a Lei evangélica promulgada na era da graça, não há mais razão para perguntar daquele modo, nem aguardar as respostas e os oráculos de Deus, como antigamente. Porque em dar-nos, como nos deu, o seu Filho, que é a sua Palavra única (e outra [734] não há), tudo nos falou de uma vez nessa Palavra, e nada mais tem para falar.

Este é o sentido do texto em que São Paulo quer induzir os hebreus a se apartarem daqueles primitivos modos de tratar com Deus conforme a lei de Moisés, e os convida a fixar os olhos unicamente em Cristo, dizendo: *Multifariam multisque modis olim Deus loquens patribus in prophetis; novissime diebus istis locutus est nobis in Filio,* "Tudo quanto falou Deus antigamente pelos profetas a nossos pais, de muitas formas e maneiras, agora, por último, em nossos dias, nos falou em seu Filho, tudo de uma vez" (Hb 1,1). O Apóstolo dá-nos a entender que Deus emudeceu por assim dizer, e nada mais tem para falar, pois o que antes falava por partes aos profetas, agora nos revelou inteiramente, dando-nos o Tudo que é seu Filho.[88]

A Revelação está completa com a morte do último Apóstolo, testemunha direta de Cristo Jesus. Deus nos disse tudo. Não temos o direito de esperar novas revelações, nem de as desejar. Desejos e esforços não podem mais se

---

[87] 2 S 22,3.2.
[88] *Ibid.*, 22,3-4.

Graças extraordinárias: Palavras e Visões

dirigir senão para a descoberta do depósito confiado à Igreja e à sua explicação progressiva. Nem por isso a liberdade de Deus fica diminuída. Ele se reserva o direito de falar, ele mesmo, aos homens para lhes descobrir verdades particulares. E ele ainda o faz; mas, falando com propriedade, esta linguagem por meio de palavras ou figuras tornou-se, sob a nova lei, extraordinária.

É possível determinar a frequência destas comunicações extraordinárias? São João da Cruz, tão atento em mortificar todos os desejos referentes a este ponto, parece inscrever estas graças como um fato quase normal no desenvolvimento da vida espiritual:

Assim Deus aperfeiçoa o homem conformando-se à sua condição, isto é, conduzindo-o pouco a pouco das coisas mais baixas e exteriores às mais altas e interiores. Em primeiro lugar aperfeiçoa os sentidos corporais ... . Quando os apetites já estão algo dispostos, costuma o Senhor aperfeiçoá-los mais, concedendo-lhes, para confirmá-los no bem, algumas consolações e favores sobrenaturais tais como: visões sensíveis dos santos, ou coisas santas, palavras cheias de suavidade, perfumes delicados e grande deleite no tato ... .

Uma vez dispostos os sentidos interiores com este exercício natural, costuma Deus ilustrá-los e espiritualizá-los mais ainda, por meio de algumas visões sobrenaturais (aqui chamadas imaginárias); e nelas o espírito tira maior proveito, como já dissemos; assim, tanto nas comunicações mais exteriores como nessas mais espirituais, vai a alma perdendo sua natural rudeza e reformando-se pouco a pouco. [735] Desta maneira o Senhor eleva as almas de grau em grau até o interior.[89]

São João da Cruz atribuía a estas graças extraordinárias outros efeitos além daquele de contribuir para o desapego progressivo da alma. Sabemo-lo através das passagens paralelas onde ele trata disso, mas é interessantes notar a este propósito que as comunicações sobrenaturais não se

---

[89] *Ibid.*, 14,4.

lhe aparecem como um fenômeno anormal e muito raro nos espirituais.

Durante os vinte primeiros anos de sua vida religiosa, Santa Teresa teve apenas uma visão de Cristo.[90] Tem cerca de quarenta anos quando se abre para ela, por volta de 1555, o primeiro período das graças extraordinárias. Está, então, nas sextas Moradas e Deus a prepara, desta forma, para cumprir sua missão de Reformadora. Escuta, primeiro, as palavras, tem as visões intelectuais e, em seguida, imaginárias. As visões desaparecerão progressivamente no matrimônio espiritual para deixar lugar às percepções mais elevadas que acompanham a união transformante. As locuções não cessam, e a Santa recebe, assim, luzes preciosas sobre o que ela deve fazer.

Se ampliarmos nosso campo de investigação, constataremos que há poucos santos canonizados – por consequência, desses que Deus coloca sobre o candelabro para iluminar e dirigir sua Igreja – que não foram favorecidos com ao menos algumas graças extraordinárias. Santa Teresinha do Menino Jesus – a quem gostamos de citar como um modelo perfeito e um guia no caminho ordinário da santidade – foi agraciada com o sorriso da Santíssima Virgem que a curou e com uma visão profética de seu pai. Aliás, estas graças se estendem para muito além do círculo por demais restrito dos santos canonizados e, no mais das vezes, elas se situam no início de uma vida espiritual que Deus quer que seja profunda ou, mais tarde, para determinar uma missão e convalidá-la.

Contudo, não poderíamos declará-las como necessárias ao desenvolvimento da santidade – mesmo daquela mais alta –, nem à realização de uma missão – fosse ela a mais brilhante. Não são tampouco, como tais, uma "prova sufi-

---

[90] Cf. V 7,6.

ciente para atestar a santidade. Deus as distribui como quer e quando quer, da mesma forma que ele faz seus santos através dos meios e caminhos que escolheu. A Sabedoria de amor não tem outra lei senão o seu beneplácito.

D – *COMO DEUS PRODUZ ESTAS GRAÇAS EXTRAORDINÁRIAS?*

[736] Limitamos o problema às graças verdadeiramente extraordinárias, àquelas que são produzidas por uma ação direta de Deus nas faculdades. Consequentemente, ficam eliminadas não só a experiência mística, mas as palavras sucessivas e a visão intelectual da Santíssima Trindade.

Trata-se, então, de saber como Deus age sobre as faculdades para criar nelas uma luz ou imagem. Diante deste difícil problema, Santa Teresa declara humildemente:

... não digo que possa explicar a maneira pela qual essa luz tão forte se imprime nos sentidos interiores, nem como o nosso entendimento percebe imagem tão clara, que verdadeiramente parece estar ali, por ser isso assunto de eruditos. O Senhor não me quis dar a entender de que forma isso acontece ... .[91]

E, no entanto, não temos nada de mais claro a respeito desta questão do que os testemunhos de Santa Teresa e de São João da Cruz. Vamos, então, recolhê-los. A dificuldade do problema, porém, nos obrigará a proceder por afirmações ou pinceladas sucessivas que não terão a pretensão de responder a todas as questões que poderíamos levantar sobre este tema.

I – *Ação direta*

As graças extraordinárias são produzidas por uma ação direta de Deus que elimina toda cooperação da alma, exceto uma passividade receptiva.

---

[91] *Ibid.*, 28,6.

Visões imaginárias e visões intelectuais – afirmam os dois santos – são produzidas nas faculdades sem nenhuma atividade da parte delas e lhes são comunicadas por via sobrenatural. Já recolhemos sobre este ponto a afirmação de Santa Teresa que se maravilha com esta "imagem viva",[92] "imagem tão clara – precisa a Santa a propósito de Nosso Senhor – que verdadeiramente parece estar ali".[93]

[737] São João da Cruz compreende sob a denominação de visões imaginárias

... todas as espécies, imagens, formas e figuras que a imaginação é suscetível de receber sobrenaturalmente, pois todas as impressões que dos cinco sentidos corporais se oferecem à alma e se imprimem nela por via natural, podem-se-lhe apresentar por via sobrenatural, sem concurso algum dos sentidos exteriores.[94]

Quanto às visões intelectuais, são produzidas

sem meio algum sensível, exterior ou interior [e elas] se oferecem ao entendimento clara e distintamente por via sobrenatural, de modo passivo, isto é, sem que a alma coopere com algum ato ou obra de sua parte, ao menos ativamente.[95]

O mesmo sucede com as palavras interiores. Pareçam vir do exterior ou do mais íntimo da alma, sejam ouvidas na parte superior ou sejam "tão do exterior que se escutam com os ouvidos, assemelhando-se a uma voz articulada",[96] elas são muito distintas, sobretudo as palavras interiores que são percebidas de uma maneira muito mais clara que pelo sentido da audição.[97] Eis, então, nitidamente afirma-

---

[92] *Ibid.*, 28,8.
[93] *Ibid.*, 28,6.
[94] 2 S 16,2.
[95] *Ibid.*, 23,1.
[96] 6 M 3,1.
[97] Cf. V 35,1.

da a causalidade divina e a passividade das faculdades humanas.[98]

Como se exerce esta causalidade divina sobre a passividade da alma? Eis o problema a resolver. E não podemos fazê-lo a não ser distinguindo as percepções intelectuais das percepções sensíveis.

II – *Luzes infusas na inteligência*

As luzes extraordinárias ou, em outros termos, as visões intelectuais de substâncias espirituais e as revelações, são infundidas diretamente na inteligência por Deus.

[738] Falando sobre as luzes que encontra em si sem poder explicar como elas lhe chegaram, Santa Teresa escreve:

... parece que o Senhor quer de todo modo que a alma saiba algo do que se passa no céu; tenho a impressão de que, assim como lá é possível compreender sem que ninguém fale (o que eu nunca soube com certeza até que o Senhor, pela sua bondade, quis que eu visse e me mostrou num arroubo), assim também aqui Deus se entende com a alma, bastando que Sua Majestade o deseje ... .[99]

Esta alusão à linguagem angélica nos fornece a chave mestra para explicar as percepções intelectuais extraordinárias: Deus infunde diretamente na inteligência a luz por

---

[98] Deste estudo comparativo das graças extraordinárias emerge uma observação explicativa geral: São João da Cruz tem o cuidado de indicar a ação de Deus por toda parte onde ele a descobre; Santa Teresa, em compensação, reserva o nome de sobrenatural àquilo que aparece livre de toda causalidade humana eficiente.

De resto, já anteriormente, São João da Cruz tinha indicado a ação de Deus desde o princípio da contemplação, enquanto Santa Teresa reservava o qualificativo de sobrenatural às orações de recolhimento passivo e, sobretudo, àquela de quietude onde a ação de Deus é dominante. Assim, o campo do sobrenatural é mais vasto para São João da Cruz e é mais nitidamente caracterizado em Santa Teresa.

[99] V 27,10.

meio, provavelmente, de espécies impressas. Trata-se de uma linguagem de espírito a espírito que, exprimindo luzes precisas e distintas, deve ser recebida sob esta forma precisa pela própria inteligência.

III – *Percepções sensíveis*

Podemos afirmar que todas as percepções sensíveis extraordinárias, tais como as visões e audições, são produzidas por Deus da mesma maneira, isto é, pela criação de uma imagem ou de uma percepção nos sentidos? O fato dos seres que são percebidos sobrenaturalmente terem um corpo apto a ser captado pelos sentidos muda os dados do problema. Desta forma, as distinções se impõem.

1. Em primeiro lugar, podemos afirmar que as pessoas cuja presença a alma percebe numa visão sobrenatural ou através de uma palavra estão realmente presentes. Nosso Senhor, a Santíssima Virgem, os santos estão perto da alma, quando eles se manifestam numa graça extraordinária. Dado que Deus prova, por meio dos efeitos, que ele é o autor daquela visão ou palavra interior e que ele cria a certeza da presença, nós não podemos supor que Deus crie uma impressão falsa e coloque, assim, a alma na ilusão. A realidade da presença parece-nos, então, repousar sobre a própria veracidade de Deus.

2. Desta realidade da presença, não podemos, contudo, concluir que nas graças extraordinárias os sentidos percebem a realidade corpórea da pessoa cuja presença é certa.
[739] Na verdade, Santa Teresa assevera que todas as suas visões foram interiores, ou seja: imaginárias. Os sentidos exteriores, instrumentos normais da percepção dos corpos, não contribuíam aí em nada. Admitir a percepção real da presença corpórea serviria apenas para suscitar um

novo problema, aquele da percepção miraculosa de uma realidade sensível exterior por meio de um sentido interior. Parece, portanto, normal concluir que as visões teresianas, tendo por objeto substâncias corpóreas eram, como as visões intelectuais, produzidas pela impressão direta de uma imagem nos sentidos.

3. Que pensar das visões sensíveis que são exteriores e nas quais, por consequência, podem intervir os sentidos exteriores aptos a perceber as realidades sensíveis?

Se as pessoas que se manifestam com uma presença corporal não têm um corpo – tal como os anjos –, ou não o têm atualmente – tal como os santos no céu –, o princípio da economia das forças nos leva a admitir que, salvo o caso onde um anjo teria uma longa missão a cumprir na terra, Deus não dá um corpo de empréstimo a estes espíritos, mas se contenta em criar uma imagem nos sentidos de quem é agraciado com a visão.

Se as pessoas que se manifestam tem realmente um corpo – como Nosso Senhor e a Santíssima Virgem –, é tornando visível os seus corpos que elas se manifestam? A resposta afirmativa não pareceria duvidosa se a própria Santa Teresa não relatasse a opinião segundo a qual Nosso Senhor nunca se manifestou desde sua Ascensão, a não ser para o Apóstolo São Paulo. São João da Cruz diz igualmente que, "embora Cristo apareça, quase nunca o faz em sua própria pessoa".[100] Esta opinião negativa de nossos dois Mestres nos leva, então, a pensar que mesmo as aparições sensíveis exteriores – como aquelas com que foram agraciadas Santa Bernadete e Santa Margarida Maria Alacoque – são, via de regra, constituídas sensivelmente por uma imagem que Deus imprime nos sentidos. Esta invisibilidade do corpo

---

[100] 2 N 23,7.

real e esta criação da visão através da impressão da imagem explicariam perfeitamente o fato de só uma ou várias pessoas gozarem dela, enquanto outras que lhes estão próximas não podem perceber senão o reflexo da aparição sobre o rosto da pessoa que é favorecida sobrenaturalmente.

4. [740] As audições, palavras interiores ou exteriores, sem percepção de presença sensível parece que devem ser explicadas da mesma forma: a impressão sobrenatural nos sentidos de uma percepção auditiva basta para explicar todos os seus efeitos.

Podemos, então, concluir que as graças extraordinárias são produzidas habitualmente – se é que não sempre – por uma infusão sobrenatural de luz na inteligência ou pela impressão de uma imagem ou de uma percepção nos sentidos.

IV – *Deus utiliza os arquivos da memória*

Prosseguindo nosso estudo nestas regiões obscuras com a luz que nossos Mestres nos concedem, podemos nos perguntar qual é a parte pessoal de Deus na criação e na impressão desta luz ou desta imagem na inteligência ou nos sentidos.

Para resolver o problema, retomemos cuidadosamente uma lei geral que São João da Cruz enuncia na *Subida do Monte Carmelo:*

Ordinariamente, tudo o que se pode fazer por indústria ou conselho humano, Deus não o faz ... por si mesmo.[101]

A atividade de Deus se dá, normalmente, mediante a utilização das causas segundas. Seu poder criador e sua providência conservadora encobrem-se voluntariamente sob a atividade transbordante da vida dos seres. Assim, a

---

[101] 2 S 22,13.

Sabedoria divina triunfa, humilde mas de modo tão magnífico, dissimulando-se sob os véus dos sinais sensíveis e da atividade dos seres que ela faz participar de seu poder.

Aquilo que é verdade para a ação ordinária e providencial de Deus aplica-se, também, à sua ação extraordinária. Deus, aí, reduz ao mínimo as intervenções de sua ação direta e pessoal. É importante, sobretudo neste campo do extraordinário, nunca esquecer esta lei e, assim, defendê-la contra a tendência para o "miraculismo" que vê, de boa vontade, uma intervenção pessoal de Deus em toda parte onde aparece o maravilhoso ou uma exceção às leis ordinárias da natureza. O comportamento divino nos obriga, pelo contrário, a admitir este princípio prático de investigação, a saber: que cada vez que um efeito [741] sobrenatural pode ser produzido pela mediação de uma causa segunda, devemos crer que Deus a utilizou, a menos que sua ação direta pessoal seja evidente ou possa ser provada.

As visões nos concedem uma propícia ocasião para a aplicação deste princípio. Deus é o autor das visões, mas sua ação não chegará ao ponto de criar os elementos que as constituem, pois os arquivos da memória lhe oferecem uma ampla reserva de imagens as quais pode utilizar para construí-las. De fato, as resplandecentes teofanias do Antigo Testamento são constituídas pelas imagens conhecidas dos profetas que foram favorecidos com elas. A arquitetura da Babilônia, familiar a Ezequiel, parece ter-lhe fornecido as imagens das quais se compõem a grande visão inicial dos quatro animais alados. Toda a riqueza das imagens das visões do Apocalipse poderia ser encontrada tanto nos profetas anteriores, como nas recordações de São João. A busca das fontes que alimentaram as visões de Santa Teresa seria um estudo bem interessante. Ao encontrar os elementos com os quais elas são construídas, não negaríamos em nada sua origem sobrenatural. Deus autor da visão, tal como a imaginação criadora, utiliza as imagens conhecidas para criar o quadro, mas coloca nele um resplendor vivo que é um reflexo de sua glória e lhe assegura os efeitos sobrenaturais, os quais revelam o poder criador de sua mão. Tal é a ação direta de Deus nas graças extraordinárias.

V – *Deus se adapta admiravelmente*

Esta ação direta de Deus, fundando-se assim no humano que utiliza, se adapta maravilhosamente às condições da vida psicológica da alma. Tal adaptação de Deus deve ser sublinhada como uma característica importante de suas intervenções.

Deus que aceita falar a linguagem dos sinais humanos para nos conceder sua luz, leva a sua condescendência até adaptar-se aos nossos temperamentos e às nossas necessidades particulares na escolha destes sinais, a fim de nos atingir de maneira segura. Para a fé que conservou sua pureza e sua simplicidade, ele falará a linguagem dos sinais exteriores e brilhantes que a fará vibrar. Para a fé que o racionalismo tornou prudente e crítica, ele terá uma linguagem mais intelectual. Visões e revelações serão mais numerosas no século XVI espanhol. Para atingir e tocar nossos espíritos modernos levados ao cepticismo, Deus parece abandonar a linguagem dos sinais exteriores [742] extraordinários, para infundir diretamente sua luz nas almas. Menos graças extraordinárias, porém dons de pura e árida contemplação mais amplamente dispensados. É assim que a Misericórdia desce, adaptando-se, sobre a pobreza espiritual do nosso tempo.

Este cuidado divino de adaptação se manifesta com uma delicadeza comovedora nas próprias intervenções extraordinárias. Visões e palavras manifestam a transcendência de sua origem mediante a força que elas trazem em si e através de seus efeitos, mas permanecem tão simples, tão humanas, tão próximas de nós pelos elementos que as constituem que não ferem, nem chocam. Nelas, Deus desce para junto da alma e se revela como Deus, mas fazendo-se homem. Usa da pitoresca riqueza de seus símbolos para falar aos hebreus e tornar firmes seus ensinamentos nas almas deles. É no dialeto de Lourdes que Nossa Senhora responde à pergunta de Bernadete e lhe revela que é a Imaculada Conceição. Na manifestação extraordinária, o divino e o humano, o transcendente e o ordinário se encontram tão admiravelmente unidos que a harmonia simples que disso resulta se torna um sinal de sua origem sobrenatural.

VI – *Deus utiliza a causalidade instrumental dos anjos*

Esta disposição de imagens e esta maravilhosa adaptação ao humano – sem dúvida, obra de Deus – devem ser atribuídas à sua ação pessoal? O princípio enunciado há pouco intervém também aqui com suas rigorosas exigências. Os fatos vão nos permitir verificar a sua aplicação.

Criar uma visão imprimindo uma imagem nos sentidos interiores, conceder uma luz distinta dando a entender uma palavra, não ultrapassa o poder ordinário dos anjos que, como puros espíritos, têm poder sobre todas as naturezas inferiores. É, portanto, normal que Deus utilize o poder dos anjos para produzir estas graças extraordinárias. Os anjos tornam-se causa instrumental nas mãos de Deus que permanece o agente principal.

O Antigo Testamento nos apresenta com frequência anjos utilizados por Deus, não somente como mensageiros, mas como instrumentos, e a tal ponto que parecem se identificar com ele. Abraão recebe três anjos que lhe dão a saber a missão da qual estão investidos para destruir Sodoma. Enquanto o Patriarca os acompanha pelo **[743]** caminho, eis que – diz-nos o autor sagrado[102] – se estabelece,

---

[102] Cf. Gn 18,16-33.

entre o próprio Senhor e Abraão, um dramático diálogo que prolonga a conversação do Patriarca com os mensageiros. Pareceu normal ao autor inspirado substituir, assim tão bruscamente, o próprio Deus a seus anjos, e a unidade do relato não o ressente, pois que o anjo é verdadeiramente um instrumento divino.

Nas descrições das manifestações de Deus aos profetas, o autor inspirado aponta quase que indiferentemente o Senhor ou o anjo do Senhor e, na mesma visão, às vezes sucessivamente, atribui as palavras a um e a outro. Não se poderia afirmar de melhor modo a causalidade instrumental do anjo e, por conseguinte, a identificação entre o mensageiro e seu senhor.

Um exemplo típico e vivo desta causalidade instrumental dos anjos é apresentada nesta investida do Serafim, que é a transverberação.[103] Na *Chama Viva de Amor,* São João da Cruz coloca junto aos toques substanciais esta graça carismática que é uma das mais altas concedidas por Deus. Ele a distingue, porém, com cuidado, pois os primeiros são

um puro toque da divindade na alma, sem forma nem figura alguma intelectual ou imaginária,[104]

enquanto que um anjo intervém na graça carismática. Santa Teresa nos indica de que maneira, e sua descrição é muito interessante:

Vi (o anjo) que trazia nas mãos um comprido dardo de ouro, em cuja ponta de ferro julguei que havia um pouco de fogo. Eu tinha a impressão de que ele me perfurava o coração com o dardo algumas vezes, atingindo-me as entranhas. Quando o tirava, parecia-me que as entranhas eram retiradas, e eu ficava toda abrasada num imenso amor de Deus.[105]

---

[103] Cf. Ch 2,6ss.; V 29,10.
[104] Ch 2,8.
[105] V 29,13.

Sob formas sensíveis, a visão nos mostra como a graça da fecundidade espiritual é concedida. Este amor, primícias do espírito pelo qual Deus confere à alma que consagra como cabeça riquezas e grandezas relacionadas com a maior ou menor sucessão de filhos que devem abraçar sua regra e seu espírito,[106] só pode ser concedido por Deus. Mas é **[744]** um anjo da mais alta hierarquia[107] – pois a graça é, de fato, totalmente singular – que é encarregado de infundir este "pouco de fogo" nas profundezas da alma. O anjo é um instrumento livre e vivo cuja ação – parece-nos – Deus utiliza para todas as graças carismáticas.

Este problema da causalidade instrumental angélica na produção das graças extraordinárias invoca outro: o do discernimento da origem divina dessas graças extraordinárias.

E – *DISCERNIMENTO DA ORIGEM DIVINA DESTAS GRAÇAS*

Aquilo que está no poder dos anjos, por causa de sua natureza de puro espírito, também está no poder do demônio que, na sua queda, conservou os dons de sua natureza angélica. Utilizar os arquivos da memória sensível e intelectual para representar na memória e na imaginação uma multidão de conhecimentos ou de ideias falsas, imprimi-las no espírito e nos sentidos com tanta eficácia e certeza que a alma se persuada de que não pode ser diferente daquilo

---

[106] Cf. Ch 2,12.

[107] São João da Cruz fala das investidas de um Serafim; Santa Teresa coloca entre os Querubins aquele que lhe apareceu com um dardo.

Frei Bañez, por outra parte, julgou seu dever fazer a retificação numa nota em que diz: "Parece mais ser daqueles que se chamam Serafins". O detalhe é de pouca importância. Contudo, pode-se fazer a observação que é normal que o Querubim, o anjo abrasado de amor por excelência, seja o instrumento desta graça de amor fecundo.

que, então, se lhe representa,[108] formar visões, dar a entender palavras é uma arte na qual o demônio se sobressai. Ele também pode fazer nascer sentimentos espirituais mediante sua influência sobre os sentidos corporais,[109] utilizar sua penetração para simular as revelações sobre o futuro. São João da Cruz afirma que há muitas visões e palavras que provêm do demônio.

Costuma o espírito maligno disfarçar-se sob o mesmo aspecto em que Deus se manifesta a alma, misturando coisas muito verossímeis às comunicadas pelo Senhor. Deste modo vai o inimigo se metendo qual lobo entre o rebanho, disfarçado em pele de ovelha, e dificilmente se deixa perceber.[110]

[745] Para ele, é tanto mais fácil arremedar a ação de Deus e se transformar em anjo de luz quanto,
ordinariamente, permite o Senhor que as entenda (as graças concedidas por intermédio do bom anjo) o adversário. Assim o permite, para que o demônio faça contra elas o que puder, segundo a proporção da justiça, e não possa depois alegar seus direitos, dizendo que não lhe é dada oportunidade para conquistar a alma, como disse no caso de Jó (Jó 1,9-11 e Jó 2,4-8).[111]

A este propósito, São João da Cruz recorda como
todos os prodígios verdadeiros que fazia Moisés, eram reproduzidos falsamente pelos mágicos do Faraó (Ex. 7,11-12; 8,7).[112]

E acrescenta:
Não é somente este gênero de visões corporais que o demônio imita; mete-se também nas comunicações espirituais. Como são concedidas por meio do anjo bom, consegue o inimigo percebê-las ... .[113]

---

[108] Cf. 3 S 10,1-2.
[109] Cf. 2 S 32,4.
[110] *Ibid.*, 21,7.
[111] 2 N 23,6.
[112] *Ibid.*, 23,7.
[113] *Ibid.*, 23,8. A respeito disso, São João da Cruz observa que o poder do anjo é maior do que aquele do demônio. Na verdade, não somente a ação do anjo bom é marcada com o selo divino que lhe assegura os

Pelo menos, podemos, então, concluir que as simulações diabólicas das graças extraordinárias são tão numerosas quanto as graças verdadeiras. As desordens psicopatológicas vêm aumentar singularmente o número destas simulações.[114]

Na verdade, estas desordens que parecem suspender o uso de certas faculdades e que rompem, assim, o equilíbrio harmonioso que constitui o valor da pessoa, levam, pelo contrário, as virtualidades de algumas potências sensíveis ao seu máximo. Todas as forças do ser são atraídas pela potência hipertrofiada que, ao absorvê-las, as consome. Na espera da decadência total, a hipertrofia se manifesta, às vezes, em excentricidades que poderiam levar a crer na ação de forças preternaturais.

[746] Os penetrantes estudos de psiquiatras modernos neste campo e algumas de suas conclusões não teriam espantado – assim pensamos – Santa Teresa e São João da Cruz e lhes teriam fornecido oportunos esclarecimentos àquilo que sua experiência de almas e penetração psicológica tinham descoberto. Se nos aproximarmos das fórmulas técnicas, rudes e mais precisas da psiquiatria moderna, o diagnóstico que eles dão sobre estes casos nos parecerá

---

efeitos transcendentes, mas o anjo, enquanto goza da vida sobrenatural e é instrumento de Deus junto a uma alma que se abre à sua ação, pode conceder-lhe comunicações espirituais, enquanto que o demônio não pode simular senão aquilo que há de sensível nas comunicações divinas. O demônio poderia, contudo, agir diretamente na alma daquele que se lhe tivesse entregado mediante um pacto (cf. 2 S 31,2).

[114] Na 2ª série (1931-1938) dos *Études Carmélitaines mystiques et missionnaires*. Paris: DDB, vol. II, 23ème année, octobre 1938, encontraremos, sob a orientação de Frei Bruno, estudos profundos e uma abundante documentação sobre estas questões.

Cf. especialmente, o número de outubro de 1938 que apresenta estudos do Padre de Guibert e do Padre Olphe-Galliard sobre o caso do Padre Surin e, também, do Professor Lhermitte, de R. Dalbiez e de Dr. Achille-Delmas sobre o caso de Marie-Thérèse Noblet.

quase por demais geral e simples. Contudo, a desconfiança que aconselham, os remédios que propõem, revelam-nos que eles os tinham entendido perfeitamente. Escutemos Santa Teresa:

> Algumas vezes – muitas –, podem ser ilusão, especialmente em pessoas de imaginação fraca ou melancólicas – isto é, de melancolia notável.
>
> Creio que, quando se trata destes dois últimos casos, não se deve dar importância, mesmo que as pessoas digam que veem, ouvem e entendem. Não devemos tampouco inquietá-las dizendo-lhes ser obra do demônio, mas ouvi-las como pessoas enfermas .... Porque, se lhe dissermos tratar-se de melancolia, será um nunca mais acabar; ela jurará que vê e ouve, porque assim lhe parece.[115]

A atitude de São João da Cruz é mais rigorosa:

> Convém, pois, a alma repelir de olhos fechados essas representações, venham de onde vierem. Se assim não fizesse, daria tanta entrada às do demônio, e a este tanta liberdade, que não somente teria visões diabólicas a par das divinas, mas aquelas se iriam multiplicando e estas cessando, de tal maneira que viria tudo a ser do demônio e nada de Deus.[116]

Esta repulsa absoluta é prudência e deixa a salvo as riquezas durante a noite da fé. No entanto, permanece o fato de que a alma tem necessidade de conhecer a origem das manifestações extraordinárias das quais é objeto, quando estas lhe impõem uma missão ou alguns deveres a serem cumpridos. O diretor, ao menos nestes casos, deve ter condições de fazer os discernimentos necessários. Santa Teresa não escreveu tão extensamente sobre esta questão senão para nos oferecer os sinais da ação de Deus. Extraiamos de sua detalhada doutrina os traços mais característicos.

a) O primeiro sinal – negativo, é verdade, mas importante – da origem divina das graças extraordinárias é que

---

[115] 6 M 3,1-2.
[116] 2 S 11,8.

elas não apresentam nada que seja contrário à razão ou à fé. **[747]** Mesmo nas maneiras extraordinárias de agir, Deus se adapta à ordem natural que nos governa. Visões e revelações divinas não apresentam nada de chocante. Nelas, Deus fala a nossa linguagem. Nelas, tudo é moderação, sinceridade e verdade, equilíbrio e simplicidade.

Pelo contrário, os distúrbios patológicos e a ação do demônio se revelam por uma falta de moderação, pelas excentricidades, por detalhes ridículos, pelo orgulho que se manifesta na preocupação de aparecer ou de maravilhar e pela mentira, que sem demora, torna-se presa de sua própria armadilha. Ao se manifestar, Deus fala a linguagem do homem honesto que é um bom cristão. O demônio e o doente encenam o super-homem.

b) Os sinais positivos, se não mais claros, são mais convincentes. Só um deles não constitui uma prova. Cada um é um índice. É a convergência de todos eles que gera a certeza.

1. Adaptando-se ao humano, Deus não poderia, contudo, esconder sua transcendência. Nestas manifestações extraordinárias, ela se afirma mediante uma certa majestade, uma força, uma autoridade que produzem na alma o respeito e a humildade.

Entre os sinais que indicam que as palavras procedem de Deus

o primeiro e mais garantido é a soberania e o poder que trazem consigo, de modo que à fala corresponde a ação.[117]

Falando das visões, ela diz:

Ó Jesus meu, quem poderia explicar a majestade com que vos mostrais? E quão senhor de todo o mundo, dos céus, de outros mil

---

[117] 6 M 3,5.

mundos, e de mundos e céus sem conta que poderíeis criar! A alma compreende que, diante da majestade com que vos representais, nada é para vós serdes senhor do universo.[118]

Podemos intuir a impressão da alma diante deste poder que se manifesta e que, às vezes aniquila.

... essas palavras trazem consigo, por vezes, uma majestade que, sem que saibamos quem as profere, nos faz tremer, se são de repreensão, e nos desmanchar de amor, se são amorosas.[119]

[748] A Santa confessa que, muitas vezes, para receber estes favores divinos é preciso ter muita coragem[120] e que eles sempre produzem humildade e confusão:

Aqui, ocorrem a confusão e o verdadeiro arrependimento dos pecados; a alma, mesmo vendo tantas mostras de amor, não sabe onde se esconder, e se desfaz toda.[121]

2. Esta humildade torna-se sinal certo da ação de Deus:

Se se tratam de favores e graças do Senhor, a alma deve examinar com atenção se, por causa disso, está se julgando melhor. Se não se sentir tanto mais confundida quanto mais elogiosas para si forem as graças, creia que não é espírito de Deus.[122]

Mesmo a visão intelectual, que não tem nada de sensível,

traz consigo imensa confusão e humildade. Se fosse do demônio, tudo se passaria ao contrário.[123]

O demônio pode imitar a ação de Deus, mas, em suas criações, ele não pode colocar o halo de "glória" que emana de Deus e o qual a Santa muitas vezes assinala.

---

[118] V 28,8.
[119] Ibid., 25,6.
[120] Cf. 6 M 4,1-2; 5,1ss.
[121] V 28,9.
[122] 6 M 3,17.
[123] Ibid., 8,4.

Tenho a impressão de que por três ou quatro vezes o demônio tentou me apresentar o Senhor numa representação falsa em que este toma a forma de carne, mas, quando é assim, a visão nada tem que se compare com a glória que emana da que vem de Deus.[124]

As forças preternaturais do demônio são suficientes para criar certa humildade e aniquilamento. Mas como é diferente da verdadeira humildade! Seu efeito é que a alma sente-se perturbada, desabrida e inquieta, perdendo a devoção e o gosto que antes tinha, além de ficar sem oração.[125]

Quando o demônio age, percebemo-lo com clareza na inquietação e no desassossego com que ele começa, na agitação que traz à alma enquanto dura a sua ação, e na obscuridade e na aflição que ele deixa, ao lado da aridez e da pouca disposição para a oração e para fazer algum bem. Ao que parece, ele afoga a alma e amarra o corpo para que de nada aproveite.[126]

[749] A humildade que vem de Deus experimenta a um só tempo o peso da sua transcendência e a suavidade de seu amor.

... tudo ocorre com quietude, com suavidade, com luz.

A alma, embora sofra, se conforta ... . Ela fica condoída por ter ofendido a Deus, mas ao mesmo tempo se alegra com o pensamento de sua misericórdia. Ela tem luz para confundir a si mesma e louva Sua Majestade por tê-la suportado tanto.[127]

3. Esta humildade é a verdade,[128] pois ela procede da luz divina. Tal luz é outro sinal das manifestações sobrenaturais.

Palavras e visões se impõem à alma sem que ela o queira, e as palavras, especialmente, são claras e distintas até

---

[124] V 28,10.
[125] *Ibid.*, 28,10.
[126] *Ibid.*, 30,9.
[127] *Ibid.*, 30,9.
[128] Cf. 6 M 10,7.

na sua expressão.[129] Possuem uma surpreendente plenitude de sentido.

... com uma só (palavra), compreende-se muito, coisa que o nosso entendimento não poderia fazer com a mesma rapidez.[130]

[Estas palavras são] coisas que estavam bem longe da memória, sendo ditas num átimo frases muito grandes que, para serem organizadas, requereriam muito tempo.[131]

Quanto às visões que acompanham os arroubos, elas ensinam tantas coisas juntas que, mesmo que [a alma] trabalhasse em ordená-las com a imaginação e o pensamento durante muitos anos, não poderia conceber nem a milésima parte.[132]

Primeiro, as faculdades ficam ofuscadas. A alma não pode focar a visão,[133] mas a luz que se imprimiu nela e que não mais esquecerá[134] torna-se como um luminoso pergaminho que, ao se desenrolar, revela progressivamente, suas riquezas; ou então, como um farol que lança suas luzes sobre seu caminho.

Por isso Santa Teresa diz a respeito das palavras interiores que

muitas vezes, ao lado do que se ouve, compreendem-se muitas outras coisas que nos são expressas sem palavras. Como isso acontece, não o sei explicar.[135]

[750] A Santa apoia-se em sua própria experiência para sublinhar que

Moisés deve ter percebido tão grandes coisas dentro dos espinhos daquela sarça que, a partir daí, pôde fazer o que fez pelo povo de Israel.[136]

---

[129] Cf. *Ibid.*, 3,12ss.

[130] *Ibid.*, 3,15.

[131] V 25,6.

[132] 6 M 5,7.

[133] Cf. *Ibid.*, 9,4ss.

[134] Cf. V 25,7ss.; 6 M 4,5.

[135] 6 M 3,16.

[136] *Ibid.*, 4,7.

4. Quando estas graças se renovam – já o dissemos –, elas enriquecem singularmente a alma e a transformam. Estes profundos efeitos são um dos sinais mais certos da ação de Deus. *A fructibus eorum cognoscestis eos;* "Pelos seus frutos os conhecereis"[137] – dizia Jesus, falando dos profetas. Contudo, a santidade e os frutos de apostolado chancelam uma missão muito mais do que uma graça extraordinária, que pode ser isolada.

Será fácil discernir a origem dessas manifestações extraordinárias, graças a todos estes sinais? Quem o ousaria afirmar?

Santa Teresa faz uma observação que, sem diminuir em nada o valor dos sinais, indica que a apreciação deles nem sempre é fácil. As boas disposições – diz ela – não bastam para

determinar se esses efeitos vêm do bom ou do mau espírito. Assim, é bom andar sempre advertido porque, se tivessem visões ou revelações, pessoas que não estão adiantadas na oração além desse ponto, poderiam ser enganadas.[138]

Pouco mais adiante, ela especifica que a experiência de um certo grau de oração é necessária:

Trata-se de coisa tão diversa que até pessoas que só tiveram oração de quietude são capazes de entender a diferença, com base nos efeitos das falas a que já me referi. É coisa muito conhecida ... .[139]

Portanto, é preciso conhecer ao menos a oração sobrenatural de quietude, aquela que faz saborear a Deus, para julgar a qualidade da ação de Deus. Humildade, aniquilamento, mansidão, paz e luz, este perfume de Deus, estas pegadas de sua passagem, quem os pode discernir com certeza senão aquele que está habituado a saboreá-los em seus frequentes contatos com Deus? A necessidade desta expe-

---

[137] Mt 7,16.
[138] V 25,11.
[139] *Ibid.*, 28,10.

riência sobrenatural já limita o número daqueles que estão aptos para julgar experiencialmente o valor destes sinais.

[751] É preciso acrescentar que esta ação sobrenatural é habitualmente acompanhada de simulações – ou, pelo menos, de tentativas de simulações – diabólicas no próprio sujeito ou à sua volta, de reações naturais e, às vezes, mórbidas em temperamentos limitados ou simplesmente em vias de purificação e que, por consequência, ela não aparece livre de todos os elementos nocivos ou inferiores senão em alguns santos já purificados. Assim, o discernimento dos favores sobrenaturais – salvo quando apraz a Deus sancioná-los mediante a prova do milagre – é uma árdua tarefa, cheia de dificuldades que, mais do que prudência, exige um dom de conselho que lhe seja adaptado.

F – *ATITUDE DA ALMA DIANTE DESTAS GRAÇAS*
I – *Não se comprazer com elas*

Estas dificuldades são um primeiro motivo para justificar o conselho tantas vezes repetido por São João da Cruz: repelir indistintamente todas estas manifestações extraordinárias, sem obrigação por parte dos diretores de fazer o discernimento.

... Deus não quer [para os diretores] este modo de proceder, nem que inquietem almas singelas e simples, envolvendo-as nessas questões; pois têm doutrina sã e segura na fé, pela qual hão de caminhar adiante.

Para isso é imprescindível fechar os olhos a todo sentido e a qualquer inteligência clara e particular. Estando São Pedro tão certo da gloriosa transfiguração de Cristo contemplada no Tabor e referindo-a em sua 2ª epístola, não quis deixar esta visão como principal testemunho de firmeza; mas, encaminhando os cristãos à fé, lhes disse: *Et habemus firmiorem propheticum sermonem: cui benefacitis atendentes, quasi lucernae lucenti in caliginoso loco,* "E ainda temos mais firme testemunho, que esta visão do Tabor, nas palavras dos profetas a que fazeis bem de atender, como a uma tocha que alumia em lugar tenebroso" (2Pd 1,19).[140]

Em outra parte, São João da Cruz encontra seis inconvenientes no comprazer-se com tais manifestações.[141] O primeiro e **[752]** mais importante é aquele de diminuir a fé e, consequentemente, de deter a caminhada da alma rumo à união divina.

Tal recusa não deve converter-se em desprezo – observa o Santo. Estas graças sobrenaturais são, também elas, um meio ou até mesmo um caminho para ir a Deus. O dom de Deus deve ser respeitado e utilizado.

... essas graças são o meio e modo por onde Deus conduz tais almas; não convém ... espantar-se ou escandalizar-se com isso ... .[142]

Mas, "a não ser em certas circunstâncias muito raras",[143] nas quais se lhes pode prestar atenção – insiste o santo Doutor – o melhor meio de utilizá-las perfeitamente é o de repeli-las.

Rejeitando as más [comunicações], evitam-se os erros do demônio e, quanto às boas, não servirão de obstáculo para a vida de fé, recolhendo melhor o espírito o fruto delas.[144]

Atendo-nos às boas, desenvolvemos um espírito de propriedade e podemos cair na ilusão, seja a partir de nossos pontos de vista – portanto, num sentido falso, como os judeus fizeram em relação às profecias referentes ao Messias –, seja porque o próprio Deus muda-lhe a realização – como aconteceu com a destruição de Nínive predita por Jonas.[145] Sem dúvida, estas comunicações proporcionam à alma

---

[140] 2 S 16,14-15.

[141] Cf. *Ibid.*, 11,7.

[142] *Ibid.*, 22,19.

[143] *Ibid.*, 11,13.

[144] *Ibid.*, 11,8.

[145] Cf. *Ibid.*, cc. 18-20. Nestes capítulos, São João da Cruz desenvolve extensamente a doutrina que tem a peito. Sua insistência e o tom absoluto que coloca nestes conselhos são bem-explicados pela onda de iluminismo que predominava em seu tempo e que, entre os espirituais, punha em voga as graças extraordinárias.

inteligência, ou amor ou suavidade; e para tal, não é mister querer admiti-las ... . E não só juntamente, mas principalmente, deixam seu efeito de modo passivo na alma, sem que ela de sua parte possa fazer coisa alguma para o impedir, mesmo querendo ... .[146]

Ao repeli-las, conservamos a graça e evitamos os perigos. Entramos nos desígnios de Deus que faz destas comunicações meios adaptados à nossa fraqueza, a fim de nos conduzir à união divina.[147]

II – *Não as desejar*

[753] Pelos mesmos motivos, não é preciso desejar estas comunicações extraordinárias. O desejo cego faz aceitar com demasiada facilidade estas comunicações quando elas se produzem, e expõe a todas as armadilhas do demônio. A doutrina de São João da Cruz sobre este ponto encontra uma valiosa confirmação no magistério de Santa Teresa que enumera seis razões pelas quais estes desejos se tornam perigosos.[148]

Além da falta de humildade que há nestes desejos,
é muito fácil haver engano, ou risco de o haver. O demônio não precisa senão de uma porta aberta para armar mil embustes. ... a própria imaginação, quando há um grande desejo, leva a pessoa a acreditar que vê e ouve aquilo que deseja ... .[149]

A Santa, ademais, recorda que estas graças "devem ajudar muito",[150] embora não sejam necessárias para a perfeição.

Há muitas pessoas santas que nunca souberam o que é receber uma dessas graças, ao passo que existem outras que, tendo-as recebido, não são santas.[151]

---

[146] 2 S 16,10.
[147] Cf. *Ibid.*, c. 17.
[148] Cf. 6 M 9,15.
[149] *Ibid.*, 9,15.
[150] *Ibid.*, 9,17.
[151] *Ibid.*, 9,16.

III – *Abrir-se com um guia espiritual*

Nossos dois Mestres dão um último conselho a respeito destas comunicações sobrenaturais: abrir-se com um guia espiritual e confiar-se a ele.

... a alma deve confiar logo a seu diretor espiritual com clareza, exatidão, verdade e simplicidade, todas as graças sobrenaturais recebidas. ... é muito necessário dizer tudo (embora à alma pareça que não)[152]

para, assim, despojar-se desses bens, permanecer na humildade e entrar no plano de Deus que, por este meio, assegura à alma todo o benefício destas graças.[153]

[754] Santa Teresa recomenda a mesma abertura de alma: simples e sincera.[154] Ela especifica o conselho, ao dizer:

Por isso, aconselho-vos a procurar alguém que seja muito erudito e – se se achar – também espiritual.

... E, tendo tratado com essas pessoas, a alma deve aquietar-se e não alardear essas coisas.[155]

Consultar muito equivale a expor-se às indiscrições,
[se] o confessor tem pouca experiência e é temeroso; neste caso, ele próprio a induz a falar com outras pessoas.

Dessa forma, divulga-se o que deveria ser mantido em segredo, vindo a alma a ser perseguida e atormentada ... . Assim, é preciso muito cuidado com essas coisas. Recomendo-o muito às Superioras.[156]

Uma vez que se abriu, a alma deve obedecer ao guia que escolheu.

---

[152] 2 S 22,16.

[153] Cf. *Ibid.*, 22,16ss.

[154] Cf. 6 M 9,12.

[155] *Ibid.*, 8,9.

[156] *Ibid.*, 8,9. A Santa recorda os sérios aborrecimentos que lhe causaram as indecisões do Padre Baltazar Álvarez e as indiscrições de que foram objeto as relações de sua vida feitas aos confessores.

Esse é o desejo de Sua Majestade. Não devemos deixar de fazer o que ele manda, pois nos diz que consideremos o confessor como seu representante, donde não se pode duvidar que as palavras sejam suas. ... Já agir de outro modo neste aspecto, guiando-se pelo próprio parecer, considero-o coisa muito perigosa. Assim vos admoesto, irmãs, em nome de Nosso Senhor, que nunca isso vos aconteça![157]

Estes tão sábios conselhos têm o objetivo de reconduzir, tanto quanto possível, para a via ordinária, submetendo estas intervenções extraordinárias de Deus à autoridade da Igreja, da qual, em virtude de sua natureza, elas pareciam escapar.

Depois de ter afirmado sua liberdade na distribuição de seus dons, a Misericórdia divina nos mostra, por meio da obediência que impõe, a submissão ao plano eterno e único da Sabedoria, que é o de restaurar todas as coisas em Deus, unindo as almas de modo perfeito no Cristo total.

Santa Teresa e São João da Cruz situaram estas graças extraordinárias na perspectiva deste desígnio da Sabedoria, a fim de lhes apreciar o valor e indicar com perfeição a conduta a assumir com relação a elas.

Tais graças, à semelhança daqueles meteoros cujo rastro luminoso se inscreve por um instante na aparente serenidade e no claro-escuro [755] de um céu estrelado, nos fazem tomar consciência da força sempre operante do Espírito de amor que vive na Igreja e nas almas. Dado que são brilhantes e extraordinários, estes fenômenos poderiam assumir, nas nossas preocupações e desejos ou mesmo na nossa concepção da vida espiritual, um lugar de primeira ordem o qual seria uma usurpação e um perigo. Elas não são mais que meios, muito úteis, mas de trato delicado, para se encaminhar rumo à união com Deus. Esta união é a única coisa que importa. Assim, entre as graças extraordinárias e

---

[157] *Ibid.*, 3,11.

a oração de união, não se há de hesitar: devemos orientar as primeiras em direção à segunda; devemos até mesmo sacrificá-las, pois a união com Deus é o único bem que podemos desejar e pedir de modo absoluto.

Compreenda agora o bom espiritual o mistério desta porta e deste caminho – Cristo –, para unir-se com Deus. Saiba que, quanto mais se aniquilar por Deus segundo as duas partes, sensitiva e espiritual, tanto mais se unirá a ele e maior obra fará. E quando chegar a reduzir-se a nada, isto é, à suma humildade, se consumará a união da alma com Deus, que é o mais alto estado que se pode alcançar nesta vida. Não consiste, pois, em recreações, nem gozos, nem sentimentos espirituais, e sim numa viva morte de cruz para o sentido e para o espírito, no interior e no exterior.[158]

Resumamos este texto de São João da Cruz: as mais belas e as mais elevadas riquezas divinas, excetuando a posse do próprio Deus, devem ser ocasião e causa de novos despojamentos.

Eis-nos já no ponto central do nosso estudo neste último período de ascensão: as noites purificadoras do espírito.

---

[158] 2 S 7,11.

TERCEIRO CAPÍTULO
A noite do espírito: o drama

> *Toda a montanha do Sinai fumegava,*
> *porque o Senhor descera sobre ela*
> *no fogo;*
> *a sua fumaça subiu como fumaça de*
> *uma fornalha,*
> *e toda a montanha tremia violentamente.*[1]
> *A montanha ardia em fogo até ao céu,*
> *em meio a trevas, nuvens e escuridão.*[2]

[756] Esta teofania sinaítica nos oferece um símbolo poderoso e preciso, quase uma descrição, da noite do espírito. Deus descia sobre o Sinai para dar a Lei a seu povo e afirmava sua autoridade, fazendo irromper seu terrível poder. É para afirmar e estabelecer sua realeza que Deus vem à alma na noite do espírito. Como o poderia fazer sem mostrar quem ele é? Os enriquecimentos de seu amor serão acompanhados de demonstrações de seu poder semelhantes aos fulgores de sua cólera. A lei do amor não pôde suprimir a transcendência divina. Quando Deus abraça o homem em contatos profundos, as antinomias do humano e do divino evidenciam-se numa luz e numa força horríveis: o amor inflama, a pureza escurece, a força estremece, a luz ofuscante envolve o encontro com uma nuvem do mistério. "A montanha ardia em fogo até ao céu, em meio a trevas, nuvens e escuridão. ... a

---

[1] Ex 19,18.
[2] Dt 4,11.

sua fumaça subiu como fumaça de uma fornalha, e toda a montanha tremia violentamente". A noite do espírito é assim. Os sofrimentos interiores e as comoções exteriores que produz constituem um drama. Antes de tentar descrevê-la, determinemos suas causas. Terminaremos indicando suas formas exteriores que velam seus terríveis esplendores.[3]

A – *CAUSAS DA NOITE DO ESPÍRITO*

[757] Com certeza, são as invasões divinas estudadas anteriormente que geram a noite do espírito.

A descrição que São João da Cruz oferece não deixa dúvidas a este respeito:

Esta noite escura é um influxo de Deus na alma, que a purifica de suas ignorâncias e imperfeições habituais, tanto naturais como espirituais. Chamam-na os contemplativos contemplação infusa, ou teologia mística.[4]

Esta influência de Deus é muitíssimo qualificada e direta. É "linguagem de Deus ..., comunicada de puro espírito

---

[3] A noite do espírito foi o tema proposto no Congresso de Psicologia religiosa realizado no Convento dos Carmelitas de Avon, nos dias 21-23 de setembro de 1938. Os relatórios apresentados por teólogos, filósofos, médicos neurologistas e psiquiatras foram reunidos nos *Études Carmélitaines mystiques et missionnaires*. Paris: DDB, 23ème année, vol. II, octobre 1938. Constituem um estudo penetrante e sugestivo sobre a noite do espírito, suas diferentes formas e suas simulações, suas concomitâncias e seus sucedâneos. Vamos utilizá-los amplamente e a eles remetemos o leitor. Cf. tb. "Douleur et Stigmatisation". Apud *Études Carmélitaines mystiques et missionnaires*. Paris: DDB, 21ème année, vol. II, octobre 1936. • "Illuminations et sécheresses". Apud *Études Carmélitaines mystiques et missionnaires*. Paris: DDB, 22ème année, vol. II, octobre 1937, que oferecem os relatórios dos Congressos precedentes.

[4] 2 N 5,1. Comentando o versículo 19 do Salmo 76[77], *Illuxerunt suae orbi terrae*, São João da Cruz escreve: fulguraram os relâmpagos de Deus pela redondeza da terra significa a ilustração que produz a contemplação divina nas potências da alma; estremecer e tremer a terra é a purificação penosa que nela causa (2 N 17,8).

a espírito puro".[5] É uma irrupção de Deus na alma. Mas, o que se dá para que uma visita assim tão íntima produza obscuridade e sofrimentos? Outrora, Deus falara assim, "face a face",[6] com Moisés no Sinai, a fim de lhe dar a lei do temor. Estamos aqui, de novo, diante de uma sublime manifestação do Deus do Antigo Testamento? Não; absolutamente não. Trata-se daquela "amorosa Sabedoria divina" – diz São João da Cruz – que "dispõe [a alma], purificando e iluminando, para a união de amor com ele".[7] Esta Sabedoria de amor não se propõe outra coisa senão a felicidade da alma.

... não é que haja, na contemplação e infusão divina, algo que possa em si mesmo produzir sofrimento, pois, ao contrário, só produz muita suavidade e deleite.[8]

[758] A verdadeira causa da obscuridade e do sofrimento está na própria alma.

... por dois motivos esta divina Sabedoria é não somente noite e trevas para a alma, mas ainda pena e tormento. Primeiro, por causa da elevação da Sabedoria de Deus, que excede a capacidade da alma e, portanto, lhe fica sendo treva; segundo, devido à baixeza e impureza da alma, e por isto lhe é penosa, aflitiva e é também obscura.[9]

Eis aqui claramente indicadas as causas da noite. Ao se comunicar à alma, a Sabedoria encontra aí dois obstáculos para a sua ação: a inaptidão e a impureza. Estes dois obstáculos provocam uma luta e violência por parte da Sabedoria e, na alma, sofrimento. A torrente divina vem chocar-se contra a rocha que a detém ou que estreita seu leito. Há choque e luta entre a força da invasão da corrente e a passividade do obstáculo. A torrente límpida ruge e cobre de espuma a rocha. Esta deve suportar uma pressão crescente.

---

[5] *Ibid.*, 17,4.
[6] Ex 33,11.
[7] 2 N 5,1.
[8] *Ibid.*, 9,11.
[9] *Ibid.*, 5,2.

A comparação é grosseira. No entanto, mostra a disposição, a violência e o sofrimento que resulta de tal situação. Quando a rocha tiver cedido, ou seja, quando a inaptidão e a impureza da alma não apresentarem mais obstáculos, a torrente invasora retomará seu curso rápido, mas tranquilo.

Todo o problema da noite está neste jogo de contraste e oposição. Ainda é preciso especificar mais. Estas afirmações não explicam tudo. Não dizem, por exemplo, por que a oposição se manifesta somente neste momento e com esta violência. Com efeito, desde há muitos anos, a Sabedoria divina se comunica a esta alma. As quartas e as quintas Moradas já foram superadas e a alma experimentou suas riquezas divinas. A noite do sentido terminou e deixou seus frutos de bem e de paz. Por que estas mudanças e estas novas lutas? São João da Cruz vai nos dar a resposta.

Sem dúvida, as comunicações sobrenaturais já recebidas são bem autênticas e realizaram um trabalho importante. Libertaram suficientemente a alma das operações dos sentidos para abri-la à contemplação sobrenatural. Os sentidos apaziguados respeitam silenciosamente a ação de Deus no espírito e até saboreiam, à sua maneira, as comunicações divinas. As paixões foram subjugadas; as tendências, mortificadas – em especial, aqueles **[759]** vícios capitais cujos danos no campo espiritual São João da Cruz havia detalhado.[10]

[Esta] secura e purificação sensível ... purifica e limpa a alma das imperfeições que aderiam a ela para embotá-la e ofuscá-la.[11]

Já não traz a imaginação, nem as potências, atadas ao raciocínio, com preocupação espiritual, como anteriormente; mas com grande facilidade acha logo em seu espírito mui serena e amorosa contemplação, e sabor espiritual, sem trabalho discursivo.[12]

---

[10] Cf. IV Parte – Até à união de vontade, cap. 3: "As Noites", p. 686.

[11] 1 N 13,4.

[12] 2 N 1,1.

E, contudo, a purificação dos sentidos é apenas um prelúdio. Ela
é apenas a porta e o princípio de contemplação que conduz à purificação do espírito; serve mais, como também referimos, para acomodar o sentido ao espírito, do que propriamente para unir o espírito a Deus. As manchas do homem velho permanecem ainda no espírito, embora a alma não as perceba, nem as veja.[13]

Para dizer a verdade, ainda resta fazer o grande trabalho para adaptar o espírito a Deus, purificá-lo e, assim, tornar possível a união. Uma apropriada ação de Deus vai realizar esta tarefa. As diversas comunicações do período precedente atingiam as faculdades. Da nascente profunda que é Deus presente na alma, a água viva jorrava e derramava seus benéficos influxos na inteligência e na vontade. À aridez do início, tinha sucedido uma predominância da paz e do sabor que prendem suavemente as faculdades, favorecendo uma atividade mais elevada.

As comunicações divinas do novo período – tal como foi dito anteriormente – são diretas e bem mais profundas. A partir da graça de união mística e da união de vontade – que é o seu fruto – a ação de Deus se situa na substância da alma. Deus fala aí uma linguagem que é um segredo para os sentidos.[14] Ele "penetra na essência da alma enquanto puro espírito"[15] para aí se instalar como senhor e reinar sobre toda a atividade das faculdades. Doravante, elas estão sob sua direção.

---

[13] *Ibid.*, 2,1.

[14] Cf. *Ibid.*, 17,5.

[15] Dom ALOÏS MAGER. "Fondement psychologique de la purification passive". Apud *Études Carmélitaines mystiques et missionnaires.* Paris: DDB, vol. II, 23ème année, p. 246, octobre 1938.

Neste penetrante estudo, o sábio decano da faculdade de Teologia de Salisburgo, localiza a ação de Deus nas diferentes fases das purificações passivas.

[760] Esta irrupção divina produz uma verdadeira revolução psicológica. Inteligência e vontade agiam, até então, a partir das leis do agir humano, ou seja: guiavam-se seguindo a atração de seu objeto próprio que lhes era apresentado pelos sentidos ou por outras faculdades. Daqui para frente, elas estão submissas à moção de Deus que lhes chega das profundezas da alma.[16] Guinada psicológica: elas se moviam numa interdependência mútua e sob uma influência que provinha do exterior. Agora, são movidas; e a moção lhes vem Daquele que habita na essência da alma.[17]

Podemos compreender que disso resulte certa perturbação e mesmo uma comoção dolorosa, pois esta ação interior de Deus se exerce, às vezes, com violência e é sempre acompanhada de uma luz que ofusca, de uma força que paralisa. A inaptidão das faculdades para serem movidas por Deus e para receberem as infusões da sabedoria é constituída – como vemos – por seus hábitos psicológicos normais de agir. A resistência que opõem à ação orientadora de Deus, que vem das profundezas, é o primeiro obstáculo que a noite do espírito fará cair para adaptar o espírito a Deus. Será também a primeira causa dos sofrimentos desta noite.

São João da Cruz nos adverte que esta inaptidão da alma é acompanhada de impurezas cuja purificação será o segundo objetivo da noite e a segunda causa de sofrimentos.

As consequências do pecado original, tendências, apegos, hábitos imperfeitos permaneceram no espírito, depois

---

[16] "Sob esta influência, a inteligência e a vontade não agem mais como movidas por seu objeto próprio, mas, pela essência mais íntima da alma". Dom ALOÏS MAGER. *Art. cit.*, p. 246.

[17] Esta guinada psicológica que deve produzir a noite do espírito é habilmente colocada em foco por Frei LUCIEN-MARIE DE SAINT JOSEPH, no artigo "A la recherche d'une structure". Apud *Études Carmélitaines mystiques et missionnaires*. Paris: DDB, Vol. II, 23ème année, p. 254-281, octobre 1938.

da purificação dos sentidos.[18] Esta cortou os galhos, isto é, deteve as manifestações exteriores, mas deixou o tronco e as raízes que estão no espírito, nas próprias raízes das faculdades. Estas tendências de fundo deixam a alma pesada, arrastam-na para o exterior, ligam-na a si mesma e tornam ainda mais difícil a orientação para Deus e a submissão à Sabedoria.

A essas tendências que São João da Cruz chama de imperfeições habituais, ajuntam-se as imperfeições atuais. Estas últimas são bem diferentes, segundo as **[761]** almas. Procedem, de ordinário, de um mau uso dos bens espirituais com que a noite do sentido enriqueceu a alma.

Alguns, em razão de trazerem os bens espirituais tão manejáveis ao sentido, caem em maiores inconvenientes e perigos do que declaramos dos principiantes. Acham, a mãos-cheias, grande quantidade de comunicações e apreensões espirituais, juntamente para o sentido e o espírito, e com muita frequência têm visões imaginárias e espirituais. Tudo isto, de fato, acontece, com outros sentimentos saborosos, a muitas almas neste estado, no qual o demônio e a própria fantasia, muito de ordinário, causam representações enganosas.[19]

Falsas visões, orgulho espiritual, presunção, tais são as tentações e as faltas que conhecem estas almas. Algumas – precisa o Santo –

tanto se endurecem com o tempo em tais coisas, que se torna muito duvidosa a sua volta ao caminho puro da virtude e verdadeiro espírito.

... nenhum só, destes aproveitados, por melhor que haja procedido, deixa de ter muitos daqueles apegos naturais e hábitos imperfeitos ... .

... Portanto, para chegar a esta união de amor, convém à alma entrar na segunda noite, do espírito.[20]

---

[18] Cf. 2 N 2,1-3.
[19] *Ibid.*, 2,3.
[20] *Ibid.*, 2, 3-5.

A noite do espírito: o drama

A noite do espírito, purificadora e dolorosa, é produzida pelo choque, nas profundezas da alma, entre a ação divina que aí se exerce e as imperfeições que aí se encontram.

... não podem caber dois contrários num só sujeito que é alma. Logo, necessariamente esta há de penar e padecer, sendo o campo onde se combatem os dois contrários que lutam dentro dela.[21]

Aquilo que está em jogo neste embate entre o divino e o humano, entre a pureza de Deus e a impureza da alma é por demais importante para que o demônio não intervenha com todo o poder de que dispõe. Ainda um pouco mais e a alma, purificada pela noite do espírito, estará ao abrigo de seus ataques e se tornará terrível para ele. O demônio se servirá das vantagens que ainda possui sobre ela graças às suas imperfeições e aos apegos ao sensível. Com efeito, São João da Cruz nota que

este maligno se coloca com muita astúcia na passagem que vai do sentido ao espírito.[22]

[762] A escuridão destas regiões, a perturbação da alma desconcertada pela novidade de suas experiências e pela intensidade de seu sofrimento, criam condições particularmente favoráveis às intervenções do príncipe das trevas e da mentira.

Por meio de certos indícios exteriores de calma e de profundo silêncio nos sentidos, o demônio chega, sem dificuldades, a descobrir as comunicações divinas que a alma recebe no espírito.

... as graças concedidas por intermédio do bom anjo, ordinariamente permite o Senhor que as entenda o adversário. Assim o permite, para que o demônio faça contra elas o que puder, segundo a proporção da justiça, e não possa depois alegar seus direitos, dizendo que não lhe é dada oportunidade para conquistar a alma, como disse no caso de Jó (Jó 1,9).[23]

---

[21] *Ibid.*, 5,4.
[22] Ch 3,64.
[23] 2 N 23,6.

São estes os dados do problema da noite do espírito e as causas que a provocam. Esta noite é um encontro, ou melhor, um verdadeiro combate organizado pela Sabedoria de amor que quer estabelecer seu reino perfeito na alma apenas depois de ter reduzido sua inaptidão para o divino e vencido todas as potências do mal que têm sobre ela qualquer poder.

A noite do espírito é um verdadeiro drama. Para esclarecer seu horror e explicar sua fecundidade é necessário aproximá-lo do drama do Getsêmani, do qual ela é um prolongamento. O Getsêmani presenciou o confronto da pureza de Deus e do pecado do mundo na humanidade de Cristo que suportava este duplo peso. Esta Humanidade Santa foi esmagada, dilacerada, aniquilada. Algumas queixas aos apóstolos, os gemidos na noite, o suor de sangue deixam-nos intuir o horror do drama silencioso e profundo que envolvia a obscuridade do mistério. E, contudo, o resgate da humanidade, o nascimento e os desenvolvimentos da Igreja revelaram a qualidade da vitória conquistada pela paciência de Cristo neste combate. A noite do espírito é uma participação neste sofrimento e nesta vitória de Cristo.

Não identifiquemos completamente estes dois combates. Algumas distinções se impõem. Jesus trazia a unção da divindade e o pecado do mundo. Por mais elevadas que sejam as suas comunicações com Deus, a alma recebe apenas uma graça criada e limitada; o pecado que ela traz é o seu. O combate de Cristo implicava a salvação de toda a humanidade e ele saiu vitorioso. A noite do espírito implica a alta purificação de uma alma. E, no entanto, na noite do espírito, não se trata de uma única alma. Não se trata de uma luta individual. Aquele que sai vitorioso **[763]** da prova torna-se, necessariamente, um apóstolo, alguém que atrai e arrasta outros atrás de si. Então, guardadas todas as proporções, é de fato o Getsêmani que se prolonga na noite do espírito que os fortes sofrem. A Igreja inteira está interessada na vitória deles.

B – *O DRAMA*

A primeira noite, ou purificação, é amarga e terrível para o sentido ... . A segunda, porém, não se lhe pode comparar, porque é horrenda e espantosa para o espírito.[24]

E o Santo diz ainda que a primeira noite prepara a segunda:

Com efeito, é mister tão grande ânimo para suportar tão dura e forte purificação que se não houvesse a anterior reforma da fraqueza inerente à parte inferior, e se depois não tivesse cobrado força em Deus pela saborosa e doce comunicação com ele, a natureza não sentiria coragem nem disposição para sofrer tal prova.[25]

Santa Teresa, por sua vez, no início das sextas Moradas exclama:

Que sofrimentos interiores e exteriores padece ela (a alma) até entrar nas sétimas Moradas! Algumas vezes, considero o assunto e temo que, se a fraqueza natural o percebesse antecipadamente, seria dificílimo para ela determinar-se a sofrê-lo, por maiores que fossem os bens vislumbrados ... .[26]

E São João da Cruz resume assim sua experiência:

Estas almas verdadeiramente são as que descem vivas ao inferno ... .[27]

Eis-nos aqui informados pelo testemunho dos nossos dois Mestres. Por outra parte, dado que estes sofrimentos permanecem misteriosos para nós, seja pela sua natureza, seja pela sua intensidade, não temos outro recurso para descrevê-los senão o de utilizar amplamente as descrições que nos deixaram aqueles que os viveram.

---

[24] 1 N 8,2.
[25] 2 N 3,2.
[26] 6 M 1,1-2.
[27] 2 N 6,6.

Para proceder com ordem, utilizamos a divisão sugerida por Santa Teresa de sofrimentos interiores e sofrimentos exteriores. Os primeiros, sobretudo espirituais, são mais importantes; os segundos, mais visíveis, são habitualmente uma consequência dos primeiros.

I – *Sofrimentos interiores*

[764] As páginas dolorosas e sublimes que São João da Cruz consagrou à descrição da angústia da alma sob a ação de Deus fazem dele o poeta incomparável da noite.

A ordem que ele adota nesta descrição é mais aparente que real. Na verdade, não se trata senão de um único e mesmo sofrimento, de um peso que oprime, de uma escuridão que paralisa, de uma angústia que aperta. Para marcar-lhe a intensidade e a profundidade, o santo Doutor procede por toques sucessivos. Descobre seus diversos aspectos, situa-os sob enfoques diferentes, indica alguns traços particulares e os retoma para acentuá-los. E eis que sua pena parece impotente. Então, recorre à poesia rude e elevada dos textos da Escritura, ao poder de seu sopro inspirado e se deixa levar por eles. Desta forma, ele nos introduz no turbilhão de um sofrimento que não se pode nomear. Quando temos a impressão de afundar com ele no desespero, subitamente, se ergue de novo com uma força serena que nos levanta com ele na luz e na certeza do triunfo próximo de Deus e de sua graça.

Primeiramente, eis uma visão de conjunto:

... em pobreza, desamparo e desarrimo de todas as minhas apreensões, isto é, em obscuridade do meu entendimento, angústia de minha vontade, e em aflição e agonia quanto à minha memória, ... saí de mim mesma,[28]

---

[28] *Ibid.*, 4,1.

A noite do espírito: o drama

– declara a alma, desde o princípio. Como se vê, todas as faculdades estão envolvidas. Neste tormento generalizado, domina um sofrimento que parece ser a causa de todos os outros: o ofuscamento provocado pela irrupção da luz divina.

... quando esta divina luz de contemplação investe a alma que ainda não está totalmente iluminada, enche-a de trevas espirituais; porque, não somente a excede, como também paralisa e obscurece a sua ação natural. Por este motivo, São Dionísio e outros místicos teólogos chamam a esta contemplação infusa "raio de treva". ... Por sua vez disse Davi: *Nubes et caligo in circuitu eius,* "Nuvens e escuridão estão em redor dele" (Sl 96,2); não porque isto seja realmente, mas por ser assim para os nossos fracos entendimentos, os quais, em tão imensa luz, cegam-se e se ofuscam, [765] não podendo elevar-se tanto. Esta verdade o mesmo Davi o declarou em seguida, dizendo: *Prae fulgore in conspectu ejus nubes transierunt,* "Pelo grande resplendor de sua presença, as nuvens se interpuseram" (Sl 17,13), isto é, entre Deus e nosso entendimento.[29]

Esta luz tão fulgurante, que paralisa as faculdades e esconde o foco divino de onde procede, ilumina, em compensação, de forma impressionante, as impurezas da alma e sublinha com força a oposição entre a pureza de Deus e a impureza da alma. Trata-se de dois contrários que se afirmam e que não podem subsistir no mesmo sujeito. Portanto, é impossível que não haja luta e sofrimento.

Quando, de fato, a pura luz investe a alma, [é] a fim de lhe expulsar a impureza.[30]

A alma descobre assim, dolorosamente, como se encontra distante de Deus e, até mesmo, oposta a Deus.

... sente-se tão impura e miserável, que Deus lhe parece estar contra ela, e ela contra Deus. Donde, tanto é o sentimento e penar da alma, imaginando-se então rejeitada por Deus que Jó considerava como um dos maiores trabalhos estar posto por Deus neste exercício, e assim o exprimia: *Quare posuisti me contrarium tibi et factus sum*

---

[29] *Ibid.,* 5,3.
[30] *Ibid.,* 5,5.

mihimetipsi gravis, "Por que me puseste contrário a ti, e sou grave e pesado a mim mesmo?" (Jó 7,20).

Esta oposição faz com que a alma sinta o peso da força divina. Sente-se esmagada e acabrunhada. Para ela, isso é um novo sofrimento.

... quando esta divina contemplação a investe com alguma força ... , o sentido e o espírito, como se estivessem debaixo de imensa e obscura carga, penam e agonizam tanto, que a alma tomaria por alívio e favor a morte. Ao experimentar Jó esta pena, dizia: *Nolo multa fortitudine contendat mecum, ne magnitudinis suae mole me premat,* "Não quero que contenda comigo com muita fortaleza, nem que me oprima com o peso de sua grandeza" (Jó 23,6).[31]

O divino e o humano não se enfrentam apenas no âmbito exterior, mas se compenetram para aniquilarem-se um ao outro. É isto que produz o terceiro sofrimento.

E de tal maneira (a alma) é triturada e dissolvida em sua substância espiritual, absorvida numa profunda e penetrante treva, que se sente diluir e derreter na presença e na vista de suas misérias, sofrendo o espírito como **[766]** uma morte cruel. Parece-lhe estar como tragada por um bicho no seu ventre tenebroso, e ali ser digerida: assim padece as angústias que Jonas sofreu no ventre daquele monstro marinho. ...

Este gênero de tormento e pena, verdadeiramente indizível, descreveu Davi, ao dizer: *Circumdederunt me dolores mortis... dolores inferni circumderunt me... in tribulatione mea invocavi Dominun, et ad Deum meum clamavi,* "Cercaram-me os gemidos da morte... as dores do inferno me rodearam... em minha tribulação clamei" (Sl 17,5-7). O que, porém, mais faz penar esta alma angustiada é o claro conhecimento, a seu parecer, de que Deus a abandonou, e que, detestando-a, arrojou-a nas trevas. ... Todo este sofrimento experimenta aqui a alma, e ainda mais, porque lhe parece que assim será para sempre.

O mesmo desamparo e desprezo sente a alma da parte de todas as criaturas, e especialmente dos amigos. Eis por que prossegue logo Davi, dizendo: *Longe fecisti notos meos a me, posuerunt me abominationem sibi,* "Afastaste de mim todos os meus conhecidos; tiveram-me por objeto de sua abominação" (Sl 87,9).[32]

---

[31] *Ibid.*, 5,6.

[32] *Ibid.*, 6,1.2.3.

Esta ação de Deus na alma cava em suas profundezas e provoca aí, dolorosamente, o vazio. Este é o quarto sofrimento que a chama purificadora produz.

Sente então, em si mesma, um profundo vazio e pobreza, quanto às três espécies de bens que se ordenam ao seu gosto, isto é, os bens temporais, naturais e espirituais, vê-se cercada dos males contrários, que são misérias de imperfeições, securas e vazios no exercício de suas potências, e desamparo do espírito em treva.[33]

Neste desamparo e privação de qualquer apoio, a alma experimenta a angústia do vazio, bem como uma impressão de estar sufocando.

... não somente padece a alma o vazio e suspensão de todas as percepções e apoios naturais – padecer na verdade muito aflitivo, como se a alguém enforcassem, ou detivessem em atmosfera irrespirável –, mas também sofre a purificação divina que, à semelhança do fogo nas escórias e ferrugem do metal, vai aniquilando, esvaziando e consumindo nela todas as afeições e hábitos imperfeitos contraídos em toda a vida. Como estas imperfeições estão muito arraigadas na substância da alma costuma então sofrer grave destruição e tormento interior ... .[34]

Com seu profundo senso das Escrituras, o Doutor Místico aplica a este tormento purificador, a este refundir [767] da alma sob a ação do fogo divino, os fortes símbolos das ossadas e do caldeirão de Ezequiel:

Deste modo se realiza aqui a palavra inspirada de Ezequiel quando disse: *Congere ossa, quae igne succendam; consumentur carnes, et coquetur universa compositio, et ossa tabescent,* "Junta os ossos uns sobre os outros, para que eu os faça queimar no fogo; as carnes consumir-se-ão, e toda esta mistura ficará cozida, e os ossos queimados" (Ez 24,10). ... O mesmo Ezequiel continua, dizendo, a este propósito: *Pone quoque eam super prunas vacuam ut incalescat et liquefiat aes ejus,* "Ponde-a também assim sobre as brasas para que ela o aqueça, e o seu cobre se derreta; e se funda no meio dela a sua

---

[33] *Ibid.*, 6,4.
[34] *Ibid.*, 6,5.

V Parte – Santidade para a Igreja

imundície, e se consuma a sua ferrugem" (Ez 24,11). É significado nestas palavras o grave tormento da alma na purificação do fogo desta contemplação. Quer dizer o Profeta o quanto é necessário – para que em verdade se purifiquem e desfaçam as escórias dos apegos, agarrados à alma –, o aniquilamento e destruição dela mesma de tal arma se tornaram nela como uma segunda natureza estas paixões e hábitos imperfeitos.[35]

Esta comparação tão expressiva manifesta que não se trata apenas de uma dilaceração, de uma purificação superficial, mas de uma reversão interior, de uma nova criação da alma no fogo. A chaga não é só exterior; a alma não é senão uma chaga. Ela se funde sob a ação da chama ardente. Chega, assim, ao extremo limite da capacidade humana de sofrer.

E, se ele (Deus) não ordenasse que estes sentimentos, quando se avivam na alma, depressa sossegassem, ela morreria em mui breves dias; mas são interpolados os períodos em que lhes experimenta a íntima acuidade. Algumas vezes, no entanto, chega a alma a sentir tão ao vivo, que lhe parece ver aberto o inferno, e certa a sua perdição. Estas almas verdadeiramente são as que descem vivas ao inferno ... .[36]

A lembrança da passada prosperidade, isto é, das graças com que a alma foi favorecida antes de entrar nesta noite, contribui para tornar mais pesado o sofrimento presente.

É a experiência que Jó exprime por essas palavras: "Eu, aquele em outro tempo tão opulento, de repente encontro-me reduzido a nada e esmagado; tomou-me pelo pescoço, quebrantou-me e pôs-me como alvo para ferir-me. Cercou-me com suas lanças, chagou-me os rins, não me perdoou e espalhou pela terra as minhas entranhas. Despedaçou-me, com feridas sobre feridas; investiu contra mim como forte gigante. Levo um saco cozido sobre a minha pele, e cobri de cinza a minha carne. **[768]** À força de chorar, inchou-se-me o rosto, e cegaram-me os olhos" (Jó 16,13-17).[37]

---

[35] *Ibid.*
[36] *Ibid.*, 6,6.
[37] *Ibid.*, 7,1.

Jó e Jeremias são os grandes poetas bíblicos do sofrimento. Depois de ter citado com abundância o primeiro, São João da Cruz toma da pena do segundo para dar uma ideia dos tormentos desta noite, tão numerosos e terríveis que ele mesmo se declara impotente para descrevê-los.[38]

Para ir concluindo a explicação deste verso, e para dar a entender melhor o que realiza na alma esta noite, direi o que dela sente Jeremias. Tão extremo é o seu sofrimento, que ele se lamenta e chora com muitas palavras: "Eu sou o varão que vejo minha miséria debaixo da vara da indignação do Senhor. Ameaçou-me e levou-me às trevas e não à luz. Não fez senão virar e revirar contra mim a sua mão o dia todo! Fez envelhecer a minha pele e a minha carne, e quebrantou os meus ossos. Edificou (uma cerca) ao redor de mim e cercou-me de fel e trabalho. Colocou-me nas trevas, como os que estão mortos para sempre. Cercou-me de um muro para que não possa sair; tornou pesados os meus grilhões. E ainda que eu clame e rogue, rejeita minha oração. Fechou-me o caminho com pedras de silharia; subverteu as minhas veredas. Pôs contra mim espreitadores; tornou-se para mim qual leão de emboscada. Subverteu meus passos, e quebrantou-me; pôs-me na desolação. Armou o seu arco e pôs-me como alvo à seta. Cravou-me nas entranhas as setas da sua aljava. Tornei-me o escárnio de todo o meu povo, objeto de riso e mofa todo o dia. Encheu-me de amargura, embriagou-me com absinto. Quebrou-me os dentes e alimentou-me de cinza. De minha alma está desterrada a paz; já não sei o que é felicidade. E eu disse: frustrado e acabado está meu fim, minha pretensão e esperança no Senhor. Lembra-te de minha pobreza e de minha aflição, do absinto e do fel. Eu repassarei estas coisas no meu coração, e minha alma definhará dentro de mim" (Lm 3,1-20).[39]

Em todos os lamentos que a alma formula pela boca de Jó e Jeremias, é a Deus que ela acusa. É ele, com efeito, a causa de todos os seus males. Sua ação misericordiosa é cruel para com a alma que prepara para a união perfeita. Para purificá-la e embelezá-la, Deus a fere dolorosamente.

---

[38] Cf. *Ibid.*, 7,2.
[39] *Ibid.*, 7,2.

V Parte – Santidade para a Igreja

Novo tormento: Deus parece desencadear contra a alma o poder raivoso do demônio. São João da Cruz já nos advertiu que o demônio conhece, habitualmente, por indícios exteriores ou por uma permissão especial de Deus, as divinas comunicações à alma. **[769]** Quando estas comunicações assumem uma forma sensível – sentimentos, visões, palavras – sua estratégia consiste em simular a ação divina, produzindo os mesmos fenômenos, ou ainda em sugerir pensamentos de presunção e de orgulho que lhe permitem enganar e seduzir a alma.[40] Quando as regiões onde se fazem as comunicações puramente espirituais estão fechadas ao demônio, ele se esforça por perturbá-las mediante uma ação indireta.

Como ele (o demônio) vê que não consegue contradizê-la, pois tais coisas se passam no fundo da alma, procura por todos os meios alvoroçar e perturbar a parte sensitiva que está a seu alcance. Provoca, então, aí, dores, ou aflige com sustos e receios a fim de causar inquietação e desassossego na parte superior da alma, onde ela está recebendo e gozando aqueles bens.[41]

Quando a comunicação espiritual comporta um elemento sensível, vem a se intrometer aí com maior facilidade e perturba o espírito por meio dos sentidos.

É grande, então, o tormento e pena que causa no espírito; chega às vezes a ser muito mais do que se pode exprimir. Como vai diretamente de espírito a espírito, é intolerável esse horror que causa o mau ao bom, digo, o demônio à alma, quando consegue penetrá-la com sua perturbação.[42]

Às vezes, o demônio consegue manifestar sua presença à alma de uma maneira espiritual.

Por isto, quando a alma é daquele modo visitada, ele, para combatê-la, procura ao mesmo tempo incutir-lhe seu espírito de temor, para impugnar e destruir um espírito com outro.[43]

---

[40] Cf. *Ibid.*, 2,3-5.
[41] *Ibid.*, 23,4.
[42] *Ibid.*, 23,5.
[43] *Ibid.*, 23,8.

A noite do espírito: o drama

Se a alma não consegue, então, evadir-se de imediato para a obscuridade da fé, o demônio parece prevalecer e [prender] a alma na perturbação e horror, coisa mais aflitiva do que qualquer tormento desta vida. Como esta horrenda comunicação vai de espírito a espírito, muito às claras, e de certo modo despojada de todo o corporal, é penosa sobre todo sentido. Permanece algum tempo no espírito tal investida do demônio, mas não pode durar muito, porque sairia do corpo o espírito humano, devido à veemente comunicação do outro espírito. Fica, depois, somente a lembrança do sucedido, o que basta para causar grande sofrimento.[44]

[770] Desta forma, a alma não encontra dentro de si senão causas de sofrimento. Deus e o demônio parecem se unir para atormentá-la. Pode ela, pelo menos, esperar um pouco de consolação espiritual do exterior? Santa Teresa descreveu com detalhes suas provas sobre este ponto.

Durante a tempestade, nenhum consolo dá alívio.

Se a alma procura alento no confessor, parece que os demônios se valem dele para mais atormentá-las. Assim, lidando um confessor com uma alma que padecia esse sofrimento (trata-se de angústia perigosa, já que agrega tantas coisas ao mesmo tempo), ... dizia-lhe que o avisasse quando estivesse nessas tribulações. Mas sempre era muito pior, até que ele veio a entender que o remédio já não estava em sua mão.[45]

---

[44] *Ibid.* 23,9. A propósito da ação do demônio neste período, Santa Teresa escreve: "[Esta alma acredita] apenas no que a imaginação lhe sugere – a ela cabe, então, o domínio – e nos desatinos que o demônio quer lhe apresentar. Nosso Senhor deve ter dado licença a este para que prove a alma, e até para persuadi-la de que está reprovada por Deus. De fato, são muitas as coisas que a assaltam com uma angústia interior, de maneira tão sensível e intolerável que não sei com que comparà-las senão aos tormentos que se padecem no inferno" (6 M 1,9).

[45] 6 M 1,9. No mesmo capítulo, Santa Teresa fala do "tormento que é deparar com um confessor tão temeroso e pouco experiente que não há coisa que julgue segura; de tudo tem medo, em tudo põe dúvida, pois vê coisas extraordinárias. De modo particular, se vê imperfeições na alma favorecida por Deus ... , logo condena tudo e o atribui ao demônio ou à melancolia.

... Mas a pobre alma que tem os mesmos temores e procura o confessor como a um juiz, sendo condenada por este, não pode deixar de sentir grande tormento e perturbação. E só entenderá como é grande esse sofrimento quem tiver passado por ele" (6 M 1,8).

V Parte – Santidade para a Igreja

Convém, portanto – São João da Cruz assevera –, ter grande compaixão desta alma que Deus põe nesta tempestuosa e horrenda noite.[46]

Ó Jesus – exclama Santa Teresa –, o que é ver uma alma assim desamparada![47]

Testemunhos de simpatia e encorajamentos não conseguem atravessar o muro de angústia que a circunda. São João da Cruz o afirma, tal como Santa Teresa:

Por mais que de muitas maneiras, sejam mostrados os motivos de consolação que pode a alma ter nestas penas, pelos bens que elas encerram, não o pode crer. Como está tão embebida e imersa no sentimento dos males em que conhece com muita evidência suas próprias misérias, parece-lhe que os outros não veem o que ela vê e sente, e assim, por não a compreenderem, falam daquele modo.[48]

... quão pouco benefício lhe traz qualquer consolo da terra! ... é como se diante de condenados fossem postos [771] todos os deleites do mundo; nada disso bastaria para lhes dar alívio, antes aumentando-lhes o tormento. Aqui, todo tormento vem do alto, de nada valendo para mitigá-lo as coisas da terra.[49]

Contudo, algumas vezes, a prisão parece se entreabrir.

A alma, então, ... é posta em recreação de desafogo e liberdade ... . Às vezes chega a ser tão grande a consolação, que lhe parece estarem terminadas as suas provações.[50]

Claridade passageira...

Quando mais segura se sente a alma, e, por isto mesmo, menos se acautela, volve a ser tragada e absorvida em outro grau pior da noite, mais duro, tenebroso e aflitivo do que o precedente, o qual durará outro período, porventura, mais longo do que o anterior.[51]

Estas alternâncias aumentam o sofrimento e levam a duvidar de que a prova chegará ao fim.

---

[46] 2 N 7,3.
[47] 6 M 1,12.
[48] 2 N 7,3.
[49] 6 M 1,12.
[50] 2 N 7,4.
[51] *Ibid.*, 7,6.

Assim, tudo contribui para tornar mais agudo o sofrimento da alma, inclusive o seu ardente amor que a impele para Deus e lhe concede a percepção muito clara
[dos] motivos para ser rejeitada por aquele a quem ela tanto ama e deseja.[52]

Tais são os sofrimentos que caracterizam a noite do espírito. Os ecos que recolhemos revelam sua profundidade e sua intensidade. A diversidade deles é apenas aparente; é constituída pela complexidade das reações sob a ação de uma causa única. Esta causa é a espada purificadora da luz divina que atinge as feridas do pecado na própria raiz das faculdades, a fim de cicatrizá-las e as curar. A noite do espírito é, antes de tudo, um drama das profundezas. E, no entanto, este drama, porque intenso e profundo, produz, em regiões mais exteriores, repercussões que impressionam ainda mais, pois que mais visíveis.

II – *Sofrimentos exteriores*

Na nossa natureza humana, o pecado acentuou a divisão. No entanto, o corpo e a alma permanecem unidos de modo tão estreito que, reciprocamente, se carregam, um ao outro, do peso de qualquer sujeição que os oprime. **[772]** Assim, é normal que o sofrimento espiritual, tão intenso na noite do espírito, se expanda para o corpo e se manifeste aí por efeitos sensíveis. Ademais, dado que a noite do espírito deve perfazer a purificação do sentido, parece necessário que ela atinja as potências sensíveis não apenas mediante o rebote ou o reflexo, mas diretamente, para aí realizar sua obra. Desta lixívia, a alma deve sair com aquela pureza essencial que a dispõe para a união perfeita com Deus e com aquela maleabilidade que fará dela aquele instrumento

---

[52] *Ibid.*, 7,7.

dócil e adaptado às missões que Deus lhe reserva em sua Igreja.

Em razão de todos estes motivos, o sofrimento se torna exterior e sensível. Nas manifestações exteriores da noite do espírito, distinguimos três grupos de fenômenos:

a) As comoções, que são a consequência habitual da ação interior de Deus.

b) As provas produzidas pelos agentes exteriores.

c) Os fenômenos ou desordens que assumem uma forma extraordinária, sob a influência seja de tendências patológicas, seja de um agente natural ou preternatural.

Este estudo poderia se estender a desenvolvimentos muito interessantes e abordar, de maneira útil, o exame de casos particulares. Limitados por nosso plano de visão de conjunto geral, vamos nos deter em especificar as diversas categorias de fenômenos e em dar, para cada uma, apreciações gerais que possam esclarecer a atitude prática a tomar com relação a elas.

a) Comoções ordinárias, produzidas pela ação de Deus

1. *Fenômenos psicológicos* – Via de regra, são as faculdades que percebem com maior intensidade a ação que Deus exerce sobre o centro da alma. Em primeiro lugar, elas notam a força desta ação de Deus durante este período em que esta se exerce com uma intensidade tão particular. Santa Teresa descreve, desde as quintas Moradas, as perdas de consciência e suspensão das faculdades, ocasionadas pelos enriquecedores contatos de Deus com a potência da alma.[53] Quando a alma é elevada nos raptos ou arroubamentos, as [773] faculdades ficam de novo suspensas e como que

---

[53] Cf. 5 M 1,3-4.

aniquiladas nas operações que lhes são próprias.[54] Quando reencontram a consciência de si mesmas e sua liberdade, experimentam uma impressão de dolorosa surpresa,[55] certo pavor de se sentirem à mercê desta força misteriosa que surge de repente e as domina como um gigante o faria com uma palha.[56] Ainda que a ação de Deus as tenha colocado na paz, não podem deixar de temer que tenham sido vítimas de uma ilusão ou de uma ação do demônio.[57] Outra reação bastante habitual que se segue à tomada de consciência é uma agitação que pode chegar até um frenesi. As faculdades parecem afirmar, desta forma, sua independência depois da sujeição que sofreram. Ou melhor: tal como crianças a quem a autoridade do professor manteve atentas e aplicadas durantes um tempo bastante longo, elas deixam transbordar, desordenados e ruidosos, os impulsos de vida que uma força superior dominou e reprimiu poderosamente.

De ordinário, estes fenômenos psicológicos são transitórios como o choque que os produziu, do qual são uma reação. Há outros mais duradouros que devem ser atribuídos à guinada psicológica realizada pela noite do espírito.

Ao tomar Deus progressivamente a direção da alma, impondo-lhe a partir do interior suas luzes e moções, o processo normal da atividade das faculdades se encontra revirado, ainda que os sentidos que forneciam às faculdades seu alimento se encontrem, eles mesmos, paralisados. Disto resulta, no plano psicológico, um profundo desatino que se traduz por uma impotência e impressões dolorosas.

Não só se tornam impossíveis a meditação e o trabalho de conceituação sobre as verdades dogmáticas, mas tam-

---

[54] Cf. 6 M 4,2-5.
[55] Cf. 5 M 1,4-5.
[56] Cf. 6 M 5,2.
[57] Cf. 5 M 1,4-5.

bém aquela atenção amorosa que, com tanta vantagem, se tinha substituído ao raciocínio, durante a primeira noite. Porque agora atinge a raiz das faculdades, a impotência se generalizou e se estendeu. Chega mesmo aos negócios temporais, os quais a alma parece não estar mais apta para tratar. Lacunas na memória fazem perder a consciência do tempo e daquilo que se faz. A tal alma habituada a gozar da ação de Deus em si, no luminoso sabor interior e no [774] equilíbrio fecundo das faculdades, que constituía seu fruto, esta impotência, este vazio, e estas deficiências dão a impressão – e, às vezes, a certeza – de que Deus a abandonou e que ela vai se afundar numa degradação patológica.

... parece-lhe que o Senhor pôs uma nuvem diante dela a fim de não chegar a ele a sua oração ... . Se algumas vezes a alma reza é tão sem gosto e sem força que lhe parece não a ouvir Deus nem fazer caso. ... Nem ao menos rezar ou assistir atentamente aos exercícios divinos lhe é possível, nem tampouco tratar de coisas ou negócios temporais. E não somente isto: tem muitas vezes tais alheamentos e tão profundos esquecimentos na memória, que chega a passar largo tempo sem saber o que fez nem pensou, ou o que faz, ou ainda o que vai fazer; não lhe é possível nessas ocasiões prestar atenção, embora o queira, em coisa alguma de que se ocupa.[58]

A experiência de Santa Teresa nestas regiões não difere daquela de São João da Cruz. A Santa fala de um obscurecimento do entendimento, que "não é capaz de ver a verdade",[59] de um senhorio da imaginação que impõe às outras faculdades todos "os desatinos que o demônio quer lhe apresentar".[60] A oração é impossível ou, pelo menos, infrutuosa. Mas, deixemos Santa Teresa falar:

Que fará a pobre alma se o tormento se mantiver assim por muitos dias? Se reza, é como se não o fizesse – para o seu consolo, quero di-

---

[58] 2 N 8,1.
[59] 6 M 1,9.
[60] *Ibid.*

zer –, porque não penetra no interior nem entende o que reza, embora se trate de oração vocal. Oração mental é absolutamente impossível nesse estado, já que as potências não se dispõem a isso. A solidão a prejudica, ainda que estar ou falar com alguém constituam outro tormento. Assim, por mais esforços que faça, mostra um modo desabrido e mal-humorado claramente perceptível.

E saberá ela na verdade dizer o que tem? É indizível, tratando-se de aflições e pesares espirituais que não se sabem denominar.[61]

Este marasmo geral, esta escuridão de fundo que cobre com o seu véu de dolorosa impotência todas as faculdades são os fenômenos psicológicos característicos da noite do espírito. Na noite do sentido, o [775] fundo da alma conservava vida e atividade. Mais tarde, quando a guinada psicológica tiver se realizado, haverá, às vezes, perturbações e agitações em algumas faculdades, como Santa Teresa diz experimentar ao escrever o Prólogo do *Castelo Interior*,[62] mas a alma continua a agir de um modo fecundo.

Esta completa impotência, esta desordem das faculdades – consequência de um aparente abandono da vontade –, este sofrimento sem uma causa que possa ser discernida, em suma, o conjunto destes fenômenos psicológicos em forma aguda, induzem a pensar nos casos patológicos que

---

[61] *Ibid.*, 1,13.

[62] " ... [tenho] a cabeça já há três meses com um zumbido e uma fraqueza tão grandes que mesmo os negócios indispensáveis escrevo a custo" (M, Prólogo, 1).

Ela explica mais adiante: "Enquanto escrevo, examino o que se passa em minha cabeça, considerando o grande ruído que há nela, como eu disse no princípio. Esse zumbido quase me tornou impossível escrever isto que me mandaram. Tenho a impressão de ter na cabeça rios caudalosos, cujas águas se precipitam. Ouço muitos passarinhos e silvos – não nos ouvidos, mas na parte superior da cabeça, onde dizem estar a parte superior da alma" (4 M 1,10).

Cinco meses depois, ela ainda fala do mal que lhe atinge a cabeça que a impede de reler o que escreveu (cf. 5 M 4,10).

Este ruído interior não a impede, então, de escrever sua obra-prima, o *Castelo Interior*.

a psiquiatria teria pressa em qualificar e classificar. Contudo, estes fenômenos, que podem assumir formas diversas segundo os temperamentos e carregar os traços das tendências patológicas no ínfimo grau em que se encontram no homem equilibrado, são a consequência normal da ação de Deus na alma.

Tal vigorosa e profunda ação produz, normalmente, um choque que abala. A guinada psicológica – que é seu efeito benéfico –, num primeiro período, não pode senão desorientar e aniquilar as faculdades dolorosamente. Estas afirmações são necessárias a fim de dissipar qualquer equívoco e fixar limites ao extraordinário, do qual vamos falar um pouco mais adiante.

2. *Fenômenos físicos* – A comoção produzida pela ação interior de Deus se propaga através das potências da alma, tal como as ondas na superfície das águas; chega até as potências mais externas. Aos fenômenos psicológicos que testemunham como são afetadas as faculdades da alma, ajuntam-se, então, os fenômenos físicos que manifestam os efeitos da comoção sofrida pelos sentidos e pelo corpo. Desde o início das **[776]** sextas Moradas, Santa Teresa indica as enfermidades entre as provas que a alma encontra nestas regiões.

O Senhor também continua a dar enfermidades gravíssimas. Este é um sofrimento muito maior, especialmente quando são dores agudas ... .

Conheço uma pessoa que, desde que começou a receber do Senhor a graça mencionada[63] – há uns quarenta anos –, não pode dizer sem mentir que tenha estado um dia sem dores e sem outras maneiras de padecer. Refiro-me à falta de saúde corporal, sem falar de outros grandes padecimentos.[64]

---

[63] Trata-se da graça de união mística com a qual a Santa foi agraciada durante seu noviciado ou no ano seguinte (cf. V 4,7).

[64] 6 M 1,6.7. Para estas provas referentes à saúde, cf. V 5 e F, *passim*.

Santa Teresa assinala a concomitância das graças místicas com as enfermidades, porém, não afirma uma relação de causalidade. No entanto, a aproximação que faz a sugere e, além disso, ela mesma nota que a ação de Deus nas sextas Moradas recai sobre os sentidos e o corpo por meio de visões, êxtases, levitações.

> Pensais que é pequena perturbação estar uma pessoa de plena posse de seus sentidos e de súbito ver a alma arrebatada? E até lemos em alguns autores que o corpo a segue, sem saber para onde, ou quem os leva, e como. ...
>
> Haverá, pois, algum remédio para se poder resistir? De modo algum; é até pior procurá-lo, como me disse uma pessoa ... . O Senhor, então, a arrebata com um movimento notavelmente mais impetuoso. A própria pessoa de que falei já decidira não fazer mais do que faz uma palha quando levantada pelo âmbar, coisa que sem dúvida conheceis. ... E, tendo eu falado da palha, digo que se passa exatamente assim: com a facilidade com que um homem forte pode arrebatar uma palha, este nosso grande e poderoso Gigante arrebata o espírito.[65]

A comparação do Gigante infinito erguendo um fiapo de palha traduz a impressão de força transcendente que a Santa experimentou nestes arroubamentos. Neste confronto com o poder sobrenatural – que faz sentir sua ação até sobre o corpo –, as forças físicas se esgotam, num primeiro momento, ao resistir. Vencidas, elas devem sofrer o poderio desta força desconhecida que rompe seu equilíbrio e sua atividade normal. Existe, portanto, uma verdadeira dilaceração física.

Talvez se possa objetar que esta ação direta sobre o corpo, que produz os arroubamentos acompanhados de levitação, pertence às graças extraordinárias e que, por consequência, será impossível extrair-lhe uma lei geral. Mas, [777] eis que a própria Santa Teresa nos fala de uma ação puramente espiritual que põe em perigo a vida. Trata-se de

---

[65] *Ibid.*, 5,1.2.

uma ferida feita no mais profundo e no mais íntimo da alma por um raio de fogo:

Vi uma pessoa nesse estado e verdadeiramente pensei que fosse morrer; e não era grande maravilha vê-lo, porque sem dúvida há grande risco de morte. E assim, ainda que dure pouco, fica-se com o corpo muito desconjuntado e com os pulsos tão fracos como se já se fosse entregar a alma a Deus; e não é para menos. O calor natural se ausenta, e a alma fica de tal modo abrasada que, com um pouco mais, Deus teria cumprido seus desejos. Não porque a pessoa sinta pouca ou muita dor no corpo; repito que ele apenas se desconjunta, deixando-a por dois ou três dias sem forças para escrever e com grandes dores.[66]

São João da Cruz nos dá a explicação destas dilacerações e prostrações sob a ação espiritual. No início da noite do espírito, ele escreve:

... como esta parte sensitiva da alma é fraca e incapaz de suportar as impressões fortes do espírito acontece que estes mais adiantados padecem – nesta comunicação espiritual refluindo nos sentidos – muitos abatimentos, incômodos e fraquezas de estômago e consequentemente, desfalecimentos também no espírito. Conforme diz o Sábio, "o corpo que se corrompe agrava a alma" (Sb 9,15). Portanto, essas comunicações exteriores não podem ser muito fortes, nem muito intensas, nem muito espirituais – como são exigidas para a divina união com Deus, – por causa da fraqueza e corrupção da sensualidade que nelas toma sua parte. Daqui procedem os arroubamentos, os transportes, os desconjuntamentos de ossos, que costumam suceder quando as comunicações não são puramente espirituais; isto é, quando não são dadas só ao espírito, como acontece aos perfeitos. Nestes – já purificados pela segunda noite espiritual –, cessam os arroubamentos e tormentos do corpo, porque gozam da liberdade do espírito sem que haja mais, por parte do sentido, prejuízo ou perturbação alguma.[67]

Nestas poucas linhas se encontram resumidas afirmações muito preciosas. Em primeiro lugar, que as comunicações espirituais recebidas no espírito se refletem na parte

---

[66] *Ibid.*, 11,4.
[67] 2 N 1,2.

sensitiva.[68] Depois, a certeza de que os desfalecimentos do sentido são causados pela violência do choque das comunicações espirituais contra o peso, a impureza e a **[778]** falta de adaptação dos sentidos que impedem a sua expansão e lhe detêm a força. Arroubos e êxtases são, portanto, fraquezas, são a consequência normal da resistência oferecida pela falta de adaptabilidade e de pureza. De fato, na medida em que a parte sensitiva for purificada, ela deixará, progressivamente, toda liberdade ao espírito e estes fenômenos exteriores desaparecerão.

Podemos explicar, assim, como os primeiros choques espirituais podem causar perturbações físicas mais profundas. Na verdade, as graças de união que Santa Teresa recebeu durante os primeiros anos de sua vida religiosa não foram estranhas ao abalo físico que a conduziu às portas da morte.[69] E não nos é permitido pensar que a estranha doença padecida por Santa Teresinha do Menino Jesus fosse causada, a um só tempo, pela ação de Deus e pelo abalo moral provocado pela entrada de sua irmã Paulina no Carmelo?[70]

3. *Localizações físicas* – A neurologia, que estuda a transmissão fisiológica das percepções intelectuais, nos adverte que as reações que estas percepções produzem são

---

[68] São João da Cruz dissera em outra parte que "alimentam-se, sentido e espírito, juntos, cada um a seu modo, do mesmo manjar e no mesmo prato" (2 N 3,1).

[69] Cf. V 5,7 ss. Falando da união mística no cap. 18,11, Santa Teresa, pelo contrário, escreve: "Por mais que dure, esta oração não prejudica; ao menos a mim nunca prejudicou, nem me lembro de que o Senhor alguma vez me tenha concedido esse favor, por pior que eu estivesse, de uma maneira que me fizesse mal, havendo antes grande melhora".

Esta afirmação de Santa Teresa parece provar que os efeitos sensíveis do assenhoreamento divino se tornam benéficos na media em que os sentidos adaptados não oferecem mais aquela resistência que os dilacera.

[70] Cf. Ms A, 25 v°; 27 r° ss. Nestes dois casos, não se deve excluir a intervenção de uma causa preternatural.

difusas e amplas. Devemos ter presente esta lei. Ela nos deixa prever que os comuns mal-estares são o efeito normal da purificação ou da noite do espírito.[71]

Todavia, em certos casos e de acordo com o temperamento do organismo que afeta, este mal-estar assumirá formas particulares ou circunscreverá seus efeitos. Da mesma forma que um choque recebido por uma vigota de aço propaga suas vibrações sobre toda a superfície, mas revela o defeito de uma bolha do ar que aí se esconde, quebrando-a neste ponto fraco, assim também o choque divino, cuja irradiação se propaga sobre todo o corpo, atinge mais dolorosamente os pontos fracos deste organismo e revela as tendências patológicas que o afetam.

[779] Tais condições tornam muito difícil o diagnóstico dos distúrbios físicos causados pela ação de Deus. O mal-estar geral não revela sua causa, e a localização, sobre a qual se fixa a atenção, corre o risco de desviar a observação e o diagnóstico. A colaboração do médico e do diretor é necessária em tais casos. O médico – fosse mesmo um psiquiatra – não conseguiria, normalmente, apreender todos os dados do problema e alcançar por si só tal cura. Se, enganado pela localização do mal, ele lhe atribuísse a uma causa puramente fisiológica e pretendesse combatê-la apenas com uma terapia apropriada, suas intervenções poderiam se tornar funestas.[72] Mais que nunca, em semelhante caso,

---

[71] No que diz respeito à natureza da dor moral e de sua transmissão fisiológica mediante a excitação dos centros sensitivos corticais destinados para as percepções intelectuais, ver os estudos do Professor Le Grand e do Dr. Tinel "Douleur et Stigmatisation" apud *Études Carmélitaines mystiques et missionnaires*. Paris: DDB, vol. II, 21ème année, p. 98-129 e 93-97, octobre 1936. O Dr. Tinel escreve: "à medida que alguém se eleva aos estágios superiores do sistema nervoso, as reações se tornam naturalmente mais difusas e amplas" (*art. cit.*, p. 95).

[72] Seria pouco delicado para com a ciência médica de nossos dias, muito prudente e penetrante, recordar o tratamento empírico a que Santa

A noite do espírito: o drama

o papel do médico não consiste em suprimir uma dor[73] cuja causa não apreende. Ele deve sustentar e fortificar o organismo, a fim de que possa suportar o peso físico da graça e os abalos produzidos por sua constante pressão sobre a alma ou pelo choque de suas efusões extraordinárias. O diretor velará, durante este tempo, para que estes mal-estares e a medicação necessária não levem a alma a ensimesmar-se e a ocupar-se demasiadamente com seu mal e os possíveis alívios. Com mais firmeza que nunca, ele a ajudará a ultrapassar-se a si mesma e a olhar sempre para Deus que fere apenas para curar. Uma longa paciência animada pela esperança sobrenatural, será, então, senão o último, pelo menos o mais eficaz dos remédios. Dado que estes abalos físicos são, com efeito, o resultado da ação intensa de Deus e de uma falta de docilidade e pureza do paciente, o dever deste último é claro: não fazer nada que possa diminuir a força e a eficácia da ação divina e esperar **[780]** pacientemente que esta ação divina produza, ela mesma, a pureza e a docilidade que neutralizam seus efeitos sensíveis.

Teresa se submeteu em Becedas e que quase a levou à morte. Contudo, permanece válido que um tratamento, ainda que de fato científico, pode ser muito nocivo quando desconhece a causa sobrenatural principal que provocou a desordem. Pensamos, sobretudo, nas internações cirúrgicas precipitadas, realizadas sem um diagnóstico certo e comprovado. A psicanálise também pode ter seus efeitos nocivos para o progresso espiritual.

[73] No estudo citado anteriormente (*Études Carmélitaines mystiques et missionnaires*, p. 99), o Professor Le Grand, seguindo Westfried, observa que a dor tem uma função profilática, pois atrai a atenção para um defeito de funcionamento do organismo que, sem ela, poderia passar despercebido. Faz-se mister usar desta oportuna indicação para descobrir o mal e curá-lo. A medicação deve atingir este mal e não se contentar em aliviar momentaneamente a dor, pelo menos quando o mal pode ser verdadeiramente erradicado. No caso do qual nos ocupamos, esta observação é de uma grande importância. O abuso de calmantes, ao criar uma necessidade de alívio imediato, diminui a resistência do sujeito e corre o risco de neutralizar a purificação que deve se fazer na paciência, docilidade, pureza e desprendimento de si. O problema é delicado É necessário realizar uma dose para sustentar, sem abater, para apaziguar e sair de si.

b) Provas produzidas pelos agentes exteriores

Tal como para Cristo durante sua Paixão, tudo há de se tornar causa de sofrimento para a alma neste período. A dor deve envolvê-la por todas as partes. Todos parecem unidos contra ela. Ao sofrimento interior do Getsêmani e ao suor de sangue que manifesta exteriormente sua violência e profundidade, ajunta-se a perseguição das potências deste mundo.

Oh! Valha-me Deus! Que sofrimentos interiores e exteriores padece ela até entrar nas sétimas Moradas!

... Creio ser bom contar-vos alguns dos sofrimentos que sei ocorrerem com certeza.

... Trata-se de uma algazarra das pessoas com quem tratamos, e até daquelas com quem não o fazemos, as quais não se diria que pudessem se lembrar de nós. Dizem elas: "Faz-se de santa"; "usa de extremos para enganar o mundo e desmerecer os outros, que são melhores cristãos sem essas cerimônias". E deve-se notar que não há aqui cerimônia nenhuma; a alma procura apenas guardar bem o seu estado.

As pessoas tidas por amigas afastam-se dela, sendo as que mais lhe causam sofrimento, e dos mais dolorosos. Dizem: "Aquela alma está perdida e notavelmente enganada"; "são coisas do demônio"; "vai acontecer-lhe como a fulano ou sicrano, que se perderam e desacreditaram a virtude"; "engana os confessores". E essas pessoas procuram os confessores e tentam convencê-los, citando-lhes exemplos do que ocorre a alguns que se perderam de modo semelhante. São inúmeros os ditos e zombarias dessa espécie.

Conheço uma pessoa que receou muito não ter a quem confessar-se, a tal ponto haviam chegado as coisas – são tantas que não me deterei nelas.[74]

A Santa relata aqui sua experiência e as provas que lhe mereceram as graças extraordinárias das quais foi objeto.[75] Para completar esta descrição é preciso recordar as tribu-

---

[74] 6 M 1,1.2.3.4.
[75] Cf. V 38.

lações que acompanharam a fundação do Mosteiro de São José de Ávila, as dificuldades **[781]** encontradas nas fundações de outros mosteiros e no início de seu Priorado no Mosteiro da Encarnação. E não só, mas também os sofrimentos do cárcere de Toledo para São João da Cruz, as críticas e perseguições das quais o Cura d'Ars foi objeto e, com ele, todos os santos cuja santidade teve um resplendor exterior.

Não parece que a santidade, neste período em que ela transpõe as etapas finais e já afirma o poder extraordinário de sua ação, possa evitar tais provas, em especial as críticas de pessoas de bem que foram tão penosas para Santa Teresa, como ela mesma o confessa.

Com efeito, a crítica encontra muito facilmente um alimento nestas almas. Elas ainda não estão completamente purificadas. O senhorio de Deus sobre a vontade deixa subsistir nas faculdades tendências ainda bem naturais e que se manifestam como tais. Estas tendências se revelam nas relações com Deus e no contato com o próximo. Encontram na atividade do apostolado, que tende a diminuir o controle da alma, uma certa liberdade de expansão e assumem maior relevo. Assim, transparecem modos de pensar, maneiras de agir, vivacidades, rudezas exteriores, às vezes deslizes de linguagem, falta de prudência na utilização dos dons sobrenaturais, movimentos mal reprimidos de egoísmos e de orgulho. Fica bem claro que a purificação não terminou e que a unção da graça não penetrou tudo. Certamente, não há dúvidas de que o divino existe nesta alma. Mas o humano irrompe aí numa luz de contraste que lhe dá realce. Esta impureza e rudeza toda humana nas relações com Deus e com os homens, que a própria alma descobre sob uma crua e humilhante luz divina, também aparecem e se impõem ao olhar do observador externo, mesmo benévolo. Elas levantam um problema: Como conciliar tal força e poder do amor divino com o humano imperfeito que se manifesta tão ruidosamente?

Não exageremos as deficiências da alma neste período. Mas, também, não as neguemos. Elas não desaparecerão senão quando o modo de agir humano tiver cedido completamente ao assenhoreamento divino. E ainda então, ele terá [782] maneiras pessoais de pensar e de agir que poderão ser desagradáveis às pessoas mais benévolas que lhe estão próximas. Mas, enquanto se espera que o amor tenha coberto uma multidão de pecados,[76] os atos que este inspira e dirige trazem traços visíveis da fonte pecaminosa que ainda não está totalmente purificada. As reais deficiências que parecem macular a autêntica ação de Deus explicam o escândalo dos fracos e as dúvidas que assaltam os prudentes.

Esta mescla, no entanto, não desculpa e nem mesmo explica toda a agitação que se faz ao redor dessas almas que – diz-nos Santa Teresa – não fazem nada de estranho a não ser aplicarem-se a bem cumprir os deveres de seu estado.[77] Vendo o problema no seu conjunto, quando muito, pode-se dizer, que esta mescla oferece uma ocasião fácil à detração que anima a paixão.

A violenta oposição e as perseguições que essas almas sofrem encontram sua verdadeira causa e sua fonte no ódio que a caridade divina, mediante sua ação e seus triunfos, levanta sob seus passos neste mundo. O mundo e o príncipe deste mundo, o demônio, veem aí um atentado aos seus direitos. Jesus advertiu seus apóstolos sobre isso:

---

[76] Cf. 1Pd 4,8. Nossa admiração afetuosa pelos santos – que aceita, em certos casos, que eles tenham se convertido do pecado à virtude –, mal tolera a possibilidade de um progresso neles, exceto na pureza do amor. Para admirá-los mais ao nosso gosto, desencarnamo-los da fraqueza humana e de suas leis de progresso. Esta falta de perspectiva falseia a visão de santidade e de seu desenvolvimento, privando-nos de um exemplo vivo, torna-nos injustos para com o meio que rodeia o santo, o qual contribuiu para a sua formação por suas deficiências e, também, por sua paciência.

[77] Cf. VI M 1,1.

> Se o mundo vos odeia,
> sabei que, primeiro, odiou a mim.
> Se fôsseis do mundo,
> o mundo amaria o que era seu;
> mas porque não sois do mundo
> e minha escolha vos separou do mundo,
> o mundo, por isso, vos odeia.
> Lembrai-vos da palavra que vos disse:
> O servo não é maior que o senhor.[78]

Deus escolheu esta alma, e seu influxo mostra que ele a quer toda sua. Os abalos físicos, as obscuridades da noite, os frutos de virtude, assim como as graças extraordinárias exprimem a eficácia da escolha divina. A união de vontade já entregou esta alma à sua missão na Igreja, Santa Teresa, neste período, já recebeu a graça da maternidade espiritual e fundou mosteiros; São João da Cruz é Reformador em Duruelo, em Pastrana e no Mosteiro da Encarnação, antes de chegar ao matrimônio espiritual. A luz já está sobre o candelabro e, se seu **[783]** raio de ação é ainda pequeno, ela, contudo, brilha "para todos os que estão na casa".[79]

A fecundidade do apostolado já revela a qualidade deste influxo e anuncia uma ação mais poderosa para o dia em que o instrumento tiver se tornado perfeito. Uma tal escolha de Deus e um influxo assim tão qualificado constituem verdadeiros acontecimentos no mundo espiritual das almas. Suscitam tanto o ódio como o amor. Um se rejubila com estas conquistas divinas; outro, irritado, se agita e mobiliza todas as suas forças.

Entre as potências do mal, o demônio aparece e desempenha o papel de instigador de um jogo sutil e poderoso. Seu ciúme cheio de ódio não poderia permanecer impassível diante desta alma que lhe vai escapar definitivamente e, em breve, lhe causará danos. Esta alma tornou-se sua inimiga pessoal. Assim, utiliza contra ela todos os recursos de

---

[78] Jo 15,18-20.
[79] Mt 5,15.

seu poder. À ação que já descrevemos, ele acrescenta uma ação mais exterior. Neste campo exterior e sensível, ele encontra todos os seus meios e certa superioridade. Para deter a caminhada desta alma e paralisar sua ação, o demônio moverá pessoas e coisas. Tudo lhe será de proveito: paixões dos homens e seus bons desejos, os quais utilizará; as leis da natureza, que colocará em ação para criar a agitação e a perturbação, a contradição e as perseguições.

O livro de Jó, os Evangelhos, as vidas dos santos, a fundação do Mosteiro de São José de Ávila, o cárcere de Toledo de São João da Cruz, as provas do Cura d'Ars, aquelas outras – às vezes, tão estranhas – que os fundadores das Ordens religiosas sofrem nos revelam este jogo escondido e poderoso do demônio que, com uma penetração surpreendente, divisa no meio de seus adversários o principal fator sobrenatural – fosse mesmo de segunda importância seu papel exterior –, atinge-o no ponto sensível, constrói planos sutis e grandiosos de destruição, sempre simula com uma arte desconcertante e se torna violento antes de ceder à força sobrenatural que o reduz à impotência.

E, no entanto – fato digno de nota –, estas intervenções tão ativas do demônio se exercem, normalmente, no campo subordinado às causas segundas naturais. Elas só veem à tona raramente. O demônio não se dirige para a esfera exterior do maravilhoso a não ser quando é atraído para ele mediante uma esplendorosa ação de Deus que aí se manifesta, a fim de simulá-la, ou então, quando a raiva da derrota fá-lo **[784]** abdicar de toda prudência. Por que haveria ele de atrair a atenção e mostrar abertamente sua presença, quando o poder de dissimulação é seu meio de ação mais eficaz? O problema do discernimento da ação do demônio se torna muito difícil.[80]

---

[80] Sobre o discernimento do maravilhoso diabólico, ler o artigo muito interessante de Roland Dalbiez sobre Marie-Thérèse Noblet nos *Études Carmélitaines mystiques et missionnaires*. Paris: DDB, vol. II, 23ème année, p. 210-234, octobre 1938.

Para resolver este problema, é preciso nunca esquecer que o demônio não tem senão uma meta e uma tática: causar danos, enganando. Ele é uma potência do mal que reina nas trevas e pela mentira. Temos certa dificuldade em conceber uma tal perversidade tenebrosa. Deus, verdade e luz, entrega sua ação às nossas investigações racionais e marca com seu selo divino suas obras e a missão de seus enviados. Quanto mais facilmente nos habituamos a estas maneiras divinas que servem tão bem às nossas necessidades de claridade, tanto mais temos dificuldade para lidar com os métodos do demônio, este mestre da mentira que sempre mente e, às vezes, diz uma parte da verdade apenas para, em seguida, melhor nos enganar. O hábito dos relacionamentos com o próximo, baseados na boa-fé e no amor da verdade, nos torna, com facilidade, ingênuos face ao demônio e ao discernimento de sua ação. A pergunta que ouvimos formular – de submeter as intervenções do demônio a uma investigação crítica e científica que permite autenticar sua ação – não seria uma destas ingenuidades? Como aprisionar alguém mais forte do que nós e submeter um mentiroso profissional invisível que não pode reinar senão nas trevas a um exame de sinceridade e luz? Na melhor das hipóteses, ele se deixará examinar, às vezes, para falsear os dados já adquiridos e para agir sobre os examinadores a fim de melhor os enganar.

O demônio obedece tão somente ao poder divino do exorcista. O jogo oculto deste espírito é descoberto apenas por meio do dom sobrenatural do discernimento dos espíritos. Salvo o caso onde a ação assume formas exteriores e maravilhosas, somente este dom pode interpretar-lhe, com o auxílio de uma luz mais profunda, os sinais. Somente ele pode descobrir o plano forjado pelo ódio e a trama de uma ação que se desenvolveu na noite; enfim, descobrir a presença sutil do espírito malévolo. Descoberto, ou mesmo suspeitado, o demônio busca, normalmente, desaparecer. A vitória mais lamentável deste especialista em enganar seria que, subtraindo-se a qualquer investigação conduzida com as exigências da crítica científica, ele pudesse levar a crer na sua ausência **[785]** ou mesmo na sua não existência. O demônio existe e sua ação nociva é tão certa quanto seu ciúme cheio de ódio.

Estas tribulações exteriores nas quais parece triunfar o gênio das potências do mal servem, também elas, à obra de Deus. Deus não as permite senão para este fim. Elas unem mais estreitamente a Cristo e ao mistério de sua imolação na qual ele se doa. Depois da agonia espiritual no horto do Getsêmani, Cristo Jesus foi conduzido diante dos vários pretórios de Jerusalém e ouviu os gritos e maldições da multidão. "Não era preciso que o Cristo sofresse tudo isso e entrasse em sua glória?"[81] Ao caminhar sobre as pegadas ensanguentadas de Cristo e participando de seus diversos sofrimentos, a alma recolhe em todas as potências os efeitos purificadores do sangue redentor. Sua identificação com o Modelo divino se exprime nas faculdades numa ciência mais profunda da caridade. A alma, experimentando assim dolorosamente sua fraqueza, a profundidade do pecado em si mesma e nos outros, seu poder de ódio no mundo, suas cegas violências em todas as pessoas, aprende a humildade diante de Deus, diante de si e diante da obra a realizar na Igreja. Ela descobre progressivamente as condições divino--humanas nas quais se desenvolve o Reino de Deus nesta terra, a parte de Deus e a parte do homem, o poder eficaz da caridade divina, a paciência indulgente e silenciosa que esta caridade requer do instrumento humano para triunfar das forças do pecado.

---

[81] Lc 24,26.

Este sofrimento exterior, mesmo quando o demônio é o seu autor, é eminentemente útil. Ele aperfeiçoa o instrumento e já serve à extensão do Reino de Deus.

Vamos encontrar estes mesmos efeitos benévolos nas provas exteriores de forma extraordinária sobre as quais nos resta falar? Trata-se de um problema bem complexo que precisamos abordar.

c) *Fenômenos exteriores extraordinários*

Sob este título, agrupamos todos os fenômenos exteriores ligados à ação de Deus na alma ou que parecem ter relacionamentos com ela, os quais por sua raridade e forma maravilhosa parecem exigir uma causalidade preternatural ou sobrenatural.

Lembramo-nos de São Paulo caído por terra no caminho de Damasco que, "embora tivesse os olhos abertos não via nada" e, conduzido até Damasco, "esteve três dias sem ver, e nada comeu nem bebeu" até que tendo Ananias imposto as mãos sobre ele, "logo caíram-lhe dos olhos umas escamas, e recobrou a vista. Recebeu, então, o batismo e, tendo tomado alimento, sentiu-se reconfortado".[82]

Santa Teresa, às vezes, no decorrer de um êxtase, é elevada do solo pela força divina. Santa Teresinha do Menino Jesus sofre uma doença misteriosa da qual é curada pelo sorriso da imagem de Nossa Senhora que se anima. São Francisco de Assis no Monte Alverne, depois de um jejum de quarenta dias, recebe nas mãos e nos pés os estigmas que fazem dele um Cristo crucificado, vivo em meio aos homens. As biografias dos santos apresentam-nos, com frequência, manifestações exteriores do sobrenatural que descobrem aos olhos dos fiéis a profunda união destes com Deus.

---

[82] At 9,8-9.17-19.

Às vezes, estes fenômenos místicos – ou tidos como tais – estão envoltos em circunstâncias desconcertantes. A santidade do sujeito não está aí absolutamente evidente. Um místico – ou pretendente a tal – é atingido por doenças que poderiam explicar os fenômenos exteriores. Ou ainda – este é o caso mais frequente – existe uma mistura de bem e de mal, de humano e de divino que é desconcertante. O Padre Surin escreve obras que são lidas com grande proveito pelos fiéis e até mesmo por Santa Teresinha do Menino Jesus. Por outro lado, sua biografia nos apresenta abundantes fatos que ele mesmo explica pela possessão, mas que a quase maioria de seus confrades atribui a um desequilíbrio psíquico ou à loucura.

Pondo de lado a fraude e a má-fé (pois não queremos, aqui, fazer a crítica histórica) e retendo apenas os fatos devidamente comprovados, encontramo-nos diante de um problema a resolver: Qual é a parte de Deus em tudo isso, qual a parte do demônio e qual a da natureza? Quais são os fenômenos a serem atribuídos a cada uma destas causas? Problema tanto mais complexo quanto mais fenômenos diferentes se encontram no mesmo indivíduo. A estigmatizada de Konnersreuth, Teresa Neumann, tem êxtases, visões, fala diversas línguas e vive em perpétuo jejum. Os médicos diagnosticaram histeria em Marie-Thérèse Noblet, cuja heroica e fecunda vida missionária foi, nas palavras de seu biógrafo, plena de provações diabólicas, de visões e revelações, acompanhadas de estigmas e êxtases.

[787] Acrescentemos que não há dois casos semelhantes. Só existem casos individuais. Podemos classificar os fenômenos; é quase impossível agrupar os casos a não ser por algumas afinidades. Teresa Neumann tem visões, mas ela não se parece em nada com Santa Teresa de Ávila. O Padre Surin é um escritor espiritual, mas como situá-lo junto de São João da Cruz para compará-lo com ele?

A complexidade destes problemas não nos parece um motivo suficiente para esquivá-los. A luz dos princípios que permitiria esclarecê-los estenderia, com efeito, sua ação benfazeja para muito além dos casos do extraordinário maravilhoso que despertam com tanta força a curiosidade do grande público. São numerosos os casos limites que revelam as mesmas causas e o mesmo emaranhado de humano e divino. As dificuldades destas questões não devem, então, nos impedir de buscar a luz e uma linha de conduta prática para os resolver.

Entre estes fenômenos podemos, desde o início, distinguir dois grupos: 1º) os fenômenos físicos que afetam o corpo exteriormente – por exemplo, a levitação, o êxtase, os estigmas; 2º) os fenômenos psíquicos cujas manifestações exteriores indicam que as faculdades da alma sofrem uma influência de fora – por exemplo, certas perturbações intelectuais ou afetivas. Os primeiros são mais aparentes, podem ser observados com maior facilidade, parecem solicitar mais imperiosamente uma causalidade sobrenatural. Os segundos, mais interiores, mais complexos, parecem mais misteriosos. Abordamos aqueles com mais confiança; estes últimos nos deixam mais desconfiados. Estas primeiras impressões resistiriam a um exame mais aprofundado?[83]

---

[83] Não podemos tratar destas questões sem levar em conta os penetrantes estudos feitos por psiquiatras, teólogos e filósofos e publicados nos *Études Carmélitaines mystiques et missionnaires*. Paris: DDB sobre:
• A Madeleine de Pierre Janet, por Frei Bruno de Jesus Maria, Dr. André Le Grand e Frei Ambroise Gardeil, op (vol. I et vol II, 16ème année, avril et octobre 1931); – as estigmatizações, pelo Professor Jean Lhermitte, pelos Doutores Le Grand, Tinel, Van Gehuchten, Wunderle e Vinchon, e por Dom Aloïs Mager (vol. II, 21ème année, octobre 1936).
• A noite do sentido e a noite do espírito e os casos do Padre Surin e de Marie-Thérèse Noblet, pelos Professores Etiénne De Greeff e Jean Lhermitte, pelos Doutores Achille-Delmas e Giscard, pelo Professor Roland Dalbiez, pelos Padres De Guibert e Olphe-Galliard, s.j etc. (vol. II, 22ème année, octobre 1937; vol II, 23ème année, octobre 1938; vol I, 24ème année, avril 1939). Utilizamos amplamente estes artigos e as sugestivas discussões que seguiram as exposições nos Congressos de Psicologia realizados em Avon (França) nos anos de 1936, 1937 e 1938.

1. Fenômenos físicos – São João da Cruz nos ensinou que as comunicações espirituais de Deus à alma têm, normalmente, um reflexo sobre os sentidos e o corpo.

[788] ... como esta parte sensitiva da alma é fraca e incapaz de suportar as impressões fortes do espírito, acontece que estes mais adiantados padecem – nesta comunicação espiritual refluindo nos sentidos –, muitos abatimentos, incômodos e fraquezas de estômago e, consequentemente, desfalecimentos também no espírito.[84]

Qual o poder deste reflexo sobre os sentidos? Quais são seus limites e quais são os fenômenos físicos que não estão mais em seu poder e que exigem, por consequência, uma ação direta e extraordinária de Deus no sentido indicado anteriormente? Tal é o problema que se levanta.

Não vamos abordá-lo em toda a sua extensão, tratando de cada categoria de fenômenos. Temos que pôr limites. Não nos deteremos nos êxtases e nos arroubamentos que, segundo São João da Cruz, são um efeito das mais intensas comunicações espirituais, antes que esteja terminada a purificação.

Daqui procedem os arroubamentos, os transportes, os desconjuntamentos de ossos, que costumam suceder quando as comunicações não são puramente espirituais; isto é, quando não são dadas só ao espírito, como acontece aos perfeitos. Nestes – já purificados pela segunda noite espiritual –, [tais fenômenos] cessam ...".[85]

O problema da ação extraordinária de Deus não se levanta, então, a respeito disso. A irradiação da ação puramente espiritual é suficiente para produzi-los em temperamentos enfraquecidos ou que ainda estão purificados de modo imperfeito.[86]

---

[84] 2 N 1,2.

[85] *Ibid.*

[86] No cap. 6 das *Fundações* e no cap. 3 da quartas Moradas, Santa Teresa indica claramente que o desfalecimento sob a ação de Deus pode ser o efeito de uma fraqueza física. "Algumas há (almas) que, sendo fracas de compleição – por causa de muita penitência, oração e frequentes vigílias, ou mesmo sem isso –, tendo algum regalo espiritual, sujeita-lhes a própria natureza.

A noite do espírito: o drama

Este problema do extraordinário poderia ser colocado a respeito da levitação. Mas, dado que transitório, este fenômeno é dificilmente observável.

Pelo contrário, os estigmas são fenômenos, se não permanentes, ao menos renovados com muitíssima frequência, para que sábios, especialistas de toda espécie e mestres [789] da vida espiritual possam observá-los à vontade. São, sobretudo, fenômenos bem caracterizados e em si tão maravilhosos que, se de fato o reflexo sensível do espiritual os pode produzir, eles, sem dúvida, nos conduzem ao extremo limite que seu poder pode atingir. Vamos, então, considerar os estigmas como um caso típico que nos fornece os dados mais importantes do problema e que permite, por consequência, avistar as diversas soluções possíveis.

α) *O caso de Teresa Neumann* – Os estigmas são feridas aparentes sobre o corpo que representam um ou vários traços da Paixão. Cronologicamente, os primeiros – parece – e os mais célebres são os estigmas com os quais foi agraciado, dois anos antes de sua morte, São Francisco de Assis, durante um jejum de quarenta dias no Monte Alverne. O santo desceu da montanha trazendo nas mãos, nos pés e sobre o lado as chagas ensanguentadas de Jesus crucificado.

Desde então, estes fenômenos se reproduziram. O Dr. Imbert-Gourbeyre estabeleceu um catálogo de trezentos e vinte e um casos de estigmatizados ou pretendidos como tais.[87] A maior parte destes casos, é verdade, não resiste

---

... A certa pessoa lhe acontecia de ficar nesse estado oito horas. Ela nem perdia os sentidos ... " (4 M 3,11-12). Temos aí um testemunho do reflexo da ação espiritual sobre o corpo, ação que é falsamente amplificada pela fraqueza desse último. Santa Teresa julgou necessário insistir muito sobre estes casos típicos que lhe pareciam extremamente importantes para dar o devido valor aos sinais exteriores na apreciação do espiritual nas almas.

[87] IMBERT-GOURBEYRE, Antoine (Professor da Faculdade de Medicina de Clermont-Ferrand). *La stigmatisation, l'extase divine et les miracles de Lourdes, Réponse aux libres-penseurs*. Bellet/Paris: Clermont Ferrand/Vic et Amat, 1894, 1ère édition.

a uma crítica rigorosa dos documentos que os atestam.[88] No entanto, seria imprudente concluir, a partir da falta das provas exigidas pela crítica moderna, sobre a falsidade de todos estes relatórios ou na fraude destes estigmatizados. Seja qual for o passado, muitos casos de estigmatização foram observados em nossos dias de uma maneira assaz precisa e científica para que possamos considerá-los como fatos historicamente certos. Tais são, por exemplo, os estigmas de Gema Galgani e aqueles de Teresa Neumann. Estes últimos servirão de base para o nosso estudo e reflexões.

Teresa Neumann, a mais velha de nove filhos, nasceu aos 8 ou 9 de abril de 1898, numa família de camponeses, em Konnersreuth, na Baviera. Piedosa, robusta e trabalhadora, dedica-se à atividade do campo e entra a serviço de um camponês de sua aldeia. Em 1918, após um esforço violento e um resfriado, cai doente. Os acidentes se sucedem: quedas, paralisia de vários membros, diversas feridas, cegueira, que parecem a consequência de seu estado geral. O médico que a segue diagnostica histeria grave como sequela de um acidente muito sério. Aos 29 de abril de 1923, no dia da beatificação de **[790]** Santa Teresinha do Menino Jesus, ela recupera, repentinamente, a visão. Aos 17 de maio de 1925, dia da canonização, é agraciada com uma aparição luminosa na qual uma voz misteriosa lhe anuncia que recuperará o uso de seus membros sem que cessem as dores. No início da Quaresma de 1926, Teresa sente-se muito indisposta. Durante a noite de quinta para a sexta-feira, 4-5 de março, ela tem uma visão de Nosso Senhor no Monte das Oliveiras com seus apóstolos. Experimenta na região do coração uma dor violenta

---

[88] Cf. o artigo do Padre Pierre Debongnie, cssr : "Essai critique sur l'Histoire des Stigmatisations au Moyen Âge". Apud *Études Carmélitaines mystiques et missionnaires*. Paris: DDB, vol. II, 21ème année, p. 22-59, octobre 1936.

e aguda. O sangue começa a correr de seu lado, aparecem feridas nas mãos e nos pés. Há também, durante a noite e na sexta-feira antes do meio-dia, uma efusão de sangue dos olhos. Desde então, suas chagas sangram durante a noite de quinta para sexta-feira e, na sexta-feira, até o meio-dia, todas as semanas, exceto nos tempos litúrgicos do Natal e da Páscoa e nos dias das festas de preceito. A partir de março de 1927, há ainda a chaga da coroa de espinhos.[89] Estes estigmas sangram durante ou no seguimento das visões sobre a Paixão. E tais visões fazem-na seguir e reviver na noite de quinta para sexta-feira e até sexta-feira ao meio-dia, as diversas cenas da Paixão. Cada visão dura de dez a quinze minutos e é acompanhada de um estado de êxtase, sem que se possa precisar se o êxtase precede a visão ou se é provocado por ela. Teresa

está, então, sentada em seu leito; tem os braços estendidos, os olhos fixos, mas olhando como que para distâncias infinitas, e gesticula muito.[90]

Seu rosto trai uma participação íntima da inteligência, da vontade e da sensibilidade com aquilo que ela contempla na visão. Quase todos os gestos estão em estreita relação com Cristo e com a fé; o entusiasmo, o júbilo fazem resplandecer seus traços quando ela reconhece os sentimentos correspondentes em Cristo ou em outras pessoas da cena. Depois, manifestam-se, novamente, os sentimentos de compaixão, de temor, de ansiedade, desgosto ou cólera quando ela os vê nos personagens da visão. Estes sentimentos ultrapassam em força e em expressão os limites naturais, no sentido em que os estados de alma e as emoções opostas se seguem sem transição com grande rapidez. Mal experimentou algo de alegre e, no instante seguinte, suas lágri-

---

[89] Dom ALOÏS MAGER. "Konnersreuth comme fait et comme problème". Apud *Études Carmélitaines mystiques et missionnaires*. Paris: DDB, vol. I, 18ème année, p. 39-51, avril 1933.

[90] Dom ALOÏS MAGER. *Art. cit.*, p. 43.

mas correm. Com a mesma rapidez com que as cenas se mudam na visão, assim também as expressões dos gestos se sucedem.[91]

[791] As visões parciais da Paixão se sucedem até o número de "quarenta, mais ou menos, segundo os casos" e são acompanhadas da atividade, mais ou menos intensa, das chagas estigmatizadas.[92]

Estas visões são seguidas de um estado de recolhimento ou de absorção no qual Teresa Neumann

recai como que abandonada pela força que a sustentava. Seus olhos se fecham .... Ela escuta e pode falar.[93] Está habitualmente calma e tranquila, muitas vezes imóvel. Mas percebe-se, ao se falar com ela, que está interiormente tomada e dominada por aquilo que acaba de ver, quando se trata de um fato que cativa. Sua emoção se traduz pela maneira com que ela fala disso – o que, aliás, faz de boa vontade e sem reticências.[94]

Goza, então, de luzes superiores para distinguir os objetos ou pessoas consagradas e as disposições dos corações. Teresa Neumann conhece outro estado místico que foi chamado estado de repouso extático. Trata-se

do repouso de um sono onde sua alma está unida a Deus pela mais elevada contemplação e êxtase e repousa nele. Este sono fortifica e restaura fisicamente Teresa de uma maneira misteriosa. Ele sobre-

---

[91] Cf. FAHSEL, Helmut. *Thérèse Neumann, la mystique de Konnersreuth*, ch. VI, p. 43-46. Apud Frei Lavaud. "Les phénomènes extatiques chez Thérèse Neumann". *Études Carmélitaines mystiques et missionnaires*. Paris: DDB, vol. I, 18ème année, p. 68, avril 1933. Fahsel escreve a propósito do olhar de Teresa Neumann durante a visão extática: "Os olhos seguem, com um olhar muito vivo e com a máxima atenção, a cena que se desenrola e a qual eles não querem, tanto quanto possível, deixar perder nada. Se lhe passamos a mão diante dos olhos, o direcionamento do olhar ao longe não é perturbado". *Ibid.*, p. 67.

[92] Frei LAVAUD. *Art. cit.*, p. 69. Encontraremos no mesmo artigo (p. 70-75) o relatório das visões feito pela própria Teresa Neumann e que revelam como elas eram rápidas, vivas e precisas naquilo que concerne à pessoa de Jesus.

[93] *Ibid.*, p. 76.

[94] *Ibid.*, p. 65.

vém cada vez que seus sofrimentos físicos, seja na Paixão das sextas-feiras, seja nas substituições místicas, quase atingiram o limite daquilo que é possível suportar ... . Manifesta-se quase todas as vezes que ela recebe a santa eucaristia ... . Este estado dura de doze a vinte minutos; às vezes, uma hora ... . Durante estes momentos de repouso se opera nela uma imediata e maravilhosa renovação de suas forças esgotadas ... . A rápida e profunda mudança que se cumpriu nela, fica clara para todos ... . A perfeita realização de numerosas predições confirmaram, desde há vários anos, a convicção dos amigos de Teresa de que ela goza, ao menos intermitentemente, no estado de repouso extático, do dom da profecia e penetra o segredo dos corações.[95]

Se acrescentarmos que, "desde o Natal de 1926, Teresa não toma mais nenhum alimento, nem sólido, nem líquido",[96] teremos feito uma exposição sucinta dos fatos de Konnersreuth os quais revelam em que abundância de fenômenos extraordinários se situa a estigmatização de Teresa Neumann e deixam entrever a complexidade dos problemas que ela levanta.

β) **[792]** *Como se produz a estigmatização?*

1º) *Exposição das soluções possíveis* – Como explicar a estigmatização? A que causas atribuí-la? À ação de Deus ou do demônio ou a um jogo de leis da natureza? A estas diversas causas ao mesmo tempo? E em qual medida? Este é o problema.

A solução mais simples seria reservar à ação de Deus a produção de um fenômeno tão maravilhoso, quando, evidentemente, a fraude estiver eliminada. Mas ainda é necessário precisar a natureza desta ação de Deus.

---

[95] *Ibid.*, p. 81-83.
[96] Dom ALOÏS MAGER. *Art. cit.*, p. 44.

É Deus mesmo que intervém com sua onipotência para produzir este fenômeno fora das leis da natureza criada, [97] de tal modo que a estigmatização seja um milagre no sentido atual da palavra, como, por exemplo, a ressurreição de um morto, a multiplicação dos pães, a reconstituição instantânea de um osso ou tecido? Certamente, não! Os estigmas, com efeito, podem ser produzidos por um homem munido de um instrumento ou por um anjo.

Mas, ao utilizar um anjo como instrumento que imprimiria os estigmas, Deus permaneceria o autor principal e sua ação poderia ser chamada direta, tal como foi explicado anteriormente a propósito das visões.[98]

Podemos admitir que uma ação divina indireta que utilizasse um processo psicofisiológico seria suficiente para produzir um fenômeno maravilhoso? Deus, por meio de uma ferida de amor, criaria na alma sentimentos de amor e de compaixão muito intensos, juntando aí, habitualmente, uma visão imaginária das cenas da Paixão e estes vivíssimos sentimentos se exteriorizariam através das chagas de Jesus crucificado. Em poucas palavras, os estigmas seriam um reflexo sensível localizado de uma ação de Deus na alma.

O demônio teria o mesmo poder de produzir os estigmas. Sua ação se exerceria aí seja por uma ação direta, seja – se admitirmos a segunda opinião – pela exteriorização de sentimentos intensos e de falsas visões que ele mesmo teria criado.

---

[97] "Chama-se, portanto, milagre ao que se faz contrariamente à ordem de toda a natureza criada. Ora, isso apenas Deus pode fazer; porque tudo quanto fizer o anjo, ou qualquer natureza criada, por virtude própria, fa-lo-á conforme à ordem da natureza criada e, então, não é milagre" (*Summa Theologica*, Ia, qu. 110, art. 4). É esta a definição de milagre segundo santo Tomás.

[98] Cf. V Parte – Santidade para a Igreja, cap. 2: "Graças extraordinárias, Palavras e Visões", p. 915.

Enfim, se os estigmas podem ser produzidos por um processo psicofisiológico, parece que não haveria dificuldades em admitir que os doentes dotados de uma hipersensibilidade e vítimas de visões [793] alucinatórias podem receber os estigmas, por esta via, sem uma intervenção preternatural.

Constatamos que dois problemas distintos se levantam a propósito dos estigmas. O primeiro, geral, pode ser assim enunciado: podem os estigmas ser produzidos por um processo psicofisiológico operado por uma ação indireta de Deus ou do demônio, ou por uma causa psicopatológica? Ou exigem eles uma ação direta de Deus ou do demônio?

O segundo problema, particular para cada caso: Qual é o espírito que produziu os estigmas? Ou, inclusive, não são eles o fruto de uma afetação patológica, se esta pode, deveras, ser suficiente para produzi-los?

O segundo problema, de uma maior importância, liga-se ao problema geral do discernimento dos espíritos, já estudado anteriormente.[99] No momento, não voltaremos nossa atenção a ele. Vamos nos deter no primeiro que, embora mais especulativo, tem um alcance considerável, pois situa até seu limite extremo o problema que nos preocupa, isto é, o problema da repercussão do espiritual sobre o sensível e da contribuição do temperamento para a produção dos fenômenos exteriores da vida mística.

2º) *Discussão*
• *Ação direta de Deus*. A opinião mais corrente, aquela que parece abonar os relatos da estigmatização de São Francisco de Assis, é a de que os estigmas exigem uma ação direta de Deus ou do demônio, utilizando um instrumento. Durante seu jejum no Monte Alverne, um dia por

---

[99] Cf. V Parte – Santidade para a Igreja, cap. 2, p. 915.

volta da festa da Exaltação da Santa Cruz, aparece-lhe um Serafim crucificado e enche sua alma de júbilo e de amor compassivo.

[Depois de um colóquio celeste e familiar], a visão desapareceu – diz São Boaventura –, deixando-lhe no coração um admirável ardor e imprimindo em sua carne sinais igualmente admiráveis. Com efeito, de improviso, apareceram as marcas dos cravos em suas mãos e em seus pés... , [que] pareciam ter sido transpassados pelos cravos; as cabeças dos cravos metiam-se na parte interna das mãos e na parte superior dos pés, enquanto que as pontas saíam do lado oposto .... O lado direito estava como que transpassado por uma lança e coberto por uma grossa cicatriz vermelha, da qual, muitas vezes, manava o sagrado sangue, embebendo a túnica e as vestes.[100]

[794] Com clareza ainda maior, São Francisco de Sales precisa a ação direta do Serafim na produção dos estigmas. No *Tratado do amor de Deus*, escreve:

Vendo também, por outra parte, a viva representação das chagas e feridas de seu Salvador crucificado, sentiu em sua alma aquele impetuoso gládio que transpassou o coração sagrado da Virgem Mãe no dia da Paixão, com tanta dor interior como se tivesse sido crucificado com seu Salvador. ...

Aquela alma, então, assim abrandada, enternecida e quase toda fundida nesta amorosa dor se encontra, por este meio, extremamente disposta a receber as impressões e marcas do amor e da dor de seu soberano Amado .... A alma, sem dúvida, se encontrava totalmente transformada em um segundo crucificado. Ora, a alma, como forma e senhora do corpo, usando de seu poder sobre este, imprimiu as dores das chagas com que foi ferida nas regiões correspondentes àquelas em que seu Amado as sofrera.

O amor é prodigioso para aguçar a imaginação, a fim de que ela atinja o exterior ... , mas, feridas sobre o corpo, este amor, que é in-

---

[100] SÃO BOAVENTURA. "Leggenda Maggiore". In: *Fonti Francescane*. Assisi, 1977, n. 1.226. Tomás de Celano, na *Vita prima*, não indica a ação direta de um Serafim para produzir os estigmas: "Enquanto estava neste estado de preocupação (para descobrir o sentido da visão), começaram a aparecer em suas mãos e pés as próprias marcas dos cravos que acabara de ver naquele misterioso homem crucificado" (*Ibid.*, n. 485).

terior, por certo, não as podia causar. Eis por que o ardente Serafim, vindo em seu auxílio, dardejou seus raios de luz tão penetrante, que provocou na carne realmente as chagas exteriores do Crucificado, as quais o amor já havia imprimido interiormente na alma.[101]

Estes relatos parecem afirmar a impotência do processo psicológico para produzir as chagas exteriores, seja qual for a intensidade do sofrimento físico pelo qual o corpo participa da compaixão da alma nos sofrimentos de Jesus crucificado. Os estigmas de São Francisco de Assis teriam sido produzidos por uma ação direta de Deus, utilizando a ação instrumental do anjo.

Esta opinião é vigorosamente sustentada por eminentes neurologistas. O Professor Jean Lhermitte, membro da Academia de Medicina, escreve:

> O processo da estigmatização nos aparece como absolutamente ininteligível, impensável .... Na verdade, não existe nenhum processo fisiológico que, de longe ou de perto, se aproxime da estigmatização. Esta, quando não é fraude, pertence propriamente a uma categoria de indivíduos e responde a um mecanismo que escapa por completo ao alcance dos peritos. E se fôssemos obrigados a seguir a terminologia do Padre Journet, afirmaríamos que não existe nem estigmatização psicológica, nem estigmatização dia-psicológica, mas tão só uma estigmatização conjuntamente extrapsicológica e extrafisiológica ....[102]

Estas afirmações categóricas de um eminente mestre resolveriam a questão se outros experientes neurologistas e psicólogos não lhe opusessem **[795]** julgamentos mais nuançados e que tornam plausível outra solução do problema.

• *Processo psicofisiológico*. Todos reconhecem que entre as experiências feitas até o presente nas clínicas ou

---

[101] SÃO FRANCISCO DE SALES. *Tratado do amor de Deus*, Liv. VI, cap. 15.

[102] Professor LHERMITTE, Jean. "Le problème médical de la stigmatisation". Apud *Études Carmélitaines mystiques et missionnaires*. Paris: DDB, vol. II, 21ème année, p.72-73, octobre 1936.

laboratórios, nenhuma consegue provar cientificamente o processo psicofisiológico dos estigmas. Este processo é, portanto, do ponto de vista científico, uma hipótese, mas uma hipótese legítima e que, talvez, se imponha.

Não vejo nenhuma impossibilidade – escreve o Professor Paul Van Gehuchten – para que, em alguns indivíduos muito sensíveis, se possa produzir, depois de uma longa preparação sugestiva, manifestações vasomotoras locais que chegariam até a formação de flictenas e hemorragias. Sem dúvida, nem a anatomia, nem a fisiologia podem nos dar a chave do mecanismo em si, mas é suficiente um único caso bem-estudado, onde a sugestão produzisse hematidroses e estigmas, para que aquilo que ainda se considera como uma hipótese se torne uma certeza.[103]

A rigor, podemos conceber – diz o Doutor Tinel – que uma representação particularmente viva dos sofrimentos de Cristo na cruz tenha podido provocar, em meio a um processo complexo de atenção, sugestão, exteriorização psíquica e de projeção mental na periferia, a aparição de zonas cutâneas verdadeira e intensamente dolorosas nas partes do corpo correspondentes às cinco chagas, das mãos, dos pés e do lado ... . Trata-se do fato psicológico.[104]

O Doutor Georges Wunderle, Professor na Universidade de Wurzburg, é mais peremptório:

Durante muito tempo – escreve ele –, do ponto de vista psicológico, não se ousava a acreditar na possibilidade de provocar a estigmatização. E confesso que foi-me necessário bastante tempo e prolongados estudos psicológicos a respeito deste problema para me convencer desta possibilidade. Hoje, sou da opinião que não se pode refutar com demasiada facilidade o fato de uma estigmatização na-

---

[103] Professor VAN GEHUCHTEN, Paul (Professor de neurologia na Universidade de Louvaina). "Les stigmates de Louise Lateau". Apud *Études Carmélitaines mystiques et missionnaires*. Paris: DDB, vol. II, 21ème année, p. 90, octobre 1936.

[104] Doutor TINEL. "Essai d'interprétation physiologique". Apud *Études Carmélitaines mystiques et missionnaires*. Paris: DDB, vol. II, 21ème année, p. 96, octobre 1936.

tural. O caso do Doutor Lechler, apesar das lacunas que apresenta, é uma convincente prova disso.[105]

[796] A afirmação do Doutor Wunderle – na sua opinião, "pesada de consequências tanto para a teologia mística como para a psicologia religiosa"[106] – tem seus matizes. Ele não pretende fornecer uma explicação científica da estigmatização. Mas, apoiando-se neste fato particular, devidamente constado, de uma chaga produzida por um processo psicopatológico, julga-se "capaz de compreender que certas etapas do processo da estigmatização não têm, necessariamente, uma origem sobrenatural".[107] Então, em consequência, declara como totalmente plausível a hipótese do processo natural que não tornaria necessária a ação direta de Deus na produção material dos estigmas. O processo se desenvolveria assim:

A verdadeira estigmatização – escreve o Doutor Wunderle – supõe sempre um estado de alma profundamente chocado. Uma representação do Crucificado, por exemplo. Todas as descrições destes acontecimentos, a começar pelos testemunhos que temos da estigmatização de São Francisco de Assis, confirmam esta opinião de maneira indubitável. Além disso, concordam em dizer que a estigmatização espiritual é como que o fundamento da estigmatização corporal.[108]

---

[105] Professor WUNDERLE, Georges. "Psychologie de la stigmatisation". Apud *Études Carmélitaines mystiques et missionnaires*. Paris: DDB, vol. II, 21ème année, p. 157-163, octobre 1936. No mesmo artigo, p. 158, Wunderle escreve: "Desde alguns anos, fala-se na Alemanha de um caso de estigmatização de uma protestante (no sanatório do Doutor Lechler) ... . No ano passado, vi esta pessoa, em companhia do Doutor Deutsch, cujos trabalhos a respeito do caso de Konnersreuth são bem conhecidos de todos. Pudemos nos dar conta da realidade da estigmatização pelas marcas que ela trazia, e nossa crença sobre o processo de sugestão foi confirmada por experiências apropriadas".

[106] Doutor WUNDERLE. *Art. cit.*, p. 159.

[107] *Ibid.*

[108] *Ibid.*, p. 160.

Com efeito, os relatos da estigmatização, tanto de São Francisco de Assis como de Teresa Neumann, mostram uma ligação tão estreita entre a visão de Jesus crucificado e a aparição dos estigmas, que o espírito, de ordinário, estabelece uma relação de causa e efeito. Fica claro que a visão conduz à sua intensidade mais elevada a compaixão interior ou a comoção – segundo a linguagem do Doutor Wunderle – e que ela produz no corpo do vidente uma verdadeira estigmatização interior, isto é, uma localização no corpo do vidente das dores das chagas que ele contempla. São Francisco de Sales, falando de São Francisco de Assis, escreve:

[Com] a viva representação das chagas e feridas de seu Salvador crucificado, ... [a] alma, sem dúvida, se encontrava totalmente transformada em um segundo crucificado. Ora, a alma, como forma e senhora do corpo, usando de seu poder sobre este, imprimiu as dores das chagas com que foi ferida nas regiões correspondentes àquelas em que seu Amado as sofrera.

O amor é prodigioso para aguçar a imaginação, a fim de que ela atinja o exterior ... .[109]

[797] O processo psicológico do Doutor Wunderle não se detém nesta etapa. Citando Görrès, ele faz intervir uma força plástica que imprime a semelhança corporal, segundo as disposições interiores de compaixão do estigmatizado. ... O poder espiritual transformador da alma que se reflete sobre o corpo provém da compaixão pelas dores de Cristo crucificado.[110]

Detalhes importantes a serem observados nas descrições mais precisas da estigmatização de Teresa Neumann: a visão é acompanhada do êxtase. Este êxtase, longe de provocar uma diminuição de conhecimento – como nota o Doutor Wunderle –, indica, ao contrário, uma extraordinária tensão de todas as potências para o objeto da visão, uma

---

[109] Cf. nota 101. São Francisco de Sales, no entanto, nega à estigmatização interior o poder de produzir chagas exteriores.

[110] Doutor WUNDERLE. *Art. cit.*, p. 161.

certa dominação do objeto sobre as potências que se tornam passivas sob a ação da força que dele emana. De fato, diz-se a respeito de Teresa Neumann que, durante o êxtase,

sua fisionomia trai uma participação íntima da inteligência, da vontade e da sensibilidade com aquilo que ela contempla na visão. Quase todos os gestos estão em estreita relação com Cristo, e com a fé.[111]

Sem dúvida, existe grande distância entre estes gestos e a impressão dos estigmas, mas não é inútil sublinhar estes efeitos exteriores que indicam a poderosa ação da visão.

Este processo natural não exclui a causalidade divina na produção dos estigmas. Evidentemente, Deus conserva toda a liberdade para imprimi-los numa ação direta. Mesmo quando ele usa os processos psicofisiológicos, sua ação permanece necessária para levar – através de uma visão criada por ele ou por outro meio – a compaixão ou comoção interior à requerida elevada intensidade, a fim de que ela se imprima pelos sinais exteriores dos estigmas. Da mesma forma que entre as palavras sobrenaturais existem aquelas formais – que são formuladas por Deus – e aquelas que são sucessivas – formuladas pela alma sob a ação de uma luz sobrenatural autêntica –, assim também poderiam existir estigmas produzidos por uma ação direta de Deus e estigmas produzidos pelo processo natural desencadeado por uma intervenção divina indireta.

Esta dupla maneira, direta e indireta, está à disposição do demônio para produzir os estigmas. Se admitirmos **[798]** a hipótese do processo natural, é preciso admitir também que uma afetação patológica pode criar a intensidade de emoção interior capaz de se exprimir. Por consequência, uma psicose pode substituir a ação preternatural necessária para os temperamentos normais. Por fim, o Doutor Wunderle reconhece

---

[111] Cf. nota 91.

que a estigmatização não acontece todas as vezes que este sentimento de compaixão é excitado ao máximo,[112]

mesmo por uma visão imaginária ou por uma visão real, tal como aconteceu com a Virgem Maria no Calvário. A eficácia exterior da força plástica supõe outras condições.

Quais são estas condições? Às vezes, uma vontade particular de Deus e, a partir de então, sua intervenção se torna direta. Para os casos onde o processo natural foi desencadeado, conhecemos muito bem as leis da Providência divina para afirmar que ela deixa este processo se desenvolver sob a ação das causas segundas e sem intervenção direta de sua parte. É, portanto, no âmbito das condições naturais que é preciso, antes de tudo, buscar a causa do desenvolvimento do processo até os estigmas exteriores, ou de sua detenção numa determinada etapa. As condições favoráveis para o seu desenvolvimento poderiam ser uma hipersensibilidade do indivíduo, uma especial disposição de temperamento, particularmente sensível à força plástica e mais apta à reprodução exterior.

• *Conclusão*. A hipótese do processo natural de estigmatização – nós o vemos – não explica tudo. Deixa muitos pontos obscuros tanto no campo psicológico, como no campo fisiológico. Permanece, contudo, bem fascinante e goza das nossas graças. Ela parece tradicional nos autores místicos que, segundo a observação do Doutor Wunderle,

veem na estigmatização corporal e cruenta o desfecho do processo que começou na alma elevada a um estado místico.[113]

Ele cita Görres e Ruysbroeck. A intervenção do anjo que São Francisco de Sales julga necessária, e tal como ele a explica, poderia muito bem não ser uma intervenção direta:

[799] [Tais] feridas sobre o corpo, este amor ... não as podia causar. Eis por que o ardente Serafim, vindo em seu auxílio, dardejou

---

[112] Doutor WUNDERLE. *Art. cit.*, p. 161.

[113] *Ibid.*, p. 160.

A noite do espírito: o drama

seus raios de luz tão penetrante, que provocou na carne realmente as chagas exteriores ... .[114]

Estes raios luminosos que emanam da visão são eles verdadeiramente diferentes da força plástica da qual fala Wunderle?

Um argumento de maior peso é a afirmação muito clara de São João da Cruz. Eis o que ele escreveu a respeito dos estigmas:

> Volvamos, pois, à obra daquele Serafim, a qual verdadeiramente consiste em chagar e ferir interiormente no espírito. Se Deus, por vezes permite que se produza algum efeito exterior, nos sentidos, semelhante ao que se passou no espírito, aparece a chaga e ferida no corpo. Assim aconteceu quando o Serafim feriu a São Francisco: chagando-o de amor na alma com as cinco chagas, também se manifestou o efeito delas no corpo, ficando as chagas impressas na carne, tal como, foram feitas na alma ao ser chagada de amor. Em geral, não costuma Deus conceder alguma mercê ao corpo, sem que primeiro e principalmente a conceda, no interior, à alma.[115]

Segundo São João da Cruz, a estigmatização interior constitui a principal graça produzida pela ação de Deus. Os estigmas do corpo não são mais que sua manifestação externa, permitida por Deus em certos casos. Um pouco mais adiante, a propósito das relações do sensível e do espiritual na caminhada rumo a Deus, o Santo precisa seu pensamento sobre a produção dos estigmas.

> É outra coisa quando o efeito espiritual se deriva do espírito para o sentido: neste caso, pode acontecer que haja grande abundância de efeitos sobrenaturais no sentido, conforme dissemos a respeito das chagas, produzidas no exterior em consequência da força da operação interior.[116]

Estes textos supõe claramente a existência de um processo psicofisiológico que exprime mediante as chagas

---

[114] Cf. nota 101.
[115] Ch 2,13.
[116] *Ibid.*, 2,14.

exteriores a estigmatização interior realizada pela ação de Deus. Tal afirmação não é uma declaração geral feita por um místico que não viu senão o aspecto espiritual do problema. São João da Cruz é um psicólogo experiente e – já se pôde dizer – um clínico perfeito. Eis aqui observações clínicas sobre os estigmas, acompanhadas de considerações teológicas e espirituais, que mostram que ele estudou o caso, se é que não o experimentou:

E então, quanto mais intenso é o deleite, e maior a força do amor que produz a chaga dentro da alma, tanto maior é também o efeito produzido na chaga corporal, e crescendo um, cresce o outro. **[800]** Sucede deste modo, porque, nestas almas já purificadas e estabelecidas em Deus, aquilo que lhes causa dor e tormento à carne, corruptível, é doce e saboroso para o espírito forte e são. Daí vem o maravilhoso contraste que é sentir crescer a dor no gozo. ... Quando, porém, a chaga é feita somente na alma, sem comunicar-se ao exterior, pode o deleite chegar a ser ainda mais intenso e mais subido. Com efeito, como a carne traz sob seu freio o espírito, quando participa dos bens espirituais a ele comunicados, puxa as rédeas para o seu lado, e enfreia a boca desse ligeiro cavalo do espírito, apagando-lhe o brio.[117]

Não encontramos em São João da Cruz nenhuma alusão a uma ação direta de Deus na produção dos estigmas exteriores. De tal maneira lhe parece claro que a estigmatização exterior é o resultado da estigmatização interior, que ele nem sequer levanta a questão para saber se esta ação direta é necessária. Esta tranquila segurança em sua convicção, num Mestre tão penetrante para discernir a ação de Deus sob suas diversas formas em todos os fenômenos psicológicos, compensa largamente tudo aquilo que os peritos descobrem de obscuro e desconcertante no processo psicofisiológico. Para nós, ela é o argumento mais sólido desta hipótese que ainda perturba a neurologia, mas que satisfaz o místico e o psicólogo.

---

[117] *Ibid.*, 2,13.

Em suma, se o processo natural da estigmatização apresenta em seu desenvolvimento vários hiatos de obscuridade, ele se harmoniza, com muita propriedade, com este movimento do espiritual indicado tão frequentemente por Santa Teresa e São João da Cruz que, jorrando das fontes divinas na alma, ao se sensibilizar, vai se difundindo de maneira progressiva em

toda a substância sensitiva, nos membros, ossos e medula ... até nas últimas articulações dos pés e mãos[118]

e isso com uma força maravilhosamente ativa que, para nós, ainda permanece um mistério.

Ainda que demos a impressão de ser sutis, este processo natural nos parece explicar bem melhor do que uma ação direta de Deus ou do demônio o conjunto dos fatos que foi possível observar nos estigmatizados de nosso tempo e a atmosfera que reina ao redor deles.

Sem dúvida, não queremos resolver o caso de Teresa Neumann, mas seja-nos permitido observar que, por mais impressionantes que sejam seus estigmas ensanguentados [801] e seus êxtases, seu perpétuo jejum e seu dom de penetração das almas, não podemos esquecer que tudo isso foi precedido de graves ataques histéricos e que, em torno de seu caso, discutem médicos e teólogos – e, às vezes, de maneira passional – sem poder apresentar argumentos capazes de dissipar todas as dúvidas.

A maior parte dos casos de estigmatização está marcada com estas mesmas características. Inclusive quando um grande resplendor espiritual exclui toda fraude e parece autenticar a ação de Deus, os antecedentes de enfermidade, por vezes uma limitação física, uma atmosfera de perturbação e escuridão que reina ao redor deles, parecem revelar a pluralidade das causas na produção deste fenômeno. Tam-

---

[118] *Ibid.*, Ch 2,22.

bém a Igreja, ao beatificar Gemma Galgani, declarou explicitamente que não pretendia se pronunciar sobre as graças extraordinárias de sua vida, entre as quais a estigmatização é uma das mais marcantes.

Que diferença com Santa Teresa de Ávila, com Santa Catarina de Sena, cujas graças extraordinárias foram discutidas durante certo tempo enquanto ainda eram vivas, mas cujo afortunado equilíbrio humano, a fecundidade apostólica e as virtudes heroicas fizeram irromper imediatamente, aos olhos de todos, a santidade pessoal e a autenticidade da graça divina que tinha se apoderado delas!

Nestas santas, a ação de Deus, direta e autêntica, se expandiu nas faculdades e nos sentidos, e parece ter se libertado deles imediatamente. Passando por eles, ela não dilacerou nada de modo definitivo, nem dissociou o humano que encontrou em seu caminho, mas, pelo contrário, purificou-o, enriqueceu-o e o elevou maravilhosamente, a ponto de fazer destas almas modelos sublimes de humanidade.

Nos estigmatizados, a ação de Deus – quando ela existe –, ao se expandir nos sentidos, aí se inscreve e se fixa profunda e dolorosamente. Por que esta parada e esta fixação no sensível? Vontade particular e ação direta de Deus – responder-se-á. É possível; e deve ser assim para alguns dentre estes casos. Mas, dado que o êxtase é uma fraqueza da alma produzida pela rigidez e falta de pureza que detêm a ação de Deus, também os estigmas não seriam outra fraqueza devida a defeitos mais graves do psiquismo, que deteriam e fixariam dolorosamente a ação espiritual nos sentidos?

Seja como for, enquanto tudo é claro, límpido, maravilhosamente humano e altamente divino em Santa Teresa e em Santa Catarina, em volta das estigmatizadas que nos são conhecidas, encontramos penumbra, contradição perturbadora de sinais, incerteza, falta de **[802]** limpidez, mistura de humano e preternatural, de maravilhoso e doentio. Se a prova não as diminui, elas também não saem dela humanamente maiores. O sobrenatural não chega a nós senão através de um processo de reações, passividades, ressonâncias muito naturais – e cremos: demasiadamente naturais. Nós não o descobrimos senão imerso no sensível e, com muita probabilidade, misturado ao patológico.[119]

γ) *Conclusões gerais*
É tempo de tirar algumas conclusões práticas:

1º) Dado que os fenômenos sensíveis mais extraordinários – tais como os êxtases e mesmo os estigmas –, de acordo com São João da Cruz, não são mais que a exteriorização nos sentidos de uma intensa ação espiritual de Deus sobre a alma, e que, segundo uma hipótese plausível, estes mesmos fenômenos podem ser produzidos em certos indivíduos por um processo psicopatológico, a prudência e a lei da economia das causas não nos permitem admitir uma ação direta de Deus na produção destes fenômenos, exceto quando esta ação for devidamente comprovada, e até diretamente observada. Desta forma, elas nos impõem o dever de acolher com interesse as experiências científicas ou, inclusive, as hipóteses razoáveis que podem nos ajudar a fixar a parte do humano no processo, desde que estas explicações não excluam a possibilidade de uma ação sobrenatural, seja na origem ou no decurso do processo.

2º) Quando esta influência sobrenatural existe, chegando até nós nestes fenômenos sensíveis extraordinários

---

[119] Este juízo, ou melhor, estas impressões – aliás, muito claras – dizem respeito aos casos que nos foram possível conhecer por relatos precisos. A estigmatização de São Francisco de Assis se situa noutro plano, tal como o precisa São João da Cruz quando fala da superabundância do espiritual que jorra de uma virtude interior através das faculdades profundamente purificadas. Até maiores informações, o caso de São Francisco de Assis parece único nesta ordem elevada.

através de atividades interiores, ressonâncias e reações puramente naturais, ela nos fornece um testemunho espiritual carregado de todos estes elementos dentre os quais alguns podem ser suspeitos.

Enquanto se encontrava em Lisboa para o Capítulo Geral de sua Ordem, São João da Cruz recusou-se, apesar das insistentes pressões de Frei Mariano, a ir ver Maria da Cruz, a célebre estigmatizada que atraía multidões [803] da Espanha e de Portugal. Maria da Cruz – é verdade – era uma simuladora de grande estilo. O Santo dizia não ter necessidade de ver os estigmas para confirmar sua fé e nutrir sua oração.

Esta atitude do Santo deve inspirar a nossa com relação a estes fenômenos sensíveis. Por mais extraordinários que sejam, são tão complexos que, salvo os casos considerados autênticos pela Igreja, o deter-se neles para apreender uma manifestação sobrenatural ou, inclusive, para determinar sua natureza e a qualidade do testemunho que eles oferecem é, no mínimo, perder um tempo precioso e satisfazer a uma vã curiosidade.

Alguns instantes de recolhimento sobrenatural ou de oração de quietude, um ato de fé e um ato de amor nos comunicam Deus de forma mais segura e mais direta do que todos estes fenômenos sensíveis extraordinários.

2. *Fenômenos psíquicos e perturbações mentais*

α) *Semelhança entre os efeitos psicológicos da noite e as perturbações psíquicas das doenças.*

Os psiquiatras assinalam certa semelhança entre os efeitos psicológicos da noite e as perturbações psíquicas que pertencem às doenças mentais.

Lendo as descrições da noite do sentido e da noite do espírito – escreve o Doutor De Greef –, o psiquiatra experimenta, antes de tudo, a tentação de admitir a hipótese de que se encontra diante de um estado mental mais ou menos similar ao ritmo das ciclotimias. E, de fato, examinados rapidamente e com certa distância, os fenômenos descritos por São João da Cruz podem ser reduzidos a simples equivalentes psicóticos. Fica-se, sobretudo, impressionado com a tristeza e desânimo dos indivíduos, até mesmo com o desespero deles, com suas ideias mais ou menos nitidamente expressas de indignidade ou, inclusive, a certeza de que se encontram "como se estivessem abandonados por Deus"... E até a interpretação que o sujeito dá de seu estado relembra a melancolia.[120]

A observação não nos escandaliza. Uma pessoa não tem duas maneiras de reagir sensivelmente sob um choque. E a sua reação sensível – que acusa a violência deste choque – não indica a qualidade da causa que a produziu. Não é de estranhar, então, o fato de que as perturbações produzidas pelo poder da ação de Deus na noite se assemelhem a **[804]** certas perturbações psicopatológicas que têm uma causa diferente.

Ademais, mesmo que não cheguemos a afirmar com o psicanalista que todos trazemos uma tendência patológica, é preciso admitir que estas tendências estão amplamente espalhadas na nossa pobre natureza humana e que, agora, elas fazem parte das consequências do pecado original que tornam tal natureza singularmente pesada. Estas tendências existem em diversos graus, em estado benigno na maior parte do tempo; mais ou menos disfarçadas, para nós mesmos se não para os outros, sob nossos hábitos de vida ordinária, nas repressões ou endurecimentos interiores que nos impomos ou, melhor, nas compensações que buscamos ou que pedimos àqueles que estão à nossa volta. É assim que o inquieto, o obcecado, o melancólico, o ciclomático adapta sua vida às exigências de suas tendências e conquista para

---

[120] Professor DE GREEF, Etienne. "Succédanés et concomitances psychopathologiques de la Nuit obscure (Le cas du P. Surin)". Apud *Études Carmélitaines mystiques et missionnaires*. Paris: DDB, vol. II, 23ème, p. 152, octobre 1938.

elas, mais ou menos pacificamente, o direito de cidadania em seu meio. A vida social e, sobretudo, a vida comum são constituídas por essas acomodações recíprocas, que permanecem inconscientes – tanto são imperiosas e, ao mesmo tempo, tão enraizadas estão nos hábitos –, até que a luz divina da noite descubra a falsa harmonia.

A purificação do espírito faz vir à tona estas tendências profundamente enraizadas nas faculdades até a uma dolorosa tomada de consciência.

... este fogo material, ateando-se na madeira, começa por secá-la; tira-lhe a umidade, e lhe faz expelir toda a seiva. Logo continua a sua ação enegrecendo a madeira, tornando-a escura e feia e até com mau odor; assim a vai secando pouco a pouco, e pondo à vista, a fim de consumi-los, todos os elementos grosseiros e escondidos que a madeira encerra, contrários ao mesmo fogo. ...

Do mesmo modo havemos de raciocinar acerca deste divino fogo de amor de contemplação: antes de unir e transformar a alma nele, primeiro a purifica de todas as propriedades contrárias. Faz sair fora todas as suas deformidades e, por isto, a põe negra e obscura, dando-lhe aparência muito pior do que anteriormente, mais feia e abominável do que costumava ser. Esta divina purificação anda removendo todos os humores maus e viciosos; de tão profundamente arraigados e assentados, a alma não os podia ver ... .[121]

Os humores, na linguagem de São João da Cruz, designam todo o complexo psicopatológico da alma e, por consequência, as tendências patológicas das quais tratamos. A amálgama destas tendências com a personalidade e os hábitos de vida fica desfeita na noite do espírito. **[805]** Tal como as escórias tiradas do mineral pelo fogo, que sobem à superfície e recobrem o metal precioso das quais foram separadas, estas tendências irrompem na superfície em sua negra nudez. São João da Cruz já havia notado na noite do sentido certa influência da melancolia na aridez contempla-

---

[121] 2 N 10,1-2.

tiva[122] e sua ação mais clara nas tentações de luxúria.[123] Na noite do espírito, estas tendências são levadas à sua agudeza máxima. Pintam com cores fortes as reações da alma sob a ação de Deus as quais oferecem, assim, ao psiquiatra indícios que justificam seu diagnóstico pessimista. Trata-se certamente de um obcecado, de um melancólico, um ciclotímico que se apresenta a nós com suas características bem conhecidas.

β) *Como distinguir estes diversos fenômenos*

Apesar de suas semelhanças e da sua compenetração, as perturbações da noite podem, normalmente, serem distinguidas das desordens das psicoses. O Professor De Greeff, de quem tomamos as reflexões precedentes, acrescenta:

Todavia, ainda que considerando como provável que certo número de "noites" (do sentido e do espírito) se atenham mais particularmente à ciclotimia, parece que esta não pode explicar tudo e que, num percentual de casos mais elevado do que se creria, é impossível identificar um estado de "noite" com um estado de rude melancolia.[124]

---

[122] "Esta aridez, algumas vezes, é acompanhada por melancolia ou outro qualquer distúrbio; mas nem por isto deixa de produzir seu efeito, purificando o apetite ..." (1 N 9,3).

[123] "Assim, os que fazem caso de tais impressões (movimentos torpes incutidos pelo demônio), não se atrevem sequer a olhar ou considerar coisa alguma, pois logo encontram a impressão. As pessoas que sofrem de melancolia sentem-no com tanta eficácia, que causa dó, pois padecem vida triste. Chegam mesmo a penar tanto, quando atacadas desse mal, que se lhes afigura claramente ter consigo o demônio, e faltar-lhes liberdade para o poder evitar ..." (1 N 4,3).

Santa Teresa consagrou um capítulo inteiro do livro da *Fundações* (cap. 7) aos melancólicos e ao enérgico tratamento que lhes convém. Ela não parece indicar que as manifestações desta melancolia sejam devidas a alguma ação de Deus. Contudo, aquilo que mencionamos a respeito das possibilidades de um desenvolvimento da vida espiritual concomitante às perturbações mentais se aplica a estes melancólicos, nos quais "o principal efeito desse humor – diz a Santa – é subjugar a razão" (F 7,2).

[124] Professor DE GREEFF. *Art. cit.*, p.152.

Os sinais da noite apresentados por São João da Cruz permitem, normalmente, fazer as discriminações **[806]** necessárias. O Santo mesmo tomou o cuidado de indicar alguns dos efeitos próprios da melancolia.

Todavia, nos casos mistos onde, segundo a expressão de Dom Mager, a causa eficiente principal é mística e a causa instrumental é mais ou menos patológica[125] – isto é, quando o indivíduo é afetado de tendências patológicas –, o discernimento será mais difícil. Apressar-se no julgamento poderia ter consequências nefastas.

O comportamento da alma e seus progressos, que serão apreciados não a partir da violência das crises ou de sua periódica reincidência, mas a partir de critérios gerais depreendidos durante um largo tempo, permitirão determinar qual é a influência predominante que terminará por dominá-la: a noite mística ou a psicose.

Sobre o desenvolvimento de uma e de outra, o Professor De Greeff apresenta sinais exteriores extremamente valiosos:

Em oposição à psicose que, se nem sempre destrói, via de regra empobrece o espírito e a personalidade mediante a estagnação e as aberrações que lhes impõe e que, se produz uma obra intelectual, se limita a repetir indefinidamente as mesmas coisas, sem verdadeira criação espiritual, uma experiência como a de São João da Cruz nos parece, sob o nosso ponto de vista psicológico, como um progresso constante, um enriquecimento ininterrupto, uma regularidade de vitórias diárias alcançadas nas circunstâncias mais difíceis.[126]

O caso de São João da Cruz é qualificado como "supranormal" pelo eminente Professor. De ordinário, com efeito, o sentido da caminhada da alma não aparece de forma tão clara, as vitórias não são, desde o início, tão decisivas. Os defeitos serão, às vezes, tão numerosos que o combate parecerá incerto por longo tempo. A colaboração do médico

---

[125] Dom ALOÏS MAGER. *Art. cit.*, p. 253. Cf. nota 15.
[126] Professor DE GREEFF. *Art. cit.*, p. 159-160.

e do diretor pode ser necessária: primeiro, tentando neutralizar os efeitos fisiológicos e psicológicos da psicose; o segundo, elevando a alma para Deus. Mas nos parece que, enquanto aparecerem os sinais autênticos da noite, não se poderá tratar o indivíduo como um doente ordinário, e será o diretor quem deve exercer a ação predominante. Com efeito, normalmente, a tendência patológica deve ceder sob a ação da noite e desaparecer. São João da Cruz, na verdade, depois de ter realçado a influência da melancolia nas tentações de luxúria, acrescenta:

[807] Quando estas coisas torpes lhes sucedem (às almas) por causa da melancolia, ordinariamente não é possível livrar-se, até que se curem do seu mal; ou, então, quando entram na noite escura que os priva sucessivamente de tudo.[127]

Esta é a encorajadora segurança que o Santo oferece. As tendências patológicas sobem à superfície – como as escórias do mineral que se purifica – e assumem tal relevo durante a noite escura apenas porque estão em erupção. A noite cria um abcesso que, sugando, concentra os humores malignos e os elimina. Assegura não só a purificação moral da alma, mas também a libertação do patológico. A alma reencontra assim, numa liberdade total e num perfeito equilíbrio psicológico, a linha normal e regular de ascensão rumo à santidade. Obtido este resultado, se constata que as tendências patológicas multiplicaram os incidentes do caminho, aumentaram os sofrimentos, prolongaram a prova, mas que, tudo somado, foram para a alma um meio de progresso, libertando-a do natural, que se revelava tão deficiente e viciado, e obrigando-a a engolfar-se no sobrenatural puro.

Realizada a transformação, os incidentes do caminho perdem relevo. A alma se espanta de ter podido atribuir-lhes

---

[127] 1 N 4,3.

tanta importância. O diretor se dá conta de como teria podido atrasar a caminhada desta alma com suas hesitações, suas investigações ansiosas sobre o patológico e o espiritual, que para ela não podiam ser senão ocasiões de análises inúteis e de perda de tempo. Ele percebe como, sob a ação de Deus, é eminentemente sábia a atitude, aconselhada por São João da Cruz, de ir além de todos os fenômenos sensíveis e aquela orientação contínua em direção a ele pela perseverança nos atos anagógicos. Quando temos a certeza de que a alma caminha para Deus, é suma sabedoria não se deter nas pequenas perturbações psicológicas que se podem produzir para buscar-lhes a origem e a natureza. Isto porque, geralmente, todas elas oferecem alguma semelhança com certas desordens da psicose e porque, com demasiada frequência, estão misturadas com ela em certa medida. E ainda, sobretudo, porque os meios mais eficazes de cura se encontram na orientação para Deus só, "perfeita saúde da alma".[128]

[808] Aliás, seria possível determinar a causa de cada uma dessas perturbações e encaixar as causas que intervêm? Depois do primeiro ano de sua vida religiosa – que está marcado com graças místicas de união – Santa Teresa de Ávila caiu doente e a descrição que ela faz de sua enfermidade permite diagnosticar perturbações nervosas. Santa Teresinha do Menino Jesus, com nove anos, sofre de um mal estranho do qual é curada pelo sorriso de Nossa Senhora. Poderosa ação de Deus, fraqueza ou deficiência de temperamento, ação do demônio? Quem poderá levantar o véu do mistério para encaixar cada uma dessas causas. O interesse do problema diminui diante do êxito maravilhoso de alta santidade, num perfeito equilíbrio humano que faz dessas almas excepcionais modelos de humanidade.

---

[128] CE 11,11.

γ) *Concomitâncias da noite mística e das psicoses duradouras*

Nem sempre o êxito é tão perfeito. As tendências patológicas não cedem sempre sob a ação da noite.[129] Às vezes, sob sua influência, elas parecem se desenvolverem e se tornarem mais tirânicas. Testemunha-o o caso do Padre Surin.[130] Pode-se explicar esta aparente derrota da graça ante a psicose? É ela seguida de uma derrota espiritual? Cabe aos neurologistas e aos psiquiatras responder à primeira questão.

A segunda levanta um problema difícil. Para esclarecê-lo, convém entendê-lo e formulá-lo da seguinte forma: Como e em que medida uma vida espiritual autêntica e profunda é conciliável com as perturbações mentais?

1º) *As diversas perturbações mentais*

O Doutor Achille-Delmas classifica as perturbações mentais a partir de sua causa da seguinte maneira:

> As doenças mentais são de duas espécies. Umas são devidas a alterações destrutivas, lesionais, orgânicas da substância cerebral. Passíveis de cura – como as confusões mentais – ou incuráveis – como a demência em geral e os delírios crônicos –, elas são **[809]** incompatíveis com a lucidez, o poder dialético e qualquer sentimento moral elevado. As outras, pelo contrário, sem lesões aparentes dos centros nervosos, limitadas a variações por excesso ou por falta das tendências do humor e do caráter, constituem desiquilíbrios da atividade e

---

[129] São João da Cruz diz explicitamente que "os apetites naturais pouco ou nada impedem à união da alma, quando não são consentidos nem passam de primeiros movimentos. Entendo aqui por apetites naturais e primeiros movimentos, todos aqueles em que a vontade racional não toma parte nem antes nem depois do ato. ... é impossível mortificá-los inteiramente e fazê-los desaparecer nesta vida" (1 S 11,2). Fica claro que as tendências patológicas entram na categoria dos apetites naturais.

[130] Cf. nos *Études Carmélitaines* de outubro de 1938 os artigos do Professor DE GREEFF (p. 152-176), do Padre OLPHE-GALLIART (p. 177-182) e do Padre GUIBERT (p. 183-189).

da afetividade. Evoluem, de ordinário, sob forma de paroxismos reversíveis e podem ser, ao menos nas formas leves e médias destes paroxismos, compatíveis com a lucidez, o discernimento e mesmo, para alguns, com uma grande elevação moral.[131]

Aperfeiçoemos ainda esta oportuna distinção. Entre as doenças mentais que provêm de alterações orgânicas, existem as passíveis de cura e as incuráveis. Algumas têm como efeito a demência completa ou duradoura. Outras parecem afetar apenas uma faculdade ou região ou são crônicas. Portanto, a maioria das doenças mentais desse primeiro grupo não destrói completa, nem definitivamente a vida mental do indivíduo que afetam.

O segundo grupo de doenças, que são os desequilíbrios da atividade e da afetividade, mesmo se diminuem ou destroem a lucidez e a liberdade do enfermo no momento das crises, não parece atingi-lo profundamente fora destes paroxismos. Estas alternâncias de excitação e depressão, que se denomina estados ciclotímicos, encontram-se, de vez em quando, nas personalidades cativantes e comovedoras[132] e acompanham, por vezes, o gênio.[133]

Isto equivale a dizer que estas perturbações, ao menos quando não atingem grande intensidade, podem permitir, se não favorecer, o desenvolvimento de uma vida intelectual e moral superior.

---

[131] Doutor ACHILLES-DELMAS. "A propos du P. Surin et de Marie-Thérèse Noblet", apud *Études Carmélitaines*. Paris: DDB, vol. II, 23ème année, p. 235, octobre 1938.

[132] *Ibid.*, p. 237.

[133] As fulgurantes intuições do gênio brilham, normalmente, em tais estados. Napoleão – tem-se a impressão – era um ciclotímico. Nos santos, sem dúvida, o influxo de Deus cria nas regiões profundas da alma uma zona de paz estável, mas parece que a região da alma onde se movem as faculdades (os arrabaldes, segundo São João da Cruz) pode experimentar estes altos e baixos, a exaltação sob a luz divina e a depressão diante da miséria pessoal e as dificuldades. Elias era um homem como nós – diz a Escritura. Um estudo psicológico do Apóstolo São Paulo, feito sob este ponto de vista, seria bem interessante.

Entre estas perturbações afetivas, os psiquiatras inserem numa categoria à parte a histeria ou mitomania, sobre a qual o Doutor Achilles-Delmas diz ser
um desequilíbrio afetivo inato, sob cuja pressão os sujeitos mitomaníacos são impelidos, impulsiva e irresistivelmente, mas conscientemente a disfarçar seu comportamento e a dirigir sua **[810]** atividade no sentido da mentira, do artificial e da criação mítica, sob formas mais ou menos pitorescas, estranhas, tumultuosas e dramáticas. É essencialmente um desequilíbrio por hipertrofia da vaidade. ... Este estado é incompatível com a sinceridade; ele é exatamente o seu inverso.[134]

É óbvio que, quando o médico se encontra diante de uma histeria grave que se afirma por uma série de manifestações múltiplas, acompanhadas na maior parte do tempo por uma aparência de sinceridade estupefante, por uma extrema habilidade e por uma força de perseverança inaudita, [135] ele se julga obrigado a fazer as mais claras reservas sobre a moralidade do indivíduo.

2º) *Possibilidade de vida espiritual nestas diversas perturbações*

Como um médico psiquiatra, todo preocupado com o equilíbrio humano num funcionamento regular e harmonioso das faculdades, não ficaria desconcertado diante de tais casos que tornam toda cura impossível e, sobretudo, diante destas tendências como a histeria que falseiam todos os relacionamentos humanos, introduzindo neles a mentira sistemática? Compreendemos sua hesitação em admitir a possível concomitância de uma vida moral e espiritual autêntica com tais desordens. Mas o psiquiatra – mesmo muito penetrante – não pode ser instituído como único juiz nessas matérias.

---

[134] Doutor ACHILLE-DELMAS. *Art. cit.*, p. 238.
[135] *Ibid.*

• *Distinções necessárias*. O filósofo e o teólogo têm sua palavra a dizer e, talvez, a mais importante. Eles nos dizem, com efeito,[136] que o campo da psicologia religiosa se estende sobre diversos planos sobrepostos. Primeiro, o campo empírico ou âmbito do fenômeno religioso que o especialista e o psicólogo experimentam e estudam com os procedimentos científicos de observação e indução. Para além desse plano fenomênico, encontra-se o plano ontológico, que é o âmbito do filósofo e no qual, com a razão, ele se esforça por descobrir a própria essência das realidades que fundam a vida religiosa. No vértice, aparece, enfim, o plano sobrenatural, no qual o teólogo estuda, à luz da fé, a própria essência dos nossos atos religiosos e os relaciona à sua razão última que é Deus e a graça. Três campos sobrepostos que representam três realidades, cada uma delas tendo sua vida própria. O campo experimental se atém diretamente à vida sensível; o campo ontológico é aquele da vida do **[811]** espírito; o campo sobrenatural é transcendente, é aquele da vida divina em nossa alma.

Estes três campos estão estreitamente correlacionados entre si. O ato sobrenatural das virtudes infusas está enxertado sobre a atividade das faculdades humanas; é preciso que seja humano para que ele possa se tornar sobrenatural. Este ato humano e sobrenatural jorra de uma experiência sensível precedente e terá seu reflexo no campo dos fenômenos sensíveis. A fé vem pelo ouvido[137] – diz o Apóstolo. Não é senão por um ato da inteligência que ela atinge seu objetivo divino. O ato de fé terá seus efeitos sobre a vida exterior do crente.

---

[136] PENIDO, Maurílio Teixeira Leite. "Les trois plans de la psychologie religieuse". Apud *Études Carmélitaines Mystiques et Missionnaires*. Paris: DDB, vol. II, 22ème année, p. 1-5, octobre 1937.

[137] Rm 10,17 (Vulgata).

Esta interdependência não é compenetração. Ela deixa subsistir entre estes três campos uma distinção, não somente lógica, mas real. A estes três campos correspondem três realidades, três vidas com suas operações próprias. Assim, sejam quais forem as profundezas do subconsciente onde estiver enraizada, a tendência patológica permanece localizada no sentido. Ainda que intervindo na atividade da inteligência e da vontade para fazê-la desviar e confundir-lhe as manifestações exteriores, a psicose não altera a saúde da inteligência e da vontade.[138] Essas permanecem saudáveis, embora os órgãos que utilizam para suas funções estejam enfermos. Desta forma, tais faculdades permanecem aptas para produzirem regularmente e de modo saudável seus atos próprios, todas as vezes que a tendência patológica não exerça sua influência perturbadora. Parece-nos mesmo que, através dos desvios impostos à sua atividade pela tendência, elas podem conservar uma certa retidão moral. O doente pode, no intervalo de suas crises, ser um homem inteligente e virtuoso. Durante as crises – ao menos quando elas não lhe tolhem toda consciência e toda liberdade interior –, ele pode querer livremente o bem e realizá-lo tal como lhe pareça.

Com maior razão, é preciso salvaguardar a inviolabilidade do campo sobrenatural da graça. A doença orgânica ou a psicose podem alterar as luzes ou as moções que dela derivam, bem como tudo aquilo que sobe dos sentidos em direção às regiões superiores. Podem, então, provocar o desvio do exercício da virtude sobrenatural, confundindo e falsificando as percepções do real exterior sobre as quais esta se apoia. Mas elas jamais conseguiriam atingir as regiões transcendentes onde se situa a vida da graça. **[812]**

---

[138] Frei GARDEIL, Ambroise. "Quel rapport y a-t-il entre la vie des vertus et la santé de l'intelligence ?" Apud *Études Carmélitaines Mystiques et Missionnaires*. Paris: DDB, vol. II, 16ème année, p. 127, octobre 1931.

Este é o campo de Deus; está sob sua ação direta. Ele mesmo infunde aí, diretamente, a vida divina. Sua generosidade é aí regrada pelos livres movimentos de sua Misericórdia e pelos direitos adquiridos pelos atos sobrenaturais das virtudes. Esta vida sobrenatural no doente pode, portanto, ser enriquecida por Deus quando ele o quer e na medida de sua escolha. Sem dúvida, ela se enriquece cada vez que o doente faz um ato interior sobrenatural.

Para aplicar estas verdades aos casos expostos anteriormente, distingamos duas categorias entre as doenças mentais. Primeiramente, aquelas que, procedendo seja de variações na afetividade, seja de alterações lesionais orgânicas, têm efeitos localizados ou intermitentes. Neste primeiro grupo, colocamos inclusive a histeria, por mais antipática e desconcertante que seja, sob o ponto de vista moral, a tendência à mentira e à ostentação que a caracteriza. Em segundo lugar, as doenças mentais que produzem a demência completa.

• *Perturbações intermitentes ou localizadas.* A localização ou a intermitência das perturbações deixa ao doente do primeiro grupo a possibilidade, ao menos em certos momentos, de empregar normalmente as faculdades e de fazer atos morais. A possibilidade de uma vida sobrenatural não poder ser posta em dúvida, qualquer que fosse a dificuldade prática para discernir, em seguida, na vida do doente e, sobretudo, nas suas confidências, aquilo que é fruto sobrenatural ou patologia mental, podendo o sobrenatural, ademais, estar habitualmente impregnado de patológico em suas manifestações.

Esta vida moral e sobrenatural que a psicose adorna com elementos tão perturbadores pode pedir emprestado a ela um auxílio singular. O doente toma consciência de sua enfermidade, das desordens às quais ela lhe conduz, da desestima – se não do menosprezo – que lhe atrai, da suspeita que lança sobre toda a sua vida interior. Ele caminha nesta terra na mais dolorosa humilhação, talvez, no constrangimento que paralisa sua atividade exterior e sua liberdade. Se ele aceita a prova e todas as suas consequências, não é isso heroísmo, e daqueles que se caracterizam da melhor forma?[139]

[813] Sendo assim – escreve o Padre De Guibert –, não vemos o que poderia impedir a Deus de comunicar a uma tal alma suas mais elevadas graças de contemplação infusa. Sem dúvida, nas confidências que ela poderá fazer, será impossível fazer sempre com exatidão a triagem entre aquilo que é dom infuso de Deus e aquilo que é patologia mental. ... Mas esta impossibilidade não muda em nada o fundo das coisas, e compreende-se muito bem que Deus favoreça, e de modo assim particular, esta alma, em razão das imensas dificuldades e das duras provas que ela encontra para realizar sua ascensão no amor, em meio da escuridão e das tempestades de sua cruel doença.[140]

Eis o que está escrito a respeito do Padre Surin, em quem
podemos constatar, com certeza, um intenso amor de Deus em meio às piores singularidades e inconsequências de sua vida ... , a presença simultânea de ataques e dos mais graves estados psicopatológicos e de dons intelectuais e morais insignes.[141]

• *Completa demência.* O que pensar da completa demência, que paralisa toda a atividade racional das faculda-

---

[139] Ler no artigo do Professor De Greef, sobre o caso de "Irmã Rose-Anne, religiosa missionária ... ; comportamento bizarro. Nossa Senhora lhe falou ... . No demais, ela é submissa; oferece a Deus o sacrifício de ser considerada como alienada ... . O caso é muito claro no ponto de vista psiquiátrico, mas a erudição da enferma, o heroísmo e a dignidade com que suporta esta prova, impressionam fortemente os que a rodeiam". Professor DE GREEFF. *Études Carmélitaines mystiques et missionnaires.* Paris: DDB, vol. II, 16ème année, p. 156-157, octobre 1931.

[140] Padre DE GUIBERT. "Le cas du P. Surin". Apud *Études Carmélitaines mystiques et missionnaires.* Paris: DDB, vol. II, 23ème année, p. 187-188, octobre 1938.

[141] *Ibid.*, p. 189.

des? Nada de vida intelectual, nada de vida moral, nada de vida espiritual! É a morte de tudo? Quem o ousaria afirmar? O que resta por debaixo desta morte aparente, produzida pela paralisia ou por uma lesão dos órgãos a serviço das funções intelectuais? Não haveria sob esta crosta uma alma dotada, talvez, de uma bela inteligência, de uma nobre retidão, ornada dos dons da graça? É mesmo verdade que toda atividade desta dupla vida intelectual e sobrenatural está parada? Não nos apressemos demasiadamente para afirmá-lo. Há mortes físicas aparentes que não são mais que paralisia dos órgãos. Há comportamentos bloqueados no mutismo absoluto e na total inatividade que são compatíveis com uma lucidez e uma vida interior moral elevada.[142] Mesmo sendo verdade que a vida das faculdades é imobilizada sob o véu da morte, a alma pôde aceitar antecipadamente a prova avistada, desejada – não por ela mesma, mas como prova purificadora e redentora. Pensamos na oferta feita pelo Senhor Martin, pai de Santa Teresinha do Menino Jesus, e que desembocou na paralisia completa, atingindo as faculdades mentais.

[814] Havia de conservar ainda por muito tempo – escreve Frei Piat – lucidez suficiente para santificar a amargura daquele aniquilamento da personalidade, ao passo que as filhas encontrariam nela a prova capital destinada a fazê-las avançar no caminho real da santa cruz.[143]

Encontramos outros exemplos de tal prova, que parece ter conduzido as almas às humilhantes profundezas do aniquilamento e que foram para elas o auge de um sacrifício

---

[142] É esta a conclusão das observações feitas pelo Doutor Achilles-Delmas sobre o caso de uma jovem que continuou, durante anos, a seguir o Ofício, a se confessar e a comungar nas grandes festas, a observar com pontualidade jejuns e abstinências, e isso sem sair de seu mutismo, de sua inatividade e de sua atitude de bloqueio.

[143] Frei STÉPHANE-JOSEPH PIAT. *História de uma família*. Porto: Livraria Apostolado da Imprensa, 1949, cap. XIV, p. 315.

redentor do qual somente Deus pode conhecer os frutos. Não quereríamos merecer a reprovação de exaltar tais degenerações humanas e de nimbá-las de glória sobrenatural. Os casos que citamos, são eles excepcionais? Quem poderá nos dizer? Seja como for, pensamos ser necessário reagir contra a prontidão a fazer julgamentos pessimistas e injustos sobre todas as deficiências mentais,[144] contra a tendência a sempre erguer a santidade sobre os cumes do equilíbrio humano e a não querer reconhecê-la em outro lugar, senão neste pedestal.[145] Como são diferentes os julgamentos de Deus!

Para Deus – escreve ainda o Padre De Guibert –, não há diferença entre as almas criadas e resgatadas por ele. A alma desta pobre histérica, verdadeiro trapo humano que se arrasta nas clínicas desde há anos, não lhe é menos querida do que aquela, humanamente magnífica, do douto perito que a estuda. Por que, então, recusar-se a crer que, ante a pobreza humana dos recursos desta alma no referente ao progresso moral, Deus não recorra às vezes aos seus grandes meios de santificação, deixando, talvez, intacta a espessa crosta que cobre esta alma, mas fazendo nascer aí, nas profundezas que escapam à nossa observação, um verdadeiro e grande amor infuso por ele? Existem

---

[144] Santa Teresinha do Menino Jesus escrevia com finura a propósito da prática da caridade: "... pensei que deveria ser tão compassiva para com as enfermidades espirituais de minhas Irmãs, quanto o sois, Madre querida, tratando-me com tanto amor.

Notei (e é muito natural) que as Irmãs mais santas são as mais amadas...

As almas imperfeitas, ao contrário, não são absolutamente procuradas. ... evitamos sua companhia. Dizendo almas imperfeitas, não quero falar apenas das imperfeições espirituais .... Quero falar da falta de bom-senso, de educação, da susceptibilidade de certos caracteres; todas essas coisas que não tornam a vida muito agradável. Sei que estas enfermidades morais são crônicas; não há esperança de cura ... (Ms C, 27 v°-28 r°).

[145] Falamos – é evidente –, da santidade real que se mede pela caridade e que pode ser encontrada com as deficiências patológicas, e não da santidade canonizada que, por ser proposta à veneração e à imitação dos fiéis, deve, normalmente, estar livre de tudo aquilo que a poderia embaçar ou diminuí-la no julgamento dos homens.

santidades que Deus nos dá a consolação de poder constatar e apalpar com as próprias mãos desde esta vida. Existem também aquelas para as quais ele reserva para si só o espetáculo neste mundo [815] e as quais, sem dúvida, nos espantarão de maneira singular quando a crisálida se transformar em borboleta.[146]

O sobrenatural essencial escapa à observação. Seus mais belos triunfos se escondem sob o véu muito pesado da dolorosa e misteriosa escuridão. Assim, desde o drama do Calvário, o amor triunfa nesta terra. Entregar-se ao amor é se entregar a todas as angústias[147] – proclamava Santa Teresinha do Menino Jesus. Esta palavra dá a razão última da noite do espírito; explica a escuridão que envolve este drama desde as profundezas onde ele se desenrola até as regiões exteriores das faculdades e dos sentidos sobre os quais ele estende seu doloroso mistério.

C – *MODALIDADES DIVERSAS DA NOITE*

Uma descrição assim pavorosa do drama da noite do espírito não faria surgir em nossas almas um desejo, se não mesmo uma oração, de sermos liberados de uma santidade que impõe tais sofrimentos? Ao menos, não é possível ir rumo à santidade por um caminho onde não se encontrem provas tão terríveis? Esta questão não pode receber uma resposta precisa. Encontramo-nos no campo da Sabedoria de amor. É ela quem conduz o jogo, um jogo de amor, misericordioso, mas implacável contra o pecado que deve destruir a fim de assegurar seu triunfo. Ela o conduz livremente e segundo seus desígnios. Tal jogo não obedece às exigências de nossa lógica racional e se mostra totalmente independente das flutuações e dos estremecimentos de nossa sensibilidade. No entanto, ele não está tão oculto que

---

[146] Padre DE GUIBERT. *Art. cit.*, p. 189.
[147] Cf. CT 94, 14 de julho de 1889; P 17,4 *passim*.

não possamos dizer nada, nem observar nada de seu ritmo irregular e de suas modalidades exteriores.

Ora, uma confrontação geral das descrições sanjuanistas com os casos observados permite afirmar que a realidade vivida pelas almas é, simultaneamente, mais dolorosa e menos terrível que os quadros sanjuanistas. Mais dolorosa porque o Doutor Místico não descreveu todas as formas de sofrimentos que, de fato, a alma encontra e porque não pôde dizer sobre cada uma delas os incidentes que as agravam, a intensidade e a profundeza que escapam à pena mesmo de um São João da Cruz. A realidade, contudo, tem um aspecto menos terrível, pois que a descrição apresenta num quadro [816] condensado, e agrupados sobre o mesmo plano, os diversos traços que, na vida das almas, só se encontram em momentos sucessivos, ou em sujeitos diferentes, e misturados com muitas outras circunstâncias que parecem atenuá-las e lhe diminuem o relevo exterior, quando não o sofrimento. A descrição sanjuanista, assim, parece mais carregada, embora seja verdadeira. Todos os traços são exatos e em nada forçados, mas eles se apresentam na vida com outras dimensões.

I – *Interrupções*

Na verdade, São João da Cruz nos adverte que, durante o período de purificação, o sofrimento não conserva sempre a mesma intensidade.

... a alma jamais permanece no mesmo plano, mas está sempre a subir e descer.

Esta alternância resulta de que o estado de perfeição consiste no perfeito amor de Deus e desprezo de si mesmo; ... portanto, necessariamente, a alma há de ser primeiro exercitada num e noutro. Ora goza de um, sendo engrandecida por Deus; ora prova do outro, sendo por ele humilhada ... .[148]

---

[148] 2 N 18,3-4.

O Santo, em outra passagem, explica e precisa aquilo que faz a diversidade da ação divina neste período. A alma experimenta o amor quando sua chama é menos ardente; portanto, menos purificadora e menos dolorosa. Isto nos espanta, mas o testemunho do Doutor Místico é formal:

... a inflamação de amor não é sempre sentida pela alma; só algumas vezes a percebe, quando a contemplação deixa de investir com muita força. Então a alma pode ver, e mesmo saborear, a obra que nela se realiza, porque lhe é mostrada. Parece-lhe, nessas ocasiões, que a mão que a purifica interrompe o trabalho e tira o ferro da fornalha para lhe proporcionar, de certo modo, a vista desse labor que se vai realizando.[149]

Ditosa interrupção que assegura uma pausa de repouso! Ditosa constatação que é o mais estimulante dos encorajamentos!

Por outro lado, não pensamos num ciclo regular com interrupções periódicas, tal como encontramos na natureza. Às vezes, a Sabedoria parece ter pressa em terminar sua obra em pouquíssimo tempo. Às vezes, ao contrário, as interrupções são bem longas. Deus pode deixar na sombra, como em repouso, tal tendência; [817] pode adiar o aprimoramento da alma sobre um ponto particular e a purificação perfeita de tal virtude. Esperará, talvez, longos anos antes que a sua Sabedoria de amor faça sentir novamente sua chama dolorosa. Só ele sabe o porquê.[150]

---

[149] *Ibid.*, 10,6.

[150] Esta purificação do espírito parece poder durar não apenas longos anos, mas toda uma vida para atingir, no momento da morte ou pouco tempo antes, o desenvolvimento final que é a união transformante. Parece-nos que se deve explicar, normalmente, desta forma os sofrimentos que se prolongam durante toda uma vida, e também consideramos que se qualifica, com demasiada pressa, certos sofrimentos como unicamente redentores, com o pretexto de que são posteriores a uma graça exterior indicativa de um elevado grau de união. Sem dúvida, deve haver nesta terra, além de em Nosso Senhor e na Santíssima Virgem, sofrimentos unicamente redentores, mas não o proclamemos tais a não ser que o estado de matrimônio espiritual ou união transformante tenha sido claramente constatado. É mais normal e mais conforme à dualidade da carne e do espírito que existe em nós que o sofrimento seja, a um só tempo, purificador e redentor. Cf. GARRIGOU-LAGRANGE. "Nuit mystique, Nature et Grâce, Sainteté

II – *Formas individuais da purificação*

Este fogo purificador é um fogo inteligente. Regula a violência de sua chama conforme o efeito que quer produzir. À noite do espírito se aplica também a observação que São João da Cruz faz a propósito da noite do sentido:

... não acontece em todos do mesmo modo, nem são para todos as mesmas tentações, porque vai tudo medido pela vontade de Deus, e conforme maior ou menor imperfeição a purificar em cada pessoa; depende também do grau de amor unitivo a que Deus quer levantar a alma, e assim ele a humilhará mais ou menos intensamente, por maior ou menor tempo. Aqueles que têm capacidade e mais força para sofrer são purificados com mais intensidade e presteza.[151]

De resto, como as "imperfeições [são] a matéria em que se ateia o fogo"[152] e, por consequência, o sofrimento é diferente segundo os pecados atingidos pela chama, resulta daí que a purificação do espírito assume em cada alma uma forma individual pela natureza das provas e pelo gênero de sofrimentos que ela impõe. A observação é importante. É preciso, então, se guardar de toda concepção estereotipada da noite. A noite é sempre uma intervenção da Sabedoria pelo fogo; o maçarico divino atinge as profundezas da alma com uma violência e segundo um ritmo tão variados quanto os desígnios de Deus sobre ela e as formas de pecado do qual ele deve purificá-la.

III – *Purificação imersa na vida ordinária*

[818] Esta observação sobre o caráter individual da purificação do espírito deve ser completada por outro traço ainda mais importante para o observador externo.

---

et Folie?" Apud *Études Carmélitaines mystiques et missionnaires.* Paris: DDB, vol. II, 23ème année, p. 287-29, octobre 1938.

[151] 1 N 14,5. Cf. Ch 1,24.

[152] 2 N 10,5.

A purificação do espírito não é uma intervenção cirúrgica feita numa clínica, ou uma experiência de laboratório. Em outros termos: ela não é uma intervenção sobrenatural sobre um sujeito que foi separado do mundo exterior, isolado num ambiente onde foi suprimido tudo o que poderia prejudicar o sucesso da operação e se reuniu, com cuidado, aquilo que o poderia favorecer. A Sabedoria não coloca numa estufa aquecida todas as almas que quer purificar. Ao ler as descrições sanjuanistas, poderíamos pensar isso, pois a ação divina se mostra aí muitíssimo pura, elevada, livre de toda amálgama humana, e a própria alma parece de tal forma totalmente absorvida por este profundo encontro e por este doloroso duelo entre a luz que a investe e o pecado que ela traz. Estas descrições nos convidam a um tão vivo e apaixonante espetáculo, cheio de interesses. Mas as forças em ação estão aí de tal maneira alvoroçadas e absorvidas pela violência e desafio da luta, que temos certa dificuldade para situá-lo na realidade quotidiana.

E, contudo, é bem na vida quotidiana que se dá o combate. São João da Cruz deve à pureza e penetração de seu olhar o ter podido discernir e abstrair os elementos espirituais deste drama para no-los apresentar em sua realidade essencial.[153]

No entanto, ele conhece melhor do que ninguém esta arte suprema da Sabedoria, feita de simplicidade e flexibilidade, que se destaca em utilizar as causas segundas, as pessoas e acontecimentos, para fazer deles instrumentos de sua onipotência na realização de seu único desígnio: a Igreja e a

---

[153] Já sublinhamos este dom que São João da Cruz tem para discernir o sobrenatural essencial em toda parte onde ele se encontra. Assim como ele desconfia do sobrenatural modal, isto é, das manifestações exteriores que atingem os sentidos – pois a ilusão se introduz aí facilmente –, assim também respeita o sobrenatural em si. Desta forma, ele o coloca em relevo para que nenhuma de suas migalhas seja negligenciada ou calcada aos pés.

santificação das almas. Normalmente, a ação da Sabedoria está imersa na vida quotidiana e se esconde sob o véu dos acontecimentos mais ordinários.

Sem dúvida, a solidão e o deserto lhe oferecem um campo de ação particularmente favorável para suas operações [819] interiores mais elevadas. Atrai para estes ateliês especializados de sua graça, ao menos por um pouco de tempo, as almas que ela prepara para grandes destinos. Mas, os acontecimentos exteriores, as paixões dos homens lhe são instrumentos de tal qualidade, de tanta prontidão, de manuseio tão fácil e de tão perfeita docilidade às suas moções, que ela os utiliza com largueza para a purificação de seus santos. São João da Cruz está isolado de tudo, em sua casa de madeira junto ao Mosteiro da Encarnação. É aí que ele é capturado pelos Comissários Calçados para sofrer, no cárcere de Toledo, o golpe mais forte do assalto conduzido contra a Reforma Teresiana. Do cárcere de Toledo, ele sairá com a graça do matrimônio espiritual. A vida de Santa Teresa está repleta destes assaltos das potências exteriores que purificam sua alma e confirmam sua obra de Reformadora.

IV – *Misteriosa e, muitas vezes, oculta aos olhares*

A agitação das paixões humanas, o véu ainda mais espesso da simplicidade dos acontecimentos ordinários sob os quais ela se esconde, envolvem de mistério a ação da Sabedoria – e de um mistério que a diversidade das formas exteriores torna ainda mais profundo. Assim, esta ação pode escapar ao olhar, não somente de quem a sofre, mas também do observador externo mais advertido. Talvez, a tomada de consciência desta ação divina será mais fácil para o contemplativo, habituado às introspecções e em quem os fenômenos sobrenaturais serão, via de regra, mais numerosos e melhor caracterizados.

No homem de ação ou no contemplativo tomado pelos trabalhos exteriores, submetido a vicissitudes mais numerosas, o sobrenatural aflorará menos ordinariamente e a tomada de consciência da ação divina será mais difícil, tão espessa é a crosta que o recobre, feita da multiplicidade dos acontecimentos exteriores e das intervenções das causas livres. Contudo, a Sabedoria se revelará em luzes repentinas e profundas. Nele, a purificação será igualmente intensa, se não o for ainda mais, pois nutrida de maiores dificuldades exteriores e de perseguições, de mais quedas pessoais e de mais angústias pelas obras que empenham graves interesses espirituais e, por consequência, de mais ocasiões de se humilhar, de esperar e de amar. Tal purificação poderia ser, inclusive, mais rápida nestas condições, se a alma soubesse utilizá-las para **[820]** fugir de seu tormento interior e para caminhar apenas rumo a Deus através da fé e do abandono.[154]

V – *Iluminada pela luz e pela presença do amor*

Neste mistério que envolve a ação de Deus, nem tudo é escuridão. Brilham aí raios de luz. Em primeiro lugar, aquelas graças extraordinárias das quais falamos anteriormente e que se situam, em sua maior parte, neste período. Em seguida, um auxílio mais geral e mais constante que a alma encontra numa certa claridade difusa, num certo sentimento de que Deus está aí.

Esta inflamação de amor está agora no espírito, onde, em meio de obscuras angústias, a alma se sente ferida, viva e agudamente, com

---

[154] A vida dos santos poderia ilustrar de maneira maravilhosa estas considerações que permanecem mortas porque genéricas. Veríamos como a Sabedoria utiliza admiravelmente as dificuldades exteriores (dificuldades com dinheiro, oposição dos amigos etc.) para obrigar os santos a fazerem atos puramente sobrenaturais e a subir, assim, os últimos graus da perfeição. Deus tortura de modo admirável os seus santos para conduzi-los à meta sobrenatural que fixou para eles.

certo sentimento e certa intuição de que Deus ali está, embora não compreenda coisa determinada; porque, conforme dissemos, o entendimento está às escuras.[155]

Tal conjetura é uma real certeza que, habitualmente, não difunde sua paz sobre todas as faculdades, mas cuja firmeza se manifesta em muitas circunstâncias, de modo especial quando a alma é tentada de desespero, ou quando se emite dúvidas, em sua presença, a respeito da sobrenaturalidade da ação que padece. Este sentimento constitui uma segurança e uma força imensa. Mantém constantemente o equilíbrio nas regiões profundas e emerge para o exterior cada vez que este equilíbrio fica gravemente ameaçado nas faculdades pelas tentações de desespero.

Assim, com o risco de parecermos acumular antinomias, não conseguiríamos resumir melhor este quadro da noite do espírito a não ser dizendo que ela não é um inferno, mas um purgatório;[156] é o reino do sofrimento, mas também aquele da paz, aquele onde o amor fere dolorosamente e com violência apenas para purificar, libertar, curar, transformar e unir.

---

[155] 2 N 11,1.
[156] Cf. 2 N 10,5. Cf. tb. Ch 1, 21-24.

QUARTO CAPÍTULO
A conduta da alma:
Pobreza, esperança, infância espiritual

*O que nasceu da carne é carne,
o que nasceu do Espírito é espírito.
Não te admires de eu te haver dito:
deveis nascer do alto.
O vento sopra onde quer
e ouves o seu ruído,
mas não sabes de onde vem
nem para onde vai.
Assim acontece com todo aquele
que nasceu do Espírito.[1]*

[821] Esta ação de Deus na noite exige a cooperação da alma. Qual é a cooperação que assegurará à ação da chama ardente a sua plena eficácia?

Não é este o problema que surgiu para Nicodemos quando ele foi, durante a noite, encontrar-se com Jesus que pela primeira vez se manifestava em Jerusalém? Por mais paradoxal que possa parecer esta aproximação, ela tem que ser feita. Trará luz. O jovem taumaturgo de Nazaré conquistara aquele chefe dos judeus. Este tinha reconhecido em Jesus o espírito de Deus. "Rabi – disse ele –, sabemos que vens da parte de Deus como um Mestre".[2] Tal preâmbulo indica uma atitude de alma e anuncia uma questão. Deste Mestre vindo de Deus, Nicodemos esperava uma doutrina para colocar-se em sua escola. Jesus prevê a pergunta: "Em verdade, em verdade, te digo: quem não nascer do alto não pode

---

[1] Jo 3,6-8 – Jesus a Nicodemos.
[2] *Ibid.*, 3,2.

A conduta da alma: Pobreza, esperança, infância espiritual

ver o Reino de Deus".[3] O sério neófito fica desconcertado. Esta afirmação causa um choque na sabedoria e nos hábitos de pensar deste doutor da Lei que se move à vontade por entre as minúcias das prescrições rituais e as sutilezas das interpretações rabínicas. É justamente isso que Jesus quer produzir nesta alma de boa vontade. Assim, insiste:

> [822] Em verdade, em verdade, te digo:
> quem não nascer da água e do Espírito
> não pode entrar no Reino de Deus.
> O que nasceu da carne é carne,
> o que nasceu do Espírito é espírito.
> Não te admires de eu te haver dito:
> deveis nascer do alto.
> O vento sopra onde quer
> e ouves o seu ruído,
> mas não sabes de onde vem
> nem para onde vai.
> Assim acontece com todo aquele
> que nasceu do Espírito.[4]

O ingresso no novo reino exige um novo nascimento que somente o sopro do Espírito pode operar. A doutrina e a dialética são dignas do Mestre que as oferece, bem como da elevação de espírito e da boa vontade do discípulo que as escuta. Este ainda não está maduro para recebê-las. Não compreende e confessa:

"Como isso pode acontecer?". Respondeu-lhe Jesus: "És Mestre em Israel e ignoras essas coisas?".[5]

A crítica parece severa. É decisiva. Nicodemos a aceita; humilha a pobreza de sua sabedoria ante a transcendência do Mestre. Eis que a luz lhe chega aos borbotões, agora:

> ... falamos do que sabemos
> e damos testemunho do que vimos – declara Jesus.

---

[3] *Ibid.*, 3,3.

[4] *Ibid.*, 3,5-8.

[5] *Ibid.*, 3,9-10.

É a revelação do mistério da Encarnação e o anúncio da próxima realização do mistério da Redenção.

> Ninguém subiu ao céu,
> a não ser aquele que desceu do céu,
> o Filho do Homem.
> Como Moisés levantou
> a serpente no deserto,
> assim é necessário que seja levantado
> o Filho do Homem,
> a fim de que todo aquele que crer
> tenha nele a vida eterna.

Este espírito que faz renascer, é preciso esperá-lo de Cristo Jesus na cruz. Nicodemos retém o misterioso ensinamento. Ele o meditará no silêncio. Aguardará na esperança.

Quando Jesus for elevado na cruz, quando os apóstolos tiverem se dispersado por causa do escândalo da Paixão, Nicodemos sairá de seu retiro. Tomando cem libras de mirra e aloés, irá corajosamente sepultar o corpo do Crucificado.[6] Na penumbra do Calvário, ele recolherá do Coração [823] transpassado de Jesus o fruto de sua espera e de sua esperança.

Este episódio evangélico, com seu jogo de sombras e luzes, nos oferece um valioso ensinamento. Nicodemos humilhado e deslumbrado, silencioso e pacífico em sua espera, encontrou a atitude que permite renascer sob a ação do Espírito. Ele é um modelo para toda alma que quer renascer sob a dolorosa atuação da chama que a tortura de modo admirável.

Retenhamos esta atitude de Nicodemos. Ela esclarecerá tudo o que temos a dizer sobre a conduta da alma na noite do espírito.

---

[6] Cf. *Ibid.*, 19,39.

A – *ESPERANÇA E POBREZA*

Este renascimento espiritual se cumpre na sua forma mais elevada e mais perfeita na noite do espírito sob a ação da chama ardente. Trata-se de um verdadeiro combate – cujos sofrimentos já consideramos –, de uma espantosa tortura.

... oh! maravilha! – levantam-se dentro da alma, a este tempo, contrários contra contrários; os da alma contra os de Deus que investem sobre ela; e, como dizem os filósofos, querem prevalecer uns sobre os outros, entrando em guerra dentro da alma, estes querendo expelir aqueles a fim de reinarem sobre ela. Em uma palavra, as virtudes e propriedades de Deus, que são extremamente perfeitas, combatem contra os hábitos e propriedades extremamente imperfeitas da alma, e ela padece em si dois contrários.[7]

É a chama do Espírito que age e conduz o combate. A alma o sofre. Verdade fundamental, que não cansamos de afirmar, pois ela deve governar a atitude da alma neste período.

A chama é divina. Causa onipotente e transcendente. O primeiro dever da alma é respeitar sua ação e submeter-se a ela. A chama é abrangente, ardente, dolorosa. Investe com trevas e fere profundamente. A alma deve sofrer seus assaltos com paciência. *Pati Deum,* "sofrer o próprio Deus": tal é atitude fundamental que se impõe à alma.

Pati Deum, "sofrer o próprio Deus", não numa atitude estoica que seria pagã, mas de maneira cristã, **[824]** em silêncio, de bom grado e amorosamente, na atitude de Cristo na cruz. A paciência deve submergir-se no amor e se deixar transformar por ele em pleno abandono a todas as operações divinas.

Este abandono vai além da resignação e submissão passivas à ação de Deus. Implica uma cooperação ativa, numa

---

[7] Ch 1,22.

verdadeira ascese da qual se pôde dizer que era mística. Ascese mística no sentido que, soberanamente respeitosa da ação de Deus, ela só age – mas o faz energicamente – para abrir-lhe a alma inteira, suprimir aí aquilo que pode perturbar seu desenvolvimento e assegura, desta forma, toda a sua eficácia. Esta ascese mística, resposta perfeita do verdadeiro amor, é sempre uma arte delicada. Deve manter sua atividade vigorosa entre o ativismo orgulhoso – que detém a expansão e as iniciativas do amor de Deus pela alma – e o quietismo egoísta e preguiçoso – que fixa na imobilidade da tibieza ou da morte o amor da alma por seu Deus. Esta ascese mística encontra sua medida e sua expressão na prática da virtude da esperança.

I – *Esperança*

A esperança é uma virtude infusa teologal pela qual, apoiando-nos sobre a onipotência do auxílio divino, esperamos Deus, que será nossa beatitude, e os meios necessários para chegarmos a ele. A fé nos revela Deus; a esperança o deseja e espera alcançá-lo. Tal como a fé, a esperança é uma virtude teologal que tem a Deus por objeto e por motivo. É a ele que nós esperamos, e nós esperamos porque sua onipotência será nosso auxílio.

São João da Cruz, seguindo o Apóstolo São Paulo, sublinha que

> toda posse é contra a esperança ... , a esperança é do que não se possui.[8]

Na Epístola aos Romanos, o Apóstolo precisa:

> ... nossa salvação é objeto de esperança; e ver o que se espera não é esperar. Acaso alguém espera o que vê? E se esperamos o que não vemos, é na perseverança que o aguardamos.[9]

---

[8] 3 S 7,2.
[9] Rm 8,24-25.

[825] Esta ausência do objeto que se espera cria o desejo e o movimento da esperança em direção a ele. Santo Tomás sublinha que a virtude sobrenatural da esperança se enxerta sobre uma paixão do apetite irascível que é um movimento da virtude apetitiva consecutivo à apreensão de um bem futuro árduo, mas possível de ser alcançado.[10] A esperança faz-nos tender para Deus como um bem final que devemos alcançar.[11]

Estas observações colocam em relevo o caráter dinâmico da virtude da esperança. A fé descobre; a caridade possui abraçando; a esperança tende totalmente para o objeto que ela conhece pela fé e que não possui na plena medida do desejo da caridade. A esperança é a virtude do progresso na vida espiritual. É o motor que a aciona, as asas que a elevam. Uma alma que não mais espera, seja porque se encontra cumulada e satisfeita com aquilo que possui, seja porque renunciou a possuir mais, perdeu todo o dinamismo e não avança mais.[12]

Este dinamismo pode se fazer sentir de uma dupla maneira. Pode produzir o movimento efetivo da alma em direção ao seu objeto, uma caminhada para ele, os braços estendidos para agarrá-lo. Ou, então, a alma fica paralisada por certa força que emana do objeto presente, mas oculto. Todo movimento em direção a ele é inútil e correria, inclusive, o risco de deixá-lo mais distante. A esperança, então, não pode mais que gemer e suspirar ardente e silenciosamente. No primeiro caso, a esperança parece mais ativa. No segundo, parece quase passiva e seu dinamismo reprimido

---

[10] *Summa Theologica* Ia, IIae, qu. 40, art. 2.

[11] *Summa Theologica* Ia, IIae, qu. 17, art. 6, ad 3um.

[12] A comparação paulina daquele que corre no estádio e emprega todas as suas forças para chegar à meta fixada (1Cor 9,24-27) nos apresenta num quadro expressivo o dinamismo da esperança, que utiliza todas as energias da alma para atingir a Deus. O Apóstolo nota, inclusive, que "os atletas se abstêm de tudo". A esperança sobrenatural se nutre, também ela, de ascese e de enérgicos esforços.

concentra suas energias no seu olhar e nos seus desejos. No primeiro caso, a esperança alcança o objeto, dirigindo-se a ele. No segundo caso, ela o obtém mais eficazmente, talvez, atraindo-o para si por seus gemidos e aspirações.

Compreendemos, deste modo, que, à medida que a esperança conhece melhor seu objeto e, ao mesmo tempo, o descobre mais distante e de acesso mais difícil, tenda para ele com mais força e com todas as energias de seu desejo. É [826] a hora da esperança; uma hora de crise dolorosa, mas também a hora de seu triunfo.

A noite do espírito prepara esta hora da esperança sobrenatural. Deus se descobre aí nas efusões de graça e nos favores extraordinários que marcam este período, na sabedoria secreta e sempre operante que cria certa obsessão pela transcendência divina. A obscuridade que reina torna, ao mesmo tempo, mais espesso o véu e maior a distância que separa. A alma, esmagada por sua miséria e fraqueza, experimenta que não pode ir em direção a este Deus, único objeto que, doravante, pode desejar. Voltar para trás, não lhe é possível, pois já está cativa de seu amor. Dirigir-se para ele, não consegue e não o deve fazer, pois a chama divina está em sua alma e a investe. É a hora da esperança profunda, ardente, pacífica. Deus espera estes suspiros que brotam das profundezas e as abrem à sua ação. Deus tem necessidade destes gemidos que atestam que a obra de purificação se realiza e que entregam todas as imperfeições à ação da chama. Estes gemidos já são aqueles do Espírito dos quais o Apóstolo escreveu:

... também o Espírito socorre a nossa fraqueza. Pois não sabemos o que pedir como convém; mas o próprio Espírito intercede por nós com gemidos inefáveis, e aquele que perscruta os corações sabe qual o desejo do Espírito, pois é segundo Deus que ele intercede pelos santos.[13]

---

[13] Rm 8,26-27.

Esta ação autêntica do Espírito não exclui, mas solicita a cooperação ativa da alma no exercício da virtude da esperança. À alma cabe – e Deus o exige – permanecer na solidão interior onde Deus a colocou e dirigir seu olhar para cima, e nada mais. Tal é, ordinariamente, o ofício da esperança dentro da alma – levantar os seus olhos para olhar somente a Deus, como diz Davi: *Oculi mei semper ad Dominum*, "Meus olhos estão sempre voltados para o Senhor" (Sl 24,15). Não esperava bem algum de outra parte, conforme ele mesmo diz em outro salmo: "Assim como os olhos da escrava estão postos nas mãos da sua senhora, assim os nossos estão fixados sobre o Senhor, nosso Deus, até que tenha misericórdia de nós" (Sl 122,2), que esperamos nele.[14]

Deus não amontanhou obstáculos e provas a não ser para obter da alma este olhar constante e purificado que, unido à **[827]** moção do Espírito, produz aquela esperança perfeita, semelhante à de Abraão que

esperando contra toda esperança, creu e tornou-se, assim, pai de muitos povos, conforme lhe fora dito: Tal será tua descendência.[15]

É esta esperança perfeita que obtém tudo quanto deseja. São João da Cruz o afirma, comparando esta esperança a uma almilha verde com a qual a alma estaria revestida.

Assim, quando a alma se reveste da verde libré da esperança – sempre olhando para Deus, sem ver outra coisa nem querer outra paga para o seu amor a não ser unicamente ele –, o Amado, de tal forma nela se compraz, que, na verdade, pode-se dizer que a alma dele alcança tanto quanto espera. Assim se exprime o Esposo nos Cantares, dizendo à Esposa: "Chagaste meu coração com um só de teus olhos" (Ct 4,9). Sem essa libré verde de pura esperança em Deus, não convinha à alma sair a pretender o amor divino; nada teria então alcançado, pois o que move e vence a Deus é a esperança porfiada.[16]

Contudo, seria mutilar o magistério de São João da Cruz e, talvez, favorecer uma falsa interpretação de toda

---

[14] 2 N 21,7.
[15] Rm 4,18.
[16] 2 N 21,8.

a sua doutrina espiritual sobre a esperança ater-se apenas a esta exposição. Isso não levaria a pensar que a perfeição da esperança reside na sua intensidade e que seus triunfos são assegurados tão somente por sua força e sua constância? Ora, São João da Cruz não deixa de afirmar que é em sua pureza que a esperança encontra sua perfeição e sua eficácia. Seguindo o santo Doutor, faz-se necessário repetir e insistir sobre isso.

II – *Pobreza espiritual*

A esperança encontra esta pureza que constitui sua perfeição na pobreza espiritual. Não há verdade que se afirme com mais força nos tratados de São João da Cruz.

... só se espera aquilo que não se possui; e quanto menos se possui, mais se tem capacidade para esperar o objeto desejado; consequentemente, mais se aumenta a esperança. Ao contrário, quanto mais a alma possui, menos apta está para esperar, e, portanto, menos esperança terá.[17]

[828] Ademais, basta analisar a definição da virtude da esperança para se dar conta de que só a pobreza espiritual pode assegurar sua perfeição. A virtude da esperança espera Deus que é seu objeto primeiro e principal. Espera-o por causa dele mesmo, isto é, por causa da onipotência do seu auxílio. Será tanto mais perfeita quanto mais esperar unicamente em Deus, com exclusão de qualquer outro motivo que não seja o próprio Deus. Esta pureza de objeto e de motivo que constitui a perfeição da esperança é conseguida pela eliminação de todo o resto, mediante este supremo desapego que é a pobreza espiritual.

Com efeito, é justamente a esta pobreza que não espera senão a Deus que é prometido o Reino de Deus. "Bem-aventurados os pobres em espírito, porque deles é o Reino

---

[17] 3 S 15,1.

dos Céus"[18] – eis a primeira bem-aventurança proclamada pelo Mestre no Sermão da montanha. A doutrina de São João da Cruz na *Subida do Monte Carmelo* e no livro da *Noite escura* faz eco a esta bem-aventurança. O Santo não quer ensinar senão a realizar ou a sofrer este empobrecimento que deve liberar o movimento da esperança e assegurar seu desabrochar para a conquista dos bens sobrenaturais e do próprio Deus. A esperança é semente divina; só Deus pode dar-lhe o incremento. À alma cabe a tarefa negativa de preparar o terreno e de favorecer o desabrochar.

Este empobrecimento deve atingir todas as riquezas naturais e sobrenaturais, todos os bens naturais, intelectuais e espirituais que não sejam o próprio Deus. No gráfico do *Monte,* é pelo caminho do nada – repetido quatro vezes – que a alma, deixando à direita e à esquerda os espaçosos caminhos dos bens da terra e dos bens do céu, dirige-se para o cimo. Apenas o caminho do nada, que é desnudamento total, perfeito desapego e pobreza absoluta,[19] conduz ao tudo que é Deus e assegura a sua posse.

Detalhar o programa de empobrecimento traçado por São João da Cruz a respeito de cada categoria dos bens naturais ou espirituais que atingem as faculdades humanas da inteligência, memória e vontade, indicar a conduta com relação a cada uma delas, haveria de nos obrigar a repetir toda a doutrina do Doutor Místico que pode ser encontrada, com facilidade, em suas obras. No entanto, é importante assinalar a aproximação que o Santo faz entre a purificação da memória e a purificação da esperança.

[829] A memória é um depósito de arquivos que conserva os bens intelectuais já adquiridos. Este depósito, tal como a biblioteca para quem realiza um trabalho intelec-

---

[18] Mt 5,3.
[19] Cf. O "Monte de perfeição" e 1 S 13,11-12.

tual, tem uma considerável importância para o contemplativo isolado do mundo exterior e para todo espiritual que consagra longas horas à oração. É neste depósito que, no silêncio da oração – mormente na aridez –, as faculdades vão, de ordinário, buscar refúgio, ocupação, distração ou consolação. Tais arquivos são valiosos. Mas quanta perda de tempo para consultá-los ou simplesmente para revê-los! Sobretudo, quantos apegos se nutrem e se robustecem aí!

Para libertar a alma de tantas riquezas acumuladas, que retêm o olhar e a vontade e que impedem a esperança de subir, pura, simples e luminosa para Deus, São João da Cruz bem gostaria de queimar todos estes arquivos. A alma não conquistaria, assim, a dama Pobreza e não faria dela, definitivamente, sua companheira?

... a alma para ir a Deus há de renunciar a tudo quanto não é ele. A memória, pois, precisa desfazer-se de todas essas formas e notícias para se unir com Deus na esperança. Toda posse é contra a esperança, porque, como diz São Paulo, a esperança é do que não se possui (Hb 11,1). Assim a alma, quanto mais despoja a memória, tanto mais espera; e quanto maior é sua esperança, tanto maior sua união com Deus, porque em relação a Deus, quanto mais espera, tanto mais alcança. E mais espera, quanto mais despojada está; quando totalmente o estiver, possuirá perfeitamente a Deus, na união divina. Não obstante essa verdade, há muitos que não querem renunciar à doçura e satisfação das lembranças distintas, e por isso não chegam à suma posse e total suavidade do Senhor; porque quem não renuncia a tudo que possui não pode ser seu discípulo (Lc 14,33).[20]

A memória, por ser a arca que contém os tesouros intelectuais e espirituais dos quais a alma vai gozar, muitas vezes com grande espírito de propriedade, é também o principal obstáculo da purificação da esperança. Daí, a insistência do Santo a nos convidar a desapegá-la de tudo aquilo

---

[20] 3 S 7,2.

que ela possui.[21] Mas isto, para nós, é possível? Destruir as lembranças, deter as operações naturais da memória para fixá-la unicamente em Deus pela **[830]** esperança, ultrapassa o poder do homem. São João da Cruz reconhece e escreve:

> Dir-me-ão, talvez, que é quase impossível à alma privar e despojar tanto a memória de todas as formas e imagens, segundo as exigências requeridas para atingir grau tão sublime. Porque há aqui duas dificuldades que superam as forças e a habilidade humana: a primeira é a de desfazer-se da própria natureza, mediante o trabalho natural; a segunda é a de elevar-se e unir-se ao sobrenatural – coisa ainda mais difícil e mesmo, para dizer a verdade, impossível às forças naturais. Respondo que, realmente, só Deus pode colocar a alma neste estado sobrenatural; mas de sua parte ela deve dispor-se e cooperar com a ação divina, à medida das suas próprias forças: e isto pode fazer naturalmente, sobretudo, com o auxílio dado por Deus.[22]

O texto acima estabelece a parte da alma neste trabalho. A ascese que Deus lhe pede será, aqui também, uma ascese mística, isto é, uma cooperação com a ação de Deus que permanece sendo a principal, mesmo neste desapego dos conhecimentos e operações naturais.

Seguro da fidelidade da alma, Deus não deixará de realizar sua obra. São João da Cruz nos indica alguns modos desta ação de Deus:

> Deus não tem imagem nem forma que possa ser compreendida pela memória, mostra a experiência que esta potência, quando a Deus se une, fica como sem forma ou imagem, perdida e embebida num bem infinito, com grande olvido, sem lembrança de coisa alguma ... .

> É notável o que às vezes sucede: ao operar Deus esses toques de união na memória, sente-se de súbito uma espécie de vertigem no cérebro – sede da memória – tão sensível que parece esvair-se a cabeça e perder-se o juízo e os sentidos: isto, ora mais, ora menos, conforme for mais ou menos intenso o toque. Esta união, pois, purifica e separa a memória de todo o criado, e a põe tão alheia a tudo e às vezes tão

---

[21] Cf. *Ibid.*, 11,1-2.
[22] *Ibid.*, 2,13.

esquecida de si, que precisa de grandes esforços para se lembrar do que quer que seja.[23]

O Santo observa que esta suspensão das operações naturais que os toques divinos realizam, bruscamente, mas apenas por certo tempo, nas almas que estão no início da união, [24] se produz de maneira progressiva, mas definitiva, pela contemplação unitiva.

... quanto mais se vai unindo a memória com Deus, mais vai se aperfeiçoando quanto às notícias distintas – até perdê-las completamente ... .[25]

[831] Um dos sofrimentos da purificação do espírito é constituído por este vazio, por esta penúria e estas trevas nas quais se encontram todas as faculdades privadas de suas operações próprias.[26]

É possível estabelecer a cooperação da alma nesta tarefa divina? São João da Cruz, que a expôs amplamente nos livros da *Subida do Monte Carmelo,* resume-a e, ao mesmo tempo, especifica-a em poucas palavras:

Para Deus operar estes divinos toques de união, deve a alma desprender a memória de todas as notícias apreensíveis.[27]

... Mas, replicarão [que] a alma se priva, assim, de muitos bons pensamentos e piedosas considerações que lhe seriam de grande utilidade para dispô-la a receber os favores divinos. Respondo: para tal, muito mais aproveita a pureza da alma, isto é, estar livre de qualquer afeição de criatura ou coisa temporal, ou lembrança voluntária delas; do contrário, não deixará de ficar manchada, pela imperfeição natural ao exercício das potências. O melhor, portanto, é aprender a conservar em silêncio as ditas potências, fazendo-as calar para que Deus fale.[28]

---

[23] *Ibid.*, 2,4-5.
[24] Cf. *Ibid.*, 2,7-8.
[25] *Ibid.*, 2,8.
[26] Cf. 2 N 3,3.
[27] 3 S 2,6.
[28] *Ibid.*, 3,4.

Resumindo, a ascese da alma consiste em preparar, pela mortificação e pela pureza do coração, o empobrecimento espiritual que o próprio Deus realiza; em suportar humilde e serenamente este empobrecimento quando Deus mesmo concede esta graça; em protegê-lo e conservá-lo depois, segundo a graça que lhe é dada, por meio da prática de um silêncio interior no qual se sepultam as operações das faculdades e, de modo especial, aquelas da memória. É nesta solidão de paz e de silêncio que se purifica e desabrocha a esperança. Não é esta a ascese cujas etapas e frutos São Paulo indica, quando escreve:

E não só. Nós nos gloriamos também nas tribulações, sabendo que a tribulação produz a perseverança, uma virtude comprovada, a virtude comprovada a esperança. E a esperança não decepciona, porque o amor de Deus foi derramado em nossos corações pelo Espírito Santo que nos foi dado.[29]

Com outras palavras, São João da Cruz exprime as mesmas verdades:

[832] De fato, logo que a alma desembaraça as suas potências, esvaziando-as de tudo quanto é inferior, e de toda a posse do que é superior e as deixa em completa solidão, Deus as ocupa imediatamente no invisível e divino. É o próprio Deus que guia a alma nesta soledade ... .[30]

... nesta solidão em que antes vivia, exercitando-se nela com trabalho e angústia – por não estar ainda perfeita –, a alma pôs todo o seu descanso e refrigério porque agora já a adquiriu perfeitamente em Deus.[31]

Pois, da mesma forma que
ao pobre que está despido vestir-se-á; à alma que se despe de seus apetites, quereres e não quereres, vesti-la-á Deus com a sua pureza, gosto e vontade.[32]

---

[29] Rm 5,3-5.
[30] CE 35,5.
[31] *Ibid.*, 35,4.
[32] D 96.

Tais são os bens que a pobreza assegura à esperança nesta terra, na espera que uma e outra se sepultem e desapareçam humilde e silenciosamente em seu triunfo, no limiar da visão eterna.

B – *A INFÂNCIA ESPIRITUAL*

Teríamos podido dar maior desenvolvimento à doutrina de São João da Cruz e especificar, com detalhes, os conselhos que ele dá à alma nesse período. Pareceu-nos melhor ater-nos a uma exposição bastante sóbria sobre os princípios. Os princípios oferecidos por São João da Cruz são sempre fortes faróis, que projetam um facho luminoso e deslumbrante nas regiões sem veredas que se estendem até o infinito. Esperança e pobreza espiritual são palavras que, nas almas mergulhadas na noite do espírito, têm profundas ressonâncias. Em sua solidão tenebrosa e ardente, as longas considerações não têm lugar. Aí penetram apenas algumas palavras, carregadas da luz do Verbo divino e ricas de certas experiências. Deixam um rastro luminoso que traça a rota e criam uma paz silenciosa já mensageira dos levantes da aurora. As palavras de esperança e de pobreza pronunciadas por São João da Cruz estão, sem dúvida, entre essas.

O facho de luz que delas emana tem, contudo, necessidade de uma explicação prática que Santa Teresinha do Menino Jesus vai lhes dar.

[833] A Santa de Lisieux é uma autêntica filha de São João da Cruz. Não podemos duvidar disso. Sua doutrina sobre a infância espiritual repousa sobre a doutrina do Doutor Místico. Não conseguiríamos esclarecer-lhe as profundezas a não ser através do magistério do Santo sobre a esperança e a pobreza espiritual. Acaso a via da infância é algo diferente de uma ascese mística, cooperação da alma para com a ação onipotente de Deus? Não pensamos assim e esperamos demonstrá-lo.

Sendo comuns estes fundamentos – por que o camuflar? –, as superestruturas parecem bem diferentes nas duas exposições. São João da Cruz pertence ao século XVI espanhol, é um teólogo com linguagem austera, um Doutor que enuncia os princípios e que, sob estas luzes, classifica suas experiências, esforçando-se por ser o mais impessoal possível. Teresinha do Menino Jesus está mais próxima de nós. De tal maneira reagimos e falamos como ela que até parece que a conhecemos. É uma jovem Mestra que se senta junto de nós para nos contar suas experiências; é uma pequena Doutora, de conceituações tão simples que parecem pobres. Mas ela nos conquista pela luz tão elevada e simples das quais suas palavras estão cheias. Conquista-nos pela sua vida e seu amor que transbordam, pela sua doutrina que não se refere apenas aos contemplativos – entre os quais ela se encontra –, mas atinge todas as pequenas almas; pela narração simples, viva, rica de imagens, enfim, pelo sorriso com o qual ela nos acolhe e que nos fala da delicadeza do amor sobrenatural que nutria por nós antes mesmo que tivéssemos nos achegado a ela. Ter à sua disposição, para esclarecer estas escuras regiões da noite, a luz convergente de duas doutrinas, a um só tempo tão semelhantes e tão diferentes, é uma feliz ventura e uma graça que devemos aproveitar.

I – *Fundamentos da doutrina da infância espiritual*

Revelar Deus-amor às almas é o ponto central e essencial da missão de Santa Teresinha do Menino Jesus. Esta mensagem tem como fundamento a graça mais importante e mais profunda de sua vida: um conhecimento experiencial muito profundo de Deus-amor.

A mim, ele deu sua misericórdia infinita e é através dela que contemplo e adoro as outras perfeições divinas!... Então, todas me parecem brilhantes de amor; até mesmo a Justiça (e talvez mais ainda do que qualquer outra) parece-me revestida de amor... Que doce alegria pensar que Deus é justo, **[834]** isto é, que leva em conta nossas fraquezas e conhece perfeitamente a fragilidade de nossa natureza. De que, então, teria medo? Ah! Deus infinitamente justo que se dignou perdoar com tanta bondade todas as faltas do filho pródigo, não deve também ser justo para comigo que "estou sempre com ele"?[33]

Sua autobiografia o demonstra. Na verdade, não pode ver na trama de sua existência senão a ação e a história das misericórdias divinas sobre ela. Como e quando recebeu esta luz tão elevada e simples? De tal maneira ela se confunde com sua vida espiritual e se desenvolve com ela, que não o saberíamos dizer. Os sucessivos aprofundamentos correspondem às etapas de suas ascensões espirituais. A primeira comunhão – tão ardentemente desejada há muitos anos como tomada de contato íntimo com Jesus e precedida de uma preparação muito fervorosa – leva-a a experimentar os transbordamentos unitivos do Amor divino.

Naquele dia, não era mais um olhar, mas uma fusão; já não eram mais dois; Teresa desaparecera como a gota de água que se perde no seio do oceano. Só ficava Jesus; ele era o Mestre, o Rei![34]

O sumo bem, difusivo de si, *bonum diffusivum sui,* que é o Amor não se difunde senão para unir a ele o ser amado e para absorvê-lo nele, pois ele é o Infinito e a alma é tão somente uma criatura finita. Absorve em si a pessoa sem a destruir e a vai transformando. É esta onipotência transformadora que Teresinha de Lisieux experimenta na graça de Natal de 1886.

Num instante, a obra que não pudera realizar em dez anos, Jesus a fez, contentando-se com minha boa vontade, que jamais faltou. ... Numa palavra, senti a caridade entrar em meu coração, a necessidade de esquecer-me para dar prazer, e desde então, fui feliz!...[35]

---

[33] Ms A, 83 v° - 84 r°.
[34] *Ibid.*, 35 r°.
[35] *Ibid.*, 45 v°.

A conduta da alma: Pobreza, esperança, infância espiritual

O Amor não quer limitar sua ação a algumas almas privilegiadas. Aspira a difundir-se por toda a parte e a conquistar o mundo inteiro. Mas poucas almas o compreendem e respondem aos seus desejos. Algum tempo depois, num outro favor sobrenatural, Deus deu à santinha experimentar seus desejos e suas decepções:

> Um domingo, contemplando uma estampa de Nosso Senhor na Cruz, fiquei impressionada com o sangue que corria de uma de suas mãos [835] divinas; senti grande dor ao pensar que este sangue caía por terra sem que ninguém se apressasse em recolhê-lo e resolvi conservar-me em espírito aos pés da cruz para recolher o divino orvalho que dela corre, compreendendo que deveria, depois, derramá-lo sobre as almas...[36]

Um após outro, estes toques divinos revelaram experiencialmente à Santa Teresinha do Menino Jesus todas as propriedades, os desejos e mesmo as dolorosas decepções do Amor que é Deus, fizeram-na ultrapassar o estreito círculo no qual vive, bem como a si mesma. Ela se tornou apóstola. Entra no Carmelo "para salvar as almas e, sobretudo, para rezar pelos sacerdotes".[37]

Estas luzes e aspirações se purificarão, se afirmarão, ganharão força e profundidade na solidão do Carmelo, numa aridez contemplativa que esconde e concentra os ardores transformadores do Amor divino. Para suportar com paciência este trabalho divino, ela encontra o auxílio eficaz de São João da Cruz. As descrições do amor que encontra em seus escritos, aquele algo de forte, de ardente, de delicado e divino que deles se depreende – inexprimível, sem dúvida, mas que a poesia dos símbolos e a força das palavras que irrompem no-lo dão a sentir –, as exigências do amor detalhadas pelo Doutor Místico com uma lógica

---

[36] *Ibid.*

[37] *Ibid.*, 69 vº – Resposta quando do exame canônico, antes de sua profissão.

rigorosa, tudo explicita luminosamente para a santinha suas intuições, confirma jubilosamente suas certezas. Então, é de fato verdade que o Amor divino é infinito, que quer difundir-se, que se derrama, com efeito, sobre aqueles que se entregam a ele numa fé desnuda e numa esperança pura, porque pobre de tudo... Ela faz sua a doutrina sanjuanista do tudo através do nada. Ou melhor: já era sua, mas, doravante, pode apoiar sobre ela, como sobre um rochedo muito firme, toda a sua vida espiritual e sua doutrina.[38]

Para dizer a verdade, o revestimento exterior será um pouco diferente – nós já o constatamos. Mesmo quando os une por laços tão estreitos e profundos de filiação espiritual, Deus não faz dois santos iguais, sobretudo quando são dois mestres que devem iluminar duas épocas diferentes.

[836] A luz fez tal progresso em sua alma que Santa Teresinha do Menino Jesus pede, em 1895, a permissão para pronunciar um ato de consagração ao Amor Misericordioso que a entregará como vítima às chamas transbordantes que este Amor não pode derramar sobre a humanidade infiel. Quer tornar-se vítima de amor para aliviar o bom Deus. O ato de consagração é pronunciado na festa da Santíssima Trindade, aos 9 de junho de 1895.

Oh, meu Deus! Vosso Amor desprezado permanecerá confinado em vosso Coração? Parece-me que se encontrásseis almas que se oferecessem como vítimas de holocausto ao vosso Amor, haveríeis de consumi-las rapidamente; parece-me que vos sentiríeis feliz por não reterdes as ondas de infinita ternura que estão em vós...

Oh, meu Jesus! Seja eu esta feliz vítima, consumi vosso holocausto com o fogo de vosso divino Amor!...[39]

---

[38] Cf. o desenvolvimento dessas ideias no livro de Frei MARIA-EUGÊNIO DO MENINO JESUS. *Teu amor cresceu comigo*. São Paulo: Paulus, 1995, p. 63-128.

[39] Ms A, 84 rº.

O Amor divino responde à sua oferta e vem para tomar posse dela sensivelmente, ferindo-a enquanto faz a Via Sacra no coro.

> Minha querida Mãe, vós que me permitistes oferecer-me assim ao Bom Deus, conheceis os caudais, ou melhor, os oceanos de graças que vieram inundar minha alma... Ah! Desde este feliz dia, parece-me que o Amor me penetra e me envolve ... .[40]

Estamos diante de uma transformação perfeita, de uma identificação consumada do Amor divino. É um vértice. A missão de Santa Teresinha do Menino Jesus e sua doutrina vão jorrar daí com explicitações sucessivas e bastante rápidas.

Trata-se de revelar o Amor, de encontrar vítimas para ele que respondam à sua necessidade de se difundir. Como se dispor a recebê-lo? Como o atrair? Qual é a preparação e a cooperação da alma que deseja tornar-se sua feliz vítima? Não é, com termos um pouco diferentes, o mesmo problema que levantamos para nós diante dos dolorosos transbordamentos divinos das sextas Moradas? Trata-se de encontrar uma ascese mística adaptada à ação de Deus e que garanta o seu desenvolvimento.

A resposta teresiana não é diferente daquela de São João da Cruz, embora num tom diferente e sob outra luz. É normalmente o Evangelho que fornece à Santa Teresinha do Menino Jesus a explicação e a fórmula de suas luzes e exigências interiores. Jesus, no Evangelho, pede a fé **[837]** àqueles que imploram uma graça. Esta fé, quando ardente,[41] fá-lo estremecer e, efetivamente, arranca-lhe os milagres.[42] Esta fé crê em Cristo e espera o benefício de sua onipotência. Esta fé que se desabrocha em esperança, é aquela que

---

[40] *Ibid.*

[41] A fé da cananeia (Mt 15,21-28); a do Centurião (Mt 8,10).

[42] A fé da hemorroísa nas ruas de Cafarnaum (Mc 5,25-34).

abre as represas do Amor divino. Assim, esta virtude vai se tornar a disposição de fundo da espiritualidade teresiana, aquela que irá caracterizar a via da infância espiritual.

À pergunta: "Que caminho quereis ensinar às almas?", ela, aos 17 de julho de 1897, responde sem hesitar:

... é a via da infância espiritual, é o caminho da confiança e do total abandono.[43]

A confiança é a esperança teologal toda impregnada de amor; o abandono é a confiança que não se exprime mais somente por atos distintos, mas que criou uma atitude de alma.

Nunca se tem demasiada confiança no Bom Deus tão poderoso e tão misericordioso. Obtém-se dele tanto quanto se espera.[44]

Nestas declarações da Santa de Lisieux, reencontramos as afirmações de São João da Cruz. As afinidades são mais profundas do que essas citações deixam aparecer. Prossigamos. Santa Teresinha do Menino Jesus notou que a alegria do Amor divino é muito maior quando ele pode se doar muito. Alegria do pai do filho pródigo que deu um banquete em sua honra;[45] afirmação de Jesus de que há mais alegria no céu por um pecador que faz penitência do que por noventa e nove justos que perseveram;[46] por fim, sua declaração de que Santa Maria Madalena amou muito porque muito lhe foi perdoado.[47]

A miséria oferece ao Amor uma capacidade receptiva muito maior e menos direitos estritos a seus benefícios.

---

[43] PA. *Mère Agnès de Jésus,* ocd, p. 169. Cf. tb. em UC/Outras palavras, Madre Inês, julho.

[44] *Ibid., Sœur Geneviéve de Sainte Thérèse,* ocd, p. 271. Cf. tb. Irmã MARIA DA TRINDADE. *Uma noviça de Santa Teresinha* (org. DESCOUVEMONT, Pierre). São Paulo: Cultor de Livros, p. 96, [s.d.].

[45] Cf. Lc 15,20-32.

[46] Cf. *Ibid.*, 15,7.

[47] Cf. *Ibid.*, 7,47.

Como consequência, o Amor pode espalhar aí, tanto a livre gratuidade, como a força transbordante de suas efusões. Está satisfeito porque pode mostrar mais perfeitamente aquilo que é e que traz em si mesmo. Esta alegria de Deus, no entanto, deixa-nos um pouco desconcertados, como [838] desconcertava o irmão do filho pródigo, armado – como nós – desta justiça igualitária que gostaria de regrar as efusões do Amor infinito. Com Santa Teresinha do Menino Jesus, elevemo-nos até as maneiras divinas do Amor para nos dobrarmos às suas leis. É preciso ser pobre, miserável, mostrar esta pobreza à força de expansão do Amor divino para atraí-lo e o satisfazer. É esta a sua lei.

Oh, minha Irmã! Eu vos suplico: compreendei vossa filhinha, compreendei que para amar a Jesus, para ser sua vítima de amor, quanto mais se é fraco, sem desejos e virtudes, tanto mais se está apto às operações deste Amor consumidor e transformante... O simples desejo de ser vítima já é suficiente, mas é necessário consentir em permanecer pobre e sem força, e aqui está o ponto difícil, pois "Onde encontrar o verdadeiro pobre de espírito?".[48]

O tom veemente sublinha a importância da declaração. Eis-nos diante dos fundamentos da doutrina espiritual de Santa Teresinha do Menino Jesus. Ela nos deixou assim seu segredo:

Ah! Sinto muito bem que não é isso (os seus inflamados desejos), de forma alguma, que agrada ao Bom Deus em minha alma. Aquilo que lhe agrada é me ver amar minha pequenez e minha pobreza, é a esperança cega que tenho em sua misericórdia... Eis aí meu único tesouro. Madrinha querida, por que este tesouro não será também o vosso?[49]

O segredo de Teresinha não difere daquele que nos oferece São João da Cruz. Este amor teresiano pela pequenez e pela pobreza, que se une à esperança cega na misericórdia

---

[48] CT 197, 17 de setembro de 1896.
[49] *Ibid.*

divina, não é aquela esperança sanjuanista, livre de tudo e que Deus cumula imediatamente? Para ambos os santos, estas duas disposições complementárias que se purificam e se aperfeiçoam, não só são os fundamentos da santidade, mas a geram, provocando, de maneira irresistível, as efusões do amor que transforma e consome. Mas, enquanto São João da Cruz é incomparável e revela sua graça de Doutor Místico quando estabelece e justifica estes princípios, cabe mais especialmente à Santa Teresinha do Menino Jesus mostrar para nós a aplicação deles e a sua realização nos detalhes da vida quotidiana.

Para Santa Teresinha do Menino Jesus, confiança e pobreza não são apenas virtudes que devemos praticar em certos momentos como tantas outras. Elas **[839]** se tornam virtudes de base, disposições de fundo que regram todos os movimentos e atitudes da alma. Criam e se tornam por si mesmas uma espiritualidade completa; constituem – como a Santa o proclama – um caminho para ir ao Bom Deus.[50]

Dado que apresenta, sob uma forma concreta e viva, um oportuno aprofundamento da prática desta virtude da esperança, a via da infância nos oferece uma doutrina particularmente valiosa para este período que estudamos. Ela é, de fato, a ascese mística adaptada às sextas Moradas.

II – *Via da infância espiritual*

Como estas luzes interiores se concretizam em Santa Teresinha do Menino Jesus sob a forma da infância espiritual? É difícil determiná-lo, pois nesta descoberta entram elemen-

---

[50] Observamos anteriormente que a esperança é por excelência, entre as virtudes teologais, a virtude dinâmica, a virtude que caminha rumo a Deus. Assim, quando Santa Teresinha do Menino Jesus proclama que sua via para ir a Deus será a confiança e o abandono, ela dá provas de um senso teológico profundo.

tos diversos e, ainda, na maior parte, inconscientes.[51] Ela mesma anotou como se deu a explicitação em seu espírito.

... quero ... procurar o meio de ir para o céu por um caminhozinho bem reto, bem curto, uma pequena via inteiramente nova. Estamos num século de invenções. Agora, não se tem mais o trabalho de subir os degraus de uma escada: na casa dos ricos, um elevador a substitui vantajosamente. ... Então, fui procurar nos livros Sagrados a indicação do elevador, objeto de meu desejo, e li estas palavras pronunciadas pela boca da Sabedoria Eterna: "Se alguém for pequenino, venha a mim" (Pr 9,4). Aproximei-me, pois, adivinhando que tinha descoberto aquilo que procurava. Querendo saber, oh, meu Deus, o que faríeis com o pequenino que correspondesse ao vosso apelo, continuei minhas buscas e eis o que encontrei: "Assim como uma mãe acaricia seu filhinho, assim eu vos consolarei; aconchegar-vos-ei ao meu seio e acariciar-vos-ei sobre meus joelhos!" (Is 66,13.12). Ah! Nunca palavras mais doces, mais melodiosas vieram alegrar minha alma! O elevador que deve fazer-me subir até o céu são os vossos braços, Jesus! Por isso **[840]** não preciso crescer; devo, pelo contrário, permanecer pequenina e tornar-me cada vez mais pequenina.[52]

Teresinha medita também, sem dúvida, na cena evangélica em que Jesus apresenta uma criança a seus apóstolos e proclama a necessidade de ser semelhante a ela para entrar no Reino dos Céus.

Aquele, portanto, que se tornar pequenino como esta criança, este é o maior no Reino dos Céus.[53]

---

[51] Ver Padre COMBES, André. *Introduction à la spiritualité de Sainte Thérèse de l'Enfant-Jésus*, 2ème édition revue, corrigée et augmentée. Paris: Vrin, 1948, capítulo VIII "La petite voie d'enfance spirituelle", especialmente p. 292-301 – análise de alguns elementos que contribuíram para esta descoberta e a nota da página 297, dando algumas indicações cronológicas.

[52] Ms C, 2 vº. Este texto foi escrito pela Santa em 1897, alguns meses antes de sua morte. Como ela não fala desta descoberta no manuscrito dedicado à Reverenda Madre Inês de Jesus, cuja redação foi encerrada em janeiro de 1896, podemos acreditar que esta explicitação se deu no início de 1896.

[53] Mt 18,4. A cena é descrita em Mt 18,1-4.

Estes textos bíblicos se iluminam de uma maneira extraordinária a seu olhar. A luz que deles jorra polariza os elementos dispersos em sua alma – luzes particulares, convicções, aspirações – e os encarna de uma forma viva, clara e simples: a forma da criancinha que se torna o modelo perfeito a ser imitado e a realizar.

a) Características essenciais

Entre os elementos dispersos, harmonizados assim pela luz divina, encontram-se, sem dúvida, as disposições naturais de Teresinha para ser e permanecer criança. Sempre foi pequena: na família onde, última de nove filhos, viveu sob a tutela afetuosa das irmãs mais velhas, ou no Carmelo onde, precedida de duas de suas irmãs, entrando com quinze anos e morrendo com vinte e quatro, nunca foi além de ser a mais velha do noviciado e não pôde atingir aquela maioridade canônica a qual confere o exercício dos direitos da profissão religiosa. Sempre foi a Teresinha; e assim permanecerá até no céu,[54] por uma graça que a fez levar à realidade, com uma lógica rigorosa e absoluta, o modelo apresentado por Jesus aos seus mais íntimos discípulos.

Teresinha pode copiar, sem dificuldade, as atitudes exteriores da criança, seus gestos afetuosos e encantadores e, inclusive, pode adotar a sua linguagem. Estas formas exteriores não são os elementos essenciais e poderiam, muito bem, favorecer a deformação destes. A criança que Santa Teresinha toma e apresenta como modelo não é este ser pequeno e frágil que, mediante seus encantos conquistadores, impõe **[841]** seus desejos e, por vezes, seus caprichos. É, então, aquela da qual ela mesma faz a descrição:

---

[54] "'Vós me chamareis de Teresinha' – respondeu ela quando lhe perguntaram como se deverá invocá-la, quando estiver no céu" (UC/Outras palavras, Anônimo).

[Ser criancinha] é reconhecer o seu nada, esperar tudo do Bom Deus, como uma criancinha espera tudo de seu pai; é não se preocupar com nada, não procurar adquirir fortuna alguma. ...

Ser pequeno é, ainda, não se atribuir a si mesmo as virtudes que se praticam, crendo-se capaz de alguma coisa; mas, sim, reconhecer que Deus colocou esse tesouro nas mãos de seu filhinho, para este servir-se dele quando tiver necessidade; porém, continua sendo sempre o tesouro do Bom Deus.[55]

Eis a criança: um ser essencialmente pobre e confiante, que está convencido de que sua pobreza é seu mais valioso tesouro. E que tesouro! Teresinha não deixa de detalhar suas riquezas, apoiando-se nos Livros sagrados e em suas descobertas. É sua própria fraqueza que lhe dá a audácia de se oferecer como vítima.[56] Como uma criança, ela tomou o Bom Deus pelo coração e "é por isso – afirma – que será tão bem recebida".[57] "Quantos aos pequeninos, eles serão julgados com extrema doçura".[58] "As criancinhas não se condenam".[59] "Mesmo nos lares pobres, dá-se à criança o que ela necessita; mas tão logo cresce, seu pai não quer mais sustentá-la".[60]

Desta forma, tal pobreza deve ser protegida contra todos os enriquecimentos que poderiam comprometê-la, contra todos os inimigos do exterior e, sobretudo, do interior que a ameaçam. Estes inimigos não são os bens em si mesmos, mas o espírito de propriedade que se lhes atribui, a suficiência e o orgulho que se apoiam sobre eles. É preciso, portanto, empobrecer-se, dando tudo o que se ganha ou re-

---

[55] UC 6.8.8.

[56] Cf. Ms B, 3 vº.

[57] PA. *Mère Agnès de Jésus*, ocd, p.169. Cf. UC/Outras palavras, Madre Inês, julho.

[58] UC 25.9.1.

[59] *Ibid.*, 10.7.1.

[60] *Ibid.*, 6.8.8.

cebe. Não fazer nem mesmo provisões de virtudes. É sob esta condição que o bom Deus vai dando, na justa medida, aquilo que é necessário para praticar a virtude.[61] É preciso que a pobreza vele, com particular cuidado, sobre a confiança que a puxa para Deus e que a guarda pura e desnuda até que tenha atingido seu objeto divino.

Que graça, então, quando o próprio Deus vem escavar esta pobreza e aprofundá-la por meio de luzes **[842]** sobrenaturais que a revelam melhor a si mesma! Santa Teresinha escreve:

... o Todo-poderoso fez grandes coisas (Lc 1,49) na alma da filha de sua divina Mãe, e a maior delas é a de lhe ter mostrado sua pequenez, sua impotência.[62]

Estas luzes sobre seu nada lhe fazem um bem maior do que as luzes sobre a fé.[63] Unem, com efeito, na alma, à convicção profunda, uma saborosa experiência que leva a amar pequenez e pobreza. É desta forma que a Santa pode dizer:

Também eu tenho muitas fraquezas. Mas alegro-me com isso. ... É tão doce sentir-se fraca e pequena![64]

Oh! Estou feliz por sentir-me tão imperfeita e ter tanta necessidade da misericórdia do Bom Deus no momento de minha morte![65]

Oh, Jesus! Quão ditoso é o teu passarinho por ser fraco e pequeno. O que seria dele se fosse grande?...[66]

Declara que não quer crescer[67] e, alguns dias antes de morrer, assegura:

E é possível permanecer pequeno, mesmo em cargos notáveis, mesmo vivendo por muito tempo. Se eu morresse aos 80 anos, se

---

[61] Cf. *Conselhos e Lembranças*. São Paulo: Paulus, 2006⁷, p. 62.
[62] Ms C, 4 rº.
[63] Cf. UC 13.8.
[64] *Ibid.*, 5.7.1.
[65] *Ibid.*, 29.7.3.
[66] Ms B, 5 rº.
[67] Cf. UC 6.8.8.

tivesse estado na China e em todas as partes, haveria de morrer – bem o sinto – tão pequena quanto agora.[68]

Esta infância espiritual, feita de pobreza e conservada com zelo, estava, portanto, ao alcance de Nicodemos, esse homem importante entre os judeus. Ele podia fazê-la sua, sem suprimir nada daquilo que sua posição e o exercício de suas funções exigiam e sem assumir atitudes e linguagens infantis... Devia fazê-la sua, pois para nascer sob o sopro do Espírito, é preciso ser pobre, confiante e dependente em tudo de Deus. Ou melhor: renascer não é outra coisa senão tornar-se progressivamente uma criança. Na verdade, enquanto a geração na ordem natural, realizada no seio materno, se desenvolve numa separação progressiva até que a criança possa viver sua vida independente e perfeita, a geração espiritual se faz em sentido inverso por uma absorção progressiva na unidade. Separados de Deus pelo pecado, somos iluminados por sua luz, presos em seus laços **[843]** de amor sempre mais apertados, até que, transformados em verdadeiras crianças, estejamos perdidos em seu seio, não vivendo mais do que de sua vida e de seu Espírito. "Todos os que são conduzidos pelo Espírito de Deus são filhos de Deus",[69] isto é: aqueles que, por sua pobreza espiritual e desapego de si mesmos, perderam suas operações próprias e entraram no seio de Deus onde sua vida e seus movimentos dependem em tudo do Espírito que gera. Tal é o sentido e o valor da infância espiritual. Levada a cabo de maneira perfeita, ela já é a santidade. À palavra de São Paulo, que lhe descreve os efeitos no seio de Deus, faz eco esta outra de Santa Teresinha do Menino Jesus, que nos repete as disposições que a realizam em nossa alma:

A santidade não consiste nesta ou naquela prática; é uma disposição do coração que nos faz humildes e pequenos nos braços de Deus,

---

[68] *Ibid.*, 25.9.1.
[69] Rm 8,14.

conscientes de nossa fraqueza e confiantes, até a ousadia, em sua bondade de Pai.[70]

b) Como praticá-la

Uma doutrina de tal importância merece mais do que ser afirmada. É preciso explorá-la nos detalhes para fazer jorrar dela a luz prática que permite vivê-la. Recolhamos, pelo menos, seus traços principais na vida de união com Deus de Santa Teresinha do Menino Jesus e na sua maneira de conceber e realizar a ascese que acompanha e nutre esta união.

1. *União com Deus*

Esta pobreza conservada e cultivada com tanto cuidado tem por resultado libertar, de modo perfeito, o instinto filial da graça santificante. Somos filhos de Deus pela graça que nos fez irmãos de Jesus Cristo, o Filho por natureza. Não recebemos

um espírito de escravos, ... , mas um espírito de filhos adotivos, pelo qual clamamos: Abba! Pai! O próprio Espírito se une ao nosso espírito para testemunhar que somos filhos de Deus.[71]

Quando, então, o espírito filial se despertará em nós e clamará pelo Pai, senão ao tomar uma consciência mais aguda de sua fraqueza e de sua necessidade do poder de seu Pai? A criança, no perigo, chama, por instinto, por sua mãe.

[844] Quando se confia as noviças à Santa Teresinha do Menino Jesus, ela sente sua impotência e, imediatamente, se refugia no Bom Deus.

Quando me foi dado penetrar no santuário das almas, vi de imediato que a tarefa estava acima de minhas forças. Pus-me, então, como uma criancinha nos braços do Bom Deus, e escondendo meu

---

[70] Este texto é encontrado na nota referente à UC 3.8.2, nota 11.
[71] Rm 8,15-16.

rosto por entre seus cabelos, disse-lhe: Senhor, sou por demais pequena para alimentar vossas filhas. Se quiserdes dar-lhes, por mim, o que convém a cada uma, enchei minha mãozinha e, sem deixar vossos braços, sem virar a cabeça, darei vossos tesouros à alma que vier pedir-me seu alimento.

... Com efeito, jamais minha esperança me decepcionou: o Bom Deus dignou-se encher minha mãozinha tantas vezes quantas foram necessárias para nutrir a alma de minhas Irmãs.[72]

O recurso filial a Deus nesta necessidade particular é tão perfeito em sua delicadeza e em seu abandono que indica uma graça longamente cultivada. O sentimento de pobreza, embora jorre com mais força por ocasião destas necessidades extraordinárias, não depende de tais circunstâncias. É constante porque está ligado à convicção mais profunda da alma, àquela melhor experimentada espiritualmente. Desde então, ele cria uma necessidade constante de Deus, um contínuo implorar por ele. Esta criança está sempre junto de seu Pai; sua graça filial, aguilhoada a cada instante, mantém-na aí numa atitude de contato. Assim, Santa Teresinha do Menino Jesus pode dizer:

Não vejo o que terei a mais, depois de minha morte, que já não tenha nesta vida. Verei a Deus, é verdade! Mas quanto a estar com ele, já o estou desde esta terra.[73]

Esta Carmelita que, com um sentimento filial tão elevado, pratica com perfeição o preceito essencial de sua Regra que a obriga meditar dia e noite na Lei do Senhor,* tem, contudo, horas especialmente consagradas à oração. O que fará nelas senão saciar ainda mais seu instinto filial? Com o auxílio do Evangelho, no qual ela descobre "sempre novas luzes, sentidos ocultos e misteriosos",[74] esforça-se por penetrar o "caráter" do Bom Deus.[75]

---

[72] Ms C, 22 rº - vº.

[73] UC 15.5.7.

* N.T.: Regra do Carmelo, nº 8.

[74] Ms A, 83 vº.

[75] Cf. *Conselhos e Lembranças*. São Paulo: Paulus, 2006[7], p. 73.

Ademais, muitas vezes, sobretudo quando da provação contra a fé, este contato prossegue numa impotência dolorosa, numa aridez humilhante,[76] mas ela continua a fixar o Sol divino com um olhar de amor. Na carta **[845]** à Irmã Maria do Sagrado Coração, descrevia sua atitude contemplativa assim:

> Considero-me como um fraco passarinho coberto apenas de uma leve penugem. Não sou águia; dela tenho simplesmente os olhos e o coração, pois apesar de minha pequenez extrema, ouso fixar o Sol Divino, o Sol do Amor, e meu coração sente em si todas as aspirações da águia... ... O que irá fazer? Morrer de tristeza, vendo-se tão impotente?... Oh, não! O passarinho nem sequer vai se afligir. Com um audacioso abandono, quer continuar fixando seu divino Sol. Nada seria capaz de o assustar; nem o vento, nem a chuva, e se sombrias nuvens vêm esconder o Astro do Amor, o passarinho não mudará de lugar. Sabe que para além das nuvens, seu Sol brilha sempre e que seu esplendor não poderia eclipsar-se um só instante.[77]

Este olhar contemplativo que realiza a definição da contemplação – *simplex intuitus veritatis sub influxu amoris,* "olhar simples sobre a verdade sob o influxo do amor" – penetra corajosamente através do nevoeiro, atinge o Sol de amor e se enriquece de suas riquezas sobrenaturais. Não tenhamos dúvida disso. A própria Santa Teresinha do Menino Jesus nota:

> Jesus não tem necessidade de livros, nem de doutores para instruir as almas. Ele, o Doutor dos doutores, ensina sem ruído de palavras... Jamais o ouvi falar, mas sinto que está em mim; a cada instante, ele me guia e me inspira o que devo dizer ou fazer. Descubro, bem no momento em que tenho necessidade, luzes até então nunca vistas. Na maior parte das vezes, não é durante a oração que elas são mais abundantes, mas antes é no meio de minhas ocupações diárias...[78]

---

[76] Cf. Ms A, 73 r° - v°; Ms C, 5 v° ss.

[77] Ms B, 4 v° - 5 r°.

[78] Ms A, 23 v°.

Às vezes, as respostas divinas são mais sensíveis, como os voos do espírito que ela conheceu,[79] as luzes das quais se diz inundada em 1895,[80] a ferida de amor que se seguiu ao seu Ato de Oferecimento ao Amor Misericordioso.

... fui tomada por um amor tão violento pelo Bom Deus, que não posso explicar isso senão dizendo que era como se me tivessem mergulhado toda no fogo. Oh! Que fogo e que doçura ao mesmo tempo! Eu ardia de amor e sentia que um minuto, um segundo a mais, e não conseguiria mais suportar tal ardor sem morrer.[81]

Estas intervenções divinas são ditosas ocasiões que nos mostram a que grau de desapego chegou sua pobreza espiritual. Outros teriam **[846]** posto em relevo, ao menos numa autobiografia, essas graças singulares. Ela mal as menciona. Será preciso uma pergunta específica de Madre Inês de Jesus para que ela diga os efeitos sensíveis da ferida de amor.[82] Foi o acaso de uma conversa no fim de sua vida que revelou seus voos do espírito e a graça recebida em 1889 na gruta de Santa Madalena.[83] Percebemos, nela, que este desapego da memória que São João da Cruz exige para a purificação e perfeição da esperança, é perfeito.

Não deseja as manifestações sobrenaturais, nem mesmo ver a Deus ou a Santíssima Virgem.

Não! Não desejo ver o Bom Deus na terra! E, contudo, eu o amo. Amo, também, muitíssimo, a Virgem Maria e os santos, e igualmente não os desejo ver![84]

Sabe o verdadeiro valor das coisas e as coloca em seu devido lugar.

---

[79] Cf. UC 11.7.2.
[80] Cf. Ms A, 32 rº.
[81] UC 7.7.2.
[82] Cf. *Ibid.*
[83] Cf. *Ibid.*, 11.7.2.
[84] *Ibid.*, 11.9.7.

V Parte – Santidade para a Igreja

Não se deve ... desejar fazer o bem por meio de livros, poesias, obras de arte... ... mas aplicar-se unicamente ao amor![85]

A santidade não consiste em dizer belas coisas, nem tampouco em as pensar ou em as sentir![86]

Quando ela fala sobre seu retiro para a profissão, escreve:

Longe de me trazer consolações, a mais absoluta aridez e quase o abandono foram minha partilha. Jesus, como sempre, dormia em minha barquinha. Ah! Vejo que é raro que as almas o deixem dormir, tranquilamente, nelas. Jesus está tão cansado de sempre tomar a iniciativa e tudo custear, que se apressa em aproveitar do repouso que lhe ofereço. Sem dúvida, não despertará antes do meu grande retiro da eternidade, mas ao invés de me entristecer, isso me dá uma alegria imensa...[87]

Podemos conceber um desapego mais puro dos bens espirituais mais elevados, uma realização mais profunda da doutrina de São João da Cruz?

A pobreza espiritual de Santa Teresinha do Menino Jesus não é apenas tranquila; ela se diz ditosa e guarda zelosamente esta felicidade de não ter nada, **[847]** tanto na total e fria desnudez, como na tempestade e na provação.

É verdade que, às vezes, o coração do passarinho se vê assaltado pela tempestade. Parece não crer que exista outra coisa além das nuvens que o envolvem. Então, é o momento da alegria perfeita para o pobrezinho tão fraco. Que felicidade para ele permanecer, assim mesmo, a fixar a invisível luz que se oculta à sua fé!!!...[88]

Estas afirmações, que justificam de maneira tão admirável sua doutrina, teriam arrebatado o Doutor Místico, João da Cruz.[89]

---

[85] *Conselhos e Lembranças*. São Paulo: Paulus, 2006⁷, p. 61.

[86] CT 89, 26 de abril de 1889.

[87] Ms A, 75 v°.

[88] Ms B, 5 r°.

[89] Algumas semanas antes de sua morte, aos 31 de agosto de 1897, a Santa dizia às suas habituais confidentes: "É inacreditável como todas as

A pobreza só pode ser tão humildemente serena e tão simplesmente ditosa porque o olhar da fé que ela espiritualiza e o movimento de esperança que libera atingiram seu objeto divino na noite em profundezas já saciadas. Sem dúvida, a via da infância conduz aos vértices mais altos da contemplação e da união transformante, descritas por São João da Cruz. Leva a escalá-los na paz e na alegria. A simplicidade do magistério de Santa Teresinha do Menino Jesus é sublimidade de doutrina, e o sorriso com que adorna todas as coisas é perfeição do amor.

2. *Ascese da via da infância*

α) *Os princípios* – Já é uma dura ascese conservar o olhar obstinadamente fixado em Deus, na noite. Por isso, talvez, o título deste parágrafo seja impróprio! Contudo, na linguagem comum, esta palavra "ascese" indica a atividade das virtudes fora da oração. Tal atividade é necessária.

Prova-se o amor com os atos. Também o contemplativo está submetido a essa lei. Como a criança vai praticar a virtude? A pobreza e a fraqueza da criança não criarão, mais que um obstáculo, uma verdadeira impossibilidade para a prática da virtude? De fato, Santa **[848]** Teresinha dirá, quando o médico elogiar sua paciência:

Como pode ele dizer que sou paciente? É mentira! Não cesso de gemer, suspiro, grito o tempo todo: ... Meu Deus, não aguento mais! Tende piedade, tende piedade de mim![90]

Antes, ela tinha detalhado:

Ainda não tive um só minuto de paciência. Não é minha esta paciência!... Estais enganada como sempre![91]

---

minhas esperanças se realizaram. Quando lia São João da Cruz, supliquei ao Bom Deus que operasse em mim o que o Santo dizia, isto é, a mesma coisa do que se atingisse uma idade avançada. Enfim, que me consumisse rapidamente no amor; e fui atendida!" (UC 31.8.9).

[90] UC 20.9.1.

[91] *Ibid.*, 18.8.4.

Irmã Genoveva da Santa Face, sua irmã, no processo de beatificação observa, contudo, que a virtude característica da Santa era a fortaleza. Houve quem visse nela uma pessoa voluntariosa, teimosa, orgulhosa, por demais arrogante, e que destacaram em sua pequena via tão só um esforço rumo à perfeição.[92]

Que pensar desses diferentes julgamentos? Perguntemo-lo à Santa Teresinha do Menino Jesus que, com o auxílio de uma de suas graciosas imagens das quais tem o segredo, explica a uma noviça sua concepção de ascese.

Vós me fazeis pensar na criancinha que ainda não sabe andar. Querendo achegar-se à sua mãe no alto de uma escada, ergue seu pezinho para subir o primeiro degrau. Esforço inútil! Recai sempre, sem poder ir para frente. Pois bem! Consintais em ser esta criancinha. Com a prática de todas as virtudes, levantai sempre o vosso pezinho para subir a escada da santidade. Não chegareis sequer a subir o primeiro degrau, mas o Bom Deus não vos pede senão a boa vontade. Em breve, vencido pelos vossos inúteis esforços, ele mesmo descerá e, pegando-vos em seus braços, vos levará ao seu Reino para sempre.[93]

Santa Teresinha do Menino Jesus – parece-nos – nunca expôs de maneira tão clara e tão completa seu pensamento sobre a ascese das virtudes.

Notemos, primeiramente, que Teresinha nos apresenta uma criança que começa a ficar de pé, mas "que ainda não sabe andar". É a criança que nós conhecemos, impotente, mas em quem despertam as forças das quais ela pode se servir e nas quais já poderia ter confiança.

Esta criança, sem dúvida, não chegará a subir a escada – que é aquela da perfeição. Com efeito, só Deus **[849]** pode levar a cabo esta obra e não pode esperá-la senão dele. Verdade esta que Santa Teresinha proclama, porque a expe-

---

[92] Cf. VAN DER MEERSCH, Maxence. *La petite Sainte Thérèse*. Paris: Albin Michel, 1947 [1986].

[93] PA. *Sœur Marie de la Trinité*, ocd, p. 488.

rimentou. Sua atitude heroica pode enganar, mas ela quer colocar as coisas nos devidos eixos. Lembremos o texto já citado:

> Ainda não tive um só minuto de paciência. Não é minha esta paciência!... Estais enganada como sempre![94]

Ou ainda:

> Sabeis que sou pobre, mas o Senhor me dá tudo o que necessito, à medida que preciso.[95]

E ela gosta de repetir:

> É Jesus quem faz tudo e eu não faço nada.[96]

A propósito da disposição de abandono na qual ela se encontra, diz:

> Esta palavra de Jó: "Mesmo se Deus me matasse, ainda esperaria nele" (Jó 13,15) atraiu-me desde a infância. No entanto, passou-se muito tempo antes que me estabelecesse nesse grau de abandono. Agora, estou nele. O Bom Deus aqui me colocou, tomou-me em seus braços e me pôs aqui...[97]

Verdade fundamental e que se impõe tanto no campo do exercício das virtudes ativas, como na contemplação: é Deus quem faz tudo. Diante dele e para ir a ele, somos criancinhas impotentes, que não podem sequer subir o primeiro degrau. Não chegaremos ao alto da escada senão quando o bom Deus nos tiver tomado em seus braços e nos tiver posto lá.

Que fazer para que seja assim? O mesmo problema e a mesma solução que para a contemplação: em primeiro lugar, aguardar na humilde pobreza que purifica a esperança; aceitar sermos as débeis crianças que somos e saber permanecer assim.

---

[94] UC 18.8.4.
[95] *Conselhos e Lembranças*. São Paulo: Paulus, 2006⁷, p. 62.
[96] CT 142, 6 de julho de 1893.
[97] UC 7.7.3.

Sentimento de pobreza e experiência de nossa fraqueza de criança – tais são os bens que é preciso cultivar e desenvolver. E isto porque é a pequenez da criança que atrai o bom Deus e o faz descer até o pé da escada, a fim de levá-la em seus braços, renovando [850] assim, para cada um de nós, o caminho do Verbo que encarnou a nossa natureza pecadora para levá-la cativa às profundezas da Santíssima Trindade. Deus sempre repete os mesmos gestos e seus dons são sem arrependimento, porque sua misericórdia não é de um momento no tempo, mas eterna. Contudo, para que ele renove seus gestos e nos arraste em seu movimento, é preciso que sejamos e aceitemos ser pobres e pequenos, mesmo quando já trabalhamos muito.

> Mesmo que tivesse realizado todas as obras de São Paulo, ainda me julgaria um "servo inútil" (Lc 17,10), mas é exatamente isso que me faz feliz, pois, não tendo nada, receberei tudo do Bom Deus.[98]

Esta ação soberana de Deus na atividade das virtudes autoriza um abandono passivo completo? Certamente que não! É importante observar: a lei geral da contemplação é uma lei de silêncio e de paz. A alma deve apaziguar-se e purificar a atmosfera para que os raios do Sol divino possam agir com toda a sua força. Na prática da virtude, uma grande parte de atividade, se não de sofrimento, é deixada à alma.

Retomemos a comparação: pela prática das virtudes, a criança deve constantemente levantar seu pezinho para subir a escada. Deus será atraído pela pequenez e se deixará vencer pelos esforços inúteis. De fato, Santa Teresinha do Menino Jesus dirá:

> Não! Não sou uma santa. Não agi como os santos. Sou uma alma bem pequenina que o Bom Deus cumulou de graças.[99]

---

[98] UC 23.6.
[99] *Ibid.*, 9.8.4.

Mas, no mesmo dia, ela tinha reconhecido que era uma guerreira:

> Eu não sou um guerreiro que combate com armas terrestres, mas com "a espada do espírito que é a palavra de Deus" (Ef 6,17). Por isso a doença não me pode abater. Ainda ontem à tarde, servi-me de minha espada com uma noviça, dizendo-lhe: "Morrerei com as armas na mão".[100]

Durante seu noviciado, ela deve fazer muitos esforços e os faz com generosidade.

> [851] Custava-me muito pedir licença para fazer as mortificações no refeitório, porque era tímida e sentia vergonha; mas fui bem fiel ... .[101]
>
> Fazia, também, muitos esforços para não me desculpar, o que me parecia bem difícil ... . Eis minha primeira vitória; não é grande, porém me custou muito. Encontraram um pequeno jarro, colocado atrás de uma janela, quebrado. Nossa Mestra, julgando que fora eu quem o deixara fora do lugar, mostrou-o, dizendo-me que tivesse mais cuidado na próxima vez. Sem dizer palavra, beijei o chão e, em seguida, prometi ser mais ordeira no futuro.[102]

Ela assegura que "os mais belos pensamentos nada são sem as obras"[103] e pede às suas noviças atos enérgicos. E o faz tão bem que, às vezes, se era tentado a pensar que era severa com elas.

> Muitas almas dizem: Mas, eu não tenho forças para cumprir tal sacrifício. Que elas façam, então, o que fiz: um grande esforço. O Bom Deus jamais recusa essa primeira graça que dá a coragem de agir. Depois disto, o coração se fortifica e vai-se de vitória em vitória.[104]

Convicção de sua pequenez e de sua fraqueza diante do resultado a obter e, ao mesmo tempo, atividade enérgica para merecer a intervenção de Deus, são os dois polos em

---

[100] *Ibid.*, 9.8.1.
[101] *Ibid.*, 2.9.3.
[102] Ms A 74 v°.
[103] *Ibid.*, C 19 v°.
[104] UC 8.8.3.

torno dos quais se move a alma teresiana. A uma noviça que lhe perguntava como conciliar estas duas virtudes, ela responde:

> É preciso fazer tudo o que está em seu poder, dar sem medida, renunciar-se constantemente, numa palavra, provar seu amor, por todas as boas obras a seu alcance. Mas na verdade, como tudo isso é pouca coisa... e quando tivermos feito tudo quanto cremos dever fazer, é necessário confessar que somos "servos inúteis" (Lc 17,10), esperando, entretanto, que Deus nos dê de graça tudo o que desejamos.[105]

São estes os princípios gerais da ascese de Santa Teresinha do Menino Jesus. Tal como convém a uma criança, a pequena Santa os enuncia pobremente, numa simplicidade de termos que esconde tão bem suas riquezas que temos dificuldades para descobri-las. Mas Teresinha viveu sua ascese com uma energia incomparável. Sua vida é o mais luminoso comentário de sua doutrina. Para compreender a via da infância espiritual, é preciso, então, examinar, nos detalhes, suas menores ações, observar suas reações espontâneas que brotam do fundo, escutar suas repostas às questões que lhe são propostas. Descobrimos, assim, que seus gestos e suas atitudes encarnam, [852] com uma lógica precisa e rigorosa, os princípios que ela enunciou. Sua vida é o necessário complemento de sua doutrina, a mais clara explicação de sua ascese mística, tão justamente denominada ascese da pequenez.

β) *Prática da ascese da pequenez*

— *Eliminar o extraordinário.*

Para que formas de atividade deve se dirigir esta generosidade de criança, verdadeira valentia de guerreiro? Dado que esta generosidade é aquela de uma criança convencida de sua fraqueza, ela descartará, desde o princípio, tudo o

---

[105] *Conselhos e Lembranças*. São Paulo: Paulus, 2006⁷, p. 51.

que é extraordinário. O que significa isto? Para Teresinha, é extraordinário tudo aquilo que brilha ou que exige um grande desgaste de forças, não estando na linha do dever ordinário. A valentia dos santos em geral se dirigiu para estas manifestações vigorosas e brilhantes do grande amor que os abrasava. A hagiografia, em busca do maravilhoso para edificar, impressionando a imaginação e os sentidos, recolheu estes fatos e os ressaltou tão bem que, comumente, pensamos que eles são parte integrante da santidade.

Santa Teresinha do Menino Jesus parece não ter escapado à sedução desta miragem. Escreve ao Padre Bellière:

Quando comecei a estudar a história da França, a narração dos feitos de Joana d'Arc arrebatava-me. Sentia em meu coração o desejo e a vontade de a imitar; parecia-me que o Senhor também me destinava a grandes coisas.[106]

Como, nesta criança, tais aspirações profundas e sobrenaturais às grandes coisas não haveriam de se dirigir ao maravilhoso que se apresentava de maneira tão sedutora? Jesus, seu diretor, vigiava e, chegado o momento, corrige suas aspirações, esclarecendo-as:

... logo, (o Bom Deus) fazia-me sentir que a verdadeira glória é aquela que há de durar eternamente, e que para aí chegar, não é necessário fazer obras estrondosas, mas esconder-se e praticar a virtude de modo que a mão esquerda não saiba o que faz a direita (Mt 6,3).[107]

Esta luz foi uma das maiores de sua vida. Orienta-a para sua missão de Mestra **[853]** espiritual (uma discípula de Santa Joana d'Arc não podia, com efeito, fazer escola). Marcará toda sua espiritualidade e será um traço característico seu. Teresinha não fará as ações dos santos, mas apenas as ações ordinárias, aquelas que estão ao alcance de todas as almas pequenas.

---

[106] CT 224, 25 de abril de 1897.
[107] Ms A, 31 v° - 32 r°.

Ela encontra-se doente, por ter levado por demasiado tempo uma cruz de ferro cujas pontas tinham penetrado em sua carne,

e durante o repouso que precisou tomar em seguida, o Bom Deus fê-la compreender que, se tinha ficado doente por ter feito este pequeno excesso de cravar por demais esta cruz durante tão pouco tempo, isto era sinal de que por ali não era o seu caminho, nem aquele das "pequenas almas" que deviam segui-la na mesma via da infância, onde nada sai do ordinário.[108]

Decisiva, esta luz a faz entrar de modo definitivo na ascese da pequenez. Notemos que a recusa das mortificações extraordinárias não é uma escapatória. A generosidade não entra em causa. De fato, Teresinha suportará sofrimentos físicos, como os do frio, mais duros que as macerações extraordinárias. Ela não vai em direção a estas últimas porque Deus não as impõe a ela. Criança fraca, considera que isso seria pecar por presunção, sair do plano providencial; seria buscar sofrimentos que se tornariam seus e que, por consequência, ela deveria suportar sozinha.

Sim, se todas as almas chamadas à perfeição devessem, para entrar no céu, praticar macerações, [Nosso Senhor] ter-nos-ia prevenido e nós as teríamos abraçado de boa vontade.[109]

Seu ardente desejo de martírio é testemunho de sua generosidade:

O martírio, eis o sonho de minha juventude. Este sonho cresceu comigo nos claustros do Carmelo... Sinto, contudo, que também nisto, meu sonho é uma loucura, pois não saberia limitar-me a desejar um gênero de martírio... Para me satisfazer seriam precisos todos...[110]

A valentia de Teresinha é aquela de uma débil e pequena criança. Sua pequenez é um tesouro que ela quer, a todo custo, preservar de qualquer forma de orgulho. Julga não

---

[108] PA. *Mère Agnès de Jésus*, ocd, p. 168.

[109] *Conselhos e Lembranças*. São Paulo: Paulus, 2006⁷, p. 45.

[110] Ms B, 3 r°.

ter o direito de enfrentar o heroísmo senão com a garantia de que Deus a sustentará e que a graça divina será heroica [854] nela. Esta ascese da pequenez é muito bem uma ascese mística, isto é: uma ascese que não quer ser mais que uma cooperação com a ação soberana de Deus.

– *Fidelidade aos deveres de estado e de caridade.*

Quando, então, Teresinha poderá ter a certeza desta ação soberana de Deus que lhe permite ser tão só uma colaboradora? A resposta é bem simples: cada vez que Deus lhe manifesta sua vontade de uma maneira precisa. A graça onipotente acompanha sempre o dever que Deus impõe. A partir de então, os deveres da vida religiosa, a observância das leis, a obediência às ordens dos Superiores, a prática da caridade fraterna, todos os deveres de estado e os sofrimentos que os acontecimentos providenciais impõem ou que são o resultado da ação direta de Deus, entram na vontade divina e abrem, por consequência, seu imenso campo à generosidade de Santa Teresinha do Menino Jesus e à sua confiança na graça.

A Santa entra aí com o desejo de aproveitar as menores ocasiões para provar seu amor a Jesus.

Longe de me assemelhar às belas almas que desde a infância praticam toda sorte de mortificações, não sentia por elas nenhum atrativo. ... Minhas mortificações consistiam em quebrar minha vontade, sempre pronta a se impor; em reter uma palavra de réplica; em prestar pequenos favores sem deixar que transparecessem; em não apoiar as costas quando sentada etc. etc...[111]

Não tenho outro meio para provar-te meu amor senão jogando flores, isto é, não deixando escapar nenhum sacrificiozinho, nenhum olhar, nenhuma palavra, aproveitando de todas as pequenas coisas e fazendo-as por amor... Quero sofrer por amor e até gozar por amor, e assim, estarei a lançar flores diante do teu trono. Não encontrarei uma só sem desfolhá-la para ti...[112]

---

[111] Ms A, 68 vº.
[112] *Ibid.*, B, 4 rº- vº.

Ela se mostra, assim, rigorosamente fiel a todos os preceitos da Regra, aos menores costumes aprovados, às minuciosas e por vezes inconstantes prescrições de sua Madre Priora ou de uma Primeira de ofício* que tem autoridade sobre ela. Estas pequenas e dolorosas obrigações são para ela preciosas ocasiões das quais se aproveita com diligência. É a mais obediente e a mais sobriamente mortificada das religiosas de seu mosteiro.

Revela o que faz e aquilo que suporta, quando diz às suas irmãs:

[855] Muita atenção à regularidade! Depois de um locutório, não vos detenhais em conversas, porque, então, é como se estivésseis na própria casa, onde não se priva de nada.[113]

Ah! No céu, o Bom Deus haverá de nos recompensar por termos vestido, nesta terra, por seu amor, grossos hábitos.[114]

A seu respeito, Deus tem certas exigências particulares de mortificação de seu coração, que é tão sensível.

Lembro-me de que sendo postulante, tinha às vezes tentações tão violentas de ir ter convosco para me satisfazer, para encontrar algumas gotas de alegria, que era obrigada a passar rapidamente na frente do ofício e agarrar-me ao corrimão da escada. Vinha-me ao espírito uma multidão de permissões para pedir. Enfim, minha Madre, achava mil razões para contentar minha natureza... Como sou feliz, agora, por me ter privado desde o início de minha vida religiosa![115]

Pratica, sobretudo, a caridade fraterna sobre a qual quererá escrever, antes de morrer, as belas páginas dedicadas à Madre Maria de Gonzaga, que são seu testamento espiritual às suas Irmãs e nas quais revela aquilo que ela mesma praticava com requintada delicadeza. Seja encarregando-se

---

* N.T.: Religiosa que, num determinado ofício do mosteiro, tem outra Irmã subordinada a si.
[113] UC 3.8.6.
[114] *Ibid.*, 5.8.1.
[115] Ms C, 21 v° - 22 r°.

de levar ao refeitório a Irmã São Pedro, paralítica;[116] seja pedindo para estar subordinada a outra religiosa com exigências maníacas; seja ao dar, todos os dias, da porta de sua cela, um sorriso para Irmã Maria Filomena a quem não pode aliviar de outra maneira; seja ainda recusando, mas com um sorriso tão gracioso que a recusa é tão agradável como se fosse o dom,[117] ou dando um objeto que lhe é caro, parecendo feliz por se ver livre dele,[118] é sempre com a mesma simplicidade e a mesma delicadeza que ela responde ao desejo do bom Deus e que o serve na alma de suas Irmãs.

É mais difícil deixar-se impor a mortificação do que a escolher por si mesmo. E, acaso, não é o sofrimento imposto o mais providencial, aquele que vem mais diretamente do bom Deus? Santa Teresinha do Menino Jesus sabe-o muito bem. Assim, com que amor, com que admirável passividade ela acolhe as provações divinas! Lemos no livro de sua vida, no Capítulo XII:

Teresa, porém, tinha por princípio que antes de se queixar é preciso ir até onde podem chegar as forças. Que de vezes não foi assistir ao ofício de Matinas com vertigens e violentas dores de cabeça! "Ainda posso andar – dizia ela – cumpre-me, portanto, acudir aonde me chama o dever!". ...

[856] O seu estômago delicado dificilmente se acomodava com a alimentação frugal do Carmelo, e certos manjares lhe causavam enjoo e repugnância; mas ela o disfarçava com tanta habilidade, que nunca houve quem desse por isto. ... as Irmãs que lidavam na cozinha, vendo como se satisfazia com qualquer bocado, serviam-lhe invariavelmente os sobejos.

... O mais rude dos seus padecimentos físicos, no Carmelo, foi a privação do fogo, durante o inverno ... .

---

[116] *Ibid.*, 29 r° e v°.
[117] Cf. *Ibid.*, 18 r°.
[118] Cf. *Ibid.*, 17 r°.

... Acontecia-lhe até levar a noite inteira, tremendo de frio, sem poder dormir. Se, logo nos primeiros anos, tivesse informado disto a Mestra das noviças, ter-lhe-iam concedido imediatamente algum conforto; quis, porém, aceitar essa dura mortificação sem se lamentar, e só no leito da morte no-la revelou com estas palavras bem expressivas:

"O que mais me tem martirizado fisicamente durante minha vida religiosa foi o frio, que tem sido para mim um tormento de morte!"[119]

Na verdade, morreu vítima de sua ascese da pequenez que não buscava as mortificações extraordinárias, mas acolhia com generosidade todas aquelas que o bom Deus lhe enviava.

– *Ascese heroica e alegre.*

Em meio a estas últimas, é preciso situar as purificações passivas que ela sofreu, mais especialmente as tentações contra a fé que foram, com a ferida de amor, a resposta divina à sua oferta ao Amor Misericordioso. Na angústia desta prova – "um muro que se eleva até os céus"[120] –, a qual não ousa descrever por temor de blasfemar, ela reage escrevendo:

... Senhor, vossa filha compreendeu vossa divina luz; ela pede perdão por seus irmãos, aceita comer, por quanto tempo quiserdes, o pão da dor e não quer levantar-se desta mesa cheia de amargura em que comem os pobres pecadores, antes do dia que marcastes... Mas acaso não pode ela também dizer em seu nome e em nome de seus irmãos: Tende piedade de nós, Senhor, pois somos pobres pecadores...

---

[119] *Vida da bemaventurada Terêsa do Menino Jesus – História de uma alma, escripta por ella mesma.* São Paulo: Livraria Salesiana Editora, 1924, p. 348-352. N.T.: As primeiras edições de *História de uma alma* apresentavam o desfecho de sua autobiografia inacabada num longo Capítulo XII, escrito por Madre Inês de Jesus e que apresentava diversas confidências da Santa feitas às suas Irmãs. Tal capítulo foi suprimido nas edições posteriores e substituído pelo bem mais condensado "Epílogo" que até hoje se apresenta nas edições de *História de uma alma,* mas não nas edições dos *Manuscritos Autobiográficos.*

[120] Ms C, 7 v°.

Oh, Senhor! Deixai-nos partir justificados... Que todos os que não são esclarecidos pelo luminoso facho da fé vejam-no, enfim, brilhar... Oh, Jesus! Se é preciso que a mesa por eles manchada seja purificada por uma alma que vos ama, aceito comer sozinha o pão da provação, até que vos apraza introduzir-me em vosso reino luminoso. A única graça que vos peço é a de jamais vos ofender!...

... apesar desta provação que me tira todo gozo, posso, contudo, exclamar: "Senhor, vós me cumulais de alegria por tudo o que fazeis" (Sl 91). Acaso existe maior alegria do que a de sofrer por vosso amor?... Quanto mais íntimo for o sofrimento, quanto menos aparecer aos olhos das criaturas, tanto mais ele vos agradará, oh, meu Deus! Mas se por um absurdo, vós mesmo devêsseis ignorar meu [857] sofrimento, ainda haveria de me sentir feliz por possuí-lo, se com ele pudesse impedir ou reparar uma única falta cometida contra a fé..."[121]

Estas últimas palavras nos mostram outro traço da ascese da infância espiritual que é necessário sublinhar. A criança é impotente e não consegue vencer grandes distâncias ou realizar atos importantes e difíceis a não ser quando carregada por sua mãe e sustentada por ela. Teresinha não pode fazer nada, nem mesmo amar, senão com o amor do bom Deus.[122] Mas, a criança possui um privilégio, um dom que lhe é próprio porque pertence à sua fraqueza: o da delicadeza e o do sorriso. Quanto mais o caule da flor é tenro, tanto mais ele é flexível; quanto mais a flor é pequena, tanto mais seus encantos cativam. O sorriso apenas esboçado sobre os lábios da criança, já ilumina todo o seu rosto e atrai, irresistivelmente, a simpatia. "Seu doce olhar que brilha faz brilhar todos os olhos" – diz o poeta.[123]

Em Santa Teresinha do Menino Jesus, esta delicadeza e este sorriso de criança foram cultivados sobrenaturalmente e refinados de forma maravilhosa à medida que o amor

---

[121] *Ibid.*, C, 6 r° - 7 r°.
[122] Cf. *Ibid.*, C 12 v°.
[123] Victor Hugo. *Les Feuilles d'automne.* Poésie XIX.

divino se desenvolvia em sua alma. Transformaram-se, na expressão do seu amor e no seu rosto, na sublime revanche de sua impotência e, ao mesmo tempo, na prova mais evidente da plenitude do amor realizado.

Sofre e se imola, mas não gostaria, se fosse possível, que o bom Deus o percebesse para que não sentisse pena.

Se ela transpirava no verão ou se sofria muito com o frio no inverno, tinha o pensamento delicado de não enxugar o rosto, nem esfregar as mãos, senão às furtadelas, como para não dar a Deus o tempo de vê-la.[124]

Esforça-se por sorrir durante as mortificações, a fim de que o bom Deus, enganado pela expressão de seu rosto, "não soubesse que eu sofria".[125]

Sobretudo, canta sua alegria por disfarçar.

E depois, lançando minhas flores, hei de cantar (seria possível chorar, quando se faz uma ação tão alegre?). Cantarei, mesmo quando for preciso colher minhas flores em meio aos espinhos. E tanto mais melodioso será meu canto, quanto mais longos e pungentes forem os espinhos.[126]

[858] A alegria do bom Deus lhe bastará mesmo no céu.

... nada melhor do que ver o Bom Deus feliz; isso haverá de satisfazer plenamente minha felicidade.[127]

É para deixá-lo contente! Não quero dar para receber.[128]

Se, por um absurdo, o Bom Deus não visse minhas boas ações, não me sentiria aflita. Amo-o tanto, que gostaria de deixá-lo contente, mesmo se ele não soubesse que sou eu. Sabendo-o e vendo-o, ele é como que obrigado a "retribuir-me", e não quero dar-lhe essa preocupação.[129]

---

[124] *Conselhos e Lembranças*. São Paulo: Paulus, 2006⁷, p. 58.
[125] *Ibid.*
[126] Ms B, 4 vº.
[127] UC 15.5.2.
[128] *Ibid.*, 11.6.1.
[129] *Ibid.*, 9.5.3.

A conduta da alma: Pobreza, esperança, infância espiritual

Ao escutar estas expressões, poderíamos pensar que saímos do tema que devíamos tratar. São tão diferentes dos gemidos dolorosos da alma na noite do espírito! Podemos apresentar Santa Teresinha do Menino Jesus como um modelo a imitar a tal alma? A delicadeza e o sorriso teresiano não são aquelas flores que crescem na neve e que desabrocham apenas no pico das montanhas ou que, pelo menos, exigem elevadas altitudes? Folheando as *Cartas* de Santa Teresinha do Menino Jesus, constatamos que em todas as etapas de sua vida espiritual, ela pôs em prática aquilo que a ascese da infância espiritual comporta de essencial e característico. Algumas semanas depois de sua entrada no Carmelo, escreve à Irmã Maria do Sagrado Coração:

Pedi que vossa filhinha permaneça sempre um grãozinho de areia muito obscuro, bem-escondido a todos os olhares, que só Jesus o possa ver, que ele se torne, cada vez mais, pequeno, que ele seja reduzido a nada...[130]

No momento em que se agravou o estado de seu pai, em fevereiro de 1889, escreve à Celina:

Ah! Irmãzinha querida, longe de me lamentar a Jesus pela cruz que nos envia, não posso entender o amor infinito que o levou a nos tratar assim... ... Penso ainda muitas outras coisas sobre o amor de Jesus que são, talvez, muito mais fortes do que aquilo que te digo... Que felicidade ser humilhada! É o único caminho que gera os santos. ... Oh! Não percamos a provação que Jesus nos envia, é uma mina de ouro a explorar. Perderemos a oportunidade? O grão de areia quer colocar mãos à obra, sem alegria, sem coragem, sem força, e são todos esses títulos que lhe hão de facilitar a empresa; ele quer trabalhar por Amor.[131]

[859] Não! A via da infância espiritual não é uma via reservada aos perfeitos. É uma via de ascensão. A perfeição das realizações teresianas, a fidelidade absoluta da Santa, a heroicidade de suas virtudes, a delicadeza de seus sentimentos e o encanto de seu sorriso são os frutos que nos

---

[130] CT 49, 12-20 de maio de 1888.
[131] CT 82, 28 de fevereiro de 1889.

QUINTO CAPÍTULO

Auxílios e modelos na noite

> *A companhia do bom Jesus é proveitosa demais*
> *para que nos afastemos dela,*
> *o mesmo acontecendo com a da sua Sacratíssima Mãe.*[1]

[860] Para caminhar nesta escuridão da noite e manter firme sua esperança nestas angústias de morte, tem a alma o direito de buscar outros auxílios além daquele que lhe vem da ação torturante e purificadora de Deus? Auxílios de fora não dissiparão a benévola obscuridade da noite? Não deterão a purificação da virtude da esperança que não pode ser perfeita senão apoiando-se em Deus só? É este o problema que se levanta. Vamos tentar resolvê-lo, desenvolvendo as afirmações que se seguem.

Deus estabeleceu entre ele e os homens mediadores cuja ação é universal e constante em todas as etapas da vida espiritual. Estes mediadores são: Jesus, sumo Sacerdote, e Maria, mediadora e Mãe da graça. A ação deles é mais do que nunca necessária na noite do espírito. De fato, ela se revela aí particularmente intensa, mas assumindo a forma especial que lhe é imposta pela escuridão na qual se realiza.

A – JESUS CRISTO, SACERDOTE E VÍTIMA

I – *É necessário recorrer a Cristo nas sextas Moradas*

A espiritualidade teresiana é essencialmente cristocêntrica. Tirar-lhe esta característica seria, mais que [861] mu-

---

[1] 6 M 7,13.

tilá-la, destruí-la. Em seus escritos, a Santa afirma, a todo instante, a necessidade de buscar Cristo Jesus e de se unir a ele.[2] Ela não concebe que se possa rezar de outra maneira que não seja com ele. A oração de recolhimento, que é por excelência a oração teresiana, não é, com efeito, outra coisa senão um recolhimento das potências no interior da alma para aí encontrar Jesus Cristo e fazer-lhe companhia.[3]

A busca de Cristo não se impõe apenas aos principiantes. Ela é necessária em todas as etapas da vida espiritual, declara Santa Teresa:

Esse modo de trazer Cristo conosco é útil em todos os estados, sendo um meio seguríssimo para tirar proveito do primeiro e breve chegar ao segundo grau de oração, bem como, nos últimos graus, para ficarmos livres dos perigos que o demônio pode pôr.[4]

Esse é o modo de oração pelo qual todos devem começar, prosseguir e acabar, um caminho excelente e muito seguro até que o Senhor os leve a outras coisas sobrenaturais.[5]

Poderíamos nos ater ao que foi dito precedentemente sobre o tema, se a própria Santa Teresa não tivesse retomado com força, nas sextas Moradas, o debate que já expusera em outras partes.[6] Na verdade, é na noite do espírito que o problema assume toda a sua acuidade. Assim, embora em nossos dias tenha cessado toda a discussão especulativa sobre este ponto – sendo, doravante, a doutrina teresiana aceita por todos –, o problema conserva, contudo, uma importância prática por demais considerável para que, no seguimento de Santa Teresa, retornemos a ele com o intuito de precisar-lhe os dados e as soluções.

---

[2] Cf. I Parte – Perspectivas, cap. 5: "O bom Jesus", p. 110.

[3] Cf. II Parte – Primeiras etapas, cap. 4: "A oração de recolhimento", p. 261.

[4] V 12,3. Para encontrar a exposição destes diversos pontos de doutrina em Santa Teresa, cf. V 12 e 22; CP 26; 6 M 7.

[5] *Ibid.*, 13,12.

[6] Cf. *Ibid.*, 12 e 22; CP 26.

1. *A mediação de Cristo é universal*

A mediação universal e única de Jesus Cristo na obra da nossa Redenção e de nossa volta para Deus é um dos dogmas fundamentais do cristianismo. Esta verdade já era o artigo essencial da catequese apostólica nos discursos dos apóstolos relatados pelos Atos.

[862] Dirigindo-se ao Conselho dos chefes do povo, alguns dias depois de Pentecostes, São Pedro lhe diz com coragem:

> ... seja manifesto a todos vós e a todo o povo de Israel: é em nome de Jesus Cristo, o Nazareno, aquele a quem vós crucificastes, mas a quem Deus ressuscitou dentro os mortos, é por seu nome e por nenhum outro que este homem se apresenta curado, diante de vós. É ele a pedra rejeitada por vós, os construtores, mas que se tornou a pedra angular. Pois não há, debaixo do céu, outro nome dado aos homens pelo qual devamos ser salvos.[7]

São Paulo apresenta esta verdade como chave mestra de toda a sua mensagem:

> Bendito seja o Deus e Pai
> de nosso Senhor Jesus Cristo,
> que nos abençoou com toda a sorte
> de bênçãos espirituais,
> nos céus em Cristo.
> Nele, ele nos escolheu
> antes da fundação do mundo,
> para sermos santos e irrepreensíveis
> diante dele no amor.
> Ele nos predestinou para sermos
> seus filhos adotivos por Jesus Cristo,
> conforme o beneplácito da sua vontade.[8]

É sobre Cristo e por meio de Cristo que Deus restaura todas as coisas e constrói o novo edifício, obra de sua mise-

---

[7] At 4,10-12; 2,14-36; 3,12-16 etc.
[8] Ef 1,3-5.

ricórdia, depois das destruições causadas pelo pecado. Tal edifício não é outra coisa senão o Cristo na plenitude da extensão de sua vida e de sua graça nas almas.

Mas Deus, que é rico em misericórdia, pelo grande amor com que nos amou, quando estávamos mortos em nossos delitos, nos vivificou juntamente com Cristo.

Portanto, já não sois estrangeiros e adventícios, mas concidadãos dos santos e membros da família de Deus ... do qual é Cristo Jesus a pedra angular. Nele articulado, todo o edifício se ergue em santuário sagrado, no Senhor, e vós, também, nele sois coedificados para serdes uma habitação de Deus, no Espírito.[9]

Este desígnio eterno de Deus em Cristo é realizado pelo sacrifício de Jesus e pela efusão de seu sangue. Verdade inseparável da primeira:

... aprouve a Deus ... reconciliar por ele e para ele todos os seres, os da terra e os dos céus, realizando a paz pelo sangue de sua cruz.[10]

... é pelo sangue deste que temos a redenção, a remissão dos pecados, segundo a riqueza de sua graça.[11]

[863] ... temos a plena garantia para entrar no Santuário, pelo sangue de Jesus. Nele temos um caminho novo e vivo, que ele mesmo inaugurou através do véu, quer dizer: através da sua humanidade.[12]

De tal forma a doutrina do Apóstolo São Paulo está penetrada desta afirmação sobre a mediação universal e necessária que Cristo realizou pelo seu sangue, o qual nos purifica, nos faz entrar em seu edifício espiritual e nos une ao Pai, que parece inútil multiplicar as citações. Toda renovação espiritual está ligada à ação eficaz do sangue de Cristo.

Vós éreis outrora ... inimigos ... , mas agora, pela morte, ele vos reconciliou no seu corpo de carne, entregando-o à morte para diante dele vos apresentar santos, imaculados e irrepreensíveis.[13]

---

[9] *Ibid.*, 2,4-5.19-22.
[10] Cl 1,19-20.
[11] Ef 1,7.
[12] Hb 10,19-20.
[13] Cl 1,21-22.

Esta doutrina apostólica serve de base à doutrina da Igreja sobre o valor do sacrifício da missa que prolonga o sacrifício do Calvário e sobre a eficácia da participação neste sacrifício pela comunhão. Sobre o altar, Cristo renova de modo incruento sua imolação. O cristão deve assistir à missa e afirmar seu desejo de participar dos frutos deste sacrifício, recebendo, pela comunhão, Jesus Cristo vivo e imolado. Do contrário, ele não é um cristão que possui a vida de Cristo nele.

A fé em Cristo e no valor de seu sacrifício é necessária para a salvação. São Paulo escreve aos Colossenses:

Fostes sepultados com ele no batismo, também com ele ressuscitastes, pela fé no poder de Deus, que o ressuscitou dos mortos.[14]

Esta verdade é afirmada com mais força em outras epístolas, especialmente na Epístola aos Romanos e na Epístola aos Hebreus.[15]

Agora, porém – escreve o Apóstolo na Epístola aos Romanos –, independentemente da Lei, se manifestou a justiça de Deus, testemunhada pela Lei e pelos Profetas, justiça de Deus que opera pela fé em Jesus Cristo, em favor de todos os que creem – pois não há diferença ... .

Nós sustentamos que o homem é justificado pela fé, sem as obras da Lei.[16]

Tendo sido, pois, justificados pela fé, estamos em paz com Deus por nosso Senhor Jesus Cristo.[17]

[864] Na Epístola aos Hebreus, depois de ter mostrado como os grandes patriarcas e profetas do Antigo Testamento foram justificados pela fé, o Apóstolo conclui:

Portanto, também nós, com tal nuvem de testemunhas ao nosso redor, rejeitando todo fardo e o pecado que nos envolve, corramos

---

[14] *Ibid.*, 2,12.
[15] Cf. Rm 3 e 4; Hb 10–12.
[16] Rm 3,21-22.28.
[17] *Ibid.*, 5,1.

com perseverança para o certame que nos é proposto, com os olhos fixos naquele que é o autor e realizador da fé, Jesus.[18]

2. *Mediação mais necessária nessas Moradas*

Tais afirmações doutrinais tão nítidas deixam a liberdade de pensar que, num certo período da vida espiritual – o mais duro, sem dúvida: o da purificação do espírito –, a alma tem o direito e mesmo o dever de não recorrer explicitamente a Jesus Cristo, para ir com mais rapidez rumo à união com Deus? É este o objeto de debate entre Santa Teresa e os espirituais de seu tempo, seus contraditores.

Estes últimos, fundamentando-se no fato de que a união com Deus é algo total e unicamente espiritual e que a alma já ultrapassou as etapas onde as criaturas sensíveis podiam lhe ser úteis para subir até Deus, sustentam que, nestas elevadas regiões da vida espiritual, ela perderia seu tempo e voltaria atrás ao se apoiar na humanidade de Cristo. Para se unir a Deus, não haveria mais, desde então, outro meio eficaz senão o desapego e a superação de tudo, os quais remeteriam ao próprio influxo de Deus.

Como apoio do que dizem, estes espirituais citam a palavra do próprio Jesus a seus apóstolos antes de sua Paixão: "É do vosso interesse que eu parta, pois, se eu não for, o Paráclito não virá a vós. Mas, se eu for, enviá-lo-ei a vós".[19] A presença da humanidade de Cristo, segundo seu próprio testemunho, seria um obstáculo à descida da plenitude de Deus.

Conhecemos a reação de Santa Teresa diante destas afirmações. Sua humildade permanece sempre respeitosa diante destes espirituais que lhe parecem homens de doutri-

---

[18] Hb 12,1-2.
[19] Jo 16,7.

na. Durante algum tempo, não cedeu ela diante de sua autoridade? E, ademais, experimenta por causa disso pungentes remorsos.[20] Agora, enquanto escreve o *Castelo Interior*, sua opinião já está formada. Assim, ela afirma **[865]** energicamente seu sentimento, que se tornará, pouco a pouco, a doutrina aceita por todos. Escreve então:

Este é um assunto sobre o qual me detive em outro lugar e, embora nisso tenham me contestado e dito que não o entendo, a mim não farão confessar que se trate de um bom caminho. Dizem que são caminhos por onde Nosso Senhor leva as almas e que, quando estas já passaram do princípio, é melhor tratar das coisas da divindade e fugir das corpóreas. Pode ser que eu bem me engane e que estejamos todos dizendo a mesma coisa. Mas vi que o demônio queria enganar-me por esse meio e, assim, estou tão prevenida que penso em repeti-lo aqui, embora já o tenha dito outras vezes. Eu o farei para que tenhais muito cuidado no que se refere a isso. Olhai: ouso dizer que não acrediteis em quem vos disser outra coisa.[21]

A Santa explicita aquilo que entende por recorrer à humanidade de Cristo. Fica bem claro que nestas regiões da vida espiritual nem sempre se pode ter Cristo presente.

Quando Deus quer suspender todas as faculdades, como nos modos de oração que vimos, está claro que, mesmo sem desejarmos, essa presença (da Santa Humanidade de Cristo) nos é tirada. Que ela vá em boa hora; essa perda é ditosa, pois serve para fluirmos mais do que temos a impressão de perder; porque, então, a alma se entrega toda a amar aquilo que o entendimento procurou conhecer; ela ama o que não compreendeu, regozijando-se no que não poderia se comprazer tão bem se não perdesse a si mesma para melhor ganhar. O que não me parece correto é que, intencional e cuidadosamente, acostumemo-nos a não procurar com todas as forças ter sempre diante dos olhos – e quisera o Senhor que fosse sempre – essa Sacratíssima Humanidade... .[22]

---

[20] Cf. V 32,1-2.
[21] 6 M 7,5.
[22] V 22,9.

É esta atitude ou mesmo este esforço de afastamento que Santa Teresa condena e que tem as mais deploráveis consequências na vida espiritual:

> Tenho para mim que isso é o que impede muitas almas de não aproveitar mais nem alcançar uma liberdade de espírito muito maior quando chegam a ter oração de união.[23]

Suas afirmações são ainda mais sérias no *Castelo Interior:*

> Eu não posso crer que o cometam. Mas parecem não se entender a si mesmos, [866] causando assim muito mal a si e aos outros. Posso pelo menos assegurar que essas pessoas não entram nestas duas últimas moradas, porque, se perderem o guia – que é o bom Jesus –, não darão com o caminho. Muito já será se ficarem nas outras moradas com segurança.[24]

O abandono de Jesus Cristo fecha, portanto, o acesso aos vértices da vida espiritual; mal deixa gozar sem perigos das primeiras manifestações da vida mística próprias das quartas e quintas Moradas. É um verdadeiro fracasso espiritual.

A Santa o explica por uma falta de humildade

> [que] faz a alma querer se levantar antes que o Senhor a eleve … . Esse pequeno argueiro da pouca humildade, embora não pareça ser grande coisa, muito prejudica quem deseja progredir na contemplação.
>
> … Muito alegra a Deus que uma alma se sirva humildemente do seu Filho, amando-o tanto que, mesmo que Sua Majestade queira levá-la a uma grande contemplação … , ela se reconhece indigna … .[25]

Esta falta de humildade a priva de um apoio necessário.

> … é ter a alma no ar, como dizem; porque parece que ela não tem apoio, por mais que pense estar plena de Deus.[26]

Mas, talvez, seja preciso buscar a causa deste erro e de suas funestas consequências, sobretudo, na gula espiritual

---

[23] *Ibid.*, 22,5.
[24] 6 M 7,6.
[25] V 22,9.11.
[26] *Ibid.*, 22,9.

que normalmente acompanha as primeiras experiências da vida mística. Escutemos ainda Santa Teresa nos fazer suas confidências:

... quando comecei a ter alguma oração sobrenatural, isto é, de quietude, eu procurava afastar todas as coisas corpóreas, embora não me atrevesse a elevar a alma, porque, como era sempre tão ruim, eu sabia ser ousadia. Mas eu tinha a impressão de sentir a presença de Deus, o que é verdade, procurando estar recolhida com ele – trata-se de oração saborosa ... , de grande deleite.

Vendo-me com tais proveitos e gostos, não havia o que me fizesse voltar à humanidade, a qual, para falar a verdade, me parecia um impedimento.[27]

No *Castelo Interior,* confessa:

O engano de que fui vítima ... [resumia-se] a não gostar de pensar tanto em Nosso Senhor Jesus Cristo e a permanecer naquele embevecimento, esperando por tal deleite. E vi **[867]** claramente que ia mal, porque, como não o podia ter sempre, o pensamento ficava perambulando, enquanto a alma, a meu ver, esvoaçava como uma ave, não encontrando onde pousar, perdendo muito tempo... .[28]

Sem dúvida, poucas almas têm o afinado sentido espiritual de Santa Teresa e sua humildade. Assim, parece-nos que, mesmo em nossos tempos, muitos se deixam enganar pelos sabores da quietude ou, para falar uma linguagem mais moderna, pela obscuridade saborosa da noite. Veem nisso um auge, quando não é senão uma provisão para um itinerário ainda mais longo. A estima e o desejo que têm disso os impedem de se desapegarem de tais sabores para retornarem a uma humilde busca do Cristo Jesus. Este erro os mantém, com grande custo – como o indicava Santa Teresa –, nas regiões da simples quietude e lhes fecha o acesso às regiões mais elevadas que exigem um desapego mais completo e o explícito recorrer a Jesus Cristo.

---

[27] *Ibid.*, 22,3.
[28] 6 M 7,15.

Quanto aos argumentos antes apresentados para justificar este abandono, Santa Teresa declara não os poder suportar.

Essas pessoas alegam que o Senhor disse a seus discípulos que lhes convinha que ele se fosse. Eu não o posso tolerar! Certamente não o disse à sua Mãe Sacratíssima, porque ela estava firme na fé e sabia que ele era Deus e homem. E, embora o amasse mais do que os discípulos, fazia-o com tanta perfeição que isso antes a ajudava. Os apóstolos não deviam estar então tão firmes na fé como depois estiveram – e como temos razão para estar agora.[29]

A partida de Cristo, ao suprimir a presença sensível, devia abrir seus olhares para a divindade que lhes estava velada. Tornou a fé deles mais perfeita e mais luminosa, descobrindo-lhes tudo o que há nele, a saber: sua divindade e sua humanidade, bem como seu papel de mediador. O Cristo Jesus desaparece sensivelmente apenas para resplandecer em toda a sua pessoa.

Ademais, esta partida era exigida por sua missão e por aquela que o Espírito Santo devia cumprir. Era o Espírito que devia vir para sustentar os apóstolos e edificar a Igreja. Mas não poderíamos ver nesta partida de Jesus e na descida do Espírito Santo a exclusão de um pela substituição do outro. O Espírito Santo é o Espírito do Filho como é o Espírito do Pai. Jesus poderá nos **[868]** dizer que, por ele, estará conosco até a consumação dos séculos.[30] Este Espírito não vem para substituir Jesus, mas para construir o Cristo total, derramando sua vida em todos os seus membros pelos méritos de seu sangue. A obra do Espírito estará completa quando Cristo Jesus tiver atingido a estatura de homem perfeito e a extensão gloriosa que Deus desejou para ele desde toda a eternidade.

---

[29] *Ibid.*, 7,14.
[30] Cf. Mt 28,20.

No crescimento espiritual da alma, tal como aconteceu no desenvolvimento da Igreja, se dá um advento do Espírito, cuja sombra luminosa e ardente vela a presença sensível de Jesus Cristo. A noite do espírito é o momento mais doloroso e o mais escuro deste eclipse. A chama ardente do Espírito não a produz senão para aperfeiçoar a fé, para fazê-la adentrar mais profundamente no mistério de Cristo e realizar a união perfeita com ele. Tomar por pretexto o eclipse para se afastar de Jesus, opor praticamente a ação do Espírito àquela de próprio Cristo, subtrair-se a uma para tornar a outra mais eficaz é desconhecer as verdades fundamentais do cristianismo, assumir uma atitude claramente não cristã, tornar ineficaz a ação do Espírito, separando-a de Cristo que é seu princípio e fim.

Quando muito, podemos admitir que o recurso implícito à mediação de Cristo baste para o pagão que ignora sua existência ou sua necessidade. O contemplativo cristão, via de regra, não poderia ser desculpado pela ignorância. Ele deve ir explicitamente rumo a Cristo, em todas as etapas de sua vida espiritual. Tem o dever de se esforçar para superar as dificuldades particulares que este recurso pode apresentar na noite do espírito, pois nunca a ação de Cristo lhe foi mais necessária. Na verdade, esta é a hora em que se realizam, no mais alto grau, a purificação e a união, dois efeitos específicos da mediação e da Redenção de Cristo. Seu sangue é nossa propiciação e é por ele que tudo aquilo que o pecado tinha separado no céu e na terra foi reunido.[31] Estes efeitos mais intensos só podem ser obtidos mediante uma fé mais profunda e um recorrer mais constante a Cristo e à virtude de seu sangue divino. É o momento oportuno para colocar em prática os conselhos do Apóstolo na Epístola aos Hebreus:

---

[31] Cf. Ef 1,10.

Temos, portanto, um sumo sacerdote eminente, que atravessou os céus: Jesus, o Filho de Deus. Permaneçamos, por isso, firmes na **[869]** profissão de fá. Com efeito, não temos um sumo sacerdote incapaz de se compadecer das nossas fraquezas, pois ele mesmo foi provado em tudo como nós, com exceção do pecado. Aproximemo-nos, então, com segurança do trono da graça para conseguirmos misericórdia e alcançarmos graça, como ajuda oportuna.[32]

... se o sangue de bodes e novilhos, e se a cinza da novilha, espalhada sobre os seres espiritualmente impuros, os santifica purificando os seus corpos, quanto mais o sangue de Cristo que, por um Espírito eterno, se ofereceu a si mesmo a Deus como vítima sem mancha, há de purificar a nossa consciência das obras mortas para que prestemos um culto ao Deus vivo.[33]

Santa Teresa completa o pensamento de São Paulo, concluindo:

Devemos pensar nos que, tendo tido corpo como nós, fizeram grandes façanhas por Deus. Deles temos de tratar e nos fazer acompanhar. Que grave engano afastar-se propositalmente de todo o nosso bem e remédio, que é a Sacratíssima Humanidade de Nosso Senhor Jesus Cristo.

... A vida é longa, há nela muitos sofrimentos, e devemos ver como o nosso modelo Jesus Cristo os suportou, assim como seus apóstolos e santos, para padecermos os nossos com perfeição.

A companhia do bom Jesus é proveitosa demais para que nos afastemos dela, o mesmo acontecendo com a da sua Sacratíssima Mãe.[34]

3. *Jesus, modelo perfeito na noite*

Na noite do espírito de uma maneira toda especial, a alma não consegue encontrar senão em Jesus Cristo o modelo perfeito a imitar, a fim de aproveitar desta prova purificadora. Entre os sofrimentos interiores de Jesus em sua

---

[32] Hb 4,14-16.
[33] *Ibid.*, 9,13-14.
[34] 6 M 7,6.13.

Paixão e aqueles da noite do espírito existe uma estreita semelhança que São João da Cruz ilustrou, utilizando amplamente para descrever estes últimos, os textos proféticos do Antigo Testamento que a Igreja aplica à Paixão de Cristo.

Cristo é o Cordeiro que carrega o pecado do mundo. Sua Paixão resulta do desencadear das forças destruidoras do pecado que assaltam sua humanidade ungida com a unção da divindade. Tudo o que pode, nesta humanidade, ser dilacerado e morrer, sucumbe sob a violência do choque. A noite do espírito consiste também no encontro de dois contrários: o amor invasor de Deus e o pecado enraizado nas profundezas [870] da alma. Sem dúvida, não há proporção entre o amor com que a alma é investida e a unção da divindade, entre o pecado da alma e o pecado que o Cordeiro de Deus carrega, mas sendo as forças presentes as mesmas, os sofrimentos serão, se não da mesma intensidade, semelhantes.

Jesus mostra a atitude a ser conservada nesta luta. O Cordeiro de Deus geme no Getsêmani, mas seus gemidos e seu pedido para ser libertado se aquietam num abandono completo à vontade do Pai. Ele se cala. Sua paciência se nutre do seu amor pelo seu Pai e pelas almas; da esperança certa de seu triunfo. Junto de Jesus oprimido e forte em seu silêncio, a alma na noite permanecerá, ela também, silenciosa e firme em sua paciência e em sua esperança. "Não era preciso que o Cristo sofresse tudo isso e entrasse em sua glória?",[35] "Não existe discípulo superior ao mestre",[36] "Quem me segue não andará nas trevas",[37] "Quando eu for elevado da terra, atrairei todos a mim".[38] Na noite, estas palavras difundem sua luz e trazem suas certezas.

---

[35] Lc 24,26.
[36] Mt 10,24.
[37] Jo 8,12.
[38] *Ibid.*, 12,32.

"Com os olhos fixos naquele que é o autor e realizador da fé, Jesus",[39] a alma é puxada para dentro do desenrolar e para a participação em seus mistérios. É verdade que em Cristo Jesus o mistério da Encarnação precedeu o mistério da Redenção, que o sofrimento nele é unicamente redentor. Para nós, pecadores, o sofrimento purificador deve preparar a união perfeita com Deus. O Cordeiro de Deus é puro e é a vítima do pecado do mundo; a alma na noite traz seu pecado e o sofre. Não é já redentor o seu sofrimento? Quem o poderia negar? Seja como for, ela não pode firmar-se nestas regiões, sob o peso do pecado, senão através de um contato íntimo com a Vítima divina.

É por meio deste contato, mantido por um olhar prolongado e penetrante, que a alma haure na Face dolorosa de Jesus Cristo a ciência do amor divino, aquela que não só descobre o sentido e o valor da prova, mas que cria a semelhança e a simpatia.* "Tende em vós o mesmo sentimento de Cristo"[29] – nos diz o Apóstolo. A perfeição cristã consiste nesta semelhança e nesta simpatia. Nosso Cristo está cravado sobre uma áspera cruz, firmemente fixada na [871] nossa terra de pecado. Afastar-se deste modelo no período decisivo da purificação e da transformação é extraviar-se por caminhos desviados e sacrificar a uma sublimação natural de nossas faculdades a realização da perfeição cristã cujo tipo perfeito é Jesus.

4. *Exemplos dos santos*

É este contato com Cristo em seus mistérios dolorosos que os santos – em quem admiramos os efeitos das renovações espirituais profundas – buscavam.

---

[39] Hb 12,2.

* N.T.: No sentido original do termo: "sofrer junto", "participar do sofrimento de".

[29] Fl 2,5.

Tinha Nicodemos compreendido a estreita correlação entre os mistérios do novo nascimento, da Encarnação do Filho do homem e da exaltação sobre uma cruz que Jesus evocara em seu colóquio? Seja como for, quando Cristo foi pregado à cruz, Nicodemos se levantou, impelido pela luz e pela graça recebidas, e foi com coragem beber nas fontes da vida que a morte tinha aberto em seu coração.

Reencontramos o mesmo movimento da graça – e quão ricamente explicitado! – no Apóstolo São Paulo. Cristo glorioso e doloroso fê-lo cair por terra no caminho de Damasco. A ardente e luminosa ferida que conservou deste primeiro encontro, alargando-se progressivamente, descobre-lhe cada vez mais o mistério de Cristo e de Cristo crucificado, o qual "se tornou para nós sabedoria proveniente de Deus, justiça, santificação e redenção".[40]

É a ele, Paulo,

o menor de todos os santos, [lhe] foi dada esta graça de anunciar aos gentios a insondável riqueza de Cristo e de pôr em luz a dispensação do mistério oculto desde os séculos em Deus, criador de todas as coisas.[41]

Assim o Apóstolo expõe os diversos aspectos e as antinomias desta sabedoria, coloca em relevo suas incomparáveis riquezas de esperança para nós, descobre a estreita união desta Sabedoria eterna com Cristo e, por consequência, a necessidade de ir beber nas fontes de Cristo crucificado. Tem para si que não deve

saber outra coisa ... a não ser Jesus Cristo, e Jesus Cristo crucificado ... que para os judeus é escândalo, para os gentios é loucura, mas para aqueles que são chamados, tanto judeus como gregos, é Cristo, poder de Deus e sabedoria de Deus.[42]

---

[40] 1Cor 1,30.
[41] Ef 3,8-9.
[42] 1Cor 2,2; 1,23-24.

[872] Esta união da Sabedoria e de Cristo foi experimentada por São João da Cruz, o Doutor do desapego. A unção de sua linguagem o testemunha, quando fala deste "mistério da porta e do caminho – Cristo –, para unir-se com Deus",[43] e do seu exemplo – "porque é ele nosso modelo e luz"[44] – no completo desnudamento que é a vida da união.

No *Cântico Espiritual,* o Santo exalta o conhecimento da Sabedoria de Deus que se encontra no mistério de Cristo.

... As subidas cavernas da pedra são os mistérios sublimes, profundos e transcendentes da sabedoria de Deus que há em Jesus Cristo ... .

... há muito que aprofundar em Cristo, sendo ele qual abundante mina com muitas cavidades cheias de ricos veios, e por mais que se cave, nunca se chega ao termo, nem se acaba de esgotar; ao contrário, vai-se achando em cada cavidade novos veios de novas riquezas, aqui e ali, conforme testemunha São Paulo quando disse do mesmo Cristo: *In quo sunt omnes thesauri sapientiae et scientiae Dei absconditi,* "Em Cristo estão escondidos todos os tesouros de sabedoria e ciência" (Cl 2,3).[45]

E o Doutor Místico acrescenta:

Neles é impossível entrar ou aprofundar-se a alma, se não passar, primeiro, pelos apertos do sofrimento interior e exterior.[46]

Esta ciência dos mistérios é o fruto, a um só tempo, de um amor qualificado e de certa experiência do sofrimento. A noite do espírito que concede tanto um como outro, longe de desviar de Cristo, introduz, então, admiravelmente, nas profundas cavernas de seus mistérios. Tal é a conclusão do magistério de São João da Cruz.

São numerosos os santos cujo testemunho poderíamos citar para ilustrar esta doutrina. Voltemos à Santa Teresinha

---

[43] 2 S 7,11.
[44] *Ibid.*, 7,9.
[45] CE 37,3.4.
[46] *Ibid.*, 37,4.

do Menino Jesus cuja viva doutrina sempre assume formas muito atuais e cativantes.

Aquilo que foi dito sobre a via da infância espiritual não deve levar ao esquecimento de que a pequena via está centrada em Jesus Cristo. A busca do elevador que deve suprir à pequenez "para subir a rude escada da perfeição" desemboca nesta feliz descoberta: **[873]** "o elevador que deve fazer-me subir são os vossos braços, ó Jesus!".[47]

É Jesus quem deve levar a criança para as profundezas da Santíssima Trindade. Teresinha escreve na carta à Irmã Maria do Sagado Coração:

Oh, Verbo Divino! És tu a Águia adorada que eu amo e que me atrai! ... Tenho esperança de que um dia, Águia Adorada, virás buscar teu passarinho e, subindo com ele ao Foco do Amor, haverás de mergulhá-lo por toda a eternidade no ardente Abismo deste Amor ao qual se ofereceu como vítima...[48]

Em sua entrada no Carmelo, Teresinha tinha recebido como "reino" a infância de Nosso Senhor com o nome de Irmã Teresa do Menino Jesus. Este mistério correspondia tão bem à sua jovem idade e à sua graça! Contudo, não devia lhe bastar. Jesus lhe tinha revelado o valor do sangue que corre de suas chagas de Crucificado e ela tomou a resolução de "conservar[-se] em espírito aos pés da cruz para recolher o divino orvalho que dela corre ... [e] derramá-lo sobre as almas".[49]

No Carmelo, ela entra ainda mais profundamente na riqueza do mistério da Paixão de Jesus. Aos sofrimentos da aridez interior e da árdua formação que conheceu desde o início de sua vida religiosa, vem se ajuntar, depois de sua

---

[47] Ms C, 3 r°.
[48] *Ibid.*, B, 5 v°.
[49] *Ibid.*, A, 45 v°.

tomada de hábito (10 de janeiro de 1889) a pesada prova que se abateu sobre a família: a paralisia cerebral de seu pai, a quem, em fevereiro de 1889, foi preciso internar num sanatório.

Meu desejo de sofrimento estava saciado; contudo, meu atrativo por ele não diminuiu. Assim, logo, minha alma partilhou os sofrimentos do meu coração. A secura era meu pão quotidiano, e mesmo privada de toda consolação, era a mais feliz das criaturas, pois todos os meus desejos estavam satisfeitos...[50]

Parece que, alguns meses antes, ela tinha começado a descobrir os segredos da Santa Face.

Até então não tinha perscrutado a profundidade dos tesouros escondidos na Santa Face; foi por vosso meio, minha querida Mãe, que aprendi a conhecê-los.[51]

Revelação providencial, preparação para a prova que provoca um aprofundamento deste mistério. Aos 10 de janeiro de 1889, dia de sua tomada de hábito, Teresinha assina pela primeira vez uma carta à sua companheira de noviciado, [874] Irmã Marta de Jesus: Irmã Teresa do Menino Jesus da Santa Face.[52] Três meses mais tarde, no dia 4 de abril, escrevendo para Celina a fim de lhe falar sobre a provação delas, termina dizendo:

Jesus arde de amor por nós... Olha para sua Face adorável! Olha para seus olhos baixos e apagados! Olha para essas chagas! Contempla Jesus na sua Face... Lá verás como ele nos ama.[53]

Em 18 de julho de 1890, escrevia de novo à sua irmã:

Celina, há tanto tempo... E, já a alma do Profeta Isaías mergulhava como as nossas nas belezas ocultas de Jesus...[54]

---

[50] *Ibid.*, A, 73 r° e v°.

[51] *Ibid.*, A 71 r°.

[52] Cf. CT 80, 10 de janeiro de 1889.

[53] CT 87, 4 de abril de 1889.

[54] CT 108, 18 de julho de 1890.

Auxílios e modelos na noite

E acrescentava à sua carta a cópia dos versículos 1-5 do capítulo 53 de Isaías, no qual o Profeta descreve a fisionomia dolorosa do Servo de Iahweh.[55]

A partir desta época, a Santa Face se impõe ao olhar de Teresinha até o final de sua vida. Ela a canta numa poesia:

> Jesus, tua inefável imagem
> É o astro que guia meus passos.
> Ah! Bem sabes que a tua doce Face,
> Para mim, é o Céu na terra.
> ... ...
> Tua beleza, que bem sabes ocultar,
> Revela-me todo o seu mistério.
> ... ...
> Tua Face é minha única Pátria,
> Ela é o meu Reino de amor,
> ... ...
> Meu doce Sol de cada dia.
> ... ...
> Ela é meu Repouso, minha Doçura
> E minha melodiosa Lira...
> ... ...
> Tua Face é minha única riqueza[56]

---

[55] "Quem acreditou no que nos era anunciado, e a quem o braço do Senhor foi revelado? Ele crescia na sua presença como um rebento, como raiz em terra seca. Não tinha beleza, nem formosura que atraísse nossos olhares, não tinha aparência para que o desejássemos ver. Era desprezado, era refugo da humanidade, homem das dores e habituado ao sofrimento. Era como uma pessoa de quem se desvia o rosto, tão desprezível que não fizemos caso dele. No entanto, foi ele que carregou as nossas enfermidades, e tomou sobre si as nossas dores. E nós o considerávamos como alguém fulminado, castigado por Deus e humilhado. Mas ele foi transpassado por causa de nossas transgressões, esmagado por causa de nossos crimes; caiu sobre ele o castigo que nos salva, e por suas chagas nós fomos curados" (Is 53,1-5).

A este texto foram acrescentados os versículos 1-5 do capítulo 63 de Isaías, os versículos 14-15 do capítulo 7 do Apocalipse, alguns versículos do Cântico dos cânticos e a oitava estrofe das *Canções da alma* [poema que inspirou o tratado da *Noite Escura*] de São João da Cruz. Todos estes textos se referem à Paixão e à atitude da alma diante de Cristo que sofre.

[56] P 20,1-5.

[875] Compõe uma *Consagração à Santa Face*.[57] Nas deposições do processo de beatificação, lemos:

A Santa Face era o espelho onde Teresa via a alma e o coração de seu Bem-amado. Esta Santa Face foi o livro de meditação, onde hauria a ciência do amor ... .[58]

Ela sempre a tinha diante de si, no seu breviário ou sobre sua estala, durante a oração. Foi pendurada no cortinado de seu leito durante sua enfermidade; sua vista ajudou-a a suportar o seu longo martírio.[59]

Ela mesma disse, algumas semanas antes de morrer:

Estas palavras de Isaías: "Quem acreditou no que nos era anunciado... Não tinha beleza, nem formosura... etc." foram a base de minha devoção à Santa Face, ou para melhor dizer, a base de toda a minha piedade! Também eu gostava de ser sem beleza, de sozinha pisar as uvas no lagar, desconhecida de toda criatura...[60]

A contemplação da Santa Face teve, como o vemos, um considerável lugar na vida espiritual de Santa Teresinha do Menino Jesus, especialmente quando de suas ascensões dolorosas e decisivas rumo à união transformante.

Neste período, a obscuridade interior não oculta a Santa Face. É, ao contrário, na noite da provação que ela surge um dia; ela é o sol divino que dissipará sua escuridão dolorosa. Esta pobreza espiritual que Santa Teresinha do Menino Jesus conserva e cultiva, com um cuidado virginal, como o mais precioso tesouro de sua esperança em Deus só, ela não pensa em turvá-lo apegando-se à Face de seu Bem-amado, para caminhar neste túnel

onde não faz nem frio, nem calor, onde o sol não brilha e onde nem a chuva, nem o vento vêm nos visitar; um túnel onde não vejo nada a não ser uma claridade semivelada, a claridade que se difunde à volta dos olhos abaixados da Face de meu Noivo...[61]

---

[57] Cf. O 12.
[58] PO. *Sœur Geneviève de Sainte Thérèse*, ocd, p. 280.
[59] PA. *Sœur Marie des Anges et du Sacré-Cœur*, ocd, p. 353.
[60] UC 5,8.9.
[61] CT 110, 30-31 de agosto de 1890.

Nesta claridade semivelada, ela encontra sem cessar paciência, consolação, humildade, zelo sempre mais ardente pela salvação das almas.

[876] Como nos queixarmos quando ele mesmo foi considerado um homem ferido por Deus e humilhado?! O Encanto Divino encanta minha alma e consola-a maravilhosamente a cada instante do dia! Ah! As lágrimas de Jesus, que sorrisos![62]

É verdadeiramente sob a luz da Santa Face que a alma de Teresinha vai crescendo e se dilata às dimensões universais.

A florzinha transplantada sobre a Montanha do Carmelo devia desabrochar-se à sombra da cruz; as lágrimas, o sangue de Jesus tornaram-se seu orvalho e o seu Sol foi a Face adorável, velada de lágrimas...[63]

Fonte de vida, modelo a imitar, a Santa Face é a grande riqueza de Teresinha, o reino que Jesus lhe trouxe em dote no dia de seu desposório divino, a fim de que ela transformasse em realidade, em sua alma, todos os traços divinos. Por isso, ela canta:

> Tua Face é minha única riqueza
> E não peço nada mais.
> Nela, escondendo-me sem cessar,
> A ti, Jesus, hei de me assemelhar.
> Deixa em mim a divina marca
> Dos teus traços plenos de doçura
> E logo serei santa.
> Para ti, atrairei os corações.[64]

Tocante e luminosa confirmação de uma doutrina. Cristo em sua Paixão é o melhor companheiro de toda alma que, dolorosamente, caminha na escuridão da noite. A alma tem, portanto, o dever de se prender a ele e de beber nas fontes a luz e a vida que jorram de suas chagas.

---

[62] CT 108, 18 de julho de 1889.
[63] Ms A, 71 r°.
[64] P 20,5.

Ainda resta um problema a resolver; talvez, o mais importante segundo os opositores de Santa Teresa.

II – *Como realizar este recurso a Jesus?*
1. *Dificuldades*

Estes opositores, com efeito, arguiam a impossibilidade de prender-se à humanidade de Cristo, a fim de legitimar seu afastamento voluntário. Santa Teresa expõe a opinião deles:

[877] Porque lhes parece que, sendo essa obra toda espiritual, qualquer coisa corpórea a pode impedir ou prejudicar; e que, estando a alma enquadrada, deve considerar que Deus está em toda parte e ver-se engolfada nele. É isto que devem procurar.[65]

Na verdade, é certo que as almas elevadas à contemplação não podem mais meditar e discorrer na oração como antes. São João da Cruz aponta para esta impossibilidade como um sinal da noite do sentido já iniciada.

O terceiro sinal ... é a impossibilidade, para a alma, por mais esforços que empregue nisso, de meditar e discorrer com o entendimento e com a ajuda da imaginação como costumava fazer anteriormente. Deus aqui começa a comunicar-se não mais por meio do sentido, como o fazia até então quando a alma o encontrava pelo trabalho do raciocínio, ligando ou dividindo os conhecimentos; agora ele o faz puramente no espírito, onde não é mais possível haver discursos sucessivos. A comunicação é feita com um ato de simples contemplação, a que não chegam os sentidos interiores e exteriores da parte inferior. Por isto, a imaginação e fantasia não podem apoiar-se em consideração alguma, nem doravante achar aí arrimo.[66]

Também Santa Teresa reconhece, de bom grado, que para esta oração ou meditação estruturada no

---

[65] V 22,1.
[66] 1 N 9,8.

discorrer muito com o intelecto ... , quem foi levado por Deus a coisas sobrenaturais e à perfeita contemplação tem razão em dizer que não a pode fazer; como eu disse, não sei a causa, mas é frequente isso acontecer.[67]

A Santa também admite que nos momentos em que a contemplação é perfeita – para ela, quando todas as faculdades estão presas e submersas em certa embriaguez – estas não podem pensar, mas apenas amar.

Mas, este estado não pode ser senão transitório. A Santa consideraria suspeito quem dissesse "que permanece sempre no mesmo estado".[68] E, de outra parte, seria perda de tempo o esperar, na inatividade das faculdades, que este estado voltasse.[69]

Permanece a habitual impotência para usar a imaginação e o raciocínio discursivo. Esta impotência permite ainda o recorrer à humanidade de Cristo? A este propósito, Santa Teresa declara:

[878] ... essa pessoa não a terá – isto é, razão – se disser que não se detém nesses mistérios nem os traz presentes muitas vezes – em especial quando são eles celebrados pela Igreja Católica. Nem é possível que perca assim a memória a alma que tanto recebeu de Deus, em provas de amor tão preciosas, vivas centelhas para inflamá-la mais no amor que tem a Nosso Senhor.[70]

Poderíamos pensar que Santa Teresa faz aqui uma alusão às visões intelectuais e imaginárias de Jesus Cristo com as quais foi agraciada e cuja lembrança impressa em sua memória lhe facilitaria recorrer a Nosso Senhor de maneira singular. Sem dúvida, estas graças extraordinárias tiveram uma grande influência em sua oração, porém fica claro que o recurso à humanidade de Jesus Cristo do qual ela fala é independente destas graças.

---

[67] 6 M 7,10-11.
[68] *Ibid.*, 7,13
[69] Cf. *Ibid.*, 7,15.
[70] *Ibid.*, 7,11.

O que acontece é que a alma não consegue se entender, pois já entende esses mistérios de modo mais perfeito. O entendimento os representa para ela, e os mistérios ficam de tal maneira gravados em sua memória que só o ver o Senhor caído por terra, com aquele espantoso suor, no Horto lhe basta não apenas por uma hora, mas por muitos dias. Um simples vislumbre é suficiente para que ela veja quem ele é e quão grande tem sido a nossa ingratidão para com esse imenso tormento. Mas logo a vontade interfere, ainda que não seja com ternura, e deseja contribuir em algo para tão grande graça, padecendo um pouco por quem tanto padeceu. Nesses e em outros desejos semelhantes ocupam-se a memória e o entendimento. E creio que, por esse motivo, essa pessoa não consegue meditar mais detidamente sobre a Paixão, o que a faz crer que não consegue pensar nela.

E se não o faz, é bom que procure fazê-lo, porque sei que não será impedida por sua elevada oração. E julgo ruim que ela não se exercita nisso muitas vezes.[71]

Neste importante texto, Santa Teresa indica como algo sempre possível à alma contemplativa – fora dos estados de suspensão das faculdades –, uma atividade intelectual que está além do raciocínio discursivo, além da atividade da imaginação e da fantasia, para empregar a linguagem de São João da Cruz. Sem dúvida, esta atividade é uma atividade contemplativa.

Esta atividade contemplativa pode ser a contemplação teológica, isto é: aquela da razão esclarecida pela fé e sustentada pelos dons – ao menos de vez em quando – e que se fixa em Jesus Cristo para penetrar em sua alma e em seu sofrimento. Santa Teresa julga possível esta **[879]** forma de contemplação, neste estado. Aconselha praticá-la ativamente de preferência a se deixar absorver pela lembrança dos gozos, suspendendo voluntariamente a atividade das faculdades.

---

[71] *Ibid.*, 7,11-12.

Contudo, não pensamos que esta contemplação teológica seja aquela que mantém a alma, de maneira habitual, diante de Jesus Cristo neste período da purificação do espírito. Nesta noite do espírito, a impotência das faculdades é mais profunda do que na noite dos sentidos. As descrições de São João da Cruz o testemunham. Se a alma pode ainda olhar ou pensar, é apenas por uns momentos. É pouco provável que ela possa prolongar este olhar e fixar seu pensamento por um tempo mais demorado, pois logo é tomada novamente pela impotência e obscuridade. Além disso, as descrições teresianas que acabamos de ler, bem como a devoção tão constante e profunda de Santa Teresinha do Menino Jesus à Santa Face, são alimentadas – nos parece – de outra coisa que não é a contemplação teológica.

Esta outra coisa é uma verdadeira luz mística que procede de uma experiência interior e que ilumina maravilhosamente a cena ou mistério de Cristo que a inteligência considera. Este ponto merece uma explicação, em razão de sua importância.

2. *Experiência interior e olhar dirigido para Cristo*

Neste período, apesar da noite dolorosa, o amor continua a enriquecer a fé viva das riquezas de sua experiência. Fé e experiência, ambas essencialmente obscuras, encontram no olhar dirigido para o mistério de Cristo afortunadas explicitações.

A experiência interior descobre, primeiro, que o amor que recebemos é um amor filial, que este espírito não é "um espírito de escravos ... , mas um espírito de filhos adotivos, pelo qual clamamos: Abba! Pai! O próprio Espírito se une ao nosso espírito para testemunhar que somos filhos de Deus."[72] – afirma o Apóstolo.

---

[72] Rm 8,15-16.

Este testemunho do Espírito em nós e da graça sobre o caráter filial da caridade que nos é dada, é completado pela experiência da conaturalidade que existe entre Jesus Cristo e nós. Ele é o Filho por natureza, nós somos filhos adotivos pela graça; [880] somos "herdeiros ... e coerdeiros de Cristo".[73] Tudo aquilo que a une a Cristo se define e se ilumina ao olhar interior da alma, na medida em que se desenvolve a caridade que a transforma e identifica com ele.[74]

Tal experiência, que na noite do espírito é dolorosa, ligada à impotência e à humilhação interior, tem afinidades evidentes com a de Jesus crucificado. Assim, no olhar voltado para a Paixão, ela encontra sua atmosfera, o seu desabrochar, a mais afortunada das explicitações. Experiência interior e olhar dirigido para Jesus se enriquecem mutuamente e se completam. A experiência faz penetrar nas profundezas da Paixão de Cristo; o olhar dirigido para Cristo sofredor revela à experiência seu valor e a união realizada. Nesta descoberta e nessa tomada de consciência, que força para a alma! Que nova compenetração com Jesus Cristo que ela descobre tão perto de si!

O gancho que se fez por um olhar dirigido a Jesus que sofre ou a mera lembrança da Paixão provocou mudanças profundas. Os traços exteriores da cena, as formas conceituais do pensamento desaparecem; as profundezas obscuras da alma vão repousar nas profundezas do mistério de Cristo sofredor, num transbordar de amor doloroso que acha força e luz neste encontro. A alma que sofre sob a ação do amor se achega a Cristo que agoniza em seu amor pelos homens até o fim do mundo.

---

[73] Rm 8,17.

[74] Voltaremos a esta identificação com Cristo e sobre a descoberta perfeita que a acompanha, na união transformante.

É este encontro e seus efeitos que explicam o que Santa Teresa nos diz sobre a oração dessa alma contemplativa:

> ... já entende esses mistérios de modo mais perfeito. ... só o ver o Senhor caído por terra ... no Horto lhe basta não apenas por uma hora, mas por muitos dias. Um simples vislumbre é suficiente para que ela veja quem ele é e quão grande tem sido a nossa ingratidão ... . Mas logo a vontade interfere, ainda que não seja com ternura, e deseja contribuir em algo para tão grande graça.[75]

Como vemos, as faculdades apresentam-se impotentes apenas porque são superadas por uma atividade mais profunda e mais unitiva. O olhar dirigido para Cristo – que não nutre mais a meditação ou a contemplação teológica – se torna, de fato, muito mais enriquecedor, fazendo brotar força e claridade da experiência interior que ele explicita e desenvolve. Este olhar voltado para Cristo não é somente útil na noite do espírito; ele é necessário **[881]** para tomar consciência das riquezas que o amor doloroso depôs na alma e para, verdadeiramente, apossar-se delas.

3. *Devoção à Santa Face em Santa Teresinha do Menino Jesus*

A devoção à Santa Face de Santa Teresinha do Menino Jesus nos oferece um exemplo do maravilhoso enriquecimento que a experiência interior pode encontrar no olhar dirigido para Jesus Cristo. Com efeito, esta devoção, junto à prova da doença de seu pai que a alimenta e com a experiência interior que ela esclarece, orienta a Santa para a oferta ao Amor Misericordioso menosprezado e para os cumes da vida espiritual.

Esta devoção procedia do Carmelo de Tours, onde viveu Irmã Maria de São Pedro, inspiradora e conselheira do Senhor Dupont, o santo homem de Tours, zeloso propagador

---

[75] 6 M 7,11.

do culto à Santa Face de Cristo. Madre Inês tinha revelado à Teresinha os segredos desta Face.[76] Foi a primeira explicitação da experiência interior da Santa que se encontrava, então, na escuridão e na impotência. É a paralisia cerebral de seu pai que lhe concede definitivamente este reino.

Este Cristo desprezado, o último dos homens, este rosto escondido, sem resplendor e sem beleza, com os olhos baixos e apagados, que Isaías descreve, não é acaso seu pai, duramente atingido depois de sua oferta como vítima? A fisionomia deste pai, doce vítima, cuja prova vem imprimir seus traços dolorosos na alma da Santa, acaso não se confunde com aquela de Cristo silencioso e escondido em sua oração de impotência, mas cujo sentimento de presença ela conserva na noite? As duas faces dolorosas se esclarecem mutuamente: a de Cristo enobrece aquela do amado pai; esta torna mais viva a Santa Face de Jesus. As duas se sobrepõem, se unem; não são mais que uma única na alma e ao olhar de Teresinha.

É assim que se impõe irresistivelmente a ela esta face do *Ecce homo* que o Procurador apresentava solenemente ao mundo sobre o litóstrotos. Esta Santa Face é um astro que a fascina, é seu sol de cada dia.[77] Não é, contudo, uma imagem exterior diante da qual se pratica as próprias devoções em certas circunstâncias. Impressa nas profundezas, a um só tempo pela experiência mística **[882]** e pela provação, é uma realidade interior sempre presente, uma aparência humana com traços velados, com olhos abaixados, com formas imprecisas, mas bem vivas, que o amor percebe mais que o olhar, na noite. Esta realidade faz parte integrante de sua vida espiritual. O caminho no "túnel onde não faz nem frio, nem calor, onde o sol não brilha e

---

[76] Cf. Ms A, 71 r°.
[77] Cf. P 20,1 e 3.

onde nem a chuva, nem o vento vêm ... visitar" é iluminado pela "claridade semivelada que se difunde à volta dos olhos abaixados"[78] da face de Jesus.

Tudo neste túnel – o silêncio, a penumbra, o mistério de vida – convida Teresinha a caminhar e a ir além para chegar às realidades profundas que sua fé viva descobre, ao amor escondido e menosprezado que quer se derramar, à necessária oferta para que ele possa transbordar sobre a alma. Teresinha continua, assim, sua caminhada rumo aos cumes nesta noite na qual a Face de Jesus cria, de maneira silenciosa, paciente e amorosa, uma penumbra. Chegará lá no dia em que, tendo se oferecido ao Amor Misericordioso, for inundada e ferida pelos caudais deste Amor transbordante e identificada, assim, à Vítima divina.

Este caminhar na noite sob a luz velada da Face de Cristo e seu maravilhoso êxito nos oferecem um testemunho e uma relevante ilustração da doutrina de Santa Teresa de Ávila, a saber: que a presença de Jesus permanece viva na noite, escondida aos sentidos, mas percebida nas regiões profundas, e que a alma não poderia caminhar com segurança nesta escuridão, nem chegar ao termo, senão nesta divina companhia e na semiobscuridade do mistério de seu sofrimento.

Em nenhum outro lugar mais que nessas regiões atormentadas e obscuras são necessárias a presença e a ação Daquele que é o Caminho e a Luz. Só Jesus pode indicar aí o caminho a seguir e conceder a claridade indispensável.

Tal é a noite do espírito. Feita de uma ação de Deus sobre a alma, deve ser alimentada por um olhar dirigido para Jesus Cristo. Deus "reluziu em nossos corações, para fazer brilhar o conhecimento da glória de Deus, que resplandece na face de Cristo";[79] a alma deve contemplar esta glória para torná-la

---

[78] CT 110, 30-31 de agosto de 1890.
[79] 2Cor 4,6.

sua, pois Deus Pai não pode abraçar em seu seio senão aqueles que trazem o reflexo vivo das claridades que brilham sobre a face de seu Cristo, seu Filho único e verdadeiro.

B – *A VIRGEM MARIA, MÃE EM PLENITUDE*

[883] Nas trevas do Calvário, para onde Nicodemos fora buscar o corpo de Jesus a fim de embalsamá-lo e sepultá-lo, ele encontra, junto do Crucificado, de pé e intrépida, Maria, a Mãe de Jesus. Aquele que caminha na noite do espírito deve, da mesma forma, descobrir na obscuridade, junto de Jesus em sua Paixão, a Virgem Maria, Mãe em plenitude. Descoberta que julgamos necessária e sobre a qual, portanto, não podemos nos dispensar de abordar.

I – *Jesus e Maria no plano divino*

Deus uniu estreitamente Jesus e Maria para a realização de seu desígnio e misericórdia. Para esta missão comum, fê-los tão semelhantes um ao outro quanto o podia permitir a transcendência da união hipostática reservada a Cristo. Não se pode, então, separá-los.

De fato, só podemos construir uma teologia mariana sólida e evidenciar suas verdades à luz de Jesus Cristo. A história demonstra, igualmente, que os dogmas concernentes ao Filho e à Mãe se explicitam ao longo dos séculos de maneira concomitante. Assim, para estudar os privilégios e o papel de Maria, não poderíamos agir de melhor forma que lhe atribuindo as três primazias de dignidade, de eficiência e de finalidade que Deus assegurou a Cristo e das quais, sem dúvida, sua Mãe participou.[80]

---

[80] Não se buscará aqui, um tratado completo de mariologia, mas uma breve exposição das verdades que esclarecem a relação da alma com a Santíssima Virgem na noite.

1. *Primazia de dignidade*

Jesus Cristo foi escolhido por Deus para ser o fundamento de toda a obra divina da Redenção. Deus que criara tudo por meio de seu Verbo quis, depois do pecado, restaurar tudo por meio de seu Verbo Encarnado. Na Epístola aos Colossenses, o Apóstolo desenvolve este pensamento de uma maneira grandiosa:

> Ele é a Imagem do Deus invisível,
> o Primogênito de toda criatura,
> porque nele foram criadas todas as coisas
> nos céus e na terra, ...
> Ele é antes de tudo e tudo nele subsiste.
> Ele é a Cabeça da Igreja,
> que é seu Corpo.
> **[884]** Ele é o Princípio,
> o Primogênito entre os mortos,
> (tendo primazia),
> pois nele aprouve a Deus
> fazer habitar toda a Plenitude
> e reconciliar por ele e para ele todos os seres,
> os da terra e os dos céus,
> realizando a paz pelo sangue da sua cruz.[81]

Cristo, a pedra rejeitada, tornou-se a pedra angular de todo o novo edifício.

Nele, [fomos] predestinados ... .

Nele bem articulado, todo o edifício se ergue em santuário sagrado, no Senhor.

[Nele,] o corpo, em sua inteireza, bem ajustado e unido por meio de toda junta e ligadura ... de cada uma das partes, realiza seu crescimento para a sua própria edificação no amor.[82]

Deus, então, colocou seu Cristo acima de todas as criaturas, anjos e homens, como o afirma o Apóstolo na Epístola aos Hebreus;

---

[81] Cl 1,15-20.
[82] Ef 1,11; 2,21; 4,16.

De fato, a qual dos anjos disse Deus jamais: Tu és meu Filho, eu hoje te gerei (Sl 2,7)? Ou ainda: eu lhe serei pai, e ele me será filho (2Sm 7,14)? E ao introduzir o Primogênito no mundo, diz novamente: Adorem-no todos os anjos de Deus (Sl 95,7).[83]

Esta primazia de dignidade se funda não só sobre a escolha divina que faz de Cristo um sacerdote eterno, mas também na união hipostática a qual associa nele, na pessoa do Verbo, a natureza divina e a natureza humana e já o torna o mediador entre o céu e a terra.

Nesta obra de mediação, Deus deu a Cristo uma colaboradora. Ricardo de São Lourenço[84] coloca nos lábios de Deus, a propósito de Cristo, as palavras que dizia sobre Adão:

Não é bom que o homem esteja só. Vou fazer uma auxiliar que lhe corresponda.[85]

Junto ao novo Adão, haverá uma nova Eva, a Virgem Maria, Mãe dos viventes. Por meio dela, o Filho de Deus vai entrar neste mundo, assumindo nela a humanidade que, ungida da unção da divindade, se tornará Cristo Jesus. Mãe de Deus – diz o douto Caetano –, Maria "tange os confins da divindade através de sua própria operação [885] ao conceber Deus, ao gerá-lo, ao o dar à luz, ao alimentá-lo com seu leite".[86]

Desta forma, Maria é elevada ao plano da união hipostática. Os bens e as graças que dela recebe estão correlacionados com sua dignidade.

---

[83] Hb 1,5-6.

[84] RICARDO DE SÃO LOURENÇO. *De laudibus beatæ Mariæ virginis*, Libri XII, citado pelo Padre TERRIEN. Jean-Baptiste in *La Mère de Dieu et la Mère des hommes, d'après les Pères et la Théologie*. Paris: Lethielleux, 1927⁵, II Partie, vol. I, p. 64-65. Essa obra foi uma fonte provavelmente utilizada por Frei Maria-Eugênio para a redação desta parte do presente capítulo.

[85] Gn 2,18.

[86] FREI TOMÁS CAETANO. *Comentário sobre a Suma Teológica de Santo Tomás de Aquino*, in IIa IIæ, qu. 103, art. 4, ad 2um.

... a beata Virgem, por ser Mãe de Deus, [tem] certa dignidade infinita, proveniente do bem infinito, que é Deus. E, por este lado, nada pode ser melhor que [ela], bem como ser melhor que Deus.[87]

São Bernardino de Sena, com outras palavras, enuncia a mesma verdade:

Uma mulher, para ser digna de conceber e dar à luz um Deus, precisou, por assim dizer, ser elevada a uma certa igualdade com o próprio Deus através de uma medida de perfeição e de graça.[88]

É esta "certa igualdade com o próprio Deus" na qual a maternidade divina a coloca que faz Maria merecer os privilégios extraordinários da Imaculada Conceição, da plenitude de graça que cumula sua medida desde o princípio, embora esperando pelos desenvolvimentos sucessivos e maravilhosos que esta plenitude se dilate a ponto de ultrapassar toda medida e capacidade de apreciação. O olhar humano não pode voltar-se para estes confins da divindade que Maria alcança para julgá-los e examiná-los.

Na verdade, como afirma Santo Efrém, "excetuando a Deus, ela é superior a tudo".[89] E ainda seria limitar a dignidade de Nossa Senhora enunciar apenas a sua maternidade divina. Ela é Mãe no plano da união hipostática e em toda a plenitude do termo. Neste desígnio eterno de Deus, ela é doravante a colaboradora de toda a fecundidade divina. Por toda parte onde a paternidade divina for exercida, ela o será através da maternidade divina. Maria segue, então, a Jesus em sua obra redentora e ao Espírito Santo em sua obra construtora do Corpo Místico. Ela é Mãe em toda parte onde Jesus é Salvador, bem como em toda parte onde o Espírito Santo é o produtor da graça nas almas e na Igreja.

---

[87] *Summa Theologica*, Ia, qu. 25, art. 6 ad 4um.

[88] São BERNARDINO DE SENA. *Serm. De Nativitate B. Mariae* V, art. un. c. 12, in Padre TERRIEN. *Op. cit.*, I Partie, vol. I, p. 97.

[89] Padre TERRIEN. *op. cit.*, I Partie, vol. I, p. 151.

Tendo Deus querido uma vez que a vontade da Virgem cooperasse eficazmente para dar Jesus Cristo aos homens, este primeiro desígnio não se altera mais, e sempre receberemos Jesus Cristo pela mediação de sua caridade.[90]

Exprimindo-se assim, Bossuet é o intérprete de toda a tradição cristã. Já estamos introduzidos na primazia de eficiência.

2. *Primazia de eficiência*

[886] A escolha divina impõe a Jesus Cristo um árduo trabalho. A mediação sacerdotal que deve levar a cabo faz dele um homem que viverá no sofrimento e no desnudamento, que carregará nossas enfermidades. Viverá em Nazaré, levará uma vida de apostolado, mergulhará na oração do deserto e da noite, irá se deparar com a indiferença dos homens e o ódio do pecado deste mundo.

Ele é sacerdote, mas salvador e, como tal, vítima, em sua Paixão e sobre a cruz. Os sacramentos que institui, especialmente a eucaristia, nos asseguram o benefício de seu sofrimento redentor, as efusões de sua vida divina e todos os privilégios de sua pessoa. Sacerdote e vítima, luz e vida, salvador e alimento, tudo nos vem dele pelos méritos de sua Paixão e por sua ação sacerdotal. Somos purificados, salvos, santificados, introduzidos na Santíssima Trindade, não somente nele, mas por ele, por sua ação pessoal.

É neste âmbito da realização do plano divino que aparece ainda melhor a colaboração de Jesus e de Maria. Pronunciando o *fiat* da Anunciação e dando seu consentimento ao mistério da Encarnação, Maria já colabora em toda a obra que seu Filho deve realizar. Ela dá o Salvador e já nos obtém a salvação mediante sua maternidade divina.

---

[90] BOSSUET. Jacques Bénigne. *Sermões IV, 3º Sermão sobre a Anunciação,* 1º ponto.

Esta maternidade tem como efeito o unir íntima e definitivamente a Mãe e o Filho. A Mãe doa a sua substância, e a unção da divindade, que a invade para fazer a partir dela a humanidade de Cristo, parece, neste contato, refluir sobre a Mãe, como uma quase unção, no dizer de algumas pessoas.

À medida que Jesus cresce, que sua missão redentora se afirma e se realiza, a união entre Jesus e Maria por meio do olhar contemplativo da fé viva, por meio dos poderosos laços do amor recíproco, se torna mais estreita e mais operativa. O *hoc sentite in vobis quod Christo Jesu*,[91] recomendado pelo Apóstolo, nunca se realiza em grau semelhante a este. Tudo se torna comum: oferta, sentimentos, pensamentos, missão. Maria se oferece, reza, trabalha com Jesus, com as mesmas intenções. Eles caminham rumo à mesma meta, envolvidos no mesmo desígnio divino que os uniu para a salvação da humanidade. Quando Jesus entra em sua vida pública, Maria, no escondimento em que permanece, o acompanha com sua oferta. A obra de Jesus é a sua; os apóstolos e os discípulos de seu Filho são os seus. O momento da prova **[887]** revelará quanto a comunhão com a missão de seu Filho é generosa, profunda, absoluta. Com efeito, ela está presente no Calvário. Sua atitude diz como seu coração se dilatou até as dimensões de todo Corpo Místico de Cristo. Com Deus Pai, ela dá seu Filho único ao mundo, por amor. Escuta Jesus sancionar por uma palavra eficaz a obra realizada nela mediante sua união com ele e lhe dar, oficialmente, todo o seu sentido: "Eis aí tua Mãe... Eis aí teu filho...".[92] Com estas palavras, Jesus dá, a Maria, João e, a João, Maria. Maria é a Mãe; João é o filho e o tipo da humanidade regenerada que segue Jesus até o Calvário.

---

[91] Fl 2,5.
[92] Jo 19,26.27.

Maria é verdadeiramente a Mãe de todos aqueles que têm fé no Cristo.

O plano de Deus fica, assim, desvelado e esclarecido. São Pedro Damião o enuncia desta forma:

Imediatamente, do trono da divindade, o Senhor escolhe o nome de Maria, ordenando que tudo se fará por ela, nela, com ela e dela, e que, da mesma forma que nada foi feito sem ele, assim nada deve ser refeito sem ela.[93]

Maria se torna a medianeira de todas as graças. Ela é o seu canal obrigatório. No Corpo Místico, cuja cabeça é Jesus, Maria é o pescoço pelo qual toda a vida passa para os membros.

Contudo, Bossuet não parece satisfeito com este simbolismo do canal da graça. Escreve:

Tendo Deus estabelecido, desde a eternidade, dar-nos Jesus por meio de Maria, não se contentou com servir-se dela como de um simples instrumento para este glorioso ministério. Não quis que fosse um simples canal de tal graça, mas um instrumento voluntário que contribua para esta grande obra, não apenas por suas excelentes disposições, mas ainda por um movimento de sua vontade.[94]

Segundo Bossuet, o termo "canal" indica uma ação por demais passiva. Ora, existe uma parte ativa da vontade de Maria nesta obra. Também podemos reprovar nesta palavra o não indicar a qualidade da ação de Maria em sua função de medianeira da graça.

Tal ação é universal no sentido que, em toda parte onde Jesus é a causa primeira, ela é a causa segunda. Maria é Mãe em qualquer lugar em que Jesus é salvador e cabeça do Corpo Místico.

---

[93] São PEDRO DAMIÃO. *Sermo XI, De annuntiantione Beatissimae Virginis Mariae* (Migne, PL 144, 558, § 51).

[94] BOSSUET, Jacques Bénigne. *Sermões IV, 1º Sermão sobre a Natividade de Maria*, 3º ponto e *3º Sermão para a Festa da Conceição da Virgem*, 1º ponto.

Este título de Mãe implica uma influência sobre a própria graça? Não certamente numa ação interior que, **[888]** de alguma maneira, modificaria, mas numa ação real que permanece exterior? A função materna que Maria exerce no mistério da Encarnação nos convida a levantar este problema. Maria recebe o Verbo e o entrega num aniquilamento aparente que não comporta nenhuma modificação, nem diminuição real. Mas, ela envolveu a divindade com o véu da humanidade que faz de Jesus o Emanuel, Deus conosco. Não é Maria Mãe da graça no mesmo sentido, transmitindo-nos esta graça divina que só Deus pode produzir, mas que ela envolve, por meio de sua função materna, com certo véu que a torna mais humana, mais adaptada às nossas necessidades, mais acessível para nós? Cabe à teologia estudar este ponto e precisá-lo, apoiando-se sobre o fato de que Deus não se arrepende de seus dons, e de que a maternidade de Maria – a qual foi exercida de uma maneira tão ativa na produção da humanidade de Jesus – não poderia ficar reduzida ao papel passivo de canal, mesmo voluntário, na edificação do Corpo Místico de seu Cristo.[95] Esta influência de Maria sobre a graça – que nos parece lógico admitir – torna-a mariana, deixando-a totalmente divina. Por esta graça divina e mariana, nós nos tornamos, tal como Jesus de quem ela nos faz irmãos, verdadeiramente filhos do Pai e filhos de Maria.

---

[95] Alguns teólogos estudaram a ação exercida pela Santíssima Virgem na transmissão da graça. Frei Édouard Hugon (*La Mère de la Grâce*. Paris: Éd. Lethielleux, 1904²) diz que ela exerce uma causalidade física instrumental. Frei Benedictus Henri Merkelbach, op ("Maria Mater gratiae", apud *Revue ecclésiastique de Liège*, t. X, p. 23-35 encontra uma causalidade efetiva e dispositiva de ordem intencional. Frei Jean-Vincent Bainvel, op (*Marie, Mère de la grâce* – Étude doctrinale. Paris: Éd. Beauschesne, 1921) admite uma causalidade eficiente moral.

3. *Primazia de finalidade*

Esta ação soberana de Cristo nos fixa nele e nos faz seus súditos. Somos seu reino e sua conquista, comprados por seu sangue para que anunciemos as excelências daquele que nos chamou aos admiráveis esplendores de sua luz.[96] Realizada sua obra, Deus

> [fê-lo] assentar à sua direita nos céus,
> muito acima de qualquer Principado
> e Autoridade e Poder e Soberania
> e de todo nome que se pode nomear
> não só neste século, mas no vindouro.
> Tudo ele pôs debaixo de seus pés
> e o pôs acima de tudo, como Cabeça da Igreja,
> que é o seu Corpo:
> a plenitude daquele
> que plenifica tudo em tudo.[97]

No juízo final, ele virá, com o cetro da cruz, tomar posse, diante do mundo inteiro reunido, de **[889]** todo o seu reino, constituído por aqueles que lhe pertencem. Sua suprema realeza resplandecerá neste triunfo final. A alegria dos bem-aventurados no céu a cantará no entusiasmo.

Àquele que nos ama, e que nos lavou de nossos pecados com seu sangue, e fez de nós uma Realeza e Sacerdotes para Deus, seu Pai, a ele pertencem a glória e o domínio pelos séculos dos séculos. Amém.[98]

Na luz da visão face a face, aparecerá, então, que tudo é nosso, mas que nós somos de Cristo e que Cristo é de Deus.[99]

A mesma luz revelará o papel de Maria e o lugar que lhe é devido. Da mesma forma que a unção da divindade, que

---

[96] Cf. 1Pd 2,9.
[97] Ef 1,20-22.
[98] Ap 1,5-6.
[99] Cf. 1Cor 3,23.

constitui Jesus mediador, lhe garante a adoração reservada a Deus só, e por sua ação redentora, lhe confere a realeza sobre todas as coisas, assim também a dignidade de Mãe de Deus e a graça proporcional que acompanha este dignidade garantem a Maria um culto à parte, o culto de hiperdulia, e sua ação universal na realização dos desígnios de Deus é o fundamento, que o povo cristão já proclama, da sua realeza sobre todas as coisas. No céu, junto de Cristo, Rei pela efusão de seu sangue, a Virgem Maria é Rainha pelo exercício de sua maternidade na graça.

Tais são as verdades fundamentais da teologia mariana. Ainda que gerais, esclarecem o problema particular que estudamos. Dado que a maternidade na graça de Maria é universal, a alma na noite do espírito não deve se subtrair a ela. Em razão de suas dificuldades mais intensas e das maiores dificuldades desse período, tem, pelo contrário, o dever de recorrer a esta Mãe da graça e do belo amor que pode, tão eficaz e maternalmente, a socorrer. É algo evidente. Não vamos insistir neste argumento geral para colocar mais relevo no papel particular que cabe à Santíssima Virgem neste período mais atormentado.

II – Papel providencial da Virgem Maria na noite

1. *Maria, Mãe de misericórdia nas horas sombrias*

O papel providencial da Virgem Maria na noite não é uma conclusão teológica; é um fato experiencial.

[890] Com efeito, a história religiosa do mundo nos mostra que a providência utiliza e faz brilhar, de uma maneira toda especial, a onipotência materna da Santíssima Virgem nestas horas de escuridão e de perturbação em que Deus parece ter desaparecido e nas quais qualquer recurso a ele se tornou aparentemente impossível. Existem horas em que Deus ofendido, como um pai legitimamente zeloso de salvaguardar os direitos de sua autoridade, só apresenta aos homens os rigores ou o silêncio de sua justiça. É então que ele faz Maria intervir, para levar a palavra de salvação que livra de seus justos decretos ou, pelo menos, a consolação que permite levar o peso deles, a própria misericórdia divina se estende até os limites extremos, utilizando o ministério de Maria.

Um autor da Idade Média observava a este propósito que Deus tinha reservado para si o exercício da justiça e que confiara a Maria o exercício de sua misericórdia. Santa Teresinha do Menino Jesus, curada pelo sorriso de Nossa Senhora, num momento em que todos os meios para erradicar uma misteriosa doença tinham fracassado, esclarecida por sua experiência cantava:

> Tu que vieste me sorrir na manhã de minha vida,
> Vem sorrir-me de novo... Mãe... Eis que o dia já declina!...[100]

É na penumbra do entardecer ou na escuridão da noite que a maternidade da Virgem brilha com o mais vivo esplendor. Basta desfolhar a história, desde a origem do mundo, para se convencer disso.

Houve, alguma vez, maior tristeza do que aquela de nossos primeiros pais depois de sua queda, quando tomaram consciência de sua nudez, desta privação dos dons sobrenaturais e preternaturais que asseguravam felicidade, paz, harmonia a suas vidas e a suas almas e quando se deram conta de que esta privação seria a pesada herança que haveriam de transmitir à sua descendência? Queda do homem que se tornava a queda de toda a humanidade. Deus pronuncia a sentença que confirma o fato já intuído e determina sua consequência para eles e para seus filhos: luta, trabalho, sofrimentos, decadência, morte. Parece que não

---

[100] P 54,25.

lhes resta senão afundarem-se nesta tristeza com a amarga lembrança de toda a felicidade perdida. Mas, antes de lhes pronunciar a condenação, a voz de Deus ressoou terrível na maldição da serpente. Nossos primeiros pais escutaram e retiveram estas palavras:

> Porque fizeste isso és maldita ... .
> ... comerás poeira
> todos os dias de tua vida.
> Porei hostilidade entre ti e a **[891]** mulher,
> entre a tua linhagem e a linhagem dela.
> Ela te esmagará a cabeça
> e tu lhe ferirás o calcanhar.[101]

A derrota não é, então, definitiva. A luta apenas começou e a vitória será da mulher e de sua posteridade. Aqui, são anunciadas a Virgem e sua revanche do demônio. Esta promessa brilha ao longe como uma aurora sobre a tragédia do momento. Ela iluminará a caminhada de toda a vida de nossos primeiros pais. A fé e a esperança deles se apoiam nesta promessa.

A promessa divina será especificada por Isaías no tempo do ímpio Rei Acaz que não quer pedir sequer um sinal de esperança, quando toda a sorte de infelicidades ameaça os reinos de Israel e Judá. Nestas tristes horas da história do povo depositário das promessas, Isaías escreve:

> ... o Senhor mesmo vos dará um sinal:
> Eis que a virgem concebeu
> e dará à luz um filho
> e por-lhe-á o nome de Emanuel.[102]

A Imaculada Conceição é anunciada bem como a qualidade do fruto que ela deve dar ao mundo, o Emanuel, Deus conosco. Os raios mais puros da Virgem brilham nas ho-

---

[101] Gn. 3,14-15 (Vulgata). O texto da Vulgata precisa que será a mulher quem esmagará a cabeça e não a sua posteridade.

[102] Is 7,14.

ras mais sombrias, para afirmar a esperança e falar sobre a constante solicitude da Misericórdia divina que permanece fiel ao seu povo em meio aos seus desvios.

Ao ler o Evangelho, é fácil se perceber que Maria está junto de Jesus quando este se encontra na obscuridade e que ela desaparece nas horas de sua manifestação a Israel. No momento em que o ódio aparece, também a Virgem se manifesta. No Calvário, quando o ódio triunfa e parece ter destruído tudo da pessoa, da obra e da reputação de Jesus Cristo, Maria está de pé junto da cruz, afirmando, por sua presença e sua atitude, a sua força, a sua missão e o triunfo de sua maternidade. Nada é perdido, pois a fecundidade da Mãe não é atingida, mas ao contrário, é proclamada e exaltada. É por ela que a misericórdia irá se derramar e que a vida se propagará.

Parece-nos que nesta cena sugestiva, não há só um alimento para o sentimento e a piedade, mas uma afirmação do desígnio providencial que faz brilhar a maternidade de Maria como uma estrela na noite.

[892] A história da Igreja nos mostra que o sentido apurado dos fiéis discerniu este desígnio providencial. Nas horas de angústia, vai ao encontro de Maria como ao encontro da misericordiosa onipotência e a suprema esperança que jamais decepciona. As grandes vitórias da fé contra as heresias, ou da cristandade contra as invasões ameaçadoras, na maior parte, são atribuídas a Maria, auxílio dos cristãos.

Se entrarmos no âmbito interior das almas, reencontramos o mesmo apelo confiante à sua intercessão e o mesmo auxílio eficaz de Maria nas horas mais trágicas. Vestir o escapulário do Carmo e a promessa mariana que está ligada a ele lançam luz sobre esta verdade tantas vezes experimentada a ponto de ter se tornado uma verdade comum, isto é: que a confiança sincera em Maria que se afirma por uma prática ou uma oração, assegura ao pecador a graça da perseverança final. A razão parece insurgir-se contra uma tal garantia, enquanto a experiência das almas oferece, frequentemente, sua comovedora prova.

Esta experiência e os muitos episódios ligados a ela permitem constatar que, estando supressa toda prática sacramental em uma alma, o edifício espiritual não deixando aí quase mais nenhum traço visível, a confiança em Maria pode ainda subsistir e esta, afirmando-se em certas circunstâncias, mantém uma fundada esperança de que os vínculos sobrenaturais com Deus serão reestabelecidos por ela.

Como explicar este fato? Talvez, fazendo notar que Maria é uma pura criatura com quem podemos ter relacionamentos no plano natural, uma criatura ideal que nos atrai por sua beleza, que nos conquista por sua qualidade de Mãe e por sua bondade, que responde a todas as nossas orações e que estende, assim, sua irradiação e a influência de sua maternidade para além do círculo dos cristãos que estão unidos a ela pelos vínculos sobrenaturais da caridade.

No entanto, acima de todos estes motivos e utilizando todas estas virtualidades concedidas à Virgem, existe o desígnio de Deus que fez de Maria a Mãe em plenitude e lhe confiou o exercício de sua misericórdia.

2. *Intervenção de Maria na noite do espírito*

a) *Formas de sua intervenção* – Esta simples exposição é suficiente para nos mostrar como Maria se sente solicitada por seu coração e sua missão a socorrer as almas que estão na purificação da noite do espírito. Essas almas encontram-se nos mais duros sofrimentos que se pode [893] conceber; seu coração materno não pode ficar insensível. Ainda mais que estas almas já trazem nelas um grande amor por Deus. A lembrança de sua ansiosa busca de Jesus no retorno da viagem a Jerusalém deve compeli-la a inclinar-se sobre aqueles que, agora, suportam esta pesada prova do amor ansioso no abatimento de todas as suas potências.

Estas almas estão na escuridão da noite, e a luz da Virgem nunca brilha tão aconchegante como nas trevas. Sua missão providencial lhe exige ser a estrela que ilumina a noite do espírito. Maria cumpre seu papel e intervém eficazmente nestes períodos da vida espiritual. Ela visita São João da Cruz na sua prisão de Toledo, na véspera da Assunção, e lhe promete sua próxima libertação.[103]

Estas intervenções exteriores e visíveis que confirmam o fato não nos falam sobre o modo habitual das intervenções de Maria neste período. Seria útil determinar este modo.

A escuridão da noite na qual se encontram estas almas é benévola; os sofrimentos e as angústias que elas sofrem são inevitáveis e necessários para a purificação e o desenvolvimento do amor. Portanto, Maria não deve dissipar as trevas, nem suprimir o sofrimento característico deste período.

Além disso, estas almas parecem habitualmente à margem do mundo sobrenatural o qual, para elas, evoca só o vazio atual na dolorosa lembrança do passado e, às vezes, inquietação sobre o futuro. Assemelham-se ao pecador separado de Deus e comem o pão escuro da experimentada privação de Deus. Mas, subsiste uma diferença essencial, mesmo no plano psicológico: o pecador, ocupado com seus negócios e prazeres, pouco se inquieta com a pena da danação, a qual, pelo contrário, tortura a alma na noite, porque ela ama ardentemente e seu amor não encontra senão trevas e vazio. O pecador vive em seu pecado e mal o sofre; a alma na noite encontra o áspero sofrimento do pecado numa luz contrastante. Sem dúvida, não se deve suprimir nada deste jogo purificador de contrastes, de obscuridade na qual ele se

---

[103] Cf. Frei BRUNO DE JESUS MARIA. *San Juan de la Cruz* (trad. esp. Frei Eleuterio, ocd). Buenos Aires: Dedebec/Desclée De Brouwer, 1947, cap. 13, p. 230.

produz, dos efeitos benfazejos provocam. A paz não deve ser concedida por uma diminuição da luz – ação que reduziria as antinomias –, mas por uma luz ainda mais elevada a qual, respeitando tais antinomias, lhes harmonizará.

Maria se sobressai em intervir sem perturbar a realização do desígnio de Deus, sem diminuir o benévolo poder [894] de sua luz, nem a eficácia de sua ação. Contudo, ela intervém; mas suas manifestações são de uma delicadeza tão sutil, tão terna! Trata-se de uma coincidência de feitio fortuito, de uma tranquilidade repentina, de uma luz, um encontro, um nada insignificante na aparência, mas no qual a alma reconhece com certeza a ação, o sorriso, o perfume e, portanto, a presença de sua Mãe. Sombra silenciosa na noite, Maria difunde o aconchego sem suprimir o sofrimento. Este aconchego e esta penumbra são produzidos pela certeza de sua ação e pela percepção obscura de sua presença. Saber que a Mãe está ali e que vela sobre ele na noite, deixa o coração do filho em festa, renova suas forças, afirma sua esperança, traz luz e paz, sem que diminua, no interior, a violência dos ardores crucificantes.

Estabelece-se, assim, uma verdadeira intimidade entre Maria e a alma, intimidade que aparece evidente na vida dos santos, quando estes desejam confidenciá-la a nós. Os *Últimos Colóquios,* por exemplo, nos revelam em que íntimo e familiar relacionamento Santa Teresinha do Menino Jesus vivia com Nossa Senhora, durante os últimos meses de sua vida, marcados, no entanto, por tão ásperos sofrimentos físicos e espirituais. Ela lhe pede as mínimas coisas:

Pedi à Santíssima Virgem para não ficar mais tão sonolenta e alheada como estava todos esses dias; sei muito bem que isto vos aflige.[104]

---

[104] UC 4.6.1.

Ontem à noite, pedi à Santíssima Virgem para que não me deixasse tossir mais, a fim de que Irmã Genoveva pudesse dormir.[105]

Mas com que delicadeza:

Gostaria, contudo, de ter uma bela morte, só para vos agradar. Foi o que pedi à Santíssima Virgem. Não pedi ao Bom Deus, porque quero deixá-lo livre de fazer o que quiser. Pedir à Nossa Senhora não é a mesma coisa: ela sabe muito bem o que fazer de meus pequenos desejos; se deve transmiti-los ou não... Afinal, é a ela que cabe sopesar tudo, para não obrigar seu Filho a me atender, para deixá-lo fazer em tudo a sua vontade.[106]

Descrevendo a vida de Nossa Senhora, ela fala de seus privilégios, de sua vida sua vida ordinária com uma simplicidade e uma penetração que constituem os sinais de uma intimidade quase contínua com ela.[107]

[895] E acrescenta em outro lugar:

Não; a Santíssima Virgem jamais estará escondida de mim porque a amo muito![108]

b) *Como a alma recorre a Maria na noite* – Teresinha do Menino Jesus faz esta última declaração quando se encontra em meio às maiores trevas e pede que se reze pelos agonizantes. Como explicar este contraste tão nitidamente afirmado?[109] De uma maneira mais precisa: Como a alma pode nesta noite perceber e descobrir a intervenção da Virgem Maria?

---

[105] *Ibid.*, 15.8.4.
[106] *Ibid.*, 4.61.
[107] Cf. *Ibid.*, 21.8.3.*
[108] *Ibid.*, 8.7.11.

[109] Ao dar estas explicações, não pretendemos afirmar que Santa Teresinha do Menino Jesus estivesse, então, na noite do espírito. Suas provações eram, sem dúvida, naquela época, mais reparadoras e redentoras que purificativas para ela. Mas, seja qual for a qualidade da noite, o mesmo problema se levanta: como explicar as intervenções da Santíssima Virgem que não dissipam a noite?

Para explicar esta intimidade, podemos recorrer àquele elemento sensível e humano que entra nos nossos relacionamentos com Nossa Senhora e que subsiste mesmo quando as virtudes teologais desapareceram. Maria é uma criatura ideal cuja lembrança permanece viva na nossa memória e a quem podemos continuar a amar na desolação que acompanha as mais tristes tragédias interiores.

Mas nestas almas enamoradas entram em ação outras forças mais poderosas e mais profundas. A fé viva se desenvolve nesta noite porque o amor que a esclarece aumentou consideravelmente. Este amor, que é filial, traz nele todas as virtualidades do amor filial completo. O amor do filho não clama só pelo pai; ele chama também pela mãe. Talvez, na noite e na provação, é o clamor à mãe que brota em primeiro lugar do instinto filial. A noite, que lhe arranca este grito de clamor e torna mais agudo seu desejo, não o impede de descobrir o objeto deste desejo. O amor, que esclarece a fé com sua luz de conaturalidade, guia a alma com segurança em sua busca na noite e a conduz à intimidade repousante de uma percepção e de um contato que a obscuridade, com suas trevas e angústias, contribui para tornar ainda mais ardente e mais profundo. O filho, graças às riquezas de seu amor filial, encontrou sua Mãe e, no claro-escuro da experiência mística, não a abandona mais e repousa em seus braços.

Graça inefável e auxílio poderoso que se situam fora de todas as manifestações extraordinárias e que são mais firmes, mais constantes, se não mesmo mais eficazes que todas as percepções sensíveis extraordinárias. E, no entanto, estas últimas não estão excluídas, pois Maria **[896]** não deixa de utilizá-las – a vida dos santos o prova – quando o julga necessário para ajudar a alma na provação e lhe dar o socorro apropriado.

Assim, São Luís Maria Grignion de Montfort pode afirmar em seu *Tratado da verdadeira devoção* a Maria:

Pode-se, é verdade, chegar a ele (ao estado da união divina) por outros caminhos; mas encontram-se muito mais cruzes e mortes estranhas, e muito mais empecilhos, que dificilmente se vencem. Será preciso passar por noites obscuras, por combates e agonias terríveis, escalar montanhas escarpadas, pisando espinhos agudos, atravessar desertos horríveis. Enquanto que pelo caminho de Maria passa-se com muito mais doçura e tranquilidade.

Aí se encontram, sem dúvida, rudes combates a travar e dificuldades enormes a vencer. Mas esta boa Mãe e Senhora está sempre tão próxima e presente a seus fiéis servos, para alumiá-los em suas trevas [e] ... dúvidas, encorajá-los em seus receios ... e dificuldades, que, em verdade, este caminho virginal, para chegar a Jesus Cristo é um caminho de rosas e de mel em vista dos outros caminhos. [110]

Estes textos exprimem de forma atraente toda a importância do recurso à Maria na noite do espírito e a missão tranquilizadora e luminosa que ele leva a cabo. No seu tratado menos conhecido – e, contudo, mais completo de sua doutrina espiritual –, *O Amor da Sabedoria eterna,* São Luís Maria Grignion de Montfort não hesita em afirmar:

Somente por meio de Maria se pode obter a Sabedoria.[111]

Tais afirmações devem ser explicadas no contexto. Assumindo-as num sentido absoluto, correríamos o risco de excluir dos cumes da vida espiritual santos – e muito grandes santos –, como São Paulo, nos quais nunca se descobre um recurso a Maria ou mesmo uma menção de sua missão no plano redentor e na distribuição da graça. Portanto, é preciso compreender a afirmação de Grignion de Montfort no sentido de mediação que pode ser implícita ou explícita. A mediação implícita era suficiente, sem dúvida, nas épocas em que a própria teologia mariana era pobre de explicações. Mas, atualmente, quando os escritos dos santos

---

[110] São LUÍS MARIA GRIGNION DE MONTFORT. *Tratado da Verdadeira devoção à Santíssima Virgem Maria,* cap. V, art. V, § 1, n° 152.

[111] *O Amor da Sabedoria eterna,* cap. 17, n° 209.

e os trabalhos dos teólogos nos fornecem esclarecimentos luminosos sobre a maternidade de Maria – embora ainda não respondam a toda exigente curiosidade de nosso amor filial –, o recurso explícito a Nossa Senhora parece moralmente necessário para tomar posse da Sabedoria. E, como [897] consequência disso, a afirmação de Grignion de Montfort assume seu pleno sentido e toda a sua força imperativa.

c) *As diversas formas de intimidade com Maria* – É preciso ainda admitir diversos graus e modos neste recorrer à Maria e na influência de Maria sobre as almas.

Na verdade, se a santidade é una, se ela é realizada pelo mesmo Espírito e faz participar das mesmas riquezas de vida e de luz, permanece, no entanto, o fato de que ela faz transbordar em cada santo dons diferentes e faz brilhar uma virtude particular Daquele que fez de todos nós sacerdotes e reis com ele. É assim que, em meio às almas, há, como São João entre os apóstolos, aqueles que recebem a Virgem Maria em herança. Como o Apóstolo amado, estas almas gozam de maneira mais especial de sua presença e de sua ação. A vida com Maria, por Maria, em Maria torna-se para elas um carinho e um dever. Este dom, via de regra, assume no princípio a forma de uma devoção sensível e ativa que absorve toda a sua vida espiritual. Esta devoção sofre, normalmente, um eclipse enquanto a alma avança nas vias da perfeição. Aquilo que há de sensível na devoção, de distinto e luminoso na convicção, parece afundar na escuridão da noite e sob o véu de uma insensibilidade que envolve a alma. Maria não desapareceu, nem tampouco seu amor. São as faculdades que sofrem os efeitos do crescimento espiritual e da noite onde entraram.

Maria reaparece mais tarde numa luz interior, sutil e saborosa, aquela que brota da noite. Preciosa descoberta contemplativa, realizada por um olhar que se purificou e se tornou mais penetrante na escuridão, e que agora sabe descobrir aí as realidades espirituais escondidas aos sentidos e às faculdades naturais. Uma nova vida se esboça, uma intimidade apoiada nesta presença obscura e nas percepções delicadas se desenvolve. Esta vida com Maria e em Maria tem, doravante, seus alicerces profundos num amor espiritual purificado. Ela se estende para o exterior em contínuas e tocantes manifestações.

Os carmelitas Bóstio[112] e Miguel de Santo Agostinho[113] **[898]** – este último, falando de sua filha espiritual Maria de Santa Teresa – expuseram e detalharam os desenvolvimentos e as riquezas desta descoberta contemplativa e desta união com Maria pelo amor e pelo olhar contemplativo. Os tratados de São Luís Maria Grignion de Montfort[114] procedem de uma experiência que deve ter a mesma profundidade, ainda que explicitada numa linguagem diferente, pois destinada ao conjunto do povo cristão.

Ao lado destas almas marianas no pleno sentido da palavra, existem outras – talvez em maior número – cuja vida espiritual não está centrada sobre a Virgem Maria no mesmo grau. Deus lhes fez outro dom e as colocou em outra

---

[112] Cf. BOSTIUS, Arnoldo. "De patronatu et patrocinio B.V. Mariae in dicantum sibi Carmelum", apud *Speculum Carmelitanum* – Fr. Danielis a Virgine. Antuerpia: Typis Michaelis Knobbari, 1680.

Frei Arnoldo Bóstio (1455-1499, em Gand), da Província de Flandres, esboçou a vida contemplativa com Maria e em Maria, no século XV. Cf. *Analecta* O.C.D., 1931, p. 241-243, artigo de Frei Gabriel de Santa Maria Madalena.

[113] Cf. Frei MIGUEL DE SANTO AGOSTINHO (1621-1684). *De Vita Mariae-formi et Mariana in Maria, propter Mariam*. Frei Maria-Eugênio consultou a tradução francesa deste tratado, apresentada nos *Études Carmélitaines Mystiques et Missionnaires*, 16ème Année, vol. I, avril 1931, p. 221-240 e no Vol. II, octobre 1931, p. 217-235.

[114] *O Amor da Sabedoria eterna*, cap.17, escrito provavelmente em 1703 ou 1704. O *Tratado da Verdadeira devoção à Santíssima Virgem Maria* é posterior e só foi descoberto em 1842.

via. Também elas amam Nossa Senhora e recorrem à sua maternidade. Sua devoção é ativa no primeiro período. No segundo, elas também descobrem Maria na penumbra da noite: sua presença se afirma na luz do amor, uma intimidade profunda e viva se estabelece. As explicitações exteriores são menos precisas, ou melhor: menos frequentes. Elas se dão apenas em certas circunstâncias, enquanto que a intimidade interior é constante.

São como estas minúsculas ocorrências nos últimos meses da vida de Santa Teresinha do Menino Jesus[115] relatadas acima, as quais nos revelam uma intimidade profunda e uma penetração admirável da vida da alma de Maria. Sobre São João da Cruz, o Irmão Martinho da Assunção, seu companheiro, conta:

Poucos anos antes de sua morte, contando ... a história do poço, disse que eram tais e tão numerosos os favores que lhe tinha feito a Mãe de Deus que, só o ver sua imagem lhe recreava e enchia sua alma de amor e claridade.[116]

[899] E, contudo, Santa Teresinha do Menino Jesus e São João da Cruz falam por demais pouco de Nossa Senhora.[117] A atenção deles se dirige principalmente para o mistério de Deus.

---

[115] Sobre a vida mariana de Santa Teresinha do Menino Jesus, ver o penetrante estudo de Frei Louis de Sainte Thérèse em *Vie Mariale au Carmel*. Tarascon: Éditions du Carmel, 1943. Na mesma brochura, pode-se encontrar o desenvolvimento dos pensamentos sumariamente expressos aqui: Frei MARIA-EUGÊNIO DO MENINO JESUS. "Les Frères de Notre-Dame".

[116] Frei BRUNO DE JÉSUS MARIE. *Op. cit.,* cap. 13, p. 231.

[117] É verdade que as alusões feitas indicam a união já realizada. São João da Cruz fala de Nossa Senhora só três ou quatro vezes em seus tratados, mas as alusões feitas na *Subida do Monte Carmelo* (3 S 1,10) e na *Chama Viva de Amor* (Ch 3,12) mostram que, quando ele fala da alma chegada à união perfeita, tem diante dos olhos a Virgem Maria em quem se realizam todas as operações da graça transformante em um grau eminente.

Em quais almas – do primeiro ou do segundo grupo – o amor da Virgem e sua ação são mais poderosos e mais eficazes? Como poderíamos emitir um julgamento sobre isso? É a qualidade do amor que faz a perfeição. Não seria imprudência apoiar este julgamento sobre o valor do amor unicamente na multiplicidade ou na intensidade sensível destas manifestações, na claridade da luz que a alimenta ou que é seu fruto? Os raios mais puros são os menos visíveis – diz São João da Cruz[118]. Nós sabemos que as realidades espirituais mais profundas não são sempre as mais exteriorizadas.

Ademais, que importa não poder apreciar isso? Respeitemos o mistério cujo desígnio de Deus envolve as almas e sua obra nelas. O essencial é que cada um esteja convencido que deve ir a Maria para encontrar a Sabedoria, e que deve haurir dela, segundo toda a medida de sua graça e o dom que lhe foi dado.

---
[118] Cf. 2 S 10,8-9.

SEXTO CAPÍTULO

Os efeitos da noite do espírito

> *... como é a verdade em Jesus,*
> *nele fostes ensinados a remover o*
> *vosso modo de vida anterior*
> *– o homem velho, que se corrompe*
> *ao sabor das concupiscências enga-*
> *nosas –*
> *e a renovar-vos pela transformação*
> *espiritual da vossa mente,*
> *e revestir-vos do homem novo, criado*
> *segundo Deus,*
> *na justiça e santidade da verdade.*[1]

[900] Tais são as exigências da conversão perfeita que o Apóstolo, nas palavras acima, especifica aos Efésios. É preciso despojar-se de si mesmo e renovar-se até as profundezas do espírito para revestir-se do homem novo, criado sobre o modelo de Cristo. É esta a obra realizada pela noite do espírito.

Esta noite – isto já foi dito diversas vezes – é o embate entre dois contrários que não podem subsistir no mesmo sujeito e que lutam sobre o campo de batalha que é a alma.[2] O amor, investindo a alma progressivamente, dirige o combate e o conduzirá à vitória, graças à cooperação desta. Esta obra do amor – explica São João da Cruz – é semelhante àquela do fogo que ataca a madeira.

... esta purificadora e amorosa notícia ou luz divina, quando vai preparando e dispondo a alma para a união perfeita do amor, age à

---

[1] Ef 4,21-24.
[2] Cf. 2 N 5,4.

maneira do fogo material sobre a madeira para transformá-la em si mesmo. Vemos que este fogo material, ateando-se na madeira, começa por secá-la; tira-lhe a umidade, e lhe faz expelir toda a seiva. Logo continua a sua ação enegrecendo a madeira, tornando-a escura e feia e até com mau odor; assim a vai secando pouco a pouco, e pondo à vista, a fim de consumi-los, todos os elementos grosseiros e **[901]** escondidos que a madeira encerra, contrários ao mesmo fogo. Finalmente, põe-se a inflamá-la e aquecê-la por fora, até penetrá-la toda e transformá-la em fogo, tão formosa como ele próprio. Em chegando a este fim, já não existe na madeira nenhuma propriedade nem atividade própria, salvo o peso e a quantidade, maiores que os do fogo; pois adquiriu as propriedades e ações do próprio fogo. Assim, agora está seca, e seca; está quente, e aquece; está luminosa, e ilumina; está muito mais leve do que era antes; e tudo isto é obra do fogo na madeira, produzindo nela estas propriedades e efeitos.[3]

Estes efeitos mostram o poder deste "fogo de amor que vai se ateando [na alma] ... e cuja ação se compara à do fogo material na madeira".[4]

Pelo que ficou dito, podemos de algum modo considerar como é intensa e forte esta inflamação de amor no espírito, onde Deus concentra todas as energias, potências e apetites da alma, tanto espirituais como sensitivos.[5]

Como este amor é infuso, porquanto é mais passivo que ativo, gera na alma forte paixão de amor.[6]

"Inflamação de amor" desencadeada por Deus, "paixão de amor" produzida na alma: conhecemos as causas que interagem nesta noite e, sem dúvida, nunca poderíamos salientá-las o suficiente para explicar tudo quanto pode ser compreendido neste grandioso acontecimento espiritual

---

[3] 2 N 10,1. Cf. tb. 1 S 11,6-8; Ch, Prólogo – onde prossegue a mesma comparação para mostrar a ação do amor na alma já perfeita – e *Ibid.*, 1,19-21.

[4] 2 N 11,1.

[5] *Ibid.*, 11,4.

[6] *Ibid.*, 11,2.

Os efeitos da noite do espírito

que é a noite do espírito. Queremos conhecer agora os seus efeitos. A comparação da madeira que, primeiro, fica seca e, depois, abrasada, nos permite intuí-los. No âmbito espiritual, a que corresponde esta transformação da madeira úmida em tição incandescente? No-lo dirá São João da Cruz?

Sim, sem dúvida, e provavelmente da melhor maneira possível, a qual, no entanto, nos deixa um pouco desconcertados. Em outras partes, este lógico rigoroso, este psicólogo penetrante disseca, analisa, divide para expor e lançar luz sobre tudo. Aqui, ele se limita a usar símbolos a fim de marcar o ponto de chegada, de indicar certas propriedades desta transformação e fixar-lhe alguns aspectos e momentos. Parece renunciar à análise, a fim de não quebrar a viva unidade da obra realizada pelo amor.

Esta obra, com efeito, é de tal forma una que, ao apresentar como distintos seus diversos elementos, poderíamos falsear sua visão de conjunto. Não estamos mais no tempo em que a ação de Deus, localizada em tal ou tal faculdade, [902] produzia aí, segundo os momentos, diferentes efeitos. Agora, esta inflamação de amor está no espírito,[7] onde "Deus concentra todas as energias, potências e apetites da alma".[8] A fogueira deste incêndio está nas profundezas da alma. Sua irradiação não é mais localizada. O galho inteiro está na fogueira e é de suas próprias profundezas que a chama jorra. Toda a alma, então, está tomada pelo fogo e transformada por uma única e só ação.[9]

---

[7] Cf. *Ibid.*, 11,1-3.

[8] *Ibid.*, 11,4.

[9] Sobre esta questão da estrutura da *Noite Escura,* ler o notável estudo de Frei LUCIEN-MARIE DE SAINT JOSEPH, no artigo "A la recherche d'une structure", apud *Études Carmélitaines mystiques et missionnaires.* Paris: DDB, Vol. II, 23ème année, p. 254-281, octobre, 1938, que serviu de conclusão no Congresso de Psicologia Religiosa ocorrido em Avon, em setembro de 1938 sobre a "Noite do espírito".

No entanto, São João da Cruz, em uma de suas definições da noite, enuncia diversos efeitos. Diz ele que esta noite é

um influxo de Deus na alma, que a purifica de suas ignorâncias e imperfeições habituais, tanto naturais como espirituais.[10]

Aspectos diversos da noite, mais que efeitos especificamente diferentes, têm entre si estreitos laços de mútua dependência. Tentaremos não quebrar e até mesmo realçar os laços criados pela viva chama que os produz, estudando sucessivamente:

• A purificação moral que é o fruto mais conhecido da noite.

• A guinada psicológica que adapta as faculdades à dominadora tomada de posse do amor.

• Por fim, os efeitos positivos do amor na união.

A – *PURIFICAÇÃO MORAL*
I – *Necessidade da purificação*

Aqueles que leem com frequência os escritos de São João da Cruz conhecem muito bem o rigor de suas exigências – que são as exigências de Deus – a respeito da pureza de alma. A *Subida do Monte Carmelo* as apresenta com tal força que o principiante sente-se aterrorizado.

[903] É, portanto, grande ignorância da alma ousar aspirar a esse estado tão sublime da união com Deus, antes de haver despojado a vontade do apetite de todas as coisas naturais e sobrenaturais que lhe podem servir de impedimento, ... pois é incomensurável a distância existente entre elas e o dom recebido no estado da pura transformação em Deus. Nosso Senhor Jesus Cristo, ensinando-nos este caminho, diz por São Lucas: "Quem não renuncia a tudo que possui, pela vontade, não pode ser meu discípulo (Lc 14,33)".[11]

---

[10] 2 N 5,1.

[11] 1 S 5,2.

Muitas passagens da Sagrada Escritura vêm provar e pontuar esta afirmação. Deus não dá o maná, alimento celestial, aos hebreus senão quando esgotaram a farinha que tinham trazido do Egito.[12] Detém-se quando pedem outro manjar diferente deste alimento sublime e tão simples e os castiga.[13] Exige que Moisés suba sozinho a montanha onde deve falar com ele.[14]

O santo constata:

> O único desejo que o Senhor admite consigo numa alma é o de guardar a lei divina e levar a cruz de Cristo. E assim no Antigo Testamento não consentia Deus que se conservasse na Arca, onde estava o maná, objeto algum além do livro da Lei (Dt 31,26) e da vara de Moisés, imagem da cruz. Porque a alma, cuja única pretensão é cumprir perfeitamente a Lei do Senhor e carregar a cruz de Cristo, tornar-se-á arca viva, que encerrará o verdadeiro maná, o próprio Deus.[15]

II – *Só a noite do espírito realiza a purificação*

Mas esta evocação de uma doutrina elementar não é inútil para as almas das sextas Moradas, que já sofreram vitoriosamente a purificação dos sentidos? O santo Doutor responde:

> ... a purificação do sentido é apenas a porta e o princípio de contemplação que conduz à purificação do espírito; serve mais ... para acomodar o sentido ao espírito, do que propriamente para unir o espírito a Deus. As manchas do homem velho permanecem ainda no espírito, embora a alma não as perceba, nem as veja. Eis por que, se elas não desaparecem com o sabão e a forte lixívia da purificação desta noite não poderá o espírito chegar à pureza da união divina.[16]

---

[12] Cf. *Ibid.*, 5,3; Ex 16,33 ss.
[13] Cf. *Ibid.*; Nm 11,4 e 33.
[14] Cf. *Ibid.*, 5,6; Ex 34,3.
[15] *Ibid.*, 5,8.
[16] 2 N 2,1.

[904] Não há mais do que uma única purificação verdadeira e eficaz: a do espírito.

Entre o que foi feito e o que há a fazer existe tanta diferença como entre os ramos e as raízes, ou como em tirar uma mancha fresca e outra muito entranhada e velha.[17]

Por isto a noite do sentido que descrevemos mais propriamente se pode e deve chamar certa reforma e enfreamento do apetite, do que purificação.[18]

Mesmo as desordens que se manifestam nos sentidos não são suprimidas senão pela purificação do espírito.

A razão é que todas as imperfeições e desordens da parte sensitiva derivam sua força e raiz do espírito, onde se formam todos os hábitos, bons e maus: e assim, enquanto este não é purificado, as revoltas e desmandos do sentido não o podem ser suficientemente.

Nesta noite (a do espírito) ... purificam-se conjuntamente as duas partes.[19]

Já estamos esclarecidos. O trabalho de purificação mal se iniciou. A noite do sentido assegurou a calma e a força para suportar a noite do espírito. Ela não é mais que um prelúdio da noite do espírito, a única que é uma verdadeira purificação.

III – *Objeto da purificação*

O que concerne a esta purificação? Em primeiro lugar, convém distingui-la da purificação realizada pelo sacramento da penitência. O sacramento, por infusão da graça, tem como efeito principal apagar a mancha do pecado, isto é, restituir à alma, mediante o perdão de sua falta, a amizade com Deus que ela tinha perdido. A purificação do espírito só pode agir sobre a alma já justificada; dirige-se

---

[17] *Ibid.*
[18] *Ibid.*, 3,1.
[19] *Ibid.*, 3,1-2.

Os efeitos da noite do espírito

às próprias fontes do pecado, a todas as tendências pecaminosas – estejam elas em nós como uma das formas hereditárias do pecado original, ou como a consequência de pecados que cometemos.

São João da Cruz determina, assim, o objeto da purificação do espírito:

> Duas espécies de imperfeições têm os aproveitados: umas habituais, outras atuais. As [905] habituais são os apegos e costumes imperfeitos que ainda permanecem, como raízes, no espírito, onde não pôde atingir a purificação sensível ... .
>
> Têm ainda estes espirituais a *hebetudo mentis,* e a dureza natural que todo homem contrai pelo pecado ... .
>
> Nas imperfeições atuais, não caem todos do mesmo modo. Alguns, em razão de trazerem os bens espirituais tão manejáveis ao sentido, caem em maiores inconvenientes e perigos do que declaramos dos principiantes ... .
>
> Haveria tanto a dizer sobre as imperfeições destes aproveitados, e mostrar como são mais incuráveis por as terem eles como mais espirituais do que as primeiras, que deixo de falar.[20]

Então, este quadro sanjuanista nos indica, nos aproveitados, quando de sua entrada na noite do espírito, duas imperfeições habituais: as tendências podadas pela purificação dos sentidos, mas cujo tronco e raízes subsistem no espírito, e as imperfeições de fundo ou orgânicas (embotamento e rudeza de espírito) que não levam a cometer faltas propriamente ditas. Ambas são atacadas pela purificação do espírito, mas as segundas serão atingidas diretamente só pela guinada psicológica.

Quanto às imperfeições atuais, parece que são apenas manifestações das imperfeições habituais que, rechaçadas do âmbito dos sentidos pela primeira noite, ainda agem no âmbito dos bens espirituais.

---

[20] *Ibid.*, 2,1.2.3.4.

Em suma, no limiar da noite do espírito, a alma traz em si – mortificadas em certas manifestações exteriores, porém, em desenvolvimento no âmbito espiritual e sempre fortes nas profundezas – as imperfeições espirituais das quais o Santo nos deu um quadro tão vivo no início da noite do sentido e que são uma transposição dos sete pecados capitais. Portanto, trata-se de atingir e destruir em suas raízes profundas estes vícios de formas exteriores mais ou menos atenuadas.

Precisemos, ainda uma vez, o objeto desta purificação.

Entre as tendências ou imperfeições, São João da Cruz distingue duas espécies: as tendências naturais e as tendências voluntárias.

Entendo aqui por apetites naturais e primeiros movimentos, todos aqueles em que a vontade racional não toma parte nem antes nem depois do ato. Porque é impossível **[906]** mortificá-los inteiramente e fazê-los desaparecer nesta vida; aliás, não impedem a união divina, ainda que não estejam de todo mortificados.[21]

Destas faltas, cometidas sob a ação das tendências que não são totalmente voluntárias, o Santo acrescenta que "está escrito que o justo cairá sete vezes, e tornar-se-á a levantar (Pr 24,16)".[22] As tendências voluntárias são muito mais perigosas.

... em relação a todos os apetites voluntários, a alma deve purificar-se e desembaraçar-se deles completamente; não só dos mais graves que a levam ao pecado mortal, mas ainda dos menores que a induzem ao pecado venial, e até dos mais leves que a fazem cair em imperfeições. Sem isto, inutilmente pretenderá chegar à perfeita união com Deus.[23]

---

[21] 1 S 11,2. N.T.: Como já aludido em nota da I Parte – Perspectivas, cap. 3: "Conhecimento de si mesmo"/ A. Objeto do conhecimento de si mesmo, II – Conhecimento espiritual, c) Más tendências, p. 85, ao empregar o vocábulo "apetite" São João da Cruz refere-se às más tendências inerentes à natureza humana.

[22] *Ibid.*, 11,3.

[23] *Ibid.*, 11,2.

Os efeitos da noite do espírito

O Santo insiste sem receio de ser repetitivo:

Quanto aos apetites deliberados e voluntários, e pecados veniais de advertência, ainda sendo em coisa mínima, basta um só deles que não se vença, para impedir a união da alma com Deus. Refiro-me a um tal hábito não mortificado e não a alguns atos passageiros de apetites diferentes que não causam tanto prejuízo.[24]

E especifica:

Estas imperfeições habituais são: costume de falar muito, apegozinho a alguma coisa que jamais se acaba de querer vencer, seja a pessoa, vestido, livro ou cela; tal espécie de alimento; algumas coisinhas de gostos, conversações, querendo saber e ouvir notícias, e outros pontos semelhantes.[25]

Um só destes pequenos apegos voluntários impede a obra divina e causa os danos anunciados no início da *Subida do Monte Carmelo:*

[Eis] o duplo prejuízo causado à alma por seus apetites. Primeiro; privam-na do espírito de Deus. Segundo, fatigam, atormentam, obscurecem, mancham e enfraquecem a alma em que vivem ... . Estes dois males ... são causados por qualquer ato desordenado do apetite.[26]

Porque enquanto houver apego a alguma coisa, por mínima que seja, é escusado poder progredir a alma na perfeição ... .

... é triste ver almas que, por falta de generosidade em desapegar-se de uma ninharia – um simples fio que o Senhor lhes deixa para romper por seu amor –, deixam de chegar a tão grande bem![27]

[907] Como explicar esta severidade de Deus que detém sua ação transformante diante de ninharias tão pequenas?

Respondendo à pergunta ... , esta união consiste na transformação total da vontade humana na divina, de modo que não haja nela coisa contrária a essa vontade, mas seja sempre movida, em tudo e por tudo, pela vontade de Deus.

---

[24] *Ibid.*, 11,3.
[25] *Ibid.*, 11,4.
[26] *Ibid.*, 6,1.
[27] *Ibid.*, 11,4-5

Por esta causa dizemos que, neste estado, as duas vontades fazem uma só que é a de Deus, e, portanto, a vontade de Deus é também a da alma. Ora, se esta alma quisesse alguma imperfeição, o que evidentemente Deus não pode querer, nasceria daí divergência, pois a alma poria sua vontade onde não está a de Deus. Para se unir pela vontade e pelo amor a seu soberano Bem, a alma deve renunciar primeiro a todo o apetite voluntário, por mínimo que seja ... .[28]

E o Santo reveste esta dura realidade com uma imagem tão graciosa, que a deixará fixa para sempre em nosso espírito.

Pouco importa estar o pássaro amarrado por um fio grosso ou fino; desde que não se liberte, tão preso estará por um como por outro. Verdade é que quanto mais tênue for o fio, mais fácil será de se partir. Mas, por frágil que seja, o pássaro estará sempre retido por ele enquanto não o quebrar para alçar voo.[29]

Mas, bem depressa, se levanta outro problema: Como é possível que uma alma que já combateu com tanta generosidade hesite diante desta "ninharia, um simples fio" que a impede de avançar? Disposição providencial? É possível. "... depois de Deus lhes ter dado a graça de quebrar outros laços muito mais fortes, como os das afeições ao pecado e às vaidades do mundo"[30] – constata São João da Cruz –, deixa-as vencer por si mesmas este obstáculo, e elas parecem impotentes. Mistério da graça cuja medida e momento Deus fixou.

Para esta fraqueza podemos encontrar uma explicação psicológica. O obstáculo parece pouca coisa na sua superfície, mas provavelmente, ele tem infraestruturas poderosas. Acaso os escolhos mais perigosos não são aqueles que mal emergem na superfície das águas? A vontade, que ostenta uma fachada tão firme e compacta de resistência ao pecado

---

[28] *Ibid.*, 11,2-3.
[29] *Ibid.*, 11,4.
[30] *Ibid.*, 11,5.

em geral, mostra sobre este ponto uma pequena fissura que a custo aparece, mas que se prolonga em profundidade até os seus fundamentos. Trata-se daquela pequena fenda de um vaso pela qual todo o licor se derramará.[31] **[908]** Não seria este fio tão tênue e tão resistente o indício exterior de um apego do qual a noite do sentido podou toda a folhagem, mas cujas raízes permaneceram vivas e profundas na alma? A fraqueza da vontade teria, assim, uma explicação razoável. Esta vontade, portanto, tem necessidade de ser retificada neste ponto e fortalecida. É preciso um trabalho de fundo, pois, como diz São João da Cruz:

... a alma não possui mais que uma só vontade e, se a ocupa ou embaraça em algo, não fica livre, só e pura, como se requer para a transformação divina.[32]

Já descobrimos a região onde se deve fazer a purificação moral. É, evidentemente, nas profundezas da vontade; é aí que se encontra o mal que a fere e a enfraquece. Sem dúvida, esta vontade já foi dobrada e conquistada pela graça de união de vontade das quintas Moradas. Um considerável trabalho foi, então, realizado. Desde que recebeu esta graça, a vontade experimenta como que uma necessidade profunda de aderir a todos os quereres divinos. No entanto – nós o vemos –, esta adesão não é tão perfeita a ponto de não deixar estas falhas pouco aparentes, mas profundas; estas resistências ou faltas de docilidade de fundo que exigem uma adequada purificação.

IV – *Como se dá a purificação moral?*

A purificação moral se dá *pari passo* com a guinada psicológica. Só atinge a perfeição com ela e por ela. Alguns de

---

[31] Cf. *Ibid.*
[32] *Ibid.*, 11,6.

seus efeitos, contudo, são por demais distintos dos efeitos da guinada psicológica, razão pela qual os expomos separadamente, a fim de que, desta forma, apareça toda a obra realizada pela noite do espírito.

Esta noite escura é um influxo de Deus na alma, que a purifica de suas ignorâncias e imperfeições habituais ... . Chamam-na os contemplativos contemplação infusa, ou teologia mística ... . Por ser ela amorosa Sabedoria divina, Deus produz notáveis efeitos na alma, e a dispõe, purificando e iluminando, para a união de amor com ele.[33]

Este texto nos oferece as afirmações essenciais referentes à obra da noite do espírito. Recolhamo-las.

[909] A influência de Deus, que constitui a noite do espírito, produz a contemplação infusa na alma. Esta contemplação, Sabedoria secreta que jorra do amor, produz luz e amor. São João da Cruz sublinha que ela purifica a alma, iluminando-a.

1. *Ação purificadora da luz*

A luz concedida pela contemplação infusa jorra da conaturalidade criada pelo amor. Embora não distinta e escura, esclarece a respeito de Deus e da alma. Leva a experimentar, a um só tempo, as riquezas da graça que são as de Deus – pureza, poder, suavidade... – e a pobreza do vaso que as recebe.

Trazemos, porém, este tesouro em vasos de argila, para que esse incomparável poder seja de Deus e não de nós.[34]

De outra forma, Santa Teresa faz uma observação semelhante:

... está claro que uma coisa branca parece muito mais branca quando perto de uma negra, e vice-versa ... . Olhando a sua grandeza (a de Deus), percebemos a nossa baixeza.[35]

---

[33] 2 N 5,1.
[34] 2Cor 4,7.
[35] 1 M 2,10.9.

O contraste, aqui, constitui uma acusação para a alma. Como a luz jorra das profundezas onde se experimenta a caridade nestas sextas Moradas, a alma descobre, à sua passagem, todas as tendências e suas raízes, estas infraestruturas sepultadas habitualmente sob um véu de obscuridade que as dissimula aos exames de consciência mais detalhados e que não são desvendadas senão em certos pontos, e ainda lentamente, pelas induções divinatórias da psicanálise. Proceda ela das iluminações repentinas e ofuscantes das graças extraordinárias ou da experiência secreta da contemplação infusa, a luz mística descobre com plena clareza estas profundidades das forças do pecado em nós. Santa Teresa escreve:

> Ela vê com muita clareza que é muito indigna, porque em quarto onde entra a luz do sol não há teia de aranha escondida; a alma vê a sua miséria. A vaidade está tão longe dela que ela tem a impressão de que não pode tê-la, porque constata com os próprios olhos o pouco ou quase nada que pode fazer) ... . Ela percebe que merece o inferno e que é castigada com a glória ... .[36]

[910] E ela vê não somente as teias de aranha que há em si mesma, suas grandes faltas, como até algum cisco, por menor que seja, já que está exposta a muita luz; assim, por mais que trabalhe para a sua perfeição, se de fato for atingida por este Sol, ela logo se considerará muito impura. É como a água que está num vaso: não sendo iluminada, parece límpida; se o sol a atinge, logo se vê que está cheia de poeira.[37]

Como o arado que rasga as entranhas da terra, arranca e levanta as ervas daninhas com suas raízes e as estende despedaçadas e secas sobre a superfície do terreno, esta luz descobre as profundezas da alma e, colocando a nu suas tendências, já as destrói. Acaso, não pretende a psicanálise fazer desaparecer as tendências patológicas, arrancando-as

---

[36] V 19,2.
[37] *Ibid.*, 20,28.

da obscuridade do subconsciente que as protege? Esta luz, mediante os clarões que projeta sobre a poeira de suas manifestações nos atos da vida ordinária, já é então purificadora.

É ela que produz na alma esta humildade fervorosa que cria a convicção e faz realizar a atitude que lhe corresponde. Na verdade, procedendo da experiência e do amor, ela não só atinge a inteligência, mas penetra todo o ser e o adapta e modela de acordo com suas exigências. Mansa, forte e eficaz, para realizar aquilo que exprime, ela leva a alma a curvar-se numa atitude de verdade diante de Deus e a subtrai ao domínio orgulhoso do "eu".[38] É à sua impregnação de amor que a luz mística deve parte de seu poder purificador. E isso nos deixa entrever, para o próprio amor, uma eficácia ainda maior.

2. *Ação purificadora do amor*

São João da Cruz atribui ao amor a ação purificadora por excelência.

... a alma se [purifica] à luz deste fogo de Sabedoria amorosa – e Deus nunca dá Sabedoria mística sem amor, porquanto é o próprio amor que a infunde.[39]

Do amor, com efeito, foi escrito que ele "cobre uma multidão de pecados".[40] À pecadora que ungia seus pés na casa de Simão o fariseu, Jesus proclama: "Teus pecados estão perdoados". Àqueles que se escandalizam com esta declaração, explica: **[911]** "... seus pecados lhe estão perdoados, porque ela demonstrou muito amor".[41] Nada pode resistir à força invasora e unificante do amor. Seu reino

---

[38] Cf. III Parte – Contemplação e Vida Mística, cap. 4: "A humildade", p. 458. Ver aquilo que se refere à humildade fervorosa.

[39] 2 N 12,2.

[40] 1Pd 4,8.

[41] Lc 7,47-50.

pacífico na alma se estabelece pela submissão de todos os seus inimigos. Não só apaga o pecado, mas ataca e submete todas as resistências pecaminosas que se opõem à sua expansão, os pecados capitais e as tendências patológicas.

O amor só exerce esta ação purificadora que está em seu poder de uma maneira absoluta, com a destruição completa das tendências, nos casos excepcionais e nos momentos que Deus escolheu. Via de regra, o amor se limita a estabelecer seu domínio perfeito sobre a vontade, a enfraquecer as tendências.

Da mesma maneira que os defeitos físicos, a tendência natural como tal não é um obstáculo para a união divina. Apenas a tendência voluntária, ou melhor, o curvar-se da vontade sob a ação de uma tendência, impede esta união perfeita. A análise feita anteriormente sobre o fio que não permite ao pássaro alçar voo mostrou-nos que este curvar-se é devido à ferida feita na vontade sobre um ponto particular por uma tendência. A noite do espírito coloca a nu a ferida sutil, mas profunda, da vontade e a cura mediante uma abundante infusão de amor. Neste amor, a vontade encontra uma nova força e uma retidão que a fortalecem contra a ação da tendência e a mantém ao abrigo de sua influência nefasta.

Com efeito, São João da Cruz constata:

É a fortaleza que, desde o início, lhe infunde esta obscura, penosa e tenebrosa água de Deus; pois, enfim, é sempre água, embora tenebrosa, e por isto não pode deixar de refrescar e fortificar a alma no que mais lhe convém ... . a alma vê, desde logo, em si mesma uma verdadeira determinação e eficácia para não fazer coisa alguma que entenda ser ofensa de Deus, como, também, de não omitir coisa em que lhe pareça servi-lo.[42]

Esta firmeza de adesão a Deus e este ardente desejo de lhe agradar em tudo – que são os efeitos essenciais do

---

[42] 2 N 16,14.

amor – são suficientes para cortar o fio que prendia e retinha a vontade prisioneira.

[912] Apesar disso, esta libertação da vontade nem sempre comporta o desaparecimento da tendência pecaminosa. As comovedoras confidências do Apóstolo nos dão a prova disso. A maravilhosa transformação realizada no dia de sua conversão, as extraordinárias efusões da graça que a seguiram, não apagaram todo o foco de mal que havia nele.

... não faço o bem que eu quero, mas pratico o mal que não quero. Ora, se eu faço o que não quero, já não sou eu que estou agindo, e sim o pecado que habita em mim.[43]

Escrevendo aos coríntios, ele completava sua confidência:

Já que estas revelações eram extraordinárias, para eu não me encher de soberba, foi-me dado um aguilhão na carne – um anjo de satanás para me espancar – a fim de que eu não me encha de soberba. A esse respeito três vezes pedi ao Senhor que o afastasse de mim. Respondeu-me, porém: "Basta-te a minha graça, pois é na fraqueza que a força manifesta todo o seu poder". Por conseguinte, com todo o ânimo prefiro gloriar-me das minhas fraquezas, para que pouse sobre mim a força de Cristo. Por isto, eu me comprazo nas fraquezas, nos opróbrios, nas necessidades, nas perseguições, nas angústias por causa de Cristo. Pois quando sou fraco, então é que sou forte.[44]

Textos luminosos que nos mostram até que ponto a purificação do espírito conduz e quais são os seus melhores frutos. Deus transforma, destrói certas tendências, sempre fortalece e sustenta, mas nos deixa nossa natureza de homens e nossa qualidade de pecadores. Sob a luz divina que doravante predomina, se faz necessária a mais dolorosa experiência das fontes do pecado que permanecem na alma, a fim de salvaguardar a humildade e manter sempre borbulhantes as fontes da misericórdia.

---

[43] Rm 7,19-20.
[44] 2Cor 12,7-10.

Não sonhemos, então, com uma humanidade libertada e transformada em angélica para estes cumes e, tampouco, com aquela integridade do homem saído das mãos do Criador, em quem os dons preternaturais asseguravam um equilíbrio perfeito.[45] **[913]** Sem dúvida, esta alma atingiu uma transparência e uma capacidade espiritual que podem lhe permitir receber uma caridade superior àquela de certos anjos, uma firmeza de adesão a Deus que não tolera uma infidelidade voluntária mesmo nos primeiros movimentos. Mas, até que a morte não a separe, esta alma permanece presa a um corpo que traz os resquícios do pecado e faz com que ela sinta seu peso. Por que, então, desconsolar-se, se o próprio Apóstolo se gloriava disso? Na verdade, assim como as chagas de Cristo ressuscitado são gloriosas pelos caudais de vida que jorram delas, assim também as feridas do pecado o podem ser pelos caudais de misericórdia que elas atraem.

B – *GUINADA PSICOLÓGICA*
I – *Em que consiste*

Cabe à guinada psicológica assegurar a perfeita libertação da vontade com relação às tendências. Esta guinada psicológica – um fato surpreendente e quase maravilhoso na vida psicológica da alma – tem efeitos que se estendem

---

[45] São João da Cruz escreve a este respeito: "É necessário que ambas (as duas partes da alma: espiritual e sensitiva), a fim de chegarem à divina união de amor, sejam primeiro reformadas, ordenadas e pacificadas ... à semelhança do estado de inocência que havia em Adão" (2 N 24,2).

O Santo fala em ordenar e pacificar as tendências, não em reprimi-las. É ainda preciso compreender esta pacificação num sentido relativo, enquanto a alma vive nesta terra, isto é: no sentido de que esta permite a dolorosa constatação da tendência, a agitação, por vezes, destas tendências, e mesmo constantes provações que têm um fruto redentor. O próprio Santo nos disse que o justo peca sete vezes ao dia por causa da ignorância e das tendências naturais que permanecem nele (cf. 1 S 11,3).

Portanto, a purificação consiste essencialmente numa retificação e numa perfeita firmeza da vontade, tanto com relação aos movimentos que procedem da parte sensitiva, como daqueles da parte espiritual.

para além da purificação moral. Assim, ela merece ser estudada com atenção.

Normalmente, as faculdades da alma recebem seu alimento do exterior através dos sentidos que são, no dizer de São João da Cruz, "as janelas"[46] da alma para o mundo exterior. Das percepções dos sentidos, a inteligência extrai por abstração, ideias sobre as quais, depois, trabalha para se nutrir com elas e iluminar a vontade. Ao estudarmos a gênese do ato de fé, vimos como a fé se nutre de verdades dogmáticas cujas fórmulas foram recolhidas pelo ouvido: *fides ex audito,* "a fé vem pelo ouvido" – diz o Apóstolo. E acrescenta: "E como poderiam crer naquele que não ouviram?".[47] O movimento vital de absorção vai, então, do exterior para o interior.

[914] Mas, quando o próprio Deus intervém diretamente na vida espiritual da alma mediante suas luzes e moções, estabelece-se um movimento em sentido contrário. A fonte se encontra no centro da alma; a água jorra das próprias profundezas do reservatório, da "própria nascente que é Deus"[48] e transborda até o exterior. Este fenômeno surpreende as faculdades; sossega-as e, ao mesmo tempo, as agita. Na noite do sentido, se dá uma acomodação que habitua as faculdades a receber na paz este alimento que lhes chega do interior. Acomodação provisória. Ela deixa de ser suficiente quando se dão as infusões profundas da graça, as quais geram a noite do espírito. A Sabedoria secreta e ardente, que investe a alma, fecha as faculdades a tudo aquilo que lhes vem do exterior pelos sentidos.

Quando, pois, esta divina luz investe a alma com maior simplicidade e pureza, tanto mais a obscurece, esvazia e aniquila em todos os seus conhecimentos e afeições particulares, seja se refiram a coisas celestes ou a coisas terrestres.[49]

---

[46] 1 S 3,3.

[47] Rm 10,17.14 (Vulgata). Cf. III parte – Contemplação e Vida Mística, Cap. 10: "A fé e a contemplação sobrenatural", p. 612ss.

[48] 4 M 2,4.

[49] 2 N 8,2.

Os efeitos da noite do espírito

Por outra parte, as próprias faculdades não encontram mais o alimento adaptado à sua atividade naquilo que lhes dá esta Sabedoria.

... tal Sabedoria é por demais simples, geral e espiritual para penetrar no entendimento envolta e revestida de qualquer espécie ou imagem dependente do sentido. Como não penetrou no sentido e imaginação ... , não podem [estes], portanto, discorrer sobre ela, e muito menos formar alguma imagem para exprimi-la.[50]

Daí procedem aqueles sofrimentos da noite do espírito e, especialmente, aquela angústia do vazio e aquela opressão característica "como se a alguém enforcassem, ou detivessem em atmosfera irrespirável".[51] A corda que retém e oprime é a Sabedoria secreta para as faculdades; o vazio é constituído pela impotência das faculdades para depreender ou para agir em qualquer campo.

Este doloroso drama já foi descrito. Portanto, é inútil insistir a não ser para sublinhar aquilo que se refere à guinada psicológica e que São João da Cruz resume nestes termos:

A obscuridade, de que fala aqui a alma, refere-se ... aos apetites e potências, tanto sensitivas, como interiores e espirituais. Nesta noite, efetivamente, todas se obscurecem perdendo sua luz natural, **[915]** a fim de que, por meio da purificação desta luz, possam ser ilustradas sobrenaturalmente. Os apetites sensitivos e espirituais permanecem, então, adormecidos e mortificados, sem poder saborear coisa alguma, nem divina nem humana. As afeições da alma, oprimidas e angustiadas, não conseguem mover-se para ela, nem achar arrimo em nada. A imaginação fica atada, na impossibilidade de discorrer sobre qualquer coisa boa; a memória, acabada; o entendimento nas trevas, nada compreende; enfim, a vontade, também seca na afeição, e todas as potências vazias e inúteis. Acima de tudo isto, sente a alma sobre si uma espessa e pesada nuvem, que a mantém angustiada e como afastada de Deus. Caminhando assim "às escuras", é que declara ir "segura".[52]

---

[50] *Ibid.*, 17,3.

[51] *Ibid.*, 6,5.

[52] *Ibid.*, 16,1.

V Parte – Santidade para a Igreja

Para onde vai assim, às apalpadelas, na escuridão, a alma?[53]

... aquela novidade ... a faz sair, deslumbrada e desatinada, de si mesma e do seu antigo modo de proceder; ... imagina ir perdendo ... . Vê como, na verdade, lhe vai faltando tudo aquilo que conhecia e gozava ... .[54]

... a alma está aqui submetida a tratamento, para conseguir sua saúde que é o mesmo Deus ... .[55]

... de tal maneira esta noite escura de contemplação absorve e embebe em si a alma, pondo-a ao mesmo tempo tão junto de Deus, que isto a ampara e liberta de tudo quanto não é Deus.[56]

Estas afirmações nos anunciam o triunfo da ação de Deus na alma mediante a eliminação de tudo aquilo que lhe chegava pelos sentidos. A propósito da memória, o Santo explica o que se produz na alma neste estado superior.

... chegada à união, estado já sobrenatural, desfalecem de todo as operações da memória e das demais potências, quanto ao seu modo natural, passando estas do limite da natureza ao termo de Deus que é sobrenatural. A memória, assim transformada em Deus, não pode, pois, receber impressão de formas ou notícias de realidades criadas; as suas operações, como as das outras potências, neste estado, são todas divinas. Por essa transformação das potências em si, Deus as possui como Senhor soberano: é ele mesmo que as move e governa divinamente, segundo o seu divino espírito e a sua vontade. Desde então, as operações da alma não são distintas, porque são de Deus; e são operações divinas, conforme diz S. Paulo: "quem se une com Deus torna-se um mesmo espírito com ele" (lCor 6,17).

Donde as operações das almas, unidas a Deus, são do Espírito divino e, por isso mesmo, divinas.[57]

---

[53] *Ibid.*
[54] *Ibid.*, 16,8.
[55] *Ibid.*, 16,10.
[56] *Ibid.*
[57] 3 S 2,8-9.

[916] Uma vez que a alma está recebendo luz e moção apenas de Deus, das duas correntes contrárias – uma vindo do exterior; outra, do interior – que existiam no início da vida mística, somente esta última subsiste.

Comparado com a vida psicológica normal do homem, este estado revela uma verdadeira guinada da alma. Esta não está mais orientada para os sentidos – as suas janelas para o mundo exterior –, a fim de encontrar aí alimentos. Ela está atenta unicamente a Deus, fonte que jorra espontaneamente nas profundezas e como que além dela.

Independente dos sentidos, a alma se encontra, assim, libertada de tudo aquilo que, neles, corrompia suas operações espirituais. Tendências e psicoses não podem atingir diretamente a alma, nem as faculdades espirituais. Elas não podem criar problemas orgânicos senão no sentido onde estão sediadas. Enquanto a alma utiliza os sentidos como órgãos receptores e instrumentos de ação, sua atividade espiritual se encontra onerada por tudo aquilo que os atravanca. A libertação dos sentidos – a qual a guinada psicológica assegura – é uma libertação de todos os problemas que os afetam e de todas as desordens funcionais da atividade espiritual que é a sua consequência. Felizmente, ela completa a purificação moral e, ao submeter a alma a Deus só, lhe concede a perfeita "saúde que é o mesmo Deus".[58]

A guinada assegura à atividade espiritual da alma outro benefício ainda mais importante: a libertação com relação a todas as operações naturais das faculdades.

As faculdades naturais podem oferecer às virtudes teologais apenas modos imperfeitos de agir, modos baixos e naturais – diz São João da Cruz.[59] E acrescenta que tais atos das faculdades naturais

---

[58] 2 N 16,10.
[59] Cf. *Ibid.*, 3,3.

são eles a gente da casa, e estando acordados, sempre se opõem a que ela se liberte deles, impedindo assim os bens da alma. Destes domésticos, nosso Salvador diz no Evangelho que são os inimigos do homem (Mt 11,36).[60]

Orientando a alma exclusivamente para Deus, a guinada psicológica subtrai a atividade espiritual da influência dos seus inimigos que são as faculdades naturais. As virtudes teologais não têm como recorrer a [917] elas, mas recebem, do próprio Deus, tudo aquilo que lhes é necessário para sua atividade. A luz e a moção que Deus lhes assegura, leva-as a encontrar seu modo de exercício perfeito, exclusivamente teologal. Sob esta ação de Deus, doravante única, se realiza perfeitamente o renascimento espiritual.

Comentando o texto de São João: *qui non ex sanguinibus, neque ex voluntate carnis, neque ex voluntate viri, sed ex Deo nati sunt,*[61] São João da Cruz explica:

... nisto (*ex voluntate viri*) se entende toda maneira e modo humano de julgar e conceber segundo a razão. A nenhum desses foi dado o poder de se tornarem filhos de Deus, senão àqueles que nasceram de Deus, ou, em outras palavras, aos que, voluntariamente mortos ao velho homem, são elevados até à vida sobrenatural, recebendo de Deus a regeneração e a filiação divina, que é acima de tudo o que se pode pensar. Porque, como diz o mesmo Apóstolo noutra passagem: *Nisi quis renatus fuerit ex aqua et Spiritu Sancto, non potest introire in Regnum Dei*, "Quem não renascer da água e do Espírito Santo, não pode entrar no Reino de Deus" (Jo 3,5). Isto é, quem não renascer do Espírito Santo jamais verá o Reino de Deus que é o estado de perfeição.[62]".

---

[60] 2 N 14,1.

[61] Jo 3,5.

[62] 2 S 5,5.

Completa purificação moral, libertação de todos os inimigos, renascimento espiritual, orientação exclusiva para Deus, todos estes benefícios da guinada psicológica ostentam seus frutos nas novas relações da alma com Deus, isto é, no novo modo de agir das virtudes teologais. Com São João da Cruz, admiremo-los mais de perto.

II – *Efeitos na atividade das virtudes teologais*

Em sua linguagem simbólica, São João da Cruz compara as três virtudes teologais a uma libré composta de três vestes de cores diferentes, com a qual a alma se reveste a fim de ganhar as graças de Cristo, seu Esposo:

A alma, pois, tocada aqui pelo amor do Esposo Cristo, pretendendo cair-lhe em graça e conquistar-lhe a vontade, sai agora com aquele disfarce que mais ao vivo exprime as afeições de seu espírito, e com o qual vai mais a coberto dos adversários e inimigos, a saber, mundo, demônio e carne. Assim, a libré que veste compõe-se de três cores principais: branca, verde e vermelha. Nestas cores são significadas as três virtudes teologais: fé, esperança e caridade.[63]

[918] Mais adiante, o Santo enriquece esta visão de conjunto.

Tal é o disfarce usado pela alma na noite da fé, subindo pela escada secreta, e tais são as três cores de sua libré. São elas convenientíssima disposição para se unir com Deus segundo suas três potências: entendimento, memória e vontade.[64]

São João da Cruz nos revela todo um panorama espiritual neste simbolismo das três cores. Num paralelismo cativante, ele indica as relações das virtudes teologais com as faculdades da alma e os inimigos a vencer. Fixa, assim, em grandes linhas o desenvolvimento da ascese mística exigida pelas virtudes teologais para a ascensão aos cumes da

---

[63] 2 N 21,3.
[64] *Ibid.*, 21,11.

união. É uma síntese dos pontos essenciais de sua doutrina num apanhado preciso e luminoso.

A Fé enxertada no entendimento protege do demônio.
A Esperança enxertada na memória protege do mundo.
A Caridade enxertada na vontade protege da carne.
E podemos deixá-lo ainda mais preciso.

FÉ	ENTENDIMENTO	OBEDIÊNCIA	ASTÚCIAS DO DEMÔNIO
ESPERANÇA	MEMÓRIA	POBREZA	BENS DO MUNDO
CARIDADE	VONTADE	CASTIDADE	MOVIMENTOS DO CORAÇÃO E DA CARNE

É muito útil ter recolhido num quadro sintético as vivas relações que existem entre estas diversas realidades para dirigir com uma lógica eficaz – pois que fundada na razão – os combates da vida espiritual.

Aqui, o Santo se limita a recordar uma doutrina exposta de maneira mais ampla em outro lugar. As palavras são plenas de significado. Mostram-nos como a linguagem simbólica, sob a aparente imprecisão de suas figuras e de seus termos, pode ser rica e capaz de nutrir com luz e sabor.

[919] A fé é uma túnica interior de tão excelsa brancura que ofusca a vista de todo entendimento. Quando a alma caminha vestida de fé, o demônio não a vê, nem atina a prejudicá-la ... .

Por isto, São Pedro não achou outro melhor escudo para livrar-se dele, ao dizer: *cui resistite fortes in fide,* "ao qual [deveis resistir], permanecendo firmes na fé" (1Pd 5,9). ... pois "sem ela", diz o Apóstolo, "impossível é agradar a Deus" (Hb 11,6). Com a fé, porém, não pode deixar de agradar, segundo testifica o próprio Deus pela boca de um profeta: *Sponsabo te mihi in fide,* "Desposar-te-ei na fé" (Os 2,20).[65]

---

[65] *Ibid.*, 21,3.4.

Os efeitos da noite do espírito

Com esta veste branca, a alma atravessou a escuridão purificadora da noite escura – que não deixava passar nada, nem do alto e nem de baixo, que a pudesse macular – e chegou à sua perfeição atual, a qual lhe permite apoiar-se apenas na própria palavra de Deus. Agora, com toda a verdade, pode "apropriar-se daquele dito de Davi: *Propter verba labiorum tuorum ego custodivi vias duras*, "Por amor às palavras de seus lábios, guardei caminhos penosos (Sl 16,4)".[66]

A sequência sobre a esperança também é de uma sobriedade cheia de significado a qual oferece toda a doutrina sobre esta virtude.

... sobrepõe a alma uma segunda veste que é uma almilha verde. Por esta cor é significada a virtude da esperança ... . [Esta] esperança viva em Deus confere à alma tanta vivacidade e ânimo, e tanta elevação às coisas da vida eterna, que toda coisa da terra, em comparação a tudo quanto espera alcançar no céu, lhe parece murcha, seca e morta, como na verdade é, e de nenhum valor. ...

A alma vai, portanto, com esta verde libré e disfarce, muito segura contra seu segundo inimigo que é o mundo. À esperança chama São Paulo "elmo de salvação" (1Ts 5,8). Este capacete é armadura que protege toda a cabeça, cobrindo-a de modo a ficar descoberta apenas uma viseira, por onde se pode olhar.[67]

O retrato do combatente espiritual é pitoresco e sugestivo... Trata-se de um cavaleiro da Idade Média, revestido com toda a armadura defensiva paulina: o escudo da fé e o capacete da esperança que cobre todos os sentidos da cabeça.

Só deixa à alma uma viseira, a fim de poder levantar os olhos para cima, e nada mais. Tal é, ordinariamente, o ofício da esperança dentro da alma – levantar os seus olhos para olhar somente **[920]** a Deus, como diz Davi: *Oculi mei semper ad Dominum.* (Sl 24,15).[68]

---

[66] *Ibid.*, 21,5.
[67] *Ibid.*, 21,6.7.
[68] *Ibid.*, 21,7.

Não esqueçamos que
a fé esvazia e obscurece o entendimento de todos os seus conhecimentos naturais ... ; a esperança esvazia e afasta a memória de toda posse de criatura ... .[69]

Mas a veste mais preciosa é, incontestavelmente, a terceira:

... uma primorosa toga vermelha, significando a terceira virtude, a caridade. Esta não somente realça as outras duas cores, mas eleva a alma a tão grande altura que a põe junto de Deus ... .[70]

O Santo eleva o tom para fazer o elogio desta virtude da caridade que assegura a todas as outras a força, a beleza e a vida.

... sem a caridade nenhuma virtude é agradável a Deus. É esta a púrpura de que fala o livro dos Cantares, sobre a qual Deus se recosta (Ct 3,10). Com esta libré vermelha vai a alma vestida, quando, na noite escura, ... , sai de si mesma e de todas as coisas criadas, "de amor em vivas ânsias inflamada" ... subindo ... até a perfeita união do amor de Deus ... .[71]

Esta virtude purifica a vontade e protege a alma contra seu terceiro inimigo: a carne.

... pois, onde existe verdadeiro amor de Deus, não entra amor de si nem de seus interesses.[72]

As virtudes teologais, libertas de todos os inimigos, a um só tempo sem ligação tanto com o fundo pecaminoso que corrompia a sua atividade como com as operações das faculdades que as mantinham, por meio de sua tutela, num modo inferior e imperfeito de agir, abertas à única influência de Deus, encontram, com seu modo perfeito de agir, sua plena eficiência em Deus, seu objeto e seu motivo. A purificação moral e a guinada psicológica, venturosos frutos da

---

[69] *Ibid.*, 21,11.
[70] *Ibid.*, 21,10.
[71] *Ibid.*
[72] *Ibid.*

noite do espírito, conduziram-nas à perfeição. Com os instrumentos aperfeiçoados, com a atividade perfeita, a meta deve ser atingida. Assim, São João da Cruz pode concluir:

[921] Foi ... grande ventura [para a alma] o conseguir vesti-lo (este disfarce), perseverar com ele até alcançar tão desejada pretensão e fim, qual era a união de amor. Por isto, apressa-se em dizer o verso: Oh! ditosa ventura![73]

É justamente para esta união de amor perfeita com Deus que a noite prepara a alma de uma maneira imediata.

C – *TRIUNFO DA SABEDORIA DE AMOR*

Livre de todos os obstáculos que detinham sua caminhada e estorvavam sua ação, a Sabedoria de amor triunfa na alma e aí realiza seus desejos. Daqui em diante, não teremos a estudar mais que as sucessivas fases deste triunfo que irá se afirmando até a visão face a face. Desde agora, seguindo São João da Cruz, indicaremos alguns aspectos gerais do reino da Sabedoria. Isto nos obrigará a fazer algumas repetições. Mas não é necessário repetir muitas vezes essas coisas que se referem ao amor divino cuja riqueza e profundeza só se entregam ao olhar que persevera em contemplá-las?

I – *Luz e amor*

Este triunfo da Sabedoria de amor se afirma mediante diversas e sucessivas manifestações de luz e de amor, pois esta noite escura de contemplação consta de luz divina e amor, assim como o fogo possui também luz e calor ... .[74]

As reflexões feitas a propósito das manifestações de luz e amor próprias da noite do sentido e que davam grande es-

---

[73] *Ibid.*, 21,12.
[74] *Ibid.*, 12,7.

paço ao papel do temperamento na diversidade destas manifestações, ainda conservam seu valor nestas regiões superiores.[75] Contudo, faz-se necessário diminuir-lhe o alcance. A ação de Deus, tornada bem mais profunda, é menos indeterminada e deixa menos liberdade às faculdades para afirmar a qualidade de suas criações. Estas faculdades não envolvem o dom divino, **[922]** como anteriormente, para saboreá-lo. Elas estão dominadas e embriagadas pelos efeitos do toque divino que foi feito à alma nas profundezas.

São João da Cruz atribui a diversidade destas manifestações à maneira passiva com que a alma as recebe.

De quanto dissemos, se colige como, nestes bens espirituais, passivamente infundidos por Deus na alma, a vontade pode muito bem amar, sem o entendimento compreender; como pode o entendimento compreender, sem que a vontade ame.[76]

Isto equivale a dizer que a diversidade das manifestações é comandada, em primeiro lugar, por uma disposição divina:

... pode alguém receber calor do fogo sem lhe ver a luz, ou, pelo contrário, ver a luz sem receber calor. É isto obra do Senhor, que infunde como lhe apraz.[77]

Tal princípio se aplica, com todo o seu rigor, quando a alma está totalmente submissa, purificada e sossegada pela Sabedoria de amor. Os comentários do Santo no *Cântico Espiritual* e na *Chama Viva de Amor* o repetem e o comprovam.[78]

---

[75] Cf. IV Parte – Até a união de vontade, cap. 2: "Deus-luz e Deus-amor", p. 670ss.

[76] 2 N 12,7.

[77] *Ibid.*

[78] Cf. CE 26,5-8; Ch 3,49-50.

Nestas regiões, a Sabedoria de amor, senhora absoluta, comanda plenamente e tudo lhe deve ser atribuído diretamente. No entanto, sabemos que esta Sabedoria governa os seres com suma delicadeza e respeitando a natureza e o temperamento que ela lhes deu e preparou para a realização

Mas, enquanto se espera que a purificação seja terminada, a diversidade destas manifestações poderá ser explicada – ao menos parcialmente – pelo grau de purificação já realizado. A alma recebe então

[a contemplação] a seu modo, mui limitada e penosamente.[79]

... ao começar a purificação espiritual, toda a atividade deste fogo mais se aplica em dessecar e preparar a madeira da alma, do que em abrasá-la.[80]

A alma não sente a chama de amor, mas, no entanto, ela recebe o precioso dom de um amor estimativo muito elevado.

[923] Se logo ao princípio desta noite espiritual não se sente esta inflamação de amor, por não haver ainda o fogo de amor começado a lavrar, no entanto, em lugar disto Deus dá à alma tão grande amor estimativo para com Sua Majestade, que, conforme dissemos, todo o padecer e sofrer da alma no meio dos trabalhos desta noite consiste na ânsia de pensar que o perdeu e está abandonada por ele.[81]

Este amor de estima é uma luz que procede do dom da inteligência e da ciência. Mas eis que começam a aparecer as chamas de amor.

Já mais adiante, quando este fogo vai aquecendo a alma, é muito comum que ela sinta esta inflamação e este calor de amor. ... acontece algumas vezes que esta mística e amorosa teologia vai inflamando a vontade, e, juntamente, ferindo e ilustrando a potência do entendimento; infunde certo conhecimento e luz divina, com tanta suavidade e delicadeza que, com esta ajuda, a vontade se afervora maravilhosamente. Sem nada fazer de sua parte, sente arder em si este divino fogo

---

de seus desígnios. Dispõe tudo com força e suavidade, desde o começo até o fim. Edifica com perseverança, segundo seu desígnio que permanece o mesmo desde o princípio até o fim. A ação que dela procede vai, então, se harmonizar com o temperamento que ela mesma preparou para o fim fixado. Estes pensamentos ficarão mais claros a partir daquilo que veremos na alma transformada e dedicada ao desígnio de Deus.

[79] 2 N 12,4.

[80] *Ibid.*, 12,5.

[81] *Ibid.*, 13,5.

de amor, em vivas chamas, de maneira que parece à alma fogo vivo, por causa da viva inteligência que recebe.[82]

Este abrasamento de amor, com união das duas potências, entendimento e vontade, graça preciosíssima e de grande deleite para a alma[83]

e que provém de um "certo toque da divindade"[84] é prelúdio das festas que a Sabedoria celebrará nas faculdades para confirmar seus triunfos profundos na substância da alma.

Santa Teresa fez as mesmas experiências neste período da vida espiritual. Numa impotência quase total das faculdades, conheceu a maravilhosa eficácia deste amor de estima que em nada é sentido. Ela escreve:

> Outras vezes me acomete uma estupidez da alma – eu digo que é – e que me dá a impressão de que não faço bem nem mal, mas ando por ver andar os outros, como se diz: sem pesar e sem glória, nem viva nem morta, sem prazer nem sofrer. Parece que não se sente nada. Eu penso que a alma anda como um jumentinho que pasta e que se sustenta porque lhe dão de comer, comendo quase sem sentir. ... não se sentem movimentos nem efeitos para que a alma o entenda.
>
> Isso me parece, agora, navegar com ares muito serenos, andando muito sem saber como.[85]

[924] Santa Teresa é única pela aguçada penetração de suas análises, pela delicada graça e exatidão de suas imagens com as quais reveste suas observações. Eis que também ela descobre em si as manifestações ardentes do amor infuso:

> É semelhante a umas fontezinhas que tenho visto brotar: nunca cessa de haver movimento na areia, empurrada por elas para cima. Este exemplo ou comparação me parece compatível com o estado das

---

[82] *Ibid.*, 12,5.
[83] *Ibid.*, 12,6.
[84] *Ibid.*
[85] V 30,18-19.

almas que aqui chegam: o amor sempre está borbulhando e pensando no que fará. Ele não cabe em si, assim como na terra aquela água parece não caber, borbulhando sempre.

A alma fica assim com frequência, sem sossego nem controle com o amor que tem, com o qual já está embebida ... . Quantas vezes me recordo da água viva de que o Senhor falou à samaritana. Por isso, tenho muita afeição por aquele Evangelho ... .

Isso parece também um fogo grande que, para não se apagar, precisa ser sempre alimentado.[86]

O jumentinho que pasta, a fonte que borbulha e empurra para cima a areia, o fogo que abrasa, mostram-nos os efeitos exteriores do triunfo da Sabedoria de amor, neste período em que tal triunfo não está plenamente assegurado. Além dessas manifestações que afloram nos sentidos, existem outras mais profundas, mais constantes e, também, mais características deste domínio de Deus estabelecido, por fim, na alma. Mais adiante, vamos estudá-las com detalhes. Agora, indiquemo-las brevemente.

II – *Triunfo do amor*

A Sabedoria que triunfa é a Sabedoria de amor. Sua obra essencial consiste em dar o amor. É o que sublinha o Apóstolo Paulo, quando diz: "... o amor de Deus foi derramado em nossos corações pelo Espírito Santo que nos foi dado".[87] A caridade é a grande riqueza sobrenatural, a única à qual podemos nos apegar, pois todo o resto passa, mesmo a fé e a esperança. Só a caridade permanece.[88] O Apóstolo canta a excelência da caridade e sua preeminência. São João da Cruz escreve:

---

[86] *Ibid.*, 30,19.20.
[87] Rm 5,5.
[88] Cf. 1Cor 13,8.

Quanto mais pura e perfeita está a alma na fé, mais caridade infusa de Deus possui; e **[925]** quanto mais caridade tiver, mais a ilustrará o Espírito Divino concedendo-lhe seus dons; porque é a caridade causa e meio para a comunicação dos dons divinos.[89]

A caridade é o único dom perfeito nesta terra. Todos os outros derivam dela e não têm valor senão por ela. Nos vértices dos quais estamos tratando, isto se manifesta em plena luz. É a caridade que reina neles e realiza aí a obra essencial. Os outros dons são seus frutos ou, pelo menos, são inferiores a ela. A própria luz procede dela e jamais, nesta terra, poderia alcançar a perfeição da caridade que a faz nascer. Isto significa que a Sabedoria não triunfa plenamente nesta terra senão no amor. Indiquemos alguns aspectos deste triunfo da caridade.

1. O triunfo da Sabedoria só é perfeito porque ela infundiu na alma uma caridade de alta qualidade. Já repetimos várias vezes as afirmações de nossos Mestres, a saber: a perfeição do amor não consiste em sua intensidade ou nas suas manifestações exteriores, mas na sua qualidade. Esta qualidade é expressa simbolicamente pela profundidade na qual reside, significando, tal profundidade, a desvinculação do humano, a exclusividade da ação de Deus e a mais elevada capacidade espiritual da alma para receber os sublimes dons de Deus.

Nas regiões onde nos encontramos, a alma está completamente purificada e livre. Encontrou um deserto interior, uma solidão onde ela é só de Deus.

... acontece ... achar-se a alma, sem que ela o saiba compreender, de tal modo apartada e separada, segundo a parte espiritual e superior, da parte inferior e sensitiva, que conhece haver em si mesma duas partes bem distintas. Afigura-se-lhe até que são independentes, e nada tem a ver uma com a outra, tão separadas e longínquas estão

---

[89] 2 S 29,6.

entre si. Na verdade, assim o é de certa maneira; porque a operação toda espiritual, que então se realiza na alma, não se comunica à parte sensitiva.[90]

Esta separação tão marcada nos revela a perfeita pureza com que a ação de Deus é acolhida. Tal separação, realizada pela guinada psicológica, é experimentada pela alma.

Parece-lhe, então, que a colocam numa profundíssima e vastíssima solidão, onde é impossível penetrar qualquer criatura humana. E como se fosse um imenso deserto, sem limite por parte alguma, e tanto mais delicioso, saboroso e amoroso, quanto mais profundo, vasto e solitário. E a alma **[926]** aí se acha tão escondida, quanto se vê elevada sobre toda criatura da terra.[91]

Esta vasta solidão são as profundezas espirituais da alma, na qual Deus infunde passivamente o amor para além das próprias faculdades.

... este amor passivo não fere diretamente a vontade, pois a vontade é livre, e esta inflamação de amor é antes mais paixão de amor do que ato livre da vontade; este calor de amor se ateia na substância da alma, movendo passivamente as afeições. Por isto, define-se melhor como paixão de amor, do que como ato livre da vontade, pois para haver ato de vontade precisa ser livre.[92]

Estas infusões de amor realizadas por esta Sabedoria de amor – que "derivando-se de Deus", passa habitualmente "pelas jerarquias, desde as primeiras até as últimas, e [desce] destas últimas aos homens"[93] –, se tornam cada vez mais ardentes até que sejam produzidas por um próprio toque de Deus. Este toque,

abrasamento de amor, com união das duas potências, entendimento e vontade, é ... certo toque da divindade e princípio da perfeição na união de amor que está a esperar.[94]

---

[90] 2 N 23,14.
[91] *Ibid.*, 17,6.
[92] *Ibid.*, 13,3.
[93] *Ibid.*, 12,3.
[94] *Ibid.*, 12,6.

Realizada a transformação de amor, encontraremos estes toques delicados do Verbo que penetram "sutilmente a substância [da] alma, tocando-a toda".[95]

Basta-nos, por enquanto, ter levantado o véu que nos esconde estas regiões misteriosas e as operações que Deus aí realiza, para apreciarmos a qualidade do amor que nelas é infundido e a pureza com a qual ele é acolhido.

2. O efeito próprio e essencial da caridade é o de unir e transformar. Ela é mais do que um laço. Assegura uma mútua compenetração aos dois seres que une e, assim, os conduz a uma semelhança e certa identificação. A caridade sobrenatural derramada por Deus nas almas é participação da vida divina e nos faz filhos de Deus. É o dom de Deus que realiza em nós sua adoção.

[927] Doravante, a caridade, tendo purificado, separado, conquistado, não encontra mais obstáculos na alma. O poder unitivo e transformador pode se mostrar com toda a eficácia que o querer divino lhe concede. Une, então, "as duas vontades, a da alma e a de Deus", de tal modo que se encontram de acordo entre si e que "nada há em uma que contrarie a outra".[96]

Mas, dado que sua ação está localizada na substância da alma, ela realiza ali aquilo que São João da Cruz chama de "união substancial".[97] Esta união é uma transformação da alma pela caridade que a faz participar da natureza divina mediante sua união com Deus, embora esta união não seja essencial.[98] Trata-se de uma união de semelhança realizada pelo amor, daí procede seu nome: união de semelhança de amor.

---

[95] Ch 2,17.
[96] 2 S 5,3.
[97] *Ibid.*
[98] Cf. *Ibid.*, 5,3.7.

Estes termos nos indicam que, nestas regiões, o amor nos leva a realizar de modo perfeito a nossa vocação sobrenatural. Seu poder unitivo e transformador nos faz renascer perfeitamente e nos concede a plena filiação divina, transformando-nos, de claridade em claridade, até chegarmos à semelhança com o Verbo; nele, coloca-nos no seio da Santíssima Trindade e nos faz participar de todas as suas operações. É este poder transformador que assegura à caridade a primazia sobre todo o resto e a torna sobremaneira desejável. Os demais dons de Deus são, em relação à caridade e ao seu poder transformador, apenas meios e frutos. Estes meios – sejam eles eficazes –, estes frutos – sejam eles deliciosos ou brilhantes como os esplendores da união – devem permanecer numa atitude de dependência do que diz respeito à caridade.

Aspirai aos dons mais altos – diz o Apóstolo. Aliás, passo a indicar-vos um caminho que ultrapassa a todos. Procurai a caridade.[99]

É sumamente importante exercitar-se no amor – insiste São João da Cruz –, pois "a transformação da alma em Deus por amor logo se opera".[100]

3. Terminada esta transformação, isto é, estando as faculdades purificadas e perfeitamente submissas à tomada de posse do amor, fica doravante assegurada a plena liberdade ao dinamismo do amor. Visto que o amor é essencialmente dinâmico – *Bonum diffusivum sui,* "o bem difusivo [928] de si", ele está sempre em movimento para se doar. É participação da vida de Deus. Deter-se seria autodestruir-se e morrer. Sua vida está no movimento que implica o dom constante de si.

Qual é este movimento? É aquele do Filho de Deus, de Jesus Cristo. Com ele no seio da Santíssima Trindade, ten-

---

[99] 1Cor 12,31 e 14,1.
[100] 1 S 2,4.

de para o Pai a fim de se renovar continuamente sob a ação de sua paternidade. Daí, desce de novo em direção a tudo aquilo que conquistou e dominou – a substância da alma, faculdades e potências sensíveis – para verter sobre elas os novos tesouros hauridos em Deus. De agora em diante, a alma e suas faculdades não possuem senão aquilo que lhes chega pelos caudais deste amor que torna a descer carregado de dons perfeitos de Deus.

Este amor filial com o de Jesus torna a descer ao mundo e às almas. O Amor do Verbo, que é o Espírito de amor, constrói a Igreja, Corpo Místico de Cristo. A transformação de amor entrega a alma com todas as suas energias à moção deste Espírito e, por consequência, à realização da obra que ele empreendeu. De fato, o Espírito de amor toma as almas que conquistou como colaboradoras.

Que fará esta alma? Aquilo que o Espírito de amor lhe impõe: oração, imolação, atividade. Tudo ao mesmo tempo, isto ou aquilo, seguindo a vontade daquele que se tornou seu Mestre e segundo o movimento que o Espírito lhe imprime. Não prefere nada, não quer nada, mas apenas ser dócil ao Amado e cumprir toda a obra que o Espírito de amor quer realizar por ela. Esta obra será espiritual ou material, ativa ou contemplativa? Levará a alma para as profundezas de si mesma a fim de gozar de Deus ou às extremidades da terra para aí se consumir? Estes diferentes movimentos não lhe são mais que formas exteriores para as quais ela se tornou indiferente, pois só está ocupada em amar. Este amor não é repouso, mas dom de si ao Amado para assumir seus sentimentos, seus pensamentos, seus desejos; para imitar todas as suas atitudes e todos os seus gestos, para deixar-se levar por ele em todos os seus movimentos e em todos os seus quereres. Onde poderia encontrá-lo senão lá onde ele a quer e para onde a leva? Poupar-se para gozar de seu amor e vê-lo mais de perto numa intimidade repousante seria, efetivamente, perder seu contato e perder a ele mesmo, retomando a própria independência. Para satisfazer seu desejo de uma união sempre mais estreita, é preciso que o amor siga seu Bem-amado por toda parte por onde a conduza. Só isto é pode ser chamado "amar" e é o que indica o triunfo perfeito do amor.

4. **[929]** A perfeição deste triunfo está marcada por um sinal de paz e suavidade. O dinamismo do amor se exprimia com violência diante do obstáculo que ainda resistia e, com impetuosidade quando tal obstáculo tinha cedido. Agora, no interior, caiu todo obstáculo. Os do exterior são vencidos pela paciência silenciosa que transborda de amor. Este amor tornou-se um vinho velho, o qual já assentou a borra que o fazia borbulhar e fermentar e que, na sua substância, traz força, suavidade e sabor.[101]

Em grandes linhas, é este o triunfo que a noite do espírito assegura ao amor. Não nos resta mais que especificar cada um deles nas diversas etapas que vamos percorrer.

III – *Desabrochar da luz*

A luz é um dos frutos mais preciosos da transformação de amor.

> Esta transformação nada mais é do que a iluminação de entendimento pela luz sobrenatural, de maneira que ele se una com o divino, tornando-se, por sua vez, divino. É igualmente a penetração da vontade pelo amor divino, de modo a tornar-se nada menos que vontade divina, não amando senão divinamente ... .[102]

De fato, a luz que transforma o entendimento e o amor que inflama a vontade jorram, paralelamente, de uma fonte

---

[101] Cf. CE 25,7-11.
[102] 2 N 13,11.

mais profunda que é a transformação de amor realizada na substância da alma. Nestas regiões, a luz procede da conaturalidade que é criada pelo amor. A luz é, portanto, fruto do amor. Retomará a primazia sobre o amor apenas na visão face a face, quando o *lumen gloriae* nos permitir ver a Deus tal como ele é e, consequentemente, participar das operações da vida íntima de Deus na ordem lógica em que se desenvolvem.

Esta luz que procede do amor é de alta qualidade. Possui as características e os privilégios de sua divina origem.

1. Sua primeira característica é a de ser secreta, de jorrar da obscuridade e de estar envolvida nela.

A fé que nos conduz a Deus não no-lo revela senão na obscuridade. Trata-se de um de seus caracteres essenciais que não pode desaparecer nesta terra. Esta obscuridade, que provém da [930] imperfeição do instrumento que está à nossa disposição, nós a repercutimos sobre o próprio Deus e dizemos com o salmista:

> Ele inclinou o céu e desceu,
> tendo aos pés uma nuvem escura;
> cavalgou um querubim e voou,
> planando sobre as asas do vento.
> Das trevas ele fez seu véu,
> sua tenda, de águas escuras e nuvens espessas ... .[103]

São João da Cruz comenta este texto:

Essa obscuridade sob os pés, seu esconderijo nas trevas, e a sua tenda formada por águas tenebrosas denotam a obscuridade da fé, na qual o Senhor está encerrado.[104]

As mais elevadas manifestações de Deus não o fazem sair destas trevas:

---

[103] Sl 17[18],10-12.
[104] 1 S 9,2.

... ao terminar Salomão a construção do Templo, Deus desceu numa nuvem e encheu o santo lugar de tal obscuridade que os filhos de Israel nada mais podiam distinguir. Salomão disse então assim: "O Senhor prometeu que habitaria numa nuvem" (1Rs 8,12). Apareceu Deus igualmente a Moisés, na montanha, envolto em trevas (Ex 19,9). Enfim, todas as vezes que Deus se comunicava muito aos homens, sempre o fazia sob trevas, como se pode constatar no livro de Jó onde está escrito que o Senhor falou a Jó no meio do ar tenebroso (Jó 38,1; 40,1). Todas essas trevas representam a obscuridade da fé, sob a qual se encobre a Divindade quando se comunica à alma.[105]

A luz que a fé viva fazia jorrar desta obscuridade não era senão trevas para a alma antes que fosse purificada. Agora, transformou-se progressivamente em albor da aurora, albor que se embrenha numa obscuridade que não consegue dissipar.

Dá-se o mesmo com as mais elevadas luzes que pode receber. Por exemplo:

... uma comunicação de substância apreendida e despojada de acidentes e imagens [se produz] no entendimento passivo ou possível, como chamam os filósofos, porque passivamente, sem que o mesmo entendimento coopere ... . Despojada muito embora de acidentes, [esta comunicação] não é visão clara senão obscura, por ser contemplação, a qual, aqui na terra, como diz São Dionísio, é raio de treva.[106]

[931] As próprias visões extraordinárias, rastros da chama na noite, orlas luminosas que se acendem sobre a veste de obscuridade na qual o Infinito se envolve, fazem brilhar algumas das maravilhas que ele encerra, mas revelam, sobretudo, as profundezas do seu mistério. Portanto, também nelas, existe mais escuridão do que luz. Não seriam divinas se não fossem assim, pois, diz São João da Cruz,

... não tem o entendimento as disposições requeridas nem a capacidade conveniente, estando preso no cárcere do corpo, para a percepção de uma notícia clara de Deus. Esta luminosa notícia não é própria para

---

[105] 2 S 9,3.
[106] CE 14-15,14.16.

esta terra; faz-se preciso morrer ou renunciar à sua posse. Quando Moisés pediu a Deus essa notícia clara, recebeu como resposta: "Não me verá nenhum homem que possa continuar a viver" (Ex 33,20). Ninguém jamais viu a Deus, afirma São João (Jo 1,18).[107]

Como os soldados de Gedeão, a alma leva uma tocha acesa em suas mãos, mas escondida dentro de um vaso. A luz aparecerá apenas quando o vaso for quebrado.[108]

2. Este raio de treva ou conhecimento de Deus pela negação não é fruto de um trabalho intelectual, mas "é comunicado e infundido na alma pelo amor".[109] Como esta Sabedoria não vem do exterior mediante os sentidos, mas jorra da experiência interior do amor, ela constitui um novo modo de conhecimento.

[A alma é como] quem vê uma coisa pela primeira vez, e que nunca viu outra semelhante, embora a compreenda e goze, não pode, entretanto, dar-lhe um nome ... .[110]

A alma, com efeito, está surpresa e feliz por encontrar em si este conhecimento simples, geral, espiritual, pleno de amor, tranquilo, solitário pacífico, suave, inebriante,[111] que sobe das profundezas da alma e de todas as potências que o amor transformou e penetrou.

Por ser o fruto da conaturalidade divina realizada pelo amor na alma até a sua substância, este conhecimento é, a bem dizer, "linguagem de Deus à alma, comunicada de puro espírito a puro espírito"[112] e possui todas as riquezas do conhecimento que resulta de um contato.

---

[107] 2 S 8,4.
[108] Cf. *Ibid.*, 9,3.
[109] 2 N 17,2.
[110] *Ibid.*, 17,3.
[111] Cf. Ch 3,43.
[112] 2 N 17,4.

[932] Sua grande riqueza está na sua obscuridade. A virtude própria deste raio de treva e sua excelência consistem em fazer descobrir, na experiência saborosa do mistério, a transcendência do Ser que suas trevas envolvem em sua profundidade. Assim, a alma deseja somente mergulhar mais nesta saborosa obscuridade,

nesta água tenebrosa que se acha junto de Deus. Na verdade, assim como esta água serve ao mesmo Deus de tabernáculo e morada, assim também servirá à alma, nem mais nem menos, de perfeito amparo e segurança ... .[113]

Aspira a esconder-se sempre mais profundamente no segredo da face de Deus e a entrar em sua tenda.[114]

A simplicidade deste conhecimento faz com que a alma, muitas vezes, não possa falar senão da paz e da alegria que ela lhe proporciona. Poderá explicá-lo com pormenores, quando os favores particulares e os sabores lhe oferecerem formas sensíveis que não mais escapem a uma formulação – pelo menos simbólica.[115]

3. São João da Cruz indica que, na noite do espírito, a alma descobre dentro de si uma presença amiga.

No meio destas penas obscuras e amorosas, todavia, a alma sente certa presença amiga e certa força em seu interior, acompanhando-a e dando-lhe tanta coragem ... .[116]

Esta presença amiga é também uma novidade e característica deste período. Antes, a alma experimentava o jorrar da água viva nas suas faculdades – especialmente, na vontade –; a nascente era profunda e permanecia distante. Houve aprofundamentos. Agora, a ação de Deus se situa no

---

[113] *Ibid.*, 16,13.

[114] Tu os escondes no segredo de tua face, longe das intrigas humanas; tu os ocultas em tua tenda, longe das línguas que discutem. Sl 30[31],21.

[115] Cf. 2 N 17,5 ss.

[116] *Ibid.*, 11,7.

espírito. Há contatos de substância, uma linguagem de puro espírito a espírito puro,[117] do próprio Deus à alma.

Estes contatos concedem uma experiência da própria fonte do Ser de onde ela jorra. Não se trata de uma visão, nem imaginária, nem intelectual. É uma percepção do espírito purificado. Tal percepção, que os dogmas da fé ajudam a precisar, vai se tornar sempre mais nítida e substancial em cada uma das etapas de ascensão, até **[933]** chegar a ser quase constante e constituir um sinal da transformação completa.

A esta percepção da presença divina é preciso – parece-nos – correlacionar aquela percepção da presença do demônio, da qual São João da Cruz fala no fim da *Noite* do espírito.[118] Não é que o demônio possa tocar a substância da alma. Estes toques são reservados somente a Deus e "nem o anjo, nem o demônio podem chegar a entender o que se passa [aí]".[119] O demônio não pode sequer imitar as comunicações espirituais que, enquanto tais, não têm nem forma, nem figura. Mas,

por isto, quando a alma é daquele modo visitada, ele, para combatê-la, procura ao mesmo tempo incutir-lhe seu espírito de temor, para impugnar e destruir um espírito com outro.[120]

O demônio se aproveita, então, do refinamento do sentido espiritual da alma e da sua experiência para fazê-la perceber sua presença, e isto basta para criar nela "impressões de horror e perturbação espiritual, às vezes penosíssimas".[121]

4. Ainda é preciso indicar como fruto da noite do espírito a aptidão da alma para receber, com toda a pureza e sem

---

[117] 2 N 17,4.
[118] Cf. *Ibid.*, 23,8-14.
[119] *Ibid.*, 23,11.
[120] *Ibid.*, 23,8.
[121] *Ibid.*, 23,8.

que os sentidos intervenham para adulterá-los, os elevados conhecimentos espirituais sobre verdades particulares que Deus infunde passivamente na alma e que são conhecimentos do próprio Deus.[122]

Esta purificação também assegura uma maravilhosa e habitual penetração das profundezas de Deus e mesmo daquilo que está escondido nos homens.

Devemos, contudo, fazer aqui uma observação: os espíritos bastante purificados podem, naturalmente, descobrir com muita facilidade – umas pessoas mais que outras – o interior do coração e do espírito, as inclinações e qualidades dos outros, por indícios exteriores, mesmo bem pequenos, como uma palavra, um movimento, ou algo semelhante. Se o demônio, por ser espírito, pode perceber por esses sinais o que se passa no interior, também o pode o homem espiritual, segundo a palavra do Apóstolo: *Spiritualis autem judicat omnia,* "o espiritual julga todas as coisas" (lCor 2,15). E noutro lugar: *Spiritus omnia scrutatur, etiam profunda Dei,* "o Espírito tudo penetra, ainda o que há de mais oculto nas [934] profundezas de Deus" (Ibid., 2,10). Donde, embora não possam os espirituais conhecer naturalmente os pensamentos ou o interior dos homens, podem, todavia, conhecê-lo por ilustração sobrenatural, ou por amostras exteriores.[123]

A noite do espírito desimpede e liberta admiravelmente – nós o vemos – todas as virtualidades do espírito, tanto para receber a luz de Deus, como para penetrar, sob sua claridade, todas as realidades inferiores. A alma permanece sendo uma alma humana, mas altamente espiritualizada.

IV – *Etapas deste triunfo do Amor*

Para apreciar este triunfo do amor que a noite do espírito assegura, convém não esquecer a palavra de Santa Teresa que comentamos ao falar do crescimento espiritual.

---

[122] Cf. V Parte – Santidade para a Igreja, cap. 2: "Graças Extraordinárias, palavras e visões"/ 3. Visões de substâncias espirituais, p. 929.

[123] 2 S 26,14.

... como eu já disse – e não queria que fosse esquecido –, nesta vida a alma não cresce como o corpo, embora cresça verdadeiramente; mas uma criança, depois que cresce e atinge o desenvolvimento, tornando-se adulta, não volta a ter um corpo pequeno. No caso da alma, no entanto, isso acontece, como eu vi em mim, pois em outro lugar não o vi ... .[124]

[Não há] alma, nesse caminho, tão forte que não precise muitas vezes voltar a ser criança e a mamar (nunca nos esqueçamos disso; eu talvez o repita outras vezes, por ser muito importante).[125]

A maneira com que se realiza o crescimento espiritual não tem a rigidez do crescimento físico. Este apresenta uma realidade material que não muda. O primeiro – porque espiritual – é mais difícil discernir e, quando descoberto, parece mutável. O crescimento espiritual dá-se muito mais a perceber num ritmo vivo que, além disso, tem características bem claras, do que em sinais precisos e imutáveis.

É o que São João da Cruz expressou nos últimos capítulos da *Noite,* ao comparar a Sabedoria de amor com uma escada secreta.

[Saí] Pela secreta escada, disfarçada.[126]

[935] Este simbolismo exprime um duplo movimento da alma: um movimento de subida e um movimento de descida em suas disposições; e um movimento de contínua ascensão rumo aos vértices da união. O primeiro parece se dar nas disposições atuais da caridade; o segundo, mais profundo, corresponde ao próprio crescimento da caridade.

Podemos ainda chamar escada a esta contemplação, por outro motivo. Na escada, os mesmos degraus servem para subir e descer. Assim também, nesta secreta contemplação, as mesmas comunicações por ela feitas à alma, ao passo que a elevam em Deus, humilham-na em si mesma.[127]

---

[124] V 15,12.
[125] *Ibid.*, 13,15.
[126] 2 N 18,1 ss.
[127] *Ibid.*, 18,2.

Os efeitos da noite do espírito

Esta subida e descida não revela apenas as impressões interiores, mas também fatos que têm certa realidade exterior. A tempestade sucede à prosperidade; a calma não parece ser dada senão para preparar novas tribulações que são seguidas, elas mesmas, da abundância da paz.

Em sua linguagem concreta, Santa Teresa constata:

Há ocasiões em que as próprias almas já submetidas por inteiro à vontade de Deus – sendo até capazes de sofrer tormentos e enfrentar mil mortes para não serem imperfeitas – são assoladas por tentações e perseguições. Nessa circunstância, elas devem usar as primeiras armas da oração: voltar a pensar que tudo se acaba e que existem céu, inferno e outras coisas dessa espécie.[128]

E São João da Cruz afirma que não há repouso definitivo para a alma nesta terra. A alma
está sempre a subir e descer.

Esta alternância resulta de que o estado de perfeição consiste no perfeito amor de Deus e desprezo de si mesmo; e, assim, não pode deixar de ter estas duas partes ... ; portanto, necessariamente, a alma há de ser primeiro exercitada num e outro.[129]

Este movimento é notado, sobretudo, na noite do espírito. Ele subsiste – menos doloroso, mas, contudo, sensível – até que a alma encontre o repouso perfeito na união perfeita, no cume da escada mística. São João da Cruz nos dirá onde se encontra este cume.

2. [936] Com efeito, esta escada indica também a ascensão da alma rumo à união. Este movimento é, evidentemente, o mais importante. O primeiro apenas incide sobre as disposições do amor; o segundo atinge a substância.

Falando um pouco mais substancial e propriamente desta escada de contemplação secreta, diremos que a principal propriedade para chamar-se secreta é por ser a contemplação ciência de amor, a qual,

---

[128] V 15,12.
[129] 2 N 18,3-4.

como já dissemos, é conhecimento amoroso e infuso de Deus. Este conhecimento vai ao mesmo tempo ilustrando e enamorando a alma, até elevá-la, de grau em grau, a Deus, seu Criador; pois, unicamente o amor é que une e junta a alma com Deus.[130]

Dado que é o amor que realiza a união – e, por consequência, é o seu critério – a escalada de ascensão rumo à união será, portanto, uma escada de amor. Será composta de dez degraus. São João da Cruz nos adverte que "vamos distinguir [estes degraus] por seus efeitos, conforme os descrevem São Bernardo e Santo Tomás.[131] E ele especifica estes efeitos no capítulo seguinte:

O primeiro degrau de amor faz a alma enfermar salutarmente. ...

O segundo degrau faz com que a alma busque sem cessar a Deus. ...

O terceiro degrau desta amorosa escada faz a alma agir e lhe dá calor para não desfalecer. ...

O quarto degrau da escada de amor causa na alma uma disposição para sofrer, sem se fatigar pelo seu Amado. ...

O quinto degrau ... faz a alma apetecer e cobiçar a Deus impacientemente. ...

O sexto degrau leva a alma a correr para Deus com grande ligeireza, e muitas vezes consegue nele tocar. ...

O sétimo degrau ... torna a alma ousada com veemência. ...

O oitavo degrau de amor faz a alma agarrar e segurar sem largar o seu Amado. ...

O nono degrau de amor faz a alma arder suavemente. ...

O décimo e último degrau desta escada secreta de amor faz a alma assimilar-se totalmente a Deus, em virtude da clara visão de Deus que a alma possui imediatamente ... .[132]

Esta escada mística ou escada de amor indica os diversos graus de amor ou o progresso do amor em qualidade, pelos quais a alma chega até a plenitude de sua graça. O

---

[130] *Ibid.*, 18,5.
[131] *Ibid.*
[132] *Ibid.*, 19,1-5; 20,1-5.

papel essencial do amor na ascensão da alma está, então, nitidamente marcado. Esta escada conduz das primeiras infusões do amor passivo até a visão face a face no céu. Enquanto este termo não for atingido, não há pausa, nem repouso para o amor. Ele está sempre em movimento de conquista, de expansão e de ascensão. Tendo em conta, conforme diz São João da Cruz, **[937]** que "conhecer esses graus de amor como na verdade são não é possível por via natural",[133] estes progressos ou graus do amor são determinados por seus efeitos.

Sem dúvida, tais efeitos são classificados em sua ordem de excelência. O olhar penetrante de São João da Cruz capta a relação entre estes efeitos exteriores e a realidade interior, a saber: o amor que estes efeitos manifestam. Trata-se, então, de uma ordem lógica de progressão real que nos é, assim, apresentada.

E, no entanto, não tomaremos os graus indicados por esta escada de amor como base de nosso estudo para as últimas etapas. Provavelmente porque conhecemos muito mal estas regiões tão familiares a São João da Cruz, estes progressos do amor nos parecem por demais detalhados e minuciosamente nuançados para serem expostos numa doutrina que não quer sacrificar a clareza às especificações que permaneceriam misteriosas para nós.

Tanto mais que esta ordem lógica, habitualmente, aparece de forma bem pouco clara no avançar das almas rumo aos cumes. Outros aspectos são mais visíveis: aqueles que a Misericórdia divina parece colocar em relevo, porque correspondem à sua vontade particular sobre cada uma delas e à missão que lhes confia. É assim que, em Santa Teresinha do Menino Jesus, vinda ao Carmelo para rezar pelos pecadores e sacerdotes, a última etapa do amor transformante

---

[133] *Ibid.*, 18,5.

antes da visão do céu há de ser, sem dúvida, um amor abrasado, mas a suavidade indicada por São João da Cruz ficará escondida sob o sofrimento redentor do pecado que a Santa carrega e o qual a levará a realizar a morte de Jesus na cruz que ela desejou. A ordem estabelecida pela Misericórdia divina para a realização de uma missão particular substituiu a ordem lógica fundada sobre a hierarquia dos efeitos.

Renunciamos, assim, a estudar cada um dos degraus da escada de amor. Parece-nos preferível retomar os diversos aspectos já assinalados do triunfo do amor neste último período: desabrochar da luz contemplativa, transformação realizada pelo amor, eficiência exterior deste amor na Igreja. Tentaremos fixar o progresso de cada um destes aspectos, ou melhor, de cada uma destas riquezas essenciais do amor, até a sua perfeição final.

SÉTIMO CAPÍTULO
Desposório e matrimônio espiritual

> ... *quem me ama será amado por meu Pai.*
> *Eu o amarei e me manifestarei a ele.*
> ... *se alguém me ama, guardará minha palavra,*
> *e o meu Pai o amará e a ele nós viremos*
> *e nele estabeleceremos morada.*[1]

[938] Ao abordar estes cumes da vida espiritual, Santa Teresa não deixa de pedir para si o auxílio de Deus. No limiar das sextas Moradas, ela escrevera:

Queira Deus que eu acerte em explicar algo de coisas tão difíceis; porque, se Sua Majestade e o Espírito Santo não guiarem a minha pena, bem sei que será impossível.[2]

Diante das sétimas Moradas, sua oração se faz mais insistente:

Praza a Sua Majestade ... dirigir minha pena e fazer-me compreender como explicar-vos algo do muito que há para dizer sobre o inefável revelado pelo Senhor a quem introduz nesta morada. Tenho-o suplicado veementemente a Sua Majestade ... [3]

Santa Teresa, nestes cumes, acreditava-se incapaz de traduzir sua experiência. Não seria temerário tentar um comentário sobre esta experiência que lhe foi pessoal?

E, contudo, os Mestres do Carmelo fazem brilhar nestas alturas uma luz tão simples e tão límpida que, mesmo

---

[1] Jo 14,21.23.
[2] 5 M 4,11.
[3] 7 M 1,1.

[939] desprovidos da experiência – a única que permite compreender os detalhes de suas descrições –, encontramos grande proveito ao abordá-las na companhia deles. Esta ascensão nos oferece uma terapêutica de ar puro e luz límpida. Com uma alegre surpresa, descobriremos na doutrina vivida por eles a perfeita realização das mais altas e mais simples afirmações evangélicas sobre o Reino de Deus.

Vamos nos ater particularmente a este último aspecto. É a esperança de alcançar tal proveito que nos dá a audácia de seguir estes sublimes Mestres da santidade até estes cumes.

As primeiras verdades evangélicas colocadas em relevo pelas descrições teresianas e sanjuanistas estão ligadas à dupla promessa feita por Nosso Senhor aos seus apóstolos depois da Ceia e foram colocadas como cabeçalho deste capítulo.

... quem me ama será amado por meu Pai. Eu o amarei e me manifestarei a ele.[4]

Ao amor perfeito, Jesus promete a manifestação de si mesmo. Promessa preciosa da qual encontramos uma primeira realização no desposório espiritual.

... se alguém me ama, guardará minha palavra e o meu Pai o amará e a ele nós viremos e nele estabeleceremos morada.[5]

À perfeita fidelidade do amor, Deus responderá com um amor perfeito que o levará a tomar posse definitiva e completa da alma, a qual se tornará, assim, sua verdadeira morada. Essa promessa encontrará sua realização perfeita no matrimônio espiritual.

Dissemos: desposório e matrimônio espiritual. É este simbolismo que Santa Teresa e São João da Cruz usam para indicar e descrever as duas etapas que eles distinguem nestes vértices.

---

[4] Jo 14,21.
[5] *Ibid.*, 14,23.

Já tereis ouvido dizer muitas vezes que Deus se une espiritualmente às almas. Bendita seja sua misericórdia, que tanto se quer humilhar! E, ainda que seja comparação grosseira, não encontro outra melhor do que o sacramento do matrimônio para explicar o que pretendo. Não há dúvida de que é de maneira diferente. Nisto que tratamos nunca há nada que não seja espiritual. O que é corpóreo fica muito aquém; os contentamentos espirituais que o Senhor concede, se comparados com os **[940]** gostos que devem ter os que se desposam, estão a mil léguas de distância. Aqui, tudo é amor com amor, sendo suas operações tão límpidas – e tão delicadas e suaves – que não há palavras que as possam descrever. Mas o Senhor sabe muito bem dá-las a sentir.[6]

O simbolismo pode parecer audacioso. Contudo, ele é perfeitamente justificado pelo Apóstolo São Paulo que afirma que a união do homem com a mulher no matrimônio é sinal da união de Cristo à sua Igreja e encontra, nesta última, a sua graça e grandeza.[7]

Desposório e matrimônio espiritual: estas duas etapas vão nos mostrar as manifestações divinas em seus desenvolvimentos e a luz contemplativa em sua plena expansão na união transformante.

A – *DESPOSÓRIO ESPIRITUAL*

Santa Teresa – no livro da *Vida* e nas sextas Moradas[8] – e São João da Cruz – especialmente no comentário às estrofes de 13 a 21 do *Cântico Espiritual* – nos oferecem uma abundante doutrina sobre o desposório espiritual. A doutrina de ambos se apresenta aí não só convergente, mas com impressionantes semelhanças que chegam até a idênticas

---

[6] 5 M 4,3.

[7] "Por isso, deixará o homem o seu pai e a sua mãe e se ligará à sua mulher, e serão ambos uma só carne. É grande este mistério: refiro-me à relação entre Cristo e a sua Igreja" (Ef 5,31-32).

[8] Cf. V 20,1 -21,12; 6 M 4,1 - 6,13.

expressões nas descrições. Em seu comentário à estrofe 13, onde a alma tem acesso ao desposório espiritual, São João da Cruz escreve:

> Seria aqui lugar conveniente para tratar das diferentes espécies de êxtases, arroubamentos e sutis voos de espírito que às almas soem acontecer. Como, porém, meu intento não é outro senão explicar brevemente estas canções, conforme prometi no prólogo, ficarão tais assuntos para quem melhor do que eu saiba tratá-los. Além disso, a bem-aventurada Teresa de Jesus, nossa Madre, deixou admiráveis escritos sobre estas coisas de espírito, e, espero em Deus, muito brevemente sairão impressos.[9]

A alusão às descrições de Santa Teresa no livro da *Vida* e, provavelmente, no livro das *Moradas*, que o Santo devia conhecer, é explícita. Também se percebe uma **[941]** evocação dos colóquios que os dois santos tiveram – e dos arroubos que os interrompiam – no locutório do Mosteiro da Encarnação entre 1571 e 1574, quando Santa Teresa era Priora e São João da Cruz, capelão e confessor. Foi nesta época que Santa Teresa foi elevada ao matrimônio espiritual, após um período no qual teve numerosos arroubos. São João da Cruz, provavelmente, se encontrava ainda apenas no desposório espiritual, mas já conhecia, por esta época, tais favores particulares. A experiência teresiana, neste tempo, é mais completa. Parece normal que o Doutor Místico tenha sido, então, instruído por ela em certos pontos e que, mais tarde, em seus escritos, se refira a eles como um discípulo. No entanto, em seu comentário às estrofes do *Cântico Espiritual* e às da *Chama Viva de Amor*, São João da Cruz acrescenta às descrições teresianas especificações muito oportunas que permitirão evidenciar as características essenciais deste período.

---

[9] CE 13,7.

I – *Em que consiste o desposório espiritual?*

Santa Teresa nos responde.

Vereis então o que Sua Majestade faz para concluir esse noivado – o que, segundo me parece, ocorre quando dá arroubos, que a tiram de seus sentidos. Se, estando de posse destes, a alma se visse tão perto dessa grande majestade, com certeza não poderia conservar a vida.[10]

No livro da *Vida*, a Santa especifica:

... o Senhor nos colhe a alma tal como as nuvens colhem os vapores da terra, afastando-a por inteiro desta. E a nuvem vai ao céu, levada pelo Senhor, que começa a lhe mostrar as coisas do reino que tem preparado para ela. Não sei se a comparação é adequada, mas na verdade é assim que acontece.

Nesses arroubos, parece que a alma não anima o corpo, que sente faltar-lhe o calor natural; ele vai se esfriando, embora com uma enorme suavidade e deleite. Aqui, não há como resistir, ao contrário da união, em que ficamos em nosso próprio terreno, podendo quase sempre, mesmo que com sofrimentos e esforços, resistir; nos arroubos, na maioria das vezes, isso não é possível ... .

E digo que percebeis e vos vedes levados, sem saber aonde ... .[11]

[942] Se tudo isso se passa estando a alma no corpo ou não, desconheço-o; pelo menos não posso jurar que ela esteja no corpo, nem tampouco estar o corpo sem alma.[12]

É com termos praticamente idênticos que São João da Cruz descreve esta ação de Deus que eleva a alma para contrair com ela o desposório espiritual.

Vimos como esta alma com tantos anseios desejou contemplar os olhos divinos que descreveu na canção passada; e assim o Amado satisfazendo esses desejos, descobriu-lhe agora alguns raios de sua grandeza e divindade. Foram tão sublimes, e com tanta força comunicados, que a fizeram sair de si por arroubamento e êxtase ... .

---

[10] 6 M 4,2.

[11] V 20,2-4.

[12] 6 M 5,8. É nesta ocasião que a Santa levanta o problema da distinção entre alma e espírito. Cf. I Parte – Perspectivas, cap. 3: "Conhecimento de si mesmo", p. 74.

... sente como se a alma fosse desprendida da carne, e desamparasse o corpo. A razão é não ser possível receber semelhantes mercês, estando a alma presa ainda ao corpo. O espírito humano é elevado a comunicar-se com o Espírito divino que a ele vem; logo, forçosamente há de desamparar, de certo modo, a carne ... .

Para melhor entender qual seja esse voo, é preciso notar como na visita do Espírito divino, o espírito humano é arrebatado com grande força a comunicar-se com esse Espírito de Deus. Aniquila as forças do corpo, deixando a alma de sentir e de ter nele suas ações, porque as tem agora em Deus. Foi assim que São Paulo pôde dizer, a respeito daquele seu arroubamento, que não sabia se o tivera, estando no corpo ou fora do corpo (2Cor 12,2).[13]

Preocupados em alertar contra as simulações, Santa Teresa e São João da Cruz realçam que estes arroubos não são absolutamente "paroxismos e desmaios naturais, que cessam com a força da dor",[14] fraquezas que podem se produzir nas pessoas de delicada compleição. Pois, "quando se trata [de arroubos verdadeiros], crede que Deus rouba toda a alma para si".[15]

Para Santa Teresa parece ainda mais importante assinalar as diferenças que existem entre os arroubos do desposório e a graça mística da união das quintas Moradas. Assim, a cada etapa, ela especifica com cuidado aquilo que a distingue da precedente e o progresso realizado.

Sem dúvida, a união mística já proporcionou um contato com Deus. Foi um encontro; todavia, falando desta união a Santa diz:

[943] Parece-me que a união não chega ao noivado espiritual. É como se passa no mundo quando duas pessoas vão se casar: procuram ver se há harmonia de temperamentos e se um e outro desejam o matrimônio. Por fim, marcam um encontro, para maior satisfação de ambos. Assim é aqui. Pressupõe-se que o contrato já está feito, a

---

[13] CE 13,2.4.6.
[14] *Ibid.*, 13,6.
[15] 6 M 4,9.

alma, bem-informada das vantagens da aliança e determinada a fazer em tudo a vontade do Esposo, de todas as maneiras que a este aprouver. Sua Majestade – como quem bem entende se de fato as coisas se passam assim – está contente com ela e concede-lhe a graça de querer conhecê-lo melhor. Como dizem, concede-lhe que se vejam e se encontrem. Aproxima-a de si. Podemos dizer que é assim, porque assim se passa, ainda que num curtíssimo espaço de tempo.[16]

Este primeiro encontro entre duas pessoas que desejam se unir permite que se conheçam, mas não implica compromisso recíproco algum. O desposório se dá em outro encontro, que tem outra característica. Santa Teresa vai explicá-lo.

Na união mística houvera perda de consciência, suspensão completa dos sentidos exteriores e interiores, donde uma certa queda da alma na obscuridade, uma imersão no centro de si mesma com perda de consciência. Com a retomada de consciência, a alma tem a certeza de ter estado em Deus no centro de si mesma, descobre as riquezas que encontrou neste contato, mas, sobre este contato, ela não consegue dizer nada. No encontro do desposório ou arroubo – diz Santa Teresa –, a alma não está

> destituída de sentidos interiores. Pois isto não se assemelha a um desmaio ou a um paroxismo, nos quais não se entende nenhuma coisa interior ou exterior.[17]

A alma se sente levantada, arrastada – nos diz a Santa – por uma força irresistível. Não só não há perda de consciência na obscuridade, mas – precisa Santa Teresa:

> Pelo que entendo desse caso, a alma nunca esteve tão desperta para as coisas de Deus, nem com tão grande luz e conhecimento de Sua Majestade. Isso pode parecer impossível, porque, se as faculdades estão tão absortas que podemos dizer estarem mortas (o mesmo acontecendo com os sentidos), como pode a alma entender esse segredo? Eu não o sei, nem talvez nenhuma criatura ... .[18]

---

[16] 5 M 4,4.
[17] 6 M 4,3.
[18] *Ibid.*, 4,4.

É grande a vantagem que ele (o arroubo) tem diante da união. Produz efeitos muito maiores e vários outros benefícios, porque a união parece ser igual no início, no meio e no fim, e **[944]** o é no interior; mas esses outros fins alcançam um grau mais alto, manifestando-se seus efeitos tanto interior como exteriormente.[19]

No arroubo do desposório não há apenas contato enriquecedor, mas uma verdadeira penetração em Deus. Além disso, a obscuridade da união mística é substituída por uma luz deslumbrante. A alma penetra em Deus com os olhos abertos. Toma, desta maneira, consciência de sua união e descobre profundos segredos divinos. Uma comparação permite Santa Teresa tornar mais viva sua doutrina e explicá-la.

... suponde que entrais no aposento de um Rei ou de um grande senhor – creio que lhe dão o nome de câmara. Nele há infinitos tipos de vidros e louças, bem como muitas outras coisas, dispostos em tal ordem que quase todos se veem logo que se entra.

Uma vez me levaram a um desses aposentos na casa da duquesa de Alba ... . Fiquei espantada logo ao entrar, pensando para que podia servir aquela barafunda de coisas, e vi que se podia louvar ao Senhor ao ver tamanha diversidade. Agora acho graça ao ver como essa câmara me está sendo útil aqui.

E, embora eu tenha permanecido no aposento durante algum tempo, era tanto o que havia para ver que logo me esqueci de tudo, a tal ponto que nenhuma daquelas peças me ficou na memória, nem sou capaz de dizer qual era o seu feitio. Mas, em conjunto, lembro-me de o ter visto.

Assim acontece aqui, quando a alma, unida intimamente a Deus, está nesse aposento do céu empíreo que devemos ter no interior de nossa alma. Pois, se Deus habita em nós, está claro encontrar-se em alguma destas moradas. ... ela (a alma) está tão embebida em fruí-lo (a Deus) que lhe basta tão grande bem.

Algumas vezes, no entanto, ele gosta que a alma saia do embevecimento e veja de repente o que há nesse aposento. Desse modo, depois de voltar a si, ela fica com a representação das grandezas

---

[19] V 20,1.

que viu. Mas não é capaz de descrever nenhuma, nem a sua natureza chega senão a ver o que sobrenaturalmente Deus lhe quis mostrar.[20]

A força que eleva a alma a estas regiões superiores e os transbordamentos divinos com que a alma é favorecida são bem diferentes da quietude produzida pelo veio de água ou pela centelha divina das quartas Moradas.

Recordai-vos daquele reservatório de água de que falamos (parece-me que nas quartas Moradas, não me lembro bem)? Dissemos que com muita suavidade e mansidão – isto é, sem nenhum movimento – ele se enchia. Neste caso, o poderoso Deus – que detém os mananciais das águas e não deixa o mar sair de seus limites – parece abrir as represas de onde a água vem a esse reservatório. Com um grande ímpeto, levanta-se **[945]** uma onda tão forte que faz subir muito alto o barquinho da nossa alma.[21]

A luz que acompanha esta força que eleva tem a mesma característica divina da transcendência.

Parece-lhe ter estado por inteiro numa região muito diferente desta em que vivemos, região na qual vê uma luz muito distinta da luz da terra, bem como muitas outras coisas que jamais imaginaria, ainda que ocupasse toda a sua vida nessa tarefa.[22]

Estas "muitas outras coisas" são as visões imaginárias onde

se vê com os olhos da alma muito melhor do que vemos aqui com os do corpo e dão-se a entender algumas coisas à alma sem o uso de palavras. Digo, por exemplo, que, vendo alguns santos, a alma os reconhece como se tivesse convivido muito com eles.

Outras vezes, juntamente com essas coisas que capta com os olhos da alma, a pessoa apreende outras por visão intelectual, em especial multidões de anjos que acompanham o seu Senhor.[23]

---

[20] 6 M 4,8.

[21] *Ibid.*, 5,3.

[22] *Ibid.*, 5,7.

[23] *Ibid.*, 5,7-8.

Esta "luz muito distinta da luz da terra" e que é própria da região onde a alma chegou é, com efeito, acompanhada muitas vezes de graças extraordinárias. A primeira vez que Santa Teresa foi elevada num arroubo foi para ouvir Nosso Senhor lhe dizer: "Já não quero que fales com homens, mas com anjos".[24] Palavra substancial que a liberta de todos os seus apegos às suas amizades. Em outras circunstâncias, durante o arroubo, ela é agraciada com visões intelectuais ou imaginárias. Estas graças são a orla luminosa, melhor percebida e inscrita nos sentidos, de uma manifestação de Deus que as supera.

Com efeito, é no seguimento do desposório que Santa Teresa insere a exposição sobre as graças extraordinárias,[25] pois, neste período, elas são normalmente mais numerosas e produzem seus maiores efeitos. Contudo, elas não nos parecem um elemento essencial do desposório. Às vezes, as almas as recebem em outras circunstâncias e fora da união profunda que caracteriza este encontro.

[946] O desposório espiritual é caracterizado essencialmente pela qualidade superior da união e da luz nas quais ele se conclui. Esta união e esta luz são tais que, segundo Santa Teresa, não existe diferença essencial entre a Morada na qual este arroubo introduz e a Morada onde se realiza a união perfeita ou matrimônio espiritual.

... muitas coisas ... se passam ... nessas duas moradas. Com efeito, bem se poderiam unir esta e a última, pois de uma à outra não há porta fechada. Mas, como na última há coisas que ainda não se manifestaram aos que não chegaram a ela, julguei melhor separá-las.[26]

A observação deve ser sublinhada: o desposório espiritual assemelha-se mais ao matrimônio espiritual do que

---

[24] V 24,5.

[25] Cf. *Ibid.*, 25,1-29,14; 6 M 8,1-10,8.

[26] 6 M 4,4.

à união mística das quintas Moradas. Introduz a alma num estado superior e a orna com joias preciosas que a preparam, de uma maneira imediata, à união perfeita.

II – *Joias do desposório espiritual*

São João da Cruz descreve em nove estrofes do *Cântico Espiritual* os "dons e joias"[27] incomparáveis que a alma recebe na união plena de amor do desposório espiritual. Santa Teresa consagra vários capítulos do livro da *Vida* e do *Castelo Interior* às "joias que o Esposo começa a dar à sua esposa".[28] Admiremos por um instante estes tesouros.

1. *Descoberta de Deus na união*

A joia mais preciosa do desposório é, certamente, o próprio Verbo Esposo que se doa e se manifesta em visitas cada vez mais frequentes.

... neste voo espiritual já descrito, se revela um alto estado e união de amor, ao qual Deus costuma elevar a alma, após muito exercício espiritual, e que chamam desposório espiritual com o Verbo, Filho de Deus. No princípio, quando isto se realiza pela primeira vez, o Senhor comunica à alma grandes coisas de si, aformoseando-a com grandeza e majestade; orna-a de dons e virtudes; reveste-a do conhecimento e honra de Deus, bem como a uma noiva no dia de seu desposório.[29]

[947] Este conhecimento íntimo do Esposo é, na verdade, o mais belo adorno da alma, seu tesouro mais precioso. Para ela, é a fonte de todos os bens, e não quer outros.

... diz a Esposa que é o Amado todas estas coisas criadas, em si mesmo e para ela mesma; porque, ordinariamente, a comunicação que Deus costuma fazer à alma, em semelhantes excessos, leva-a a

---

[27] CE 22,3.
[28] 6 M 5,11.
[29] CE 14-15,2.

experimentar a verdade das palavras de São Francisco: "Meu Deus e meu tudo", [sendo] ele o tudo da alma e [encerrando] em si o bem que há em todas as coisas.[30]

Tudo advém à alma de sua união com o Amado. São João da Cruz insiste de tal forma sobre esta verdade que poderíamos pensar que a alma já esteja no matrimônio espiritual. "Nosso leito é florido" – canta a esposa na estrofe 15.[31] E São João da Cruz comenta:

... este leito florido é o peito e o amor do Amado, no qual a alma, tornada esposa, já está unida. Este leito já está florido para ela por causa da união e do vínculo estabelecido entre os dois, através do qual se comunicam a ela as virtudes, graças e dons do Amado ... .[32]

Não. Ainda não é o matrimônio espiritual. Mas já sabemos que desposório e matrimônio espiritual têm estreitas afinidades e que entre estas duas Moradas "não há porta fechada".[33] Diferentemente do que acontece no desposório natural – que não é senão encontros exteriores –, o desposório espiritual consiste em visitas nas quais manifestação e união vão juntas. É uma união na luz.

É assim aqui: dentro deste aposento, a alma está feita uma só coisa com Deus.[34]

A manifestação é o efeito da união. São João da Cruz vai nos explicar, com sua costumeira penetração, o que são estas visitas no fundo da alma e como o contato com Deus produz aí a luz.

---

[30] *Ibid.*, 14-15,5.

[31] N.T.: Em virtude da diferença existente entre os textos da Redação A do *Cântico Espiritual* (adotada por Frei Maria-Eugênio) e da Redação B (divulgada entre os leitores brasileiros) e na distribuição das estofes com suas equivalências no itinerário espiritual da alma, vimo-nos obrigados neste e em alguns trechos a seguir, a apresentar as citações a partir da primeira redação. Sempre que o uso de tal critério se fizer necessário, indicá-lo-emos com a letra "a" após a sigla usual.

[32] CE.a 15,2

[33] 6 M 4,4.

[34] *Ibid.*, 4,8.

No comentário das estrofes 14 e 15 do *Cântico Espiritual,* entre as elevadas graças que as almas recebem neste estado – algumas mais, outras menos; aquelas de uma maneira, estas de outra[35] –, o Santo nota:

E o sussurro dos ares amorosos

Pelos ares amorosos se entendem aqui as virtudes e graças do Amado, [948] as quais, mediante a dita união do Esposo, investem a alma, e a ela se comunicam com imenso amor, tocando-lhe a própria substância. O sibilar desses ares significa uma elevadíssima e saborosíssima inteligência de Deus e de suas virtudes, a qual deriva ao entendimento, proveniente do toque feito na substância da alma por essas virtudes de Deus ... .[36]

O Santo prossegue sua explicação a fim de que esta doutrina nos fique bem clara:

... assim como na brisa se sentem duas coisas, o toque e o som ou murmúrio, assim também, nesta comunicação do Esposo, a alma percebe outras duas coisas que são o sentimento de deleite e a compreensão dele. ... o toque das virtudes do Amado é percebido e saboreado pelo tato da alma, que significa aqui a substância dela; e a compreensão das mesmas virtudes de Deus é produzida no ouvido da alma, ou seja, no entendimento.[37]

São João da Cruz nos deu, assim, a chave do problema do desposório. Este desposório é um toque de Deus na substância da alma. Este toque é tão unitivo quanto o matrimônio espiritual, mas é apenas um toque. Ao enriquecer a substância da alma com toda espécie de bens e especialmente com o amor, ele produz uma profunda satisfação e a enche de delícias.[38] Destes bens ou ares produzidos pelo toque na substância se desprende um sussurro que é um conhecimento muito elevado o qual "deriva ao entendimento".

---

[35] Cf. CE 14-15,12.
[36] *Ibid.*, 14-15,12.
[37] *Ibid.*, 14-15,13.
[38] Cf. *Ibid.*, 14-15,14.

... esta sutilíssima e delicada compreensão de Deus penetra, com admirável deleite e sabor na íntima substância da alma e esse deleite é incomparavelmente maior do que os outros.[39]

O Santo explica que esta alegria que vem do conhecimento é mais elevada do que aquela que vem do tocar, pois

o ouvido é mais espiritual, em sua percepção do som, ou, dizendo melhor, aproxima-se mais, em comparação do tato, do que é espiritual ... .[40]

Desta forma, São João da Cruz se prende a este sussurro do conhecimento para analisá-lo.

[Este sussurro é] uma comunicação de substância apreendida e despojada de acidentes e imagens; é produzida no entendimento passivo ou possível, como chamam os filósofos, porque passivamente, sem que o mesmo entendimento coopere ... .

Este divino sussurro ... é ... ainda manifestação de verdades da Divindade, e revelação de seus ocultos segredos. Com efeito, quando, ordinariamente, **[949]** a Sagrada Escritura relata alguma comunicação divina, dizendo que foi dada por meio do ouvido, trata-se de manifestação destas verdades puras ao entendimento, ou revelação de segredos de Deus.[41]

Nosso Doutor Místico toma cuidado em distinguir este conhecimento substancial do conhecimento claro e perfeito do céu. Efetivamente, o conhecimento que o sussurro traz,

despojado de acidentes, ... não é visão clara senão obscura, por ser contemplação, a qual, aqui na terra, como diz São Dionísio, é raio de trevas.[42]

Este conhecimento tão elevado que jorra do toque substancial, complementado por aqueles que as graças extraordinárias trazem neste período, constituem o magnífico e deslumbrante adorno de luz que a alma recebe de seu Esposo neste desposório e que a prepara para a união perfeita do matrimônio espiritual.

---

[39] *Ibid.*, 14-15,14.
[40] *Ibid.*, 14-15,13.
[41] *Ibid.*, 14-15,14.15.
[42] *Ibid.*, 14-15,16.

São João da Cruz parece não conseguir resignar-se a abandonar este tema tão caro à sua alma de contemplativo. Não foi este sussurro que lhe trouxe, na noite de sua contemplação, as maiores alegrias e as riquezas mais preciosas? Assim, ele insiste; e para resumir toda a sua doutrina, comenta uma passagem do livro de Jó que, segundo ele,

confirma grande parte do que expliquei sobre esse arroubamento e desposório. Quero, portanto, referi-la aqui, embora seja preciso deter-me algo mais.[43]

Detenhamo-nos com o Santo, embora, tal como ele, tememos nos atrasar demasiadamente. Trata-se de uma das mais belas aplicações bíblicas feitas por São João da Cruz à sua doutrina.

Diz, com efeito, Elifaz Temanites, no livro de Jó: "Mas a mim se me disse uma palavra em segredo e os meus ouvidos, como às furtadelas, perceberam as veias do seu sussurro. No horror duma visão noturna, quando o sono costuma apoderar-se dos homens, assaltou-me o medo e o tremor, e todos os meus ossos estremeceram. E ao passar diante de mim um espírito, encolheram-se as peles de minha carne. Pôs-se diante de mim alguém cujo rosto eu não conhecia, um vulto diante dos meus olhos, e ouvi uma voz como de branda viração" (Jó 4,12-16). Esta passagem contém quase tudo o que vimos dizendo até chegar a esse arroubamento, desde o verso da Canção 12: "Aparta-os, [950] meu Amado". Nas palavras em que Elifaz Temanites refere como lhe foi dita uma palavra escondida, se compreende aquele segredo comunicado à alma, de tão excessiva grandeza que ela não o pôde sofrer, e exclamou: Aparta-os, meu Amado.

Em dizer que recebeu seu ouvido as veias do sussurro, como às furtadelas, significa a substância despojada de acidentes que recebe o entendimento, conforme explicamos. A palavra "veias" denota aqui a substância íntima; e o "sussurro", a comunicação e toque de virtudes donde se deriva ao entendimento a mencionada substância. Bem o denomina a alma "sussurro", para indicar a suavidade intensa de tal comunicação ... .

---

[43] *Ibid.*, 14-15,17.

Acrescenta mais ainda: "Todos os meus ossos estremeceram", ou se assombraram. É como se dissesse: comoveram-se, ou se desconjuntaram, saindo todos de seus lugares. Isto significa o grande desconjuntamento dos ossos sofrido então, neste tempo, conforme dissemos. ...

Logo prossegue: "Pôs-se diante de mim alguém cujo rosto me era desconhecido, e diante de meus olhos, um vulto". Em dizer "alguém", refere-se a Deus que se comunicava à alma da maneira já explicada. Dizendo que não conhecia seu rosto, significa como, em tal visão e comunicação divina, embora altíssima, não se conhece nem vê a face e essência de Deus.[44]

Este comentário bíblico situa, no lugar que lhe é próprio, o arroubo do desposório com suas percepções exteriores e interiores, com seus terrores sensíveis e inefáveis delícias espirituais, que a descoberta de Deus provoca na alma que ainda não está pronta para recebê-lo.

Tal encontro não é apenas um feliz encontro com Deus do qual a alma teria trazido, como dom, um adorno de luz. O desposório introduz a alma num novo estado que já é unitivo. Ela recebeu uma promessa de união perfeita. Também essa promessa é uma joia do desposório; em certos momentos, a mais preciosa.

2. *Troca de promessas e mútua fidelidade*

O desposório é essencialmente uma mútua troca de promessas de matrimônio.

No desposório espiritual não há contrato. As promessas poderão até mesmo não ser explicitadas verbalmente. Contudo, são certas e muito firmes. **[951]** Apoiam-se sobre uma

---

[44] CE 14-15,17.18.19.20. Cf. um detalhado e preciso estudo de Frei GABRIEL DE SANTA MARIA MADALENA. "Le problème de la contemplation unitive", apud *Ephemerides Carmeliticae*, cura Facultatis Theologiae de Urbe Ordinis Camelitarum Discalceatorum editae, Annus I, Fasc. I, maius 1947, p. 5-53, sobre a contemplação unitiva produzida por estes toques substanciais.

realidade que é certa união de amor já realizada e que assegura a recíproca fidelidade de uma maneira indefectível.

Por meio deste encontro do desposório, Deus revelou a escolha que fez dessa alma para que ela se torne sua esposa. Esta escolha é definitiva. Ele o mostra através de seus dons que hão de garantir a fidelidade da própria alma. Promessas de união são trocadas, e é Deus quem a realiza e quem, agora, a prepara. Ora, a joia divina do desposório é este amor que Deus derrama sobre a alma que escolheu.

Doravante, Deus confirma sua escolha definitiva por meio de visitas que se renovam e por um assenhoreamento que, progressivamente, vai se tornar mais poderoso, mas que já faz a alma toda sua. Deus – diz Santa Teresa – "[toma-a] já como coisa sua e sua esposa".[45]

Quando se achega a ela,

não admite estorvo de ninguém, nem das faculdades nem dos sentidos. Pelo contrário, manda fechar de súbito as portas de todas essas moradas, ficando aberta apenas a daquela em que ele se encontra, a fim de que possamos entrar.[46]

Se a união perfeita ainda é passageira, o direito de propriedade divino, desde então, já está adquirido. Deus não abandonará mais a alma que ele, assim, escolheu. Santa Teresa no-lo afirma:

Nosso Senhor parece desejar que todos entendam que aquela alma já é sua e que ninguém deve tocar nela. Não há mal no fato de se atingirem o corpo, a honra e as posses (pois de tudo se tirará honra para Sua Majestade); mas a alma não o deve ser nunca. O Senhor lhe servirá de amparo contra todo o mundo e até contra todo o inferno, a não ser que ela, com inconcebível atrevimento, se afaste de seu Esposo.[47]

De fato, Santa Teresa que, nas quinas Moradas, depois da graça de união mística, pediu instantemente à alma para

---

[45] 6 M 4,9.
[46] *Ibid.*
[47] *Ibid.*, 4,16.

ficar atenta, fugindo das ocasiões perigosas, anunciou-lhe que, depois do desposório espiritual, ela seria quase invulnerável.

... almas cristãs, peço, pelo amor de Deus, àquelas a quem ele fez chegar a estes termos que não vos descuideis. Afastai-vos das ocasiões de pecado, porque mesmo neste estado a alma não está tão forte que se possa envolver nelas. Só o estará depois de celebrado o noivado, o que ocorre na próxima Morada. A comunicação com Deus não foi mais do que **[952]** um breve encontro, e o demônio se esforçará por perturbar a alma e desviá-la desse noivado. Depois, como já a vê inteiramente rendida ao Esposo, não se atreve a tanto, porque tem medo dela e sabe que, se alguma vez o fizer, ficará com grande prejuízo, enquanto à alma restará maior lucro.[48]

Esta fortaleza que, doravante, a torna quase invulnerável e terrível ao demônio, a alma a encontra nos singulares dons com que Deus a favoreceu neste desposório.

Em primeiro lugar, o conhecimento da grandeza de Deus, pois quanto mais coisas suas virmos, tanto mais se mostrará ela a nós. Depois, conhecimento próprio e humildade. Ao ver que criaturas tão mesquinhas como nós – em comparação com o Criador de tantas grandezas – têm ousado ofendê-lo, a alma nem sabe como ainda ousa olhar para ele. E, em terceiro lugar, o desprezo por todas as coisas da terra, caso não possam ser aplicadas ao serviço de tão grande Deus.[49]

No arroubo, a alma experimentou o soberano poder de Deus e sentiu um temor envolto no mais ardente amor,[50] um maravilhoso desapego,[51]

fica senhora de tudo e com liberdade ... a ponto de não poder se reconhecer. Ela percebe que não fez nada para receber tanto bem, nem sabe como ele lhe foi dado ... .

Quem não passou por isso não pode acreditar ... .[52]

---

[48] 5 M 4,5.
[49] 6 M 5,10.
[50] Cf. V 20,7.
[51] Cf. *Ibid.*, 20,8.
[52] *Ibid.*, 20,23.

Que poder tem a alma que o Senhor transporta até aqui; ela olha tudo sem estar apegada a coisa alguma![53]

E ela vê não somente as teias de aranha que há em si mesma, suas grandes faltas, como até algum cisco, por menor que seja, já que está exposta a muita luz ... .[54]

Estes dons de Deus não são só luz ou atitude de alma; eles são também eficácia de ação.

Chegando aqui, a alma não deseja apenas a glória de Deus; Sua Majestade lhe dá condições para levar isso a efeito. Não há nada que ela veja e considere que o serve que não se disponha a fazer; e nada faz, porque – como falei – ela vê com clareza que só tem valor agradar a Deus.[55]

[953] Conquistou-se a fidelidade da alma. O dom de si mesma é perfeito.

... já não quer querer, nem gostaria de ter livre-arbítrio, e assim o suplica ao Senhor, entregando-lhe as chaves de sua vontade.

Eis o jardineiro feito comandante; ele não deseja coisa alguma além da vontade do Senhor ... .[56]

Este assenhoreamento de Deus sobre a alma e a resposta de amor e de fidelidade desta é descrita por São João da Cruz em várias estrofes transbordantes de vida divina e poesia humana:

> Na interior adega
> Do Amado meu, bebi; ...
> ...
> Ali me abriu seu peito
> ...
> E a ele, em dom perfeito,
> Me dei, sem deixar coisa.[57]

---

[53] *Ibid.*, 20,25.
[54] *Ibid.*, 20,28.
[55] *Ibid.*, 21,5.
[56] *Ibid.*, 20,22.
[57] *Cântico Espiritual*, estrofes 26 e 27.

E o Santo comenta:

Naquela suave bebida de Deus, em que, como dissemos, se embebe a alma no próprio Deus, com toda a sua vontade e com grande suavidade entrega-se ela toda a ele para sempre, querendo ser toda sua, e não ter em si mesma coisa estranha de Deus ... . [Deus] transforma a alma nele, e a faz totalmente sua, tirando-lhe tudo que nela havia alheio a Deus. Em consequência, não somente segundo a vontade, mas também por obra, fica a alma, de fato, dada de todo a Deus, em dom perfeito, assim como Deus se deu livremente a ela. Pagam-se agora aquelas duas vontades entregues e satisfeitas entre si, de modo que nada mais há de faltar ... em fidelidade e firmeza de desposório.[58]

Portanto, o desposório implica promessas e já numa união de amor. Assim tomada, a alma se doa completamente e não tem outra ocupação senão o amor que a envolve e ao qual ela se entrega.

[954] Desta forma, na estrofe seguinte, ela canta:

> Minha alma se há votado,
> Com meu cabedal todo, a seu serviço;
> ...
> Nem mais tenho outro ofício,
> Que só amar é já meu exercício.

Ela repete com insistência aquilo que já tinha dito antes: não guarda mais o gado que seguia antigamente.[59] Trata-se dos seus apetites e de suas tendências que ainda se impunham a ela em certas circunstâncias e dos quais a invasão do amor e sua fidelidade a libertaram.

Foi assim que o amor a introduziu na grande solidão onde só ele reina. A partir de agora, não mais a encontramos, então, na praça pública onde as paixões se agitam e se alimentam.

Por este nome de praça é ordinariamente chamado o lugar público onde o povo costuma reunir-se para seus divertimentos e recreações, e no qual também os pastores apascentam seus rebanhos ... .[60]

---

[58] *Ibid.*, 27,6.
[59] Cf. *Ibid.*, 26,18 e 28,1.
[60] *Ibid.*, 29,6.

Esta praça pública não é necessariamente aquela do mundo onde se espalham os vícios, mas aquela que ela frequentava antes, isto é, a do meio em que vive – seja mesmo um ambiente religioso e fervoroso –, no qual as paixões se manifestam e têm direitos adquiridos.

A alma está perdida para todos e é só de Deus.

> Direis que me hei perdido,
> E, andando enamorada,
> Perdidiça me fiz e fui ganhada.[61]

Esta morte ao mundo e a seu meio, esta única ocupação de amar, que doravante é a sua, implicam uma fuga para o deserto? Oh! Sem dúvida, ela deseja esta solidão completa na qual encontra de novo, intensos e substanciosos, o repouso e o tormento do amor. E será mesmo necessário que este repouso lhe seja assegurado pelo menos periodicamente. Mas sigamos o pensamento do Santo, para acompanhar os movimentos deste amor. Ambos, estreitamente unidos, se encontram no ritmo das estrofes que fluem dóceis, límpidas, harmoniosas, mas muito fortes em sua plenitude saborosa.

> [955] De flores e esmeraldas,
> Pelas frescas manhãs bem escolhidas,
> Faremos as grinaldas
> Em teu amor floridas,
> E num cabelo meu entretecidas.[62]

O Santo explica que "as flores são as virtudes da alma, e as esmeraldas são os dons que recebe de Deus".[63] Juntos, Deus e a alma, com os dons de Deus e as virtudes da alma, tecem as grinaldas que, assim, serão a obra de sua atividade comum, o fruto de seu amor comum que não poderia permanecer inativo. Estas grinaldas são as boas obras, "todas as almas santas, geradas por Cristo na Igreja, ... auréolas feitas

---

[61] *Cântico Espiritual*, estrofe 29.
[62] *Ibid.*, estrofe 30
[63] CE 30,3.

igualmente por Cristo e a Igreja; ... [auréola] de almas virgens, ... auréola formada pelos santos doutores, ... [auréola dos] que são mártires".[64] Estas grinaldas são todas as obras interiores e exteriores que Cristo e sua Igreja, o Espírito de amor e as almas que conquistou, produzem no mundo.

O amor do desposório já é fecundo, pois que implica posse e união. É durante este período que Santa Teresa estabelece sua Reforma e funda vários mosteiros.

Voltaremos a falar sobre esta fecundidade da alma sob o influxo de Deus mediante os dons do Espírito Santo. Por ora, simplesmente a indicamos, a fim de notar que nas obras que ela produz, Deus olha só a fidelidade e o amor que elas testemunham.

> Só naquele cabelo
> Que em meu colo a voar consideraste, ...[65]

Este único cabelo, tênue e sutil, forte e em movimento sob o sopro do Espírito, é o amor, "vínculo de perfeição"[66] que "une e entrelaça as flores"[67] das grinaldas. O Esposo o vê voar sobre o colo – que simboliza a força – e torna-se prisioneiro dele.

> Nele preso ficaste
> Oh! Maravilha digna de toda aceitação e gozo: Deus quedar-se preso
> em um cabelo![68]

[956] De resto, isto só pôde se produzir porque o Amado, águia real de voo sublime, desceu em direção à ave de pequeno voo para se deixar prender.[69]

À fidelidade de amor manifestada pelas obras, ajunta-se a fidelidade provada pelo olhar.

---

[64] *Ibid.*, 30,7.
[65] *Cântico Espiritual*, estrofe 31.
[66] Col 3,14.
[67] CE 30,9.
[68] *Ibid.*, 31,8.
[69] Cf. CE *Ibid.*, 31,8.

E num só de meus olhos te chagaste.[70]

Este olho é o olhar da fé que, doravante purificado e simples, permanece obstinadamente fixo sobre o Amado.

Tão intenso é o amor com que o Esposo se agrada da Esposa, vendo nela esta fidelidade única, que, se em um cabelo do amor da alma ficava preso, agora, no olho da fé, aperta com tão estreito laço esta sua prisão ... , introduzindo-a mais ainda, então, na profundidade de seu amor.[71]

Deus foi atraído pelo perfume do amor que recendia das obras; foi conquistado pelo olhar silencioso e ardente. Esta dupla fidelidade do amor – pelas obras e pelo olhar – assegura a vitória da alma sobre Deus. Ela obtém a perfeita realização das promessas divinas: sua descida na alma e sua manifestação.

... se alguém me ama, guardará minha palavra e o meu Pai o amará e a ele nós viremos e nele estabeleceremos morada. ... quem me ama será amado por meu Pai. Eu o amarei e me manifestarei a ele.[72]

No entanto, para se tornar perfeita morada de Deus, a alma, depois de ter sido purificada e adornada, deve ser dilatada e alargada, segundo a medida do dom que vai receber. Angústias e grandes desejos vão realizar esta derradeira preparação. É a última joia do desposório.

3. *Ardentes desejos e angústias*

Depois da graça de união mística das quintas Moradas, a alma estava desorientada pela novidade das regiões onde fora introduzida. Santa Teresa insiste longamente sobre esta inquietude da pobre borboleta.

Oh! Ver o desassossego dessa borboletinha, apesar de nunca ter estado mais quieta e tranquila em sua vida ... .

---

[70] *Cântico Espiritual*, estrofe 31.
[71] *Ibid.*, 31,9.
[72] Jo 14,23 e 21.

V Parte – Santidade para a Igreja

... Não é de espantar que a nossa borboleta, percebendo-se renovada e estranha às coisas da terra, busque repouso em outro lugar. Mas aonde irá a pobrezinha? [957] Não pode voltar ao lugar de onde saiu, pois, como eu disse, não está em nossa mão fazê-lo ... .

Ó Senhor! Que novos sofrimentos começam para essa alma! Quem diria que tal viesse a acontecer depois de graça tão elevada?[73]

Com os grandes sofrimentos mencionados, bem como as demais coisas, que sossego pode ter a pobre borboletinha?[74]

A completa obscuridade na qual a união foi realizada nesta graça mística explica, assim, tal agitação e inquietude. A descoberta do Esposo na luz do desposório dissipa esta obscuridade e traz à alma uma paz benfazeja.

São João da Cruz explica como se dá este apaziguamento.

Andava esta pombinha da alma a voar pelos ares do amor, sobre as águas do dilúvio de suas amorosas fadigas e ânsias, manifestadas até agora; e não achava onde pousar o pé. Afinal, neste último voo de que falamos, estendeu o piedoso pai Noé a mão de sua misericórdia, recolhendo-a na arca de sua caridade e amor.[75]

Nesta arca bendita, a pombinha encontra, enfim, o repouso.

Neste ditoso dia cessam de uma vez à alma as veementes ânsias e querelas de amor que tinha até aqui; doravante, adornada dos bens já mencionados, começa a viver num estado de paz, deleite e suavidade de amor. ... já não fala de penas e ânsias ... , porque neste novo estado tudo aquilo fenece.[76]

---

[73] 5 M 2,8.9.

[74] 6 M 4,1

[75] CE 14-15,1.

[76] *Ibid.*, 14-15,2. Estas afirmações categóricas da alma chegada a uma nova etapa espiritual correspondem à plenitude transbordante dos dons que ela experimenta e que ultrapassa tudo aquilo que ousara esperar. Tais afirmações têm apenas um valor relativo – visto que a alma ainda não chegou ao cume – diante daquilo que, em breve, desejará e que há de receber mais tarde.

O que é esta arca onde a pombinha foi introduzida pela mão da Misericórdia? É o seio do próprio Deus. As moradas aí são numerosas e os manjares muito variados.[77]

A alma vê e goza, nesta divina união uma grande fartura de riquezas inestimáveis, achando aí todo o descanso e recreação que deseja. Entende estranhos segredos e peregrinas notícias de Deus – o que é outro manjar dos mais saborosos. ... Goza também ali ... [de] verdadeira quietude e luz divina, e ... lhe é dada a experiência sublime da sabedoria de Deus. ... sobretudo, entende e saboreia inestimável refeição de amor que a confirma no amor.[78]

[958] Esta paz tão profunda é, porém, provisória. Por outro lado, felizmente – pois a paz à saciedade poderia muito bem apagar seus desejos, deter suas aspirações e suprimir seu dinamismo de ascensão. Ora, a alma ainda não está no cume. O próprio Deus volta a acender a chama dos grandes desejos e cria a angústia. É um dos frutos das visitas que se renovam.

Tendo recebido essas imensas graças, a alma fica tão desejosa de fruir por inteiro aquele que as concede que vive em grande tormento, embora saboroso. Sente grandíssimas ânsias de morrer ... . Todas as coisas do mundo a cansam. Vendo-se a sós, ela tem algum alívio, mas logo lhe sobrévém esse pesar; sem ele, a alma já não se reconhece a si mesma. Em suma, essa borboletinha não encontra descanso que perdure.[79]

Estranho tormento, mas que, segundo Santa Teresa e São João da Cruz, marca um feliz desenvolvimento da graça do desposório e anuncia a união perfeita como bem próxima.

O amor dilatado tem, com efeito, maiores desejos de ver e possuir a Deus. Tende para Deus com todas as suas ardentes energias. Não quer mais nada senão a Deus só e

---

[77] Cf. *Ibid.*, 14-15,3.
[78] *Ibid.*, 14-15,4.
[79] 6 M 6,1.

não suporta mais os obstáculos que o impedem de atingir perfeitamente o Amado.

Qualquer que seja a pureza da alma,

as perturbações, tentações, inquietudes, tendências para o mal – se ainda existem – imaginações e outros movimentos naturais e espirituais, que aqui se denomina raposas,[80]

se interpõem, às vezes, como uma nuvem e criam certa agitação interior

que costuma impedir de possuir a flor da paz, da quietude e da suavidade interior, no momento em que, com mais sabor, a alma a está gozando em virtudes junto com seu Amado.[81]

Manchas pequenas, mas que a pureza da luz divina põe em realce e as faz parecer dolorosamente mais escuras.

Além disso, as visitas divinas, por mais frequentes que sejam, continuam intermitentes e dão lugar para longas e penosas ausências. Parece, então, à alma que o "Aquilão morto ... , um vento muito frio que seca e emurchece as flores", sopra sobre ela e extingue força, sabor, e fragrância das virtudes" no espírito.[82]

[959] Assim, em duas estrofes, a alma pede aos anjos de Deus que cacem estas raposas que estragam a vinha em flor, e ao próprio Amado que faça soprar sobre seu jardim os ventos do sul que despertam os amores.[83]

Ligeiras névoas e secura passageira tornam a fome mais aguda e fazem sentir o vazio das profundezas da alma. O tormento torna-se habitual.

São João da Cruz explica a natureza e a causa deste tormento. As faculdades da alma, desapegadas e purificadas, estão, daqui para frente, vazias. A Sabedoria divina escavou nelas, de uma maneira admirável, por meio da purificação e

---

[80] CE.a 25,1.
[81] *Ibid.*
[82] CE, 17,3.
[83] Cf. *Ibid.*, 16 e 17.

por meio das visitas, capacidades profundas, semelhantes a cavernas, que, agora, protestam seu vazio e sua fome, pois são feitas para a plenitude.

Quando, porém, estão vazias e purificadas (as faculdades), é intolerável a sede, fome, e ânsia da parte espiritual; porque sendo profundos os estômagos destas cavernas, penam profundamente, uma vez que é também profundo o manjar que lhes falta, a saber, o próprio Deus. Este tão grande sentimento padece a alma de ordinário, perto do fim da sua iluminação e purificação, antes que chegue à união, onde já suas ânsias são satisfeitas. De fato, como o apetite espiritual se acha vazio e purificado de toda criatura e afeição dela, tendo perdido sua inclinação natural, inclina-se agora para o divino ... ; como, porém, não lhe é ainda comunicado este divino na união com Deus, a pena deste vazio e sede chega a ser pior do que a morte. Isto acontece, sobretudo, quando, por alguns visos ou resquícios, transluz algum raio divino sem, todavia, lhe ser comunicado.[84]

Admirável Sabedoria divina que prepara, deixa oco, purifica o vaso; cria nele ardentes desejos, antes de preenchê-lo com aquilo que, desde há muito tempo, deseja dar-lhe em plenitude.

Neste momento, Deus parece não querer visitar a alma senão para aumentar e elevar a um mais alto grau de intensidade este tormento habitual. Santa Teresa escreve:

... muitas vezes, vem de repente um desejo cuja origem não se sabe, desejo que penetra a alma por completo, começando a fatigá-la a tal ponto que ela se eleva acima de si mesma e de toda criação ... .

[960] ... este tormento, que é, porém, tão saboroso e, reconhece a alma, de preço tão alto ... , ela passa a desejá-lo, preferindo-o, ainda assim, a todas as consolações anteriores.[85]

Santa Teresa observa que as graças deste gênero lhe foram concedidas depois de todas aquelas que ela relata no livro de sua *Vida*.[86] São graças que marcam o fim do período do desposório.

---

[84] Ch 3,18.
[85] V 20,9.15.
[86] Cf. *Ibid.*, 20,15.

De fato, a descrição deste sofrimento e das graças que o levam ao seu ponto extremo preenche o último capítulo consagrado às sextas Moradas.[87]

Ainda que por muitos anos tenha recebido esses favores, [a alma] sempre geme e anda chorosa, porque de cada um deles lhe resta maior dor. ... o amor também aumenta, à medida que ela percebe quanto este grande Deus e Senhor merece ser amado.

Nesses anos, o desejo tem pouco a pouco se avolumado, de tal forma que a alma se sente muito aflita, como agora direi.[88]

Mas, "as ânsias, as lágrimas, os suspiros e os grandes ímpetos" não são nada em comparação com aquele "golpe, semelhante a uma seta de fogo"[89] que, às vezes, chega à alma e produz tais sofrimentos espirituais, que

quem [os] sente começa a dar grandes gritos. Apesar de ser pessoa sofrida e habituada a padecer grandes dores, nesse momento ela não pode fazer outra coisa ...".[90]

A Santa relata, então, o êxtase que teve em Salamanca, em 1571, terça-feira de Páscoa, durante o recreio, enquanto Isabel de Jesus – noviça – cantava "Vejam-te meus olhos".

... esse grau de intensidade não dura muito – quando muito, três ou quatro horas, a meu ver. Se tivesse uma duração maior, a fraqueza natural, salvo por milagre, não o poderia suportar. Já tem acontecido não durar mais de um quarto de hora e deixar a mencionada pessoa feita em pedaços.

Certa vez, aconteceu-lhe o seguinte. Sendo o último dia das festas da Páscoa da Ressurreição e tendo-as ela passado em grande aridez, quase não se apercebia de que era Páscoa. Estando a conversar, só de ouvir uma palavra sobre a duração demasiada da vida, perdeu de todo os sentidos, tal o rigor com que essa angústia a acometeu. E que não se pense em poder resistir! Assemelhar-se-ia à situação de alguém

---

[87] Cf. 6 M 11.
[88] Cf. *Ibid.*, 11,1.
[89] *Ibid.*, 11,2.
[90] *Ibid.*, 11,3.

que, dentro de uma fogueira, quisesse tirar o calor do fogo para impedir a chama de queimá-lo.

Não **[961]** se trata de sentimento que se possa dissimular. Quanto aos circunstantes, embora não possam testemunhar o que se passa no interior, percebem o grande risco de vida aí envolvido.[91]

No dia seguinte a este êxtase, Santa Teresa canta:

> Vivo sem em mim viver,
> E tão alta vida espero,
> Que morro de não morrer.
>
> ...
>
> Morrendo o quero alcançar,
> E não tenho outro querer;
> Que morro de não morrer.[92]

E no ano seguinte, no dia da oitava da festa de São Martinho, Santa Teresa recebia a graça do matrimônio espiritual.[93]

Antes de estudar esta graça, tentemos fixar o momento e a duração do desposório espiritual.

III – *Momento e duração do desposório espiritual*

1. *Momento*. O desposório espiritual constitui o fato central das sextas Moradas, o marco que as ilumina e as caracteriza no progresso rumo à união perfeita. Santa Teresa o descreve nos capítulos 4, 5 e 6 destas Moradas, depois de ter falado, precedentemente, dos sofrimentos purificadores, do despertar e das palavras de Deus na alma. Nos capítulos seguintes – após ter insistido, no capítulo 7, sobre o recurso à humanidade de Cristo –, ela descreve as graças extraordi-

---

[91] *Ibid.*, 11,8. Cf. tb. R 15,1.
[92] Pt 1,1 e 9.
[93] Cf. R 35.

nárias, visões e revelações, nos capítulo 8, 9 e 10. Por fim, no capítulo 11, mostra-nos as ardentes angústias do amor impaciente antes do matrimônio espiritual.

Esta ordem nos fornece, a respeito do momento em que se realiza o desposório espiritual, preciosas indicações que hão de esclarecer as afirmações de São João da Cruz.

O Doutor Místico dá os pontos de referência que, embora sejam precisos, deixam, contudo, dificuldades de interpretação.

No início do comentário à estrofe 22 do *Cântico Espiritual,* estrofe que marca a entrada no matrimônio **[962]** espiritual, o Santo lança um olhar para trás a fim de assinalar as etapas percorridas e marcá-las.

Para declarar mais distintamente a ordem destas canções, e mostrar as etapas que, de ordinário, percorre a alma, até chegar a esse estado de matrimônio espiritual ... , façamos a seguinte observação. Antes de a alma aqui chegar, exercita-se primeiramente nos trabalhos e amarguras da mortificação, aplicando-se também à meditação das coisas espirituais, conforme refere desde a canção primeira até aquela que diz "mil graças derramando". Depois, ... , passando então pelos caminhos e aperturas de amor, descritos sucessivamente nas canções seguintes até aquela que diz: "Aparta-os, meu Amado", e na qual se realizou o desposório espiritual. Prosseguindo mais além, ... recebe numerosas e grandíssimas comunicações e visitas do Esposo, o qual a orna de dons e joias, como a sua desposada; e assim cada vez mais se adianta no conhecimento e perfeição do amor de seu Esposo –, conforme veio contando desde a referida canção em que se fez o desposório, e que começa pelas palavras "Aparta-os, meu Amado" ... .[94]

Recolhamos as indicações apresentadas por este esquema. Nos três períodos que precedem o matrimônio espiritual, o primeiro é aquele das primeiras mortificações preparatórias. No segundo, reconhecemos as purificações passivas do espírito que desembocam num período de visi-

---

[94] CE 22,3.

tas divinas purificadoras e enriquecedoras, entre as quais se inscreve o desposório espiritual.

A *Chama Viva de Amor* nos dá outras indicações.

É um estado muito sublime este do noivado espiritual da alma com o Verbo; nele, o Esposo lhe concede grandes mercês, e muitas vezes visita-a amorosissimamente, cumulando-a, nessas visitas, de imensos benefícios e deleites. Não se comparam, todavia, aos do matrimônio; antes são disposições para a união do matrimônio. Sem dúvida, tudo se passa em alma já purificadíssima, de toda afeição de criatura, pois não se realiza o desposório espiritual enquanto não se chega a este ponto. São necessárias, contudo, outras disposições positivas de Deus na alma, operadas mediante visitas e dons divinos, em que ele vai purificando-a mais, e também aformoseando-a e afinando-a, a fim de ser convenientemente preparada para tão alta união. Isto requer tempo, mais longo para umas e menos para outros, porque Deus vai agindo conforme à feição da alma.[95]

[963] Estes textos nos mostram que São João da Cruz distingue duas fases na preparação do matrimônio espiritual: uma fase de preparação negativa, representada pela purificação passiva; e uma fase de preparação positiva, realizada pelas visitas divinas. O desposório espiritual, que inaugura a segunda fase em seu período mais intenso, se situa, portanto, no limite entre as duas.

No entanto, seria um erro estabelecer divisões estanques entre as duas fases. Já sabemos, com efeito, que as purificações do espírito – das quais se trata aqui – são produzidas por uma chama divina, isto é: por uma ação divina muito intensa que se exerce nas profundezas. As visitas divinas não poderiam, então, estar reservadas ao segundo período. Ademais – e isso nos parece importante sublinhar – as visitas do desposório produzem, ao menos no princípio, terrores, dilaceração física e arroubos. São João da Cruz indica

---

[95] Ch 3,25.

estas reações sensíveis sob a ação de Deus como sinal de fraqueza e de purificação imperfeita.

Experimentam tais sentimentos, nas visitas de Deus as almas que andam em via de progresso, mas não atingiram ainda o estado de perfeição; porque em chegando a este, as comunicações divinas se fazem na paz e suavidade do amor, cessando os arroubamentos que eram concedidos para dispor a alma à perfeita união.[96]

Na *Noite,* o Santo ainda afirma de maneira muito clara:

... essas comunicações exteriores não podem ser muito fortes, nem muito intensas, nem muito espirituais – como são exigidas para a divina união com Deus –, por causa da fraqueza e corrupção da sensualidade que nelas toma sua parte. Daqui procedem os arroubamentos, os transportes, os desconjuntamentos de ossos, que costumam suceder quando as comunicações não são puramente espirituais; isto é, quando não são dadas só ao espírito, como acontece aos perfeitos. Nestes – já purificados pela segunda noite espiritual –, cessam os arroubamentos e tormentos do corpo, porque gozam da liberdade do espírito sem que haja mais, por parte do sentido, prejuízo ou perturbação alguma.[97]

Os arroubos do desposório se inscrevem, então, na noite do espírito e são o sinal de que a purificação não está terminada.

Mas eles a encerram, e de modo muito feliz, afirma o Santo em outra passagem. Na *Subida do Monte Carmelo,* ele escreve:

[964] Algumas dessas notícias e toques, pelos quais se comunica Deus à substância da alma, de tal modo a enriquecem, que bastaria apenas um deles, não só para tirar de vez todas as imperfeições que não havia podido vencer em toda a vida, mas também para deixá-la cheia de virtudes e bens de Deus.[98]

Não há dúvidas de que estes toques substanciais sejam aqueles do desposório espiritual.

---

[96] CE 13,6.
[97] 2 N 1,2.
[98] 2 S 26,6.

As visitas do desposório, então, completam a purificação da alma, enriquecendo-a, e a preparam positivamente para o matrimônio espiritual. A infusão extraordinária de amor que elas derramam nas profundezas da alma destrói ou torna impotentes as más tendências que ainda se encontram aí; o encontro com Deus na luz que elas provocam aperfeiçoa a guinada psicológica da alma que, doravante, está orientada e tende só para o Amado.[99]

Portanto, é bem entre a fase negativa e a fase positiva da preparação para a união perfeita que se situa o desposório espiritual.

Mas, estes textos sanjuanistas, pelas indicações que nos fornecem e pelas sombras que, de propósito, conservam, nos convidam a precavermo-nos de qualquer exatidão matemática, se quisermos permanecer na verdade.

O desposório espiritual não é uma cumeeira que superamos para, rapidamente, chegar à outra vertente; não é uma fronteira que atravessamos para chegar a outro país. As visitas divinas têm, a um só tempo, efeitos negativos e positivos, trazem em seus efeitos traços visíveis de uma noite que não terminou, e são graças que preparam a união perfeita. Completam a purificação que só estará totalmente realizada nesta união. No entanto, elas asseguram à ação positiva de Deus uma predominância que, daqui para frente, irá se acentuando até o matrimônio espiritual.

Escutemos ainda São João da Cruz nos descrever – e com uma linguagem que qualquer comentário macularia – esta ação positiva de Deus durante o desposório espiritual:

Esta preparação é figurada pela das donzelas que foram escolhidas para o Rei Assuero (Est 2,12); embora já houvessem sido tiradas de sua terra e da casa de seus pais, permaneciam um ano Inteiro encerradas no palácio antes **[965]** de serem levadas ao leito do Rei;

---

[99] Cf. V Parte – Santidade para a Igreja, cap. 6: "Os efeitos da noite do espírito", p. 1163.

empregavam metade desse ano em dispor-se com certos unguentos de mirra e diversas espécies aromáticas, e a outra metade, com outros unguentos mais finos; só depois disto é que iam ao leito do Rei.

No tempo, pois, deste desposório e espera do matrimônio, que se passa nas unções do Espírito Santo, quando mais sublimes são os unguentos de disposições para a união com Deus, as ânsias das cavernas da alma costumam ser extremas e delicadas. Como tais unguentos são agora mais proximamente dispositivos para a união de Deus, por serem mais chegados a ele, dando-lhe consequentemente o gosto de Deus e estimulando delicadamente o seu apetite de possuí-lo, tornam o seu desejo mais delicado e profundo, porque esse mesmo desejo de Deus é disposição para unir-se com ele.[100]

2. *Duração do período do desposório* – Durante quanto tempo esta preparação positiva prosseguirá? São João da Cruz, no texto que acabamos de ler, fala de um ano de preparação para as donzelas do palácio de Assuero. Tal indicação quase corresponde ao que nos sugere o simbolismo do desposório. O desposório é uma troca de promessas que precede em pouco tempo o matrimônio e normalmente o anuncia como próximo. Então, se nos deixarmos tomar e levar pelo simbolismo – o que é particularmente fácil e se torna quase inconsciente para a apreciação destas regiões desconhecidas – manteremos a impressão que o período do desposório deve durar alguns meses, um ou dois anos no máximo. Examinemos mais de perto o problema.

Santa Teresa, no início do capítulo onze das sextas Moradas – onde descreve os grandes desejos que precedem o matrimônio espiritual – nos dá uma indicação preciosa:

Eu disse anos porque assim se passou com a pessoa a quem tenho me referido aqui. Mas bem entendo que não se devem impor limites a Deus, que num átimo pode levar uma alma ao mais elevado estado, cuja descrição daremos em seguida.[101]

---

[100] Ch 3,25-26.
[101] 6 M 11,1.

Respeitando os direitos da Misericórdia divina que, sobretudo nestas regiões, afirma sua independência, Santa **[966]** Teresa leva-nos novamente aos dados de sua experiência. Muitos anos se passaram durante os quais os desejos cresceram sob a ação das visitas divinas, antes que ela conhecesse as angústias de amor que constituem a preparação imediata para o matrimônio espiritual. Um olhar sobre o livro da *Vida* vai permitir especificar estas indicações.

A Santa relata no capítulo vinte e quatro da *Vida* que teve seu primeiro arroubamento no transcorrer de uma novena de *Veni Creator* que um religioso da Companhia de Jesus lhe tinha ordenado fazer, a fim de obter o desapego de certas amizades. Neste arroubo, escutou estas palavras: "Já não quero que fales com homens, mas com anjos", e ela recebeu uma graça eficaz que a desapegou definitivamente.[102]

Quando recebeu esta graça, Santa Teresa ainda estava no Mosteiro da Encarnação e se encontrava hospedada na casa de uma amiga, Dona Guiomar de Ulloa. Parece que não se pensava, na época, na fundação do Mosteiro de São José de Ávila. Podemos situar esta graça entre 1558-1560. É neste período, portanto, que começa o tempo do desposório o qual se consumará, com a graça do matrimônio espiritual, em novembro de 1572. Este período dura, pelo menos, doze anos, e não podemos dizer que ele foi prolongado devido às infidelidades da Santa, pois trata-se do período que compreende as fadigas da fundação de São José de Ávila, os primeiros anos particularmente fervorosos da estadia neste mosteiro e, por fim, as primeiras fundações de mosteiros das carmelitas na Castela e a extensão da Reforma aos frades. A simples evocação destes trabalhos mostra, para quem conhece a vida da Santa, como o desposório espiritual traz à alma graças extraordinárias, mas também

---

[102] Cf. V 24,5.

sofrimentos e uma fecundidade que manifestam a união já realizada.

Estas indicações que a vida de Santa Teresa nos oferece são apenas um exemplo. Mas, um exemplo ao qual a especial missão de Mestra espiritual da Santa confere um particular valor e que parece se harmonizar com o papel de preparação positiva para o matrimônio espiritual, atribuído a este período do desposório. Não podemos, então, negligenciá-lo e devemos reconhecer nele um alcance de ordem geral.

O desposório espiritual não é, portanto, um encontro destinado a fixar as condições de uma união **[967]** definitiva e muito próxima. Ele inaugura um período de preparação positiva que as exigências do matrimônio espiritual, via de regra, tornarão bem longa. Ademais, este período não é só tempo de espera; ele já está marcado pelas graças e por uma fecundidade sobrenaturais que o tornam radioso sob a luz dos vértices.

B – *MATRIMÔNIO ESPIRITUAL*

Primeiramente, estejamos certos de que se a alma busca a Deus, muito mais a procura o seu Amado ... .[103]

Estes dois amores que se buscam com tanta pureza e tamanhos ardores resultam em dom perfeito e mútuo no matrimônio espiritual. Um novo estado é criado, do qual, São João da Cruz, comparando-o com o precedente, nos diz:

É tanta essa diferença, como a do noivado para o matrimônio. No noivado, há o sim de parte a parte, e os dois se unem na mesma vontade; a noiva está ornada com as joias que lhe dá graciosamente o noivo. No matrimônio, porém, além disso, há comunicação das pessoas que se unem, e isto não existe ainda nos esponsais, embora haja por vezes visitas do noivo à noiva, com oferta de presentes; não se realiza,

---

[103] Ch 3,28.

contudo, a união das pessoas, na qual está o fim dos esponsais. Nem mais nem menos acontece à alma ... .[104]

A alma chegou à sua meta, ao centro de si mesma, que é a sétima Morada, a Morada onde habita o próprio Deus. Doravante, ela vai habitar nesta profundeza, na perfeita união com Deus. Esta profundeza é, ao mesmo tempo, o cimo do monte místico desenhado para nós por São João da Cruz, onde o perpétuo banquete da Sabedoria é servido. Todos os dons divinos da graça desabrocham aí, com todas as virtualidades que ela camuflava em seu mistério. Aí, a contemplação perfeita se une à santidade.

Encontramo-nos num mundo novo, cheio de maravilhas. São João da Cruz e Santa Teresa o descreveram para nós. Habitando neste novo mundo, eles só tinham que deixar suas penas correrem para dizer o que tinham debaixo dos olhos. São João da Cruz escreveu a *Chama Viva de Amor* em quinze dias. Estes esplendores, mais que ofuscar, deixam-nos maravilhados... Temos **[968]** certa dificuldade para acostumar nosso olhar a eles. E, contudo, é aqui que a Sabedoria habita e se manifesta tal como ela é: luz, força, fecundidade. Não temos o direito de nos afastar, em razão de não possuirmos a experiência saborosa que nos permitiria a íntima comunhão com sua doutrina. Para ajudar aqueles que estão menos habituados a se debruçarem sobre os textos teresianos e sanjuanistas, vamos tentar estabelecer alguns pontos de referência, algumas setas indicadoras na luxuriante floresta de suas descrições, para que todos possam não só admirá-las – o que seria uma homenagem insuficiente –, mas descobrir as profundas e práticas verdades dogmáticas que as fundamentam e que devemos, nós mesmos, reter para esclarecer nossa caminhada rumo à perfeição cristã.

---

[104] *Ibid.*, 3,24.

Para permanecermos fiéis ao plano adotado, vamos estudar, por enquanto, só a manifestação de Deus no matrimônio espiritual. Os dois capítulos seguintes abordarão o problema de fundo, isto é: o que constitui essencialmente este estado e qual o fim prático que Deus se propõe ao prender as almas em seus laços de amor.

I – *A graça do matrimônio espiritual*

1. *A visão imaginária inaugural* – É numa *Relação* espiritual que Santa Teresa narra de maneira mais completa esta graça.

Estando eu na Encarnação, no segundo ano do Priorado, na oitava de São Martinho, em comunhão, o Padre Frei João da Cruz, que ia me dar o Santíssimo Sacramento, partiu a hóstia para outra Irmã. Pensei que não era falta de hóstia, mas que ele queria me mortificar, porque eu lhe tinha dito que gostava muito quando as hóstias eram grandes (não porque eu não entendesse que não importava para o Senhor estar lá inteiro mesmo que fosse num pedacinho bem pequeno). Disse-me Sua Majestade: "Não tenhas medo, filha, que alguém tenha poder para afastar-te de mim". Assim, ele me dava a entender que isso não importava.

Então o Senhor me foi representado numa visão imaginária, como em outras vezes, bem no meu íntimo; dando-me sua mão direita, disse-me: "Olha este prego, que é sinal de que serás minha esposa de hoje em diante. Até agora não o tinhas merecido; doravante, defenderás minha honra não só como Criador, como Rei e como teu Deus, mas como verdadeira esposa minha: minha honra é a tua, e a tua, minha".

Teve tal efeito em mim esse favor que eu não podia caber em mim; fiquei como que desatinada e disse ao Senhor que ou aumentasse a minha baixeza ou não me concedesse tão infinita graça, pois certamente **[969]** não me parecia que a minha natureza a pudesse suportar. Passei assim todo o dia muito embevecida. Mais tarde senti ter obtido um grande proveito, e maior confusão e aflição ao ver que em nada correspondo a tão grandes graças.[105]

---

[105] R 35.

Escrevendo o *Castelo Interior* cinco anos depois de ter recebido esta graça, Santa Teresa descobriu sua importância e a indica claramente como aquela que lhe assegurou o matrimônio espiritual.

Na primeira vez em que Deus concede essa graça, quer Sua Majestade mostrar-se à alma por visão imaginária de sua Sacratíssima Humanidade, a fim de que ela perceba com clareza que recebe tão soberano dom. É possível que com outras pessoas ocorra de modo diferente ... .[106]

Faz questão de sublinhar que esta graça tem algo de todo particular.

Talvez julgueis que isso não fosse novidade, pois o Senhor já tinha se apresentado outras vezes a essa alma de tal modo. Todavia, dessa vez foi tão diferente que a deixou desatinada e espantada. Em primeiro lugar, porque a visão se revestiu de grande força; e, em segundo, em função das palavras ditas. No interior de sua alma – onde o Senhor lhe apareceu –, essa pessoa nunca tivera outras visões, a não ser a passada.[107]

Além disso, a Santa se apressa em nos advertir que as diferenças não dizem respeito apenas à visão inicial, mas que atingem todas as manifestações próprias do matrimônio espiritual.

E entendei que há enorme diferença entre todas as visões passadas e as desta Morada. Há tão grande distância entre o noivado e o matrimônio espiritual quanto a que existe entre os que apenas são noivos e os que já não podem separar-se.[108]

Não há dúvida de que a visão imaginária com a oferta do cravo simbólico e as palavras que lhe determinam o sentido não são elementos essenciais e necessários do matrimônio espiritual. Nas ascensões teresianas, encontramos, assim, em cada morada uma graça extraordinária semelhante a um

---

[106] 7 M 2,1.
[107] *Ibid.*, 2,2.
[108] *Ibid.*

sinal luminoso que marca a sua entrada e cuja claridade especial indica a progressão. Esta Mestra espiritual, com uma missão **[970]** de dimensões universais, tinha necessidade, para descrever e dirigir, de saber discernir com certeza a entrada de cada período e suas características. De fato, ela observa que esta visão lhe foi concedida para que ela tivesse pleno conhecimento do estado ao qual, desde então, chegara. Mas pode ser que a Sabedoria divina venha a dispor tudo diversamente em outras almas, para que ignorem os graus a que chegaram. Aqui, completa escuridão; lá, explicações luminosas. Tudo é graça para a realização do desígnio de Deus sobre a alma. Assim, desejar tal ritual para a entrada nas sétimas Moradas nos parece perigoso e pueril. Buscar na vida dos santos determinados sinais e interpretar, aqui ou ali, uma ou outra palavra ou manifestação divina como a prova de uma união perfeita consumada, pode ser fonte de lamentáveis erros.

Os autênticos sinais do matrimônio espiritual são outros. Tal união é constituída por algo que vai além do símbolo, ou melhor: o símbolo só tem valor pela realidade que evoca e ilustra exteriormente.

2. *União do desposório e união do matrimônio espiritual* – Santa Teresa a explica admiravelmente e com sucessivas pinceladas. Sigamo-la:

> Quando Nosso Senhor é servido, compadece-se de tudo o que essa alma padece e já padeceu ansiando por sua presença e amor. Assim, tendo-a já tomado espiritualmente por esposa, antes de consumar o matrimônio sobrenatural, põe-na em sua Morada, que é a sétima. Assim como o tem no céu, Deus deve possuir na alma um pouso, digamos outro céu, onde só ele habita.[109]

---

[109] *Ibid.*, 1,3.

Entrar na Morada de Deus significa, para Santa Teresa, unir-se a ele. As moradas significam, com efeito, um grau de união.

Ora, esta união perfeita com Deus, a alma já a conheceu no desposório. Santa Teresa vai nos explicar o que diferencia essas duas maneiras de entrar na Morada de Deus – pelo desposório e pelo matrimônio espiritual.

Quando, pois, é servido de conceder-lhe a mencionada graça – do divino matrimônio –, Sua Majestade faz a alma, primeiro, entrar em sua Morada. E ele quer que essa vez seja diferente das outras em que a levou a arroubos – nos quais creio de fato que a une consigo, assim como na oração de união a que me referi. Todavia, a alma não entra em seu centro, como acontece nesta Morada, ficando apenas na parte superior.[110]

[971] Com efeito, recordamo-nos que, no arroubo do desposório, havia certa separação da alma e do espírito, elevando-se este último acima daquela, como uma chama que sobe do braseiro, e sendo transportado em Deus.

No matrimônio espiritual, a união é completa. Não é mais somente o espírito, porém toda a alma, que entra em seu centro, onde está Deus. Assim, nesta união não há elevação sentida, nem divisão entre as partes da alma. Tudo se faz na paz e na unidade interior.

... pode parecer-vos que ela (a alma) não fica em si, mas tão embevecida que não dá atenção a coisa alguma. Mas a alma o faz, sim, e muito mais do que antes. Dedica-se a tudo o que é serviço de Deus ... .[111]

Outra diferença, ainda mais importante: a união do matrimônio espiritual não só é completa, mas é definitiva.

O noivado espiritual é diferente, uma vez que os pretendentes podem se afastar, sendo-o também a união. Porque, embora constitua união duas coisas se juntarem numa só, elas podem apartar-se e subsistir como individualidades. Com efeito, as outras graças do

---

[110] *Ibid.*, 1,5.

[111] *Ibid.*, 1,8.

Senhor passam em geral rapidamente, deixando a alma sem aquela companhia – ou seja, sem ter consciência dela. Nesta última graça do Senhor, isso não acontece, ficando sempre a alma com o seu Deus naquele centro.[112]

União completa e definitiva. Eis as características essenciais do matrimônio espiritual que Santa Teresa e São João da Cruz sublinham, e que o simbolismo do desposório e do matrimônio ilustra.

> É tanta essa diferença, como a do noivado para o matrimônio. No noivado, há o sim de parte a parte, e os dois se unem na mesma vontade; ... . No matrimônio, porém, além disso, há comunicação das pessoas que se unem, e isto não existe ainda nos esponsais, embora haja por vezes visitas do noivo à noiva, com oferta de presentes; não se realiza, contudo, a união das pessoas, na qual está o fim dos esponsais.[113]

Esta união parece fundir os dois seres, um no outro, pois se trata de uma união por transformação na qual

> se entregam ambas as partes por inteira posse de uma a outra, ... tanto quanto é possível **[972]** nesta vida. ... Assim como na consumação do matrimônio humano, são dois numa só carne, segundo a palavra da Sagrada Escritura (Gn 2,24), assim também, uma vez consumado esse matrimônio espiritual entre Deus e a alma, são duas naturezas em um só espírito e amor.[114]

Estas vigorosas afirmações de São João da Cruz nos colocam diante das verdades que teremos que aprofundar para explicitar algumas das riquezas substanciais que elas ocultam. Já era preciso indicá-las para explicar a luz e a paz que acompanham o matrimônio espiritual.

3. *Visão intelectual da Santíssima Trindade* – A visão imaginária da Santa Humanidade de Cristo foi passageira.

---

[112] *Ibid.*, 2,4.
[113] Ch 3,24.
[114] CE 22,3.

Foi, para Santa Teresa, o farol que lhe indicou a entrada do porto para onde o sopro de Deus a levava. O matrimônio espiritual assegura uma manifestação de Deus mais profunda e estável, a qual é o fruto da união que Deus propicia.

Compilemos, uma vez mais, as confidências da Santa, que vai nos instruir com uma linguagem precisa. Prosseguindo na comparação da graça do matrimônio espiritual com as graças de união recebidas precedentemente, ela diz:

... o Senhor une a alma a si, mas tornando-a cega e muda – como ficou São Paulo em sua conversão – e fazendo-a perder o sentido de como se realiza a graça que então frui. O grande deleite que ela sente no momento é o ver-se junto de Deus. Mas, quando este a une a si, a alma não entende coisa alguma, pois se perdem todas as faculdades.

Nesta última Morada, as coisas são diferentes. O nosso bom Deus quer já tirar-lhe as escamas dos olhos, bem como que veja e entenda algo da graça que lhe é concedida – embora isso se efetue de modo um tanto estranho.

Introduzida a alma nesta Morada, mediante visão intelectual se lhe mostra, por certa espécie de representação da verdade, a Santíssima Trindade – Deus em três Pessoas: Primeiro lhe vem ao espírito uma inflamação que se assemelha a uma nuvem de enorme claridade. Ela vê então nitidamente a distinção das divinas Pessoas; por uma notícia admirável que lhe é infundida, entende com certeza absoluta serem as três uma substância, um poder, um saber, um só Deus.

Dessa maneira, o que acreditamos por fé é entendido ali pela alma por vista, se assim o podemos dizer, embora não seja vista dos olhos do corpo nem da alma, porque não se trata de visão imaginária. Na sétima Morada, comunicam-se com ela e lhe falam as três Pessoas. Elas lhe dão a entender as palavras do Senhor que estão no Evangelho: que viria ele, com o Pai e o Espírito Santo, para morar na alma que o ama e segue seus mandamentos.[115]

[973] Com palavras inadequadas, Santa Teresa se esforçou por descrever esta visão da Morada de Deus e a luz

---

[115] 7 M 1,5-6.

que a ilumina. Para descobrir-lhe toda riqueza e precisão, faz-se necessário – parece-nos – recorrer à teologia mística.

Em Santa Teresa, a palavra "visão" – já o vimos – não significa, obrigatoriamente, uma percepção dos sentidos.

Notemos que esta visão intelectual não é da mesma ordem que a visão imaginária da humanidade de Cristo que marcou a entrada no matrimônio espiritual. A visão imaginária é uma graça extraordinária, no sentido indicado anteriormente,[116] pois é produzida de modo direto por Deus nas faculdades e concede uma luz distinta. A visão intelectual ou conhecimento da Santíssima Trindade é de outra ordem. Procede da união perfeita e é um fruto da conaturalidade que esta união estabelece entre Deus e a alma.

Esta união, de todo passageira e menos profunda, se deu em meio à escuridão mais completa, na graça mística de união das quintas Moradas. Não deixou senão a certeza do contato. No arroubo do desposório, a união consumada num simples encontro, produziu um embevecimento e uma ofuscação. A alma experimentou a união e descobriu neste contato grandes segredos divinos. Mas, como São Paulo no caminho de Damasco, cega e muda, ela não pôde explicar de que maneira, nem detalhar aquilo que ela tinha descoberto. O arroubo do desposório elevou-a um instante a um estado superior àqueles em que vive habitualmente. Este encontro foi um mergulho repentino e passageiro nas profundezas da união perfeita. Assim, foi um mergulho violento e suave, ofuscante e luminoso.

No matrimônio espiritual, a união perfeita não é mais um feliz incidente de percurso. Doravante, ela é algo consumado, um fato que se impõe com todas as suas consequências. O toque substancial passageiro é substituído pela penetração substancial da união habitual. A alma está mergulhada em

---

[116] Cf. V Parte – Santidade para a Igreja, cap. 2: "Graças extraordinárias – Palavras e Visões", p. 915.

Deus como a esponja no oceano e permanece no amor transformante que se apoderou dela e que continua a sua obra.

Esta perfeição e esta estabilidade da união concedem ao conhecimento de conaturalidade, que lhe é próprio, perfeição e continuidade. A luz da experiência que daí emana, perfeita em seu modo, não é senão luz **[974]** da aurora, mas de uma aurora que não tem eclipse e que cederá apenas diante da luz do pleno meio-dia da visão face a face.

A alma já conhece esta luz. Encontrou-a no "sussurro dos ares amorosos"[117] ou mesmo em certas visões da Santíssima Trindade, com as quais foi agraciada.[118] Mas aí, tal luz misturava-se com graças extraordinárias que, ao complementá-la, mostravam que ela não tinha atingido sua perfeição. Era, sobretudo, passageira e se apagava com o toque substancial do qual procedia.

A compenetração da união consumada produz, agora, uma luz mais pura, mais alta e que nunca se apaga completamente. Compreendemos por que Santa Teresa declara nova esta maneira de conhecer, em razão de sua perfeição atual.

Este levante da aurora é suficiente para iluminar a Morada de Deus na alma. É sobre esta luz que se irradia a partir das sétimas Moradas que Santa Teresa fala quando escreve:

> É de importância para nós, Irmãs, entender que a alma não é algo escuro (pois, como não a vemos, o mais frequente é parecer que não há outra luz interior além da que vemos). Supomos equivocadamente que dentro de nós reina uma espécie de escuridão.[119]

Sem dúvida, esta luz não é a lâmpada do Cordeiro, que é toda a luz dos átrios celestes,[120] embora também ela

---

117 *Cântico Espiritual*, estrofe 14.

118 Cf. V Parte – Santidade para a Igreja, cap. 2: "Graças extraordinárias – Palavras e Visões", p. 915.

119 7 M 1,3.

[120] Cf. Ap 21,23: "A cidade (celeste) não precisa do sol ou da lua para a iluminarem, pois a glória de Deus a ilumina, e sua lâmpada é o Cordeiro".

proceda de Deus. No entanto, jorrando da conaturalidade perfeita da alma com Deus, ela é suficiente para revelar à alma a Morada onde esta se encontra, as realidades sobrenaturais com as quais se depara em contato de amor, as Pessoas divinas que, por meio de uma operação comum, a divinizam. A alma descobre estas Pessoas divinas – escreve Santa Teresa – sob "uma nuvem de enorme claridade".[121] Como poderíamos descrever de [975] maneira mais precisa a transcendência, a claridade e o mistério desta luz que jorra do amor e na qual a alma encontra a visão intelectual da Santíssima Trindade?

A claridade desta visão pode variar e, de fato, varia. Mas, a experiência da presença das três Pessoas divinas permanece e a alma tem apenas que lançar um olhar para dentro de si, a fim de reencontrar esta presença viva e luminosa.

Perceba-se que o fato de a alma trazer em si essa presença não se passa de modo tão perfeito, isto é, tão claro como quando se lhe manifesta na primeira vez, ou em algumas outras nas quais apraz a Deus fazer-lhe esse favor. ... Mas, embora não seja com essa luz tão clara, a alma não deixa de perceber que está na companhia do Senhor. Digamos agora que se assemelhe à situação de uma pessoa que, estando com outras num aposento muito claro, visse fechadas as janelas e ficasse às escuras.[122]

A claridade se atualiza com intensidades diferentes. Tem momentos fortes e momentos fracos que não dependem da vontade da alma – assegura Santa Teresa.[123] Mas,

---

[121] 7 M 1,6. No livro *Conceitos do Amor de Deus*, a Santa diz muito acertadamente: "... e nessa sombra da divindade (que podemos bem dizer que é sombra, visto que com clareza não a podemos ver aqui), sob essa nuvem, está aquele sol resplandecente que envia, por meio do amor, a notícia de que está tão perto de Sua Majestade que não se pode descrever nem é possível" (CAD 5,4).

[122] *Ibid.*, 1,9.

[123] Cf. *Ibid.*, 1,1-11.

por baixo de intensidades variáveis, a experiência luminosa de fundo permanece e lhe manifesta que ela chegou à Morada de Deus, ou melhor: que as três Pessoas divinas estão presentes no centro dela, que tomaram posse dela e que fizeram dela sua Morada. Esta luz de amor, da qual procede a visão intelectual da Santíssima Trindade, revela – como observa Santa Teresa – a realização da promessa de Jesus no Evangelho:

... se alguém me ama, guardará minha palavra e o meu Pai o amará e a ele nós viremos e nele estabeleceremos morada.[124]

O fato que este conhecimento ou visão possa dar a entender a distinção e a unidade das Pessoas, as operações comuns às três e aquilo que constitui cada uma delas nos mostra a alta qualidade da luz que emana da união transformante.

Contudo, a este respeito, levanta-se um problema que não devemos evitar e que pode ser formulado assim: um conhecimento de amor, qualquer que seja a união da qual procede e a penetração que desta recebe para desvelar com certeza a natureza e os segredos mais íntimos da alma, [976] continua sendo um conhecimento instintivo por simpatia e contato; um conhecimento profundo, mas, de per si, hostil às fórmulas. O amor exprime sua ciência por gestos e atitudes; suas palavras são carregadas de sentido, são simples quando ele é obrigado a sair do silêncio onde encontra sua mais perfeita expressão. De onde vêm até ele as fórmulas precisas que encontra em Santa Teresa, quando esta descreve a visão intelectual?

Para explicar esta profundidade de conhecimento e esta precisão da fórmula, bem como toda a claridade da visão que daí decorre, é preciso recordar o que é a fé.

A fé nos apresenta a verdade divina em fórmulas dogmáticas – o ouro da substância divina sob um revestimento

---

[124] Jo 14,23.

conceitual de semblantes prateados.[125] A alma, primeiro, se nutriu destas fórmulas dogmáticas que lhe apresentavam a verdade em termos humanos analógicos. Quando a fé viva a introduziu no ouro da substância, ela foi, inicialmente, ofuscada – sobretudo, no contato obscuro das quintas Moradas. A clara luz da fórmula, tal como fora depreendida, e a luz que procede da substância pareciam estar em oposição. Isto constitui uma parte do drama da noite do espírito. As sextas Moradas trouxeram algumas luzes conciliadoras: os segredos divinos percebidos nos encontros do desposório transcendem as fórmulas, mas mostrando sua verdade. A luz da experiência de amor que emana do matrimônio espiritual revela a harmonia perfeita. Não existe mais contradição aparente, choques ou fosso escuro entre a luz que vem da experiência da substância e aquela dos semblantes prateados. Esta não é mais um obstáculo; tornou-se um auxílio. A primeira triunfa, mas é tão profunda, tão luminosa, tão perfeita que confirma a precisão da fórmula. Melhor ainda: o conhecimento que procede da conaturalidade de amor tem necessidade da fórmula dogmática para se explicitar e só se permite explicitar nesta fórmula, pois não existe outra que traduza melhor aquilo que encontrou através do contato substancial e que experimenta, continuamente, mediante a união de amor. Deus e a Igreja expressaram-se bem – dirá, de bom grado, a alma. Ao dizer isso, demonstra que sua experiência de amor é verdadeira, pois encontra e realiza a verdade na exata formulação que o infalível magistério da Igreja propõe.[126]

---

[125] Cf. 12,4.

[126] Como consequência – assim julgamos –, podemos pensar que uma autêntica experiência de união perfeita, em alguém que não conhecesse o mistério da Santíssima Trindade, levaria a experimentar, de fato, a unidade e a distinção das Pessoas, mas ele não conseguiria traduzi-la ou ela seria traduzida de modo imperfeito.

[977] A clareza da visão intelectual da Trindade é constituída do encontro das duas luzes – da fórmula e da experiência – numa harmoniosa fusão onde ambas triunfam, ao se unirem e servirem-se mutuamente. As afirmações de Santa Teresa, que já lemos, assumem todo o seu sentido; e quase um novo sentido.

Ela vê então nitidamente a distinção das divinas Pessoas; por uma notícia admirável que lhe é infundida, entende com certeza absoluta serem as três uma substância, um poder, um saber, um só Deus. Dessa maneira, o que acreditamos por fé é entendido ali pela alma por vista, se assim o podemos dizer, embora não seja vista dos olhos do corpo nem da alma, porque não se trata de visão imaginária.[127]

A alma, de alguma maneira, compreende e vê o maior dos mistérios, que conserva, contudo, sua obscuridade. Triunfo da fé viva, que é o fruto da união. Como é poderosa e pura a luz deste levante da aurora que, assim, faz brilhar até nas suas profundezas as cristalinas fontes que jorram da palavra de Deus!

Santa Teresa parece dar como sinal característico do matrimônio espiritual a visão intelectual da Santíssima Trindade, tal como ela no-la expõe. Devemos tomar à letra esta afirmação? De fato, São João da Cruz não a apresenta desta mesma forma e Santa Teresinha do Menino Jesus não fala dela explicitamente.

Parece-nos que podemos encontrar, naquilo que acaba de ser dito, uma explicação destas aparentes divergências, explicação esta que é um feliz esclarecimento.

O conhecimento essencial no matrimônio espiritual é o conhecimento de conaturalidade que procede da união transformante. A própria Santa Teresa nos disse que sua claridade sofria altos e baixos, mas que subsistia por todo o tempo nas profundezas. É este conhecimento profundo, por experiência, da Santíssima Trindade, da unidade e da distin-

[127] 7 M 1,6.

ção das Pessoas, verdadeiro levante da aurora, que devemos encontrar em todos os santos que chegaram a este grau.

No entanto, dado que, de per si, a explicitação não pertence ao próprio conhecimento, mas se dá por meio da fórmula dogmática, podemos imaginar que ela aconteça aqui ou ali, nesta ou naquela alma, sob uma forma exterior que, permanecendo fiel à verdade, seja um pouco diferente. É por isso que, quando Santa Teresinha do Menino Jesus dá vasão à sua pena para traduzir sua experiência interior [978] depois da ferida de amor que a elevou à união transformante, ela faz alusões explícitas à Santíssima Trindade e a cada uma das Pessoas divinas. No entanto, irá exprimir sua experiência constante da união transformante, não por uma visão intelectual da Santíssima Trindade, mas com esta confissão:

> Ah! Desde este feliz dia, parece-me que o Amor me penetra e me envolve; parece-me que a cada instante este Amor Misericordioso me renova, purifica minha alma e aí não deixa nenhum traço de pecado.[128]

O que concluir desta confissão senão que a experiência do Amor Misericordioso, em razão de sua missão particular, era-lhe mais sensível e, por consequência, mais fácil para explicitar, e que tal experiência velava, em certa medida, a experiência da Santíssima Trindade que, no entanto, era real, como o demonstram as efusões da carta à Irmã Maria do Sagrado Coração?[129]

Faremos observações semelhantes com relação à experiência dos vértices de São João da Cruz e à sua explicitação.

Concluamos afirmando que o matrimônio espiritual assegura uma experiência de Deus e da Santíssima Trindade, da natureza e da distinção das Pessoas, mas que este conhecimento tão elevado e claro pode se explicitar sob diferen-

---

[128] Ms A, 84 rº.

[129] Cf. Ms B.

tes formas que nem sempre são uma visão intelectual da Santíssima Trindade, no sentido teresiano do termo.

4. *A paz do matrimônio espiritual* – Também a paz é um dos frutos característicos e essenciais do matrimônio espiritual.

Ela (a alma) ... não sai desse centro nem perde a paz. O próprio Senhor que a deu aos apóstolos, quando estavam juntos, é poderoso para dá-la também a ela.

Tenho considerado que essa saudação do Senhor devia ser muito mais do que soa hoje aos ouvidos, o mesmo acontecendo com as palavras que disse à gloriosa Madalena: que se fosse em paz. Porque, atuando as palavras do Senhor em nós como se fossem obras, de tal modo deviam agir naquelas pessoas – já tão bem dispostas – que as despojavam de tudo o que havia de corpóreo em sua alma. Esta ficava no estado de puro espírito, podendo juntar-se nessa união celestial com o Espírito incriado.[130]

[979] É imensa a grandeza e estabilidade da alma, neste estado ... .[131]

Esta paz consiste na posse de Deus nesta luz da aurora que satisfaz as faculdades. Somos feitos para Deus, que é o nosso fim. É normal que a alma que o tenha atingido com certeza encontre esta paz que é a tranquilidade da ordem realizada.

... a nossa borboletinha já morreu, infinitamente alegre por ter encontrado repouso. Cristo vive nela. ...

O fato é que os desejos dessas almas já não se dirigem a deleites e gostos. Elas trazem consigo o próprio Senhor, sendo Sua Majestade quem agora vive [nelas].[132]

Esta posse de Deus é pacificadora porque estável e, doravante, está ao abrigo dos ataques e perigos que a perturbavam até o presente. Está protegida pelo

---

[130] 7 M 2,6-7.

[131] CE 20-21,10.

[132] 7 M 3,1.8.

cerco de paz e o valado das virtudes e perfeições que cercam e guardam a mesma alma, sendo ela aquele horto ... onde o Amado se apascenta entre as flores.[133]

Na última estrofe do *Cântico Espiritual*, São João da Cruz canta a paz desta segurança e a harmonia interior que ela cria.

> Ali ninguém olhava;
> Aminadab tampouco aparecia;
> O cerco sossegava;
> Mesmo a cavalaria,
> Só à vista das águas, já descia.[134]

A alma dá, assim, a saber que as criaturas não chegam mais a este centro profundo, onde ela se estabeleceu com Deus, que Aminadab, o demônio, não pode mais atingi-la aí, que as paixões que a assediavam não podem mais perturbar sua paz interior e que os sentidos, agora purificados e adaptados, descem como corcéis em direção às águas divinas para lá se dessedentarem.

Santa Teresa descreve esta paz de desapego, de solidão e de harmonia interior, determinando até onde ela se estende. Não mais aridez e perturbações; não mais fraquezas sob a ação de Deus.

A diferença que há aqui nesta Morada é o que já se disse: quase nunca há aridez nem alvoroços interiores como havia, de tempos em tempos, em todas as outras. Pelo contrário, a alma está quase sempre em [980] quietude, liberta do temor de que graça tão elevada possa ser reproduzida pelo demônio ... .

Também eu estou atônita ao ver que, chegando a alma a esta Morada, não está mais sujeita a nenhum arroubo, a não ser uma vez ou outra, e, mesmo assim, sem aqueles arrebatamentos e voos de espírito.[135]

---

[133] CE 20-21,18.
[134] *Ibid.*, estrofe 40.
[135] 7 M 3,10.12.

Isto equivale a dizer que os arroubos não são mais acompanhados de fraquezas e sofrimentos físicos. A alma neste estado está, ao mesmo tempo, desapegada de tudo e satisfeita com a união de amor da qual goza. Seria, então, uma beatitude sem sombras, um silêncio e uma paz sem ruídos e sem perturbação?

São João da Cruz, na estrofe vinte, se dirige às "aves ligeiras" que são as digressões da imaginação, aos "leões, cervos e gamos saltadores" que representam os ardores ou as fraquezas do concupiscível, aos "montes, vales, ribeiras" que designam os atos viciosos e desordenados das três potências da alma, às "águas, ventos, ardores e, das noites, [aos] ventos veladores", que são as quatro paixões da alma.[136] Pede a eles, bem como às "Ninfas da Judeia", que representam os movimentos da parte sensitiva, para se acalmarem e cessarem suas operações e agitações, a fim de não perturbar o recolhimento interior da alma e impedi-la de gozar do grande bem que possui.[137]

Estas potências não estão, portanto, destruídas, estas faculdades da alma conservam ainda uma atividade que não está totalmente submissa. Não se pode negar isto. São João da Cruz afirma:

... da sensualidade, lhe poderá vir impedimento, como de fato acontece, pois estorva e perturba esse grande bem espiritual.[138]

Todavia, normalmente, não o conseguem. Sua agitação, por outro lado, permanece exterior às regiões profundas da união nas quais a alma se estabeleceu. O inimigo não consegue penetrar na Morada da alma e não pode perturbar a união. No máximo, ele pode impedir o gozo desta união.

---

[136] Cf. *Cântico Espiritual*, estrofe 20.
[137] Cf. CE 18,3.
[138] *Ibid.*

Estas precisões psicológicas nos parecem úteis. Às vezes, ao comentar certos símbolos sanjuanistas, não se faz do matrimônio espiritual um recanto de paz absoluta [981] e inalterável que se estende desde as profundezas do ser até os seus confins mais exteriores, uma permanência paradisíaca na qual não há mais nada de humano, nem de terrestre? A verdade é absolutamente outra e é necessário apresentá-la para dissipar as ilusões e afirmar que a graça não destrói a natureza.

Aos santos, Deus vai impor trabalhos e sofrimentos. Pode permitir até mesmo que experimentem a perturbação.[139] Os santos podem ainda trazer a causa disso em si, ao menos durante certo tempo.

Peçamos, uma vez mais, à Santa Teresa algumas explicitações sobre esta paz do matrimônio espiritual para que tenhamos uma ideia mais nítida.

O Senhor introduz a alma nessa sua Morada, que é o centro da alma. Assim como dizem que o céu empíreo – onde está Nosso Senhor – não se move como os outros, assim também parece que, ao entrar aqui, a alma já não sente os movimentos que costuma haver nas faculdades e na imaginação. Estas deixam de prejudicá-la e de tirar-lhe a paz.[140]

Tais afirmações encontram uma feliz ilustração na descrição que a Santa faz de seu estado, quando escrevia as quartas Moradas do *Castelo Interior*. Ela se encontrava no matrimônio espiritual desde alguns anos e, contudo, diz:

Enquanto escrevo, examino o que se passa em minha cabeça, considerando o grande ruído que há nela, como eu disse no princípio. Esse zumbido quase me tornou impossível escrever isto que me mandaram. Tenho a impressão de ter na cabeça rios caudalosos, cujas águas se precipitam. Ouço muitos passarinhos e silvos – não nos ouvidos, mas na parte superior da cabeça, onde dizem estar a parte superior da alma.[141]

---

[139] Cf. *Ibid.*, 20-21,10-11.

[140] 7 M 2,9.

[141] 4 M 1,10.

Experimentando isso, a Santa permanece unida a Deus e pode continuar a escrever. Para concluir, escutemo-la dizer-nos, com sua linguagem rica de imagens e precisa, em que consiste esta paz e quais são seus limites:

> Esse centro da nossa alma – ou seu espírito – é coisa tão difícil de exprimir, e até mesmo de crer, que, por não saber explicar-me, julgo dar-vos a tentação, Irmãs, de não acreditar no que digo. De fato, é difícil dar crédito à afirmação de que, embora haja sofrimentos e pesares, a alma permanece em paz. Quero apresentar-vos uma comparação ou duas. Praza a Deus que sejam tais que eu consiga **[982]** explicar alguma coisa com elas. Mas, mesmo que isso não aconteça, sei que é verdade o que disse.
>
> Está o Rei em seu palácio; ainda que haja muitas guerras em seu reino, bem como inúmeras coisas penosas, nem por isso deixa de estar em seu posto. O mesmo ocorre aqui. Conquanto nas outras Moradas haja muita confusão e feras peçonhentas, e embora se ouça o ruído, ninguém, tendo entrado nesta última, é afastado daí pelo que quer que seja. Os rumores escutados podem encher a alma de compaixão, mas não a ponto de alvoroçá-la e lhe tirarem a paz. Isso porque as paixões já estão vencidas e não ousam entrar nesta Morada, sabendo que sairão ainda mais humilhadas se o fizerem. Dói-nos todo o corpo; mas, se está sã, a cabeça não doerá por doer o corpo. Estou rindo comigo mesma das comparações que formulei. Elas não me contentam, mas não sei outras. Pensai o que quiserdes; mas é verdade o que eu disse.[142]

II – *Desenvolvimento da graça do matrimônio espiritual*

São João da Cruz nos adverte que o matrimônio espiritual é "o mais alto estado a que nesta vida se pode chegar".[143] Quando aí tiver chegado, "é justo que, em recompensa de seu trabalho e vitória, [a alma] repouse".[144] Mas, o matrimônio espiritual é um termo, um cume que não se

---

[142] 7 M 2,10-11.
[143] CE 22,9.
[144] *Ibid.*, 22,7.

pode ultrapassar e onde a alma se fixa imóvel no repouso de sua paz e na claridade de sua luz?

No início, Santa Teresa disse que

> o divino matrimônio espiritual, ... essa grande graça não deve realizar-se perfeitamente enquanto vivermos [nesta terra].[145]

Também São João da Cruz, às vezes, suspende a descrição das inefáveis riquezas que transbordam da plenitude de sua alma para nos dizer que tudo isso não é a vida eterna, mas apenas penumbra e imperfeição em comparação com a meta desejada que é a visão face a face.

Então, no matrimônio espiritual, a alma prossegue sua caminhada para Deus. Seu amor ainda o possui apenas na penumbra. A fé viva que o ilumina se torna cada dia mais desejosa de luz. A esperança que o purificou se faz mais ardente, embora seja pacífica. Ele mesmo continua a ser [983] o bem difusivo de si, cujo elã, doravante, nada poderá quebrar. Nunca foi tão dinâmico. De fato, a fé viva lhe fornece certezas para iluminar-se na penumbra. A esperança coloca a seu serviço suas ágeis asas para superar, num voo seguro e rápido, as distâncias que o separam de seu objeto infinito. O amor explode e difunde-se de todas as partes para realizar o dom sempre mais completo de si mesmo.

No Prólogo da *Chama Viva de Amor,* São João da Cruz descreve esta estabilidade do estado e este movimento que não cessa do amor transformante.

> Naquelas Canções explicadas anteriormente, tratamos, em verdade, do mais alto grau de perfeição a que a alma pode chegar nesta vida, ou seja, a transformação em Deus; mas nestas de agora falamos do amor mais qualificado e perfeito nesse mesmo estado de transformação. Sem dúvida, tudo quanto se diz numas e noutras é próprio de um só estado de união transformante, o qual em si não pode ser ultrapassado aqui na terra; todavia pode, com o tempo e o exercício, aprimorar-se, como digo, e consubstanciar-se muito mais no amor.

---

145 7 M 2,1.

Acontece-lhe como à lenha quando dela se apodera o fogo, transformando-a em si pela penetração de suas chamas: embora já esteja feita uma só coisa com o fogo, em se tornando este mais vivo, fica a lenha muito mais incandescente e inflamada, a ponto de lançar de si centelhas e chamas.

Deste abrasado grau se há de entender que fala aqui a alma ....[146]

Desde o início do comentário da primeira estrofe, o Santo continua a expor seu pensamento.

Sente-se a alma já toda inflamada na divina união, com o paladar todo saturado de glória e amor; nada menos do que rios de glória parecem transbordar até o íntimo de sua substância, afogando-a em deleites; sente brotarem de seu seio aqueles rios de água viva que o Filho de Deus declarou haviam de jorrar das almas chegadas a esta união (Jo 7,38).[147]

Estes fulgores da chama não lançam suas centelhas ao acaso das circunstâncias, estes rios de água viva não se vertem ao gosto dos acidentes do terreno. A força do amor divino não é cega. Está a serviço da Sabedoria, obedece às suas leis e é guiada diretamente por ela. Este amor é a Sabedoria. Sobe para Deus e tende para a realização de seus desígnios nesta terra.

Apenas enunciamos estas verdades que reencontraremos em breve. Por enquanto, devemos somente considerar o desenvolvimento da graça do matrimônio **[984]** espiritual no sentido da descoberta de Deus e das realidades sobrenaturais.

Sob a luz da aurora que a ilumina a alma se torna uma audaciosa exploradora das profundezas da vida divina. No *Cântico Espiritual,* São João da Cruz já indica esta curiosidade penetrante do amor e alguns de seus frutos.

---

[146] Ch, Prólogo, 3-4.
[147] *Ibid.*, 1,1.

> Vamo-nos ver em tua formosura,
> No monte e na colina,
> Onde brota a água pura;
> Entremos mais adentro na espessura.[148]

É isso que pede a esposa ao seu Amado. Mas, é na *Chama Viva de Amor* que São João da Cruz deixou transbordar – como a lava ardente e tranquila que escorre pelas encostas do vulcão de entranhas incandescentes – as riquezas que subiam das inflamadas profundezas de sua alma. Apesar da sua repugnância e dificuldade para "dizer algo da substância do espírito",[149] ele consente, sob as instâncias que lhe são feitas, em comentar quatro estrofes que lhe servirão de apoio para mostrar alguns efeitos de luz produzidos pelos fulgores da chama na penumbra do mistério divino.

Estas estrofes revelam menos o progresso da alma nestas regiões superiores do que os diversos aspectos que se descobre a partir destes cumes. Tais aspectos são verdades dogmáticas inerentes à vida divina em nós, verdades práticas concernentes à vida espiritual; umas e outras iluminadas pela luz ardente do fogo da união transformante. Assim, a *Chama Viva de Amor,* que é o mais elevado tratado de São João da Cruz, é, ao mesmo tempo, o mais simples e o mais prático, aquele onde sua doutrina e sua alma estão mais perto de nós.

A luz do amor revela o fogo de onde provém a chama ardente e suave, viva e delicada, esta chama que é o Espírito Santo e que canta continuamente o triunfo do amor na substância da alma. Ela abrasa toda a Morada onde Deus habita com a alma e é neste fogo que ambos estão unidos. Isto se dá nas profundezas, naquele centro da alma que a chama dilata e aprofunda sem cessar, pois profundidade é sinônimo de qualidade do amor. Enquanto que, antes, ela precisou lutar penosamente e só triunfou depois de lutas

---

[148] *Cântico Espiritual*, estrofe 36.
[149] Ch, Prólogo, 1.

Desposório e matrimônio espiritual

bem dolorosas, agora, consome suavemente. Consome e espiritualiza tudo aquilo que se opõe **[985]** ao seu triunfo definitivo, todas as barreiras ou véus que impedem a perfeita depreensão do objeto divino na luz. Romper a última tela, a qual realizará a separação da alma e do corpo, não depende dela. Sem dúvida, as forças não lhe faltam, mas ela deve esperar a hora e a ordem divinas. Um sinal de Deus e todas as forças do amor levarão, logo, triunfalmente, a alma para o seio de Deus, para o "doce encontro"[150] na visão face a face. É este o comentário da primeira estrofe.

Na segunda estrofe, a alma olha para as Pessoas divinas. Estão na alma, distintas na unidade de natureza. São elas que provocam este incêndio de amor, mas sua distinção é percebida até em sua operação única. O fogo é fruto de um cautério atribuído ao Espírito Santo; o cautério, ele mesmo, procede de um toque delicado do Verbo.

> Oh! pois, toque delicado, tu, ó Verbo, Filho de Deus, que, pela delicadeza de teu ser divino, penetras sutilmente a substância de minha alma, e tocando-a toda, delicadamente, em ti a absorves toda ... .[151]

E o toque, ele mesmo, procede da mão que "simboliza o Pai onipotente e misericordioso".[152]

Neste incêndio que é a alma, ainda há lugar para as chagas ardentes e regaladas que, às vezes, procedem do próprio Deus e atingem a substância sem a intermediação de formas. Foram elas que causaram o incêndio tal como ele se apresenta com sua intensidade e com a qualidade de seu fogo. Existem também outras sublimes feridas que, em virtude de seus efeitos carismáticos extraordinários, o Santo assinala. Trata-se da ferida de fecundidade, feita pelo dardo de um Serafim, que recebem aqueles que devem transmitir um espírito e uma virtude a toda uma geração de filhos.

---

[150] *Chama Viva de Amor*, estrofe 1.

[151] Ch 2,17.

[152] *Ibid.*, 2,16.

Há ainda a ferida dos estigmas, exteriorização sensível de uma ferida interior feita também pelo Serafim, que une, de uma maneira toda especial, à Paixão de Cristo. Todas essas chagas possuem um sabor de vida eterna, tanto pela alegria que concedem, como pelo sofrimento que causam.

As três Pessoas são distintas, mas sua obra de santificação é única. São João da Cruz, no comentário da **[986]** terceira estrofe, explora esta obra. A graça é participação da vida de Deus. As riquezas que ela manifesta são tão diversas quanto os atributos divinos dos quais emanam. Estes atributos, diversos na unidade de Deus, brilham como lâmpadas de fogo que enviam seus resplendores – ou obrumbações – para a alma. Estes são os reflexos, os sabores, as propriedades diversas da graça nas almas, carregando, cada um deles, todas as riquezas substanciais da graça, da mesma forma que os atributos divinos – dos quais eles emanam – são, cada um deles, a própria essência de Deus. Em outros termos: a ação de Deus na alma é única em sua substância; ela é diversa em suas tonalidades e efeitos, como os atributos divinos na única essência de Deus.

O Santo se aproveita deste olhar sobre a ação transformante de Deus na alma para indicar os inimigos que lhe erguem armadilhas ou obstáculos. Tais inimigos são – quem o teria acreditado! –, em primeiro lugar, os diretores e, em seguida, o demônio e a própria alma.

No centro de todas estas maravilhas, há uma experiência que é, ao mesmo tempo, mais elevada e mais íntima, mais constante e mais próxima daquilo que conhecemos: a experiência e a manifestação do Verbo Esposo. Eis como se realiza, profunda e magnificamente, no centro da alma, a promessa de Jesus:

... quem me ama será amado por meu Pai. Eu o amarei e me manifestarei a ele.[153]

---

[153] Jo 14,21.

Esta manifestação do Verbo Esposo preenche a quarta estrofe.

No centro e no fundo da alma, na sua pura e íntima substância, o Verbo Esposo habita no segredo e no silêncio; ele está como em sua morada e sobre seu leito de repouso.[154] Reina aí como senhor e tem a alma estreitamente abraçada e unida a si. Faz sua a alma e a alma pode chamá-lo seu Esposo. Não é ao Verbo Filho de Deus que o amor, doado a ela pela única obra da Trindade, a identifica diretamente? Ela é filha pela graça como o Verbo é filho pela natureza. É mediante sua união ao Verbo que ela entra no ciclo da vida trinitária e participa de suas operações. Ela aspira o Espírito Santo pela graça como o Verbo o faz pela natureza.[155]

[987] Este Verbo Esposo, fonte de todos os seus bens, a alma o experimenta em si. Repousa na penumbra; parece adormecido. Seu vivo sopro indica, contudo, sua presença e sua ação. Que grandes desejos tem a alma de conhecê-lo! Quando pedia para adentrar na espessura,[156] ela desejava justamente uma penetração mais profunda e um conhecimento mais íntimo de Cristo e seus mistérios.

O Verbo Esposo é para ela; e ela é para ele. Esta posse e compenetração mútua fazem-na entrar, efetivamente, nas subidas cavernas que são os mistérios de Cristo, nesta mina inesgotável com numerosos veios que escondem riquezas sempre novas.[157] Estes mistérios que a alma conheceu pela fé, que estudou na teologia, que penetrou com o olhar simples de sua oração, se esclarecem pelas profundezas. A luz que os ilumina e o olhar que os capta não estão mais no exterior. A experiência do amor penetrou em suas profundezas e eles são iluminados por um incêndio interior.

---

[154] Cf. Ch 4,3.
[155] Cf. CE 39,3-4.
[156] Cf. *Ibid.*, estrofe 36.
[157] Cf. *Ibid.*, estrofe 37.

A percepção se dá, ordinariamente, por um sutil sentimento da presença do Verbo na penumbra, o Esposo parece dormir no seio da alma.[158] Mas, de repente, o Verbo Esposo se desperta. Parecia mover-se sobre o leito em que repousava.

[Este despertar] consiste num movimento do próprio Verbo na substância da alma, com tanta grandeza, majestade e glória, e de tão íntima suavidade, que ela sente como se todos os bálsamos e espécies aromáticas e todas as flores do universo fossem revolvidos e agitados, combinando-se para exalar seus mais suaves perfumes. Parece-lhe também que se movimentam todos os reinos e senhorios do mundo, juntamente com as potestades e virtudes do céu.[159]

O Verbo, o Esposo da alma, com este simples gesto revelou seus segredos, fez brilhar seus tesouros, derramou suas riquezas. Ele manifestou seu poder. É nele que todas as coisas vivem, subsistem e se movem. Este grande Senhor, ao se mover, parece arrastar no seu movimento toda a criação da qual ele é o centro. Tal é o Esposo que a alma traz em si e que a retém sob o amplexo suave e definitivo de seu amor.

O Doutor Místico explica que, neste despertar, é a alma quem se desperta por um instante à realidade que percebe, é ela quem se move e não o Verbo que é imutável. **[988]** A alma, contudo, participa um pouco da imutabilidade divina, pois não experimenta "[o] desfalecer, nem [o] temer neste despertar tão cheio de poder e glória".[160]

O Santo continua. Deseja tentar explicitar algo da aspiração que acompanha o despertar, desta aspiração do Espírito Santo em Deus que a alma faz e da aspiração que o Espírito Santo faz da alma.

---

[158] Cf. Ch 4,14-16.
[159] *Ibid.*, 4,4.
[160] *Ibid.*, 4,12.

É este [aspirar] que, a modo de sopro, com sua aspiração divina, levanta a alma com grande sublimidade, penetrando-a e habilitando-a a aspirar, em Deus, aquela mesma aspiração de amor com que o Pai aspira no Filho, e o Filho no Pai ... .[161]

No *Cântico Espiritual,* o Santo pôde dar esta explicação. Na *Chama Viva de Amor,* o despertar se tornou tão poderoso, a aspiração que o acompanha tão delicada e tão sublime que ele larga a pena e se abisma no silêncio do louvor:

... nas profundezas de Deus a quem seja dada honra e glória. Amém.[162]

A face de Deus não está descoberta, mas o véu se tornou transparente – declara São João da Cruz.[163]

Estamos nos confins da visão eterna. Era preciso chegar até aqui para seguir as luminosas descobertas do matrimônio espiritual.

---

[161] CE 39,3.
[162] Ch 4,17.
[163] Cf. *Ibid.*, 4,7.

OITAVO CAPÍTULO
A união transformante

> *Eu sou a videira e vós os ramos.*[1]
> *... duas velas de cera ligadas de tal maneira que produzem uma única chama.*[2]

[989] Não seria voltar atrás deixar as sublimes experiências místicas do matrimônio espiritual para falar da união transformante? Seria de fato útil fazer um estudo particular sobre a união transformante, quando Santa Teresa e São João da Cruz, em suas descrições, parecem assimilá-la ao matrimônio espiritual? Vamos responder a estas questões preliminares antes de determinar o que é a união transformante e quais são as suas propriedades.

A – *MATRIMÔNIO ESPIRITUAL E UNIÃO TRANSFORMANTE*

Matrimônio espiritual e união transformante não designam dois estados espirituais diferentes, mas dois aspectos de uma mesma realidade interior, isto é: o cume da vida espiritual.

Matrimônio espiritual evoca aquele estado espiritual com todo o séquito de manifestações, graças extraordinárias e luzes contemplativas que indicam que uma alma chegou a este ponto. União transformante designa a realidade que constitui este estado espiritual, ou seja: o grau de caridade que realiza esta união perfeita com Deus por trans-

---

[1] Jo 15,5.
[2] 7 M 2,4.

formação e semelhança de amor. Matrimônio espiritual coloca em relevo aquilo que poderíamos chamar de aspecto fenomênico **[990]** da união – sob a condição de não reduzir o fenomênico ao superficial e de compreender aí as mais profundas e autênticas manifestações deste estado interior. A união transformante é este mesmo estado espiritual em sua componente ontológica, ou seja: é a caridade em sua plenitude transformante e unitiva.

Para percebermos o quanto seja útil distinguir o matrimônio espiritual e a união transformante, as manifestações e a realidade das quais são os sinais, basta lançar um olhar sobre a literatura espiritual e, mormente, sobre as biografias. As confusões entre o fenômeno místico e a realidade são frequentes, com uma vantagem dada ao fenômeno, o qual é procurado e posto em relevo como elemento principal. De fato, o fenômeno místico que caracteriza o cume, geralmente, exerce uma poderosa atração sobre a massa dos fiéis ávidos de sinais do maravilhoso.

Mesmo entre os espirituais, não é raro encontrar um desejo mais vivo da experiência mística do que da caridade sobrenatural que é a sua origem. Desejo não confessado, muitas vezes inconsciente, mas que, contudo, revela a hierarquia de valores sobre a qual se estabelece os próprios juízos e se constrói a própria vida espiritual.

Alguns até fazem do matrimônio espiritual um estado superior à união transformante ou, pelo menos, dentro da união transformante.

Os juízos sobre Santa Teresinha do Menino Jesus e sua espiritualidade manifestaram as faltas de precisão sobre estas noções e permitiram supor a influência nociva que elas podiam exercer sobre a vida espiritual das almas. Na verdade, hesitava-se em reconhecer nela os mais altos estados da vida espiritual, porque não estavam acompanhados e comprovados pelos fenômenos místicos que se acreditava serem inseparáveis de tais estados. E, contudo, com aquela simplicidade luminosa feita de desapego e pureza, a Santinha de Lisieux tivera o cuidado de nos prevenir que, em matéria de perfeição, a aparência tem pouca importância diante do ser. De fato, a propósito da morte de amor, dizia em julho de 1897, algumas semanas antes de sua morte:

Não é necessário que pareça (morte de amor), desde que seja.[3]

Nosso Senhor morreu como Vítima de Amor, e vede qual foi sua agonia!...[4]

[991] A confusão entre o ser e a aparência, a maior importância dada à aparência que brilha e se mostra do que ao ser que está escondido e é escuro, criam erros práticos sobre a natureza da perfeição e a meta a atingir. Além disso, podem provocar erros de direcionamentos desde o princípio da vida espiritual. As almas ficam, assim, atrasadas nas vias da perfeição ou mesmo retidas definitivamente. O caminho do espírito imperfeito, que no gráfico de São João da Cruz termina num beco sem saída, é, na verdade, justamente aquele em que a alma busca como uma meta os bens do céu, a glória, alegria, consolação, segurança, luz... Em suma, todos os bens que acompanham a união, mas que não são a união e que impedem que ela seja atingida quando são desejados por si mesmos.

Tentemos situar a união transformante em meio às manifestações do matrimônio espiritual que lhe fazem as vezes de séquito, determinando as relações que os unem e seu respectivo valor.

I – *As manifestações, fruto do amor*

Estas manifestações, que são o fruto da união transformante, assumem formas e expressões diversas.

---

[3] UC 14.7.4.
[4] UC 4.6.1. Cf. tb. UC 4.7.2.

Entre estas manifestações, distingamos, em primeiro lugar, as graças extraordinárias das luzes contemplativas propriamente ditas. As primeiras favorecem o progresso da alma, mas, habitualmente, têm um nítido caráter carismático, isto é: são todas para o bem da Igreja.[5] Elas preparam a alma para o cumprimento de uma missão especial e lhe dão os meios de executá-la. Deus as dá quando ele quer e como ele quer, por uma ação direta. Não são, portanto, o fruto específico da união da alma com Deus. Assim, quaisquer que sejam o poder e a luz que as acompanham, jamais estas graças extraordinárias podem ser consideradas, de per si, como uma prova suficiente da santidade.[6] Podem, todavia, trazer uma confirmação **[992]** a umas provas mais certas e ajuntar-lhes uma oportuna explicação.[7]

Ao tratar das relações entre a união transformante e o matrimônio, não pretendemos falar daquelas graças que não são manifestações específicas da união transformante, mas apenas luzes contemplativas que procedem da conaturalidade de amor. Essas últimas – cujas riquezas São João da Cruz evidenciou nos comentários do *Cântico Espiritual* e da *Chama Viva de Amor* e cuja qualidade Santa Teresa mostrou na descrição da visão intelectual da Santíssima Trindade – nos são apresentadas por eles como frutos da união.

---

[5] O caráter carismático das graças extraordinárias recebidas por Santa Teresa aparece claramente. Esta Reformadora tinha necessidade de seguranças divinas de todo particulares; esta Mestra de vida espiritual devia poder situar, de uma maneira precisa, as etapas da vida espiritual e as características de cada uma delas. As graças extraordinárias lhe forneceram os luminosos pontos de referência que lhe eram necessários.

[6] Cf. 2 S 19,1 ss.

[7] Seria, por isso, imprudente acreditar que uma alma chegou à união transformante porque Nosso Senhor a chamou de sua esposa. Tal palavra interior, mesmo se autêntica, pode ser interpretada em diversos sentidos. Contudo, ela poderia dar a certeza de que esta alma chegou à união transformante, se apresentasse seus sinais objetivos.

Lembremos que o murmúrio dos ares amorosos, este conhecimento tão elevado, esta "substância apreendida e despojada de acidentes e imagens" depositada na alma, esta "manifestação de verdades da Divindade" é o fruto do toque substancial. Certamente, o tocar não produz um gozo tão grande como o conhecimento que atinge o entendimento, pois o ouvido é um sentido mais delicado que o tato, porém não há dúvidas de que tudo tem como origem o contato unitivo de Deus com a alma.[8]

> ... [Este conhecimento é] a comunicação essencial da Divindade ... por certo contato da alma na própria Divindade – o que é coisa alheia a todo sentido e acidente, porquanto é um toque de substâncias puras, como são a alma e a Divindade.[9]

Estes conhecimentos são tão estreitamente dependentes da união que os produz que São João da Cruz os assimila à própria união.

> Essas notícias tão sublimes são próprias do estado de união, ou, por melhor dizer, são a própria união. Consistem num misterioso contato da alma com a Divindade ... .[10]

Na *Chama Viva de Amor*, o Santo apresenta as elevadas experiências de Deus com as quais a alma é agraciada como o cintilar da chama de amor, o crepitar das centelhas e os efeitos de luz da fornalha incandescente [993] na qual a alma se transformou sob a ação do crescente amor. Estas descrições são um hino à chama ardente de amor. Desta forma,

> encarece a alma nesta canção, e agradece a seu Esposo, as grandes mercês recebidas da união que tem com ele; diz como, por meio desta união, concede-lhe o Amado numerosos e magníficos conhecimentos de si mesmo, cheios de amor ... .[11]

---

[8] Cf. CE 14-15,12 ss.
[9] *Ibid.*, 19,4.
[10] 2 S 26,5.
[11] Ch 3,1.

Estes conhecimentos cheios de amor que acompanham o matrimônio espiritual procedem, com efeito, da experiência de conaturalidade. Ora, só pode haver experiência de conaturalidade na união e na transformação realizadas pelo amor. Tais conhecimentos são tão elevados apenas porque a união e a transformação são perfeitas. Eis a verdade que fundamenta as afirmações de São João da Cruz e que nos dá a certeza de que é da união transformante que jorram estas riquezas de luz.

Ainda que procedendo da mesma experiência de amor, estes conhecimentos assumem formas e expressões diferentes nos santos. São João da Cruz o afirma ao abordar a descrição dos efeitos do toque substancial do noivado.

Não se há de entender, porém, que [Deus] o faça na mesma medida e igualmente a todas as almas aqui chegadas, nem de modo idêntico ao conhecimento e sentimento que lhes concede. A algumas dá mais, a outras menos; a umas de um modo, e a outras de outro, embora todas as diversidades e medidas possam existir neste estado de desposório espiritual.[12]

Já notamos anteriormente como, no matrimônio espiritual, a experiência de Deus e das três Pessoas divinas, embora idêntica em seu elemento essencial, assume formas e expressões diferentes nos santos. Os dons de Deus são diversificados mesmo nos cumes. O tesouro infinito, do qual o contato da união perfeita haure, concede às almas, constantemente, novas riquezas e as adapta ao seu temperamento e à sua graça. De outra parte, estes últimos intervêm, por sua vez, no modo de exprimir aquilo que a alma recebeu na experiência desta união perfeita.

São João da Cruz, colocando seus dons de artista e sua pena de teólogo a serviço de sua poderosa inteligência e de seu aguçado senso espiritual, explicita às gerações que o Espírito Santo confiou à sua graça de pai, numa linguagem

---

[12] CE 14-15,2.

V Parte – Santidade para a Igreja

que permanece precisa sob a brilhante veste dos **[994]** símbolos, as rutilantes riquezas de luz que ele descobriu. Santa Teresinha do Menino Jesus, pelo contrário, parece querer ignorar estas riquezas contemplativas e deixá-las sepultadas no esquecimento. Foi o acaso de um colóquio, no fim de sua vida, que nos revelou que ela teve voos do espírito.[13] As instâncias de sua irmã, Maria do Sagrado Coração, nos permitiram conhecer as profundidades de sua experiência. Mas, ela chamará tudo isso de

riquezas espirituais que tornam alguém injusto, quando nelas repousamos com complacência e acreditamos que são algo de grande...[14]

Para o nosso século orgulhoso e ávido de todos os bens, mesmo dos bens espirituais, a Santinha devia pregar a humildade e a pobreza espiritual.

O Santo Cura d'Ars sepultou sua experiência mística na penumbra de seu confessionário. Ela só se manifestou nas lágrimas diante do pecado, na sua misericórdia toda divina diante dos pecadores e, ainda, na luz de seu olhar e na saborosa plenitude de sua linguagem. Assim, poderemos apenas intuir como era ardente o amor que queimava na profunda fornalha de sua alma.

Estes exemplos demonstram como são variados os resplendores da chama de amor que sobe, cantando e triunfando, do fogo consumidor da união transformante. Estes admiráveis reflexos desta chama não são por demais mutáveis para fixar nossos desejos? Sem dúvida, só é desejável o fogo de amor que os produz. Quando Deus tiver abrasado nossa alma, ele fará subir a chama que convém aos seus desígnios.

---

[13] Cf. UC 11.7.2.

[14] CT 197, 17 de setembro de 1896. Santa Teresinha dizia isto, referindo-se, especialmente, aos seus desejos de martírio – que sua irmã tinha ressaltado –, mas pretendia referir-se a todas as riquezas da experiência que ela manifestara em sua carta, a qual constitui a segunda parte de seus *Manuscritos autobiográficos*.

II – *A luz contemplativa*

As luzes contemplativas são sobremaneira úteis. São um meio que visa ao desenvolvimento do amor.

[995] Desprezar as riquezas de luz que sobem do fogo da união transformante seria uma falta. São riquezas divinas, e das mais puras, das mais úteis que Deus dispensa. Elas descobrem ao olhar – tanto quanto podem ser percebidos nesta terra – os segredos do próprio ser de Deus. Sua excelência lhes vem do fato de que elas emanam de um contato com as realidades sobrenaturais. Não são o fruto de um jogo momentâneo do espírito ou de um lampejo da inteligência. O amor que as produz continua estreitando as realidades que elas iluminam. A luz e a vida, o pensamento e o ser se conjugam neste contato unitivo que o amor estabelece entre dois espíritos e duas substâncias: a de Deus e a da alma.

Pode haver nesta terra realismo mais objetivo e mais imediato do que esta percepção, por contato e união, do ser na sua plenitude? Compreendemos, assim, por que a metafísica moderna – que abandonou a dialética construtiva da razão para buscar uma visão simples das realidades e uma percepção direta dos valores – professa uma alta estima por este conhecimento místico que é o fruto da união e procura nele um apoio para si mesma, pois que lhe apresenta esta profundidade do realismo que é toda a vida do espírito.[15]

Esta preciosa contribuição para a filosofia moderna é só um dos benefícios destes elevados conhecimentos de amor.

---

[15] FOREST, Aimé. "La doctrine de Saint Jean de la Croix et la pensée contemporaine". In: *Saint Jean de la Croix et la Pensée Contemporaine*. Tarascon : Éditions du Carmel, 1942, p. 31-51. O autor, professor da Faculdade de Letras de Montpellier, apresenta aí interessantes desenvolvimentos destas reflexões. Esta conferência foi reeditada em *Chant nocturne – Saint Jean de La Croix, mystique et philosophie*. Campin: Éd. Universitaires, Coll. Sagesse, 1991, p. 183-194.

A alta estima que São João da Cruz professa por estes últimos está fundada no proveito que a própria alma haure deles.

... com um deles, se daria a alma por bem paga de todos os trabalhos, fossem mesmo inumeráveis, padecidos durante a vida.[16]

As luzes que eles oferecem sobre Deus, a visão do mundo que asseguram, elevam a alma acima das contingências deste mundo e dos modos naturais de conhecer. Este conhecimento matutino e essencial de Deus no Verbo divino ... [e] a notícia vespertina de Deus, que é a sabedoria ... em suas criaturas, obras e disposições admiráveis.[17]

tornam as almas reais, cujo olhar de águia penetra as profundezas de Deus e dos homens.

[996] Tais luzes são um dos mais preciosos tesouros da Igreja e um dos seus meios mais eficazes para evangelizar e transmitir a doutrina. Das obras escritas sob sua influência transborda uma plenitude saborosa e luminosa de amor que esclarece e arrasta. Elas são o fluxo de água viva que, segundo a promessa de Jesus, jorra do seio daquele que crê.[18] Revelam o Deus vivo e sua ativa presença aqui na terra, iluminando e alegrando todos aqueles que estão em casa. Basta percorrer os tratados de Santa Teresa de Ávila, de São João da Cruz e de Santa Teresinha do Menino Jesus para tomar consciência do poder sobrenatural e da riqueza de luz e de recolhimento que emanam dos escritos "compostos em amor de abundante inteligência mística"[19]

Todas estas luzes que jorram do amor são ciência de amor e devem retornar ao amor.

A transformação em Deus [que a alma sofreu] ... a inflamou e transformou em amor, igualmente a aniquilou e desfez em tudo quanto não era amor, deixando-a sem saber outra coisa senão amor.[20]

---

[16] 2 S 26,7.
[17] CE 36,6.
[18] Cf. Jo 7,38.
[19] CE, Prólogo, 2.
[20] CE.a 17,12.

A união transformante

É este o efeito da graça do desposório. Ao revelar o que é o Esposo, a luz que procede do toque pacifica e cria novos desejos que chegam à angústia. Isto já foi dito. Na posse mútua do matrimônio espiritual, os conhecimentos se tornam mais claros e mantêm o desejo de adentrar mais nas profundezas da Sabedoria, mesmo a custa de novos sofrimentos. São João da Cruz nos explica o motivo:

O fim visado pela alma, quando desejava entrar naquelas cavernas já referidas, era alcançar a consumação – tanto quanto possível nesta vida – do que sempre havia pretendido, ou seja, o perfeito e total amor de Deus, que se manifesta naquela comunicação pois o amor é o fim de tudo.[21]

O fim de tudo, nesta terra, é o amor – é necessário repeti-lo com São João da Cruz. Só a visão face a face é mais desejável, mas ela não é da terra. Então, toda luz da terra deve retornar para amar e abrasar o foco do fogo do amor.

Seria vão apegar-se a estes elevados conhecimentos e querer utilizá-los por eles mesmos. Seria tentar agarrar com a mão a chama que sobe da **[997]** fogueira ou a luz que se desprende para trazê-la a si e fazer dela sua propriedade. Os santos sentiram o frêmito, o refrigério que a luz que jorra do amor traz consigo, os desejos que ela mantém e cria. Eles jamais pensaram que se poderia utilizá-la para outra coisa que não fosse o amar mais. Tirado da fogueira de onde emana, desviado do objetivo para o qual tende, este valor noético do amor fica retirado do seu quadro normal. Parece profanado e perde a força viva que está nele.

Tudo está bem, tudo se cumpriu, é o amor só que vale.[22] – respondia Santa Teresinha do Menino Jesus à sua irmã, Irmã Genoveva, que lhe pedia uma palavra de adeus nas

---

[21] CE.a 38,1.

[22] *Conselhos e Lembranças*. São Paulo: Paulus, 2006[7], p. 143. Cf. tb. PA. *Sœur Geneviève de Sainte Thérèse*, p. 315 e UC/Outras Palavras, Genoveva, julho.

vésperas de sua morte. Só o amor tem um valor absoluto nesta terra. A última observação que devemos fazer vai mostrá-lo para nós ainda uma vez mais.

III – *A visão face a face*

A visão face a face jorra do amor transformante e assume sua medida.

As luzes contemplativas chegam até o véu transparente que encobre a majestade esplendorosa de Deus. Poderíamos pensar que, quando a morte, ou melhor, quando a força do amor tiver rasgado o véu, esta experiência luminosa que jorra da união desembocará, por este rasgo, sobre seu objeto divino para conhecê-lo na perfeita claridade. Não é assim. Esta luz de conaturalidade que procede de uma união já perfeita aqui na terra não pode receber do amplexo do céu uma nova perfeição que a mude essencialmente. Ela é luz de experiência que procede de um contato e ela não mudará depois da morte. Vivificada pelo amor que coloca em todas as coisas um fermento de imortalidade, ela não desaparece, mas permanece em seu lugar sobre um plano secundário.

A visão direta de Deus pertence a um novo sentido que é dado à alma, o *lumen gloriae* que brota do amor e cuja potência é aquela do grau do amor que o gera.

[998] As luzes contemplativas, que aperfeiçoam e sustentam tão bem o início de vida eterna que é a vida sobrenatural nesta terra, não asseguram, portanto, seu perfeito florescimento no céu. Depois de ter aperfeiçoada a fé em seu exercício para garantir seu progresso na escuridão, elas se situam, no céu, num plano notavelmente inferior à visão face a face para assegurar-lhe um complemento acidental.

O amor e a união que ele realiza entre Deus e a alma, transcendem, então, todos os bens espirituais desta terra, por mais elevados que sejam.

Não! Não me arrependo de me ter entregue ao Amor![23] – dizia Santa Teresinha do Menino Jesus em meio aos sofrimentos de sua agonia, alguns instantes antes de morrer. Ela tinha razão, pois

ao entardecer desta vida examinar-te-ão no amor.[24]

e é somente o amor que receberá em recompensa a visão e a posse de Deus.

> Ainda que eu tivesse o dom da profecia,
> o conhecimento de todos os mistérios
> e de toda a ciência,
> ainda que eu tivesse toda a fé,
> a ponto de transportar montanhas,
> se não tivesse a caridade,
> eu nada seria.[25]

Entre as deslumbrantes maravilhas destes cumes, era importante relembrar esta verdade afirmada pelo Apóstolo, a fim de colocar todas as coisas no lugar que seu valor lhes assinala e precisar, assim, a única meta digna de todos os nossos desejos.

B – *UNIÃO TRANSFORMANTE*

Na *Subida do Monte Carmelo,* São João da Cruz sublinha como é importante saber em que consiste a união transformante.

Será útil, para evitar qualquer confusão, definir no capítulo seguinte o que denominamos união da alma com Deus. **[999]** Este ponto, uma vez esclarecido, muito elucidará a nossa exposição mais adiante.[26]

Esta definição deve nos dar a verdadeira noção da santidade.

---

[23] UC 30.9.
[24] D 58.
[25] 1Cor 13,2.
[26] 2 S 4,8.

O Santo oferece sobre esta união da alma com Deus as explicitações que anunciou.

Para compreender, pois, qual seja esta união de que vamos tratando, é necessário saber que Deus faz morada substancialmente em toda alma, ainda que seja a do maior pecador do mundo. Esta espécie de união existe sempre entre Deus e as suas criaturas, conservando-lhes o ser: sem essa presença, seriam aniquiladas e cessariam de existir.[27]

Tal união é puramente natural. É aquela que realiza a presença divina de imensidade ativa. A união transformante da qual falamos é uma união sobrenatural. É realizada pela graça, participação da vida divina. Por consequência, só a possuem as almas em estado de graça. Consiste na união perfeita das vontades,

quando as duas vontades, a da alma e a de Deus, de tal modo se unem e conformam que nada há em uma que contrarie a outra. Assim, quando a alma tirar de si, totalmente, o que repugna e não se identifica à vontade divina, será transformada em Deus por amor.

... Deus se comunica mais à alma mais adiantada no amor, isto é, àquela cuja vontade mais se conforma à dele. Sendo a conformidade perfeita, a união e transformação sobrenatural será consumada.[28]

A conformidade perfeita com a vontade de Deus – eis, então, o efeito essencial e o critério prático da união perfeita. Esta união perfeita não pode existir sem uma pureza perfeita. São João da Cruz o sublinha neste tratado de ascese mística que é a *Subida do Monte Carmelo*.

Não poderá haver completa transformação se não houver perfeita pureza. Proporcionada à limpidez da alma, será a iluminação, transformação e união com Deus, em grau maior ou menor, e não chegará a ser inteiramente consumada enquanto não houver total pureza.[29]

É esta pureza que, na alma, é a capacidade de receber Deus e de unir-se a ele. Para a união com **[1000]** Deus, esta

---

[27] *Ibid.*, 5,3.

[28] *Ibid.*, 5,3-4.

[29] *Ibid.*, 5,8.

pureza é aquilo que a acuidade da vista é para examinar um quadro. Da mesma forma que o olhar penetra os detalhes e as belezas de tal quadro segundo a excelência de sua vista, assim também a alma pode penetrar e receber Deus segundo a sua pureza.[30]

Mas – acrescenta São João da Cruz –, esta aptidão para a união é diferente conforme as almas e – parece – está determinada por um desígnio de Deus.

Porque, embora seja certo que uma alma, segundo a sua menor ou maior capacidade, pode ter chegado à união, não é de modo igual para todas, pois isto é como o Senhor quer dar a cada uma. É assim como acontece aos bem-aventurados no céu: uns veem mais a Deus, e outros menos, mas todos o veem e todos estão felizes, porque cada um tem satisfeita a própria capacidade.

Encontramos, nesta vida, almas que gozam de igual paz e tranquilidade no estado de perfeição e cada uma se acha contente como está. Todavia, uma delas poderá estar num grau de união muito mais elevado que outra, não impedindo esta diferença estarem todas satisfeitas, porquanto têm satisfeita a sua capacidade.[31]

O importante para cada alma é, então, tornar efetiva esta capacidade que Deus lhe concedeu, chegando à pureza que ela exige.

Mas a alma cuja pureza não corresponde à sua mesma capacidade jamais gozará da verdadeira paz e satisfação, porque não chegou à desnudez e vazio em suas potências, qual se requer para a simples união.[32]

Assim, cada alma é chamada a um certo grau de união. Quando este grau de união for atingido, ele pode ser assimilado à união transformante? Poderíamos, consequentemente, dizer que uma criança que morreu após o batismo chegou à união transformante? Problema difícil de resolver.

---

[30] Cf. *Ibid.*, 5,9.

[31] *Ibid.*, 5,10-11.

[32] *Ibid.*, 5,11.

Ainda mais que este critério de paz que marca a realização da capacidade concedida por Deus é dificilmente controlável e que, mesmo verificado, ele ainda pode induzir ao erro. A cada etapa, com efeito, a alma recebe certa paz como sinal de sua vitória. Os graus de paz, desta forma, se sucedem, cedem a cada vez – e muito oportunamente – a luzes que apresentam novas exigências divinas. A tranquila posse de um bem espiritual **[1001]** – fosse mesmo uma experiência mística muito elevada – pode, então, proceder tanto de uma fidelidade constante que realizou toda a sua capacidade, quanto de uma fidelidade que, embora não decaindo, perdeu parte de seu fervor e de seu dinamismo, e cessou, assim, de atrair as luzes divinas que lhe teriam descoberto novas exigências e a teriam preparado para outras ascensões. Mistério das almas mais inquietante que o mistério de Deus... Seria inútil querer penetrá-lo na terra.

Seja como for, parece-nos que não podemos identificar esta união divina relativa que satisfaz os desejos de muitos espirituais e corresponde, talvez, às exigências de Deus sobre eles, à união transformante descrita por Santa Teresa e São João da Cruz. Esta união transformante nos é apresentada por eles com critérios positivos que a isolam da união divina realizada pela maioria dos espirituais e a situam sobre um cimo, embora apresentando-a como um objeto legítimo da nossa esperança sobrenatural.

Estes critérios positivos, ainda que misteriosos em si mesmos, são precisos e certos. Vamos agrupá-los em três espécies: plenitude transformante da graça, presença soberanamente dominadora do Espírito Santo e identificação com Jesus Cristo.

I – *Plenitude transformante da graça*

A expressão "união transformante" evoca, em primeiro lugar, a regeneração espiritual e a transformação completa da alma pelo amor. A alma "é feita toda divina, e se torna Deus por participação".[33] Sua união com Deus é tal que eles se tornaram "duas naturezas em um só espírito e amor".[34] A plenitude destas palavras não revela seus segredos senão à luz das definições da graça santificante e de suas propriedades.

A graça santificante dada pelo batismo é uma participação real da vida divina. Entra em nossa alma, estabelece sua sede na substância como qualidade entitativa e toma posse das faculdades através das virtudes infusas. Não permanece na superfície como um verniz ou no exterior como um enxerto que prolonga o caule. Ela é efetivamente infusa e penetra nas profundezas como um corpo simples, como o óleo [1002] derramado ou o fermento cuja ação e penetração invasora não se pode deter. A alma e as faculdades são, então, a um só tempo, envolvidas e penetradas por esta vida divina. De fato, a vida espiritual não é outra coisa senão este progresso da vida divina que conquista através de uma invasão progressiva. A graça é verdadeiramente aquele fermento que a mulher coloca em três medidas de farinha.

São João da Cruz realça que esta força invasora se exerce, sobretudo, no sentido da penetração em profundidade.

Observemos como o amor é a inclinação da alma e a sua força e potência para ir a Deus; pois é mediante o amor que a alma se une com Deus; e, assim, quanto mais graus de amor tiver, tanto mais profundamente penetra em Deus e nele se concentra. ... Logo, para a alma estar em seu centro que é Deus, basta-lhe ter um só grau de amor; pois com este único grau une-se com Deus pela graça. Se tivesse dois graus, ter-se-ia unido mais a Deus, concentrando-se nele mais adentro ... ; finalmente, atingido o último grau, o amor de Deus conseguirá ferir até nesse último e mais profundo centro da alma, transformando-a, então, e iluminando-a totalmente, na sua íntima substância, potência e virtude, segundo a capacidade dela. Chegará o amor a ponto de co-

---

[33] CE 22,3.
[34] *Ibid.*

locá-la num estado em que ela parece Deus. É isto à semelhança da luz quando investe um cristal puro e limpo: quanto mais numerosos forem os raios de luz sobre ele dardejados, tanto mais luminosidade vai sendo ali concentrada, e o cristal vai brilhando mais ainda. Pode até chegar a receber tal profusão de luz que venha a parecer transformado na própria luz, e não haja mais diferença entre o cristal e a luz, porque está iluminado por ela tanto quanto lhe é possível recebê-la e assim parece ser a própria luz.[35]

Servindo-se da mesma comparação na *Subida do Monte Carmelo,* o Santo completou a descrição:

Na verdade, o vidro, embora fique parecendo raio de luz, conserva sua natureza distinta; contudo podemos dizer que, assim transformado, fica sendo raio ou luz por participação.[36]

Estas comparações demonstram como a graça, participação da vida divina, ao penetrar nas profundezas da alma, realiza aí, progressivamente, sua obra de conquista e de transformação, dominando as potências naturais sem as destruir e impondo-lhes suas propriedades. A alma se torna, assim, Deus por participação.

A graça transforma apenas para unir mais a Deus. União e transformação caminham juntas. De fato, esta é a propriedade essencial do amor, e esta graça é caridade como Deus é amor.

[1003] O amor estabelece uma íntima comunicação entre os seres amados. Entrega-os um ao outro e realiza entre eles uma compenetração. Os dois seres vivem pelo amor, um no outro. A matéria e a carne impõem limites e reservas a esta comunicação e compenetração recíprocas. O amor sobrenatural não encontra tais limites nos seres simples e espirituais como Deus e a alma perfeitamente purificada. Ela está em Deus e Deus está nela.

---

[35] Ch 1,13.
[36] 2 S 5,6.

A tão cara comparação a São João da Cruz da lenha lançada ao fogo e transformada, por sua vez, em fogo no meio da fogueira nos revela este aspecto da união transformante.

> Acontece-lhe como à lenha quando dela se apodera o fogo, transformando-a em si pela penetração de suas chamas ... .[37]

A graça ou amor que invade a alma e a transforma não é senão participação criada da natureza divina. Pertence à alma como coisa própria e permanece bem distinta de Deus. No entanto, ela é concedida apenas para unir ao princípio do qual procede. Ela lança a alma na fogueira infinita que é o próprio Deus e a mantém aí por uma união constante como no seu elemento vital.

> O que Deus lhe comunica nessa estreita união é totalmente inefável; não se pode traduzir por palavras, assim como não é possível dizer algo que corresponda ao que ele é em si mesmo. É o próprio Deus quem se comunica à alma, com admirável glória, transformando-a nele; ambos não fazem mais que um, por assim dizer como a vidraça com o raio de sol que ilumina, ou como o carvão inflamado e o fogo, ou ainda como a luz das estrelas com a do sol.[38]

A união transformante é feita desta completa compenetração mútua e do amor perfeito que a realiza. No desposório – diz Santa Teresa – a alma sentia-se atraída apenas em sua "parte superior"; agora, no entanto, entrou completamente no seu centro que é a morada de Deus.[39]

Esta Morada de Deus torna-se a morada da alma. Doravante, ela habitará aí. A união transformante é, com efeito, estável e definitiva. Sua estabilidade está assegurada pela confirmação na graça que faz parte da união transformante[40] pelo dom recíproco que se fizeram Deus e a alma.

---

[37] Ch, Prólogo, 3.
[38] CE 26,4.
[39] Cf. 7 M 1,5
[40] Cf. CE 22,3.

[1004] Este caráter essencial da estabilidade da união é ilustrado especialmente pelo simbolismo do matrimônio, união indissolúvel no dom recíproco das pessoas.

No noivado, há o sim de parte a parte, e os dois se unem na mesma vontade ... . No matrimônio, porém, além disso, há comunicação das pessoas que se unem ... .[41]

O noivado espiritual é diferente, uma vez que os pretendentes podem se afastar, sendo-o também a união. Porque, embora constitua união duas coisas se juntarem numa só, elas podem apartar-se e subsistir como individualidades. Com efeito, as outras graças do Senhor passam em geral rapidamente ... . Nesta última graça do Senhor, isso não acontece, ficando sempre a alma com o seu Deus naquele centro.[42]

Esta união é estável tal como a transformação sobre a qual se apoia. A união não é mais realizada por um toque passageiro, mas se funda sobre um contato permanente.

Trata-se de uma transformação total no Amado; nela se entregam ambas as partes por inteira posse de uma a outra, com certa consumação de união de amor ... tanto quanto é possível nesta vida.[43]

O Santo continua explicando como esta transformação se realiza através de certa absorção da alma em Deus, que conserva as duas naturezas distintas.

... uma vez consumado esse matrimônio espiritual entre Deus e a alma, são duas naturezas em um só espírito e amor. ... É como se a luz de uma estrela, ou de uma candeia se unisse e juntasse à luz do sol: já não brilha a estrela, nem a candeia, mas somente o sol, tendo em si absorvidas as outras luzes.

O Esposo fala deste estado no presente verso, dizendo: Entrou enfim a Esposa.[44]

Para dar a compreender o que é esta união transformante e exprimir as diversas características que acabamos de analisar – transformação, união por comunicação das naturezas,

---

[41] Ch 3,24.
[42] 7 M 2,4.
[43] CE 22,3.
[44] *Ibid.*, 22,3-4.

estabilidade numa certa absorção em Deus – Santa Teresa multiplica à saciedade as comparações e os símbolos.

Equiparemos a união a duas velas de cera ligadas de tal maneira que produzem uma única chama, como se o pavio, a luz e a cera não formassem senão uma unidade. No entanto, depois, é possível **[1005]** separar uma vela da outra – permanecendo então duas velas – e o pavio da cera. Aqui, todavia, é como se caísse água do céu sobre um rio ou uma fonte, confundindo-se então todas as águas. Já não se sabe o que é água do rio ou água que caiu do céu. É também como se um pequeno arroio se lançasse no mar, não havendo mais meio de recuperá-lo. Ou ainda como se num aposento houvesse duas janelas por onde entrasse muita luz; penetra dividida no recinto, mas se torna uma só luz.

Talvez seja isso o que disse São Paulo: "O que se eleva e se une a Deus faz-se um só espírito com ele" (1Cor 6,17). É possível que se refira a esse soberano matrimônio, onde se pressupõe que Sua Majestade já aproximou a alma de si, por meio da união.[45]

Cada uma destas comparações esclarece um dos aspectos da união transformante. É necessário reuni-las em feixes para projetar, sobre esta profunda realidade espiritual, uma claridade suficiente.

Trata-se, na verdade, de uma realidade e não somente de uma visão simbólica ou de uma experiência mística. Para termos uma firme convicção disso, é preciso desvinculá-la desta névoa na qual colocamos, respeitosamente, tudo aquilo que está para além da medida do comum e das possiblidades do cristão mediano e que, ao envolver tais coisas de mistério, tira-lhes uma existência real e concreta. A união transformante é um fato que apresenta para nós nos santos a viva realização de todas as virtualidades da vida divina nas almas. Ela é só isso, mas ela é tudo isso.

Ainda que estável e permanente, a união transformante se apresenta, contudo, em estados diferentes e susceptíveis de progresso.

---

[45] 7 M 2,4-5.

Na *Subida do Monte Carmelo,* São João da Cruz tinha declarado seu intento:

Limitar-me-ei agora a falar da união total e permanente, segundo a substância da alma e as suas potências, quanto ao hábito obscuro de união. Pois quanto ao ato, explicaremos depois, com a graça divina ... .[46]

Mais tarde, ele especificará que esta união permanente e habitual é justamente aquela união transformante ou matrimônio espiritual.

... embora a alma permaneça sempre neste sublime estado do matrimônio espiritual, uma vez chegada a ele, nem sempre está em união atual segundo as suas potências, [1006] mas sim quanto a sua substância. Nesta união substancial, entretanto, muito frequentemente se unem também as potências, e bebem na adega interior ... .[47]

A união habitual é aquela que cria a transformação na substância da alma e nas raízes das faculdades. A atualização é a influência presente desta união e do próprio Deus sobre a atividade das faculdades, influência que é, via de regra, acompanhada de uma tomada de consciência mais viva da realidade desta união e de seus efeitos.

Santa Teresa, falando da visão intelectual da Santíssima Trindade, nos explicou precedentemente como ela é constante à maneira de um fato vivo e profundo, e como ela, às vezes, se atualiza na claridade e na alegria.[48] São João da Cruz, no comentário à quarta estrofe da *Chama Viva de Amor,* descreve de uma forma maravilhosa esta presença habitual do Verbo como adormecido no seio da alma e que, por vezes, se move num admirável despertar.[49] Estas descrições nos dizem o que é a união transformante habitual e suas atualizações nas potências que gozam delas.

---

[46] 2 S 5,2.
[47] CE 26,11.
[48] Cf. 7 M 1,3 ss.
[49] Cf. Ch 4,4-14.

A estabilidade do amor não é, portanto, uniformidade, nem mesmo imobilidade. O Espírito Santo é um sopro que "exercita as vibrações gloriosas de sua chama"[50] e, assim, aumenta os ardores do fogo que consome a alma. Chegado à união transformante, o fogo penetrou a lenha que é a alma – diz São João da Cruz.

... em se tornando este mais vivo (o fogo), fica a lenha muito mais incandescente e inflamada, a ponto de lançar de si centelhas e chamas. Deste abrasado grau se há de entender que fala aqui a alma ... .[51]

A união transformante realizada não detém, então, o progresso da alma. O fogo do amor aumenta em intensidade. O Santo explica, mais adiante, este progresso.

... o que dizemos aqui, relativamente à operação do Espírito Santo na alma, é muito mais do que costuma suceder na comunicação e transformação de amor; porque, no primeiro caso, é como brasa incandescente, e, no segundo, não só como brasa inflamada no fogo, mas lançando labaredas de chama viva. Assim, estas duas espécies de união, isto é, a simples união de amor, e a união com inflamação **[1007]** de amor, podem ser de certo modo comparadas ao fogo de Deus, referido por Isaías, que está em Sião, e à fornalha de Deus que está em Jerusalém (Is 31,9). O primeiro simboliza a Igreja militante, na qual o fogo da caridade não atingiu ainda o grau extremo; e o segundo significa a Igreja triunfante, que é visão de paz, onde o fogo já está como fornalha abrasada em perfeição de amor. Esta alma de que falamos, sem dúvida, não chegou a tanta perfeição; todavia, em comparação à simples união de amor, está como fornalha acesa ... .[52]

A união transformante tornou-se, portanto, união ordinária no que diz respeito a estes novos efeitos da transformação de amor que anunciam a vida eterna.

Tais efeitos não indicam uma mudança na natureza da união. A união transformante não muda, mas o amor que a

---

[50] Ch 1,17.
[51] *Ibid.* Prólogo, 3-4.
[52] *Ibid.*, 1,16.

realiza se aperfeiçoa e se inflama. A partir do momento em que a alma chegou à união transformante, todas as suas tendências e propriedades naturais são absorvidas pelo amor. Está cumulada de amor, segundo a sua medida. Mas, esta medida ou capacidade da alma pode se dilatar sem cessar e o amor pode sempre aumentar em qualidade e intensidade. Neste fogo da alma purificada e transformada, o amor continua seus engenhos divinos cada vez mais sutis e inflamados, até que lhe seja permitido levar a alma, sua esposa e sua conquista, à vida eterna.

II – *Presença do Espírito Santo*

No dia da Anunciação, o Arcanjo Gabriel saúda na Virgem Maria a plenitude da graça e a presença do Senhor nela: "Alegra-te, cheia de graça, o Senhor está contigo".[53] Participação da vida divina e presença de Deus são os dois elementos constitutivos da graça santificante recebida no batismo, desenvolvidos em sua plenitude na união transformante.

A caridade que transforma e deifica assegura, também, a união com Deus, o princípio do qual procede. A lenha está abrasada e é mantida na fogueira. A alma transformada possui, então, uma presença divina distinta da participação da vida divina que se tornou a sua.

... o amor de Deus foi derramado em nossos corações pelo Espírito Santo que nos foi dado – nos diz o Apóstolo.[54]

[1008] Tudo isso já foi dito. Mas, dado que na união transformante, esta presença divina, pela sua atividade e pela dominação que exerce sobre a alma, torna-se, por assim dizer, o fato central em torno do qual gravita toda a

---

[53] Lc 1,28.
[54] Rm 5,5.

vida da alma, temos o dever de considerá-la de uma maneira particular.

1. *Presença ativa do Espírito Santo*

Seria necessário recordar que uma presença divina é constituída por uma relação de Deus com sua criatura? Deus, com efeito, está presente em toda parte por sua infinidade que não conhece nem limites, nem graus. Portanto, sua infinidade não conhece limitação de mais ou de menos, daqui ou dali. Dizemos, contudo, que Deus está aqui ou ali, desta maneira ou daquela outra, pois, muitas vezes, se trata de modos diferentes. Esta presença de Deus ou atividade não modifica Deus que é imutável. Ela afeta somente a criatura. Então, ela é uma relação de Deus com sua criatura.

Toda a atividade de Deus pertence à natureza divina. É comum, portanto, às três Pessoas. Contudo, na linguagem bíblica e teológica, tal ou tal forma da atividade divina é atribuída por apropriação a uma Pessoa divina em particular, em virtude do relacionamento que existe entre esta atividade e a relação divina que está personificada nela. Dessa forma, a obra divina da santificação da Igreja e das almas é atribuída ao Espírito Santo, pois é, por excelência, uma obra de amor e o Espírito Santo é a espiração de amor do Pai e do Filho.

Por isso, Nosso Senhor promete a seus apóstolos enviar-lhes o Espírito Santo, a fim de estabelecer o seu Reino. No dia de Pentecostes ele, de fato, desce; toma posse visivelmente dos apóstolos e, através deles, começa sua ação no mundo das almas para construir a Igreja. Suas manifestações são frequentes e visíveis na Igreja primitiva. O Espírito Santo é uma Pessoa viva no meio dos seus. Os apóstolos o dão pela imposição das mãos, e Simão quer comprar este maravilhoso poder.[55] Os diáconos estão cheios deles, e

---

55 Cf. At 8,19.

o Espírito arrebata o diácono Filipe, depois de seu diálogo com o eunuco da Rainha de Candace.[56] São Pedro reprova Ananias e Safira por terem mentido ao Espírito Santo e eles caem mortos incontinenti.[57] Para apoiar as decisões **[1009]** do Concílio de Jerusalém, os apóstolos declaram: "De fato, pareceu bem ao Espírito Santo e a nós ...".[58]

O magistério de São Paulo está cheio de alusões e afirmações concernentes a esta presença ativa do Espírito Santo. Sua declaração sobre o dom da caridade, concedido pelo Espírito, e sobre o dom do próprio Espírito Santo que pertence a nós é fundamental. Ele apoiará sua teologia e sua doutrina moral sobre esta verdade. Aos coríntios que viviam em meio à corrupção pagã, ele se compraz em recordar o respeito que devem a si mesmo e aos seus corpos:

Não sabeis que sois um templo de Deus e que o Espírito de Deus habita em vós?[59]

Ou não sabeis que o vosso corpo é templo de Espírito Santo, que está em vós e que recebestes de Deus? E que, portanto, não pertenceis a vós mesmos?[60]

Não formeis parelha incoerente com os incrédulos. ... que há de comum entre o templo de Deus e os ídolos? Ora, nós é que somos o templo do Deus vivo ... .[61]

Estas exortações nos demonstram como esta doutrina era familiar e viva entre os primeiros cristãos, pois podia servir de argumento e fundamento para os preceitos da vida moral ordinária. Segundo o Apóstolo e os primeiros convertidos, a presença e a ação do Espírito Santo na alma é o

---

[56] Cf. *Ibid.*, 8,39.
[57] Cf. *Ibid.*, 5,3.
[58] *Ibid.*, 15,28.
[59] 1Cor 3,16.
[60] *Ibid.*, 6,19.
[61] 2Cor 6,14.16.

distintivo específico do cristão; é a verdadeira barreira que Deus colocou entre o cristianismo e o paganismo.

Nossa fé tornou-se tíbia e não sabe mais encontrar, com a mesma clareza aquela divina presença que permanece, contudo, ativa e viva. O Espírito Santo continua a derramar a caridade nas almas e, no batismo, ele mesmo se dá a todo cristão.

No levante da aurora da experiência da união transformante, o Santo reencontra estas profundas realidades da vida sobrenatural e, de modo especial, a viva presença do Espírito Santo. São João da Cruz e Santa Teresa penetraram até estas fontes que jorram sem cessar da doutrina e da vida cristã e nos deixaram saborosas descrições. As primeiras páginas da *Chama Viva de Amor* são, de fato, notáveis sobre este ponto de vista e nos oferecem um precioso auxílio para nos ajudar a realizar, nós mesmos, esta presença divina.

2. *Presença objetiva do Espírito Santo e vida de amor*

[1010] Esta presença do Espírito Santo em nós não é só ativa. Ela é objetiva – já o dissemos[62] –, ou seja: ela é captada por nós. A graça nos dá o meio próprio para isso, pois é participação da vida e aptidão para compartilhar suas operações de conhecimento e de amor. Deus se doa e nós o conhecemos e amamos como ele se conhece e se ama.

As etapas desta descoberta progressiva pelo desenvolvimento da caridade nos são conhecidas. Nas três primeiras Moradas, a alma só pode dispor da graça ordinária e dos esforços de suas faculdades. Nas quartas Moradas, a presença divina nas profundezas se revela mediante as torrentes saborosas que prendem as faculdades – em particular, a vontade. O contato real, porém obscuro e passageiro, das

---

[62] Cf. I Parte – Perspectivas, cap. 2: "Quero ver a Deus", p. 55.

quintas Moradas prende definitivamente a vontade, mas deixa a alma inquieta em seus ardores de amor. Nas sextas Moradas, a presença divina se deixa entrever por um instante numa luz, de claridade e esplendor tão grandes, que extasia. Houve troca de promessa de união definitiva. Para conquistar definitivamente seu Esposo e sob a influência do amor que ele lhe deixou, a alma decide deixar tudo, esquecer tudo, não ter mais que uma ocupação: amar. Deus tornou-se o tudo da alma; a busca da divina presença, sua única aspiração e sua vida. As descobertas feitas a cada nova visita aumentam os desejos. Os ardores são tão ardentes que se tornam quase mortais.

O Espírito Santo é o autor de todas essas obras, destas descobertas e deste crescimento dos desejos – estratégias e artifícios de seu amor para preparar a vinda do Esposo, adornando a morada com virtudes e ânsias.

É o próprio Esposo que enviou à frente de si o Espírito Santo. Não é esta a doutrina evangélica? Escutemos São João da Cruz:

> Para este fim, envia-lhe primeiro seu Espírito, como fez aos apóstolos. É esse divino Espírito o aposentador que prepara ao Verbo a morada da alma Esposa, elevando-a em deleites, e dispondo o horto a seu gosto: faz desabrochar as flores, descobre os dons e ornamenta a alma com a tapeçaria de suas graças e riquezas.[63]

[1011] O Espírito Santo, aposentador do Esposo... Que gozoso achado! Graças a seus sábios cuidados e "àquele amor leal que é comum aos desposados"[64] que a alma dá ao seu Esposo, este a introduz na Morada da união perfeita.

O aposentador se encontra ali com a alma. Seus bons serviços não estão terminados. Nunca foram tão diligentes como agora, nesta união transformante.

---

[63] CE 17,8.
[64] CE 22,5.

Não é nele que se realiza esta união tão elevada? Não é ele o fogo que consome sem dar pena? A chama de amor cujos jogos e vitórias São João da Cruz descreve na *Chama Viva de Amor* é o Espírito Santo.

Esta chama de amor é o espírito de seu Esposo, que é o Espírito Santo. Sente-o a alma agora em si, não apenas como fogo que a mantém consumida e transformada em suave amor, mas como fogo que, além disso, arde no seu íntimo, produzindo chama, conforme disse. E essa chama, cada vez que flameja, mergulha a alma em glória, refrigerando-a ao mesmo tempo numa atmosfera de vida divina. Eis a operação do Espírito Santo na alma transformada em amor ... .[65]

É o Espírito Santo que investe a alma com suas chamas e quem produz as feridas e os cautérios de amor. É o Espírito Santo quem a leva a realizar perfeitamente as operações divinas cuja potência ela traz em sua plenitude de graça.

É este (o Espírito Santo) que, a modo de sopro, com sua aspiração divina, levanta a alma com grande sublimidade, penetrando-a e habilitando-a a aspirar, em Deus, aquela mesma aspiração de amor com que o Pai aspira no Filho, e o Filho no Pai, e que não é outra coisa senão o próprio Espírito Santo. Nesta transformação, o divino Espírito aspira a alma, no Pai e no Filho ... .[66]

É o Espírito de amor, chama viva quem rompe a última tela para permitir o divino encontro no face a face. Na espera da morte de amor, ele assegura uma perfeita vida de amor.

Eis como São João da Cruz comenta maravilhosamente, mediante a comparação do ar e da chama, esta vida de amor da alma e do Espírito Santo.

(a alma) ... até transformada e convertida em resplendores. E assim podemos dizer que é como o ar que se acha dentro da chama, abrasado e transformado na própria chama. Esta, aliás, não se compõe de outra coisa a não ser do ar inflamado; e os movimentos e os resplendores daquela chama não são produzidos somente pelo ar nem somente pelo fogo, [1012] mas pelos dois elementos juntos; são resplendores que o fogo produz no ar inflamado em seu calor.

---

[65] Ch 1,3.
[66] CE 39,3.

Nesta mesma disposição, podemos compreender, acha-se a alma com as suas potências toda resplandecente, dentro dos resplendores de Deus. Os movimentos desta chama divina, isto é, as vibrações e labaredas de que falamos acima, não provêm somente da alma transformada nas chamas do Espírito Santo; nem são produzidas só por ele; mas sim pelo Espírito Santo e pela alma, conjuntamente, movendo ele a alma, como faz o fogo com o ar que inflama. ... tais movimentos e labaredas são como jogos e festas joviais que o Espírito Santo realiza na alma ... .[67]

Nesta festa de júbilo e luz que a chama comum celebra, como a alma não cantaria aquele que é o aposentador de todos estes bens, este doce hóspede que habita nela e em quem ela vive, este pai dos pobres, este provedor solícito e pacífico, este Deus amigo que colabora e absorve suavemente para dominar, luz de seu coração e refrigério de todo o seu ser, que brilha na escuridão e ensina com a suavidade da unção, ferida que, inflamando, cura e acalma, chama ardente e sutil que envolve e penetra, fogo consumidor que está por toda parte, mas que se esquiva a todo amplexo porque, se é Amor, é também Espírito! Espírito de amor que se doa, chama amiga que consome... Como ele é caro à alma! E sua alegria consiste em senti-lo em si, em sentir-se nele, e tão profunda, tão intimamente que, doravante nada os poderá separar.

Quem nos separará do amor de Cristo? A tribulação, a angústia, a perseguição, a fome a nudez, o perigo, a espada? ... Mas em tudo isso somos mais que vencedores, graças àquele que nos amou.

Pois estou convencido de que nem a morte nem a vida, nem os anjos nem os principados, nem o presente nem o futuro, nem os poderes, nem a altura, nem a profundeza, nem qualquer outra criatura poderá nos separar do amor de Deus manifestado em Cristo Jesus, nosso Senhor.[68]

---

[67] Ch 3,9-10.
[68] Rm 8,35-39.

Este Espírito de amor doou tudo à alma nesta união e doou a si com todos os seus tesouros. Ele pertence à alma assim como a alma pertence a ele. A união e a transformação da alma no Espírito Santo é "verdadeira e total" – escreve São João da Cruz.[69] Doravante, eles se amam, renovando sem cessar a comunicação de suas pessoas; ou ainda melhor: doando-se mutuamente tudo aquilo que receberam um do outro. A este respeito, São João da Cruz afirma:

> Logo, na medida em que Deus a ela se dá, com livre e graciosa vontade, tendo a mesma alma também a vontade tanto mais livre e generosa quanto mais unida a ele, faz o dom de Deus ao mesmo Deus em Deus, **[1013]** e esta dádiva da alma a Deus ê total e verdadeira. Conhece então que Deus verdadeiramente é todo seu, e que ela o possui como herança, com direito de propriedade, como filha adotiva de Deus pela graça concedida por ele, ao dar-se a si mesmo a ela; vê que, como coisa própria sua, o pode dar e comunicar a quem quiser, por sua livre vontade. E, assim, a alma o dá a seu Querido, que é o mesmo Deus que a ela se deu; e, nisto, paga a Deus tudo quanto lhe deve, pois voluntariamente lhe dá tanto quanto dele recebe.[70]

É desta forma que a alma realiza esta igualdade de amor entre Deus e ela, da qual São João da Cruz já falara no *Cântico Espiritual:*

> Não quero dizer que chegue a amar a Deus quanto ele se ama, pois é impossível; mas que o ama tanto quanto é dele amada ... .[71]

Para amar a Deus tanto quanto é amada por ele, é necessário, mas suficiente, que a alma também o ame perfeitamente e com a mesma generosidade. De fato, agora, a alma ama a Deus com o amor que o Espírito Santo colocou à sua disposição e ela lhe dá pura e completamente tudo quanto recebeu, inclusive o dom do próprio Deus. A transformação de amor e a união perfeita com o Espírito Santo tornam possível esta troca e esta igualdade de amor.

---

[69] CE 39,3.

[70] Ch 3,78.

[71] CE.a 38,3

3. *Presença dominadora do Espírito Santo e seu reino perfeito na alma*

A igualdade do amor, fruto do dom recíproco na união transformante, deixa à transcendência todos os seus direitos. O amor na alma não pode ser perfeito se não estiver coroado pelo temor filial.[72]

Nesta união transformante, a alma é o filete de água, uma gota de água que cai no oceano. A gota de água se torna oceano, permanecendo ela mesma. Assume, contudo, as propriedades do oceano e, sepultada em suas ondas, experimentará doravante os movimentos de sua massa flutuante. É assim que se dá com a alma.

A união transformante é uma vitória de Deus que coroa os longos assaltos de seu amor. Deus vai reinar na paz da ordem estabelecida. A transformação realizada e seu assenhoreamento definitivo asseguram a estabilidade da conquista.

[1014] Neste centro da alma que é a Morada de Deus, a paz é perfeita. A união habitual é aí permanente e faz sentir todos os seus efeitos. Em que medida este soberano domínio de Deus pelo amor se estende sobre as potências cujas antenas operativas se prolongam bem distantes, no exterior, nas regiões de bulício e tumulto?

São João da Cruz nos responde:

... todos os movimentos, operações e inclinações que a alma tinha anteriormente, e que provinham do principio e força de sua vida natural, já nesta união são transformados em movimentos divinos; ficam mortos à sua própria operação e inclinação, e tornam-se vivos em Deus. Com efeito, a alma já é movida em tudo pelo espírito de Deus, como verdadeira filha de Deus, conforme ensina São Paulo: "Todos os que são movidos pelo Espírito de Deus, estes são os filhos de Deus (Rm 8,14)".[73]

---

[72] Cf. CE.a 17,2.

[73] Ch 2,34.

Na *Subida do Monte Carmelo,* o Santo tinha oferecido o mesmo ensinamento:

A memória, assim transformada em Deus, ... as suas operações, como as das outras potências, neste estado, são todas divinas. Por essa transformação das potências em si, Deus as possui como Senhor soberano: é ele mesmo que as move e governa divinamente, segundo o seu divino espírito e a sua vontade. Desde então, as operações da alma não são distintas, porque são de Deus; e são operações divinas, conforme diz S. Paulo: "quem se une com Deus torna-se um mesmo espírito com ele" (1 Cor 6,17).

Donde as operações das almas, unidas a Deus, são do Espírito divino e, por isso mesmo, divinas.[74]

São João da Cruz nos apresenta, então, a alma transformada não somente na sua substância pela graça, mas em suas potências pelas virtudes infusas. Estas virtudes, também elas, chegaram ao regime perfeito pela constante ação da luz e da moção do Espírito Santo.

Portanto, não é um desejo impossível de realizar aquilo que Santa Teresinha do Menino Jesus dizia, no dia seguinte a uma conversa sobre o magnetismo, ao prosseguir este assunto:

Quanto bem me fez sua conversa de ontem! Oh! Eu gostaria de me deixar magnetizar por Jesus! Com que docilidade lhe teria entregue a minha vontade! Sim; quero que ele se apodere de minhas faculdades, de maneira que eu não faça mais ações humanas e pessoais, [1015] mas ações inteiramente divinas, inspiradas e dirigidas pelo Espírito de amor.[75]

Este domínio do Espírito Santo sobre as faculdades e sobre suas atividades terá, no campo da fecundidade exterior e do apostolado, consideráveis consequências, que veremos no próximo capítulo. Por meio deste domínio, o Espírito Santo vai estender seu Reino.

---

[74] 3 S 2,8-9.
[75] PA. *Sœur Marie de la Trinité*, ocd, p. 474.

Mas, sem contradizer as afirmações de São João da Cruz, que enunciam um princípio e uma verdade fundamental, não seria conveniente especificá-las no âmbito das realizações práticas? A comparação teresiana do Rei em seu palácio, a quem os desgostos e as numerosas guerras não mais perturbam e não fazem mais sair de sua morada, nos convida a isso.[76] Não esquecemos que, ao escrever o *Castelo Interior*, Santa Teresa, segundo seu próprio testemunho, escuta um barulho ensurdecedor na parte superior da cabeça e que, durante as provações que precisou suportar depois do matrimônio espiritual, ela ficou, por vezes, acabrunhada.

Sem dúvida, a união hipostática assegurava a Jesus Cristo um controle e um perfeito senhorio de toda atividade de suas faculdades e potências. A plenitude de graça da maternidade divina devia assegurar à Virgem Maria o mesmo privilégio. Mas, na alma resgatada, mesmo chegada à união transformante, encontramos o mesmo senhorio do Espírito de amor sobre todos os gestos e todos os movimentos das potências? Tal dominação não estaria reservada ao estado de glória no qual a alma e todas as suas potências estarão definitivamente ancoradas e cativadas pela visão face a face?

É preciso recordar a distinção feita entre união habitual permanente e união atualizada. As potências, tais como ramos fixados no tronco, participam constantemente, através das raízes, da união habitual permanente e estão, assim, sob o influxo real e profundo do Espírito Santo. Mas, quando esta união não se atualiza, estas faculdades e potências permanecem aquilo que são por natureza: móveis, dispersivas, obedientes a certas influências exteriores. O caule está fixado em Deus, mas a ponta de suas antenas – pequenos ramos na extremidade e as folhas – ainda está agitada e farfalha

---

[76] Cf. 7 M 2,11.

sob o sopro dos ventos exteriores. Não há movimento voluntário – sequer um primeiro – que escape à dominação e ao controle do Espírito, senhor soberano na alma. Os reflexos, [1016] contudo, subsistem; as influências exteriores se deixam sentir e, embora sem perturbar as profundezas ou ferir a união com Deus, evidenciam sua influência através de ondulações sobre a superfície das calmas águas.

Este triunfo do amor e esta dominação do Espírito nas almas não se afirmam tanto pelo controle de todos os gestos e atitudes exteriores do que por uma unidade realizada nas profundezas, mediante a realização da obra desejada por Deus, mediante uma ardente e pacificadora aspiração do Espírito em todo o ser e um amor sempre maior e mais vigoroso contra tudo aquilo que se opõe a seus desejos de união mais intensa e de triunfo exterior mais completo.

Assinalemos ainda um último ponto: a soberana liberdade da alma sob este influxo do Espírito Santo. Santa Teresa nos diz – e ela fala com sua experiência íntima – que, nesta união, Deus e a alma mandam cada um à sua vez.

Deus ... começa a tratá-la com tanta amizade que não só lhe devolve sua vontade como lhe entrega a dele; como o Senhor se alegra com uma amizade tão grande, permite que cada qual mande uma vez, como se diz ... .[77]

Sem dúvida, o Espírito Santo é um senhor, e o amor da alma permanece penetrado de temor filial. Mas o Espírito Santo realizou uma união de amor com a alma; e seu domínio se estabelece sobre o amor. O amor tem seus direitos e suas exigências. O Espírito de amor é vítima de sua própria estratégia. Ele fez um filho de Deus e deve reconhecer-lhe os direitos de filho. "Todos os que são conduzidos pelo Espírito de Deus são filhos de Deus".[78] É esta obra, a mais elevada, que devemos considerar agora.

---

[77] CP 32,12.
[78] Rm 8,14.

III – *A identificação com Cristo Jesus*

A união transformante conduz à configuração com Cristo Jesus, que é sua expressão e sua obra mais perfeita. "Eu sou a videira e vós os ramos".[79] Não é mais do que isto, porém é isto em plenitude e perfeição.

Por que não confessar nossa surpresa? Deixamos Jesus Cristo nas Moradas da primeira [1017] fase. Os traços de seu rosto tinham perdido seus contornos luminosos e sedutores sob a invasão da luz da sabedoria. A humanidade tinha desaparecido no ofuscamento dos contatos substanciais com a divindade. Apenas os favores extraordinários, visões ou palavras interiores podiam relembrar sua presença. Era tal a impotência para depreendê-lo que foram necessárias as graves advertências de Santa Teresa para que a alma não o abandonasse. Nesta noite, a alma não queria senão purificação e espiritualização e não tinha sede senão da chama de amor que ardia na escuridão. Tudo lhe parecia obstáculo para a manifestação e para a percepção desta presença ardente. E eis que esta chama amiga lhe revela e a faz realizar Jesus Cristo. A alma pensava apenas na sua divinização, e a meta que lhe aparece é uma encarnação da vida divina em si. Tinha esquecido, ou não sabia com uma convicção assaz profunda, que Jesus Cristo não é apenas luz e meio, mas verdadeiramente, termo de perfeição. Ele é a obra-prima de Deus no mundo, a qual devemos não só usar, mas também realizar.

Este Cristo Jesus, esta obra-prima de Deus, é a obra do Espírito Santo. À Virgem Maria que pergunta como se realizará o mistério que o Arcanjo Gabriel lhe anuncia, este lhe responde: "O Espírito Santo virá sobre ti e o poder do Altíssimo vai te cobrir com a sua sombra".[80] A Encarnação do Verbo no seio de Maria se faz sob a sombra fecunda do

---

[79] Jo 15,5.
[80] Lc 1,35.

Pai e por obra do Espírito Santo. Toda encarnação da vida divina nesta terra se fará nas mesmas condições e seguindo as mesmas leis. "... toda dádiva perfeita vem do alto e desce do Pai das luzes",[81] e o Espírito Santo é quem será seu distribuidor e agente nesta terra.

O Espírito Santo desce sobre os apóstolos no dia de Pentecostes, e toma posse da alma, como de um templo, no dia do batismo para realizar esta obra da encarnação da vida divina. Conhecemos o plano que lhe é fixado: este desígnio eterno de Deus que faz a unidade da ação do Espírito Santo na Igreja e nas almas.

> Nele (em Cristo), [Deus] nos escolheu
> antes da fundação do mundo, ...
> Ele nos predestinou para sermos
> seus filhos adotivos por Jesus Cristo,
> conforme o beneplácito de sua vontade
> para louvor e glória da sua graça
> com a qual ele nos agraciou no Amado.[82]

[1018] A ação do Espírito Santo está toda orientada para esta realização efetiva da adoção divina em nós e para esta expansão de Jesus Cristo em nossas almas pela difusão de sua graça. O Espírito constrói, em cada alma e na Igreja, a plenitude de Cristo, o Cristo total que é a Igreja.

De fato, a graça que ele derrama nas almas é uma graça filial que cria um estreito parentesco entre o Verbo e nós, tornando-nos filhos adotivos como ele mesmo é filho por natureza.

> ... recebestes um espírito de filhos adotivos, pelo qual clamamos: *Abba!* Pai! O próprio Espírito se une ao nosso espírito para testemunhar que somos filhos de Deus. E se somos filhos, somos também herdeiros; herdeiros de Deus e co-herdeiros de Cristo.[83]

---

[81] Tg 1,17.
[82] Ef 1,4-6.
[83] Rm 8,15-17.

Esta graça – que proclama assim seu nome – nos concede a semelhança com o Verbo quando nós a fazemos nossa mediante aquela contemplação na qual ainda intervém o Espírito Santo.

E nós todos que, com a face descoberta, refletimos como num espelho a glória do Senhor, somos transfigurados nessa mesma imagem, cada vez mais resplandecente, pela ação do Senhor, que é Espírito.[84]

Mas, a fonte por excelência da vida divina nesta terra é a eucaristia. Canal principal da graça, do qual derivam todos os outros, é sobretudo por ela que o Espírito Santo santifica as almas e constrói a Igreja. Ora, este sacramento – condição necessária da vida sobrenatural – comunica Cristo e sua vida; não somente a graça do Verbo, mas também a carne e o sangue de sua humanidade.

"Eu sou o pão da vida"[85] – repete Jesus com insistência. E esclarece:

> Em verdade, em verdade, vos digo:
> se não comerdes a carne do Filho do Homem
> e não beberdes o seu sangue,
> não tereis a vida em vós.
> Quem come a minha carne e bebe o meu sangue
> tem a vida eterna. ...
> Quem come a minha carne e bebe o meu sangue
> permanece em mim e eu nele.[86]

A eucaristia nos dá a vida de Deus ao dar-nos Cristo. Dá a vida às almas, ao uni-las com Cristo Jesus. É o sacramento santificante por excelência, pois é o sacramento da união da alma com [1019] Jesus Cristo. Ao mesmo tempo, ela é o sacramento que realiza a unidade da Igreja, espalhando sua vida em todos os seus membros.

---

[84] 2Cor 3,18.
[85] Jo 6,35.
[86] *Ibid.*, 6,48.53-56.

A santidade e o plano de Deus estão resumidos em poucas palavras na oração sacerdotal de Jesus:

... para que sejam um, como nós somos um:
Eu neles e tu em mim,
para que sejam perfeitos na unidade.[87]

Eu sou a videira
e vós os ramos.
Aquele que permanece em mim e eu nele
produz muito fruto;
porque sem mim, nada podeis fazer.
Se alguém não permanece em mim
é lançado fora, como o ramo,
e seca;
tais ramos são recolhidos, lançados ao fogo
e se queimam.[88]

Estas afirmações são firmes e precisas. A vida divina em nós é a vida de Cristo; ela procede dele e nos une a ele para constituir, com ele, uma nova realidade: a vinha inteira, o Cristo total, constituído de Cristo e de seus membros. Esta verdade essencial deve se realizar e se manifestar na união transformante.

Sem dúvida, não podemos pedir à graça divina que ela revele todas as suas virtualidades durante o período de crescimento. A semente que morre e o caule delicado que cresce para o alto não dizem com exatidão o que trazem em si. Toda germinação e todo crescimento se realizam no caos, ou, pelo menos, no mistério. Só a plena floração revela as propriedades da vida e a qualidade do fruto. Depois de períodos de escuridão que nos ocultaram algumas de suas propriedades, a graça, na união transformante, deve revelar suas riquezas essenciais e nos mostrar que ela realiza uma transformação, por semelhança de amor, em Jesus Cristo.

---

[87] *Ibid.*, 17,22-23.
[88] *Ibid.*, 15,5-6.

O expandir de Jesus Cristo nas almas assumirá diversas formas, pois esta graça de Cristo, com efeito, é multiforme e brilha com reflexos diferentes. Contudo, a transformação em Cristo deve ser real e profunda e deve afirmar-se pela semelhança que o amor cria na vontade, nos pensamentos, nos sentimentos e na atividade exterior.

Na alma e na vida dos contemplativos que estudamos, esta semelhança de amor com Cristo já foi realizada e, por enquanto, não temos por que demonstrá-la. No entanto, devemos notar que na luz da união transformante, eles descobriram esta realização de sua graça.

[1020] Nas epístolas de São Paulo são abundantes os testemunhos desta descoberta e desta realização de Cristo nele:

A minha expectativa e a esperança é que em nada serei confundido, mas com toda ousadia, agora como sempre, Cristo será engrandecido no meu corpo, pela vida ou pela morte. Pois para mim o viver é Cristo e o morrer é lucro.[89]

Não quer saber de outra coisa senão de Cristo:

... não quis saber de outra coisa entre vós a não ser de Jesus Cristo, e Jesus Cristo crucificado.[90]

Não se trata de uma ciência especulativa, mas daquela ciência prática que é vida e realização. E, assim, ele a preferiu a tudo mais.

Mas o que era para mim lucro eu o tive como perda, por amor de Cristo. Mais ainda: tudo eu considero perda, pela excelência do conhecimento de Cristo Jesus, meu Senhor. Por ele, eu perdi tudo e tudo tenho como esterco, para ganhar a Cristo e ser achado nele.[91]

Por isto, o que pode ele desejar para seus fiéis, especialmente para seus caros efésios, senão esta realização de Cristo neles, e a ciência de Cristo por meio da caridade?

---

[89] Fl 1,20-21.
[90] 1Cor 2,2.
[91] Fl 3,7-9.

... que Cristo habite pela fé em vossos corações e que sejais arraigados e fundados no amor. Assim, tereis condições para compreender com todos os santos qual é a largura e o comprimento e a altura e a profundidade, e conhecer o amor de Cristo que excede a todo conhecimento, para que sejais plenificados com toda plenitude de Deus.[92]

Uma tão profunda penetração na caridade de Cristo e transformação nele com as luzes da fé viva que a acompanham... Que maravilhosa definição da união transformante, plenitude de Deus na alma!

É isso que, na verdade, descobrimos, em Santa Teresa. Depois de ter descrito a maravilhosa união com Deus que o matrimônio espiritual realiza, a Santa acrescenta sem transição, relembrando a palavra de São Paulo:

Mihi vivere Christus est mori lucrum (Fl 1,21). Parece-me que o mesmo pode dizer a alma aqui, porque é onde a borboletinha a que nos referimos morre, fazendo-o com grandíssimo deleite, porque sua vida já é Cristo.[93]

[1021] Dado que isso lhe acontecia com muita frequência, a Santa não seguiu a lógica do pensamento, mas foi arrastada pela percepção de uma realidade para a qual ela aponta, interrompendo, assim, o desenvolvimento do pensamento. Um pouco mais adiante, ela insiste com entusiasmo sobre a descoberta que acaba de fazer.

Sua Majestade ... acrescentou: Eu estou neles (Jo 17,23).

Oh! Valha-me Deus! Que palavras tão verdadeiras! E como as entende a alma, que, nesta oração, as sente realizadas em si mesma![94]

De resto, é justamente com Jesus Cristo que o matrimônio espiritual se consumou. Uma graça extraordinária, a visão imaginária da Santa Humanidade, sobreveio – como habitualmente acontece nas diversas etapas teresianas – para explicitar o sentido da graça interior que lhe foi con-

---

[92] Ef 3,17-19.
[93] 7 M 2,5.
[94] *Ibid.*, 2,7-8.

cedida.[95] A união transformante é, portanto, uma união e comunicação de pessoas, realizada em Jesus Cristo.

São João da Cruz, este perscrutador do divino, não podia deixar de descobrir Cristo nas riquezas de sua graça. Nota muitas vezes a filiação divina na graça que nos chega mediante o Espírito de Deus. Insiste, especialmente nos vértices da união transformante, sobre a descoberta de Jesus Cristo e seus mistérios. Seria preciso reler todo o comentário da estrofe 37:

E, logo, as mais subidas

Cavernas que há na pedra, buscaremos;

Uma das causas que mais movem a alma ao desejo de entrar na espessura da sabedoria de Deus, e de conhecer profundamente a formosura desta divina sabedoria, é, como dissemos, chegar a unir seu entendimento com Deus por meio do conhecimento dos mistérios da encarnação, cuja sabedoria é a mais elevada e deliciosa que há em todas as suas obras.[96]

Este conhecimento é um conhecimento experiencial que procede tanto da conaturalidade da graça com Cristo, como do sofrimento. Neste conhecimento, o fruto mais suave da união transformante realizada, a alma submerge e unindo-se com essa mesma sabedoria divina que é o próprio Filho de Deus –, conhecerá então os sublimes mistérios do Verbo feito homem, os quais são cheios de altíssima sabedoria, e escondidos em **[1022]** Deus. O Esposo e a alma entrarão, juntos nesse conhecimento, engolfando-se e transfundindo-se neles a Esposa ... .[97]

Os tesouros deste mistério são inexauríveis:

... por mais mistérios e maravilhas que os santos doutores descobriram e que as santas almas nesta vida presente entenderam, o principal lhes ficou ainda por dizer, e mesmo por entender, ... é como uma mina abundante com muitos veios ... . Este conhecimento dos

---

[95] Cf. *Ibid.*, 2,2-3.
[96] CE 37,1.2.
[97] *Ibid.*, 37,2.

mistérios de Cristo ... é a mais alta sabedoria que na vida presente se pode alcançar. [98]

Este conhecimento dos mistérios, realizado nas riquezas da graça doada por Cristo, é ainda enriquecido pela presença do Verbo no seio da alma. Esta percepção do Verbo Esposo, seu magnífico despertar sob a aspiração do Espírito de amor são as últimas confidências que recolhemos de São João da Cruz, confidências que se extinguiram no silêncio da impotência.

Estamos verdadeiramente no vértice. Colhemos o fruto supremo da união transformante, o mais belo e também o mais simples: a semelhança de amor e a união com Jesus Cristo para a realização do Cristo total. A perfeição cristã e a perfeição contemplativa estão nesta união e nesta realização de Jesus Cristo Nosso Senhor.

Para concluir, afirmemos que a união transformante é uma transformação por semelhança de amor com Cristo Jesus, o Homem-Deus. Um santo é ramo vivificado em plenitude pela seiva da vinha que é Cristo.

Contra as tendências naturalistas na espiritualidade, que, para melhor depreender Jesus Cristo como um irmão e fazer dele um companheiro de labuta, constroem-no à sua medida, tornando-o um tipo perfeito de humanidade, um super-homem cujo rosto é iluminado por um reflexo do alto, mas em quem a divindade não está somente escondida, mas ausente, proclamemos que Jesus é Deus e que a transformação nele é uma divinização que exige as violências do desapego e do despojamento sanjuanistas.

Contra o angelismo que busca a perfeição numa pureza desencarnada e contra o neoplatonismo que a **[1023]** coloca na mais alta intelectualidade da percepção mística, contra um e contra o outro, que não falam de divinização senão

---

[98] CE.a 36,3.

pela superação de todo o humano e pela sublimação das potências intelectuais, devemos proclamar que a perfeição está na semelhança de amor com Jesus, Deus e homem, e que esta semelhança é realizada em nós mediante uma encarnação da vida divina que transforma, mas não destrói a natureza humana.

Divinização da natureza humana para que sejamos filhos de Deus, encarnação da vida divina para que sejamos cristãos: tal é o duplo realismo que devemos exigir da união transformante para reconhecê-la como verdadeira e autenticamente cristã.

NONO CAPÍTULO
Os santos no Cristo total

> ... *fui eu que vos escolhi*
> *e vos designei para irdes e produzir-*
> *des fruto*
> *e para que o vosso fruto permaneça.*[1]

[1024] Esta declaração de Jesus no sermão depois da Ceia dá seguimento às suas afirmações sobre os estreitos laços que, doravante, o unem a seus apóstolos.

> Eu sou a videira
> e vós os ramos.
> Aquele que permanece em mim e eu nele
> produz muito fruto;
> porque, sem mim, nada podeis fazer.[2]

O ramo vive da seiva que sobe da videira. Sua missão é transformar a seiva em frutos. É esta a sua razão de ser. Então, se o ramo não produz frutos, é normal que ele seja cortado e lançado ao fogo. Esta é a ordem das coisas.

Jesus o destaca para indicar que a razão da escolha de seus apóstolos e de sua ação sobre eles é a fecundidade. Devem ir ao mundo e produzir fruto para a glória do Pai. Este mundo para onde ele os envia é mau, perigoso, perseguidor. Assim, reza por eles:

> Não peço que os tires do mundo,
> mas que os guardes do Maligno.[3]

[1025] Depois de sua Ressurreição. Jesus ainda declara:

> Como o Pai me enviou, também eu vos envio.[4]

---

[1] Jo 15,16.
[2] *Ibid.*, 15,5.
[3] *Ibid.*, 17,15.
[4] *Ibid.*, 20,21.

Consequentemente, não há dúvidas: a obra de santificação realizada por Jesus em seus apóstolos, os misteriosos vínculos da graça criados entre eles, como também os maravilhosos poderes que lhes conferiu estão ordenados à sua missão no mundo. A plenitude da graça e a plenitude dos poderes conferidos estão destinados a assegurar para Jesus apóstolos que continuem sua missão. Foram escolhidos por Jesus; serão transformados pelo seu Espírito para se tornarem outros Cristos nesta terra e para produzirem frutos no mundo.

Santa Teresa depreendeu perfeitamente esta verdade:

Será bom dizer-vos, Irmãs, o motivo pelo qual o Senhor concede tantas graças neste mundo. Embora já o tenhais entendido pelos efeitos delas, quero repeti-lo aqui, para que nenhuma de vós pense que é só para deleitar essas almas – o que seria grande erro. Sua Majestade não nos poderia fazer maior favor do que dar-nos uma vida que imite a de seu Filho tão amado. Assim, tenho por certo que essas graças visam fortalecer a nossa fraqueza – como aqui já tenho dito algumas vezes – para podermos imitá-lo nos grandes sofrimentos.[5]

A Santa insiste e especifica seu pensamento:

Toda a sua lembrança (da alma chegada à união transformante) se concentra em contentá-lo mais (a Deus), bem como em mostrar-lhe o amor que tem por ele. Pois isto é oração, filhas minhas; para isto serve este matrimônio espiritual: para fazer nascer obras, sempre obras![6]

Ela deseja ser bem-compreendida. Não se trata de principiantes, mas, sim, daqueles que chegaram à união transformante:

Talvez vos pareça que falo com os principiantes, podendo os demais descansar. Eu já vos disse que o sossego interior que essas almas apresentam corresponde a um muito menor no exterior. ... A companhia que traz em si lhe dá forças **[1026]** maiores do que nunca. Se até aqui na terra Davi nos diz que com os santos seremos santos, não há

---

[5] 7 M 4,4.
[6] *Ibid.*, 4,6.

dúvida de que, formando uma unidade com o Forte por excelência, pela união tão soberana de espírito com espírito, a alma participa da força divina.[7]

Estes textos resumem a doutrina de Santa Teresa no último capítulo das sétimas Moradas. São um comentário das últimas palavras de Nosso Senhor que já citamos: "Eu vos designei para irdes e produzirdes fruto".[8] A finalidade da obra de santificação realizada por Deus, inclusive a contemplação e a união transformante, fica aí claramente afirmada. Isto nos parece simples e normal. Para que insistir?

No entanto, eis que ao confrontar estes textos teresianos com as últimas páginas do *Cântico Espiritual* e da *Viva Chama de Amor,* temos a surpresa de encontrar na alma de São João da Cruz outras aspirações, outro movimento. Nos mesmos cumes, os dois santos não parecem viver na mesma atmosfera. Teresa não quer senão viver a vida de Cristo nesta terra e se doar como ele às obras que devem proporcionar a glória de seu Pai e a salvação das almas. João da Cruz aspira às profundezas de Deus, à paz e à luz que se encontram aí, à visão face a face da vida eterna. Mal precisamos citar textos para encontrar este movimento da alma sanjuanista que, nos capítulos precedentes, nos arrebatava com sua força pacificadora e ardente.

> Gozemo-nos, Amado!
> Vamo-nos ver em tua formosura,
> No monte e na colina,
> Onde brota a água pura;
> Entremos mais adentro na espessura.[9]

O *Cântico* termina na alegria de uma paz finalmente encontrada.

---

[7] *Ibid.*, 4,10.
[8] Jo 15,16.
[9] *Cântico Espiritual*, estrofe 36.

... os sentidos e potências cessam em suas operações naturais, passando daí ao recolhimento espiritual.

... A este se digne levar todos os que invocam seu nome, o dulcíssimo Jesus, Esposo das almas fiéis, ao qual seja dada honra e glória juntamente com o Pai e o Espírito Santo pelos séculos dos séculos. Amém.[10]

[1027] Este hino à paz divina da união que encerra o *Cântico Espiritual* é retomado com acentos mais sublimes na *Chama Viva de Amor* até que ela se extinga no silêncio do inefável.

Oh! Quão ditosa é a alma que sente de contínuo estar Deus descansando e repousando em seu seio! Oh! Quanto lhe convém apartar-se de todas as coisas, fugir de negócios, e viver com imensa tranquilidade, para que nem mesmo com o menor ruído ou o mínimo átomo venha a inquietar e revolver o seio do Amado![11]

Estes dois contemplativos chegaram ambos à união transformante pela mesma via. Muitas vezes, ao longo do caminho, especialmente naquelas regiões conturbadoras das sextas Moradas, eles confrontaram suas experiências e afirmaram a união de seus pensamentos. No cume, suas aspirações perecem divergentes.

Ademais, cada um deles faz escola. Entre seus discípulos, existem aqueles para quem a união transformante é um refúgio de paz no qual a alma, tendo enfim encontrado a Deus, não conseguiria fazer outra coisa que amá-lo na solidão, gozando de sua intimidade, pois o amor que ela doa é preferível a tudo mais, especialmente a todas as obras. Outros consideram a tranquila posse de Deus na união transformante como um meio de servir a Deus de forma mais livre e eficaz. Estes últimos adotam a definição dada por Santa Teresa do verdadeiro espiritual:

---

[10] *Ibid.*, 40,6-7.
[11] Ch 4,15.

Sabeis o que significa ser de fato espiritual? É fazer-se escravo de Deus, marcado com o seu selo, o da Cruz. Assim nos poderá vender como escravos de todo mundo, como ele próprio foi.[12]

Como resolver o problema que a divergência destas duas tendências nos cumes da união transformante levanta? Contentar-se com afirmar que aquela que quer embrenhar-se em Deus é contemplativa e que a segunda, que aspira a trabalhar pela Igreja, é ativa seria injuriar Santa Teresa e apresentar como solução uma simples rotulação verbal. O problema é mais profundo; é aquele da finalidade da união transformante nesta terra e do amor que a realiza. Abordemo-lo e tentemos resolvê-lo.

A – *O DUPLO MOVIMENTO DO AMOR*

I – *Movimento filial para com Deus*

[1028] A caridade difundida em nós pelo Espírito Santo nos torna filhos de Deus e cria um parentesco com o Verbo no seio da Santíssima Trindade. Neste caráter filial, ela encontra seu movimento essencial. O espírito que nos é dado clama: *Abba*, Pai! Faz-nos co-herdeiros de Cristo e suspira, depois, pela sua parte de herança que é o próprio Deus. Nós procedemos de Deus e retornamos para ele. É a lei de toda a criação que se afirma sobretudo no homem, sua cabeça.

São Paulo, o arauto do grande mistério, depreendeu a profundidade desta aspiração de todos os seres que, na filiação divina do cristão, encontra sua forma mais elevada e sua expressão mais perfeita. Ele traduziu para nós seu dolente poder e sua amplitude:

... a criação em expectativa anseia pela revelação dos filhos de Deus. ... pois sabemos que a criação inteira geme e sofre as dores de parto até o presente. E não somente ela. Mas também nós, que temos

---

[12] 7 M 4,8.

as primícias do Espírito, gememos interiormente, suspirando pela redenção do nosso corpo. Pois nossa salvação é objeto de esperança.[13]

Até que garanta para a alma, no seio do Pai, tudo aquilo que ela espera, o Espírito Santo sustenta e guia esta aspiração na noite desta vida.

Assim também o Espírito socorre a nossa fraqueza. Pois não sabemos o que pedir como convém; mas o próprio Espírito intercede por nós com gemidos inefáveis, e aquele que perscruta os corações sabe qual o desejo do Espírito; pois, é segundo Deus que ele intercede pelos santos.[14]

A caridade sobrenatural, que é nossa, e o Espírito Santo, que nos é dado com ela, se unem para nos elevar nesta aspiração por Deus nosso Pai.

É esta exigência primária do amor filial que Jesus exprime antes de tudo em sua oração sacerdotal.

> [1029] Pai, chegou a hora:
> glorifica o teu Filho,
> para eu teu Filho te glorifique ... .
> Eu te glorifiquei na terra,
> concluí a obra
> que me encarregaste de realizar.
> E agora, glorifica-me, Pai, junto de ti,
> com a glória que eu tinha junto de ti,
> antes que o mundo existisse.[15]

Eis o desejo do amor filial: retornar ao seu princípio. Seu salário consiste em alcançá-lo mais profundamente, perder-se nele. Sua paga é amar mais e realizar uma união íntima.

... o seu salário e paga não é outra coisa ... senão mais amor ... .

... a alma que ama não espera o fim de seu trabalho, mas o fim de sua obra, porque esta sua obra é amar. É, portanto, da obra do amor

---

[13] Rm 8,19-24.
[14] *Ibid.*, 8,26-27.
[15] Jo 17,1-5.

que espera o fim e remate, o qual consiste na perfeição e acabamento do amor de Deus.[16]

Para o amor de filho de Deus, possuído nesta vida na obscuridade da fé, a perfeita realização é a posse na visão face a face, pois "a vida eterna é esta; que eles te conheçam a ti, o único Deus verdadeiro, e aquele eu enviaste".[17]

II – *Movimento em direção às almas*

Esta aspiração a possuir Deus no perfeito conhecimento da visão face a face – essencial ao amor –, não é, contudo, a única que jorra das profundezas da nossa caridade sobrenatural.

De fato, enquanto as filosofias plotinianas e platônicas de superamento se declaram plenamente satisfeitas quando, de alguma forma, atingiram a ideia ou o espírito que seu amor divinizou, enquanto os místicos naturais encontram o termo de suas aspirações na imersão e na perda delas no seio do grande tudo panteístico, a caridade cristã aspira, em Deus, à outra coisa além da posse do próprio Deus. Quando a nossa caridade sobrenatural realizou a união perfeita com Deus, ela encontra nele as Pessoas e se encontra unida a cada uma delas. O amor que tende só para o ser pode repousar em sua posse. O amor unido a pessoas vivas está vinculado a seus pensamentos, a suas vidas, a seus movimentos. Preso a estas pessoas, ele não pode mais deixá-las. Tudo aquilo que é delas, é também seu. Ele obriga-se a si mesmo a segui-las, a compartilhar seus desejos e suas preocupações, **[1030]** a trabalhar com elas. Seu repouso está na união aos seus movimentos e às suas atividades. É esta a ditosa sorte de nossa caridade sobrenatural, que nos faz en-

---

[16] CE 9,7-8.
[17] Jo 17,3.

trar no ritmo da vida trinitária e nos une a cada uma das três Pessoas divinas.

Esta caridade divina é derramada em nós pelo Espírito Santo, e ele mesmo vem tomar posse de nossa alma com ela e por ela. À medida que a caridade nos conquista por transformação de amor, ela nos entrega ao Espírito de amor. Quando a transformação completa estiver realizada, todos os nossos movimentos, todas as nossas aspirações serão regradas e ordenadas por ele. Feito dono soberano e senhor da alma através de seu influxo – que se estende desde as profundezas onde ele está até as regiões mais exteriores das faculdades, as quais leva a cumprir atos divinos – o Espírito nos liga a todos os movimentos, a todas as aspirações do Amor substancial, que é ele mesmo no seio de Deus, e nos associa às suas realizações.

Sabemos que este Espírito de amor é o "aposentador"[18] encarregado de executar o desígnio eterno de Deus. Ele assentou os alicerces ao realizar o mistério da Encarnação no seio de Maria. Desde então, ele continua sua obra, derramando em nossas almas uma caridade que é filial e que nos identifica com o Verbo encarnado, o Cristo Jesus. Esta graça nos coloca em Cristo para que façamos com ele o Cristo total.

Eis os destinos de nossa graça: ela nos faz Cristo e nos submete perfeitamente às luzes e movimentos deste Espírito de amor que guia o próprio Cristo. Estamos, pois, presos a Cristo e devemos seguir todos os movimentos do Espírito de amor nele e no seu Corpo Místico que é a Igreja.

Conhecemos os movimentos que o Amor impôs ao Verbo encarnado.

> ... Deus amou tanto o mundo,
> que lhe entregou o seu Filho único.[19]

---

[18] CE 17,8.
[19] Jo 3,16.

O Verbo, com efeito, desceu entre nós. Ele se encarnou. Aniquilou-se nas profundezas da humanidade pecadora, assumindo a forma de escravo[20] e se fez "pecado por causa de nós".[21] Jesus Cristo, então, veio a esta terra não para julgar, mas para salvar, trazendo sua luz e o fogo de seu amor. Viveu entre **[1031]** nós. "... tendo amado os seus que estavam no mundo, amou-os até o fim"[22] – constata o Evangelista João. Este fim é a Paixão, o Calvário e a Eucaristia. Mistérios orientados para a edificação da Igreja, o Cristo total, no qual o Verbo encarnado quer nos transportar, na unidade da Santíssima Trindade, para nela compartilhar de suas ações.

São estes os movimentos e os gestos do Verbo sob a ação do amor. Trata-se da parábola da águia que desce em direção aos seus pequenos, presos à terra por suas miúdas e pesadas asas.

> Como a águia que vela sobre seu ninho
> e revoa por cima dos filhotes,
> ele o tomou, estendendo as suas asas,
> e o carregou em cima de sãs pernas.[23]

São João da Cruz retomou e desenvolveu esta graciosa e forte imagem de Moisés, em um canto de ação de graças.

... esta divina ave das alturas ... quis abaixar-se a olhar-nos, e veio provocar-nos a que levantássemos o voo de nosso amor, dando-nos força e valor para isso, então ficou preso o mesmo Deus no voo do cabelo ... e assim tornou-se prisioneiro ... . Podemos muito bem crer na possibilidade de uma ave de pequeno voo prender a águia real, de voo sublime, se esta descer a um lugar baixo, querendo ser presa.[24]

Isto significa que a Águia real continua a descer e que seu amor se inclina sempre sobre nós, que se deixa prender

---

[20] Cf. Fl 2,7.
[21] 2Cor 5,21.
[22] Jo 13,1.
[23] Ex 32,11.
[24] CE 31,8.

por nós para nos transportar mais facilmente, prisioneiros dos laços de seu amor, até as alturas.[25] Também Santa Teresinha do Menino Jesus lhe pede para renovar este gesto em seu favor. Toda a sua esperança repousa neste movimento habitual do Verbo encarnado.

Minha *loucura* consiste em suplicar às águias, minhas irmãs, que me obtenham o favor de voar até o Sol do Amor com as próprias asas da Águia Divina ... .

... Tenho esperança de que um dia, Águia Adorada, virás buscar teu passarinho e, subindo com ele ao Foco do Amor, haverás de mergulhá-lo por toda a eternidade no ardente Abismo deste Amor ao qual se ofereceu como vítima.[26]

[1032] Esta parábola da Águia divina que desce para capturar sua presa e a transportar, subindo aos céus, é o gesto que o amor renova sem cessar para aqueles que ele conquistou e identificou com Cristo Jesus. Ao mesmo tempo em que os introduz nas profundezas da vida que está em Deus, ele os faz descer em direção às profundezas do pecado da humanidade nesta terra. Com eles e através deles, continua a encarnar a vida divina nas almas, a gemer e a lutar até aquele triunfo completo desejado pelo Pai.

A união transformante, introduzindo em Deus, não isola do mundo. Ela associa à vida intensa da Igreja neste mundo. Quanto mais os santos são tomados pelo amor, mais eles estão perto de nós, pois ao divinizá-los, a caridade os faz entrar nas profundezas do pecado, o grande sofrimento da humanidade. Se não fosse assim, a identificação deles com Cristo não seria autêntica e a caridade deles não seria cristã, pois Jesus o disse formalmente:

> Nisso reconhecerão todos que sois meus discípulos, se tiverdes amor uns pelos outros.[27]

---

[25] Cf. Ef 4,8-10.
[26] Ms B, 5 v°.
[27] Jo 13,35.

Os santos no Cristo total

A medida deste amor pelo próximo é a sua, aquela que ele mesmo demostrou.
> Este é o meu mandamento:
> amai-vos uns aos outros
> como eu vos amei.[28]

Conhecemos esta medida. Uma simples alusão é suficiente para precisá-la.
> Ninguém tem maior amor
> do que aquele que dá a vida por seus amigos.[29]

"Ao entardecer desta vida, seremos julgados no amor",[30] para que o grau de amor se torne o grau de nossa glória e de nossa potência de visão beatífica. Mas Jesus, descrevendo as circunstâncias deste julgamento, determina a prova de amor que será pedida:
> Vinde, benditos de meu Pai, recebei por herança o Reino preparado para vós desde a fundação do mundo. Pois tive fome e me destes de comer. Tive sede e me destes de beber.[31]

A escolha de tal critério não só nos surpreende, mas também espanta àqueles que são seu objeto.

[1033] Então os justos lhe responderão: "Senhor, quando foi que te vimos com fome e te alimentamos? ... ". Ao que lhes responderá o Rei: "Em verdade vos digo: Cada vez que o fizestes a um desses meus irmãos mais pequeninos, a mim o fizestes".[32]

A objeção provocou uma insistência que já não nos deixa nenhuma dúvida e traz uma feliz explicitação. O amor no qual seremos julgados é aquele que tivermos dado a Deus em nossos irmãos.

Dos dois movimentos da caridade que está em nós, o primeiro lhe é essencial, o segundo lhe é imposto pelo Es-

---

[28] *Ibid.*, 15,12.
[29] *Ibid.*, 15,13.
[30] D 58.
[31] Mt 25,34-35.
[32] *Ibid.*, 25,37.40.

pírito de amor e por Cristo Jesus com o qual ela nos identifica. Ambos são sancionados por um preceito:

[Jesus] respondeu: "Amarás ao Senhor teu Deus de todo o teu coração, de toda a tua alma e de todo teu entendimento. Esse é o maior e o primeiro mandamento. O segundo é semelhante a esse: Amarás o teu próximo como a ti mesmo. Desses dois mandamentos depende toda a Lei e os Profetas".[33]

Destes dois mandamentos semelhantes, que resumem toda a Lei, o primeiro é o maior, mas é o cumprimento do segundo que garante o valor e a qualidade da caridade, ao revelar sua eficácia.

III – *Estes dois movimentos se unem no amor a Cristo*

Um duplo mandamento que corresponde ao duplo movimento do amor divino. São estes dois movimentos contrários um ao outro? Nosso espírito cede com tanta facilidade à necessidade de opor para melhor distinguir e, sobretudo, quando os símbolos que traduzem as realidades, de fato, se opõem entre si. É o nosso caso. O amor filial por Deus parece subir e nos elevar; o amor pelo próximo parece descer e nos atrair para baixo. O primeiro diviniza; o segundo se encarna. Não deixemos que nosso espírito brinque com os símbolos. Vamos à realidade viva e concreta do amor e de sua atividade.

Os santos que chegaram à união transformante não estão mais na margem onde o espírito raciocina e discute. Eles estão mergulhados na obra do amor, e na sua experiência, eles encontram uma luz que cega a inteligência, mas que reduz todas as antinomias.

[1034] Estas antinomias ou aparentes oposições são uma das leis do amor divino que as traz em si como uma de suas riquezas e que marca, com elas, suas obras à maneira

---

[33] *Ibid.*, 22,37-40.

de um selo pessoal. Este amor se encarna e diviniza, difunde a alegria e a tribulação, produz uma luz que é obscuridade. Jesus Cristo – que vai construindo seu Reino nesta terra – é o Verbo feito carne que, sem deixar de gozar da visão beatifica, conheceu o mais doloroso sofrimento que já se suportou aqui e que, enfim, triunfou ao morrer sobre a cruz.

Como os santos, transformados pelo amor e identificados com Jesus Cristo, não carregariam em si estas riquezas características do amor divino nesta terra? De fato, o amor que os diviniza deixa-os homens como nós; trazem em si o Tabor e o Getsêmani; são os mais felizes dos homens, porque gozam do Verbo em seus seios, e os mais infelizes, porque carregam o pecado do mundo. Fixados em Deus pela união transformante, eles são, contudo, os homens e os santos de uma época, de um povo, de uma idade bem determinada do Corpo Místico de Cristo em pleno crescimento. O divino e o eterno que estão neles não os impedem, mas, antes, os obrigam a se encarnarem no temporal mais humano de sua época.

Os sinais e as palavras que acompanham e explicam a graça do matrimônio espiritual concedida à Santa Teresa realçam e iluminam estas admiráveis antinomias:

> Então, o Senhor me foi representado numa visão imaginária, como em outras vezes, bem no meu íntimo; dando-me sua mão direita, disse-me: "Olha este prego, que é sinal de que serás minha esposa de hoje em diante. Até agora não o tinhas merecido; doravante, defenderás minha honra não só como Criador, como Rei e como teu Deus, mas como verdadeira esposa minha: minha honra é a tua, e a tua, minha".[34]

Doravante, a união é perfeita e definitiva. Teresa pertence a Cristo e Cristo lhe pertence. Jesus lhe aparece para dar-lhe esta segurança. Mas, olhemos para o fato, consideremos o sentido das palavras. Arrebatando-a consigo

---

[34] R 35.

para o seio de Deus, o Verbo encarnado a quer dedicada ao serviço de sua honra nesta terra, como uma verdadeira esposa. O anel da aliança é substituído por um prego que prende à cruz. Contradições? Quem o ousaria afirmar? Teresa não está admirada. Ela conhece os privilégios e os deveres do amor nesta terra. O Cristo Jesus que a une **[1035]** perfeitamente a si é o Cristo Jesus que triunfa no céu e que luta e sofre na terra. Enquanto estiver na terra, ela deve sobretudo viver e prolongar este último. Aqui, o matrimônio espiritual realiza a união perfeita com Jesus Cristo na plenitude de seu Corpo Místico.

As divergências apontadas entre São João da Cruz e Santa Teresa se resolvem sob esta luz. Chegados à união transformante, ambos trazem em si a plenitude de Cristo. Com suas riquezas antinômicas e o duplo movimento de seu amor por Deus e pelas almas. Para explicar que tal riqueza ou um dos movimentos do amor se explicite mais nitidamente em um ou na outra, é suficiente relembrar que os dons de Deus se manifestam nos santos com tonalidades diversas as quais correspondem à graça particular, à missão e ao temperamento de cada um.

São João da Cruz, reformador, confessor, escritor, superior de convento, dedica seus dias a trabalhos apostólicos, está tomado pelas preocupações de seus cargos, pelas angústias do governo e do futuro da Reforma empreendida. Como, nestes trabalhos e com estas preocupações às vezes tão pesadas, este contemplativo de olhar tão penetrante, com o senso espiritual aguçado, não haveria de nutrir o ardente desejo de repousar, entrando nas profundezas da penumbra luminosa do Amado que, parecendo dormir, em seu seio, lhe revela tantos e tão suaves segredos?

De resto, sua missão própria é desvelar as secretas operações que o Espírito de amor realiza em todos aqueles que se entregam a ele e lhe deixam operar no silêncio da noite.

A ele cabe acordar os que dormem, ajudar aqueles que não avançam em virtude de sua ignorância, interpelar vigorosamente os inquietos e apaixonados de seu século, os ativistas de todos os tempos, os espirituais superficiais que vivem na periferia de suas almas, os iluminados em busca de favores extraordinários, os quietistas imersos no gozo. Deve levar a escutar a voz da Sabedoria que, das regiões profundas onde ela distribui seus tesouros, lhes grita:

Oh, almas criadas para estas grandezas, e a elas chamadas! Que fazeis? Em que vos entretendes? Baixezas são vossas pretensões e tudo quanto possuís não passa de misérias. Oh! Miserável cegueira dos olhos de vosso espírito! Pois para tanta luz estais cegas; para tão altas vozes, sois surdas; não vedes que, enquanto buscais **[1036]** grandezas e glórias, permaneceis miseráveis e vis, sendo ignorantes e indignas de tão grandes bens?[35]

São João da Cruz se empenha em exaltar as riquezas divinas da Sabedoria, pois recebeu a missão de descobri-las ao mundo e de acender o desejo delas. Proclama como são pouco numerosos aqueles que as conhecem e, ao contrário, como são numerosos aqueles que se atrasam no caminho, pois recebeu a missão de conduzir as almas à fonte, pela senda dolorosa da noite. Ele mesmo geme diante destes tesouros, pois, em luta contra o pecado do mundo, ainda não as possui na medida de sua imensa esperança.

Também o próprio Cura d'Ars não suspirava pela solidão da Trapa para onde fugiu duas vezes? Compreendemos a angústia e a fuga deste homem, preso por amor ao seu confessionário para onde afluía o pecado e de onde jorrava, abundante, a misericórdia. Das duas aspirações do amor – para com Deus e para com as almas –, aquela que não está satisfeita geme e se explicita.

Isto explica porque Santa Teresa de Ávila, ao ouvir falar das ruínas acumuladas na França pelas guerras de religião,

---

[35] CE 39,7.

lamentava, em seu claustro, sua impotência e sua condição de mulher que lhe impediam de ir ajudar.

... como se pudesse fazer alguma coisa ou tivesse alguma importância, chorava com o Senhor e lhe suplicava que corrigisse tanto mal. Eu tinha a impressão de que daria mil vidas para salvar uma só alma das muitas que ali se perdiam. E [via-me] mulher, imperfeita e impossibilitada de trabalhar como gostaria para servir ao Senhor ... .

Ó Redentor meu! Meu coração não pode chegar aqui sem se afligir muito![36]

Alguns anos passados no mosteiro reformado de São José – por ela fundado – foram suficientes para desenvolver, de uma maneira prodigiosa, seu amor por Deus e para descobrir-lhe as riquezas e as exigências deste amor.

... o tempo fazia crescer em mim o desejo de contribuir para o bem de alguma alma; eu muitas vezes sentia-me como quem tem **[1037]** um grande tesouro guardado e deseja dá-lo para que todos gozem dele, mas tem as mãos atadas para não poder distribuí-lo. Eu tinha a impressão de estar com as mãos atadas dessa maneira porque eram tantas as graças recebidas naqueles anos que me pareciam mal-empregadas apenas em mim.[37]

Mais do que para nós, é uma surpresa para Santa Teresa. Este amor tem necessidade de difundir-se. Recebeu uma missão de conquista. A clausura, que este amor construiu para si, a fim de assegurar sua intimidade com Deus e seu desenvolvimento, agora, não faz outra coisa senão avivar seus desejos.

No entanto, não há dúvidas: seus desejos de expansão não são veleidades passageiras, uma necessidade natural de mudança. São o testemunho autêntico de uma missão divina. Provam-nos abundantemente os acontecimentos exteriores e as reações interiores de Santa Teresa.

---

[36] CP 1,2.3.
[37] F 1,6.

Com efeito, eis como o relato do Franciscano Maldonado deita óleo sobre este braseiro ardente:

> Tendo chegado das Índias há pouco tempo, ele me contou que lá, por falta de doutrina, perdiam-se muitas almas. Depois de nos fazer um sermão e prática, e de nos estimular a fazer penitência, ele partiu. Sobreveio-me uma profunda tristeza, e fiquei quase fora de mim, diante da perdição de tantas almas. Recolhi-me a uma capela e, coberta de lágrimas, clamei a Nosso Senhor; supliquei-lhe que me desse recursos para salvar uma única alma, já que tantas o demônio levava. ... Senti muita inveja dos que, por amor a Deus, podiam dedicar-se à salvação de almas, mesmo em meio a mil mortes. E acontece-me que, ao ler a vida dos santos que converteram almas, este aspecto me traz mais devoção, ternura e inveja do que os martírios que padecem. Deus me deu essa inclinação, já que, acredito eu, ele valoriza mais o esforço e a oração para ganharmos para ele uma alma, por sua misericórdia, do que todos os outros serviços que lhe possamos prestar.[38]

Obediente ao imperioso movimento de seu amor, esta contemplativa, que não sonhava senão com a intimidade divina e com a solidão, empreende a fundação de numerosos mosteiros. Às suas filhas, dá como vocação o fruto de suas sucessivas descobertas. Proporciona-lhes a solidão para que em profundos contatos com Deus, o amor delas se abrase e se coloque a serviço da Igreja. As obras exteriores que não pode realizar pessoalmente, esta mulher genial as realizará estendendo sua Reforma aos religiosos animados de seu espírito e de seus desejos. Esta **[1038]** contemplativa prossegue sua caminhada, sacrificando sua tranquilidade e sua alma por uma obra que quer ser somente para a Igreja. Quando tiver sacrificado tudo – até mesmo a obra de sua Reforma, aceitando retornar como Priora ao Mosteiro da Encarnação –, Jesus virá a ela para a união perfeita do matrimônio espiritual. Então, aparece claramente que os dois movimentos do amor só divergem na aparência e no plano

---

[38] *Ibid.*, 1,7.

exterior; que, na verdade, eles se nutrem mutuamente e que sua diversidade é harmonia e riqueza profunda.

Santa Teresinha do Menino Jesus nos apresenta um sugestivo exemplo desta síntese harmoniosa dos dois movimentos do amor para com Deus e para com as almas. Deus age por meio de toques sucessivos, delicados, mas bem profundos, para realizar a obra-prima que é esta grande apóstola dos tempos modernos.

A graça da conversão do Natal de 1886 é seguida da graça que a inflama do zelo pelas almas,[39] daquela sede que aumenta sem cessar depois da conversão de Pranzini.[40] No entanto, durante a viagem a Roma, recusa ler os *Anais* das religiosas missionárias, porque, naquele momento, quer sacrificar tudo ao desenvolvimento do amor. Entra, contudo, no Carmelo "para salvar as almas e, sobretudo, para rezar

---

[39] "[Jesus] fez de mim uma pescadora de almas; senti o grande desejo de trabalhar pela conversão dos pecadores, desejo que jamais tinha sentido tão vivamente...

... Um Domingo, contemplando uma estampa de Nosso Senhor na cruz, fiquei impressionada com o sangue que corria de uma de suas mãos divinas; senti grande dor ao pensar que este sangue caía por terra sem que ninguém se apressasse em recolhê-lo e resolvi conservar-me em espírito aos pés da cruz para recolher o divino orvalho que dela corre, compreendendo que deveria, depois, derramá-lo sobre as almas... O grito de Jesus na cruz ressoava, também, continuamente em meu coração: 'Tenho sede' (Jo 19,28). Estas palavras acendiam em mim um ardor desconhecido e muito vivo... Queria dar de beber ao meu Amado e eu mesma sentia-me devorada pela sede das almas... Não eram, ainda, as almas dos sacerdotes que me atraíam, mas as dos grandes pecadores; ardia no desejo de arrancá-las às chamas eternas..." (Ms A, 45 v°).

[40] "Depois desta graça única, meu desejo de salvar as almas crescia a cada dia, parecia-me ouvir Jesus me dizer como à samaritana: 'Dá-me de beber!' (Jo 4,6-15). Era uma verdadeira troca de amor; às almas eu dava o sangue de Jesus; a Jesus, eu oferecia estas almas refrigeradas por seu orvalho divino. Assim, parecia-me saciá-lo; e quanto mais lhe dava de beber, mais a sede de minha pobre alminha aumentava. E esta sede ardente que ele me dava era como a mais deliciosa bebida de seu amor..." (*Ibid.*, 46 v°).

pelos sacerdotes".[41] Os grandes desejos aumentam com o amor: desejos de sofrimentos por Cristo e pelas almas, desejos imensos de apostolado **[1039]** que se tornam um verdadeiro martírio.[42] O amor lhe permite realizar todas as suas aspirações, este amor que a situa no centro da Igreja para espalhar a vida, como o coração o faz por todo o corpo. Esta oferta à Igreja aspira, ainda, a assumir todas as formas e todos os meios para ser eficaz e completa. Algumas semanas antes de sua morte, contempla uma imagem de Joana d'Arc em sua prisão, e diz:

> Os santos também me encorajam em minha prisão. Eles me dizem: Enquanto estiveres presa às cadeias de ferro, não podes cumprir tua missão; porém, mais tarde, depois de tua morte, será o tempo de teus trabalhos e de tuas conquistas.[43]

O amor aprisionou Santa Teresinha do Menino Jesus; forjou-lhe cadeias de ferro e ele não pode esconder que elas lhe são um embaraço. A outra vida haverá de lhe assegurar, de fato, toda a liberdade que ele solicita para manifestar todo o seu poder e exercer todas as suas virtualidades. Teresinha voltará para ajudar a todos os apóstolos, sobretudo, em suas conquistas. Isso será sempre para dar amor e fazer amar o Amor.

> Amar, ser amada e voltar à terra para fazer amar o Amor.[44]

É a certeza de poder realizar esta missão até o fim dos tempos que a atrai para o céu.

Este gesto de amor que, amando, desce para conquistar e que transporta às alturas sua presa tornada ardorosa, é a síntese do duplo movimento do amor, é o gesto do aposto-

---

[41] *Ibid.*, 69 v°.

[42] Cf. Ms B, 3 r°.

[43] UC 10.8.4.

[44] *Conselhos e Lembranças*. São Paulo: Paulus, 2006⁷, p. 152. Cf. PA. *Soeur Geneviève*, ocd, p. 316. UC/C, julho, 4.

lado perfeito, porque se identifica com o gesto e a ação do próprio Jesus.

Mas seria necessário esperar ter chegado aos cumes para que estas duas aspirações ou movimentos do amor se harmonizassem na vida espiritual? Seria necessário esperar a identificação perfeita com Cristo Jesus para trabalhar com eficácia na edificação do Corpo Místico? Em outros termos, o apostolado seria o privilégio exclusivo do amor e do amor em sua plenitude transbordante? Sem dúvida, problemas difíceis; mas de tal importância prática que cremos ter que examiná-las sob a luz que nos vem destes cumes da união transformante.

B – *APOSTOLADO DO AMOR E MISSÕES APOSTÓLICAS*

[1040] Diante da complexidade deste problema, só podemos proceder através de afirmações sucessivas. É o único meio em nosso poder para tentar lançar um pouco de luz na multiplicidade de pensamentos que ele suscita.

I – *Há missões divinas apostólicas diferentes do apostolado do amor*

Se, de fato, é incontestável que a união transformante, submetendo perfeitamente os santos ao Espírito Santo e identificando-os com Cristo Jesus, faz deles apóstolos perfeitos, também é verdade que a fecundidade espiritual não é privilégio exclusivo do amor chegado a este grau, bem como que o poder eficaz da ação na Igreja não está reservado à caridade sobrenatural. O apostolado é, com efeito, um dever não só para os santos, mas para todo cristão qualquer que seja seu grau de caridade. O Espírito Santo utiliza, de fato, almas em todas as etapas de sua vida espiritual para realizar sua obra na Igreja, e as missões que ele lhes confia não estão correlacionadas ao seu amor.

Então, partindo do princípio que o anima, é necessário distinguir duas formas de apostolado: aquele que procede diretamente da caridade sobrenatural e aquele que é exercido em virtude de uma missão confiada por Deus.

Poderíamos encontrar já um fundamento para esta distinção nos dois aspectos da mediação sacerdotal exercida por Jesus Cristo. Jesus, com efeito, é mediador pela união, na pessoa do Verbo, dos dois termos a serem unidos: a divindade e a humanidade. Esta mediação de ordem física em Cristo foi realizada no seguimento de uma escolha ou missão conferida por Deus.

Ninguém, pois, se atribua esta honra, senão o que foi chamado por Deus, como Aarão!

Deste modo, também Cristo não se atribui a glória de tornar-se sumo sacerdote. Ele, porém, a recebeu daquele que lhe disse: Tu és o meu Filho, hoje eu te gerei... Conforme diz ainda, em outra passagem: Tu és sacerdote para sempre, segundo a ordem de Melquisedec. É ele que, nos dias de sua vida terrestre, apresentou pedidos e súplicas ... , se tornou [1041] para todos os que lhe obedecem princípio de salvação eterna, tendo recebido de Deus o título de sumo sacerdote, segundo a ordem de Melquisedec.[45]

Em Cristo Jesus, a missão da mediação e a sua realização por meio da união hipostática e da plenitude de graça se sobrepõem perfeitamente e, assim, se confundem. Tal união perfeita é um ideal oferecido ao cristão, em quem missão confiada e plenitude de caridade para cumpri-la perfeitamente permanecem duas realidades distintas.[46]

---

[45] Hb 5,4-6.8.

[46] O caráter sacerdotal deixa subsistir a distinção entre missão e graça. Este caráter é um caráter de Cristo – diz Santo Tomás. Configura com Cristo e leva a participar do sacerdócio do qual Cristo possui a plenitude por sua natureza, dando ao sacerdote ordenado certo poder espiritual em relação aos sacramentos e ao que concerne o culto divino (Cf. *Summa Theologica*, IIIa, q. 63, a.3-5).

O Espírito Santo, o encarregado da execução dos desígnios divinos, confia importantes missões para a realização de tais desígnios e para o bem de todos a figuras cujos antecedentes parecem não justificar esta escolha e cuja vida não está transformada pela imposição de tal missão. A distinção entre a missão recebida e a caridade aparece claramente mediante uma defasagem em detrimento desta última. Basta ler os livros do Antigo Testamento para nos convencermos disso. Juízes, reis, até mesmo profetas, ancestrais de Cristo nem sempre são dignos da alta missão que lhes é confiada. Suas faltas e, inclusive, sua idolatria não colocam em dúvida, contudo, a legitimidade e a eficácia da missão que terão que cumprir.

Ao Apóstolo São Paulo agradou sublinhar como, na Igreja, o Espírito Santo distribui os dons ou carismas para o bem de todos.

... [Há] diversos modos de ação, mas é o mesmo Deus que realiza tudo em todos. Cada um recebe o dom de manifestar o Espírito para a utilidade de todos. A um o Espírito dá a mensagem de sabedoria, a outro, a palavra de ciência segundo o mesmo Espírito; a outro o mesmo Espírito dá a fé; a outro ainda o único e mesmo Espírito concede o dom das curas; ... a outro o discernimento dos espíritos; a outro o dom de falar em línguas, a outro ainda o dom de as interpretar.[47]

Junto destes dons carismáticos dados pelo Espírito para a edificação da Igreja, São Paulo elenca algumas funções pastorais.

E aqueles que Deus estabeleceu na Igreja são, em primeiro lugar, apóstolos; em segundo lugar, profetas; em terceiro lugar, doutores... Vêm, a seguir, **[1042]** os dons dos milagres, das curas, da assistência, do governo e o de falar diversas línguas.[48]

Poderes concedidos à hierarquia, augustas funções do sacerdócio, carismas, todos são distintos da caridade. O subsequente desenvolvimento do Apóstolo o testemunha:

---

[47] 1Cor 12,6-10.
[48] *Ibid.*, 12,28.

Aspirai aos dons mais altos. Aliás, passo a indicar-vos um caminho que ultrapassa a todos.[49]

Este caminho que ultrapassa a todos é a caridade, cujo elogio preenche o capítulo seguinte.

Embora conferidas e exercidas em formas exteriores menos extraordinárias, estas funções e estas graças carismáticas subsistem na Igreja. A própria Igreja providencia a escolha de seus ministros. As vocações particulares de apostolado foram se agrupando e se organizando em instituições e ordens religiosas. A ação direta do Espírito não se revela mais, a não ser raramente, nos carismas extraordinários. Embora menos aparente e marcada por sinais menos brilhantes, ela é, porém, mais profunda e mais certa na escolha das vocações e na outorga de poderes. No entanto, a organização com a qual a prudência humana doravante envolve esta ação deixa subsistir entre a função e a caridade a distinção de direito e, inclusive, uma defasagem de fato que, lamentavelmente, podemos às vezes constatar.

Para distinguir como convém, evitemos, contudo, separar. As funções de apostolado que podem ser chamadas graças carismáticas, no sentido genérico da palavra, são acompanhadas de uma graça e devem, via de regra, contribuir para a santificação da alma que as recebe. Donde uma segunda afirmação.

II – *As missões de apostolado são acompanhadas por uma graça*

Esta graça pode elevar, imediatamente, a alma à altura de sua missão, isto é: pode estabelecer uma igualdade entre a caridade da alma e as funções que lhe são confiadas. A alma se torna, logo, um instrumento perfeito. Caridade e

---

[49] *Ibid.*, 12,31.

função se sobrepõem perfeitamente como no próprio Cristo Jesus, em quem a função de mediador pode se enxertar sobre a união hipostática que já é uma [1043] mediação de ordem física. Foi assim para a Virgem Maria, em quem a plenitude da graça foi dilatada à altura de sua dignidade e de suas funções de Mãe de Deus, pela ação do Espírito no dia da Anunciação.

Privilégio garantido à Virgem Mãe de Deus – nós temos a certeza. Mesmo se algum santo tenha sido favorecido com ele, tal privilégio permanece excepcional. Habitualmente, graça e função permanecem não apenas distintas, mas, no início, são conferidas em proporções desiguais.

A graça, no entanto, existe. Tentemos analisar.

1. *Graça de preparação* – O Espírito Santo não faz nada ao acaso. Ele prepara seus instrumentos. Abraão deixa sua terra em etapas sucessivas, sob a ordem de Deus, para tomar posse do país que deve tornar-se a herança da numerosa posteridade da qual ele deve ser pai. Moisés é salvo das águas, educado na corte do Faraó onde recebe a melhor educação de seu tempo. É arrastado ao deserto onde vai viver a vida solitária de pastor por quarenta anos, antes que Deus se revele a ele na sarça ardente e lhe confira sua missão de libertador e guia do povo hebreu. E quão admiráveis são também os caminhos que o Espírito Santo faz São João Batista e São Paulo seguirem a fim de prepará-los para sua missão excepcional.

Guiada pelo Espírito Santo, a Igreja impõe a seus ministros um período de preparação obrigatória, antes de lhes conferir os poderes do sacerdócio. Precedida de uma escolha divina, esta preparação exterior se inscreve no desenrolar de acontecimentos providenciais e sob uma ação interior do Espírito Santo que ela deve favorecer e levar a frutificar.

2. *Deus confere poderes* – Ao conferir o carisma ou missão de apostolado, Deus concede poderes que têm uma eficácia certa. Os juízes escolhidos por Deus, a cada vez, libertam Israel de seus inimigos. O rei sagrado sob a ordem de Deus está revestido de um poder que lhe permite dominar sobre seu povo e vencer seus inimigos. Deus quer que seus enviados estejam convencidos da eficácia da missão que lhes é conferida. Gedeão pode pedir sinais contraditórios;[50] Deus não se cansa de concedê-los. Deus responde às objeções que lhe faz Moisés e lhe revela o poder de taumaturgo que lhe confere.[51] A vitória que Gedeão obtém com alguns soldados sem armas e os admiráveis relatos do Êxodo demostram que os sinais concedidos por Deus tinham autenticado uma missão divina e um poder sobrenatural.

O carisma conferido pelo Espírito Santo para o bem de todos e cuja eficácia e fecundidade próprias não conseguiríamos negar reside, essencialmente, nesta missão e neste poder. O juiz do Antigo Testamento, Gedeão ou Jefté, agia em nome de Deus e libertava seu povo, quaisquer que fossem suas disposições.

Na nova Lei, o sacerdote recebe no dia de sua ordenação todos os poderes sobre o Corpo de Cristo para difundir a vida divina. Ele consagra, absolve validamente, difunde, com efeito, a graça nas almas, embora ele mesmo a possa ter perdido. Com o carisma de sua vocação, o religioso que ensina pode fazer penetrar, com certa eficácia, a luz nas inteligências, sem que entre diretamente em jogo sua vida espiritual. Uma atividade apostólica pode dar frutos qualquer que seja o grau de caridade que a anime.

---

[50] Cf. Jz 6.
[51] Cf. Ex 3 e 4.

A fecundidade não está ligada necessariamente à caridade sobrenatural do instrumento. É Deus quem a concede.[52] Ele a pode ligar de uma maneira permanente a alguns dons como as graças carismáticas, como também a qualquer atividade humana de sua escolha.

3. *Graça para o cumprimento da missão* – Ao seu instrumento, Deus deve o socorro à sua fraqueza e o auxílio para cumprir dignamente a missão ou as funções que lhe confiou. Assim, com estes poderes e esta missão, Deus sempre concede uma graça apropriada para exercê-los com dignidade, segundo o querer divino.

É comovedor constatar na Sagrada Escritura com que solicitude afetuosa Deus se inclina sobre os instrumentos que escolheu. "Eu estarei contigo"[53] – diz a Moisés que se inquieta com as dificuldades de sua missão. Foi assim com Abraão, com Jacó, com José, com Samuel, o Juiz. Ele se apodera de Saul logo após sua sagração.[54] Depois que Samuel sagrara Davi, "o Espírito do Senhor precipitou-se sobre Davi desse dia em diante".[55] Esta assistência se evidencia exteriormente pelas obras a ponto de se tornar um fato que cada um pode **[1045]** constatar e que, muitas vezes, está sublinhado nas Sagradas Escrituras.

Esta assistência ou presença de Deus junto de seu servo se manifesta nas bênçãos com que o cobre, nas graças de fidelidade e na proteção que lhe assegura. Parece distinta dos poderes conferidos. Não está escrito a respeito de todos os enviados que Deus esteja com eles. Quando Saul foi infiel, Deus não está mais com ele e seu espírito pousa

---

[52] "É Deus quem faz crescer" (Cf. 1Cor 3,6).
[53] Ex 3,12.
[54] Cf. 1Sm 10,9.
[55] 1Sm 16,13.

sobre Davi, enquanto Saul continua, no entanto, a exercer o poder real.[56]

Este influxo de Deus, quase visível no patriarca, no rei, ou no profeta do Antigo Testamento, faz pensar no caráter impresso pelo sacramento da Ordem na alma do sacerdote. Caráter cujo primeiro efeito é a outorga dos poderes, mas que também comporta a graça para os exercer com dignidade. A unção sacerdotal coloca o sacerdote a serviço de Deus e de seu povo; penetra profundamente nele; circunda-o com um halo luminoso e o faz resplandecer aos olhos de todos e lhe assegura todos os meios eficazes para se tornar um outro Cristo vivo.

Com o sentimento da unção que se difundiu por todo o seu ser, o neossacerdote poderia pensar que já chegou à identificação com Cristo, tão ardentemente desejada. A ilusão é fácil, tão fácil como ao religioso que, no fervor de sua Profissão, pode pensar ter encontrado a sonhada realização do dom perfeito de si. Por mais sensível e poderosa que seja, esta graça, ordinariamente, é só um botão em flor, uma graça de primícias destinada a garantir a fidelidade no exercício das funções e na realização do dom de si. Será apenas mais tarde – talvez depois de longos anos de fidelidade –, que o sacerdote poderá colocar a disposição do sacerdócio uma caridade sobrenatural que o fará realizar, em sua plenitude fecunda, o sacerdócio de Cristo.

III – *O cumprimento da missão e a perfeição da caridade*

Insistindo demoradamente sobre as distinções, se acaba por criar oposições. É assim que missão de apostolado e caridade sobrenatural poderiam, justamente agora, nos parecer potências inimigas, que se deve manter distantes uma da

---

[56] Cf. 1Sm 18,12.

outra, por receio de que venham **[1046]** prejudicar-se mutuamente. No entanto, é na união de ambas que cada uma encontra sua perfeição e é nisto que reside o segredo da santidade. Tentemos determinar seus íntimos relacionamentos.

O cuidado que Deus põe nas preparações providenciais de seus instrumentos indica o valor que ele atribui a esta colaboração humana. Esta ação do instrumento está inscrita nos desígnios divinos como um meio indispensável para a realização deles. Assim, o Espírito Santo faz da fidelidade de seu instrumento à missão que lhe confiou a condição de sua amizade. Esta fidelidade é a grande prova de amor que Deus pede. "Se me amais, observareis meus mandamentos"[57] – afirma Nosso Senhor. Existem mandamentos mais importantes que aqueles que decorrem da escolha divina e que fixam nossa tarefa e nossa missão nesta terra? A prova de amor, tal como o preceito, não se limita a um ponto particular, mas abrange toda uma vida e atinge a própria realização do plano divino.

As escolhas divinas estão carregadas do peso de toda a riqueza da graça e da missão. Desta forma, Saul, objeto de uma escolha divina extraordinária, é rejeitado por ter poupado Agag, Rei de Amalec, o qual deveria ter exterminado com seu povo.[58] E Deus repreende asperamente Samuel que se demora a chorar a rejeição deste primeiro Rei que ele mesmo ungiu em nome do Senhor.[59] Davi e seu povo são castigados com severidade por causa do adultério real que fez o Senhor ser ultrajado por seus inimigos.[60] Moisés e Aarão não hão de entrar na terra prometida:

---

[57] Jo 14,15.
[58] Cf. 1Sm 15,1ss.
[59] Cf. *Ibid.*, 16,1.
[60] Cf. 2Sm 12,14.

... pois fostes rebeldes no deserto de Sim, quando a comunidade contendeu contra mim e eu vos ordenei que manifestásseis diante dela a minha santidade, pela água.[61]

É preciso julgar tais severidades de Deus sob a luz do dom feito por ele, da importância da missão e das exigências divinas que o acompanham.

Na Igreja primitiva, o Espírito Santo evidencia abertamente sua ação de verdadeiro fundador da Igreja. Ananias e Safira, sua esposa, venderam seus bens e trouxeram uma parte do fruto da venda aos apóstolos, dizendo que tinham trazido tudo.

[1047] Não foi a homens que mentiste, mas a Deus. Ao ouvir estas palavras, Ananias caiu e expirou. E um grande temor sobreveio a todos o que disto ouviram falar.[62]

Pouco depois, chega Safira e, por sua vez, cai morta. O castigo é proporcional à ação do Espírito Santo que foi ofendido, é forte e visível como a própria ação, para que uma digna reparação seja garantida.

Santa Teresa teve uma visão do inferno: "... uma das maiores graças que o Senhor me concedeu".[63] Viu aí o lugar que a infidelidade às graças divinas lhe teria merecido.

Estes exemplos aterrorizadores nos mostram o valor que Deus atribui às missões que confia e à resposta de retidão e de generosa fidelidade que ele exige daqueles aos quais revelou o poder de sua graça.

Mas também que bênçãos e que desabrochar da caridade divina para a alma que doa a fidelidade esperada por Deus! Com o sucesso da missão que assume dimensões maiores e maravilhosas, esta fidelidade de amor realiza a santidade da alma.

---

[61] Nm 27,14.
[62] At 5,4-5.
[63] V 32,4.

Deus não se cansa de recompensar o servo bom que cumpriu sua tarefa. Deixar enterrado o talento recebido implica a pena de inferno; ter feito frutificar alguns deles para o Senhor garante o governo de um reino.[64]

Abraão demonstra uma fé heroica na palavra de Deus. Diz o Apóstolo:

[Abraão] esperando contra toda a esperança, creu e tornou-se assim pai de muitos povos.

... isto lhe foi levado em conta de justiça.[65]

Esta paternidade não se estende somente ao povo hebreu, mas São Paulo a reclama, com ardor, para todos os crentes, portanto, para todos os cristãos.[66] Esta justiça mereceu para Abração tornar-se um amigo de Deus, cuja intercessão será poderosa para todos os seus filhos segundo a carne e segundo a fé.

Moisés, apesar de uma negligência passageira, oferece a Deus uma fidelidade à sua missão que faz dele um incomparável guia do povo, o legislador de Israel, um tal profeta que,

[1048] em Israel, nunca mais surgiu [outro igual], a quem o Senhor conhecia face a face.[67]

Feito o confidente e familiar de Deus, ousa pedir para ver a sua face. De fato, o Espírito lhe presta este testemunho:

[A ele] toda a minha casa está confiada.

Falo-lhe face a face,

claramente e não em enigmas, e ele vê a forma do Senhor.[68]

O trono de Davi se consolida para toda a sua posteridade também em razão de sua fidelidade, e os seus salmos nos falam da profundeza e da suave intimidade de seus relacionamentos com Deus. O vaso de eleição que é o Apóstolo

---

[64] Cf. Mt 25,14-30.
[65] Rm 4,18.22.
[66] Cf. Gl 4,22-31; Rm 4,16.
[67] Dt 34,10.
[68] Nm 12,7-8.

São Paulo se torna, por meio de suas fadigas, o verdadeiro Apóstolo dos gentios. As cartas contemplativas, chamadas "do cativeiro", nos mostram como, nesta fidelidade à sua missão, seu olhar tornou-se penetrante para sondar as profundezas do grande mistério do qual ele é o pregador, e quão ardente se tornou sua caridade na perfeita união realizada com Jesus Cristo. Santa Teresa – já o dissemos – é levada ao matrimônio espiritual só depois de se ter entregue, há dez anos, à sua tarefa de fundadora e após ter sacrificado tudo para a Igreja.

Uma missão divina de apostolado é um peso doloroso de graça que pode precipitar a alma no abismo da perdição, mas, pela fidelidade humilde e amorosa, ele leva a alma às insondáveis profundezas da intimidade e da familiaridade com Deus. O carisma, através desta fidelidade, conduz à união transformante.

O cumprimento perfeito da missão é, então, a grande prova de amor que Deus exige daqueles a quem ele a conferiu. Em uma de suas últimas aparições, Jesus pergunta a Pedro: "Simão, filho de João, tu me amas mais do que estes?"[69] À resposta afirmativa de Pedro, Jesus lhe diz: "Apascenta os meus cordeiros".[70] Três vezes a pergunta será renovada. Pedro se aflige com isto. A conclusão de Jesus permanece a mesma: "Apascenta as minhas ovelhas".[71]

Provavelmente, reparação pela tríplice negação, mas, sobretudo, indicação precisa de que cumprir sua missão de pastor de todas as ovelhas é a prova de amor maior que se pede a Pedro.

[1049] A verdade colocada em relevo por estas palavras e por estes grandes exemplos excede o caso particular das

---

[69] Jo 21,15.

[70] *Ibid.*

[71] *Ibid.*, 21,17.

missões divinas extraordinárias. Ela se aplica a todas as almas. Cada cristão incorporado ao Cristo total mediante seu batismo tem sua missão, sua vocação na Igreja. Este papel social é sua razão de ser, pois, no plano divino, a Igreja é o fim de todas as coisas. A realização de sua vocação, o cumprimento do dever de estado, a aceitação dos cargos providenciais, a fidelidade a todos os deveres que lhe advêm de sua pertença à Igreja constituem a prova de amor que Deus impõe a cada cristão.

Ter recebido apenas um talento, enquanto outros receberam dois ou cinco, expõe mais facilmente à tentação de enterrá-lo – é o que parece sugerir a parábola evangélica dos talentos. No entanto, a obrigação é a mesma para todos. Aquele que recebeu menos será, também ele, severamente punido. O único talento recebido impõe-lhe o trabalho para o seu senhor e a fidelidade que mata o egoísmo e nutre amor. São estes serviços prestados a Deus que obterão – afirma São João da Cruz – a luz e as provas que purificam o olhar simples da fé, que atrai a Deus irresistivelmente; é esta humilde fidelidade quotidiana que tece aquele tênue fio do amor que prende Deus definitivamente na união perfeita.

Estas verdades aparecem evidentes quando se tem a ventura de encontrar no próprio caminho algum desses humildes operários da Providência que consumiram suas vidas no cumprimento dos deveres ordinários da vida religiosa ou sacerdotal, ou, da ainda mais complexa, vida familiar, e que inconscientemente, mas com um tão comovedor encanto sobrenatural, evidenciam na límpida simplicidade de seu olhar de fé, na paz transbordante de sua caridade, os frutos de sua fidelidade amorosa e os levantes da aurora da união realizada. Testemunham, assim, à sua maneira, que para amar é preciso servir e que, servindo, chegamos à perfeição do amor.

Neste âmbito, as ilusões continuam sendo numerosas e comuns. É tão fácil acreditar que para servir seja necessário fazer coisas extraordinárias ou sacrificar tudo a obras particulares, aliás, boas em si mesmas, mas marginais ao dever de estado pessoal que é a parte mais importante e não prescritível do dever de apostolado que devemos a Deus e à Igreja. É tão fácil também para a generosidade autêntica se desviar sob a influência de tendências de temperamento ou sob a luz daquelas meias verdades, tão perigosas como os sábios pela metade que apavoravam Santa Teresa.

Assim, a estas afirmações, acrescentemos alguns corolários práticos que especificarão alguns de seus aspectos.

IV – *Corolários*

[1050] 1. Esta fidelidade é uma colaboração com a ação do Espírito Santo que constrói a Igreja. O Espírito Santo é o espírito de amor que constrói com amor. A colaboração deve ser da mesma natureza que a ação principal. O instrumento deve sujeitar-se à maneira de agir do obreiro. Ele só será um instrumento perfeito, quando ele mesmo for guiado e animado unicamente pelo amor.

Deus pode fecundar toda atividade humana e utilizá-la para seus fins. Orienta a ação das causas físicas e mesmo aquela do demônio para a realização de seus desígnios. Contudo, de uma colaboração sem amor, o instrumento humano não haure nada para si mesmo, senão o castigo de sua recusa em dar a Deus o amor que esperava dele. A cena do Juízo final descrita por Nosso Senhor lança uma crua e dura luz sobre este problema.

> Muitos me dirão naquele dia: "Senhor, Senhor, não foi em teu nome que profetizamos e em teu nome que expulsamos demônios e em teu nome que fizemos muitos milagres?". Então eu lhes declararei: "Nunca vos conheci. Apartai-vos de mim, vós que praticais a iniquidade".[72]

---

[72] Mt 7,22-23.

Portanto, as maravilhas feitas em seu nome não asseguram a amizade de Deus e a recompensa eterna. Esta recompensa está destinada somente àquele que ama, fazendo a vontade de Deus. Jesus o precisou antes de pronunciar esta condenação.

Nem todo aquele que me diz "Senhor, Senhor" entrará no Reino dos Céus, mas sim aquele que pratica a vontade de meu Pai que está nos céus.[73]

O bem conhecido elogio da caridade, feito pelo Apóstolo São Paulo, está inserido na primeira Epístola aos Coríntios, no seguimento de sua doutrina sobre os carismas e com o intuito de completá-la, colocando estes últimos em paralelo com a caridade.

> Ainda que eu falasse línguas,
> as dos homens e as dos anjos,
> se eu não tivesse a caridade,
> seria como um bronze que soa
> ou como um címbalo que tine.
> Ainda que eu tivesse o dom da profecia,
> o conhecimento [1051] de todos os mistérios
> e de toda a ciência, ...
> eu nada seria.
> Ainda que eu distribuísse
> todos os meus bens aos famintos,
> ainda que eu entregasse
> o meu corpo às chamas,
> se eu não tivesse a caridade,
> isso nada me adiantaria.[74]

A doutrina é muito clara: os carismas mais brilhantes, seja qual for a sua eficácia prática para o bem do próximo e para a edificação da Igreja, não têm nenhum valor para aquele que os possui sem a caridade. Só a caridade perma-

---

[73] *Ibid.*, 7,21.
[74] 1Cor 13,1-3.

nece e tem um valor de eternidade, pois é participação da vida de Deus.

Esta doutrina é comentada nestes termos por Santa Teresa:

... o Senhor não olha tanto a grandeza das obras quanto o amor com que são realizadas ... .[75]

Quanto à Santa Teresinha do Menino Jesus, ela é inesgotável quando aborda este tema que é um dos fundamentos de seu caminho da infância espiritual.

Ah! Se todas as almas fracas e imperfeitas sentissem o que sente a mais pequenina de todas, a alma de vossa Teresinha, nenhuma delas desesperaria de chegar ao cume da Montanha do Amor, já que Jesus não pede grandes ações, mas unicamente o abandono e a gratidão, pois disse no Salmo 49: "Não preciso dos cabritos de vosso rebanho; todas as feras das florestas me pertencem ... . Imolai a Deus sacrifícios de louvor e de ações de graça" (Sl 49,9-14) . Eis aí tudo o que Jesus exige de nós. Ele não tem necessidade de nossas obras, mas somente de nosso amor ... .[76]

O ativismo que, no apostolado, coloca as obras acima da união com Deus, fonte de caridade, sacrificando praticamente esta àquelas, encontra nestes textos uma condenação tão evidente que é inútil insistir. As obras sem amor, ou as obras que impedem o alimentar-se nas fontes da vida divina não podem ser senão uma causa de perdição para aquele que é seu instrumento, embora fosse agraciado com os carismas mais poderosos.

2. Por outra parte, estas obras têm um valor e são necessárias. Hostilizar sem cessar contra o ativismo pode se tornar um jogo perigoso. Exaltar apenas o amor em detrimento das obras pode conduzir a depreciar a atividade **[1052]**

---

[75] 7 M 4,15.
[76] Ms B, 1 v°.

e a falsificar os valores. O perigo existe. Certas tendências idealistas não escapam a isso.

Para este idealismo, o amor é um perfume, um tênue fio, um reflexo, um sentimento elevado e muito puro que exige estar desprendido de tudo aquilo que poderia ofuscá-lo ou alterá-lo. Ele não resplandece em toda sua beleza e nem oferece toda sua fecundidade senão no repouso da inatividade. A vida de amor deve ser protegida de todo contato que possa macular e de toda atividade que possa dissipar. A morte de amor é esse hálito desencarnado, à custa percebido, que sobe de um rosto diáfano; é esse derradeiro olhar que brilha com ardores que terminaram por consumir.

Sem dúvida, não se trata de diminuir o valor de um amor que usou e acrisolou tão bem o invólucro corporal a ponto de poder mostrar, através de sua transparência, seus jogos de luz. Contudo, fazer de tal desencarnação e de tais efeitos visíveis uma exigência absoluta do amor e uma condição de sua perfeição é confundir – parece-nos – uma de suas formas e de suas expressões com sua realidade sobrenatural; é, sobretudo, falsificar a verdadeira noção e as exigências da caridade sobrenatural.

O amor fez o Verbo descer para se encarnar no meio de nós. Jesus se manifestou com sua natureza humana, conquistadora por tudo o que desprendia de força e de vida, de dons humanos e de irradiação divina. Na sinagoga de Nazaré, apresenta-se a seus compatriotas, lendo as palavras que Isaías escreveu sobre ele:

> O Espírito do Senhor está sobre mim,
> porque ele me ungiu
> para evangelizar os pobres;
> enviou-me para proclamar a remissão aos presos
> e aos cegos a recuperação da vista,
> para restituir a liberdade aos oprimidos
> e para proclamar um ano de graça do Senhor.[77]

---

[77] Lc 4,18-19; cf. Is 61,1-2.

Afirmação muito clara: a unção da divindade lhe foi concedida para que ele fosse ao encontro de seu povo, ao encontro da pobreza e da miséria do pecador. E Jesus, de fato, vai. Ele comia com os pecadores. Foi esta sua vida de amor. Morreu de amor na cruz, em circunstâncias que desconcertam nossas idealizações terrenas e todas as nossas concepções humanas. No patíbulo, aparece em sua carne humana, cuja nudez só é velada pelas lacerações e pelo sangue. Nesta lama de pecado que ele tomou sobre si, seu amor encarnado não hesita em mostrar-se oprimido, sepultado até o sufocamento da agonia. Antes de morrer, sussurra os versículos do salmo que o Profeta compusera para ele e para aquela hora: "Meu Deus, meu Deus, por que **[1053]** me abandonaste?".[78] Luta sublime, mas que encarnação do amor em nossa carne de miséria e de pecado! O amor se liberta enfim num grito que proclama, junto com seu triunfo, a realidade e a profundidade, de sua encarnação.

Diante desta vida e desta morte de amor de Jesus, quão pobres do verdadeiro amor nos parecem aquelas idealizações vaporosas que, para viverem de amor em plenitude e serem totalmente consumidas pelo amor, refutam qualquer encarnação em nossa terra de pecado e as fadigas e sofrimentos que são sua consequência. Ilusões da preguiça ou da generosidade, pródromos de uma psicose que se declara? Quem poderá dizê-lo?

Ao menos, declaremos contra tais tendências que o amor é uma unção que desce sobre toda a miséria desta terra, inclusive sobre o pecado a fim de curá-lo. É um tênue fio, mas um fio forte que prende o feixe das boas obras. É um perfume, mas um perfume que sobe dos campos fecundados por suas fadigas e seu sofrimento. As obras e os maiores carismas não são nada sem esta unção, sem este

---

[78] Sl 21[22],2.

fio e este perfume que é o amor. A grandeza das obras importa pouco; só a qualidade do amor tem um valor. Mas, este amor não poderia viver nem se desenvolver e chegar à sua plenitude nesta terra, sem cumprir perfeitamente toda a obra que Deus lhe confiou em seus eternos desígnios.

C – *APOSTOLADO E DESENVOLVIMENTO DO AMOR*

Apostolado e amor só se harmonizam de modo perfeito nos cumes da união transformante. Santa Teresa, que partiu para ver a Deus, só o encontrará em plenitude depois de ter descoberto a Igreja e de ter se doado completamente à missão que deve cumprir nela. Cumprirá esta missão de modo perfeito, quando tiver chegado à união transformante. Nas vertentes da montanha, subsistem as antinomias. Nossas tentativas para fixar os direitos e o valor do apostolado e do amor permanecem num plano teórico e não conseguem nos fornecer a luz prática necessária à cada etapa.

Permanece, então, um problema a resolver: o do apostolado em função do desenvolvimento do amor. O apostolado **[1054]** se impõe. Só o amor tem um valor de eternidade. Como cumprir seu dever de apostolado, desenvolvendo o amor?

As soluções para este problema podem ser numerosas. Cada escola de espiritualidade apresenta uma, conforme seu gênio e sua graça. Para dizer a verdade, Santa Teresa não nos apresenta a sua. Esta contemplativa, que construiu para si e para suas filhas uma clausura, era por demais humilde para ousar construir uma doutrina de apostolado. Por outro lado, tinha um amor por demais grande pelas almas, uma preocupação por demais ardente pela perfeição daquelas com as quais estava em contato, para não lhes dar, no momento oportuno, em seus escritos, os conselhos apropriados às suas funções de apostolado exterior. Tais conselhos se encontram no progresso de suas ascensões contemplativas. São tão precisos a cada etapa, tão luminosos na linha que traçam, que, ao reuni-los e codificá-los, poderíamos – assim pensamos –, redigir um verdadeiro tratado para a formação de apóstolos. Estes, permanecendo contemplativos sob a ação do Espírito Santo, seriam apóstolos do mais alto valor.

Assim, pensamos que as páginas seguintes não serão as menos importantes deste comentário do pensamento teresiano.

I – *O apostolado nas três primeiras Moradas*

Nas três primeiras Moradas ou primeira fase, caracterizada pelo auxílio geral de Deus, a ação divina permanece no segundo plano, deixando à alma a iniciativa e a direção de sua vida espiritual. Notemos que esta reserva de Deus não resulta de sua vontade particular, mas das deficiências da caridade na alma.

A caridade nesta alma ainda é fraca e todos os seus esforços de crescimento encontram numerosos obstáculos. As tendências ainda não estão dominadas; o demônio por meio delas, tem uma ação fácil sobre as faculdades e os sentidos. A alma não se preservará do mal, nem conseguirá haurir habitualmente das fontes da graça divina nos sacramentos e na oração, a não ser em virtude de uma forte disciplina que irá assegurar a mortificação de suas paixões e sua união habitual com Deus. Esta disciplina exige esforços e uma longa paciência. Mesmo quando esta disciplina for vivenciada nas terceiras Moradas e tiver triunfado dos inimigos interiores e exteriores, Santa Teresa julga que a caridade da alma ainda é por demais fraca para oferecer aos outros de sua vida pessoal. Na sua opinião, durante este período, a vida espiritual pessoal e **[1055]** a busca de Deus devem absorver todas as energias e permanecer a única e constante preocupação. Ela nem sequer sonha em falar de apostolado tanto isto lhe parece ser perigoso para a alma e pouco fecundo para o próximo.

Seria preciso recordar que Santa Teresa não legisla para os cristãos em geral, mas que se dirige às suas filhas, que são contemplativas? A contemplação tem exigências particulares de silêncio e solidão. O bulício do mundo e a lida dos negócios a perturbam ou, até mesmo, a sufocam em seu iniciar. Ademais, estas contemplativas não têm nenhuma missão de apostolado exterior. O apostolado delas não pode, nem deve proceder senão da força irradiadora de sua caridade sobrenatural. Ora, é evidente que, nestes começos, seu amor ainda está em suas primeiras expressões humanas. Não avança senão sustentado pela razão, como a criança a quem a mãe deve ainda sustentar para que possa dar seus primeiros passos. Só mais tarde encontrará sua perfeição e sua liberdade de filho de Deus. Como toda vida que começa, tem o dever de cuidar, por enquanto, unicamente de seu próprio crescimento e não pode encontrar sua fecundidade senão depois de ter atingido certa maturidade.

A situação da alma engajada por vocação no apostolado é bem notavelmente diferente. Ela recebeu o caráter sacerdotal ou o carisma relativo à sua vocação particular. Deve utilizá-lo e exercê-lo para o bem da Igreja. O sacerdote deve administrar os sacramentos e preparar os cristãos para recebê-los; o religioso ou a religiosa deve se doar às obras confiadas ao seu Instituto; o cristão tem um dever de apostolado a ser exercido em seu ambiente familiar e social. Tais deveres são independentes do grau de caridade daquele a quem incumbem. Ou melhor ainda: este apostolado constitui um exercício obrigatório da caridade para com o próximo e assegura ao amor um oportuno crescimento. O apóstolo ama trabalhando para seus irmãos e faltaria ao amor que lhes deve caso se subtraísse desta tarefa essencial de sua vocação.

No entanto, tem o apóstolo o direito de negligenciar as observações feitas por Santa Teresa e as conclusões práticas que tira delas para as contemplativas? Tais observações sublinham um estado espiritual que é idêntico, seja no apóstolo, seja no contemplativo. Tanto num como noutro a carne é fraca, as paixões não estão ainda dominadas e a caridade sobrenatural encontra-se entregue aos seus modos imperfeitos de agir que a submetem, mais estreitamente, às influências exteriores.

[1056] O carisma de apostolado e o sacerdócio têm sua eficácia própria e asseguram uma graça de fidelidade, mas não é correto dizer que eles preservam dos perigos do mundo. No apóstolo – e, às vezes, com mais veemência do que no contemplativo – carne e espírito se enfrentam. O pecado do mundo, com o qual o apóstolo deve ter contato e sobre o qual ele obtém vitórias, apresenta-lhe suas seduções ao mesmo tempo que suas fealdades. Assim, oferecendo um alimento ao seu zelo, fornece insidiosamente um apoio e um alimento às suas tendências. Estas, ainda não purificadas, não sabem recusá-lo completamente e se nutrem dele. Sem dúvida, as solicitações do mundo são muito mais perigosas para o apóstolo do que para o contemplativo protegido por sua solidão.

A caridade do apóstolo, nestes começos, permanece fraca. Os ardores sensíveis que o animam não devem criar ilusão. A defasagem entre sua missão e a caridade que está a seu serviço é certa. Ela deve ser cumulada. O carisma exige uma união com Cristo correspondente a seu poder. O sacerdócio requer para seu perfeito exercício a identificação com Cristo sacerdote e vítima. Certamente, o próprio exercício do carisma garante à caridade um alimento precioso, cujo valor não podemos menosprezar. Este alimento, sem dúvida, não é suficiente. A caridade jorra do seio de Deus. O apóstolo deve ir ao encontro das fontes desta vida divina, que são os sacramentos. Ele, mais do que qualquer outro fiel, não pode se contentar com isso. Amigo de Deus, tem o dever de permanecer habitualmente junto ao Hóspede interior que derrama esta caridade em nossas almas. Instrumento escolhido pelo Espírito Santo, encarregado das obras divinas e construtor da Igreja, ele só pode cumprir dignamente sua missão cultivando uma intimidade que lhe há de permitir receber constantemente suas luzes e suas moções. Mais do que ninguém, o apóstolo tem necessidade do trato habitual com Deus que é a oração e deve se ajustar às condições essenciais que ela exige.

O que seria, então, do apóstolo que, apoiando-se sobre os pueris ardores de sua graça e sobre o dinamismo conquistador de seu zelo, se lançasse ao combate sem outra medida que a vitória a obter sobre o mal que descobre, sem outra proteção que sua confiança em seu amor por Deus e pelas almas? Neste combate empreendido com presunção e conduzido sem prudência, as energias só podem ser usadas e esgotadas progressivamente. Os ardores por demais naturais, normalmente cairão; as tendências hão de se desenvolver e a caridade sobrenatural, pouco ou irregularmente alimentada, se tornará anêmica. Queira Deus que o próprio apóstolo não naufrague, vítima do pecado contra o qual [1057] lutou e sepultado sob os triunfos exteriores que pareciam completos porque brilhantes.

Para evitar estes perigos e garantir o crescimento de sua caridade sobrenatural, o apóstolo, neste período, tem o imperioso dever de preservar sua alma do pecado que aborda e de se abastecer espiritualmente. A prudência obriga-o a substituir a solidão que protege o contemplativo por uma disciplina tanto mais forte quanto mais ele for fraco e maiores os perigos. Em campo inimigo, um exército se resguarda com maior cuidado do que um batalhão encerrado numa fortaleza. A vigilância e a ascese são necessárias para vigiar sobre os sentidos – que são as janelas da alma – e impedir a dissipação das faculdades. Sem um regulamento, não lhe é possível reconduzir, com frequência, sua alma às fontes da graça e mantê-la aí.

Seriam suficientes estas precauções e este regulamento? Aqueles que estão encarregados de fornecer os operários para os campos do apostolado e que podem seguir, posteriormente, as vicissitudes dos combates interiores, poderiam nos responder. Mas, uma lição de um valor e alcance incomparavelmente superior nos é dada pelo próprio Jesus que se encarregou de formar seus apóstolos.

Durante três anos, Jesus mantém junto de si aqueles que escolheu como apóstolos, fazendo-os testemunhas de todos os seus ensinamentos e gestos, instruindo-os, não raro, à parte. Às vezes, como que timidamente, envia-os em missão, fixando-lhes o encontro da volta. Antes de sua Paixão, concede-lhes seu sacerdócio e os estabelece para continuar sua obra. Os transbordamentos da graça, as confidências íntimas da última hora, os ardores presunçosos de Pedro, não os impedem de fraquejar diante do mistério da cruz. A experiência parece concludente. Jesus previra e anunciara o abandono. Mal alude a ele depois da Ressureição, trazendo a paz do perdão. Confirma a missão já confiada, mas antes que os apóstolos a exerçam, devem esperar em Jerusalém, com a oração, a vinda do Espírito Santo. É no dia de Pentecostes, quando o Espírito Santo desceu sobre eles e os transformou, que se tornam verdadeiros apóstolos e podem realizar a missão que lhes foi confiada. Só depois de três anos de sua conversão, o Apóstolo São Paulo será investido oficialmente de sua missão de pregador dos gentios e, durante esses três anos, insere-se uma estadia na Arábia. É da solidão que saiu a maior parte dos grandes bispos construtores da civilização cristã nas grandes nações do Ocidente.

[1058] Tais são as leis ressaltadas pelo ensinamento prático de Jesus e pela tradição dos tempos apostólicos. Tornamo-nos apóstolos perfeitos por um amplexo que é uma tomada de posse do Espírito Santo. Este amplexo é distinto da outorga da missão e mesmo da ordenação sacerdotal. O Espírito só desce quando estamos preparados para recebê-lo. Estas leis para a formação dos apóstolos valem para todos os tempos. A urgência e a extensão das necessidades atuais, o poder inteligente e organizador do ódio que nos ameaça deveriam no-las recordar e nos levar a meditá--las. Estas ameaças orientam, felizmente, para a busca de novas técnicas de apostolado. Contudo, se tais técnicas nos levassem a esquecer e negligenciar a técnica de formação espiritual inaugurada por Cristo Jesus, elas já não seriam, em nossas mãos, senão, como a espada de Pedro, um vão apoio para a orgulhosa e indiscreta presunção.

O pensamento teresiano sobre o apostolado e suas diretivas são a reprodução exata – parece-nos – desta técnica espiritual de Jesus para a formação dos apóstolos e determinam suas incidências práticas para cada etapa da vida espiritual. É isto que constitui o valor incomparável desta doutrina, valor de fundo e valor prático que a exposição a seguir, embora permanecendo sucinta, não tem intenções de diminuir.

II – *O apostolado sob as primeiras intervenções divinas*

Nas quartas Moradas, a Sabedoria de amor intervém diretamente na vida espiritual da alma mediante o auxílio particular. Santa Teresa e São João da Cruz indicam os efeitos destas intervenções divinas especialmente na oração, a qual transformam em contemplação. Não há dúvidas, contudo, que estas intervenções se desenvolvam paralelamente através os dons do Espírito Santo, intelectuais e práticos, e que formem, ao mesmo tempo, o contemplativo e o apóstolo.

Ademais, Santa Teresa se compraz em sublinhar como, na quietude – forma de contemplação característica deste período –, apenas a vontade está presa pelos caudais do amor. É um sabor, uma água vivificante que sobe, uma chama que queima nas profundezas e que traz riquezas de luz e de força à vontade que se lhe torna prisioneira. O influxo não dura mais que o tempo da oração, mas algumas riquezas **[1059]** permanecem na alma. Já pode ela distribuí-las? Está verdadeiramente sob a ação de Deus? Está, de fato, apta para o apostolado?

A alma o poderia crer, tal é o sabor e a luz sobrenaturais que, às vezes, transbordam de suas faculdades e até em sua ação. Tem pensamentos luminosos e profundos, palavras plenas e saborosas, pontos de vista cuja penetração ultrapassa, certamente, aquela de uma inteligência ordinária. É uma festa para aqueles que a escutam; um sucesso para aqueles que seguem seus conselhos. O Espírito de Deus está aí e sua ação transparece muitas vezes e de modo claro. Também o apostolado desta alma é frutuoso. Como não encorajá-la a dedicar-se a ele com zelo, pois Deus já a conduz? Escutemos o parecer de Santa Teresa:

> Insisto num aviso a quem se encontrar neste estado: evite muitíssimo as ocasiões de ofender a Deus. É que, neste ponto, a alma ainda não está formada. Que se pode esperar senão a morte se se afasta do peito da mãe uma criança que começa a mamar? Tenho grande temor de que isso aconteça a quem, tendo recebido de Deus essa graça, se afastar da oração, a não ser por motivo muito grave. ... Insisto tanto no aviso de evitar as ocasiões de pecado porque o demônio tenta muito mais uma alma destas do que várias outras a quem o Senhor não tenha concedido essas graças.[79]

No livro de sua *Vida,* a Santa indica a cilada que o demônio arma para estas almas:

> ... vendo-se tão próxima de Deus ... ela parece ver com clareza o prêmio e julga que não poderia deixar um dom tão suave e delicioso por uma coisa tão baixa e suja quanto o prazer dos sentidos. Tendo ela

---

[79] 4 M 3,10.

essa confiança, o demônio a leva a esquecer-se de que não deve confiar em si. E ela, desse modo, se expõe a perigos e começa, com muito zelo, a distribuir sem controle as frutas, acreditando que não há mais o que temer de si. Ela não o faz com orgulho, pois bem compreende que por si não tem poder, mas por causa de um excesso de confiança indiscriminada em Deus, decorrente do fato de ela não perceber que só está coberta de penugem, podendo sair do ninho quando Deus a tira de lá, sem, no entanto, poder voar. Porque as virtudes ainda não estão fortalecidas, e ela não tem experiência para conhecer os perigos nem sabe o dano que provoca ao confiar em si mesma.[80]

A advertência é clara e tem seus motivos. Embora, às vezes, sob o influxo divino e já cumulada de autênticas riquezas sobrenaturais **[1060]** que fecundam sua ação, esta alma não deve dar-se ao apostolado senão com prudência e reserva. As intervenções de Deus, de fato, são só intermitentes. A alma ainda não está o bastante forte para resistir nas ocasiões de pecado. Dando seus tesouros, ela se esgota e cederia, então, a uma sutil tentação de presunção ao distribuir, sem medida, riquezas que lhe são necessárias, pois a fonte que as renova é apenas intermitente e não jorra ao seu bem querer.

Como são ainda mais úteis estas sérias advertências de Santa Teresa para o apóstolo! Se os perigos que ela indica são ocasionais para o contemplativo, eles são quase constantes e insistentes para aquele que está engajado nos trabalhos de apostolado. Dar aquilo de espiritual que possui é para ele um dever de seu cargo. Como administrará este dom? Como vai conseguir achar a medida? Terá a coragem de se recusar às solicitações daqueles a quem tem o dever de alimentar e que acorrem numerosos porque atraídos pelo sabor sobrenatural das riquezas que ele espalha? A Sabedoria haverá de dar-lhe força, luz e conselho. Ela lhe repetirá, com insistência, por meio de Santa Teresa:

---

[80] V 19,14.

... [estas almas] ainda não cresceram e precisam se sustentar por mais dias com o leite de que falei no início. Que elas se mantenham junto aos divinos peitos; o Senhor terá o cuidado, quando elas já tiverem forças, de levá-las a avançar mais – do contrário, em vez de obter o proveito que imaginam, elas só se prejudicariam.[81]

Dar sem medida, seria esgotar-se antes da hora, pecar por presunção, talvez privar-se da graça e da força para subir mais alto. Seria ceifar o trigo ainda verde e privar-se da colheita por não ter sabido esperar o tempo do amadurecimento.

III – *O apostolado na união de vontade*

Garantiria a união de vontade realizada nas quintas Moradas esta maturação perfeita que permite colher todos os frutos? Pelo menos, ela no-lo promete como próxima.

A união de vontade já é um habitual assenhoreamento de Deus, embora permaneça parcial. Fruto de um contato **[1061]** profundo que fez transbordar uma abundante efusão de amor, ele entrega a vontade nas mãos de Deus. Só a vontade está presa, mas é ela é a faculdade mestra que governa a alma. Através da vontade, a soberania divina exerce sua influência sobre as demais faculdades que ainda não estão totalmente purificadas e submissas.

Tal influência habitual de Deus deve dar grandes frutos. Santa Teresa o indica:

... creio que Deus quer que uma graça tão grande não seja concedida inutilmente. Se a alma não se beneficia a si com ela, que sirva de proveito para outros. Porque, como fica com esses desejos e virtudes durante todo o tempo em que perdura no bem, ela beneficia outras almas, comunicando-lhes calor a partir do seu próprio calor. E, mesmo depois de perdido esse calor, ainda lhe fica a ânsia de fazer bem aos outros ... .[82]

---

[81] CAD 7,9. Cf. V 13,8-9.
[82] 5 M 3,1.

V Parte – Santidade para a Igreja

Estas almas já estão conquistadas. Trabalham por Deus, mesmo se desceram a um estado de menor fervor, como a Santa o atesta de si própria.

[Esta pessoa] ... gostava que outras pessoas se beneficiassem com as graças que Deus lhe tinha concedido e de mostrar o caminho de oração às que não o entendiam. Assim procedendo, fez muitíssimo bem a elas.[83]

Portanto, Deus usa de seu assenhoreamento sobre esta alma para o apostolado. Santa Teresa o afirma, primeiramente, por uma alusão:

Mas quantos deve haver que, chamados pelo Senhor ao apostolado e à comunicação divina, como Judas, ou escolhidos para se tornarem reis, como Saul, depois vêm a perder-se por sua própria culpa![84]

Esta maneira de afirmar é por demais frequente em Santa Teresa. Uma alusão, uma comparação, uma particularidade ou uma descrição fazem emergir um pensamento mestre que estava subjacente. A alusão a Judas e a Saul mostra que, para Santa Teresa, a união de vontade é um assenhoreamento, uma unção, um selo[85] que marca uma alma para uma missão. Também aparece nesta alusão a dolorosa preocupação que aflige a Santa sobre a ainda possível infidelidade que termina numa queda irremediável. Aliás, o pensamento e a preocupação vão se explicitar claramente.

Este assenhoreamento de Deus é uma graça de eleição que destina alma a grandes coisas. Seu poder já se afirma e [1062] inquieta o ódio ciumento do demônio. Que derrotas para ele no futuro, se tal alma lhe escapa! E que lucro, se ele conseguir fazê-la cair ou, pelo menos, detê-la!

... não é uma só alma que se perde, mas uma multidão delas. O demônio tem boa experiência disso. Se olhamos a grande quantidade de almas que Deus atrai a si por meio de uma, somos levadas

---

[83] *Ibid.*, 3,2.
[84] *Ibid.*
[85] Cf. 5 M 2,12.

a louvá-lo muito pelos milhares de conversões conseguidas pelos mártires – por exemplo, uma donzela como Santa Úrsula! E quantas almas terão sido arrancadas do demônio por São Domingos, São Francisco e outros fundadores de Ordens, como é o caso hoje do Padre Inácio, que fundou a Companhia![86]

Desta forma, o demônio vai abrir contra esta alma que, em breve, há de lhe escapar definitivamente, um combate no qual, talvez pela última vez, poderá empregar toda a sua força e a rede fina e sutil de suas astúcias. Ele ainda a pode atingir. Como?

Trata-se de um problema que Santa Teresa considera difícil de resolver. Julga-o, porém, por demais importante a ponto de demorar-se nele. No entanto, o assenhoreamento de Deus na união de vontade não é senão o começo e o princípio das grandes coisas que se desenvolverão mais tarde. A novidade do fato, a raridade das influências atualizadas em todas as faculdades e a obscuridade na qual elas são realizadas tornam a alma mais inquieta e ardente do que pacificada e satisfeita. Deixam-lhe o sentimento de um desapego de tudo, mais do que a experiência de uma união realizada.

A despeito de tudo o que disse, parece-me que ainda fica obscura esta Morada.[87]

É esta obscuridade que a distingue das Moradas seguintes, onde reina a luz da aurora. O demônio irá, então, utilizar esta obscuridade para armar suas ciladas invisíveis.

Mas vem o demônio com suas sutis armadilhas e, sob a aparência de bem, vai afastando-a da vontade divina em coisinhas insignificantes e introduzindo-a em outras que faz parecer não ruins. Assim, vai pouco a pouco obscurecendo o seu entendimento, enfraquecendo-lhe a vontade e fazendo crescer nela o amor-próprio, até que, de queda em queda, afasta a alma da vontade de Deus e a aproxima da sua.[88]

---

[86] *Ibid.*, 4,6.
[87] *Ibid.*, 3,3.
[88] *Ibid.*, 4,8.

[1063] Eu vos digo, filhas, que tenho conhecido pessoas muito adiantadas que, tendo chegado a este estado, foram tiradas dele pela grande sutileza e astúcia do demônio .... Deve juntar-se todo o inferno para isso.[89]

A prudência, então, é ainda necessária. Esta alma, contemplativa ou apóstola – provavelmente, ambas a um só tempo – não pode dormir numa falsa segurança. Deve vigiar para não perder tudo, como foi o caso de Saul e Judas. As repreensões de Santa Teresa tornam-se prementes como nunca. O que está em jogo é de suma importância e trata-se dos últimos combates onde a alma ainda corre o risco de perder tudo.

Por isso, almas cristãs, peço, pelo amor de Deus, àquelas a quem ele fez chegar a estes termos que não vos descuideis. Afastai-vos das ocasiões de pecado, porque mesmo neste estado a alma não está tão forte que se possa envolver nelas. Só o estará depois de celebrado o noivado, o que ocorre na próxima Morada.[90]

IV – *O apostolado perfeito das sextas e sétimas Moradas*

Estas elevadas regiões foram amplamente descritas. Então, será suficiente para nós sublinhar aquilo que diz respeito ao apostolado.

Antes de tudo, recordemos que, segundo Santa Teresa, não há porta de separação entre as sextas e as sétimas Moradas. Apenas nestas últimas, o amor atinge a perfeição que o torna completamente transformante e que assegura à união toda a sua estabilidade. Todavia, desde o desposório espiritual das sextas Moradas, Deus toca as profundezas da alma e efetiva aí uma união habitual. Desta forma, embora as manifestações e os efeitos do amor sejam de qualidade

---

[89] *Ibid.*, 4,6.
[90] *Ibid.*, 4,5.

mais alta no matrimônio espiritual, eles não são especificamente diferentes nas sextas e sétimas Moradas. A perfeição da contemplação e a perfeição do apostolado, ainda que em graus diferentes, são realizadas em ambas. Estamos autorizados, então, a unir estas duas Moradas para evidenciar os traços característicos do apostolado perfeito que é próprio dos cumes da vida espiritual.

1. *O apostolado perfeito é o fruto da perfeição do amor* – O amor nestas regiões, porque perfeito, é transformante e unitivo. A alma tornou-se o ramo vivo da videira, a lenha lançada na fornalha e completamente **[1064]** abrasada pelo fogo. A união é estabelecida nestas profundezas que são a substância da alma. Tal união produz certa igualdade entre Deus e a alma, mas mediante uma assimilação da alma por Deus. A transcendência de Deus se exerceu com todo seu poder. A gota d'água se lançou no oceano. Ela permaneceu distinta dele; mas, assumindo-a em seu seio, o oceano lhe comunicou suas propriedades e qualidades. A alma tornou-se Deus por participação.

Esta transformação atinge a substância da alma. Ora, diz a Escolástica: o agir segue o ser. A transformação realizada no ser tem suas repercussões normais nas faculdades. O assenhoreamento de Deus sobre a alma, realizado pelo amor, se afirma até às suas operações. São João da Cruz escreve:

... "Quem se une com Deus torna-se um mesmo espírito com ele" (1Cor 6,17).

Donde as operações das almas, unidas a Deus, são do Espírito divino e, por isso mesmo, divinas.[91]

Tal assenhoreamento de Deus sobre a alma toda encontra esta perfeitamente dócil. O amor transformante realiza, a um só tempo, o senhorio amoroso e a submissão amorosa.

---

[91] 3 S 2,8-9.

Santa Teresa se compraz em insistir sobre esta submissão perfeita como sobre uma das características da perfeição dos cumes.

... a suma perfeição não se traduz em deleites interiores, em grandes arroubos, nem em visões ou em espírito de profecia; ela consiste em estar a nossa vontade em tamanha conformidade com Deus que jamais deixemos de querer com todas as nossas forças tudo aquilo que percebamos que ele quer, aceitando com a mesma alegria o saboroso e o amargo e compreendendo que Sua Majestade assim o quer.[92]

Esta disposição não é apenas submissão à vontade de Deus; é uma disponibilidade completa da alma para todos os quereres divinos.

Sabeis o que significa ser de fato espiritual? É fazer-se escravo de Deus, marcado com o seu selo, o da cruz; é já lhe ter entregue a própria liberdade para poder ser vendido como escravo de todo mundo, como ele mesmo foi.[93]

Santa Teresinha do Menino Jesus encontra na hipnose, que entrega o paciente às vontades de outrem, uma [1065] comparação que ilustra aquilo que ela quer ser sob a ação de Deus. Com efeito, na união transformante, o amor derramou em todo o ser e nas faculdades uma unção de flexibilidade que as mantém abertas às luzes e dóceis às suas sutis moções.

No plano divino, a união que o amor realiza entre dois seres vivos está orientada para a fecundidade. A união transformante de Deus e da alma não escapa a esta lei. O assenhoreamento do Espírito Santo e a disponibilidade da alma criam uma colaboração para a realização do grande desígnio que é a Igreja. O fruto do assenhoreamento do Espírito Santo e do *fiat* de Nossa Senhora foi Cristo Jesus e o Cristo total, que se constrói todos os dias.

---

[92] F 5,10.
[93] 7 M 4,8.

Por meio de seus assenhoreamentos perfeitos da união transformante, o Espírito Santo associa as almas à sua fecundidade e àquela da Virgem-Mãe. Com esses agentes divinos superiores, as almas que se entregam ao amor constroem a Igreja.

Santa Teresa depreendeu muito bem esta finalidade da união perfeita que liberta de si e entrega ao desígnio de Deus.

Ó Irmãs minhas! Como a alma a quem Deus concede essa graça deve negligenciar seu descanso! Quão pouco deve se importar com a sua honra, e que longe deve andar de querer ser tida em boa conta, ela em quem o Senhor se encontra de modo tão particular! Porque, se ela está muito com ele, como deve ser, pouco deve se lembrar de si. Toda a sua lembrança se concentra em contentá-lo mais, bem como em mostrar-lhe o amor que tem por ele. Pois isto é oração, filhas minhas; para isto serve este matrimônio espiritual: para fazer nascer obras, sempre obras![94]

Mediante seu assenhoreamento e a caridade que difunde, o Espírito Santo configurou a alma com Cristo Jesus. Ela deve seguir o caminho traçado por Cristo, Verbo encarnado, que através do mistério da Redenção, dirigiu-se à realização do mistério da Igreja. Estes três mistérios estão ligados um ao outro. Como mudar esta ordenação divina sancionada pelas realizações de Jesus? Toda a difusão da graça está orientada para isso, aspecto que aparece claramente para Santa Teresa.

Será bom dizer-vos, Irmãs, o motivo pelo qual o Senhor concede tantas graças neste mundo. para que ... nenhuma de vós pense que é só para deleitar essas almas – o que seria grande erro. Sua Majestade não nos poderia fazer maior favor do que dar-nos uma vida que imite a de seu Filho tão amado. Assim, tenho por certo que essas graças visam fortalecer a nossa fraqueza ... para podermos imitá-lo nos grandes sofrimentos.[95]

---

[94] 7 M 4,6.
[95] *Ibid.*, 4,4.

[1066] A atividade desta alma perfeitamente disponível sob o influxo do Espírito Santo, construtor da Igreja, constitui o apostolado destes cumes da vida espiritual. É fruto da união transformante tornada fecunda. O amor perfeito é seu elemento ativo; é este que estabelece sua qualidade e lhe dá suas notas características.

2. *Este apostolado perfeito é exercido na realização de uma missão particular* – Na construção da Igreja, só Jesus Cristo e sua divina Mãe estão estabelecidos no plano da causalidade universal. A todos os membros que participam da plenitude do Espírito Santo e do sacerdócio de Cristo, aplica-se, indistintamente a lei da diversidade das funções e das graças, enunciada pelo Apóstolo. Esta lei sobressai com traços luminosos nos cumes da união transformante. A perfeição do amor em cada santo faz resplandecer na configuração com Cristo as profundezas da unidade de seu Corpo Místico. Revela, ao mesmo tempo, na graça e na missão particulares concedidas a cada um deles, a distribuição das riquezas da incomparável plenitude de Cristo, em cada um de seus membros.

Assim como, em seu primeiro olhar de visão intuitiva, ao entrar neste mundo, Cristo descobriu a unção da divindade que lhe penetrava e a missão redentora que lhe fora confiada e que era o fim da Encarnação,[96] assim também a alma, nesses arroubos das sextas Moradas, que revelam os segredos divinos ou, ainda melhor, na luz da aurora nascente que é própria destas regiões, descobre algumas das riquezas de sua graça e o lugar que esta lhe assegura no Cristo total. Descoberta preciosa, que se faz de diferentes maneiras e sob uma luz pouco mais ou pouco menos precisa.

---

[96] Hb 10,5-9.

A este respeito, Santa Teresa evoca a visão ofuscante com que o Apóstolo São Paulo foi agraciado no caminho de Damasco. Esta visão que o lança por terra, o converte e lhe revela sua missão é uma graça das sextas Moradas – assegura a Santa.

... o Senhor eleva à esta grandeza uma pessoa a quem ... quer fazer um chamado particular, como fez a São Paulo, a quem pôs logo no ápice da contemplação, e a quem apareceu e falou de uma maneira que o deixou desde o início exaltado ... .[97]

Segundo o pensamento de Santa Teresa, esta visão comporta, no entanto, uma graça excepcional: São Paulo recebe simultaneamente a caridade que o coloca, de imediato, nestas [1067] elevadas regiões da vida espiritual. Desde então, ele é o vaso de eleição, elevado pela graça de Deus à altura de sua missão. Normalmente, não acontece assim.

... na maioria das vezes e quase sempre ... , Deus dá esses regalos tão elevados e concede graças tão grandes a pessoas que muito trabalharam em seu serviço, desejaram seu amor e procuraram dispor-se a ser agradáveis à Sua Majestade em todas as coisas. ... [já estão] cansadas desses grandes anos de meditação e de terem buscado este Esposo.[98]

Estes trabalhos precedentes prepararam a alma, mas, propriamente falando, não mereceram esta graça que comporta uma infusão de caridade luminosa para cumprir uma missão cujo segredo já revela. Poderíamos julgar que a descida do Espírito Santo sobre os apóstolos no dia de Pentecostes foi uma graça deste gênero? Ou já era uma graça de união transformante? É difícil apreciar. A primeira hipótese parece a mais plausível, pois coloca Paulo e todos os apóstolos no mesmo patamar, no início de seu apostolado.[99]

---

[97] CAD 5,2-3.

[98] *Ibid.*

[99] A este respeito, é necessário notar que as graças podem ser do mesmo gênero, e estar, por consequência, colocadas na mesma categoria e, contudo, comportar uma infusão de caridade de qualidade e intensidade diferentes. Por isso, seria pueril identificar à visão do caminho de Damasco todo arroubo que trouxesse consigo a descoberta de uma missão.

Seja como for, é nestas sextas Moradas que Santa Teresa descobre sua missão de fundadora. Os arroubos do desposório que a separam de tudo[100] criam nela novas exigências. As investidas do Querubim ou transverberação que a tornam mãe espiritual também se dão, ao menos pela primeira vez, neste período.[101]

Podemos – assim nos parece – extrair da descrição que São João da Cruz faz deste favor na *Chama Viva de Amor* preciosas indicações sobre a natureza da graça que dispõe uma alma para uma missão particular.

Acha-se a alma muito inflamada no amor de Deus ... . Acontece-lhe, então, sentir que um Serafim investe sobre ela, com uma flecha ou dardo todo incandescente em fogo de amor, transverberando esta alma que já está inflamada como brasa, ou, por melhor dizer, como chama viva, e a cauteriza de modo sublime. ...

Na verdade, a alma experimenta ali como um grão de mostarda de tamanho mínimo, vivíssimo e extremamente incendido, o qual projeta em derredor um vivo e abrasado fogo de amor. Este fogo, proveniente da substância e força **[1068]** daquele ponto ardente onde por sua vez se acha a substância e virtude do veneno, a alma o sente difundir-se por todas as suas veias substanciais e espirituais, segundo a sua capacidade e fortaleza. ...

O gozo da alma chegada a esta altura não se pode descrever senão dizendo que aí experimenta quão real é a comparação evangélica do reino dos céus ao grão de mostarda, o qual, sendo tão vivo, embora pequeníssimo, cresce como o maior dos arbustos (Mt 13,31). ...

Poucas almas chegam a tanto. Algumas, contudo, têm chegado, mormente aquelas cuja virtude e espírito se haveria de difundir na sucessão dos filhos espirituais; porque Deus costuma conceder aos que hão de ser cabeças de novas famílias espirituais as primícias do

---

[100] Cf. V 24,5-6. Cf. V Parte – Santidade para a Igreja, Cap. 7: "Desposório e matrimônio espiritual", p. 1211. Situamos esta graça entre 1558-1560.

[101] Santa Teresa descreve a transverberação ao falar dos arroubos no livro da *Vida* (29,13-14), o qual escrevia por volta de 1565. Portanto, antes de ter chegado ao matrimônio espiritual.

espírito, segundo o maior ou menor número dos discípulos que hão de herdar sua doutrina e espírito.[102]

Trata-se, evidentemente, de uma graça extraordinária que São João da Cruz descreve nestas páginas. Já sublinhamos várias vezes que o simbolismo destes favores extraordinários e a forma de experiência que os acompanha descobrem ordinariamente e ilustram de forma admirável a graça sobrenatural que trazem consigo e a qual caracteriza o período em que tais favores se situam. Assim, não parece temerário buscar nesta descrição as características da graça de fecundidade que, neste período, dispõem uma alma para uma missão particular. Tampouco parece temerário concluir que esta graça concedida a uma alma já abrasada de amor, pela causalidade instrumental do anjo, consiste numa infusão particular de amor que traz em si riquezas sobrenaturais e a força para comunicá-las aos outros.

O dom de uma graça particular de fecundidade não está ligado a este modo extraordinário descrito por São João da Cruz ou a qualquer outro. Pode não estar acompanhado de uma clara tomada de consciência. É assim que, seguindo as ascensões espirituais de Santa Teresinha do Menino Jesus, percebemos que a Santa descobre progressivamente e num momento difícil de determinar antes de sua oferta ao Amor Misericordioso, a via da infância espiritual e sua missão de ensiná-la às almas.

Parece-nos que se deve distinguir tais graças de fecundidade e de apostolado concedidas nestas regiões, das missões carismáticas confiadas precedentemente. Estas últimas conferem poderes e uma graça de fidelidade; **[1069]** o influxo divino, de per si, permanece exterior à graça santificante, de maneira que a alma pode exercer seus poderes sem a possuir.

---

[102] Ch 2,9.10.11.12.

As missões conferidas nas sextas Moradas jorram da própria graça santificante. São uma descoberta das especiais virtualidades da caridade que é doada. Sob a luz das sextas Moradas, a alma enxerga, na riqueza e na qualidade de sua graça, seu lugar no plano divino e a particular cooperação que o Espírito Santo espera dela.

Esta missão concedida à alma não data deste momento. Pode ter sido mostrada antes – como para São João da Cruz, a quem fora anunciado que reformaria a Ordem na qual haveria de entrar – ou mesmo conferida realmente por um carisma extraordinário ou uma vocação particular de apostolado. Nestas sextas Moradas, a alma recebe a graça apropriada para realizá-la perfeitamente e, nesta graça, encontra a luz que a confirma e a determina.

Distinguimos em Cristo Jesus a mediação de ordem física que realiza a união hipostática e a mediação de ordem moral que é a missão sacerdotal recebida do Pai. Esta última encontra na primeira a sua eficácia. Na alma, observamos a ordem inversa. A missão com seus poderes é dada antes; a plenitude da graça para exercê-la perfeitamente só é recebida nos cumes da vida espiritual.

Doravante, o apóstolo será apóstolo perfeito com a eficácia de seus poderes e os dons especiais da caridade que lhe corresponde. O sacerdote não exerce mais só as funções de seu sacerdócio com o caráter sacerdotal de sua ordenação e a graça relacionada, mas com uma configuração com Cristo já realizada, que lhe permite, verdadeiramente, reproduzi-lo diante de Deus e aos olhos dos fiéis.

A luz desta descoberta vai se delineando e as riquezas desta graça de apostolado se desenvolvem à medida que o amor opera sua obra de transformação. O Apóstolo São Paulo explicita em seu magistério e realiza progressivamente a missão descoberta no caminho de Damasco. Santa Teresa, depois de ter fundado seu primeiro mosteiro reformado, descobre a Igreja e estende sua Reforma para colocá-la à altura de sua missão e das necessidades da Igreja.

Tais aprofundamentos e explicações da missão emanam dos choques interiores da graça e dos acontecimentos que vêm precisar-lhe e confirmar-lhe as intuições. A alma se descobre no ponto de convergência de admiráveis preparações providenciais. Seu encontro, nos fatos que acontecem, esclarece a harmonia do plano divino. **[1070]** É bem verdade que a Sabedoria de amor conduz todas as coisas ao fim que lhes assinalou, seja de perto, seja de longe, por caminhos que são todos de força e suavidade.

Para apreciar a simplicidade e a profundeza desta luz que jorra da experiência interior confirmada pelos acontecimentos providenciais, é preciso reler as cartas do Apóstolo São Paulo: "Deus coopera em tudo para o bem daqueles que o amam"[103] – escreve aos Romanos. Em suas Epístolas aos Gálatas, aos Efésios, aos Colossenses não cansa de repetir este grande mistério de Deus que a misericórdia divina lhe revelou experiencialmente para que ele se tornasse seu arauto.

O encanto sobrenatural tão cativante de sua autobiografia procede da luz que Santa Teresinha do Menino Jesus detalha sobre este amor com que Deus a preveniu desde a infância: "Vosso amor ... cresceu comigo, e agora, é um abismo cuja profundidade não posso sondar".[104]

"Encontrei, enfim, minha vocação; minha vocação é o Amor!"[105] – ela exclama. Esta descoberta é fonte de alegria, de um entusiasmo pacificador e inesgotável, pois que jorra das profundezas da verdade dos desígnios de Deus. Todas as reservas da humildade caem para proclamar au-

---

[103] Rm 8,28.
[104] Ms C ,35 r°.
[105] Ms B, 3 v°.

daciosamente estes desígnios de Deus. Santa Teresinha do Menino Jesus, no fim de sua vida, afirma sua missão com uma clareza e segurança que, em uma alma profundamente humilde e pobre, poderiam nos desconcertar. Antes dela, São Paulo também atestara com forte firmeza sua qualidade de apóstolo e a extensão de sua especial missão.

A força destas afirmações procede de convicções interiores que a alma, de bom grado, manifesta. Convicção da missão, convicção do amor que a invade, ambas caminham juntas, pois ambas se engendram mutuamente.

Quem nos separará do amor de Cristo? A tribulação, a angústia, a perseguição, a fome, a nudez, o perigo, a espada? Segundo está escrito:

Por sua causa somos postos à morte o dia todo,
somos considerados como ovelhas destinadas ao matadouro.

Mas, em tudo isto, somos mais que vencedores, graças àquele que nos amou.[106]

Santa Teresa encontra na visão intelectual da Santíssima Trindade o mesmo apoio e o mesmo auxílio.

[1071] ... a alma sente-se estar toda engolfada por uma sombra, uma espécie de nuvem da Divindade, de onde vêm influências e um aconchego tão deleitoso que com boa razão lhe tiram o cansaço que lhe fora infundido pelas coisas do mundo.[107]

Santa Teresinha do Menino Jesus sente-se constantemente penetrada e purificada pela misericórdia; isto lhe permite conservar, no beco escuro das tentações contra a fé, toda a sua paz e a certeza de sua missão.

3. *Neste apostolado, ação e contemplação se unem* – As missões particulares que o Espírito Santo impõe às almas são tão diversas quanto as funções do sacerdócio de Cristo e as necessidades da Igreja. Missão de oração silenciosa

---

[106] Rm 8,35-37.
[107] CAD 5,3.

e de imolação obscura, missão de ensino ou de atividade para exercer as obras espirituais ou corporais de misericórdia são todas missões divinas pelas quais o Espírito edifica a Igreja em cada época de seu crescimento.

A disponibilidade da alma se deixa conduzir pelo beneplácito do Espírito Santo e se esta alma tivesse desejos a manifestar, seria – assegura Santa Teresa – para empreender trabalhos e sustentar lutas pelo Reino de Deus.

... é, para uma alma rodeada de cruzes, de sofrimentos e perseguições, um grande remédio para não ficar muito amiúde entregue ao prazer da contemplação ... . Vejo isso com atenção em algumas pessoas (porque, devido aos nossos pecados, não existem muitas delas). Quanto mais avançadas estão nessa oração e nos regalos de Nosso Senhor, tanto mais cuidam das necessidades do próximo – em especial das da alma, porque, como eu disse no princípio, parece que dariam muitas vidas para tirar uma só do pecado mortal.[108]

Ademais, nestes cumes, Marta e Maria se parecem e se unem para cumprir o mesmo ofício.

Crede-me que Marta e Maria devem andar juntas, para hospedar o Senhor e tê-lo sempre consigo, não o recebendo mal e negligenciando a sua comida. ... Seu manjar consiste em que, por todos os modos ao nosso alcance, ganhemos almas que se salvem e louvem a Deus para sempre.[109]

Ação e contemplação se unem e se fundem. Para permanecer com Deus, a alma deve obedecer à moção do Espírito Santo que a conduz de cá para lá, a fim de realizar sua obra. Em toda a parte para onde é assim conduzida, ela encontra a Deus que **[1072]** carrega em si e goza dele na suave claridade de sua experiência íntima. Nunca é tão ativa e tão poderosa como quando Deus a mantém na solidão da contemplação. Nunca está tão unida a Deus e é tão contemplativa como quando está empenhada nos trabalhos

---

[108] *Ibid.*, 7,8.
[109] 7 M 4,2.

para fazer a vontade de Deus e sob o influxo do Espírito Santo.

É aqui, em meio às ocasiões, e não nos recantos, que devemos submeter o amor a prova. E, creiam-me, mesmo que haja mais faltas e mesmo algumas pequenas quebras, o ganho que nos é propiciado é incomparavelmente maior. Vede que sempre suponho que estejais ocupadas por motivos de obediência e de caridade, porque, na ausência deles, sempre julgo melhor a solidão.[110]

E acrescenta:

Terrível seria só se poder ter oração em lugares afastados![111]

A Santa, porém, teme que tais afirmações pareçam contrárias àquilo que disse sobre a necessidade do recolhimento e da solidão para os contemplativos e que escandalizem algumas almas.

Quem fará crer nisso aquela a quem o Senhor começa a dar regalos? Talvez até pense que essas de que falei estragam a vida e que o importante é ficar cada qual em seu canto gozando os regalos. É a providência do Senhor, a meu ver, que não entenda aonde chegam aquelas outras almas; porque, com o fervor dos começos, ela logo quereria dar um salto até esse ponto, o que não lhe convém, pois ela ainda não cresceu e precisa se sustentar por mais dias com o leite de que falei no início. Que ela se mantenha junto aos divinos peitos; o Senhor terá o cuidado, quando ela já tiver forças, de levá-la a avançar mais – do contrário, em vez de obter o proveito que imagina, ela só se prejudicaria.[112]

Nestes conselhos, evidencia-se a prudência da Santa Madre ao mesmo tempo em que a flexibilidade de sua doutrina. Cada etapa tem sua graça e suas exigências. Na união transformante, o amor conquistou uma liberdade. Deve aproveitar dela para obedecer às moções do Espírito de amor. "Ama e faze o que queres" – dizia Santo Agostinho.[113]

---

[110] F 5,15.

[111] *Ibid.*, 5,16.

[112] CAD 7,9.

[113] *Comentário à Primeira Epístola de João* – Tratado 7,8.

[1073] O amor, nestes cumes, tem direito a esta liberdade, pois seus quereres são os quereres de Deus e nada poderia estorvá-lo, pois doravante dominou tudo.

4. *Apostolado fecundo e colaboração delicada* – É tão evidente a fecundidade deste apostolado que nem é preciso afirmá-lo. Graças à disponibilidade perfeita da alma, o Espírito Santo pode conduzi-la como quer e para onde quer. Reze ou trabalhe, esta alma o faz sob a luz e a moção do Espírito Santo. Como testemunha São João da Cruz, seus atos se tornaram divinos e, assim, carregam neles a eficácia que lhes assegura o poder divino. De resto, este influxo de Deus tem por fim utilizar a alma para a realização de sua obra primordial que é a Igreja. A atividade da alma sob a moção do Espírito encontra-se com o desígnio de Deus e, desta forma, se reveste da força soberana que Deus coloca na realização de seus eternos decretos.

Assenhoreamento de Deus pela união transformante, assenhoreamento especial do Espírito para a realização de sua missão particular, realizam, nesta alma transformada e feita apóstola, uma plenitude de Deus que não pode senão transparecer em seus gestos e em suas palavras e afirmar-se nos seus efeitos. É por isso que, depois de ter lido a carta na qual Santa Teresinha do Menino Jesus lhe contava suas aspirações, Irmã Maria do Sagrado Coração, sua irmã, podia lhe escrever com toda verdade:

Quereis que vos diga? Pois bem! Estais possuída de Deus, mas possuída, como se diz, absolutamente... Como os maus o estão do maligno...[114]

Os santos, de fato, estão verdadeiramente possuídos por Deus. "E eis que eu estou convosco todos os dias, até a consumação dos séculos"[115] – assegura Nosso Senhor. Sua

---

[114] Cf. CT 197, 17 de setembro de 1896, nota 1.

[115] Mt 28,20.

presença misteriosa é desvelada pela fecundidade. "Pelos seus frutos, os reconhecereis".[116] Eis o sinal que ele dá para reconhecer seus verdadeiros enviados. E este fruto é um fruto que deve afirmar sua qualidade pela perenidade. "... e vos designei para irdes e produzirdes fruto e para que o vosso fruto permaneça".[117]

Este fruto que permanece são essas grandes obras, essas instituições, essas poderosas organizações que a santidade [1074] realiza a cada época e que desafiam os séculos; é a própria Igreja que o Espírito Santo constrói constantemente com a atividade dos santos que transformou e conquistou no amor com o qual os invadiu. Temos o dever de sublinhá-lo: o poder de um taumaturgo que realiza alguns prodígios é bem pouca coisa comparada com esta fecundidade que se liga à atividade quotidiana dos santos pela qual o Espírito, misteriosa mas certamente, afirma seu poder e realiza seu desígnio.

Esta onipotência, esta presença divina não aniquila o apóstolo que ela utiliza. Este apóstolo não é um mero instrumento, menos ainda um escravo ou mesmo um simples operário.

> Já não vos chamo servos,
> porque o servo não sabe
> o que o senhor faz;
> mas eu vos chamo amigos,
> porque tudo o que ouvi de meu Pai
> eu vos dei a conhecer.[118] –

diz Jesus a seus apóstolos depois da Ceia. O apóstolo é o amigo do Mestre. A confiança afetuosa vai mais longe do que estas confidências sobre o desígnio de Deus. Trata-se de uma verdadeira amizade com toda a afeição e todo o

---

[116] *Ibid.*, 7,16.
[117] Jo 15,16.
[118] *Ibid.*, 15,15.

respeito mútuo que comporta. A alma está disponível nas mãos de Deus e o próprio Deus se submete às vontades da alma. Escutemos Santa Teresa nos fazer suas confidências pessoais sobre este ponto:

[Deus] começa a tratá-la com tanta amizade que não só lhe devolve sua vontade como lhe entrega a dele; como o Senhor se alegra com uma amizade tão grande, permite que cada qual mande uma vez.[119]

Santa Teresinha do Menino Jesus tem um tal sentimento a respeito de seu poder sobre a vontade de Deus que, por delicadeza, para não incomodá-lo, evitará lhe apresentar diretamente seus pedidos e os faz passar por Nossa Senhora, a fim de que, antes de os apresentar, esta possa ver se são, de fato, da vontade de Deus.

Investidas de delicadeza, admiráveis estratégias do amor que não tem desejo mais ardente que fundir sua vontade com aquela de quem ama. Isto é verdade com relação ao amor que Deus tem por nós e com aquele que lhe devemos dar.

Assim, o Espírito de Jesus que não veio para ser servido, mas para nos servir,[120] depois de ter conquistado seus apóstolos pelo amor, **[1075]** desaparece de bom grado por detrás de suas personalidades e de suas ações. O amor se faz humilde, mesmo quando é onipotente, para exaltar aqueles a quem ama.

O apóstolo, como Jesus Cristo, é glorificado pelo Espírito de amor que o possui. Sua personalidade humana é exaltada e engrandecida por esta presença e este assenhoreamento do Espírito. Seus sentidos são purificados, sua inteligência torna-se aguçada, sua vontade é fortalecida, todo um equilíbrio humano se estabelece, certo dom de integridade é reencontrado sob a influência misteriosa da presença

---

[119] CP 32,12.
[120] Cf. Mt 20,28.

divina. Os pescadores da Galileia se tornam apóstolos que percorrem o mundo e transformam o império romano. Os dons naturais de Saulo, o jovem e brilhante fariseu, são elevados até a altura do gênio de Paulo, o Apóstolo universal. Podemos duvidar que esteja no poder do homem realizar o super-homem, obsessão de seu orgulho, mas sem dúvida, o influxo do Espírito Santo o produz em cada época nos santos dos quais se apoderou. Para nos darmos conta disto, basta olhar São Bento, São Francisco de Assis, São Domingos, Santa Teresa, São João da Cruz, São Vicente de Paulo e tantos outros modelos acabados de um século, de uma civilização cujas qualidades mais elevadas e o ideal mais belo ditosamente encarnam.

É sobretudo em sua obra comum que o Espírito Santo glorifica os instrumentos dos quais se apoderou. O Espírito Santo se faz humilde para glorificá-los. Inspirador da obra por sua luz, agente eficaz por sua onipotência, ele se esconde sob os traços humanos do apóstolo. Quem quisesse analisar as características desta obra poderia encontrar, de fato, a razão de ser de cada uma delas nas personalidades dos santos. Estas múltiplas obras e instituições nas quais o Espírito depôs seu fermento de imortalidade e das quais a Igreja se gloria evidenciam, de modo admirável, os dons, as tendências, o gênio diverso de seu fundador. O Espírito mostra-se neste mundo sob mil rostos humanos sobre os quais sua escondida presença imprime o reflexo de seu poder e de sua graça. Este Espírito nunca se repete nas formas exteriores que escolhe. Não é por isso que São João da Cruz pede para nunca tomarmos um santo como modelo? Seria expor-nos à falta de docilidade, a sermos infiéis à moção do Espírito que manifesta seu poder e sua qualidade de Espírito na variedade de suas obras e na perfeição de sua encarnação em cada um de seus instrumentos.

Os delicados encantos desta colaboração afetuosa de Deus e da alma, estas estratégias, ora brilhantes, ora escondidas, do amor que os liga, todos esses esplendores de humildade **[1076]** e de poder são apenas belezas desta terra, um reflexo que chega até nós da beleza da obra que o Espírito Santo edifica. Esta obra é a Esposa que sobe do deserto apoiada em seu Amado,[121] é a obra-prima da misericórdia divina, o Cristo total no qual reuniu e para o qual dirigiu todas as coisas. Para a formosura desta Igreja de Deus, Jesus ofereceu seu sangue, e o Espírito continua a imolar suas vítimas depois de as ter carregado com os maravilhosos dons de sua graça.[122] Todos nós estamos dedicados à consumação desta obra. É sobre ela que nossos olhares devem permanecer amorosa e obstinadamente fixos.

Os santos só são santos porque entraram, pela união transformante, no Cristo total. Configurados com Cristo Jesus, continuam sua oração sacerdotal de união; gemem com o Espírito de amor, esperando a adoção[123] e trabalham sob seu influxo para consumir na unidade todos aqueles que "[são predestinados] a serem conformes à imagem do seu Filho".[124]

Santa Teresinha do Menino Jesus, esta vítima do Espírito de amor, de quem desposou os movimentos com uma docilidade tão admirável e cujas aspirações exprimiu com tanta delicadeza, dizia algumas semanas antes de sua morte:

... não posso repousar enquanto houver almas a serem salvas... Mas, quando o Anjo disser: "Já não haverá mais tempo!" (Ap 10,6), então, irei repousar e poderei gozar, porque o número dos eleitos estará completo e todos terão entrado na glória e no repouso. Meu coração estremece ante esse pensamento...[125]

---

[121] Ct 8,5.

[122] "A Sabedoria construiu a sua casa, talhando suas sete colunas. Abateu suas vítimas ..." (Pr 9,1-2 – Vulgata).

[123] Cf. Rm 8,23.

[124] Rm 8,29.

[125] UC 17.7.

Com efeito, tal como Cristo Jesus, os santos não gozarão da plena expansão das riquezas de sua graça e não serão perfeitamente glorificados a não ser quando Cristo tiver atingido a estatura do homem perfeito. No Cristo total, que é a Igreja, também eles encontram o próprio fim, a própria perfeição e glória.

Esperando o dia em que Jesus aparecerá sobre as nuvens em sua plenitude gloriosa, os santos florescem nesta terra nos levantes da aurora que lhes descobrem sua pertença à Igreja e lhes dão a segurança de seu triunfo.

[1077] Sou filha da Igreja[126] –

repetia Santa Teresa em seu leito de morte, na alegria transbordante do êxtase. Completando o pensamento da Reformadora do Carmelo, Santa Teresinha do Menino Jesus escrevia:

Sou a filha da Igreja...
e ela não queria outra glória senão
o reflexo daquela que jorrará da fronte de sua Mãe.[127]

---

[126] *Procesos de beatificación y canonización de santa Teresa de Jesús*, Biblioteca Mística Carmelitana 20, LXV-LXVI.

[127] Ms B, 4 r°.

ÍNDICES

Os índices **exceto o Índice Geral**, remetem aos números em negrito colocados entre colchetes.

SUBSÍDIO TEMÁTICO-ANALÍTICO

AÇÃO
ALMA
AMOR
ANAGÓGICO
ANJO
ANTINOMIA
APETITES/TENDÊNCIAS
APOSTOLADO
APROPRIAÇÃO
ARROUBO/
  ARREBATAMENTO
ASCESE
ATIVIDADE
ATO
CARIDADE
CARISMA
CENTRO
CHAMADO
COMOÇÃO
CONATURALIDADE
CONHECIMENTO
CONTEMPLAÇÃO
CRESCIMENTO ESPIRITUAL
CRISTO TOTAL
DEMÔNIO
DESAPEGO
DESPERTAR
DESPOSÓRIO ESPIRITUAL
DIREÇÃO ESPIRITUAL

DOCILIDADE/
  MALEABILIDADE
DOGMA
DOM
DOUTRINA
ENCARNAÇÃO
ENTENDIMENTO
ESPERANÇA
ESPÍRITO
ESPÍRITO SANTO
ESTIGMAS
EUCARISTIA
EXERCÍCIO
EXPERIÊNCIA
FACULDADES
FAVORES SOBRENATURAIS
FÉ
FECUNDIDADE
FRAQUEZA
GRAÇA
HABITAÇÃO
HÁBITO
HUMILDADE
IGREJA
IMAGINAÇÃO
INFÂNCIA ESPIRITUAL
INFUSO(A)
INSTRUMENTO
INTELIGÊNCIA
JESUS CRISTO

LIBERDADE
LOCALIZAÇÃO
MATERNIDADE
MATRIMÔNIO ESPIRITUAL
MEMÓRIA
MISSÃO
MISTÉRIO
MÍSTICA
MORADAS
MORTIFICAÇÃO
NADA
NATUREZA
NOITE
NOSSA SENHORA
OBEDIÊNCIA
OLHAR
OPERAÇÃO/OBRAS/AGIR
ORAÇÃO
ORAÇÃO/VIDA DE ORAÇÃO
ORGULHO
PALAVRA
PASSIVIDADE
PATOLÓGICO
PECADO
PERFEIÇÃO
PERTURBAÇÕES
POBREZA

POTÊNCIA
PRESENÇA DE DEUS
PROFUNDIDADE/
 PROFUNDEZA
PURIFICAÇÃO
RECOLHIMENTO
SABEDORIA
SACERDÓCIO
SACRIFÍCIO
SANTIDADE
SANTIFICAÇÃO
SANTÍSSIMA TRINDADE
SENTIDO(S)
SILÊNCIO
SOBRENATURAL
SOLIDÃO
SUBSTÂNCIA
SUPERAÇÃO
TÉCNICA
TEOLOGIA
TOQUE
UNIÃO
VÍCIO
VIRTUDE
VISÕES
VONTADE
ZELO

A

Ação

Ação de Deus: do próprio ser de Deus 300, 301, 476; sábia, onipotente, eficaz 298; estende-se a tudo 294, 608; criação e conservação dos seres 28, 294; santificação das almas, construção da Igreja 301, 662, 672. Ação soberana de Deus na atividade das virtudes 849-850. Ação de Deus nas almas, regida pela misericórdia livre, gratuita e sábia 135, 258, 494, 508; misteriosa 133, 363, 364, 517; ação progressiva mediante auxílio geral na primeira fase e auxílio particular na segunda fase 64, 129, 141, 494. Ação de Deus na substância da alma 680 nota 47. Modalidades (Cf. Graça, Favores sobrenaturais). Efeitos (Cf. Oração, Contemplação).

Ação de Jesus Cristo na oração (Cf. c. O bom Jesus 66-79); auxílio na noite 860-880; identificação com Cristo 1016-1023; ação sacerdotal de Cristo 886.

Ação de Maria na noite universal 887, materna 889-895.

Ação dos anjos (Cf. Anjo).

Ação do demônio (Cf. Demônio).

Ação da alma (Cf. Atividade).

Alma

Criada à imagem de Deus 46; Castelo 19, 20, 27, 30, 47, 155; globo de cristal 19, 39, 47; recebe a graça 29, 33, 35 (Cf. Graça); templo do Espírito Santo 30, 366 (Cf. Presença); Deus na alma: fonte que jorra 32, manancial 26, 31, 194-195, 500; vida 26, 28.

Visão de uma alma em estado de graça por Santa Teresa 18, 148, 155, 722; de uma alma em estado de pecado mortal 146 e s., 722.

Conhecimento da presença de Deus na alma 27.

Conhecimento psicológico: distinção das faculdades 41-43; distinção entre alma e espírito 43-44.

Conhecimento espiritual: aquilo que somos diante de Deus 44, más tendências 48, 49 (Cf. apetites/tendências); riquezas sobrenaturais 46.

Conhecimento pela luz e experiência mística 27, 41, 43, 45; é o melhor 50.

Alma nas diferentes Moradas (Cf. Moradas).

Interiorização progressiva 32-34; centro da alma a ser atingido 681 e nota 49, 1003.

Crescimento espiritual 127-132 (Cf. Crescimento espiritual).

Diversas profundezas da alma (Cf. Profundidade/Profundeza).

Localização da ação de Deus (Cf. Centro).

Diversidade das almas 253-254, 584-585, 661, 1019; instabilidade 134, 135 nota 15; mistério das almas (Cf. Mistério).

Amor

Deus é amor 57, 58, 678; amor, bem difusivo de si mesmo 32, 37, 300, 324, 422, 476, 834, 836; dinâmico e dinamogênico 32, 301; eterno e imutável 33; conquistador 37, 703, 835; gratuito 837-838; livre em suas escolhas e em seus dons 135. Amor de Deus pela alma e da alma por Deus 129 e s., 927, 1003, 1013. Amor experimentado pelo dom da sabedoria 509.

Formas do amor (Cf. c. Amizades espirituais 234 e s.); amor sensível 237, amor sensível espiritual 237-238; amor espiritual, forma ideal, sinal de elevada perfeição 241-245.

Desenvolvimento do amor sobrenatural (Cf. Caridade): nas três primeiras Moradas, amor dominado pela razão 278-282, 289; na segunda fase, intervenção da Sabedoria de amor nas quartas Moradas 298, 300, amor angustiado 553, subjuga a vontade na quietude 499-502 (Cf. Sabedoria). Nas quintas Moradas 644-652: assenhoreamento divino 644; exercício através dos atos 649-650; amor ardente, inquieto, apostólico 646-647, orientado para a Igreja, Cristo total 654-666. Nas sextas Moradas, amor qualificado pela profundidade 679-682, 925; produz a noite do espírito 764-771; triunfo do amor 924; promessa de união 939 (Cf. Desposório espiritual). Nas sétimas Moradas, união perfeita de amor no matrimônio espiritual 967-988; amor nunca tão dinâmico, Chama Viva 927-928, 982-988, 992-993; continua a progredir depois da união transformante 1006-1007; transcende todos os bens da terra 998.

Efeitos do amor: purificador (Cf. Noite). Unitivo e transformante 926, na quietude 499, na união de vontade 651-652, no desposório espiritual 944 e s., na união transformante 1001 e s. União por semelhança de amor 411-412, 471, 512, 685, 687, 1002-1007. Domínio do Espírito Santo 1013-1016. Identificação com Jesus Cristo 1016-1023. Amor forma apóstolo perfeito 689, 928, 1063 e s.

Amor fonte de luz 682 e s. Dom da inteligência e vida contemplativa 307, 509 e s., 974-978 (Cf. Fé); conhecimento de conaturalidade 992-997; realiza presença divina 686; visão intelectual da Santíssima Trindade 972-977; visão face a face correlacionada com o amor 997.

Amor e apostolado (Cf. Apostolado). Duplo movimento do amor: em direção a Deus 1028, em direção às almas 1029; estes dois movimentos unidos no amor à Igreja 1037-1039. Apostolado do amor e missão de apostolado 1040 e s.; perfeição do amor 1039 e cumprimento da missão apostólica 1045 e s.; ativismo e amor 1056-1058; apostolado e desenvolvimento do amor 1053-1077.

Anagógico

Atos anagógicos: atos simples das virtudes teologais... vão diretamente em direção ao seu objeto divino 583, asseguram fuga e pronto recurso a Deus contra a tentação 113.

Atos anagógicos de amor utilizados nas aspirações convêm aos temperamentos afetivos 584; atos anagógicos de fé convêm aos temperamentos intelectuais 585; recomendados por São Pedro 112 e por São João da Cruz 113, 589.

Atos anagógicos nem sempre eficazes 592; exercício necessário para adquirir força a fim de abstrair a alma e elevá-la 113; elevam a alma para uma região em que demônio não pode atingir 112. Superação por meio dos atos anagógicos, nos casos de perturbações psicológicas 807.

Anjo

Puros espíritos, seres de luz, número incalculável 95; anjos fiéis 95, anjos da guarda 110; anjos rebeldes 111 (Cf.

Demônio); falsos anjos de luz 107, 745; anjo de Satanás 549. Queda dos anjos e criação do homem 657. Poder do puro espírito sobre o mundo, a matéria e os sentidos 95. Luz de Deus concedida pelo anjo bom permite ao demônio tentar a alma para purificá-la 115. Nem o anjo bom, nem o demônio podem compreender aquilo que se passa na noite do espírito 933.

Ação: luz de Deus e infusão de amor descem pelas hierarquias dos anjos até o homem 675, 926; anjo causa instrumental nas graças extraordinárias e carismáticas 675, 742, 743; ação do anjo bom pode ser imitada pelo demônio, discernimento 105, 744, estigmas 792-794; às vezes, corpo de empréstimo 739; anjo da Anunciação 636; anjo de Daniel 711; anjo traz o pão para Elias 397.

Alma se dirige aos anjos de Deus (Cântico Espiritual) 959; "Já não quero que fales com homens, mas com anjos" 728, 945, 966.

Anjo nas visões imaginárias 717.

Antinomia

Lei do divino com o humano 300, 756, 758, 761-762, 1034; pequenez da criatura e grandeza de Deus, pecado e misericórdia 45, 46, 317.

Riquezas antinômicas do amor 1033-1035; antinomias nas riquezas da Sabedoria 871; antinomias características no exercício e na experiência dos dons do Espírito Santo 316 e nota 28; experiência positiva, experiência negativa dos dons 315-318; antinomia entre dons e bem-aventuranças 316; Deus-luz, dom da inteligência, obscuro 510-511. Antinomias acumuladas na noite do espírito 756, 758-762, 781, 801; noite e harmonia 893. Antinomia entre os dois movimentos do amor 1034; entre apostolado e desenvolvimento do amor 1053; entre atividade e caridade, entre atividade e união com Deus 1051. Antinomias no Santo Cura d'Ars e em Santa Teresa de Ávila 1036, 1037.

Apetites/Tendências

Forças do mal instaladas na alma; 48, 49; consequências do pecado original ou de pecados pessoais 48, 904; tendências naturais; 529, 905; tendências voluntárias 528, 905-906, sozinhos impedem a união 529, mesmo pequeno, detém a obra divina 530, 906, "Pouco importa estar o pássaro amarrado por um fio" 530, 907.

Danos causados pelos apetites/tendências em geral e pelos vícios capitais 523-535; danos privativos 523-525, 906; danos positivos 49, 523, 906.

Descorbertas pelo conhecimento de si sob a luz de Deus 50; exigem ascese 49, 80 (cf. c. Ascese teresiana 80-93) e purificação 520, 522, 525, 904, 907.

No percurso das Moradas. Nas primeiras Moradas, reino pacífico das tendências 49, 145, 156, 157; irritadas nas segundas 49, 159, 160; já mortificadas nas terceiras 49.

Nas quartas Moradas, luz divina as descobre na noite passiva dos sentidos 550 e começa a purificação 521-522, 552 (cf. Ascese absoluta 599 e s.).

Nas quintas Moradas, desapego realizado na união de vontade por graça mística 646 ou pela prática da ascese 648, 649.

Nas sextas Moradas, noite do espírito opera purificação profunda 761, 903, 904, 905-908; atinge raízes do pecado para cicatrizar e curar 771, 909-910; purificação moral e guinada psicológica 908 tornam tendências inofensivas 916, fortificam a vontade 911.

Tendências e apostolado, tendências se manifestam e assumem maior relevo nas relações com o próximo 781, escândalo dos fracos 782; podem se nutrir com as seduções que o mundo apresenta e seu pecado 1056 e se desenvolver 1056; utilizadas pelo demônio 1054, 1063; prudência e vigilância até nas sextas e sétimas Moradas 1057-1063.

Tendências patológicas naturais, frequentes 219, 804, 807; manifestam sua força e prejudicam a oração 219, 220, remédios 223; levadas ao seu auge nas purificações 417, produzem marasmo 378; causas secundárias da noite do espírito que as poda 550; aparecem na noite do espírito 803, 804, normalmente purificadas por ela 548, 806, 807; casos limites e perturbações mentais 219, 808 e s.; efeito da guinada psicológica 916, 917 (Cf. Guinada psicológica 913-917): não destroem a fecundidade 781-782; fontes de graça e de humildade 222, 360.

Apostolado

Colaboração com a Sabedoria de amor para edificação da Igreja 301, 302, 1030, 1050; dever para todo cristão 1040; apostolado consequência e síntese do duplo movimento do amor 301, 1032-1033, 1038, 1039.

Missão de apostolado 1040; todo cristão tem sua missão 1049; carisma de apostolado (Cf. Carisma), poder eficaz 1043, independente do grau de caridade 1044, 1050-1051, 1055-1056, acompanhado de graça de preparação 1043 e de uma graça para o cumprimento 1044, 1045; exige fidelidade amorosa 1045, 1048-1049, 1053.

Apostolado do amor, procede diretamente da caridade sobrenatural ou é exercido em virtude de missão de apostolado 1040; exercício do apostolado: exercício da caridade e prova do amor 1046.

Apostolado nas três primeiras Moradas exercido com atividade natural secundada pela graça ordinária e carisma 131, 1054; exercício aumenta a caridade 1055; perigos 613, 663, 1056-1057. Apostolado nas quartas Moradas, alma experimenta necessidade de doar, perigos 131, 612-615, 1058-1060.

Apostolado na quintas Moradas 614, 1061, prudência ainda necessária 1062, 1063; Deus utiliza a alma como instrumento 132, 665, 666, 1061.

Apostolado perfeito nas sextas e sétimas Moradas 130, 1063, 1065; fruto da perfeição do amor 1064-1066; descoberta da missão 1069-1070; apostolado une-se à contemplação 1071, 1072; fecundo porque colaboração com o Espírito Santo 1073, 1074; apostolado e amor harmonizam-se na união transformante 1053 (Cf. União transformante); realizam equilíbrio 401-402, 689.

Apostolado carmelitano, espírito teresiano, pela oração contemplativa 119-121, 124, 664, e através do zelo 122-123, 125-126; espírito eliânico 396, 397, 398; espírito de Santa Teresinha do Menino Jesus 1038, 1039.

Apostolado missionário, Frei Tomás de Jesus 399-402.

Apostolado da amizade (Cf. Amor).

Apropriação

Forma particular de atividade divina atribuída a uma Pessoa divina 1008.

Apropriação a cada uma das Pessoas divinas. Chama Viva 675, 985.

Ao Verbo: na criação, poder criador e conservador 28; na alma, presença do Verbo adormecido 987, despertar 987-988; na Igreja (Cf. Cristo total, Igreja).

Ao Espírito Santo: todas as obras de santificação que procedem do Amor 30 e nota 17; na alma: presença santificante, dominadora (Cf. Espírito), aposentador do Esposo 1011; na Igreja (Cf. Espírito Santo, Cristo total).

Arroubo/Arrebatamento

Descrição: "encontro" no limiar do desposório espiritual 940-946.

Efeito das mais intensas comunicações espirituais 946-961, antes do fogo das purificações 788; sinal de fraqueza 777-778, 963.

Diferença com a graça de união das quintas Moradas 942-943, 946; diferença com a união das sétimas Moradas 970-971, 980.

Falsos arroubos das quartas Moradas:

Descrição 615-616, 942. Discernimento: falso arroubo pode ser detido 618; verdadeiro arroubo não pode ser detido 618, 776, dura pouco e produz humildade 618, traz à alma uma luz 683. Remédio: alimentação, sono 618; reduzir oração, distanciar da vida contemplativa, diversão pelo trabalho 618.

Ascese

Destrói pecado em nós 88; motivada pelas tendências 49; guiada pela obediência 57; cooperação com a ação de Deus 830-832.

Ascese teresiana: absoluta 80-86, 159; adaptada aos temperamentos, épocas, espiritualidades 87-91, à ação de Deus 321; progressiva 80, 92, 93.

Ascese diferente para oração mental e para contemplação 82, 600; moderada, prudente para oração mental 82, 164 (Cf. c. No ponto de partida 154-167); absoluta para contemplação 599-603, para preparar a alma à ação de Deus, colaborar e utilizar esta ação 602.

Formas: mortificações físicas 88-91; mortificações do coração 90, 236, 245 (Cf. Amor); ascese de recolhimento 187-189; da língua 369-372; da atividade natural 373-381; ascese mística 823, 824; ascese da pequenez 846-859.

Ascese nas diversas etapas: nas primeiras e segundas Moradas, subordinada à busca de Deus 130, 154, 157-159; orientação para Deus 167, 168; ascese de recolhimento 187-189; fuga das ocasiões 157; fuga do pecado 144-150; vigor necessário 160-163; regramento de vida para a oração 157-158; ascese discreta 164, 165; cultivando os grandes desejos 165-167.

Nas terceiras Moradas, ascese para oração simplificada 187-191; desapego a ser realizado 276-279, ultrapassar sabedoria da razão 286-290 e nota 22.

Nas quartas Moradas, ascese absoluta 82, 158, 159, 522-539, 599-602 (Cf. Apetites/Tendências, c. Noite ativa do sentido 556-559); dom de si, absoluto 329-331, indeterminado 331-333, renovado muitas vezes 333-335; humildade racional 346, 347; humildade fervorosa, fruto da luz de

Deus, 45, 50, 346-349, 358-361; silêncio 362-388; solidão do deserto 390, não necessariamente contínua 394, pode ser intermitente, mas reforçada 401. Ascese na oração 560-598; respeitar ação de Deus 560-562; deixar as faculdades agirem quando a contemplação cessa 562, 563; atitude de humildade 71, 225, 479, 564; retomar oração de atividade pacífica sem atrapalhar o influxo divino, preparação da oração 566-567; perseverança 568, 569; no decorrer da oração voltar à meditação 569, 570; garantir a paz das faculdades que estão sob o influxo de Deus e deixar as potências livres agirem 570-572; aplicação às orações contemplativas 572-578. Ascese fora da oração 603-619; guiada pela luz interior 604, 605; situações e acontecimentos providenciais 606-611; prudência e perseverança 611-619.

Nas quintas Moradas: para a união de vontade, desapego absoluto 648, 649; exercício do amor 649-651; atos intensos e atos fracos (Cf. Ato); exercício do zelo 663-666; moderação no apostolado 1060-1063; ascese de obediência (Cf. Obediência).

Nas sextas Moradas: noite do espírito (Cf. Noite do espírito); ascese de paciência, de esperança 823-827. Para cooperar com a noite do espírito, ascese da pequenez: olhar obstinadamente fixado sobre Deus na noite 847; abandono 849; levantar seu pezinho 847-850; descartar o extraordinário 852, 853; ascese heroica e alegre 856-859; recurso aos mestres e modelos 860; Jesus modelo perfeito na noite 869, 870; dificuldades, impotência das faculdades 876-879; olhar voltado para a Paixão 880, a Santa Face 881, 882, Nossa Senhora 889, 894; paciência nas últimas angústias 956-961; exercício das virtudes teologais 917-920; fidelidade do olhar e do amor 953-956.

Nas sétimas Moradas: fidelidade no cumprimento da missão 1046; sofrimentos redentores 817 nota 150; união com Cristo Salvador 1018-1023, 1030-1032, 1034, 1035, 1065.

Atividade

Atividade de Deus (Cf. Ação).

Atividade da alma: complexa como as faculdades 42, 536; na vida espiritual: primeira fase, atividade da natureza secundada pela graça, segunda fase, cooperação com a ação de Deus 29, 64, 129, 141, 383 e s., 539 e s., 609, 759; atividade durante a oração (Cf. Oração, Contemplação), fora da oração (Cf. Noite, Ascese absoluta, Ascese mística).

Atividade apostólica (Cf. Apostolado).

Atividade intelectual 446-447 (Cf. c. Leituras espirituais 196 e s.; c. Teologia e contemplação 433 e s.).

Ato

Deus ato puro 375.

Atos revelam a união da alma com Deus 35; atos divinos sob o influxo do Espírito Santo 286-287, 915, 1030; atos perfeitos dos santos 290.

Atos das virtudes teologais 286, 305-306; ligados à operação das faculdades 286, 306; serão perfeitos quando submetidos ao domínio do Espírito Santo 286, 307-308, 920, 1014. Ato de fé 286, 409, 462 e s., 582, 584; gênese 460-464. Ato de esperança 824, dirigido para Deus através de movimento em sua direção ou de desejo de atraí-lo 825. Atos de amor, provas de amor 847; atos que decorrem do amor 35. Atos anagógicos (cf. Anagógico).

Ato de obediência (Cf. Obediência), unitivo 623, perfeito 633; como o fazer 634-635.

Ato de humildade atrai misericórdia 315, agradável a Deus 359.

Importância dos atos para realizar união de vontade 604-606; para o desenvolvimento do amor: atos intensos, atos fracos 649-651; ato mínimo exigido pelo amor, sua importância nas quartas Moradas 604-606; atos vigorosos, mas ordinários na ascese da pequenez 850-856; atos de caridade preferíveis a devoções 655; valor dos atos de renúncia 846-847; seremos julgados no amor manifestado pelos atos 375.

Atos extraordinários não constituem a santidade 290, 852.
Ato de oferta ao Amor Misericordioso 836.
Atos de Jesus Cristo 78 (Cf. Jesus Cristo).

C

Caridade

Participação da vida de Deus (Cf. Graça) 33, 685, 926, 1003, 1051; tem sua fonte em Deus 1056; comunicada pela Sabedoria 300, 924, 925; derramada pelo Espírito Santo em nossos corações 30, 33, 924, 1009, 1030; feita para a união 33, 304, 1003; sobe para Deus 33, 1028-1029; difusiva 375, 661, 1029-1030; único dom perfeito 925; capacidade receptiva da caridade fundamento dos dons 304, 310 nota 19 (Cf. Dom); aperfeiçoa a fé pelos dons 505 (Cf. Teologal); fim de tudo 997-998; igual na terra como na visão intuitiva 38, 997.

Caridade virtude teologal 285-286; (Cf. Amor espiritual 241 e s.); enxertada na vontade 918, 920; símbolo, toga vermelha 920; única que importa 512, 998; superior aos dons e aos carismas 1050, 1051, 1053; produz conhecimento de conaturalidade (Cf. Conaturalidade, Contemplação).

Efeitos: a caridade é purificadora 325, 910, 920; unitiva, 38, 926; transformante 34, 926, 927; garante a configuração com Cristo 1020, 1022, 1065; presença dominadora e reino perfeito do Espírito Santo 1013; realiza a perfeição 927, 929; determina o grau de visão intuitiva 38, 997 (Cf. Amor).

Grau de caridade determina perfeição 925, 1002, 1006, 1007. Progresso nas Moradas 131, 132, 1010 (Cf. Crescimento espiritual); caridade paralisada nas primeiras Moradas 144, 1054; triunfo por meio da razão nas terceiras Moradas 273, 280; realiza união imperfeita e intermitente nas quartas Moradas 557, união de vontade nas quintas Moradas 649, 650; caridade purificadora realiza o desposório nas sextas Moradas 940 e s.; união transformante nas sétimas Moradas 989, 998; sempre se desenvolve nesta terra 982, 1006-1007, 1016.

Caridade e apostolado (Cf. Apostolado do amor 1040, 1053).

Carisma

Dom do Espírito Santo para o bem de todos 1041, 1044; comporta um poder, garante eficácia da ação 1044; pode estar ligado a uma atividade humana 1044; acompanhado de uma graça de preparação 1043; distinto da caridade 1041; 1045; inferior à caridade 1050-1051; sem caridade, o carisma não tem valor para a alma 1050-1051, 1053.

Exercício sobrenatural do carisma: exerce e desenvolve a caridade 1047-1048, 1055; conduz à perfeição e à união transformante 1047-1049. Carisma não preserva do pecado 1046, 1055, 1059, 1061, 1063; nem do ativismo 1051, 1056, 1060; nem do pecado de presunção 1056-1057, 1059-1060; exige ascese 1054; vigilância 1055, 1060, 1063; superalimentação espiritual 1055-1057, 1060.

Carisma inscrito na graça do apóstolo perfeito, descoberto e exercido perfeitamente 1069 e s.

Carisma e graça de apostolado 732, 1042, 1055 e s.
Carisma e graças extraordinárias 689, 731-732.
Carisma e sacerdócio 1044, 1045, 1056.
Carisma e missão, e vocação 732, 1044-1045.

Centro

Centro da alma a região mais profunda 31, 32, 42, 43, 536, 681 (Cf. Alma); visão do Castelo Interior 19, 26; lugar da habitação de Deus, presença objetiva 29-32, 192, 680; ação de Deus está localizada aí 30-31. Lugar da união mística das quintas Moradas 31-35, 643, 679, 943; das graças das sextas Moradas 679; da união perfeita com Deus das sétimas Moradas 723, 967-971.

No centro da alma: percepção da presença das três Pessoas divinas, visão intelectual da Santíssima Trindade

34, 35, 972, 975; fornalha, Espírito Santo, Chama Viva 984; manifestação do Verbo Esposo 986, 987; região pacífica 971, 978-979, 981-982, 1014; protegido do demônio 979 (Cf. Profundidade/Profundeza).

Chamado
Chamado à vida mística e à contemplação 419; chamado geral: todos os batizados 421-423, 432; chamado próximo 423-425; diversas vias 423, 424; mistério do chamado 424, 554.

Chamado das almas fora do Castelo 426; das almas na primeira fase 427, 428; das almas na segunda fase 429, pequeno número 430, falta-lhes luz e generosidade 431, 432.

Chamado da graça filial a Deus 592, 593, 843-844, a Maria 892, 895; na noite 845.

Duplo chamado: interior e exterior 381, 382.

Desolados chamados de São João da Cruz para nos convencer da necessidade do desapego das criaturas 525, 555.

Comoção
Comoções: por ação intensa de Deus, pressão constante da graça ou efusões extraordinárias; por fraqueza ou deficiência do paciente 779.

Nos principiantes (Cf. c. Distrações e aridez, 213-226). Nas quartas Moradas: agitações na quietude 499-502; aridez contemplativa 503-505; nos temperamentos fracos, comoções produzem efeitos semelhantes aos arroubos: descrições e remédios 616-619 (Cf. Noite do sentido). Nas quintas e sextas Moradas: **Fenômenos físicos** 775, 776: efeitos da comoção sofrida pelos sentidos e pelo corpo 787-798; doenças 775; arroubos 776, 777, 948, 949; estigmas 787-798. Comoções ocasionam fenômenos extraordinários 785-787. **Fenômenos psicológicos** 772-775; transitórios antes da noite do espírito 773, depois da guinada psicológica 775, 914, 915. Comoções e **Fenômenos psíquicos** 803-814. Perturbações psíquicas da noite do espírito e psicoses:

semelhanças e distinções 803-808; libertação do patológico pela noite do espírito 810-814 (Cf. Noite do espírito).

Conaturalidade

Conaturalidade com Deus garantida pela graça 410, 513; conaturalidade entre Jesus Cristo e nós 879.

Conaturalidade gera conhecimento 685, 687; conhecimento de conaturalidade produzido pela contemplação 909, 929, 931-932; atualizada pelos toques substanciais 725-726. Conaturalidade perfeita no matrimônio espiritual 902, 903; visão intelectual da Santíssima Trindade fruto do conhecimento estabelecido pela união 972-977; luz emanada da conaturalidade perfeita 974. Conhecimento de conaturalidade tem necessidade da fórmula dogmática para se explicitar, mas a esclarece 976; conhecimento de conaturalidade subsiste no céu num plano inferior à visão 997, 998.

Conhecimento

Visão da verdade 713; alimento da fé e incitador do amor 197, 198.

Conhecimento de si 39-52; com o conhecimento de Deus, fundamento da vida espiritual 53; faz triunfar a verdade (humildade) nas atitudes e atos 40, 41, 46; garante equilíbrio da vida espiritual 41. Conhecimento psicológico 41-43, conhecimento espiritual 44-49 (Cf. c. A humildade 336-361), adquirido pela razão 40, 346, pela luz de Deus 49-52, 346-349, 550. Ação do demônio (falsa humildade) 51-52, 114, 748.

Conhecimento de Deus "conhecer Deus é a vida eterna" 1029; ignorância religiosa de nosso tempo 199-200.

Conhecimento pela fé 468 e s., 683-684; pelas verdades dogmáticas 198; pelas leituras (Cf. c. Leituras espirituais 196-212); pela negação 930-931. Conhecimento místico ou luz contemplativa 433; fruto do amor ou contemplação por conaturalidade 410, 685, 687-688, 725-726, 973-976 (Cf. Conaturalidade, Contemplação); conhecimento amoroso

405, 503; por graças extraordinárias 706, 729; fruto da união 995-996; gerado pelo amor 410; conhecimento experiencial do absoluto 601; percepção do espírito purificado 932.

Conhecimento por desposório 938 e s., por toques substanciais 725, 949, 964, 992.

Conhecimento pela união transformante, levantes da aurora, visão intelectual 973-975, 1021-1022.

Conhecimento por visão face a face 929, 997.

Contemplação

Visão global, penetrante, amorosa (Ricardo de São Vitor); olhar simples sobre a verdade (Santo Tomás) sob o influxo do amor (Salmanticenses) 405; exercício da virtude da fé 466-468.

Contemplação estética 406; **Contemplação intelectual** 407; **Contemplação teológica** 407, 446, 879 (Cf. Teologia); contemplação na oração de simplicidade: olhar simples, recolhimento ativo comparação entre Santa Teresinha do Menino Jesus e Beata Elisabete da Trindade 452-454; **Contemplação sobrenatural ou infusa** 408 e s., 507 e s.: fé aperfeiçoada em seu exercício pelos dons do Espírito 409, 479, 507, 509; ciência de amor, escada secreta 440; linguagem de Deus à alma ou de puro espírito a espírito puro 680, 696, 757, 931, 932; conhecimento geral, confuso e amoroso 511; pode ser recebida sem experiência 481, 511, 695.

Chamado à Contemplação, por direito, todas as almas batizadas 421-422; de fato, nem a metade entra nas quartas Moradas 430; poucas as ultrapassam 431; falta de luz e de generosidade 431-432 (Cf. Chamado).

Sinais da entrada na contemplação sobrenatural, três: dois negativos: impotência para a oração e desgosto geral 412-416, 513-514; um positivo: sabor 415, 506.

Contemplação e vida mística: a partir das quartas Moradas, reino da Sabedoria de amor 293, 298-299 (Cf. Sabedoria); santifica as almas para a Igreja 301; Sabedoria intervém na vida da alma pelos dons do Espírito Santo 303; vida mística marcada por intervenções do Espírito Santo pelos dons 308-309, quer ativos, quer contemplativos 312, 313, 318; distinção entre vida contemplativa e vida mística 420.

Contemplação e fé: identidade de objeto; fé: posse de Deus na obscuridade 466, contemplação: percepção obscura de Deus objeto da fé 479; mesmas características, obscuridade e certeza; fé iluminada pelos dons do Espírito Santo 409, doutrina contemplativa de São João da Cruz 469 e s.; contemplação sobrenatural e aperfeiçoamento da fé no seu exercício 307, 409, 468.

Exigências: loucura e perfeição, primeiras exigências 279-283; ascese absoluta 81-87, 599-611 (Cf. Ascese); dom de si 322-335; humildade 336-361; silêncio 362-388; solidão 389-402; direção espiritual 246-266; teologia 433 e s. (Cf. Teologia).

Etapas: formas passivas perfeitas e intermitentes 557; recolhimento passivo 496-498, 508; quietude e gostos divinos 499-502; aridez contemplativa 503-505; nas quintas Moradas: encontro na escuridão 644-647, 662 (Cf. União); nas sextas Moradas: enriquecimentos divinos 671-704; arroubos, arrebatamentos 776, 777, 778; encontro na luz 917 (Cf. Desposório espiritual); nas sétimas Moradas: visão intelectual da Santíssima Trindade 36, 720-722, 972, 1006; matrimônio espiritual 967 e visão face a face 997-998.

Efeitos: luz e amor 921 e s., penetração no ouro da verdade substancial 436-441; sabor na quietude 415, 579; humildade fervorosa 346-349, 910; angústia 546-549; noite do sentido 540, 541 e s.; adaptação do sentido ao espírito 581, 758; noite do espírito 756 e s.; adaptação do espírito a Deus 759, 760; purificação moral 908-913; guinada psicológica 760, 913-920; contemplação sobrenatural conduz à união perfeita 411, 989 e s., ao apostolado perfeito 398, 402, 689, 1029-1033, 1063.

Crescimento espiritual

Crescimento da graça na alma 32-34, 127, 421, 422; realizado pela atividade de Deus e da alma 129, 130; caracterizado pelo progresso na união 128-130; pela transformação da alma 131, 132.

Processo regular indicado por Santa Teresa através das Moradas 128-130 (Cf. Quadro). A alma não cresce à maneira dos corpos 134-135, 136, 429, 934-935.

Dificuldade para descobrir os sinais de crescimento 133-135, 934, 935. Sinais psicológicos 934-937.

Mistério deste crescimento 127, 132-136, 1019; pontos de referência luminosos 136-138.

Crescimento de Cristo 133.

Crescimento da Igreja, Cristo total 661, 662, 1034 (Cf. Cristo Total; c. O mistério da Igreja 653-666).

Cristo total

Cristo difundido em seus membros 77; desígnio eterno de Deus 130, 298, 302, 657; grande mistério proclamado por São Paulo 77, 298, 862; finalidade da Encarnação 302, 1065-1066.

Jesus Cristo cabeça e unidade do Corpo Místico 657, 661.

Cristo total construído pelo Espírito Santo 867, 868, 928, 1017-1019; finalidade do apostolado 689, 928, 1030, 1065.

Cristo total na espiritualidade teresiana 662-664: descoberta.

Nas quintas Moradas 662; descoberta da incorporação no Cristo total 656; mistério da Igreja, realização do decreto divino 658-660; participação do corpo e do sangue de Cristo 660, 1018, laço de vida profunda entre Cristo e as almas 664; diversidade dos membros 660, 661; missão de cada um 662, 1049.

Nas sextas Moradas, alma descobre sua missão no Cristo total 1066.

Nas sétimas Moradas, união ao Cristo total 1022; santidade no Cristo total 1024-1077; apostolado: videira e ramos 1024; duplo movimento do amor 1028-1029; apostolado perfeito 1063-1076.

Manifestação gloriosa do Cristo total no juízo final 661-662.

Cristo total e Nossa Senhora 887, 888 (Cf. Nossa Senhora); Mãe em plenitude no plano divino 883, 885, 1065.

Cristo total e santos: Cura d'Ars 1036; Santa Teresa de Ávila 118, 1034, 1037, 1077; Santa Teresinha do Menino Jesus 1038-1039, 1074, 1076.

D

Demônio

Puro espírito, anjo caído 95; fixado na atitude de revolta 95, 352; privado do amor infinito 95; poder de ódio 95, 784; poder de trevas 100; mentiroso e pai da mentira 104-106, 107, 784.

Poder de sua natureza angélica 95 (Cf. Anjo). Poder de intervenção concedido por Deus para entravar obra divina 95-96, 768, 783; ação sobre sensibilidade, imaginação, memória, sobre atividade das faculdades 95, 96, 103; conhece pensamentos, desejos, favores sobrenaturais por suas manifestações sensíveis, as quais ele interpreta 96; não pode achegar-se ao centro da alma 31, 100 e nota 15, 933; não pode penetrar leis do mundo sobrenatural, nem imitar comunicações puramente espirituais 96, 933.

Papel providencial e purificador 95, 114-115, 785; na tentação 101; reina nas trevas e por mentira 104, 105, 784; perturba e engana 102-104; produz falsa humildade 51, 114, 563, 748; age por impressões 96, na doença de Santa Teresinha do Menino Jesus 96; estigmas 792, 797. Age de maneira espiritual, luta de espírito contra espírito 769.

Possessão 100, 101. Sociedades, almas dedicadas ao demônio 101 nota 18.

Ação em todas as etapas da vida espiritual.
Primeiras Moradas: demônio apresenta artimanhas em sua confusão 145-146; apresenta combates e tentações interiores 162.

Nas terceiras Moradas, utiliza os bons desejos para gastar energia em esforços inúteis 164; desvia, com proveito para si, tendências não dominadas 221, 1054; distrações, perturbações excessivas, inquietação da alma 221.

Nas quartas Moradas, explora desejos presunçosos de apostolado 1059; agarra a alma na passagem do sentido para o espírito 105, 612.

Nas quintas Moradas, procura levar a perder assenhoreamento divino 98, 644; a separar a alma da vontade de Deus 1062.

Nas sextas Moradas, se esforça por impedir purificação 98, 671 (Cf. Noite do espírito); intervém no embate entre o divino e o humano 761-762; cria perturbações espirituais e exteriores 783-784, 933; simulações de graças extraordinárias 744, 745; percepção da presença do demônio 933; depois do desposório, alma invulnerável 952.

Discernimento: na dúvida, desconfiar 107; é reconhecido pela sua ação: falta de medida, estranheza, orgulho 747; e por seus frutos: mentira, perturbação, inquietação nas manifestações ordinárias e extraordinárias 107; dom do discernimento dos espíritos é necessário 783-784.

Combater pela oração e vigilância, jejum, água-benta 109, 110; tática: atos anagógicos 111; 113 (Cf. Anagógico); humildade 114; luta, não buscá-la 109, 111, fuga 112.

Desapego
Necessário para a união 83, 908; um único apego voluntário impede a união 906 e s. (Cf. Apetites/Tendências); doutrina de São João da Cruz 601; necessário para se engajar na via da perfeição 278; para a contemplação habitual 599-601; para que Deus se doe 322, 586, 587.

Desapego dos bens: materiais 277; intelectuais 353; morais e espirituais 83, 364; de todos os bens 828.

Etapas. Primeiras Moradas: esforços de desprendimento 157.

Terceiras Moradas: desapego incompleto 275-277.

Quartas Moradas: ato de desapego completo permite o acesso a elas 290 nota 22.

Quintas Moradas: graça mística de união, desapego por influxo de amor 642-646, 652, confere solicitude por Deus e pelas almas 654.

Sextas Moradas: desapego perfeito na noite do espírito 903, 904, 907 (Cf. Pobreza).

Ascese mística de desapego, prática da virtude da esperança 824-825, 848 (Cf. Ascese).

Purificação da memória 829-832 (Cf. Pobreza).

Despertar

"Despertar" de Deus na alma, primeiras graças 494-495; recolhimento sobrenatural 496; quietude 499, 500: graça mística de união 642; ferida 691; arroubos 693, 941, 943; palavras 692, 708 e s.; visões imaginárias 715, 945; despertar do Verbo Esposo 675, 688, 987, 988, 1006 (Chama Viva).

Despertar da alma: na verdade, é a alma que se desperta neste despertar do Verbo 987; despertar pleno de angústia depois da graça de união mística 642; fé despertada na contemplação 582; nos atos anagógicos 585; despertar brusco da alma na trajetória da fraqueza humana 554, 558-559; tomada de consciência das riquezas recebidas depois da aridez contemplativa semelhante a um jubiloso despertar 591 e nota 19; escolher para a oração livro que mantém a alma desperta 177.

Missão de São João da Cruz: despertar as almas 1035.

Desposório espiritual

Simbolismo do desposório 939; toques de Deus na substância da alma 948-949, 964, 992-993; acompanhado muitas vezes de graças extraordinárias 945; caracterizado

pela qualidade de união e da luz 946-950; troca de promessa e mútua fidelidade 686-688, 950 e s.; comparação entre união do desposório e união mística das quintas Moradas 942-944 e união do matrimônio espiritual 942 e s., 970 e s.; não existe porta fechada entre as sextas e sétimas Moradas 946-947, 1063; graça do desposório em Santa Teresa 946, 966; toma diferentes formas nos santos 977-978, 993.
Momento do desposório: fato central das sextas Moradas 961-962; inscreve-se na noite do espírito 963; preparado pela Sabedoria de amor 959; momento no qual é contraído 963, 964. **Preparação positiva** para o matrimônio espiritual 963 e s.; traz riqueza: descoberta de Deus na união 946; fidelidade de amor nas obras 955-956, 1050; alma invulnerável ao demônio 951-952; fecundidade para o apostolado 783, 955; apostolado perfeito 1063 e s.; desejos ardentes e angústias 956 e s.

Direção espiritual

Importância e necessidade 246-251; entra no plano providencial 249; menos necessária para o simples cristão 251; para os religiosos 251; necessária no início da vida espiritual 247-248; para esclarecer, regular a ascese 92, equilibrar humildade e grandes desejos 167, ajudar nas primeiras dificuldades do recolhimento 247; maior necessidade nos períodos de obscuridade, quartas e sextas Moradas 247-248; submeter luzes interiores sobre as exigências divinas 605-606; indispensável para todas as graças extraordinárias 753-755.

Escolha do diretor, luzes dadas à alma 252.

Papel do diretor: guia 246, pai 249; apoio nos sofrimentos, nas desordens físicas das purificações 779; ação combinada do diretor e do médico nos casos patológicos 224, 778-779.

Qualidades do diretor: santidade afirmada pela humildade e caridade 253-254; prudência 255; discrição 256-257; evitar autoritarismo monopolizador 254 nota 18, experiência 257, 259; ciência 259; ignorância é severamente condenada 448, 449.

Deveres do dirigido: espírito de fé 262; confiança afetuosa, simplicidade e discrição 262-264; obediência 265, 266, 631 (Cf. Obediência).

Docilidade/Maleabilidade

Dons do Espírito Santo são maleabilidades e energias (Dom Gay) 305.

Docilidade exigida pela ação de Deus 598, 619, 690.

Falta de docilidade causa das purificações da alma 779, 908; dos arroubos 778.

Esforço da alma não conseguiria produzi-la 651.

Fruto da obediência 633-636; do dom de si 332-333; da humildade (para o diretor) 253; da união de vontade 645, 651; noite do espírito produz docilidade para apostolado 772; união transformante produz docilidade perfeita da vontade 35, 1065-1066.

Técnica da mística católica de docilidade, não de força 588 nota 15.

Maleabilidade da doutrina de Santa Teresa 138, 1072.

Maleabilidade viva da espiritualidade do Carmelo 87-91.

Docilidade de Santa Teresinha do Menino Jesus 321 nota 34.

Docilidade de Nossa Senhora 335.

Dogma

Expressão da verdade revelada, expressão perfeita em termos humanos, analógicos, da verdade divina, carrega a luz do Verbo 207, 218, 409, 435-437, 444, 467; contém riqueza de luz que esclarece inteligência 207, 285-286, 467, 471, 977.

Símbolo: semblantes prateados e ouro da substância, fórmula e luz divina (Cântico Espiritual) 409, 437.

Dogma alimento necessário à fé 197-198; base que apoia a fé 199; esclarece a caminhada rumo a Deus 436 (Cf. Fé).

Estudo do dogma necessário à oração, sobretudo no início 207 (Cf. c. Leituras espirituais 196-212).
Dogma e contemplação. Contemplação se apoia sobre o dogma 259; mística sem dogma, mística hindu 433, 434, 436 nota 4, 438 nota 7, 588 nota 15, 444; exposição de J. Paliard 438 (Cf. Contemplação, Teologia); contemplação ultrapassa semblantes prateados, vai ao ouro da substância. Graças extraordinárias abrem o invólucro da fórmula 730; dogma traduz luz da contemplação 453; fusão harmoniosa da luz do dogma e da contemplação 976-977; dogma à luz da fornalha da união transformante 984.
Cultura dogmática (Cf. Leituras espirituais) perigo de intelectualismo 447; de curiosidade, de orgulho 449; pode ser nociva à contemplação 450.
Dogma e vida da Igreja 441-442; preferência de uma época por um dogma particular 209. Dogma da mediação universal e única de Cristo 861; dogma da Trindade 460-461, 436 nota 4; os dogmas concernentes a Cristo e a Nossa Senhora se explicitam através dos séculos a um só tempo 883 e s.
O dogma e os santos: submissão completa dos grandes espirituais 435, 438, 441, 443; Santa Teresa de Ávila, 208, 436; São João da Cruz 437; Santa Teresinha do Menino Jesus 75, 208, 436; Beata Elisabete da Trindade 452-454.

Dom

Dons do Espírito Santo 303 ou "espíritos" 304; fazem parte do organismo sobrenatural recebido no batismo 421; *habitus* 304; passividades 304, 410, 468; capacidades receptivas da ação de Deus 310 nota 19, 319, 422, 680 nota 47; maleabilidades e energias 305; portas para o infinito 318; velas içadas ao sopro do Espírito Santo 319. Distinção: não essencial, diversidade do objeto e do fim 309-313: 310 nota 19, 424. Dons contemplativos: inteligência 309, 317, 509 e s., 923, 972; sabedoria 309, 317, 509, 512-513, 685; ciência 309, 317, 995, 996. Dons ativos: conselho 310,

317, 751; fortaleza 310, em Santa Teresinha do Menino Jesus 316 notas 26 e 27, 317; temor 310, 1013; piedade 310, 311. Ação de Deus idêntica e diversidade de dons em Dom Bosco e em Santa Teresa 313. Dons e virtudes 285, 286; diferenças 305, 306; dons aperfeiçoam virtudes em seu exercício 307 (Cf. Fé viva, humildade fervorosa). Dons e bem-aventuranças 310.

Exercício dos dons, Santa Teresinha do Menino Jesus 321 nota 34; vida mística 287, 420 (Cf. Mística: vida, graça e experiência), elevações passageiras das almas das três primeiras Moradas às Moradas superiores 429; nas quartas Moradas, Deus invade a alma, aperfeiçoa as virtudes 307, 308, 319; influxo do Espírito Santo pelos dons e fecundidade da alma 955, 1024 e s. Experiência dos dons (Cf. Experiência) negativa 315-317; positiva 317-318; Deus-luz e Deus-amor 506 e s.; experiência do dom através do vazio 315 e nota 25.

Dons de Deus 37, 135, 300, 686, 924, 993; joias do desposório 946 e s.; dom perfeito e mútuo 367 (Cf. Matrimônio espiritual); dons sobrenaturais 48 (Cf. Graça), dons preternaturais 48; naturais 350 e s.; dons espirituais 355 e s.; "aspirai aos dons mais altos" 927 (Cf. Caridade).

Dom de si 322-335; necessidade 323, 324; situado sob a luz da oblação de Cristo 325-328; de Nossa Senhora 334, 636; qualidades 329, 330; absoluto, indeterminado 330-332, renovado muitas vezes 333-334; produz desapropriação, entrega à ação do Espírito Santo 332, provoca influências divinas 334; ascese necessária para a contemplação 599; deve ser completo para a união de vontade 649; perfeito no desposório espiritual 950 e s., 927, 928; disponibilidade completa da alma 1064, 1071.

Ato de oferta ao Amor Misericordioso 700, 845.

Doutrina

Base da vida espiritual 27, 197; leituras espirituais 207; necessária aos principiantes na vida espiritual, aos contemplativos 444-445; movimento moderno que trabalha para a divulgação da doutrina 450; perigo dos estudos empreendidos por esnobismo, curiosidade 450-451 (Cf. Dogma, Contemplação, Conhecimento).

Doutrina de São Paulo, cristocêntrica 202-203, 731, 862-863; doutrina sobre os carismas 1050; sobre a loucura da cruz 281-282; sobre o Corpo Místico 211, 298, 656 e s., 1017, 1018; sobre a caridade 998, 1007, 1012; sobre a graça 421.

Doutrina de Santa Teresa de Ávila: sobre a perfeição 128; interiorização e perfeição (Cf. c. Crescimento espiritual 127-132); doutrina sobre a oração 182 e s.; sobre o Bom Jesus 66 e s.; doutrina sobre a ascese (Cf. c. Ascese teresiana 80 e s.); doutrina sobre a contemplação, diversos graus: recolhimento 191, 496 e s., quietude 499 e s., graças extraordinárias 705; desposório e matrimônio espiritual 938 e s.; doutrina sobre o apostolado 123, 689, 690, 1040 (Cf. c. Espírito teresiano 117-126).

Doutrina de São João da Cruz: Doutrina sobre as noites (Cf. Noite); sobre a ascese absoluta: esquema gráfico-literário do Monte de Perfeição (Monte Carmelo), ao Tudo pelo nada 600, 601; as virtudes teologais: simbolismo das três cores 917-920; doutrina sobre a fé 456, 468-473 (Cf. Fé); os atos anagógicos 112-113, 581-583; doutrina sobre a esperança 827 (Cf. Esperança); a caridade 440, 924; amor e desenvolvimento do amor depois do matrimônio espiritual, Chama Viva 982 e s. (Cf. Oração, Contemplação, Aridez contemplativa 579 e s.), doutrina sobre as graças extraordinárias (Cf. Favores sobrenaturais, Graça); sobre união transformante 1011-1014 (Cf. União); aparente diferença entre Santa Teresa e São João da Cruz 513 e s., 694 e s.

Doutrina de Santa Teresinha do Menino Jesus: infância espiritual 832 e s. (Cf. Infância espiritual); comparação com Beata Elisabete da Trindade 452-454. Oração: definição 62; oração de fé 476, 845-847; meios simples 74, 452, 595-597; olhar voltado para Jesus Cristo 74, 271, 454; para a Santa Face 873-876, 881-882; doutrina sobre contemplação, simples olhar para Jesus, atitude do passarinho

845; as graças extraordinárias 308 e nota 14, 845; doutrina sobre a pobreza 343, 838, 841, 846-847; desejo de verdade 208 (ser e parecer) 990; doutrina sobre a ascese, ascese da pequenez 847 e s.; doutrina de Santa Teresinha do Menino Jesus se apoia na doutrina de São João da Cruz 700, 833, 846, 859; sobre o nada 835, 858.

E

Encarnação

Mistério: união da natureza divina e da natureza humana na pessoa do Verbo 75 e s., 326, 330, 360, 367, 1030, 1040; triunfo da Sabedoria de amor 302, primeiro elo da cadeia de mistérios cristãos: Encarnação, Redenção, Igreja 666, 870, 1030, 1065; cooperação de Maria pelo *Fiat* 324, 334, 635, 886, 887, 1065; obra do Espírito Santo 1017; Verbo assumiu uma natureza humana para arrastá-la ao seio da Santíssima Trindade 77, 1031; Encarnação não foi conhecida pelo Antigo Testamento 293; sua revelação progressiva por Jesus (Nicodemos) 821-822, 871; união transformante faz a alma penetrar no mistério da Encarnação 1021-1022.

Encarnação do divino na natureza humana realizada pelo Espírito Santo 1017-1018; assume as formas da natureza humana individual que o recebe 133, 137, 922 nota 78, 1075; adapta-se à nossa fraqueza 238, conquista para elevar 1032, 1039; produz choques com o humano 1033 e s., 1069 (Cf. Comoção); realiza-se na pobreza 872, humildade, mansidão 1048-1049; realiza união transformante 1030 e s.

Entendimento

Inteligência que raciocina 42, 179, 180, 215; trabalha sobre as imagens 215, 536; faz parte dos arrabaldes da alma 42, 385, 537, 680. Demônio age poderosamente sobre o entendimento 103, 221.

Entendimento e fé. Fornece alimento e base da fé 197, 286, 461, 467, 918; sofre efeitos privativos da luz divina

510, 512, 579; é cego na noite do sentido 542-544; sofrimento agudo na noite do espírito 765, 774-775.

Entendimento e oração. Auxilia o recolhimento no princípio 63, 189, 194, 573; sustenta a vontade, incomoda-a às vezes 215, alimenta meditação 196-200; disciplinado nas orações simplificadas 270; impotente na oração de recolhimento passivo 497; entendimento e distrações e aridez 215; entendimento na oração de quietude 501-502; excitado como um louco 385, 501 e nota 26, 575-576; entendimento e perturbações patológicas 219-220; entendimento e palavras sucessivas 709-710; entendimento e ação da Sabedoria 914-915, 931.

Esperança

Virtude teologal infusa 824, enxertada na memória e imaginação 388, 918; repousa sobre apetite irascível, desejo ardente do bem supremo 825; virtude de caminhada 825.

Símbolo da esperança: almilha verde 827, 919; capacete da salvação 919.

Duas formas: ativa, movimento em direção a Deus 825; **passiva,** imóvel, atrai suspirando 825, 826.

Esperança aperfeiçoada pela pobreza 831, 832; não possui 827; purificação da memória pelos toques divinos 830; pobreza total gera esperança perfeita 827-828; esperança obtém tudo 827, 832, 837; doutrina do nada de São João da Cruz 830, 831.

Virtude das sextas Moradas e da noite do espírito 130, 832; disposição de fundo da espiritualidade de Santa Teresinha do Menino Jesus 837, 838 (Cf. Infância espiritual, Pobreza).

Movimento da esperança na união transformante 832.

Esperança e Nicodemos 821, 822.

Nossa Senhora, esperança na noite do espírito 889 e s.

Espírito

Espírito de Deus (Cf. Espírito Santo).

Espíritos: puros espíritos 95; estão presentes onde agem 27, 744 (Cf. Anjo, Demônio); presença do espírito impuro percebida pelo espírito purificado 221; luta de espírito contra espírito 769; espírito e deserto 389-399.

Espírito: região mais interior da alma 42-43, 536, 581 (Cf. Centro); espírito e alma 43-44; esconderijo da fé 581 e s., 589; solidão da alma 586, 680, 925; linguagem de puro espírito a espírito puro 680, 696, 757, 932.

Sentido e espírito, distinção 43, 536-537, 544, 582, 680; dualidade 48, 71, 588, 602; espírito perturbado pelos sentidos 744, 769; tendências têm suas raízes no espírito 760, 904; demônio se coloca na passagem do sentido ao espírito 105-106, 761.

Purificação do espírito 431, 535-538, 903 (Cf. Noite do espírito); fogo do amor se inflama no espírito 902, 910-911.

Divagações do espírito 42, 214, 220-221.

Orgulho do espírito: pecado original 48, 102; pecado angélico 352-353; do fariseu 354; pretensões intelectuais 450, orgulho do espírito depois da noite do sentido 761.

Submissão do espírito pela obediência 624; submissão ao dogma 436.

Paz do espírito 562, 582, 981.

Voo do espírito e arroubo do desposório 680, 693, 942; em Santa Teresinha do Menino Jesus 845.

Primícias do espírito 24, 675, 743-744, 985, 1028, 1067-1068.

Espírito filial 33, 77, 843, 1028; vem de Cristo 193.

Espírito extraviado, imperfeito 83, 991; espírito de propriedade 532, 829; espírito crítico 450-451; espírito de fornicação, de blasfêmia, de vertigem, tormento do espírito 549.

Espíritos modernos 59, 179, 519, 741.

Espírito teresiano 116-126, 210; espírito do Carmelo 320-321; espírito de Elias 395, 397-398.

Espírito Santo

Terceira Pessoa da Santíssima Trindade 30 nota 17; Amor substancial e personificado 197, 1030; espiração de amor do Pai e do Filho 1008, 1011; chama de amor, fogo que consome 675, 984, 1011; dom perfeito de Deus 37; sopro da Sabedoria de amor, da misericórdia infinita 318; reconhecido em Jesus por Nicodemos 821; não sabemos de onde vem nem para onde vai 822.

Presença do Espírito Santo:

Na alma: presença ativa de imensidade 27, 28, 1008, 1009; objetiva 29 e s., 1010 e s.; dominadora 1013-1016.

Ação santificadora: pelo auxílio geral 64, 129, pelo auxílio particular 64, 129-130; pelos dons do Espírito Santo (Cf. Dom); pelas iluminações e moções no ato de fé 286-287; pelas graças extraordinárias e ordinárias (Cf. Graça); pela identificação com Jesus Cristo 1016-1023; 1028-1029.

Na Igreja: alma da Igreja 319, 1008; ação construtora 928, 1018, 1030, 1034, 1035, 1041, 1065, 1071; Pentecostes 319, 1008, 1057, 1067; Espírito Santo e Igreja primitiva 319, 1008-1009, 1046; atualmente, ação mais escondida 320, 1009; Espírito Santo, apostolado de amor e missão de apostolado (Cf. Carisma, Apostolado); formação do apóstolo (Cf. Instrumento).

Experiência da presença:

Nas quartas Moradas, depreendida nos sabores de quietude 499, 502, 504, 508, 1010; de modo obscuro na aridez contemplativa 503-505.

Nas quintas Moradas, contato no obscuro 642, 643 e s., 1010.

Nas sextas Moradas, percepção na luz 683, 1010 (Cf. Visões, Arroubos).

Nas sétimas Moradas, visão intelectual da Santíssima Trindade 972-977; despertar do Verbo 987, 988; aspiração de amor 988.

Experiência de Deus-amor em Santa Teresinha do Menino Jesus 698-704.

Estigmas

Feridas aparentes representando um ou vários traços da Paixão, caso de Teresa Neumann 789-791.

Possíveis explicações: ação direta de Deus por meio de um anjo, causa instrumental, ou indireta por meio de um processo psicofisiológico; possível simulação do demônio nos dois casos 792, 793.

Discussão: impotência do processo psicofisiológico 794; estigmas por sugestão 795 nota 105, 798; estigmas interiores por compaixão ou comoção 796, poder da visão no êxtase 796, 797; força plástica imprime estigmas 796-798, hipótese conforme a certos fatos 794-800; opinião de São João da Cruz 798-800.

Conclusão: caso de repercussão do espiritual sobre o sensível 802; possiblidade de causas psicopatológicas 797, 800-802; caso único de São Francisco de Assis 793, 802 nota 119; prudência no julgamento constado sobre caso particular 802, 803.

Eucaristia

Humanidade viva e imolada de Cristo como alimento para as almas 76, 658 (Cf. Jesus Cristo, Sacerdote); fim de todos os sacramentos (definição do Concílio de Trento) 76 nota 52; fonte por excelência da vida divina, canal principal da graça, condição necessária da vida sobrenatural 1018; triunfo da Sabedoria de amor 302, 1031.

Presença do Cristo imolado 85; depois da Ceia 659.

Presença eucarística e presença da Santíssima Trindade na alma 30 nota 18.

Influência apaziguadora da eucaristia (Jesus sacramentado), na aridez contemplativa 594; eucaristia e gula espiritual 534.

Eficácia unitiva, faz os santos e constrói a Igreja 76-77, 624-625, 660, 1018; pela fé nos une a Cristo 477, 632, 863; comunica a vida divina 658; faz entrar em Cristo 660; nos garante o benefício de seu sofrimento redentor 659, 886.

Exercício

Oração exercício da vida espiritual: não exercício de escola 56, 192, mas se aprende com exercícios perseverantes 168; oração teresiana é exercício real da vida sobrenatural e já da vida celeste 192-193; oração de recolhimento não é exercício transitório, mas visa à união constante 55, 186.

Exercício da aspiração 583. Exercício da presença de Deus (Cf. Presença). Oração vocal, exercício de humildade para o contemplativo 171. Exercício humilde e cotidiano da obediência purifica e torna dóceis as faculdades 636. Exercício dos dons do Espírito Santo depende da livre intervenção de Deus 421.

Exercício das virtudes: necessário no início 306.

Exercício da fé: dois modos, racional e imperfeito; puramente sobrenatural e perfeito 286-287, 466 e s., exercício da fé através do olhar penetrante sobre a Realidade percebida ou suspeitada 585-586. Exercício da fé convém aos temperamentos intelectuais na aridez contemplativa 585.

Exercício da esperança, ativo e passivo 825 (Cf. Esperança), ação do Espírito solicita cooperação ativa no exercício da virtude nas sextas Moradas 826-827 (Cf. Noite do Espírito, Pobreza e Infância espiritual).

Exercício do amor: é importante exercitar-se no amor (São João da Cruz) 649-651, 927. Exercício do amor pelos atos 650; ascese da pequenez de Santa Teresinha do Menino Jesus 847-851.

As intervenções misericordiosas de Deus aperfeiçoam o exercício das virtudes 468; modo perfeito do exercício das virtudes ou guinada psicológica 917. Exercício da virtude permanece possível em certas perturbações psíquicas 810, 811.

Experiência

Experiência mística: percepção pela consciência psicológica da ação de Deus pelos dons do Espírito Santo 314; experiência mística e vida mística 314, 315; experiência mística e visão face a face 997-998; experiência mística diferente nos santos e nas almas, devido aos temperamentos 506, 516-519; Santa Teresa 502, Deus-amor 512; São João da Cruz 503, Deus-luz 509-512.

Experiência dos dons do Espírito Santo 313 e s.

Experiência negativa: a mais constante, a mais autêntica 316 e nota 26; experiência de Deus-luz pelo dom da ciência 346-349 (Cf. Humildade fervorosa), pelo dom da inteligência 922-924, 929-932 (Cf. Noite do espírito, Efeitos); experiência do próprio dom pelo vazio 315, 316, 959, 960.

Experiência positiva pelo dom da sabedoria (Cf. Dons do Espírito Santo, Experiência); experiência de Deus-amor 512-513, jorrando da conaturalidade 977, 992-993.

Nas quartas Moradas: recolhimento passivo 498, quietude, 500; ação de Deus nas faculdades 508; experiência da nascente profunda que permanece distante 508; aridez contemplativa, terceiro sinal de São João da Cruz 542, 543 (Cf. Noite passiva do sentido).

Nas quintas Moradas: experiência do contato com Deus 672, 679; certeza e escuridão 642-643.

Nas sextas Moradas: experiência dolorosa das purificações 756-820; graças extraordinárias: arroubos 943-944; visões 712-724; toques substanciais 964; desposório espiritual 940 e s., pacífica na obscuridade da fé 929-932.

Nas sétimas Moradas – experiência trinitária: visão intelectual 972-978; paz 978-981; a mão do Pai 985; Verbo adormecido 987; Espírito Santo, chama, fornalha 984-985, aspiração do Espírito Santo 988.

Experiência do duplo movimento do amor 1033-1039.

Experiência da misericórdia 833 e s.

Experiência da pobreza espiritual 843; Santa Teresinha do Menino Jesus e São João da Cruz 811, 833-834, 843.

F

Faculdades

Seu lugar na alma 42; distinção das faculdades e potências 42, 216, 536; pecado original destruiu harmonia 48, 219; faculdades sofrem influência do demônio 96, 106, 162; virtudes infusas enxertadas nas faculdades 286, 306; intervenção de Deus pelos dons do Espírito Santo 306-307.

Faculdades e oração:
Três primeiras Moradas: faculdades em atividade na oração 168; fraqueza e dificuldades das faculdades 50, 144, 145; faculdades alimentadas pelas leituras espirituais e pelo estudo da verdade 198-199, 478; sustentadas pela oração vocal 172 e leitura meditada 177; passam à meditação 178; perigo de excesso da atividade intelectual 181 e nota 33; exercício do recolhimento 183, 187-195; distrações e aridez 214-218. Ascese do desapego 160-164, 383. Pacificação nas orações simplificadas 269-272.

Quartas Moradas: pacificação e agitação na quietude 499, 500, 574-578. Ascese da solidão e do silêncio 384-388. Impotência na aridez contemplativa 503-504, 510-511, 546-548; sofrimentos na noite do sentido 536, 544-547, 571, 592; pacificação e adaptação ao espírito 549-550, 552-553; deveres da alma na noite 566, 573, 579-598; faculdades e fé viva 582-583; atos anagógicos 584-585.

Quintas Moradas (Cf. Graça mística 642): desorientação da borboleta 646, 653, 654.

Sextas e sétimas Moradas: faculdades e noite do espírito (Cf. c. Noite do espírito 756-820); guinada psicológica 913-917; paz e agitação das faculdades 978-982. Suspensão das faculdades na união mística 941-943, 963 e graças extraordinárias (Cf. Desposório espiritual); raposas 958-959; nunca apaziguadas completamente 36, 386, 980-981.

Favores sobrenaturais
Toda forma da ação de Deus na alma. Definição 706-707; faz-nos entrar no conhecimento de nós mesmos 50-51.

Favores ordinários, infusão de caridade com contato que ela produz 706-707, quietude 47, 502; união de vontade 651-652; conhecimento de conaturalidade 410, 513 (Cf. Conaturalidade); contemplação 410, 695-696; unções delicadas do Espírito Santo 696-698; palavras sucessivas 709 (Cf. Palavra). Visão intelectual da Santíssima Trindade 727 (cf. Visões 726).

Favores extraordinários: ação direta de Deus sobre as faculdades ou sentidos para produzir conhecimento distinto 706-707; classificação de São João da Cruz 707-708; de Santa Teresa 708; palavras formais 710; substanciais 711; visões intelectuais, imaginárias (Cf. Visões 712-727) 713, 715, 718, 719; revelações 717, 724; toques substanciais (Cf. Toque).

Modos da ação de Deus: Deus age diretamente sobre as faculdades 706, 736-738; por meio de percepções sensíveis 738; utilização dos arquivos da memória 740-741; Deus se adapta à alma 741-742; Deus utiliza causalidade instrumental dos anjos 742-744.

Efeitos: atalhos 20, 640; graça mística das quintas Moradas 642 e s.; São Paulo no caminho de Damasco 341, 1066. Marcos luminosos 21, 640, 683, 693, 705. Santificação da alma 728-729. Luz 729-731. Efeitos carismáticos 731-733.

Discernimento: sinal certo da ação de Deus: humildade 748, 749. Ação do demônio 744-750 (*passim*).

Atitude da alma: não se comprazer neles 751; não os desejar 753; submetê-los a controle 753.

Fé

Definição do catecismo: virtude teologal infusa 460, enxertada na inteligência 197, 463; qualidade operativa e participação na vida divina como conhecimento 462. Definição do Concílio de Trento 456 nota 2, Vaticano I 460 nota 11. Definição de São João da Cruz: hábito da alma certo e obscuro 468, 473; único meio próximo e proporcionado para a união da alma com Deus 455-456, 473, 582; posse de Deus no estado obscuro 464, 466; símbolo: túnica branca 112, 918-919.

Ato de fé: gênese 460-462; ponto de partida: os sentidos 197, 370, 460, 913; exame da inteligência 461; virtude da fé esclarece a inteligência, sustenta a boa vontade 462; ato de fé propriamente dito: adesão 462, 464; contato com Deus 464-465; penetração em Deus 466.

Conhecimento da fé, características: **obscura,** em seu primeiro objeto, mistério de Deus 460 nota 12, 468-470; luminosa em seu objeto secundário 471, na fórmula dogmática 471. Símbolo: ouro da substância sob os semblantes prateados 306, 471; orla luminosa 471; nuvem 457, 930-931 nuvem luminosa que ilumina a noite 471-472. A fé é luz, a escuridão é apenas um efeito 473. **Certa:** certeza objetiva absoluta 473; certeza subjetiva através da firme adesão da vontade apoiada sobre a autoridade de Deus, adesão confortada pela experiência 474; pode comportar perturbações e tentações 475-476 (provação de Santa Teresinha do Menino Jesus).

Modo imperfeito: fé conceitual apoiada sobre luz da inteligência 306; garante contato intermitente com a Realidade divina 478; fé das três primeiras Moradas; modo imperfeito exige alimento da verdade revelada 199, 286; nos diferentes graus 197, 478; necessidade de leitura (Cf. Leituras espirituais 196-200); do estudo do livro vivo, Jesus Cristo 201-212 (Cf. Jesus Cristo); perigo de sentimentalismo egoísta 199; de anemia por ignorância 199-200. Conduz à contemplação teológica 407-408, 450; caso do teólogo contemplativo 407, 447, 451.

Modo perfeito: fé viva aperfeiçoada em seu exercício pelos dons do Espírito Santo 286, 307, 468, 507; libertada das operações da inteligência 307, 409; penetra na obscuridade do mistério 439; no ouro da substância 437, 471.

Fé e dom da inteligência: Deus-luz 509-512; produz aridez contemplativa 582; noite do sentido e noite do espírito 472-473.

Fé e dom da sabedoria: Deus-amor 506-509; conduz à contemplação infusa (Cf. Contemplação). Triunfo da fé viva na visão intelectual da Santíssima Trindade 976.

Fé e *lumen gloriae* 133, 997-998.

Fé e atos anagógicos 584-588 (Cf. Anagógico).

Fé e graças extraordinárias 741, 751.

Fé de Nossa Senhora 470, 481; fé heroica de Abraão, divinamente recompensada 1047; fé em Santa Teresinha do Menino Jesus 845, 847, 856-857; fé em São João da Cruz 468 e s.

Fecundidade

Finalidade da vida espiritual 123; realizada pela união de amor entre dois seres vivos 1065. Razão da escolha dos apóstolos 1024. Fecundidade acompanha ação do Espírito 318-319; Sabedoria de amor 298-302. Fecundidade de Nossa Senhora: sua maternidade espiritual 334-335, 885-888, 898.

Fecundidade do carisma 1042-1045.

Fecundidade da obediência 626-628.

Fecundidade da alma sob os primeiros influxos divinos 1058-1059.

Fecundidade da alma nas quintas Moradas 646-647, 662-666, 1060-1063; nas sextas e sétimas Moradas 1065-1076; graça de maternidade nas sextas Moradas: graça carismática produzida por meio de um anjo 743-744, 1067-1068; não ligada a um modo extraordinário 1068; concedida para a transmissão de um espírito 24, 743, 985, 1068: transverberação de Santa Teresa 24, 663, 743, 1067; graça de fecundidade de São João da Cruz 1067-1068. Fecundidade das missões de apostolado 1044 e do apostolado na união transformante 130, 1015, 1073-1074.

Fraqueza

Consequência do pecado 307, ligada à condição humana 87, 92, 227.

Fraqueza sob a ação de Deus 693, 763, 788, 960, 963; devida ao temperamento 599, 615-617; pode ser patológica 101, 219-220, 801, 803-804 (Cf. Patológico); fraqueza física 775-778; o dirigido deve dar a conhecer suas fraquezas 263; fraquezas sob a ação de Deus desaparecem nos cumes da vida espiritual 979-980.

Fraqueza da alma, causa de provações 163, 221, 225; dolorosamente experimentada 473, 785, 826; não causa espanto em Deus 546, 554; atrai a misericórdia 343-344; não impede a santidade 781-785, 782 nota 76, 801, 808 e nota 129, 811-815.

Fraqueza da criança: confiante 597; aceita 343, 842; audaciosa 841; suscita o espírito filial 843-847; apoia-se apenas em Deus 848-852 (Cf. Infância espiritual); dom da delicadeza e do sorriso 857.

Deus adaptou-se à nossa fraqueza: encarnando-se 192, 238; oferecendo-nos os auxílios das comunicações e favores 763, 1025, 1065 (Cf. Favores sobrenaturais); o Espírito Santo vem em auxílio da nossa fraqueza 423, 826, 1028; "Basta-te a minha graça" 912.

Fraqueza do olhar e do conhecimento 424, 469, 685.

G

Graça

Graça santificante, participação na vida divina 29, 31 nota 25, 986, 1001, 1003, 1010; bem difusivo, amor, vida 33; derramada pelo Espírito Santo, cria um parentesco com Cristo 986, 1018, com Cristo imolado e ressuscitado 85; penhor da adoção divina 1018; vida de Cristo em nós 1019 (Cf. Amor, Caridade); dada no batismo 33, 364, 1001; inserida a título de qualidade entitativa na essência da alma 31, 310 nota 19, 463, 1001; enxertada na natureza humana 33, 137; possui um organismo: virtudes teologais e dons do Espírito Santo 33, 304, 305, 462; é filial 56, 77, 308, 661, 843, 844, 1018, 1028; invasora, fermento 33, 1002; grão de mostarda 33; conquistadora, opera progressivamente obra de transformação e de união 33-34, 1002 (Cf. c. Crescimento espiritual 127-138); etapas de crescimento significadas pelas Moradas 32 (Cf. Moradas); desenvolvimento vai até a plenitude transformante 1001-1007; graça e graus de união 34-38 (Cf. União); no cimo, união transformante une a Cristo 1016 e s., submete ao Espírito de amor 1013, 1030; desabrochar no santo 1019, 1076.

Graça ordinária ou auxílio geral: primeira fase 64, 141.

Auxílio particular (Cf. Quadro), segunda fase 64, 141; primeiras graças contemplativas: nas faculdades, infusão de amor 500-502, de luz 503, 504 (Cf. c. Deus-luz e Deus--amor 506-519).

Graças de união: no centro da alma 643, 679, 682, 695-696 (Cf. União); união de vontade: domínio de Deus sobre a vontade 129, 645, quintas Moradas (Cf. União de vontade 644-647); toques substanciais das sextas Moradas 948-949; união transformante 34-35, 1003, penetração substancial 973, assenhoreamento do Espírito Santo sobre a alma 1013, 1016 (Cf. União transformante), sétimas Moradas.

Graças extraordinárias: palavras, visões (Cf. Favores sobrenaturais, Favores extraordinários 705-727); graça mística das quintas Moradas (Cf. União de vontade 642); graça do desposório 692, 941-943 (Cf. Desposório espiritual); graça do matrimônio espiritual (Cf. Matrimônio espiritual 968-972).

Graças carismáticas (Cf. Carisma).

H

Habitação

Habitação de Deus na alma, centro da espiritualidade teresiana 27; descoberta na visão da alma justa 18 nota 7, 19, visão do Castelo (Cf. Moradas).

Habitação: presença ativa de imensidade 27-28, presença objetiva 29-30. Localização no centro da alma (Cf. Centro); localização no matrimônio espiritual 972.

Habitação de Cristo na alma 687 nota 71.

Habitação da divindade na humanidade de Jesus Cristo 45.

Hábito

Hábito ou *habitus,* definição dons do Espírito Santo segundo Santo Tomás 303-304.

Hábito sobrenatural enxertado nas faculdades 197 (Cf. Dom, Virtude).

Hábito da alma certo e obscuro: a fé 468 (Cf. Fé).

Hábitos e tendências (Cf. Apetites/Tendências); renúncia aos hábitos nas segundas Moradas 161; hábitos imperfeitos se purificam na noite do espírito 905.

Humildade

Atitude de verdade diante de Deus 44, 52, 345, 353, 354; sinal do divino 345, 361; efeito e sinal da ação de Deus nas graças extraordinárias 747-748; perfume de Deus 750; tem o gosto de Deus 344; humildade ignorada do demônio 114.

Necessária já nas primeiras Moradas 336; humildade e grandes desejos 167; sobretudo na entrada das quartas Moradas 337, 349; nas sextas Moradas 351, 909, 910. Falta de humildade detém a alma nas terceiras Moradas 274, 336. Humildade, disposição fundamental para a contemplação 71, 225, 321, 479, 564; ganha-pão dos espirituais 345; pão com o qual é necessário comer todos os outros alimentos 51; conquista-se pelo exercício, oração, contemplação, contato com Jesus (Cf. Meios para adquirir a humildade 358-360).

Verdade e humildade 47, 52, 348.

Diferentes graus segundo a natureza da luz que a produz 349.

Humildade racional: à luz da verdade descoberta pela inteligência 45, 346. **Verdadeira:** alma se conhece na perspectiva do Infinito 45 (Cf. Conhecimento de si), vê suas faltas, o pecado nela 346; verdadeira humildade se adquire lançando o olhar sobre os aniquilamentos de Cristo 51, 346; não inquieta, produz paz e alegria 52, temor filial 46. **Falsa** humildade sugerida pelo demônio, lança em inquietações agitadas, desânimo 51, 114, 748; causada pela melancolia 51.

Humildade fervorosa 347-349; a luz vem de Deus 51 pelos dons do Espírito Santo 347, pela Sabedoria de amor 347 e s., 550-551, 910. Ela é ofuscante 348-349, profunda e eficaz 343, 749. Humildade fervorosa aumenta cooperação com a ação de Deus 345, atrai dons de Deus 344-346 e misericórdia 343, 479; protege do demônio 114. Humilhações, fonte de graça 359-360, 388; fonte de luz 342 e s.; São Paulo 341, 427, a Samaritana 340-341, Nicodemos 338-339. Duplo abismo 45, 46 e nota 19, 343, 345.

Formas de humildade segundo as formas de orgulho que ela combate 349-357: dos bens exteriores 350-351, da vontade 351-352, da inteligência 352-353, espiritual 354-357 (Cf. Orgulho).

Humildade de Jesus Cristo manso e humilde 45, 352, 360-361; de Nossa Senhora 45, 343; de Santa Teresinha do Menino Jesus 343-344, 348-349, 357, 842; de Santa Ângela de Foligno 357.

I

Igreja
(Cf. Cristo Total). Fim de todas as coisas 657, último elo da cadeia dos mistérios: Encarnação, Redenção, Igreja 666, 1030, 1065.

Igreja e Jesus Cristo 176, 657-661 (Cf. Jesus Cristo).
Igreja e Espírito Santo (Cf. Espírito Santo).
Igreja, Cristo difundido 77; sociedade hierarquizada 249; poder, missão 621; magistério infalível 207-208, 441; conserva a verdade 440-441; Igreja e heresias 442.
Amor à Igreja 664-666, 1031, 1066, 1069.
Apostolado na Igreja (Cf. Apostolado).
Descoberta da Igreja 662 (Cf. União de vontade).
Carmelo e Igreja: espírito teresiano 116 e s.
Santa Teresa de Ávila, Santa Teresinha do Menino Jesus e a Igreja 1038, 1077.

Imaginação

Potência sensível 42, 536; cria e fornece imagens, faculdade instável 218, 537; distinta do entendimento 42 (Cf. Entendimento).

Virtude da esperança enxertada na imaginação e na memória 388 (Cf. Esperança, Memória, Silêncio).

Imaginação e demônio, influência 95, 96, 101, 102; por obsessões imaginárias 774; cria fantasmas 102, 103: produz visões e palavras (Cf. Demônio).

Imaginação e melancolia 51, 220, 221.

Imaginação e oração (Cf. Oração) agitação, anda vagueando, divagação 575-576 (Cf. c. Distrações e aridez 213-226. Silêncio); simplificação de imagens nas terceiras Moradas 269, 414; imaginação pode ajudar no recolhimento ativo 189.

Imaginação e contemplação, não pode propiciar o recolhimento passivo 497 (Cf. Recolhimento); imaginação e quietude 499-502; e aridez contemplativa 503-505; imaginação na noite do sentido 544, na noite do espírito 914, 915; imaginação e graças extraordinárias 707; visões imaginárias 707, 713 e s.

Infância espiritual

Doutrina espiritual de Santa Teresinha do Menino Jesus 832 e s.; caminho de santidade 166, 843; cooperação com a noite do espírito 859; conduz à união transformante 847.

Fundamento: conhecimento experiencial de Deus-amor 843 e da pobreza da alma 838, 842; esperança purificada pela pobreza espiritual 827, cria uma atitude essencial de infância que atrai a misericórdia 849; criança apresentada como modelo 840; necessidade de um novo nascimento espiritual 822, 841-842; repousa sobre a doutrina de São João da Cruz do Tudo e do nada 828.

Realização: cultivar a confiança e a pobreza 828, 837-839; manter o olhar constantemente e através de tudo dirigido para Deus 827; praticar a ascese da pequenez: perseverar no esforço vigoroso e na confiança apesar das quedas, levantar seu pezinho contando com Deus para o sucesso 850, 851; não ir em direção ao extraordinário 852, 853; aceitar as mortificações impostas 854, 855; cumprir plenamente seu dever de estado 854; ir ao encontro das ações de caridade 855; na alegria 857 (Cf. Ascese, Oração).

Infuso(a)

Que penetra nas profundezas como óleo derramado, como fermento na massa 681 nota 49, 1001-1002 (Cf. Graça); maneira divina de agir silenciosa e obscura 694 e s. (Cf. Contemplação); toda ação de Deus é infusão de amor 678; infusão de graça pelo sacramento da penitência 904; infusões profundas de graça criam noite do espírito 914.

Virtudes infusas ou teologais 285 (Cf. Virtude) potências concedidas no batismo 421; fé: luz divinamente infusa no espírito do homem 462; causa principal do ato de fé 462 (Cf. Fé); toda infusão de caridade permanece no modo ordinário do agir divino 707; infusões de amor merecidas pelos trabalhos e sofrimentos 701; desapego, fruto da infusão de amor 649; infusão de amor na vontade 652, 677 (Cf. c. União de vontade 637-652); amor infuso na noite do espírito: incêndio de amor 901; infusão de amor cada vez mais qualificado nas sextas Moradas 705.

Contemplação infusa (Cf. Contemplação sobrenatural 408 e s.) forma da contemplação a partir das quartas Moradas 406, 408, 409, 683, 684, 702, 703, 909, 943.

Conhecimentos: luzes passivamente infundidas por Deus 929-934; infusão direta por Deus de uma luz na alma 707, 717, 719, 727 (Cf. Visões intelectuais 713 e s.).

Humildade fervorosa é mais infusa do que adquirida 346.
Ciência infusa de Cristo 204.

Instrumento

Deus utiliza habitualmente instrumento para sua ação 740, 818.

Humanidade de Cristo causa instrumental física da efusão da vida divina 76.

Nossa Senhora causa instrumental 886, 887.

Anjos causas instrumentais na transmissão da vida divina, nas graças carismáticas 742-744.

Instrumentos humanos escolhidos por Deus 395 (Cf. Apostolado), Deus os escolhe 301; apodera-se deles 666; prepara-os 1043 e s.; ele os conduz ao deserto 389; envolve-os de solicitude 397, 607, 1046.

Qualidades requeridas: fidelidade atenta e forte docilidade 397, 1049, 1050; fidelidade do instrumento, condição da amizade com Deus, faz realizar a perfeição 1045-1048.

Instrumento imperfeito pode ser fecundo 1044, carismas 1041-1044 (Cf. Carisma); instrumento humano pode ser fraco, sua fecundidade pertence à própria Sabedoria 627.

Instrumento perfeito nas sextas e sétimas Moradas 1063-1077, graça eleva a alma à altura de sua missão 1043.

Profetas 396; Juízes 1041-1043; São Paulo, privilégio excepcional 1066.

Inteligência

Faculdade da alma distinta da essência da alma 43; distinta das potências sensíveis 536; dois aspectos da inteligência 215; não pode unir com Deus 78, 458, 459; nem penetrar no desígnio de Deus 299; o demônio não penetra nela 95, 96, 100 nota 15; a lei moral é revelada à inteligência 283, 323.

Necessidade de cultura (Cf. Doutrina, c. Leituras espirituais 196-212); perigo de ignorância religiosa 199, 200, perigo de intelectualismo 433-437, 586; inteligência e aridez (Cf. c. Distrações e aridez 213-226, Aridez contemplativa 579, 580).

Inteligência e fé: enxerto 463; inteligência necessária 197-198; curiosidade ou orgulho da inteligência incomoda a fé 449, 450; inteligência saboreia, mas esgota rapidamente as luzes 218; semblantes prateados ou fórmulas adaptadas à inteligência 409; operações da inteligência no ato de fé 461-463 e nota 19, 464, 467; objeto da fé coloca a inteligência na escuridão 469, 472; clarões para a inteligência na orla do mistério 471; mal-estar da inteligência na obscuridade do mistério 474; submissão completa exigida 473 (Cf. Fé).

Inteligência e oração: trabalho da inteligência sobre os dados dos sentidos 457; atividade da inteligência predominante nas orações ativas 477; no recolhimento ativo 216; nas orações simplificadas 270-272; intuição 272 e nota 11; amor impulsiona o conhecimento 198.

Contemplação intelectual 406-408.
Contemplação teológica 447 e s. (Cf. Contemplação).
Inteligência e dons do Espírito Santo 306, 309, 310. Inteligência inapta para Deus-luz 509; dom de inteligência torna a inteligência inquieta, cega 510; experiência privativa 511, 512; sinal positivo da contemplação 415.

Contemplação infusa comunicada à alma sem o conhecimento da inteligência 695, 706, 707; luz das graças extraordinárias 729, 730, 944-949. Visão intelectual da Santíssima Trindade 975-976. Luz de conaturalidade 929-930 e verdade dogmática 976. Inteligência e *lumen gloriae* 997.

J

Jesus Cristo

Homem-Deus 77; Deus: Verbo no seio da Santíssima Trindade 77, 928; Palavra de Deus 202, 205; Homem: feito carne 657, 1034; Jesus Cristo obra-prima da Sabedoria de amor 302, do Espírito Santo 1017; profundezas e riquezas 133, 326, 661, 1021, 1022.

Mediador universal e único 72, 75, 78, 193, 203, 860, 861, 863, 868, 886; Sacerdote 327, 860, 884, 886, 1040, 1066; Vítima 85, 326-328, 863, 870; Redentor 77, 301, 883; vida e morte de amor 880, 1052; Pão da Vida 76, 85, 658, 1018.

Sua vida oferta de si mesmo a seu Pai 326-328, 330.

Vida escondida 389, Jesus e Maria 886, 887, 1066; reservas de silêncio 367; obediência 627; humildade 45, 337, 360, 361.

Vida pública 337, Nicodemos 338, 339; Samaritana 339-341; leis que guiam sua ação 341, 342. Oração sacerdotal 76-77, 659; oração no Getsêmani 123-124, 149-150, 762, 870. Jesus imolado, crucificado, tipo da humanidade regenerada 85, 86.

Jesus Cristo livro vivo 201, conhecimento de Cristo fim da leitura espiritual 205; pessoa de Cristo nas Sagradas Escrituras 205-207; Cristo Verdade nos livros dogmáticos 207-209; Cristo Caminho nos livros de espiritualidade 209-211; Cristo Vida na Igreja e nos santos 211-212.

Jesus Cristo e oração: necessário em todas as etapas 66, 67, 78, 79, 861, 864 e s., 868; para os principiantes 66, 67; na oração de recolhimento 184, 185, 861; Jesus Cristo modelo perfeito na noite do espírito 869-870, 879-880; a Santa Face 206, 870, 873-876, 881 e s.; visão intelectual 713, 714 e visão imaginária de Jesus Cristo 715-716, 968; visão mais elevada no matrimônio espiritual 968-970, 985-988; identificação com Jesus Cristo na união transformante 1016-1023.

L

Liberdade

Liberdade de Deus soberana 556, liberdade da misericórdia 135, 136, 422, 494; liberdade da Sabedoria 293 e s., 318, 815; Deus se doa com toda liberdade à alma 1012.

Ação do Espírito Santo não suprime a liberdade da alma 254, 255, 308, 309 e nota 14; a Sabedoria a utiliza 608; dom de si, humildade, silêncio exercem um poder quase irresistível sobre a liberdade divina 335, 345, 362, 403.

Liberdade da alma: lei moral 137, 283, 323; liberdade na oração 59, 60; liberdade de espírito 72, 164, 165; liberdade deixada às tendências 48, 145, 781; diretor deve respeitar a liberdade das almas 254 e nota 18; a alma perde sua liberdade se ela a aplica a alguma coisa criada 908; liberdade das almas diminuída ou destruída por certas doenças 809, 811, 812; liberdade perfeita assegurada pelo desapego 648; liberdade e dom de si 323, 324; liberdade e obediência 621.

Liberdade do amor no desposório 952, 953; na união transformante 1016, 1072-1074; liberdade de trabalhar pelo Reino de Deus 1037, 1039; somos verdadeiramente espirituais quando entregamos nossa liberdade a Deus 1027, 1064.

Localização

Localização da presença de Deus no centro da alma 30 e s. (Cf. Presença, Centro).

Localização da ação de Deus criadora de vida divina (Cf. Ação) no sentido e nas potências exteriores 508; depois nas faculdades mais interiores 508; enfim no centro da alma 370, 679, 680, 901, 902, 927.

Localização das indisposições físicas 778 (Cf. Noite); das perturbações mentais e tendências patológicas 811 (Cf. Patológico).

Localização dos espíritos impossível no espaço 27.

Localização dos sentidos e do espírito 42, 43, 387, 536-537, 581-582.

M

Maternidade

Maternidade de Nossa Senhora (Cf. Nossa Senhora).
Graça de **Maternidade** (Cf. Graça, Carisma).

Matrimônio espiritual
Estado de união completa e definitiva; dom perfeito e mútuo 967; comunicação das pessoas 693, 971, 972; compenetração mútua habitual 973; produz uma luz pura:

levantes da aurora 974; luz de conaturalidade descobre à alma a Morada onde ela se encontra e as três Pessoas divinas 974; visão intelectual da Santíssima Trindade 972-978, 985, 986. Visão imaginária inaugural é um símbolo 970 (Cf. Visões). A alma inteira entra em seu centro onde está Deus 971.

Comparação entre matrimônio espiritual e união transformante 989-998; mesmo estado espiritual 989; luzes e riquezas que acompanham matrimônio espiritual jorram da união transformante 992-994.

Efeitos: paz no centro da alma, luz da aurora 978-982; a alma explora a vida divina trinitária 984; manifestação do Verbo Esposo 986 e s.; ação transformante do amor 985; a alma continua sua caminhada rumo a Deus, exercício perfeito das virtudes teologais 982, 983; apostolado perfeito 1063 e s. (Cf. Apostolado).

Memória

Faculdade sensível (Cf. Imaginação); depósito de arquivos 829; potência instável 537; atingida pelas tendências que a paralisam 527, e pela noite do sentido 544 (Cf. Potência, Faculdade). Não escapa à influência do demônio 95, 102, 162, 744.

Esperança enxertada na memória e imaginação 388, 918.

Memória e oração: lembranças da memória provocam distrações 218; esforço de superação no ponto de partida 157; lembranças da presença de Deus 190; memória agitada na quietude 501.

Memória e contemplação. Na contemplação apenas a vontade está unida e a memória pode-se agitar sem a estorvar 572; se a memória participa do gozo, ela perturba 561, 575, 587; tocada substancialmente por Deus a memória inebriada esquece tudo 830-831.

Purificação da memória. Na noite, Deus tolhe todo raciocínio à memória 542; lacunas na memória 773, 774.

Ascese de mortificação e de silêncio interior onde se escondem as operações da memória 831; perfeita superação em Santa Teresinha do Menino Jesus 846, 847.

Atos da virtude da esperança purificam a memória 388, 918, 919. Depois da guinada psicológica, a memória perdeu completamente suas operações naturais 915-916.

Enriquecimento da memória pelas visões imaginárias (Cf. Visões). Lembrança das visões imaginárias de Cristo impressa na memória de Santa Teresa 878.

Missão
(Cf. Apostolado)

Mistério

Mistério de Deus e Antigo Testamento 293; experiência mística descobre transcendência divina 481, 932; visão intelectual da Santíssima Trindade 972.

Mistério da Sabedoria 293, 299, 439, 440, 819, 820, 872, 873 (Cf. Sabedoria de amor).

Mistério da Encarnação 1031; consentimento de Nossa Senhora 334, 335, 635, 636, 886; Nicodemos 339, 822, 871; oblação de Cristo 328.

Mistério da Redenção e Nossa Senhora 885, 886; Redenção, mistério de misericórdia 657; os três mistérios estão ligados: Encarnação, Redenção, Igreja 300, 301, 666, 1065.

Mistério de Cristo revelado aos apóstolos 235; mistério da porta e do caminho 775, 872; altas cavernas da pedra 872, 987, 1021; Nicodemos 871; necessidade e possibilidade de penetrar nos mistérios de Cristo 73, 74, 202, 878, 880; entrada efetiva 987. São Paulo e mistério de Cristo 77, 441, 1070; entra aí pela humilhação 341; ensina estes mistérios 206, 453, 656, 872; Damasco, visão inicial e Cristo total 731.

Mistério da Santa Face em Santa Teresinha do Menino Jesus 74, 206, 585, 873 e s.

Mistério da Igreja 653-666; descoberto na união de vontade 655, 656; a alma entra aí nas sextas Moradas 130,

689; mistério dos sofrimentos da Igreja militante 118; mistério da união de Cristo com as almas e toda a Igreja 76, 77; adesão de Nossa Senhora ao mistério da Igreja 335; sua cooperação 885, 886 (Cf. Igreja, Cristo total).

Mistério das almas 254, 424, 426; mistério da adoção divina (Cf. Santíssima Trindade); mistério da vida divina na alma 30, 253; mistério da ação de Deus nas almas: chamado 424; participam dos mistérios de Cristo pelo dom de si 328; oferecem-se ao desígnio de Deus 332, 333 nota 19; mistério de crescimento espiritual 127, 132-136 (Cf. Crescimento espiritual); mistério da graça 133-135 (Cf. Graça).

Mistério envolve todas as realidades sobrenaturais 134, 471; revelações, manifestações dos mistérios que dizem respeito a Deus 725. Contemplação sobrenatural e obscuridade do mistério de Deus 439 (Cf. Santíssima Trindade). Fé e mistério de Deus 469; luz transcendente de Deus e seu mistério 472-473.

Mistério da misericórdia, vocação de Santa Teresinha do Menino Jesus 676.

Mistério da cruz 85.

Mística

Vida mística, definição 420; distinção entre vida mística e vida contemplativa 419, 420; entre vida mística e experiência mística 314 e nota 24, chamado à vida mística 419-432 (Cf. Chamado).

Graça mística (Cf. Graça, Graças extraordinárias).

Experiência mística (Cf. Experiência).

Ascese mística, definição 824; prática da virtude da esperança 824-828 (Cf. Esperança, Pobreza); purificação da memória 828-832; virtude da fé (obediência sobrenatural) 631-633; dom de si 322 e s.; humildade 336 e s.; silêncio 382 e s.; solidão 389 e s.; ascese da pequenez 847-859; totalmente praticada por Santa Teresinha do Menino Jesus 856; ascese mística e virtudes teologais (São João da Cruz) 917-918.

Luz mística fruto da união 995; jorra do amor, ciência de amor 996; Santa Teresa de Ávila, São João da Cruz, Santa Teresinha do Menino Jesus compuseram seus escritos sob abundante luz mística 19-24, 996; luz mística descobre as forças profundas do pecado 909, 910.

Ciência mística posta em honra e alta estima em nossa época 320; ciência mística de Santa Teresa de Ávila e São João da Cruz é para todos os tempos 88.

Teologia mística (Cf. Teologia).

A Mística: mística sem dogma 434, 437; mística católica e místicas naturais 435-438, 438 nota 7, 588 nota 15, 1029.

Corpo Místico (Cf. Cristo total).

Moradas

Livro das Moradas ou Castelo Interior, circunstâncias históricas 15-19; composição e divisões da obra 19-22; valor da obra segundo Santa Teresa 22-23, ação de sua graça de maternidade espiritual 24.

Visão do Castelo 18. Sete Moradas ou etapas: ponto de partida 128; três Moradas de transição: segundas, quartas, sextas 128; três estados de união: terceiras, quintas, sétimas 128.

Moradas marcam etapas do progresso espiritual 129-130, 138.

Primeira fase (três primeiras Moradas): alma ativa, auxílio geral de Deus 129, 141.

Primeiras Moradas. Antecâmaras do Castelo, descrição 143; estado de graça 143, 144; reino das tendências 48, 49, 145, 156-157; ação tenebrosa do demônio 145; grave perigo de pecado mortal 146-153; ponto de partida: a alma se levanta para ir em direção a Deus 154, 168.

Segundas Moradas. Oração introduz nelas 155, 168; tendências irritadas 49; dificuldades, tentações, lutas, sofrimentos 160-161; numerosos demônios 162; oração penosa, aridez 161; ascese subordinada à busca de Deus 158,

159. Progresso: alma faz oração 156; desapego das coisas exteriores 157; apelos do Mestre melhor percebidos 161. Oração: oração vocal, oração litúrgica 171, 176; leitura meditada 176-178; esforço de recolhimento e busca de Deus 182-186. Disposições necessárias 167, perseverança apesar das quedas 163.

Terceiras Moradas. Vida exterior regrada 267, 268; em vigilância contra o pecado venial, mortificações 268; fidelidade às horas de recolhimento 269; oração ativa simplificada 271-272; deficiência e mal-estar 273-276; "se queres ser perfeito" 277; razão é ainda muito dona de si mesma 278.

Segunda fase (desde as quartas Moradas até as sétimas Moradas): auxílio particular de Deus 129, 141.

Quartas Moradas. Deus intervém progressivamente na alma 141, 293 (Cf. Quadro) pelos dons do Espírito Santo 303; produz recolhimento passivo 496, quietude 499, aridez contemplativa 503, clima habitual 505. Experiência de luz e de amor 513, assenhoreamento habitual da vontade e escuridão na inteligência racional 515; ação intermitente e parcial de Deus 544, 557, produz noite passiva do sentido 539-553. Ascese durante e fora da oração (Cf. Ascese), obediência, virtude destas Moradas 620; um grande número de almas entram nelas, poucas as ultrapassam 431-432, 554-555.

Quintas Moradas. União de vontade 637-640, realizada por graça mística 642 e s., ou por via ordinária de ascese 648 e s.; alma introduzida no mistério da Igreja 656, 662 (Cf. c. Mistério da Igreja 653-666); zelo 653, 654.

Sextas Moradas 669. Noite do espírito 671 (Cf. Noite); graças extraordinárias (Cf. Favores sobrenaturais, Favores extraordinários), desposório espiritual (Cf. Desposório espiritual). Não há porta fechada com as sétimas Moradas 946.

Sétimas Moradas. A alma é introduzida no centro de si mesma onde está Deus 34, 366; matrimônio espiritual 967-971, 975, visão intelectual da Santíssima Trindade 34, 972-978; união transformante 989-1023; semelhança de amor

926; identificação com Jesus Cristo 1016-1023; união com o Espírito Santo 1008-1016; o progresso continua, Chama Viva 982-988, 1006-1007.

Mortificação

Destruição do pecado em nós 88.

Mortificações físicas 88-90; demônio leva a alma a excessos 105, 164; a alma corre o risco de despedaçar-se 164 nota 44, 622, 623; de fazê-las fora de propósito 617, 618.

Mortificação dos sentidos sob luz da oração 388 (Cf. Noite do sentido); mortificação do gosto 521, do apetite 522, 539, das tendências 521-530 (Cf. Apetites/Tendências); mortificação da língua 369-370; mortificação da atividade natural 373 e s.; mortificação do coração 854-855.

Mortificação nas Moradas: terceiras 268-272; quartas 538; quintas (Cf. Ascese).

Efeitos: arma contra o demônio 110; prepara o empobrecimento espiritual 831; faz entrar, desde esta terra, na intimidade divina 80.

Mortificação imposta mais difícil que a escolhida 855; recusa da mortificação 431, 603; papel do diretor na prática 258, 259.

Mortificação e Santa Teresa de Ávila 92.

Mortificação e Santa Teresinha do Menino Jesus 847-859.

Deus mortifica apenas para dar a vida 115 (Cf. Desapego, Noite ativa).

N

Nada

Tudo de Deus, nada do homem 45-46, 344.

Doutrina do nada:

- em São João da Cruz 344, 827 e s.; senda do nada, esquema gráfico-literário do Monte de Perfeição (Monte Carmelo), 83, 601; conduz aos cimos 278, 412, 828; a alma

crê que não faz nada 448, 561; na aridez não se apegar a nada 586;
- em Santa Teresa de Ávila 45, 278, 329, 350; alma humilde que não tem nada e direito a nada 564, 565;
- em Santa Teresinha do Menino Jesus (Cf. Pobreza espiritual) 343, 698, 699, 835, 846, 847, 848.

Santa Ângela de Foligno 46 nota 19, 470 nota 36.
Santa Catarina de Sena 45.

Os nadas:
- pequenos nadas, obstáculos: detêm as delicadas unções do Espírito Santo 37 nota 47, 448, e a ação de Deus 906, 907; causam graves danos 561, 587;
- pequenos nadas, provas de amor 650; unidos à grandeza de Deus 638.

Natureza

Natureza divina: uma única natureza em Deus e três Pessoas: Trindade 461. Atividade pertence à natureza divina 1008. Movimento essencial da natureza de Deus: doar-se 422

Natureza humana ferida pelo pecado, privada de dons preternaturais e sobrenaturais 48, 219; tendências de natureza ou primeiros movimentos não voluntários 529. Assumida pelo Verbo 238 (Cf. Encarnação). Graça da mesma natureza de Deus 28, 29, 31, enxertada na nossa natureza 33, 137, adaptada à nossa natureza 234, não destrói a natureza 981, 1023.

Noite

Privação, desnudez 520, 521; único caminho para a união 520-522; exigida pelas tendências 523 e s., inaptidão da alma 758-760, pecados/vícios capitais 530-535.

Noite ativa: atividade da alma, mortificação 521, 522; cooperação com a ação de Deus 553.

Noite passiva: influência de Deus sobre a alma 537, 542, 544, 902, que encontra tendências 548, 760, pecados/vícios 552; jogo de contraste e oposição 758.

Diferentes segundo a localização e os efeitos: do sentido e do espírito 535, 536.

Noite do sentido 554-557; apenas um prelúdio 759; atinge faculdades sensíveis e faculdades intelectuais à borda dos sentidos 535, 536; começa pela noite ativa, prossegue pela noite passiva, e pelas noites passiva e ativa juntas 539.

Ativa; conduta da alma: ascese absoluta, adaptada, progressiva 80-93 (Cf. Ascese teresiana) no ponto de partida ascese de desapego 156-159, energia 160-163, discrição 164, grandes desejos 165-167; nas terceiras Moradas, perigo de faltar à ascese 275-277; ascese e conhecimento de si 49-51.

Passiva 540; sinais: os mesmos da contemplação 413-418; efeitos dolorosos 546, 547, impotência, angústia, melancolia; tendências patológicas 548, noite violenta para os corajosos 548-549; efeitos benévolos, apaziguamento 549-550; sabor sutil 550, 582; adaptação do sentido ao espírito 550, 581, 582; luz sobre a alma e sobre Deus cria atitude respeitosa da alma 551; amor toma, em parte, posse da alma 553; estes efeitos são limitados 758-759; tendências purificadas 760, 905.

Passiva e ativa juntas:

Durante a oração 554 e s.: região sem veredas 557; dificuldades: intermitência e forma imperfeita da contemplação 556-560; abandono e atividade: respeito à ação de Deus na paz e no abandono, oração de atividade pacífica, preparar a oração 566 e s.; perseverar na oração ativa 568, manter atenção geral em Deus (Cf. Recolhimento passivo e quietude 572-578); exercício da aspiração 583; atos de fé anagógicos 584; influências apaziguadoras 592; humilde paciência 592 e s.

Fora da oração: ascese absoluta 599-603 (Cf. Ascese); prudência 611 e s.; obediência, cooperação com a Sabedoria 628 (Cf. Obediência); praticar humildade, dom de si, silêncio (Cf. Humildade, Dom, Silêncio).

Noite do espírito 756-820. **Passiva;** irrupção de Deus nas profundezas da alma 756-760; embate entre dois contrários 765, 900; drama 673 e s.; sofrimentos interiores 764-771; sofrimentos exteriores 771 e s.; comoções ordinárias 772-780; agentes exteriores: pessoas próximas e demônio 780-785, fenômenos físicos e psíquicos extraordinários 787-815 (Cf. Patológico).

Ativa; conduta da alma 821-859 (Cf. Esperança, Pobreza, Infância espiritual).

Auxílios e modelos: recorrer a Jesus Cristo; devoção a Nossa Senhora (Cf. Nossa Senhora).

Efeitos da noite do espírito:
Purificação moral 902-913, purificação do espírito única eficaz 904; atinge as fontes do pecado 905, 906; experiência da pobreza da alma 909; tendências e suas raízes colocadas a nu 910; domínio perfeito da vontade 911; aptidão para receber caridade perfeita 913.

Guinada psicológica: perfeita libertação da vontade com relação às tendências 913; garante às virtudes teologais o exercício perfeito delas 916-920.

Triunfo da Sabedoria de amor 921 e s.; amor 924, luz 929; simbolismo da escada secreta 935; preparação para o desposório espiritual 935-936 e para a união transformante 999, 1000.

Ritmo e duração das noites: noite ativa do sentido prepara e merece a noite passiva 538, 545, 546; duração variável: almas fracas, intermitente, longa; almas corajosas, dura e curta 545, 546. Noite passiva do sentido começa com a contemplação 544 e dirige noite ativa neste período 539-540. Tempo longo entre noite do sentido e noite do espírito 638, 639 e nota 5; pequeno número de almas que entram na noite do espírito 431, 432, 554, 555; início da noite do espírito 671, duração até o desposório espiritual 961, 962.

Nossa Senhora
Teologia mariana 883-896.

Primazia de dignidade 883-885, de eficiência 886, 888, de finalidade 888, 889.

Missão: maternidade causa de todos os seus privilégios 302. Imaculada Conceição, integridade, submissão das faculdades 219, plenitude da graça 45, 319, realizada pelo Espírito Santo 1043, afirmada pelo arcanjo Gabriel 1007, Anunciação e *Fiat* 334, 335, 636. Fé de Nossa Senhora 470, humildade 45.

Seu papel na Igreja: colaboradora de Jesus na realização do plano divino 302, 883; colaboradora de toda a fecundidade divina 324, 885, 886, 888; Rainha no céu 889.

Seu papel na vida interior das almas: auxílio na noite 889-894; diversas formas de intimidade com Nossa Senhora 896-899.

Favores extraordinários: Santa Bernadete 713, 731; Santa Teresinha do Menino Jesus 735, 786; São João da Cruz no cárcere de Toledo 892, 893.

O

Obediência

Submissão da vontade do homem à vontade de Deus manifestada pela lei ou pelo Superior 624; primeira virtude moral, quase teologal 622; estabelece ordem exterior e interior 622; une a Deus, prova de amor 623; une à Sabedoria que comunica luz, força, poder eficaz 625-627; o melhor sacrifício 623; cooperação humana nas obras de Deus 628.

Qualidades: Ordenada: encontra a ordem divina ao obedecer à autoridade legítima 628-629; sobrenatural: descobre Deus nas leis e Superiores, faz subir até ele sua submissão 631-632; completa: obediência completa da vontade, da inteligência (juízo especulativo e juízo prático) 633-634. Problema particular da obediência: oposição entre atrativos, luzes interiores e ordens dos Superiores 381, 611. Obediência completa de Abraão 635; de Santa Teresa 635; conduz à união de vontade 636.

Obediência de Jesus Cristo 627.
Obediência de Nossa Senhora 334-335, 635-636.

Olhar

Olhar da alma: Não pode abraçar perfeição de Deus 459, ofuscado pela luz de Deus 299, 332, 510, 764. Contemplação: olhar simples sobre a verdade 405, 409, 845; oração de simples olhar 270-273, 408; olhar para Nosso Senhor 68-69, 189, 190, 192, 194, 870, 879-880; para a Santa Face 870, 874, 881-882; para uma atitude de Cristo 567; para o sacrário 388, 594; olhar para Nossa Senhora 897.

Olhar de fé aperfeiçoado pelos dons do Espírito Santo 409-410, 466-468, 507, 509; atinge objeto divino na noite 307, 467 e s., 847; esperança: olhar dirigido para Deus 825-827; Deus conquistado pelo olhar silencioso e ardente 956.

Olhar purificado dos santos 357, 411, 933, 995; de São Paulo 441, de Santo Elias 367, de São João da Cruz 396, 818, 986; de Santa Teresinha do Menino Jesus 443, 845. Olhar do contemplativo 696-697.

Vida de Cristo está contida entre dois olhares sobre os decretos divinos 327.

Operação/Obra/Agir

O agir segue o ser 1064; Deus realiza suas operações divinas no silêncio 363 e s.; obra de santificação comum às três Pessoas divinas 193, 985-986.

Encarnação por obra do Espírito Santo 1017, 1030, 1065.

Dons do Espírito Santo, pontos de apoio permanente para as operações de Deus na alma 304, 306; Espírito Santo garante a perfeição das operações das virtudes 307.

Verbo encarnado quer nos transportar, na unidade da Santíssima Trindade, para nela compartilhar de suas operações 77, 1031.

Operações da alma na união transformante, todas divinas 1064. Filhos de Deus perderam suas operações naturais 843. Toques divinos suspendem as operações naturais 830:

memória e potências perdem suas operações naturais 914, 1014. Quanto mais se é fraco, mais se é apto às operações do amor 838 (Santa Teresinha do Menino Jesus); almas entregues inteiramente às operações do amor são raras 670.

Oração

Impulso do coração, simples olhar que se lança para o Céu, grito de gratidão e de amor (Santa Teresinha do Menino Jesus) 62.

Utilidade e excelência: arma contra o demônio 109, meio recomendado por Nosso Senhor para obter graças divinas 359, meio para conquistar a humildade 359; oração e ativismo 374. Eficácia depende da santidade 38, 120; potência da oração perfeita e imolada 123-124.

Oração vocal 169 e s.; *"Pater"*, ensinado por Nosso Senhor, oração dos pequenos e dos santos 169; oração das multidões 170; oração vocal de Santa Teresinha do Menino Jesus na aridez 454, 592; necessária para certas almas, apazigua na oração 171-172, 593; oração e aspiração amorosa 583-584; às vezes, une-se à alta contemplação 172.

Oração litúrgica 173-176; oração litúrgica e contemplação em Santa Teresa de Ávila 174-176.

Oração vocal e mental.

Oração e contemplação (Cf. Contemplação).

Oração de Jesus Cristo em Nazaré 170; oração sacerdotal de união 76, 123, 659; oração no Getsêmani 123-124, 150, 170, 762, 870.

Oração do profeta 397.

Oração e Carmelo: missão de oração 119-120; oração pela Igreja 122, 124.

Oração a Nossa Senhora 593, 894-895.

Oração/Vida de oração

Trato íntimo de amizade com Deus de quem nos sabemos amados 57, 60-62, 102; movimento filial da graça em direção a Deus 56, 168; livre expressão de dois amores

59, 651, 674; exercício da vida sobrenatural 56; impulso do coração, diz Santa Teresinha do Menino Jesus 62; porta do Castelo Interior 53: caminho de perfeição 55-57, 123; faz-se pela fé 61-62, 477; assume as diferentes formas de nossas disposições 58.

Quatro graus ou quatro maneiras de regar o jardim 63-64, 216, 415-416, 502.

Duas fases 64, 130, 383-384.

Primeira fase, auxílio geral (Cf. Quadro).

Primeiras orações 168; oração vocal 169-172; litúrgica 173-176; leitura meditada 177; meditação 178; oração de recolhimento 192 (Cf. Recolhimento ativo 182-195); orações simplificadas: olhar simples, recolhimento 269-277, 408; fé imperfeita se esclarece com luzes da razão 477; dificuldades, distrações e aridez 213-222; remédios 223-226; métodos de oração, seu papel 59, 60 e nota 15, 66-71, 175-177, 183 e s.

Exigências: leituras 196-211; direção espiritual 246-251; conhecimento de si 39-52; ascese no ponto de partida 159-167 (Cf. Ascese).

Efeitos: orientação para Deus 154-159; entrada no Castelo, na vida espiritual 155; luz de Deus concede conhecimento de si 49-50; pecado evitado 268; prepara para a contemplação 272.

Deficiências e mal-estar 273-277: razão é por demais dona de si mesma 276-278.

Loucura e perfeição 279-282.

Segunda fase, auxílio particular. Orações passivas ou contemplativas 493-494.

Deus intervém progressivamente na alma 64, 129, 384; três sinais, aqueles da contemplação 412 e s.; discernimento difícil 417.

Exigências (Cf. Contemplação).

Formas: recolhimento passivo 496-498, 508; dever da alma 572-574.

Quietude ou gostos divinos: ação de Deus na vontade 499-502, 574-578; experiência de Deus-amor pelo dom da Sabedoria 512-513; conduta da alma 571, 572, 574-578.

Aridez contemplativa: oração de fé, ação de Deus na inteligência 503-505; experiência de Deus-luz pelo dom da inteligência 510, frequente em nossos dias 518. Características: Deus, fonte distante, contemplação intermitente, imperfeita 504-505. Conduta da alma fora da oração: ascese absoluta 599-603, durante a oração: respeitar a ação de Deus mediante o silêncio, e retomar a atividade das faculdades livres 560-566.

Orações de união 679: poucos chegam aí 431-432; nas quintas Moradas, graça mística da união 642-648, descoberta de Deus na escuridão 643, 682-683; nas sextas Moradas, descoberta de Deus na luz 677, 683-684; contemplação perfeita 696; arroubos, visões, palavras, luzes, encontros do desposório 692-693, 942-943; nas sétimas Moradas, visão intelectual da Santíssima Trindade, oração perfeita 693, 972-978.

Oração de Jesus Cristo 169-170, 659 (Cf. Jesus Cristo).
Oração de Nossa Senhora 481.
Oração de Santa Teresinha do Menino Jesus, sua oração 62; oração vocal 172; oração de aridez e de fé 845 (Cf. Infância espiritual).

Orgulho

Pecado dos anjos 95; e pecado de nossos primeiros pais 48; um dos sete pecados capitais 531; oposto à perfeição 91.

Formas: orgulho dos bens exteriores 350 nota 46; detém a alma nas terceiras Moradas 351. Orgulho da vontade 351-352. Orgulho da inteligência 352; causa de apostasia das multidões 353. Orgulho do espírito: pecado de Lúcifer 95. Orgulho espiritual 354-357, 531, perigo dos dons espirituais, das luzes na oração 355, atitude do fariseu 354, pecado de Lutero 356, gravidade, seriedade das sentenças divinas 356; temor deste pecado em Santa Teresinha do Menino Jesus 357.

Orgulho combatido pela humildade 349 (Cf. Humildade); via da infância remédio para o orgulho de nosso tempo 91 (Cf. Infância espiritual).

Grandes desejos 166.

Perigo do orgulho no transbordamento das primeiras orações 663; orgulho nas terceiras Moradas 274; tentações e faltas dos espirituais 761.

Orgulho purificado pela luz de Deus 358; atacado pela noite do sentido 531-532, 550, 551; atingido em suas raízes pela noite do espírito 910.

Orgulho e pobreza espiritual 994.

P

Palavra

Verbo, Palavra de Deus 75, 202.

Palavras sucessivas, que o espírito interiormente recolhido vai formando sob a influência do Espírito Santo 709; não são graças extraordinárias 724; a ilusão é fácil 101, 709-710, 744.

Formais, de Deus para a alma, produzidas por impressão sobrenatural de uma percepção auditiva 710, 740; são graças extraordinárias 724; exteriores ou interiores 708-709; submetê-las ao diretor 753-755. Puramente formais, demônio pode produzi-las 710; abster-se de um julgamento sobre a qualidade delas a partir da expressão 724.

Formais substanciais 711 claras, distintas 749, eficazes 711; produzem paz, luz, força, humildade 108, 728, palavras e obras 692, 712, 747, 749; autenticamente divinas 692, 711, 724, 737.

As palavras do demônio causam tédio, inquietação 107, 748.

Palavras de Nosso Senhor a Santa Teresa de Ávila 118, 121, 201, 232, 302, 712, 713, 728, 945, 966, 968; todas são formais substanciais 708, 712.

Passividade

Passividade da caridade base dos dons do Espírito 304, 310 nota 19, 468, 680 nota 47; passividade e preguiça na oração 413; passividade de certos temperamentos 184, 265; tentativa presunçosa para conseguir passividade 563-566, 570, 589.

Infusão de amor na alma reduzida, pouco a pouco, à passividade 64, 678.

Recolhimento passivo 497; passividade da vontade na oração de quietude 500; passividade e agitação nas quartas Moradas 501, na noite do sentido 543; passividade e fé desperta na aridez contemplativa 586.

Passividade completa nas graças de união mística das quintas Moradas 642, 644 e s., 943. Morte do místico bicho da seda 638.

Enriquecimentos divinos das sextas Moradas, graças extraordinárias na passividade da alma 677-678, 736-737; passividade da alma e das faculdades 719, 738; dolorosa passividade da noite do espírito 596-597, 678; passividade sob os toques divinos 921-922; passividade e frenesi das faculdades 385, 589, 773; passividade e esperança 825; passividade e pobreza 830-831, 847; passividade e vazio das cavernas antes da união perfeita 959.

Passividade e liberdade sob o influxo do Espírito Santo na união transformante 1016.

Risco de passividade na obediência 262, 632.

Luzes contemplativas recebidas passivamente no entendimento 930, 948.

Passividade nas provações, Jesus no Getsêmani 870. Santa Teresinha do Menino Jesus 855-856.

Patológico

(Cf. Apetites/Tendências, Perturbações)

Tendências patológicas amplamente difundidas na natureza humana, consequência do pecado original 22, 804; provocam distrações e aridez 219-220, chegam a um estado agudo nas purificações 417-418, 548, 805-807.

Patológico e silêncio 377-378; patológico e solidão, experiência do deserto 393; ação do demônio 101.

Estado patológico e aridez 220, 223-224; mantém na humildade 812-813; pode produzir falsos arroubos 615-619; estigmas 793, 801-802; possibilidades de vida espiritual 810 e s.

Desordens patológicas e graças extraordinárias 745, 751.

Perturbações patológicas e sinais da contemplação 804-807; efeitos psicológicos da noite do espírito 772-775, 778-779, 910-911; espírito purificado em grande parte 221 nota 20, 911, 917; libertação do patológico 807-808, 916; certas tendências subsistem (Padre Surin) 786, 808, 912.

Pecado

Afastamento de Deus pela busca de um bem criado 147-148.

Pecado afeta o relacionamento da alma com Deus 147; feridas do pecado provocam misericórdia, luz de Deus 913.

Pecado mortal: completa cegueira 148, mordida do demônio 146; descrição simbólica 146-148; o inferno 151-152; compaixão de Santa Teresa pela alma em estado de pecado mortal 153.

Pecado original: pecado dos nossos primeiros pais 48; em nós, ferida acentua divisão das forças, fonte de tendências (Cf. Apetites/Tendências).

Pecados capitais 530-535: exigem purificação (Cf. Ascese, Purificação): orgulho 531; avareza e luxúria 533; cólera, gula 534; inveja e preguiça 535.

Descoberta do pecado: pelo conhecimento de si sob a luz de Deus 49-52; humildade fervorosa 347; purificação do espírito 765, 909.

Jesus e pecado: Encarnação, Redenção 1030-1031; sofrimento por causa pecado no Getsêmani 150, 762-763, 870; Jesus feito pecado 1030; carrega o pecado do mundo 124, 149, 870; achega-se ao pecado, recusa o contato do orgulho 342.

Pecado e santos: Santo Cura d'Ars 1036; Santa Teresa de Ávila 1037; Santa Teresinha do Menino Jesus e os pecadores 1038.

Perfeição

Perfeição de Deus 285, 459, 909; modelo de nossa perfeição 374; perfeição da Sabedoria 293 e s.

Perfeição da alma, adesão ao Sumo Bem 623; reside na caridade, união com Deus 128, conformidade com a vontade de Deus 1064 (Cf. Amor, Caridade, Santidade, União transformante); Reino de Deus, estado de perfeição 917; Tudo de Deus e nada do homem 46 e nota 19, 344.

Perigos: erros sobre a natureza da perfeição 990-991; falsa humildade 51; egoísmo 665, 700; orgulho 336, 663; ignorância, por falta de guia 248; ação e astúcias do demônio 99, 105, 164.

Escada da perfeição 697, 936, (Cf. Crescimento espiritual: progresso espiritual 32-34); única preocupação da alma no início da vida espiritual 613, 663; vida regrada não é ainda caminho de perfeição 267; jovem do Evangelho 277, 329; entrada no caminho de perfeição 141-142, 278; loucura e perfeição 279-283, 288-290. Sucessivos aperfeiçoamentos 734-735; perfeição da alma está em jogo na noite do espírito 762-763; amor, vínculo da perfeição 955-956; plenitude da perfeição 1013-1014, 1029; o mais elevado estado da perfeição é a transformação em Deus 982, 1022.

Meios: Jesus Cristo, caminho, modelo, termo da perfeição 74, 78, 869-870, 1017-1022; oração e perfeição 57; magistério dos mestres da vida espiritual 210-211; Santa Teresa de Ávila 125-126, 141-142, 1053-1054; Caminho de perfeição 17; São João da Cruz, Subida do Monte Carmelo 83; Santa Teresinha do Menino Jesus: via da infância espiritual 839-859; perfeição e virtudes teologais 917-921.

Perfeição do amor: qualidade do amor faz sua perfeição 677, 925; servindo, chegamos à perfeição do amor 955-956, 1049; apostolado perfeito fruto da perfeição do amor 1063-

1064; perfeição do amor e unidade do Corpo Místico 1066; luz da aurora que surge da perfeição do amor unitivo 727.
Perfeição dos anjos 95.

Perturbações
(Cf. Apetites/Tendências)

Agitação das faculdades na aridez contemplativa 215; perturbações na imaginação 43, 385, 576; perturbações na quietude 501; na passagem do sentido ao espírito 222, 548-549; desordens psicopatológicas 745-746; alma alvoroçada depois da visão imaginária da humanidade de Nosso Senhor 715; na noite do espírito: (Cf. Noite): perturbações psicológicas 772-774, físicas 775-780; estigmas 801-802; perturbações causadas por agentes exteriores 104, 780; causadas por choques místicos, frenesi das faculdades 589, 773, 777-778; por diretor inexperiente 258, 770 e nota 45; agitação da borboleta mística 646, 653-654; depois do desposório: raposas 958-959; no matrimônio espiritual 979-980; perturbações desaparecem, via de regra (união transformante) 36, 37 nota 47, 982.

Perturbações patológicas, causas de aridez e distrações 219, consequências da noite 804-813; fenômenos psíquicos e perturbações mentais 803-807; completa demência 813-814 (Cf. Patológico).

Perturbações provocadas pelo demônio: arma habitual 101-104, marca de sua intervenção 107; impressões, fantasmas, terrores nas potências sensíveis 102; falsa humildade produz perturbações 51-52, 102, 748; perturbações excessivas no entendimento 221-222, 769; percepção da presença na noite 933 (Cf. Demônio).

Nas horas de perturbação, onipotência materna da Santíssima Virgem 889 e s.

Pobreza

Virtude e bem-aventurança 828; necessária para entrar no caminho da perfeição 81, 277; para chegar à união divina 159.

Pobreza material, total desnudez 83, 277 (Cf. Desapego).
Pobreza espiritual: desapego de todos os bens morais, intelectuais e espirituais 828; senda do nada (repetido quatro vezes) de São João da Cruz 83, 601, 828 (Cf. Ascese absoluta 600 e s.); virtude das sextas Moradas 130, 827-832; realizada por ascese e noite do espírito 903; praticada com perfeição pela ascese da pequenez 841-853 (*passim*).

Pobreza e purificação da memória 829-830.

Pobreza e confiança, esperança 831-832.

Efeitos: dá a experiência da humana condição de criatura pecadora 838, 842, 912; assegura pureza e perfeição da esperança 827 e s., 846-847 (Cf. Esperança); atrai a misericórdia 838; liberta instinto filial da graça santificante 843; pobreza leva à união transformante 847; assegura o Reino de Deus 828.

Pobreza espiritual, disposição fundamental da via de infância espiritual de Santa Teresinha do Menino Jesus 343 (Cf. Infância espiritual); perfeita realização da doutrina de São João da Cruz 831, 837, 847.

Potência

Potências da alma sedentas do divino 192.

Potências sensíveis: zona dos sentidos na periferia da alma 42-43, 536, 581-582; instáveis 36, 218, 385, 980; recebem a esperança 388, 918.

Potências intelectuais: zona do espírito 42-43, 536, 581-582; sede da fé 197, da caridade 918.

Potências e oração: orientação para Deus: recolhimento ativo 183-184; recolhimento passivo 496-497; oração e quietude 499-501; graça mística de união 642.

Purificação das potências: superficial, pela noite do sentido (Cf. Noite do sentido), radical, pela noite do espírito (Cf. Noite do espírito); resistência das potências e dom de si 334; técnica de recolhimento (Cf. Recolhimento); técnica de silêncio (Cf. Silêncio); guinada psicológica 913-917; raposas 958-959; depois do matrimônio espiritual nunca ficam totalmente apaziguadas 980-982.

Poder exterior do mal 144, 819, do pecado (Cf. Pecado); do demônio (Cf. Demônio).

Presença de Deus

Modos diferentes, criados pela diversidade das relações das criaturas com Deus 28 e nota 13.

Presença ativa de imensidade: ação criadora e conservadora, produz, em cada ser, efeitos diversos e um grau diferente de participação no ser de Deus 28, 299; grande realidade da alma, sustenta o ser 28, 32, 147.

Presença objetiva: presença de Deus, Pai, autor da vida sobrenatural apreendido pela graça filial como objeto de conhecimento e amor no centro mais profundo da alma 27, 29-32, 183, 508, 581 (Cf. Localização); fonte que jorra, sol que ilumina, vivifica 32; vai se realizando pela interiorização, confunde-se com o progresso da vida espiritual 32, 58, 677.

Etapas: orientação para Deus já nas primeiras etapas 127, 154; revelada pelas primeiras graças místicas 495; oração de recolhimento centrada na presença objetiva (Cf. c. Oração de recolhimento 182-195); exercício da presença de Deus 190; condições para realizar esta presença: silêncio 365, solidão 391.

Presença nas primeiras orações contemplativas 498-499; na noite do sentido 551, 569; aridez contemplativa 582-590, 596; descoberta na graça de união 25, 643; no limiar da noite do espírito, irrupção de Deus na alma 756-760; descoberta de uma presença amiga 820, 932; presença revelada nas visões que abrem o estojo 682-687, 693, 713-714, 723, 730, 738 (Cf. Visão do Castelo), presença divina realizada progressivamente pelo amor 686-688; de modo perfeito nas sétimas Moradas, pela visão intelectual 972 e s.

Presença da Santíssima Trindade 286, 720; no desposório espiritual 985; do Verbo e do Espírito Santo 986-988, 1006, 1021-1022; presença dominadora do Espírito Santo 1007 e s., 1075. Visão intelectual nas sétimas Moradas 972 e s.

Presença eucarística e presença da Santíssima Trindade 30 nota 18.
Presença de Jesus Cristo na noite do espírito: Santa Face 875, 882.
Presença de Nossa Senhora 894-898.

Profundidade/Profundeza

Região da alma, sede da presença divina 32, 688, 723; centro da alma 679, 680 e nota 47; simboliza perfeição do amor 677, 679-682, 984; exclusividade e qualidade da ação de Deus 925.

Profundeza de Deus. Inteligência com luz divina descobre profundeza de 35, 995; amor introduz nas profundezas de vida em Deus 984, 1032, nos mistérios de Cristo 987; "Entremos mais adentro na espessura" 984-985, 987. Divino Espírito dissimulado nas profundezas do mistério da Igreja 319-320; os santos aspiram às profundezas de Deus 1032, 1035, penetram nas profundezas do pecado 1032.

Profundeza da alma. Vida espiritual é progressiva interiorização 32, 365 (Cântico espiritual); graça santificante nas profundezas da alma 32, 132, 809 nota 133, 1001, 1002; Deus age nas profundezas da alma 61, 192; luz divina ilumina profundezas da alma 42, 347, produz noite do espírito 761, 766; Deus infunde amor nas profundezas 677-681, 926; sabor da quietude jorra das profundezas da alma 508; paz da ação divina nas profundezas da alma 572, 820, 980-982, amor realiza presenças divinas 686-688, 1009-1010. Toques substanciais nas profundezas 130, 675, 725, 922, 926; na união transformante 1063-1064; profundezas iluminadas por visões 203, 931, por arroubos e palavras 945, 973; unções do Espírito Santo nas profundezas 594, 674; Espírito Santo fogueira 984, 1011, celebra festas do amor nas profundezas 675, 1012; Verbo Esposo adormecido, de repente e admiravelmente, se desperta 675, 688, 987-988: amor cava novas profundidades 681-682, 984.

Profundeza, no cimo do monte místico de São João da Cruz – esquema gráfico-literário do Monte de Perfeição (Monte Carmelo) 967.
Humildade, profundidade do desprezo no homem 342.
Altura e profundidade geram-se uma à outra 345.

Purificação
Purificação pelos sacramentos 904.
Purificação dos sentidos (Cf. Noite do sentido) 521 e s.; aplica-se a todos os apetites, atinge sentidos, imaginação, entendimento e vontade 543-544, 599 e s., amarga e terrível 546 e s., 763; efeitos benfazejos: infusão de luz e de amor 549 e s.; conhecimento de si e de Deus 550-551; tendências apaziguadas 550; adaptação do sentido ao espírito 536, 550.
Purificação dos sentidos é apenas um prelúdio 759.
Purificação do espírito (Cf. Noite do espírito), o enraizamento dos apetites no espírito a torna necessária 760, 903, 905; abalo 767; sofrimento 768; opera purificação 902-912; atinge vontade 906-908; única verdadeira e eficaz 903-904; leva para a guinada psicológica 915-917.
Ação purificadora da luz coloca a nu as tendências e já as destrói 909-910; ação purificadora do amor 910-913.
Modos individuais da purificação do espírito 817; muitas vezes sepultada na vida ordinária 818; oculta aos olhares 819; iluminada pela luz e presença do amor 820; sofrimento purificador e redentor até a união transformante 817 nota 150.
Purificação da memória (Cf. Memória) e purificação da esperança 829; alma sozinha não pode realizar 830; fruto da guinada psicológica 915-917.

R

Recolhimento
Em todas as etapas: unificação das potências da alma 183, 190, 192, 195, 496-497, 1026.

Necessidade 214, 362, 363 (Cf. Silêncio); facilita oração 497; produz impressão de sabor 71, 184, 271, 498; disciplina as faculdades; precede e prepara ação divina 194, 497-498.

Recolhimento ativo: efetivado pela vontade 183, 187, 269, 497; descrição 182 e s.

Ascese: 187-188; na inteligência 216; na imaginação e no entendimento 218, 224, 383-384; equilibrar atividade e silêncio 271; provação das distrações e aridez 214-223; bulício e atividade exterior 369-382; algumas influências apaziguadoras 172, 177, 188-191; discrição 223; perseverança 224, 568.

Recolhimento passivo: efeito da ação de Deus 498-499, 508: disposição para escutar e receber as manifestações divinas 498, 572-573.

Ascese: 321, 386-388, 581 e s., 595-596; adesão da vontade ao senhorio divino 384, atividade moderada e limitada 271, 560-573, 581; algumas influências apaziguadoras (Cf. Recolhimento ativo), 592 e s.; discrição 589-590 e paciência 591 (Cf. Ascese, Silêncio, Contemplação).

Necessidade da direção espiritual 247.

Efeito: oração de recolhimento (Cf. Quadro).

S

Sabedoria

Pensamento de Deus 625, 656; Verbo no seio da Santíssima Trindade 624; origens eternas 294-296; descoberta no Antigo Testamento 293-297; revelada por sua obra 255, 294-297; luz e mistério 299-300, 332, 625; força, fecundidade 626; as três sabedorias 283-287; sabedoria do mundo oposta à Sabedoria de Deus: Sabedoria de Cristo na cruz 280-282, 288-289.

Ação: "alcança [tudo] um extremo ao outro" 294, 298, 607, 608, 627, "com força e suavidade" 428-429, 608; dirige os seres para os seus fins e estabelece a ordem no mundo 283, 1070; dá luz prática por meio da lei 626, 628; tem seus representantes autorizados 628-631. Seu desígnio: realizar o plano eterno de Deus, a Igreja 298-302, 657; Encarnação, Redenção, Igreja 302, 666. Santificação das almas 294, 424, 672 e s.; chama para as fontes de água viva 392, os humildes e pequenos 345, 424, 451; inclina-se sobre cada alma 604, 607, 611, chama-a pelo seu nome 254; dirige tudo para o bem daqueles que a amam 222; dá luz para a escolha de um diretor 252; intervém diretamente nas operações sobrenaturais da alma 286-287; difunde o amor 300, 677-678; conquista e transforma 301.

Ação através das Moradas: detida pelo reino da razão nas terceiras Moradas 282; toma direção da alma nas quartas Moradas 129, 293, 299, 556, 611, 1058; atua sobre a alma toda 363, provoca a noite do sentido 416, 549 e s., 559; nas quintas Moradas, estende seu reino sobre a vontade 129, 656; é senhora das sextas Moradas 669, 673, 690, 815, produz a noite do espírito 757 e s., 817, 914-915, tortura com amor aqueles que chama para a perfeita união 649, 820 nota 154, dirige o combate na noite do espírito 758, 762, 815 e s., derrama o amor 677, 924-925; cava capacidades profundas como cavernas 959, triunfa na alma depois da guinada psicológica 921. Os santos são conduzidos pela Sabedoria que assegura a perfeição de seus atos 290. Sabedoria dá experiência de Deus-amor 35-36; entrega à Igreja 130, 301, 1076.

Resposta da alma: deve se dispor à sua influência 337, 345, 555, 559, 598; submissão 603-610, 620; obediência, comunhão com a Sabedoria 624-625, 627 (Cf. Obediência).

Dom da sabedoria 309-310, 512-513, dom contemplativo (Cf. Dom).

Sabedoria secreta ou contemplação 410.

Sacerdócio

Sacerdócio de Cristo, perfeito, universal 75, 861 e s., 886; fundamento na união hipostática: Cristo mediador 861-864 pela união hipostática e pela missão recebida 1040

(Cf. Jesus Cristo), Cristo continuado pela Igreja, exercício do sacerdócio 77, 661.

Caráter sacerdotal implica a outorga dos poderes e a graça para exercê-los 1042-1044, 1055; deixa subsistir distinção entre função e caridade 1042, l043, 1045, 1058.

Exercício do sacerdócio e santidade (Cf. Apostolado) 1045 e s.; sacerdócio exige para perfeito exercício a configuração com Cristo, sacerdote e vítima 1056, 1069; sacerdócio e santidade do diretor 253.

Sacerdócio do cristão 173, 661.

Sacerdócio de Cristo e maternidade espiritual em Nossa Senhora 886.

Sacrifício

Ato religioso por excelência 325.

Sacrifício de Cristo e desígnio eterno de Deus 862, 863; Cristo deseja consumir seu sacrifício 86; sacrifício de Cristo faz a unidade do Corpo Místico 77, 659; Cristo imolado, modelo da humanidade 85 nota 30, 302, 870-871; "a maior prova de amor" 1032; sacrifício da cruz iniciado com a oblação de Cristo 327.

Sacrifício da missa, centro da vida litúrgica 173, 175; prolonga o sacrifício do Calvário 863; Igreja unida ao sacrifício de Cristo 85.

Sacrifício: lei de toda a vida cristã 84-85, 300-301, 302; sacrifício mais perfeito: dom de si 80, 325 (Cf. Dom de si), obediência 325, 623 (Cf. Obediência); sacrifício e perfeição 86; infusões de amor merecidas por sacrifício 701; sacrifícios unem à imolação de Cristo 328, 785; sacrifício e apostolado 666, 1065; oração pela Igreja encontra eficácia no sacrifício 120, 123-124.

Sacrifício e Nossa Senhora 335, 886-887.

Santidade

Perfeição da caridade 925, 1028 e s.; realização da capacidade de união conferida por Deus à alma 24, 38, 424,

1000; união transformante 34, 998 e s. (Cf. União transformante); matrimônio espiritual: união por semelhança de amor, configuração com Jesus Cristo 411, 879-880, 1016-1024; presença dominadora do Espírito Santo 1013-1016; os filhos de Deus perfeitos são aqueles que são conduzidos pelo Espírito de Deus 34, 290, 843, 879, 1014-l016, 1028; torna escravo de Deus 35, 83, 1030, 1064 e s.

Ação e contemplação se unem nos santos 1071; apostolado perfeito 1063 e s. (Cf. Santificação, Perfeição).

Chamado universal à santidade 209 e s., 419 e s.

Esquema gráfico-literário do Monte de Perfeição (Monte Carmelo) 83, 84, 601.

Uma única santidade, caminhos multiformes 424-425. Exemplo dos três santos do Carmelo 690-704.

Itinerário e etapas (Cf. Crescimento espiritual).

Sabedoria artífice de santidade 301, 672 e s.; realização da santidade exige resposta adaptada da alma (Cf. Sabedoria: resposta da alma); fidelidade de amor realiza santidade 1047 e s.

Loucura da cruz e santidade 82-86, 280-283, 288-289.

Pobreza e esperança fundamentos da santidade (Santa Teresinha do Menino Jesus) 838-839; santidade e infância espiritual 843 e s.

Efeitos e sinais: na vontade e na inteligência 35-36, nas potências sensíveis 36 (Cf. União transformante, efeitos).

Santidade independente das graças extraordinárias 727, 735, 991; dos fenômenos exteriores 802-803; dos carismas 1042.

Santidade e manifestações do demônio 100.

Santidade de Jesus Cristo 75, 202 (Cf. Jesus Cristo).

Santidade da Igreja (Cf. Igreja).

Santidade na Igreja (Cf. Cristo total).

Santidade e intimidade com Nossa Senhora 897-899.

Santidade do diretor 255.

Santificação
(Cf. Santidade)

Vontade divina 32-33, 137-138, 422, 424, 676; obra das três Pessoas 297-298, 985-986, atribuída ao Espírito Santo 30 nota 17, 376, 1008, 1018 (Cf. Espírito Santo); santificação pela mediação do Verbo encarnado 75 e s., 861 e s., 886 (Cf. Jesus Cristo); é ordenada à Igreja 1024 e s.

Deus artífice dela utiliza todos os meios 222, 422, 604, 606, 607; pede colaboração da alma 130 e s. (Cf. Atividade, Ascese); três meios 624 e s. (Cf. Eucaristia, Contemplação, Obediência); caminhos particulares 209 e s.; santificação pode depender do diretor 252.

Carisma e santificação (Cf. Carisma); graças extraordinárias e santificação 693, 705, 728 (Cf. Favores sobrenaturais, Favores extraordinários).

Profissão (Cf. Crescimento espiritual).

Etapas (Cf. Moradas, Perfeição).

Santíssima Trindade

Três Pessoas distintas 975, 985. Ritmo imutável da vida trinitária 193.

Santíssima Trindade na alma. Alma templo da Santíssima Trindade 293; visão do Castelo 18 e nota 7; presença objetiva 29-30; presença da Santíssima Trindade e presença eucarística 30 nota 18.

Atividade: única 985, 1008; apropriação às Pessoas 984-986, 1008; diversa nos efeitos 986; silêncio das operações divinas 363.

Dogma da Santíssima Trindade e ato de fé 460-464.

Visão da Santíssima Trindade, imaginária 722; intelectual 720, 972 (Cf. Visões); face a face pelo *lumen gloriae* 997-998; experiência trinitária 973, explicitação diferente segundo os santos 977; termo e alvo da vida espiritual 36, 1006.

Sentido(s)

Zona mais exterior da alma, arrabaldes 42, 385, 581-582, 680; distinção entre sentidos e espírito 214 e s., 543,

581-582, 680; demônio pode agir sobre os sentidos 96, 110, 221, 387, 388, 744 (Cf. Demônio); os sentidos "janelas da alma" 521, 544; fornecem o alimento para a fé 197, 367, 460-461, 463, na oração 59, 457-458.

Os sentidos e as virtudes sobrenaturais infusas 286, 306, 457, 916-918 (Cf. Fé).

Amor sensível 237-241, 244, 262-263 (Cf. Amizades espirituais).

Sentidos e oração: Perturbações nos sentidos procedem do demônio 221, 222; nas graças extraordinárias 744; agitação e excitação provocadas pelo assenhoreamento divino 385, 589, 772 e s.

Recolhimento ativo, dificuldades 63, 188, 218, 223 (Cf. Distrações e aridez contemplativa 214 e s.). Recolhimento passivo, sentidos e quietude 496-502; aridez contemplativa 503-505, 582, 587 e s.

Sentidos e contemplação: ação divina transborda nos sentidos 444-445, 501, o risco de procurar sabores 586, 686; exaltação, iluminismo, angústias 89, 442, 445; falsos arroubos (Cf. Arroubos/Arrebatamentos); passagem do sentido para o espírito 546, 550, 581, 612.

Sentidos e comunicações divinas: percepções sensíveis 713 e s., 734, 738-744; palavras 708 e s., 737, 749; visões 712 e s., 730. Suspensão dos sentidos: graça de união mística 642, 772, 943; arroubos (Cf. Arroubos/Arrebatamentos), êxtase 960.

Purificação dos sentidos: Ativa: prática do silêncio 382-383, 560-562; atos anagógicos libertam dos sentidos 584-588; **Passiva:** 539 e s.; sinais 414-416, 541, 542; efeitos 549 e s. (Cf. Noite do sentido) encera-se na noite do espírito 903, 904.

Sofrimento dos sentidos na noite do espírito 771-778, 786-799.

Guinada psicológica liberta da influência dos sentidos 913-917.

Cavernas dos sentidos; angústia e fome antes do matrimônio 959.

Agitação e paz na união 979-981, 1015-1016.

Silêncio

Acompanha as operações divinas 363, 696, 1035; fruto e exigência da santidade 372; fundamental disposição exigida pela ação de Deus na alma 257, 321, 362, 364, 559, 560, 580, 582, 586; para o espiritual, silêncio e Deus parecem identificar-se 365.

Necessidade 362-368; para ouvir a palavra de Deus 363-364, 390; exemplo de Jesus Cristo 363; indispensável para a contemplação 379-382, 391, 580, 1055; realizações dos principiantes: orações simplificadas 270-271, 408, 561; nas noites purificadoras 560, 561, 582 e s., 604, 823, 824, 832, 870; às vezes, é preciso sacrificar o silêncio 378, 381.

Silêncio exterior: da língua 369-373; da atividade 373-382, perigo do ativismo 374; valor e necessidade da ação 374-378, soluções práticas 379-382. Silêncio da parte sensitiva devido às comunicações espirituais 498, 502 nota 31. Silêncio do deserto 390, 594.

Silêncio interior: o mais importante 382, silêncio das potências da alma 183, 382 e s., 570-576; silêncio das profundezas do espírito 582, 588, 589, 593, 595, 696; prática na primeira fase da vida espiritual 383, na segunda fase 384-389, 831.

Silêncio e solidão 389 e s.; o silêncio amplifica o ruído e apura as potências que os percebem 392; obriga a entrar no mundo interior 390; mantém intactas e puras as energias da alma 371-372.

Ascese do silêncio nas Regras monásticas 372, 399; Regra de Santo Alberto 368, 371; de Santa Teresa 54, 91-92 nota 39, 367-368.

Sobrenatural

Aquilo que é dado por Deus e que se ajunta às nossas faculdades naturais 460; vida natural 28; organismo sobrenatural 33, 305 e s., 462; virtudes sobrenaturais 285, 286; participação da vida trinitária fim sobrenatural da pessoa humana 285; oração, exercício da vida sobrenatural 56-65.

Definição teresiana: algo que não podemos adquirir com nossa atividade 494 (Cf. Quadro, Oração, 2ª fase).

Sobrenatural ordinário, através dos dons do Espírito Santo (Cf. Dom); sobrenatural extraordinário, pela ação direta de Deus nas faculdades (Cf. Favores sobrenaturais).

Sobrenatural toma as formas da natureza individual que o recebe 133 e nota 10 (Cf. Crescimento espiritual). Realidades sobrenaturais expressas em fórmulas dogmáticas que tomam do mundo criado suas ideias e seus símbolos 409.

Efeito do sobrenatural no mundo natural físico e psicológico (Cf. Noite do espírito); repercussões sensíveis 616 (Cf. Comoção); demônio 96, 113 (Cf. Obediência sobrenatural, Fé, Caridade, Contemplação, Recolhimento sobrenatural, Favores sobrenaturais).

Solidão

Exigida pela ação de Deus na alma 389-390; necessária para a oração e toda vida contemplativa 26, 184, 196, 363, 401, 496, 577, 647; favorece as operações interiores da Sabedoria 818; Santa Teresa a procura 54, 299, 663, 1037; exemplo dos religiosos do Monte Carmelo 54, 368, de todos os instrumentos escolhidos por Deus 367, 389, 390, 395, 666, 1057, solidão do próprio Jesus Cristo 367.

Perigos: cultivar amor-próprio, egoísmo e preguiça 374 nota 17, 399; favorece egocentrismo 392 e ação do demônio 393; destroça certos temperamentos 394.

Exigências: coragem e qualidades reservadas para raros privilegiados 393; amizades espirituais, apoio e auxílio para suportar a solidão 227.

Solidão exterior e contemplação 394; irrealizável para muitos 392; solidão intermitente basta 401; exemplo do profeta 395-401.

Solidão e apostolado 117, 655, 1056-1057, 1071-1072 (Cf. Apostolado).

Solidão interior, região do espírito 680, realizada pelo silêncio interior 382-387, por graça de união das quintas Moradas 646, pela contemplação 439, 696, 697 e noite do espírito 925-926, pela união transformante 979.

Substância

Substância da alma não tem alto nem baixo 681; recebe a graça como qualidade entitativa 1001, 1002; morada de Deus 28, 999.

Ação de Deus se situa na substância da alma 681 nota 49, 759, 927; unção que a purifica 679, 680; amor cava nela profundezas 681-682; conaturalidade realizada na substância da alma 35, 931, 992; as mais altas comunicações 509, 932, 992; ferida de fecundidade 985; união substancial 927; toques substanciais 685, 725, 931, 992, 995.

Despertar do Verbo adormecido na substância da alma 987. Vida de intimidade com o Espírito Santo 1013. Festa do amor 1011, 1012.

Ouro da substância e semblantes prateados nas verdades divinas (Cf. Dogma).

Visão de substâncias corpóreas e de substâncias espirituais (Cf. Visões).

Superação

Atitude essencial da alma teresiana 32, 38; técnica espiritual de São João da Cruz 680; em Santa Teresinha do Menino Jesus (Cf. Pobreza, Esperança, Infância espiritual, Desapego).

Superação da agitação e do bulício das faculdades 386-388, 576, 577; ultrapassar a região dos sentidos para a região pacífica do espírito por meio dos atos anagógicos 581-583, 589, 592; superação das luzes distintas 480 (Cf. Fé); superação dos favores extraordinários, conselhos de São João da Cruz 751, 752.

Atitude de superação de todos os fenômenos sensíveis por meio de uma orientação contínua para Deus 807.
Meios de superação diferentes para cada alma 595.

T

Técnica
Técnica necessária 168; técnica não de força, mas de flexibilidade 59, 60 nota 15, 589.

Técnica e oração:
Primeira fase (Cf. Ascese teresiana) 80 e s.; ponto de partida 154 e s.; maneira de rezar vocalmente 169, 170; movimento ativo das potências 182, 183; manter-se na companhia do Salvador 66 e s., 188, 192; recorrer a um livro como auxílio 176-178, 189; exercício da presença de Deus 190, 194; esforço perseverante para entrar no recolhimento ativo 383, 384.

Segunda fase, conduta da alma fora da oração 599 e s.; durante a oração, na aridez 581 e s.

Técnica e silêncio 382-388.

Técnica de superação, técnica espiritual de São João da Cruz 680.

Técnica cristã diferente das técnicas naturais 437, 438 nota 7, 588 nota 15.

Técnica para a formação dos apóstolos, de Nosso Senhor 1057, de Santa Teresa de Ávila 1059.

Técnica de apostolado (Cf. Apostolado).

Novas técnicas não devem levar a esquecer a técnica de Nosso Senhor 1058.

Teologia
Penetra e explora a verdade revelada 467.
Teologia e fé 446, 450 (Cf. Fé).
Teologia e vida espiritual 449-450.
Teologia e oração: necessidade de leitura espiritual 196-200.

Teologia e contemplação, contemplação teológica 407-408, 446, 449, 880.

Teologia e contemplação sobrenatural: fornece alimento, deve desenvolver, sustentar, controlar, regular 435-446; contemplação penetra mais profundamente na verdade que ciência teológica 411, 435; muitas vezes precede teologia 441; completam-se 437; cultura teológica pode ser nociva para contemplação 449-450.

Teologia mística: ciência misteriosa 403; princípios no magistério de Santo Tomás, São João da Cruz, Santa Teresa do Menino Jesus 404, 441-443, estes guias especialistas em ciência mística 320, 321; tem como objetivo estabelecer o reino do Espírito Santo na alma, aprender a usar os dons do Espírito Santo 320, 321.

Teologia de São Paulo 656 e s., 862, 1009 (Cf. Doutrina).

Teologia e Jesus Cristo 75 e s., 860-883, descoberta do Cristo total 656-666.

Teologia mariana 883-890.

Toque

Comunicação de Deus sensível ou espiritual 308-309; nas almas imperfeitas 494; em Santa Teresinha do Menino Jesus 833-834. Toques substanciais, contato entre duas substâncias 725-726, 931, 992; reservados para Deus só 933; enriquecimento 964; na união de vontade 644, no desposório, toques passageiros 948, 964; diferença com a união transformante onde o contato é permanente 1004.

Na união transformante, toque do Verbo que é cautério 985; da mão do Pai 985; do Espírito Santo 988.

U

União

União hipostática, humanidade de Cristo unida ao Verbo, segunda Pessoa da Santíssima Trindade 302; descoberta por Cristo ao chegar à existência 326; união indissolúvel 327;

atos da natureza humana atribuídos à Pessoa do Verbo 330; confere à natureza humana de Cristo a visão beatífica 367; realiza mediação de ordem física 1040, 1042, 1043, 1069.

União da alma realizada pela graça santificante 1001-1002; com Deus presente nela 29-32; numerosos graus de união 34, 1000; capacidade de união varia com cada alma, fixada por desígnio de Deus 38, 1000; união e transformação caminham juntas 1002; união: critério de crescimento espiritual e perfeição 127-132.

Exigência: pureza 129, 1000.

Etapas: visão de Castelo 18 nota 7, 19, 127-128.

Com o auxílio geral (Cf. Quadro). Primeiras Moradas, união simples pela graça 143, 144; terceiras Moradas, união pelo triunfo da atividade natural 128, 268.

Com o auxílio particular 128, 129.

Quartas Moradas, união parcial e transitória na vontade pela quietude 499-502, no entendimento pela fé e contemplação 503-505.

Quintas Moradas, união de vontade 642-644, 679, 759, 951 963; assenhoreamento de Deus sobre a vontade, realizado por infusão abundante de caridade 644, 652; fruto da graça mística de união 644, contato com Deus na escuridão 642, 677, ou fruto da ascese de desapego, do exercício do amor com a intervenção de Deus 651-652.

Efeitos da união de vontade: orientação para a Igreja 666; zelo pelas almas, desorientação da borboleta mística 653-654, 665-666.

Sextas Moradas: união perfeita, mas transitória, na luz 669, 673, 682 e s.; invasões divinas, arroubos, voo do espírito 675, 677, 680; promessa de perfeita união 950-951, desposório 686 (Cf. Desposório espiritual).

Sétimas Moradas, união perfeita definitiva, matrimônio espiritual 967. União transformante ou união por semelhança de amor 34, 411-412, 687; união pela comunicação das duas naturezas 1003-1004, símbolos: duas velas 34, 1004, esponja no oceano 35, 411, 973; união estável, definitiva

1003-1006; união habitual permanente e união atualizada 1015-1016, amor em constante progresso 1006-1007.

Efeitos da união transformante: paz, equilíbrio l001, 1014, 1026; identificação com Jesus Cristo 1016, 1022, 1030, 1065; alma entregue ao Cristo total 1029-1030, 1040, 1064, 1070; união da ação e da contemplação 1071; luzes contemplativas sobre Deus, sobre o mundo 36, 992, 995-996; visão face a face conforme a medida da união de amor 35, 997-998.

Comparações entre união simples de graça e união das terceiras Moradas 267; entre graça mística e união de vontade 642-652; entre união mística e desposório 942-343.

Diferenças entre desposório e matrimônio espiritual 970 (Cf. Desposório espiritual, Matrimônio espiritual); entre união transformante e matrimônio espiritual 989-998.

União das almas em Cristo, mistério da Igreja, do Cristo total 656-666.

União da alma com Cristo no Cristo total 1030, 1034, 1074, 1077.

União eucarística 76, 660, 1018.

União pela obediência (Cf. Obediência). União pela oração (Cf. Oração). União pela fé (Cf. Fé).

União com Nossa Senhora 897 e s.

V

Vício
(Cf. Pecado)

Virtude

Natural: facilidade adquirida pela repetição dos atos 460; tem em vista o respeito da ordem moral natural 283, 284.

Virtude sobrenatural: potência que torna capaz de praticar atos sobrenaturais 306, 460; de fazer operações divinas 285; ordenada para um objeto especificado 312 nota 22.

Virtudes sobrenaturais infusas fazem parte do organismo sobrenatural recebido no batismo 33, 421; enxertam-se nas faculdades e potências humanas 285-286, 810-811; produzem atos próprios especificamente distintos, usando as faculdades nas quais estão enxertadas 306; no início agem na dependência das luzes da razão 306; depois são aperfeiçoadas no agir pelos dons do Espírito Santo 307, 308, 319; novo modo de agir depois da guinada psicológica 918 e s.

Virtudes teologais: fé, esperança, caridade enxertadas no entendimento, na memória e na vontade 918; modo perfeito de agir com os dons do Espírito Santo 286, 307 (Cf. Fé, Esperança, Caridade). Três vestes de cores diferentes 918-921; atos das virtudes teologais ou atos anagógicos 112, 113, 583 (Cf. Anagógico).

Prática das virtudes. Na primeira fase (Cf. Ascese adaptada 87 e s.); virtudes necessárias para a oração e subordinadas a ela nas primeiras Moradas 130, 156-167 (Cf. Ascese teresiana). Prática regrada pela razão 289, 290; triunfo da virtude racional 273, ilusões 275.

Nas quartas Moradas, imperfeições dos principiantes na prática das virtudes 523-528. A fé, virtude das quartas Moradas 130, 477, 478.

Nas quintas Moradas, obediência 130, 620; vinculada à virtude de justiça 621; atos que desenvolvem a virtude 650 (atos intensos).

Nas sextas Moradas, virtude da esperança 130, 823 e s.; ascese das virtudes 848 (Cf. Pobreza e Infância espiritual); virtudes que acompanham o desposório espiritual 947-948, 955, 1010.

Nas sétimas Moradas, castidade e caridade perfeitas 130; virtudes e matrimônio espiritual 982, 983; perfeito regime das virtudes sob a ação e a luz constante do Espírito Santo 1014.

Visões

Sentido amplo: todo conhecimento é uma visão da verdade 712.

Sentido restrito: percepção pelo sentido da vista ou pela imaginação de uma forma corporal, ou percepção de uma presença sem imagem sensível 712.

Visões teresianas.

Intelectuais, imaginárias, visões imaginárias acompanhadas de visões intelectuais 713; de substâncias corpóreas 713; de substâncias espirituais 717.

Visões intelectuais, de substâncias corpóreas: presença experimentada de Cristo (Santa Teresa), verdadeira percepção de uma presença próxima e ativa 713.

Intelectuais de substâncias corpóreas, as verdades, os anjos ou o próprio Deus 717.

Deus Verdade 718; visão da Santíssima Trindade 720-722, 972-975; visão da presença de Deus na alma 723.

Visões imaginárias de substâncias corpóreas: rápida da humanidade de Nosso Senhor 715, 716; visão inaugural do matrimônio espiritual 723.

Imaginárias de substâncias espirituais: da Santíssima Trindade 717.

Visões intelectuais e imaginárias, de substâncias corpóreas: a visão imaginária cobre habitualmente a visão intelectual 715-717; de substâncias espirituais: a alma habitada por Deus 720, aperfeiçoa a visão intelectual que a precede 720.

Natureza das visões teresianas.

Intelectuais de substâncias corpóreas: graças extraordinárias 726.

Intelectuais de substâncias espirituais: visão da Santíssima Trindade no limiar das sétimas Moradas não é uma graça extraordinária 727.

Imaginárias de substâncias espirituais: visões do futuro, da alma, imaginária da Santíssima Trindade são graças extraordinárias 727.

Conhecimentos espirituais decorrentes da união com Deus não são graças extraordinárias 727.

Visões sanjuanistas.
Visões propriamente ditas: penetram as realidades do céu e da terra, remetem para Deus, para as realidades espirituais ou para as realidades corpóreas, são graças extraordinárias 724.
Revelações são graças extraordinárias 725.
Notícias sobre verdades, realidades em si, sobre Deus, são fruto do amor unitivo, não são graças extraordinárias 723-727.
Visões sensíveis exteriores em Santa Bernadete, Santa Margarida Maria Alacoque, são constituídas por uma imagem que Deus imprime nos sentidos, invisibilidade do corpo real e criação da visão através da impressão de uma imagem 738, 739.
Efeitos, Papel, Modos (Cf. Favores sobrenaturais, Favores extraordinários).
Visões nas quais um anjo é enviado como instrumento 739, 742; muitas procedem do demônio 744, 745. Discernimento 746-751. Prudência 750.

Vontade
Faculdade da alma 42; livre 323; recebe a caridade 58, 645 e nota 27; vontade e dom da sabedoria 512; iluminada pela inteligência 913; relacionada com os sentidos 536; atingida pelas tendências 527, 528; vontade de fundo 537; fundo sereno 384; orgulho na vontade 48, 351, 352.

Ascese e purificação, enérgica no ponto de partida 157, 163; controla imaginação, entendimento 383; realiza recolhimento ativo 183, 187; vontade e disciplina de vida 157, 158, 269; vontade e distrações e aridez 215; vitória da vontade nas terceiras Moradas 267-272; boa vontade e ilusões 273, 275; vontade e dom de si 82, 322 e s. (Cf. Dom de si); vontade e humildade 344 e s. (Cf. Humildade); vontade e oração de quietude 64, 574; vontade e obediência 90, 622 e s. (Cf. Obediência).

União de vontade (Cf. União).

Nas quartas Moradas vitória do amor na vontade 926-929.

Consentimento e conformidade das duas vontades na união completa do desposório 967 e s.

Guinada psicológica e vontade 917.

Vontade divina e vontade humana são uma unidade, matrimônio espiritual nas sétimas Moradas 35, 999.

Z

Zelo

Fruto da união:

União de vontade dá o zelo pela salvação das almas 653-656; a alma descobre sua inserção no Cristo total 656-661; entrega-se à Igreja 664; o exercício do zelo purifica-a 120, 665; no entanto, prudência 665, 1062.

União transformante: faz o apóstolo perfeito, abrasado de zelo 132, 689, 1063 e s.

Zelo e espírito do Carmelo 116-126.

No Profeta Elias: sua confissão *"Zelo zelatus sum"* tornou-se a divisa do Carmelo 116, 117, 124; síntese realizada no Profeta 395-397; a Ordem do Carmelo é herdeira do espírito de Elias 398.

Em Santa Teresa de Ávila 116, 117; entra no mistério da Igreja, trabalhar pela Igreja é sua vocação 118, 119; o zelo aumenta seu impulso rumo às profundezas de Deus 120, 663-665; após o matrimônio espiritual, Santa Teresa, filha de Elias, devorada pelo zelo 398, 1037; sua doutrina forma apóstolos de zelo devorador 126; zelo vivenciado através da oração e do sacrifício 119, 120 e também, de trabalhos difíceis 122; ao morrer declara-se "Filha da Igreja" 1077.

Zelo e contemplação em Frei Tomás de Jesus 349-402.

Em Santa Teresinha do Menino Jesus, a graça que segue a graça do Natal a inflama de zelo pelas almas 1038; entra no Carmelo para salvar almas 1038; exercitará sua missão até o final dos séculos 1039.

Exercício do zelo (Cf. Apostolado).

ÍNDICE DA SAGRADA ESCRITURA

Ordinariamente, as citações foram tiradas da tradução da *Bíblia de Jerusalém,* exceto quando o contexto exigia a utilização do texto da *Vulgata.* Neste caso, indica-se o uso desta tradução entre parêntesis.

Nas citações dos Salmos, apresenta-se, aqui, somente a numeração da *Vulgata.* No rodapé do texto, indica-se também, entre colchetes, a numeração hebraica.

Quando os santos carmelitas citam a Sagrada Escritura, a indicação de tais passagens encontra-se inserida no próprio texto dos santos.

GÊNESIS

2,18	227; 884
3,1	106
3,1-7	102
3,14 (Vulgata)	891
3,15 (Vulgata)	891
18,16-33	743
27,22	709

ÊXODO

c. 3 e 4	1043
3,2-6	678
3,6	551
3,12	1044
3,14	347
14,20	472
16,3s.	524; 903
19,18	756
33,5	550
33,11	757
33,19	676
33,20	510; 931
34,3	903

NÚMEROS

11,4	524; 547; 903
11,5	547
11,33	903
12,7	1048
12,8	1048
22-24	426
27,14	1046

Índices

DEUTERONÔMIO		19,11-13	366
4,11	756	19,14	124; 396
4,24	678		
32,11	1031	**TOBIAS**	
34,10	1048	12,13	701

JUÍZES		**ESTER**	
c. 6	1043	2,12-14	964
16,21	526		

JÓ

PRIMEIRO LIVRO DE SAMUEL		c. 1 e 2	701
		1,21	609
8,7-9	395	2,4-6	99; 745; 762
10,9	1044	4,12-16	949
15,20-30	1046	7,20	765
15,22	325; 623	13,15	849
16,1	1046	16,13-17	768
16,13	1044	23,6	765
18,12	1045	38,1	930
		40,1	930
SEGUNDO LIVRO DE SAMUEL		42,10	701
		42,12	701
7,14	884		
12,14	1046	**SALMOS**	

		2,7	884
PRIMEIRO LIVRO DOS REIS		16,4	919
		17,5-7	766
8,12	930	17,10-12	930
11,4	528	17,13	470; 765
c. 17	395	18,8	345
17,1 (Vulgata)	54; 116; 396; 487	21,2	1053
		22,1	671
19,4	445	22,2	671
19,10 (Vulgata)	116; 117; 487	22,3	671; 672
		24,15	826; 920

30,21	932
30,25	626
39,13	527
41,3	553
43,22	1070
49,9	1051
49,14	1051
50	359
57,9	527
62,3	551
72,21	553
72,22	553
76,19	757
77,31	525
87,9	766
96,2	469; 764
96,7	884
101,28	364
102,14	597
109,4	75
111,1	273
117,12	526
118,86	626
118,105	626
118,130	626
120,4	587; 674
122,2	826
138,11	472

PROVÉRBIOS

8,2-4	424
8,22-26	294
8,27-31	294
8,31 (Vulgata)	608
9,1-2 (Vulgata)	1076
9,1-5	302
9,4	839

21,28 (Vulgata)	626
24,16	529; 906
31,30	524

COÉLET (OU ECLESIASTES)

8,4	711

CÂNTICO DOS CÂNTICOS

3,10	920
4,9	827
8,5	1076

SABEDORIA

6,7	841
6,13-15	296
7,21	294; 375
7,22-26	295
7,24	308
7,25	392; 628
7,27	293; 294; 298; 309; 392
7,28-30	295
8,1	294; 375; 627
8,2	295
9,10	295
9,15	777
9,17	295
9,18	295
10,17	296
c. 10 a 19	296

SIRAC (OU ECLESIÁSTICO)

1,5 (Vulgata)	623
13,1	528
48,1	395; 397

ISAÍAS

7,14	891
11,2-3 (Vulgata)	304; 309
28,9	551
28,19	551
29,13	176
30,15 (Vulgata)	371
31,9	1007
32,17	372
53,1-5	874
53,2-3	875
55,11	627
55,8	556
57,20	526
58,3	623
58,10	551
59,19	287; 319
61,1-2	1052
63,1-5	874
63,3	875
66,12-13	839

JEREMIAS

1,5-10	395

LAMENTAÇÕES

3,1-20	768
3,44	774

BARUC

3,9	296
3,12-14	296
3,23	296
3,26	296
3,33	296

4,1	297
4,2-4	297

EZEQUIEL

24,10	767
24,11	767

DANIEL

9,22	711

OSEIAS

2,16	389
2,20	468; 919

HABACUC

2,1	560; 586

MALAQUIAS

1,10-11	326

EVANGELHO SEGUNDO SÃO MATEUS

5,3	828
5,4	310
5,15	783
5,17	284
5,48	374
6,6	363
6,9-13	169
6,33	379
7,6	525
7,16	107; 318; 750; 1073
7,21	1050

7,21-23	428	**EVANGELHO SEGUNDO**	
7,22-23	356; 1050	**SÃO MARCOS**	
8,10	837		
10,14	85	3,13	676
10,24	85; 870	4,31-32	127
10,36	916	5,25-34	62; 837
11,12	84	8,27-30	337
11,28	527	9,28	110
11,29	45; 107		
12,43-45	99	**EVANGELHO SEGUNDO**	
13,24-30	97	**SÃO LUCAS**	
13,31-32	33		
13,33	33; 127; 1002	1,28	1007
15,21-28	837	1,31-33	334
15,26	525	1,34-35	335
16,13-20	337	1,34-38	636
16,24	84	1,35	1017
17,16	378	1,51-52	564
18,1-4	840	1,53	355
18,4	454	2,12	345
18,18	630	4,1	287
19,16-22	277	4,18-19	1052
19,21	329	5,8	458
20,28	1074	7,47	837
22,37-40	1033	7,47-50	911
23,13	342	7,50	978
23,27-28	342	10,17	342
25,14-30	1047	10,21	342
25,31s.	375	11,1	169
25,34-35	1032	11,24	393
25,37	1033	12,50	86
25,40	1033	13,3	84
26,38s.	150	14,8-11	479; 564
27,46	316	14,15s.	424
28,19	376	14,33	524; 829; 903
28,20	868; 1073	15,7	37; 837
		15,20-32	837
		17,10	850

18,10-14	354	8,44	104
21,17-18	607	10,7-13	76
22,35	610	10,9	203
24,26	84; 301; 785; 870	12,32	870
		13,1	1031
		13,35	1032

EVANGELHO SEGUNDO SÃO JOÃO

		14,2	682
		14,6	70; 75
1,9	75	14,9	70
1,13	917	14,15	1046
1,16	75	14,20	659
1,18	61; 510; 931	14,21	623; 636; 659; 938; 939; 956; 986
1,29	149		
3,1-21	338		
3,2	821	14,23	30; 186; 704; 938; 939; 956; 975
3,3	821		
3,5	339; 822; 917		
3,6	339; 821; 822	15,1	32
3,7	339; 821; 822	15,4	659
3,8 (Vulgata)	318; 339; 494; 821; 822	15,5	76; 352; 659; 989; 1016; 1019; 1024
3,9-10	822		
3,11	822	15,6	76; 1019
3,13-15	822	15,8	659
3,13-16	339	15,12	1032
3,16	1030	15,13	1032
4,1-30	338	15,15	1074
4,1-39	339	15,16	1024; 1073
4,32	327	15,18	289; 300; 782
4,34	327	15,19	289; 782
6,48	658	15,20	85; 300; 782
6,48-55	76	15,24	85
6,48-56	1018	16,7	69; 70; 864
6,54-58	658	16,29-30	338
7,38	996	17,1	1029
7,40-43	338	17,2	1029
8,12	70; 870	17,3	203; 1029

17,4	1029	**EPÍSTOLA AOS**	
17,5	77; 1029	**ROMANOS**	
17,9	289	c. 3	863
17,11	37	3,21-22	863
17,15	1024	3,28	863
17,21	76; 456; 659	c. 4	863
17,22	653; 659; 1019	4,16	1047
17,23	659; 1019	4,18	827; 1047
17,24	77	4,22	1047
18,39	339	5,1	863
19,30	327	5,3	831
19,39	822	5,4	831
20,19	978	5,5	30; 33; 513; 831; 924; 1007
20,21	1025		
21,15-17	1048	6,23	150; 219
		7,19-20	912
ATOS DOS APÓSTOLOS		7,24	275
2,14-36	862	8,14	34; 287; 303; 308; 630; 843; 1014; 1016
3,12-16	862		
4,10-12	862		
5,3	1008		
5,4	1008; 1047	8,15	33; 77; 843; 879; 1018
5,5	1008; 1047		
8,19	1008	8,16	33; 843; 879; 1018
8,31	207		
8,39	1008	8,17	880; 1018
9,1-19	341	8,19	1028
9,5-6	427	8,22	1028
9,7	249	8,23	33; 1028; 1076
9,8-9	786		
9,17-19	786	8,24	824; 1028
15,28	319; 1009	8,25	824
17,28	28	8,26-27	826; 1028
17,32-34	281	8,28	607; 1070
		8,29	1076

8,35-37	1070	12,6	420; 494; 1041
8,35-39	1012		
9,16	305; 494; 676	12,7	420; 494; 1041
10,14 (Vulgata)	197; 376; 460; 913	12,8	420; 494; 660; 1041
10,14-17	370		
10,17 (Vulgata)	234; 460; 811; 913	12,9	420; 494; 660; 1041
12,3	421	12,10	420; 494; 660; 1041
13,1-2	621		
		12,11	420; 494; 660
		12,28	1042
		12,31	927; 1042

PRIMEIRA EPÍSTOLA AOS CORÍNTIOS

1,17–2,5	282	13,1	1051
1,21	288	13,2	998; 1051
1,23-24	871	13,3	1051
1,27	115; 316; 627	13,8	924
1,28	115	14,1	927
1,30	288; 871	15,10	676
1,31	288		
2,2	202; 871; 1020		

SEGUNDA EPÍSTOLA AOS CORÍNTIOS

2,4	444	3,18	56; 412; 478; 927; 1018
2,5	288		
2,10	934	4,6	882
2,15	933	4,7	909
3,6	1044	5,21	1030
3,9	32	6,14	523; 1009
3,16	30; 1009	6,16	1009
3,23	889	12,4	367
6,17	915; 1005; 1014; 1064	12,7-10	912
6,19	1009		

EPÍSTOLA AOS GÁLATAS

9,24-27	825	1,17	390
12,4	420; 494	4,22-31	1047
12,5	420; 494		

EPÍSTOLA AOS EFÉSIOS

1,3	658; 862
1,4	658; 862; 1017
1,5	658; 661; 862; 1017
1,6	658; 1017
1,7	862
1,9	298; 658
1,10	298; 658; 868
1,11	658; 884
1,12	658
1,20-22	662; 888
1,23	662
2,4	660; 862
2,5	660; 862
2,6	660
2,15-18	660
2,19-22	660; 862
2,21	884
3,5-9	657
3,8-9	871
3,17	687; 1020
3,18	1020
3,19	203; 1020
4,4-6	660
4,7	660
4,8-10	1031
4,11	660
4,13	661
4,16	661; 884
4,21-24	900
5,25	665
5,31-32	940
6,11-16	112
6,17	850

EPÍSTOLA AOS FILIPENSES

1,20-21	1020
2,5	211; 870; 886
2,7	1030
2,7-11	627
2,8-10	328
2,13	287; 352
3,7	1020
3,8	203; 1020
3,9	1020

EPÍSTOLA AOS COLOSSENSES

1,15	657; 884
1,16	657; 884
1,17	28; 657; 884
1,18	657; 884
1,19	657; 884
1,20	657; 862; 884
1,21-22	863
2,3	202; 204; 872
2,12	863
3,3-4	655
3,14	955

PRIMEIRA EPÍSTOLA AOS TESSALONISSENSES

5,8	919

PRIMEIRA EPÍSTOLA A TIMÓTEO

2,5	203

EPÍSTOLA AOS HEBREUS

1,1	202; 734

Índices

1,2	202; 734	
1,3	626	
1,5-6	884	
4,14-16	869	
5,4-10	1041	
5,9	628	
7,17	75	
9,13-14	869	
c. 10	863	
10,5	658	
10,5	301; 326; 1066	
10,6	301; 326; 1066	
10,7	301; 326; 658; 1066	
10,8	1066	
10,9	1066	
10,19-20	863	
c. 11	863	
11,1	460; 464; 469; 824; 829	
11,6	262; 457; 919	
c. 12	863	
12,1	864	
12,2	864; 870	
12,29	678	

EPÍSTOLA DE SÃO TIAGO

1,17	1017
2,14-17	375
3,2-9	369
5,17 (Vulgata)	86; 445; 809

PRIMEIRA EPÍSTOLA DE SÃO PEDRO

2,9	661; 888
4,8	782; 910
5,8	97
5,9	112; 919

SEGUNDA EPÍSTOLA DE SÃO PEDRO

1,19	731; 751

PRIMEIRA EPÍSTOLA DE SÃO JOÃO

12,4-5	623
13,2	35
4,16	678

APOCALIPSE

1,5-6	889
2,17	486
7,14-15	874
21,23	974

ÍNDICE DAS CITAÇÕES DAS OBRAS DE SANTA TERESA DE JESUS

VIDA

1,4	25
1,5	25
2,1	196; 228
2,2	229
2,3	229
2,4	229
2,6	229
2,8	230
2,9	229
3,1	230
3,2	230
3,7	196
4,1	230
4,7	196; 663; 776
4,8	177
4,9	178; 196
5	776
5,3	231; 259
5,4	231
5,6	231
5,7	778
5,8	196; 778
6,6	175
6,7	175
7	514
7,1	224
7,6	231; 708; 735
7,20	227; 235
7,21	235
7,22	235
8	514; 613
8,3	224
8,5	53; 57
8,6	225
8,7	217
8,8	56
9	514
9,5	213
9,6	68
9,8	212
11,1	323; 329; 431; 603
11,2	323
11,3	82; 323; 329
11,4	82
11,5	161
11,7	63; 673
11,8	63
11,9	63
11,10	217; 225
11,11	81; 162; 217; 222; 226
11,13	59
11,15	82; 163; 220; 223; 430
11,16	103; 224

Índices

12	66; 861	15,4	493; 502; 574
12,1	142	15,5	502
12,2	142; 159	15,6	501; 575; 576
12,3	67; 861	15,7	576; 577
12,5	563; 565	15,8	336; 345
12,7	563	15,9	501; 577
13,1	165	15,12	127; 134; 136; 569; 934; 935
13,2	165; 166		
13,3	167; 256		
13,8	372; 613; 1060	15,14	51; 347
		16,1	64; 502
13,9	372; 613; 1060	16,3	502
		17,2	614; 655
13,10	372	17,3	502
13,11	179; 180	c. 18 a 32	691
13,12	66; 67; 861	18,2	44
13,14	51; 247; 259; 261	18,3	404
		18,5	441
13,15	39; 41; 51; 135; 934	18,11	778
		18,15	27; 259
13,16	252; 261; 262	19,2	347; 360; 909
13,17	247; 259	19,3	614; 647; 655
13,18	260	19,13	372
13,19	247; 252; 260	19,14	372; 1059
13,21	247; 185; 189	20	940
14	496	20,1	944
14,1	64	20,2	64; 941
14,2	64; 500; 575	20,3	941
14,3	215; 501; 575	20,4	941
14,5	494	20,7	952
14,6	404; 493	20,8	952
14,7	246; 248; 261	20,9	959
14,9	596	20,9-16	960
15	496	20,15	960
15,1	500; 572; 574	20,22	614; 953
15,2	47; 430; 431; 554; 574	20,23	952
		20,25	952

Índice das citações das obras de Santa Teresa de Jesus

20,26	350	25,21	104
20,27	350	25,22	115
20,28	910; 952	26,2	104; 712
21	940	26,3	264
21,1	354	26,4	264
21,5	952	26,5	196; 201; 265; 713
21,9	351		
22	66; 861	27,2	201; 714
22,1	877	27,4	714
22,2	69	27,5	714
22,3	866	27,6-9	719
22,3	70	27,6-10	719
22,4	70; 864	27,7	308
22,5	71; 72; 865	27,10	738
22,9	71; 865; 866	28,1	780
22,10	72	28,3	716
22,11	342; 866	28,4	716
23,5	92	28,5	715
23,6	231; 232	28,6	736
23,7	231	28,8	736; 747
23,8	92	28,9	202; 716; 717; 729; 730; 748
23,9	92; 256		
23,13	257		
24,5	232; 728; 945; 966; 1067	28,10	748; 750
		28,13	729
		28,14	257
24,6	728; 1067	28,16	714
24,7	728	28,17	714
c. 25 a 29	945	28,18	714
25,1	692; 709; 737	29,3	728
25,6	747; 749	29,11	728
25,7	749	29,13	24; 663; 743; 1067
25,10	221		
25,11	108; 750	29,14	1067
25,12	114	30,2-5	714
25,14	781	30,9	748; 749
25,18	692; 712	30,11	103; 221

30,16	219; 385; 386	40,11	146
30,18	697; 923	40,13	718
30,19	698; 924	40,14	718
30,20	377; 924		
31,1-11	100	**CAMINHO DE**	
31,3	111	**PERFEIÇÃO**	
31,4	110; 111	c. 1	663
31,5	111	1,1	120
31,6	104	1,2	55; 117; 119;
31,10	109		120; 122;
31,11	109		664; 1036
31,20	350	1,2-6	211
31,21	350	1,3	1036
32	663	1,4	117
32,1-5	152	1,5	55; 122; 664
32,4	151; 1047	2,1	81
32,6	153	2,8	81
33,5	175	3,2	81; 120
33,14	716	3,10	118
33,15	716	4,2	80
34,7	233	4,5	239
34,8	233; 434	4,6	239; 240
34,11	135; 137; 479	4,7	239; 241
36,7-9	104	4,8	240
c. 37 a 40	691	4,12	237
37,4	202	4,13-16	239
37,5	202	5,1	240
37,7	386	6,1	241
39,9	136	6,3	241
39,25	718	6,4	241
40,1-4	718	6,5	242
40,3	718	6,8	242
40,5	146; 148;	7,1	242
	688; 719	7,2	237
40,6	719	7,3	242
40,9	720	7,4	242; 243
40,10	146; 720	7,6	243

Índice das citações das obras de Santa Teresa de Jesus

7,8	84	25,1	172
8,3	84	c. 26	66; 496; 497; 514; 861
11,1	81		
11,2	81	26,1	66; 67; 188; 194
11,4	81		
11,5	81	26,10	189; 190; 384
12,2	80	26,2	68; 188; 189; 191
12,7	336; 359		
12,8	351	26,3	68; 189
16,3	600	26,4	67; 185
16,4	600	26,5	67; 185
16,5	82; 599	26,6	67; 185
16,9	322	26,9	69; 190; 384
c. 17	422	27,1	186
17,2	425	27,7	186
17,3	171; 178	c. 28	497
c. 18	422	28,1	187
18,5	81; 600	28,2	26; 184
19,1	179; 180; 181	28,3	185
19,15	419; 422; 424	28,4	183; 184; 189; 194; 195
19,6	181		
20,1	423	28,5	182; 194; 195
20,2	423; 425	28,6	183
c. 21	613	28,7	188; 190; 218; 269; 384
21,2	82; 163		
21,3	169	28,8	194; 270
21,4	169	28,12	82; 157; 187; 323; 324; 384; 603
21,9	104		
c. 22	613		
c. 23	613	29,4	183; 187
23,4	109	29,5	186
24,2	171	29,6	270
24,4	220	29,7	182; 186; 497
24,5	56; 168; 171; 223	29,8	191; 194
		30,7	172
24,6	56; 171; 188; 194	c. 31	642
		31,1	500

31,2	500	1,5	53; 116; 430
31,3	499; 500; 574	1,6	56; 155
31,7	578	1,7	53; 155
31,8	387; 501; 514; 576; 577	1,8	116; 143; 144; 156
31,10	387	2,1	47; 146; 147; 148; 149; 150; 155
31,11	47; 418; 555		
31,12	82		
32,9	82; 322	2,2	26; 146; 148
32,11	82; 322; 335	2,3	147; 148
32,12	82; 329; 1016; 1074	2,4	149; 151; 153
		2,5	26; 149; 153
38,5	359	2,7	22
39,1	51; 103	2,8	30; 47; 156
39,2	52	2,9	40; 50
39,5	40	2,10	50; 144; 147; 909

Manuscrito do Escorial

		2,11	51
7,2	239; 263	2,12	98; 143; 144; 145; 146
7,4	239		
11,4	244	2,14	48; 145; 146; 157;
24,3-4	158		
24,4	159	2,15	145; 157
25,2	494-495	2,16	94; 101; 145; 164
50,1	184		

CASTELO INTERIOR OU MORADAS

Segundas Moradas

Pr.,1	17; 775	1,2	48; 156; 157; 160; 161; 162
Pr.,2	17	1,3	103; 162; 163; 224

Primeiras Moradas

		1,4	103; 162
1,1	19; 27; 47; 155	1,5	100; 160; 162
		1,6	154; 159; 160
		1,7	160
1,2	39; 47; 155	1,8	82; 163

1,9	163; 188	2,4	31; 141; 914
1,10	164; 188; 247	2,5	31; 508
1,11	155; 156	2,6	502; 574
		2,7	502

Terceiras Moradas

		2,8	563; 564; 574
1,1	267	2,9	337; 563; 564
1,5	267; 268; 273; 276	3	788
		3,1	496; 497; 499
1,6	274; 277; 278	3,2	497; 498
1,7	267; 274; 276	3,3	498; 572
1,9	276	3,4	479; 498; 563; 570; 573
2,1	274; 276		
2,2	275	3,5	479; 566
2,3	275	3,6	272; 479; 565; 573
2,4	275; 289		
2,7	278; 280	3,7	573
2,8	274; 280; 336	3,8	573; 575; 577; 578
2,9	274		
2,12	273	3,10	612; 613; 1059
		3,11	74; 616; 788

Quartas Moradas

		3,12	74; 616; 618; 788
1,1	20; 403; 493		
1,2	403	3,14	612
1,4	141		
1,7	180	**Quintas Moradas**	
1,8	42; 43; 214; 215	1	308
1,9	40; 42; 43; 213; 383	1,1	20; 47
		1,2	54; 368; 398; 648
1,10	43; 215; 386; 775; 981	1,3	642; 649; 772
		1,4	642; 772; 773
1,11	43	1,5	31; 642; 643; 773
1,13	213; 226		
1,14	226		
2,1	20	1,7	259; 643
2,3-6	416; 500	1,8	47; 208; 259

1,9	31; 642; 643; 644; 654; 679; 686	4,1	18; 646; 775
		4,3	940
		4,4	643; 686; 943
1,10	27; 259; 643; 686	4,5	98; 645; 665; 952; 1063
1,11	644	4,6	98; 645; 654; 1062; 1063
1,12	31; 643; 679		
2	308	4,7-11	1062
2,2	131	4,8	645; 1062
2,2-7	638	4,11	938
2,4	655; 673		
2,5	638; 651; 656	**Sextas Moradas**	
2,6	638		
2,7	638; 645; 647; 653; 679	1,1	669; 677; 763; 780
2,8	646; 957	1,2	763; 780
2,9	646; 648; 653; 654; 672; 957	1,3	780; 782
		1,4	780
		1,6	776
		1,7	776
2,10	647	1,8	770
2,11	646; 654	1,9	769; 770; 774
2,12	644; 645; 655; 656; 1061	1,12	770; 771
		1,13	589; 774
		2,1	691
2,14	647; 654	2,2	691
3,1	647; 1061	2,3	692
3,2	647; 1061	2,4	677; 692
3,3	20; 645; 1062	2,8	692
3,4	640; 647; 651; 652	3,1	101; 692; 705; 708; 737; 746
3,5	637; 640; 648		
3,6	651; 652	3,2	101; 746
3,7	641	3,3	101; 107
3,8	655	3,4	107
3,10	641	3,5	692; 747
3,11	641; 650; 655; 700	3,6	743
		3,7	712

Índice das citações das obras de Santa Teresa de Jesus

3,11	266; 631; 754	7,13	74; 860; 869; 877
3,12	749		
3,15	749	7,14	70; 867
3,16	108; 114; 749	7,15	70; 71; 867; 877
3,17	108; 748		
4	308	8-10	945
4-6	940	8,3	201; 714
4,1	678; 957	8,4	201; 730; 748
4,2	748; 941	8,5	730
4,3	677; 943	8,9	257; 754
4,4	128; 679; 683; 773; 943; 946; 947	9,1	716
		9,2	715; 730
4,5	683; 749	9,3	715; 730
4,6	749	9,4	715; 716; 749
4,7	750	9,10	716; 728
4,8	944; 947	9,11	107
4,9	683; 942; 951	9,12	264; 754
4,16	607; 645; 951	9,15	753
5	308	9,16	753
5,1	748; 776	9,17	728; 753
5,2	693; 773; 776	10,1	694
5,3	945	10,2	720
5,7	44; 749; 945	10,5	718
5,8	44; 942; 945	10,7	40; 346; 749
5,9	44	11	960
5,10	952	11,1	678; 960; 965
5,11	946	11,2	960
6,1	26; 677; 958	11,3	960
7	66; 861	11,4	777
7,5	68; 69; 865	11,8	961
7,6	70; 72; 73; 866; 869		
7,7	73; 222	**Sétimas Moradas**	
7,8	71; 72; 73		
7,10	877	1,1	20; 693; 938
7,11	73; 514; 877; 878; 880	1,3	42; 147; 148; 970; 974
7,12	73; 514; 878	1,4	148; 153

1,5	679; 683; 970; 972; 1003	5,4	974
		Epil.,1	21
1,6	23; 679; 683; 722; 972; 974; 977	Epil.,3	19; 128
		Epil.,4	18
1,8	971		

FUNDAÇÕES

1,9	36; 722; 975; 1006	1,6	664; 1037
		1,7	121; 124; 211; 664; 1037
2,1	723; 724; 969; 982		
2,2	723; 969	1,8	121
2,3	679; 723; 1021	5,2	180
		5,3	56
2,4	35; 724; 971; 989; 1004; 1005	5,4	374
		5,10	620; 625; 1064
2,5	1005; 1020		
2,6	36; 978	5,14	374
2,7	978; 1021	5,15	374; 1072
2,8	1021	5,16	1072
2,9	36; 981	5,17	382; 392
2,10	982	6	615; 788
2,11	982; 1015	6,2	377; 616; 617
3,1	979	6,5	617
3,4	35	6,14	618
3,6	35; 375	7	805
3,8	979	7,2	805
3,10	980	13,5	372
3,12	980	14,12	89
4,4	1025; 1065		
4,6	1025; 1065		

RELAÇÕES

4,8	35; 83; 1027; 1064	5,3	494; 496
		5,5	502
4,10	1026	15	961
4,12	1071	16	688; 721
4,15	1051	18	35; 721

24	146; 148; 722	**CONCEITOS DO AMOR**
33,1	723; 727	**DE DEUS**
33,3	474; 723	
34	705; 732	Pr.,1 — 175
35	118; 302; 961; 969; 1034	5,3 — 1066; 1067
		5,4 — 974; 1071
		7,8 — 1071
47	688	7,9 — 1060; 1072

POESIAS

Pt 1 — 961

CARTAS

Cta 78	12 de maio de 1575	16
Cta 98	16 de fevereiro de 1576	16
Cta 101	9 de maio de 1576	243
Cta 129	23 de outubro de 1576	65
Cta 144	19 de novembro de 1576	451
Cta 151	7 de dezembro de 1576	243
Cta 206	22 de outubro de 1577	18
Cta 213	7 de dezembro de 1577	22
Cta 239	14 de maio de 1578	15
Cta 253	agosto de 1578	243
Cta 269	novembro de 1578	446
Cta 393	8 de novembro de 1581	234
Cta 430	30 de maio de 1582	243

ÍNDICE DAS CITAÇÕES DAS OBRAS DE SÃO JOÃO DA CRUZ

SUBIDA DO MONTE CARMELO

Estrofes

1	539
2	474
3-4	559
5	520

Prólogo

Prol, 1	523
Prol, 3	248; 432; 555
Prol, 9	538

Comentários

Livro Primeiro

1,1	521
1,2	536
1,3	539
2,1	520; 522
2,5	522
2,4	927
3,1	521
3,3	521; 913
3,4	521
c. 4 a 12	522
4,2	523
4,3	523
4,4	523; 524
5,2	524; 903
5,3	525; 903
5,4	525
5,6	903
5,8	903
6,1	906
6,2	525; 602
6,5	49
6,6	526
7,1-4	527
8,1-3	528
8,6	528
9,1	528
9,3	528
10,1-3	529
11,2	529; 530; 808; 906; 907

Índice das citações das obras de São João da Cruz

11,3	529; 906; 907; 912	9,2	930
11,4	49; 530; 605; 906; 907	9,3	930; 931
		9,4	466
11,5	530; 906; 907	11,1	707
11,6	901; 908	11,7	751
12,1-4	529	11,8	746; 752
12,6	529	11,13	752
13,1	537	12,6	562
13,6	83	12,7	561; 562
13,6-11	828	13,1	568
13,11	83; 601	13,1-8	413
		13,2	414; 510
Livro Segundo		13,3	414; 510
		13,4	415; 514
2,1	472	13,6	415
2,2	472	13,7	417
3,1	468; 469	14,1	507
3,3	469	14,2	504; 507
3,4	472	14,3	507; 562
3,6	472	14,6	569
4,8	999	14,8	417; 512; 570
5,2	1005	14,9	512
5,3	927; 999	14,10	504; 511
5,4	999	14,11	504
5,5	917	14,12	515
5,6	1002	15	503; 542
5,8	999; 1000	15,1	569
5,9	1000	16	503; 542; 707
5,10	1000	16,2	737
5,11	1000	16,10	752
7,3	432	16,14-15	751
7,9	872	17	752
7,11	755; 872	17,4	735
8,4	931; 510	18-20	752
8,5	510	18,5	252
8,6	510	19,1s.	991
9,1	455; 456; 465; 582	21,2	517

21,4	445	29,3	710
21,7	744	29,4	710
22, título	74	29,6	925
22,2	733	29,8	710
22,3	202; 733; 734	30,1	710
22,4	734	30,2	711
22,6	202	30,3	711
22,9	250	31,1	711
22,13	740	31,2	711; 745
22,13-15	250	32,4	744
22,16	264; 753		
22,17	753	**Livro Terceiro**	
22,18	264; 753	2,4-5	830
22,19	752	2,6	831
23	708	2,7	830
23,1	737	2,8	830; 915; 1014; 1064
23,2	712		
24,3	725	2,9	288
26,2	725	2,10	288; 899
26,5	410; 725; 992	2,13	830
26,6	964	3,4	831
26,7	995	7,2	824; 829
26,14	726; 934	10,1	744
26,18	726	11,1-2	829
27,1	725	15,1	827
27,2	727	45,5	444
28,2	709		
29,1-2	709		

NOITE ESCURA

Livro Primeiro

		2,2	531
1,1	544	2,3-5	531; 532
1,3	531	2,4	532
c. 2 a 7	522	2,5	532
2,1-3	531	2,8	532
		3,1	532

Índice das citações das obras de São João da Cruz

3,3	537	12,3	551
4,1	533	12,4	551
4,2	533	12,5	551
4,3	533; 548; 805; 807	12,7	552
		13,4	552; 759
4,4	533	13,5	552
4,7	240; 534	13,7	552
5,1	534	13,10	552
5,2	534	13,12	552
5,3	534	13,15	550
6,1	164; 535	14,1	431; 549
6,2	535	14,2-4	549
6,5	535	14,5	545; 546; 817
6,6	535	14,6	546
6,7	535		
7,1-4	535	**Livro Segundo**	
7,5	538	1,1	639; 652; 671; 759
c. 8	503		
8,1	536; 554	1,2	777; 788; 963
8,2	540; 546; 763	2,1	759; 760; 903; 904; 905
8,3	541; 545		
8,4	545	2,2	905
c. 9	503; 542	2,3	761; 769; 905
9,1-9	413	2,4	761; 905
9,2	541	2,5	468; 761
9,3	414; 542; 547; 548; 805	c. 3	831
		3,1	777; 904
9,4	542; 547	3,2	763; 904
9,5	547	3,3	831; 916
9,7	542	4,1	764
9,8	542; 543; 877	5,1	673; 757; 902; 908
9,9	430		
10,1	548; 562	5,2	758
10,6	549	5,3	470; 765
11,1	553	5,4	511; 761; 900
11,4	546; 549	5,5	765
12,2	551	5,6	765

Índices

6,1-3	766	16,13	932
6,4	766; 831	16,14	911
6,5	766; 767; 914	17,1	697
6,6	763; 767	17,2	410; 440; 695; 931
7,1	768	17,3	697; 914; 931
7,2	768	17,4	680; 696; 757; 759
7,3	770		
7,4	771	17,5	931; 932
7,6	771	17,6	439; 440; 680; 684; 696; 926
7,7	771		
8,1	673; 774		
8,2	470; 914	17,7	696
9,11	757	17,8	696; 757
10,1	678; 804; 901	c. 18	934
10,2	678; 804	18,1	697
10,5	817; 820	18,2	935
10,6	816	18,3	816; 935
11,1	820; 901; 902	18,4	816; 935
11,2	901	18,5	412; 440; 936; 937
11,4	901; 902		
11,7	932	c. 19	936
12,1	197; 678	c. 20	936
12,2	197; 910	21,3	112; 917; 919
12,3	926	21,4	112; 919
12,3	675	21,5	919
12,4	675; 922	21,6	919
12,5	922; 923	21,7	826; 919; 920
12,6	923; 926	21,8	827
12,7	921; 922	21,10	920
13,3	926	21,11	918; 920
13,5	923	21,12	921
13,11	929	22,2	697
14,1	238; 916	23,4	96; 103; 114; 589; 769
14,2	238		
16,1	915	23,5	103; 769
16,8	915	23,6	99; 745; 762
16,10	807; 915; 916		

23,7	105; 739; 745	23,10	115
23,8	745; 769; 933	23,11	99; 933
23,9	769	23,14	925
23,9s.	933	24,2	43; 912

CÂNTICO ESPIRITUAL

Prólogo

Prol, 2	441; 996
Prol, 4	441

Estrofes

5	458
12	687
14-15	365
16	959
17	959
18	365; 480
19	365; 480
20	980
26	953
27	953
28	954
29	954
30	955
31	955; 956
36	984; 987; 1026
37	987
40	979

Comentários

5,1	458
5,3	390
6,1-2	687
9,7-8	1029
12,3	471
12,4	632; 437; 465; 468
12,5	437
12,6-7	684
12,8	685
13,2	942
13,4	942
13,6	942; 963
13,7	695; 940
14-15,1	957
14-15,2	946; 957; 993
14-15,3	957
14-15,4	957
14-15,5	947
14-15,12	685; 947; 948; 992
14-15,13	948
14-15,14	685; 930; 948; 949
14-15,15	367; 949
14-15,16	930; 949
14-15,17	949
14-15,17s.	950
14-15,21	695; 696; 992
14-15,22	695; 696
14-15,23	684

17,3	958	31,8	955; 956; 1031
17,8	1010	31,9	956
18,3	980	35,4	832
18,4	480	35,5	832
19,1	480	36,6	995
19,4	992	36,10	440
20-21,10-11	979; 981	37,1-2	1021; 1022
20-21,18	979	37,2	1022
22,3	946; 962; 972; 1001; 1004	37,3-4	872
		37,4	440; 872
22,5	1011	39,3	986; 987; 1011; 1012
22,7	982		
22,9	982	39,3-4	988
25,7-11	929	39,7	1036
26,4	1003	40,6-7	1026
26,5	922		
26,11	1006	**Redação A**	
26,18	954	CE.a 15,2	947
27,6	953	CE.a 17,2	1013
28,1	954	CE.a 17,12	996
29,6	954	CE.a 25,1	958
30,3	955	CE.a 36,3	1022; 996
30,7	955	CE.a 38,1	996
30,9	955	CE.a 38,3	1013

CHAMA VIVA DE AMOR

Prólogo

Prol, 1	984
Prol, 3	901; 1003
Prol, 3-4	983; 1006

Comentários

1,1	983
1,3	1011
1,8	675

Índice das citações das obras de São João da Cruz

1,9	675	3,10	1012
1,9-14	366	3,12	899
1,10	681	3,15	312
1,11	681	3,18	315; 959
1,12	681	3,24	967; 971; 1004
1,13	682; 1002		
1,14	682	3,25	962; 965; 967
1,16	1007	3,26	965
1,17	1006	3,28	674; 967
1,18-25	820	3,29	672; 674
1,19	675; 678	3,33	586
1,19s.	901	3,34	586; 696
1,22	823	3,36	560; 586
1,24	817	3,40	561; 696
1,34	649	3,41	391; 449; 561; 587
c. 2	675		
2,8	675; 743	3,42	37; 449; 561; 587
2,9	675; 743; 1068		
		3,43	449; 931
2,10	675; 743; 1068	3,44	449
		3,46	579; 587; 674
2,11	675; 743; 1068	3,47	449; 587; 674
		3,49	685; 696
2,12	24; 675; 689; 743; 1068	3,50	922
		3,53	566
2,13	799; 800	3,54	449
2,14	799	3,56	449
2,16	985	3,57	255
2,17	926; 985	3,59	253; 556
2,17-20	680	3,61	255
2,22	800	3,62	254
2,27	423; 431	3,63	480
2,28	665; 701	3,64	104; 106; 761
2,34	1014	3,66	562
c. 3	411	3,67	671; 697
3,1	993	3,68	680
3,9	1012	3,78	1013

3,79	1013	**DITAMES DE ESPÍRITO**	
4,1-13	675	DE 5	113
4,3	688; 986		
4,4	987	**DITOS DE LUZ E AMOR**	
4,7	988		
4,12	988	13	623
4,14	36	58	375; 998; 1032
4,15	987; 1027		
4,16	988; 1006	96	832
		98	362; 363

Redação A

Ch.a 2,27   603

EPISTOLÁRIO

Ep 39   1590

ÍNDICE DAS CITAÇÕES DE SANTA TERESINHA DO MENINO JESUS

MANUSCRITOS AUTOBIOGRÁFICOS

Manuscrito A

2 r°	135; 676
10 r°	87
25 v°	778
27 r°	96
27 r° e s.	778
30 v°	257
31 v°- 32 r°	852
32 r°	166; 349; 845
35 r°	834
38 v°	245
44 v°	701
45 v°	701; 834; 835; 873; 1038
46 v°	1038
68 v°	854
69 v°	119; 835; 1038
71 r°	873; 876; 881
73 r° e v°	844; 873
74, r°	348
74 v°	851
75 v°	596; 699; 846
75 v°- 76 r°	597; 702
76 r° e v°	114
78 r°	308
79 v°	699
79 v°- 80 r°	597
83 r°	580; 700
83 r° e v°	6 99
83 v°	701; 844; 845
83v°- 84r°	834
84 r°	36; 678; 836; 978

Manuscrito B

1 r°	699
1 v°	1051
2 r° e v°	610
2v°- 3r°	375
3 r°	853; 1039
3 v°	841; 1070
4 r°	1077
4 r° e v°	854
4 v°	857
4 v°- 5 r°	167; 597; 845
5 r°	348; 842; 847
5 v°	36; 873; 1031

Índices

Manuscrito C

2v°- 3r°	840
3 r°	74; 873
4 r°	348; 842
5 v°	475
5 v° e s.	844
6 r°- 7 r°	476; 857
12 v°	857
14 r° e v°	113
17 r°	855
18 r°	855
19 v°	851
21 v°- 22 r°	855
22 r° e v°	844
25 r° e v°	62
25 v°	172; 592
27 v°- 28 r°	814
29 r° e v°	855
30 r° e v°	595
35 r°	676; 1070
36 r° e v°	702

CARTAS

CT 49	12-20 de maio de 1888	858
CT 74	6 de janeiro de 1889	698
CT 75	6 ou 7 de janeiro de 1889	698
CT 78	8 de janeiro de 1889	698
CT 80	10 de janeiro de 1889	874
CT 82	28 de fevereiro de 1889	858
CT 87	4 de abril de 1889	874
CT 89	26 de abril de 1889	846
CT 108	18 de julho de 1890	206; 874; 876
CT 110	30-31 de agosto de 1890	585; 699; 875; 882
CT 112	1º de setembro de 1890	699
CT 135	15 de agosto de 1892	699
CT 142	6 de julho de 1893	35; 849
CT 160	3 de abril de 1894	688
CT 161	26 de abril de 1894	343
CT 193	30 de julho de 1896	206
CT 197	17 de setembro de 1896	343; 349; 838; 994
CT 211	24 de dezembro de 1896	343
CT 224	25 abril de 1897	852
CT 230	28 de maio de 1897	344
CT 243	7 de junho de 1897	360
Cartas diversas	início de setembro de 1890	699

POESIAS

P 20	874
P 20,1 e 3	881
P 20,5	876
P 54,16	585
P 54,25	890

ORAÇÕES

O 12	875
O 20	359

ÚLTIMOS COLÓQUIOS

Caderno Amarelo

UC 9.5.3	858
UC 15.5.2	858
UC 15.5.7	688; 844
UC 27.5.4	35
UC 4.6.1	894; 990
UC 11.6.1	858
UC 23.6	850
UC 4.7.2	990
UC 5.7.1	348; 842
UC 7.7.2	701; 845; 846
UC 7.7.3	849
UC 8.7.11	895
UC 10.7.1	841
UC 11.7.2	845; 846; 994
UC 14.7.4	990
UC 17.7	1076
UC 24.7.2	856
UC 29.7.3	842
UC 3.8.2, nota 11	843
UC 3.8.6	855
UC 5.8.1	855
UC 5.8.9	875
UC 6.8.8	841; 842
UC 7.8.4	357
UC 8.8.3	851
UC 9.8.1	850
UC 9.8.4	850
UC 10.8.4	1039
UC 13.8	842
UC 15.8.4	894
UC 18.8.4.	308; 848; 849
UC 21.8.3*	894
UC 28.8.3	86
UC 31.8.9	847
UC 2.9.3	851
UC 11.9.7	846
UC 20.9.1	848
UC 24.9.7	271
UC 24.9.10	85; 333
UC 25.9.1	841; 842
UC 30.9	85; 316; 333; 998

Últimas palavras de Teresa a Celina

UC/C, julho, 4	1039

Outras palavras de Teresa

UC/Outras palavras, Madre Inês, julho	837
UC/Outras palavras, Madre Inês, julho	841

| UC/Outras Palavras, Irmã Genoveva, julho | 997 | UC/Outras palavras, Anônimo | 840 |

PROCESSO INFORMATIVO ORDINÁRIO

p. 93	285
p. 173	548
p. 280	875
p. 285	333

PROCESSO APOSTÓLICO

p. 168	853
p. 169	837; 841
p. 271	837
p. 315	997
p. 316	1039
p. 353	875
p. 474	1014-1015
p. 488	848

CONSELHOS E LEMBRANÇAS

(*Conselhos e Lembranças*. São Paulo: Paulus, 2006[7])

p. 45	853
p. 51	851
p. 58	857
p. 61	846
p. 62	841; 849
p. 73	198; 454; 844
p. 74	169
p. 143	997
p. 152	1039

ÍNDICE DOS NOMES PRÓPRIOS DE PESSOAS

Nomes como *Jesus Cristo, Espírito Santo, Teresa de Ávila, João da Cruz, Teresinha do Menino Jesus* etc. não estão indicados, pois são citados ao longo de toda a obra e os demais índices os mencionam.

AARÃO, 903, 1040, 1046.
ABRAÃO, 355, 356, 635, 742, 743, 827, 1043, 1044, 1047.
ACAB, rei de Israel, 445.
ACAZ, rei de Judá, 891.
ACHILLE-DELMAS, François, doutor, 745, 787, 808-810, 813.
ADÃO, 48, 75, 102, 227, 884, 890, 912.
AGAG, rei de Amalec, 1046.
ALBA, duquesa de, 944.
ALBERTO, santo, patriarca de Jerusalém, 53, 368.
AFONSO DE LIGÓRIO, santo, 144.
ÁLVAREZ, Baltazar, sacerdote, sj, 60, 125, 232, 247, 261, 351, 754.
ÁLVAREZ, Rodrigo, sacerdote, sj, 494-496, 502.
AMINADAB, 979.
ANANIAS, de Damasco, 249, 252, 341, 786.
ANANIAS, marido de Safira, 1008, 1046, 1047.
ANDRÉ, santo, 18, 174.
ÂNGELA DE FOLIGNO, santa, 46, 197, 342, 344, 345, 357, 358, 366, 443, 470, 474.
ANA DE JESUS, venerável, madre, ocd, 111, 175, 233, 243, 244, 401, 446.
ANA DE SÃO BARTOLOMEU, beata, madre, ocd, 233, 245.
ANTÔNIO, santo, 110.

ANTÔNIO DE JESUS, frade, ocd, 245.
ANTOLINEZ, Agustín, padre-mestre agostiniano (Salamanca), 446.
APOLO, 376.
ARQUIMEDES, 702.
ARISTÓTELES, 506, 510.
ARMINJON, Charles, sacerdote, 454.
ASSUERO, 964, 965.
AGOSTINHO, santo, 26, 183, 203, 212, 310, 444, 551, 630, 657, 681, 1072.

BAAL, 396.
BAINVEL, Jean-Vincent, sacerdote, sj, 888.
BALAÃO, 426.
BAÑEZ DOMINGOS, frade, op, 125, 165, 233, 247, 261, 262, 355, 446, 744.
BARRÓN, Vicente, frade, op, 27, 446.
BARTOLOMEU DE MEDINA, frade, op, 247, 446.
BARUC, 296.
BASÍLIO, santo, 110.
BELLIÈRE, Maurício, sacerdote, 852.
BENTO, santo, 345, 1075.
BERNADETE, santa, 170, 713, 731, 733, 739, 742.
BERNARDO, santo, 249, 346, 936.
BERNARDINO DE SENA, santo, 371, 885.
BERTEAUD, Jean-Baptiste, bispo de Tulle, 466.
BOAVENTURA, santo, 793.
BORDET, Louis, cônego, 174.
BOSCO, dom, cf. JOÃO BOSCO, santo.
BOSSUET, Jacques Bénigne, 622, 885, 887.
BÓSTIO, Arnoldo, carmelita, 897.
BREMOND, Henri, sacerdote, historiador, 346.
BRICEÑO, Maria de, agostiniana, 230.
BRUNO DE JESUS MARIA, frade, ocd, 357, 745, 787, 893, 898.
BUZY, Denis, sacerdote, scj, 344.

CAETANO, Thomas, cardeal, teólogo, op, 884-885.
CANDACE, rainha da Etiópia, 207, 1008.

CASSIANO, João, monge, 250, 622.
CATARINA DE SENA, santa, 45, 347-348, 801.
CELANO, Tomás de, ofm, 793.
CELINA, cf. Genoveva da Santa Face.
CEPEDA, Antônio de, irmão de Santa Teresa de Ávila, 230
- Maria de, irmã, 229, 231.
- Pedro de, tio, 196.
- Rodrigo de, irmão, 25.
- Teresita de, sobrinha, 373.
CERDA, Luisa de La, duquesa, 233.
CID, el, 350.
CLARA, santa, 250.
COMBES, André, sacerdote, 839.
CURA D'ARS, cf. VIANNEY, João Maria.
CURIEL, Juan Alfonso, padre-mestre (Salamanca), 446.

DALBIEZ, Roland, professor, 745, 784, 787.
DANIEL, 711.
DANIELIS A VIRGINE, carmelita, 897.
DAVI, 174, 334, 338, 440, 469, 470, 525-527, 553, 733, 764-766, 826, 919, 920, 1026, 1044-1046, 1048.
DAZA, Gaspar, sacerdote de Ávila, mestre, 92, 232, 256, 781.
DEBONGNIE, Pierre, sacerdote, cssr, doutor em ciências históricas, 789.
DE GREEFF, Étienne, professor, 787, 803, 805, 806, 808, 812.
DIONÍSIO AREOPAGITA (Pseudo-Dionísio), 510, 696, 764, 930, 949.
DEUTSCH, Joseph, doutor, 795.
DOMINGOS, santo, 1062, 1075.
DÓRIA, Nicolau de Jesus Maria, frade, ocd, 400.
DUPONT, Léon (Tours), 881.

ELIAS, 54, 71, 86, 116-118, 121, 124, 126, 210, 337, 366, 367, 391, 395-398, 400, 445, 487, 725, 809.
ELIFAZ DE TEMÃ, 949, 950.
ELISABETE DA TRINDADE, beata, ocd, 206, 271, 452-454.
ÉLISÉE DE LA NATIVITÉ, frade, ocd, 74, 427, 436.

ELISEU, 396.
ELISEU DOS MÁRTIRES, frade, ocd, 113.
ÉMERY, Jacques-André, pss, 41.
EPIFÂNIO DE SALAMINA, santo, 298, 657, 885.
ESAÚ, 709.
ESPINEL, Gabriel, frade, ocd, 89, 355.
EVA, 48, 75, 102, 106, 227, 884, 890.
EZEQUIEL, 741, 767.

FAHSEL, Helmut, escritor, 790, 797.
FARAÓ, 389, 745, 1043.
FILIPE, diácono, 207, 1008.
FILIPE II, rei da Espanha, 16, 88.
FILIPE NÉRI, santo, 174.
FOREST, Aimé, filósofo, 995.
FOUCAULD, Charles de, beato, 282, 361.
FRANCISCO DE ASSIS, santo, 250, 282, 786, 789, 793, 794, 796, 799, 802, 947, 1062, 1075.
FRANCISCO DE BÓRGIA, santo, sj, 232, 247, 258, 261.
FRANCISCO DE SALES, santo, 87-90, 248, 250, 252, 263, 299, 371, 794, 796, 798, 799.

GABRIEL, arcanjo, 324, 334, 335, 636, 1007, 1017.
GABRIEL DE SANTA MARIA MADALENA, frade, ocd, 24, 897, 950.
GALGANI, Gemma, santa, 789, 801.
GARCIA DE TOLEDO, frade, op, 125, 233, 446.
GARDEIL, Ambroise, frade, op, 29, 304, 409, 410, 428, 787, 811.
GARRIGOU-LAGRANGE, Réginald, frade, op, 181, 287, 463, 817.
GAY, Charles Louis, bispo, teólogo, 305, 465.
GEDEÃO, 250, 255, 466, 931, 1043, 1044.
GENOVEVA DA SANTA FACE, irmã, ocd (Celina Martin), 35, 87, 93, 206, 208, 311, 343, 360, 436, 699, 846, 848, 849, 858, 874, 876, 894, 997.
GENOVEVA DE SANTA TERESA, madre, ocd, 308.
GERTRUDES, santa, 443.
GISCARD, Pierre, doutor, 787.

Índice dos nomes próprios de pessoas

GÖRRES, Joseph von, escritor, 797, 798.
GRACIANO, Jerônimo da Mãe de Deus, frade, ocd, 15-17, 65, 123, 233, 243, 261, 446.
GREGÓRIO, santo, 196, 622.
GRIGNION DE MONTFORT, Luís Maria, santo, 896-898.
GUIBERT, Joseph de, sacerdote, sj, 745, 787, 808, 813-815.

HABACUC, 560, 586.
HELLO, Ernest, escritor (tradutor), 46, 342, 343, 358, 470, 474.
HERNANDEZ, Pedro, frade, op, visitador, 15, 635.
HONÓRIO III, 372.
HUGO, Victor, escritor, 857.
HUGON, Édouard, frade, op, 888.
HUGUENY, frade, op, tradutor, 115.
HUVELIN, Henri, sacerdote, 361.

IBAÑEZ, Pedro, frade, op, 247, 261, 446.
IBN'ARABI, místico muçulmano, 427, 436.
IMBERT-GOURBEYRE, Antoine, professor, 789.
INÁCIO DE LOYOLA, santo, 60, 390, 1062.
INÊS DE JESUS, madre, ocd (Paulina Martin), 344, 357, 585, 688, 698, 699, 778, 840, 846, 875, 881, 882.
ISAAC, 635.
ISABEL DE JESUS, irmã, ocd, 373, 960.
ISAÍAS, 206, 207, 287, 304, 309, 371, 395, 526, 622, 874, 875, 881, 891, 1007, 1052.

JACÓ, 297, 334, 339, 340, 709, 1044.
JANET, Pierre, professor, 787.
JEFTÉ, 1044.
JEREMIAS, 768.
JERÔNIMO, santo, 196, 622.
JERÔNIMO DA MÃE DE DEUS, ver Graciano.
JETRO, 250.
JEZABEL, 366, 445.
JÓ, 99, 196, 609, 701, 745, 762, 765, 767, 768, 783, 930, 949.
JOÃO, santo, 30, 71, 235, 327, 337, 338, 510, 623, 678, 730, 741, 887, 897, 917, 931, 1031.

Índices

JOÃO BATISTA, santo, 149, 169, 337, 389, 1043.
JOÃO BOSCO, santo, 313, 394.
JOÃO DE JESUS MARIA, venerável, ocd, 165, 290, 621.
JOÃO DE SANTA ANA, frade, ocd, 86.
JOÃO DE SANTO TOMÁS, frade, op, 29, 470.
JOÃO DE SÃO SANSÃO, venerável, carmelita, 346, 347, 378, 583, 584.
JOANA D'ARC, santa, 852, 853, 1039.
JOANA DE CHANTAL, santa, 87, 250, 585.
JONAS, 752, 766.
JOSÉ, patriarca, 1044.
JOSÉ, santo, 134, 170, 175, 716.
JOSÉ DE ARIMATEIA, 339.
JOSÉ DE CUPERTINO, santo, 173.
JOSÉ DE JESUS MARIA (QUIROGA), frade, ocd, 181.
JOSÉ DO ESPÍRITO SANTO, frade, ocd 307, 409.
JOSUÉ, 395.
JOURNET, Charles, cardeal, 794.
JUDAS, de Damasco, 341.
JUDAS ISCARIOTES, 356, 1061, 1063.

LA COLOMBIÈRE, Cláudio, santo, sacerdote, sj, 252.
LACORDAIRE, Henri-Dominique, frade, op, 465
LAIGNEL-LAVASTINE, Maxime, professor, 214, 220.
LATEAU, Louise, 795.
LAVAUD, Benoît-Marie, frade, op, 787, 790, 791, 797.
LÁZARO, 170, 235.
LECHLER, doutor, 795.
LE GRAND, André, professor, 778, 779, 787.
LEÃO XIII, 110, 249.
LESEUR, Elisabeth, 372.
LHERMITTE, João, professor, 745, 787, 794.
LOURENÇO, santo, 282, 316, 317.
LOUIS DE SAINTE-THÉRÈSE, frade, ocd, 898.
LUÍS BERTRANDO, santo, op, 247.
LUCAS, santo, 524, 903.
LUCIEN-MARIE DE SAINT JOSEPH, frade, ocd, 86, 94, 410, 414, 415, 431, 432, 504, 507, 538, 686, 760, 902.

LÚCIFER, 95, 222.
LUÍS DE LEÃO, padre-mestre, agostiniano (Salamanca), 446.
LUTERO, Martinho, 356.

MADELEINE (dita Madeleine Le Bouc), 787.
MAGER, Aloïs, dom, osb, professor de teologia, 759, 760, 787, 790, 791, 806.
MALAQUIAS, 326.
MALDONADO, Afonso, frade, ofm, 211, 664, 1037.
MARGARIDA MARIA, santa, 252, 733, 739.
MARIANO, Ambrósio, frade, ocd, 233, 243, 451, 802.
MARIA, cf. Nossa Senhora.
MARIA, irmã de Lázaro, 235, 377, 618, 1071.
MARIA ALOÍSIA, irmã, visitandina, 688.
MARIA BATISTA, madre, ocd, 232.
MARIA DA CRUZ (na verdade: MARIA DA VISITAÇÃO, religiosa dominicana), 802, 803.
MARIA DA NATIVIDADE, irmã, ocd, 20.
MARIA DA TRINDADE, irmã, ocd, 837, 848.
MARIA DE GONZAGA, madre, ocd, 855.
MARIA DE JESUS CRUCIFICADO, beata, ocd, 344.
MARIA DE SANTA TERESA, irmã, 898.
MARIA DE SÃO JOSÉ, madre, ocd, 18, 233, 234, 243, 451.
MARIA DE SÃO PEDRO, irmã, ocd, 881.
MARIA DO SAGRADO CORAÇÃO, irmã, ocd (Maria Martin), 343, 349, 375, 597, 698, 838, 845, 858, 873, 978, 994, 1073.
MARIA-EUGÊNIO DO MENINO JESUS, venerável, frade, ocd, 410, 688, 835, 898.
MARIA FILOMENA, irmã, ocd, 855.
MARIA MADALENA, santa, 174, 342, 343, 837, 846, 910, 978.
MARITAIN, Jacques, filósofo, 438, 685.
MARTA, santa, 235, 377, 618, 1071.
MARTA DE JESUS, irmã, ocd, 874.
MARTIN, Luís, pai de santa Teresinha do Menino Jesus, 813, 858, 873, 881.
MARTINHO, santo, 174, 961, 968.
MARTINHO DA ASSUNÇÃO, irmão, ocd, 898.

MATEUS, santo, 525, 526.
MELQUISEDEC, 75, 1040, 1041.
MERKELBACH, Benedictus Henri, frade, op, 888.
MERSCH, Émile, sacerdote, sj, 731.
MIGUEL, arcanjo, 110.
MIGUEL DE SANTO AGOSTINHO, carmelita, 897.
MOISÉS, 250, 255, 339, 347, 355, 366, 389, 395, 510, 551, 629, 678, 725, 733, 734, 745, 750, 757, 822, 903, 930, 931, 1031, 1043, 1044, 1046-1048.
MONTSERRAT, abade de, 60.

NAPOLEÃO, 809.
NEUMANN, Teresa, 786, 787, 789-791, 796, 797, 800.
NICODEMOS, 338, 339, 494, 821-823, 842, 871, 883.
NILO DE S. BROCARDO, frade, ocd, 94.
NOBLET, Marie-Thérèse, 745, 784, 786, 787, 809.
NOÉ, 957.
NOSSA SENHORA, 34, 45, 70, 71, 130, 132, 134, 170, 219, 228, 257, 288, 302, 319, 324, 326, 334, 335, 343, 348, 370, 388, 389, 441, 470, 481, 564, 585, 593, 597, 636, 688, 713, 714, 716, 731, 735, 738, 739, 742, 786, 794, 798, 808, 812, 817, 846, 860, 867, 869, 883-899, 1007, 1015, 1017, 1030, 1043, 1065, 1066, 1074, 1077.

OCOZIAS, 397.
OGIER, conêgo, cisterciense, 249.
OLPHIE-GALLIARD, Michel, sacerdote, sj, 745, 787, 808.
ORMANETO, Nicolás, núncio, 16, 17.
OSEIAS, 389, 468, 919.
OSUNA, Francisco de, frade, ofm, 69, 188, 196.

PALIARD, Jacques, filósofo, 439.
PASCAL, Blaise, 317, 345.
PAULINA, cf. INÊS DE JESUS.
PAULO, santo, 28, 30, 56, 77, 112, 136, 150, 174, 197, 206, 207, 234, 249, 250, 252, 275, 281-283, 285, 287, 288, 298, 305, 316, 319, 326, 328, 341, 352, 367, 370, 376, 390, 420, 421, 427, 440, 441, 444, 452, 453, 457, 460, 464, 469, 513, 523, 607, 621, 626,

Índice dos nomes próprios de pessoas

627, 630, 656, 676, 678, 683, 687, 716, 721, 725, 729, 731, 732, 734, 739, 785, 809, 811, 824-826, 829, 831, 843, 850, 862, 863, 864, 868-872, 879, 883, 884, 886, 896, 900, 912, 913, 919, 924, 927, 933, 940, 942, 972, 973, 998, 1005, 1007, 1009, 1012, 1014, 1018, 1020, 1028, 1040-1043, 1047, 1048, 1050, 1057, 1066, 1067, 1069, 1070, 1075.
PAULO V, 400, 401.
PAULO DA CRUZ, santo, 817.
PENIDO, Maurílio Teixeira Leite, sacerdote, 810.
PIAMUM, monge, venerável, 250, 622.
PIAT, Stéphane-Joseph, frade, ofm, 814.
PEDRO, santo, 97, 112, 174, 235, 250, 337, 457, 713, 730, 751, 862, 919, 1008, 1047, 1048, 1057, 1058.
PEDRO DAMIÃO, santo, 887.
PEDRO DA MÃE DE DEUS, frade, ocd, 400.
PEDRO DE ALCÂNTARA, santo, 184, 247, 258, 261, 563, 570, 714.
PONNELLE, Louis, sacerdote, doutor em letras, 174.
PRANZINI, Henri, 1038.

RAIMUNDO DE CÁPUA, beato, op, 45, 348.
REGINALDO, irmão, op, 451, 452.
RIBEIRA, Francisco de, sj, 175.
RICARDO DE SÃO LOURENÇO, cônego, escritor, 884.
RICARDO DE SÃO VITOR, teólogo, 405, 406.
RIVIÈRE, Jacques, escritor, 474.
ROSE-ANNE, irmã, missionária, 812.
ROULLAND, Adolfo, sacerdote, mep, 206.
RÚBEO, João Batista, frade, geral dos carmelitas, 15, 16, 121, 122, 398.
RÚSTICO, monge, 622.
RUYSBROECK, Jean, beato, 342, 343, 366, 798.

SAFIRA, esposa de Ananias, 1008, 1046, 1047.
SALAZAR, Gaspar de, sacerdote, sj, 22, 125.
SALCEDO, Francisco de, 231, 232.
SALMANTICENSES, teólogos carmelitas, 405, 406, 409, 410, 463, 609.

SALOMÃO, 175, 295, 296, 524, 527, 930.
SAMARITANA, 327, 338-340, 924, 1038.
SANSÃO, 526.
SAMUEL, 395, 1044, 1046.
SÃO PEDRO, irmã, ocd, 855.
SATÃ, 549, 912.
SAUDREAU, Auguste, bispo, 493.
SAUL, 1044-1046, 1061, 1063.
SCHEEBEN, Mathias Joseph, sacerdote, teólogo, 464.
SEGA, Filipe, núncio, 17.
SERNIN-MARIE DE SAINT ANDRÉ, frade, ocd, 584.
SHRI AUROBINDO, filósofo indiano, 588.
SIMÃO, fariseu, 910.
SIMÃO, mago, 1008.
SIMEÃO, 499.
SUÁREZ, Joana, carmelita, 230.
SURIN, Jean-Joseph, sacerdote, sj, 454, 745, 786, 787, 803, 808, 809, 813.
SWAMI BRAHMANANDA, 588.

TAULER, Johann, frade, op, 115, 366, 589.
TIAGO, santo, bispo de Jerusalém, 369, 375.
TIAGO, santo, irmão de João, 235, 730.
TINEL, Jules, doutor, 778, 787, 795.
TOBIAS, 609, 701.
TOMÁS DE AQUINO, santo, op, 25, 147, 209, 285, 287, 303, 304, 307, 309, 310, 325, 375, 405, 428, 434, 440, 449, 451, 452, 460, 462, 463, 471, 474, 623, 695, 792, 825, 885, 936, 1041.
TOMÁS DE JESUS (DÍAZ SÁNCHEZ DE ÁVILA), frade, ocd, 399-402.
TOSTADO, Jerônimo, carmelita, 18.

ULLOA, Guiomar de, dona, 232, 966.
ÚRSULA, santa, 1062.

Índice dos nomes próprios de pessoas

VALLÉE, Gonzalve, frade, op, 452, 453.
VAN DEN BOSSCHE, Louis, 175.
VAN DER MEERSCH, Maxence, escritor, 848.
VAN GEHUCHTEN, Paul, professor, 787, 795.
VELÁSQUEZ, Alonso, doutor, cônego, 17.
VIANNEY, João Maria, santo, 100, 110, 199, 282, 376, 378, 781, 783, 994, 1036.
VICENTE DE PAULO, santo, 256, 1075.
VICENTE FERRER, santo, 371.
VINCHON, Jean, doutor, 787.

WESTFRIED, doutor, 779.
WUNDERLE, Georges, professor, 787, 795-799.

YEPES, Diego de, op, 18, 19.

ZAQUEU, 342.

ÍNDICE GERAL

Quadro – A Espiritualidade Teresiana: Quero ver a Deus 6
Siglas das obras 9
Apresentação 13
Frei Maria-Eugênio do Menino Jesus: Breve Biografia 15
Introdução da primeira edição 35

I Parte
PERSPECTIVAS

PRIMEIRO CAPÍTULO – *O Livro das Moradas* 41
A – Circunstâncias históricas 41
B – Método de composição e divisão da obra 46
C – Valor da obra 50

SEGUNDO CAPÍTULO – *"Quero ver a Deus"* 55
A – Deus está presente na alma 57
    I – Presença ativa de imensidade 58
    II – Presença objetiva 60
    III – Localização da presença objetiva no centro da alma 62
B – A vida espiritual é uma interiorização progressiva 64
C – A união transformante: meta da espiritualidade teresiana 67

TERCEIRO CAPÍTULO – *Conhecimento de si mesmo* 74
A – Objeto do conhecimento de si mesmo 76
    I – Conhecimento psicológico 76
    II – Conhecimento espiritual 80
        a) O que somos diante de Deus 81
        b) Riquezas sobrenaturais 83
        c) Más tendências 85
B – Como adquirir o conhecimento de si mesmo? 88

QUARTO CAPÍTULO – *A oração* 93
A – Papel da oração na espiritualidade teresiana 93
B – O que é a oração 98
C – Graus de oração 106

Índice Geral

QUINTO CAPÍTULO – *O bom Jesus* 110
A – Jesus Cristo na oração teresiana 111
B – Justificação teológica 121

SEXTO CAPÍTULO – *Ascese teresiana* 128
A – Ascese absoluta 129
B – Ascese adaptada 137
C – Ascese progressiva 144

SÉTIMO CAPÍTULO – *O demônio* 147
A – Natureza e poder dos demônios 148
B – Intervenções do demônio na vida espiritual 151
    I – Frequência das intervenções do demônio 151
    II – Modos e objetivo da ação do demônio 157
        a) A tentação 157
        b) A inquietação 158
        c) Mentiroso e pai da mentira 161
C – Meios para reconhecer a ação do demônio 163
D – Como combater a ação do demônio 166
    I – Armas para combater o demônio 167
        a) Oração e vigilância 167
        b) Jejum 168
        c) A água-benta 168
    II – Tática 170
        a) O exercício da fé ou atos anagógicos 170
        b) A humildade 173

OITAVO CAPÍTULO – *Espírito teresiano* 176
    I – União com Deus 177
    II – Zelo eliânico exercido pela oração e sacrifício 180
    III – Zelo eliânico exercido pelas obras 182
    IV – Síntese 185

NONO CAPÍTULO – *Crescimento espiritual* 190
A – Aspectos diversos e etapas 190
B – Mistério do crescimento 197
C – Pontos de referência na escuridão 202

II Parte
PRIMEIRAS ETAPAS
PRIMEIRO CAPÍTULO – *As primeiras Moradas* 211
A – Descrição das primeiras moradas 211
B – O pecado mortal 214
C – O inferno 220

SEGUNDO CAPÍTULO – *No ponto de partida* 225
A – Orientação para Deus 225
B – Disposições necessárias aos principiantes 232
 I – A energia 233
 II – Discrição e liberdade de espírito 237
 III – Grandes desejos 239

TERCEIRO CAPÍTULO – *As primeiras orações* 243
A – Oração vocal 244
B – A oração litúrgica 249
C – Leitura meditada 254
D – A meditação 256

QUARTO CAPÍTULO – *A oração de recolhimento* 261
A – Descrição da oração de recolhimento 261
B – Como chegar à oração de recolhimento 266
C – Excelência da oração de recolhimento 272

QUINTO CAPÍTULO – *As leituras espirituais* 278
A – A importância da leitura 279
B – Jesus Cristo, o "livro vivo" 284
C – Escolha das leituras 289
 I – A pessoa de Cristo: a Sagrada Escritura 289
 II – Cristo Verdade: os livros dogmáticos 292
 III – Cristo Caminho: Escolas de Espiritualidade 296
 IV – Cristo, Vida na Igreja 298

SEXTO CAPÍTULO – *Distrações e aridez* 300
A – Natureza das distrações e da aridez 301
B – Causas das distrações e da aridez 305
 1. O caráter das verdades sobrenaturais 306
 2. A instabilidade das potências da alma 306
 3. As doenças 308

4. O demônio 310
5. A ação, pelo menos, permissiva de Deus 311
C – Remédios 313
    I – A discrição 313
    II – A perseverança 314
    III – A humildade 316

SÉTIMO CAPÍTULO – *As amizades espirituais* 318
A – As amizades na vida de Santa Teresa 319
B – Sua doutrina sobre as amizades 327
    I – Importância das amizades 327
    II – Escolha das amizades 329
        a) Amor sensível 330
        b) Amor espiritual-sensível 331
        c) Amor espiritual 336

OITAVO CAPÍTULO – *A direção espiritual* 343
A – Importância e necessidade da direção 343
B – Escolha e qualidades do diretor 350
    I – Santidade 351
    II – Prudência 354
    III – Experiência 358
    IV – A Ciência 359
C – Deveres do dirigido 363
    I – Espírito de fé 363
    II – Confiança afetuosa 364
    III – Simplicidade e discrição 364
    IV – Obediência 367

NONO CAPÍTULO – *Vida regrada e orações simplificadas* 369
A – Vida regrada 369
B – Orações simplificadas 371
C – Deficiências e mal-estar 377

DÉCIMO CAPÍTULO – *Sabedoria sobrenatural e perfeição cristã* 383
A – Loucura e perfeição 384
B – As três sabedorias 389
C – As diversas ordens de sabedoria e a perfeição 395

III Parte
CONTEMPLAÇÃO E VIDA MÍSTICA
PRIMEIRO CAPÍTULO – *A Sabedoria de amor* 401
A – O que é a Sabedoria de amor? 401
B – O que faz a Sabedoria de amor? 407
    I – Como Sabedoria ordena e dispõe todas as coisas para a realização dos desígnios de Deus 407
    II – Esta Sabedoria é toda amor 410

SEGUNDO CAPÍTULO – *Os dons do Espírito Santo* 414
A – Natureza e papel dos dons do Espírito Santo 414
    I – Definição 414
    II – Virtudes e Dons 417
        a) Diferenças 417
        b) Relações entre virtudes e dons 418
    III – Distinção entre os dons do Espírito Santo 422
B – Experiência dos dons 428
C – Utilidade e utilização dos dons do Espírito Santo 435

TERCEIRO CAPÍTULO – *O dom de si* 440
A – Necessidade e excelência do dom de si 441
    I – (Deus não força a nossa vontade) 441
    II – (O perfeito ato do amor) 443
    III – (O sacrifício mais perfeito) 444
    IV – (Dom realizado por Jesus Cristo) 445
B – Qualidades do dom de si 449
    I – Absoluto 449
    II – Indeterminado 451
    III – Renovado muitas vezes 455

QUARTO CAPÍTULO – *A humildade* 458
A – Necessidade da humildade 459
B – Graus e formas da humildade 470
    I – Graus da humildade 471
    II – Formas da humildade 475
        a) Orgulho dos bens exteriores 476
        b) Orgulho da vontade 478
        c) Orgulho de inteligência 479
        d) Orgulho espiritual 482

C – Meios para adquirir a humildade 487
   1. Fruto da luz de Deus 488
   2. A oração 488
   3. Recebê-la 489
   4. Humilhação 489

QUINTO CAPÍTULO – *O silêncio* 492
A – Necessidade do silêncio 492
B – Formas do silêncio 500
   I – Silêncio da língua 501
   II – Mortificação da atividade natural 506
   III – Silêncio interior 519

SEXTO CAPÍTULO – *Solidão e contemplação* 528
(Necessidade – Perigos – o Profeta – Frei Tomás de Jesus)

SÉTIMO CAPÍTULO – *A contemplação* 546
A – A contemplação em geral 547
   I – Definições 548
   II – As suas primeiras formas 549
B – A contemplação sobrenatural 553
   I – Noção 553
   II – Efeitos da contemplação sobrenatural 555
   III – Os sinais 557
      a) Utilidade dos sinais 558
      b) Exposição dos sinais 559
      c) Complexidade dos casos individuais 563

OITAVO CAPÍTULO – *Chamado à vida mística e à contemplação* 566
A – Questão preliminar 566
B – Questão de direito 568
   I – Chamado geral 568
   II – Chamado próximo 571
C – Questão de fato 574
   I – Almas fora do Castelo 574
   II – Almas das três primeiras Moradas 576
   III – Segunda Fase 579

NONO CAPÍTULO – *Teologia e contemplação sobrenatural* 583
 1. (A contemplação é tributária da teologia) 586
 2. (Ultrapassa a fórmula conceitual) 591
 3. (Suas descobertas devem ser controladas pela teologia) 593
 4. (A contemplação usa uma linguagem viva e saborosa) 594
 5. (Sua caminhada deve ser regularizada e sustentada pela teologia) 597
 6. (Contemplação e cultura espiritual: Santa Teresinha do Menino Jesus e Beata Elisabete da Trindade) 600

DÉCIMO CAPÍTULO – *A fé e a contemplação sobrenatural* 612
A – Necessidade da fé 612
B – O que é a fé? 618
C – Modos imperfeito e perfeito do exercício da virtude de fé 627
D – Características do conhecimento da fé 629
 I – Escuridão da fé 630
 II – Certeza da fé 635
E – Conclusões práticas 639

SOU FILHA DA IGREJA
Introdução da primeira edição 649

IV Parte
ATÉ A UNIÃO DE VONTADE
PRIMEIRO CAPÍTULO – *As primeiras orações contemplativas* 655
A – O recolhimento sobrenatural 659
B – Oração de quietude ou dos gostos divinos 662
C – A aridez contemplativa ou oração de fé 667

SEGUNDO CAPÍTULO – *Deus-luz e Deus-amor* 670
A – Luz e amor na experiência mística 671
 I – A luz e o dom da inteligência 674
 II – O amor e o dom da sabedoria 677
 III – Unidade da contemplação e os dois dons contemplativos 679
B – A experiência teresiana e a experiência sanjuanista 682

TERCEIRO CAPÍTULO – *As Noites* 686
A – Natureza da noite 686
B – Necessidade da noite 689
    I – Danos causados pelas tendências em geral 689
        a) Efeito privativo 689
        b) Danos positivos (cansaço – agitação – escuridão –
        mancha – fraqueza) 692
    II – Só as tendências voluntárias são prejudiciais 697
    III – Danos causados por cada um dos pecados capitais
    (orgulho – avareza – luxúria – cólera – gula espiritual –
    inveja e preguiça) 699
C – Fases e modos da noite 705
    I – Fases 705
    II – Modos 707

QUARTO CAPÍTULO – *Noite passiva do sentido* 710
A – Natureza e causa da noite passiva do sentido 712
B – Momento e duração da noite passiva 716
C – Efeitos da noite passiva 719
    I – Efeitos dolorosos (aridez – angústia – agitação –
    inquietação – irritação das tendências patológicas) 719
    II – Efeitos benéficos 723
        a) Adaptação do sentido ao espírito 723
        b) Efeitos específicos (Luz sobre si mesmo – Luzes sobre
        Deus – Respeito de Deus – Humildade – Paciência e
        longanimidade) 724

QUINTO CAPÍTULO – *Noite ativa do sentido durante a oração* 729
A – Como conduzir esta noite ativa? 731
    I – Dificuldades (diversidade das almas – intermitência da
    contemplação – a alma tem dificuldade para entender) 731
    II – Meios (diretivas – os erros instruem – luz divina) 734
B – Noite ativa durante a oração 736
    I – Duplo dever (respeitar a ação de Deus com o silêncio –
    completá-la pela atividade) 736
    II – Corolários práticos 743
        1. Preparar a oração 743
        2. Perseverar na oração ativa 746
        3. Retornar à meditação 747
        4. Continuar agindo com as potências 749

III – Aplicações às orações contemplativas 751
   1. O recolhimento passivo 751
   2. Oração de quietude 753

SEXTO CAPÍTULO – NOITE ATIVA DO SENTIDO
(continuação) – *A aridez contemplativa* 759
A – Tender, pela fé, à região pacífica do espírito e aí permanecer 761
   I – Aspiração amorosa 764
   II – O ato de fé anagógico 766
B – Não fazer caso do bulício do sentido e levar-lhe algum apaziguamento por meio de certos artifícios 770
   I – Discrição 772
   II – Paciência 774
   III – Algumas influências apaziguadoras 775

SÉTIMO CAPÍTULO – *Noite ativa fora da oração* 784
A – Ascese absoluta 784
B – Realização da ascese 789
   I – A luz interior 790
   II – Os acontecimentos providenciais 793
   III – A prudência (evitar ocasiões – perigos do apostolado – fraqueza psíquica) 800

OITAVO CAPÍTULO – *A obediência* 810
A – A natureza da obediência 810
B – Excelência da obediência 812
C – Qualidades da obediência 820
   I – Obediência ordenada 820
   II – Obediência sobrenatural 825
   III – Obediência completa 827

NONO CAPÍTULO – *A união de vontade* 831
A – A graça mística da união 836
B – Efeitos da graça mística: união de vontade 839
C – O caminho ordinário rumo à união de vontade 844
   I – Ascese do desapego 844
   II – Exercício de amor 845
   III – A intervenção de Deus 847

DÉCIMO CAPÍTULO – *O mistério da Igreja* 850
A – O zelo das almas 850

B – O mistério da Igreja 854
C – O mistério da Igreja e a espiritualidade de Santa Teresa 861

V Parte
SANTIDADE PARA A IGREJA
PRIMEIRO CAPÍTULO – *Enriquecimentos divinos* 873
A – A Sabedoria, artífice de santidade 874
B – Características desta ação divina 880
    I – A Sabedoria infusa do amor 880
    II – Amor qualificado pelas profundezas onde age 882
    III – Amor purificativo e unitivo 887
    IV – Amor, fonte de luz 887
    V – Amor que realiza as presenças divinas 891
    VI – Amor que forma o apóstolo perfeito 895
C – As maneiras divinas de agir 896
    I – Santa Teresa de Ávila 897
    II – São João da Cruz 902
    III – Santa Teresinha do Menino Jesus 906

SEGUNDO CAPÍTULO – *Graças extraordinárias: Palavras e Visões* 915
A – O que é uma graça extraordinária e quais são elas? 916
    I – Definição 916
    II – Graças extraordinárias em Santa Teresa 919
        a) As palavras (sucessivas formais – substanciais) 919
        b) As visões 924
            1. Visões intelectuais de substâncias corpóreas 925
            2. Visões imaginárias 927
            3. Visões de substâncias espirituais 929
    III – Qualidade destas graças 938
        a) Palavras 938
        b) Visões 939
B – Efeitos das graças extraordinárias 943
    I – Santificação da alma 943
    II – Luz 945
    III – Efeitos carismáticos 947
C – Frequência e momento das graças extraordinárias 949
D – Como Deus produz estas graças extraordinárias? 953
    I – Ação direta 953
    II – Luzes infusas na inteligência 955

III – Percepções sensíveis (percepção da pessoa – não tem percepção do corpo real nas visões interiores – raras vezes nas visões exteriores) 956
IV – Deus utiliza os arquivos da memória 958
V – Deus se adapta admiravelmente 960
VI – Deus utiliza a causalidade instrumental dos anjos 961
E – Discernimento da origem divina destas graças 963
    a) Sinais positivos 966
    b) Sinais negativos (força divina – humildade da alma – luz – enriquecimento) 967
F – Atitude da alma diante destas graças 972
    I – Não se comprazer com elas 972
    II – Não as desejar 974
    III – Abrir-se com um guia espiritual 975

TERCEIRO CAPÍTULO – *A noite do espírito: o drama* 978
A – Causas da noite do espírito 979
B – O drama 987
    I – Sofrimentos interiores (completa impotência – distância de Deus – vazio e aniquilamento – ação do demônio – abandono de todos) 988
    II – Sofrimentos exteriores 997
        a) Comoções ordinárias, produzidas pela ação de Deus 998
            1. Fenômenos psicológicos 998
            2. Fenômenos físicos 1002
            3. Localizações físicas 1005
        b) Provas produzidas pelos agentes exteriores 1008
        c) Fenômenos exteriores extraordinários 1015
            1. Fenômenos físicos 1018
                α) O caso de Teresa Neumann 1019
                β) Como se produz a estigmatização? 1023
                    1º) Exposição das soluções possíveis 1023
                    2º) Discussão 1025
                γ) Conclusões gerais 1037
            2. Fenômenos psíquicos e perturbações mentais 1038
                α) Semelhança entre os efeitos psicológicos da noite e as perturbações psíquicas das doenças 1038
                β) Como distinguir estes diversos fenômenos 1041

γ) Concomitâncias da noite mística e das
psicoses duradouras 1045
    1°) As diversas perturbações mentais 1045
    2°) Possibilidade de vida espiritual nestas
diversas perturbações 1047
C – Modalidades diversas da noite 1054
    I – Interrupções 1055
    II – Formas individuais da purificação 1057
    III – Purificação imersa na vida ordinária 1057
    IV – Misteriosa e, muitas vezes, oculta aos olhares 1059
    V – Iluminada pela luz e pela presença do amor 1060

QUARTO CAPÍTULO – *A conduta da alma: Pobreza, esperança, infância espiritual* 1062
A – ESPERANÇA E POBREZA 1065
    I – Esperança 1066
    II – Pobreza espiritual 1070
B – A INFÂNCIA ESPIRITUAL 1076
    I – Fundamentos da doutrina da infância espiritual 1077
    II – Via da infância espiritual 1084
        a) Características essenciais 1086
        b) Como praticá-la 1090
            1. União com Deus 1090
            2. Ascese da via da infância 1095
                α) Os princípios 1095
                β) Prática da ascese da pequenez (descarta
o extraordinário – fidelidade aos deveres de
estado e de caridade – heroísmo alegre) 1100

QUINTO CAPÍTULO – *Auxílios e modelos na noite* 1111
A – Jesus Cristo, sacerdote e vítima 1111
    I – É necessário recorrer a Cristo nas sextas Moradas 1111
        1. A mediação de Cristo é universal 1113
        2. Mediação mais necessária nessas Moradas 1116
        3. Jesus, modelo perfeito na noite 1122
        4. Exemplos dos santos 1124
    II – Como realizar este recurso a Jesus? 1132
        1. Dificuldades 1132
        2. Experiência interior e olhar dirigido para Cristo 1135
        3. Devoção à Santa Face em Santa Teresinha do Menino
Jesus 1137

B – A VIRGEM MARIA, MÃE EM PLENITUDE 1140
   I – Jesus e Maria no plano divino 1140
      1. Primazia de dignidade 1141
      2. Primazia de eficiência 1144
      3. Primazia de finalidade 1148
   II – Papel providencial da Virgem Maria na noite 1149
      1. Maria, Mãe de misericórdia nas horas sombrias 1149
      2. Intervenção de Maria na noite do espírito 1153
         a) Formas de sua intervenção 1153
         b) Como a alma recorre a Maria na noite 1156
         c) As diversas formas de intimidade com Maria 1159

SEXTO CAPÍTULO – *Os efeitos da noite do espírito* 1163
A – Purificação moral 1166
   I – Necessidade da purificação 1166
   II – Só a noite do espírito realiza a purificação 1067
   III – Objeto da purificação 1168
   IV – Como se dá a purificação moral? 1173
      1. Ação purificadora da luz 1174
      2. Ação purificadora do amor 1176
B – Guinada psicológica 1179
   I – Em que consiste 1179
   II – Efeitos na atividade das virtudes teologais 1185
C – Triunfo da Sabedoria de amor 1189
   I – Luz e amor 1189
   II – Triunfo do amor (amor de alta qualidade – efeitos unitivos – dinamismo deste amor – paz e suavidade) 1193
   III – Desabrochar da luz (secreta luz – jorra da experiência – descoberta da presença divina) 1199
   IV – Etapas deste triunfo do Amor (os dois movimentos: altos e baixos das atuais disposições – contínuo progresso da caridade habitual) 1205

SÉTIMO CAPÍTULO – *Desposório e matrimônio espiritual* 1211
A – Desposório espiritual 1213
   I – Em que consiste o desposório espiritual? 1215
   II – Joias do desposório espiritual 1221
      1. Descoberta de Deus na união 1221
      2. Troca de promessas e mútua fidelidade 1226
      3. Ardentes desejos e angústias 1233

III – Momento e duração do desposório espiritual 1239
      1. Momento 1239
      2. Duração do período do desposório 1244
B – Matrimônio espiritual 1246
   I – A graça do matrimônio espiritual 1248
      1. A visão imaginária inaugural 1248
      2. União do desposório e união do matrimônio espiritual 1250
      3. Visão intelectual da Santíssima Trindade 1252
      4. A paz do matrimônio espiritual 1261
   II – Desenvolvimento da graça do matrimônio espiritual 1265

OITAVO CAPÍTULO – *A união transformante* 1274
A – Matrimônio espiritual e união transformante 1274
   I – As manifestações, fruto do amor 1276
   II – A luz contemplativa 1281
   III – A visão face a face 1284
B – União transformante 1285
   I – Plenitude transformante da graça 1288
   II – Presença do Espírito Santo 1296
      1. Presença ativa do Espírito Santo 1297
      2. Presença objetiva do Espírito Santo e vida de amor 1299
      3. Presença dominadora do Espírito Santo e seu reino perfeito na alma 1304
   III – A identificação com Cristo Jesus 1308

NONO CAPÍTULO – *Os santos no Cristo total* 1317
A – O duplo movimento do amor 1321
   I – Movimento filial para com Deus 1321
   II – Movimento em direção às almas 1323
   III – Estes dois movimentos se unem no amor a Cristo 1328
B – Apostolado do amor e missões apostólicas 1336
   I – Há missões divinas apostólicas diferentes do apostolado do amor 1336
   II – As missões de apostolado são acompanhadas por uma graça 1339
      1. Graça de preparação 1340
      2. Deus confere poderes 1341
      3. Graça para o cumprimento da missão 1342
   III – O cumprimento da missão e a perfeição da caridade 1343

IV – Corolários 1349
    1. (Deus pede a fidelidade de amor) 1349
    2. (As obras têm um valor e são necessárias) 1351
C – Apostolado e desenvolvimento do amor 1354
  I – O apostolado nas três primeiras Moradas 1355
  II – O apostolado sob as primeiras intervenções divinas 1360
  III – O apostolado na união de vontade 1363
  IV – O apostolado perfeito das sextas e sétimas Moradas 1366
    1. O apostolado perfeito é o fruto da perfeição do amor 1367
    2. Este apostolado perfeito é exercido na realização de uma missão particular 1370
    3. Neste apostolado, ação e contemplação se unem 1376
    4. Apostolado fecundo e colaboração delicada 1379

ÍNDICES

Subsídio temático-analítico 1387
Índice da Sagrada Escritura 1475
Índice das citações das obras de Santa Teresa de Jesus 1485
Índice das citações das obras de São João da Cruz 1496
Índice das citações de Santa Teresinha do Menino Jesus 1505
Índice dos nomes próprios de pessoas 1509

Índice geral 1520
Outras obras do autor em português 1535